에듀윌과 함께 시작하면,
당신도 합격할 수 있습니다!

학교 졸업 후 취업을 위해 바쁜 시간을 쪼개가며
무역영어를 준비하는 취준생

군생활을 하면서 일과 시간을 쪼개
무역영어에 도전하는 군인

직장생활과 병행하며 꾸준히 공부해
무역영어에 도전하는 주경야독 직장인

누구나 합격할 수 있습니다.
시작하겠다는 '다짐' 하나면 충분합니다.

마지막 페이지를 덮으면,

**에듀윌과 함께
무역영어 합격이 시작됩니다.**

국제무역사/무역영어
리얼 합격 스토리

국제무역사 1급, 무역영어 1급 합격생 이○희

국제무역사 1급+무역영어 1급 동시 합격!

에듀윌은 자격증 관련해서 가장 공신력 있는 인강 사이트이기도 하고, 두 개의 강좌가 하나로 합쳐진 상품이 가장 합리적인 것 같아서 에듀윌을 선택했습니다. 김기만 교수님의 강의는 차분하면서도 체계적으로 진행되는 것 같아서 좋았고 소소한 암기 팁들을 알려주셔서 큰 도움이 되었습니다. 1:1 질문 게시판에 글을 작성해서 올리면 하루 안에 친절하게 답변해 주시는 점이 좋았습니다.

무역영어 1급 합격생 이○나

무역업 취업 성공! 자격증 따고 취뽀!

김기만 교수님께서는 실제로 관세사라서 수출입 업무에 대한 경험이 있는 분이라 이론적으로 이해하기 어려운 부분도 사례를 통해서 이해가 잘 되게끔 설명을 해 주십니다. 개념의 폭도 넓고 이해하기 어려운 무역영어 1급을 준비하시는 분들이라면 실전 경험도 풍부하고 강의력도 탄탄한 김기만 교수님의 강의를 정말 추천 드립니다. 짧고 굵게 공부하시고 다들 합격하셨으면 좋겠습니다.

무역영어 1급 합격생 김○혁

비전공자 단기 합격! 상위 랭킹 0.2% 달성! 19일 만에 합격!

무역영어를 공부한다고 하니 주변에서 에듀윌을 가장 많이 추천했고, 높은 지명도와 탄탄한 커리큘럼 그리고 강사진분들이 있다라는 이야기를 듣고 에듀윌을 선택했습니다. 에듀윌은 교재 이외에도 영어 무역 사전 같은 다양한 PDF 제공을 하고 있기 때문에 그런 자료를 오며 가며 학습할 수 있었던 것도 큰 장점이라고 생각합니다.

다음 합격의 주인공은 당신입니다!

더 많은 합격스토리

상시시험 출제 문항 완벽 분석!

빈출 문항 모음.zip

에듀윌 무역영어 1급
한권끝장(2급 동시 대비)

이론+기출(18회)+무료특강

에듀윌 무역영어 1급

한권끝장(2급 동시 대비)

상시시험 출제 문항 완벽 분석!

빈출 문항 모음.zip

최빈출 90제

나온 문제는 또 나온다!

01 [2022 상시] [110회 75번] [107회 74번] [104회 65번]

추정전손이 발생하면 피보험자가 보험자에게 위부통지를 하여야 하고, 보험자가 위부의 수락여부를 결정하기 전에 보험자나 피보험자가 피보험목적물의 회복, 구조 또는 보존을 위하여 필요한 조치를 취한다고 해서 이를 위부의 수락이나 포기로 간주하지 않는다는 취지의 약관은 무엇인가?

① ✓ Waiver Clause
② Duty of Assured Clause
③ Reasonable Despatch Clause
④ Forwarding Charge Clause

01

해설 Waiver Clause(포기유보약관)에 대한 설명이다. 이 약관은 보험사고가 발생한 경우 손해방지 조치를 취하는 것이 보험목적물에 대한 손해 배상 청구를 포기하는 것이 아니라는 취지를 나타낸다.
② Duty of Assured Clause(피보험자의무약관): 손해가 발생한 경우에 피보험자가 취해야 할 행동에 관하여 규정한 약관
③ Reasonable Despatch Clause(신속조치약관): 보험계약이 체결된 이후에 보험사고가 발생하였다면 보험계약자 또는 피보험자는 보험사고가 발생한 여건 속에서 신속한 조치(보험사고 사실의 통지, 원인 규명에 대한 조치 등)를 취해야 한다는 약관
④ Forwarding Charge Clause(운송제비용약관): 보험약관에서 담보하고 있는 위험에 근인하여 발생된 보험사고로 항해가 중간항에서 종료되는 경우에 보험자는 보험목적물을 양륙·보관하고 부보된 목적지로 운반함에 따라 적절하고 합리적으로 발생한 추가 비용을 피보험자에게 보상하는 내용의 약관

02 [2022 상시] [113회 1번] [110회 25번] [107회 10번]

Which is related to "offer subject to prior sale"?

① We are pleased to offer firm subject to receiving your reply by September 30, 2018.
② We are pleased to offer you the following items subject to our final confirmation.
③ ✓ We have the pleasure in offering you the following items subject to being unsold.
④ We have the pleasure in offering you the following items subject to receiving your reply by September 30, 2018.

02

"선착순매매 조건부청약"과 관련이 있는 것은 무엇인가?

① 우리는 2018년 9월 30일까지 귀하의 답변을 받는 조건으로 확정청약을 하게 되어 기쁩니다.
② 우리는 다음 품목에 대해 당사의 최종 확인을 조건으로 하는 청약을 하게 되어 기쁩니다.
③ 우리는 다음 품목의 재고잔류 조건부청약을 하게 되어 기쁘게 생각합니다.
④ 우리는 2018년 9월 30일까지 귀하의 답변을 받는 조건으로 다음 품목에 대해 청약을 하게 되어 기쁘게 생각합니다.

해설 재고잔류 조건부청약은 승낙의 의사 표시가 청약자에게 도달했을 때 미판매 재고가 남아 있는 부분에 한하여 유효하다는 조건으로 발행하는 청약을 의미한다. 먼저 판매가 완료되면 무효가 되는 청약이므로 선착순매매 조건부청약이라고도 한다.

03 2022 상시 | 113회 58번 | 114회 74번 | 107회 55번

환어음의 필수 기재사항에 해당하는 것은?

☑ ① 지급인 – 지급기일 – 수취인 – 발행일 및 발행지
② 환어음표시문자 – 지급인 – 지급지 – 신용장 번호
③ 금액 – 지급지 – 어음번호 – 발행인의 서명
④ 상환불능문언 – 환어음표시문자 – 발행인의 서명 – 환율문언

03

해설 환어음의 필수 기재사항과 임의 기재사항은 다음과 같다.

필수 기재사항	임의 기재사항
① 환어음의 표시	① 환어음 번호
② 무조건 지급위탁문언 및 어음금액	② 신용장 발행 은행명
③ 지급인의 명칭	③ 신용장 번호 및 발행일
④ 만기의 표시	
⑤ 지급지	
⑥ 지급받을 자 또는 지급받을 자를 지시할 자의 명칭	
⑦ 발행일과 발행지의 표시	
⑧ 발행인의 기명날인 또는 서명	

04 2022 상시 | 110회 13번 | 103회 19번

What risks is the Buyer exposed under Advance Payment method?

A. Country risk of seller
B. Seller's bank risk
C. Seller's performance risk
D. Country risk of buyer

① B&C   ② A&D
☑ A&C   ④ A&B&D

04

선지급 방법 중 매수인에게 노출될 위험은 무엇인가?

A. 매도인의 국가 위험
B. 매도인의 은행 위험
C. 매도인의 계약 이행 위험
D. 매수인의 국가 위험

해설 대금을 선지급하는 경우 매수인은 계약 내용과 일치하는 물품을 받지 못할 위험(상업 위험)에 노출된다. 또한 매도인이나 매수인이 통제할 수 없는 전쟁 위험, 국가 부도 등의 국가 위험에 노출될 수 있다.

어휘 performance risk (수출입) 계약 이행 위험

05

Which of the following CANNOT be inferred from the passage below?

> Dear Mr. Cooper,
>
> Thank you for your letter in reply to our advertisement in EduCare.
>
> Although we are interested in your proposition, the 5% commission you quoted on the invoice values is higher than we are willing to pay. However, the other terms quoted in your quotation would suit us.
>
> Again we do not envisage paying more than 3% commission on net invoice values, and if you are willing to accept this rate, we would sign a one-year contract with effect from 1 August.
>
> One more thing we would like to add is that the volume of business would make it worth accepting our offer.
>
> Yours sincerely,
> Peter

① ✓ Peter is an agent.
② Cooper is engaged in a commission based business.
③ 3% commission is a maximum to the Principal to go with.
④ Low commission might be compensated by large volume of business.

06

What is right type of L/C for the following?

> This is a letter of credit issued for the account of a buyer who is already holding an L/C in favor of buyer. This L/C is issued in favor of the supplier to cover the same shipment as stipulated in the credit already held by the buyer. Terms of both L/Cs, except for the amount and expiration date, are so similar that the same documents presented under the credit are subsequently applied against the credit in favor of the buyer.

① ✓ back to back L/C
② transferable L/C
③ transferred L/C
④ substituted L/C

07

What action should the negotiating bank take?

> A documentary credit advised to a beneficiary payable at sight calls for documents to include an invoice made out in the name of the applicant. Documents presented to the negotiating bank by the beneficiary include a customs invoice but not commercial invoice. All other terms and conditions have been met.

① Reject the documents as non-complying.
② Refer to the issuing bank for authority to pay.
③ Return the documents for amendment by the beneficiary.
④ ✓ Pay the documents as fully complying with the terms of the credit.

08　2022 상시 | 113회 13번 | 105회 19번

Choose one that is NOT correct about the remedies regulated in the CISG(United Nation Convention on Contracts for the International Sale of Goods).

① The buyer may require the delivery of substitute goods only when non-conformity constitutes a fundamental breach of contract.
✓② The buyer may require to repair the goods only when non-conformity constitutes a fundamental breach of contract.
③ When non-delivery of goods constitutes a fundamental breach of goods, the buyer may declare avoidance of contract.
④ The buyer may claim for damage even when non-conformity does not constitute a fundamental breach of contract.

08

CISG(국제물품매매계약에 관한 UN협약)에서 규정하고 있는 구제 수단에 대한 내용으로 옳지 않은 것을 고르시오.

① 매수인은 부적합이 본질적 계약 위반을 구성하는 경우에만 대체물의 인도를 청구할 수 있다.
② 매수인은 부적합이 본질적 계약 위반을 구성하는 경우에만 물품의 수리를 청구할 수 있다.
③ 물품 인도 불이행이 본질적 계약 위반을 구성하는 경우 매수인은 계약을 해제할 수 있다.
④ 매수인은 부적합이 본질적 계약 위반을 구성하지 않더라도 손해배상을 청구할 수 있다.

해설 물품이 계약에 부적합한 경우, 매수인은 모든 상황을 고려하여 불합리한 경우를 제외하고 매도인에게 수리를 통한 부적합의 보완을 청구할 수 있다. 단, 그 부적합이 본질적 계약 위반을 구성하는 경우 매수인은 대체물의 인도를 청구할 수 있다. 따라서 물품 수리는 본질적 계약위반을 구성하지 않더라도 매도인에게 청구할 수 있는 매수인의 권리이다.

어휘 remedy 구제 방법　regulate 규제하다
constitute 구성하다　declare 분명히 말하다

09　2022 상시 | 110회 34번 | 105회 35번

Which is wrong explanation?

① Jettison - To throw goods or tackle overboard to lighten a ship in distress.
② Piracy - An assault on a vessel, cargo, crew or passengers at sea by persons and acts for personal gain.
③ Embargo - A government order to stop movements of ships and cargoes in or out of ports to safeguard the interests of the country.
✓④ Subrogation - A surrender of property by the owner to the insurer in order to claim a total loss, when in fact, the loss may be less than total.

09

다음 중 잘못된 설명은 무엇인가?

① 투하 - 물품이나 장치(도구) 등을 배 밖으로 버려서 조난 위험에 처한 선박의 무게를 가볍게 하는 것
② 해적 행위 - 바다에서 사람들이 선박, 화물 선원들 혹은 승객들을 공격하는 것을 말하며 사적 이익을 위해 하는 행동
③ 출항 금지 - 정부가 자국의 이익을 보호하기 위해서 항구의 안쪽 혹은 바깥쪽에서 선박과 화물의 이동을 금지시키는 것
④ 대위 - 사실상 손실이 전손보다 적을 때, 전손을 주장하기 위해 주인이 보험회사에게 자산을 양도하는 것

해설 ④는 위부(Abandonment)에 대한 설명이다. 위부는 추정전손의 경우 피보험자가 보험자에게 보험목적물에 대한 손해를 현실전손으로 추정토록 하기 위해서 보험목적물에 대한 소유권과 제3자에 대한 구상권을 보험자에게 양도하는 것을 말하며, 대위(Subrogation)는 제3자가 법률상 지위를 대신하여 그가 가진 권리를 취득하거나 행사하는 것을 말한다.

어휘 tackle 도구　overboard 배 밖으로
distress 조난(위험), 곤경　lighten 가볍게하다
assault 공격, 폭행　safeguard 보호하다, 대비하다

10   2022 상시 | 112회 50번 | 105회 45번

Which is right for the blank?

> One of the ways how to deal with the negotiation is that the exporter can get a discount from negotiating bank through (   ) for discrepant documents presented under the Documentary Credit.

✓ under reserve negotiation
② forfaiting
③ factoring
④ confirmation

10

빈칸에 들어갈 알맞은 말은 무엇인가?

매입을 처리할 수 있는 방법 중 하나는 수출상이 신용장 조건 하에 제시된 불일치 서류를 (유보부 매입)을 통해 매입은행으로 부터 할인을 받는 것이다.

① 유보부 매입
② 포페이팅
③ 팩토링
④ 확인

해설 유보부 매입은 매입은행이 하자있는 서류를 매입하여 대금을 지급하고, 수익자는 개설은행의 지급이 거절되면 외국환거래약정서에서 정하는 바에 따라 즉시 매입 대전을 상환해야 한다.

어휘 discrepant 모순된, 어긋난

11   2022 상시 | 112회 61번 | 105회 56번

중재합의에 대한 설명으로 옳지 않은 것은?

① 유효한 중재합의가 존재하는 경우에는 직소금지의 원칙에 따라 소송으로 분쟁을 해결할 수가 없다.
② 분쟁 발생 후에도 중재합의는 별도의 중재계약에 의해 이루어질 수 있다.
③ 우리나라 중재법에 따르면 중재합의는 서면으로 하여야 한다.
✓ 중재합의의 한 형태로서 매매계약서상에 삽입되어 있는 중재 조항은 동 계약서가 무효가 되면 동 중재조항도 그 효력을 자동적으로 상실하게 된다.

11

해설 계약서의 일부로 중재조항을 삽입한 경우 중재합의의 효력이 발생한다. 따라서 계약이 무효가 된다하여도 이미 계약서로 인해 중재합의의 효력이 발생하므로 그 효력이 자동 상실된다고 볼 수 없다.

12   2022 상시 | 116회 63번 | 111회 56번

신용장통일규칙(UCP 600)에서 규정하고 있는 선하증권의 수리요건으로 볼 수 없는 것은?

① 운송인의 명칭과 운송인, 선장 또는 지정 대리인이 서명한 것
② 화물의 본선적재가 인쇄된 문언으로 명시되어 있거나 본선 적재 부기가 있는 것
③ 신용장에 지정된 선적항과 양륙항을 명시한 것
✓ 용선계약에 따른다는 명시가 있는 것

12

해설 신용장에서 선하증권의 제시를 요구하는 경우 용선계약에 따른다는 어떤 표시도 포함하지 않아야 한다(UCP 600 제20조). 용선계약에 따른 선하증권의 경우 용선자의 용선료 미지급에 대해 선주가 해당 선박의 물품을 압류할 수 있으므로 은행의 담보권이 훼손되기 때문이다.

13 2022 상시 | 103회 58번

항공화물대리점과 항공운송주선인에 대한 설명으로 옳지 않은 것은?

① 항공화물대리점은 항공사의 운송약관을 사용하지만, 항공운송주선인은 자신의 운송약관을 사용한다.
② 항공화물대리점은 항공사를 대리하여 운송계약을 체결하지만, 항공운송주선인은 자신이 당사자로서 화주와 운송계약을 체결하므로 화주에 대하여 직접 운송 계약상의 책임을 부담한다.
③ 운송계약을 체결할 때 항공화물대리점은 항공사가 정한 운임률표를 사용하지만, 항공운송주선인은 자신이 정한 운임률표를 사용한다.
✓ 항공화물대리점은 운송사 명의의 House AWB을 발행하지만, 항공운송주선인은 자기 명의의 Master AWB을 발행한다.

13

해설 반대로 설명하고 있다. 항공화물대리점은 항공사 명의의 Master AWB을 발행하지만 항공운송주선인은 자기 명의의 House AWB을 발행한다.

14 2022 상시 | 104회 21번

Read the following and choose the one which is not suitable following underlined such as.

> Different countries have different business cultures so it is a good idea to make sure we have a clear written contract to minimize the risk of misunderstandings. The contract should set out where the goods are being delivered. It should cover who is responsible for every stage of the journey including customs clearance and what insurance is required. It should also make it clear who pays for each different cost.
> To avoid confusion, internationally agreed Incoterms should be used to spell out exactly what delivery terms are being agreed, such as:

① Where the goods will be delivered
② Who arranges transport
✓ When the ownership of goods are transferred
④ Who handles customs procedures, and who pays any duties and taxes

14

다음 지문을 읽고 밑줄 친 such as에 어울리지 않는 것을 고르시오.

나라가 다르면 사업환경도 달라서 오해의 위험을 최소화하기 위해서는 서면 계약서를 정확하게 쓰는 것이 좋습니다. 계약서는 상품들이 어디로 운송되어야 하는지 정립해야 합니다. 세관 통과와 보험이 필요한 곳을 포함한 모든 과정의 각 단계를 책임질 사람을 보호해야 합니다. 또한 각각의 비용을 누가 지불하는지 명확하게 명시해야 합니다.
혼란을 피하기 위해서, 국제적으로 합의된 Incoterms를 사용해서 운송조건이 어떻게 합의가 되었는지 정확하게 써야 합니다. 예를 들면:

① 상품들이 운송되는 곳
② 운송을 준비하는 사람
③ 상품들의 소유자가 언제 이전되는지
④ 누가 통관수속을 하는지, 누가 관세와 세금을 지불하는지

해설 지문의 내용에서 계약물품의 인도시점과 세관 통관에 관한 책임의 문제, 적하보험부보, 기타 비용의 부담을 누가 부담해야 하는지 나타내야 한다고 설명하고 있다. 즉, 인코텀즈를 이용하여 어떤 인도조건으로 합의되는지 확실히 기재하도록 하고 있다. 인코텀즈에서는 인도의 시기, 위험의 이전시기, 운송계약과 비용의 부담, 보험계약의 당사자, 수출통관과 수입통관의 당사자에 대해 규정하고 있다. 그러나 ③ 소유권의 이전에 관해서는 규정하고 있지 않다.

15 [2022 상시] [104회 72번]

포페이팅(Forfaiting)에 관한 설명으로 옳지 않은 것은?

① 포페이팅은 현금을 미리 받고 그 대가로 매출채권을 포기하거나 양도하는 것을 의미한다.
② 포페이팅 거래에서 포페이터는 수출자의 유통 가능한 매출채권을 무소구조건(without recourse)으로 매입한다.
✓ ③ 포페이팅 거래에 사용될 수 있는 증권은 유통불능의 매출채권이다.
④ 포페이팅 거래의 장점은 수출자의 신용위험, 비상위험, 환위험 등을 제거할 수 있다.

15

해설 포페이팅 거래에서 사용할 수 있는 증권은 유통가능의 매출채권으로 환어음과 약속어음이 그 대상이 된다. 기타의 증권과 어음은 대상이 되지 아니한다.

16 [2022 상시] [105회 6번]

What is most appropriate type of L/C for the following?

> We hereby engage with drawers, endorsers and bona-fide holders that drafts drawn and negotiated in conformity with the terms of this credit will be duly honored on due presentation.

① straight credit
✓ ② negotiation credit
③ usance credit
④ confirmed credit

16

다음 내용에 맞는 가장 적절한 신용장 형태는 무엇인가?

당행은 본 신용장 조건에 일치하여 발행되고 매입된 환어음이 제시되면 적절한 절차에 따라 발행인, 배서인 그리고 선의의 소지자에게 지급할 것을 확약합니다.

① 지급 신용장　② 매입 신용장
③ 기한부 신용장　④ 확인 신용장

해설 지문은 ② 매입 신용장(Negotiation Credit)에서 볼 수 있는 지급확약 문언이다.
매입 신용장(Negotiation Credit)은 신용장을 가지고 발행된 환어음이 매입되는 것을 예상하여 매입을 허용하고, 어음의 발행인(Drawer)뿐 아니라 어음의 배서인(Endorser), 어음의 선의의 소지인(Bona-Fideholder)에 대해서도 지급을 확약하고 있는 신용장을 말한다.

어휘 duly 적절한 절차에 따라

17

Choose the one which has different meaning for the underlined part.

① It is our ardent wish to establish a wide sales-network of these lines with your powerful cooperation. ⟨passionate⟩
☑ Such knowledge is requisite if we are to make the most favorable selections. ⟨dispensable⟩
③ We thank you for your letter of June 6 proposing business in Sundry goods ranging from Belts to Umbrellas. ⟨supplies⟩
④ However, if you require more detailed information, we will immediately send the necessary details to meet your demands. ⟨requirements⟩

17

밑줄 친 부분의 의미가 다른 한 개를 고르시오.

① 이것은 당사의 열렬한 희망사항으로 당신의 강력한 협조로 이 제품들의 넓은 판매 네트워크를 만들고자 한다. ⟨열정적인⟩
② 만약 당사가 가장 좋은 선택을 하려면 그런 지식은 필요하다. ⟨없어도 되는⟩
③ 6월 6일자 귀사의 서신에서 벨트에서 우산에 걸친 Sundry 제품들에 대한 사업을 제안해 주셔서 감사합니다. ⟨공급품⟩
④ 하지만, 더 자세한 정보를 요청하시면, 귀사의 요구사항에 맞추기 위해 필요한 사항들을 즉시 보내드리겠습니다. ⟨필요조건⟩

해설 requisite는 '(어떤 목적에) 필요한'의 의미를 갖는다. dispensable은 '불필요한, 없어도 되는' 뜻을 지닌 용어로 requisite와 반대되는 표현이다.

어휘 ardent 열렬한, 굉장한   requisite 필요한
dispensable 불필요한, 없어도 되는

18

Which is not suitable for the blank?

① We conclude that the (　　) "partial shipments are allowed in three lots" could not be same as saying "shipment must be effected in three equal lots". ⟨clause⟩
② The extension of shipment will be subject to (　　) from the invoice amount of penalty money for late shipment equivalent to 0.1 percent per day of the price for the portion thus delayed. ⟨deduction⟩
③ We are enclosing our (　　) No.7 for 20 bales of wool and shall be glad if you will make an immediate shipment. ⟨indent⟩
☑ Owing to the recent congestion of cargo in the port, your order No.60 has been (　　). ⟨early-shipped⟩

18

빈칸에 어울리지 않는 것은 무엇인가?

① 저희는 "부분 선적은 세 부분으로 나눠서 한다"는 (조항)은 "선적은 세 번의 동일한 양으로 이루어져야 한다."라는 말과 같지 않다고 결론을 지었습니다.
② 선적 연장은 선적 지연에 대한 벌금송장에서 (공제)될 것입니다. 이것은 지연된 만큼 일부 금액에 대해 하루 0.1퍼센트에 해당합니다.
③ 저희는 울 200뭉치 (주문서) No.7을 동봉합니다. 귀사가 즉시 선적해 주신다면 감사하겠습니다.
④ 최근에 항구에서 화물의 폭주로 인해, 당신의 주문번호 No.60가 (조기 선적)되었습니다.

해설 항구에서 화물집하량이 폭주하여 지연 선적(late-shipped)되었다고 표현되어야 어울리는 문장이 된다.

어휘 bale 뭉치   indent 주문하다
congestion of cargo 화물의 폭주   requirement 자격요건

19

Fill in the blank with suitable word(s).

> (   ) are widely used in international trade, partly since they are convenient to collect debts from traders abroad. Finance may be arranged in a number of ways against them, both for the buyer and for the seller.

① Letter of Credit ② Factoring
✓ Bills of Exchange ④ Forfaiting

19

빈칸에 어울리는 단어를 찾으시오.

(환어음)은 어느 정도 해외에 있는 무역회사로부터 부채를 추심하기 편리하기 때문에 국제 무역에서 광범위하게 사용된다. 금융은 구매자와 판매자들 모두를 위해서 그들과 반대로 다양한 방법으로 준비가 될 것이다.

① 신용장 ② 팩토링
③ 환어음 ④ 포페이팅

해설 환어음에 대한 설명이다.
채권자인 발행인(Drawer)이 채무자인 지급인(Drawee)에게 일정한 금액(a certain sum)을 증권에 기재된 수취인(Payee) 또는 그 지시인(Orderer) 또는 소지인(Bearer)에게 지급일에 일정장소에서 무조건 지급할 것을 위탁하는(Order)하는 요식유가증권(Formal Instrument)이며 유통증권(Negotiable Instrument)이다. 일반적인 환의 흐름과 달리 수출자(발행인)가 발행하여 수입상(D/P, D/A) 또는 개설은행(L/C)을 지급인으로 하여 지급할 것을 위탁하는 역환의 방식으로 사용된다.

어휘 letter of credit 신용장 factoring 팩토링
bill of exchange 환어음 forfaiting 포페이팅

20

해상보험증권의 해석원칙에 따라 우선적 효력을 갖는 순서대로 나열한 것은?

① ICC약관 → 난외약관 → 본문약관 → 특별약관 → 스탬프약관 → 타자약관 → 수기약관
② 특별약관 → ICC약관 → 난외약관 → 본문약관 → 스탬프약관 → 타자약관 → 수기약관
③ 수기약관 → 타자약관 → 스탬프약관 → 특별약관 → ICC약관 → 본문약관 → 난외약관
✓ 수기약관 → 타자약관 → 스탬프약관 → 특별약관 → ICC약관 → 난외약관 → 본문약관

20

해설 해상보험증권의 해석에 있어서는 수기문언 우선의 원칙이 적용되어 수기문언이 타자된 문언, 스탬프된 문언, 인쇄된 문언에 우선한다. 그리고 나중에 삽입된 약관은 먼저부터 있던 약관에 우선한다. 선후의 차가 없는 것은 특별한 것이 보편적인 보통약관보다 우선한다.

- 신약관의 해석의 원칙상 순서: 수기약관 → 타자약관 → 스탬프약관 → 특별약관 → ICC약관 → 난외약관 → 본문약관
- 구약관의 해석의 원칙상 순서: 수기약관 → 타자약관 → 스탬프약관 → 기타특별약관 → ICC 약관 → 난외약관 → 이태리서체약관 → SG Policy의 본문약관

21

Which is a wrong match?

① (　　) comprehends all loss occasioned to ship, freight, and cargo, which has not been wholly or partly sacrificed for the common safety or which does not otherwise come under the heading of general average or total loss. (Particular average)

② (　　) comprehends all loss arising out of a voluntary sacrifice of a part of either vessel or cargo, made by the captain for the benefit of the whole. (General average)

③ (　　) is payable to the insurer when he issues the policy, unless another arrangement is agreed upon by the parties or required by trade custom. (The insurance premium)

✓ A/An (　　) is an expert in loss settlement in marine insurance, particularly with regard to hulls and hull interest as well as general average. (charterer)

21

잘못 연결된 것은 무엇인가?

① (단독해손)은 선박, 운임 그리고 화물에 대해 공동의 안전을 위해 전체 또는 부분적으로 희생하지 않거나 공동해손이나 전손의 범위에 포함되지 않는 모든 손실의 경우 담보한다.

② (공동해손)은 전체의 이익을 위해 선장에 의해 이루어지는 선박이나 화물 일부의 비자발적인 희생으로 발생하는 모든 손실을 담보한다.

③ (보험료)는 상관습에 의해 요구되거나 계약에서 당사자가 달리 합의하지 않는 한, 보험자가 보험증권을 발급할 때 보험자에게 지급한다.

④ (용선자)는 공동해손뿐만 아니라 특별히 선박 자체와 선박의 피보험이익과 관련된 해상보험에서 손실을 해결하는 전문가이다.

해설 ④는 손해사정인(insurance adjuster, loss adjuster)에 대한 설명이다. 용선자는 선주와 용선계약을 체결하는 당사자를 의미한다.

어휘 comprehend 포함하다　wholly 전적으로
come under the heading of ~의 부류에 들다
trade custom 상관습　　　hull 선체

22

Choose one which best fits the blank.

> Charter Party designates freight room of a ship for a specific period or journey.
> If the contract applies to the entire ship, then a "full charter" is referred to. If, on the other hand, only a particular area of a ship is used, this is called a "part charter". If a ship is chartered without a crew, this is a (　　) charter.

✓ bareboat　　　　② time
③ voyage　　　　④ vacant

22

빈칸에 가장 적합한 것을 고르시오.

용선계약에서는 특정 기간 또는 항해를 위하여 선박의 화물공간(선복)을 지정한다.
계약이 선박 전체에 대해 적용되는 경우 "전부용선"이라고 한다. 반면 선박의 특정 구역만 이용될 때 "일부용선"이라고 한다. 선박이 선원 없이 용선되는 경우 이를 (나용선)이라고 한다.

① 나용선　　　　② 기간
③ 항해　　　　　④ 공실

해설 나용선계약은 선주가 운송업을 영위하는 선사에게 내항성(seaworthiness)을 가진 나선박(bare boat)을 용선해주는 것을 의미한다. 선주는 나선박을 제공하고 용선자는 선박을 제외한 선장, 선원, 장비 및 소요품 일체에 대한 책임을 진다.

어휘 designate 지정하다
freight room 선박의 화물공간(선복)

23

Below explains general average. Fill in the blank.

> If cargo is jettisoned in a successful effort to refloat a grounded vessel, the owners of the vessel and the cargo saved are required to absorb a proportionate share of the loss to compensate the owner of the cargo that has been singled out for sacrifice. The (   ) establish the rights and obligations of the parties when cargo must be jettisoned from a ship.

✓ York-Antwerp Rules
② New York Convention
③ Hague Rules
④ Hamburg Rules

23

다음은 공동해손에 대한 설명이다. 빈칸을 채우시오.

만약 좌초된 배를 성공적으로 인양하기 위한 노력의 일환으로 화물이 투하되었다면, 그러한 행위로 인해 선박이나 화물을 보전한 소유자는 희생 대상으로 지목된 화물의 소유자에 대한 손해 배상액의 일부를 부담하여야 한다. (요크-앤트워프 규칙)은 선박에서 화물을 투하해야 하는 경우 당사자의 권리와 의무에 대해 규정한다.

① 요크-앤트워프 규칙
② 뉴욕협약
③ 헤이그 규칙
④ 함부르크 규칙

해설 공동해손에 관하여는 요크-앤트워프 규칙(YAR)이 적용된다. 이해관계자가 공동해손에 관하여 이 규칙을 적용하기로 합의한 경우, 이 규칙은 각국의 법률, 관습에 우선하여 적용한다.

어휘 jettison 투하   refloat 인양하다
proportionate 비례하는   single out 지목하다, 선발하다

24

Below is typical Foreign Exchange hedge with a Bank. Fill in the blanks.

> • (   ) rates are available for immediate delivery -within two working days- on all major currencies, but this provides no risk protection.
> • Banks quote a (   ) rate, so that customers can remove the risk of exchange rate movements between the commercial contract date and actual receipt of the currency.

✓ Spot - forward Exchange
② Selling - buying
③ Middle - future
④ Forward - option

24

다음은 은행과의 전형적인 외환헤지 거래이다. 빈칸을 채우시오.

• (현물) 환율은 즉시 인도의 경우 (2영업일 이내) 모든 주요통화가 적용되지만 위험예방책은 없다.
• 은행은 (선물) 환율을 고시함으로써 고객은 상거래 계약일과 실제 통화 수령일 사이의 환율 변동에 따른 환위험을 제거할 수 있다.

① 현물 - 선물   ② 매도 - 매입
③ 중간시세 - 선물   ④ 선물 - 옵션

해설 현물환율(Spot Exchange Rate)은 외국환 매매계약 체결 후 2영업일 이내에 대금결제가 이루어지는 거래에서 사용되는 환율이다. 외환매매계약 후 당일 결제되는 거래를 Value Today, 익일 결제되는 거래를 Value Tomorrow, 2영업일에 결제되는 거래를 Value Spot이라고 한다.
선물환율(Forward Exchange Rate)은 외국환 매매계약일로부터 2영업일이 경과한 장래의 특정 기일 또는 특정 기간 내에 대금결제가 이루어지는 거래에서 사용되는 환율이다.

25 [2022 상시] [106회 49번]

Fill in the blanks with the most appropriate word in order.

> Please note that your settlement of our Invoice KEAA-12 is currently past due by three weeks. In the light of your past credit history with us, we presume that a simple oversight must have been involved in this unusual case.
> We hope this _____ account can be settled by the end of this week. For your reference, we are enclosing a copy of the Invoice KEAA-12. Thank you for your continued support. We look forward to your _____ action in this regard.

① unpaying – overdue
✓ outstanding – due
③ debiting – overdue
④ left – due

25
가장 적절한 단어로 빈칸을 순서대로 채우시오.

당사의 청구서 KEAA-12에 대한 귀사의 결제 기한이 3주를 넘기고 있음을 유념해 주십시오. 당사와의 지난 신용거래 기록을 살펴보았을 때 단순한 실수로 이러한 드문 경우가 발생한 것이라고 생각합니다.
당사는 미불계정이 이번 주 말까지 해결될 수 있기를 기대합니다. 청구서 KEAA-12 사본을 동봉하오니 참고 바랍니다. 귀하의 지속적인 성원에 감사드립니다. 이 건에 대한 귀사의 적절한 조치를 기대합니다.

① 미지급 – 기한이 지난
② 미불 – 적절한
③ 차변 – 기한이 지난
④ 나머지 – 적절한

해설 아직 결제되지 않은 금액 즉 미불계정(outstanding account)에 대한 지급을 요청하고 있다. 그리고 글의 말미에는 미불계정에 대한 적절한 조치(due action)를 요청하고 있다.

어휘 in the light of ~을 고려하여
presume 추정하다
for one's reference 참고로

26 [2022 상시] [106회 50번]

Which of the following is WRONG?

① 당사의 조사에 의하면 이곳 시장에서 고가 품목이 진열되지 않을 것입니다.
 → According to our research, this market will not stand a high-priced line.
② 본 기계의 작동 상태를 보시고자 하신다면 현지의 당사 대리점이 찾아뵙고 시연을 해 드리겠습니다.
 → If you want to see the machines' operation, we will arrange for our representative there to demonstrate it at your place.
③ 당사는 직접 광고를 하고 있으므로 귀사의 판매액이 증가할 것이라고 믿습니다.
 → Since we operate our advertising directly, we believe your turnover will increase.
✓ 고객에게 각종 신발을 신속하게 공급하기 위해 홍콩에 대리점 설치를 고려 중에 있습니다.
 → We consider to establish an agency in Hong Kong for the prompt supply of various footwear to our clients.

26
다음 중 잘못된 것은 무엇인가?

해설 consider는 동사를 목적어로 가지는 타동사로서 완전타동사로 사용되는 경우 "~을 고려하다"라는 뜻으로 사용된다. 이때 목적어로는 to부정사를 사용하지 않고 동명사를 취한다. 따라서 consider to establish를 consider establishing으로 수정하여야 한다.

27 2022 상시 106회 54번

국제물류 보안규정과 그 적용 범위로 옳지 않은 것은?

① 선박 및 항만설비보안을 위한 국제규약(ISPS): 선적항 ↔ 양륙항 구간
✓ 세계관세기구의 AEO 제도: 선적항 ↔ 최종목적지
③ 국제표준화기구의 물류보안경영시스템 인증제도(ISO 28000): 제조업체 ↔ 최종목적지
④ 항만보안법(Safe Port Act): 수출지역 ↔ 최종목적지

27

해설 AEO는 "Authorized Economic Operator"의 약자로서 우리말로는 "수출입안전관리 우수업체"를 의미한다. 세계관세기구(WCO)에서는 오래전부터 생산자에서 최종 소비자까지 국제적 물류 흐름에 대한 안전, 즉 수출입 공급망 안전(Supply Chain Security)에 관한 논의를 지속해왔다. 그러던 중 미국은 9.11 테러 이후 무역 안전을 위한 새로운 물류보안 제도와 규정을 시행하였다. 그러나 이는 보안에만 중점을 두었기 때문에 리드타임을 지연시키는 비관세장벽으로 작용하였다. WCO(세계관세기구)에서는 이러한 문제점을 보완하여 2005년 6월 "무역안전과 원활화에 관한 국제규범(WCO SAFE Framework)"을 수립하였고 여기에서 탄생한 것이 AEO이다.

28 2022 상시 107회 2번

What does the underlined refer to?

After shipment, an exporter prepares a bill of exchange stating how much is to be paid and when.
For this the exporter submits a <u>form</u> to the remitting/negotiating bank, accompanied by documents with the exporter's instructions for acceptance or payment of drawee/importer.

✓ Collection order   ② Payment order
③ Remitting order   ④ Negotiation order

28

밑줄 친 부분이 의미하는 것은 무엇인가?

선적 후, 수출자는 지급액과 지급일을 언급하는 환어음을 준비한다. 이를 위해 수출자는 지급인/수입자의 인수 또는 지급에 대한 수출자의 지시가 기재되어 있는 서류를 첨부하여 추심의뢰은행/매입은행에 <u>양식</u>을 제출한다.

① 추심지시서   ② 지급지시서
③ 송금지시서   ④ 매입지시서

해설 환어음이 사용되고 추심의뢰은행을 이용하는 대금결제 방식은 추심방식이므로, 밑줄 친 부분은 추심을 의뢰하는 양식인 추심지시서를 의미한다.

어휘 bill of exchange 환어음 remitting bank 추심의뢰은행 drawee (환어음의) 지급인   collection 추심

29 [2022 상시] [107회 35번]

Fill in the blanks with suitable words.

> The term (가) means shipping goods in different batches and on different periods stipulated in the letter of credit. This has to be made within the stipulated period mentioned in the letter of credit. In such cases, failure to ship any installment within the period allowed will render the letter of credit (나) for that installment and any subsequent installments.

☑ (가) installment shipment — (나) inoperative
② (가) installment shipment — (나) operative
③ (가) partial shipment — (나) operative
④ (가) partial shipment — (나) inoperative

29
빈칸을 적절한 단어로 채우시오.

(가: 할부선적)이라는 용어는 신용장에 명시된 여러 번 그리고 다른 시기에 물품을 선적하는 것을 의미한다. 이것은 신용장에 언급된 기간 내에 이루어져야 한다. 이러한 경우 허용된 기간 내에 할부선적이 이행되지 않는다면 해당 할부선적분과 차후 선적분에 대해 신용장은 (나: 무효화)된다.

① (가) 할부선적 – (나) 무효인
② (가) 할부선적 – (나) 유효한
③ (가) 분할선적 – (나) 유효한
④ (가) 분할선적 – (나) 무효인

해설 할부선적은 분할선적의 일종으로 특정 기간 동안 일정량의 화물을 수차례에 걸쳐 선적하는 것을 의미한다. 신용장거래에서 할부선적을 지시하는 경우에는 신용장상의 'Installment schedule'에 따라 반드시 지정된 기간 내에 지정된 물량만을 선적해야 하며 이를 위반할 경우 미이행분부터 이후의 선적분에 대해 신용장은 무효가 된다.

어휘 batch 집단, 무리   letter of credit 신용장
installment shipment 할부선적

30 [2022 상시] [107회 39번]

Choose one that can NOT be replaced for the underlined parts.

☑ Because of rise in cost, we are reluctantly compelled to adjust our prices to cover at least part of this rise. → willing to
② If your order is large enough, then we may allow you a special discount considerably. → substantially
③ This offer is open for your acceptance on or before June 6. → not later than June 6
④ We kindly ask you to dispatch your engineers to visit here for inspection. → arrange your engineers

30
밑줄 친 부분을 대체할 수 없는 것을 고르시오.

① 비용상승으로 인해 당사는 적어도 이러한 상승의 일부를 충당하기 위해 어쩔 수 없이 가격을 조정하지 않을 수 없었습니다. → willing to(기꺼이 하다)
② 귀사의 주문량이 많으면, 당사는 귀사에 상당한 특별할인을 제공할 수 있습니다.
③ 이 청약은 6월 6일 이전까지 귀하의 승낙을 위해 발행되었습니다.
④ 당사는 검사를 위해 이곳으로 귀사 기술자의 파견을 요청드립니다.

해설 원가상승 요인이 발생하여 '어쩔 수 없이' 가격을 조정하였다는 내용이므로 willing to(기꺼이 하다)라는 표현은 적절하지 않다.

어휘 reluctantly 마지못해, 어쩔 수 없이
be compelled to 어쩔수 없이 ~하다
willing to 기꺼이 ~하다   considerably 상당히, 상당한

31 | 2022 상시 | 113회 72번 | 109회 67번 | 107회 59번

무역클레임에 대비하여 계약서에 삽입하는 조항에 관한 설명으로 옳지 않은 것은?

① Arbitration clause는 분쟁해결방법을 중재로 선택하는 경우에 사용하는 조항이다.
② Entire agrement clause는 계약서가 유일한 합의서이고, 다른 것의 내용은 인정하지 않는다는 완전합의 조항이다.
③ Non waiver clause는 클레임이나 권리의 포기는 서면으로 승인하거나 확인한 경우에만 포기한 것으로 간주한다는 조항이다.
✔ Warranty Disclaimer clause는 통상적으로 요구되는 정도의 안정성 또는 기능 등에 대해 묵시적으로 보장하는 조항이다.

31

해설 보증면책조항(Warranty Disclaimer clause)은 품질보증조항의 반대 개념으로 물품의 품질보증 또는 하자 담보에 대한 위반 시 명시적으로 약속한 것 이외에는 보장하지 않는다는 내용을 명시한 조항이다(담보책임 부정을 위한 조항).

32 | 2022 상시 | 107회 60번

정부간 수출계약에 관한 설명으로 옳은 것은?

① 정부는 정부간 수출계약과 관련하여 경제적 이익은 물론 손실도 부담하여야 한다.
② 정부간 수출계약의 전담기관은 한국무역협회이다.
✔ 전담기관은 정부간 수출계약에서 당사자 지위를 수행한다.
④ 전담기관은 외국 정부의 구매요구 사항을 이행할 국내 기업을 선정한다.

32

해설 ① 정부는 정부 간 수출계약과 관련하여 어떠한 경우에도 경제적 이익을 갖지 아니하고, 보증채무 등 경제적 책임 및 손실을 부담하지 아니한다(대외무역법 제32조의 2 제2항).
② 정부 간 수출계약 전담기관은 대한무역투자진흥공사이다.
④ 전담기관은 외국 정부의 구매요구 사항을 이행할 국내 기업을 추천한다.

33 2022 상시 | 108회 33번

Which is NOT proper for the blanks?

① ✓ (　　) means the right to recover from a prior party to a bill of exchange which has been negotiated if such bill of exchange is not (　　). (Redemption − honoured)
② In order to (　　) ourselves for this shipment we have drawn on Korea Exchange Bank (　　) 30 days' sight under their L/C No. 87569. (cover − at)
③ Drafts will be (　　) at sight with (　　) attached under the L/C opened. (drawn − documents)
④ Against this shipment, we have (　　) on you at sight for the invoice amount under the L/C No. 55 and ask you to (　　) it upon presentation. (issued − pay)

33

빈칸에 들어가기에 적절하지 않은 것은 무엇인가?

① (상환)은 환어음이 (결제)되지 않을 경우 매입된 환어음의 이전 당사자로부터 회수할 수 있는 권리를 의미합니다.
② 이 선적에 대한 당사의 (대금 회수)를 위해 신용장 번호 87569에 따라 한국 외환은행을 지급인으로 하는 일람 후 30일 출급 환어음을 발행하였습니다.
③ 환어음은 개설된 신용장에 따른 (서류)를 첨부하여 일람지급으로 (발행)될 것입니다.
④ 이번 선적에 대하여, 당사는 신용장 번호 55에 따른 송장금액에 대해 귀하를 지급인으로 하여 일람출급으로 (발행)하였고 제시에 따라 (지급)해 주실 것을 요청합니다.

해설 환어음을 매입한 매입은행이 개설은행으로부터 결제(honour) 받지 못하는 경우 환어음 매입 의뢰인(수출자)으로부터 지급한 대금을 회수할 수 있는 권리는 소구권(recourse) 또는 상환청구권이라고 한다.

어휘 redemption 상환　　recover 회복하다, 되찾다
draw on ~을 지급인으로 하는
days' sight(= days after sight) 일람 후 ~일 출급
draft(= bill of exchange) 환어음

34 2022 상시 | 109회 22번

Which is NOT suitable for the blank?

① We conclude that the (　　) "partial shipments are allowed in three lots" could not be same as saying "shipment must be effected in three equal lots". ⟨clause⟩
② The extension of shipment will be subject to (　　) from the invoice amount of penalty money for late shipment equivalent to 0.1 percent per day of the price for the portion thus delayed. ⟨deduction⟩
③ We are enclosing our (　　) No.7 for 200 bales of wool and shall be glad if you will make an immediate shipment. ⟨indent⟩
④ ✓ Owing to the recent congestion of cargo in the port, your order No.60 has been (　　). ⟨early−shipped⟩

34

빈칸에 적절하지 않은 것은 무엇인가?

① 저희는 "분할 선적은 세 부분으로 나눠서 한다."는 (조항)은 "선적은 세 번의 동일한 양으로 이루어져야 한다."라는 말과 같지 않다고 결론을 지었습니다.
② 선적 연장은 선적 지연에 대한 벌금이 송장금액에서 (공제)되는 것을 조건으로 합니다. 이것은 지연된 만큼 1일당 금액의 0.1%에 해당합니다.
③ 저희는 양털 200뭉치에 대한 (주문서) 7호를 동봉합니다. 귀사가 즉시 선적해 주시면 감사하겠습니다.
④ 최근에 항구에서 화물의 혼잡으로 인해, 귀사의 주문서 60호 물품이 (조기 선적)되었습니다.

해설 항구에서 화물 집하량이 폭주하여 지연 선적(Late−shipped) 되었다고 표현해야 어울리는 문장이 된다.

어휘 clause 조항　　equivalent 맞먹는, 동등한
deduction 공제, 할인　　bale 뭉치
indent 주문　　congestion 혼잡

[35~36] Read the following and answer.

We have recently opened an electrical goods store at the above address and (a) have received some enquiries for (b) the following domestic appliances by which at present we hold ample stocks:
Swanson Electric Kettles, 2 litre
Cosiwarm Electric Blankets, single-bed size

When I phoned you this morning, (c) you informed me that all these items are available in stock for immediate delivery. Please let me have your prices and terms for payment 2 months from date of invoicing. (d) If prices and terms are satisfactory, we would place with you a first order for 10 of each of these items.
The matter is of some urgency and I would appreciate an early reply.

35

Which contains the LEAST proper expression?

① (a)   ✓② (b)   ③ (c)   ④ (d)

36

Which is LEAST likely to be included in a reply of this letter?

① Prices include packing and delivery to your premises.
② As there may be other items in which you are interested, I enclose copies of our current catalogue and price list.
③ The above are current catalogue prices from which we would allow you a 10% discount for cash payment.
✓④ I'd like to get a better idea of the component costs.

37

Fill in the blanks.

> The marine insurance will be valid if the person is having (ⓐ) at the time of loss. The (ⓑ) will depend upon the nature of sales contract. If exporter sends the goods to buyer on an FOB basis, for any loss arising during transit the buyer is entitled to get the compensation from the insurance company.

✓ ⓐ insurable interest — ⓑ insurable interest
② ⓐ insurance amount — ⓑ insurable interest
③ ⓐ insurance certificate — ⓑ insurance certificate
④ ⓐ insurance amount — ⓑ insured amount

38

What is MOST suitable for the blank (ⓐ)?

> In doing international trade, the most direct method of hedging FX risk is a forward contract, which enables the exporter to sell a set amount of foreign currency at a pre-agreed exchange rate with a delivery date from three days to normally one year into the future. In short, forward contract is an agreement to buy and sell currencies (ⓐ).

✓ at a specified price on a future date
② at a market price determined in future
③ for favourable price on part of exporter
④ for exporter who has an option to conclude the contract

39 `2022 상시` `110회 35번`

The following is about infringement clause. Put the right words for the blanks (ⓐ~ⓒ).

> (ⓐ) shall not be liable for infringements of patents, designs, trademarks or copyrights involving goods. If any dispute arises concerning patents, designs, trademarks or copyrights as the result of the sale of the goods by (ⓑ), (ⓒ) shall, at its own risk and expenses, take all such steps as may be necessary to protect itself.

① ⓐ buyer – ⓑ seller – ⓒ buyer
② ⓐ buyer – ⓑ seller – ⓒ seller
③ ⓐ seller – ⓑ buyer – ⓒ seller
✓ ⓐ seller – ⓑ seller – ⓒ buyer

39

다음은 권리침해 조항에 대한 것이다. (ⓐ~ⓒ) 빈칸에 알맞은 단어를 채우시오.

(ⓐ: 매도인)은 특허권, 디자인, 상표나 제품과 관련된 저작권 침해에 대한 책임을 지지 않아도 된다. 만일 (ⓑ: 매도인)의 물품 판매의 결과로 특허권, 디자인, 상표권이나 저작권과 관련하여 어떠한 분쟁이 발생하는 경우 (ⓒ: 매수인)은 자신의 위험과 비용으로, 스스로를 보호하기 위해 필요한 절차들을 모두 밟아야 된다.

어휘 patent 특허권   trademark 상표   copyright 저작권

40 `2022 상시` `111회 25번`

In accordance with UCP 600, what MUST the issuing bank do?

> A documentary credit pre-advice is issued on 1 March for USD 500,000 with the following terms and conditions:
> - Partial shipment allowed.
> - Latest shipment date 30 April.
> - Expiry date 15 May.
> On 2 March the applicant requests an amendment prohibiting partial shipment and extending the expiry date to 30 May.

① Clarify with the applicant the period for presentation.
✓ Issue the documentary credit as originally instructed.
③ Issue the documentary credit incorporating all the amendments.
④ Issue the documentary credit incorporating only the extended expiry date.

40

UCP 600에 따르면, 개설은행이 해야 하는 것은 무엇인가?

3월 1일에 미화 500,000달러에 대해 다음과 같은 조건으로 화환 신용장 사전 통지가 개설되었다.
- 분할 선적 허용
- 최종 선적일: 4월 30일
- 유효기한: 5월 15일

3월 2일에 개설의뢰인은 분할 선적을 금지하는 것과 유효기한을 5월 30일까지 연장하는 것에 대해 조건 변경을 요청하였다.

① 개설의뢰인에게 제시기간을 명확히 하도록 한다.
② 최초 지시받은 대로 화환 신용장을 개설한다.
③ 모든 조건 변경을 포함한 화환 신용장을 개설한다.
④ 유효기한 연장만을 포함한 화환 신용장을 개설한다.

해설 사전 통지를 보낸 개설은행은 이와 불일치하지 않는 조건으로 지체없이 취소 불능의 유효한 신용장을 개설하여야 한다(UCP 600 제11조b항).

어휘 incorporate 포함하다

41 2022 상시 | 111회 75번

수출자 또는 수출 물품 등의 제조업자에 대한 외화획득용 원료 또는 물품 등의 공급 중 수출에 공하여지는 것으로 수출 실적의 인정 범위에 해당하지 않는 것은?

① 내국 신용장(Local L/C)에 의한 공급
✓ ② 내국 신용장(Local L/C)의 양도에 의한 공급
③ 구매확인서에 의한 공급
④ 산업통상자원부장관이 지정하는 생산자의 수출 물품 포장용 골판지 상자의 공급

해설 외화획득용 원료·물품의 국내 공급 중 내국 신용장에 의한 공급, 구매확인서에 의한 공급, 수출 물품 포장용 골판지 상자의 공급은 수출 실적으로 인정된다. 내국 신용장의 양도에 의한 공급은 수출 실적으로 인정되지 않는다.

42 2022 상시 | 111회 23번

Which is a LEAST appropriate match?

> A (a) forwarder booked 2×20′ containers with (b) a shipping line to Doha on behalf of (c) his client. Due to a mistake of the shipping line staff, the shipping line shipped 1×20′ to Doha and put the other 1×20′ with some other clients' container and shipped it to Bremerhaven. By the time the forwarder found this mistake out, the container was already on its way to (d) Bremerhaven. The shipping line has advised that this container will be rerouted but the container will take about 60 days to reach Doha instead of the original transit time of 20 days if it had gone directly.

① (a) is a NVOCC
② (b) is a VOCC
③ (c) is an exporter
✓ ④ (d) is an original destination

가장 적절하지 않게 연결된 것은 무엇인가?

(a) 포워더는 도하로 가는 20피트 컨테이너 2대를 (c) 그의 고객을 대신하여 (b) 선박회사에 예약하였다. 선박회사 직원의 실수로 인해 20피트 컨테이너 한 대는 도하로 선적하였고 남은 나머지 한 대는 다른 고객의 컨테이너와 함께 브레머하펜으로 선적하였다. 포워더가 실수를 발견하였을 때 컨테이너는 이미 (d) 브레머하펜으로 가고 있었다. 선박회사는 이 컨테이너가 운송로가 변경될 것이나 해당 컨테이너가 곧장 운송되었다면 도하까지 소요되는 원래 운송 일자인 20일 대신에 약 60일의 기간이 소요될 것이라고 통지하였다.

① (a)는 NVOCC(무선박운송인)이다.
② (b)는 VOCC(선박운송인)이다.
③ (c)는 수출자이다.
④ (d)는 원래의 목적지이다.

해설 원래의 도착지는 도하이나 선박회사의 실수로 한 대는 도하로 다른 한 대는 브레머하펜으로 잘못 선적하였다.

어휘 reroute (운송로를) 바꾸다

43

The following is related to insurance. What are the proper words to be filled in the blanks A and B?

> In order to recover under this insurance, the (A) must have an insurable interest in the subject-matter insured at the time of (B).

① A: assurer   B: the loss
② A: assured   B: the loss ✓
③ A: assurer   B: the insurance contract
④ A: assured   B: the insurance contract

44

Which is MOST appropriate for the blank?

> I was surprised and sorry to hear that your Order No.1555 had not reached you. On enquiry I found that it had been delayed by a local dispute on the cargo vessel SS Arirang on which it had been loaded. I am now trying to get the goods transferred to the SS Samoa which is scheduled to sail for Yokohama before the end of next week.
> (   ).

① I shall remind you if this happens again
② Please keep me be informed of the sailings
③ We can reach an amicable agreement in the near future
④ I shall keep you informed of the progress ✓

[45~46] Read the following and answer.

Dear Mr. Cox

We are a large motorcycle wholesale chain with outlets throughout Korea, and are interested in the heavy touring bikes displayed on your stand at the Tokyo Trade Fair recently.

There is an increasing demand here for this type of machine. Sales of larger machines have increased by more than 70% in the last two years, especially to the 40-50 age group, which wants more powerful bikes and can afford them.

We are looking for a supplier who will offer us an exclusive agency to introduce heavy machines. At present we represent a number of manufacturers, but only sell machines up to 600cc, which would not compete with your 750cc, 1000cc, and 1200cc models.

We operate on a 10% commission basis on net list prices, with an additional 3% del credere commission if required, and we estimate you could expect an annual turnover in excess of US $5,000,000.00 with an advertising allowance we could probably double this figure.

We look forward to hearing from you.

Steve Kim

45 [2022 상시] [115회 2번]

What can NOT be inferred?

✓ ① Steve would like to represent same line of bikes with their current suppliers.
② Mr. Cox's company is engaged in heavy touring bikes.
③ Steve Kim may take endbuyers' credit risk.
④ 40-50 age Korean consumers tend to buy bikes with large engine displacement.

46

Which is NOT related with del credere?

① Del credere agent here guarantees that a buyer is trustworthy.
② Del credere agent here compensates the principal in case the buyer defaults.
③ To cover credit risk, del credere agents charge higher commission rates.
④ ✓ A del credere agent is an agent who guarantees the solvency of third parties with whom the agent contracts on behalf of the buyer.

47

Which can NOT be inferred from the following correspondence?

> Dear Mr. Han,
> With reference to your letter, we are pleased to inform you that we have been able to secure the vessel you asked for.
> She is the SS Eagle and is docked at present in Busan. She is a bulk carrier with a cargo capacity of seven thousand tons, and has a speed of 24 knots which will certainly be able to make the number of trips in two months.
> Once the charter is confirmed, we will send you a charter party.
> Yours sincerely

① ✓ Shipper has a lot of goods in containers.
② Time charter is appropriate for the transaction.
③ The charter party to be issued is not negotiable.
④ The writer is a chartering broker.

48

Which CANNOT be included in the underlined these?

> When these are used, the seller fulfills its obligation to deliver when it hands the goods over to the carrier and not when the goods reach the place of destination.

① CPT   ✓② EXW
③ CIF   ④ FOB

49

Which of the following is LEAST grammatically appropriate?

> We have received (a) the number of enquiry for floor coverings suitable for use on the rough floors which seem to be a feature of much of the new building (b) taking place in this region.
> It would be helpful (c) if you could send us samples showing your range of suitable coverings. A pattern-card of the designs (d) in which they are supplied would also be very useful.

✓① (a)   ② (b)   ③ (c)   ④ (d)

50

Which has the LEAST proper explanation?

① Negotiable B/L – Bills of lading which are made out to one's order.
② Received B/L – A bill of lading evidencing that the goods have been received into the care of the carrier, but not yet loaded on board.
✓ Foul B/L – A bill of lading which has been not qualified by the carrier to show that the goods were not sound when unloaded.
④ Straight B/L – A bill of lading which stipulates that the goods are to be delivered only to the named consignee.

51

What is the appropriate name for the (A) foreign bank?

> A sight draft is used when the exporter wishes to retain title to the shipment until it reaches its destination and payment is made.
> In actual practice, the ocean bill of lading is endorsed by the exporter and sent via the exporter's bank to the buyer's bank. It is accompanied by the sight draft with invoices, and other shipping documents that are specified by either the buyer or the buyer's country(e.g., packing lists, consular invoices, insurance certificates). The foreign bank notifies the buyer when it has received these documents. As soon as the draft is paid, the (A) foreign bank turns over the bill of lading thereby enabling the buyer to obtain the shipment.

✓ ① collecting bank ② remitting bank
③ issuing bank   ④ nego bank

52 2022 상시 | 116회 15번

The following is about CIF, Incoterms 2010. Choose the wrong one.

① The seller delivers the goods on board the vessel or procures the goods already so delivered.
② The seller must contract for and pay the costs and freight necessary to bring the goods to the named port of destination.
✓ The seller contracts for insurance cover for the seller's risk of loss of or damage to the goods during the carriage.
④ The buyer should note that the seller is required to obtain insurance only on minimum cover.

52

다음은 Incoterms 2010의 CIF 조건에 관한 것이다. 잘못된 것을 고르시오.

① 매도인은 물품을 본선에 적재하여 인도하거나 이미 그렇게 인도된 물품을 조달한다.
② 매도인은 물품을 지정 목적항까지 운송하는 데 필요한 계약을 체결하고 이에 따른 비용과 운임을 부담한다.
③ 매도인은 운송 중 매도인의 물품의 멸실 또는 손상에 대한 위험을 위해서 보험계약을 체결한다.
④ 매수인이 유의해야 할 점은 매도인은 단지 최소 조건으로 부보하도록 요구된다는 점이다.

[해설] CIF 조건에서 매도인은 매수인의 물품의 멸실 또는 손상 위험에 대비하여 보험계약을 체결할 의무가 있다.

53 2022 상시 | 116회 17번

What does the following explain?

> The purchase of a series of credit instruments such as drafts drawn under usance letters of credit, bills of exchange, promissory notes, or other freely negotiable instruments on a "nonrecourse" basis.

✓ forfaiting
② factoring
③ negotiation
④ confirmation

53

다음의 설명은 무엇인가?

기한부 신용장하에서 발행된 환어음, 약속어음 또는 "비소구권"에 기초한 유통어음과 같은 일련의 신용증권의 구매

① 포페이팅 ② 팩토링
③ 매입   ④ 확인

[해설] 포페이팅은 현금을 대가로 채권을 포기 또는 양도한다는 것을 의미한다. 수출 거래에 따른 환어음이나 약속어음을 소구권 없이 (Without Recourse) 고정 이자율로 할인하여 신용 판매(외상 판매)를 현금 판매로 전환시키는 금융 기법의 일종이다.

[어휘] bill of exchange 환어음   non-recourse 비소구권
negotiable instrument 유통어음

54

Fill in the blank with suitable word.

> A _____ letter of credit allows the beneficiary to receive partial payment before shipping the products or performing the services. Originally these terms were written in red ink, hence the name. In practical use, issuing banks will rarely offer these terms unless the beneficiary is very creditworthy or any advising bank agrees to refund the money if the shipment is not made.

① simple
✓ anticipatory
③ black
④ None of the above

55

Select the right words in the blanks under negotiation letter of credit operation.

> We hereby engage with ( ) that draft(s) drawn under and negotiated in ( ) with terms and conditions of this credit will be duly ( ) presentation.

① drawers and/or drawee − accordance − paid on
✓ drawers and/or bona fide holders − conformity − honoured on
③ drawers and/or payee − conformity − accepted on
④ drawers and/or bone fide holders − accordance − accepted on

56

Which is right under the following passage under Letter of Credit transaction?

> Where a credit calls for insurance certificate, insurance policy is presented.

① Insurance policy shall accompany a copy of insurance certificate.
② Insurance certificate shall only be presented.
③ Insurance policy can be accepted. ✓
④ Insurance certificate shall accompany a copy of insurance policy.

57

Which could not be replaced with the underlined?

> Dear Mr. Simpson,
> Could you please ⓐpick up a consignment of 20 C2000 computers and make the necessary arrangements for them to be ⓑshipped to Mr. M.Tanner, NZ Business Machines Pty, 100 South Street, Wellington, New Zealand?
> Please ⓒhandle all the shipping formalities and insurance, and send us five copies of the bill of lading, three copies of the commercial invoice, and the insurance certificate. We will ⓓadvise our customers of shipment ourselves.
> Could you handle this as soon as possible? Your charges may be invoiced to us in the usual way.
> Neil Smith

① ⓐ collect
② ⓑ transported
③ ⓒ incur ✓
④ ⓓ inform

58

Which is NOT properly translated into Korean?

> (a) We regret having to remind you that we have not received payment of the balance of £105.67 due on our statement for December. (b) This was sent to you on 2 January and a copy is enclosed. (c) We must remind you that unusually low prices were quoted to you on the understanding of an early settlement. (d) It may well be that non-payment is due to an oversight, and so we ask you to be good enough to send us your cheque within the next few days.

① (a) 12월 계산서에 지급되어야 하는 105.67파운드가 아직 정산되지 않아 독촉장을 보내게 되어 유감입니다.
② (b) 계산서는 1월 2일에 발송하였으며 여기 사본을 동봉합니다.
③ (c) 귀하에게 상기시켜 드리기는 이번 건은 유독 낮은 가격을 빨리 견적해 드린 것임을 이해해 주시기 바랍니다.
④ (d) 혹시 실수로 금액 지불이 늦어진 것이라면 2~3일 내로 수표를 보내 주시면 감사하겠습니다.

59

Which of the following statements about Stand-by L/C is NOT correct?

> (a) A Stand-by Letter of Credit ('SBLC') can be used as a safety mechanism in a contract for service. (b) A reason for this will be to hedge out risk. In simple terms, (c) it is a guarantee of payment which will be issued by a bank on the behalf of a client and which is perceived as the "payment of last resort". (d) This will usually be avoided upon when there is a failure to fulfill a contractual obligation.

① (a)   ② (b)   ③ (c)   ④ (d)

60 2022 상시 117회 49번

Chose what is NOT correct 1) ~ 3).

> According to CISG provision, the seller may declare the contract avoided;
> 1) _____
> 2) _____
> 3) _____

① If the failure by the buyer to perform any of his obligations under the contract or this Convention amounts to a fundamental breach of contract.

② If the buyer does not, within the additional period of time fixed by the seller, perform his obligation to pay the price.

③ If the buyer does not, within the additional period of time fixed by the buyer, perform his obligation to deliver the goods.

④ If the buyer declares that the buyer will not perform his obligation to pay the price or take delivery of the goods within the period within the additional period of time fixed by the seller.

60

1) ~ 3)에 적절하지 않은 것을 고르시오.

비엔나협약 조항에 따르면, 매도인은 계약 해제를 선언할 수 있다.
1) _____
2) _____
3) _____

① 계약 또는 이 협약상 매수인의 의무 불이행이 본질적 계약 위반이 되는 경우
② 매수인이 매도인이 정한 부가기간 내에 대금 지급을 이행하지 않은 경우
③ 매수인이 매수인이 정한 부가기간 내에 물품을 인도하지 않은 경우
④ 매수인이 매도인이 정한 부가기간 내에 대금 지급 또는 물품 수령 의무를 이행하지 아니하겠다고 선언한 경우

해설 ③ fixed by the buyer → fixed by the seller, deliver the goods → take delivery of the goods로 수정되어야 한다.

어휘 provision 조항　　declare 선언하다
fundamental 본질적인　　breach 위반

61 2022 상시 117회 72번

복합운송인의 책임에 관한 법제도와 책임한도에 대한 설명으로 옳지 않은 것은?

① 이종책임체계(network liability system)는 손해발생 구간이 확인된 경우와 확인되지 않은 경우로 나누어 각각 다른 책임법제를 적용하는 방법이다.
② 복합운송인은 화물의 손해가 복합운송인의 관리하에 있는 경우에 책임을 져야 하지만 그 결과를 방지하기 위해 모든 조치를 취한 경우는 예외이다.
✓ ③ 수화인은 화물의 인도예정일로부터 연속하여 90일 이내에 인도지연의 통지를 하지 않으면 인도지연으로 인한 손해배상청구권이 상실된다.
④ 화물의 인도일로부터 2년이 경과한 법적 절차나 중재 절차의 개시는 무효이다.

61

해설 인도일 경과 후 연속하여 90일 이내에 인도되지 아니하면 손해배상 청구인(보통 수화인)은 반증이 없는 경우 그 물건이 멸실한 것으로 처리하고 손해배상청구를 할 수 있다(복합운송선하증권표준약관 제6조 복합운송인의 책임).

62 2022 상시 118회 4번

Which documentary credit enables a beneficiary to obtain pre-shipment financing without impacting his banking facility?

① Standby L/C
✓ ② Red clause L/C
③ Revolving L/C
④ Back-to-back L/C

62

수익자가 자신의 금융 기관에 영향을 끼치지 않고 선적 전 신용공여가 가능한 화환 신용장은 무엇인가?

① 보증 신용장
② 선대 신용장
③ 회전 신용장
④ 동시개설 신용장(견질 신용장)

해설 선대(전대) 신용장은 개설은행이 매입은행으로 하여금 수출상에게 선적 전에 일정한 조건으로 수출 대금을 지급할 수 있도록 허용한 신용장이다. Packing L/C, Advance Payment L/C, Anticipatory L/C라고도 불린다.
① 보증 신용장: 해외에 나가 있는 지점이나 지사가 자금 융통이나 지급 보증 등 금융 서비스를 받을 수 있도록 국내의 본사가 국내의 은행에 요청해서 발행해 주는 신용장
③ 회전 신용장: 수출자와 수입자가 지속적으로 거래하는 경우에 사용되는 것으로 일정한 기간이 지나면 자동으로 일정한 금액이 갱신되는 신용장
④ 동시개설 신용장: 거래 당사자 간에 같은 금액의 물품을 동시에 수출, 수입하는 경우 양 당사자가 같은 금액에 대한 신용장을 동시에 개설할 때에만 유효한 신용장

[63~64] Read the following and answer.

Dear Peter Park,

I intend to place a substantial order with you in the next few months.

As you know, over the past two years I have placed a number of orders with you and *settled promptly*, so I hope this has established my reputation with your company. Nevertheless, if necessary, I am willing to supply references.

I would like, if possible, to settle future accounts every three months with payments against quarterly statements.

63 [2022 상시] [118회 22번]

Which is LEAST similar to settled promptly?

① ✓ debited per schedule
② paid punctually
③ cleared punctually
④ paid on schedule

64 [2022 상시] [118회 23번]

What can be inferred from the above?

① Peter Park is a buyer.
② The writer wants to place an initial order with the seller.
③ References are to be provided if the buyer is afraid of seller's credit.
④ ✓ The seller may send invoices for settlement on a quarterly basis provided that the request is accepted.

65 2022 상시 118회 35번

Which is NOT grammatically correct?

(A) All disputes, controversies or differences which may raise (B) between the parties out of or in relation to or (C) in connection with contract, for the breach thereof (D) shall be finally settled by arbitration in Seoul.

✓ (A)   ② (B)   ③ (C)   ④ (D)

65

문법적으로 옳지 않은 것은 무엇인가?

(C) 해당 계약과 관련하여 혹은 그것에 대한 위반으로 인해 (B) 양당사자간에 발생하는 (A) 모든 분쟁, 논쟁 또는 의견 차이는 (D) 서울에서 중재에 의해 최종적으로 해결될 것이다.

해설 may raise라고 되어 있는 부분이 may arise로 바뀌어야 한다. raise는 '(무언가)가 위로 움직이다'라는 의미이며, arise는 '(무슨 일이) 생기거나 일어나다, 발생하다'라는 의미이다.

어휘 controversy 논쟁

66 2022 상시 118회 45번

What is correct about the bearer?

✓ Bearer is someone who owns or possesses a B/L.
② Bearer is not able to assign the B/L to others.
③ Bearer is normally bank in negotiable B/L operation.
④ Bearer can not hold the B/L but endorse it to third party for assignment.

66

소지인에 관한 것 중 옳은 것은?

① 소지인은 선하증권을 소유하거나 점유한 자이다.
② 소지인은 다른 자에게 선하증권을 양도할 수 없다.
③ 소지인은 유통가능 선하증권 운용에 있어 은행이 된다.
④ 소지인은 선하증권을 보유할 수 없지만 양도를 위해 제3자에게 배서한다.

해설 소지인(Bearer)은 배서인의 배서에 의해 선하증권을 정당하게 양도받은 당사자를 의미하며, 선사에 서류를 제시함으로써 물품을 인수할 수 있는 자격이 있는 자이다. 매입 신용장 방식에 있어서 서류를 매입한 은행이 정당한 소지인이 될 수 있으며, 신용장 이외의 방식에서 은행 외에 정당하게 서류를 양도받은 자도 소지인이 될 수 있다.

어휘 assign 양도하다, 할당하다   endorse 배서하다
assignment 양도

67 2022 상시 | 119회 2번

Below is about del credere agent. Which is NOT in line with others?

(A) An agreement by which a factor, when he sells goods on consignment, for an additional commission(called a del credere commission), (B) guarantees the solvency of the purchaser and his performance of the contract. Such a factor is called a delcredere agent. (C) He is a mere surety, liable to his principal only in case the purchaser makes default. (D) Agent who is obligated to indemnify his principal in event of loss to principal as result of credit extended by agent to third party.

✓ (A)　② (B)　③ (C)　④ (D)

67

아래는 del credere agent에 대한 내용이다. 다른 것과 일치하지 않는 것은 무엇인가?

(A) 추가수수료(Del Credere 수수료)를 위해 대리인이 물품을 위탁 판매할 때 체결하는 계약으로 (B) 구매자의 지불 능력과 계약 이행을 보증한다. 그러한 대리인은 지급 보증 대리인(Del Credere Agent)으로 불린다. (C) 그는 단지 보증인일 뿐, 구매자가 채무 불이행을 행한 경우에만 본인이 책임을 진다. (D) 대리인은 제3자에게 신용을 연장한 결과 본인에게 손실이 발생한 경우 본인에 대해 배상할 의무가 있다.

해설 지급 보증 대리인(Del Credere Agent)은 본인(본사)의 위탁에 의거하여 상품을 현지에서 위탁 판매하는 경우 현지 고객의 대금 지불을 보증하는 본인(본사)과 체결하고 있는 대리인을 의미한다. 즉, 추가 수수료를 얻기 위한 목적이 아닌 구매자의 대금 지불에 대해 위탁받은 중개업자로 하여금 보증하게 하여 본사(본인)가 대금 회수 위험을 회피하기 위한 목적으로 사용된다.

어휘 del credere agent 지급 보증 대리인
solvency 지불 능력　purchaser 구매자
mere 단지 ~에 지나지 않은　surety 보증인, 담보
principal 본인　default 채무 불이행
be obligated to ~해야 한다　in event of ~의 경우에

68 2022 상시 | 119회 6번

Select the wrong explanation of negotiation under UCP 600.

(A) Negotiation means the purchase by the nominated bank of drafts (drawn on a bank other than the nominated bank) (B) and/or documents under a complying presentation, (C) by advancing or agreeing to advance funds to the beneficiary (D) on or before the banking day on which reimbursement is due to the issuing bank.

① (A)　② (B)　③ (C)　✓ (D)

68

UCP 600하에서 매입에 대한 설명 중 옳지 않은 것을 고르시오.

(A) 매입은 (B) 일치하는 제시에 대하여 (A) 지정은행이, (D) 개설은행에 상환하여야 하는 은행영업일 또는 그전에 (C) 대금을 지급함으로써 또는 대금지급에 동의함으로써 (A) 환어음(지정은행이 아닌 은행 앞으로 발행된) (B) 및/또는 서류를 (A) 매수하는 것을 의미한다.

해설 (D)에서 Issuing Bank(개설은행)가 아닌 Nominated Bank(지정은행)가 들어가야 한다.

어휘 advance 선납하다, 선대하다　reimbursement 상환

69 2022 상시 | 119회 20번

Which is right pair of words for the blanks?

> A sight draft is used when the exporter wishes to retain title to the shipment until it reaches its destination and payment is made.
> In actual practice, the ocean bill of lading is endorsed by the (A) and sent via the exporter's bank to the buyer's bank. It is accompanied by the draft, shipping documents, and other documents that are specified by the (B). The foreign bank notifies the buyer when it has received these documents. As soon as the draft is paid, the foreign bank hands over the bill of lading with other documents thereby enabling the (C) to take delivery of the goods.

	(A)	(B)	(C)
✓①	exporter	buyer	buyer
②	exporter	exporter	buyer
③	buyer	exporter	buyer
④	buyer	buyer	buyer

69

빈칸에 들어갈 적절한 단어의 짝은 무엇인가?

일람불 환어음은 수출자가 화물이 목적지에 도착하고 결제가 이루어질 때까지 화물의 권리를 보유하고자 할 때 이용된다. 실제로, 해상 선하증권은 (A) 수출자에 의해 배서되고 수출자의 은행을 통해 매수인의 은행으로 보내진다. 여기에는 환어음, 선적서류 그리고 (B) 매수인에 의해 특정된 다른 첨부 서류가 첨부된다. 외국은행은 이러한 서류를 수취하면 매수인에게 통지한다. 환어음 금액이 결제되면, 외국은행은 (C) 매수인이 물품을 확보할 수 있도록 선하증권과 기타 서류를 넘겨준다.

해설 수출자가 선적을 하고 선하증권을 발급 받은 다음 대금을 회수하기 위해 환어음과 선하증권을 은행에 양도하게 되는데, 유가증권인 선하증권의 정당한 권리를 양도하기 위해 수출자가 배서를 하게 된다. 이후 서류가 수입자의 거래 은행에 도착하게 되면, 수입자의 거래 은행은 수입자로부터 대금을 결제받고 선적서류를 양도하게 되며, 서류를 양도받은 수입자는 선하증권 원본을 선사에 제시하고 물품을 인수하게 된다.

70 2022 상시 | 119회 74번

다음 대리점계약에서 대리인과 본인 즉, 당사자 관계에 대한 설명으로 적절하지 않은 것을 고르시오.

① 대리점계약은 계약에 합의된 수수료를 본점이 대리점에게 지급하지만, 본점이 직접 주문을 받았다면 수수료를 지급할 의무가 없다.
② 대리점계약상에 명시 규정이 없는 한, 대리인은 본점을 위해 주문을 수취하였더라도 그 지출한 거래비용을 본점으로부터 청구할 수 없다.
✓③ 본점이 계약 만료 전에 정당한 사유 없이 계약을 종료하였을 때, 자신이 이미 제공한 서비스 수수료는 배상 청구할 수 있지만 이후 취득할 수수료 등 직접적인 손해발생액은 배상 청구할 수 없다.
④ 대리점은 본점에게 회계 보고의 의무를 지고, 대리점의 회계 보고는 계약 조건이나 본점의 요구에 따라 행하여야 한다.

70

해설 본점이 계약 만료 전에 정당한 사유 없이 계약을 종료하였을 때, 대리점은 이미 제공한 서비스 수수료에 대해 배상 청구할 수 있으며 이후 취득할 수수료 등 직접적인 손해발생액에 대해서 배상 청구할 수 있다. 다만, 간접손해액에 대해서는 배상 청구할 수 없다.

71 106회 25번

What does the following refer to?

> Neither party shall be bound by any condition, definition, warranty or representation other than as expressly provided for in this agreement, or as may be on a subsequent date duly set forth in writing and signed by a duly authorized officer of the party to be bound.

① **entire agreement** ✓
② warranty agreement
③ amendment agreement
④ disclaimer agreement

71

다음 내용이 나타내는 것은 무엇인가?

> 계약일 이후 당사자가 구속되는 공인기관이 서명하고 서면으로 진술한 것을 제외하고, 이 계약과 관련하여 명시적으로 작성된 것 이외의 어떠한 조건, 정의, 보장 또는 진술에 대해 양당사자는 구속되지 아니한다.

① 완전합의조항
② 보증조항
③ 수정조항
④ 권리포기조항

해설 완전합의조항이란 계약체결 과정에서 이루어진 의견교환, 합의, 약속, 보증 등은 정식 체결된 계약 내용에 흡수통합되어 소멸하고 오직 정식으로 체결된 계약 내용만이 유효하다는 조항을 말하며, entirety clause, merger clause라고도 한다.

72 111회 50번

Fill in the blank with suitable words.

> If a contract is silent on the country of the proper court, the parties involved in a dispute may want to invoke the jurisdiction of the national courts in which they think they have the highest likelihood of success, or the courts which are most convenient for them. This practice is known as (   ).

① forum seeking
② **forum shopping** ✓
③ court tour
④ court reference

72

빈칸을 적절한 단어들로 채우시오.

> 만약 계약서에 적절한 법원의 국가를 언급하지 않는 경우, 분쟁에 관계된 당사자들은 성공 가능성이 높다고 생각되거나 그들에게 가장 유리하다고 생각되는 국가의 법원 관할권을 요구하길 원할 것이다. 이러한 관행은 (포럼 쇼핑)으로 알려져 있다.

① 포럼 탐색   ② 포럼 쇼핑
③ 법원 투어   ④ 법원 참고서

해설 원고가 소송을 제기함에 있어서 여러 국가 또는 지역의 법원의 재판소 중 가장 본인에게 유리한 판단을 받을 수 있는 재판소를 선택하는 것을 포럼 쇼핑이라 한다.

73

Which of the following would most likely appear right after the passage below?

> Thank you for your email today pointing out the discrepancy between our contract and the L/C. Upon checking it we found that we made a mistake in L/C application. We immediately ordered our banker to amend the L/C, and notify this to all the concerning parties including you and Seoul Bank.

① Please note that the amendment notice should reach us by the end of this week.
② ✓ We are sorry for this mistake and thank you again for your email regarding this.
③ We appreciate your order, and looking forward to hearing from you again soon.
④ The merchandise description and unit price conform to the sales contract.

74

Choose one that fits most for the blank.

> To make sure of punctual delivery, we instructed them to send your goods to Busan three days ahead of schedule, but the strike was called one week before the prearranged delivery date. It is said that it will continue at least three weeks and ( )

① we ask you to ship them as soon as possible and pay your attention to the packing of the goods.
② we will do our best to ship the goods in time.
③ we shall cover damages by late shipment through Insurance Policy.
④ ✓ we anticipate one month delay of shipment is unavoidable.

75 106회 69번

수출자 또는 수출물품 등의 제조업자에 대한 외화획득용 원료 또는 물품 등의 공급 중 수출에 공하여지는 것으로 수출실적의 인정범위에 해당하지 않는 것은?

① 내국 신용장(Local L/C)에 의한 공급
✓ 내국 신용장(Local L/C)의 양도에 의한 공급
③ 구매확인서에 의한 공급
④ 산업통상자원부장관이 지정하는 생산자의 수출물품 포장용 골판지상자의 공급

해설 내국 신용장을 제3자에게 양도하는 경우에는 수출실적으로 인정되지 않는다. 수출실적은 산업통상자원부장관이 정하여 고시하는 기준에 해당하는 수출통관액, 입금액, 가득액과 수출에 제공되는 외화획득용 원료, 기재의 국내공급액(FOB 금액 기준)을 말한다. 수출자 또는 수출물품 등의 제조업자에 대한 외화획득용 원료 또는 물품 등의 공급 중 수출에 공하여지는 것은 내국 신용장에 의한 공급(①), 구매확인서에 의한 공급(③), 수출물품 포장용 골판지 상자의 공급(④)이다.

76 107회 54번

국제물품매매거래의 계약내용에 대한 당사자간 분쟁 시 이를 해결하기 위해 법원 또는 중재원이 우선시하여 적용하는 순으로 올바르게 나열한 것은?

(a) 특정거래에서의 일반적인 관행 및 관습
(b) 묵시적 계약조항
(c) 당사자들 사이에 확립된 관행 및 관습
(d) 명시적 계약조항
(e) CISG 규정

✓ (d) → (b) → (c) → (a) → (e)
② (b) → (d) → (c) → (a) → (e)
③ (e) → (d) → (b) → (a) → (c)
④ (a) → (c) → (d) → (e) → (b)

해설 국제무역은 계약자유의 원칙이 적용되므로 당사자 간의 계약 조항이 우선 검토된다(d). 그중에 협의에 의하지 않더라도 묵시적으로 지켜야 하는 계약조항이 우선되며(b), 그 후 계약서에 명시된 계약조항이 검토된다(c). 이후 오랜 세월 동안 축적된 상거래 관행 및 관습이 적용되며(a), 다음에는 임의 규정인 CISG(비엔나협약)이 적용된다(e).

[77~78] Read the following and answer.

We are holding our annual conference this year in Seoul and are looking for a hotel which can offer us accommodation and conference facilities from May 14 to May 17.
We require accommodation for 60 delegates, 15 of whom will be accompanied by their spouses. Therefore, we will need (ⓐ) single and (ⓑ) double rooms for three nights. We would also like coffee and tea to be served to the delegates mid-morning and mid-afternoon on each day of the conference.
For the sessions we will need a room with full conference facilities (including PowerPoint), that can accommodate 100 people.
Please would you send us a list of your tariffs and let us know what discounts you allow for (ⓒ)?

77

Which of the following best fits the blanks (ⓐ) and (ⓑ)?

① (ⓐ) 15 − (ⓑ) 45
② (ⓐ) 15 − (ⓑ) 30
③ (ⓐ) 45 − (ⓑ) 15 ✓
④ (ⓐ) 30 − (ⓑ) 15

78

Which of the following best fits the blank (ⓒ)?

① double reservation
② big gathering
③ block booking ✓
④ group dinner

79 113회 51번 107회 53번

화인(marking) 가운데 표시되어야 할 필수 사항으로 옳지 않은 것은?

① 주화인(main mark)
② 화번(case number)
③ 항구표시(port mark)
✓ 주의표시(attention mark)

79

해설 화인은 수출품 포장의 외장에 특정한 기호, 포장번호, 목적항 등을 표시하여 포장 상호 간 식별할 수 있도록 하는 것을 의미한다.

80 110회 55번

(㉠), (㉡), (㉢) 안에 들어갈 용어로 옳은 것은?

> (㉠)(이)란 화물의 개수, 중량 혹은 용적과 관계없이 일항해(Trip or Voyage) 혹은 선복의 크기(DWT)를 기준으로 하여 일괄 계산하는 운임을 말하며, (㉡)(이)란 항해용선계약에서 계약적재량을 채우지 못함으로 발생되는 운임을 말하고, (㉢)(이)란 용선계약상 허용된 정박기간이 종료하기 전에 하역이 완료되었을 때 그 절약된 기간에 대하여 선주가 용선자에게 지급하는 보수를 말한다.

✓ ① ㉠ 선복운임(Lumpsum Freight), ㉡ 부적운임(Dead Freight), ㉢ 조출료(Despatch Money)
② ㉠ 일대용선운임(Daily Charter Rate), ㉡ 부적운임(Dead Freight), ㉢ 체선료(Demurrage)
③ ㉠ 선복운임(Lumpsum Freight), ㉡ 부가운임(Bulky Surcharge), ㉢ 체선료(Demurrage)
④ ㉠ 일대용선운임(Daily Charter Rate), ㉡ 부가운임(Bulky Surcharge), ㉢ 조출료(Despatch Money)

80

해설 ㉠은 선복운임(Lump-sum Freight), ㉡은 부적운임(Dead Freight), ㉢은 조출료(Despatch Money)가 들어가야 알맞다.

- 조출료(Despatch Money): 허용된 정박기간 이전에 하역작업이 완료된 경우에 선주가 용선자에게 지급하는 금액이다.
- 체선료(Demurrage): 규정된 정박기간 이내에 선적이나 양륙이 이루어지지 않은 경우 초과 일수에 대하여 용선자가 선주에게 지급하는 대가 금액이다.

81 110회 68번

공동해손분담금의 원천이 되는 공동해손이 성립하기 위한 요건으로 볼 수 없는 것은?

☑ ① 통상적인 희생이나 비용
② 희생이나 비용이 자발적으로 발생된 것
③ 고의로 발생시킨 비용
④ 희생이 합리적인 수준 이내에서 발생된 것

81

해설 통상적인 희생이나 비용은 공동해손 성립 요건으로 볼 수 없다.
공동해손 성립 요건은 다음과 같다.
- 위험 요건: 공동 위험이 존재하고 그 위험은 현실적이고 중대한 것이어야 한다.
- 처분 요건: 고의적이고 합리적이며 비정상적인 처분이 있어야 한다.
- 손해와 비용 요건: 처분의 직접적인 결과인 손해 및 비용에 한하여 공동해손으로 인정한다.
- 잔존 요건: 공동해손이 성립하기 위해서는 공동해손 행위의 결과로 선박 또는 화물의 쌍방 또는 어느 일방이 남아 있어야 한다.

82 112회 12번

What kind of contract is the below?

> Bailment of goods to another (bailee) for sale under agreement that bailee will pay bailor for any sold goods and will return any unsold goods.

① contract of sale
② offer on approval
③ sole agent agreement
☑ ④ consignment contract

82

다음은 어떤 종류의 계약인가?

> 수탁자가 판매된 물품에 대해 위탁자에게 판매 대금을 송금하고 미판매 물품을 반송할 것이라는 합의 하에 물품을 수탁자에게 위탁하는 것

① 매매계약
② 점검매매 조건부청약
③ 독점판매계약
④ 위탁계약

해설 위탁판매는 물품 등을 무환(무상)으로 공급하여 해당 물품이 판매된 범위 안에서 대금을 결제하고 미판매 재고를 반환하도록 합의한 계약을 의미한다. 국제무역에서는 '위탁판매 수출'이라는 용어를 사용한다.

어휘 bailment 위탁   bailee 수탁자
bailor 위탁자

83 [113회 5번]

What does the following refer to?

> The shipper is liable to pay freight if the goods shipped are carried, on his instructions or in his interest, to a place other than the port of destination.

① Dead freight
② Lump sum freight
③ Put option freight
✓ ④ Back freight

83

다음은 무엇을 의미하는가?

화주는 그의 지시나 그의 이익을 위해 선적된 물품을 목적항 이외의 장소로 운송하는 경우 운임을 지불할 의무를 부담한다.

① 부적운임
② 선복운임
③ 풋옵션운임(통상적으로 사용하지 않음)
④ 반송운임

해설 반송운임은 화물이 사정에 의해 반송될 때 부과하는 운임으로 일종의 할증운임이며 다음의 경우 적용된다.
- 목적지 사정(파업 등)으로 화물을 양륙하지 못하는 경우
- 화주 측의 요청으로 원래의 목적항이 아닌 다른 항으로 운송하는 경우
- 수하인이 수령을 거절한 화물을 반송하는 경우
- 화인(Shipping Marks)이 잘못 기입됨 등과 같은 운송인의 귀책사유가 아닌 화물의 잘못된 운송으로 인하여 선적지로 반송하는 경우

84 [113회 46번]

Fill in the blank with right expression.

> Your order No.1555 is being sent express rail-freight and can be delivered after 09:00 tomorrow.
> Enclosed is consignment note No.051202, which should be presented on delivery. You should contact us immediately if any problems arise.
> Thank you for your order, and we hope (   ) in the future.
> Yours faithfully,

✓ ① we can be of further service
② the problem is sorted out soon
③ an enhanced credit allowance
④ an extended credit period

84

빈칸을 올바른 표현으로 채우시오.

귀하의 주문서 1555호 건은 고속 철도 화물로 운송될 것이며 내일 오전 9시 이후 인도될 수 있습니다.
동봉된 것은 인도 시 제시되어야 하는 051202호의 탁송 화물 운송장입니다. 문제가 발생하는 경우 우리에게 즉시 연락하셔야 합니다.
귀하의 주문에 감사드리며, 향후 (우리는 추가적인 서비스를 제공해 드릴 수 있기를) 희망합니다.
감사합니다.

① 우리는 추가적인 서비스를 제공해 드릴 수 있기를
② 문제가 곧 해결되기를
③ 증액한 신용 한도를
④ 신용기간의 연장을

해설 주문에 대한 배송 안내를 하고 있으므로 추후 지속적인 거래를 희망한다는 내용이 나오는 것이 적절하다.

어휘 consignment note 탁송 화물운송장
sort out 정리하다, 처리하다   enhance 높이다

85 113회 71번 | 107회 64번

D/P, D/A거래에 대한 설명으로 옳지 않은 것은?

① 수출상 입장에서는 D/P보다 D/A가 위험 부담이 크다.
② D/P, D/A 거래가 신용장 거래에 비하여 수입상에게 은행에 대한 비용 부담이 적다.
③ D/P at sight뿐만 아니라 D/P usance도 있다.
✔ D/P, D/A는 수출보험공사의 수출보험 대상이 되지 않는다.

85

해설 추심 거래에 대해서도 단기 수출보험(선적 후), 포페이팅 등을 통해 대금 미회수 위험을 담보받을 수 있다.

86 116회 24번

Which is CORRECT about the letter?

> Enclosed please find a CI nonmetallic wind shifter, model BRON-6SJ7. As we discussed on the telephone, the device has recently developed a noticeable skew to the west.
> You suggested that we send the unit to your attention for evaluation and an estimate of the cost of repair of the unit. Please call me when you have that estimate; we will decide at that time whether it makes sense to repair the device or to purchase a new model.

① The letter is from Production Department to shipping company.
② The letter is from shipping company to Production Department.
③ The letter is from Customer Service to customer.
✔ The letter is from customer to Customer Service.

86

다음 서신에 대한 내용 중 옳은 것은 무엇인가?

CI 비금속 풍력 시프터 모델 BRON-6SJ7을 동봉합니다. 우리가 전화로 논의했듯이, 해당 장비가 현저하게 서쪽으로 기울어졌습니다.
귀사는 해당 장비의 점검과 수리 비용 견적을 위해 장비를 귀사로 발송할 것을 제안하셨습니다. 해당 장비에 대한 견적이 나오면 연락 주시기 바랍니다. 그러면 당사는 그 장비를 수리하는 것이 적절한지 또는 새 모델을 구매하는 것이 적절한지 결정할 것입니다.

① 서신은 생산부서에서 선박회사로 작성되었다.
② 서신은 선박회사로부터 생산부서로 작성되었다.
③ 서신은 고객 서비스 부서에서 고객에게 작성되었다.
④ 서신은 고객으로부터 고객 서비스 부서로 작성되었다.

해설 장비 사용자가 제품에 대한 하자로 인해 제품 점검 및 수리비 견적을 요청하는 내용이므로 ④의 내용이 적절하다.
어휘 noticeable 뚜렷한, 현저한
skew 비스듬함, 비스듬히 움직이다

87 116회 7번

What would Jenny's representative do on the coming visit?

> Dear Jenny,
> With reference to our phone conversation this morning, I would like one of your representatives to visit our store at 443 Teheran Road, Seoul to give an estimate for a complete refit. Please could you contact me to arrange an appointment?
> As mentioned on the phone, it is essential that work should be completed before the end of February 2018, and this would be stated in the contract.
> I attach the plans and specifications.

① ✓ offer
② credit enquiry
③ trade enquiry
④ compensation

87

Jenny의 대리인이 다음 방문 시 해야 하는 것은 무엇인가?

Jenny 씨께
오늘 아침 전화 통화와 관련하여, 완전한 재개장 작업을 위한 견적서를 작성하고자 귀하의 대리인 중 한 분이 서울 테헤란로 443에 위치한 우리의 점포로 방문해 주셨으면 합니다. 약속을 잡기 위해 저에게 연락을 주실 수 있을까요?
전화 통화에서 언급한대로 2018년 2월 말 전에 작업이 완료되야 하며, 이는 계약서에 명시될 것입니다.
계획서와 명세서를 첨부합니다.

① 청약　　② 신용 조회
③ 상품 조회　　④ 보상

해설 견적서를 작성하기 위해 Jenny의 대리인의 방문 요청을 하고 있다. Jenny의 대리인은 견적서 제공, 즉 작업과 관련한 청약을 제공하게 된다.

88 117회 74번

eUCP에 대한 설명으로 옳지 않은 것은?

① 준거 문언에 따라 UCP의 부칙으로 적용한다.
② eUCP 신용장에 UCP 600이 적용된다.
③ eUCP와 UCP 600이 상충하는 경우 eUCP가 적용된다.
④ ✓ eUCP는 종이서류상 신용장 개설과 통지에 있어서도 적용된다.

88

해설 eUCP(전자적 제시를 위한 화환신용장통일규칙 및 관례의 추록)는 전자 기록 또는 종이 서류와 전자 기록 양자의 제시를 수용하기 위해 UCP를 보충하는 것이고 eUCP는 신용장이 eUCP가 적용된다고 표시하는 경우에 UCP의 부칙으로서 적용된다. 또한 eUCP 신용장은 UCP를 명시적으로 삽입하지 않더라도 UCP는 적용되며, eUCP와 UCP가 상충되는 경우엔 eUCP가 우선 적용된다. 종이 서류로 발행된 신용장에 대해서는 UCP가 적용된다.

89

What is the appropriate title of the document for the following?

> Whereas you have issued a Bill of Lading covering the above shipment and the above cargo has been arrived at the above port of discharge (or the above place of delivery), we hereby request you to give delivery of the said cargo to the above mentioned party without production of the original Bill of Lading.

① Fixture Note
② Trust Receipt
✓ Letter of Guarantee
④ Letter of Indemnity

90

Fill in the blank with suitable word(s).

> Trade finance generally refers to the financing of individual transactions or a series of revolving transactions. And, trade finance loans are often (   ) that is, the lending bank stipulates that all sales proceeds are to be collected, and then applied to payoff the loan. The remainder is credited to the exporter's account.

✓ self liquidating
② repaid later
③ added separately
④ easily taken

ENERGY

끝이 좋아야 시작이 빛난다.

— 마리아노 리베라(Mariano Rivera)

상시시험 출제 문항 완벽 분석!

빈출 문항 모음.zip

에듀윌 무역영어 1급
한권끝장(2급 동시 대비)

이론+기출(18회)+무료특강

ENERGY

시작하는 방법은
말을 멈추고
즉시 행동하는 것이다.

− 월트 디즈니(Walt Disney)

에듀윌 무역영어 1급

한권끝장(2급 동시 대비)

이론 + 기출 + 무료특강

✅ 무역영어 시험이란?

무역관련 영문서류 작성 및 번역에 필요한 영어구사능력과 무역실무자로서 갖추어야 할 무역실무 전반에 관한 지식을 평가하는 국가공인 자격시험입니다.

✅ 합격 커트라인

- 매 과목 100점 만점에 평균 60점 이상
- 단, 1급의 경우 과목당 100점 만점으로 하여 40점 미만일 경우 불합격

  ex) 각 과목의 점수가 30점, 90점, 60점일 경우 평균 점수가 60점일지라도 한 과목이 40점 이하이므로 불합격 처리됩니다.

✅ 2026 시험 일정

시험형태	원서접수일	시험일자	합격 발표
상시 시험	개설일로부터 시험일 4일 전까지	5월, 8월, 11월 매주 일요일	시험일 다음 날 오전 10시

※시험 시간은 시험장에 따라 다르며, 선착순으로 수험자의 사정에 맞는 시험장 및 시험시간을 골라 응시할 수 있습니다.

수험생이 알아야 할 깨알 시험정보

 곧합격님
시험 전날에 어떻게 공부를 해야 하나요? 오후 2:35

독한 합격자님
시험 전날에는 새로운 문제를 풀기보다는 틀렸던 문제들을 집중적으로 다시 살펴보고 정리해야 합니다. 오후 2:35

곧합격님
컴퓨터로 시험을 보는데, 답을 수정해도 되나요? 오후 2:37

독한 합격자님
가능합니다. 문제지 화면에서 수정하고자 하는 답 번호를 클릭하면, 답안지 화면에 새로 선택한 번호가 자동 마킹됩니다. 오후 2:37

 곧합격님
화면에 체크하거나, 종이에 필기할 수 있나요? 오후 2:38

독한 합격자님
불가능합니다. 가독성이 좋지 않은 편이라 중요한 키워드는 기억하며 읽으시는 것이 좋습니다. 오후 2:39

 곧합격님
상시시험 문제 난이도는 어떤가요? 오후 2:40

독한 합격자님
문제 난이도는 2020년까지의 기출문제들과 크게 차이나지 않습니다. 오후 2:41

 **곧합격님**
시험 볼 때 주의해야 할 점이 뭐가 있을까요? 오후 2:42

독한 합격자님
보기 순서에 유의하셔야 합니다. A, B, C, D 중 A가 보기 3번에 있을 수 있습니다. 오후 2:43

무역실무편 나오는 것만 빠르고 편하게!

필수 무역용어 체크
각 챕터의 맨 앞에 있는 QR 코드를 읽어 간편하게 무역용어 120선을 열어볼 수 있습니다.

※ 스마트폰 카메라로 QR코드 스캔

정리된 이론 설명
방대한 이론에 지쳐있던 학습자들을 위해 시험에 이미 출제가 되었던, 그리고 앞으로 출제가 될 만한 핵심 내용만을 골라 노트를 정리해 놓은 듯 깔끔하게 구성하였습니다.

최신기출 체크
최근 4년 동안 기출에 나온 이론이나 키워드에는 따로 표시를 하여 출제경향을 즉시 파악할 수 있게 하였습니다.

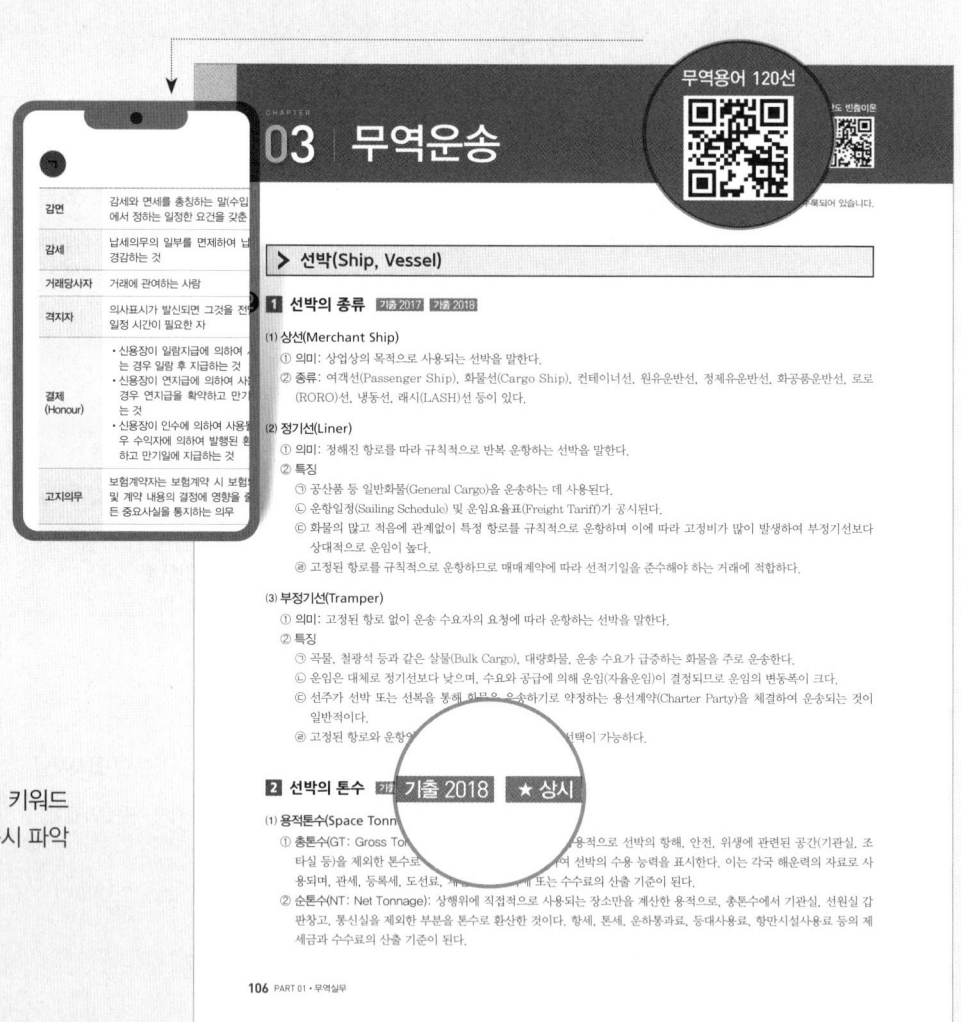

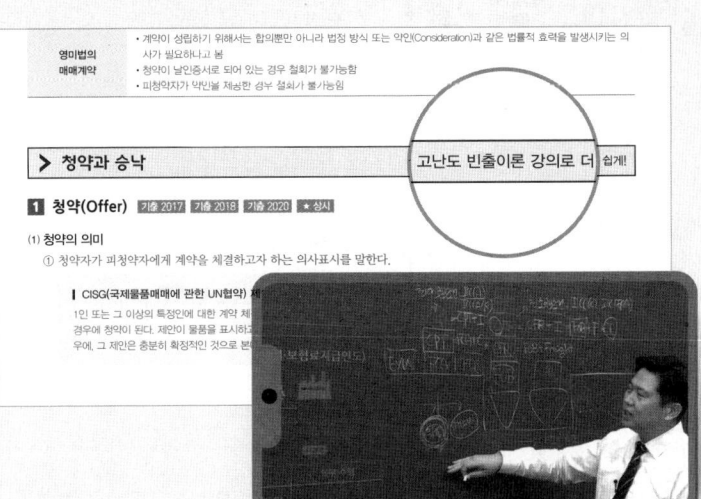

▶ 고난도 빈출이론 강의

혼자서 학습하기 어려운 이론은 무료강의를 통해 쉽게 이해할 수 있도록 하였습니다.

※ [에듀윌 도서몰] - [동영상 강의실] - 무역영어 검색

확실히 짚고 넘어가기

반드시 숙지해야 하는 내용은 따로 정리하여 확인해 볼 수 있도록 하였습니다.

기출로 점검하기

공신력있는 과년도 기출문제를 통해 학습한 이론이 실전에서 어떻게 출제되는지 파악할 수 있습니다.

무역영어편 영.알.못도 쉽게!

세 번 읽는 빈출표현

기출표현 100여 개 수록!
지문에 자주 나오는 문장을 반복해서 읽을 수 있습니다. [영어어휘 500선]
과 함께 암기 시 독해 능력이 UP!

※ 스마트폰 카메라로 QR코드 스캔

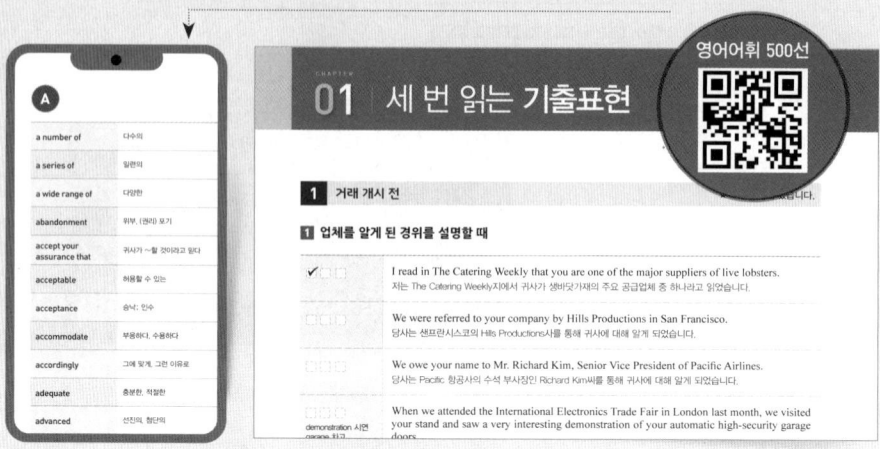

유형별 3Step 풀이비법 제공!

❶ 발문 파악하기
발문을 익숙하게 만드는 코너입니다.
발문해석 시간을 단축시켜 문제풀이 시간을 확보하는 훈련이 가능합니다.

❷ 문제 해결방법 제시
유형별 문제풀이 노하우가 담긴 코너입니다.
문제에 접근하는 방법을 익힐 수 있습니다.

❸ 실전에 적용하기
풀이방법을 익힌 뒤 실전에 적용해보는 코너입니다.
직역 위주의 해석, 자세한 해설, 어휘를 제공합니다.

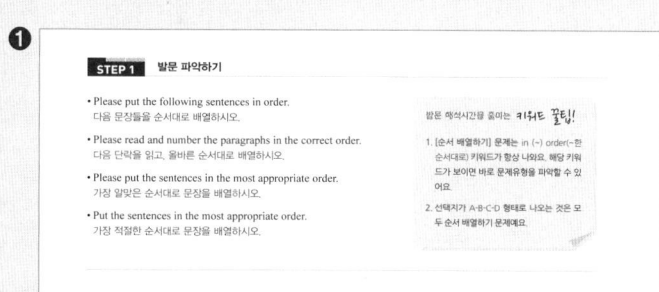

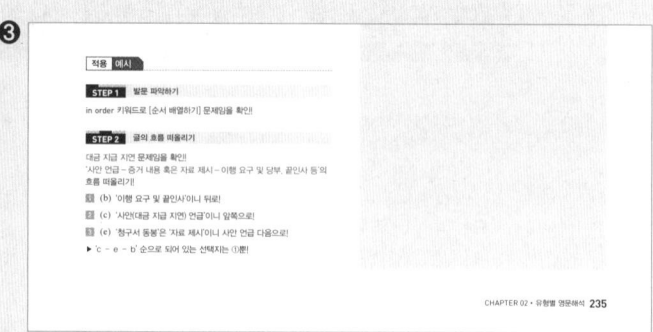

기출편 18회분 CBT 직접 체험!

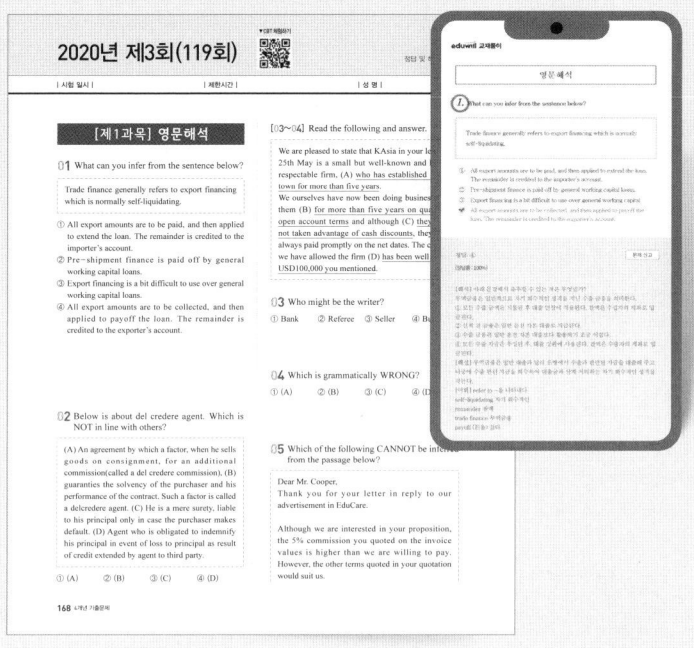

6개년 기출 + CBT 무료 응시

교재에는 4개년(2017~2020년) 기출문제를 수록하였으며, 문제풀이를 더 원하시는 수험생을 위해 과년도 2개년(2015~2016년) 기출문제 PDF를 추가로 제공합니다.
※ [에듀윌 도서몰] - [도서자료실] - [부가학습자료]

상시시험에 적응할 수 있도록 6개년(18회분) 기출 CBT(PC용 + 모바일용)를 제공합니다.

▶ 기출문제풀이 무료특강

저자의 해설특강으로 확실하게 이해할 수 있도록 하였습니다.
※ [에듀윌 도서몰] - [동영상강의실] - 무역영어 검색

자세한 해설 + 성적분석

자세한 해설과 함께 자동채점 & 성적분석 서비스를 제공하여 성적분석을 통해 약점 영역을 파악할 수 있도록 하였습니다.
※ 모바일 CBT 응시 후 자동채점 및 성적분석이 가능함

PART 01 | 무역실무

CHAPTER 01 무역계약	무역의 개요	p.14	무역계약의 기본조건	p.26
	무역계약	p.16	매도인의 의무 & 매수인의 의무	p.34
	매매계약의 성립	p.21	INCOTERMS 2020	p.34
	청약과 승낙	p.21		
CHAPTER 02 무역결제	대금 결제 방식	p.58	선적서류의 종류 – ④ 기타서류	p.88
	신용장 방식	p.65	서류심사	p.90
	선적서류의 종류 – ① 운송서류	p.80	환어음	p.93
	선적서류의 종류 – ② 상업송장, ③ 보험서류	p.86	무역금융제도	p.96
CHAPTER 03 무역운송	선박	p.106	항공운송	p.116
	해상운송계약	p.107	국제복합운송	p.120
	국제해상운송	p.109		
CHAPTER 04 무역보험	해상보험계약	p.128	협회적하약관	p.137
	고지의무	p.132	해상위험	p.141
	담보	p.133	해상손해	p.142
	보험가액 · 보험금액 · 보험료	p.134	수출입보험제도	p.146
	보험증권	p.135		
CHAPTER 05 무역클레임	무역계약 위반과 구제	p.149	상사중재	p.156
	무역클레임의 처리방안	p.152		
CHAPTER 06 서비스무역, 기술무역	서비스무역의 거래형태	p.164	기술무역	p.166
	판매점 계약과 대리점 계약	p.164	라이선스 계약	p.167
CHAPTER 07 전자무역	전자무역의 개요	p.173	전자무역 관련 법규	p.176
	전자무역결제	p.175		

CHAPTER 08 무역규범	대외무역법	p.180	국제무역계약법규	p.208
	관세법	p.192	국제무역결제법규	p.210
	수입통관과 수출통관	p.196	국제복합운송법규	p.212
	관세의 부과와 징수	p.200	국제해상보험법규	p.213
	보세구역	p.203	국제중재법규	p.214
	관세환급	p.205		

PART 02 | 무역영어

CHAPTER 01	세 번 읽는 기출표현	p.220
CHAPTER 02	유형별 영문해석	p.234
CHAPTER 03	유형별 영작문	p.264

기출문제 및 해설

기출문제 및 해설	2017년 1회(108회)	p.2	2019년 1회(114회)	p.93
	2017년 2회(109회)	p.18	2019년 2회(115회)	p.107
	2017년 3회(110회)	p.34	2019년 3회(116회)	p.124
	2018년 1회(111회)	p.50	2020년 1회(117회)	p.138
	2018년 2회(112회)	p.65	2020년 2회(118회)	p.154
	2018년 3회(113회)	p.79	2020년 3회(119회)	p.168

※ 2015~2016년 기출문제는 PDF로 제공합니다. [에듀윌 도서몰(book.eduwill.net)] - [도서자료실] - [부가학습자료]

PART 01

무역실무

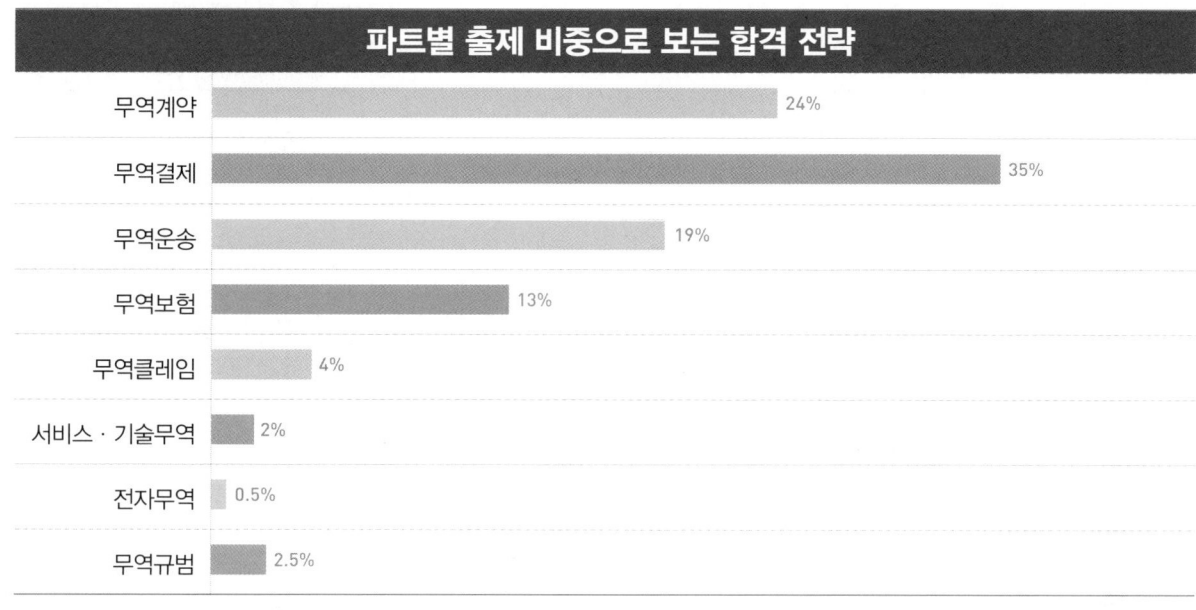

*2015년~2020년 기출 분석 결과

합격 전략

1순위: 무역결제
시간이 없다면 가장 많은 시간을 투자하셔야 하는 챕터입니다. 고난도 빈출이론 강의와 함께 학습하시기 바랍니다.
빈출 키워드 신용장, 환어음, 국제팩토링, 하자 서류 등

2순위: 무역계약, 무역운송, 무역보험
반드시 관련 규범을 함께 익히고, 계약조건과 운송서류, 담보조건을 집중적으로 암기하시기 바랍니다.
빈출 키워드 청약, 승낙, AWB, B/L, 공동해손, 면책 범위 등

3순위: 무역클레임, 서비스·기술무역, 전자무역, 무역규범
최근에 다시 나오는 추세입니다. 나온다면 1~3문제 수준이므로 주어진 시간이 없다면 기출문제를 풀면서 내용을 이해하는 것을 추천합니다.
빈출 키워드 중재, 판매점, 라이선스

*파란색자는 "무역용어 120선"에 수록되어 있습니다.

> 무역의 개요

1 무역의 특징 기출 2019

(1) 정형화된 국제상관습 적용

국제물품매매에서는 상이한 국가의 거래당사자를 강행적으로 구속하는 통일법이 존재하지 않으므로 정형화된 국제상관습에 준하여 계약이 체결·이행된다. 무역계약의 명시조항이 극히 간결한 형태로 표현되고 있음에도 불구하고, 대량의 무역거래가 신속·안전하게 이행되는 것은 수백 년에 걸쳐서 형성된 국제상관습이란 형태의 묵시조항에 의하여 무역계약을 보완하여 왔기 때문이다.

(2) 다양한 법규에 의한 규제

국제물품매매는 각국의 국내법인 사법(민법, 상법 등) 및 공법(대외무역법, 외국환거래법, 관세법 등)과 국가 간 조약의 형태인 국제법, 통일사법 등의 법규에 의해 규제된다.

(3) 거래교섭의 복잡성과 위험의 발생

상이한 언어, 법률, 상관습 등을 가진 당사자 간 거래는 계약 체결 과정이 복잡하며, 운송위험(운송 중 물품손상위험), 신용위험(수출상이 대금을 회수하지 못할 수 있는 위험), 상업위험(수입상이 물품을 확보하지 못할 수 있는 위험), 환위험(환율 변동에 따른 위험), 비상위험(국가 부도, 전쟁 등의 위험) 등 여러 위험이 발생할 수 있는 변수가 존재한다.

(4) 다수의 복합계약 체결

매매계약을 기본으로 하여 국제 간 물품 이동에 따른 운송계약, 보험계약, 대금 회수와 관련된 신용장계약 등 매매계약을 이행하기 위한 종속계약의 체결이 수반된다.

(5) 해상운송과 항공운송

본래 국제물품매매에는 대량의 물품을 운송하기 위해 해상운송이 주로 이용되었으나, 항공운송의 발달로 운송시간을 단축할 수 있는 항공운송의 비중이 높아지고 있다.

(6) 상징적 인도

무역 거래는 서류에 의한 상징적 인도(Symbolic Delivery)가 대부분이며, 서류가 물품을 대신하므로 서류의 중요성이 크다.

2 거래형태 및 방식에 따른 무역 기출 2017 기출 2019

(1) 특정거래형태

① 의미: 국내에서 외국으로 물품을 수출하고 그 대금을 외국에서 국내로 회수하거나, 외국에서 국내로 물품을 수입하고 그 대금을 국내에서 외국으로 지급하는 행위를 일반거래형태의 수출입이라고 한다. 「대외무역법」에서는 이러한 일반거래형태의 수출입이 아닌 별도로 관리할 필요가 있는 거래형태를 특정거래형태로 규정하여 관리한다.

② 종류

위탁판매수출	물품 등을 무환으로 수출하여 해당 물품이 판매된 범위 안에서 대금을 결제하는 계약에 의한 수출
수탁판매수입	물품 등을 무환으로 수입하여 해당 물품이 판매된 범위 안에서 대금을 결제하는 계약에 의한 수입
위탁가공무역	가공임을 지급하는 조건으로 외국에서 가공(제조·조립·재생·개조를 포함)할 원료의 전부 또는 일부를 거래 상대방에게 수출하거나 외국에서 조달하여 이를 가공한 후 가공물품 등을 수입하거나 외국으로 인도하는 수출입
수탁가공무역	가득액을 영수(領收)하기 위하여 원자재의 전부 또는 일부를 거래 상대방의 위탁에 의하여 수입하여 이를 가공한 후 위탁자 또는 그가 지정하는 자에게 가공 물품 등을 수출하는 거래
임대수출	임대(사용대차를 포함)계약으로 물품 등을 수출하여 일정 기간 후 다시 수입하거나 그 기간의 만료 전 또는 만료 후 해당 물품 등의 소유권을 이전하는 수출
임차수입	임차(사용대차를 포함)계약으로 물품 등을 수입하여 일정 기간 후 다시 수출하거나 그 기간의 만료 전 또는 만료 후 해당 물품의 소유권을 이전받는 수입
연계무역	물물교환, 구상무역, 대응구매, 제품환매 등의 형태로 수출과 수입이 연계되어 이루어지는 수출입
중계무역	수출을 목적으로 물품 등을 수입하여 보세구역, 보세구역 외 장치 허가를 받은 장소 또는 자유무역지역 이외의 국내에 반입하지 않고 수출하는 수출입
외국인수수입	수입 대금은 국내에서 지급되지만 수입 물품 등은 외국에서 인수하거나 제공받는 수입
외국인도수출	수출 대금은 국내에서 영수하지만 국내에서 통관되지 아니한 수출 물품 등을 외국으로 인도하거나 제공하는 수출
무환수출입	외국환 거래가 수반되지 않는 물품 등의 수출입

☑ 확실히 짚고 넘어가기 연계무역

1. **물물교환(Barter Trade)**: 환거래 없이 상품과 상품을 교환하는 방식
2. **구상무역(Compensation Trade)**: 수출입거래가 분리되지 않고 하나의 계약서로 약정되며 수출상은 계약에 명시된 바에 따라 수입상에게서 일정 기간 이내에 일정 비율(통상 수출 대금의 20~100%)에 해당하는 대응 수입을 하는 방식
3. **대응구매(Counter Purchase)**: 구상무역과 유사한 방식이지만 수출입거래가 두 개의 계약서에 의해 각각 별도로 이루어짐
4. **제품환매(Buy Back Trade)**: 플랜트나 설비, 기술 등을 수출하는 조건으로 동 플랜트나 설비, 기술을 통해 생산된 제품을 일정 비율 이상 구매해주기로 하는 형태의 거래 방식

(2) 직간접 방식의 무역

① **직접무역(Direct Trade)**: 제3자의 개입 없이 수출자와 수입자 간에 직접적으로 이루어지는 수출입을 의미한다.
② **간접무역(Indirect Trade)**: 제3자가 수출자와 수입자 사이에 개입하여 이루어지는 수출입을 의미한다.
  ㉠ **중계무역(Intermediate Trade)**: 중계상이 거래 물품을 수입한 후, 통관하지 않은 상태로 제3국으로 재수출하여 수출액과 수입액의 차액을 가득액으로 하는 거래형태이다. 수출계약과 수입계약은 별도로 체결되며 물품은 중계국을 통하여 수출되거나 중계국을 통하지 않고 운송될 수 있다.
  ㉡ **중개무역(Merchandising Trade)**: 수출자와 수입자 사이에 중개인이 개입하여 수출자와 수입자를 중개하여 이루어지는 무역형태이다. 중개인은 계약 체결만을 돕고 물품의 운송과 대금의 결제는 수출자와 수입자 간에 이루어진다.
    참 중개인은 중계무역의 당사자와 달리 수출입계약의 당사자가 되지 않는다.
  ㉢ **통과무역(Transit Trade)**: 무역 거래의 대상인 거래 상품이 수출국에서 수입국으로 직접 운송되지 않고 운송상, 지리상의 이유로 인해 제3국을 경유하여 수입국에 운송되는 경우 제3국의 입장에서 바라본 무역형태이다.
    참 제3국은 물품의 경유로 인해 보험료, 창고료, 운송료, 환적 작업료 등의 수익을 얻을 수 있다.
  ㉣ **스위치무역(Switch Trade)**: 매매계약과 물품의 운송은 수출자와 수입사 간에 직접 이루어지지만, 대금 결제는 제3국의 거래당사자를 통하여 제3국의 통화로 사용하는 무역형태이다. 다른 개념으로는 중계무역 방식에서 수출국에서

수입국으로 직송되는 경우 중계상이 원수출자의 노출을 피하기 위해 선적서류상의 최초 수출자를 중계상으로 대체하는 Switch B/L을 발행하여 중계상의 수입거래 당사자에게 운송서류를 발행하는 경우의 무역형태를 말하기도 한다.

③ 기타 거래형태의 무역

주문자상표부착생산(OEM)	생산한 제품에 주문자의 상표를 붙여 수출하는 방식(Orginal Equipment Manufacturing)
제조업자개발생산(ODM)	제조업체의 기술력으로 제품을 개발해 주문자에게 공급하는 방식(Original Development Manufacturing)
녹다운(Knock-Down)	조립 능력이 있는 현지 거래처에 완제품이 아닌 부품이나 반제품의 형태로 수출하여 현지에서 조립을 통해 제품을 완성하는 형태의 무역 거래

무역계약(Trade Contract, Sales Contract)

1 무역계약의 법적 성질 `기출 2017` `기출 2019` ★ 상시

낙성계약 (Consensual Contract)	의무를 확정시키는 어떠한 외적 형식이나 상징적 행위 없이 계약당사자의 동의만으로 완전하게 성립되는 계약 (A contract founded upon and completed by the mere consent of the contracting parties, without any external formality or symbolic act to fix the obligation) 반 요물계약
쌍무계약 (Bilateral Contract)	상호 간 약속, 즉, 양 당사자 모두 약속자 및 수약자로서 하는 약속의 교환으로 구성되는 계약 (A contract which consists of the exchange of mutual promises, namely, a promise for a promise in which each party is both a promisor and a promisee) 반 편무계약
유상계약 (Remunerative Contract)	매도인이 금전에 대한 보상으로 물품의 소유권을 매수인에게 이전하는 계약 (A contract by which the seller transfers the property in goods to the buyer for a money consideration) 반 무상계약
불요식 계약 (Informal Contract)	법적으로 유효하고 구속력이 있는 규정된 형식을 요구하지 않는 계약 (Contract that does not require a prescribed format to be legally valid and binding) 반 요식계약 * 보험계약의 경우 불요식 계약에 해당함(계약이 체결되면 보험증권이 작성되어 교부되지만 이는 계약 성립의 결과로서 발생하는 보험자의 의무 이행 중 하나이므로 요식계약으로 보지 않음)

2 무역계약의 종류 `기출 2018`

(1) 개별계약(Case by Case Contract)

매 거래 시마다 매도인과 매수인이 거래 조건에 합의하면 계약이 성립되고, 그 계약에 대한 거래가 종결되면 계약이 종료되는 계약을 말한다. 최초 거래인 경우나 중장기 연불 방식에 의한 수출입 등과 같이 거래내역이 복잡한 경우 또는 1회 거래로 종결되는 경우에 주로 사용하는 방법이다.

(2) 포괄계약(Master Contract)

동일한 매매당사자 간에 동일한 품목을 지속적으로 거래하는 경우 매번 거래 조건에 대해 합의하고 문서화하는 것을 생략하고자 일반거래조건에 대한 계약서를 작성해 놓고 필요할 때마다 매수인의 주문에 의해 선적을 하는 방식의 계약을 말한다. 포괄계약과 개별계약은 상호보완적이며, 서로 모순될 경우 개별계약 내용이 우선한다. 개별거래는 포괄계약에서 정한 내용에 대해 청약이나 주문을 교환하여 서명하고 계약을 확정한 후 이에 따라 물품을 선적한다.

(3) 독점계약(Exclusive Contract)

특정 물품의 수출업자는 수입국의 지정 수입업자 외에는 계약 물품을 공급하지 않으며, 수입업자 역시 수출국 내 다른 수출업자의 물품을 취급하지 않는다는 조건으로 체결하는 계약을 말한다. 독점계약서를 작성하여 교환하며 계약서상에 거래의 제조건을 명시해야 한다. 계약의 유효기간 및 연장조건 등도 함께 기재해야 한다.

3 무역계약서 기재사항 기출 2017 기출 2018 기출 2019 기출 2020 ★ 상시

(1) 서두
① 계약일: 계약서 작성일로 통상적으로 계약기간의 개시시점이 된다.
② 당사자: 상호, 주소, 형태(개인·기업·조합 등) 등을 명시한다.
③ 설명조항(Whereas Clause): 계약 체결의 목적이나 배경을 명시한다.
④ 약인표시(Consideration): 약속자가 받는 권리, 이익, 편의 또는 수약자(약속을 받는 자)가 부담하는 부작위, 불이익, 손실, 의무와 같은 대가성이 있는 교환에 관한 것을 명시한다.

(2) 본문
① 정의조항(Definition Clause): 계약 내용이 복잡하고 전문용어가 사용될 때 해석의 이해를 돕기 위한 조항이다.
② 특정조항(Specific Clause): 품명, 품질, 수량, 가격, 선적 시기, 도착지, 포장, 보험 등 일반거래조건 협정서에 기재되지 않은 구체적인 내용이 담긴 조항이다.
③ 일반조항(General Clause): 일반거래조건(General Terms and Conditions)으로 본인 대 본인(Principal to Principal) 간의 계약임을 전제로 품질·수량 등에 대한 기준, 가격결정 방법 및 선적조건, 보험조건 등의 해석 기준, 클레임조항, 중재조항, 준거법 결정에서 공통적으로 활용되는 국제매매계약의 일반사항을 기재한다.

(3) 말미
① 계약승낙문언 및 서명란: 서명에 동의한다는 문언을 확인하고 매도인과 매수인의 서명란에 서명한다.
② 반송문언: 반송문언이 있다면 서명한 후 1통을 상대방에게 반송한다.

(4) 계약서에 자주 쓰이는 조항 예시
① Consideration Clause(약인조항): 약속자의 권리, 이익, 편의 또는 수약자(약속을 받는 자)가 부담하는 부작위, 불이익, 손실, 의무와 같은 대가성이 있는 교환을 명시한 조항이다.

> Now, therefore, in consideration of the foregoing and the obligations hereunder, the parties hereto agree as follows:
> 따라서 앞선 논의와 의무를 약인으로 하고 당사자는 본 계약의 이하에서 다음과 같이 합의한다.

② Whereas(Recitals) Clause(설명조항): 당사자가 계약 체결에 이른 경위나 계약의 주요 내용의 개요를 기재한 조항이다.
③ Escalation Clause(신축조항): 플랜트나 선박, 대형 기계류와 같이 작업공정이 장기간 소요되는 물품의 경우 계약 기간 중 물가 상승으로 인해 당해 재화 및 용역가액이 일정률 이상 증가할 경우 가격 상승에 대응할 수 있도록 가격의 조정을 허용하는 조항이다.

> Provision in a contract for increasing or decreasing the contracted price for labor, material, etc., in step with the market prices or an agreed upon benchmark such as consumer price index.
> 시장가격이나 소비자 물가지수와 같은 기준에 따른 노동비, 원재료비 등 계약가격의 증감과 관련된 계약의 조항

무역계약

④ Delayed Performance Clause(지연이행조항): 불가항력에 의해 계약 이행이 이루어지지 못하는 경우 그 이행 기간의 연장에 관한 것과 연장된 기간 내에도 불가항력의 지속으로 계약 이행이 불가능하여 연장기간이 경과된 후 계약 내용의 이행이 있을 경우 이를 수용할 것인지 여부를 약정하는 조항이다.

> In all cases of force majeure, the period of shipment stipulated shall be extended for a period of thirty one(31) days. In case shipment within the extended period should still be prevented by a continuance of the causes of force majeure or the consequences of any of them, it shall be at Buyer's option either to allow the shipment of late goods or to cancel the order by giving Seller the notice of cancellation without delay.
> 불가항력에 해당하는 모든 경우 선적기일이 31일간 연장된다. 연장된 선적기일까지도 불가항력 사유가 계속되거나 또는 그 결과로서 선적이 불가능할 경우 매수인은 선적 지연을 허락하거나 즉시 매도인에게 취소를 통지함으로써 주문취소에 대한 선택권을 가진다.

⑤ Force Majeure Clause(불가항력조항): 매매당사자의 귀책사유가 아닌 당사자의 통제범위를 벗어난 불가항력적인 사유로부터 당사자의 책임을 면제시키고자 할 때 사용하는 조항이다.

⑥ Hardship Clause(사정변경조항, 이행가혹조항): 계약 체결 시 예상할 수 없었던 계약의 전제가 되는 객관적 상황이 계약 체결 후 변화되고, 계약대로의 이행이 현저하게 곤란하게된 경우, 그 이행을 요구한다면 불공평한 결과가 초래될 때 계약당사자 일방이 상대방에게 계약 내용 변경을 제안할 수 있고, 상대방은 계약 내용 변경을 위해 협의하기로 약정하는 조항이다.

⑦ Non-waiver Clause(권리불포기조항): 계약당사자의 어느 일방이 일시적으로 계약상의 어떤 조항에 의한 이행 청구를 하지 않았다 하더라도 이를 이유로 그 후의 동일 조항에 대해 이행청구권을 포기한 것으로 간주하거나 박탈할 수 없음을 명시한 조항이다. 과거에 행사하지 않은 이행청구권이 있다 하더라도 동일 사항에 대해 차후에 행사할 수 있다는 조항이다.

> The failure or delay of either party to require performance by the other party of any provision of this Agreement shall not constitute a waiver of, or shall not affect, its right to require subsequent performance of such provision.
> 일방 당사자가 타방 당사자에게 이 계약서의 어떤 조항의 이행을 요구하지 않거나 지연하는 것은 해당 조항의 이행을 요구할 권리를 포기한 것으로 간주되지 않으며 그 권리에 영향을 미치지 않는다.

⑧ Severability Clause(분리가능조항, 가분성조항): 계약 내용의 일부가 어떠한 사유로 인해 실효 또는 무효화 되더라도 그것을 이유로 그 계약 전체가 실효 또는 무효화 되는 것이 아님을 명시하는 조항이다. 이는 계약의 일부 조항이 중재 또는 법원 판결 등 강행규정에 의해 계약 내용의 일부가 실효 또는 무효화 되는 경우 활용하는 조항으로 나머지 조항의 내용은 유효하게 존속되도록 하기 위해 설정하는 조항이다.

> If any provision of this Agreement is subsequently held invalid or unenforceable by any court or authority agent, such invalidity or unenforceability shall in no way affect the validity or enforceability of any other provisions thereof.
> 본 계약의 일부 조항이 어떤 법원 또는 관계당국에 의해 무효 또는 집행불능으로 판단된 경우에도 그 무효 또는 집행불능은 본 계약의 기타 조항의 유효성 또는 강행성에 영향을 미치지 않는다.

⑨ Arbitration Clause(중재조항): 계약당사자 간에 분쟁이 발생한 경우 법원의 소송 절차에 의하지 않고 제3자인 중개인을 선임하여 그 분쟁을 중재인에게 맡겨 중재인의 판단에 양 당사자가 절대 복종함으로써 최종적으로 해결하겠다는 조항이다.

⑩ Claim Clause(클레임조항): 클레임의 제기 절차와 방법을 정하는 조항이다.

⑪ Governing Law(Proper Law, Applicable Law Clause) (준거법조항): 무역계약의 성립과 이행, 해석에 관하여 어느 국가의 법률을 적용할 것인가에 대해 합의하는 조항이다.

⑫ Jurisdiction Clause(재판관할조항): 무역당사자 간의 분쟁해결을 중재에 의할 것을 합의하지 못한 경우 분쟁이 발생하면 소송에 의하여 해결해야 하는데, 이때 어느 국가의 법원을 분쟁사건의 재판관할 법원으로 할 것인가를 정하는 조항이다.

Each party hereby submits to the exclusive jurisdiction of, and waives any venue of other objection against, any federal court sitting in the state of California, U.S.A., or any California state court in any legal proceeding arising out of or relating to this Agreement.
각 당사자는 해당 계약에서 발생하거나 관련된 모든 법적 절차에 있어서 미국 캘리포니아주에 있는 연방 법원 혹은 주 법원의 독점적인 사법권에 복종하며 어떠한 재판 장소에 대한 이의 제기도 포기한다.

⑬ Indemnification Clause(배상조항 또는 면책조항): 계약 위반 또는 계약 불이행에 따른 면책조항을 다루는 조항으로, 주로 계약에서 일정한 손해에 대해 책임을 지고 있는 당사자가 그 손해를 다른 당사자에게 이전할 수 있는 권리를 나타내는 조항이다.

⑭ Liquidated Damages Clause(손해배상액예정조항): 상대방이 계약 불이행을 하는 경우 손해배상을 청구하게 되는데, 이러한 손해배상액을 사전에 계약서에 약정하는 조항이다.

If opening the letter of credit should be delayed due to the causes for which the Buyer is liable, the Buyer shall pay the Seller an amount equivalent to five tenths of one percent(0.5%) of the amount of relevant letter of credit per each full week as liquidated damages.
만일 신용장의 개설이 매수인에게 책임이 있는 원인에 의해 지연되었다면 손해배상액으로 주당 신용장에 명시된 금액의 0.5%에 해당하는 금액을 지불하여야 한다.

⑮ Assignment Clause(양도제한규정조항): 제3자에 대한 계약의 양도를 금지하는 조항으로, 당초 계약의 당사자가 아닌 제3자가 계약의 내용을 이행하는 것을 금지한다.

⑯ Entire(Complete, Entirety, Merger, Final) Agreement Clause(완전합의조항): 계약 체결과 관련하여 작성된 문서나 구두상의 의견 교환, 합의, 약속, 정의 등은 정식으로 체결된 계약의 내용에 완전히 흡수·통합되어 소멸되고 정식으로 체결된 계약서 내용만이 유효하다는 조항이다.

Neither party shall be bound by any condition, definition, warranty or representation other than as expressly provided for in this agreement, or as may be on a subsequent date duly set forth in writing and signed by a duly authorized officer of the party to be bound.
계약일 이후 당사자가 구속되는 공인 기관이 서명하고 서면으로 진술한 것을 제외하고, 이 계약과 관련하여 명시적으로 제공된 것 이외의 어떠한 조건, 정의, 보장 또는 진술에 양 당사자는 구속되지 아니한다.

⑰ Infringement Clause(권리침해조항): 매수인이 제공한 규격에 의해 매도인이 물품을 생산·제조하여 매수인에게 제공하였으나 제3자의 산업재산권 또는 지적재산권을 침해하게 된 경우 매도인은 면책된다는 조항이다.

The Seller shall not be responsible for any infringement with regard to patent right, utility model right, trademarks, commercial designs or copyrights of a third party in case they are originated or chosen by the Buyer. Upon request by the Seller, the Buyer shall take necessary step on his own account and responsibility to hold the Seller harmless from and against suits and claims brought by the third parties due to such infringement.
매도인은 매수인에 의해 선택되거나 제공된 제3자의 특허권, 실용신안권, 상표, 상업적 디자인 또는 저작권과 관련된 권리침해에 대한 책임을 부담하지 아니한다. 매도인의 요청에 따라 매수인은 그의 비용과 책임으로 제3자로부터의 그러한 권리침해와 관련된 소송이나 손해배상 청구에 대해 매도인의 무해성을 유지할 수 있도록 필요 절차를 밟아야 한다.

⑱ Product Release Clause(전매조항): 매수인이 계약을 취소하거나 인수를 거절하는 경우 매도인이 상표권 등 산업재산권과 관계없이 현지에서 물품을 제3자에게 재판매, 처분할 수 있는 조항이다.

01 무역계약

4 무역계약의 성립 과정

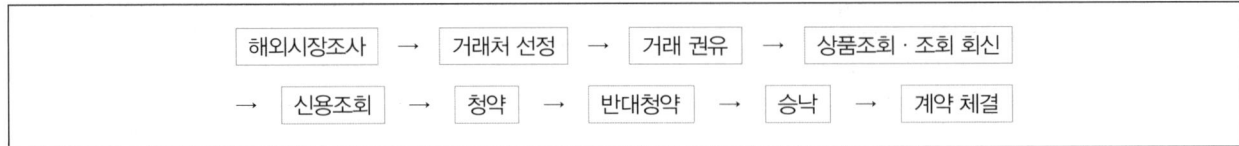

(1) 해외시장조사(Overseas Market Research)
수출입거래의 최초 단계로, 수출업자는 해외시장의 환경 및 동향, 고객의 니즈를 조사하여 판매 가능성을 측정하고 수입업자는 구매 가능성을 측정하여 KOTRA(대한무역투자진흥공사), KITA(한국무역협회), 국내 주재 외국공관의 상무관, 직접 출장을 통해 매매에 필요한 정보를 수집한다.

(2) 거래처 선정(Selecting Prospective Buyer)
잠재고객이나 유능한 상공인 명부, 해외홍보용 카탈로그, 상공회의소 등 공공 기관을 이용하거나 박람회 또는 전시회에 참가하여 거래처를 선정한다.

(3) 거래 권유(Business Proposal)
거래 관계를 개설하자는 취지의 거래권유장(Circular Letter)에 자사소개, 거래 제의, 거래 상품, 거래조건, 자사의 신용조회처 등을 기재하여 발송한다.

(4) 상품조회(Trade Inquiry)·조회 회신(Reply to the Inquiry)
거래 권유를 받은 자가 물품에 관심이 있거나 구매의사가 있는 경우 거래 상품의 가격 및 수량조건, 포장 방법, 선적 시기, 대금 결제 방법, 보험조건 등의 내용이 포함된 상품조회 서신을 보내고 서신을 받은 자는 그에 대한 답신을 보낸다.

(5) 신용조회(Credit Inquiry)
① 상업흥신소(Commercial or Mercantile Agency), 외국환은행(Exchange Bank), 동업자 신용조회처(Trade Reference), 현지조회 등을 통해 거래 관계가 성립되기 전에 거래대상 업체의 신용상태를 조회한다. 이는 국제거래에 있어서 향후 거래 가능성을 진단하고 위험요소를 예방한다는 면에서 중요한 절차라고 볼 수 있다.
② 신용조회 시 조사항목

3C's	Character(상도덕), Capacity(영업 능력), Capital(재정 상태)
5C's	기존 3C's + Condition(거래 조건), Collateral(담보 능력), Currency(거래통화), Country(소속 국가) 중 2가지

(6) 청약(Offer)
청약자(Offeror)가 피청약자(Offeree)에게 일정 조건으로 계약을 체결하고 싶다는 확정적 의사표시이다. 상대방의 무조건적이고 절대적인 승낙이 있으면 즉시 계약을 성립시키는 것을 목적으로 한다.

(7) 반대청약(Counter Offer)
청약자가 제시했던 원청약(Original Offer)의 내용 중 일부를 피청약자가 수정·변경하여 역으로 제의하는 청약을 말한다. 원청약에 대한 거절이자 새로운 청약으로 볼 수 있다.

(8) 승낙(Acceptance)
피청약자가 청약에 응하여 계약을 성립시킬 의사를 가지고 청약자에게 행하는 확정적 의사표시이다.

> 매매계약의 성립

1 매매계약의 성립요건

(1) 합의(Agreement)
① 복수 당사자의 의사표시: 합의가 유효하게 성립하기 위해서는 계약을 성립시키고자 하는 복수 당사자의 의사표시가 있어야 하는데, 이 의사표시는 시간적으로 순차적이어야 하며, 내용적으로는 청약이 승낙을 유도하는 인과 관계가 있어야 한다.
② 의사표시의 교환적 대립: 합치해야 할 2개 이상의 의사표시가 당사자 간에 교환적으로 대립되어 있어야 한다. 즉, 청약은 승낙할 것이 예상되는 자를 향하며, 승낙은 청약자에 대하여 행해져야 한다.
③ 의사표시 내용의 일치: 계약에 있어서 의사표시가 내용적으로 합치되어야 한다.

(2) 법정 방식
요식계약일 경우 당사자의 날인이 포함된 날인계약 또는 일정한 방식으로 이루어진 법정 방식에 의한 계약이어야 한다.

(3) 약인(Consideration)
약인(約因)은 한쪽의 약속에 대한 다른 한쪽의 반대급부를 말한다. 불요식계약의 경우 약인(상호 교환 대가)이 필요하다. 약인은 법률상 가치가 있어야 하며, 현재·미래의 작위나 부작위여야 하고, 적법해야 하며, 수약자(약속을 받는 자)가 제공해야 한다.

2 무역계약의 구분 기출 2020

대륙법의 매매계약	• 계약이 성립하기 위해서는 반드시 계약당사자 간의 합의(Agreement)가 있어야 한다고 봄 • 수출자는 물품의 인도를 약속하고 매수인은 그 대가로 물품 대금을 지급할 것을 조건으로 계약을 체결하며, 일반적으로 일방 당사자의 청약과 상대방 당사자의 승낙으로 계약이 성립함
영미법의 매매계약	• 계약이 성립하기 위해서는 합의뿐만 아니라 법정 방식 또는 약인(Consideration)과 같은 법률적 효력을 발생시키는 의사가 필요하다고 봄 • 청약이 날인증서로 되어 있는 경우 철회가 불가능함 • 피청약자가 약인을 제공한 경우 철회가 불가능함

> 청약과 승낙

★ 고난도 빈출이론 강의로 더 쉽게!

1 청약(Offer) 기출 2017 기출 2018 기출 2020 ★ 상시

(1) 청약의 의미
① 청약자가 피청약자에게 계약을 체결하고자 하는 의사표시를 말한다.

> **CISG(국제물품매매에 관한 UN협약) 제14조 – 청약**
> 1인 또는 그 이상의 특정인에 대한 계약 체결의 제안은 충분히 확정적이고, 승낙 시 그에 구속된다는 청약자의 의사가 표시되어 있는 경우에 청약이 된다. 제안이 물품을 표시하고, 명시적 또는 암묵적으로 수량과 대금을 지정하거나 그 결정을 위한 조항을 두고 있는 경우에, 그 제안은 충분히 확정적인 것으로 본다.

01 무역계약

② 청약에 대한 각 법제의 정의

대륙법	매수인이 청약을 승낙하면 계약이 성립하는 것으로 보기 때문에 청약은 계약 성립을 전제로 한 계약상의 행위로 간주함
영미법	• 계약은 약인(consideration)에 근거하므로 청약은 청약자의 방법대로 수행할 것이라는 약속임 • 상대방에게 약인을 받으면 계약이 성립하는 것으로 봄
민법	승낙과 함께 일정한 내용의 계약을 성립시킬 것을 목적으로 하는 일방적 의사표시로 봄

(2) 주체 기준에 따른 청약의 유형

매도청약(Selling Offer)	매도인이 발행한 청약(일반적인 형태)
매수청약(Buying Offer)	매수인이 발행한 청약 = 주문(Order)

(3) 효력기준에 따른 청약의 유형 기출 2020 ★ 상시

① 확정청약(Firm Offer): 확정력을 가지는 청약이다.
  ㉠ 청약자가 청약 내용에 대하여 승낙회답의 유효기간(Validity of Offer)을 지정하거나 명시적으로 확정적(Firm), 취소불능(Irrevocable)이라는 표시를 통해 표현한다.
  ㉡ 승낙기간을 정하지 않은 청약은 상당한 기간 동안 청약자에 대하여 구속력을 갖게 된다. 청약자는 일방적으로 청약을 철회하거나 청약의 내용을 변경할 수 없으며, 유효기간 내에 상대방이 승낙 통지를 하면 계약이 체결된 것으로 간주한다.
  ㉢ 대륙법계에서 확정청약은 유효기간 내에 철회가 불가능하다.
  ㉣ 영미법계에서는 유효기간이 정해져 있는 확정청약의 경우라도 청약의 효력이 발생되기 전이라면 철회(Withdrawal)가 가능하다는 원칙을 확립하고 있다(도달주의 관점).

② 불확정청약(Free Offer): 판매의사가 확정되어 있지 않은 청약이다.
  ㉠ 청약 시 승낙회답의 유효기간이나 확정적(Firm)이라는 표시를 하지 않는다.
  ㉡ 피청약자가 승낙한다 하더라도 계약이 성립하지 않으며, 청약자가 승낙에 대하여 최종 확인(Final Confirmation)을 하여야 계약이 성립된다.
  ㉢ 엄밀한 의미로 청약의 유인(Invitation to Treat)에 해당하며 청약은 아니다.

> ✓ **확실히 짚고 넘어가기** **청약의 유인(Invitation to Treat)**
>
> 1. 특징: 청약(Offer)이라고 표현하지만 청약의 유인에 해당하는 경우가 있고, 승낙(Acceptance)이라고 표현하지만 청약으로 인정되는 경우가 있음
> 2. 유인 방법: 최종확인 조건부청약(Sub-con Offer)을 하거나 견적(Quotation), 광고, 카탈로그, 거래권유장(Circular Letter), 거래의향서(Letter of Intent)를 통해 유인

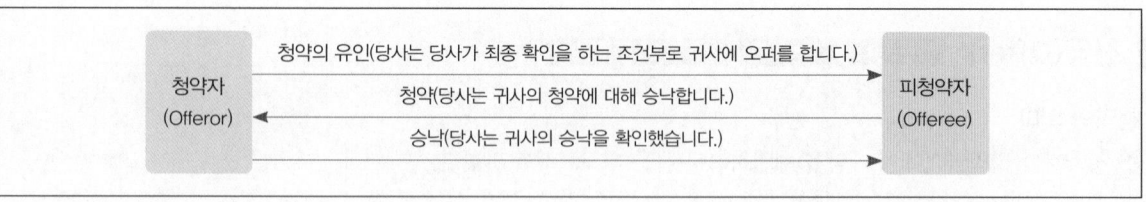

③ **반대청약(Counter Offer)**: 피청약자가 받은 청약의 내용 중 수량, 가격, 선적, 결제 방법 등을 변경, 추가하여 새로운 조건을 제의하는 청약이다.
④ **교차청약(Cross Offer)**: 청약자와 피청약자가 서로 독립되어 있지만 상호 간에 동일한 내용의 청약이 교차되는 청약이다.
  ㉠ 행위자의 의사를 중시하는 대륙법계에서는 계약의 성립으로 인정한다.
  ㉡ 청약과 승낙의 관계를 중시하는 영미법계에서는 계약의 성립을 인정하지 않는다.
⑤ **조건부청약(Conditional Offer)** ★상시 : 청약의 내용에 일정한 조건이나 단서가 있는 것으로, 해당 조건이 충족되는 경우 청약이 유효하게 되는 청약이다.

매도인 최종 확인 조건부청약 (Offer Subject to Our Final Confirmation/ Sub-Con Offer)	• 청약자의 최종 확인이 필요한 조건부청약 • 청약자가 계약체결권을 가짐 • 청약의 유인에 불과
재고잔류 조건부청약 (Offer Subject to Being Unsold)	• 승낙의 의사표시가 청약자에게 도달했을 때 미판매 재고가 남아 있는 부분에 한하여 유효하다는 조건으로 발행하는 청약 • 선착순으로 계약이 성립되기 때문에 선착순판매 조건부청약(Offer Subject to Prior Sale)이라고도 함
시장변동 조건부청약 또는 무확약청약 (Offer Subject to Market Fluctuations/ Offer Without Engagement)	• 시황변동에 따라 사전 통고 없이 제시 가격이 변동될 수 있음을 조건으로 한 청약 • 가격변동이 심한 물품에 사용
반품허용 조건부청약 (Offer on Sale or Return)	판매되지 않은 재고분에 대해 반품을 허용하는 청약으로 위탁판매 방식에서 사용하는 청약
점검 후 매매 조건부 청약 (Offer on Approval)	청약과 함께 견본을 송부하여 피청약자가 물품을 점검한 후 구매의사가 있으면 송금하고 그렇지 않은 경우 반환하도록 한 청약

(4) 청약의 방법과 대상
① **방법**: 청약이 효력을 가지기 위해서는 통지의 절차가 필요하다. 통지는 특정 방법을 필요로 하지 않으며, 구두, 서면, 행위, 우편, 전보, 텔렉스, 팩스 등으로 한다.
② **대상**: 1인 또는 그 이상의 특정인을 청약의 대상으로 규정한다. 불특정 다수인에 대한 제안은 제안자가 반대 의사를 명확히 표시하지 않는 한 단지 청약의 유인으로 본다.

(5) 청약의 효력 발생
청약의 효력 발생 시기와 관련하여 일반적으로는 청약이 피청약자에게 도달하여야 효력이 발생한다고 보는 도달주의를 택하고 있다(영미법, CISG, 한국민법).

> An offer becomes effective when it reaches the offeree.
> 청약은 피청약자에게 도달한 때 효력이 발생한다(CISG 제15조).

(6) 청약의 유효기간
① **유효기간이 명시되지 않은 청약**: 무한정 효력을 인정할 수 없으므로 합리적인 기간(reasonable time) 또는 상당한 기간 내에 승낙하면 계약이 유효하다.
② **유효기간을 명시적으로 정한 청약**: 명시한 기간 동안만 청약의 효력이 존재한다.

(7) **청약의 효력 소멸** ★상시
① 청약의 철회(Withdrawal)
   ㉠ 청약이 철회될 수 없는 것이라 하더라도 철회의 의사표시가 청약의 도달 전 또는 그와 동시에 상대방에게 도달하는 경우에는 철회될 수 있다.
   ㉡ 도달주의 관점에서 보면 청약으로서 효력이 발생하기 이전의 상태에서 청약자가 임의로 청약의 효력을 소멸시키려는 의사표시이다.
② 청약의 취소(Revocation)
   ㉠ 청약은 계약이 체결되기까지는 취소될 수 있다. 다만, 상대방이 승낙 통지를 발송하기 전에 취소의 의사표시가 상대방에게 먼저 도달되어야 한다.
   ㉡ 청약이 취소될 수 없는 경우
      • 승낙기간이 명시되어 있거나 그 밖의 방법으로 청약이 취소될 수 없음이 청약에 표시되어 있는 경우
      • 상대방이 청약이 취소될 수 없음을 신뢰하는 것이 합리적이고, 상대방이 그 청약을 신뢰하여 행동한 경우
③ 승낙(Acceptance): 청약에 대한 피청약자의 승낙으로 계약이 성립되며, 이로 인해 청약의 효력은 소멸된다.
④ 청약의 거절(Rejection of Offer): 청약에 대한 피청약자의 명시적인 거절의 의사표시를 함으로써 청약의 효력은 소멸된다.
⑤ 반대청약(Counter Offer): 피청약자가 청약의 내용 중 그 일부만 승낙하고 조건을 추가하는 것은 최초의 청약에 대한 거절이므로 원청약의 효력은 소멸된다.
⑥ 시간의 경과(Passing of Time)
   ㉠ 청약의 유효기간 내에 승낙 통지가 청약자에게 도달하지 않으면 청약의 효력은 소멸된다.
   ㉡ 유효기간이 정해져 있지 않은 경우 상당 기간이 경과하면 청약의 효력은 소멸된다.
⑦ 당사자의 사망

영미법계	당사자의 사망에 따른 청약의 효력 소멸을 인정함
대륙법계	당사자의 사망은 청약의 효력에 영향을 미치지 않는 것으로 봄

2 승낙(Acceptance) 기출 2017 기출 2019 기출 2020 ★상시

(1) **승낙의 의미**
피청약자가 계약을 성립시킬 의사를 가지고 청약자의 청약에 대해 동의를 표하는 확정적 의사표시이다.

(2) **승낙의 요건**
① 승낙의 내용은 청약의 내용과 완전히 일치해야 한다. 즉, 무수정, 절대적, 최종적, 무조건적이어야 함을 의미하며, 이를 경상의 원칙(Mirror Image Rule)이라고 한다.
② 승낙은 청약의 상대방인 피청약자가 해야 한다.
③ 승낙은 청약의 유효기간 내에 해야 한다.
④ 승낙의 표시는 형식에 구애받지 않고 서면, 구두 또는 행위로도 가능하다.
   참 청약에 대한 동의를 표시하는 상대방의 진술 또는 그 밖의 행위는 승낙이 되지만 침묵 또는 부작위 그 자체만으로는 승낙이 되지 않는다.

(3) 유효하지 않은 승낙

① **반대청약(Counter Offer)**
  ㉠ 승낙을 의도하지만 추가 조건, 제한 조건 또는 기타의 변경 조건을 포함하고 있는 경우라면 승낙으로 보지 않고 새로운 청약으로 본다(CISG 제19조).
  ㉡ 승낙을 의도하고 있고 청약의 조건을 실질적으로 변경하지 않는 부가적 조건이나 상이한 조건을 포함하는 경우에는 승낙으로 간주한다. 다만, 부당한 지체 없이 이의를 제기하는 경우는 제외한다.
    참 대금지급조건, 물품의 품질·수량, 인도 장소·시기, 책임 범위, 분쟁해결조건 등을 변경하는 것은 실질적으로 조건을 변경한 것으로 본다.

② **승낙 통지의 연착(Late Acceptance)**
  ㉠ 유효기간을 넘긴 지연된 승낙은 그 자체로 효력이 상실된다. 그러나 지연된 승낙이라도 승낙으로서 효력을 가진다는 취지를 구두로 통고하거나 서면으로 통지하는 경우에는 승낙의 효력이 있다(CISG 제21조).
  ㉡ 연착된 승낙이 포함된 서신의 전달이 정상적이었고 기간 내에 청약자에게 도달되는 것을 목표로 하여 발송되었다고 인정된 경우에는 연착된 승낙일지라도 효력이 있다. 다만, 청약자가 상대방에게 지체 없이 청약의 효력이 상실되었다는 취지를 구두로 통고하거나 그러한 취지의 통지를 발송하는 경우에는 승낙으로 인정하지 않는다(CISG 제21조).

③ **침묵(Silence)**
  ㉠ 청약에 대한 동의를 표시하는 상대방의 진술 또는 그 밖의 행위는 승낙이 되지만 침묵 또는 부작위는 그 자체만으로 승낙이 될 수 없다(CISG 제18조).
  ㉡ 승낙을 의미하는 침묵은 각국법과 국제협약에서 각자 다르게 규정하고 있으나, 상대방의 청약에 대해 회신하지 않는 경우 주로 효력이 상실되어 계약이 성립되지 않는다고 본다.

④ **모호한 승낙(Equivocal Acceptance)**: 승낙은 무조건적, 확정적이어야 한다. 중요 조건에 대하여 합의를 하지 않는 모호한 승낙은 계약으로서 유효하지 않다.

(4) 승낙의 철회

① 승낙은 그 효력이 발생하기 전 또는 그와 동시에 철회의 의사표시가 청약자에게 도달한 경우에는 철회될 수 있다(CISG 제22조).
② 승낙은 의사표시가 청약자에게 도달하여 효력이 생긴 이후에는 승낙을 철회한다고 해서 이를 소멸시킬 수 없다.
③ 승낙의 효력이 생긴 이후에 그 효력을 소멸시키려면 계약 자체를 취소하거나 해제를 해야 한다. 발신주의에서는 논의 대상이 되지 못하며, 도달주의에서는 논의의 대상이 되기도 한다.

> **✓ 확실히 짚고 넘어가기**   의사실현(Performing an act)에 의한 계약의 성립

의사실현에 의한 계약의 성립이란 승낙의 과정을 생략하고 피청약자가 바로 청약의 내용을 실행함으로써 계약을 성립시키는 것을 의미한다.
  예 프랑스의 매도인이 발행한 화환신용장을 요구하는 청약에 대해 한국의 매수인이 해당 조건과 일치하는 수입신용장 개설 사실을 통보하는 경우

CHAPTER 01 무역계약

> **무역계약의 기본조건**

1 품질조건(Quality Terms) 기출 2019 기출 2020 ★ 상시

(1) 품질의 결정 방법

① 견본에 의한 매매(Sales by Sample)
  ㉠ 의미: 매매당사자가 제시한 견본(Sample)과 동일한 품질의 물품을 인도하는 방법이다.
  ㉡ 표시 방법: 대체로 견본과 비슷한 것이라는 완곡한 표현으로 바꾸어 마켓클레임(Market Claim)을 예방해야 한다.

매도인 불리	• Quality to be fully equal to sample • Quality to be same as sample • Quality to be up to sample
매도인 유리 (마켓클레임 예방)	• Quality to be considered as being about equal to sample • Quality to be similar to samples • Quality about equal to sample

  ㉢ 견본의 종류

원견본(Original Sample)	품질의 기준을 약정하는 견본
비치견본(Duplicate Sample)	원견본을 상대방에게 발송한 자가 대조용으로 보관하는 견본(원견본과 동일한 견본임)
역/반대견본(Counter Sample)	원견본의 내용을 수정하여 제시하는 새로운 견본
승인견본(Approval Sample)	역견본에 대해 상대방이 수락하여 승인한 견본
제3견본(Triplicate Sample)	생산을 위해 제조업자에게 보내는 견본
선적견본(Shipping Sample)	매수인의 요청으로 생산이 완료된 물품이 선적된 물품과 동일한 물품임을 알리기 위하여 실제 선적된 물품의 일부를 보내는 견본

② 상표에 의한 매매(Sales by Trade Mark or Brand): 국제적으로 널리 알려진 물품에 대해서는 상표(Trade Mark)나 통명(Brand)을 통하여 약정 물품의 품질 수준을 표시하는 방법이다.

③ 규격에 의한 매매(Sales by Type or Grade): 물품의 규격이 국제적으로 통일되어 있거나 수출국의 공적 규격으로 특정되어 있는 경우에 이용하는 방법이다.
  예 ISO(국제표준), 한국의 KS, 일본의 JIS

④ 명세서에 의한 매매(Sales by Specification): 기계류나 선박 등의 거래에서는 견본 제시가 불가능하므로 설계도나 청사진 등의 규격서 또는 설명서 등으로 물품의 품질을 약정하는 방법이다.

⑤ 표준품에 의한 매매(Sales by Standard)
  ㉠ 의미: 농산물과 같이 수확예정 물품, 어획예정 물품 등 매매계약 시 현품이 없고 견본 제공이 곤란한 경우 표준품의 품질을 기준으로 하여 약정 물품의 품질을 결정하는 방법이다.

ⓒ 표준품질 표시 방법

평균중등품질 (FAQ: Fair Average Quality)	• 주로 과일, 곡물류에서 사용 • 인도 상품의 품질은 선적 시 또는 선적 장소에서 해당 계절 출하품의 평균중등품질을 표준품으로 결정하는 조건 • 선물거래의 경우 전년도 수확 물품의 평균중등품질을 택하기도 함
판매적격품질 (GMQ: Good Merchantable Quality)	• 목재, 냉동어류 등 견본 이용이 곤란하고, 내부의 품질을 외관상 알 수 없는 물품에 사용 • 판매하는 물품이 그 시장에서 판매 적격해야 하는 조건 • 수입지에서 상품으로 사용하지 못하는 부분에 대하여는 변상 요구 가능
보통표준품질 (USQ: Usual Standard Quality)	• 주로 원사(原絲)거래에 이용 • 공인검사기관, 공인표준기준에 의하여 보통품질을 표준품으로 결정하는 조건

⑥ 점검에 의한 매매(Sales by Inspection): 매수인이 현품을 직접 확인한 후 매매하는 방법이다. BWT(Bonded Warehouse Transaction, 보세창고 인도거래)조건이나 COD(Cash on Delivery, 상품인도 결제 방식)조건에서 주로 사용한다.

(2) 품질의 결정 시기

무역거래에서 물품의 운송은 장거리 해상운송이나 항공운송으로 이루어지기 때문에 선적시점과 양륙시점에서 품질의 차이가 발생할 가능성이 있다. 이에 따라 품질의 결정시기를 약정해 두는 것이 후일의 분쟁을 예방할 수 있다.

① 일반물품의 품질 결정 시기

선적품질조건 (Shipped Quality Terms)	인도 물품의 품질이 약정한 품질과 일치하는지의 여부를 선적 시 품질로 결정하는 방법으로 공산품에 주로 사용하는 조건(매도인은 운송 중에 변질된 품질에 대하여는 책임을 지지 않음)
양륙품질조건 (Landed Quality Terms)	인도 물품의 품질이 약정한 품질과 일치하는지의 여부를 양륙 시 품질로 결정하는 방법으로 운송 중에 생기는 물품의 변질 책임을 매도인이 부담하는 조건

② 곡물의 품질 결정 시기

Tale Quale(TQ)	매도인이 선적할 때의 품질은 보장하나, 양륙할 때의 품질 상태에 대해서는 책임을 지지 않는 조건('as it arrives'의 의미의 선적품질조건에 해당)
Rye Terms(RT)	호밀(Rye)거래에 사용되면서 물품이 도착 시 손상되어 있는 경우 그 손해에 대하여 매도인이 배상하는 관례에서 생긴 조건(양륙품질조건에 해당)
Sea Damage(SD)	원칙적으로는 선적품질조건이지만 해상운송 중에 발생한 해수(Sea Water) 또는 응고(Condensation)에 의하여 손해를 입을 경우 매도인이 책임지는 선적품질조건과 양륙품질조건이 절충된 조건

(3) 품질의 증명

① 선적품질조건하의 품질증명책임은 매도인에게 있다.
② 양륙품질조건하의 품질증명책임은 매수인에게 있다.
③ 품질의 증명에 관한 사후분쟁을 피하기 위하여 미리 권위있는 감정인(Surveyor)의 감정보고서(Survey Report)를 통하여 사실을 입증하고 손해배상을 청구하도록 합의하는 것이 바람직하다.

CHAPTER 01 무역계약

2 수량조건(Quantity Terms) 기출 2017 기출 2018 기출 2019 ★ 상시

(1) 중량(Weight)

① 중량 단위: kg, pound, ton 등

② 국가별 표기법

국가 \ 단위	ton	pound(lb)	kg
영국식	Long Ton(L/T) = Gross Ton	2,240lbs	1,016kg
미국식	Short Ton(S/T) = Net Ton	2,000lbs	907.2kg
한국, 프랑스, 독일식	Metric Ton(M/T) = Kilo Ton	2,204lbs	1,000kg

③ 중량 결정 조건의 종류

총중량조건 (Gross Weight Terms)	내·외포장, 내부 충전물과 순수 내용물까지 모두 합한 중량을 대금 계산의 중량으로 하는 조건(소맥분, 면화 등에 사용)
법적순중량조건 (Legal Net Weight)	관세의 부과 시 총중량에서 외포장의 중량을 공제한 중량을 기준으로 하는 중량조건
순중량조건 (Net Weight Terms)	총중량에서 포장물의 중량을 공제한 것을 대금 계산의 단위로 하는 조건 참 대금이 물품의 중량에 따라 정하여지는 경우, 의심이 있는 때에는 순중량에 의하여 대금을 결정함 (비엔나 협약)
정미순중량조건 (Net Net Weight Terms)	순중량에서 함유 잡물(dust)이나 부자재의 중량을 제외한 중량을 대금계산의 중량으로 하는 조건

(2) 용적(Measurement)

① 부피: Cubic meter(CBM: m^3), Cubic feet(CFT: ft^3)

② 면적: Square meter(m^2), Square feet(SFT: ft^2), Super feet(SF, 1 SFT × 1 inch)

③ 액체: barrel, gallon, liter, quart

④ 개수: gross, dozen, pcs

　예 1Great Gross = 12Gross = 144Dozen = 1,728pcs(144×12)

(3) 과부족용인조건(MOL Clause: More or Less Clause)

① 유류, 광물 또는 곡물처럼 살물(Bulk Cargo)인 경우 운송 도중 감량이 생길 우려가 있으므로 매매계약서상 과부족 한도를 부여하여 그 범위 내에서 물품의 인도가 이루어지면 수량 부족이 발생하지 않은 것으로 보고 클레임을 제기하지 않기로 약정하는 조건이다.

② 신용장이 사용되는 살물(Bulk Cargo)의 경우 계약 물품 수량을 정확히 인도하는 것은 불가능하므로 계약 물품 수량 앞에 '과부족 허용 범위'나 '약' 또는 '대략'이라는 표현이 없어도 5%의 과부족이 인정된다.

(4) 개산수량조건(Approximate Quantity Terms)

'about' 또는 'approximately'와 같은 표현을 사용하여 신용장의 금액, 수량, 단가를 표현하는 경우 10%를 초과하지 않는 범위에서 과부족을 허용하는 조건이다.

　예 'about 100ton … USD 100 unit price'라고 표기되어 있는 경우 100톤에 대한 10%의 과부족은 허용되나 단가 $100에 대한 과부족은 허용되지 아니한다.

3 포장조건(Packing Terms) 기출 2018

(1) 포장(Packing)
① 의미: 물품의 운송, 보관, 하역, 판매 등을 하는 데 있어 그 물품의 내용 및 외형을 보호하고 상품으로서 가치를 유지하기 위하여 적절한 재료나 용기로 둘러싸는 작업 및 상태를 의미한다.

② 포장 방법

개장(Unitary Packing)	소매의 단위가 되는 개품 또는 최소의 묶음을 개별적으로 포장하는 방법
내장(Inner Packing)	개장 물품을 수송이나 취급하기 편리하도록 몇 개의 개장 물품을 모아서 내부 결속, 충진, 칸막이 등을 행하는 방법
외장(Outer Packing)	운송 및 취급의 편의를 위해 내장 물품을 합쳐서 큰 형태로 포장하는 방법

(2) 화인(Shipping Marks)
① 의미: 수출품 포장의 외장에 특정 기호, 포장번호, 목적항 등을 표시하여 포장 상호 간에 식별할 수 있도록 하는 것을 의미한다.

② 화인의 내용

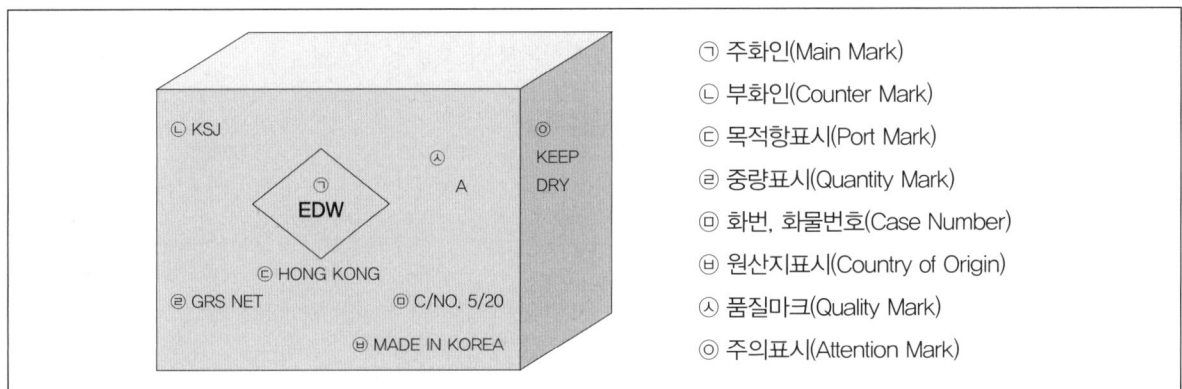

- ㉠ 주화인(Main Mark)
- ㉡ 부화인(Counter Mark)
- ㉢ 목적항표시(Port Mark)
- ㉣ 중량표시(Quantity Mark)
- ㉤ 화번, 화물번호(Case Number)
- ㉥ 원산지표시(Country of Origin)
- ㉦ 품질마크(Quality Mark)
- ㉧ 주의표시(Attention Mark)

③ 화인 필수 기재사항

주화인(Main Mark)	다른 화물과 식별을 용이하게 하기 위해 사용하는 일정한 기호로, 마름모·네모·삼각형 등으로 표시
항구표시(Port Mark)	화물의 선적 또는 양하작업을 용이하게 하기 위해 목적항 또는 목적지를 표시
화번(Case Number)	내용물 확인을 용이하게 하는 포장별 일련번호

4 가격조건(Price Terms)

(1) 가격의 표시
통화(Currency)는 안정성(Stability), 교환성(Convertibility), 유동성(Liquidity), 환율 변동에 따른 환위험을 고려하여 선택하여야 한다. 예) USD 100 per PC CIF New York

(2) 가격의 결정 방법
① 물품의 수출 또는 수입가격은 여러 원가요소를 포함하여 결정한다.

[참] 가격에 포함되는 원가요소: 제조원가, 포장비, 검사비, 수출 허가비, 통신비 및 잡비, 국내 운송비, 국내 운송보험료, 선적비용과 부두 및 창고사용료, 수출통관비용, 검수·검량비용, 은행 이자비용 및 수수료, 예상이익, 해상운임, 해상보험료, 목적항 양하비용, 목적항 부두비용, 수입관세, 수입통관비용, 수입국 내 내륙운송료, 기타 영업비용, 잡비

② 수출자와 수입자 간 비용 부담에 관한 범위를 매번 계약상에 특약하기 번거로우므로 이러한 비용 부담에 관련된 분기점을 설정하여 정형화된 가격조건을 사용하고 있는데, 이를 정형거래조건, 즉 인코텀즈(Incoterms)라고 한다.

5 선적조건(Shipping Terms)

(1) 선적 시기에 따른 조건

① **단월 선적조건**: 'Shipment shall be made during June 20××'와 같이 특정 월의 선적 시기를 정하는 방법으로, 매도인은 해당 월 내에 선적해야 한다.

② **연월 선적조건**: 'Shipment shall be made during May and June 20××'와 같이 선적 시기를 정하는 방법으로, 이 경우 5월부터 6월 내에 선적을 완료하면 된다.

③ **특정일 이전 또는 이후 선적조건**: 특정 일자를 기준으로 선적조건을 정하는 것으로, 'Shipment shall be made till May 15, 20××'와 같이 표현하거나 'within 90 days after receipt of L/C'와 같이 일정 시점을 기준으로 기간을 정할 수 있다.

④ **즉시 선적조건**: 'immediately', 'as soon as possible' 등의 용어를 사용하여 선적 시기를 정하는 방법이며, UCP 600에서는 이러한 용어가 사용된 경우 은행이 이를 무시하도록 하고 있다.

> ✓ **확실히 짚고 넘어가기** | 기간 관련 용어(UCP 600 제3조) | 기출 2017

1. **to, until, till, from, between**: 해당 일자 포함
2. **before와 after**: 해당 일자 제외
3. **전반(first half)**: 해당 월의 1일부터 15일
4. **후반(second half)**: 16일부터 해당 월의 마지막 날
5. **초(beginning), 중(middle), 말(end)**: 해당 월의 1일부터 10일, 11일부터 20일, 21일부터 해당 월의 마지막 날
6. **on or about**: 지정 일자 전후로 5일 예 'on or about May 6'인 경우 5월 1일부터 11일까지
   [참] 환어음의 만기와 관련하여 from과 after가 사용된 경우에는 해당 일자를 제외해야 한다.
7. **not later than 2 days after**: 이후 늦어도 2일 이내
   예 not later than 2 days after shipment date, May 25, 20×× - 선적일인 20××년 5월 25일 이후 늦어도 2일 이내(20××년 5월 27일이 최종일 내지 마감일을 의미함)
8. **at least 2 days before**: 적어도 이틀 전
   예 Copy of Invoice should be sent to applicant at least 2 days before shipment date(May 25, 20××). 상업송장의 사본은 선적일인 20××년 5월 25일보다 적어도 2일 전(20××년 5월 23일)에 개설의뢰인에게 송부되어야 한다.
9. **기간을 산정할 때 within**: 해당 일자를 제외한 이전 ~일부터 이후 ~일까지의 기간
   예 within 2 days of May 25, 20×× - 20××년 5월 25일을 제외한 이틀 전부터 이틀 후까지의 기간(5월 23일~27일로 총 5일을 의미)
10. **일자나 사건과 함께 사용될 때 within**: 해당일 또는 사건일이 포함
    예 Presentation to be made within May 14. 제시는 5월 14일까지 이행되면 된다.

(2) 선적 지연(Delayed Shipment)

① **의미**: 계약에 약정된 선적기한 내에 선적을 이행하지 못한 것을 말한다.

② **지연 형태**

   ㉠ **매도인의 고의, 과실 또는 태만으로 인한 선적 지연**: 이 경우 매도인은 계약 위반에 따른 손해배상을 해야 한다.

   ㉡ **천재지변(Act of God)이나 불가항력(Force Majeure)으로 인한 지연**: 불가항력 사실을 입증할 수 있는 서류를 구비하여 매수인에게 통지하여 면책을 받아야 한다.

(3) 선적 일자의 해석(UCP 600)

선적 일자는 운송서류의 발행일이나 운송서류에 기재되는 본선적재일을 기준으로 하며 선적이 이행되었는지 여부를 판단하는 중요한 일자이다.

복합운송서류	① 발행일 ② 발송·수탁·본선적재표기에 기재된 날짜
선하증권	① 발행일 ② 본선적재표기에 기재된 일자
비유통성 해상화물운송장	① 발행일 ② 본선적재표기에 기재된 일자
용선계약부 선하증권	① 발행일 ② 본선적재표기에 기재된 일자
항공운송서류	① 발행일 ② 실제 선적일에 대한 부기가 있는 경우 부기에 기재된 일자
철도, 도로, 내수로운송서류	① 발행일 ② 선적일, 물품이 선적, 발송, 운송을 위하여 수령된 일자
특송배달영수증	집배 또는 수령 일자
우편영수증, 우편증명서	선적지 또는 발송지에서 스탬프되거나 서명되는 일자

(4) 분할선적(Partial Shipment) ★ 상시

① 의미: 물량 또는 금액이 많은 거래에서는 한꺼번에 모두 선적하기 어려운 경우가 있어 매매목적물을 전부 선적하지 않고 여러 차례로 나누어 선적하는 것을 의미한다.

② 분할선적으로 인정하지 않는 경우: 두 세트 이상의 운송서류로 이루어진 제시에서 선적 일자, 선적항, 수탁지 또는 발송지를 다르게 표시하더라도 운송수단, 운송구간, 목적지가 같다면 분할선적으로 보지 않는다.

③ 분할선적으로 인정하는 경우: 같은 운송 방법 내에서 운송수단이 둘 이상인 경우는 비록 운송수단들이 같은 날짜에 같은 목적지로 향하더라도 분할선적으로 본다.

④ 분할선적의 약정
 ㉠ 허용하는 경우: 'Partial shipment allowed'라고 표시하고, 분할횟수와 각 회의 분할수량을 약정한다.
 ㉡ 허용하지 않는 경우: 'Partial shipment prohibited'라고 표시한다.
 ㉢ 신용장상에 명시적인 분할금지약관이 없는 경우: 분할선적을 허용하는 것으로 해석한다.

⑤ 선적 일자의 기준: 선적을 증명하는 제시가 두 세트 이상의 운송서류로 이루어지는 경우 가장 늦은 선적일을 선적 일자로 본다.

(5) 할부선적(Instalment Shipment)

① 의미: 분할선적의 일종으로 특정 기간 동안 일정량의 화물을 일정 기간 동안 수차례에 걸쳐서 선적하는 것을 의미한다.

② 원칙: 신용장거래에서 할부선적을 지시하는 경우에는 신용장상의 'Installment schedule'에 따라 반드시 지정된 기간 내에 지정된 물량만을 선적해야 하며, 임의적으로 전체를 일괄하여 선적하거나 또는 다른 회차분과 함께 선적할 수 없다.

③ 예시: 신용장에 March(3/1~3/31)-1000MT, April(4/1~4/30)-600MT, May(5/1~5/31)-200MT의 선적을 요구하는 문구가 있다면, 3월에는 1000MT, 4월에는 600MT, 5월에는 200MT만을 선적해야 한다. 만약 4월분 600MT를 선적하지 못하면 4월을 포함한 이후의 선적분에 대해서 신용장이 무효가 된다.

(6) 환적(Transhipment)

① 의미: 선적항에서 하역항까지 운송하는 도중에 하나의 운송수단에서 양하(Unloading)되어 다른 운송수단으로 재적재(Reloading)되는 것을 의미한다.

② 서류 해석원칙
 ㉠ 선하증권은 전 운송이 하나의 동일한 선하증권으로 포괄된다면, 물품이 환적될 수 있다(Goods may be transhipped)라거나 환적될 것이다(Goods will be transhipped)라는 표시를 할 수 있다(UCP 600 제20조).

ⓒ 환적될 것(Transhipment will take place)이라거나 될 수 있다(Transhipment may take place)고 표시된 선하증권은 물품이 컨테이너, 트레일러, 래시 바지에 선적되었다는 것이 선하증권으로 증명되는 경우에는 비록 신용장이 환적을 금지하더라도 수리될 수 있다(UCP 600 제20조 c항).
ⓒ 'Transhipment is not allowed and excludes UCP 600 sub-articles 20 c'라고 규정되어 있으면 어떠한 경우에도 환적이 금지되는 것으로 해석한다.
ⓔ 운송서류상에 'The carrier reserves the right to tranship(운송인이 환적할 권리를 갖고 있음)'이라고 기재되어 있는 조항은 무시할 수 있으므로 신용장 이용 시 환적금지조건을 위반했다고 하자를 주장할 수는 없다.
ⓜ 복합운송은 그 특성상 환적을 전제로 하고 있다. 비록 신용장이 환적을 금지하고 있다 하더라도 전 운송이 하나의 동일한 운송서류로 포괄된다면 물품이 환적될 것이라거나 환적될 수 있다는 것을 표시한 서류도 수리 가능하다.

6 보험조건(Insurance Terms)

(1) 보험조건의 개요
① 무역거래 대상 물품은 수출국에서 수입국으로 운송되는 도중에 멸실 또는 손상될 위험(선박의 좌초, 침몰, 충돌, 전쟁 등)이 있다. 이러한 위험을 담보하기 위해 적하보험에 부보하게 된다.
② 인코텀즈의 CIP, CIF 조건에서는 매도인이 매수인에 대하여 적하보험계약을 체결하고 D 조건의 경우 매도인은 본인의 위험을 담보받기 위해 보험계약을 체결할 수 있으며 EXW, F 조건, CFR, CPT 조건의 경우 매수인은 본인의 위험을 담보받기 위해 보험계약을 체결할 수 있다.

(2) 보험계약의 기본당사자
① 보험자(Insurer): 보험사고 발생 시 피보험자에게 보험금을 지급할 의무가 있는 자로, 보통 보험회사를 말한다.
② 보험계약자(Policy Holder): 보험자와 보험계약을 체결하고 보험료를 납입하는 자이다.
③ 피보험자(Assured): 보험사고의 발생으로 손해를 입은 경우 보험자에게 손해배상을 청구하여 보험금을 받는 자이다.

(3) 보험금액(Insured Amount)
① 의미: 손해 사고 발생 시 보험자가 부담하는 보상책임의 최고 한도액이며 보험계약의 체결에 있어서 보험자와 피보험자 간에 약정된 금액을 말한다.
② 보험금액은 CIP, CIF 금액으로 환산한 송장(Invoice) 금액의 최소 110%로 부보한다.

(4) 보상범위의 선택
① 구협회적하약관: 보험증권을 Lloyd's S.G. Policy로 사용하는 경우 이에 추가하여 구협회적하약관이 사용된다. 구약관의 보상 범위는 전위험담보조건(All Risks)인 ICC(A/R), 분손담보조건(With Average)인 ICC(W/A), 단독해손부담보조건(Free from Particular Average)인 ICC(FPA) 규정이 있다.
② 신협회적하약관: 런던보험자협회와 로이드보험협회가 공동작업하여 New Lloyd's Policy를 제정하고 이에 추가하여 신협회적하약관인 ICC(A), ICC(B), ICC(C)를 제정하여 사용하고 있다. ICC(A), ICC(B), ICC(C)의 경우 전쟁위험이나 동맹파업위험을 담보하지 않기 때문에 특약으로 협회전쟁약관(IWC)이나 협회동맹파업약관(ISC)를 별도로 부보한다.

7 분쟁해결조항

(1) 불가항력조항(Force Majeure Clause)
① 불가항력의 범위: 천재지변(Act of God)과 같은 자연적인 사태와 동맹파업(Strike), 공장 폐쇄(Lock-out), 내란(Insurrection) 등의 인위적인 요소 및 생산기계의 고장, 원재료 부족 등의 사태를 포함하여 매도인의 능력으로 통제가 불가능한 여건을 말한다.
② 불가항력 시 당사자의 면책요건
　㉠ 당사자의 귀책사유가 없어야 한다.
　㉡ 장해발생이 계약 체결 시 예측 가능하지 않아야 한다.
　㉢ 장해 또는 결과를 극복하는 것이 예상되지 않아야 한다.

(2) 클레임조항(Claim Clause)
① 의미: 매매당사자가 약정된 계약을 위반함으로써 상대방에게 단순한 불평을 넘어서 계약의 위반으로 인해 상실된 자신의 권리나 이익의 구제 또는 손해배상을 청구하는 것을 약정하는 조항이다.
② 해결 방법

당사자 간	타협(Compromise), 화해(Amicable Settlement, Composition), 청구권 포기(Waiver of Claim) 등
제3자 개입	알선(Intercession, Recommendation), 조정(Conciliation, Mediation), 중재(Arbitration), 소송(Litigation) 등

(3) 중재조항(Arbitration Clause)
① 의미: 계약 당사자 간에 분쟁이 발생한 경우 법원의 소송 절차가 아닌 제3자인 중개인을 선임하여 그 분쟁을 중재인에게 맡겨 중재인의 판단에 양 당사자가 절대 복종함으로써 최종적으로 해결하는 방법을 약정하는 조항이다.
② 중재의 장점
　㉠ 단심제로 신속한 분쟁해결이 가능하며, 소송에 비해 비용이 상대적으로 저렴하다.
　㉡ 무역전문가들이 판정하므로 현실적이고 합리적이며, 비공개 중재심리로 당사자의 비밀이 보장된다.
　㉢ 중재인의 판정에 양 당사자가 복종해야 하므로 결과는 강제성을 가지며, 당사자 간에 법원의 확정 판결과 동일한 효력을 지닌다.
　㉣ 뉴욕협약에 가입한 외국에서도 집행이 보장된다.

(4) 재판관할조항(Jurisdiction Clause)
① 의미: 중재를 통해 합의하지 못한 경우 어느 국가의 법원을 재판관할 법원으로 할 것인지를 정하는 조항이다.
② 합의 종류
　㉠ 전속적 관할 합의(Exclusive Jurisdiction Agreement): 전적으로 어느 한 국가의 법원에만 소송을 제기하기로 하는 재판관할에 대한 합의이다.
　㉡ 비전속적 관할 합의(Non-Exclusive Jurisdiction Agreement): 당사자가 재판 관할에 대하여 합의하였다 하더라도 그 합의와 관계없이 소를 제기할 수 있는 합의이다.

(5) 준거법조항(Governing Law Clause)
① 의미: 무역계약의 성립과 이행, 해석에 관하여 어느 국가의 법률을 적용할 것인가를 정하는 조항이다.
② 준거법과 재판 관할지가 일치하지 않을 경우, 재판 관할 법원에 의해 준거법 규정의 효력이 인정되지 않을 수 있으므로 주의가 필요하다.

01 무역계약

> 매도인의 의무 & 매수인의 의무

1 매도인의 의무

매도인은 계약과 비엔나협약에 따라 물품을 인도하고 관련 서류를 교부하며 물품의 소유권을 이전해야 한다. 또한 매도인은 물품인도의무, 서류교부의무, 계약적합의무, 소유권이전의무를 부담한다.

물품인도의무	매도인이 매수인에게 계약 목적물을 점유하게 하는 것을 의미하며, 매도인은 매수인에게 계약 물품을 인도하여야 함
서류인도의무	물품을 상징하는 서류를 인도하는 것은 물품을 인도하는 것과 동일한 효력을 가지므로 매도인은 계약 내용과 일치하는 서류를 인도하여야 함
계약적합의무	매도인은 계약에서 정한 수량, 품질 및 종류에 적합하고 계약에서 정한 방법으로 포장된 물품을 인도하여야 하며(물적 적합) 또한 매도인은 매수인이 물품에 대한 권리를 행사에 지장이 없고, 자국이나 상대국의 강행법규나 규칙에 위배되지 않는 계약에 적합한 물품을 인도하여야 함(권리 적합)
소유권이전의무	매도인은 매수인에게 계약 물품에 대한 소유권을 이전하여야 함

2 매수인의 의무

매수인은 계약과 비엔나협약에 따라 물품을 인수하고 검사 및 통지해야 할 의무가 있으며, 물품 대금을 지급하여야 한다.

인도수령의무	매수인은 매도인이 인도한 물품을 수령할 의무가 있음
물품검사 및 통지의무	매수인은 수령한 물품이 계약에 적합한지 여부를 검사하고 부적합을 발견한 경우 합리적인 기간내에 매도인에게 통지하여야 함
대금지급의무	매수인은 물품을 인수하고 대금을 지급하여야 한다. 대금지급의무에는 대금을 지급하는 행위, 계약 또는 법령에서 정한 신용장 개설, 수입승인 등의 조치를 취하고 해당 절차를 따르는 것도 포함함

> INCOTERMS 2020   ★ 고난도 빈출이론 강의로 더 쉽게!

1 INCOTERMS 2020의 의미

International Commercial Terms의 약어로, 정형거래조건의 해석에 관한 규칙(International Rules for the Interpretation of Trade Terms)을 의미하며, 국제상업회의소(ICC)가 1936년 제정하여 10년 주기로 총 8차례 개정되었다.

2 INCOTERMS 2020의 사용 목적 및 적용 범위

(1) 사용 목적

인코텀즈는 정형거래조건과 관련하여 중립적이고 합리적인 국제규칙을 제공하여 국제거래뿐만 아니라 국내거래에서도 발생 가능한 거래조건 해석에 따른 불확실성과 위험요소를 제거 또는 경감하는 데 그 목적을 두고 있다.

(2) 적용 범위

① 소프트웨어와 같은 무형재를 제외하고 유체동산의 인도와 관련한 당사자들의 권리와 의무에 관한 사안에 한하여 적용된다.
② 매매계약에 따른 매도인과 매수인의 관계만을 규정하며, 운송, 보험 및 금융계약 등에 대하여는 적용되지 않는다.
③ 매도인과 매수인의 인도, 위험 및 비용의 분기점에 관해 규정하며 매매계약에 따른 소유권의 이전, 계약의 위반과 권리구제, 의무면제의 사유 등에 대하여는 다루지 않는다.
④ 강제성이 없어 계약서나 L/C상에 'Incoterms® 2020 규정을 따른다.'는 명시가 없는 경우에는 효력을 가지지 못하므로 해당 문구를 기재하는 것이 바람직하다.
⑤ 국제거래뿐만 아니라 국내거래에서도 사용될 수 있다.

3 INCOTERMS 2020의 변경 내용   기출 2020   ★ 상시

(1) 본선적재표기가 있는 선하증권과 인코텀즈 FCA 규칙(Bills of Lading with an on-board notation could be required under the FCA Incoterms rule)

매수인과 매도인은 선적 후에 선적 선하증권을 매수인이 매도인에게 발행하도록 그의 운송인에게 지시할 것을 합의할 수 있고, 그렇다면 매도인은 은행(신용장거래인 경우)을 통하여 선적 선하증권을 제공할 의무가 있다고 A6/B6 조항에서 추가 옵션을 규정하였다. 참고로 신용장거래에서 수취식 선하증권(Received B/L)은 은행이 수리하지 않는 선하증권이므로 추후 선적되었다는 본선적재표기를 요구하는데, 기존 FCA 조건에서는 CY에서 인도가 이루어지면 수취식 선하증권이 발행되었으나, 추가 옵션 규정 후 매수인이 자기의 비용과 위험으로 운송인에게 은행이 수리하는 선적 선하증권을 발행할 수 있도록 하고 이 선하증권을 매도인이 은행에 제시하고 매수인이 수령 후 운송인에게 제시하여 물건을 수령하게 된다.

(2) 비용항목 정리(Costs, where they are listed)

INCOTERMS 2010의 여러 조항에 분산되어 있던 비용항목에 관한 내용을 A9/B9 조항으로 정리하여 매도인과 매수인은 인코텀즈 규칙상 본인이 부담하여야 하는 모든 비용을 한 곳에서 찾아 볼 수 있도록 개선하였다.

(3) CIF와 CIP 간 부보 수준의 차별화(Different levels of insurance cover in CIF and CIP)

CIF 조건에 대해서는 기존 원칙인 협회적하약관의 C약관(최소담보조건)을 유지하고 당사자들이 보다 높은 수준으로 부보하기로 합의할 수 있도록 하고 있으며, CIP 조건에 대해서는 협회적하약관의 A약관(최대담보조건)에 따른 부보를 하도록 개정하였다. CIP 조건의 경우에 당사자들이 원한다면 더 낮은 수준으로 부보하기로 합의할 수 있다.

구분	INCOTERMS 2010	INCOTERMS 2020
부보범위	CIF, CIP 최소담보조건	CIF 최소 담보조건(협회적하약관의 C약관)
		CIP 최대 담보조건(협회적하약관의 A약관)

(4) FCA, DAP, DPU 및 DDP에서 매도인 또는 매수인 자신의 운송수단에 의한 운송 허용(Arranging for carriage with seller's or buyer's own means of transport in FCA, DAP, DPU and DDP)

INCOTERMS 2010에서는 매도인으로부터 매수인에게 운송되는 경우 제3자인 운송인이 물품을 운송하는 것으로 가정하였으나, 실무에서는 D 조건일 경우 매도인이 본인의 운송수단으로 목적지까지 운송할 수도 있고, 반대로 FCA 조건일 경우 매수인이 본인의 운송수단을 이용하여 물품을 인수하는 경우도 있다. 이처럼 현실을 반영하여 자신의 운송수단으로 운송하는 것을 허용하였다.

(5) DAT에서 DPU로의 명칭 변경(Change in the three-letter initials for DAT to DPU)

DAT를 삭제하고 DPU를 신설하면서 터미널뿐만 아니라 어떤 장소든지 목적지가 될 수 있도록 규정하고 있다. 목적지가 터미널에 있지 않은 경우에는 매도인이 물품을 인도하고자 하는 장소에서 물품의 양하가 가능한 장소인지 주의하여 확인해야 한다.

(6) 운송의무 및 비용조항에 보안 관련 요건 삽입(Inclusion of security-related requirements within carriage obligations and costs)

보안 관련 의무의 명시적 할당이 A4(운송)와 A7(수출통관)에 추가되었으며, 관련 비용도 비용조항인 A9/B9에 규정한다. INCOTERMS 2010의 A2/B2 내지 A10/B10에 있던 보안 관련 요건과 관련된 선적관행이 시간이 지남에 따라 상당히 정립되었기 때문이다.

(7) 사용자를 위한 설명문(Explanatory Notes for Users)

INCOTERMS 2010의 첫머리의 사용지침이 INCOTERMS 2020으로 개정되면서 '사용자를 위한 설명문'이 되었다. 설명문은 각 규칙이 어떤 경우에 사용되어야 하는지, 위험은 언제 이전하는지 그리고 매도인과 매수인 사이에 비용 부담은 어떠한지에 대해 설명한다.

4 INCOTERMS 2020의 당사자의 의무

매도인의 의무(A)	매수인의 의무(B)
A1 일반의무(물품 제공 의무)(General obligations)	B1 일반의무(대금지급의무)(General obligations)
A2 인도(Delivery)	B2 인도의 수령(Taking delivery)
A3 위험이전(Transfer of risks)	B3 위험이전(Transfer of risks)
A4 운송(Carriage)	B4 운송(Carriage)
A5 보험(Insurance)	B5 보험(Insurance)
A6 인도/운송서류(Delivery/Transport document)	B6 인도/운송서류(Delivery/Transport document)
A7 수출/수입통관(Export/Import clearance)	B7 수출/수입통관(Export/Import clearance)
A8 점검/포장/화인표시(Checking/Packaging/Marking)	B8 점검/포장/화인표시(Checking/Packaging/Marking)
A9 비용 분담(Allocation of costs)	B9 비용 분담(Allocation of costs)
A10 통지(Notices)	B10 통지(Notices)

5 INCOTERMS 2020의 조건 기출 2017 기출 2019 기출 2020 ★ 상시

분류	위험이전	비용이전	의무수행
EXW (EX Works, 공장인도)	매도인의 영업장 구내에서 매수인이 임의 처분할 수 있도록 물품을 인도하였을 때	인도할 때까지의 모든 비용을 매도인이 부담	수출입통관: 매수인 (매수인의 최대 의무)
FCA (Free Carrier, 운송인인도)	매도인이 지정 장소에서 매수인이 지정한 운송인에게 수출통관된 물품을 인도하였을 때	인도할 때까지의 모든 비용을 매도인이 부담	수출통관: 매도인 수입통관: 매수인
FAS (Free Alongside Ship, 선측인도)	물품이 지정 선적항의 부두 혹은 부선으로 선측에 인도되었을 때	인도할 때까지의 모든 비용을 매도인이 부담	수출통관: 매도인 수입통관: 매수인
FOB (Free On Board, 본선인도)	물품이 지정 선적항에서 본선에 적재된 때	인도할 때까지의 모든 비용을 매도인이 부담	수출통관: 매도인 수입통관: 매수인
CFR (Cost and Freight, 운임포함인도)	물품이 지정 선적항에서 본선에 적재된 때	매도인은 적재 시까지의 모든 비용과 목적항까지의 운임, 정기선의 경우 양하비를 부담	수출통관: 매도인 수입통관: 매수인
CIF (Cost, Insurance and Freight, 운임·보험료포함인도)	물품이 지정 선적항에서 본선에 적재된 때	매도인은 적재 시까지의 모든 비용과 목적항까지의 운임 및 보험료, 정기선의 경우 양하비를 부담	수출통관: 매도인 수입통관: 매수인
CPT (Carriage Paid To, 운송비지급인도)	물품이 지정 목적지까지 운송할 운송인의 보관하에 또는 복합운송의 경우 최초의 운송인에게 인도되었을 때	매도인은 물품이 인도될 때까지의 모든 비용과 지정된 목적지까지의 운송비를 부담	수출통관: 매도인 수입통관: 매수인
CIP (Carriage and Insurance Paid to, 운송비·보험료지급인도)	물품이 지정 목적지까지 운송할 운송인의 보관하에 또는 복합운송의 경우 최초의 운송인에게 인도되었을 때	매도인은 물품이 인도될 때까지의 모든 비용과 지정된 목적지까지의 운송비 및 보험료를 부담	수출통관: 매도인 수입통관: 매수인
DAP (Delivered At Place, 도착장소인도)	물품이 수입통관되지 않은 채 수입국 내 지정 목적지에서 양하하지 않고 매수인의 임의 처분하에 인도되었을 때	매도인은 물품이 인도될 때까지의 모든 비용을 부담, 매수인은 수입통관비용과 양하비를 부담	수출통관: 매도인 수입통관: 매수인
DPU (Delivered at Place Unloaded, 도착지양하인도)	물품이 수입 통관되지 않은 채 지정 목적지 또는 지정 목적지 내의 합의된 지점에서 운송수단으로부터 양하된 상태로 매수인의 처분하에 놓이는 때	매도인은 물품이 인도될 때까지의 모든 비용과 양하비를 부담, 매수인은 수입통관비용을 부담	수출통관: 매도인 수입통관: 매수인
DDP (Delivered Duty Paid, 관세지급인도)	물품이 수입통관되어 수입국 내 지정 목적지에서 양하하지 않은 채 매수인의 임의 처분하에 인도되었을 때	매도인은 물품이 인도될 때까지의 모든 비용, 수입통관 비용, 관세, 조세, 부과금을 부담	수출입통관: 매도인 (매도인의 최대 의무)

6 INCOTERMS 2020의 조건별 의미와 특징

(1) EXW(Ex Works: 공장인도) 기출 2017 기출 2018

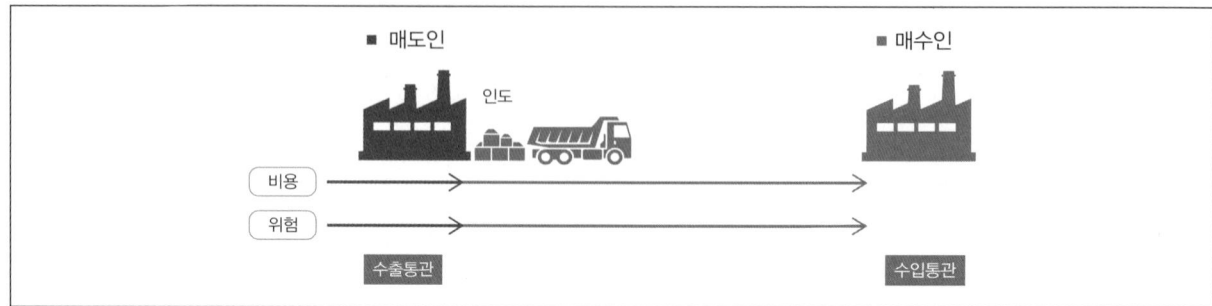

① 의미: 매도인이 물품을 공장이나 창고와 같은 지정된 장소(매도인의 영업구내일 수도 있고 아닐 수도 있음)에서 매수인의 처분하에 둔 때 위험이 매수인에게 이전(매수인의 수취용 차량에 적재하지 않고 인도)되는 조건이다.

② EXW의 특징
   ㉠ 11개 무역 거래 조건 중 매도인의 위험과 비용 부담이 가장 가벼운 조건이다.
   ㉡ 복합운송을 포함한 모든 운송 방식에서 사용할 수 있다.
   ㉢ 매도인은 물품을 인도할 때까지 물품에 관한 모든 비용을 부담하며, 매수인은 지정 인도장소의 합의된 지점에서 물품이 인도된 때부터 물품에 관한 모든 비용을 부담하여야 한다.
   ㉣ 매도인은 물품의 적재, 수출 및 수입통관, 운송인의 선정 등에 관한 어떠한 책임도 지지 않는다.
   ㉤ 매수인이 직간접적으로 수출통관을 수행할 수 없는 경우에는 FCA 조건을 사용하는 것이 바람직하다.
   ㉥ EXW + 적출지의 지정 장소(insert named place of delivery)로 표기한다.

> **INCOTERMS 2020 EXW 빈출 구문**
>
> Under EXW rule, the seller has no obligation to the buyer to load the goods.
> EXW조건의 경우 매도인은 물품을 매수인을 위해 적재해 줄 의무가 없다.
>
> Although the seller is not obliged to load the goods, if the seller does so, it is recommended to do at the buyer's risk.
> 매도인은 물품을 적재할 의무가 없음에도 불구하고 매도인이 그렇게 하였다면 이것은 매수인의 위험으로 한다.
>
> In terms of EXW, the obligation of delivery of goods by the seller is only limited to arrange goods at his premises.
> EXW조건에서 매도인에 의한 물품의 인도 의무는 오로지 매도인의 영업소에서 물품을 마련해 두는 것에 제한된다.

(2) FCA(Free Carrier: 운송인인도)

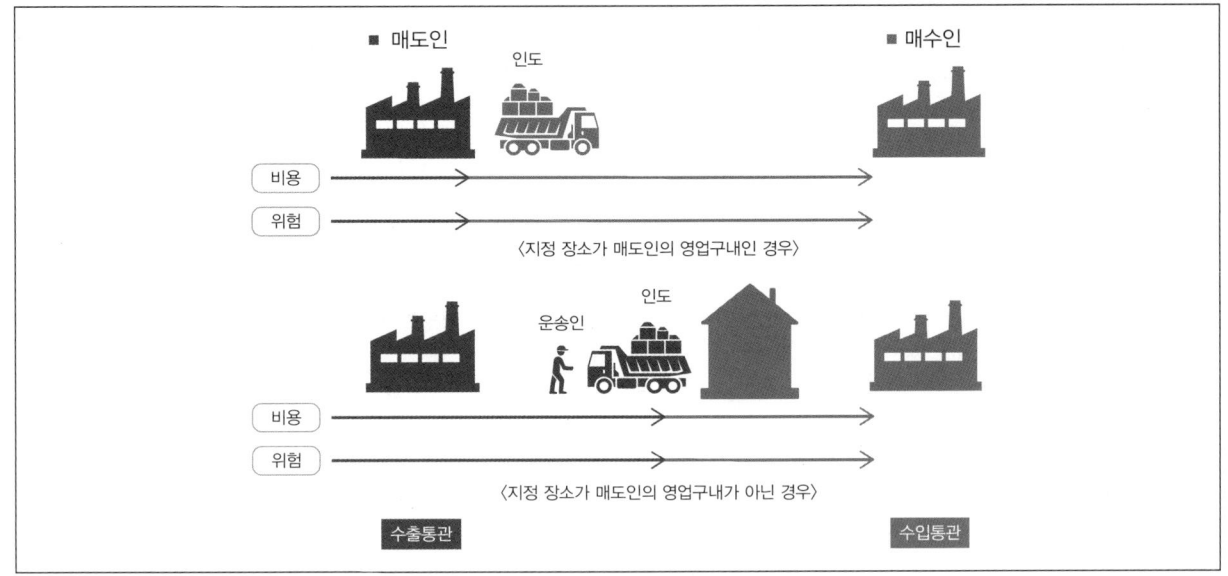

① 의미: 매도인이 물품의 수출통관 절차를 마친 후 적출지의 지정된 장소에서 매수인이 지정한 운송인에게 물품을 인도함으로써 위험이 매수인에게 이전되는 조건이다.
② 특징
　㉠ 복합운송을 포함한 모든 운송 방식에서 사용 가능하다.
　㉡ 위험과 비용 부담의 분기점
　　• 적출지의 지정된 장소(매도인의 창고나 공장이 아닌 경우)에서 물품이 운송수단에 실린 채 양하준비된 상태로 매수인이 지정한 운송인이나 제3자의 처분하에 놓인 때
　　• 물품의 인도가 매도인의 창고나 공장 내에서 이루어지는 경우 매도인이 매수인의 운송수단에 적재하였을 때
　㉢ 매도인은 수출통관 절차(수출허가, 수출을 위한 보안통관, 선적전검사 및 그 밖의 공적 인가)를 수행하고 그에 관한 비용을 부담하여야 하며, 매수인은 수입국의 수입통관 절차를 수행하여야 한다.
　㉣ 조달(Procure)규정을 추가하여 연속적으로 이루어지는 매매를 통해 인도 물품을 확보할 수 있도록 한다(조달의 확대 적용).
　㉤ 매수인과 매도인은 선적 후에 선적 선하증권(Shipped B/L)을 매수인이 매도인에게 발행하도록 그의 운송인에게 지시할 것을 합의할 수 있고, 그렇다면 매도인은 은행(신용장거래인 경우)을 통하여 선적 선하증권을 제공할 의무가 있다.
　㉥ 제3자에 의한 운송을 이용하지 않고 매수인 본인의 운송수단을 이용하여 운송하는 것을 허용한다.
　㉦ FCA + 적출지의 지정 장소(insert named place of delivery)로 표기한다.

CHAPTER 01 무역계약

▎INCOTERMS 2020 FCA 빈출 구문

In terms of FCA, the export cleared goods are delivered by the seller to the carrier at the named and defined location mentioned in the contract.
FCA 조건에서, 수출통관이 완료된 물품은 계약에서 언급한 지정된 장소에서 매도인으로부터 운송인에게 인도된다.

In terms of FCA, the delivery of goods also can be at the seller's premises, if mutually agreed between buyer and seller.
FCA 조건에서, 매수인과 매도인 상호 간에 동의된 경우, 물품의 인도는 매도인의 영업소에서 이루어질 수 있다.

One of the most common mistakes in using Incoterms rules is the use of a traditional "sea and inland waterway only" rule such as FOB for containerized goods, instead of the "all transport modes" rule FCA.
인코텀즈 규칙의 사용에 있어서 가장 흔한 실수 중 하나는 컨테이너 화물에 대해 "모든 운송 방식"의 규칙인 FCA 조건 대신에 전통적으로 "해상 및 내수로 운송 전용"의 규칙인 FOB 조건을 사용하는 것이다.

Bills of lading with an on-board notation in FCA sales
To cater for this possibility of an FCA seller needing a bill of lading with an on-board notation, FCA Incoterms® 2020 has, for the first time, provided the following optional mechanism. If the parties have so agreed in the contract, the buyer must instruct its carrier to issue a bill of lading with an on-board notation to the seller.
FCA 매매에서 본선적재표기가 있는 선하증권
본선적재표기가 있는 선하증권을 필요로 하는 FCA 매도인의 이러한 가능성에 대응하기 위하여 인코텀즈 2020 FCA에서는 처음으로 다음과 같은 선택적 기제를 규정한다. 당사자들이 계약에서 합의한 경우에 매수인은 그의 운송인에게 본선적재표기가 있는 선하증권을 매도인에게 발행하도록 지시하여야 한다.

(중략)

However, if and when the bill of lading is issued to the seller by the carrier at the buyer's cost and risk, the seller must provide that same document to the buyer, who will need the bill of lading in order to obtain discharge of the goods from the carrier.
그러나 운송인이 매수인의 비용과 위험으로 매도인에게 선하증권을 발행하는 경우에는 매도인은 바로 그 선하증권을 매수인에게 제공하여야 하고 매수인은 운송인으로부터 물품을 수령하기 위하여 그 선하증권이 필요하다.

(3) FAS(Free Alongside Ship: 선측인도)

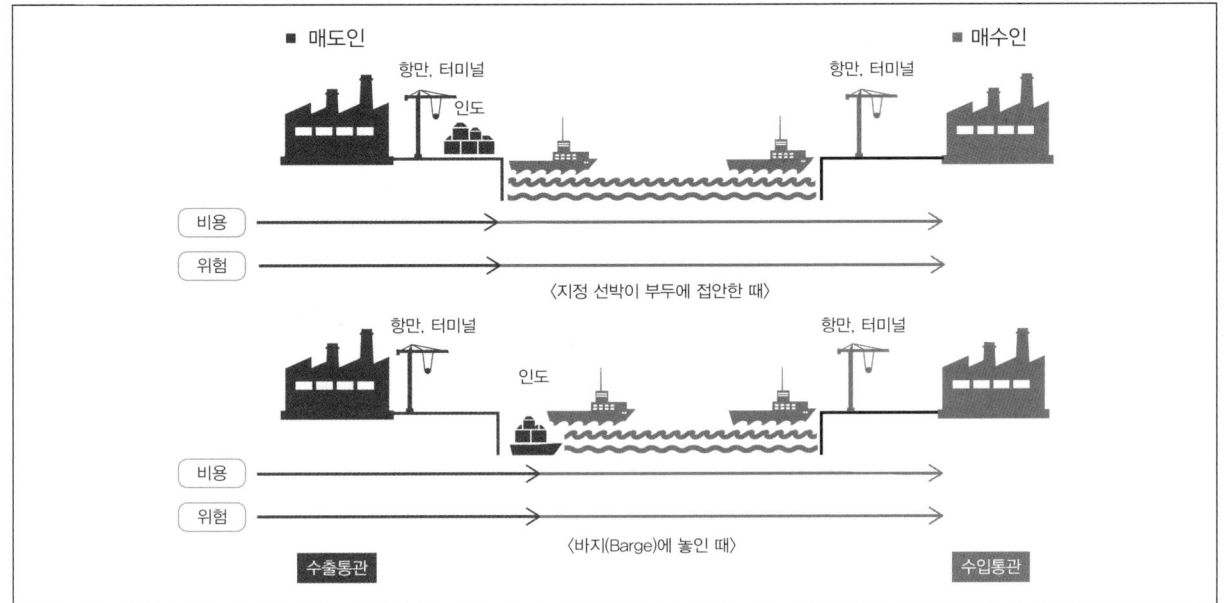

① 의미: 매도인이 물품의 수출통관을 마친 후 지정된 선적항에서 매수인이 지명한 선박의 선측[부두 또는 바지(Barge)]에 물품을 인도함으로써 위험이 매수인에게 이전되는 조건이다.

② 특징
  ㉠ 해상운송, 내수로운송 방식에서만 사용할 수 있고, 운임 및 보험료는 매수인이 부담한다.
  ㉡ 위험과 비용 부담의 분기점은 물품이 본선의 선측[부두 또는 바지(Barge)]에 매수인의 임의 처분하에 놓인 때이다.
  ㉢ 매도인은 수출통관 절차(수출허가/수출을 위한 보안통관/선적전검사 및 그 밖의 공적 인가)를 수행하고 그에 관한 비용을 부담하여야 하며, 매수인은 수입국에서의 수입통관을 수행하여야 한다.
  ㉣ 매도인은 물품을 매수인이 지정하는 선박의 선측에 두거나 그렇게 인도된 물품을 조달함으로써 인도하여야 한다.
  ㉤ 컨테이너로 운송하는 경우, 매도인이 물품을 선측에 두는 것이 아니고 터미널에서 운송인에게 인도하므로 FCA 조건을 사용하는 것이 바람직하다.
  ㉥ FAS + 지정 선적항(insert named port of shipment)으로 표기한다.

> **INCOTERMS 2020 FAS 빈출 구문**
>
> Where merchandise is sold on an FAS basis, the cost of the goods includes delivery to alongside the vessel.
> 상품이 FAS 조건으로 판매되는 경우, 물품 가격은 선측까지 인도하는 것을 포함한다.
>
> Seller is responsible for any loss or damage, or both, until the goods have been delivered alongside the vessel.
> 매도인은 물품이 선측에 인도될 때까지 어떠한 멸실이나 손상, 또는 양쪽 모두에 대한 책임이 있다.

(4) FOB(Free On Board: 본선인도) 기출 2017

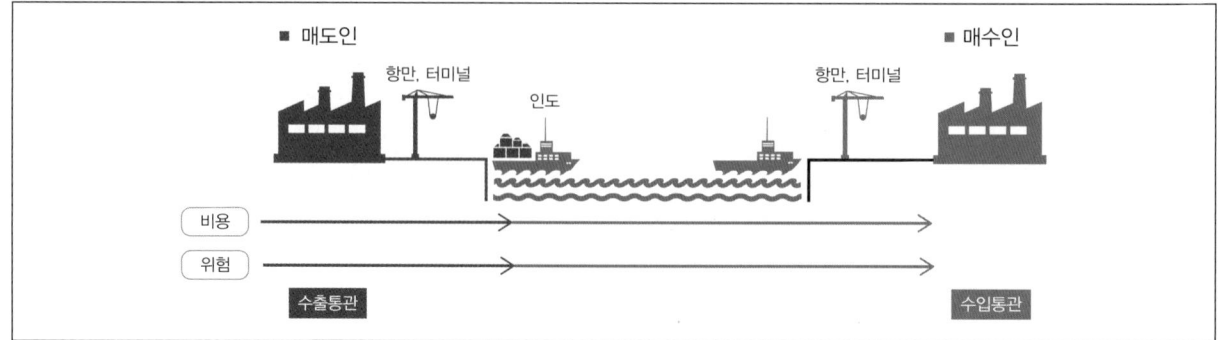

① 의미: 매도인이 물품의 수출통관 절차를 마친 후 지정된 선적항에서 매수인이 지명한 선박의 본선상에(on board the vessel) 물품을 인도함으로써 위험이 매수인에게 이전되는 조건이다.

② 특징
  ㉠ 해상운송, 내수로운송 방식에서만 사용할 수 있다.
  ㉡ 매도인은 본선상에 물품을 적재할 때까지의 비용과 위험을 부담한다.
  ㉢ 매도인은 수출통관 절차(수출허가/수출을 위한 보안통관/선적전검사 및 그 밖의 공적 인가)를 수행하고 그에 관한 비용을 부담하여야 하며, 매수인은 수입국에서의 수입통관을 수행하여야 한다.
  ㉣ 매도인은 물품을 매수인이 지정하는 선박에 적재하거나 그렇게 인도된 물품을 조달함으로써 인도하여야 한다.
  ㉤ 물품이 컨테이너 터미널에서 운송인에게 교부되는 경우에는 FCA 조건을 사용하는 것이 바람직하다.
  ㉥ FOB + 지정 선적항(insert named port of shipment)으로 표기한다. 예) FOB Busan

> **INCOTERMS 2020 FOB 빈출 구문**
>
> The seller delivers the goods on board the vessel nominated by the buyer at the named port of shipment or procures the goods already so delivered. The risk of loss of or damage to the goods passes when the goods are on board the vessel, and the buyer bears all costs from that moment onwards.
> 매도인이 물품을 지정 선적항에서 매수인이 지정한 본선에 적재하여 인도하거나 이미 그렇게 인도된 물품을 조달하는 것을 의미한다. 물품의 멸실 또는 손상의 위험은 물품이 본선에 적재된 때에 이전 하며, 매수인은 그 시점 이후의 모든 비용을 부담한다.
>
> Buyer must give seller adequate notice of name, sailing date, loading berth of, delivery time to, the vessel.
> 매수인은 매도인에게 선박의 이름, 항해일, 선적 부두, 인도 시기를 정확히 통지하여야 한다.

(5) CFR(Cost and Freight: 운임포함인도)

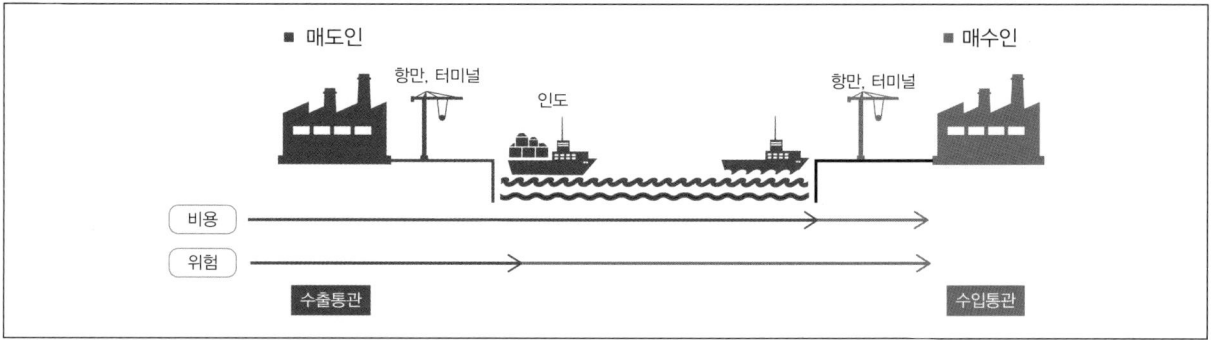

① 의미: 매도인이 운송계약을 체결하고 지정된 목적항까지 물품을 운반하는 데 필요한 운임은 매도인이 부담하지만 물품이 선적항에서 본선상에 적재되는 시점부터는 물품에 대한 멸실 또는 훼손의 위험이 매수인에게 이전되는 조건이다.

② 특징
㉠ 해상운송, 내수로운송 방식에서만 사용할 수 있다.
㉡ 위험의 분기점은 물품이 선적항 본선상에 적재된 때이며, 매도인은 인도지(선적항)부터 합의된 목적지(양륙항)까지 운송계약을 체결하고 물품 선적비용과 해상운임 등을 부담하여야 한다.
㉢ 매도인은 수출통관 절차(수출허가/수출을 위한 보안통관/선적전검사 및 그 밖의 공적 인가)를 수행하고 그에 관한 비용을 부담하여야 하며, 매수인은 수입국에서의 수입통관을 수행하여야 한다.
㉣ 매도인은 물품을 선박에 적재하거나 그렇게 인도된 물품을 조달함으로써 인도하여야 한다.
㉤ CFR + 지정 목적항(insert named port of destination)으로 표기한다.

(6) CIF(Cost, Insurance and Freight: 운임·보험료포함인도) 기출 2017

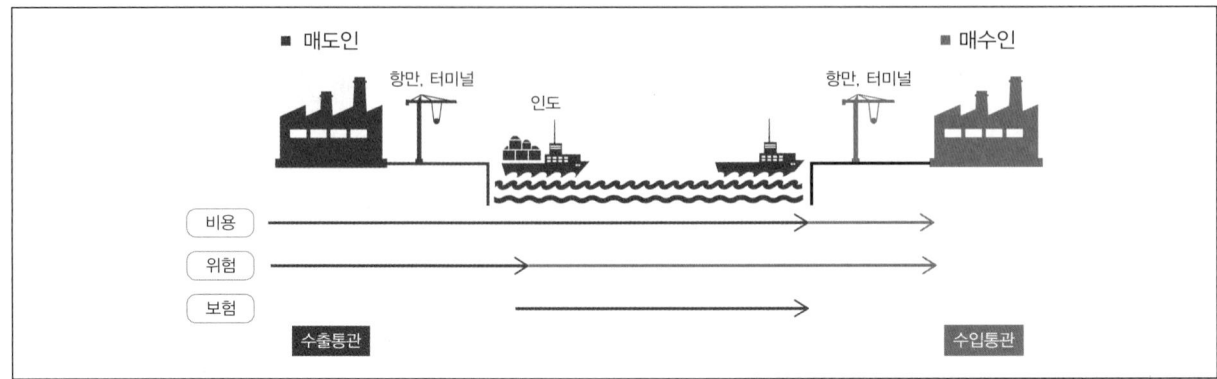

① 의미: 지정된 목적항까지 물품을 운반하는 데 필요한 운임과 보험료는 매도인이 부담하고, 물품이 선적항에서 본선에 적재되는 시점부터 물품에 대한 모든 위험과 추가적인 비용 부담이 매수인에게 이전되는 조건이다.

② 특징
  ⊙ 해상운송, 내수로운송 방식에서만 사용할 수 있다.
  ⓒ 매도인은 물품이 본선에 적재될 때까지 위험을 부담하고 물품을 인도지(선적항)부터 합의된 목적지(양륙항)까지 운송하는 데 필요한 운송계약을 체결해야 하며 물품 선적비용과 해상운임, 보험료 등을 부담하여야 한다.
  ⓒ 매도인은 선적항부터 목적항까지 매수인의 물품의 멸실 또는 훼손 위험에 대하여 보험계약을 체결할 의무가 있다. ICC(C) 약관이나 유사한 약관에 따른 제한적인 담보조건으로 부보하여야 한다. 당사자 간의 합의에 의해 더 높은 수준의 담보조건(ICC(A), ICC(B), A/R, WA약관)으로 부보할 수 있다.
  ⓔ 보험금액은 최소한 매매계약에 규정된 대금에 10%를 더한 금액(매매 대금의 110%)이어야 하고, 보험의 통화는 매매계약의 통화와 같아야 한다(CIP 조건과 동일).
  ⓜ 보험은 물품에 관하여 인도지점부터 적어도 지정 목적지까지 부보되어야 하고, 매도인은 매수인에게 보험증권이나 보험증명서, 그 밖의 부보의 증거를 제공하여야 한다.
  ⓑ 매도인은 수출통관 절차(수출허가/수출을 위한 보안통관/선적전검사 및 그 밖의 공적 인가)를 수행하고 그에 관한 비용을 부담하여야 한다. 매수인은 수입국의 수입통관 절차를 수행하여야 한다.
  ⓢ 매도인은 물품을 선박에 적재하거나 그렇게 인도된 물품을 조달함으로써 인도하여야 한다.
  ⓞ 복합운송으로 사용될 때에는 CIP 조건을 사용하는 것이 바람직하다.
  ⓩ CIF + 지정 목적항(insert named port of destination)으로 표기한다.

> **INCOTERMS 2020 CIF 빈출 구문**
>
> Under CIF rule, the seller is responsible for delivery of the goods at the agreed place of shipment.
> CIF조건일 경우 매도인은 물품을 합의된 선적지까지 물품을 인도할 의무가 있다.
>
> Where merchandise is sold on a CIF basis, the price includes the cost of the goods, insurance coverage and freight to the named port of destination.
> 물품이 CIF 조건으로 판매되는 경우, 물품 가격은 보험담보 범위와 목적항까지의 운임을 포함한다.
>
> Seller must provide and pay for transportation to named port of destination.
> 매도인은 지정 목적항까지의 운송을 제공하고 운임을 지불하여야 한다.
>
> Seller must pay export taxes, or other fees or charges, if any, levied because of exportation.
> 매도인은 수출로 인하여 부과된 수출관세, 만약 있다면, 기타 수수료 또는 할증료를 지불하여야 한다.

(7) CPT(Carriage Paid To: 운송비지급인도)

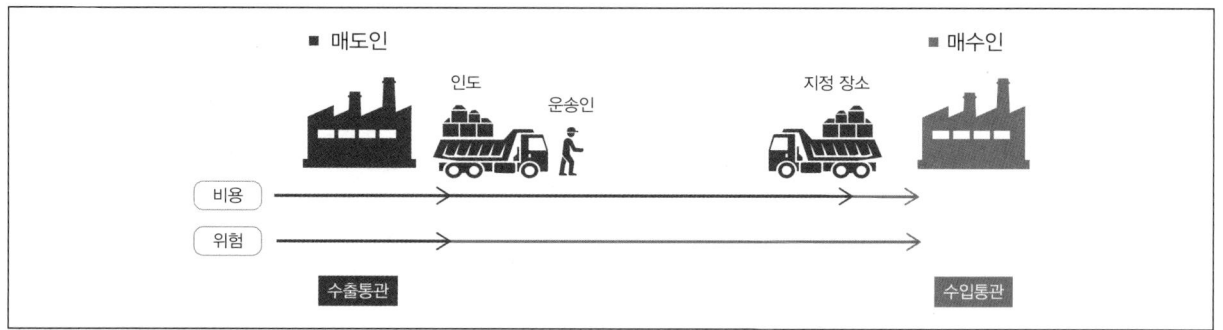

① 의미: 매도인이 자신의 비용으로 운송인과 수입국의 지정 목적지까지 운송계약을 체결하고, 수출국에서 운송인에게 수출통관이 완료된 물품을 인도할 때 위험이 매수인에게 이전되는 조건이다.

② 특징
  ㉠ 복합운송을 포함한 모든 운송 방식에서 사용할 수 있다.
  ㉡ 위험은 수출국의 지정된 운송인에게 물품이 인도된 때 이전되며 비용은 매수인의 지정 목적지에 도착할 때까지 매도인이 부담한다.
  ㉢ 매도인은 수출통관 절차(수출허가/수출을 위한 보안통관/선적전검사 및 그 밖의 공적 인가)를 수행하고 그에 관한 비용을 부담하여야 하며, 매수인은 수입국에서의 수입통관 절차를 수행하여야 한다.
  ㉣ 매도인은 물품을 매도인이 운송계약을 체결한 운송인에게 인도하거나 그렇게 인도된 물품을 조달함으로써 인도하여야 한다(조달의 확대 적용).
  ㉤ CPT + 지정 목적지(insert named place of destination)로 표기한다.

> **INCOTERMS 2020 CPT 빈출 구문**
>
> Direct extension of the FCA Incoterm. It switches the contract of main-carriage task from the buyer to the seller.
> FCA 조건을 직접적으로 확장한 조건이다. 매수인으로부터 매도인으로 주 운송계약 체결 업무가 변경된다.
>
> Seller is not responsible for the condition of the goods during vessel loading when the loading takes place after the goods have been delivered to the previous carrier.
> 매도인은 이전 운송인에게 물품이 인도된 후 선적이 진행될 때 선박 적재 중인 화물의 상태에 대해 책임을 지지 않는다.
>
> CPT requires the seller to clear the goods for export, where applicable. However, the seller has no obligation to clear the goods for import, pay any import duty.
> 해당하는 경우 CPT 조건은 매도인이 수출통관을 이행할 것을 요구한다. 그러나 매도인은 물품의 수입통관을 이행하거나 수입관세를 지불할 의무가 없다.

(8) CIP(Carriage and Insurance Paid To: 운송비·보험료지급인도)

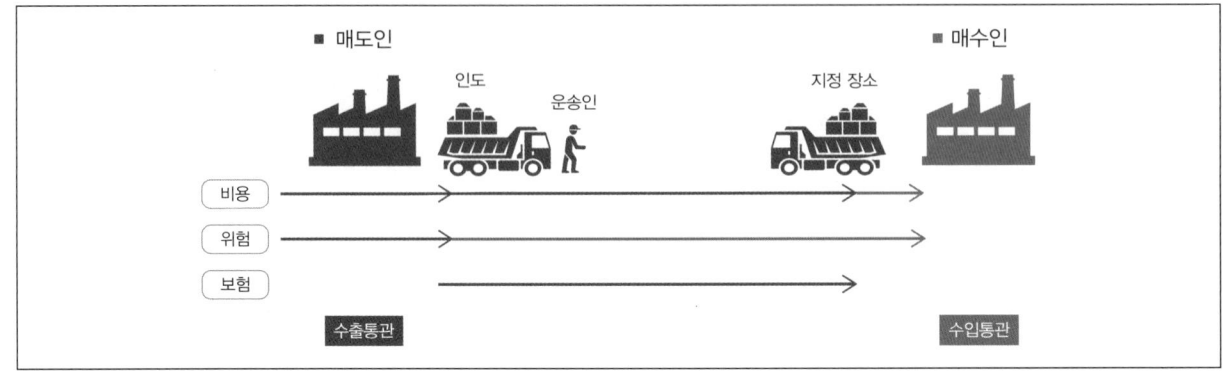

① 의미: 지정된 목적지까지 물품을 운반하는 데 필요한 운송비와 보험료는 매도인이 부담하되, 물품이 적출지의 지정된 장소에서 지정된 운송인에게 인도되는 시점부터 물품에 대한 모든 위험과 추가적인 비용 부담이 매수인에게 이전되는 조건이다.

② 특징
  ㉠ 복합운송을 포함한 모든 운송 방식에서 사용 가능하다.
  ㉡ 위험은 수출국에서 매도인과 운송계약을 체결한 운송인에게 물품을 인도하는 시점에 매수인에게 이전되며, 매수인의 지정 목적지까지 운송비와 보험료를 매도인이 부담한다.
  ㉢ 매도인은 ICC(A)약관이나 유사한 약관에 따른 광범위한 담보조건으로 부보하여야 한다. 당사자들의 합의에 의해 낮은 수준의 담보조건(ICC(B), ICC(C), WA, FPA약관)으로 부보할 수 있다.
  ㉣ 보험금액은 최소한 매매계약에 규정된 대금에 10%를 더한 금액(매매 대금의 110%)이어야 하고, 보험의 통화는 매매계약의 통화와 같아야 한다(CIF조건과 동일).
  ㉤ 보험은 물품에 관하여 인도지점부터 적어도 지정 목적지까지 부보되어야 하고, 매도인은 매수인에게 보험증권이나 보험증명서, 그 밖의 부보의 증거를 제공하여야 한다.
  ㉥ 매도인은 수출통관 절차(수출허가/수출을 위한 보안통관/선적전검사 및 그 밖의 공적 인가)를 수행하고 그에 관한 비용을 부담하여야 한다. 매수인은 수입국에서의 수입통관 절차를 수행하여야 한다.
  ㉦ 매도인은 물품을 매도인이 운송계약을 체결한 운송인에게 인도하거나 그렇게 인도된 물품을 조달함으로써 인도하여야 한다(조달의 확대 적용).
  ㉧ CIP + 지정 목적지(insert named place of destination)로 표기한다.

> **INCOTERMS 2020 CIP 빈출 구문**
>
> The buyer should also note that under the CIP Incoterms 2020 rule the seller is required to obtain extensive insurance cover complying with Institute Cargo Clause(A) or similar clause, rather than with the more limited cover under Institute Cargo Clause(C). It is, however, still open to the parties to agree on a lower level of cover.
>
> 매수인은 인코텀즈 2020 CIP 조건하에서 매도인은 협회적하약관의 C약관에 의한 제한적인 담보조건이 아니라 협회적하약관의 A약관이나 그와 유사한 약관에 따른 광범위한 담보조건으로 부보하여야 한다는 것을 유의하여야 한다. 그러나 당사자들은 여전히 더 낮은 수준의 담보조건으로 부보하기로 합의할 수 있다.

(9) DAP(Delivered At Place : 도착장소인도)

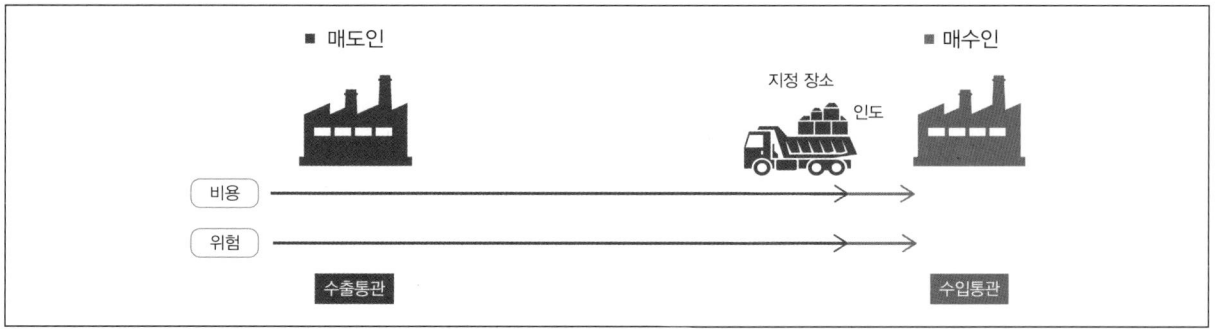

① 의미 : 매도인이 본인의 책임하에 목적지까지 물품을 운반하여, 수입통관하지 않은 상태로 지정된 목적지에서 운송수단으로부터 양하하지 않은 채 매수인의 처분 상태에 둠으로써 위험이 이전되는 조건이다.
② 특징
　㉠ 복합운송을 포함한 모든 운송 방식에서 사용할 수 있고, 매도인이 자신의 운송수단을 이용하여 운송하는 것을 허용하고 있다.
　㉡ 위험은 지정 목적지에서 물품을 운송수단에서 양하하지 않은 상태로 매수인의 처분하에 둔 때 매수인에게 이전되며, 그 시점까지 비용은 매도인이 부담하고 그 이후 발생하는 비용은 매수인이 부담한다. 매도인은 도착운송수단에서 물품을 양하(unloading)할 의무가 없다.
　㉢ 매도인은 수출통관 절차(수출허가/수출을 위한 보안통관/선적전검사 및 그 밖의 공적 인가)를 수행하고 그에 관한 비용을 부담하여야 하며, 매수인은 수입국에서의 수입통관 절차를 수행하여야 한다.
　㉣ 매도인은 물품을 지정 목적지에서 인도하거나 그렇게 인도된 물품을 조달함으로써 인도하여야 한다(조달의 확대 적용).
　㉤ 매도인이 수입통관과 수입관세나 세금을 납부하도록 하고자 하는 경우에는 DDP 조건을 사용하는 것이 권고된다.
　㉥ DAP + 지정 목적지(insert named place of destination)로 표기한다.

▌INCOTERMS 2020 DAP 빈출 구문
DAP term is used for any type of shipments. The shipper/seller pays for carriage to the named place, except for costs related to import clearance, and assumes all risks prior to the point that the goods are ready for unloading by the buyer.
DAP 조건은 어떤 형태의 선적에도 사용될 수 있다. 화주/매도인은 수입통관과 관련된 비용을 제외하고 지정 장소까지 운송비를 지급하고, 물품이 매수인에 의해 하역이 준비되는 지점 이전까지의 모든 위험을 책임진다.

⑽ DPU(Delivered at Place Unloaded : 도착지양하인도)

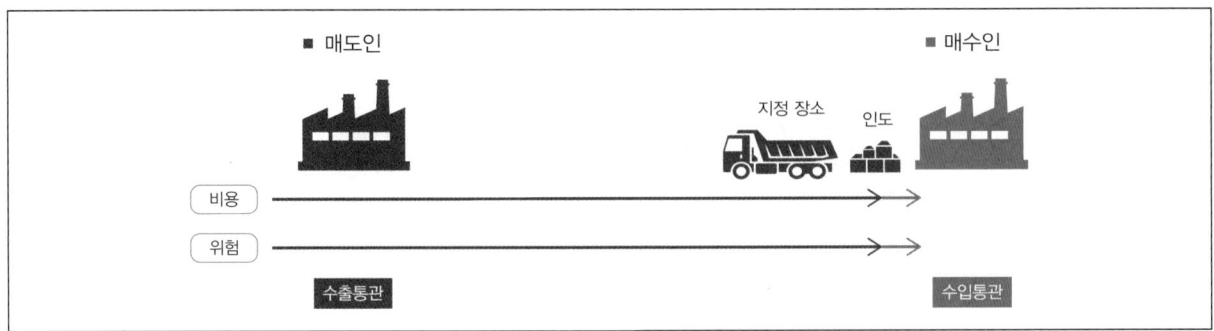

① 의미: 매도인이 물품을 지정 목적지 또는 지정 목적지 내의 합의된 지점에서 도착운송수단으로부터 양하하여 매수인의 처분하에 둠으로써 위험이 이전되는 조건이다. 기존 DAT조건에서 인도 장소가 터미널(부두, 창고, 컨테이너 터미널 등)에 한정되어 있던 것에 비해 DPU조건에서 지정 목적지는 터미널을 포함한 수입국의 어디이든 미리 합의된 지정 장소로 그 범위가 확대되었다.

② 특징
  ㉠ 복합운송을 포함한 모든 운송 방식에서 사용할 수 있고, 매도인이 자신의 운송수단을 이용하여 운송하는 것을 허용하고 있다.
  ㉡ 위험은 지정된 목적지에서 물품을 운송수단에서 양하한 상태로 매수인의 처분하에 둔 때 매수인에게 이전되고, 매도인은 그 시점까지의 비용을 부담한다. 인도 이후 발생하는 비용은 매수인이 부담한다.
  ㉢ 매도인은 수출통관 절차(수출허가/수출을 위한 보안통관/선적전검사 및 그 밖의 공적 인가)를 수행하고 그에 관한 비용을 부담하여야 하며, 매수인은 수입국의 수입통관 절차를 수행하여야 한다.
  ㉣ 매도인은 물품을 지정 목적지에서 인도하거나 그렇게 인도된 물품을 조달함으로써 인도하여야 한다(조달의 확대 적용).
  ㉤ 매도인은 도착운송수단에서 물품을 양하(unloading)할 의무가 있는 유일한 인코텀즈 조건이다.
  ㉥ DPU + 지정 목적지(insert named place of destination)로 표기한다.

> **INCOTERMS 2020 DPU 빈출 구문**
>
> The seller bears all risks involved in bringing the goods to and unloading them at the named place of destination. In this Incoterms rule, therefore, the delivery and arrival at destination are the same. DPU is the only Incoterms rule that requires the seller to unload the goods at the destination.
>
> 매도인은 물품을 지정 목적지까지 가져가서 그곳에서 물품을 양하하는 데 수반되는 모든 위험을 부담한다. 따라서 본 인코텀즈 규칙에서 인도와 목적지의 도착은 같은 것이다. DPU 조건은 매도인이 목적지에서 물품을 양하하도록 하는 유일한 인코텀즈 조건이다.

(11) DDP(Delivered Duty Paid: 관세지급인도)

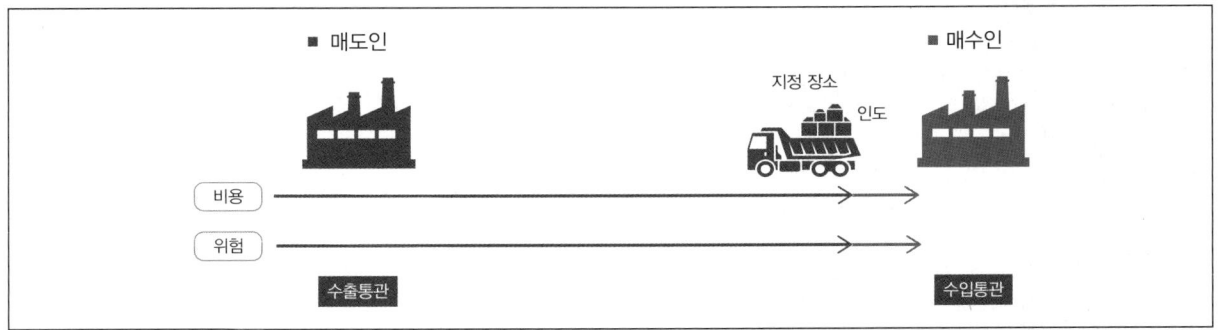

① 의미: 매도인이 본인의 책임하에 목적지까지 물품을 운반하여 수입통관 절차를 거친 후 지정된 목적지에서 운송수단으로부터 양하 준비된 상태(ready for unloading)로 매수인의 처분하에 둠으로써 위험이 이전되는 조건이다.

② 특징
  ㉠ 11개의 무역 거래 조건 중 매도인의 위험과 비용 부담이 가장 큰 조건이다. 매도인의 입장에서는 최대 의무조건이고, 매수인의 입장에서는 최소 의무조건이다.
  ㉡ 복합운송을 포함한 모든 운송 방식에서 사용할 수 있고, 매도인이 자신의 운송수단을 이용하여 운송하는 것을 허용한다.
  ㉢ 매도인은 물품을 지정 목적지 또는 지정 목적지 내의 합의된 지점에서 인도하는 데 수반되는 모든 비용과 위험을 부담한다.
  ㉣ 매도인은 수출통관 절차(수출허가/수출을 위한 보안통관/선적전검사 및 그 밖의 공적 인가)를 수행하고 그에 관한 비용을 부담하여야 한다. 또한 수입국의 수입통관 절차를 수행하고 관세, 세금 및 그 밖의 비용을 부담하여야 한다.
  ㉤ 매도인은 물품을 지정 목적지에서 인도하거나 그렇게 인도된 물품을 조달함으로써 인도하여야 한다(조달의 확대 적용).
  ㉥ DDP + 지정 목적지(insert named place of destination)로 표기한다.

INCOTERMS 2020 DDP 빈출 구문

Under DDP, the seller should clear the goods for import and make them ready for unloading at the named place of destination.
DDP 조건에서 매도인은 수입통관을 이행하여야 하며 지정된 목적지에서 물품을 양하 준비된 상태로 인도하여야 한다.

CHAPTER 01 무역계약

> ☑ **확실히** 짚고 넘어가기   INCOTERMS 2020   기출 2018

1. 운송 방식별 분류
    - 운송 방식에 관계없이 사용할 수 있는 조건: EXW, FCA, CPT, CIP, DAP, DPU, DDP
    - 해상 및 내수로운송에만 사용할 수 있는 조건: FAS, FOB, CFR, CIF
2. 운임부담자별 분류
    - 매도인(수출상)이 운임을 부담하는 조건: CFR, CPT, CIF, CIP, DAP, DPU, DDP
    - 매수인(수입상)이 운임을 부담하는 조건: EXW, FAS, FCA, FOB
3. 보험가입자별 분류
    - 매도인(수출상)이 부보해야 하는 조건: CIF, CIP
    - 매도인(수출상)의 임의부보 조건: DAP, DPU, DDP
    - 매수인(수입상)의 임의부보 조건: EXW, FCA, FAS, FOB, CFR, CPT
4. 위험 이전의 분기점별 분류
    - 매도인(수출상)의 위험부담이 적출지에서 종료되는 조건: EXW, FCA, FAS, FOB, CFR, CPT, CIF, CIP
    - 매도인(수출상)의 위험부담이 도착지에서 종료되는 조건: DAP, DPU, DDP
5. 품질조건별 분류
    - 선적품질조건: EXW, FCA, FAS, FOB, CFR, CIF, CPT, CIP
    - 양륙품질조건: DAP, DPU, DDP
6. 무역 거래 조건의 표시
    - 적출지의 지명이 표기되어야 하는 조건: EXW, FCA, FAS, FOB
    - 도착지의 지명이 표기되어야 하는 조건: CFR, CPT, CIF, CIP, DAP, DPU, DDP

CHAPTER 01 무역계약 | 기출로 점검하기

99회 62번

01 무역계약서는 통상적으로 서두, 본문, 말미 및 부록으로 구성된다. 다음 중 무역계약서의 본문에 넣을 수 없는 것은?

① 약인표시(Consideration)
② 정의조항(Definition Clause)
③ 특정조항(Specific Clause)
④ 일반조항(General Clause)

해설 약인(Consideration)은 서문에 표시되며, 불요식계약의 경우 약인이 필요하다. 약인은 약속자가 받는 권리, 이익, 편의 또는 수약자(약속을 받는 자)가 부담하는 부작위, 불이익, 손실, 의무와 같은 대가성이 있는 교환에 관한 것이다.
② 정의조항(Definition Clause): 계약 내용이 복잡하고 전문용어가 사용될 때 해석의 이해를 돕기 위한 조항이다.
③ 특정조항(Specific Clause): 품질, 수량, 가격, 선적시기, 도착지, 포장, 보험 등 일반거래조건협정서에 기재되지 않은 구체적인 내용이 담긴 조항이다.
④ 일반조항(General Clause): 준거법조항, 재판관할조항, 분쟁해결조항 등 계약에서 공통적으로 활용되는 국제매매계약의 일반사항을 기재한다.

102회 64번 **112회 75번**

02 청약의 요건으로 옳지 않은 것은?

① 1인 혹은 그 이상의 특정인에 대한 의사표시일 것
② 물품의 표시, 대금 및 수량에 관하여 충분히 확정적인 의사표시일 것
③ 승낙이 있는 경우 이에 구속된다는 의사표시가 있을 것
④ 상대방의 거래문의에 대한 응답으로 절대적이고 무조건적인 거래개설의 의사표시

해설 ④ 승낙의 요건에 대한 설명이다. 승낙은 형식, 방법에 구애받지 않으며, 무수정, 절대적, 최종적, 무조건적이어야 한다.

105회 9번 **108회 59번**

03 아래의 품질결정조건이 들어가는 매매에 해당하는 것은?

> Goods sold without sample shall be guaranteed by the seller to be almost equal to the fair average quality of the season' crop at the time and place of shipment.

① 견본매매(Sales by sample)
② 점검매매(Sales by inspection)
③ 표준품매매(Sales by standard)
④ 규격매매(Sales by grade)

해설 견본 없이 판매된 상품들은 선적 시간과 장소에 있던 당시 농작물의 평균 품질과 거의 동일한 것으로 판매자가 보장해야 한다.

해설 표준품에 의한 매매(Sales by standard)에 대한 설명이다. 표준품매매는 농산물과 같이 수확예정 물품, 어획예정 물품 등 매매계약 시 현품이 없고 견본 제공이 곤란한 경우 표준품의 품질을 기준으로 하여 약정 물품의 품질을 결정하는 방법이다. 이 경우 표준품을 정하고 실제 인도된 품질을 비교하여 대금을 조정한다.

정답 01 ① 02 ④ 03 ③

CHAPTER 01 무역계약 | 기출로 점검하기

[99회 51번]

04 국제물품매매계약에 관한 UN협약(CISG)상 청약에 대한 피청약자의 승낙이 청약에 없는 부가적 조건을 포함하고 있는 경우에 관한 설명으로 틀린 것은?

① 부가적 조건이 청약조건을 실질적으로 변경하지 않는 경우, 청약자가 그러한 부가적 조건에 대하여 부당하게 지체함이 없이 이의를 제기하더라도 계약은 성립한다.
② 부가적 조건이 청약조건을 실질적으로 변경하지 않는 경우, 청약자가 그러한 부가적 조건에 대하여 부당하게 지체함이 없이 이의를 제기하지 않는다면 승낙에 포함된 변경이 가하여진 청약조건이 계약조건이 된다.
③ 부가적 조건이 대금이나 대금 지급, 물품의 품질과 수량, 인도의 장소와 시기에 관한 것이라면 청약조건을 실질적으로 변경하는 것으로 본다.
④ 부가적 조건이 당사자 간 분쟁의 해결에 관한 것이라면 청약조건을 실질적으로 변경하는 것으로 본다.

해설 본래 승낙을 의도하지만, 추가조건, 제한조건 또는 기타의 변경조건을 포함하고 있는 경우에는 승낙이 아닌 새로운 청약으로 본다. CISG 제19조 제2항의 규정에 의하면 청약자가 부가적 조건(원청약의 조건을 실질적으로 변경하지 않는)에 대해 구두로 이의를 제기하지 않거나 이의 제기의 취지를 통지하지 않아야 계약이 성립한다고 규정하고 있다.
① '부가적 조건이 청약조건을 실질적으로 변경하지 않는 경우, 청약자가 그러한 부가적 조건에 대하여 부당하게 지체함이 없이 이의를 제기하면 계약은 성립되지 않는다.'라고 해야 알맞다.

[102회 71번]

05 수출자 X가 취할 조건으로 아래 공란을 올바르게 나열한 것은?

> 수출자 X는 최근 수출품목을 다변화하여 농산물, 임산물 또는 광산물과 같은 1차산품으로 확대하고자 한다. 그러나 문제는 이러한 1차산품이 주로 일정한 규격이 없어 품질을 약정하기가 곤란하다는 점을 알게 되었고, 이 경우 일정한 표준품을 추상적으로 제시하여 대체로 이와 유사한 수준의 품질을 인도하면 되는 것으로 알려졌다. 이에 최근 수입자 Y는 원목이나 냉동수산물 등을 수입하고자 하나 이러한 물품의 대부분은 외관상으로는 좋게 보이지만 그 내부가 부식되는 등 잠재하자 가능성이 높은 물품에 해당하여 수출자 X가 도착지에서 판매 적격성을 보증해주길 원하고 있다. 이에 수출자 X는 수입자 Y에게 품질결정 방법으로 (a) 조건을 제시하고자 한다. 한편, 또 다른 수입자 Z는 농산물 가운데 곡물류나 과일류 물품을 전년도 수확물의 평균중등품을 품질기준으로 선물거래에 의해 수입을 원하고 있어 그에게는 품질결정 방법으로 (b) 조건을 제시하려고 한다. 그런데 수입자 Z는 특히 호밀의 수입을 원하며 품질검사의 기준 시기를 양륙시로 선호하고 있어 품질결정 시기로 (c) 조건을 제시하려고 한다.

① a: GMQ b: FAQ c: RT
② a: FAQ b: USQ c: TQ
③ a: FAQ b: GMQ c: RT
④ a: GMQ b: USQ c: TQ

해설 ① GMQ는 목재, 냉동어류 거래, FAQ는 주로 과일, 곡물류 거래, RT는 호밀 거래에 사용되는 양륙품질조건이다.
②④ USQ는 주로 원사 거래에 이용하고, TQ는 선적품질조건에 해당한다.

정답 04 ① 05 ①

116회 37번

06 What is (A)?

> The more geographic reach your company has, the more important (A) this clause will become. For example, if you're a small local business dealing 100% exclusively with locals, you may not really need a clause telling your customers which law applies.
> Now, take a big corporation with customers and offices in numerous countries around the world. If a customer in Japan wants to sue over an issue with the product, would Japanese law apply or would the law from any of the other countries take over? Or, what if you're a Korea-based business that has customers from Europe.
> In both cases, (A) this clause will declare which laws will apply and can keep both companies from having to hire international lawyers.

① Arbitration Clause
② Governing Law Clause
③ Severability Clause
④ Infringement Clause

해설 (A)는 무엇인가?

> 귀사의 지리적 범위가 넓어질수록 (A) 이 조항은 더욱 중요해 질 것입니다. 예를 들어, 귀사가 100% 현지인들과 독점적으로 거래를 하는 소규모 지역 회사라면, 귀사의 고객에게 어떠한 법이 적용되는지 알려 주어야 하는 조항이 필요하지 않을 수 있습니다.
> 이제, 전 세계 여러 국가에서 고객들과 지사와 함께 대형 회사를 운영하십시오. 만약 일본의 고객이 제품에 대해 소송을 제기하고자 할 때, 일본의 법이 적용될 것인지 또는 다른 국가의 법을 받아들일 것입니까? 또는 유럽의 고객을 가지고 있는 한국 기반의 사업이라면 어떻게 되겠습니까?
> 두 경우 모두, (A) 이 조항은 어떤 법을 적용할 것인지 분명하게 할 것이며 두 회사가 국제 변호사를 고용하지 않게 할 수 있습니다.

① 중재 조항
② 준거법 조항
③ 가분성 조항
④ 권리침해 조항

해설 준거법 조항에 대한 설명이다. 무역계약의 성립과 이행. 해석에 관하여 어느 국가의 법률을 적용할 것인가를 정하는 조항으로, 준거법과 재판 관할지가 일치하지 않을 경우, 재판 관할 법원에 의해 준거법 규정의 효력이 인정되지 않을 수 있으므로 주의가 필요하다.

101회 52번

07 국제계약에 관한 설명으로 옳지 않은 것은?

① 국제계약에 이행가혹조항(Hardship Clause)이 없다 하더라도 지정된 준거법이 이행가혹조항을 인정하는 국가의 법이면 이행가혹조항이 적용된다.
② 채무 불이행 성립에 과실을 요구하는 법계에서는 불가항력조항이 없다고 하더라도 비슷한 결론에 도달할 수 있다.
③ 분쟁의 실체에 적용되는 준거법은 중재조항에도 당연히 적용된다.
④ 격지자 간의 의사표시의 교환으로 이루어지는 계약의 성립 시기와 관련하여 영미법계와 대륙법계의 태도가 다르다.

해설 ③ 분쟁의 실체에 적용되는 준거법은 중재조항의 준거법과 별도로 적용된다.

정답 06 ② 07 ③

CHAPTER 01 무역계약 | 기출로 점검하기

100회 58번

08 INCOTERMS 2020 규칙에서 매도인이 매수인에게 제공하여야 하는 서류에 관한 설명으로 틀린 것은?

① INCOTERMS 2020 규칙상의 모든 규칙에서 매도인은 매수인에게 상업송장을 제공할 의무가 있다.
② CIF 규칙에서 달리 합의되지 않은 한, 매도인이 제공하는 운송서류는 매수인이 후속 매수인에게 운송서류를 양도함으로써 운송 중에 물품을 매각할 수 있도록 하는 것이어야 한다.
③ CIP 규칙에서 합의나 관습이 없는 경우에, 매도인은 매수인이 지정 목적지에서 운송인에 대하여 물품의 인도를 청구할 수 있도록 하는 운송서류를 제공하여야 한다.
④ FOB 규칙에서 매도인은 자신의 비용으로 매수인에게 물품이 인도되었다는 통상의 증거를 제공하여야 한다.

해설 ③ 관행 또는 매수인의 요청이 있는 경우, 매도인은 자신의 비용으로 매수인에게 A4(운송)에 따라 체결된 운송에 관한 통상적인 운송서류를 제공해야 한다. 이 운송서류는 계약 물품에 관한 것이어야 하고 합의된 선적기간 이내의 날짜로 기재되어야 한다. 합의나 관행이 있는 경우에 그 운송서류는 매수인이 지정 목적지에서 운송인에 대하여 물품의 인도를 청구할 수 있도록 하는 것이어야 하고 매수인이 후속 매수인에게 운송서류를 양도함으로서 또는 운송인에 대한 통지로써 운송 중에 물품을 매각할 수 있도록 하는 것이어야 한다. 그러한 운송서류가 유통 가능한 형식으로 복수의 원본으로 발행된 경우에 그 원본의 전통이 매수인에게 제공되어야 한다.

100회 59번

09 INCOTERMS 2020상의 FCA 규칙에서 매수인의 통지의무와 관련하여 매수인이 매도인에게 통지하여야 할 사항을 바르게 묶은 것은?

> ㉮ 지정된 운송인 또는 제3자의 이름
> ㉯ 물품이 목적장소에 도착되어야 하는 시기
> ㉰ 지정된 운송인 또는 제3자가 사용할 운송 방식
> ㉱ 물품이 도착하는 목적 장소
> ㉲ 합의된 인도기간 내에서 운송인 또는 제3자가 물품을 수령하기로 선택된 시기

① ㉮, ㉯, ㉰   ② ㉰, ㉱, ㉲   ③ ㉯, ㉰, ㉲   ④ ㉮, ㉰, ㉲

해설 B10(통지)에 의해 매수인은 다음의 사항을 매도인에게 통지하여야 한다.
- 지정된 운송인 또는 제3자의 이름. 이는 매도인이 A2(인도)에 따라 물품을 인도할 수 있도록 하는 정도의 충분한 기간 전에 통지되어야 한다.
- 합의된 인도기간 내에서 운송인이나 제3자가 물품을 수령할 것으로 선택된 시기가 있는 경우 그 선택된 시기
- 운송 관련 보안요건을 포함하여, 지정된 운송인 또는 제3자가 사용할 운송 방식
- 지정 인도장소 내에서 물품을 수령할 지점

정답 08 ③   09 ④

104회 42번 | 106회 41번 | 109회 49번

10 Which Incoterm(s) rules are suitable for the following watching point?

> Although the seller is not obliged to load the goods, if the seller does so, let this be at the buyer's risk.
>
> A. EXW   B. EXW & DAP   C. FOB   D. EXW & FOB

① A   ② B   ③ C   ④ D

해석 다음과 같은 사항에서 적합한 인코텀즈 조건은 무엇인가?

> 매도인은 물품을 적재할 의무가 없음에도 불구하고 매도인이 그렇게 하였다면 이것은 매수인의 위험으로 한다.
>
> A. EXW   B. EXW & DAP   C. FOB   D. EXW & FOB

해설 EXW 조건에서 매도인은 매수인에 대하여 물품 적재 의무가 없으며, 이는 실제로 매도인이 물품을 적재하는 데 보다 나은 입장에 있더라도 마찬가지다. 매도인이 물품을 적재하는 경우 매수인의 위험과 비용으로 그렇게 한다. 매도인이 물품을 적재하기에 보다 나은 입장에 있는 경우, 매도인이 자신의 위험과 비용으로 물품 적재 의무를 부담하는 FCA 조건을 사용하는 것이 통상적으로 더 적절하다.

101회 60번

11 INCOTERMS 2020상의 FOB 규칙에 대한 설명으로 옳은 것은?

① 매도인은 매수인에게 운송 관련 보안요건, 선박명, 적재지점 및 합의된 인도기간 내에서 선택된 인도 일자가 있는 경우에는 그 일자를 충분히 통지하여야 한다.
② 매도인은 매수인의 비용으로 물품이 인도되었다는 통상적인 증거를 제공하여야 한다.
③ 매수인은 수출허가, 수출을 위한 보안통관, 선적전검사와 관련된 비용을 부담하여야 한다.
④ 매수인은 해당되는 경우에, 통과통관 또는 수입통관에 관한 관세, 세금 그 밖의 비용을 부담하여야 한다.

해설 ① 매수인은 매도인에게 운송 관련 보안요건, 선박명, 적재지점 및 합의된 인도기간 내에서 선택된 인도 일자가 있는 경우에는 그 일자를 충분히 통지하여야 한다.(B10)
② 매도인은 자신의 비용으로 물품이 인도되었다는 통상적인 증거를 제공하여야 한다.(A6)
③ 매도인은 수출허가, 수출을 위한 보안통관, 선적전검사 및 그 밖의 공적 인가와 관련된 비용을 부담하여야 한다.(A7)

정답 10 ①   11 ④

CHAPTER 01 무역계약 | 기출로 점검하기

109회 9번 | **103회 15번**

12 What is the correct INCOTERMS 2020 under the following scenario?

> A container is loaded in the town of Daejon and trucked to Busan Port where it is loaded on board an ocean vessel to Hamburg. Then the container is reloaded onto a feeder vessel and discharged in Copenhagen Port. After arriving Copenhagen Port,
> the container is trucked to consignee's warehouse. Finally goods are cleared and ready to use or sell.

① FOB Busan
② FOB Hamburg
③ FOB Daejeon
④ FOB Copenhagen

해석 다음 시나리오에 따라 올바른 인코텀즈 2020의 조건은 무엇인가?

> 컨테이너는 대전에서 실려 부산항까지 트럭으로 운반된 후 함부르크까지 가는 선박에 실린다. 그런 다음 피더선에 재선적되어 코펜하겐항에서 하역된다. 코펜하겐항에 도착한 후 컨테이너는 수하인의 창고까지 트럭으로 운송된다. 마지막으로 상품은 통관되어 사용 혹은 판매될 준비를 마친다.

① FOB 부산
② FOB 함부르크
③ FOB 대전
④ FOB 코펜하겐

해설 FOB 조건은 물품이 수출지에 소재한 수출항의 본선에 적재될 때까지 수출상이 위험과 비용을 부담하는 조건이다. 지문에서 선적항은 부산항이므로 FOB 부산이 올바른 조건이다.

99회 53번

13 INCOTERMS 2020 CIP 규칙에서 매도인의 보험계약 체결의무에 관한 설명으로 옳은 것은?

① 매도인은 자신의 비용으로 반드시 협회적하약관의 최소담보조건에 따른 적하보험을 취득하여야 한다.
② 매도인이 제공하는 보험금액은 통상 매매계약에서 약정된 대금에 15%를 더한 금액 이상이어야 한다.
③ 매도인이 제공하는 보험구간은 물품의 인도지점으로부터 적어도 지정 목적지까지 보호하는 것이어야 한다.
④ 매도인은 매수인에게 반드시 보험증권을 제공하여야 하며, 기타 부보의 증거를 제공하여서는 아니된다.

해설 ① 매도인은 자신의 비용으로 협회적하약관의 ICC(A)나 그와 유사한 약관에 따른 광범위한 담보조건(최대담보조건)으로 부보하여야 한다. 다만, 당사자들은 더 낮은 수준의 담보조건으로 부보하기로 합의할 수 있다.
② 보험금액은 최소한 매매계약에서 약정된 대금에 10%를 더한 금액(매매 대금의 110%)이어야 하고, 보험의 통화는 매매계약의 통화와 동일해야 한다.
④ 매도인은 매수인에게 보험증권이나 보험증명서, 그 밖의 부보의 증거를 제공하여야 한다.

정답 12 ① 13 ③

[104회 60번]

14 INCOTERMS 2020의 CIF 조건에서 매수인의 비용 부담에 관한 내용으로 옳은 것을 모두 나열한 것은?

> A – 물품이 인도된 때부터 물품에 관련되는 모든 비용은 매수인이 부담하나, 그러한 비용을 운송계약상 매도인이 부담하기로 한 때에는 그에 따른다.
> B – 도착항에서 발생하는 양륙비용은 원칙적으로 매도인이 부담한다.
> C – 물품을 제3국을 통과하여 운송하는 데 드는 비용과 매수인의 요청에 따라 조달된 추가보험에 드는 비용은 매수인이 부담한다.

① A, B ② A, C ③ B, C ④ A, B, C

해설 CIF 조건은 도착항에서 발생하는 양륙비용은 원칙적으로 매수인이 부담한다. 매도인은 목적항까지의 해상운임과 보험비용을 부담하며, 본선적재 이후 발생하는 비용과 매수인의 요청에 의해 조달되는 추가보험에 드는 비용은 매수인이 부담한다.

[102회 66번]

15 INCOTERMS 2020에 관한 내용의 일부를 설명하고 있다. 아래 공란에 들어갈 용어를 올바르게 나열한 것은?

> A2의 인도장소나 인도항구는 A3하에서 (a)이 매도인으로부터 매수인에게 이전하는 장소를 확정한다. A2의 인도장소나 인도항구는 또한 A9하에서 매도인과 매수인 사이에 (b)을 할당하는 기준점을 확정한다.

① a: 비용   b: 소유권
② a: 비용   b: 위험
③ a: 소유권   b: 위험
④ a: 위험   b: 비용

해설 A2(인도)의 인도장소나 인도항구는 A3(위험이전)하에서 위험이 매도인으로부터 매수인에게 이전하는 장소를 의미한다. A2(인도)의 인도장소나 인도항구는 또한 A9(비용분담)하에서 매도인과 매수인 사이에 비용을 할당하는 기준점을 확정한다.

정답 14 ② 15 ④

CHAPTER 02 무역결제

* 파란색자는 "무역용어 120선"에 수록되어 있습니다.

> 대금 결제 방식

종류	시기		방식	
송금 (Remittance)	사전송금(선지급)		CWO(Cash With Order), T/T Advanced	
	사후송금	동시지급	COD(Cash On Delivery) – 상품인도	
			CAD(Cash Against Document) – 서류인도	
			European D/P	
		후지급	O/A(Open Account) – 선적통지조건 기한부 사후송금 결제 방식	
추심 (Collection)	동시지급(대금 결제하고 서류 인수)		D/P(Document against Payment), D/P Usance	
	후지급(서류받고 대금 결제)		D/A(Document against Acceptance)	
신용장 (L/C)	동시지급(일람출급, At Sight)		지급 신용장, 매입 신용장	참 상환 방법 • Debit Base • Remittance Base • Reimbursement
	후지급(기한부, Usance)		인수 신용장 : Banker's Usance / Shipper's Usance	
			연지급 신용장	
기타	국제팩토링(사후송금 방식), 포페이팅(신용장 방식)			

1 송금 방식 기출 2017 ★ 상시

(1) 송금 방식의 의미와 특징

① 의미: 무역계약을 체결한 수출상이 약정 물품을 선적하기 전에 또는 수출상이 약정 물품이나 서류를 인도할 때 수입상이 현금, 수표 또는 전신송금(T/T) 등의 방법으로 은행을 통해 수출업자에게 대금을 지급하는 방식이다.

② 특징
  ㉠ 환어음이 사용되지 않으므로 어음법이 적용되지 않는다.
  ㉡ 적용되는 국제규칙이 없다.
  ㉢ 결제는 은행을 통해 이루어지나 서류는 수출업자가 수입업자에게 직접 송부한다.
  ㉣ 결제방식 중 가장 낮은 은행 수수료를 부담하고, 거래의 흐름이 신속하게 이루어진다.

(2) 송금 시기에 따른 분류

① 사전송금 방식: 계약 물품의 선적 전에 수입상이 수출상에게 무역 대금 전액을 미리 송금하여 지급하고, 수출상은 계약서상 약정된 기일 내에 상품을 선적하는 방식이다. 수입상은 수출상의 계약 이행불능위험과 수출국의 비상위험에 노출된다.

   참 계약서에 사전송금 방식을 표시하는 경우
   • T/T advance   • T/T remittance in advance on 날짜

② 사후송금 방식: 수출상이 대금을 받기 전에 계약 물품을 수입상에게 발송하고, 수입상은 상품을 수령한 후 계약서상 약정된 기일 내에 대금을 지급하는 방식이다. 수출상은 수입상의 신용위험과 수입국의 비상위험에 노출된다.

   참 계약서에 사후송금 방식을 표시하는 경우: T/T within ××days after the date of B/L

(3) 송금 방식에 따른 분류

① 전신환 송금 방식(T/T: Telegraphic Transfer)
  ㉠ 의미: 수입상의 요청에 따라 수입국의 송금은행이 수출국의 지급은행에게 일정 금액을 지급할 것을 지시하는 지급 지시서를 전신으로 송부하여 지급은행이 수취인에게 신속하게 대금을 지급하도록 하는 방식이다.
  ㉡ 거래 과정

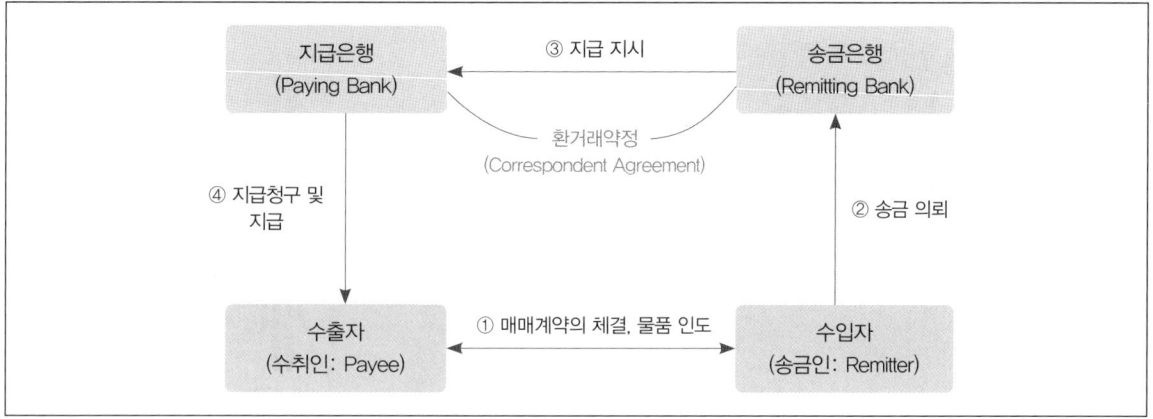

  ㉢ 특징

장점	• 송금 과정의 모든 위험은 은행이 부담함 • 송금 과정이 신속하고 편리하며, 송금환의 분실이나 도난의 위험이 없음 • 입금시점과 지급시점의 시차가 없으므로 환율 변동에 따른 위험이 거의 없음
단점	전신료를 부담해야 함

② 수표 송금 방식(D/D: Demand Draft): 수입상이 물품 대금을 은행에 입금하여 요구불 송금수표를 은행에서 발급받아 이를 직접 수출상에게 우편으로 송부하는 방식이다.

③ 우편환 송금 방식(M/T: Mail Transfer): 수입상의 요청에 따라 수입지의 송금은행이 수출지의 지급은행에 대하여 일정 금액을 지급하여 줄 것을 위탁하는 우편환을 발행하여 송금은행이 직접 지급은행에 우편 송부하는 방식이다.

(4) 대금 상환 방식에 따른 분류

① 선적통지조건 기한부 사후송금 결제 방식(O/A: Open Account)
  ㉠ 의미: 수출상과 수입상이 일정 기간의 수출입거래와 관련하여 기본매매계약(O/A Master Contract)을 체결하고 구매주문서(Purchase Order) 등에 의해 건별로 주문이 도달하면 수출상은 이를 선적하고 서류를 수입상에게 전달하며 수입상은 기본매매계약에 따라 선적일을 기준으로 일정 기간 경과 후 수출상의 계좌로 대금을 송금하는 결제 방식을 의미한다.
  ㉡ 특징
    • 주로 신뢰가 두터운 본사와 지점 간의 거래, 모회사와 자회사 간의 거래에 이용된다.
    • 물품 선적 후 일정 기간이 경과한 후 대금을 결제한다는 점에서 외상거래 형태를 띠기 때문에 수출자는 수출 대금 회수위험에 노출된다.
    • 수출자가 선적 후 해외 수입자에게 선적 사실을 통보하고 장부에 기재한 때 채권이 발생한다. 수출자가 이 해당 채권을 거래은행에 매입의뢰하면 대금 결제기간이 도래하기 전에 대금을 회수할 수 있다(O/A NEGO).
    • 수출자는 환어음을 발행하지 않으며 선적서류를 수입자에게 직접 송부한다.
    • 대금 결제 방식 중 은행수수료가 가장 저렴하다.

② 현물상환 방식(COD: Cash On Delivery)
  ㉠ 의미: 수출상이 계약 물품을 선적한 후 선적서류를 수입국 소재의 자신의 지사나 대리인 또는 수입국의 은행에 송부하여 상품이 목적지에 도착하면 수입상이 계약 물품을 검사한 후 상품을 인도받으면서 대금을 결제하는 방식이다.
  ㉡ 거래 과정

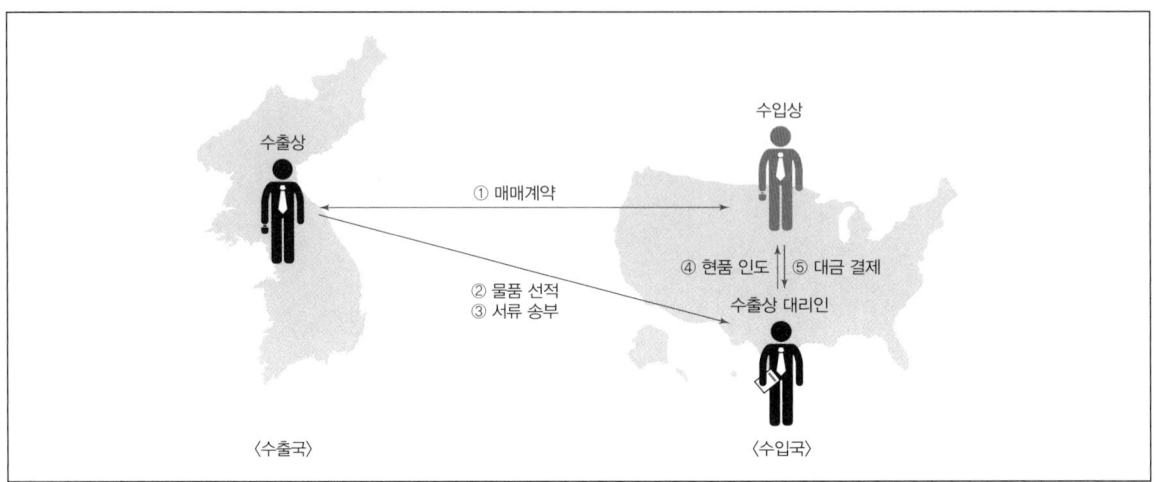

  ㉢ 특징

수입상 입장	수출상 입장
• 대금을 지급하기 전에 물품을 보고 계약 내용과 일치하는지 확인할 수 있음 • 결제 전에 계약 물품의 인수 여부를 결정할 수 있어 수입상에게 유리함	• 수입상이 물품 인수를 거부할 경우 물품 대금 회수 불능으로 인한 손해를 입을 수 있음 • 수입국에서 검사 후 수출자의 대리인이나 지사가 대금을 수령하여 수출자에게 송금하므로 대금 회수에 오랜 시간이 걸릴 수 있음

③ 서류상환 방식(CAD: Cash Against Document)
  ㉠ 의미: 수출상이 약정 물품을 선적한 후 선적서류를 수출국 내에 소재하는 수입상의 지사나 대리인 또는 수입상의 거래은행 또는 수입상에게 직접 제시하여 선적서류와 상환으로 대금을 결제하는 방식이다.
  ㉡ 거래 과정

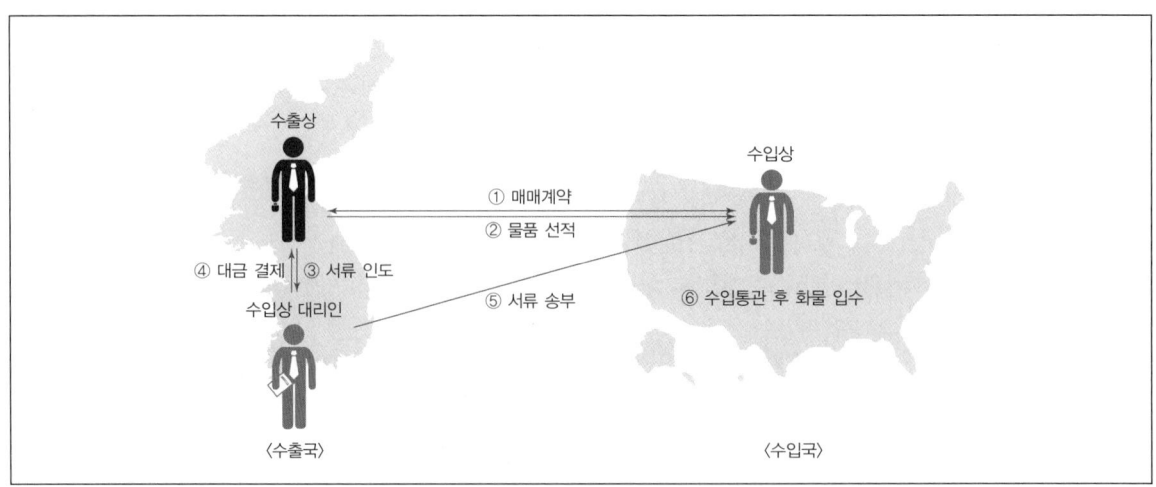

ⓒ 특징

수입상 입장	수출상 입장
대금을 지급한 후에 물품을 보기 때문에 계약 내용과 물품의 상태가 일치하지 않을 경우 손해를 입을 수 있음	• 서류를 통해 대금을 지급받기 때문에 대금 회수에 시간이 걸리지 않음 • 수입상이 선적전검사(PSI)를 진행하기 때문에 PSI 비용이 발생하지 않음

2 추심 방식 기출 2018 기출 2019 기출 2020 ★ 상시   ★ 고난도 빈출이론 강의로 더 쉽게!

(1) 추심 방식의 정의

수출상이 수입상에게 물품을 송부한 후에 수입상을 지급인으로 하는 환어음 및/또는 계약서에 명시된 선적서류를 구비한 후 거래은행을 통해 이를 추심함으로써 그 대금을 회수하는 방식의 거래를 의미한다. URC 522(추심통일규칙)의 적용을 받으며, 추심거래에 관여하는 은행은 단지 위임사무의 처리를 위한 중개인 또는 보조자의 역할을 담당한다.

(2) 추심의 대상

① 금융서류(Financial Documents): 환어음, 약속어음, 수표 또는 기타 금전의 지급을 취득하기 위하여 사용되는 이와 유사한 증권을 말한다.
② 상업서류(Commercial Documents): 송장, 운송서류, 권리증권 또는 기타 이와 유사한 서류, 또는 그 밖에 금융서류가 아닌 모든 서류를 말한다.

(3) 추심의 당사자

추심의뢰인 (Principal)	거래은행에 추심 업무를 의뢰하는 고객(매도인, 수출상)
추심의뢰은행 (Remitting Bank)	추심의뢰인으로부터 추심 업무를 의뢰받은 은행(매도인의 거래은행)
추심은행 (Collecting Bank)	추심 과정에 참여하는 추심의뢰은행 이외의 일체의 은행(보통 수입국은행)
제시은행 (Presenting Bank)	지급인에게 제시를 행하는 추심은행(매수인의 거래은행)
지급인 (Drawee)	추심지시서의 내용에 따라 추심서류를 제시받아야 할 자(매수인, 수입상)

(4) 추심 결제 방식

① D/P(Document against Payment: 지급인도 방식)
  ㉠ 의미: 수출상이 계약에 따라 물품을 선적하고 구비한 서류와 함께 수입상을 지급인(Drawee)으로 하는 일람출급환어음을 발행하여 수출상이 거래하는 외국환은행에 추심을 의뢰하면, 이 추심의뢰은행(Remitting Bank)은 수입국의 추심은행(Collecting Bank), 있다면 제시은행을 통해 수입상에게 환어음 및 선적서류를 제시한다. 그러면 수입상은 일람출급환어음을 결제한 뒤 선적서류를 입수한다. 이렇게 수입상이 대금 지급을 한 뒤 서류를 인도받는 결제 방식을 D/P라고 한다.

ⓒ 거래 과정

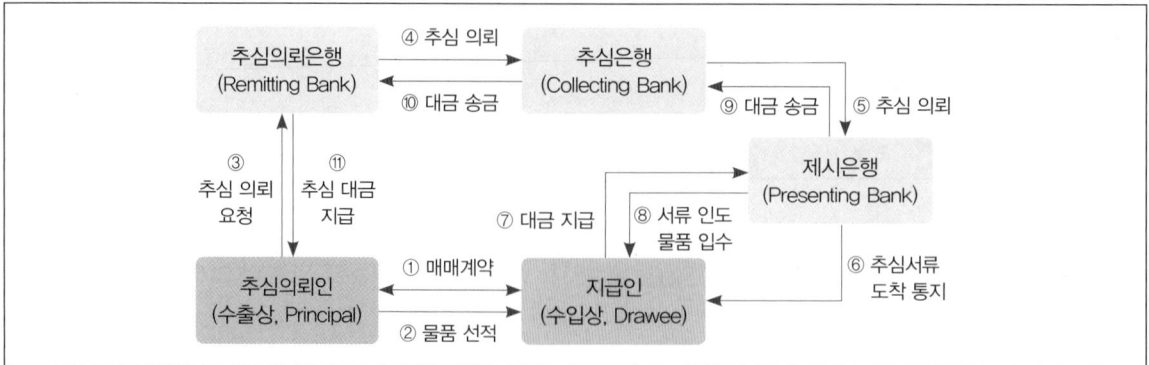

② D/A(Document against Acceptance: 인수인도 방식)
  ㉠ 의미: 추심의뢰은행이 수입지의 추심은행 앞으로 어음 대금을 추심하면, 추심은행은 수입업자에게 환어음을 제시하여 수입업자가 어음상에 'Acceptance(인수)'의 표시와 함께 서명하고, 추심은행(있다면 제시은행)은 환어음을 인수함과 동시에 수입업자에게 선적서류를 인도하고 어음의 만기일에 수입업자로부터 대금을 받아 추심의뢰은행 앞으로 송금하여 수출업자가 수출 대금을 회수할 수 있도록 하는 거래 방식이다.
  ㉡ 거래 과정

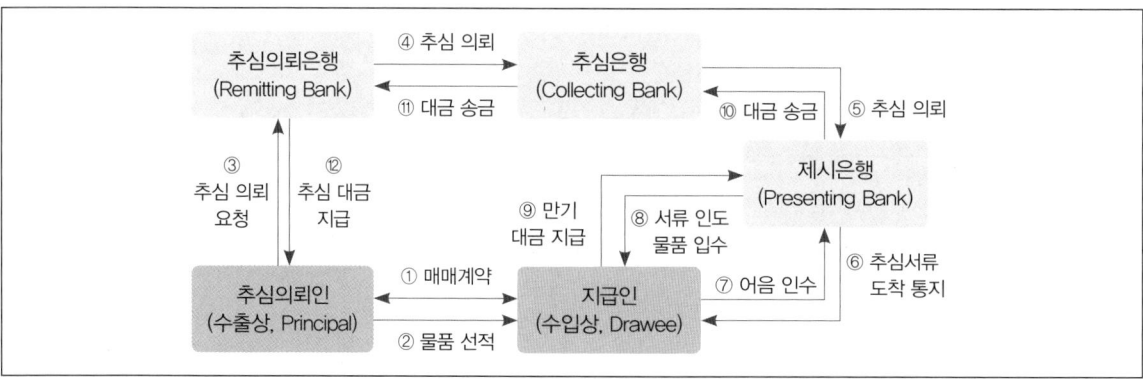

③ D/P Usance: 지정된 미래 일자에 대금과 서류를 교환하는 방식이다. 계약 물품이 서류보다 늦게 도착하는 경우 수입자의 대금 지급 시기와 물품 인도 시기에 차이가 발생하므로 수입자의 자금 부담을 경감하기 위해 사용한다.

(5) D/P와 D/A의 차이점
  ① D/P거래의 경우 수출상은 대금 미회수 위험에 노출되며, D/A거래의 경우 대금 미회수 위험 및 물품 회수불능 위험에 노출될 수 있다.
  ② D/P는 일람불 환어음이 사용되며, D/A의 경우 기한부 환어음이 사용된다.
  ③ 추심지시서에 D/P인지 D/A인지 명시가 없는 경우 D/P로 간주하여 처리한다.

3 기타 결제 방식 기출 2017 기출 2019 ★ 상시

(1) 국제팩토링(Factoring)

① 의미: 전 세계 팩터(팩토링 회사)의 회원망을 통하여 수입상의 신용을 바탕으로 이루어지는 무신용장 방식의 무역거래 방법이다.

② 거래당사자

수출팩터 (Export Factor)	수출국에서 수출자와 국제팩토링 계약을 체결하고 수출상을 위해 수입자에 대한 신용조사 의뢰, 수출자의 팩토링 채권의 대외 양도 및 추심, 전도금융 제공, 기타 회계처리 등의 업무를 수행하는 자를 말함
수입팩터 (Import Factor)	• 수입국에서 수입자와 국제팩토링 계약을 체결하고 수입자의 신용조사를 진행하며, 신용위험을 인수하고 팩토링 채권을 회수하여 수출팩터에게 송금하는 자를 말함 • 수입상에게는 수입을 위한 신용을 공여하여 해외의 수출상으로부터 신용으로 상품을 수입할 수 있게 함

③ 거래 과정

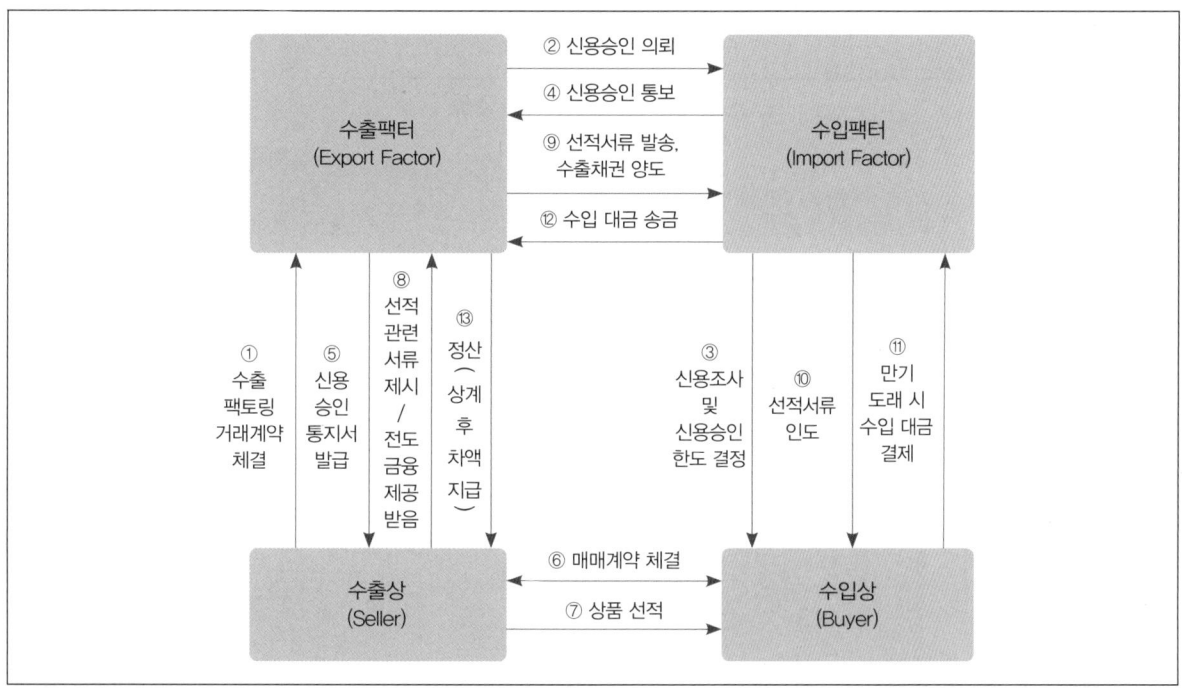

㉠ 수출상의 이점
- 수출팩터와 수입팩터가 수출 대금의 회수를 보증하여 신용거래에 따른 수출 대금 회수불능의 위험이 없다.
- 신용장의 서류 작성 부담 및 추심거래에 따른 담보 제공 부담이 없으므로 상대적으로 절차가 간편하다.
- 수출상은 선적 후 선적서류를 수출팩터에게 양도하고 전도금융을 받을 수 있다.
- 대금 회수 및 수출채권 관리 등의 업무를 수출팩터가 대행하므로 업무 부담에서 벗어나 생산 및 판매에만 전념할 수 있다.
- 전 세계의 팩토링 기구의 회원망을 통해 신속하고 정확한 해외시장 정보를 얻을 수 있으며, 수출팩터와 거래함으로써 국제시장에서 지명도를 높일 수 있다.
- 수입상에게 신용장거래보다 유리한 조건을 제시할 수 있으므로 수입상의 폭을 넓혀 대외경쟁력을 확보할 수 있다.

ⓒ 수입상의 이점
- 수출상과 외상거래를 수입팩터가 지급보증함으로써 신용구매(외상거래)가 가능하다.
- 신용장거래에 비해 신용장 개설수수료 등의 부담이 없어지므로 비용 경감이 가능하다.
- 수입상은 결제기일에 수입 결제자금이 부족한 경우 수입팩터에게 금융을 제공받을 수 있다.
- 수입팩터가 수입상의 신용을 조사한 후 신용한도를 설정하고 그 범위 내에서 지급보증하므로 수입상은 지속적으로 외상 수입 조건으로 수입이 가능하다.
- 수입상은 수입팩터에게 회계관리 서비스를 제공받을 수 있다.

(2) **포페이팅(Forfaiting)**
① 의미: 포페이팅은 현금을 대가로 채권을 포기 또는 양도한다는 것을 의미한다. 수출거래에 따른 환어음이나 약속어음을 소구권(상환청구권) 없이(Without Recourse) 고정 이자율로 할인하여 신용 판매(외상 판매)를 현금 판매로 전환시키는 금융기법의 일종이다. Usance L/C, D/A 거래 등 어음금액이 크거나 수출 대금 회수기간이 장기인 경우 주로 사용된다.
② 거래 과정

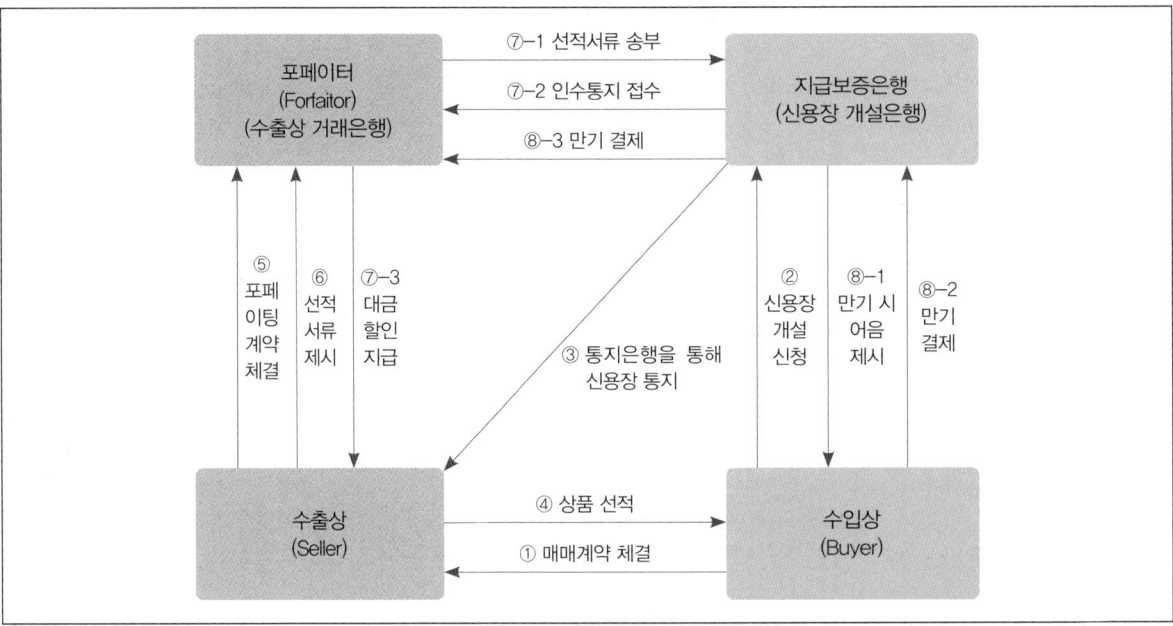

③ 특징
㉠ 포페이터는 상환청구권을 행사하지 않는 조건(without recourse)으로 채권(환어음, 약속어음 등)을 매입하며, 의뢰인(수출상)은 채무자 측(수입상 또는 개설은행 등)이 만기에 대금을 결제하지 못해도 대금상환의무를 지지 않는다.
㉡ 포페이터는 제3자가 발행하는 화환 신용장, 보증 신용장, 청구보증, 은행지급보증, 수출보험 등을 담보로 활용하거나 어음에 추가하는 지급확약(Aval)을 담보로 활용하며, 수출상에게는 별도의 보증이나 담보 제공을 요구하지 않는다.
㉢ 환어음, 약속어음만 대상으로 한다. 기타 증권, 채권의 경우 법률적 문제로 인한 분쟁의 소지가 높고 해결이 어렵기 때문이다.

ⓔ 수출상의 이점
- 신용위험(채무자, 보증인의 지급 불능의 위험), 국가위험(국가 지급 불능의 위험), 통화위험(환율 변동의 위험), 금리위험(이자율 변동의 위험) 등을 피할 수 있다.
- 수출상이 물품 선적 후 서류를 포페이터에게 제시하고 할인된 금액을 받으므로 신속한 현금 확보가 가능하며 수출상의 거래은행과 대출 한도 및 재무제표에 영향을 미치지 않는다.
- 필요서류가 비교적 간편하여 수출상 입장에서 시간과 비용 절감이 가능하다.

신용장 방식

★ 고난도 빈출이론 강의로 더 쉽게!

1 신용장(L/C)의 개요 기출 2017 기출 2018

(1) 신용장의 의미
① 신용장의 일반적 의미: 개설은행이 신용장조건에 일치하고 약정된 기간 내에 신용장이 요구하는 서류를 제시하면 수익자인 수출상에게 대금을 지급할 것을 확약하는 조건부 지급확약이다.
② UCP 600상의 의미: 신용장은 명칭이나 표기에 관계없이 취소불능이며, 일치하는 제시에 대하여 결제(Honour)하기 위한 개설은행의 명백한 확약을 구성하는 모든 약정을 의미한다. 결제(Honour)의 의미에 해당하는 경우는 다음과 같다.
  ㉠ 신용장이 일람지급으로 사용될 수 있는 경우 일람 후 지급하는 것
  ㉡ 신용장이 연지급으로 사용될 수 있는 경우 연지급을 확약하고 만기일에 지급하는 것
  ㉢ 신용장이 인수에 의하여 사용될 수 있는 경우 수익자가 발행된 환어음을 인수하고 만기일에 지급하는 것

(2) 신용장의 기능

신용위험 방지	수출업자는 대금 회수에 대한 위험을 갖는데, 신용장을 사용할 경우 그 대금에 대한 지급을 은행이 보증함으로써 수출대금을 확실히 회수할 수 있음
상업위험 제거	수입업자는 서류가 신용장 개설은행에 도착한 후에 대금을 지급하므로 물품 확보에 대한 위험을 제거할 수 있음
수출거래 확정	취소불능 신용장이 개설되면 거래당사자(개설은행, 수익자, 확인은행 – 있는 경우)의 동의 없이 취소가 불가능하므로 수출거래가 확정됨

(3) 신용장의 효용
① 수출상의 이점
  ㉠ 대금 회수의 확실성 보장: 개설은행의 신용으로 대금 지급을 확약하므로 대금 회수의 확실성이 보장된다.
  ㉡ 대금의 조기 회수: 물품을 선적한 후 신용장조건에 일치하는 서류 또는 환어음에 대하여 거래은행에 매입의뢰(L/C NEGO)를 함으로써 수출 대금을 즉시 회수할 수 있다.
  ㉢ 수입상의 계약 이행 보장: 수출계약이 체결되어도 신용장이 발행되지 않으면 계약이 취소될 가능성이 높으나 취소불능 신용장이 개설된 후에는 수입자의 일방적인 계약 취소가 불가능하기 때문에 계약 이행을 보장받을 수 있다.
  ㉣ 무역금융 수혜 및 내국 신용장 활용 가능: 신용장을 담보로 수출 물품을 제조·가공하는 데 필요한 원자재 자금을 융자받을 수 있으며 원신용장을 근거로 내국 신용장을 이용하여 수출 상품이나 원자재를 조달할 수 있다.

② 수입상의 이점
  ㉠ **선적 여부 확인 가능**: 수출자는 신용장조건에 따라 정해진 선적기일 이내에 선적을 이행하고 서류 제시 기간 이내에 서류를 제시하여야 한다. 수입상은 대금 결제 이전에 계약 물품이 정확히 선적되었는지 여부를 선적서류를 통해 확인할 수 있으며, 제시된 서류가 신용장의 조건과 일치하지 않는 경우에는 대금 지급을 거절할 수 있다.
  ㉡ **대금의 선지급 불필요**: 수입 대금을 물품의 선적 전 또는 선적 시 지급하지 않고 환어음 및 수입 관련 서류가 개설은행에 도착한 후에 지급할 수 있다. 기한부 신용장 방식으로 발행하는 경우에는 수입 물품을 입수한 후 판매한 수익으로 대금을 결제할 수 있으므로 자금을 융통성 있게 운용할 수 있다.
  ㉢ **유리한 계약 체결 가능**: 수입상은 매매계약 시 자사의 신용을 은행의 신용으로 대체할 수 있으므로 신용도를 높여 수출상과 계약 시 가격이나 결제조건 등을 유리하게 제시할 수 있다.
  ㉣ **자금 절약 가능**: 해당 결제금액을 은행에서 대출받았을 때 내는 이자보다 신용장 개설 시 내는 수수료가 더 저렴하여 자금 측면에서 이득을 볼 수 있다.

③ 개설은행의 이점
  ㉠ 신용장 개설 시 수입상에게서 담보를 제공받아 위험을 전가할 수 있다.
  ㉡ 신용장 발행(개설)에 따른 수수료를 받을 수 있다.
  ㉢ B/L의 수하인을 은행 지시식으로 발행하여 담보를 취득할 수 있다.
  ㉣ 신용장 개설 시 개설은행의 지사를 매입은행으로 지정하여 수수료를 이중으로 취득할 수 있다.

④ 매입은행의 이점
  ㉠ 신용장조건과 일치하는 서류를 제시하면 개설은행에서 대금 지급을 확약받을 수 있다.
  ㉡ 매입을 통한 수수료 수익을 얻을 수 있다.
  ㉢ 개설은행이 지급을 거절하는 경우 해당 B/L을 가지고 담보권 행사가 가능하며 수익자에게 소구권(상환청구권)을 행사할 수 있다.

2 신용장의 특성 [기출 2017] [기출 2019] ★ 상시

(1) 독립성(Independence) – UCP 600 제4조
① **의미**: 신용장이 개설되면 당사자 간의 근거계약이나 기타 거래와는 별개의 독립된 거래로 간주하는 것을 의미한다.
② **특징**
  ㉠ 신용장이 개설되면 은행은 매도인과 매수인 사이에 체결된 매매계약과는 전혀 무관하며 이에 구속되지 아니한다(매매계약과의 독립성).
  ㉡ 신용장이 개설되면 매매계약뿐만 아니라 그 개설의뢰인과 은행 간의 신용장 개설 약정과도 독립된 별개의 거래가 된다(신용장 개설 약정과의 독립성).
  ㉢ 신용장은 독자적인 법률성을 가지며, 신용장 당사자들은 신용장거래와 관련하여 발생한 클레임이나 항변 등에 대하여 매매계약의 내용을 들어 영향을 미치게 할 수 없다(매매당사자 간 해결해야 하는 문제).

(2) 추상성(Abstraction) – UCP 600 제5조, 제14조
① **의미**: 신용장거래 시 당사자인 은행은 매매계약에서 언급된 물품이 계약 내용과 일치하는지를 기준으로 대금 지급 여부를 판단하는 것이 아니라 신용장에서 요구하는 서류만을 가지고 대금 지급 여부를 판단한다는 것을 의미한다.
② **특징**
  ㉠ 은행은 매매당사자와 달리 계약 물품에 대해 정확히 알 수 없고 전문적인 지식이 부족하므로 신용장조건과 수익자가 제시한 서류를 기준으로 그 일치성 또는 정당성 여부를 판단하여 지급을 이행한다.

ⓒ 은행은 서류를 취급하지만, 그 서류와 관련될 수 있는 물품, 용역 또는 이행을 취급하는 것은 아니다.
　　　ⓒ 지정에 따라 행동하는 지정은행, 확인은행 및 개설은행은 서류가 문면상 일치하는 제시를 구성하는지 결정하기 위해 서류만을 기초로 하여 그 제시를 심사해야 한다.

(3) 엄밀일치의 원칙(Doctrine of Strict Compliance, Mirror Image Rule)
　① 의미: 신용장거래 시 개설의뢰인을 위하여 서류를 심사하는 은행은 신용장 제조건과 제시된 서류상의 문면을 심사한 결과 엄밀하게 일치하는 서류만 수리하도록 한다는 원칙이다.
　② 특징
　　　㉠ 엄밀일치의 원칙대로 서류를 심사하는 경우 제시된 서류가 신용장조건과 사소하게 불일치하는 경우에도 서류를 거절할 수 있다.
　　　㉡ 영미법 및 대륙법계에서도 엄밀일치의 원칙은 판례에 의해 보편적으로 존중되고 있다.

(4) 상당일치의 원칙(Doctrine of Substantial Compliance)
　① 의미: 신용장조건과 제시된 서류상의 문면이 엄밀히 일치하지 않더라도 실질적인 일치성이 있으면 개설은행은 대금을 지급하도록 서류를 심사해야 한다는 원칙이다.
　② 특징: 엄밀일치의 원칙을 완화하여 서류상의 오자, 탈자 등 계약에 큰 영향을 주지 않는 사소한 불일치는 인정해 준다.
　　　예) Machine을 Mashine으로 표기한 오류는 대금 지급 거절 사유로 보지 않음(다만, model 321을 model 123으로 표기할 때에는 하자로 본다. model 321과 model 123은 다른 물품이기 때문이다.)

3 신용장 제도의 한계성

(1) 수출상의 입장
　① 수출상은 독립·추상성의 원칙으로 수입상에 비해 상대적으로 유리한 지위에 있지만, 신용장에 명시된 서류를 구비하여 유효기일 및 서류 제시기일 내에 제시하지 못하면 수출 대금을 지급받지 못하는 경우가 발생할 수 있다.
　② 유효기일 및 서류 제시기일 내에 서류를 제시하였다 하더라도 서류심사 결과 신용장조건과 엄밀하게 일치한다고 판단되지 않는 경우에는 대금을 지급받지 못하는 경우가 발생할 수 있다.

(2) 수입상의 입장
　① 신용장의 독립·추상성에 의해 근거계약과 관계없이 문면상 신용장조건과 일치하는 서류의 제시가 있을 때에는 대금 지급이 이루어진다. 이때 매입은행, 확인은행 또는 개설은행은 제시되는 서류의 형식이나 진정성에 대해서는 면책되므로 수출상이 서류를 위조하여 대금을 지급받는 경우가 발생할 수 있는데, 이 손해는 수입상이 부담한다.
　② 수출상이 계약과 다른 물품을 선적한 후 신용장에서 요구하는 서류를 작성하여 지정은행을 통해 대금을 지급받더라도 은행은 면책되므로 수입상은 신용장조건과 일치하는 서류를 입수했다 하더라도 실제 물품이 계약에서 정한 물품과 동일하다는 보장이 없다.

(3) 업무 처리상의 한계
　① 신용장의 제조건에 대한 이해 부족 및 신용장조건과 일치하는 서류의 구비 과정에서의 복잡성으로 발생하는 오류를 회피하기 위해서는 신용장조건 및 신용장통일규칙에 대한 이해가 필요하다.
　② 은행의 신용장 관련 서류 처리 능력이 운송수단의 고속화를 따라가지 못하여 발생하는 업무 지연으로 인해 서류가 물품보다 늦게 도착하여 매수인이 물품을 인수하는 데 지장을 줄 수 있다.

4 사기거래 배제의 원칙(Fraud Rule)

(1) 사기거래 배제 원칙의 의미
① 독립·추상성의 원칙에 대한 예외로서 제시된 서류가 신용장의 제조건에 일치하더라도 그 서류가 위조 또는 사기로 작성되었음이 명백하게 밝혀지는 경우 은행은 이러한 서류 수리를 거절할 수 있다는 원칙이다.
② 영미법에서는 판례를 중심으로 형성되며, 대륙법계에서는 수익자의 청구가 신의성실의 원칙에 반하는 경우나 권리 남용이라고 인정되는 경우 기만적인 청구로 간주하고 있다.

(2) 사기거래 배제 원칙의 적용 요건
① 사기 행위의 명확성: 사기 행위가 명백한 경우에만 사기거래 배제 원칙이 적용 가능하다.
② 증거의 명확성: 사기 행위가 명백한 증거로 입증되어야 하고, 서류상의 사기는 개설은행이 서류를 거절하기 이전이나 법원이 지급정지명령(Injunction)을 내리기 이전에 발생되어야 한다.

5 신용장의 기본당사자 ★상시

(1) 개설은행(= 발행은행, Issuing Bank)
① 의미: 개설의뢰인의 신청 또는 그 자신을 위해 신용장을 개설한 은행을 말한다. 수입상(개설의뢰인)의 주거래은행이 개설은행이 되며 일단 신용장이 발행되면 대금 지급에 대해 최종적인 책임을 부담한다.
② 의무
  ㉠ 신용장조건에 따라 지급·인수·매입을 이행한 지정된 은행에 대해 상환해야 하는 의무가 있다.
  ㉡ 심사 결과, 서류가 신용장조건과 불일치하는 것으로 판단되는 경우 지급·인수·매입은행 또는 수익자에게 불일치 사항과 서류의 행방을 기재하여 수리 거절 통고를 해야 한다.
  ㉢ 상환청구은행이 상환은행에서 상환받을 수 있도록 상환은행에 적절한 지시나 수권이 이루어지도록 해야 하며, 상환은행에서 상환되지 않을 경우 개설은행이 상환 의무를 부담해야 한다.

(2) 확인은행(Confirming Bank)
① 의미: 개설은행의 수권 또는 요청에 의하여 신용장의 확인을 이행하는 은행을 의미한다.
② 의무
  ㉠ 확인은행은 신용장에 확인을 추가하는 시점부터 취소가 불가능한 결제(Honour) 또는 매입의 의무를 부담한다.
  ㉡ 확인은행은 지정은행에서 받은 일치하는 제시에 대하여 결제(Honour) 또는 상환청구권 없는 매입(확인은행을 매입이 가능한 은행으로 지정한 경우)을 하고 지정은행에 신용장 대금을 상환할 의무를 부담한다.
  ㉢ 어떤 은행이 개설은행에서 신용장에 대한 확인의 권한을 받았거나 요청을 받았음에도 불구하고, 그 준비가 되지 않았다면 지체 없이 개설은행에 대하여 그 사실을 알려주어야 하며, 이 경우 신용장에 대한 확인 없이 통지만 할 수 있다.
  ㉣ 지정은행에서 지급·연지급·인수 또는 매입에 의하여 사용될 수 있음에도 불구하고 그 지정은행이 이를 행하지 않는 경우, 확인은행은 결제 의무를 부담한다. 또한 서류를 개설은행에 발송하여야 한다.

(3) 수익자(Beneficiary)
① 의미: 신용장 개설을 통해 이익을 얻는 당사자를 의미한다. 보통은 수출자(Exporter)를 말하며, 신용장을 양도한 경우에는 양수인을 제2수익자라고 한다.
② 의무: 대금지급청구권 등의 권한을 갖기 위해서는 계약과 일치하는 물품을 제공하고, 운송서류 및 신용장조건과 일치하는 기타 서류와 환어음을 제시할 의무가 있다.

6 신용장의 기타당사자 기출 2017 기출 2020 ★ 상시

(1) 개설의뢰인(Applicant)
① 의미: 신용장 개설을 신청한 당사자를 의미한다. 보통은 수입자(Importer)를 말한다.
② 의무: 개설의뢰인은 개설은행에 신용장 개설을 요청하여 개설은행이 수익자에게 신용장을 발행해 주도록 해야 하고, 선적서류를 받기 위해 개설은행에 대금을 지급해야 한다.

(2) 통지은행(Advising Bank)
① 의미: 개설은행의 요청에 따라 신용장을 통지하는 은행을 의미한다. 보통 수익자 소재지에 있는 개설은행의 지점이나 환거래은행이 통지은행이 된다.
② 의무: 신용장 개설 및 이에 대한 조건변경은 통지은행을 통하여 수익자에게 통지될 수 있으며, 확인은행이 아닌 통지은행은 확인은행의 의무인 결제나 매입에 대한 부담을 지지 않고 단순히 신용장 및 이에 대한 조건변경을 통지한다.

(3) 지정은행(Nominated Bank)
① 의미: 신용장에서 권한을 받은 특정한 은행을 의미하며, 모든 은행에 대한 수권이 있는 신용장의 경우에는 모든 은행을 의미한다. 개설은행에서 지급·인수 또는 매입의 권한을 부여받은 은행이며, 자유매입 신용장의 경우에는 어떤 은행이라도 지정은행이 될 수 있다.
② 종류
  ㉠ 매입은행(Negotiating Bank)
   • 신용장거래 시에는 어음의 선의의 소지인(Bona Fide Holder)이 된다.
   • 개설은행에서 매입을 하도록 수권받은 지정은행을 말하며, 지정이 없는 경우에는 모든 은행이 매입은행이 될 수 있다.
   • 수익자가 제시하는 서류가 신용장의 제조건과 일치하는 경우, 개설은행을 지급인으로 하고 있는 환어음을 매입 시점에서 최종 지급일까지 이자와 환가료를 공제하고 대금을 지급한다.
   • 매입은행이 매입한 화환어음을 개설은행이 지급 거절하는 경우에는 수익자에게 상환청구권(Recourse)을 행사할 수 있다.
  ㉡ 지급은행(Paying Bank)
   • 개설은행의 본지점이나 개설은행의 지정을 받은 예치환거래은행 또는 개설은행이 결제 대금을 미리 위탁시켜 놓은 은행이 지급은행이 된다.
   • 일람지급 신용장(Sight Payment Credit)이나 연지급 신용장(Deferred Payment Credit)조건하에서 수익자가 제시하는 서류에 대해 신용장 대금을 지급한다.
   • 지급 신용장이 사용되는 경우 상환(Reimbursement) 방식 또는 차기(Debit) 방식으로 개설되어야 한다.
   • 지급은행은 신용장조건과 일치하는 제시인 경우에는 수수료 차감 없이 수익자에게 신용장 대금을 지급한다.
  ㉢ 인수은행(Accepting Bank): 개설은행 또는 개설은행에게서 수권받은 지정은행으로 수익자가 제시한 서류가 신용장 제조건과 일치할 경우 수익자가 발행한 환어음을 인수하고 어음의 만기일에 그 어음 대금을 지급하는 은행을 말한다.

(4) 상환은행(Reimbursing Bank)
① 의미: 개설은행을 대신하여 지급·인수 또는 매입을 행한 은행에서 상환 청구를 받아 대금을 지급하는 은행을 말한다. 대금을 결제한다는 의미에서 결제은행이라고도 불린다.
② 의무
  ㉠ 청구은행(매입은행 등 지정은행)에게 신용장의 조건에 일치하는 증명서를 상환은행에 제시하도록 요구해서는 안 된다.

ⓒ 신용장조건에 따른 상환은행의 최초 지급 청구 시 상환이 이루어지지 않으면, 개설은행은 그로 인하여 발생한 모든 비용과 함께 모든 이자 손실에 대해서도 책임을 부담해야 한다.

ⓒ 상환은행의 수수료는 개설은행이 부담해야 한다.

(5) 양도은행(Transferring Bank)

수익자(제1수익자)의 요청으로 양도가능 신용장(Transferable L/C)에 대한 권리의 전부 또는 일부를 다른 자(제2수익자)에게 양도하는 절차를 취급하는 지정은행(지급·인수·매입은행)이다. 이때 양도은행은 직접적인 결제 의무를 부담하지 않는다.

7 신용장의 거래 절차 기출 2017 기출 2018 기출 2019 ★ 상시

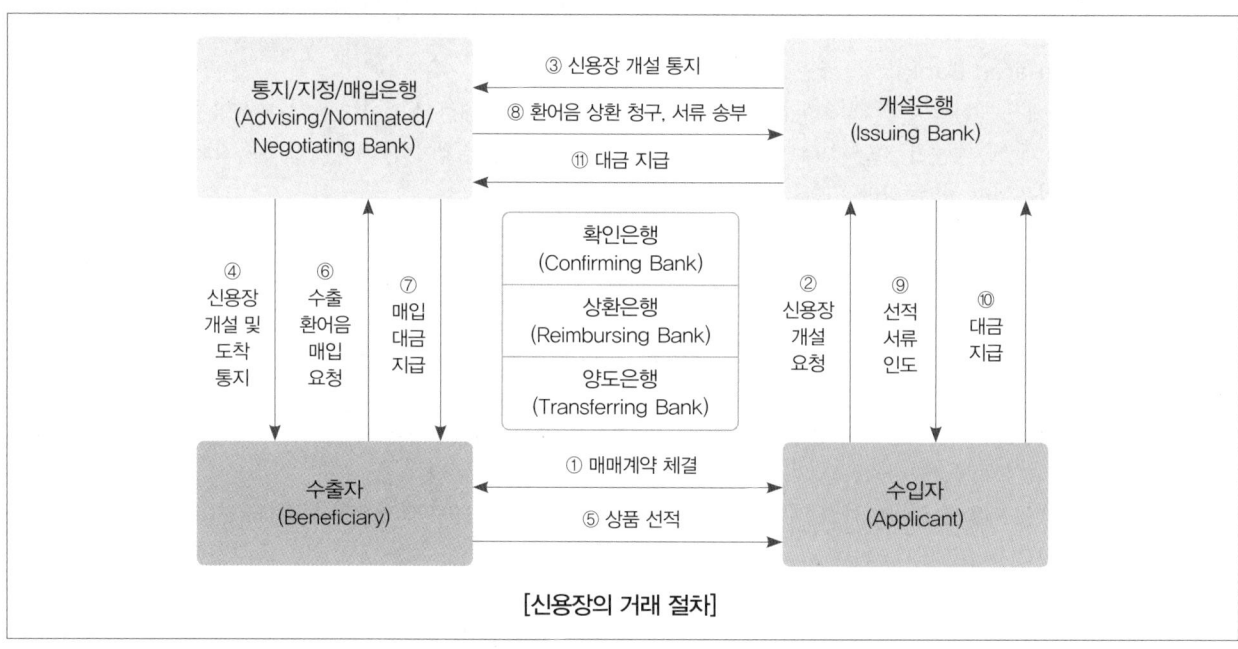

[신용장의 거래 절차]

(1) 신용장 개설 요청

개설은행은 개설의뢰인(수입업자)의 신용 상태를 조사한 후 외국환거래약정서를 체결하고, 개설의뢰인은 개설은행에 신용장 개설신청서를 제출한다. 신용장 개설의뢰인은 신용장 개설 시 신용장 개설수수료(Opening Charge), 전신료(Cable Charge), 코레스비용(Corres Charge) 등을 부담한다.

(2) 신용장 발행

① 의미: 매매계약상 신용장에 의한 대금 결제를 약정한 경우 수입상은 거래 외국환은행과의 약정에 따라 수입 대금의 결제를 위한 신용장의 개설을 개설은행에 의뢰하고 개설은행이 이에 따라 신용장을 발행(개설)하는 것을 말한다.

② 발행 방법

우편 발행	신용장 양식을 이용하여 신용장조건을 명시하고 우편을 이용하여 개설은행이 통지은행 앞으로 보내는 방식
전송 발행	CABLE, TELEX, SWIFT 방식 등 인증된 전송 방법으로 개설되는 방식(현재 SWIFT 방식이 많이 사용됨)

③ 개설은행의 의무
  ㉠ 개설은행은 정해진 기간 내에 신용장을 발행할 의무를 가지고 개설의뢰인의 지시 내용을 준수해야 하며, 신용장의 내용을 지나치게 상세하게 하지 말아야 한다.
  ㉡ 개설은행은 신용장 발행과 동시에 수익자에게 이를 통지해야 한다.
  ㉢ 개설은행은 신용장의 개설시점부터 취소가 불가능한 결제(Honour)의 의무를 부담한다.
  ㉣ 개설은행은 일치하는 제시에 대하여 결제 또는 매입을 하고, 그 서류를 개설은행에 송부한 지정은행에 대하여 신용장 대금을 상환할 의무를 부담한다.(결제 또는 매입을 행한 지정은행에 대해 개설은행은 대금을 상환할 의무를 부담한다. 개설은행이 매입하는 것이 아니다.)

(3) 신용장 통지
  ① 의미: 신용장상의 수익자인 수출상에게 신용장 발행 사실을 통보하는 것이다.
  ② 통지 방법: 우편 통지, 전신 통지, SWIFT(국제은행 간 금융통신망)에 의한 통지 방법이 있다. SWIFT에 의한 통지는 SWIFT망을 이용하여 통지은행에게 신용장 개설 내용을 전달하고 수익자에게 통지를 요청하는 방법이다.
  ③ 통지은행의 의무
    ㉠ 통지은행은 확인은행이 아닌 경우 결제나 매입에 대한 어떤 의무의 부담 없이 신용장 및 이에 대한 조건변경을 통지한다.
    ㉡ 통지은행은 신용장 또는 그 조건변경을 통지함으로써 신용장 또는 그 조건변경에 대한 외견상의 진정성이 충족된다는 점과 송부받은 신용장 또는 그 조건변경의 조건들을 정확하게 반영하고 있다는 점을 표명한다.
    ㉢ 통지은행은 수익자에게 신용장 및 그 조건변경을 통지하기 위하여 다른 은행(제2의 통지은행)을 이용할 수 있다.
    ㉣ 은행이 신용장 또는 그 조건변경을 통지하도록 요청받았지만 신용장이나 신용장의 조건변경 또는 통지의 외견상 진정성에 대한 요건을 충족하지 못한다고 판단한 경우, 지체 없이 그 지시를 송부한 것으로 되어 있는 은행에 그 사실을 통지해야 한다.

(4) 신용장 확인
  ① 의미: 개설은행 이외의 제3의 은행이 개설은행과는 독립적으로 어음의 지급·인수·매입(상환청구권 없는)을 확약하는 것을 의미한다. 확인은행은 보통 수익자 소재 국가의 개설은행의 예치환거래은행이 되며, 수익자 입장에서는 개설은행과 확인은행에서 이중으로 결제에 대한 확약을 받게 된다.
    참 확인은 취소불능 신용장을 대상으로 하며, 개설은행의 요청이나 수권에 의해 이루어진다. 확인을 요청받은 은행은 반드시 확인을 추가해야 할 의무를 부담하지 않는다(선택사항).
  ② 확인이 필요한 경우
    ㉠ 조건부 지급확약을 하고 있는 개설은행의 자본력이나 신용이 약한 경우
    ㉡ 개설은행 소재국의 정치·경제적 위험이 있어 수익자가 지급을 신뢰할 수 없는 경우

(5) 신용장 조건변경 및 취소
  ① 조건변경 및 취소의 요건
    ㉠ 취소불능 신용장의 경우에는 기본당사자(개설은행, 수익자, 확인은행-있는 경우) 전원의 동의가 있어야 조건변경 및 취소가 가능하다.
    ㉡ 신용장의 조건을 변경하거나 취소하는 것은 신용장의 유효기일 내에 이루어져야 한다. 단, 조건변경의 횟수 제한은 없다.
    ㉢ 수익자는 조건변경 내용에 대한 수락 또는 거절의 뜻을 알려주어야 한다.

② 조건변경의 내용
　㉠ 금액의 변경(주로 증액의 경우가 많으며, 금액이 증액되면 신용장 개설은행의 여신과 책임이 증가하므로 추가 담보 제공이나 지급 보증의 추가 확보를 요구)
　㉡ 선적기일 또는 유효기일의 연장(수익자가 유효기한 내에 선적하기 어려운 경우 개설의뢰인에게 선적기일의 연장을 요청하면 개설의뢰인이 개설은행에 요청하는 절차로 진행)
　㉢ 품목 또는 상품 명세의 변경
　㉣ 선적항 또는 도착항의 변경
　㉤ 환적 및 분할선적 허용 여부 변경(운송 환경의 변경이나 기타 사유로 환적 및 분할선적이 필요한 경우 금지되어 있던 환적 및 분할선적을 허용)
　㉥ 단가, 인도조건, 어음 만기일 변경
③ 조건변경의 통지
　㉠ 신용장 조건변경은 통지은행을 통하여 수익자에게 통지될 수 있다.
　㉡ 확인은행이 아닌 통지은행은 지급 또는 매입을 위한 어떠한 확약 없이 신용장 일체의 조건변경을 통지할 수 있다.
　㉢ 통지은행이 조건변경을 통지한 경우, 신용장 또는 조건변경 그 자체의 외관상 진정성이 충족된다는 점과 그 통지가 송부받은 신용장이나 변경된 조건들을 정확하게 반영하고 있다는 점을 표명해야 한다.
　㉣ 통지은행은 수익자에게 조건변경을 통지하기 위하여 제2의 통지은행을 이용할 수 있다.
　㉤ 신용장의 통지를 위해 통지은행 또는 제2의 통지은행을 이용하였다면 신용장의 조건변경을 통지하기 위해서도 동일한 은행을 이용해야 한다.
　㉥ 은행이 신용장 또는 그 조건변경을 통지하도록 요청받았으나 이를 수락하지 않을 경우 신용장, 조건변경 또는 통지를 송부한 은행에 지체 없이 이를 알려주어야 한다.
④ 조건변경의 취소 불가
　㉠ 개설은행이 신용장에 대한 조건을 변경한 경우 그 시점부터 변경 내용에 대해 취소할 수 없다.
　㉡ 확인은행이 원신용장에 확인을 추가하였다는 이유로 조건변경서에도 반드시 확인을 추가해야 하는 것은 아니며, 조건변경서의 확인 추가 여부는 확인은행의 선택에 의한다. 확인은행이 조건변경서에 확인을 추가하여 통지한다면 통지한 시점부터 이를 임의로 취소할 수 없게 된다.
⑤ 조건변경의 수락 및 거절
　㉠ 수락: 수익자는 조건변경 내용에 대해 수락하는 경우, 수익자가 변경에 대한 수락 또는 거절의 뜻을 확실히 알리지 않더라도 신용장이나 아직 수락되지 않고 있는 조건변경 내용에 부합하는 제시가 있는 경우 수락한다는 뜻으로 간주한다.
　㉡ 거절: 조건변경에 대하여 일부만을 수락하는 경우에는 이를 조건변경 내용에 대한 거절의 의사표시로 간주한다. 조건변경 내용에 수익자가 일정한 시간 내에 조건변경을 거절하지 않으면 조건변경이 효력을 가지게 된다는 규정이 있는 경우 이는 무시된다.

(6) 신용장 양도

① **의미**: 최초의 수익자(Beneficiary)의 요청에 따라 양도가능 신용장(Transferable L/C)상의 권리 전부 또는 일부를 지정된 양도은행을 통해 제2수익자에게 양도하여 제2수익자가 이용할 수 있도록 하는 이전 행위를 말한다.

② **신용장 양도의 요건**

㉠ 양도가능 신용장은 지급·연지급·인수 또는 매입을 수권받은 지정은행만 취급할 수 있으며, 자유매입 신용장의 경우에는 개설은행에 의하여 양도은행이 별도로 지정된다. 개설은행도 양도은행이 될 수 있다.

㉡ 신용장상에 'Transferable(양도가능)'이라는 문언이 표시된 신용장만 양도가 가능하다. Fractionable, Assignable, Transmissible, Divisible이라는 문언은 무시된다.

㉢ 신용장의 양도는 1회에 한정된다. 제2수익자는 제3수익자에게 양도할 수 없으며, 신용장을 양도받은 제2수익자가 제1수익자에게 재양도하는 것은 가능하다.

㉣ 분할선적이 금지되어 있지 않은 경우 다수의 제2수익자에게 분할양도하는 것은 가능하다. 다만, 분할선적이 금지되어 있는 경우에는 전부양도만 가능하다.

㉤ 신용장을 양도하는 경우 원신용장의 조건과 동일한 조건이어야 한다. 다음은 변경하여 양도하는 것이 가능하다.

단축 및 감액	• 신용장의 금액 • 유효기일	• 단가 • 서류 제시를 위한 기간	• 선적기일
증가	보험부보비율		

㉥ 무역금융이 취급된 건은 양도할 수 없다.

✓ 확실히 짚고 넘어가기 — 신용장 방식과 추심 방식의 비교 기출 2017

구분	신용장 방식	추심 방식(D/P, D/A)
은행의 대금 지급 확약	○	×
은행거래 시 담보 제공	신용장 개설 신청 시	수출환어음 매입 시
부대비용 및 수수료	상대적으로 많음	상대적으로 적음
대금 결제 시기	일람불 또는 기한부	일람불 또는 기한부
환어음 발행	○(연지급 신용장 제외)	○
환어음의 발행인	수출상	수출상
환어음의 지급인	개설은행 또는 수권받은 은행	수입상
거래의 안전성	은행의 신용으로 수출상의 대금 회수	수출상의 대금 회수 보장 없음
환 및 대금의 이동	역환 방식	역환 방식
준거법	UCP 600(신용장통일규칙)	URC 522(추심통일규칙)

8 신용장의 종류 기출 2017 기출 2019 기출 2020 ★ 상시

(1) 서류의 첨부 여부에 따른 분류

화환 신용장 (Documentary L/C)	• 환어음에 선적서류(운송서류, 보험서류, 상업송장 등)를 첨부할 것을 조건으로 신용장 개설은행이 지급·연지급·인수·매입할 것을 확약하는 신용장 • 대금 결제의 선행조건을 물품의 소유권 이전으로 하며, 선하증권을 대금 청구 시 구비서류로 제출하도록 함
무화환 신용장 (Clean L/C)	• 수출상의 선적서류 제시 없이 은행이 대금 지급을 확약하는 신용장 • 주로 무역외거래(여행, 운수, 보험, 건설, 기술용역 대가 등)의 결제수단 또는 각종 채무의 보증수단으로 사용되며 보증 신용장, 선대 신용장이 있음 • 개설은행이 개설의뢰인의 신용을 높이 평가하는 경우에 발행함 • 환어음 이외의 선적서류는 은행을 경유하지 않고 수입상에게 직송함

(2) 취소가능성에 따른 분류

취소가능 신용장 (Revocable L/C)	신용장의 효력이 발행된 후라도 개설은행 임의로 조건변경이나 취소가 가능한 신용장
취소불능 신용장 (Irrevocable L/C)	• 신용장에 '취소불능(Irrevocable)'이라고 명시되어 있거나 아무런 표시가 없는 신용장 • 기본당사자 전원(개설은행, 수익자, 확인은행 – 있는 경우)의 동의가 있어야 조건변경이나 취소가 가능한 신용장

(3) 확인 유무에 따른 분류

확인 신용장 (Confirmed L/C)	• 개설은행 이외의 제3의 은행이 수익자에게 추가로 지급·연지급·인수 또는 매입을 확약하는 신용장 • 개설은행의 대금 지급확약과는 별개의 독립된 확약으로, 수익자는 개설은행과 확인은행에서 이중으로 결제에 대한 확약을 받게 됨 • 개설은행의 낮은 신용도, 개설은행 소재 국가의 정치·경제적 위험 회피 목적
무확인 신용장 (Unconfirmed L/C)	개설은행이 수익자가 발행하는 어음의 지급·인수·매입을 확약하고 있을 뿐 제3의 은행의 확인이 추가되지 않은 신용장

(4) 양도가능 여부에 따른 구분

양도가능 신용장 (Transferable L/C)	• 신용장에 '양도가능(Transferable)'이라고 명시되어 있는 신용장 • 제1수익자가 제2수익자에게 전부 또는 일부를 이용하게 할 수 있는 신용장(재양도 가능) • 양도와 관련된 모든 수수료(요금, 보수, 경비 또는 비용 등)는 제1수익자가 지급함
양도불능 신용장 (Non-Transferable L/C)	• 신용장상에 'Transferable'이라는 표시가 없는 신용장 • 양도가 허용되지 않고, 지정된 수익자만 그 신용장을 사용할 권리를 가짐

(5) 대금 지급 방식에 따른 구분

① 지급 신용장(Payment L/C)
  ㉠ 의미: 수익자가 개설은행 또는 개설은행이 지정하는 은행에 신용장조건과 일치하는 서류를 제시하면 지급을 하겠다고 약정한 신용장을 말한다.

ⓒ 종류

일람지급 신용장 (Sight Payment Credit)	• 신용장조건에 일치하는 서류가 신용장에 지정된 지급은행에 제시되면 서류를 일람 후 서류와 상환으로 대금을 지급하는 신용장 • 서류가 신용장조건과 일치하면 대금을 지급하므로 환어음을 발행할 필요가 없음
연지급 신용장 (Deferred Payment L/C)	• 신용장에서 요구된 서류가 제시되면 신용장에서 정해진 지급 만기일에 지급할 것을 확약하는 신용장 • 연지급 신용장도 일람지급 신용장처럼 환어음을 발행할 필요가 없음

② 인수 신용장(Acceptance L/C)
　㉠ 의미: 인수 신용장은 제시된 서류가 신용장조건과 일치하면 일단 기한부 환어음을 인수하고 만기일에 지급하겠다는 조건의 신용장을 의미한다.
　㉡ 특징: 개설은행은 본 은행의 해외지점이나 예치환거래은행을 인수은행으로 지정하고 개설은행 대신에 환어음을 인수할 수 있도록 한다. 만기일에 인수은행에 개설되어 있는 개설은행의 예금계정에서 수익자에게 대금을 지급한다.
　참 인수 신용장으로 결제할 때에는 기한부 환어음이 발행되어야 한다.

③ 매입 신용장(Negotiation L/C)
　㉠ 의미: 신용장을 가지고 발행된 환어음이 매입되는 것을 예상하여 매입을 허용하고, 어음의 발행인(Drawer)뿐만 아니라 어음의 배서인(Endorser), 어음의 소지인(Bona Fide Holder)에 대해서도 지급을 확약하고 있는 신용장을 말한다.
　㉡ 종류

제한매입 신용장 (Restricted Credit)	특정은행에서만 사용할 수 있도록 제한한 신용장(단, 지정된 은행에서 매입 절차를 진행해야 하나, 지정은행이 아닌 수출상의 거래은행에 매입을 의뢰할 경우, 지정은행 앞으로 재매입 절차가 필요함)
자유매입 신용장 (Freely Negotiable Credit)	특정은행을 지정하지 않고 불특정 다수의 은행이 매입할 수 있는 신용장

　㉢ 특징: 매입을 행한 은행은 개설은행으로부터 서류 부도 반환을 받더라도 환어음의 발행인 또는 전 단계 매입의뢰인에게 상환청구권을 행사할 수 있다.

✓ 확실히 짚고 넘어가기　지급·인수·매입 신용장의 비교

신용장 종류	수출지 은행	어음 발행 요구 여부	어음 종류	취급 은행	신용장 이면 배서 여부	수출지 은행 상환청구권
일람지급 신용장	예치환 거래은행	미요구 (요구 가능)	일람출급	지정은행	불필요	상환청구 불능
연지급 신용장	예치환 거래은행	미요구	–	지정은행	불필요	상환청구 불능
인수 신용장	예치환 거래은행	요구	기한부	지정은행	불필요	상환청구 불능
매입 신용장	무예치환 거래은행	요구 (미요구 가능)	일람출급 또는 기한부	일반적으로 모든 은행	필요	상환청구 가능

(6) 대금 지급기일에 따른 분류

① **일람출급 신용장(Sight L/C)**: 수익자가 일람출급 환어음을 발행하거나 어음의 발행 없이 선적서류를 발행하여 개설은행, 지정은행, 확인은행(있는 경우)에 제시했을 때 그 서류가 신용장조건에 일치한다면 선적서류와 상환하여 즉시 대금을 지급해야 하는 신용장을 말한다.

② **기한부 신용장(Usance L/C)**
  ㉠ 의미: 기한부 환어음 발행을 요구하는 신용장으로, 수익자가 선적서류와 함께 기한부 환어음을 제시하면 기한부 환어음을 인수한 뒤 그 만기일(at maturity)에 지급한다고 약정한 신용장을 말한다.
  > [참] 연지급 신용장은 기한부 환어음이 발행되지 않는 기한부 신용장이다.

  ㉡ 종류
  - **무역인수 신용장(Shipper's Usance Credit)**
    - 의미: 수출상이 수입상에 대하여 기한부 어음의 만기일까지 지급을 유예해 주는 신용장으로, 기한부(Usance) 기간 동안 수출상이 수입상에게 신용을 제공하는 신용장이다.
    - 특징: 수출상은 만기일까지 대금 결제를 기다릴 수도 있고 거래은행에 매입을 의뢰하여 현금화할 수도 있다.
  - **은행인수 신용장(Banker's Usance Credit)**
    - 의미: 은행(수출지 은행 또는 수입지 은행)이 수출상이 발행한 기한부 환어음을 인수하여 수출상에게 일람출급 방식(at sight basis)으로 대금을 지급해 주는 한편, 수입상에게는 일정 기간 후에 자금을 회수하는 방식의 신용장이다. 이를 통해 수출상에게는 일람불거래의 효과를 주고, 수입상에게는 기한부거래의 효과를 준다.
    - 종류: 해외은행이 아닌 개설은행이 인수, 할인금융을 직접 제공하면 Domestic Banker's Usance Credit(국내은행 인수 신용장), 해외은행이 제공하면 Overseas Banker's Usance Credit(해외은행 인수 신용장)이다.
    - 특징: 수입상은 본인을 위하여 여신(인수 및 할인편의)을 공여한 은행에 A/D Charge(Acceptance Commission & Discount Charge)를 지불해야 하고, 수출상의 매입은행은 기한부 신용장임에도 불구하고 환어음상의 기간에 관계없이 일람불로 지급하도록 지시해야 한다.

> ☑ **확실히 짚고 넘어가기** | 환어음 지급기일에 대한 표시

1. at sight(일람 출급, 일람 지급): 일람 즉시 대금을 지급한다.
2. at ××days after sight(일람 후 정기출급): 어음이 수입업자에게 제시된 다음날부터 ××일 후에 지급한다.
3. at ××days after B/L date(일부 후 정기출급): 선하증권 발행 일자 다음날부터 ××일 후에 지급한다.
4. on a fixed date(확정일 출급): 확정된 특정 일자에 지급한다. 예) on July 7, 20××

(7) 대금 결제 방식에 따른 분류

① **단순 신용장(Simple L/C)**: 수출국의 지정은행(지급·인수·매입은행)과 개설은행이 예치환거래 관계인 경우, 수출자에 대한 대금 지급을 개설은행의 계좌에서 매입은행 자행계좌로 이체하는 방법(차기)만으로 간단히 처리하는 신용장이다.

② **송금 신용장(Remittance L/C)**: 매입은행과 개설은행이 무예치환거래은행인 경우, 매입은행이 신용장과 일치하는 제시에 대하여 개설은행에 송부하고 개설은행이 매입은행에 대금을 송금하는 방식의 신용장이다.

③ **상환 신용장(Reimbursement L/C)**: 신용장을 지급·인수·매입한 지정은행과 개설은행의 관계가 예치환계정을 보유하지 않은 무예치환거래 관계일 때, 개설은행이 권리를 부여한 제3의 은행(결제은행 또는 상환은행) 앞으로 환어음을 송부하여 대금을 지급받는 신용장이다.

(8) 기타 신용장

① **회전 신용장(Revolving L/C)**: 수출상과 수입상 사이에 동종의 상품거래가 상당 기간 지속될 것으로 예상되는 경우 거래할 때마다 신용장을 개설하는 불편과 부담을 덜기 위하여 신용장을 1회 개설하여, 사용 후에도 신용장의 효력이 다시 발생되는 조건으로 개설된 신용장이다.

② **전대 신용장(Red Clause L/C)**: 개설은행이 매입은행으로 하여금 수출상에게 선적 전에 일정한 조건으로 수출 대금을 지급할 수 있도록 허용한 신용장이다. Packing L/C, Advance Payment L/C, Anticipatory L/C라고도 불린다.

③ **동시개설 신용장(Back to Back L/C)**: 이미 수입상이 수입 신용장을 개설하였는데 수출국에서도 같은 금액의 신용장을 개설하여 오는 경우에만 유효하다는 조건이 붙은 조건부 신용장이다. 보통 두 나라가 물자를 교환하는 경우에 사용된다.

④ **기탁 신용장(Escrow L/C)**: 신용장에 의해 발행되는 어음의 매입 대금을 수익자에게 지급하지 않고 상호약정에 따라 수익자 명의로 된 매입은행, 발행은행, 제3국의 환거래은행의 기탁계정(Escrow Account)에 기탁해 두는 방식의 신용장이다. 기탁해 둔 매입 대금은 수익자(수출자)가 개설의뢰인(수입자)의 국가에서 수입하는 물품에 대해 대금 결제할 때에만 사용하도록 하는 조건의 신용장이다.

⑤ **토마스 신용장(TOMAS L/C)**: 수출상과 수입상 양측이 상호 일정액의 신용장을 서로 발행하기로 하되, 일방이 먼저 신용장을 개설한 경우, 상대방이 이에 대응하는 신용장을 일정 기간 후에 발행하겠다는 보증서를 발행해야만 상대방 측에 도착한 신용장이 유효한 신용장이다.

⑥ **내국 신용장(Local L/C)**: 수출 신용장(Master L/C)을 받은 수출상의 요청으로 외국환은행이 국내의 완제품 또는 원자재 생산업체(수입 원자재 공급자 포함)를 수혜자로 하여 개설한 신용장으로, 수출 물품 및 원자재를 국내 공급업체로부터 원활히 조달하도록 하기 위하여 무역금융의 일환으로 운영되는 신용장이다. 국내에서 원자재 또는 완제품을 구매할 때 사용되는 신용장이므로 국제거래에서는 사용할 수 없으며 국내거래에서만 사용 가능하다. 내국 신용장 개설은행의 지급보증이 추가되므로 수출 물품을 생산하는 데 소요되는 원자재 또는 수출용 완제품의 공급자는 대금 회수의 확실성을 보장받는다.

9 보증 신용장과 청구보증서 기출 2017 기출 2019 ★ 상시

(1) 보증 신용장(Standby L/C)
① 의미: 금융 조달이나 보증을 위해 발행되는 무화환 신용장(Clean L/C)의 일종으로 개설의뢰인이 이행해야 하는 의무를 이행하지 않은 경우, 개설은행이 지급을 이행하겠다는 약속증서와 같은 채무보증용 신용장을 의미한다.
② 화환 신용장과 보증 신용장의 차이점

화환 신용장	보증 신용장
• 신용장 수익자가 계약을 이행함으로써 대금의 결제가 이루어짐 • 신용장통일규칙(UCP 600)을 적용	• 개설의뢰인 또는 기타 채무자의 계약이 불이행되면 결제가 이루어지며, 이때 결제는 보증 신용장의 개설은행이 하게 됨 • UCP 600보다 보증신용장통일규칙(ISP 98)을 우선 적용

(2) 청구보증서(Demand Guarantee)
① 의미: 신용장의 형태가 아닌 일반적인 지급보증문언에 의해 발행되는 독립적인 은행의 지급보증으로 계약 위반 또는 채무불이행 사실에 대한 증명을 필요로 하지 않고 채권자의 단순한 진술서만으로 채권자에게 일정 금액을 지급하여야 하는 무조건적이며 절대적인 보증서이다.
② 보증 신용장과 청구보증서의 차이점

구분	보증 신용장(Standby L/C)	청구보증서(Demand Guarantee)
주용도	직불보증 신용장(Direct Pay Standby L/C) 등 금융 보증뿐만 아니라 이행성 보증에도 사용	이행성 보증에 주로 이용
내용	신용장통일규칙(UCP 600)의 영향을 받아 간결한 편	당사자 간 계약 내용이 충실히 반영되기 때문에 보증서 내용이 비교적 긴 편
한도	유효(보증)기일과 개설(보증)금액의 한도를 구체적으로 정함	유효(보증)기일에 대해 다소 관대하게 적용함
적용 규칙	신용장통일규칙(UCP 600) 또는 보증신용장통일규칙(ISP 98) 준용	청구보증통일규칙(URDG 758) 적용
이행성 보증	• Bid Standby L/C(입찰보증 신용장) • Performance Standby L/C(계약이행보증 신용장) • Advance Payment Standby L/C(선수금환급보증 신용장) • Retention Standby L/C(유보금환급보증 신용장) • Maintenance Standby L/C(하자보수유지보증 신용장)	• Bid Guarantee/Bond(입찰보증서) • Performance Guarantee/Bond(계약이행보증서) • Advance Payment Guarantee/Bond(선수금환급보증서) • Retention Guarantee/Bond(유보금환급보증서) • Maintenance Guarantee/Bond(하자보수유지보증서)

☑ **확실히 짚고 넘어가기** 보증서의 종류

1. 입찰보증서(Bid Guarantee/Bond): 입찰참가자가 입찰을 포기하거나 낙찰받은 후 계약을 체결하지 않는 경우, 수익자에게 보증서금액을 지급하기로 하는 보증서
2. 계약이행보증서(Performance Guarantee/Bond): 기초계약상의 채무자가 계약을 이행하지 않는 경우, 수익자에게 보증서금액을 지급하기로 하는 보증서(보증금액은 보통 계약금액의 10% 전후임)
3. 선수금환급보증서(Advance Payment Guarantee/Bond): 기초계약상 주채무자가 계약을 불이행하는 경우, 수익자에게 이미 지급한 선수금을 환급하기로 하는 보증서
4. 유보금환급보증서(Retention Payment Guarantee/Bond): 기성고 방식의 건설용역 등에서 발주자가 각 기성 단계별로 완공불능 위험에 대비하기 위해 기성 대금의 일부를 유보금으로 적립하게 되며, 해당 유보금을 공제하지 않고 수주자가 기성 대금 전액을 받을 수 있도록 하는 보증서
5. 하자보수유지보증서(Maintenance Guarantee/Bond): 해외건설공사에서 발주자가 공사완료 후 잔금을 지급할 때 하자보수 기간에 발생할 수 있는 하자보수 비용을 공제한 후 수주자에게 지급하게 되는데 이러한 금액을 공제하지 않고 전액을 받을 수 있도록 하는 보증서

10 수입화물선취보증서(L/G: Letter of Guarantee) 기출 2017 ★ 상시

(1) L/G의 의미와 필요성
① 의미: 수입 물품은 이미 도착하였으나 선적서류가 도착하지 않았을 경우 수입상과 개설은행이 연대보증하여 선사로 제출하는 보증서이다. 매수인은 선사에 선하증권 원본 대신 L/G 원본을 제출하고 화물을 인도받는다.
② 필요성: 수출입 지역 간의 항해일정이 짧거나 항공운송인 경우 또는 수출자의 선적서류 매입 지연에 따른 서류송달이 늦어지는 경우, 수입상은 서류 미도착으로 화물을 찾을 수 없으므로 창고보관비용 등 부대비용이 발생하여 금전적 손해를 입게 된다.

(2) L/G의 주요 내용
① B/L이 도착하면 원본을 선사에 제출하겠다는 약속문언이 포함되어 있다.
② 화물 인도로 발생하는 모든 책임을 은행이 지겠다는 약속문언이 포함되어 있다.
③ 화물 인도에 따른 일체의 비용을 화물 인도 시 지급하겠다는 문언이 포함되어 있다.

(3) L/G의 발급으로 인한 파급효과
① 도착하는 선적서류에 하자가 발견되더라도 개설은행은 L/G를 발급한 건에 대해서는 클레임을 제기할 수 없다.(대금 지급을 거절할 수 없다.)
② 운송인(선사)은 선하증권 원본을 제시한 자에게만 화물을 인도할 의무가 있기 때문에 추후에 정당한 권리자가 선하증권을 제시하고 화물의 인도를 요구하는 경우 그에 따른 손해배상을 해야 한다.

11 수입화물 대도(T/R: Trust Receipt)

(1) T/R의 의미
원칙적으로 수입자가 물품에 대한 대금을 서류와 함께 상환하여 결제해야 하지만 그렇게 하지 못할 경우, 은행에 수입화물을 담보로 둔 뒤 선적서류를 받아서 화물을 수령하고 그 화물을 처분한 금액으로 즉시 대금을 은행에 지불하도록 하는 제도이다. 단, 수입자가 화물을 처분하였음에도 불구하고 대금을 결제하지 않은 경우, 은행은 그 화물을 매입한 제3자에게 화물의 소유권을 주장할 수는 없다.

(2) T/R의 특징
① 수입화물의 담보권은 은행이 보유하며, 수입화물의 점유권은 개설은행에서 수입상에게 이전된다.
② 은행이 선적서류를 보유하고 있는 경우, 화물의 관리비용 및 위험을 부담해야 하므로 수입상에게 수입화물의 점유권을 이전하여 이를 처분한 뒤 신용장 대금을 결제하도록 한다.

(3) T/R의 필요성
자금이 부족한 수입상이 일람출급으로 발행된 어음을 결제하지 않으면 서류를 인도받지 못하므로 이에 따른 화물의 처분 문제 등이 발생할 수 있기에 T/R이 필요하다.

선적서류의 종류 - ① 운송서류

1 선하증권(B/L: Bill of Lading) 기출 2017 기출 2018 기출 2019 기출 2020 ★ 상시

(1) 의미
① 화주와 선박회사 간의 해상운송계약에 의해 화물 선적 후 선박회사가 발급하는 유가증권을 말한다.
② 물품 수령 또는 선적을 증명하는 증권으로서 운송인이 동 증권과 상환으로 물품을 인도할 것을 약정하는 증서이다.

(2) 선하증권의 기능
① 권리증권(Document of Title)
  ㉠ 선하증권은 증권상에 기재된 화물에 대한 권리를 나타내는 증권이다.
  ㉡ 선하증권의 인도는 물건의 인도와 같은 효력을 갖는다.
  ㉢ 선하증권은 배서를 통해 그 권리가 이전되며, 물품의 인도청구권, 물품의 소유권, 물품의 담보권 같은 권리가 이전된다.
② 운송계약의 증거(Evidence of Contract)
  ㉠ 선하증권의 전면과 이면에 있는 법정 기재사항과 임의 기재사항은 계약 물품의 구체적인 운송조건에 대한 것이다.
  ㉡ 이러한 내용은 운송계약의 증거 역할을 한다.
③ 화물수령증(Receipt for Goods)
  선하증권에 기재된 화물의 명세·수량·중량 및 상태와 동일한 물품을 인수·수령했다는 화물영수증의 역할을 수행한다. 선하증권은 선적항에서 무엇이 어떠한 상태로 선적되었는지를 나타내기 때문에 선사는 목적항에서 물품을 인도할 때 선하증권에 기재된 대로 물품을 인도해야 한다.

(3) 선하증권의 법적 성질
① 유가증권성: 선하증권은 주식이나 어음처럼 유가증권의 범위에 포함되며, 일정한 요건을 갖추면 어느 때라도 현금화할 수 있다.

유통증권성	배서나 인도로 권리가 이전되는 성질
요인증권성	증권상의 권리가 발생한 것에 대한 원인을 요구하는 성질(선하증권의 발행은 그 전에 운송계약에 따라 운송인이 화물을 인수하였다는 원인에 의하여 발행됨)
요식증권성	상법이나 선하증권의 준거법에 명시된 법정 기재사항이 기재되어야 하는 성질

② 지시증권성: 증권상의 권리자가 타인을 지정함으로써 새로운 권리자를 만드는 성질을 말한다. 배서(Endorsement)나 교부(Delivery)의 방법으로 양도하며, 우리나라 상법에서는 기명식 선하증권이라도 배서를 통해 양도할 수 있도록 규정하고 있다.
③ 채권증권성: 선하증권의 정당한 소지인은 이를 발급한 운송인에게 선하증권상에 표시된 화물의 인도를 청구할 수 있는 권리를 갖고 있다.
④ 상환증권성: 증권을 교환함으로써 채무의 변제가 이루어지는 증권으로서의 성격을 말하며, 화주가 목적지에서 화물을 인도할 때에는 선하증권을 제시하고 화물을 인도받아야 한다.
⑤ 인도증권성: 선하증권의 정당한 소지인은 선하증권을 인도받음으로써 해당 화물의 소유권을 갖게 되므로 화물 자체를 소유한 것과 같은 효과를 갖는다. 또한 선하증권을 작성한 경우에는 물품에 대한 처분을 선하증권으로 해야 한다(처분증권성).
⑥ 문언증권성: 운송인은 선의의 B/L 소지인에게 B/L 문언에 대하여 반증할 수 없다.

(4) 선하증권의 기재사항

법정 기재사항(필수 기재사항)	임의 기재사항

• 선박의 명칭, 국적, 톤수
• 송하인이 서면으로 통지한 운송물의 종류, 중량 또는 용적, 포장의 종별, 개수와 기호
• 운송물의 외관 상태
• 용선자 또는 송하인의 성명 또는 상호
• 수하인 또는 통지수령인의 성명 또는 상호
• 선적항, 양륙항
• 운임
• 선하증권 발행지와 그 발행연월일
• 선하증권 발행 통수
	• 선하증권 번호
	• 운임의 지불지
	• 선장의 성명 등
	• 면책약관
	  – 천재 및 해난의 면책
	  – 전쟁위험 등의 면책
	  – 제3자의 행위에 기인하는 위험의 면책
	  – 과실약관
	  – 잠재하자약관
	  – 이로약관
	  – 부지약관
	  – 갑판적화물
	  – 고가품
	  – New Jason Clause(신제이슨조항)

(5) 수리요건 – UCP 600 제20조

① 운송인의 명칭이 표시되고 다음에 제시된 자에 의하여 서명되어야 한다.
    ㉠ 운송인 또는 운송인을 위한 또는 그를 대리하는 기명대리인
    ㉡ 선장 또는 선장을 위한 또는 그를 대리하는 기명대리인
② 물품이 신용장에서 명시된 선적항에서 기명된 선박에 본선적재되었다는 것을 다음의 방법으로 표시해야 한다.
    ㉠ 미리 인쇄된 문구
    ㉡ 물품이 본선적재된 일자를 표시하는 본선적재표기
        참 본선적재표기를 포함하지 않는 경우에는 선하증권 발행일을 선적일로 보고, 선하증권에 본선적재표기가 된 경우에는 본선적재표기에 기재된 일자를 선적일로 본다.
③ 신용장에 기재된 선적항으로부터 하역항까지의 선적을 표시해야 한다.
④ 유일한 선하증권 원본이거나 또는 원본이 한 통을 초과하여 발행되는 경우 선하증권에 표시된 전통(Full Set)이 제시되어야 한다.
⑤ 용선계약에 따른다는 어떤 표시도 포함하지 않아야 한다.
⑥ 환적은 신용장에 기재된 선적항에서 하역항까지의 운송 도중에 하나의 선박에서 양하되어 다른 선박으로 재적재되는 것을 의미한다.
⑦ 선하증권은 전운송이 하나의 동일한 선하증권에 의하여 포괄된다면 물품이 환적될 것이라는 표시나 환적될 수 있다는 것을 표시할 수 있다.
⑧ 환적될 것이라고 표시되었거나 될 수 있다고 표시하는 선하증권은, 물품이 컨테이너, 트레일러, 래시 바지에 선적되었다는 것이 선하증권에 의하여 증명되는 경우에는 비록 신용장이 환적을 금지하더라도 수리될 수 있다.
⑨ 운송인이 환적할 권리를 가지고 있음을 기재한 선하증권의 조항은 무시된다.
⑩ 부지약관으로서 Shipper's Load, Count and Seal과 같은 문구가 있더라도 은행은 이를 수리할 수 있다.

(6) 선하증권의 종류

① **선적 선하증권(Shipped B/L)**: 화물을 본선에 적재한 후 발행하는 선하증권으로, 선하증권상에 선적이 완료되었음을 뜻하는 'Shipped' 또는 'Shipped on Board' 문구가 기재된다. 선하증권의 법적 요건 및 성질을 충족하는 서류이며, 이 증권의 발행일이 본선적재 일자가 된다.

② **수취 선하증권(Received B/L)**: 송하인의 물품을 본선적재하지 않고 단순히 수취한 상태에서 발행된 선하증권을 말한다. FOB, CIF조건의 경우 해상운송이 이루어져야 하므로 선적 선하증권이나 본선적재 선하증권을 요구하며 수취 선하증권은 거절된다.

③ **본선적재 선하증권(On Board B/L)**: 수취 선하증권 발급 후 실제로 본선에 적재를 완료한 뒤 본선적재부기(On Board Notation)를 기재한 선하증권을 말한다. 본선적재 선하증권은 선적 선하증권과 그 성질이 동일하다.

④ **고장부 선하증권(Dirty B/L, Foul B/L)**: 선박회사가 물품을 인수할 당시 포장 상태가 불완전하거나 수량에 부족이 있음이 비고(Remarks)란에 기재되어 있는 선하증권이다. 고장부 선하증권은 은행에서 수리를 거절하며 이를 회피하기 위해 수출자는 선박회사에 파손화물보상장(L/I: Letter of Indemnity)을 제공하여 무고장 선하증권을 받을 수 있다.

⑤ **무고장 선하증권(Clean B/L)**: 송하인이 계약 화물을 선적할 때 그 화물의 상태가 양호하고 과부족 없이 수량이 정확하여 비고(Remarks)란에 아무 표시도 기재되지 않고 'Shipped on board in apparent good order and condition'이라고 표시된 선하증권을 의미한다.

⑥ **기명식 선하증권(Straight B/L)**: B/L의 수하인(Consignee)란에 수하인인 수입자의 이름이 기재된 선하증권이다. 선하증권에 기명된 특정인만이 물품을 인수할 수 있으므로 운송 중 물품의 전매나 유통이 제한을 받는 비유통성증권이며 배서나 양도할 수 없다. 다만, 상법에서는 배서금지의 문구(non-negotiable)가 없는 한 배서에 의해 양도할 수 있도록 규정한다. 대금이 선불로 지급된 거래, 이사 물품, 개인용품의 운송에 주로 사용된다.

⑦ **지시식 선하증권(Order B/L)**: B/L의 수하인란에 특정 수하인명이 기재되지 않고, 'To Order', 'To Order of Shipper', 'To Order of Bank'와 같이 지시인(Order)만 기재하여 유통을 목적으로 한 선하증권을 의미한다. 수출자는 화환취결 시 선하증권 이면에 백지배서(Blank Endorsement)하여 은행에 제출하고, 은행은 선하증권을 취득함으로써 상품의 담보권을 취득한다.

⑧ **약식 선하증권(Short Form B/L)**: 선하증권의 전면에 법적 기재사항은 기재되어 있으나 이면에는 운송약관의 전부 또는 일부 기재를 생략하고 중요 부분만 기재하여 다른 서식을 참조하도록 한 선하증권을 의미한다. 약식 선하증권은 정식 선하증권(Long Form B/L)의 중요 부분만 기재한 선하증권이며, 송하인과 선박회사 간 분쟁 발생 시 정식 선하증권의 규정을 따른다.

⑨ **용선계약부 선하증권(Charter Party B/L)**

　㉠ 의미: 송하인이 대량의 살물(Bulk Cargo)을 운송하기 위해 일정 기간 또는 일정 항로에 대해 선박이나 선복을 빌려 사용하는 경우 용선자인 송하인과 선주 간에 용선계약이 체결된다. 이 용선계약 내용에 따라 화물이 적재된 경우 발급된 선하증권을 용선계약부 선하증권이라고 한다. 신용장거래에서 용선계약부 선하증권을 특별히 요구하거나 허용하지 않는 한 은행은 수리를 거절한다.

　㉡ 수리요건 – UCP 600 제22조
- 선장 또는 선장을 대리하는 기명대리인, 선주 또는 선주를 대리하는 기명대리인, 용선자 또는 용선자를 대리하는 기명대리인이 서명하여야 한다.
- 선장, 선주, 용선자 또는 대리인의 서명은 선장, 선주, 용선자 또는 대리인의 서명으로서 특정되어야 한다.
- 대리인의 서명은 그가 선장, 선주 또는 용선자를 위하여 또는 대리하여 서명한 것인지를 표시해야 한다.
- 선주를 위하여, 또는 대리하거나 또는 용선자를 위하여, 또는 대리하여 서명하는 대리인은 선주 또는 용선자의 명칭을 표시해야 한다.
- 본선적재표기의 방법으로 표시해야 한다.

- 신용장에 기재된 선적항에서 하역항까지의 선적을 표시해야 한다. 또한 하역항은 신용장에 기재된 바에 따라 일정 범위의 항구들 또는 지리적 지역으로 표시될 수 있다.
- 유일한 용선계약부 선하증권 원본이거나 원본이 한 통을 초과하여 발행되는 경우 용선계약부 선하증권에 표시된 전통(Full Set)이어야 한다.
- 신용장의 조건이 용선계약서의 제시를 요구하더라도 은행은 용선계약을 심사하지 않는다(용선계약은 용선자와 선주 간의 계약 관계이므로 은행이 그 내용을 파악하기 쉽지 않기 때문).

⑩ **집단 선하증권(Master B/L, Groupage B/L)**: 운송주선업자(Forwarder)가 동일 목적지로 운송되는 각기 다른 화주들의 화물을 혼재(Consolidation)하여 선박회사에 운송을 의뢰할 경우 선박회사가 운송주선업자에게 발급하는 선하증권이다.

⑪ **혼재 선하증권(House B/L)**: 운송주선업자는 선박회사에서 발급받은 Master B/L을 근거로 하여 각각의 화주에게 일종의 선적증명서를 발급하는데 이 서류를 House B/L이라고 한다.

⑫ **통 선하증권(Through B/L)**: 최초 구간의 운송인이 계약운송의 전 구간에 대해 발행하는 선하증권을 말한다. 둘 이상의 운송수단을 이용하여 운송하는 경우 별개의 운송계약을 체결해야 하는 비용과 절차를 절감하기 위하여 최초의 운송인이 특약하여 그 화물이 최종 목적지에 도착할 때까지 별도의 조치 없이 수송되도록 한 선하증권이다.

⑬ **환적 선하증권(Transhipment B/L)**: 목적지까지 운송 도중 중간항에서 화물을 다른 선박으로 환적하여 최종 목적지까지 운송한다는 내용이 기재된 선하증권이다. 통 선하증권과 달리 각 구간의 운송인이 연달아 서명하고 수하인 및 선하증권 소지인에 대하여 공동책임을 진다.

⑭ **스위치 선하증권(Switch B/L)**: 물품을 선적하고 선적항에서 발행된 선하증권을 목적항 이외의 제3의 장소(중계국)에서 송하인, 수하인, 통지처 등의 내용을 변경하고 다시 발행한 선하증권이다. 주로 중계무역에서 사용되고 있다.

⑮ **권리포기 선하증권(Surrendered B/L)**: 운송인이 수출상(송하인, 선적인)과의 Surrender 약정에 의해 원본 선하증권(Original B/L)의 발급을 생략하거나 이미 발급된 원본 선하증권 전통(Full Set)을 반환받은 후, 원본 선하증권의 유가증권성과 유통가능성이 소멸되었음을 입증하기 위한 목적으로 'Surrendered' 문구를 기재한 후 교부한 비유통성 선하증권(Non-negotiable B/L)을 의미한다. 권리포기(Surrender)에 의해 수입자는 선사에 원본 선하증권의 제시하지 않아도 선하증권상의 수하인(Consignee)임이 확인되면 신속하게 물품을 수령할 수 있다. 주로 전신환 송금 방식(T/T)에서 사용되며, 은행의 담보권 확보가 되지 않으므로 신용장거래에서는 사용하지 않는다.

⑯ **지체 선하증권(Stale B/L)**: 신용장거래 시 지급·인수·매입을 위해 은행에 서류를 제시해야 하는 기간을 경과하여 제시된 선하증권을 의미한다. UCP 600에서는 운송서류 원본이 포함된 제시는 선적일 후 21일보다 늦지 않아야 하며, 신용장의 유효기일보다 늦지 않아야 한다고 규정하고 있다.

(7) 선하증권의 발행

① **기명식**: 선하증권의 수하인란에 수입자의 상호 및 주소가 기재되는 방식이다. 유통이 되지 않으며 담보권을 유보할 수 없다는 특징이 있다.

② **지시식**: 유통을 목적으로 선하증권의 수하인(Consignee)란에 'To Order', 'To Order of Shipper', 'To Order of Bank'와 같이 지시인(Orderer)만 기재하여 발행하는 방식이다.

㉠ **단순 지시식**: 'Order of Shipper' 또는 'Order'라고만 기재하는 방식이다.

㉡ **기명 지시식**: 'Order of ×××'라고 표시하여 ×××의 지시에 따라 인도가 이루어지는 방식이다. 종류는 다음과 같다.

To Order of Seller(매도인 지시식)	매도인은 소유권을 유보시킬 수 있는 권한이 있으며, 매수인이 물품 대금을 결제하거나 인수했을 때 소유권을 가짐
To Order of Bank(은행 지시식)	신용장 방식에서 은행이 이중의 담보를 획득하기 위해 은행 앞으로 발행함

㉢ **선택 지시식**: '××× or Order'로 기재하여 기명식 또는 지시식으로 선택하여 사용할 수 있도록 한 방식이다.

③ 소지인식
　㉠ 단순 소지인식: 수하인란에 'Bearer'로 기재하는 방식이다.
　㉡ 선택 소지인식: 수하인란에 '××× or Bearer'로 기재하는 방식이다.
④ 무기명식: 백지식이라고도 하며, 수하인은 공란(Blank)으로 두어 발행하는 방식이다. 예) Consignee: (공란)

(8) 선하증권의 양도

① 기명식 배서(Full Endorsement)

```
                Deliver to "Korea Inc." → Endorsee(피배서인)
                Shina Trading co. → Endorser(배서인)
                        (signed)
                       President
```

② 지시식 배서(Order Endorsement)

```
            Deliver to order of "Korea Inc." → Endorsee(피배서인)
            Deliver to "Korea Inc." or Order → Endorsee(피배서인)
                  Shina Trading co. → Endorser(배서인)
                        (signed)
                       President
```

③ 무기명 배서(백지식 배서): 피배서인은 기재하지 않고 배서인 자신만이 서명하는 방식으로, 선하증권의 인도로 물품의 권리가 이전된다.

2 복합운송증권(Multimodal Transport Document)

(1) 복합운송증권의 의미
해상선박, 항공기, 철도, 자동차 등의 운송수단 중 2가지 이상의 다른 운송 방식의 결합으로 운송이 이루어지는 것을 내용으로 하는 복합운송계약에 따라 발행한 서류이다.

(2) 수리요건 – UCP 600 제19조
① 물품이 신용장에 명시된 장소에서 발송, 수탁 또는 본선적재되었다는 것을 표시하기 위해서는 미리 인쇄된 문구와 물품이 발송, 수탁 또는 본선적재된 일자를 표시하는 스탬프 또는 부기가 있어야 한다.
② 유일한 운송서류 원본이거나 또는 원본이 한 통을 초과하여 발행되는 경우에는 운송서류에 표시된 전통(Full Set)이어야 한다.
③ 용선계약에 따른다는 어떤 표시도 포함하지 않아야 한다.
④ 운송서류는 전 운송이 하나의 동일한 운송서류로 포괄된다면 물품이 환적될 것이라거나 환적될 수 있다는 것을 표시할 수 있다.
⑤ 환적될 것이거나 될 수 있다고 표시하는 운송서류는 비록 신용장이 환적을 금지하더라도 수리될 수 있다.
⑥ 발송지, 수탁지 또는 선적지와 최종 목적지를 표시해야 하나 운송서류가 추가적으로 다른 발송지, 수탁지 또는 선적지 또는 선적지 또는 최종 목적지를 기재하는 경우라도 수리 가능하며, 운송서류가 선박, 선적항(Port of Loading) 또는 하역항(Port of Discharge)과 관련하여 '예정된'이라는 표시 또는 이와 유사한 제한을 포함하는 경우라도 수리 가능하다.

3 항공운송서류(Air Transport Document)

(1) 항공운송서류의 의미

항공회사가 작성하여 송하인에게 교부하는 서류로 해상운송의 선하증권에 해당하는 항공운송의 기본서류이다.

(2) 수리요건 – UCP 600 제23조
① 항공운송서류는 운송인의 명칭을 표시하고 운송인 또는 운송인의 기명대리인이 서명하여야 한다.
② 물품이 운송을 위하여 수취(have been accepted for carriage)되었다는 것을 표시해야 한다.
③ 발행일을 표시해야 한다. 항공운송서류가 실제 선적일에 대한 특정한 부기를 포함하지 않는 경우에는 이 일자를 선적일로 본다. 선적일에 대해 특정한 부기를 포함하는 경우에는 부기에 기재된 일자를 선적일로 본다.
④ 신용장에 기재된 출발공항과 도착공항을 표시해야 한다.
⑤ 신용장이 원본 전통(Full set)을 규정하더라도 송하인 또는 선적인용 원본을 제시하면 된다.
⑥ 항공운송서류는 전 운송이 하나의 동일한 항공운송서류로 포괄된다면 물품이 환적될 것이라거나 환적될 수 있다는 것을 표시할 수 있다. 환적될 것이라거나 환적될 수 있다고 표시하는 항공운송서류는 비록 신용장이 환적을 금지하더라도 수리될 수 있다.

4 특사수령증(C/R: Courier Receipt)

(1) 특사수령증의 의미

특송배달영수증이라고도 하며, 그 명칭에 관계없이 상품을 수령하였음을 증명하면 된다.

(2) 특사수령증의 수리요건
① 명칭 표시 및 서명: 특송배달업체의 명칭을 표시하고, 신용장에 물품이 선적되기로 기재된 장소에서 기명된 특송배달업체가 스탬프하거나 서명하여야 한다.
② 선적일: 집배 또는 수령일자 또는 이러한 취지의 문구를 표시하여야 하며, 이 일자를 선적일로 본다.
③ 특송배달료 선지급 조건 표시: 특송배달업체가 발행한 운송서류에 특송배달료가 수하인 이외의 제3자의 부담임을 증명하는 표시가 있다면 특송배달료가 지급 또는 선지급되어야 하는 것으로 본다.
　예) Charges for the account of shipper(송하인 부담의 요금)

선적서류의 종류 - ② 상업송장, ③ 보험서류

1 상업송장(Commercial Invoice) 기출 2019

(1) 상업송장의 의미

매매계약의 이행을 입증하는 물품명세서에 해당하는 것으로 수출상에게는 대금청구서 및 명세서의 역할을 수행하며, 수입상에게는 수입품의 정확성 및 진실성을 입증하는 증빙서류의 기능을 수행하는 필수적인 서류이다.

(2) 상업송장의 기능

① 계약일치의 증명: 품명, 수량, 단가 등 계약서의 내용과 송장 발행 내용이 동일하게 되어 매도인이 인도한 물품이 계약에 일치하는 물품임을 입증한다.
② 계산서 및 대금청구서: 상업송장상 금액은 수출금액을 표시하므로 환어음의 발행금액과 일치한다.
③ 세관필수 서류: 수출자가 수출신고를 할 때 가장 기본이 되는 서류이며, 수입자가 수입신고할 때 과세자료가 되어 통관 시 필수적인 서류이다.

(3) 상업송장의 종류

선적 송장 (Shipping Invoice)	실제로 선적한 물품의 명세가 기재된 송장(보통의 상업송장)
견품 송장 (Sample Invoice)	수출상이 수입상에게 견품을 보낼 때 그 견품의 명세, 품질, 가격, 규격 등을 명시하는 송장
견적 송장 (Proforma/Provisional Invoice)	가격계산의 기초로 사용되며 확정주문 전 수출자가 작성하는 송장으로 선적 전 계약 내용을 확인하고자 발행되는 송장 참 신용장에서 송장(Invoice)을 요구하는 경우 Proforma Invoice, Provisional Invoice는 수리되지 않음
세관 송장 (Customs Invoice)	과세가격기준 결정, 덤핑유무판정, 수입통계 등을 목적으로 작성되는 공용송장
영사 송장 (Consular Invoice)	수입국에서 수입관세를 포탈하거나 경감받기 위해 또는 외화도피, 덤핑 등을 막기 위해 수출국에 주재하는 수입국의 영사가 작성하거나 사증을 해주는 송장

(4) 상업송장 수리요건 - UCP 600 제18조

① 상업송장은 수익자가 발행한 것이어야 한다.
② 개설의뢰인 앞으로 발행되어야 한다.
③ 신용장과 같은 통화로 발행되어야 하며, 서명할 필요는 없다.(다만, 신용장에서 Signed Invoice를 요구한 경우에는 서명되어야 한다.)
④ 지정은행, 확인은행, 개설은행은 신용장에서 허용 금액을 초과하여 발행된 상업송장을 수리할 수 있고 그 결정은 은행이 신용장에서 허용 금액을 초과한 금액을 결제(Honour) 또는 매입하지 않았던 경우에 한하여 모든 당사자를 구속한다.(서류의 불일치 주장 불가)
⑤ 상업송장의 물품, 서비스 또는 의무 이행의 명세는 신용장상의 명세와 일치해야 한다.
⑥ 신용장에서 '송장'의 제시를 요구하면서 더 이상의 명시가 없는 경우에, 이는 (상업송장, 세관송장, 최종송장, 영사송장 등) 어떠한 종류의 송장이 제시되어도 된다. 그러나 '임시(Provisional)' 송장, '견적(Pro-forma)' 송장 또는 이와 유사한 것은 수리되지 않는다.
⑦ 신용장에서 단가의 표시가 없다면 송장에는 단가가 표시되지 않아도 된다.

2 보험서류(Insurance Document)

(1) 보험서류의 의미
무역 물품의 운송 도중 해난이나 기타의 위험으로 발행하게 될 손해에 대비하여 보험을 부보하고 보험자에게 발급받는 증거서류를 의미한다.

(2) 보험서류의 종류

보험증권 (Insurance Policy)	보험계약 체결의 증거로 피보험자 또는 보험계약자의 보험료 납부 시에 보험자가 발급해 주는 증거서류
보험증명서 (Certificate of Insurance) 또는 확정통지서(Declaration)	빈번한 거래 시 선적 시마다 보험계약을 체결하는 불편함을 덜기 위해 포괄적으로 예정보험을 체결하고 이를 증명하는 보험증명서나 선적 물품, 보험계약 내용이 확정될 때 발행되는 확정통지서
보험승낙서, 보험인수증(Cover Note)	보험중개인이 피보험자의 의뢰에 따라 의뢰된 조건대로 보험에 가입하겠다는 의사가 표시된 통지서(피보험자가 보험회사와 직접 보험계약이 체결되었다는 것을 증명하는 서류가 아님)

(3) 보험서류와 부보 범위 – UCP 600 제28조
① 보험증권, 보험증서 또는 포괄보험에서 확인서와 같은 보험서류는 보험회사, 보험인수인 또는 그들의 대리인이나 수탁인(Proxies)이 발행하고 서명한 것이어야 한다. 대리인 또는 수탁인이 서명한 경우 보험회사 또는 보험중개인을 대리하여 서명했는지의 여부를 표시해야 한다.
② 보험서류가 한 통을 초과한 원본으로 발행되었다고 표시하는 경우, 모든 원본 서류가 제시되어야 한다.
③ 잠정적 보험승낙서, 보험인수증(Cover Note)은 수리되지 않는다.
④ 보험증권은 보험증명서나 포괄보험의 확인서(Declaration)를 대신하여 수리 가능하다.(신용장에서 보험증명서나 확정통지서를 요구한 경우라도 그 대신 보험증권을 제시하면 은행은 신용장조건에 일치하는 것으로 보고 이를 수리한다.)
⑤ 보험서류의 일자는 선적일보다 늦어서는 안 된다. 다만, 보험서류에서 부보가 최소한 선적 일자 이전에 효력이 발생함을 나타내고 있는 경우에는 그러하지 아니하다.(소급 적용된다는 단서가 있는 경우 은행은 보험서류를 수리할 수 있다.)
⑥ 보험서류에 부보금액을 표시해야 하고 신용장과 동일한 통화로 표시되어야 한다.
⑦ 신용장에 부보금액이 물품의 가액, 송장가액 또는 그와 유사한 가액에 대한 백분율로 표시되어야 한다는 요건이 있는 경우, 이는 요구되는 부보금액의 최소한으로 본다.
⑧ 신용장에 부보 범위에 부보금액에 대한 명시가 없는 경우, 부보금액은 최소한 CIF 또는 CIP 물품 가액의 110%가 되어야 한다.
⑨ CIF 또는 CIP 물품 가액을 결정할 수 없는 경우, 부보금액의 범위는 요구된 결제(Honour) 또는 매입금액 또는 송장에 나타난 물품에 대한 총가액 중 더 큰 금액을 기준으로 산출되어야 한다.
⑩ 보험서류는 최소한 신용장에 명시된 수탁지 또는 선적지에서 양륙지 또는 최종 목적지 사이에 발생하는 위험에 대하여 부보되는 것이어야 한다.
⑪ 신용장에서 '통상의 위험' 또는 '관습적인 위험'과 같이 부정확한 용어가 사용되는 경우 보험서류는 특정위험을 부보하지 않는지 여부와 관계없이 수리된다.
⑫ 보험서류는 부보 범위가 일정 한도 본인 부담이라는 조건 또는 일정 한도 이상 보상조건의 적용을 받고 있음을 표시할 수 있다.
⑬ 보험서류에 보험금 청구기간을 제한하는 보험금 지급 청구의 만료일이 표시되어서는 안 된다.

소손해 면책약관 (Franchise Clause)	일정 비율 미만의 손해에 대해서는 보험자가 담보책임을 면하지만 그 비율을 초과하면 면책 부분을 포함한 손해의 전부를 담보
초과공제 면책약관 (Excess Deductible Clause)	일정 비율을 초과하면 보험자가 그 면책률 부분을 공제하고 나머지 초과 부분만 담보

선적서류의 종류 - ④ 기타서류

1 포장명세서(Packing List) 기출 2017 기출 2020

(1) 포장명세서의 의미

상업송장의 보충서류로서 포장 속에 들어 있는 상품의 목록을 기술하거나 총중량, 용적, 순중량, 포장개수, 포장의 형태, 화인(Shipping Marks) 등을 기재한 서류이다.

(2) 기본요건 및 기능 충족 – ISBP 821

신용장에서 포장명세서의 제시를 요구하는 경우에, 이는 당해 서류가 물품의 포장에 관한 정보를 담고 있어서 포장명세서의 기능을 수행한다면, 신용장에서 요구한 대로 제목이 붙거나 그와 유사한 제목이 붙거나 혹은 제목이 없는 서류의 제시로 충족된다.

(3) 포장명세서의 발행인 – ISBP 821

① 포장명세서는 신용장에 명시된 자에 의하여 발행되어야 한다.
② 신용장에서 발행인의 이름을 표시하지 않은 경우에, 누구든지 포장명세서를 발행할 수 있다. 따라서 송장상의 발행인의 서명과 포장명세서상의 발행인의 서명이 서로 다르다 하여도 이는 하자서류로 간주할 수 없다.

(4) 포장명세서의 내용 – ISBP 821

① 신용장에서 포장에 관하여 특정한 요구사항을 표시하면서 그 요건의 준수 여부를 알 수 있는 서류를 명시하지 않은 경우, 만약 포장명세서가 제시된다면, 그에 기재된 물품포장에 관한 정보는 신용장에 표시된 요구사항과 저촉되지 않아야 한다.
② 수익자가 포장명세서의 발행인이 아니라면, 포장명세서에는 하나 또는 둘 이상의 명시된 다른 서류에 나타난 것과 상이한 송장번호와 송장 일자, 선적경로가 표시될 수 있다.
③ 포장명세서 원본 1부 및 중량명세서 원본 1부를 요구하는 조건은 포장 및 중량의 세부사항을 모두 기재하고 있는 하나의 결합문서인 포장 및 중량명세서(Packing and Weight List) 원본 2부를 제시함으로써 충족된다.

2 원산지증명서(C/O: Certificate of Origin)

(1) 원산지증명서의 의미
물품이 확실하게 그 국가에서 제조·생산되었다는 것을 증명하는 공식문서이다. 일반적인 원산지증명서는 대한상공회의소에서 발급하고 있다. 원산지증명서는 양허세율의 적용 시 기준으로 이용되기도 하며, 관세양허 원산지증명서는 세관에서도 발급하고 있다.

(2) 신용장에서 원산지증명서를 요구하는 경우 충족되어야 하는 조건
① 원산지증명서는 서명되어야 한다.
② 원산지증명서에는 송장에 기재된 물품과 관련된 품목이 표시되어야 한다.
③ 원산지가 증명되어야 한다.
④ 원산지증명서는 신용장에 명시된 자에 의해 발행되어야 한다.
⑤ 신용장에서 발행인(Issuer)의 이름을 표시하지 않은 경우 누구든지 원산지증명서를 발행할 수 있다.
⑥ 송장상의 물품에 관한 것으로 보여야 한다.
⑦ 신용장에 원산지증명서의 제시를 요구하지 않으면서 물품의 원산지를 표시한 경우, 원산지는 신용장에 명시된 원산지와 저촉되어서는 안 된다.

3 기타 증명서 기출 2017

(1) 검사증명서(Inspection Certificate)
수출 물품이 매매계약에 의해 수입자가 요구하는 품질이나 수량에 해당하는지를 수출 전 수출국의 공적 검사기관이 검사하고 발행하는 서류이다.

(2) 위생증명서(Health Certificate)
식료품, 약품, 화장품 등을 수출하는 경우 수입국의 위생검사당국의 기준에 합치된다는 것을 입증하는 서류이다.

(3) 검역증명서(Certificate of Quarantine)
동물이나 식물을 수출하는 경우 세균의 전염을 예방하기 위해 수출국에서 소독, 방역, 검역을 실시하고 발급하는 서류이다.

(4) 훈증소독증명서(Certificate of Fumigation)
목재 포장재는 병해충을 제거하거나 사멸시키기 충분할 정도로 가공되지 않은 생목재로 제조되는 경우가 많으므로 병해충을 방지하기 위해 목재 포장재에 대해 사전처리(열처리, 훈증 등)를 요구하며 이를 증명하는 서류를 훈증소독증명서라고 한다.

CHAPTER 02 무역결제

> ### 서류심사 ★ 고난도 빈출이론 강의로 더 쉽게!

1 서류심사의 개요 기출 2018 기출 2019 ★ 상시

(1) 서류심사 은행

서류심사의 주체인 은행은 개설은행, 지정은행, 확인은행이다.

(2) 서류심사 대상

신용장에 명시된 모든 서류만을 심사대상으로 한다. 신용장에서 요구하지 않은 서류를 제시한 경우에는 무시되어 제시자에게 반환될 수 있다.

(3) 서류심사 기준

은행은 서류가 문면상 일치하는 제시에 해당하는지 여부를 결정하기 위해 서류만을 기본으로 그 제시를 심사한다고 규정한다. 일치하는 제시란 신용장 제조건, 적용 가능한 범위 내에서 신용장통일규칙(UCP 600)의 규정, 그리고 국제표준은행관행(ISBP)에 따른 제시를 의미한다.

(4) 서류심사기간

① 지정에 따라 행동하는 지정은행, 확인은행(있는 경우)이 개설은행에게는 제시가 일치하는지 여부를 결정하기 위하여 각자 제시일의 다음 날부터 기산하여 최장 5은행영업일이 주어진다.
② 이 기간은 유효기일 내의 제시 일자나 최종 제시일 또는 그 이후에 발생하는 사건에 의해서 단축되거나 영향을 받지 않는다.

(5) 서류의 제시기간

복합운송서류, 선하증권, 비유통 해상화물운송장, 용선계약부 선하증권, 항공운송서류, 도로·철도 또는 내수로운송서류, 특송배달영수증, 우편영수증 또는 우편증명서 중 하나 또는 그 이상의 운송서류 원본이 포함된 제시는 선적일 후 21일보다 늦지 않게 수익자에 의하거나 또는 그를 대신하여 이루어져야 하고, 어떠한 경우라도 신용장의 유효기일보다 늦게 이루어져서는 안 된다.

(6) 제시서류의 발행일 제한

서류는 신용장 개설일 이전 일자에 작성된 것일 수 있으나, 제시 일자보다 늦은 일자에 작성된 것이어서는 안 된다.

2 하자가 있는 서류의 매입 기출 2017 기출 2018 ★ 상시

(1) 신용장 조건변경 후 매입(Amend Negotiation)
하자사항과 관련된 신용장의 제조건을 변경받도록 한 후에 매입하는 방법으로, 시간적 여유가 있는 경우 활용할 수 있는 가장 안전한 방법이다.

(2) 보증부 매입(L/G Negotiation)
신용장조건과의 불일치 내용을 수익자와 매입은행이 서로 확인한 후, 그로 인해 신용장 대금의 결제가 거절되면 외국환거래약정서에서 정하는 바에 따라 즉시 매입대전을 상환하겠다는 보증서(L/G: Letter of Guarantee)를 징구하고 매입하는 방법이다.

(3) 유보부 매입(Under Reserve Negotiation)
하자사항에 대한 개설은행의 승낙(Waiver)을 전제 조건으로 하자가 있는 서류를 매입하여 그 대금을 지급하는 방법이다. 개설은행의 결제 거절 시 그 채권 확보를 용이하게 하기 위하여 개설은행의 승낙 시까지 매입대전의 지급을 유보한다.

(4) 추심 후 매입전환(Post Negotiation)
하자 등으로 인해 추심으로 처리한 기한부 신용장에 대하여, 개설은행의 인수 또는 연지급 확약 통보 접수 후에 매입으로 전환하는 방법이다.

(5) 전신 조회 후 매입(Cable Negotiation)
개설은행에 미리 전신으로 서류의 미비점 또는 신용장조건과의 불일치 사항을 알려주고, 그 매입 가능 여부를 조회하여 승인을 받은 후에 매입하는 방법이다. 개설은행의 매입승인은 신용장의 조건변경과 동일한 효력을 갖게 되므로 승낙의 답신이 접수되면 당해 서류는 하자 없는(Clean) 매입으로 처리한다.

3 서류의 수리거절 ★ 상시

(1) 수리거절의 의미
서류를 심사하는 지정은행(지급·연지급·인수·매입은행), 확인은행(있는 경우) 및 개설은행이 제시가 일치하지 않는 경우에 결제(Honour) 또는 매입을 거절하는 것을 말한다. 은행은 심사결과 신용장조건과 불일치한다고 판단되는 경우 서류심사기간 내에 서류를 제시한 자 또는 은행에 신속하게 수리거절을 통지해야 한다.

(2) 거절통지의 기간
제시일의 다음 날부터 5은행영업일의 마감시간 이전에 이행되어야 한다.

(3) 개설은행의 포기교섭권
개설은행은 제시가 일치하지 않는다고 판단하는 때에는 독자적인 판단으로 하자에 대한 권리포기(Waiver)를 위하여 개설의뢰인과 교섭할 수 있다.

(4) 거절통지의 횟수 등
지정에 따라 행동하는 지정은행, 확인은행(있는 경우), 개설은행이 결제(Honour) 또는 매입을 거절하기로 결정하는 때에는 제시자에게 그러한 취지로 한 번에 통지해야 한다.

(5) 수리거절 통지의 내용
① 은행이 결제(Honour) 또는 매입을 거절한다는 사실을 말한다.
② 은행이 결제(Honour) 또는 매입을 거절하는 각각의 하자를 말한다.
③ 제시자의 추가 지시가 있을 때까지 은행이 서류를 보관할 것이라는 사실을 말한다.
④ 개설의뢰인에게서 권리포기를 받고 이를 받아들이기로 동의하거나 권리포기를 받아들이기로 동의하기 이전에 제시자에게서 추가 지시를 받을 때까지 개설은행이 서류를 보관할 것이라는 사실을 말한다.
⑤ 은행이 서류를 반환할 것이라는 사실을 말한다.
⑥ 은행이 사전에 제시자에게 받은 지시에 따라 행동할 것이라는 사실을 말한다.

4 신용장 관련 수수료 기출 2017 기출 2018 ★ 상시

(1) 개설수수료(Opening Charge)
① 의미: 신용장의 개설로 인하여 발생하는 개설은행의 신용위험 부담을 커버하기 위해 징수하는 수수료이다.
② 징수 원칙
　㉠ 통상 3개월 기간 단위로 수수료를 징수하던 관행을 폐지하고 '연 요율'로 계산하여 '일 단위'로 수수료를 징수한다.
　㉡ 수수료의 징수기간은 개설일부터 수입 환어음의 결제일(또는 인수일) 전일까지를 원칙으로 한다.
　㉢ 일람출급 신용장(Sight L/C)의 경우 유효기일까지 일 단위로 징수한 후, 초과하는 기간에 대하여 신용장의 결제시점에 추가적으로 징수한다.
　㉣ 기한부 신용장(Usance L/C)의 경우 유효기일까지 일 단위로 징수한 후, 인수수수료를 징수하는 시점에서 인수일 이후의 기간(중복되는 기간)에 해당하는 개설수수료를 환급한다.
③ 계산식: 신용장금액×매매기준율×징수 기간(일)÷360(또는 365)×적용요율(0.6~1.2%)
　㉮ 신용장금액 USD 100,000, 매매기준율 1,100원, 적용률 0.6%, 개설일부터 수입환어음 결제일 전일까지 36일인 경우
　　=100,000×1,100×36÷360×0.006=66,000원

(2) 코레스비용(Corres Charge)
① 의미: 신용장의 개설, 통지, 매입, 상환 등과 관련하여 해외의 거래은행이 청구하여 오는 수수료 일체를 말한다.
② 종류

용어	개념	수신자
통지수수료 (Advising Commission)	신용장 통지 시 징수하는 취급수수료	수익자 부담
매입수수료 (Negotiation Commission)	매입 신용장하에서 매입을 수권받은 은행이 수출환어음을 매입하는 경우 징수하는 취급수수료	수익자 부담
상환수수료 (Reimbursement Commission)	상환 업무 취급 시 징수하는 취급수수료	수출상 또는 수입상
Less 지체료 (Less Charge)	매입당시에는 예상하지 않은 은행수수료가 해외은행으로부터 추가 징수 되어 발생한 원금에 미달하는 부족금액을 Less Charge라 하며, 매입은행이 이러한 자금부담비용을 커버하기 위해 징수하는 수수료	수익자 부담
지연이자 (Delay Charge)	은행이 대신 수입상 대신 지급한 경우, 수입상에게 대금을 회수하는 날까지의 기간에 대해 연체율을 적용한 이자	수입상 부담

(3) A/D Charge(Acceptance Commision & Discount Charge)
① 의미: Banker's Usance 신용장하에서 개설은행의 요청에 따라 해외의 신용공여은행이 매입은행 등에게 일람출금 방식으로(At Sight Basis) 대금을 지급하기 위해 수익자가 발행한 기한부 환어음을 인수하고 할인하는 때 발생하는 금융비용이다.
② 징수 절차: 해외의 신용공여은행이 개설은행으로 청구하여 최종적으로 개설의뢰인이 부담한다.

(4) 환가료(Exchange Commission)
① 의미: 매입은행이 수출상이 제시한 서류를 매입할 때 수출상에게 선지급하고 나서 개설은행이나 확인은행(있는 경우) 또는 상환은행에서 대금을 지급받는 기간에 대한 이자를 말한다.
② 환가료(일람불 환어음의 매입) : 장부가격 × 환가료율 × 우편일수(환가료 적용일수) ÷ 360
> 참 • 장부가격: 외화표시금액(매입금액) × 매매기준율을 말한다.
> • 우편일수(환가료 적용일수, 표준 결제일수): 일람불 수출환어음 매입 시 환가료 징수 일수는 일반적으로 8일을 적용한다.

(5) 대체료(In Lieu of Exchange Commission)
원화 대가 매매를 수반하지 않고 동종 통화표시의 다른 외국환으로 대체하는 거래에 대하여 적용하는 수수료를 말한다.

> 환어음(Draft, Bill of Exchange)

1 환어음의 개요 기출 2017

(1) 환어음의 의미
채권자인 발행인(Drawer)이 채무자인 지급인(Drawee)에게 일정한 금액(A Certain Sum)을 증권에 기재된 수취인(Payee) 또는 그 지시인(Orderer) 또는 소지인(Bearer)에게 지급일에 일정 장소에서 무조건 지급할 것을 위탁(Order)하는 요식유가증권(Formal Instrument)이며 유통증권(Negotiable Instrument)이다.

(2) 환어음의 종류
① 운송서류 첨부 여부에 따른 구분
  ㉠ 화환어음(Document Bill of Exchange): 선적서류의 제시를 요구하는 환어음을 말한다. 매도인의 물품 선적 이행 여부를 확인하고 대금을 지급받기 위해 요구되는 방식이다.
  ㉡ 무화환어음(Clean Bill of Exchange): 선적서류가 첨부되지 않고 발행한 환어음을 말한다.
② 어음의 만기일에 따른 구분
  ㉠ 일람불어음(Sight Draft): 어음이 지급인에게 제시되는 때 대금이 지급되는 어음을 말한다.
  ㉡ 기한부어음(Usance Bill)

일람 후 정기출급어음	어음지급인이 어음을 인수한 날부터 만기가 기산되는 어음 예 at xxx days after sight
일자 후 정기출급어음	선적일, 환어음의 발행 일자 등과 같이 특정한 일자를 기준으로 만기일을 산정하는 어음 예 at xxx days after date of draft 또는 (B/L date)
확정일출급어음	만기일이 특정한 일자로 확정되어 있는 어음

CHAPTER 02 무역결제

2 환어음의 기재사항 기출 2018 기출 2019 ★ 상시

```
                    ① BILL OF EXCHANGE
 ⓐ NO.  123456                              ⑦ MAY 10, 20×× SEOUL, KOREA
 ② FOR US $53,200.
 ④ AT  90  SIGHT OF THIS ORIGINAL BILL OF EXCHANGE(SECOND OF THE SAME TENOR AND DATE BEING UNPAID)
 ② PAY TO ⑥ WORI BANK  OR ORDER THE SUM OF SAY US DOLLARS FIFTY THREE THOUSAND TWO HUNDERED ONLY ;
 VALUE RECEIVED AND CHARGE THE SAME TO ACCOUNT OF TOKYO SUPPLY LTD.
 ⓑ DRAWN UNDER THE MIISUI BANK, LTD. HEADOFFICE TOKYO, JAPAN
 ⓒ L/C NO. M0123456789 DATED APRIL 17, 20××
 ③ TO THE MIISUI BANK, LTD.
     ⑤ HEADOFFICE, TOKYO
                                                        ⑧ KOREA TRADING CO.
```

(1) 필수 기재사항

필수 기재사항이 누락되면 환어음의 법적 효력이나 구속력을 갖지 못한다(앞에 나온 예시와 연관지어 학습).

① 환어음의 표시: BILL OF EXCHANGE
② 무조건 지급 위탁문언 및 어음금액: PAY TO WORI BANK OR ORDER THE SUM OF+어음금액(영문표기), FOR+어음금액(숫자표기)
③ 지급인의 명칭: THE MIISUI BANK, LTD.
④ 만기의 표시: AT 90 SIGHT
⑤ 지급지: HEADOFFICE, TOKYO
⑥ 지급받을 자 또는 지급받을 자를 지시할 자의 명칭: WORI BANK
⑦ 발행일과 발행지의 표시: MAY 10, 20×× SEOUL, KOREA
⑧ 발행인의 기명날인 또는 서명: KOREA TRADING CO.

(2) 임의 기재사항

임의 기재사항은 환어음의 법적 효력에는 영향을 미치지 않으나 그 내용을 명확하게 한다(앞에 나온 예시와 연관지어 학습).

ⓐ 환어음 번호: 123456
ⓑ 신용장 발행 은행명: THE MIISUI BANK, LTD HEADOFFICE TOKYO, JAPAN(추심 방식의 경우 계약서상 지정은행 또는 공란)
ⓒ 신용장 번호 및 발행일: L/C NO. M0123456789 DATED APRIL 17, 20××(추심 방식의 경우 계약서 번호 기재)

3 환어음의 당사자

발행인 (Drawer)	환어음을 발행하고 서명하는 자(수출자)
지급인 (Drawee)	환어음상에 금액을 지급하도록 지정되어 있는 자 • 신용장거래 시: 개설은행, 상환은행, 지급·연지급·인수를 수권받은 은행 • 추심(D/P, D/A)거래 시: 수입자

수취인 (Payee)	환어음 대금의 지급을 받는 자 • 매입 신용장, 추심거래에서 추심 전 매입이 된 경우: 매입은행 • 추심의 경우: 수출자

참 신용장 방식에서는 수익자에 대해 개설은행이 지급확약을 하기 때문에 환어음의 지급인은 개설은행이 되지만, 추심결제 방식에서 수출자의 거래은행인 추심의뢰은행(Remitting Bank)과 수입자의 거래은행인 추심은행(Collecting Bank)은 대금의 지급·영수에 대하여 어떠한 책임이나 권리가 없으며, 단지 서류의 전달, 통지 등의 역할만 수행한다.

4 환어음 발행 시 유의사항

(1) 발행일 및 발행지
어음이 발행되어 어음상에 기재된 일자로 실제로 어음이 발행된 일자와 동일할 필요는 없다.

(2) 발행인의 기명날인
발행인의 기명날인이 없는 어음은 무효이다. 환어음은 반드시 수출상이 은행에 제출한 서명과 일치하는 기명날인을 해야 한다.

5 환어음의 배서·인수·지급

(1) 환어음의 배서
① 의미: 배서란 지시증권의 양도 방법으로 증권상의 권리자가 그 증권에 소요사항을 기재하고 서명하여 이를 상대방에게 교부하는 행위이다.
② 배서와 당사자: 어음을 양도하는 자를 배서인, 양도를 받는 자를 피배서인이라고 한다.
③ 종류

기명식 배서	어음 뒷면에 피배서인의 성명이나 상호를 기재하여 배서인이 서명하는 방식 예) pay to the order of ×××
백지식 배서	피배서인을 명시하지 않고 약식으로 백지배서하는 방식

(2) 환어음의 인수
① 기한부(Usance) 환어음의 지급인이 환어음을 인수하면 만기일에 그 소지인에게 환어음 대금을 지급할 의무가 있다.
② 인수는 지급인으로서 지급채무를 부담하겠다는 의사표시이므로 지급인이 인수라는 행위를 통하여 주채무자로 성격이 바뀌게 된다.
③ 인수제시(Presentation for Acceptance)는 어음소지인이 환어음을 지급인에게 제시하여 인수를 청구하는 행위를 말한다.
④ 지급인이 어음의 앞면에 어음을 인수하겠다는 의사를 표시하고 서명날인을 해야 한다.

(3) 환어음의 지급
환어음의 만기일(Maturity Date)에 환어음의 지급인(Drawee)이 어음 대금의 지급을 위하여 지급제시를 한 어음소지인에게 어음 대금을 지급하는 행위이다.

CHAPTER 02 무역결제

> 무역금융제도

1 무역금융제도의 특징

(1) 선적 전 지원 금융
무역금융은 수출 물품을 제조·가공하는 데 소요되는 자금을 동 물품의 선적 전에 지원한 후에 동 수출 대금으로 상환하도록 하는 선적 전 금융이다.

구분	선적 전 금융	선적 후 금융
정책 금융	무역금융	수출 환어음 담보대출
일반 금융	무역어음(인수 및 할인)	수출 환어음 매입

(2) 자금의 수출 단계별 지원
수출계약부터 수출 대금 회수까지 수출 이행의 전 과정에 대해 원자재 생산 및 완제품 구매 자금을 연계하여 지원한다.

(3) 내국 신용장 제도의 운용
국내 원자재의 사용을 촉진하기 위해 내국 신용장으로 국내에서 물품을 생산하여 수출업자에게 공급하는 내국 신용장의 수익자도 간접수출로 인정하여 무역금융을 지원받을 수 있다.

(4) 융자취급은행의 제한
외국환 업무 취급인가를 받은 금융기관만 무역금융 취급이 가능하며, 무역금융의 취급 및 수출 대금의 영수는 동일 외국환은행에서 이루어지도록 하고 있다.

(5) 한국은행의 자금지원 및 사후관리
무역금융은 정책금융의 일종으로 한국은행에서 일정 비율의 자금지원을 받고 있으므로 일반 금융에 비해 낮은 이율로 조달 가능하며, 용도 외 사용에 대해 사후관리를 하여야 한다.

2 융자대상 기출 2018

(1) 신용장기준 금융
① 수출 신용장, 수출계약서(D/P, D/A), 내국 신용장, 구매확인서, 외화표시 물품 공급계약서에 의하여 물품, 건설, 용역을 수출하거나 국내에 공급을 하고자 하는 자
② 정부, 지방자치단체 또는 정부투자기관이 외국에서 받은 차관자금에 의한 국제 경쟁 입찰로 국내에서 유상으로 물품, 건설 및 용역을 공급하기 위해 체결된 계약서
③ 국제기구에서 발급하는 구매주문서를 보유한 자

(2) 실적기준 금융
① 수출 신용장에서 정한 방식에 의한 수출실적 또는 공급실적을 기준으로 공급받고자 하는 자
② 보세판매장에서 자가생산품을 외국인에게 외화로 판매한 실적이 있는 경우
③ 외항항공, 외항해상운송 또는 선박수리업체로서 과거 외화입금실적이 있는 경우 등 외화판매실적 및 외화입금실적을 기준으로 융자를 받고자 하는 경우

(3) 융자대상 제외 대상
① 중계무역 방식에 의한 수출
② 한국수출입은행의 수출자금대출(인도 전 금융)을 수혜한 경우
③ 무역어음을 할인받은 경우
④ 중소기업협동조합 공동사업자금을 융자받은 경우

3 무역금융의 종류

(1) 용도에 따른 구분
① 생산자금
  ㉠ 국내에서 수출용 완제품 또는 원자재를 제조, 가공, 개발하거나 용역을 수출(외국인에 대한 국내에서의 용역수출 포함)하는 데 소요되는 자금이다. 신용장금액(FOB 기준)에서 소요 원자재액을 차감하여 계산한다.
  ㉡ 제조시설을 갖추지 않더라도 수출품의 기획, 개발, 위탁가공 등에 필요한 자금으로 이용 가능하다.
  ㉢ 상거래 관례상 내국 신용장으로 조달하기 어려운 중고품, 농수산물, 자가생산원자재 등(현금거래가 아니면 조달하기 어려운 물품) 수출용 원자재 및 완제품을 구매하는 데 소요되는 자금으로 이용 가능하다.
② 원자재자금
  ㉠ 수출용 수입원자재를 해외에서 일람출급조건으로 직접 수입하는 경우 소요되는 자금을 CIF 금액 기준으로 한다.
  ㉡ 국내에서 제조, 생산된 수출용 원자재를 내국 신용장으로 구매하는 데 소요되는 자금으로 내국 신용장 외화금액(원화표시의 경우 원화금액)으로 한다.
  ㉢ 임가공 내국 신용장으로 원자재를 구매하는 경우 제조공정 일부 또는 전부를 위탁하여 발생한 가공임에 대한 자금으로 이용 가능하다.
③ 완제품 구매자금: 국내에서 생산된 수출용 완제품을 내국 신용장으로 구매하는 데 소요되는 자금으로 내국 신용장 외화금액(원화표시의 경우 원화금액)으로 한다.

(2) 포괄금융
① 의미: 전년도(1월 1일부터 12월 31일 기준) 또는 과거 1년간 수출실적이 미화 2억 달러 미만인 업체가 자금용도의 구분없이 일괄하여 대출받을 수 있는 금융으로 생산자금과 원자재금융으로 구분하지 않고 일괄 현금으로 대출하는 제도이다.
② 특징: 포괄금융을 대출받은 업체는 생산자금이나 원자재자금을 대출받을 수 없다.

✓ 확실히 짚고 넘어가기   무역금융의 종류

분류		무역금융의 종류
융자대상자에 따른 분류	융자대상 증빙 보유자(신용장 기준)	생산자금, 원자재자금, 완제품 구매자금, 포괄금융
	과거 수출실적 보유자(실적 기준)	
생산 능력 보유에 따른 분류	생산 능력 보유자(제조사)	생산자금, 원자재자금, 포괄금융
	생산 능력 미보유자(비제조사)	완제품 구매자금

4 융자 방법 및 융자한도

(1) 융자 방법

구분	신용장 기준 금융	실적 기준 금융
수혜 자격	수출 신용장 등 보유업체	과거 수출실적 보유업체
수혜 시기	수출 신용장 등을 보유하여야 함	수출 신용장 보유 여부와 관계없이 과거 수출실적에 의한 융자한도 범위 내에서 이용이 가능함
한도 산정	보유한 수출 신용장 등의 금액 이내	외국환은행의 융자한도 산정 기준에 따른 융자한도 이내
한도 관리	신용장 잔액이 융자한도를 초과하지 않도록 관리	융자한도 산정 기준에 의해 융자한도 관리
융자기간	신용장의 선적기일 및 유효기일을 감안하여 거래 외국환은행이 지정	거래 외국환은행이 지정
편의성	수출 신용장 등 건별로 관리하므로 취급이 불편함	기존 실적을 기준으로 하며 상대적으로 취급이 편리함
특징	수출 신용장 등 건별로 금융관리, 신규업체 및 원자재 사전확보 필요 업종은 이용하기 어려움	원자재 사전확보가 용이함

(2) 융자한도

① 의미: 특정 기업이 각 자금별로 융자취급은행에서 융자를 받을 수 있는 최고 한도를 의미한다.

② 특징

㉠ 실적 기준 금융의 경우 업체의 수출 규모를 감안하여 융자한도를 설정한다.

㉡ 신용장기준 금융의 경우 업체가 보유한 수출 신용장 범위 내에서 과다한 지원이 발생하지 않도록, 과거 수출실적에 비추어 융자기간 내에 수출 이행이 확실시되는 금융 범위 내에서 적정하에 융자가 이루어질 수 있도록 관리하여야 한다.

㉢ 융자한도는 수출업체의 과거 수출실적 등을 고려하여 외국환은행이 자율적으로 산정한다.

CHAPTER 02 무역결제 | 기출로 점검하기

99회 60번

01 무역 대금 결제에서 O/A 방식에 적용 가능한 국제통일규칙은?
① URDG 758
② UCP 600
③ URC 522
④ URBPO 750

해설 ④ URBPO 750: ICC Uniform Rules for Bank Payment Obligations(은행지급약정통일규칙)의 약자로, O/A거래와 신용장거래를 결합한 BPO(은행지급약정)거래에 적용되는 국제규칙이다.
① URDG 758: 청구보증통일규칙
② UCP 600: 신용장통일규칙
③ URC 522: 추심통일규칙

100회 72번

02 장부결제(O/A)에 대한 설명으로 옳은 것은?
① O/A에서 수출채권의 성립 시기는 물품의 선적 시이다.
② O/A에서 선적서류는 은행을 통하여 송부한다.
③ O/A에서는 환어음이 반드시 발행된다.
④ O/A 거래에서 수출자는 수출채권을 미리 은행에 NEGO할 수 있다는 점에서 사후송금 방식과 다르다.

해설 ① 수출채권의 성립 시기는 매수인에게 선적 사실을 통보하고 장부에 기재한 때이다.
② 선적서류는 수입자(매수인)에게 직접 발송된다.
③ O/A 방식은 환어음이 반드시 발행되지는 않는다.

100회 67번

03 D/P, D/A 거래에 관련한 ICC 추심통일규칙의 내용으로 옳은 것은?
① 은행은 자신이 선정한 타은행의 지시 불이행에 대해 책임을 져야 한다.
② 은행은 자행의 동맹파업으로 인한 업무 중단에 대해 책임을 져야 한다.
③ 은행은 물품에 대한 지시가 있더라도 이를 보관하는 등의 의무가 없다.
④ D/P, D/A거래의 Drawee는 일반적으로 수입자의 거래은행이 된다.

해설 ③ 은행은 물품이 아닌 서류로서 거래한다.
① 은행은 자신이 전달한 지시가 이행되지 않는 경우에도 아무런 의무 또는 책임을 지지 아니하며, 그 은행 자신이 그러한 다른 은행의 선택을 주도한 경우에도 그러하다(URC 제11조).
② 은행은 천재, 폭동, 소요, 반란, 전쟁 또는 기타 은행이 통제할 수 없는 원인에 의하거나 또는 동맹파업 또는 직장폐쇄에 의하여 은행 업무가 중단됨으로써 발행하는 결과에 대해 어떠한 의무나 책임을 지지 아니한다.
④ D/P, D/A거래의 지급인(Drawee)은 일반적으로 수입자가 되며, 신용장거래에서는 개설은행이 지급인이 된다.

정답 01 ④ 02 ④ 03 ③

CHAPTER 02 무역결제 | 기출로 점검하기

[103회 61번]

04 국제결제 방식 중 하나인 포페이팅 결제에 대한 설명으로 옳지 않은 것은?

① 포페이터는 소구권이 없는 조건으로 채권을 매입하며, 수출자는 수입자(또는 거래은행)가 만기에 대금을 결제하지 않는 경우 대금을 반환할 책임이 없다.
② 포페이터는 수입자의 거래은행이 별도로 발행하는 지급보증서 또는 환어음(또는 약속어음)에 추가하는 지급확약(Aval), 그리고 수출자가 제공하는 별도의 보증이나 담보를 같이 요구한다.
③ 포페이팅 거래에서는 환어음과 약속어음만을 그 할인 대상으로 하며 기타의 증권 또는 채권을 취급하지 않는다.
④ 포페이팅 거래의 할인대상은 통상 1~10년의 중장기 어음이며, 고정금리부로 할인이 이루어진다.

해설 ② 포페이터는 은행의 지급보증서나 환어음에 추가하는 지급확약(Aval)을 담보로 활용한다. 그리고 수출자에게 별도의 보증이나 담보를 같이 요구하지 않는다.

[104회 72번]

05 포페이팅(Forfaitng)에 관한 설명으로 옳지 않은 것은?

① 포페이팅은 현금을 미리 받고 그 대가로 매출채권을 포기하거나 양도하는 것을 의미한다.
② 포페이팅 거래에서 포페이터는 수출자의 유통 가능한 매출채권을 무소구조건(Without Recourse)으로 매입한다.
③ 포페이팅 거래에 사용될 수 있는 증권은 유통불능의 매출채권이다.
④ 포페이팅 거래의 장점은 수출자의 신용위험, 비상위험, 환위험 등을 제거할 수 있다.

해설 ③ 포페이팅 거래에서 사용할 수 있는 증권은 유통가능의 매출채권으로, 환어음과 약속어음이 그 대상이 된다. 기타의 증권과 어음은 대상이 되지 아니한다.

[104회 58번]

06 UCP 600이 적용되는 경우 다음 중 신용장의 조건변경에 관한 내용으로 옳지 않은 것은?

① 개설은행은 수익자의 동의가 없이는 신용장의 조건변경을 할 수 없다.
② 신용장이 2015년 4월 1일에 개설되고, 그 후 4월 15일에 개설은행이 신용장 조건변경을 하고 수익자가 4월 17일에 이를 수락한 경우에, 개설은행은 4월 15일부터 그 조건변경에 취소불능하게 구속된다.
③ 신용장이 2015년 4월 1일에 개설되고, 그 후 4월 15일에 개설은행이 신용장 조건변경을 하고 수익자가 아직 그에 대하여 동의하지 않고 있는 경우에, 원래의 신용장 조건은 수익자가 그에 대하여 동의할 때까지 수익자에 대하여 계속하여 효력을 갖는다.
④ 개설은행의 조건변경에 대하여 수익자가 일부에 한하여 동의한 경우에, 그 조건변경은 수익자가 그렇게 동의한 부분에 한하여 유효할 뿐이다.

해설 UCP 제10조 e항에 의하면 조건변경의 일부만 수락하는 것은 허용되지 않으며, 이는 조건변경을 거절하는 의사표시로 간주한다.

정답 04 ② 05 ③ 06 ④

102회 75번

07 신용장의 종류에 대한 설명으로 옳지 않은 것은?

① 지급 신용장 - 환어음의 배서인이나 선의의 소지인에 대한 약정이 없이, 수익자가 개설은행이나 지정은행에 직접 선적서류를 제시하면 지급하겠다는 약정만 있는 신용장이다.
② 연지급 신용장 - 환어음이 첨부되지 않기 때문에 수익자가 서류를 제시할 때 만기일에 지급한다는 확약내용이 기재된 연지급확약서(Deferred Payment Undertaking)를 연지급 은행이 발행한다.
③ 인수 신용장 - 개설은행이 지정한 인수은행이 수익자가 발행한 기한부 환어음을 인수하고 어음의 만기에 개설은행으로부터 그 대금을 회수하는 형태의 신용장으로 서류가 부도 반환되면 수익자에게 소구권을 행사할 수 있다.
④ 매입 신용장 - 환어음 발행인뿐만 아니라 배서인(Endorser), 선의의 소지인(Bona-Fide Holder)에 대해서도 개설은행이 지급을 확약하는 신용장이다.

해설 ③ 인수 신용장은 제시된 서류가 신용장조건과 일치하면 일단 환어음을 인수하고 만기일에 지급하겠다는 조건의 신용장을 의미하며, 만기일에 인수은행에 개설된 개설은행의 예금계정에서 수익자에게 대금을 지급한다. 인수신용장은 서류가 부도 반환되어도 수익자에게 소구권을 행사할 수 없는 신용장이다. 신용장상의 지급인은 개설은행이기 때문이다.

100회 52번

08 청구보증(On-Demand Bond)에 대한 설명 중 틀린 것은?

① Standby L/C도 청구보증과 동일한 기능을 한다.
② 수익자(Beneficiary)가 보증인에게 서면으로 청구하면 보증인은 청구원인 사실을 따지지 않고 무조건 지급하여야 한다.
③ Suretyship도 청구보증의 일종으로 주로 미국에서 사용된다.
④ 주채무와의 부종성이 없으므로 독립적 보증이라고도 불린다.

해설 ③ Suretyship은 3자 보증, 즉 직접보증을 의미한다. 청구보증은 채무자의 지급 여부와 관계없이 독립적으로 지급을 확약하여 독립적 보증이며 실질적으로 보증 신용장(Standby L/C)과 동일한 내용과 성격을 갖는다. Suretyship은 채무자의 지급 불이행이 있는 경우에만 대금을 지급하므로 청구보증과 성격이 다르다.

103회 56번

09 선하증권의 효력에 관한 내용으로 옳지 않은 것은?

① 선하증권을 점유하는 것은 물품 자체를 점유하는 것과 같고, 선하증권의 이전으로 물품의 점유가 이전되는 법적 효력이 발생한다.
② 운송인과 송하인 사이에서, 선하증권은 운송계약의 추정적 증거가 될 뿐이지만 선하증권상 화물의 상태에 관한 기재는 운송인이 그러한 상태대로 화물을 수령하였다는 결정적 증거가 된다.
③ 운송인과 선하증권의 선의의 소지인 사이에서, 선하증권상 화물의 상태에 관한 기재는 운송인이 그러한 상태대로 화물을 수령하였다는 추정적 증거가 된다.
④ 선하증권을 배서에 의하여 양수한 수하인은 운송계약의 당사자는 아니지만 송하인을 통하지 않고서 직접 운송인에 대하여 화물인도청구권을 행사할 수 있다.

해설 ③ 운송인과 선하증권의 선의의 소지인 사이에서, 선하증권상 화물의 상태에 관한 기재는 운송인이 그러한 상태대로 화물을 인도하였다는 추정적 증거가 된다.

정답 07 ③ 08 ③ 09 ③

CHAPTER 02 무역결제 | 기출로 점검하기

102회 74번

10 선하증권의 종류 중 일부를 설명하고 있다. 올바르게 연결된 것은?

> (a) 선하증권과 보험증권을 결합한 형태의 선하증권으로, 선하증권에 기재된 화물에 사고가 발생하면 선사가 이를 보상해 주는 선하증권
> (b) 신용장상 서류제시 기한을 경과하여 그 유효성에 의문이 있는 선하증권
> (c) 송하인의 요청에 따라 권리증권으로서의 기능을 배제하여 선하증권 원본 없이 하인(수입상)이 물품을 인수할 수 있도록 하기 위해 업계의 편의상 이용되는 선하증권

	(a)	(b)	(c)
①	Red B/L	Surrender B/L	Stale B/L
②	Switch B/L	Stale B/L	House B/L
③	Red B/L	Stale B/L	Surrender B/L
④	Switch B/L	Red B/L	Short Form B/L

해설
- House B/L(혼재 선하증권): 운송주선업자는 선박회사에서 발급받은 Master B/L(집단 선하증권)을 근거로 하여 각각의 화주에게 발급하는 서류
- Short Form B/L(약식 선하증권): 선하증권의 전면에 법적 기재사항은 기재되어 있으나 이면의 운송약관의 전부 또는 일부 기재를 생략하고 다른 서식을 참조하도록 한 선하증권
- Switch B/L(스위치 선하증권): 물품을 선적하고 선적항에서 발행된 선하증권을 목적항 이외의 제3의 장소(중계국)에서 송하인, 수하인, 통지처 등의 내용을 변경하고 다시 발행한 선하증권

104회 71번

11 신용장거래에서 복합운송서류(MTD)의 수리요건에 관한 설명으로 옳지 않은 것은?

① 선장의 대리인인 경우 선장의 명의를 기재하지 않고 서명할 수 있다.
② 목적지는 실제의 지명이 아닌 지리적인 구역으로 명시해서는 안 된다.
③ 수통으로 발행된 경우 발행된 전통의 원본을 제시하여야 한다.
④ 운송인, 선장, 선주 또는 이들 대리인이 서명하고 발행할 수 있다.

해설 선주가 운송서류의 발행의 주체가 되는 것은 용선계약부 선하증권이다.
신용장거래에서 복합운송서류는 운송인, 선장 또는 이들의 대리인에 의해 서명하고 발행할 수 있다(UCP 600 제19조).

103회 59번

12 UCP 600이 적용되는 경우 다음 중 수익자가 은행에 제시하는 항공운송서류에 관한 내용으로 옳지 않은 것은?

① 항공운송서류는 운송인이나 그의 기명대리인에 의하여 서명되어야 한다.
② 항공운송서류에는 물품이 운송을 위하여 수취되었다고 표시되면 족하고, 항공기에 적재되었다고 표시될 필요는 없다.
③ 항공운송서류에는 신용장에 명시된 출발 공항과 도착 공항이 표시되어야 한다.
④ 신용장에서 원본 전통(Full Set)을 규정한 경우에, 항공운송서류는 그 원본 전통이 제시되어야 한다.

해설 ④ UCP 600 제23조 항공운송서류 규정에 의하면 신용장이 원본 전통(Full Set)을 규정하더라도 송하인 또는 선적인용 원본을 제시하도록 하고 있다.

정답 10 ③ 11 ④ 12 ④

100회 63번

13 신용장에서 특사수령증(C/R)이 요구된 경우 운송서류의 인수요건에 관한 설명으로 틀린 것은?

① 운임표시와 관련하여 'Freight Prepaid' 이외에 'Charges For Account of Shipper'도 선지급으로 본다.
② 선적 일자는 신용장에서 지정된 장소의 수취 일자보다 출발 공항의 취항 일자를 기준으로 한다.
③ 서류의 제목은 'Courier Receipt' 이외에 'Carrier Receipt' 등의 명칭이 있어도 무방하다.
④ Courier Receipt에 특송업체의 명의가 있고 서명란이 없다면 서명을 생략하여도 무방하다.

해설 ② 특송배달업체의 명칭을 표시하고, 신용장에 물품이 선적되기로 기재된 장소에서 기명된 특송배달업체가 스탬프하거나 서명해야 한다. 그리고 집배 또는 수령 일자 또는 이러한 취지의 문구를 표시해야 하며, 이 일자를 선적일로 간주한다.

100회 55번

14 국제관습상 신용장거래의 보험서류에 관한 설명으로 틀린 것은?

① ICC(A) 보험서류는 'All Risks'의 표제가 없어도 인수 가능하다.
② 발행 일자는 소급조항이 없는 한 선적 일자보다 늦어서는 안 된다.
③ 보험서류는 복수의 원본으로 발행된 경우 전통이 제시되어야 한다.
④ 송장금액 $100 중 청구금액이 $80일 경우 부보금액은 $88이면 된다.

해설 ④ 신용장거래에서 부보금액은 최소한 물품의 CIF 또는 CIP 송장금액의 110%가 되어야 한다. 청구금액이 송장금액보다 낮은 경우에는 송장금액을 기준으로 하여 부보하도록 하여야 한다. 즉, 부보금액은 $110가 되어야 한다.

99회 58번

15 신용장 개설은행이 하자서류의 지급거절을 통고할 경우 서류처리 절차에 관한 설명으로 옳은 것은?

① 하자통고한 후에도 개설의뢰인이 원하면 서류를 그에게 인도할 수 있다.
② 은행지점이 제시한 하자서류는 동일 국내의 타지점으로 반송할 수 있다.
③ 하자통고하기 전에 개설의뢰인이 원하면 서류를 그에게 인도할 수 있다.
④ 전신으로 거절의사를 전하고 항공편으로 정식통고서를 발송하여도 된다.

해설 ① 하자통고 후 제시인에게 반송하여야 하므로 개설의뢰인에게 서류를 인도할 의무가 없다.
② 하자서류는 제시한 은행에게 되돌려 보내야 한다.
④ 제시자에게 거절의 취지를 한 번에 통지해야 하므로 두 번 진행할 필요가 없다.

정답 13 ② 14 ④ 15 ③

CHAPTER 02 무역결제 | 기출로 점검하기

101회 64번

16 신용장거래에서 서류심사 기준에 관한 설명으로 옳지 않은 것은?

① 상업송장상의 물품의 기술은 신용장의 기술과 정확하게 일치하여야 한다.
② 신용장에서 별도의 언급이 없는 한, 운송서류의 원본은 유효기일 이내 그리고 선적일 후 21일 내에 제시되어야 한다.
③ 신용장에서 요구되지 않은 서류가 제시된 경우 은행은 이를 무시하고 제시인에게 반송할 수 있다.
④ 신용장 발행 일자 이전에 발행된 서류는 그 제시 일자보다 늦게 발행된 것일 수도 있다.

해설 ④ 서류는 신용장의 일자보다 이전 일자가 기재될 수 있으나 그 서류의 제시일보다 늦은 일자가 기재되어서는 안 된다(UCP 600 제14조).

104회 57번

17 신용장에서 환어음의 만기에 대하여 'drafts to be drawn at 30 days from the bill of lading date'라고 명시한 경우에, 제시된 환어음 및 선하증권의 발행일이 모두 2015년 4월 1일이라고 할 때, 다음 중 환어음상 만기일의 기재로 수리될 수 없는 것은?

① 'May 1, 2015.'
② '30 days from the bill of lading date.'
③ '30 days after April 1, 2015.'
④ '30 days date.'

해설 ② 일자후정기출급 환어음의 경우에는 환어음에 기재된 정보만으로 환어음의 만기일자를 확인할 수 있어야 한다. bill of lading date 뒤에 선적일인 4월 1일이 기재되어야 한다.

108회 32번 **111회 37번** **119회 01번**

18 Fill in the blank with suitable word(s).

> Trade finance generally refers to the financing of individual transactions or a series of revolving transactions. And, trade finance loans are often (　　), that is, the lending bank stipulates that all sales proceeds are to be collected, and then applied to payoff the loan. The remainder is credited to the exporter's account.

① self liquidating
② repaid later
③ added separately
④ easily taken

해석 빈칸을 적절한 단어로 채우시오.

> 무역금융은 일반적으로 개별 거래 금융 또는 일련의 갱신되는 거래에서의 금융을 의미한다. 그리고 무역금융 여신은 종종 (자기 회수적)이기도 하다. 즉, 여신은행은 모든 판매 금액을 추심해서 대출금을 상쇄하도록 설정한다. 미불 잔액은 수출상의 계정으로 차기한다.

① 자기 회수적 ② 후 상환
③ 별도로 추가 ④ 수월한 수취

해설 무역금융은 일반 대출과 달리 은행에서 수출과 관련된 자금을 대출해주고 나중에 수출 관련 자금을 회수하여 대출금과 상계 처리하는 자기 회수적 성격을 갖는다.

정답 16 ④ 17 ② 18 ①

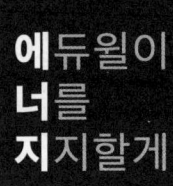

에듀윌이 너를 지지할게

ENERGY

코이라는 물고기는
어항에서 5센티,
연못에서 20센티,
강물에서는 1미터까지 자랍니다.

코이는 어떤 물에서 살지 선택할 수 없지만
사람은 선택할 수 있습니다.

꿈은 사람이 선택하는 환경입니다.

– 조정민, 『사람이 선물이다』, 두란노

CHAPTER 03 | 무역운송

* 파란색자는 "무역용어 120선"에 수록되어 있습니다.

> 선박(Ship, Vessel)

1 선박의 종류 기출 2017 기출 2018

(1) 상선(Merchant Ship)
① 의미: 상업상의 목적으로 사용되는 선박을 말한다.
② 종류: 여객선(Passenger Ship), 화물선(Cargo Ship), 컨테이너선, 원유운반선, 정제유운반선, 화공품운반선, 로로(RORO)선, 냉동선, 래시(LASH)선 등이 있다.

(2) 정기선(Liner)
① 의미: 정해진 항로를 따라 규칙적으로 반복 운항하는 선박을 말한다.
② 특징
  ㉠ 공산품 등 일반화물(General Cargo)을 운송하는 데 사용된다.
  ㉡ 운항일정(Sailing Schedule) 및 운임요율표(Freight Tariff)가 공시된다.
  ㉢ 화물의 많고 적음에 관계없이 특정 항로를 규칙적으로 운항하며 이에 따라 고정비가 많이 발생하여 부정기선보다 상대적으로 운임이 높다.
  ㉣ 고정된 항로를 규칙적으로 운항하므로 매매계약에 따라 선적기일을 준수해야 하는 거래에 적합하다.

(3) 부정기선(Tramper)
① 의미: 고정된 항로 없이 운송 수요자의 요청에 따라 운항하는 선박을 말한다.
② 특징
  ㉠ 곡물, 철광석 등과 같은 살물(Bulk Cargo), 대량화물, 운송 수요가 급증하는 화물을 주로 운송한다.
  ㉡ 운임은 대체로 정기선보다 낮으며, 수요와 공급에 의해 운임(자율운임)이 결정되므로 운임의 변동폭이 크다.
  ㉢ 선주가 선박 또는 선복을 통해 화물을 운송하기로 약정하는 용선계약(Charter Party)을 체결하여 운송되는 것이 일반적이다.
  ㉣ 고정된 항로와 운항일정이 없으므로 자유로운 항로 선택이 가능하다.

2 선박의 톤수 기출 2017 기출 2018 ★ 상시

(1) 용적톤수(Space Tonnage)
① 총톤수(GT: Gross Tonnage): 선박의 밀폐된 내부의 총용적으로 선박의 항해, 안전, 위생에 관련된 공간(기관실, 조타실 등)을 제외한 톤수로 $100ft^3$를 1Ton으로 계산하여 선박의 수용 능력을 표시한다. 이는 각국 해운력의 자료로 사용되며, 관세, 등록세, 도선료, 계선료 등의 과세 또는 수수료의 산출 기준이 된다.
② 순톤수(NT: Net Tonnage): 상행위에 직접적으로 사용되는 장소만을 계산한 용적으로, 총톤수에서 기관실, 선원실 갑판창고, 통신실을 제외한 부분을 톤수로 환산한 것이다. 항세, 톤세, 운하통과료, 등대사용료, 항만시설사용료 등의 제세금과 수수료의 산출 기준이 된다.

③ 재화용적톤수(MT: Measurement Tonnage): 선박의 재화 적재 능력을 용적으로 표시한 것으로 재화용적톤수의 1Ton은 40ft³를 기준으로 하고 있다.

(2) 중량톤수(Weight Tonnage)
① 배수톤수(DT: Displacement Tonnage): 선박의 중량은 선체의 수면 하 부분인 배수용적에 상당하는 물의 중량과 같으며, 이 물의 중량을 배수량 또는 배수톤수라고 한다. 보통 만재 상태에서 선체의 중량을 말한다.
② 재화중량톤수(DWT: Dead Weight Tonnage): 화물선의 최대 적재 능력을 표시하는 기준으로 만재 배수톤수와 경화 배수톤수의 차이로 계산한다. 재화중량톤수는 선박의 매매 및 용선료의 산출 기준이 된다.

(3) 운하톤수(CT: Canal Tonnage)
수에즈운하와 파나마운하에서 통선료 산정을 위한 측정 기준으로 사용된다.

> **✓ 확실히 짚고 넘어가기** 정기선과 부정기선의 비교

구분	정기선	부정기선
항로와 시기	반복적인 운항일정과 고정된 항로	반복적이지 않은 운항일정과 고정되지 않은 항로
운송성격	공적 일반운송	사적 계약운송
운임	고율, 동일 운임, 운임표에 따라 결정	저율, 수요와 공급에 따라 결정
운송계약	불요식계약(선하증권이 계약의 증거)	요식계약(용선계약을 체결함. 계약조건은 선박마다 다르며 시황과 선주 및 화주의 교섭력에 좌우됨)
조직	대형조직	소형조직
서비스	화주의 요구에 따라 조정	선주와 용선자의 합의로 결정
화물 가치	고가	저가(대량화물)
선박	고가, 구조 복잡	저가, 구조 단순

> 해상운송계약

1 해상운송(Marine Transport)

(1) 해상운송의 의미
상선을 이용하여 국제 간 화물을 운송하고 운임을 받는 행위를 말한다.

(2) 해상운송의 장단점

장점	단점
• 철도나 차량운송보다 많은 양의 화물운송이 가능함 • 대량운송에 따른 규모의 경제원칙에 의해 단위당 운송비가 저렴함 • 공해를 이용하여 운송로의 선택이 자유로움	항공운송에 비해 운송기간이 길고, 해상위험에 노출될 가능성이 높음

2 해상운송계약의 종류 기출 2017 기출 2018 기출 2020 ★ 상시

(1) 개품운송계약
해상운송인이 불특정 다수의 화주와 화물운송계약을 개별적으로 약정하고 송하인은 해상운송인에게 운임을 지급하기로 약정하는 해상운송계약이다. 주로 정기선 운송을 통해 이루어진다.

(2) 용선운송계약
① 의미: 용선운송계약은 해상운송인이 부정기선의 전부 또는 일부의 선복을 제공하여 적재된 물품을 운송하기로 약정하고, 용선자는 이에 대한 반대급부로 운임(용선료)을 지급하기로 약정하는 운송계약이다.

② 종류
   ㉠ 항해용선계약(Voyage Charter)
   - 일정 항구에서 항구까지 화물 운송을 의뢰하는 화주와 선주 간에 체결하는 운송계약이다.
   - 운임은 '톤당 금액'을 기준으로 하며, GENCON 1994 서식이 주로 이용된다.

   ㉡ 정기용선계약(Time Charter)
   - 선원이 승무하고 항해 장비를 갖춘 선박을 선주가 일정 기간 제공하고 용선자가 이에 대하여 보수(용선료)를 지급하기로 약정하는 계약이다.
   - 용선기간은 연월, 일수, 특정 항로의 항해기간 등으로 표시된다.
   - 선주는 직접 선비(선원비, 선용품비, 수리비, 검사비 등)와 간접 선비(보험료 등)를 부담하고 용선자는 운항비(항만사용료, 연료비, 운반비 등)를 부담한다.

   ㉢ 나용선계약(Bareboat Charter)
   - 선주가 내항성(Seaworthiness)을 가진 선박 자체만을 용선자에게 대여해주는 것을 의미한다.
   - 용선자에게 선박의 점유와 통제권을 부여하므로 선장은 법적으로 용선자의 대리인이 된다.
   - 선주는 선박만 제공하고 용선자는 선박을 제외한 선장, 선원, 장비 및 소요품 일체에 대한 책임을 진다.

(3) 개품운송계약과 용선운송계약의 차이점

구분	개품운송계약	용선운송계약
대상 화물	주로 컨테이너 화물	원유, 곡물, 광산물 등의 살물
계약 당사자	운송인(선사)과 송하인	운송인(선주)과 용선자
운임 결정	공시된 운임률에 따름	수요와 공급에 따름
계약서	별도의 계약서 작성 없이 발급된 B/L이 계약서 역할을 함	용선계약서를 작성
운임조건	선주부담조건(Berth Terms, Liner Terms)	F.I, F.O, F.I.O

✓ 확실히 짚고 넘어가기   용선운송계약의 종류

구분	항해용선계약	나용선계약	정기용선계약
운임 결정	예상 항해기간과 화물량, 선복에 따라 결정	기간에 따라 결정	기간에 따라 결정
선장임명책임	선주가 선장을 임명, 지휘, 감독	용선자가 선장을 임명, 지휘, 감독	선주가 선장을 임명, 지휘, 감독
선주의 부담비용	직접선비, 간접선비, 운항비	상각비	직접선비, 간접선비
용선자의 부담비용	용선료	상각비 외 모든 비용	용선료 및 운항비

3 빈출 운송계약 조항 기출 2018

(1) 디마이즈조항(Demise Clause)
운송계약의 당사자인 운송인은 용선자가 아니라 선주 또는 선박임차인이며, 선하증권의 효력이 선하증권 소지인과 선주 간에만 미치므로 운송 중 화물의 손해에 대해 용선자는 아무런 책임이 없다는 취지를 규정한 약관이다.

(2) 신제이슨조항(New Jason Clause)
항해상의 과실에 의하여 발생한 공동해손인 손해를 운송인이 화물소유자에게 분담시킨다는 취지를 명문화한 약관이다.

(3) 히말라야약관(Himalaya Clause)
운송인의 사용인, 대리인, 하청운송인이 화주로부터 직접 화물의 손상에 대한 청구를 받는 것을 방지하기 위하여 이들이 운송인 발행의 B/L하에서는 운송인과 동일한 면책, 책임제한을 받는다는 취지를 규정한 약관이다.

(4) 보상약관(Indemnity Clause)
정기용선계약에서 선장이나 대리점이 용선자의 지시에 따라서 선하증권에 서명한 경우, 그로 인하여 발생한 채무나 손해에 대하여 용선자가 선주에게 보상해야 한다는 취지의 약관이다.

국제해상운송

1 해상운임 기출 2017 기출 2018 기출 2019 기출 2020 ★ 상시

(1) 정기선의 운임
① 기본운임(Basic Rate): 중량(Weight), 용적(Measurement), 가격(Price)을 기준으로 산출한 해상운임이며 운임계산의 기초이다. 중량과 용적중량 중 높은 쪽을 실제 운임을 산출하는 중량으로 결정하는데, 이것을 운임톤(R/T: Revenue Ton)이라고 한다. 기본 운임요율에 운임톤을 곱해서 운임이 결정된다.
② 운임의 종류

종가운임 (Ad Valorem Freight)	귀금속 등 고가의 물품의 운송에 있어 화물의 가격을 기초로 가격의 일정률을 적용하는 운임
최저운임 (Minimum Freight)	화물의 용적과 중량이 일정 기준 이하일 경우에 적용되는 운임
품목별 무차별운임 (Freight All Kinds Rate)	화물의 종류나 내용과는 관계없이 중량과 용적에 따라 동일하게 부과하는 운임
차별운임 (Discrimination Rate)	화물, 장소, 화주에 따라 차별적으로 부과하는 운임
품목별운임 (Commodity Rate)	운임요율표에 유형별로 명시된 품목에 적용되는 운임
박스운임 (Box Rate)	톤당 운임에 기초한 운임 산정 방법의 번거로움을 줄이기 위해 화물의 종류나 용적에 관계없이 컨테이너 당 정한 요금

③ 할증료(Surcharge)
　㉠ 체화할증료(Port Congestion Surcharge): 양륙항의 항만 사정이 혼잡하여 체선 발생 시 선사의 비용손실에 대한 부담을 화주에게 전가하는 할증료이다.
　㉡ 환적할증료(Transhipment Charge): 화주가 환적을 요청하는 경우에 선사가 그에 따른 추가비용을 보전하기 위하여 부과하는 할증료이다.
　㉢ 통화할증료(CAF: Currency Adjustment Factor): 운임표시 통화의 가치 하락에 따른 손실을 보전하기 위한 할증료이다.
　㉣ 유류할증료(BAF: Bunker Adjustment Factor): 유류가격의 인상으로 생기는 손실을 보전하기 위한 할증료이다.
　㉤ 운하할증료(Canal Surcharge): 해당 항로에 운하를 이용하는 경우 운하사용료를 화주에게 전가하는 할증료이다.
　㉥ 양륙항선택료(Optional Charge): 선적 시 목적항을 2개로 했다가 본선 출항 후 그중 한 개의 항을 선택할 때 부과하는 할증료이다.
　㉦ 저유황사용할증료(LSS: Low Sulphur Fuel Surcharge): 국제해사기구(IMO)가 선박연료유 연소로 발생되는 황산화물에 의한 환경오염을 방지하기 위해, 2020년 1월 1일부터 전세계 모든 해역을 운항하는 선박연료유의 황함유량을 기존 3.5% 이하에서 0.5% 이하로 강화하여 이에 따른 운송인의 추가비용을 보전하기 위해 부과하는 할증료이다.
　㉧ 성수기 할증료(Peak Season Surcharge): 대부분의 원양항로에서 수출화물이 특정 기간에 집중되어 화주들의 선복 수요를 충족시키기 위해 선박용선료, 기기확보 비용 등 성수기 비용 상승을 보전받기 위해 적용되고 있는 할증료이다.

④ 기타 부대비용
　㉠ 터미널화물처리비(THC: Terminal Handling Charge): 화물이 CY에 입고된 순간부터 본선이 선측까지, 반대로 본선의 선측에서 CY 게이트를 통과하기까지 화물의 이동에 따르는 비용이다.
　㉡ 부두사용료(Wharfage): 항만당국이 부두의 사용에 대해 부과하는 비용이다.
　㉢ 컨테이너화물적입비(CFS Charge): LCL(소량화물)을 운송하는 경우 선적지 또는 도착지의 컨테이너 화물집화소(CFS: Container Freight Station)에서 화물의 혼재작업 시 발생하는 비용이다.
　㉣ 서류발급비(Document Fee): 선사가 선하증권과 화물인도지시서(D/O) 발급 시 소요되는 비용을 보전하기 위해 부과하는 비용이다.
　㉤ 컨테이너반출지체료(Demurrage): CY에 반입된 컨테이너를 화주가 무료 장치기간 내에 반출하지 않을 시 선주가 화주에게 부과하는 비용이다.
　㉥ 컨테이너반납지체료(Detention Charge): 정기선 운송의 경우 CY에 반입된 컨테이너를 화주가 반출해가면 빈 컨테이너를 무료 장치기간 내에 반납을 해야 하는데, 이 기간을 경과하여 반환할 경우 선주가 화주에게 부과하는 비용이다.

(2) 부정기선 운임 및 기타비용
① 선복운임(Lump-sum Freight): 화물의 개수, 중량과는 상관없이 항해 또는 선복을 단위로 계산하는 운임(항해용선계약)이다.
② 부적운임(Dead Freight): 공적운임이라고도 하며, 선적하기로 계약했던 화물량보다 실제 선적량이 적은 경우 용선자가 그 부족분에 대하여 지불하는 운임이다.
③ 비례운임(Pro-rata Freight): 수송거리운임이라고도 하며, 운송 도중 불가항력 또는 기타 원인으로 운송할 수 없게 되어 중도에 화물을 인도하는 경우 운송 이행 비율에 따라 산정되는 운임이다.
④ 반송운임(Back Freight): 수하인이 인수를 거절한 화물의 반송에 대해 운송인이 부과하는 운임이다.
⑤ SPOT 운임: 단기간 내에 선적되는 현물시장 운임으로서 자유경쟁을 통해 형성되는 운임이다.
⑥ 선물운임: 상당기간(보통 몇개월)을 두고서 미리 약정되는 운임이다.
⑦ 연속항해운임: 특정항로에서 수차례 연속된 항해를 통해 운송되는 화물에 대하여 일률적으로 부과되는 약정운임이다.
⑧ 장기계약운임: 보통 수년간에 걸쳐 일정하게 적용되는 운임이다.

⑨ 기타비용
  ㉠ 체선료(Demurrage): 규정된 정박기간 이내에 선적이나 양륙이 이루어지지 않은 경우 초과 일수에 대하여 용선자가 선주에게 지급하는 대가 금액이다(항해용선계약).
  ㉡ 조출료(Dispatch Money): 허용된 정박기간 이전에 하역작업이 완료된 경우에 그 절약된 기간에 대하여 선주가 용선자에게 지급하는 금액이다.
    참 체선료의 반대개념으로 보통 1일당 체선료의 1/2에서 1/3 정도를 지급함

2 해운동맹(Shipping Conference) 기출 2020

(1) 해운동맹의 의미
특정 항로에 취항하고 있는 둘 이상의 정기선 운송업자가 상호 간의 독립성을 유지하면서 경쟁을 최소화하여 상호이익을 증진시키기 위해 운임, 항로, 배선 등에 대해 협정을 체결하는 일종의 국제 카르텔이다.

(2) 해운동맹의 종류
① 개방식 동맹(Open Conference)
  ㉠ 의미: 일정 수준의 서비스 능력을 갖춘 선사는 자유롭게 가입이 가능한 동맹이다.
  ㉡ 특징: 주로 운임협정만을 체결하기 때문에 동맹사 간 단결이 떨어지고, 상황변동에 대한 대책을 수립하기 어렵다.
② 폐쇄식 동맹(Closed Conference)
  ㉠ 의미: 동맹선사들의 기득권을 존중하여 가입 및 탈퇴에 철저한 제한을 가하는 보수적 색채가 강한 동맹이다.
  ㉡ 특징: 가맹 시 회원 전원의 동의가 필요하며, 맹외선 등 대외 경쟁에 대한 회원 간 단결력이 강하다.

(3) 대내적 운영 방식
① 운임협정(Rate Agreement): 선박회사 간 과다경쟁으로 인한 운임의 하락을 막기 위해 운임을 협정한다. 이렇게 협정된 운임률은 엄수되어야 한다.
② 배선협정(Sailing Agreement): 특정 항로에 배선선복량을 조절 및 제한하여 과다경쟁을 방지하는 것으로 선박회사 간 기항지, 항해수, 적취톤수, 운항스케줄 등을 규제한다. 운임협정보다 더 강화된 경쟁억제수단이다.
③ 공동계산협정(Pooling Agreement): 가맹선사들이 일정 항로에서 일정 기간 동안 획득한 운임수입의 전부 또는 일부를 기금으로 두고 동맹선사들의 경력, 실적 등을 고려하여 일정한 비율로 배분하는 협정을 말한다. 동맹선사 간의 경쟁제한수단으로 가장 강력하게 사용된다.
④ 집단사무소 설치: 동맹선사 간의 운영 및 연락을 위해 사무소를 설치한다.

(4) 대외적 운영 방식
① 대항선(Fighting Ship) 투입: 비가맹선의 항로 운항스케줄에 맞추어 대폭 인하된 운임을 무기로 배선하여 비가맹선의 집화를 방해하는 방법이다. 인하된 운임으로 인한 손해분은 공동 부담으로 보상한다.
② 계약운임제(Contract Rate): 동맹선에 일정 기간 동안 선적할 것을 약정한 화주에게는 낮은 운임을 적용하고 일반 화주는 비계약요율을 적용하는 제도로 계약한 화주가 비동맹선에 선적하는 경우 위약금 또는 제재를 받게 된다.
③ 성실환급제(Fidelity Rebate System): 일정 기간 동안 동맹선사의 배를 이용한 화주에게 선급이나 후급 여부에 상관없이 그 기간 내에 선박회사가 받은 운임의 일부를 즉시 환급해 주는 제도이다. 화주와의 계약에 의하여 실시되는 계약운임제와 달리, 동맹의 일방적 선언에 의해 실행된다.

④ 운임연환급제(Deferred Rebate System): 일정 기간 동안 동맹선에 선적한 화주에게 운임의 일부를 반려하는 제도이다. 일정 기간(통상 6개월) 동안 동맹선에만 선적하면 그 기간 내에 지급한 운임 일부를 환급받을 수 있는 자격이 주어지고, 다음 일정 기간 동안에도 계속 동맹선만 이용하는 경우에는 이 두 기간이 끝난 시점에 즉시 환급해 주는 제도이다.

3 컨테이너 운송 기출 2017 기출 2018 ★ 상시

(1) 국제표준화기구(ISO)의 컨테이너 요건
① 일정 기간에 재사용이 가능한 내구력을 갖출 것
② 운송 도중 운송경로가 변경되는 경우 화물의 이적 없이 일괄적으로 수송할 수 있도록 설계될 것
③ 화물의 적재와 양륙이 편리하게 이뤄지도록 설계될 것
④ 내부 면적이 1m³ 이상일 것

(2) 컨테이너의 종류
① 크기에 따른 분류
  ㉠ TEU(Twenty-Foot Equivalent Unit): 국제표준(ISO) 규격의 컨테이너 중 20ft 컨테이너 규격을 의미하는 용어로, 물동량의 산출이나 컨테이너 선박의 적재 능력의 표시기준이 된다.
  ㉡ FEU(Forty-Foot Equivalent Unit): 국제표준(ISO) 규격의 컨테이너 중 40ft 컨테이너 규격을 의미하는 용어이다.
  ㉢ 40ft 하이큐빅 컨테이너: 40ft 컨테이너보다 높이가 1ft 높은 컨테이너이다.
② 용도에 따른 분류

건화물 컨테이너(Dry Container)	온도조절이 필요 없는 일반 잡화 운송에 이용하는 것으로 가장 일반적인 컨테이너
냉동 컨테이너(Reefer Container)	온도조절장치가 부착되어 있어 육류, 어류 등 냉장이나 냉동이 필요한 화물을 운송하는 데 사용되는 컨테이너
팬 컨테이너(Pen Container)	가축 또는 동물 운송 시 통풍과 먹이주기에 편리하도록 만들어진 컨테이너
천장개방형 컨테이너(Open Top Container)	길이가 길거나 기계류 등을 적재·운송하기 편리하도록 천장이 개방되어 있는 컨테이너
플랫 컨테이너(Flat Container)	건화물 컨테이너의 지붕과 벽을 제거하고 기둥과 버팀대만 두어 목재, 기계류 등의 중량물을 수송하기 위한 컨테이너
탱크 컨테이너(Tank Container)	유류, 술, 약품, 화학제품 등을 운송하기에 적합한 특수 컨테이너
행거 컨테이너(Hanger Container)	고급 의류를 운송할 때 구겨지지 않도록 옷걸이(Hanger)에 걸어 수입지에서 그대로 판매할 수 있도록 만들어진 컨테이너

(3) 컨테이너 운송의 장단점
① 장점

안전성	• 컨테이너 자체가 상품의 외장 역할을 하기 때문에 포장비를 절감할 수 있음 • 컨테이너 자체의 견고성과 밀폐성으로 운송 및 하역 시 안전하며 운송 중 기후 변화에도 안전함
경제성	• 컨테이너의 빠른 회전율 등으로 저율 운임의 적용이 가능하여 운임이 절감됨 • 컨테이너가 창고 역할을 수행하여 별도의 창고료가 발생하지 않으며 크레인 등을 이용한 기계화로 하역비용이 저렴함
신속성	• 크레인 등 기계화된 장비를 통해 신속한 적재 및 양륙작업이 가능함 • 화물의 보관, 하역, 운송의 단계마다 화물 관련 서류가 간소화되어 이에 따른 시간의 낭비를 막을 수 있음

② 단점
  ㉠ 컨테이너 자체 및 하역장비, 컨테이너 운반선 등은 고가이므로 초기 자본이 많이 필요함
  ㉡ 중량, 용적, 길이 등의 이유로 컨테이너 사용이 불가능한 물품이 있음
  ㉢ 컨테이너선의 경우 갑판적이 허용되므로 갑판 적재화물에 대한 할증보험료가 적용됨

(4) 컨테이너 터미널의 구조

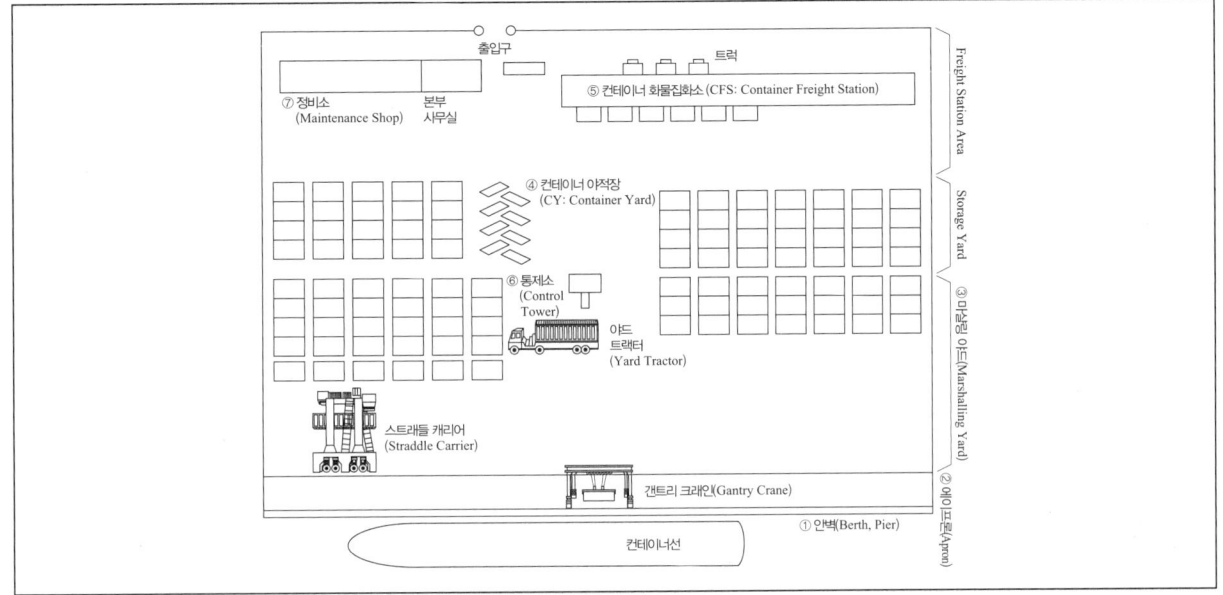

① 안벽(Berth, Pier): 컨테이너선이 안전하게 접안하여 하역작업이 이루어질 수 있도록 구축된 시설로, 선석이라고도 한다.
② 에이프론(Apron): 안벽에 접한 야드 부분으로 갠트리 크레인(Gantry Crane)용 철로가 가설되어 컨테이너 하역작업을 하는 공간이다.
③ 마샬링 야드(Marshalling Yard): 컨테이너선에서 하역을 마친 컨테이너나 선적 예정인 컨테이너를 미리 정렬해 두는 공간이다.
④ 컨테이너 야적장(CY: Container Yard): 컨테이너를 인수·인도 및 보관하는 야적장이다.
⑤ 컨테이너 화물집화소(CFS: Container Freight Station): 한 컨테이너를 다 채울 수 없는 소량화물(LCL: Less than Container Load)을 여러 송하인(Shipper)에게 인수하여 한 컨테이너에 적입하거나 반대로 반입된 혼재화물을 해체하여 여러 화주에게 분산·인도하는 창고형 작업장이다.
⑥ 통제소(Control Tower): 컨테이너 야적장의 본선 하역작업을 신속 정확하게 수행하도록 계획·지시·감독하는 곳이다.
⑦ 정비소(Maintenance Shop): 컨테이너 야적장에 있는 여러 종류의 기기 및 비품을 점검·수리·정비하는 곳이다.

(5) 컨테이너선 하역 방식

Lift on/Lift off 방식 (Lo-Lo 방식)	크레인을 이용하여 컨테이너를 본선에 수직으로 싣고 내리는 일반 컨테이너 적재 방식
Roll on/Roll off 방식 (Ro-Ro 방식)	자동차 전용선 또는 근거리 운송 시 자동차나 트럭 등을 이용해 컨테이너 등을 수평으로 싣고 내리는 방식(하역시간 단축에 효과적)
Float on/Float off 방식 (Fo-Fo 방식)	부선(Barge)에 화물을 적재하고 크레인으로 부선을 적재·양하하는 방식

(6) 내륙 컨테이너 기지(ICD : Inland Container Depot)
① 의미: 항만이나 공항이 아닌 내륙지역에 위치하며 컨테이너화물 처리시설을 갖춘 종합물류터미널의 기능을 수행한다.
② 기능: 가능한 컨테이너선 기항지 근처에 설치하며 단기간에 운송이 가능하고 통관, 컨테이너화물의 인수·인도, 공컨테이너의 회수, 일시 보관 및 수리 등을 수행한다. 그러나 선적 및 양하작업과 마샬링 기능을 수행할 수는 없다.

(7) 컨테이너 화물의 운송형태

CFS/CFS (Pier to Pier) 운송	선적항에서 소량화물을 인수하여 혼재한 후 목적국까지 운송하여 해체작업을 한 뒤 여러 수하인에게 화물을 인도하는 방식으로 선적항의 CFS에서 목적항의 CFS까지 운송하는 방식
CFS/CY (Pier to Door) 운송	다수의 송하인과 한 명의 수하인 관계에서 사용하는 방식으로 지정된 선적항의 CFS에서 물품을 집화하여 컨테이너에 적입한 후 최종 목적지의 수하인 공장 또는 창고까지 운송하는 방식
CY/CFS (Door to Pier) 운송	한 명의 송하인과 다수의 수하인 관계에서 사용하는 방식으로 선적지에서 FCL(Full Container Load) 화물을 컨테이너로 운송하여 수입항의 CFS에서 여러 수하인에게 화물을 인도하는 방식
CY/CY (Door to Door) 운송	한 명의 송하인과 한 명의 수하인 관계에서 사용하는 방식으로 컨테이너 선박에 의한 일괄수송형태로 운송하는 방식

4 운송 절차 기출 2017 기출 2018

(1) 수출 시 운송 절차(컨테이너 기준)
① 인수기록의 작성: 선박회사는 매도인이 선박회사에 제출한 선복신청서(S/R : Shipping Request)를 근거로 인수예약서(Booking Note)를 작성하고 화물인수목록(Booking List)을 관련 부서에 전달한다.
② 공(Empty)컨테이너 대출 및 적입작업: CY 운영인(CY Operator)은 Booking Note를 기준으로 FCL(Full Container Load) 화물의 경우 송하인에게 공컨테이너를 제공하고 송하인은 CY Operator에게 기기수도증(E/R : Equipment Receipt)을 제공한다. LCL(Less than Container Load) 화물인 경우 CFS Operator에게 필요한 만큼 공컨테이너 스페이스를 제공하여 적입작업에 대비한다.
③ 적입 후 인도
　㉠ LCL 화물의 경우: 수출자는 컨테이너 화물조작장(CFS : Container Freight Station)으로 물품을 반입하여 CFS Operator에게 인도하고 여러 화주의 물품을 컨테이너에 혼재(Consolidation)하고 CLP(Container Load Plan)를 작성한 후 CY Operator에게 인도하여 선적한다.
　㉡ FCL 화물인 경우: 수출상의 공장이나 창고로 빈 컨테이너를 보내서 수출자의 책임으로 물품을 적재하여 봉인한 후 CY로 이동하여 CY Operator에게 인도한다.
④ 부두수령증의 교부: 선사의 대리인인 CY Operator는 화주가 제출한 서류와 컨테이너 적입 물품을 확인한 후 부두수령증(D/R : Dock Receipt)을 발행하여 화주에게 제공한다.
⑤ 선박회사에 D/R 제공: 수출자는 선사에 D/R을 제공하고 운임(선지급조건, C 조건, D 조건의 경우)을 선박회사에 지급한다.
⑥ 선하증권의 발급: 선박회사는 D/R을 근거로 선하증권(B/L)을 수출자에게 발급한다. 실제로는 D/R을 교부한다기보다 내부 절차에 따라 확인한 후 B/L을 발급한다.

(2) 수입 시 운송 절차
① 도착통지(Arrival Notice): 선사는 본선이 입항하면 선하증권의 착화통지처(Notify Party)에 통지한다.
② B/L 원본 제시: 수하인은 은행에서 선하증권 원본을 수령하여 배서한 후 선박회사에 제출하고 운임이 발생하는 경우 운임을 지급한다.

③ D/O 발급: 선사는 B/L 원본을 수령하고 화물인도지시서(D/O: Delivery Order)를 교부한다.
④ D/O 및 수입신고필증 제시: 수하인은 선사에게 발급받은 D/O 및 수입신고필증을 CY 또는 CFS에 제시하고 물품을 수령한다.

5 해상운송과 관련된 국제법규

(1) 헤이그 규칙(Hague Rules, 1924)
① 선하증권에 관한 규정을 통일하기 위한 국제협약이다. 16개 조로 되어 있으나, 중요한 내용은 운송인의 책임과 운송인의 면책사항에 관한 사항이다.
② 적용 범위: 체약국에서 작성한 선하증권에 한한다.
③ 운송인의 책임
  ㉠ 내항성 담보 등에 관한 주의의무
  ㉡ 상업과실에 대한 책임(면책 안 됨)
  ㉢ 물건을 선박에 적재한 시점부터 선박에서 양하하는 시점(from Tackle to Tackle)까지의 화물에 대한 책임
④ 운송인의 면책
  ㉠ 항해과실
  ㉡ 운송인의 사실상 과실 또는 고의에 의한 경우를 제외한 화재로 인한 손실
  ㉢ 해상 또는 기타의 가항수로에서의 재해, 위험 또는 사고로 인한 손실(해상고유의 위험)
  ㉣ 천재지변에 의한 손실
  ㉤ 전쟁행위에 의한 손실
  ㉥ 공적의 행위로 인한 손실
  ㉦ 군주, 통치자 또는 인민에 의한 억류 또는 재판상의 차압에 의한 손실
  ㉧ 검역상의 제한에 의한 손실
  ㉨ 화물의 송화인, 소유권자 또는 이들의 대리인이나 지정인의 태만 행위에 의한 손실
  ㉩ 동맹파업, 직장폐쇄, 노동의 정지 또는 방해에 의한 손실
  ㉪ 폭동 및 내란에 의한 손실
  ㉫ 해상에서의 인명 및 재산의 구조에 의한 손실
  ㉬ 화물 고유의 하자 및 화물의 품질 또는 결함으로 인하여 발생하는 용적 또는 중량의 감손이나 기타의 일체의 멸실 또는 손상
  ㉭ 포장의 불충분에 의한 손실
  ㉮ 화인의 불충분 및 부적당함에 의한 손실
  ㉯ 상당한 주의를 하여도 발견할 수 없는 잠재적인 하자에 의한 손실
  ㉰ 운송인의 사실상의 과실이나 고의에 의하지 않거나 또 운송인의 대리인이나 고용인의 과실이나 태만에 의하지 않은 기타 모든 원인
    참 면책사유에 대하여 화주가 반증하지 않는 한 원칙적으로 면책됨

(2) 헤이그-비스비 규칙(The Hague-Visby Rules, 1968)
① 헤이그 규칙을 개정한 것으로, 조약의 적용 범위 확장, 선하증권기재의 증거력 강화, 운송인의 책임제한에 따른 한도액의 인상, 책임제한 방식의 변경, 운송인의 책임과 구상권 소멸에 관한 규정 신설 및 청구권경합의 문제에 관한 규정이 주요 개정사항이다.

② 운송인의 책임
　㉠ 물건을 선박에 적재한 시점부터 선박에서 양하하는 시점(from Tackle to Tackle)까지의 화물에 대한 책임
　㉡ 선박의 감항성 유지의무
③ 운송인의 면책
　헤이그 규칙과 동일함

(3) 함부르크 규칙(The Hamburg Rules, 1978)
① 정식명칭은 '국제연합 해상물품운송조약'이며 헤이그 규칙에 비해 운송인의 책임기간이 운송품의 수취에서 인도 시까지 확대되었다.
② 인도지연에 대한 운송인의 책임을 명기하였으며, 운송인의 책임한도액 인상, 이의신청기간 연장, 출소기간 2년으로 개정, 운송인의 항해과실면책, 선박화재의 경우 면책, 면책 카탈로그 폐지 등의 특징을 가진다.

(4) 로테르담 규칙(Rotterdam Rules, 2009)
① 정식명칭은 '전부 혹은 일부 국제해상물품운송계약에 관한 UN협약'으로 국제법회의가 주도한 해상운송과 관련된 국제규칙이다. 헤이그, 헤이그 – 비스비, 함부르크 규칙을 대체할 목적으로 제정되었다.
② **적용 범위**: 복합운송에도 적용할 수 있도록 하고 있고 전자 선하증권 등 전자운송시스템과 전통적인 선하증권이 동일한 기능을 수행한다고 인정한다. 또한 운송인의 책임 규정뿐만 아니라 송하인의 책임에 대해서도 규정하고 있다.
③ **운송인의 책임**: 운송인의 의무와 관련하여 묵시적인 규칙이었던 화물인도의무를 명시하였고 화물에 대한 주의의무, 감항능력의 주의의무를 부여하였다.
　참 송하인은 운송을 위한 인도의무, 정보, 지시, 서류제공의무, 계약일치 정보제공 의무를 가진다고 명시하고 있다.
④ **운송인의 면책**: 항해과실에 대한 면책 불가원칙을 정립했으며, 선사의 과실로 화재가 발생한 경우 선사가 책임지도록 하고 있다. 또한 화물의 인도지연에 대한 경제적 손상에 대한 운송인의 책임을 명문화하였고, 감항능력 주의의무에 대한 입증책임이 송하인에게 있음을 규정하였다.

항공운송

1 항공운송의 개요

(1) 항공운송의 의미
① 항공기의 항복(Plane's Space)에 화물이나 여객을 탑재하고 공로를 통해 운송하는 것을 의미한다.
② 무역거래에서 항공운송 대상이 되는 항공화물은 항공화물운송장으로 수송되는 화물을 의미하며, 우편물, 여행자용 수화물은 제외한다.

(2) 항공운송의 장단점

장점	• 해상운송에 비해 안전도가 높음 • 화물의 손상, 분실, 조난 사고가 적어 보험료와 포장비 절감 가능 • 수요변화에 빠르게 대응할 수 있음
단점	• 항공기 항복의 한계로 인해 대량의 물품 수송이 어려움 • 고중량 물품의 운송이 어려우며 공항을 갖춰야 하므로 운송지역이 제한됨

2 항공화물의 운임 결정 기출 2017 기출 2019 기출 2020 ★ 상시

화물의 총중량(Total Gross Weight)과 총용적중량(Total Volume Weight) 중 더 큰 것이 운임적용중량(C/W: Chargeable Weight)으로 계산되며 운임계산의 기준이 되어 중량별로 요율 적용을 받는다.

(1) 일반화물요율(GCR: General Cargo Rate)
① 최저운임(M: Minimum Charges): 화물운송에 적용할 수 있는 가장 적은 운임이다. 화물의 중량운임이나 부피운임이 최저운임보다 낮을 경우 적용되며 요율표에 'M'으로 기재된다.
② 기본요율(N: Normal Rate): 45kg 미만의 화물에 적용되는 요율로 모든 화물의 기본이 된다. 요율표에 'N'으로 표시한다.
③ 정량요율(Q: Quantity Rate): 항공화물의 요율은 일정 중량단계에 따라 다른 요율이 설정되며 중량이 높아짐에 따라 kg당 단위 요율은 낮게 책정된다. 예를 들어 일반품목화물이 45kg 이상인 경우 45kg 이하의 요율보다 단위당 약 25% 정도 낮게 책정되어 있다. 중량단계별 할인요율이라고도 한다.

(2) 특정품목할인요율(SCR: Specific Commodity Rate)
① 특정구간에서 특정 품목에 대해 적용되는 요율로, 일반 품목보다 낮게 적용하는 요율이다.
② 동일 물품이 반복적으로 운송되는 경우, 항공운송을 촉진하기 위해 일반 품목보다 요율을 낮게 한다.
③ SCR은 GCR, CCR보다 우선 적용하고, GCR이나 CCR을 적용하였을 때 더 낮은 요율이 산출되면 그 낮은 요율을 적용한다.

(3) 품목분류요율(CCR: Commodity Classification Rate)
① 화물의 특성, 가격 등을 고려하여 몇 가지 특정 품목, 특정 지역 간에만 적용되는 요율이다.
② 대개 일반화물요율의 백분율에 의한 할증, 할인으로 표시된다.

할인요금 적용	신문, 잡지, 정기 간행물, 서적, 카탈로그, 개인용품 등
할증요금 적용	금괴, 화폐, 산동물, 시체 등

(4) 혼합화물요율
① 운임률이 다른 수종의 서로 다른 화물이 한 장의 항공화물운송장으로 운송될 때 적용되는 요율을 말한다.
② 혼합화물이 운송되는 경우 가장 높은 화물에 적용되는 운임요율을 적용하며 중량에 의한 할인 적용이 가능하다.
③ 귀중품, 생·동물, 시체, 외교행낭, 별송 수하물 등은 혼합금지 품목이다.

(5) 할증료

유류할증료 (FSC: Fuel Surcharge)	해상운송의 BAF와 같은 개념으로, 유류가격의 인상으로 생기는 손실을 보전하기 위한 할증료(매월 항공사에서 kg단위로 사전에 고지함)
보안할증료 (SSC: Security Surcharge)	항공기 안전 점검 및 위험지역 항해에 부과되는 할증료

(6) 부대비용(Charge)

취급수수료 (Handling Charge)	항공운송대리점이 화주를 위해 스케줄을 알려주고, AWB COPY를 전송해 주는 등 명목으로 화주에게 청구하는 비용
운송장작성수수료 (Documentation Fee)	항공사나 대리점이 화주를 대신하여 AWB을 작성할 경우 징수하는 수수료

항공화물취급수수료 (Terminal Handling Charge)	화물이 보세장치장에 반입되었을 때 창고에서 화주에게 부담시키는 화물조작료
착지불수수료 (Collect Charge Fee)	항공화물 운임을 후불로 항공운송대리점에 지불할 경우 항공운송대리점이 환전 및 송금에 필요한 경비를 보전하기 위해 징구하는 요금
위험물 취급수수료 (Dangerous Goods Handling fee)	위험화물 운송에 대하여 항공사에서 부과하는 수수료

3 항공화물운송장(AWB: Air Waybill) 기출 2017 ★ 상시 ★ 고난도 빈출이론 강의로 더 쉽게!

(1) 항공화물운송장의 의미
항공회사가 화물을 항공으로 운송하는 경우에 발행하는 운송계약 체결의 증거서류이며, 화물의 운송을 위해 송하인에게 수령하였다는 것을 증명하는 서류이다. 이외에도 수하인이 운임 및 요금을 계산하는 근거자료와 수출입신고의 근거자료가 된다.

(2) 항공화물운송장의 법적 성질
① **비유통성**: 해상운송과 달리 신속하게 운송되어 수하인에게 전달되므로 해상운송처럼 운송 중 전매의 필요성이 없기 때문에 양도성이나 유통성을 갖고 있지 않다.
② **지시증권 및 불완전 처분증권**: AWB는 송하인이 운송인에게 운송계약의 이행에 필요한 지시를 하는 지시증권이다. 그러나 AWB는 양도불능의 비유통증권이므로 수하인에게 완전한 처분권이 인정되지 않는다.
③ **증거증권**: AWB는 유통성이 없으므로 유가증권이 아니며, 단순한 증거증권 또는 화물수령증에 해당한다.

(3) 항공화물운송장의 발행
① **발행 시기**: 항공화물의 운송인은 송하인이 항복예약(Plane's Space Booking)을 하고 물품, 상업송장, 포장명세서 등의 서류를 항공운송업자에게 인도했을 때 AWB를 발급한다.
② **표준화된 발행**: IATA에서 AWB에 대한 양식과 발행 방식을 세부적으로 규정하고 있으나 IATA(국제항공운송협회) 회원국 여부를 불문하고 모두 사용하므로 세계적인 표준화가 이루어졌다고 볼 수 있다.
③ **발행서류와 통수**: 운송장은 원본 3통, 부본 6통으로 구성되지만 수출자는 신용장 네고 시 1통의 AWB만 제시하면 된다.

Original 1(녹색)	항공사가 운임, 기타 회계처리를 위해 사용하며 송하인과 항공사 간에 계약이 성립하였음을 증명하는 서류
Original 2(적색)	수하인용으로 발급된 서류(화물과 함께 목적지로 보내 수하인에게 인도됨)
Original 3(청색)	수출상이 매입은행에 제출하여야 하는 원본이자, 항공사가 출발지에서 송하인에게서 화물을 수취했다는 수령증 및 운송계약 체결의 증빙서류
부본 4	인도 항공회사용으로 도착지의 수하인이 화물인도와 상환으로 서명하여 화물인도증명서로 사용하는 서류
부본 5	도착지공항용으로 화물과 함께 도착지공항으로 보내지며 세관 관계 업무에 사용하는 서류
부본 6 내지 8	운송에 참가한 항공회사용으로 그중 1매를 운임 정산에 사용하는 서류
부본 9	발행대리점이 보관하기 위한 서류

✅ 확실히 짚고 넘어가기   항공화물운송장과 선하증권의 비교

구분	항공화물운송장(AWB)	선하증권(B/L)
유가증권성	비유통성, 유가증권성 없는 단순한 화물수령증	유통성, 유가증권
권리증권성	기명식으로 발행되어 운송장에 기재된 수하인이 아니면 화물을 인수할 수 없음	정당한 배서에 의해 양도 가능함
유통성	비유통성	유통 가능성
발행 방식	기명식	기명식, 지시식, 무기명식
발행 시기	수취식	선적 후 발행
발행인	송하인(실무에서는 운송사가 대리 작성)	선박회사에서 작성 및 발행

4 항공화물의 운송업자

(1) 항공화물대리점(Air Cargo Agent)
① 의미: 항공사 또는 항공사의 대리점을 위하여 유상으로 항공화물의 운송계약 체결을 대리하는 자를 말한다. 항공사는 선사와 달리 무역업체를 대상으로 직접 영업을 하지 않기 때문에 대리점을 둔다.
② 역할: 항공사를 대리하여 항공화물을 집화하고 항공사 명의로 Master AWB를 발행하며 수수료를 취득한다.
③ 특징: 항공사를 대리하므로 자신의 명의로 운송할 수 없고 주선업자와는 달리 독자적인 항공화물운송장을 발행할 수 없어 항공사 명의로 발행한다.

(2) 항공운송주선인(Forwarder)
① 의미: 포워더라고도 하며, 항공기를 보유하고 스스로 운항하지 않지만 개별 화주와 운송계약을 체결하여 운송에 대한 책임을 부담하며, 집화한 소량의 화물을 하나의 화물로 통합하여 스스로 송하인의 입장에서 항공회사에 운송을 위탁하는 자이다.
② 역할: 항공운송주선인은 항공사에서 제시받은 운임과 화주에게 제시하는 운임의 차액을 통해 수익을 창출하며 자체적으로 요율을 정하고 화주에게 House AWB를 발행한다.

> 참) 물류정책기본법에 의한 국제물류주선업자(Forwarder)는 영업 형태에 따라 항공화물 운송대리인 또는 운송주선인의 역할을 수행한다.

✅ 확실히 짚고 넘어가기   항공화물대리점 및 항공운송주선인 비교

구분	항공화물대리점	항공운송주선인
운임률표(Tariff)	항공사의 운임률표 사용	자체 운임률표 사용
운송약관	항공사의 약관 사용	자체 약관 사용
운송서류	항공사의 Master AWB	자체 House AWB
책임	항공사 책임	주선업자 책임
수익	운임의 5%(IATA 판매수수료)와 기타수수료	운임의 5%(IATA 판매수수료) + 항공사에 지급하는 운임과 화주에게 지급받는 운임의 차액
AWB 발행인	송하인(실무에서는 항공사가 대리 작성)	항공운송주선인이 작성 및 발행

> 참) IATA: 국제항공운송협회(International Air Transport Association)

CHAPTER 03 무역운송

▶ 국제복합운송

1 국제복합운송의 개요 기출 2017 ★ 상시

(1) 국제복합운송의 의미

국제복합운송은 화물이 인수된 한 국가 내에 있는 일정한 장소에서 다른 국가 내에 위치한 장소까지 복합운송인에 의해 적어도 두 개의 다른 운송 방식(항공기, 선박, 기차, 트럭 등)으로 운송되는 것을 말한다.

(2) 국제복합운송의 특징

① 이종 운송수단(Different Modes of Transport)의 결합이 이루어진다.
② 모든 책임이 복합운송인에게 집중되는 단일 책임의 단일 운송계약(Single Contract)으로 전 구간의 운송(Through Carriage)을 인수한다.
③ 화물 1단위당, 중량당 또는 용적당 운임을 책정하는 단일운임(Through Rate)의 청구권을 가진다.
④ 전 운송구간에 대해 한 장의 운송서류인 복합운송증권(Multimodal Transport Document)을 발행한다.

2 복합운송인(MTO: Multimodal Transport Operator) 기출 2017 기출 2018 ★ 상시

(1) 복합운송인의 의미

스스로 또는 대리인을 통하여 복합운송계약을 체결하고, 대리인 또는 송하인이나 복합운송작업에 참여하는 운송인을 위해서가 아니라 운송의 주체로서 행위하고 계약의 이행에 대해 책임을 지는 자를 말한다.

(2) 복합운송인의 유형

① 실제 운송인형(Actual Carrier): 자신이 직접 일부 구간의 운송수단을 보유하면서 복합운송인의 역할을 수행하는 자이다. 항공사, 선박회사가 대표적이다.
② 계약 운송인형(Contractual Carrier): 운송수단을 직접 보유하진 않지만 실제 운송인처럼 운송주체자의 기능과 책임을 다하는 자이다. 화주에게는 운송인의 역할을 수행하며, 운송인에게는 화주의 역할을 수행한다. 항공 운송주선인, 운송주선인, 무선박운송인이 이에 해당한다.

✔ 확실히 짚고 넘어가기   운송주선인 & 무선박운송인

1. 운송주선인(Freight Forwarder)
   (1) 의미: 운송을 위탁한 고객을 대신하여 화물을 인수하여 화주가 요구하는 목적지까지 운송해 주는 복합운송인이다.
   (2) 기능
      • 일괄운송책임: 운송주선인이 상대방 국가의 운송주선인과 파트너십을 체결하여 전 운송구간에 걸쳐 일괄운송 서비스를 제공한다.
      • 소량화물의 혼재: LCL Cargo를 집화하여 컨테이너에 혼재하거나 운송인에게 운송의뢰하는 기능을 수행한다.
   (3) 주요 업무
      • 화물인수도
      • 운송수배
      • 운송서류 작성
      • 창고보관
      • 보험수배
      • 화물의 통합, 혼재
      • 화물의 관리, 배송
      • 통관대행
2. 무선박운송인(NVOCC: Non Vessel Operation Common Carrier)
   해상운송에 있어 스스로 선박을 직접 운항하지 않으면서 해상운송인에 대하여는 화주의 입장이 되는 자(미국 해운법)로서 항공운송 업무도 같이 취급한다.

(3) 복합운송인의 책임 구분

과실책임 (Liability for Negligence)	과실은 주의의무의 태만으로 야기되므로 운송인이 책임을 져야 한다는 원칙 참 복합운송인은 무과실에 대한 입증책임을 지고 있으므로 운송인이 면책받기 위해서는 무과실을 입증해야 한다(주로 해상운송에서 사용).
무과실책임 (Liability without Negligence)	무과실책임은 운송인의 과실 여부를 불문하고 배상책임을 지는 원칙 참 불가항력, 포장의 불비, 통상의 누손, 화물 고유의 성질에 대해서는 면책을 인정한다(주로 육상운송에서 사용).
엄격책임, 절대책임원칙 (Strict Liability)	엄격책임은 과실의 유무를 불문하고 손해의 결과까지도 책임지는 원칙 참 면책의 항변이 절대 인정되지 않는다.

(4) 복합운송인의 책임체계

① 이종 책임체계(Network Liability System)
  ㉠ 의미: 복합운송 중의 물품의 멸실, 손상 등 손해 구간이 판명된 경우에는 기존의 구간별 책임체계를 따르고 그렇지 않은 경우에는 별도의 책임 원칙을 따르는 방법이다.
  ㉡ 구간별 적용 원칙

손해발생구간	적용 원칙
해상운송구간	헤이그, 헤이그-비스비 규칙
항공운송구간	바르샤바 협약
도로운송구간	도로화물운송조약(CMR)
철도운송구간	철도운송조약(CIM)
손해발생구간이 확인되지 않는 경우	헤이그 규칙, 헤이그-비스비 규칙 또는 별도로 정한 기본 책임(Basic Liability) 적용

  ㉢ 장단점

장점	기존 운송법상의 책임제도, 책임한도와 조화를 이루므로 실제 적용에 무리가 없고 복합운송 이용도 원활해짐
단점	실제 적용구간의 입증문제가 발생하여 분쟁이 발생할 가능성이 있음

② 단일 책임체계(Uniform Liability System)
  ㉠ 의미: 물품의 멸실이나 손상 등 손해가 발생한 구간이나 운송 방식과 상관없이 동일한 책임체계에 따라 복합운송인의 책임이 정해지는 방식이다.
  ㉡ 장단점

장점	이론적으로 합리적이고 일관성이 있으며 제도가 간단하여 당사자 간의 분쟁을 줄일 수 있음
단점	복합운송인은 실제 운송인에게 구상해야 하는 문제가 있고 절차가 오히려 복잡하여 비용의 증가로 이어지고 각 운송방식별로 확립된 책임 수준의 균형을 해침

③ 절충식 책임체계(Modified Uniform Liability System)
  ㉠ 의미: 이종 책임체계와 단일 책임체계를 절충한 것으로, 복합운송인의 책임원칙은 일률적인 책임 원칙을 따르고 책임의 정도와 한계는 손상이 발생한 구간의 규칙을 따르는 방식이다.
  ㉡ 적용: 손해 발생구간이 확인되고 그 구간에 적용가능한 국제 단일 운송협약이나 국내 강행법규상 운송인의 책임한도액이 UN국제복합운송조약의 한도액보다 높은 경우에 한하여 적용된다.

3 복합운송증권(MTD: Multimodal Transport Document)

(1) 복합운송증권의 의미
① 복합운송증권은 선박, 항공기, 기차, 트럭 등의 운송 방식 중 적어도 두 가지 이상의 다른 운송 방식으로 이루어지는 국제운송 과정에서 복합운송인이 복합운송계약을 증명하기 위해 발행하는 증권이다.
② 복합운송증권은 본선적재 전에 복합운송인이 수탁 또는 수취한 상태에서 발행된다.

(2) 복합운송증권의 특징
① 전 운송구간 단일 책임: 해상, 항공, 철도, 도로운송이 결합된 복합운송을 각각 다른 운송인이 이행하더라도 복합운송증권은 전 운송구간에 대해 책임진다.
② 증권발행 제한 부재
  ㉠ 계약에 대한 책임과 사고 발생 시 화물의 멸실이나 손상에 대한 책임을 지는 복합운송인이 발행한다.
  ㉡ 운송인뿐만 아니라 운송주선인도 발행 가능하다.

(3) 복합운송증권의 발행형태
① 책임형태에 따른 구분: 이종 책임체계형, 단일 책임체계형으로 구분된다.
② 증권의 유통성 및 작성 방법에 따른 구분: 유통가능(Negotiable)과 유통불능(Non-Negotiable)으로 구분할 수 있으며, 유통성증권의 경우 지시식(To Order)과 소지인식(To Bearer)으로 구분된다.
③ 선하증권형식에 따른 구분: Combined Transport Bill of Lading, Multi-modal Transport Bill of Lading처럼 선하증권의 명칭에 복합운송이라는 단어가 첨부된 것도 있고, Combined Transport Document(CTD), Multimodal Transport Document(MTD)라고 표기된 것도 있다.
④ FIATA 복합운송증권(FBL): FIATA CTD는 화물운송주선업자가 발행하는 복합운송증권으로 국제운송주선업협회연맹(FIATA)이 제정하고 국제상업회의소(ICC)에서 승인한 표준양식에 의거하여 발행된 복합운송 선하증권이다.

(4) 복합운송증권의 법적 성질
① 증거서류 기능: 복합운송계약 내용을 입증하는 증거서류의 역할을 한다.
② 화물수취증 기능: 복합운송계약에 따라 복합운송인에게 수탁되었다는 사실을 입증하는 화물수취증의 기능을 한다.
③ 권리증권 기능: 선하증권과 마찬가지로 증권의 인도가 화물의 인도와 동일한 효력을 갖는 증권의 기능을 한다.
④ 유가증권 기능: 증권의 이전으로 증권상의 권리를 이전할 수 있고, 증권의 제시로 화물 인도를 청구할 수 있다.
⑤ 유통증권 기능: 증권의 배서와 교부로 양도할 수 있다.

4 국제복합운송의 주요 경로 기출 2019 기출 2020 ★ 상시

(1) 시베리아 랜드브리지(SLB: Siberian Land Bridge)
극동지역(부산, 일본 등)에서 유럽과 중동행 화물을 러시아의 극동항구인 보스토치니항으로 운송한 후 시베리아철도로 시베리아를 횡단하여 유럽지역으로 또는 그 반대로 운송하는 시스템이다. 철도를 이용하여 TSR(Trans Siberian Railway)이라고도 한다.

(2) 아메리카 랜드브리지(ALB: American Land Bridge)
극동지역의 주요 항구에서 북미지역 서해안의 주요 항구까지 해상으로 운송한 후 북미지역의 횡단철도를 통하여 북미지역의 동부해안까지 운송하고 다시 해상을 통해 유럽지역의 항구로 운송하는 방법이다.

(3) 캐나다 랜드브리지(CLB: Canadian Land Bridge)
ALB와 유사하며 밴쿠버 또는 시애틀까지 해상으로 운송하고 캐나다의 철도를 이용하여 동해안의 몬트리올에서 대서양 해상을 통해 유럽의 항구로 운송하는 복합운송경로이다.

(4) 미니 랜드브리지(MLB: Mini Land Bridge)
ALB와 유사하며 미 동부해안이나 걸프지역의 항만까지 운송하는 해륙복합운송형태이다.

(5) 마이크로 랜드브리지(IPI: Interior Point Intermodal, Micro Land Bridge)
로키산맥 동부의 내륙지점까지 운송하는 것으로 동아시아에서 미국 태평양 연안까지는 해상운송하고 시카고 또는 주요 운송거점까지 철도운송을 한 뒤 도로를 이용하여 내륙운송을 하는 복합운송시스템이다. 선박회사 책임으로 일괄운임하에 선하증권을 발행한다.

(6) 중국횡단철도(TCR: Trans China Railway)
중국의 연운항에서 시작하여 러시아의 접경지역인 아라산쿠를 잇는 철도로, 러시아를 통과하여 암스테르담까지 연결되는 철도로 운송하는 경로이다.

(7) 리버스 마이크로 랜드브리지(RIPI: Reversed Interior Point Intermodal, Reversed Micro Land Bridge)
IPI 서비스에 대응하여 만들어진 서비스로 미국의 동해안 및 걸프지역까지 해상운송하여 양륙된 화물을 철도 또는 트럭으로 내륙운송하고 최종 목적지의 철도터미널 또는 트럭터미널에서 수하인에게 인도되는 방식이다.

5 국제복합운송의 형태

(1) 해공(Sea&Air) 복합운송 방식
해상운송과 항공운송을 연계하여 일괄운송하는 형태를 의미한다. 해상운송의 저렴함과 항공운송의 신속성이라는 장점이 결합된 형태의 운송이다. 다만, 해상운송에서 컨테이너를 이용하는 FCL의 경우 항공운송에 그대로 사용할 수 없다는 단점이 있다.

(2) 피기백 방식(Piggy Back System)
화물차량으로 컨테이너를 운송하여 철도역에서 컨테이너 채로 옮겨 철로로 이동 후 도착역에서 다시 화물차량으로 옮겨 운송하는 방식이다(도로 + 철도).

(3) 피시백 방식(Fishy Back System)
해상운송과 트럭운송을 연계하여 운송하는 방식으로 컨테이너와 같이 화물 자체를 연계운송하거나 컨테이너를 적재한 차량을 선박에 싣고 운송하는 카페리형(Ro-Ro)이 있다(해상 + 도로).

(4) 버디백 방식(Birdy Back System)
항공운송과 도로운송을 연계하여 운송하는 방식이다(항공 + 도로).

CHAPTER 03 무역운송 | 기출로 점검하기

99회 74번

01 정기용선계약에 관한 설명으로 옳은 것은?

① 용선자가 선주에게 지불하는 용선료는 예상 항해기간 및 화물량에 의해 결정된다.
② 선주는 약정된 운임을 보장받기 위해 만선의무약관을 둔다.
③ 용선기간 중 선장이나 선원은 모두 용선자가 고용한다.
④ 용선기간 동안 선박의 사용에 관한 권한은 용선자에게 있다.

> **해설** ① 용선자가 선주에게 지불하는 용선료는 용선기간에 의해 결정되며, 계약상 제한 물품을 제외하고 적재 가능 물량 내에서라면 화물량에 상관없이 자유롭게 물품을 선적할 수 있다.
> ② 용선료만 지불하면 되므로 만선의무약관이 존재하지 않는다.
> ③ 선원이 승무하고 항해장비를 이미 갖춘 선박을 용선하는 것이기 때문에 선장이나 선원을 모두 용선자가 고용하지는 않는다.

104회 55번

02 헤이그-비스비(Hague-Visby) 규칙상 운송인의 책임에 관한 내용으로 옳지 않은 것은?

① 헤이그-비스비(Hague-Visby) 규칙은 화물에 대한 운송인의 책임범위를 'from Tackle to Tackle'로 규정한다.
② 헤이그-비스비(Hague-Visby) 규칙에서 운송인은 선박의 감항능력을 유지하도록 상당한 주의를 다하여야 하며, 이러한 선박의 감항능력은 선박의 발항 당시뿐만 아니라 발항 전에도 요구된다.
③ 헤이그-비스비(Hague-Visby) 규칙은 화물이 실제로 갑판에 적재되었더라도 그러한 사실을 선하증권에 기재하지 않은 무고장 선하증권이 발행된 경우에는 적용된다.
④ 헤이그-비스비(Hague-Visby) 규칙에서 선장이나 선원, 도선사 기타 운송인의 사용인이 선박의 운항이나 관리에 과실이 있어서 화물이 손상된 경우에, 운송인은 사용자책임을 부담한다.

> **해설** ④ 헤이그-비스비 규칙에서는 항해과실, 운송인의 사실상 과실 또는 고의에 의한 경우를 제외한 화재로 인한 손실, 해상 또는 기타의 가항수로에서의 재해, 위험 또는 사고로 인한 손실(해상고유의 위험), 천재지변에 의한 손실, 전쟁 행위에 의한 손실, 공적의 행위로 인한 손실, 군주, 통치자 또는 인민에 의한 억류 또는 재판상의 차압에 의한 손실, 검역상의 제한에 의한 손실, 화물의 송화인, 소유권자 또는 이들의 대리인이나 지정인의 태만 행위에 의한 손실, 동맹파업, 직장폐쇄, 노동의 정지 또는 방해에 의한 손실, 폭동 및 내란에 의한 손실, 해상에서의 인명 및 재산의 구조에 의한 손실, 화물고유의 하자 및 화물의 품질 또는 결함으로 인하여 발생하는 용적 또는 중량의 감손이나 기타의 일체의 멸실 또는 손상, 포장의 불충분에 의한 손실, 화인의 불충분 및 부적당함에 의한 손실, 상당한 주의를 하여도 발견할 수 없는 잠재적인 하자에 의한 손실, 운송인의 사실상의 과실이나 고의에 의하지 않거나 또 운송인의 대리인이나 고용인의 과실이나 태만에 의하지 않은 기타 모든 원인은 운송인의 책임이 면책된다.

101회 68번

03 로테르담 규칙의 적용에 관한 설명으로 옳지 않은 것은?

① 로테르담 규칙상 운송인의 의무와 책임을 증대시키는 당사자 간의 약정은 금지된다.
② 운송계약 당사자는 대량정기화물운송계약(Volume Contract)을 통해 로테르담 규칙상 일부 규정의 적용을 배제할 수 있다.
③ 로테르담 규칙상 송하인의 의무와 책임을 증대시키는 약정은 금지된다.
④ 운송인의 감항능력 주의의무는 대량정기화물운송계약을 통해서도 그 적용을 배제할 수 없다.

> **해설** ① 로테르담 규칙은 운송인의 의무와 관련하여 묵시적인 규칙으로 여겨왔던 화물인도의무를 명시하였고 화물에 대한 주의의무, 감항능력 주의의무 및 입증책임을 부여하였으며 책임한도 인상 등을 주요 내용으로 하고 있으므로 운송인의 의무와 책임을 증대시키는 당사자 간의 약정은 자유롭게 체결할 수 있다.

정답 01 ④ 02 ④ 03 ①

CHAPTER 03 무역운송 | 기출로 점검하기

[100회 69번]
04 항공화물운임에 대한 설명으로 틀린 것은?

① 국제항공운송협회(IATA)에서 합의된 요율은 관계국가당국의 인가를 거쳐 효력을 발휘한다.
② 화물의 중량이 45kg 이상인 경우 중량이 높을수록 기본요율보다 할인된 요율이 적용된다.
③ 운임률이 같은 수종의 서로 다른 화물이 1장의 항공화물운송장으로 운송되는 경우 혼합화물요율이 적용된다.
④ 항공화물의 요율은 출발지국의 현지통화로 표기된다.

해설 ③ 운임률이 다른 수종의 서로 다른 화물이 1장의 항공화물운송장으로 운송되는 경우 혼합화물요율이 적용된다. 하나의 Master AWB(MAWB)로 수송되거나 2개 이상의 다른 요율이 적용되는 품목으로 구성된 화물을 혼합화물(Mixed Cargo)이라고 한다.

[103회 58번]
05 항공화물대리점과 항공운송주선인에 대한 설명으로 옳지 않은 것은?

① 항공화물대리점은 항공사의 운송약관을 사용하지만, 항공운송주선인은 자신의 운송약관을 사용한다.
② 항공화물대리점은 항공사를 대리하여 운송계약을 체결하지만, 항공운송주선인은 자신이 당사자로서 화주와 운송계약을 체결하므로 화주에 대하여 직접 운송계약상의 책임을 부담한다.
③ 운송계약을 체결할 때 항공화물대리점은 항공사가 정한 운임률표를 사용하지만, 항공운송주선인은 자신이 정한 운임률표를 사용한다.
④ 항공화물대리점은 운송사 명의의 House AWB을 발행하지만, 항공운송주선인은 자기 명의의 Master AWB을 발행한다.

해설 ④ 항공화물대리점은 항공사 명의로 Master AWB를 발행하지만, 항공운송주선인은 자기 명의의 House AWB를 발행한다.

[103회 68번]
06 복합운송인에 관한 설명으로 옳지 않은 것은?

① NVOCC는 운송수단을 직접 보유하지 않은 계약운송인형 복합운송인을 말한다.
② 자신의 명의로 운송계약을 체결하는 경우 운송주선인도 복합운송인이 될 수 있다.
③ NVOCC는 실제운송인에 대해서는 송하인, 운송을 위탁한 화주에 대해서는 운송인이 된다.
④ 우리나라의 물류정책기본법상 운송주선인은 복합운송인이 될 수 없다.

해설 ④ 물류정책기본법 시행규칙 부칙에서는 해상화물운송주선업자로 등록한 자는 복합운송주선업자로 등록한 것으로 본다.

정답 04 ③ 05 ④ 06 ④

[100회 61번]
07 복합운송인의 책임에 대한 설명으로 틀린 것은?

① 동일 책임제도는 손해발생구간에 상관없이 단일 책임제도를 적용한다.
② 이종 책임제도는 모든 경우 운송구간마다 적용되는 책임체계가 다르다.
③ UN국제물품복합운송조약은 수정된 동일 책임제도를 채택하고 있다.
④ 이종 책임제도의 경우 복합운송인이 하청운송인에게 구상권을 행사하기 용이하다.

해설 ② 이종 책임제도는 손해발생구간 판명 여부에 따라 적용되는 책임체계가 다르다. 복합운송 중 물품 멸실, 손상 등의 손해 구간이 판명된 경우에는 기존의 구간별 책임체계를 따르고, 그렇지 않은 경우에는 별도의 책임원칙을 따른다. 단일 책임제도(동일 책임제도)는 실제 적용구간의 입증문제가 발생하여 하청운송인에 대한 구상권을 행사하기 어렵다.

[103회 74번]
08 다음과 같은 경로와 방법으로 수행되는 국제복합운송을 무엇이라고 하는가?

> 아시아 극동에서 미국의 서해안 항구까지는 선박으로 해상운송하고, 거기에서 철도로 미국 동해안 항만이나 걸프해안 항만까지 운송하는 국제복합운송

① American Land Bridge(ALB)
② Canadian Land Bridge(CLB)
③ Mini Land Bridge(MLB)
④ Reversed MLB

해설 ③ 미 동부해안이나 걸프지역의 항만까지 운송하는 해륙복합운송 형태는 Mini Land Bridge(MLB)이다.

[104회 63번]
09 국제복합운송의 여러 형태를 옳게 연결한 것은?

> a) 해·륙 복합운송에서 해상 – 육상 – 해상으로 이어지는 운송구간 중 중간구간인 육상운송구간을 의미
> b) 화물차량을 철도차량에 적재하고 운행하는 방식
> c) 해상운송과 공로운송(트럭운송)을 연계하여 일관시스템으로 운송하는 방식
> d) 항공운송과 공로운송을 연계하여 일관시스템으로 운송하는 방식

① a) Piggy Back System   b) Fishy Back System   c) Land Bridge System   d) Birdy Back System
② a) Piggy Back System   b) Land Bridge System   c) Birdy Back System   d) Fishy Back System
③ a) Land Bridge System   b) Birdy Back System   c) Fishy Back System   d) Piggy Back System
④ a) Land Bridge System   b) Piggy Back System   c) Fishy Back System   d) Birdy Back System

해설
- Land Bridge System: 해상 – 육상 – 해상으로 이루어지는 운송 구간 중 육상구간이 다리역할을 한다고 하여 붙여진 이름이다. 주로 태평양 – 미 대륙 횡단 – 대서양의 운송형태를 띤다.
- Piggy Back System: 육상 + 철도 운송 방식
- Fishy Back System: 해상 + 육상 운송 방식
- Birdy Back System: 항공 + 육상 운송 방식

정답 07 ②   08 ③   09 ④

CHAPTER 04 무역보험

무역용어 120선

고난도 빈출이론

* 파란색자는 "무역용어 120선"에 수록되어 있습니다.

> 해상보험계약

1 해상보험계약의 개요 기출 2017 ★ 상시

(1) 해상보험계약의 의미

해상보험계약은 해상운송 등과 관련된 우연한 사고로 발생하는 선박이나 적하의 손해를 담보하기 위해 보험계약자가 보험자에게 보험료를 지급하고 보험자는 이러한 손해를 보상할 것을 약정하는 손해보험계약이다.

(2) 해상보험계약의 특징

① 손해보상 성격: 해상위험(Marine Perils)으로 생긴 손해를 보상받기 위해 계약을 한다.
② 피보험이익의 존재: 피보험자가 해상위험으로 손해를 입은 경우에는 그에 상응하는 피보험이익이 존재해야 한다. 즉, 보험목적물이 해상위험으로 손해를 입은 사실이 있어야 보상받을 수 있다.

> ☑ **확실히 짚고 넘어가기** 피보험이익

1. 피보험이익
보험목적물(Subject Matter Insured)에 대하여 특정인이 갖는 경제적 이해관계이다. 보험계약에 의해 보험상의 보호를 받을 수 있는 화물이나 선박이 있을 때, 그 대상이 가진 경제적 이익을 말한다.

2. 피보험이익의 종류

소유이익	보험의 목적(선박 또는 화물)에 대해 사용, 수익 처분의 관리를 행사할 수 있는 경우의 피보험이익
담보이익	채권자가 채권의 변제를 위해 보험의 목적(선박 또는 화물)에 대해 질권·저당권·유치권 등의 담보권을 가질 때 보험의 목적물에 대한 이해관계
수익이익	보험의 목적물(선박 또는 화물)에서 기대할 수 있는 이익에 대하여 존재하는 피보험이익 예 운임, 용선료, 희망이익 등
대상이익	선주가 선비를 부담하였으나 해상위험이 발생하여 희망이익을 얻을 수 없는 경우 낭비된 비용

3. 피보험이익의 요건

적법성	피보험이익은 법적으로 인정되고 합법적인 것이어야 함 예 밀수품, 마약, 절도품, 위조품 등은 피보험이익이 아님
경제성	피보험이익은 경제적 이익이 될 수 있어야 함 예 감정적, 도덕적 이익은 금전으로 평가할 수 없는 비경제적 이익이므로 피보험이익이 아님
확정성	• 피보험이익이 보험계약의 요소로 확정되지 않으면 보험사고가 발생하여도 보험금과 보험금을 지급받을 피보험자가 확실해지지 않기 때문에 보험사고가 발생할 때까지 금전적으로 확정되어야 하며 그 귀속이 결정될 수 있어야 함 • 장래에 확정될 것이 확실한 이익(희망이익 등)은 보험의 대상이 될 수 있음

2 해상보험의 종류

(1) 피보험이익에 의한 분류

선박보험 (Hull Insurance, Insurance on Ship)	선박의 소유자가 보험의 목적인 선박에 대한 피보험이익을 부보하는 보험(선체보험이라고도 함)
적하보험 (Cargo Insurance, Insurance on Goods)	화물의 소유자가 보험의 목적인 화물에 대한 피보험이익을 부보하는 보험
운임보험 (Freight Insurance)	선박의 소유자, 운송인, 운송주선인 등이 화물 또는 여객을 운송한 경우 얻을 수 있는 운임에 대한 피보험이익을 부보하는 보험
희망이익보험 (Expected Profit Insurance)	보험의 목적인 화물의 인도로 얻게 될 예상이익(희망이익)에 대한 피보험이익을 부보하는 보험

(2) 보험기간을 기준으로 한 분류

항해보험 (Voyage Insurance)	항해단위를 기준으로 보험자의 책임이 정해지는 보험으로 주로 적하보험에서 많이 사용
기간보험 (Time Insurance)	일정한 기간을 기준으로 보험자의 책임이 정해지는 보험으로 주로 선박보험에서 사용 참 항해 시마다 부보하는 불편을 없애기 위해 사용하며, 항해보험에 대응하는 보험
혼합보험 (Mixed Insurance)	항해보험과 기간보험을 기준으로 하여 보험기간을 정하는 보험

3 해상보험계약의 법적 성격 ★상시

(1) 낙성계약(Consensual Contract)
보험계약은 당사자 간 의사표시의 합치만으로 성립하며 그 의사표시는 특별한 방식을 필요로 하지 않는다.

(2) 쌍무계약(Bilateral Contract)
보험계약자는 보험료 지급의무를 부담하고 보험자는 보험목적물에 손해가 발생한 경우 보험금 지급의무를 이행한다.

(3) 유상계약(Remunerative Contract)
보험자는 계약상 합의된 방법과 범위 내에서 피보험자의 손해를 보상할 것을 확약하며 그 대가로 보험계약자에게 보험료를 지급받는다. 즉, 각 계약당사자는 대가 관계에 있는 급부를 이행한다.

(4) 불요식계약(Informal Contract)
보험계약의 성립은 당사자 간 합의 외에는 별도의 형식을 필요로 하지 않는다. 보험계약이 체결되면 보험증권이 작성되어 교부되지만 이는 계약 성립의 결과로 보험자가 이행할 의무이므로 요식계약으로 보지 않는다.

(5) 부합계약(Contract of Adhesion)
보험자는 다수의 보험계약자와 계약 체결을 하기 때문에 계약 내용을 개별적으로 작성하는 것은 어려운 일이다. 따라서 보험계약은 보험자가 증권상 인쇄된 약관을 제시하고 보험계약자가 이를 승인함으로써 성립된다.

(6) 사행계약(Aleatory Contract)
피보험자는 불확실한 사고의 발생 여부에 따라 보상을 받거나 보험료를 상실한다는 점에서 사행계약이다.

(7) 독립계약
보험계약은 민법상 일반적인 계약 범주에 속하지 않는 무명계약이며 독립계약이다.

(8) 계속계약(Continuing Contract)
보험자의 손해배상 또는 보험금 지급은 보험기간 이내에 발생한 보험사고에 대해 이루어진다. 또한 보험자의 책임은 보험기간 동안 계속하여 존재하며 그동안 보험계약 관계가 지속된다.

(9) 선의계약(Contract of Utmost Good Faith)
보험계약은 최대 선의에 기초를 둔 계약이다. 보험계약 체결 시 보험계약자는 보험목적물의 위험이나 성질에 영향을 주는 중요한 사실을 보험자에게 고지해야 하는 의무를 부담한다.

(10) 유한책임계약
해상사고 발생 시 보험자는 보험계약에서 제시된 보험금액을 한도로 피보험자에게 보험금을 지급한다.

4 보험계약의 당사자

(1) 보험자(Insurer)
보험계약의 당사자로서 보험계약을 인수하는 주체이다. 보험사고 발생 시 피보험자에게 보험금을 지급할 의무가 있다.

(2) 보험계약자(Policy Holder)
보험자와 보험계약을 체결하는 자를 말한다. 보험계약자는 보험자(보험회사)와 보험계약을 체결하고 보험료를 납입하고 보험자에게 보험료 산정, 위험의 인수 여부를 결정하는 판단에 영향을 미칠 수 있는 사실 등을 고지해야 하며 위험의 변경 및 증가에 대해 통지할 의무가 있다.

(3) 피보험자(Assured)
피보험이익을 갖는 자로 보험사고의 발생으로 손해를 입은 경우 보험자에게 손해배상을 청구할 수 있다. 인코텀즈 CIF, CIP 조건에서 매도인은 매수인을 위하여 보험계약을 체결하는데, 이때 매도인은 보험계약자가 되고 매수인은 피보험자가 된다.

(4) 보험대리점(Insurance Agent)
특정한 보험자를 위하여 지속적으로 보험계약의 체결을 대리(체약대리상)하거나 관리하는 독립된 상인(중개대리상)을 말하며, 보험자에게 위임을 받아 대리 또는 중개를 업으로 한다는 점에서 보험자의 단순한 사용인과 다르다.

(5) 보험중개인(Insurance Broker)
보험중개인은 불특정 보험자를 위해 보험자와 보험계약자 사이에서 보험계약의 체결을 중개하는 독립된 상인이다.

5 보험자 · 보험계약자 · 피보험자의 의무 기출 2018

(1) 보험자의 의무
① **손해보상 약정의무**: 해상보험자는 해상운송과 관련된 사고의 발생으로 인한 피보험이익의 손해에 대해 보상할 의무가 있다.
② **보험증권 교부의무**: 보험자는 보험계약 체결 시 보험증권을 교부할 의무가 있으며, 보험계약 체결 이후에 발생하는 의무는 계약 체결에 영향을 미치지 않는다. 보험증권의 교부의무는 보험계약자가 보험료의 전부 또는 최초의 보험료를 지급한 때 이루어진다.
③ **보험료 반환의무**: 보험계약이 무효가 되거나 보험사고 발생 전 보험계약이 해지된 경우에는 보험료의 전부 또는 일부를 반환해야 한다.
④ **보험금(Claim Amount) 지급의무**: 보험기간 내에 보험사고가 발생한 경우에는 보험계약 내용에 따라 약정된 보험금을 지급해야 한다.

(2) 보험계약자 · 피보험자의 의무
① **보험료(Premium) 지급의무**: 보험자가 위험을 부담하는 대가로 보험계약자는 보험료를 지급해야 한다. 보험료를 납입하지 않은 경우 다른 약정이 없는 한 보험자의 책임이 개시되지 않는다.
② **고지의무(Duty of Disclosure, Duty of Representation)**: 보험계약자는 보험계약 시 보험의 인수 여부 및 계약 내용의 결정에 영향을 줄 수 있는 모든 중요사실을 고지해야 한다.
③ **통지의무(Duty of Notice)**: 보험계약자는 보험계약 체결 후 위험이 현저하게 증가하거나 변경되는 경우 또는 보험사고가 발생한 경우 보험자에게 통지해야 한다.
④ **손해방지 · 경감의무(Duty to Avert or Minimize the Loss)**: 피보험자는 피보험이익의 보호에 상당한 주의를 기울여야 하며 신의성실의 원칙에 입각하여 손해를 방지하거나 경감하기 위한 적절하고 합리적인 조치를 강구해야 한다.

6 보험의 역선택 기출 2018

① **의미**: 의사결정에 필요한 충분한 정보가 없는 '정보의 비대칭'이 일어날 경우, 불리한 선택을 하는 상황을 말한다. 예를 들어 보험가입대상자에 관한 충분한 정보가 없을 경우, 보험회사는 위험 발생 가능성이 높은 사람을 받아들이게 되어 보험지출 부담이 커지게 된다.
② **보험사고의 역선택 방지**: 보험자는 역선택을 방지하기 위해 보험기간 또는 보험책임의 시기를 제한하는 조치를 취할 수 있다. 또한 포괄보험을 실시할 수도 있다. 개별적으로 보험을 판매할 경우, 위험 발생 가능성이 높은 보험만 개별적으로 선택하기 때문이다.

CHAPTER 04 무역보험

> ## 고지의무(Duty of Disclosure)

1 고지의무의 당사자

① 보험계약자와 피보험자가 동일인일 경우: 보험계약자와 피보험자는 보험계약 시 보험의 인수 여부 및 계약 내용의 결정에 영향을 줄 수 있는 사실을 고지할 의무가 있다.
② 타인을 위한 보험계약을 체결하는 경우(보험계약자와 피보험자가 다를 경우): 「상법」에서는 보험계약자와 피보험자에게 고지의무가 있고, MIA(영국해상보험법)에서는 피보험자에게 고지의무가 있다.
③ 대리인이 보험계약을 체결하는 경우: 그 대리인과 보험계약자에게 고지의무가 있다.

2 고지의무의 내용

(1) 고지의 시기

보험계약자는 고지해야 하는 사항을 보험자에게 계약 체결 전(MIA) 또는 계약 체결 시(상법)까지 고지해야 한다.

(2) 고지가 필요한 사항

① 보험자가 보험료의 산정, 위험의 인수 여부를 결정하는 판단에 영향을 미칠 수 있는 사실
  ㉠ 갑판적재 여부
  ㉡ 포장 상태
  ㉢ 위험지역
  ㉣ 제품의 성질(부패, 깨짐 등)
② 중요한 사항으로 추정되는 사실
  ㉠ 피보험자가 알고 있는 사실
  ㉡ 피보험자가 당연히 알고 있을 것이라고 추측되는 사실
  ㉢ 대리인이 알고 있는 사실(피보험자가 늦게 알았기 때문에 대리인에게 통지하지 못한 사실은 제외)

(3) 고지가 필요 없는 사항

① 위험을 감소시키는 일체의 사실
② 보험자가 알고 있거나 알고 있을 것으로 추정되는 사실
③ 고지받을 권리를 포기한 사실
④ 담보에 의해 고지가 필요 없는 사실

3 고지의무 위반 기출 2019

① 고지의무 위반 시 보험자는 보험사고 발생 전·후를 불문하고 계약을 해지할 수 있다.
② 고지의무는 간접의무의 성격을 지니므로 고지의무 위반에 대한 손해배상 청구를 할 수 없다.
③ 해지효력은 장래에 대해 발생하고 소급 적용되지 않으므로 보험자는 피보험자가 보험사고 발생 전 지급한 보험료를 반환할 의무가 없으며 미지급 보험료가 있다면 청구할 수 있다.
④ 보험사고 발생 후 계약 해지 시 보험자는 보험계약자 또는 피보험자에게 이미 지급한 보험금을 반환청구할 수 있으며 지급하지 않은 보험금을 지급할 책임이 없다.

> 담보(Warranty)

1 담보의 필요성

계약 당시 고지의무 위반 또는 부실고지에 대한 입증이 어려우므로 보험자는 보험계약자가 엄격히 이행하거나 충족해야 할 사항을 보험증권에 명시하거나 법률에 규정할 필요가 있다.

2 담보의 종류 기출 2019

(1) 명시담보(Express Warranty)

안전담보 (Warranty of Goods Safety)	보험증권상에 보험의 목적이 특정일 또는 특정 기간 동안 지속적으로 안전해야 한다는 조항이 삽입된 경우의 명시담보
중립담보 (Warranty of Neutrality)	보험증권상에 보험의 목적이 중립적이어야 한다는 조항이 삽입된 명시담보로 선박이나 화물이 중립국의 재산으로 증명할 수 있어야 함
선비담보 (Disbursement Warranty)	선박보험에 선비를 추가하여 부보할 때 선비의 보험금액을 선박보험금액의 일정 비율(25%) 이상을 넘지 못하도록 정한 명시담보

(2) 묵시담보(Implied Warranty)

감항성 담보 (Warranty of Seaworthiness of Ship)	선박이 항해를 개시할 때 해당 항해를 완수할 수 있도록 내항성이 있음을 전제로 한 묵시담보
적법성 담보 (Warranty of Legality)	피보험자가 지배할 수 없는 경우를 제외하고 모든 해상운송은 그 내용이 합법적임을 전제로 한 묵시담보

3 담보의 위반 기출 2019

① 보험자는 보험증권에 별도의 명시규정이 있는 경우를 제외하고는 피보험자의 담보위반일부터 보상책임을 지지 않으며, 담보위반 전에 발생한 손해까지는 보상책임을 져야 한다.
② 담보위반 시 무조건 계약이 종료되는 것이 아니라 보험자가 위반 결과에 대해 법률적 효력을 부여할지 여부를 결정한다.
③ MIA상 사정변경으로 담보가 적합하지 않을 경우, 담보를 충족하는 것이 그 후의 법률에 위반하는 경우, 보험자가 담보위반을 묵인할 경우는 담보위반이 허용된다.

✓ 확실히 짚고 넘어가기   고지와 담보의 비교

구분	고지	담보
보험증권 기재 여부	보험증권상에 기재할 필요 없음	보험증권상에 기재해야 함
중요사항 위반 시	보험계약 취소 가능	보험계약 해지 가능
결과	보험계약 무효	위반 시점부터 보험계약 무효
충족 여부	실질적으로 충족하면 됨	보험증권의 내용대로 엄격하게 충족해야 함

CHAPTER 04 무역보험

> ## 보험가액 · 보험금액 · 보험료

1 보험가액(Insurable Value)

(1) 보험가액의 의미

보험가액은 피보험이익을 경제적으로 평가한 금액으로 보험사고가 발생한 경우 피보험자가 입는 손해액의 최고 한도액을 말하며, 보험사고가 발생하지 않을 경우 피보험자가 가졌을 경제적 이익에 대한 평가액을 의미한다.

(2) 보험가액의 결정기준

법정 보험가액	• 법으로 정한 보험가액 • 당사자 간에 보험계약의 본질을 저해하지 않는 범위 내에서 사용
협정 보험가액	해상보험에서 피보험이익인 선박과 화물은 항상 이동하여 보험가액 평가가 어려우므로 보험계약 체결 시 당사자가 서로 협정하여 일정액을 보험가액으로 정하는데, 이를 협정 보험가액이라고 함

2 보험금액(Insured Amount) 기출 2019

(1) 보험금액의 의미

① 보험계약당사자 간의 합의에 의하여 약정된 금액으로 보험자가 부담하는 보상책임의 최고 한도액이다.
② 보험금액은 보험가액을 초과할 수 없으며, 보험자는 보험금액 한도 내에서 보상책임을 진다.
③ 실제 손해가 발생한 경우 보험자가 지급하는 보험금의 최고액은 실손해액과 보험가액 및 보험금액 중 가장 적은 금액이다.

(2) 보험가액과 보험금액의 관계

① **전부보험(Full Insurance)**: 보험가액 전액을 보험에 부보한 경우로, 보험자는 소손해면책 등의 약정이 없는 한 피보험자에게 손해액 전액을 보상해야 한다.
② **일부보험(Under Insurance)**: 보험가액에 미달되는 금액을 보험에 부보한 경우로, 비례보상 방식으로 보상을 받는다. 비례보상 방식은 손해액의 전부를 보상하는 것이 아니라 보험가액에 대한 보험금액의 비율로 보상하는 방법이다.
③ **초과보험(Over Insurance)**: 보험금액이 보험가액을 초과하는 보험으로, 초과되는 부분의 보험계약은 무효가 된다(이익금지원칙).
④ **중복보험(Double Insurance)**: 동일한 피보험이익 및 위험에 관하여 복수의 보험계약이 존재하고 그 보험금액의 합계액이 보험가액을 초과하는 경우의 보험을 말한다.
　예) 보험가액 $10,000의 화물을 A 보험회사에서 $6,000, B 보험회사에서 $6,000의 보험금액으로 중복보험을 체결했는데, 이 보험계약이 사기인 경우는 모든 보험계약이 무효이고, 선의로 중복보험이 성립한 경우는 각 보험계약의 효력은 인정되지만 실제 손해액을 한도로 보상한다.
⑤ **공동보험(Co-insurance)**: 중복보험과 같이 동일한 피보험이익 및 위험에 대하여 복수의 보험계약이 체결되었지만 보험금액의 합계액이 보험가액의 범위 내인 경우로 복수의 보험자가 각각 위험의 일부를 인수하는 경우를 말한다. 위험의 수평적 분산(Horizontal Distribution)에 해당한다.
　예) 보험가액 $10,000의 화물을 A 보험사 $3,000, B 보험사 $4,000, C 보험사 $3,000의 보험금액으로 보험계약을 체결한 경우

3 보험료(Premium)

보험료는 보험자의 위험 부담에 대한 대가로서 피보험자 또는 보험계약자가 보험자에게 지급한다. 보험자의 위험 부담에 대한 대가로 보험금액에 보험요율을 곱하여 산출한다.

> 보험증권(Insurance Policy)

1 보험증권의 법적 성질

요식증권성	보험증권은 그 기재사항이 법으로 정해진 요식증권임
증거증권성	보험증권은 보험계약의 성립을 증명하기 위하여 보험자가 발행하는 증거증권임
면책증권성	보험자는 보험금을 지급할 때 보험증권을 제시하는 자의 자격을 조사할 권리는 있으나 의무가 없기 때문에 보험증권은 면책증권의 성질을 지님
유가증권성	CIF 조건에서 수출업자는 적하보험계약을 체결하고 보험증권을 선하증권과 함께 수입자에게 양도함. 사고 발생 시 수입자가 보험금을 청구하므로 수출업자가 교부받은 적하보험증권은 유가증권의 기능이 있어야 함 참 유가증권성에 대해서는 논란의 여지가 있지만, 적하보험증권의 유가증권성을 인정하는 일부 긍정설이 현재의 통설이다.

2 보험증권의 기재사항

손해보험증권에는 다음 사항이 기재되어야 하고 보험자가 기명날인 또는 서명해야 한다. 이는 상법에서 규정하고 있는 내용이므로 반드시 지켜야 하며 보험자가 기명날인 또는 서명하지 않을 경우 해당 보험증권은 효력이 인정되지 않는다.
① 보험목적물
② 보험사고의 성질
③ 보험금액
④ 보험료와 그 지급 방법
⑤ 보험기간을 정한 때에는 그 시기와 종기
⑥ 무효와 실권의 사유
⑦ 보험계약자의 주소와 성명 또는 상호
⑧ 보험계약의 연월일
⑨ 보험증권의 작성지와 그 작성연월일
⑩ 선박을 보험에 붙인 경우에는 그 선박의 명칭, 국적과 종류 및 항행의 범위
⑪ 적하를 보험에 붙인 경우에는 선박의 명칭, 국적과 종류, 선적항, 양륙항 및 출하지와 도착지를 정한 때에는 그 지명
⑫ 보험가액을 정한 때에는 그 가액
　참 손해보험의 경우 ①~⑨까지 적용되며, 해상보험의 경우 ⑩~⑫가 추가된다.

3 보험증권의 해석 원칙

(1) 해석 원칙에 따른 효력 우선순위

구양식	수기약관 – 타자약관 – 스탬프약관 – 기타특별약관 – ICC약관 – 난외약관 – 이탤릭서체약관
신양식	수기약관 – 타자약관 – 스탬프약관 – 기타특별약관 – ICC약관 – 난외약관 – 본문약관

(2) 계약당사자의 의사존중과 판례의 적용

계약당사자의 의사를 존중하는 것이 해석의 기본 원칙이지만, 실제로는 판례에 따라 해석할 수밖에 없다.

(3) P.O.P 원칙

보험증권의 각 조항은 평이하고(Plain), 통상적이며(Ordinary), 통속적인(Popular) 의미로 해석되어야 한다.

(4) 문서 작성자 불이익의 원칙

보험약관의 내용이 애매하고 불분명한 경우나 규정이 여러 가지 뜻으로 해석될 수 있는 경우에는 보험자(문서 작성자)에게 불리하게, 보험계약자에게 유리하게 풀이해야 한다.

(5) 동종제한의 원칙

보험증권에는 Vessel, Ship과 같이 서로 비슷한 뜻을 가진 단어들이 나열되는 경우가 많은데, 이들 단어는 서로 유사한 의미를 가진 동일한 종류로 해석되어야 한다.

4 해상보험증권

(1) 해상보험증권의 양식

① 우리나라에서는 로이드 신해상보험증권(New Lloyd's Marine Insurance Policy)과 런던보험업자협회(ILU)가 제정한 신보험증권(New I.L.U. Companies Marine Policy)의 양식을 변형하여 사용하고 있다.
② 기존의 본문약관 중 주요 내용은 협회적하보험약관에 포함시키고, 본문약관의 일부 약관, 난외약관, 이탤릭서체약관은 삭제하였으며, 신양식의 해상보험 증권은 반드시 적하보험약관을 첨부해야 해상보험증권으로서 기능을 할 수 있다.

(2) 계약 방식에 따른 해상보험증권

① 확정보험증권(Definite Policy): 개별 선적분에 대한 보험요건(보험목적물, 보험금액, 적재 선박, 부보구간 등)이 모두 확정된 상태에서 그 위험의 개시(선적) 직전에 매 건별로 체결하는 보험계약을 말한다. 이것을 증거하기 위해 발행된 증권을 확정보험증권이라고 한다.
② 포괄예정보험증권(Open Policy) 기출 2017
  ㉠ 보험계약의 세부요건이 확정되지 않은 상태에서 장래의 일정 기간(통상 1년) 동안의 부보 예정 화물 전체에 대해 미리 포괄적으로 보험계약을 체결한 후, 사후에 개별 위험에 대한 보험요건이 확정될 때마다 그 사실을 보험회사에 통지함으로써 당해 계약 범위 내의 모든 개별 위험을 자동적으로 책임지도록 하는 방식의 보험을 포괄보험(Open Cover)이라고 한다. 이러한 보험계약을 증거하기 위해 발행된 보험증권을 포괄예정보험증권(Open Policy)이라고 한다.
  ㉡ 보험증명서(Insurance Certificate): 포괄보험하의 개별 선적분에 대한 부보 사실을 입증할 목적으로 포괄예정보험증권에 근거하여 매 건별로 발행하는 보험서류를 보험증명서라고 한다.

협회적하약관(ICC)

1 구협회적하약관 기출 2017 ★ 상시

(1) 구협회적하약관의 제정 배경과 종류

① 제정 배경: 해상보험에서는 1779년 런던보험시장에서 채택된 Lloyd's S.G Policy Form(로이드 보험증권양식)이 사용되었으나, 중세 고문으로 되어 있어 이해하기 어렵고 현실과 맞지 않은 점을 고려하여 1912년 Lloyd's S.G Policy Form에 첨부하여 사용하도록 통일된 특별약관을 제정하였는데, 이것이 협회적하약관이다.

② 종류: FPA(분손부담보약관, Free from Particular Average Clause), W/A(분손담보약관, With Average Clause), A/R(전위험담보약관, All Risks Clause) 조건이 있다.

(2) 구협회적하약관의 담보 범위

A/R	W/A	FPA	1. 전손(Total Loss) • 현실전손(Actual Total Loss): 보험사고로 인해 피보험이익이 전부 상실되어 발생하는 손해 • 추정전손(Constructive Total Loss): 현실전손은 아니지만 그 손해의 정도가 본래의 효용을 상실하였거나, 수리비나 구조비가 더 들어 현실전손에 준한 것으로 추정하는 손해
			2. 분손 또는 해손(Partial Loss) • 단독해손(Particular Average): 선박 또는 부선의 침몰(Sinking), 좌초(Stranding), 화재(Burning)로 발생된 손해 • 공동해손(General Average): 공동해손희생 손해, 공동해손 분담액
			3. 확장담보(Extension Cover) • 선적, 환적 혹은 하역작업 중의 포장당 전손 • 화재, 폭발, 충돌, 운송용구와 접촉, 피난항에서 화물의 양하 • 손해방지비용, 구조비, 기항항이나 피난항에서 특별비용 및 부대비용(해수손해 및 불가항력에 기인하여 발생한 분손은 보험자가 담보하지 않음)
		4. 악천후 위험에 의한 해수손(Sea Water Damage) • WA 3%: 손해액이 전체의 3% 초과 시에만 손해액 전부 보상 • WAIOP(WA Irrespective of Percentage): 면책비율에 관계없이 전액 보상	
	5. 모든 외부적 · 우발적 원인에 의한 손해		

(3) 구협회적하약관상 보상되지 않는 손해

① 피보험자의 고의적인 불법 행위로 인한 일체의 손해
② 화물 고유의 하자 또는 성질에 의한 손해
③ 자연 감량, 통상의 손실 등 위험요건을 구비하지 않은 사유에 의한 손해
④ 항해의 지연으로 인한 손해
⑤ 화물의 포장 불량으로 인한 손해

(4) 구협회적하약관상의 면책위험

① 포획 및 나포 부담보약관(FC&S Clause: Free from Capture and Seizure Clause): 운송 중 발생한 포획 및 나포로 인한 손해에 대해서 보험자가 담보하지 않는다고 규정한 약관이다.
② 동맹파업 · 폭동 및 소요 부담보약관(FSR & CC Clause: Free from Strikes, Riots and Civil Commotions Clause): 동맹파업, 폭동, 소요 등과 관련된 손해에 대해서 보험자가 담보하지 않는다고 규정한 약관이다.

CHAPTER 04 무역보험

2 신협회적하약관 기출 2019 ★ 상시

(1) 신협회적하약관의 개요

1982년부터 구협회적하약관을 개정한 신협회적하약관을 사용하고 있다. A/R(전위험담보) 대신 ICC(A), W/A(분손담보) 대신 ICC(B), FPA(분손부담보) 대신 ICC(C)가 사용된다. ICC(A), ICC(B), ICC(C)의 경우, 전쟁위험이나 동맹파업위험을 담보하지 않기 때문에 특약으로 협회전쟁약관(IWC)이나 협회동맹파업약관(ISC)를 별도로 부보해야 한다.

(2) 신협회적하약관의 주요 특징

① 보험증권의 단순화: 문장이 이해하기 쉽고 자기완결성을 갖추었다. 보험증권의 본문과 독립되어 있으므로 협회적하약관의 내용만으로 보험계약을 체결할 수 있다.
② 담보기준의 변경: ICC(A)는 포괄책임주의를 ICC(B), (C)는 열거책임주의를 채택하였다.
③ 명칭의 단순화: A/R, W/A, FPA를 ICC(A), ICC(B), ICC(C)로 단순화하였다.
④ 약관 수의 증가: 구약관 14개 조항이 19개 조항으로 증가하였다.
⑤ (B), (C) 조건의 명확한 구분: W/A와 FPA 조건 간 담보 범위의 차이가 커졌다. FPA에서는 담보되던 양하작업 중 포장당 전손이 (C) 조건에서는 담보조건에서 제외되었다.
⑥ ISC(협회동맹파업약관), IWC(협회전쟁약관)의 독립
⑦ 소손해 면책조항(Franchise Clause) 삭제

✓ 확실히 짚고 넘어가기 구약관과 신약관의 비교

구분	구약관	신약관
명칭	• ICC(A/R) • ICC(W/A) • ICC(FPA)	• ICC(A) • ICC(B) • ICC(C)
체계	• 보험증권의 보완 역할 • 약관 수 14개 • 담보의 기준은 손해	• 보험증권의 본문약관 • 약관 수 19개로 증가 • 담보의 기준은 위험 • 협회전쟁약관 및 협회동맹파업약관이 보험증권이나 협회적하약관에서 독립됨
담보위험	• ICC(WA)와 ICC(FPA)의 담보 범위가 유사 • 담보하는 손해에 관하여 규정하여 담보위험이 불명확함 • 해적위험을 전쟁위험으로 간주 • 해상 고유의 위험 및 모든 기타 위험의 개념 존재 • 담보구간이 항구간(Port to Port)으로 내륙운송을 연장 및 담보 • 면책률 약관이 있어 소손해에 대해 면책	• ICC(B), ICC(C)로 구분하며 담보 범위에 차이를 둠 • 담보위험을 제1조에 열거하고 면책위험은 제4조에 열거하여 담보 및 면책위험을 명확히 함 • 해적위험을 전쟁위험에서 제외하여 담보위험에 포함함 • 해상 고유의 위험 및 모든 기타 위험을 삭제하고 구체적인 위험으로 나열함 • 담보구간이 창고 간(Warehouse to Warehouse)으로 육상운송까지 충분히 고려함 • 면책률 약관이 삭제됨 • 선주, 용선자 등의 파산으로 인한 손해는 담보하지 않음

(3) 신협회적하약관의 담보위험조항

(○: 보험자의 담보   ×: 보험자의 부담보)

약관조항	담보위험	A	B	C
위험조항 (상당인과 관계의 손해)	① 화재, 폭발	○	○	○
	② 선박, 부선의 좌초·교사·침몰·전복	○	○	○
	③ 육상운송용구의 전복·탈선	○	○	○
	④ 선박·부선·운송용구의 타물과의 충돌·접촉	○	○	○
	⑤ 조난항에서 화물의 양륙 하역	○	○	○
	⑥ 지진·분화·낙뢰	○	○	×
위험조항 (근인 관계의 손해)	⑦ 공동해손희생	○	○	○
	⑧ 투하	○	○	○
	⑨ 갑판상 유실	○	○	×
	⑩ 해수·호수·하천수의 운송용구·컨테이너·지게차·보관 장소에 유입	○	○	×
	⑪ 적재·양륙하역 중 낙하 또는 추락에 의한 포장단위당의 전손	○	○	×
	⑫ 상기 이외의 일체 위험	○	×	×
공동해손	공동해손손해 및 구조료	○	○	○
쌍방과실 충돌조항	쌍방과실 충돌조항에 따라 피보험자가 분담하는 가액 중 보험증권으로 보상받는 손해	○	○	○

(4) 신협회적하약관의 면책위험조항

(○: 보험자의 담보   ×: 보험자의 부담보)

약관조항	면책위험	A	B	C
제4조 일반면책	① 피보험자의 고의적인 불법 행위	×	×	×
	② 통상의 누손·중량 또는 용적의 통상 감소 자연 소모	×	×	×
	③ 포장 또는 포장 준비의 불완전·부적합	×	×	×
	④ 물품 고유의 하자·성질	×	×	×
	⑤ 지연	×	×	×
	⑥ 선박소유자·관리자·용선자 또는 운항자의 지급 불능 또는 채무 불이행	×	×	×
	⑦ 제3자의 불법 행위에 의한 의도적인 손상 또는 파괴	○	×	×
	⑧ 원자핵무기에 의한 손해	×	×	×
제5조 불감항과 부적합면책약관	⑨ 피보험자 또는 그 사용인이 인지하는 선박의 내항성 결여, 부적합	×	×	×
제6조 전쟁위험면책약관	⑩ 전쟁위험	×	×	×
제7조 동맹파업위험면책약관	⑪ 동맹파업	×	×	×

① 제6조의 전쟁면책약관에 대하여 전쟁위험을 담보 받고자 하는 경우에는 협회전쟁약관(IWC: Institute War Clause)으로 특약을 맺고 추가 보험료를 지급하면 된다.
② 제7조의 동맹파업면책약관에 의한 동맹파업 위험을 담보 받고자 하는 경우에는 협회동맹파업약관(ISC: Institute Strike Clause)으로 특약을 맺고 추가 보험료를 지급하면 된다.

(5) 부가위험약관

① **의미**: ICC(B), ICC(C)의 경우 표에서 열거된 위험으로 인한 손해에 대해서만 보험자가 보상을 책임지므로 피보험자는 화물의 종류, 성질, 포장, 항로 등을 고려하여 필요한 경우 담보위험 이외의 부가위험에 대한 보호를 받기 위해 맺는 특약이다.

② **부가위험의 종류**

    ⊙ 도난·발하·불착(TPND: Theft, Pilferage and Non-Delivery)

도난	화물 전체 또는 일부가 도둑을 맞아 없어지는 것(화물이 고의로 파괴되어 일부가 없어진 경우에는 도난사고로 추정 가능)
발하	화물의 외포장은 이상이 없는 것처럼 보이나 내용물인 화물의 개수가 부족한 경우
불착	송하인이 운송인에게 인도한 만큼의 수량이 수하인의 손에 인도되지 않는 경우

    ⓒ **갑판상유실(WOB: Washing Overboard)**: 갑판에 적재된 화물이 파도 등에 휩쓸려 입는 손해나 손실이다. ICC(C)에서는 담보되지 않는다.

    ⓒ **빗물 및 담수에 의한 손해(RFWD: Rain and/or Fresh Water Damage)**: 빗물 및 담수에 의해 젖어서 발생하는 손해를 말한다.

    ⓔ **유류 및 타물과의 접촉(COOC: Contact with Oil and/or Other Cargo)**: 선박의 연료유 등으로 화물이 입는 유손(Oil Damage), 적재된 타 화물에 직접 접촉함으로써 피보험 화물에 생기는 흠, 파손 또는 오손 등의 위험을 말한다.

    ⓜ **파손(Breakage)**: 화물이 깨어져 못 쓰게 되는 경우를 말한다.

(6) ICC상 보험기간

① **원칙적 보험기간**: 보험증권의 본문에서 보험자의 책임이 시작되는 시기는 보험증권에 기재된 출발항에서 본선에 화물이 적재되었을 때이며, 책임이 끝나는 시기는 목적항에 도착하여 안전하게 하역되었을 때이다.

② **시기와 종기**

    ⊙ **시기**: ICC(A), (B), (C)는 화물이 보험증권에 기재된 지역의 창고 또는 저장소에서 운송을 위하여 떠날 때부터 담보가 개시되고 통상의 운송 과정 중에 계속된다.

    ⓒ **종기**: 다음 중 먼저 발생한 시기에 보험기간이 종료된다.

- 보험계약에 기재된 최종 목적지의 매수인 창고 또는 보관 장소에서, 운송차량 또는 기타 운송용구로부터 양륙이 완료된 때
- 보험계약에 기재된 목적지로 가는 도중이든 목적지든 불문하고, 피보험자 또는 그 사용인이 통상의 운송 과정상의 보관 이외의 보관을 위해, 또는 할당 또는 분배를 위하여 선택한 기타의 창고 또는 보관 장소에서 운송차량 또는 기타 운송용구로부터 양륙이 완료된 때
- 피보험자 또는 그 사용인이 통상의 운송 과정이 아닌 보관을 목적으로, 운송차량 또는 기타 운송용구 또는 컨테이너를 사용하고자 선택한 때
- 최종 양륙항에서 외항선으로부터 보험목적물의 양륙을 완료한 후 60일이 경과한 때

해상위험(Maritime Perils)

1 해상위험의 의미 - MIA 제3조

바다의 항해에 기인하거나 부수하는 위험을 의미하는데, 즉 해상 고유의 위험, 화재, 전쟁위험, 해적, 강도, 절도, 포획, 나포, 군주와 국민의 억류 및 억지, 투하, 선원의 악행 및 이와 동종의 또는 보험증권에 기재되는 일체의 기타 위험을 말한다.

2 해상위험의 분류

(1) 담보위험(Perils Covered)
① 의미: 보험자가 해상위험으로 발생한 손해를 보상하기로 약속한 위험이다.
② 특징: 보험자가 보상책임을 부담하려면 손해가 담보위험과 일정한 인과 관계가 있어야 한다.

(2) 면책위험(Excepted or Excluded Perils)
① 의미: 보험자가 특정한 위험으로 발생한 손해에 대하여 보상책임을 면하기로 정한 위험이다.
② 구분: 법에서 정하는 법정 면책위험과 보험약관에서 정하는 약정 면책위험으로 구분된다. 법정 면책위험에는 당사자 간 합의와 특약에 의해서도 보험자가 부담할 수 없는 절대적 면책위험과 특약으로 보험자가 부담할 수 있는 상대적 면책위험으로 구분된다.
③ 특징: 담보위험과 면책위험이 상충하는 경우 면책위험이 우선한다.

(3) 비담보위험(Perils not Covered)
① 의미: 담보위험 및 면책위험 이외의 모든 위험을 의미한다.
② 특징: 비담보위험은 담보위험도, 면책위험도 아니므로 보험자의 보상책임에 대하여 적극적 효과를 갖지 못한다.

3 해상위험의 담보 방식 기출 2017

(1) 포괄담보 방식
① 의미: 해상보험계약에서 보험자가 법정 면책위험 또는 약정 면책위험 이외의 해상위험 일체를 담보하는 방식이다.
② 특징: 입증책임은 보험자에게 있으며, 협회적하약관 ICC(A/R), ICC(A) 조건이 이에 해당된다.

(2) 열거담보 방식
① 의미: 보험자가 보상하는 위험을 구체적으로 열거하고, 열거되지 않은 위험에 대해서는 책임지지 않는 방식이다.
② 특징: 입증책임은 피보험자에게 있으며, 협회적하약관 ICC(W/A), ICC(FPA), ICC(B), ICC(C) 조건이 이에 해당된다.

CHAPTER 04 무역보험

> 해상손해(Marine Loss) ★ 고난도 빈출이론 강의로 더 쉽게!

1 해상손해

(1) 해상손해의 의미

해상손해란 해상산업에 관련된 적하, 선박, 기타에 대한 보험의 목적(보험목적물)이 해상위험으로 인하여 피보험이익의 전부 또는 일부가 멸실 또는 손상되어 피보험자가 입는 재산상의 불이익이나 경제적 부담을 말한다.

(2) 해상손해의 분류

물적손해 (Physical Loss)	전손 (Total Loss)	현실전손(Actual Total Loss)
		추정전손(Constructive Total Loss)
	분손 또는 해손 (Partial Loss)	단독해손(Particular Average)
		공동해손(General Average)
비용손해 (Expense)		구조비(Salvage Charges)
		손해방지비용(Sue & Labour Charges)
		특별비용(Particular Charges)
배상책임손해 (Liability Loss)		선박충돌 손해배상책임(Collision Liability)

2 물적손해(Physical Loss) 기출 2017 기출 2018 기출 2019 ★ 상시

(1) 전손(Total Loss)

① 현실전손(Actual Total Loss): 보험사고로 인해 피보험이익이 전부 상실되는 것을 의미한다. 성립요건은 다음과 같다.
  ㉠ 실질적인 멸실(Physical Destruction)
  ㉡ 보험목적물 본래의 성질 상실(Alteration of Species)
  ㉢ 회복 가망이 없는 박탈(Irretrievable Deprivation)
  ㉣ 선박의 행방불명(Missing of Ship)

② 추정전손(Constructive Total Loss): 보험증권에 명시된 규정이 있는 경우를 제외하고, 보험목적물의 현실전손이 불가피한 것으로 생각되는 경우 수리비가 보험의 목적가액보다 더 들어 보험의 목적이 합리적으로 포기된 경우를 추정전손으로 본다(MIA 제60조). 성립요건은 다음과 같다.
  ㉠ 피보험자가 피보험위험으로 인하여 자기의 선박 또는 화물의 점유를 박탈당한 경우
  ㉡ 피보험자가 선박 및 화물을 회복할 가능성이 없거나 그 선박 또는 화물의 회복비용이 가액을 초과하는 경우
  ㉢ 선박의 수리비가 선박의 가액을 초과할 것으로 예상되는 경우
  ㉣ 화물의 수리비용 및 운송비용이 도착 시 화물의 가액을 초과할 경우

  참 피보험자는 그 손해를 분손으로 처리할 수도 있고, 보험의 목적을 보험자에게 위부(Abandonment)하고 그 손해를 현실전손의 경우에 준하여 처리할 수도 있다.

(2) 분손 또는 해손(Partial Loss)
   ① 단독해손(Particular Average): 피보험위험으로 발생한 보험목적물의 분손이며, 공동해손 손해가 아닌 것을 말한다.
      ⓐ 적하의 단독해손: 물품의 훼손 및 수량 부족 등이 있으며, 해수의 유입, 선박의 충돌, 화재 등에 의해 발생한 손해이다.
      ⓑ 선박의 단독해손: 수선비, 선원의 급료, 연료 및 저장품 등이 대상이며, 해수유입, 선내화재 등으로 인해 발생한 손해이다.
      ⓒ 운임의 단독해손: 화물의 일부가 멸실, 손상되어 운임의 일부를 받지 못한 경우 발생하는 손해이다.
   ② 공동해손(General Average): 공동해손 손해는 공동해손 행위로 인하여 발생한 손해 또는 공동해손 행위의 직접적인 결과로 발생하는 손해를 말한다. 공동해손 손해는 공동해손비용 및 공동해손희생 손해를 포함한다.

> ✅ **확실히 짚고 넘어가기**   공동해손(General Average)
>
> 1. 공동해손 행위
>   공동의 위험에 처한 재산을 보호하기 위하여 보험목적물을 희생시키거나 비용을 임의적, 합리적으로 발생시키는 행위를 의미한다.
> 2. 공동해손의 성립요건
>   - 위험요건: 공동위험이 존재하며 그 위험이 현실적이고 중대한 것이어야 한다.
>   - 처분요건: 공동해손이 성립하기 위해서는 고의적이고 합리적이며 비정상적인 처분이 있어야 한다.
>   - 손해와 비용요건: 처분의 직접적인 결과인 손해 및 비용에 한하여 공동해손으로 인정된다. 즉, 항해 중 또는 종료 후 발생한 체선료 등과 같이 지연으로 인한 손해와 간접손해는 공동해손으로 인정되지 아니한다.
>   - 잔존요건: 공동해손이 성립하기 위해서는 공동해손 행위의 결과로 선박 또는 화물의 쌍방 또는 일방이 남아 있어야 한다.
> 3. 공동해손 손해의 구분
>   - 공동해손희생(G.A Sacrifice): 공동해손 행위에 의해 발생하는 최초의 물적 손해를 말한다.
>   예) 투하(Jettison), 선내 화재 소화에 따른 손해, 임의 좌초에 의한 손해, 선박의 중량을 가볍게 하기 위한 행위로 인한 손해, 연료로서 사용한 선박용품 및 저장품, 운임의 손실 등
>   - 공동해손비용(G.A Expenditure): 공동해손 행위에 의하여 공동이익단체를 구성하는 이익의 귀속자가 지출하는 비용을 말한다.
>   예) 구조비, 피난항비용, 임시수리비, 대체비용, 자금조달비용, 공동해손 정산비용

3 비용손해(Expenses) 기출 2020

(1) 구조비용(Salvage Charges)
   피보험위험에서 보험의 목적인 선박을 구조한 계약상 의무가 없는 임의 구조자에게 지급하는 보수를 의미한다.

(2) 손해방지비용(Sue & Labour Charges)
   ① 의미: 보험사고 발생 시 피보험자 또는 대리인이 손해를 방지 또는 경감하기 위해 지출하는 비용을 말한다.
   ② 특징
      ⓐ 손해방지비용에는 공동해손비용과 구조비용이 제외된다.
      ⓑ 피보험자 자신의 손해를 방지하기 위한 비용이 손해방지비용이며, 선박과 화물의 공동이익을 위해 지출되는 비용은 공동해손비용에 속한다.
      ⓒ 계약에 의한 구조의 경우에는 계약된 구조료로서 손해방지비용에 포함되지만, 임의 구조료는 공동해손비용손해에 해당된다.

(3) 특별비용(Particular Charges)
① 의미: 보험목적물의 안전이나 보존을 위하여 피보험자에 의하여 또는 피보험자를 위하여 지출된 비용으로 공동해손비용 및 구조료 이외의 비용을 말한다.
② 특징
  ㉠ 특별비용은 단독해손에 포함되지 않는다.
  ㉡ 특별비용은 피보험자의 재산이나 안전의 보전을 위해 지출한 비용인 점에서 공동해손비용과 구별된다.
  ㉢ 행위의 주체가 피보험자라는 점에서 구조비용과 구분된다.
  ㉣ 손해방지 경감비용과 비용지출 목적이 다르다.

4 배상책임손해(Liability Loss)

(1) 배상책임손해의 의미
피보험선박이 타선과 충돌로 인하여 피보험선박 자체가 입은 물적손해는 물론 그 충돌로 인한 상대 선박의 선주 및 그 화물의 화주에 대하여 피보험자가 책임져야 하는 손해배상금을 보험자가 담보해 주는 것을 의미한다.

(2) 배상책임손해의 특징
Lloyd's S.G. Policy에는 제3자에 대한 충돌손해배상책임에 대한 명시가 없으며 협회적하약관에서 쌍방과실충돌약관과 협회선박약관의 '3/4 충돌손해배상책임약관'을 규정하고 화주와 선주의 제3자에 대한 배상책임도 보험자가 보상하는 것으로 한다.

5 손해보상 원칙의 종류

(1) 실손보상의 원칙
보험계약은 보험사고 시 피보험자가 입은 손해만 보상한다는 원칙으로 손해 발생 시 손해금액을 한도로 지급되어야 함을 의미한다. 보험계약은 우연한 사고에 따라 보험자가 보험금을 지급한다는 점에서 사행계약(Aleatory Contract)이며 보험으로 이익을 얻지 못한다는 원칙이 적용된다.

(2) 대위의 원칙
보험사고로 인한 손해 발생 시 피보험자가 보험자에게 보험금을 지급받고 또 잔존물이자 제3자에 대한 손해배상청구권을 구상하는 경우, 피보험자는 부당한 이중보상을 받게 된다. 이는 실손보상원칙에 위배되므로 잔존물과 제3자에 대한 청구 권리를 보험자에게 이전하여 이중 이득을 방지해야 한다는 원칙이다.

(3) 분담의 원칙
동일한 피보험이익, 동일한 위험, 동일한 기간에 대한 보험이 복수의 보험자에게 중복 부보된 경우(중복보험) 피보험자가 손해액 이상을 보상받는 것을 방지하기 위해 보험자 간에 손해를 부보비율에 따라 분담한다는 원칙이다.

(4) 직접책임보상의 원칙
보험자는 직접손해에 대해 보상책임을 지며, 간접손해에 대해서는 책임을 지지 않는다. 하지만 직접손해가 발생하여도 면책비율에 의해 면책되는 경우가 있고, 손해방지비용, 공동해손비용, 구조료, 배상책임 등과 같은 간접손해가 발생하여도 보상하는 경우가 있다.

6 위부와 대위 기출 2017 ★ 상시

(1) 위부(Abandonment)
① 의미: 위부는 해상보험의 피보험자가 보험목적물의 전손을 정확하게 파악하지 못하는 추정전손의 경우 보험금 전액을 지급받기 위하여 보험목적물에 관한 일체의 권리를 보험자에게 양도하는 것을 말한다.
② 성립요건
　㉠ 추정전손의 성립요건을 만족해야 한다.
　㉡ 위부는 무조건 보험자에게 이전되어야 한다(조건부, 기한부로 해서는 안 됨).
　㉢ 위부는 보험목적물의 전부에 대해 불가분적(나누지 않아야 함)으로 이루어져야 한다.
③ 위부의 통지(Notice of Abandonment): MIA에서는 피보험자가 보험자에게 재산권을 양도한다는 의사표시를 서면이나 구두로 해도 무방하며, 위부의 의사표시를 나타내기 위해 어떠한 용어를 사용하더라도 무방하다고 규정한다.
④ 효과
　㉠ 유효한 위부가 있을 경우 보험자는 보험목적물에 잔존할 수 있는 피보험자의 모든 이익과 보험목적물의 소유권에 속하는 모든 권리를 양도받을 수 있다.
　㉡ 위부를 통해 추정전손의 현실적 요건을 충족함에 따라 피보험자는 보험자에게 보험금액 전액을 청구할 수 있다.

(2) 대위(Subrogation)
① 의미: 보험자가 보험목적물의 전부에 대한 전손금을 지불하였거나 분할된 전손금을 지불한 경우, 보험자는 피보험자의 이익(잔존물, 제3자에 대한 청구권)을 승계할 권리를 갖는다. 이러한 권리를 승계받는 것을 대위라고 한다.
② 필요성: 보험사고로 인해 손해가 발생하여 보험자가 피보험자에게 보험금을 지급한 이후에도 피보험자에게 잔존물이나 제3자에 대한 청구권이 있는 경우, 피보험자는 부당이득을 취하게 되며 실손보상원칙에 위배되기 때문에 이중 이득을 방지하고자 대위를 하게 된다.
③ 분류
　㉠ 잔존물 대위(보험목적물에 대한 대위)
　　• 보험자는 보험사고 발생 시 보험가액과 잔존물가액을 정확히 산정하기 어려우므로 전손보험금을 지급한 후 잔존물에 대한 권리를 이전받는다.
　　• 보험자는 보험목적물을 취득함에 따라 부수하는 의무를 부담해야 하는 경우가 있는데, 부담이 잔존의 이익보다 더 큰 경우에는 잔존이익의 취득을 포기할 수 있다.
　㉡ 청구권 대위(제3자에 대한 보험자 대위)
　　• 보험사고가 제3자의 행위로 인하여 생긴 경우, 보험금을 지급한 보험자가 지급 금액의 한도로 제3자에 대한 보험계약자 또는 피보험자의 권리를 취득하는 것을 의미한다.
　　• 피보험자가 제3자의 행위로 인한 보험금청구권과 손해배상청구권을 동시에 행사함으로써 얻는 이중 이득을 방지하기 위함이다.

CHAPTER 04 무역보험

▶ 수출입보험제도

1 무역보험의 특징

(1) 수출의 촉진과 진흥
수출기업의 대외거래 활동에서 신용위험과 비상위험을 제거함으로써 수출거래 환경의 불확실성을 해소하고, 안정적인 수출을 촉진하며 진흥을 도모한다.

(2) 정부의 산업지원 정책 수단
WTO 체제에서 용인되는 유일한 간접 수출지원제도로 한국무역보험공사(K-SURE)에서 취급한다. 비상위험 발생 시 일반 보험사업자가 부담할 수 없는 위험을 정부가 부담함으로써 산업지원 정책 수단으로 활용되고 있다.

(3) 신시장 개척 및 시장 다변화
수출자는 수출 대금을 받지 못하여 발생한 손실을 보상받을 수 있기 때문에 위험성이 있는 외상거래나 신규 수입자의 적극적인 발굴을 통한 신시장 개척 및 시장 다변화를 도모할 수 있다.

(4) 비영리 정책보험
민간 보험회사가 수출보험을 운영하는 경우에는 채산성만을 고려하므로 수출지원의 정책적 효과를 거두기 어렵다. 따라서 정부가 수출보험 운영에 관여하는 비영리 정책보험의 성격을 갖는다.

(5) 위험의 동시다발성
전쟁, 내란 등의 비상위험으로 인한 보험사고는 위험을 예측하기 어렵고, 다수의 수출거래에 대해 동시다발적으로 발생한다. 이러한 이유로 적정 보험료율을 산정하기 어렵고 보험금 청구가 집중되어 대규모의 보험금 지급이 불가피하다.

2 담보위험의 종류

(1) 신용위험(Commercial Risk)
수입자에 관련된 위험으로 수입자 또는 L/C 개설은행의 파산, 지급 불능, 지급 거절, 지급 지체 등으로 인한 수출 대금 회수가 불가능할 수 있는 위험이다.

(2) 비상위험(Political Risk)
수입국에 관련된 위험으로 전쟁, 내란, 혁명, 환거래 제한 또는 모라토리움 선언 등으로 발생한 수출 불능 또는 수출 대금 회수가 불가능할 수 있는 위험이다.

(3) 기업위험(Management Risk)
기업의 영업 활동 과정에서 발생하는 위험으로, 기업가의 판매 예측이 맞지 않거나 또는 기업가의 경영 예측이 어긋남으로써 발생하는 위험이다.

(4) 금리위험(Interest Rate Risk)
이자수익이 발생하는 자산, 즉 은행대출과 같은 자산가치가 금리 변동에 따라 하락하는 위험이다.

(5) 환율위험(Exchange Risk)
환율 변동으로 인한 환차손 등 무역 대금과 관련하여 발생하는 위험이다.

CHAPTER 04 무역보험 | 기출로 점검하기

100회 73번
01 해상보험계약상 피보험이익에 대한 설명으로 옳지 않은 것은?
① 피보험이익은 적법한 것으로서, 금전적으로 평가 가능한 것이어야 한다.
② 피보험이익이 존재하지 않으면, 보험계약은 성립하지 않는다.
③ 해상보험계약의 효력이 발생하기 위해서는 계약의 체결 시에 피보험이익이 존재해야 한다.
④ 해상보험계약상 피보험이익은 원칙적으로 양도될 수 있다.

해설 ③ 장래에 확정될 것이 확실한 이익(희망이익 등)은 계약 체결 시 존재하지 않아도 보험의 대상이 될 수 있다. 단, 피보험이익은 보험사고가 발생할 때까지 금전적으로 확정되어야 한다.

102회 68번
02 해상보험에 대한 설명으로 옳지 않은 것은?
① 해상보험은 보험사고 발생 시 정해진 액수를 보상받는 것이 아니라 실제 발생한 손해만큼을 보상받는 실손보상을 원칙으로 한다.
② 보험계약상 보험자가 지급하기로 약정한 최고 한도액으로 보험가액 내에서 자유롭게 정할 수 있는 것을 보험금이라고 한다.
③ 보험자는 보험계약자보다 위험의 정도에 대해 잘 알지 못하므로 보험계약이 체결될 때까지 보험계약자는 위험사정을 보험자에게 알릴 것을 의무로 규정하고 있는데, 이를 고지의무라고 한다.
④ 보험계약 체결 시에는 피보험이익이 없다 하더라도 계약을 체결할 수 있지만 손해 발생 시에는 피보험이익을 가지고 있어야 보험자로부터 보상을 받을 수 있다.

해설 ② 손해 발생 시 보험자가 부담하는 보상책임의 최고 한도액이자 보험계약 체결에 있어서 보험자와 피보험자 간에 약정된 금액은 보험금액(Insured Amount)이라고 한다. 보험금(Claim Amount)은 보험사고가 발생했을 때 보험회사가 피보험자에게 실제로 지급하는 금액을 말한다.

103회 69번
03 해상보험증권의 해석원칙으로 옳지 않은 것은?
① 난외약관은 본문약관에 우선하는 것이 원칙이다.
② 증권에 첨부되는 특별약관은 본문약관과 난외약관에 우선하는 것이 원칙이다.
③ 타자로 기입된 문언은 본문약관과 난외약관에 우선하는 것이 원칙이다.
④ 이탤릭서체로 된 약관은 수기문언에 우선하는 것이 원칙이다.

해설 ④ 수기문언은 타자된 문언, 스탬프 문언, 인쇄된 문언에 우선하여 적용된다.

103회 75번
04 협회적하약관 ICC(B)와 ICC(C)에 관한 설명으로 틀린 것은?
① 보험자의 위험부담원칙이 열거책임주의이기 때문에 위험약관에 보험자가 담보하는 위험이 구체적으로 열거되어 있다.
② 열거책임주의임에도 불구하고 일반면책, 불감항·부적합면책, 전쟁면책, 동맹파업면책 등의 면책조항이 있다.
③ 파도에 의한 갑판상 유실, 선박 내에 빗물 유입 및 지연에 의한 손실 등은 ICC(B)에서는 담보되나, ICC(C)에서는 보상하지 않는다.
④ 보험의 목적 또는 그 일부에 대해 발생된 여하한 자의 불법 행위에 의한 고의적인 손상이나 파괴는 ICC(B)와 ICC(C) 모두 면책위험이다.

해설 ③ 갑판상 유실은 ICC(C)에서는 담보되지 않는다. 지연에 의한 손실은 ICC(A), ICC(B), ICC(C) 모두 보험자 면책사항(보험자 부담보사항)이다.

정답 01 ③ 02 ② 03 ④ 04 ③

CHAPTER 04 무역보험 | 기출로 점검하기

[100회 60번]
05 2009년 개정 협회적하약관상 보험기간의 종료시점으로 부적절한 것은?

① 보험계약상 약정된 최종 목적지의 매수인 창고에서 보험목적물의 양하가 완료된 시점
② 통상적인 운송 과정에서 벗어나는 보관을 목적으로 피보험자가 선택한 임의의 보관 장소에서 화물의 양하가 완료된 시점
③ 통상적인 운송 과정의 범주에서 벗어나는 보관을 목적으로 피보험자가 보관 장소로서 컨테이너를 사용하기로 선택한 시점
④ 최종 양하항에서 외항선으로부터 화물이 양하된 후 30일이 경과한 시점

해설 ④ 최종 양륙항(양하항)에서 양해(하역)한 후 60일이 경과한 때 보험기간이 종료된다.

[104회 53번]
06 해상보험상 추정전손제도에 대한 내용으로 옳지 않은 것은?

① 피보험자는 현실전손이 발생하지 않았더라도 피보험목적물을 구조하는 데 드는 비용이 피보험목적물의 가액을 초과하는 때에는 추정전손제도를 이용할 수 있다.
② 피보험목적물이 추정전손으로 처리되기 위해서는 보험자에 대한 피보험자의 위부 의사표시가 있어야 한다.
③ 보험자는 피보험자의 위부 의사가 도달하는 때 피보험목적물에 대한 소유권과 제3자에 대한 손해배상청구권을 대위하여 취득하게 된다.
④ 위부의 효과로서 피보험자는 보험자에 대하여 보험금액 전부의 보상청구권을 갖는다.

해설 ③ 피보험자의 위부 의사가 도달해도 보험자가 이를 동의해야 피보험목적물에 대한 소유권과 제3자에 대한 손해배상청구권을 대위하여 취득하게 된다. 보험자는 피보험자의 위부 의사에 대해 무조건 수락해야 하는 것은 아니며 보험자의 선택에 의한다.

[108회 35번]
07 What is MOST suitable for the blank?

> General average is an internationally accepted (　　　) dating back to ancient times.
> Essentially, if one or more interests involved in a maritime adventure voluntarily sacrifices all or part of their goods to save all interests from an impending peril or loss, the interests saved will reimburse the interest suffering the loss so that each shares the loss equally.

① claim principle
② source of benefit
③ commercial terms
④ principle of equity

해설 빈칸에 들어가기에 가장 적절한 것은 무엇인가?

> 공동해손은 고대부터 (형평의 원칙)으로 국제적으로 인식되었다.
> 근본적으로 해상운송과 관련된 하나 이상의 이해관계자들이 임박한 위험 및 손실로부터 모든 이의 보험 이익을 보호하기 위하여 자신의 화물 전부 또는 일부를 자발적으로 희생시킨 경우, 자신의 화물을 보호받은 이해관계자들은 손실을 입은 이해관계자에게 손실에 대해 배상하여 각자가 손실을 동등하게 분담할 수 있도록 한다.

① 클레임 원칙　② 이익의 출처
③ 거래 조건　　④ 형평의 원칙

해설 공동해손에 대한 설명이다. 손해를 입은 당사자에게 손해를 방지한 당사자들이 형평의 원칙에 따라 보상해 준다.

정답 05 ④　06 ③　07 ④

CHAPTER 05 | 무역클레임

* 파란색자는 "무역용어 120선"에 수록되어 있습니다.

> **무역계약 위반과 구제** ★ 고난도 빈출이론 강의로 더 쉽게!

1 무역계약 위반(Breach of Contract)

(1) 이행 지체(Delay in Performance)
① 의미: 채무가 이행기에 있고 이행이 가능함에도 이행하지 않는 것을 말한다. 선적 불이행, 지연 선적, 대금 지급 지연 등의 경우가 이에 해당한다.
② 성립요건
  ㉠ 채무의 이행 시기가 도래해야 한다.
  ㉡ 이행이 가능해야 한다.
  ㉢ 채무자의 귀책사유여야 한다.
③ 채권자의 구제 방법
  ㉠ 강제이행 청구
  ㉡ 손해배상 청구
  ㉢ 계약 해제

(2) 이행 거절(Renunciation, Repudiation)
① 의미: 계약당사자가 자신의 의무를 이행하지 않겠다는 명시적 또는 묵시적인 의사표시로 이행기 전후를 불문하고 이행을 거절하는 것을 말한다.
② 성립요건
  ㉠ 이행기 도래 전후에 가능하다.
  ㉡ 이행 거절의 의사가 명료하게 표시되어야 한다.
③ 효과(결과)
  ㉠ 상대방의 이행 거절이 있으나 소멸 처리하지 않고 이행 시까지 이행을 요구할 수 있다.
  ㉡ 이행기간 도래 전에 계약을 해제하고 손해배상 청구가 가능하다.

(3) 이행 불능(Impossibility of Performance)
① 의미: 채무자의 행위 또는 불가항력으로 인해 계약 이행이 불가능한 것을 말한다.
② 종류

원시적 불능	계약 체결 시 이미 계약의 목적 달성이 불가능하거나 계약목적물이 소멸한 경우(계약 자체가 성립되지 않음)
후발적 불능	계약은 체결 당시 적법하게 이루어졌으나 추후 예기치 못한 사정으로 계약 이행이 불가능해진 경우(당사자의 행위에 의해 이행이 불가능한 경우에는 계약 위반에 해당하며 채권자는 손해배상을 청구하거나 계약 해제가 가능)

(4) 계약의 좌절(Frustration)
① 의미: 원시적 불능도 아니고 계약 성립 후 당사자의 귀책사유도 아닌 이유로 계약을 법적으로 이행하지 못하게 되거나, 상황이 계약 체결 시 예상했던 것보다 많이 달라져서 이행할 가치가 없게 된 경우를 말한다.

② 성립요건
  ㉠ 목적물의 멸실
  ㉡ 전쟁
  ㉢ 후발적 위협
  ㉣ 정부의 수출입금지명령
  ㉤ 법령의 변경 등
③ 성립배제
  ㉠ 스스로 이행 불능을 자초한 경우
  ㉡ 계약서상 명시적 규정이 있는 경우
  ㉢ 예측된 사건의 경우
  ㉣ 단기간의 이행이 불가능한 경우
  ㉤ 이행상의 비용이 증가한 경우
  ㉥ 한 당사자에 의해 의도된 계약의 목적 달성이 불가능한 경우
④ 효과(결과): 계약의 좌절이 성립되는 경우 계약은 사건 발생 시점부터 자동적으로 소멸된다.

(5) 불완전 이행(Incomplete Performance)
① 의미: 계약상 채무의 이행이 일단 이루어졌지만 그 이행 정도가 불완전한 경우를 말한다.
② 성립요건
  ㉠ 하자 있는 물품을 인도한 경우
  ㉡ 채무의 이행 방법이 불완전한 경우
  ㉢ 급부하기 전에 필요한 주의를 게을리한 경우
③ 효과(결과)
  ㉠ 채권자는 손해배상 청구가 가능하다.
  ㉡ 계약의 본질적인 침해에 해당하는 경우 계약해제권이 발생한다.

2 매도인의 계약 위반에 따른 매수인의 구제 기출 2018 ★ 상시

(1) 특정이행청구권 행사
① 매수인은 계약을 해제하지 않고 권리침해를 입은 것에 대해 적극적으로 이행할 것을 매도인에게 청구할 수 있다.
② 손해배상청구권과 병행하여 청구하는 것이 가능하다.

(2) 대체품인도청구권 행사
① 매수인은 매도인이 계약을 해제할 수 있을 정도의 본질적인 위반을 한 경우 대체품 인도를 청구할 수 있다.
② CISG에서 정한 목적물의 하자 통지와 함께 하거나 하자 통지 시점에서 합리적인 기간 내에 대체품의 인도를 청구해야 한다.

(3) 하자보완청구권 행사
① 물품이 계약과 일치하지 않은 경우 매수인은 매도인에게 합리적인 수리로 보완해 줄 것을 청구할 수 있다.
② 하자의 보완청구는 청구의 내용이 주위의 모든 사정을 감안했을 때 불합리하지 않고 합리적인 기간 내에 이루어져야 한다.

(4) 추가기간지정권 행사
① 매수인은 매도인의 의무 이행을 위하여 합리적인 추가기간을 부여할 수 있다. 매수인은 추가기간을 합리적으로 정하여 확정적이고 최종적인 인도 일자를 특정해야 한다.
② 매도인에게 추가기간 내에 이행할 의사가 없다는 통지를 받는 경우를 제외하고는 어떠한 구제수단도 사용할 수 없다. 다만, 이행 지체에 대한 손해배상은 청구할 수 있다.

(5) 계약해제권 행사
계약 해제(Avoidance of Contract)는 일방적인 의사표시로 계약 관계를 해제시키기 위한 권리를 행사하는 것이다. 다음의 경우 매수인은 계약을 해제할 수 있다.
① 매도인의 계약 위반이 본질적인 위반을 구성하는 경우
② 매수인이 정한 추가기간 내에 매도인이 목적물을 인도하지 않는 경우
③ 매수인이 정한 추가기간 내에 매도인이 그 의무를 이행하지 않을 것을 밝힌 경우

> 참 본질적 위반이란 한 쪽 당사자가 범한 계약 위반이 상대방에게 그 계약에서 기대할 수 있는 바를 실질적으로 박탈할 정도의 손실을 주는 경우를 말함

(6) 대금감액청구권 행사
① 매도인에게 수령한 물품이 계약에 적합하지 않은 경우 대금이 이미 지급되었다 하더라도 매수인은 실제 인도된 물품의 가액에 동일한 비율로 대금을 감액할 수 있다.
② 매도인이 의무 불이행을 보완하려는 경우나 매수인이 이를 수락하지 않는 경우에는 대금의 감액을 청구할 수 없다.

(7) 손해배상청구권 행사
① 매수인은 매도인의 의무 불이행에 대한 손해배상을 청구할 수 있다.
② 손해배상청구권은 이행청구권, 대체품인도청구권, 계약해제권, 대금감액청구권과 선택적 또는 중복적으로 청구할 수 있다.

3 매수인의 계약 위반에 따른 매도인의 구제 기출 2018 기출 2019 기출 2020 ★상시

(1) 특정이행청구권 행사
매수인의 특정이행청구권에 상응하는 개념으로, 매도인은 매수인에게 대금의 지급, 물품의 수령 또는 기타 매수인의 의무를 이행하도록 청구할 수 있다.

(2) 추가기간지정권 행사
매도인은 매수인의 의무 이행을 위해 합리적인 추가기간을 정할 수 있다.

(3) 계약해제권 행사
다음의 경우 매도인은 계약을 해제할 수 있다.
① 매수인의 계약 위반이 본질적인 위반을 구성하는 경우
② 매도인이 정한 추가기간 내에 매수인이 대금지급의무 또는 물품인도수령의무를 이행하지 않은 경우
③ 매도인이 정한 추가기간 내에 매수인이 그 의무를 이행하지 않을 것을 밝힌 경우

(4) 물품명세확정권 행사
① 매수인이 물품의 형태, 용적, 기타 특징을 지정하기로 한 경우 매수인이 물품명세를 지정하지 않으면 매도인은 자신의 물품명세를 작성할 수 있다.

05 무역클레임

② 매도인이 세부사항을 매수인에게 통지하였음에도 매수인이 물품명세를 작성하지 않으면 매도인이 작성한 물품명세가 구속력을 가진다.

(5) 손해배상청구권 행사
① 매수인이 의무를 이행하지 않는 경우 매도인은 손해배상을 청구할 수 있다.
② 계약 해제권, 특정이행청구권 등과 선택적 또는 중복적으로 청구할 수 있다.

✓ 확실히 짚고 넘어가기 　매수인과 매도인의 구제권리 비교

구제권리	매수인	매도인
특정이행청구권	○	○
대체품인도청구권	○	×
하자보완청구권	○	×
추가기간설정권	○	○
계약해제권	○	○
대금감액청구권	○	×
손해배상청구권	○	○
물품명세확정권	×	○

▶ 무역클레임의 처리방안

1 무역클레임의 원인

(1) 직접적 원인
① 계약의 성립에 원인이 있는 경우: 청약과 승낙의 내용 및 법적 효력을 잘못 이해하는 경우, 계약의 성립 여부에 관한 다툼이 발생하고 이것이 클레임으로 이어질 수 있다.
② 계약 내용에 원인이 있는 경우: 품명, 규격, 수량, 단가 등 계약의 내용이 불완전하거나 불충분할 경우 클레임이 발생한다.
③ 계약 이행에 원인이 있는 경우: 품질 불량, 수량의 부족, 선적 불이행, 선적 지연 등으로 인해 계약의 이행 과정에서 문제가 발생할 수 있다.

(2) 간접적 원인
① 언어의 차이로 인한 의사소통상의 오해
② 각국의 상관습과 법률의 상이함
③ 서류의 전달 과정상 오류가 있는 경우
④ 불가항력
⑤ 신용조사의 불충분

2 클레임의 종류 기출 2020

(1) 발생 원인에 따른 분류
① 운송클레임: 하역, 운송 도중 선박의 불시 입항 시의 보관, 운임 등이 원인이 되어, 화물의 멸실, 손상, 지연 등이 일어난 경우 수출상 또는 수입상이 운송인에게 제기하는 클레임이다.
② 보험클레임: 무역 거래당사자는 일반적으로 운송 과정의 위험을 회피하고자 해상보험계약을 체결한다. 이와 같이 부보된 경우 보험계약으로 담보된 위험에 대해서는 보험자(보험회사)는 보험금을 지급하여야 할 의무를 가진다. 피보험자가 보험자에게 보험금 지급을 청구하는 것을 보험클레임이라고 한다.
③ 무역클레임: 무역거래에 의한 내재적, 필연적, 인위적인 원인, 즉 매매계약상의 불이행 또는 위반 행위에 의한 손해에 대하여 무역거래당사자 간에 발생하는 클레임이다.

(2) 성질에 따른 분류
① 마켓클레임: 극히 경미한 손상으로 클레임을 제기하기에 무리가 있는 경우나 무역계약 성립 후 시세가 하락하여 수입업자가 손해를 입을 것으로 예상되는 경우에 감가의 구실로 제기하는 클레임이다.
② 계획적 클레임: 매수인이 고의로 매도인으로 하여금 계약 이행에 지장을 일으키게 하여 제기하는 클레임이다.

3 클레임 대비 조항 기출 2018

(1) 중재조항(Arbitration Clause)
당사자의 분쟁을 중재로 해결한다는 내용을 규정하고 중재기관, 중재지, 중재규칙 또는 중재법 등을 설정한 조항이다.

(2) 완전합의조항(Entire Agreement Clause)
계약서가 유일한 합의서이고 계약서 이외의 내용은 인정하지 않는다는 조항이다. 거래 협상 중의 문서나 구두는 인정되지 않으며 계약서 체결 이전의 협의사항은 주장할 수 없다.

(3) 권리불포기조항(Non-Waiver Clause)
당사자의 클레임이나 권리의 전부 또는 일부는 클레임이나 권리의 포기를 서면으로 승인하거나 확인하지 않는 한 포기한 것으로 간주하지 않는다는 조항이다. 즉, 계약 위반에 대해 거래상대방이 이의를 제기하지 않았다는 것이 이의 제기를 포기하는 것으로 해석되어서는 안 된다는 조항이다.

(4) 품질보증조항(Warranty Clause)
물품의 품질보증과 관련된 내용을 포함하는 조항이다. 물품의 하자담보와 품질보증에 관해 계약서에 명시하여 이에 대해 위반할 시 구제조치 등을 받을 수 있도록 한 조항이다.
참 Warranty Disclaimer Clause(보증면책조항)과는 반대되는 개념이다.

4 무역클레임의 제기

(1) 클레임의 내용
① 금전의 청구

손해배상 청구	계약조건 미충족 물품, 선적 불이행, 부당한 계약 해제, 신용장 미발행, 선적 지연, 대금 결제 지연, 화물의 부당한 인수거절 등의 사유로 발생하는 손해를 금전으로 계산하여 청구함
대금 지급 거절	D/A거래에서 계약 물품과 서류가 상이하거나 신용장거래에서 신용장조건과 서류가 불일치할 경우 대금 지급을 거절함
대금 감액 요청	도착한 물품의 품질이나 포장의 불량, 화인 또는 상표의 불량 등 계약 내용과 일치하지 않는 상품이 도착한 경우 대금 감액을 요청함

② 금전 이외의 청구

화물의 인수 거절	매수인이 상품의 하자를 발견하였을 경우 해당 화물의 일부 또는 전부의 인수를 거절함
계약 이행 청구	매도인은 매수인에게 신용장 개설, 매매약정 물량의 이행 등을 요청하고, 매수인은 매도인에게 화물의 선적 이행 등을 요청함
잔여 계약분 해제 요청	1차 도착한 상품의 품질이 불량하거나 계약 내용과 다를 경우 나머지 계약분에 대한 계약의 해제를 요청함
대체품의 청구	매수인이 물품의 인수를 거절하고, 선적지로 반송한 후 매도인에게 계약과 일치하는 물품을 다시 보내달라고 요구함

(2) 클레임 제기 시 유의사항
① 물품의 검사와 통지: 물품에 대한 클레임의 경우 수입 물품을 인도받은 매수인은 합리적인 기간 내에 물품을 검사하여 하자 또는 수량 부족을 발견하였다면 매도인에게 지체없이 통지하여야 한다.
② 당사자의 선택: 클레임 제기 사유를 발견하면 클레임을 청구할 당사자를 적절하게 확인하여야 한다. 당사자의 선정이 잘못될 경우 클레임의 제기 효력이 없어진다. 수출업자 입장에서는 상대국의 수입업자, 신용장 개설은행, 보험회사, 선박회사 등에 청구해야 할 것이며, 수입업자 입장에서는 수출업자, 제조업자, 선박회사, 보험회사 등에 청구해야 할 것이다.
③ 클레임의 제기 기간: 무역거래에서 손해를 입은 거래당사자는 클레임조항에 명시된 기한 내에 클레임의 내용을 입증할 수 있는 서류 등을 구비하여 거래상대방에게 신속하게 전달하여야 한다. 클레임기간의 약정이 없는 경우에는 지체 없이 물품을 검사하고 하자를 발견한 즉시 통지하여야 하며, 하자를 즉시 발견할 수 없는 경우에는 상당한 기간 내에 통지하고, 물품이 매수인에게 실제로 교부된 날부터 늦어도 2년 내에 이루어져야 한다.

(3) 필요서류
① 클레임 사실진술서: 육하원칙에 의해 간단하고 명료하고 구체적으로 진술하여야 하는 법적 문서이다.
② 손해명세서: 손해액과 제비용(운송료, 보험료, 창고료 등)에 대해 기재한 명세서이다.
③ 검사보고서: 국제공인검정기관의 보고서로 품질 불량, 성능 미달, 수량 부족을 입증하기 위해 첨부하는 서류이다.
④ 기타 피해사실을 입증할 수 있는 서류: 계약서, 선하증권, 신용장 등을 말한다.

(4) 클레임 통지 방법
① 클레임의 통지는 계약에서 정한 바에 따라야 한다.
② 서면으로 작성하여 전신, 팩스 또는 이메일로 신속히 통지하여야 하며, 통지 방법에 대해 약정이 없는 경우 각 거래의 사정상 적절한 방법으로 한다.

5 무역클레임의 해결

(1) 클레임 해결의 형태
① **클레임의 철회**: 클레임 제기자(Claimant)가 본인이 제기한 클레임을 스스로 철회 또는 취소하는 행위로 클레임이 없던 상태로 환원하는 행위를 의미한다.
② **클레임의 거절**: 클레임 피제기자(Claimee)가 제기자에게 제기당한 클레임을 거절하는 행위이다. 이 경우 클레임 제기에 대한 부당성을 입증할 수 있는 증거를 제시해야 한다.
③ **클레임의 수락**: 클레임 피제기자가 클레임에 대해 수락하는 행위를 의미한다.

(2) 클레임 해결의 내용
① **손해배상금의 지급**: 클레임 제기자가 입은 손해에 대해 피제기자가 금전으로 배상하는 것을 의미한다.
② **대금 감액**: 클레임 피제기자가 제기자에게 품질 불량, 품질 상이, 포장 불량 등의 사유로 계약가격의 감액을 요청받고 이를 승낙하는 것을 말한다.
③ **물품 반송**: 물품의 인수를 거절하고 수출자에게 되돌려보내는 것을 의미한다. 반송의 대상은 계약 상이 물품, 품질 불량품, 포장 불량품 등이다.
④ **계약 이행**: 클레임 제기자가 클레임 피제기자에게 계약상의 의무를 이행할 것을 요구하는 경우이다. 대표적인 예로 신용장의 조건변경과 선적 요청을 들 수 있다. 클레임 피제기자가 계약을 불완전하게 이행하는 경우 손해배상금의 청구나 대금의 감액이 수반되는 경우도 있다.

(3) 클레임 해결 방법 `기출 2017` `★ 상시`
① **당사자 간 해결하는 방법**
  ㉠ **청구권의 포기(Waiver of Claim)**: 청구권 행사를 포기하여 상대방을 다른 조건으로 만족시킨 경우, 클레임 제기금액이 너무 적어 클레임의 가치가 없는 경우, 분쟁해결 절차가 복잡한 경우 등에는 클레임을 포기하고 단순 경고하며 주의를 촉구하는 방법이다.
  ㉡ **화해(Amicable Settlement, Composition)**: 제3자의 판단이 아닌 당사자 간 교섭에 의해 해결되는 것을 화해라고 하며, 실무상 대부분의 경우 화해를 통해 해결된다.
② **제3자의 개입에 의한 해결**
  ㉠ **알선(Intercession, Recommendation)**: 공정한 제3자(예 상사중재원)가 당사자의 일방 또는 쌍방의 요청으로 사건에 개입하여 원만하게 해결될 수 있도록 조언하는 것을 의미한다. 강제력은 없으나 제3자가 당사자에게 강한 영향력을 미침으로 분쟁을 해결할 수 있다.
  ㉡ **조정(Conciliation, Mediation)**: 양 당사자가 공정한 제3자를 조정인으로 선임하고 조정인이 제시하는 해결안에 양 당사자가 합의하여 분쟁을 해결하는 방법이다. 양 당사자는 제시된 조정안을 수락할 의무가 없으므로 어느 일방이 조정안에 불복하면 클레임 해결에 실패하게 된다.
  ㉢ **중재(Arbitration)**: 사법상 법률 관계를 법원의 소송 절차에 의하지 않고, 당사자 간의 합의로 제3자인 중재인을 선임하여 그 분쟁을 중재인의 판단에 맡겨 그 결과에 양 당사자가 절대복종하여 합의하는 방법이다. 결과는 강제성을 갖고 그 중재인의 판정효력은 법원의 확정 판결과 동일하다. 또한 뉴욕협약에 의해 외국에서 집행을 보장받는다.
  ㉣ **소송(Litigation)**: 국가기관인 법원의 판결로 분쟁을 강제적으로 해결하는 방법이다. 중재에 합의하지 않는 경우 상대방에게 강제를 가하기 위해 국가권력의 발동을 요청하고 국가권력에 의하여 강제력을 행사하는 방법이다.

CHAPTER 05 무역클레임

> 상사중재

1 중재제도의 장단점   기출 2018   ★ 상시

(1) 중재제도의 장점

① **분쟁의 신속한 해결**: 소송은 3심제를 운영하나 중재는 단심제로 운영되고 있어 법원에 비해 짧은 시간에 최종 판정에 도달한다. 상사중재규칙에서는 '중재판정부는 당사자의 합의 또는 법률의 규정 중 다른 정함이 없는 한 심리종결일로부터 국내 중재일 경우 30일 이내, 국제 중재일 경우 45일 이내에 판정하여야 한다.'고 규정하고 있다.

② **비용의 절감**: 중재는 단심제로 운영되어 법원 소송보다 비용이 절감된다. 소송의 경우 매 심급마다 인지대, 변호사 보수 등이 발생한다.

③ **전문가의 판단**: 상거래와 관습에 정통한 중재인이 판정하므로 국가기관인 법원의 판결보다 현실적이고 타당할 수 있다.

④ **절차의 비공개**: 중재는 회사의 운영 비용, 영업 방식, 손익 내용 등 거래 비밀을 공개하지 않으므로 사업상 비밀이나 회사의 명성을 그대로 유지할 수 있다.

⑤ **판정의 국제 효력 발생**: 중재판정은 뉴욕협약에 가입한 국가에 대해 그 집행을 보장받을 수 있으므로 국내에서만 효력이 발생하는 소송에 의한 판결보다 효력이 크다.

⑥ **자주적 분쟁 해결**: 중재는 중재계약부터 중재판정에 이르는 모든 절차를 당사자의 자유의사에 의한 중재합의에 따라 해결하는 자주적인 분쟁 해결 방법이다.

⑦ **평화적 분위기**: 소송은 제소 및 소환의 수단에 의해 진행되나, 중재는 상호교섭과 평화로운 분위기 속에서 진행된다.

(2) 중재의 단점

① **법률 문제**: 중재인은 사실 문제에 대해 신속하고 정확하게 판정할 수 있으나, 중요 법률 문제가 관련되어 있을 때에는 일반적으로 그 판단 능력이 미흡하다.

② **절차상의 문제**: 중재에서는 신속한 처리를 위해 정당한 절차에 의해 통지가 되었다면 당사자가 불참하더라도 심리를 진행할 수 있어 불참한 당사자의 입장이 완전히 무시될 수 있다.

③ **단심제**: 소송과는 달리 결과에 불복하는 경우 재심을 요청할 수 없다.

④ **예측 가능성의 감소**: 중재판정이 법률 또는 판례 등이 아닌 중재인의 개인적 판단에 의존하여 판정 기준이 애매하므로 때로는 객관성이 결여되어 예측 가능성이 감소한다.

⑤ **중재인의 대리인 의식**: 중재는 당사자가 각각 1명씩 대리인을 선임하게 되므로 선임받은 중재인은 선임자에 대한 이익을 대변할 가능성이 높다.

⑥ **국내 중재에 있어 집행 가능성의 감소**: 국내 중재판정의 승인과 집행을 위하여 새로운 집행판결을 구하는 절차가 필요하므로 법원의 판결에 비해 집행의 가능성과 효율성이 떨어진다.

⑦ **양 당사자 주장의 절충**: 중재인은 강제처분권이 없고 판정기간이 단기간이므로 양 당사자의 주장을 절충하여 판정을 내리는 경우가 있다.

2 중재계약(중재합의) 기출 2018

(1) 중재계약(중재합의)의 의의
① 중재계약(중재합의)은 사법상의 법률 관계에 대해 당사자 간에 현재 발생하고 있거나 장래 발생할지도 모르는 분쟁을 중재로 해결하도록 하는 합의를 의미한다. 중재계약(중재합의)은 분쟁 발생 전 또는 발생 후에도 별도의 중재계약(중재합의)에 의해 이루어질 수 있다.
② 분쟁이 발생한 후 중재가 본인에게 유리하다고 판단되지 않는 경우 중재에 합의하지 않을 가능성이 있으므로 계약서 상에 중재조항을 설정해 두는 것이 바람직하다.

(2) 중재계약(중재합의)의 내용
분쟁에 대해 중재 의뢰를 원활하게 하기 위해 ① 중재가 행해지는 장소, ② 이용할 중재기관, ③ 적용할 중재규칙 또는 준거법 등을 명시한다. 이를 중재의 3요소라고 한다.

(3) 중재계약(중재합의)의 방법
중재계약(중재합의)은 서면으로 이루어져야 하며 다음과 같은 형태로 진행된다.
① **독립문서에 의한 방법**: 매매계약서상 중재조항을 삽입하지 않고 독립계약 또는 중재부탁합의서를 작성하는 방식이다.
② **중재조항 삽입에 의한 방법**: 매매계약서상에 분쟁이 발생하였을 경우 중재로 해결한다는 내용을 삽입하는 것을 말한다.

(4) 중재계약(중재합의)의 효력
분쟁이 발생하면 중재로 해결하여야 하므로 법원 재판을 받을 권리를 상실한다(직소금지의 원칙).

CHAPTER 05 무역클레임

3 중재의 절차 [기출 2018]

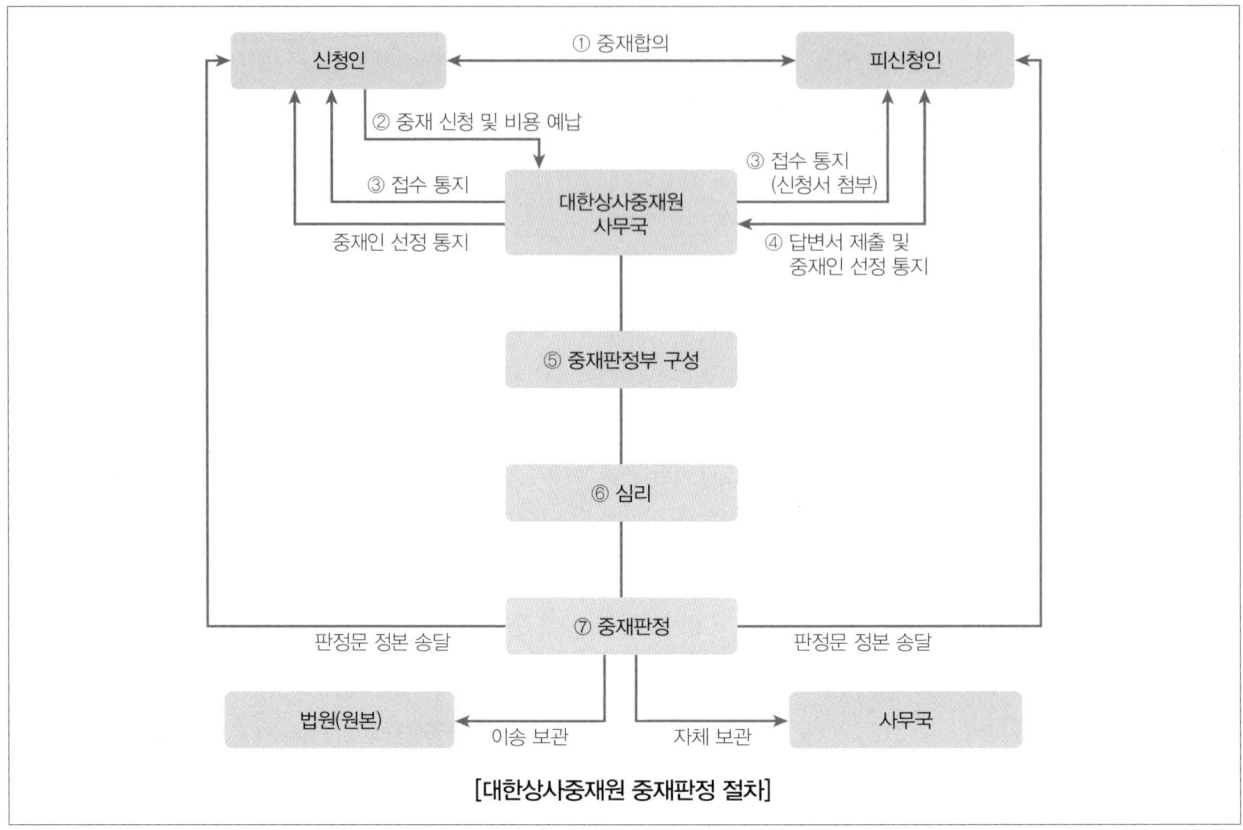

[대한상사중재원 중재판정 절차]

(1) 중재계약(중재합의) 체결
분쟁이 발생할 시 중재에 의하여 해결하기로 합의하는 것을 중재합의라고 한다. 이러한 중재합의 또는 사후 약정하는 중재부탁합의는 계약 체결 시 계약서의 한 조항으로서 중재조항을 삽입해 두어야 한다.

(2) 중재 신청 및 비용 예납
신청인은 당사자 간 계약에서 정한 중재기관에 중재를 신청하고 소정의 중재 비용을 예납한다.

(3) 접수 통지
중재원은 신청 접수 내용의 적합성 여부를 확인하고 쌍방당사자에게 중재신청서를 수리하였음을 통지한다.

(4) 중재인(Arbitrator) 선정 방법
① 당사자가 선정: 중재계약에서 당사자 간의 약정으로 정한다.
② 사무국이 선정: 사무국이 중재인 명부 중에서 5인 또는 10인의 후보자를 선정 후 당사자에게 명단을 보내면 양 당사자는 희망순위를 기재하여 제출한다. 제출된 순위를 참고하여 사무국은 중재인을 정한다.

(5) 중재판정부 구성
당사자 간 중재계약에서 수를 정하였으면 그에 따르고, 그 수를 정하지 아니하였을 경우에는 사무국이 해당분야에 경험이 있고 전문지식을 갖춘 1인 또는 3인으로 구성한다.

(6) 심리
심리란 증거나 방법 따위를 심사하는 행위를 말한다. 심리는 중재인이 결정하는 것이 원칙이며 중재판정부는 심리의 일시, 장소, 방식을 결정하여 당사자들에게 통지한다. 상사중재규칙에서는 중재인은 제출된 증거의 신빙성과 유효성을 자유심증에 따라 판단한다는 자유심증주의를 채택하고 있다.

(7) 중재판정
① 중재판정은 중재인이 내리는 최종적 결정을 의미한다. 양 당사자를 구속하므로 공평하고 정당하며 확정적으로 판정이 되어야 한다. 국내상사중재 규칙 제49조 중재판정에서는 "중재판정부는 중재판정부 구성의 통지를 받은날부터 100일 이내에 판정하여야 한다"(국제중재의 경우 판정부 구성일로부터 6개월 이내)라고 규정하여 신속한 해결이 가능하도록 하고 있다.

② 중재판정의 효력
  ㉠ 국내 효력: 당사자 간에 있어서 법원의 확정 판결과 동일한 효력을 갖는다.
  ㉡ 국제 효력: 사법상의 행위이므로 국경이나 법역을 넘어서 외국에서도 그 효력을 미칠 수 있다.
  [참] 중재원이 적용하는 관습 및 규정의 우선순위
      1. 명시되어 있는 계약 조항
      2. 묵시적 계약 조항
      3. 당사자들 사이에 확립된 관행 및 관습
      4. 특정 거래에서의 일반적인 관행 및 관습
      5. CISG(비엔나협약) 규정

4 임시적 처분 [기출 2017] [기출 2018]

임시적 처분은 중재판정부가 중재 절차 진행 도중 내리는 긴급 조치를 의미한다. 즉, 중재 절차에서 중재판정부는 당사자들의 지위를 보호하고 중재판정의 결과를 기다릴 동안 중재대상 목적물의 처분이나 재산 도피 등을 제한하고 그 상태를 유지하도록 하는 것을 말한다.

5 중재판정의 취소 ★상시

(1) 취소의 소 제기
중재판정에 대한 불복은 법원에 중재판정 취소의 소를 제기하는 방법으로 할 수 있다.

(2) 중재판정 취소의 소를 제기할 수 있는 경우
① 중재합의의 당사자가 해당 준거법에 따라 중재합의 당시 무능력자였던 사실 또는 중재합의가 당사자들이 지정한 법에 따라 무효인 사실을 증명하는 경우
② 당사자가 중재인의 선정 또는 중재 절차에 관하여 적절한 통지를 받지 못하였거나 본안에 관한 변론을 할 수 없었던 사실을 증명하는 경우
③ 중재판정이 중재합의의 대상이 아닌 분쟁을 다룬 사실 또는 중재판정이 중재합의의 범위를 벗어난 사항을 다룬 사실을 증명하는 경우
④ 중재판정부의 구성이나 중재 절차가 당사자 간의 합의에 따르지 아니하였을 경우
⑤ 법원의 직권으로 중재판정을 취소할 수 있는 경우
⑥ 중재판정의 대상이 된 분쟁에 대한민국의 법에 따라 중재로 해결될 수 없는 경우
⑦ 중재판정의 승인 또는 집행이 대한민국의 선량한 풍속이나 그 밖의 사회질서에 위배되는 경우

05 무역클레임

6 외국중재판정 기출 2019

(1) 뉴욕협약

'외국중재판정의 승인과 집행에 관한 유엔협약'의 약칭으로, 중재판정의 승인 및 집행의 요구를 받는 국가 이외의 국가의 영토 내에서 내려진 판정으로 자연인 또는 법인 간의 분쟁에서 발생하는 중재판정의 승인 및 집행에 적용되는 협약이다.

(2) 승인과 집행

① 승인: 특정한 법률 관계 또는 사항에 대하여 공적인 권위 또는 권한에 의하여 그 존재 또는 정부를 확인·시인·비준하는 행위를 말한다.
② 집행: 사법상의 청구권을 국가권력의 행사로 만족시킬 것을 목적으로 하는 법률상의 절차를 의미한다.

(3) 승인과 집행의 요건

① 중재계약이 뉴욕협약의 적용 범위 내에 있어야 한다.
② 분쟁이 일정한 법률 관계에 관련하여 발생하되, 동 분쟁은 중재계약의 범위 내에 있어야 한다.
③ 중재계약의 서면상 요건이 구비되어야 한다.
④ 중재계약이 무효, 실효, 이행 불능이 되지 않아야 한다.
⑤ 외국판정의 승인이나 집행이 그 국가의 공공의 질서에 반하지 않아야 한다.

(4) 승인 및 집행의 거부사유

① 중재합의의 당사자가 준거법에 의한 무능력자 또는 합의가 무효인 경우
② 당사자가 중재인의 선정 또는 중재 절차에 관한 적절한 통지를 받지 못하였을 경우
③ 중재판정이 중재합의 대상의 범위를 벗어난 사항을 다룬 경우
④ 중재기관의 구성, 절차가 당사자간의 합의와 다른 경우
⑤ 판정이 당사자에게 구속력을 발생하지 않거나, 판정국가의 기관 또는 법령에 의해 취소 또는 정지된 경우

7 중재와 소송의 비교

구분	중재	소송
대상	당사자가 처분할 수 있는 사법상 모든 분쟁	민사, 형사, 행정, 선거 등 모든 분쟁
요건	당사자 간 서면에 의한 중재합의가 있을 것	• 해당 법원이 관할권을 가질 것 • 당사자 능력이 있을 것, 당사자 적격이 있을 것 • 권리보호의 자격과 필요가 있을 것
효력	법원의 확정 판결과 동일한 효력	구속력, 형식적 확정력, 기판력, 집행력, 형성력
신속성	단심제로 인한 신속한 처리 가능	3심제도와 복잡한 절차 필요
경비	단심제로 인해 중재 비용 지출이 적고 변호사 선임 비용 발생하지 않음	3심제에 의한 인지세, 변호사 보수 등 많은 비용이 발생함
판정인	무역실무에 정통한 중재인이 판정	법관이 법률과 판례를 통해 판결
공개성	비공개주의 원칙	공개주의 원칙

CHAPTER 05 무역클레임 | 기출로 점검하기

[102회 56번]
01 국제물품매매계약에 관한 UN협약(CISG)상에서 규정한 계약해제권에 대한 설명으로 옳지 않은 것은?

① 계약 해제의 효력은 의사표시가 상대방에게 도달하였을 때 발생한다.
② 매수인이 이행 추가 기간을 지정한 경우에는 당해 기간 중에는 해제권을 행사할 수 없다.
③ 매수인이 물품을 수령한 후 2년이 경과한 때에는 해제권이 제한된다.
④ 매수인이 대금을 기지급한 경우 매도인의 계약해제권은 제한된다.

해설 ① 계약 해제의 의사표시는 상대방에 대한 통지로 행한 경우에 한하여 효력을 갖는다(CISG 제26조). 당사자는 통신의 전달 중에 지연이나 오류가 있거나 또는 통신이 도달되지 아니하더라도 그 통신을 주장할 권리를 상실하지 아니한다고 규정하므로(CISG 제27조), 계약 해제의 의사표시가 도달하지 않아도 계약 해제의 효력이 발생한다.

[101회 71번]
02 국제물품매매계약에 관한 UN협약(CISG)에서 규정하고 있는 손해배상청구권에 관한 설명으로 옳지 않은 것은?

① 손해산정의 일반원칙은 계약 위반으로 인한 손해는 이익의 상실을 포함하여 위반 결과 상대방이 입은 손해액 총액과 동일하다.
② 피해당사자가 계약 해제와 동시에 손해에 대한 배상 청구를 할 수는 없다.
③ 계약 위반을 주장하는 당사자는 손해경감의무가 있다.
④ 피해당사자가 손해경감의무를 이행하지 않을 경우에 위반당사자는 감소될 수 있는 손해액만큼의 감액을 청구할 수 있다.

해설 ② 피해당사자는 계약 해제와 동시에 손해에 대한 배상 청구를 할 수 있다. 비엔나협약 제81조(계약의무의 소멸과 반환청구) 규정에서는 '계약의 해제는 손해배상의무를 제외하고 당사자 쌍방을 계약상의 의무에서 면하게 한다.'라고 규정하여 계약 해제 시에도 손해배상 청구를 할 수 있음을 나타내고 있다.

[99회 75번]
03 다음 〈보기〉에서 매수인의 계약 위반에 대한 매도인이 선택할 수 있는 구제 방법만으로 묶은 것은?

〈 보 기 〉

㉠ 계약이행청구권　　　㉡ 하자보완청구권　　　㉢ 추가기간설정권
㉣ 대금감액권　　　　　㉤ 대체품인도청구권　　㉥ 물품명세확정권
㉦ 계약해제권　　　　　㉧ 손해배상청구권

① ㉠, ㉡, ㉢, ㉤, ㉦
② ㉠, ㉡, ㉢, ㉣, ㉧
③ ㉡, ㉢, ㉣, ㉤, ㉥
④ ㉠, ㉢, ㉥, ㉦, ㉧

해설 하자보완청구권, 대금감액권, 대체품인도청구권은 매도인의 계약 위반에 대하여 매수인이 구제를 위해 선택·행사할 수 있는 권리이다.

정답 01 ①　02 ②　03 ④

CHAPTER 05 무역클레임 | 기출로 점검하기

104회 52번

04 국제물품매매계약에 관한 UN협약(CISG)이 적용되는 매매계약에서 매수인은 물품인도기일 전에 이미 매도인이 장차 그의 물품인도의무의 실질적 부분을 이행하지 않을 것으로 확신하게 되었다. 이러한 경우에 매수인이 취할 수 있는 모든 조치를 옳게 나열한 것은?

> A – 매수인은 자신의 대금지급의무의 이행을 정지할 수 있다.
> B – 매수인은 통지 없이 손해배상을 청구할 수 있다.
> C – 매수인은 통지 없이 계약을 해제할 수 있다.
> D – 매수인은 통지 없이 대금을 감액할 수 있다.

① A　　② A, B　　③ A, B, C　　④ A, B, C, D

해설　B – 손해배상은 매도인의 의무 불이행에 대해 할 수 있는 것으로, 아직 매도인의 의무 불이행이 확정되지 않았으므로 손해배상 청구는 현실적으로 어렵다.
C – 계약을 해제하려고 하는 당사자는 상대방이 이행에 관하여 적절한 보장을 제공할 수 있도록 합리적인 통지를 하도록 규정하고 있다(제72조).
D – 매도인의 의무 불이행이 확정되지 않았으므로 대금을 감액할 수 없으며 통지를 하지 않고서는 청구할 수 없다.

100회 74번

05 국제물품매매계약에 관한 UN협약(CISG)상의 면책 범위에 대한 설명이다. 괄호 안에 들어갈 단어로 옳은 것은?

> 무역계약에서 위반당사자가 계약 위반에 대한 면책요건을 충족하더라도 위반당사자의 물적인 면책 범위는 오직 (　　)에만 국한한다.

① 계약이행청구　　② 대금감액청구　　③ 계약해제　　④ 손해배상책임

해설　④ 당사자는 그 의무의 불이행이 자신이 통제할 수 없는 장애에 기인하였다는 것과 계약 체결 시 그 장애를 고려하거나 또는 그 장애나 그로 인한 결과를 회피하거나 극복하는 것이 합리적으로 기대될 수 없었다는 점을 증명하는 경우, 그 의무 불이행에 대하여 책임이 없다. 손해배상책임의 면제 규정은 어느 당사자가 이 협약에 따라 손해배상청구권 이외의 권리를 행사하는 것을 방해하지 아니한다(CISG 제79조).

101회 56번

06 국제물품매매계약에 관한 UN협약(CISG)상 의무를 불이행한 매도인의 면책에 관하여 옳지 않은 것은?

① 면책을 원용하고자 하는 매도인은 그 의무 불이행이 자신이 통제할 수 없는 장애에 기인하였다는 것을 증명하여야 한다.
② 면책을 원용하고자 하는 매도인은 자신이 통제할 수 없는 그러한 장애를 계약 체결 시 고려하는 것이 합리적으로 기대될 수 없었다는 것을 증명하여야 한다.
③ 면책을 원용하고자 하는 매도인은 자신이 통제할 수 없는 그러한 장애나 그로 인한 결과를 회피하거나 극복하는 것이 합리적으로 기대될 수 없었다는 것을 증명하여야 한다.
④ 계약의 전부 또는 일부의 이행을 위하여 제3자를 사용한 매도인은 그러한 제3자의 불이행으로 인하여 자신의 의무불이행이 발생한 경우에는 면책을 주장할 수 없다.

해설　④ 당사자의 불이행이 계약의 전부 또는 일부를 이행하기 위해 고용한 제3자의 불이행으로 인한 경우, 당사자 또는 제3자의 의무 불이행이 자신이 통제할 수 없는 장애에 기인하였다는 것과 계약 체결 시에 그 장애를 고려하거나 또는 그 장애나 그로 인한 결과를 회피하거나 극복하는 것이 합리적으로 기대될 수 없었다는 점을 증명하는 경우, 그 의무 불이행에 대하여 책임이 없다(CISG 제79조 제2항). 다시 말해 면책을 주장할 수 있다.

정답　04 ①　05 ④　06 ④

99회 66번

07 무역클레임에 대비하여 계약서에 삽입하는 조항에 관한 설명으로 틀린 것은?

① Arbitration Clause는 분쟁 해결 방법을 중재로 선택하는 경우에 사용하는 조항이다.
② Entire Agreement Clause는 계약서가 유일한 합의서이고, 다른 것의 내용은 인정하지 않는다는 완전합의 조항이다.
③ Non Waiver Clause는 클레임이나 권리의 포기는 서면으로 승인하거나 확인한 경우에만 포기한 것으로 간주한다는 조항이다.
④ Warranty Disclaimer Clause는 통상적으로 요구되는 정도의 안정성 또는 기능 등에 대해 묵시적으로 보장하는 조항이다.

해설 ④ Warranty Disclaimer Clause(보증면책조항)은 반대로 담보책임을 부정하기 위한 조항이다.

104회 64번

08 국제상사중재에 대한 설명으로 옳지 않은 것은?

① 중재판정은 국제적으로 단심제에 의하므로 판정 내용에 불복하는 경우에는 다른 나라로 가서 다시 중재를 신청하여야 한다.
② 중재판정의 효력은 법원의 확정 판결의 효력과 동일하여 기판력(구속력)과 확정력(불가변력) 및 집행력을 지닌다.
③ 중재판정 절차에 오류 내지 하자가 있는 경우에는 법원에 중재판정 취소의 소를 제기할 수 있다.
④ 유효한 중재합의가 있는 경우에는 법원에 소송을 제기할 수 없고 소송을 제기하더라도 기각되는 것이 일반적이다.

해설 ① 중재판정은 단심제로 운영되며 판정 내용에 불복하여 재심을 청구할 수 없다. 중재인의 판정에 양 당사자가 복종해야 하므로 결과는 강제성을 가지며 당사자 간에 법원의 확정 판결과 동일한 효력을 지닌다.

102회 53번

09 우리나라에서 외국중재판정의 승인 및 집행 거부 사유가 될 수 없는 것은?

① 당사자 간에 중재합의가 없는 경우
② 중재인 선임이나 중재 절차와 관련하여 당사자가 적절한 통지를 받지 못한 경우
③ 중재인이 법 적용을 잘못하여 중재판정을 내린 경우
④ 중재판정이 대한민국의 공서양속에 반하는 경우

해설 ③ 중재인이 법 적용을 잘못하여 중재판정을 내린 경우는 판정의 승인 및 집행 거부 사유가 아니다.

101회 53번

10 국제상사중재의 중재지에 대한 설명으로 옳지 않은 것은?

① 국제상사중재에서 중재지는 뉴욕 협약 적용 여부를 판단하는 기준이 된다.
② 중재지의 중재법이 적용되는데 이를 Lex Arbitri라고 한다.
③ 중재판정 취소의 소는 중재지 법원에서 제기한다.
④ 중재지는 당사자가 합의로 정한 것이므로 중재판정부는 중재지 이외의 장소에서 심리를 개최해서는 안 된다.

해설 ④ 중재지는 당사자 간의 합의로 정한다. 합의가 없는 경우에 중재판정부는 당사자의 편의와 당해 사건에 관한 제반 사정을 고려하여 중재지를 정한다. 당사자 간 다른 합의가 없는 경우, 중재판정부는 합의에 의한 중재지 외의 적절한 장소에서 중재인들 간의 협의, 증인, 감정인 및 당사자 본인에 대한 신문, 물건, 장소의 검증 또는 문서를 열람할 수 있다(중재법 제21조).
② Lex Arbitri란 중재지에서 중재 절차를 규율하는 법을 말한다.

정답 07 ④ 08 ① 09 ③ 10 ④

CHAPTER 06 | 서비스무역, 기술무역

* 파란색자는 "무역용어 120선"에 수록되어 있습니다.

> 서비스무역의 거래형태

서비스의 국경 간 이동	서비스의 수요자와 생산자의 이동 없이 서비스만 국경을 넘어 공급되는 것 예 국제전화, 원격교육 등
소비자의 이동	외국 소비자가 서비스를 공급하는 국가로 가서 서비스를 사용하거나 구매하는 것 예 외국관광, 해외유학의 형태
상업적 주재	서비스 공급자가 다른 국가 영토 내에서 상업적 주재를 통해 서비스를 공급하는 것 예 서비스 공급을 목적으로 한 자가 어느 국가의 영토 내에 법인이나 자회사, 지사를 설립하는 형태
자연인의 이동	서비스를 공급하는 국가의 인력이 다른 국가의 영토 내로 이동하여 서비스를 공급하는 것 예 기술자 파견을 통한 기술 이전 또는 패션모델의 외국 광고 출연 등

> 판매점 계약과 대리점 계약

1 판매점(Distributor) 계약

(1) 판매점 계약의 의미

판매점 계약이란 제조업체가 해외의 판매점에게 일정 기간 동안 물품의 판매권을 부여하면 판매점은 본인의 위험과 비용으로 제조업체에서 물품을 구매하여 고객에게 판매하는 형태의 계약을 말한다.

(2) 판매점 계약의 특징

① 판매점은 제조업체의 제품에 대한 상표권을 가진 독립된 자연인 혹은 법인이다.
② 판매점은 자신의 책임과 비용으로 물품을 공급받고 이를 처분하여 얻은 차액을 수익으로 한다.
③ 판매점은 자본과 판매 및 사후 서비스에 관한 조직이 필요하다.

(3) 판매점 계약서 작성 시 주의사항

① **독점권 부여 여부**: 판매점의 지정과 관할 지역이 명기되었는지 여부, 지역에서 독점권 부여 여부를 확인해야 한다.
② **공급자 의무조항**: 공급자가 약정된 시기와 장소에서 물품을 공급하고 프로모션물(홍보물)을 제공하는지에 대해 확인해야 한다.
③ **판매자 의무조항**: 판매자의 판매 활동, 재고 확보, 판매 실적 등을 규정해야 한다.
④ **가격 및 지급조항**: 일반 매수인에 비해 가격 및 대금 결제의 혜택을 부여하는지 여부를 확인해야 한다.
⑤ **보증조항**: 판매자의 판매 행위 시 소비자가 제기할 수 있는 물품 하자에 대한 클레임에 대비하여 공급자에게 받을 수 있는 보증기간과 보증 내용에 관한 명확한 합의가 필요하다.
⑥ **최소 구매의무**: 독점권의 부여에 대해 월간 또는 일정 기간별로 최소 구입량 또는 금액을 정할 수 있다.

2 대리점(Agency) 계약 기출 2020 ★ 상시

(1) 대리점 계약의 의미
대리점 계약의 당사자는 본사(본인, Principal)와 대리점(Agency)으로, 대리점이 본사에게 판매권 및 구매권을 위임받아 판매 또는 구매의 중개, 대리 업무를 수행하고 이에 대한 수수료를 취득하는 계약을 말한다.

(2) 대리점 계약의 특징
① 판매점과 달리 제조업체를 대표하는 독립적인 중개상이다.
② 제조업체의 상표권을 갖지 못하며 사후 서비스에 대한 활동을 하지 않는다.
③ 판매인에 불과하고 중개수수료 획득을 목적으로 한다.
④ 대리점계약은 계약에 합의된 수수료를 본점이 대리점에게 지급하지만, 본점이 직접 주문을 받았다면 수수료를 지급할 의무가 없다.
⑤ 대리점계약 상에 명시규정이 없는 한, 대리인은 본점을 위해 주문을 수취하였더라도 그 지출한 거래비용을 본점으로부터 청구할 수 없다. 다만, 본점이 승인한 의무수행 과정에서 지출한 비용은 본점으로부터 청구할 수 있고, 본점은 이를 보상할 책임이 있다.
⑥ 대리점은 본점에게 회계보고의 의무를 지고, 대리점의 회계보고는 계약조건이나 본점의 요구에 따라 행하여야 한다.
⑦ 본점은 계약만료 전에 정당한 사유 없이 계약 이행의 의무를 위반하였을 경우에는 그 손해배상의 책임을 져야 한다.
⑧ 지급보증 대리인(Del Credere Agent)은 대리인이 본인(본사)의 위탁에 의거하여 상품을 현지에서 판매하는 경우 현지의 고객의 지급에 대하여 보증한다는 지급보증계약을 본인(본사)과 체결하고 있는 대리인을 말한다.

(3) 대리점 계약서 작성 시 주의사항
① **법률적 관계의 명확화**: 지역, 독점권 유무, 계약기간 및 본인과 대리인 간의 법률 관계를 명확히 해야 한다.
② **본사 의무조항**: 수수료, 프로모션용 샘플, 광고자료 등의 제공 및 통지 여부를 규정해야 한다.
③ **대리점 의무조항**: 대리점에 대해 고객 상담보고서 제출, 시장조사 의무 및 보고서 제출, 본인의 지시사항 준수 여부 등을 규정해야 한다.
④ **수수료**: 수수료 산정 방법, 지급 방법, 지급 시기, 지급 장소 및 지급 통화 등을 규정해야 한다.
⑤ **계약 기간 및 갱신 기간의 표시**: 계약의 기간과 갱신기간을 규정해야 한다.
⑥ **경쟁 제품 취급 제한 의무**: 계약상 제품과 경쟁되는 제품을 취급해서는 안 된다고 규정해야 한다.
⑦ **주문조항**: 최소한의 판매 실적을 설정한다.

> ☑ **확실히 짚고 넘어가기** 판매점과 대리점의 구별

구분	판매점(Distributor)	대리점(Agency)
형태	제조업체에서 제품을 구매하여 고객에게 판매	제조업체의 제품을 대리하여 판매
수익	판매 대금과 구매 대금 간의 차액	제조업체에게서 받는 중개수수료

CHAPTER 06 서비스무역, 기술무역

> 기술무역

1 기술무역의 개요

(1) 기술무역의 의미

기술무역이란 국가 간의 기술 이전을 의미하며, 자본재 등의 상품거래, 해외직접투자 및 국제계약에 의한 해외사업 활동 등 거의 모든 국제적인 기업 활동을 포함한다.

(2) 기술무역의 특징

원천기술이 점차 중요해지면서 국내외 기술 개발 경쟁이 심화되고 있으며, 이를 보호하기 위한 상표권 및 특허권 등록이 늘어나면서 로열티 지급 및 수입이 증가하고 있다.

(3) 기술 이전의 이해

기술 이전(Technology Transfer)은 기술, 지식, 기법 또는 어떤 도구나 수단 등이 생산이나 서비스 활동에 활용되기 위해서 그것이 창출된 곳이나 개발된 곳에서 다른 곳으로 이전되는 것을 의미한다.

협의의 기술 이전	특허권 또는 라이선스, 기술, 노하우 또는 아이디어, 디자인, 반도체 집적회로의 배치설계 및 소프트웨어 등의 지식재산 기술을 매매하는 경제적 행위
광의의 기술 이전	개발된 기술을 사업화하기 위한 모든 경제적 행위(기술 거래, 기술 협력, 기술 관련 투·융자, 합작투자, M&A, 기술컨설팅, OEM 생산, 기술 인력 양성 등 기술 개발에서 사업화에 이르는 과정과 관련된 활동 전반)

(4) 기술무역의 대상

① 특허, 노하우, 자문용역 등 독립적이고 체화되지 않은 기술(Disembodied Technology)
② 자본재 거래나 해외직접투자 시 제품, 생산·관리 활동 등에 포함되는 체화된 기술(Embodied Technology)

(5) 기술무역의 특징

① **기술 수준이 높은 국가에서 낮은 국가로의 이전**: 기술무역은 기술 수준이 높은 국가에서 낮은 국가로 이동하며 기술격차에 따른 비교우위에 의해 발생한다.
② **해외직접투자와 연계**: 무역 및 해외직접투자는 상품수출 단계에서 현지 생산 및 해외직접투자 형태로 발전하고 이후 기술수출로 발전하는 형태를 보인다.
③ **정보의 비대칭성**: 기술의 고유한 특징인 정보의 비대칭성으로 인해 높은 기술 수준을 보유한 공급자는 시장에서 우위를 점한다. 즉, 판매자 시장(Seller's Market)이 형성되어 기술 수출국은 낮은 수준의 기술 수출, 기업 진출 및 자본 참여, 관련 시장 확대 등 글로벌화된 경제 활동 전략을 통해 이윤 극대화를 추구한다.
④ **개발도상국 경제 발전의 중요 수단**: 기술 이전은 생산성 향상 및 산업 구조의 변화를 가져오므로 개발도상국의 경제 발전에 있어 중요한 수단이 될 수 있다.

2 지식재산권(IPR: Intellectual Property Rights)

(1) 지식재산권의 의미
세계지적재산권기구(WIPO)의 설립 조약 제2조 제8항에서는 지식재산권을 '문학·예술 및 과학적 저작물, 실연자의 실연, 음반 및 방송, 인간 노력에 의한 모든 분야에서의 발명, 과학적 발견, 디자인, 상표, 서비스표, 상호 및 기타의 명칭, 부정경쟁으로부터의 보호 등에 관련된 권리와 그 밖의 산업, 과학, 문학 또는 예술 분야의 지적 활동에서 발생하는 모든 권리'라고 정의한다.

(2) 지식재산권의 중요성
① 지식이 확산되고 기업조직이 변화하고, 인적자원 및 산업 구조의 고도화를 추진하는 등 지식기반 경제로 전환됨에 따라 무형자산인 지식재산권이 기업 이윤 창출의 중요한 요소로 부상하고 이를 전략적으로 활용하고자 하는 노력이 커지고 있다.
② 소극적·방어적 지식재산에 대한 관리의 개념에서 시장에서 독점적 지위 확보 및 경쟁기업의 퇴출 등을 목적으로 하는 공격적·전략적 관리의 개념으로 변화하고 있다.
③ 특허 침해에 대한 로열티 요구액 및 손해액의 규모가 대형화됨에 따라 기업 경영이 갈수록 어려워지고 있다.

(3) 지식재산권과 기술무역의 관계
① 상품 거래와 달리 지식재산권이 매우 중요하다.
② 기술무역시장에서 거래되는 제품인 특허, 노하우, 상표, 디자인의 가치 산정을 위한 수단으로 지식재산권을 활용한다.

라이선스 계약(Licence Agreement) 기출 2020

1 라이선스 계약의 의의

(1) 일반적인 정의
① 기술도입 계약이라고도 하며, 특정한 조건하에서 일정한 계약기간 동안 기술 및 라이선스 대상인 지식재산권을 실시 또는 사용할 수 있는 권한을 부여하는 계약을 의미한다.
② 기술제공자(Licensor)는 특허, 노하우, 기술 상표 등 무형자산을 제공하고, 기술도입자(Licensee)는 그 대가로 로열티(Royalty)를 지급한다.

(2) 「외국인투자 촉진법」상 정의
① 대한민국 국민 또는 대한민국법인이 외국인에게서 산업재산권이나 그 밖의 기술을 양수하거나 그 사용에 관한 권리를 도입하는 계약을 말한다.
② 법인이 외국인에게서 공업소유권, 기타 기술을 양수 또는 그 사용에 관한 권리를 도입하는 계약이다.
③ 대상은 고도의 산업기술을 응용하는 용역, 산업시설의 건설이나 그 원활한 가동 또는 제품의 품질 향상을 위한 용역, 국내에서는 제공이 불가능한 용역이 된다.
④ 계약기간 또는 대가의 지급기간이 1년 이상이고, 대가 지급 시 대외 지급수단을 사용하여야 한다.

CHAPTER 06 서비스무역, 기술무역

2 라이선스의 유형

독점적 라이선스 (Exclusive License)	• 설정된 범위 내에서 라이선스 대상을 독점적으로 실시하는 라이선스 • 기술도입자(Licensee)는 일정 범위 내에서 제3자를 배제하고 계약대상인 무형자산을 이용할 수 있으며, 기술제공자(Licenser)도 약정에 따라 라이선스 대상을 이용불가능할 수 있음에 유의해야 함
비독점적 라이선스 (Non-Exclusive License)	기술제공자가 특정인에게 허락한 것과 동일한 내용의 권리를 제3자에게도 허락할 수 있는 조건의 라이선스
서브 라이선스 (Sub-License)	실시권을 허락받은 실시권자가 제3자에게 권한 범위 내에서 실시권을 허락할 수 있는 조건의 라이선스
교차 라이선스 (Cross License)	기술제공자와 기술도입자가 가진 기술을 서로 교환하여 실시하는 형태의 라이선스
패키지 라이선스 (Package License)	기술과 제품이 결합하여 체결되는 라이선스
명시적 라이선스 (Express License)	서면이나 구두에 관계없이 명시적으로 허락하는 라이선스
묵시적 라이선스 (Implied License)	명시적으로 허락하지 않았지만 해석에 따라 묵시적으로 당연히 발생하는 라이선스

3 라이선스 계약서의 주요 내용

(1) 계약서의 제목

① 라이선스 계약의 성격을 명확히 하고 다른 문서나 계약서와 구분하고 적절히 관리하기 위해 그 내용을 대표할 수 있는 제목이 필요하다.

② 계약서의 제목은 원칙적으로 법적인 효력이 없고 계약 당사자 간의 권리·의무는 본문 조항을 따를 것이므로 제목의 효력을 부정하는 별도의 규정을 두는 경우도 있다.

   예 • Technical Assistance Agreement: 기술 지원에 관한 계약서
   • License Agreement: 사용·실시권 허락에 관한 계약서
   • Patent License Agreement: 특허 실시권 허락에 관한 계약서
   • Option Agreement: 최소한의 기술을 개시 받은 후 일정한 검토 기간을 거친 다음 계약 체결 여부를 결정하도록 규정하는 계약서

(2) 계약 당사자

① 기술제공자: 기술제공자는 기술제공의무를 부담하며 제공된 특허·상표·노하우 등에 대한 하자담보책임을 진다. 또한 비독점적 라이선스 계약의 경우에는 기술도입자가 자력으로 침해자를 배제할 수 없으므로 기술제공자는 침해자를 배제하는 데 협조하여야 한다.

② 기술도입자: 기술도입자는 계약에서 정한 기술료를 지급하여야 하며, 도입하는 기술에 대하여 비밀을 유지하여야 한다. 또한 기술도입자는 계약이 종료되면 해당 기술 등의 사용을 중지하고 비밀을 유지하여야 한다.

(3) 정의조항

당사자 간에 의미와 범위를 달리 해석할 수도 있는 단어·용어 등에 대해서는 당해 계약서에 자세히 정의하는 조항이다.

(4) 라이선스(실시허락)조항

특허 등 무형지식재산을 일정한 지역에서 일정한 기간 동안 일정한 대가를 지급하고 실시·사용할 수 있도록 규정하는 조항이다. 합의된 일정 기간에만 사용하고 계약 종료 이후에는 사용하지 못하므로 일반적인 매매와는 그 성격이 다르다.

(5) 기술정보 제공조항

기술제공자가 제공하는 기술정보의 범위, 기술정보의 제공 장소와 시기 및 방법에 대해 규정한 조항이다.

(6) 기술료 산출과 지급조항

기술도입 계약에서 어떤 기술이 사용·실시되도록 허락할 것인지, 또한 그 대가를 어떻게 산출하여 지급하도록 할 것인지 규정한 조항이다. 기술료의 산출과 지급 대상은 당해 계약기술이 사용된 계약 제품에 한정된다.

(7) 개량기술조항

기술도입자가 기술공급자에게 받은 기술 자료와 기술 정보를 수정 또는 개량할 수 있는지에 대한 여부를 규정하는 조항이다. 일반적으로는 별도의 금지 규정이 없는 한 수정 또는 개량을 할 수 있지만, 기술공급자가 기술 자료 등을 수정하거나 개량할 경우 품질이 저하되거나 신뢰성이 손상되어 사용이 허락된 상표권과 그 표시 등에 악영향이 미칠 것을 우려하여 이를 금지 또는 제한하는 경우도 있다.

(8) 특허 등 지식재산권 침해조항

기술도입자가 실시권을 허락받고 도입한 기술(특허와 노하우 포함)을 계약 제품의 생산 등에 활용하는 과정에서 당해 기술이 제3자 소유의 지식재산권을 침해할 경우 사업 수행에 큰 지장을 초래할 수 있으므로 이를 방지하기 위해 지식재산권 침해에 관해 규정해 놓은 조항이다. 기술도입자는 도입한 기술이 실시 지역 내에서 제3자 소유의 권리를 침해할 가능성을 사전에 충분히 검토해야 한다.

(9) 계약기간조항

기술의 매매 또는 양도는 소유권이 완전히 이전됨으로써 기술의 사용권도 무한정으로 이전되는 것임에 비해, 기술의 라이선스는 합의된 일정 기간만 당해 기술의 사용권 또는 실시권이 허락되는 것을 말한다. 따라서 해당 기간에 대해 로열티 등의 지급의무와 기타 비밀유지의무 등을 이행하여야 하므로 계약기간을 정확히 하는 조항이 필요하다.

4 라이선스 계약서 작성 시 유의점

(1) 계약 기간의 명시

라이선스 계약을 체결하는 경우 사용기간을 어떻게 정할 것인지가 중요하다.

기술제공자 입장	계약기간을 장기로 정하여 안정적으로 로열티를 수수하는 것이 유리함
기술도입자 입장	계약기간을 단기로 정하여 기술의 발전에 따라 새로운 신기술을 이용하는 것이 유리함

(2) 라이선스 대상의 범위

라이선스의 대상이 되는 특허, 노하우, 상표의 여부 등을 구분하여 명기하도록 한다.

(3) 계약의 갱신

① 계약기간이 만료되면 계약을 갱신해야 한다.
② 계약 갱신 방법에는 일반적으로 자동갱신조항으로 하는 방법과 갱신합의조항으로 하는 방법이 있다.

(4) 로열티 산정 방법

고정기술료 (Fixed Payment)	로열티를 단 1회 지급(기술제공자는 일정액 확보가 가능하며, 환율 변동에 따른 위험을 해소할 수 있음)
경상기술료 (Running Royalty)	수익에 따라 여러 차례로 나누어 지급(기술도입자는 수익에 맞추어 지급하므로 자금 압박에서 벗어남)
종가실시료	기술사용에 대한 실시료를 판매액의 일정 비율로 정하여 지급함
종량실시료	판매한 수량에 제품당 일정한 단가를 곱한 실시료를 지급함
최저기술료 (Minimum Royalty)	경상기술료를 지급하는 경우 기술도입자가 정기 또는 지급 연도마다 일정 금액을 의무적으로 지급함
최고기술료 (Maximum Royalty)	기술도입자가 로열티의 지급총액이 일정 금액을 상회하는 경우 초과분에 대해 지불을 면제받기 위한 목적으로 기술료를 지급함
선불금 (Initial Payment)	기술 거래 초기단계에서 기술에 대한 대가를 미리 정액 지급함

(5) 개량기술의 처리 문제

특허, 노하우 등 기술이 계약 기간 중 개량 또는 발명되는 경우 새로운 기술을 기존 계약에 포함할 것인지 별개로 할 것인지 정하여야 한다.

5 라이선스 계약의 대상

(1) 지적재산권

① 의미: 인간의 지적 활동으로 얻은 정신적·무형적 결과물에 대한 권리를 말한다.
② 구분: 크게 산업재산권(특허권, 실용신안권, 디자인권, 상표권)과 저작권 및 신지식재산권(첨단산업재산권, 산업저작권, 정보재산권)으로 구분할 수 있다. 특허 라이선스 계약에서는 산업재산권 분야(특히 특허)가 상당 부분을 차지한다. 최근 들어 컴퓨터 관련 저작물의 이용에 대한 저작권 라이선스 계약이 활발하게 이루어지고 있다.

> ☑ **확실히 짚고 넘어가기**   **특허**
>
> 1. 특허의 정의
>   - 자연법칙을 이용한 기술적 사상의 창작으로서 고도한 것을 발명이라고 한다(특허법 제2조 제1호).
>   - 특허제도는 특허권이라는 독점적·배타적인 재산권을 부여하는 한편 그 발명을 공개함으로써 일반인이 이용하도록 하고 이를 통하여 산업 발전에 이바지함을 그 목적으로 한다.
> 2. 특허권의 특징
>   - 권리 범위: 라이선스 계약상 그 등록국가와 특허번호의 기재에 의해 객관화된다.
>   - 존속기간: 출원일로부터 20년으로 한다.

(2) 노하우(Know-how)와 영업비밀

① 노하우: 영미법계의 실무에서 형성된 개념으로 영업비밀과 유사하나 주로 기술적 노하우를 지칭하는 개념으로 사용된다. 산업기술에 대한 노하우를 제공하고 이를 제공받는 자가 사용료를 지급할 것을 약속하는 계약이다. 경영정보를 제외한 기술정보만을 대상으로 한다는 점에서 영업비밀보다 그 범위가 좁다고 볼 수 있다.

② **영업비밀**: 공연히 알려져 있지 아니하고 독립된 경제적 가치를 가지는 것으로서 상당한 노력으로 비밀유지된 생산방법, 판매 방법, 기타 영업 활동에 유용한 기술상 또는 경영상의 정보를 말한다. 즉, 영업비밀이 성립하기 위해서는 비공지성 또는 비밀성, 경제적 유용성 및 비밀유지성이 있어야 한다.

③ **특징**
  ㉠ 보호기간이 특허보호기간보다 길고 영구적일 수 있다.
  ㉡ 특허와 달리 등록 절차의 번거로움이 적고 비용이 발생하지 않는다.
  ㉢ 기술 내용을 공개할 필요가 없어 기술경쟁우위를 유지할 수 있다.
  ㉣ 발명자를 특정하려는 노력이나 직무발명과 같은 절차를 택할 필요가 없다.
  ㉤ 특허처럼 보호가 확정되는 데 장기간이 소요되지 않고 발명 즉시 보호 가능하다.
  ㉥ 노하우의 제공은 기술자료의 송부나 기술자 파견, 또는 상대방의 직원을 훈련시키는 형태로 진행된다.

(3) 실시권

① 실시권이란 특허권자(실용신안/디자인권자) 이외의 자가 특허발명을 업(業)으로서 실시할 수 있는 권리를 말한다.
② 라이선스 계약의 직접적인 대상은 실시권에 불과하며 대상이 되는 지적재산권리 그 자체는 아니다.

CHAPTER 06 서비스무역, 기술무역 | 기출로 점검하기

102회 57번

01 서비스무역의 형태로 옳지 않은 것은?

① 외국인의 간접투자(주식 등)를 통한 기존 국내 기업의 인수 형태
② 환자가 외국의 병원에서 진료를 받는 의료서비스
③ 경제적 교환에 의하여 양도가능한 물품의 소유권을 이전하는 형태
④ 케이블이나 위성에 의한 국가 간 방송프로그램의 전송

> **해설** 서비스무역은 금융, 운수, 여행, 정보통신 등 상품무역 이외의 서비스업의 국제거래를 말한다.
> ③ 물품의 소유권을 이전하는 행위는 일반적인 상품무역에 해당한다.

103회 65번

02 기술도입계약에서 착수금을 지급하고 계약 제품의 제조량이나 판매량에 따라 일정률의 기술료를 정기적으로 지급하도록 정하는 기술료 금액의 결정 방식을 무엇이라고 하는가?

① 정액기술료
② 경상기술료
③ 분할기술료
④ 기술개량료

> **해설** ① 정액기술료: 계약 물품의 제조량, 판매량과 관계없이 일정한 금액을 일시 지급하거나 분할 지급으로 할 수 있는 방식
> ③ 분할기술료: 정액기술료를 여러 차례 나눠서 지급하는 방식
> ④ 기술개량료: 이미 도입한 기술을 개량함으로써 그에 따른 금액을 지급하는 방식

99회 69번

03 다음 공란에 들어갈 라이선스 계약의 종류를 순서대로 바르게 연결한 것은?

> "( )에서는 그 소속국과 권리번호를 표시하기만 하면 확인할 수 있으나, ( )에서는 상대방에게 제공하여 실시를 허락하는 정보의 범위를 명확히 정의하지 않으면 상대방은 계약의 목적물을 확인할 수 없다. Licensor의 급부의무에 있어서도 ( )에서는 Licensor는 Licensee에게 어떠한 급부도 할 필요가 없으나, ( )에서는 Licensor가 Licensee에게 급부해야 하는 기술정보의 전달 수단을 명확히 정해야 한다."

① 노하우라이선스 계약 – 특허라이선스 계약 – 특허라이선스 계약 – 노하우라이선스 계약
② 노하우라이선스 계약 – 특허라이선스 계약 – 노하우라이선스 계약 – 특허라이선스 계약
③ 특허라이선스 계약 – 노하우라이선스 계약 – 노하우라이선스 계약 – 특허라이선스 계약
④ 특허라이선스 계약 – 노하우라이선스 계약 – 특허라이선스 계약 – 노하우라이선스 계약

> **해설** 특허권의 권리 범위는 라이선스 계약상 그 등록국가와 특허번호의 기재에 의해 객관화된다. 반면에 노하우의 경우 기술 범위가 객관화 할 수 없다는 특징을 지닌다.

정답 01 ③ 02 ② 03 ④

CHAPTER 07 | 전자무역

무역용어 120선

*파란색자는 "무역용어 120선"에 수록되어 있습니다.

▶ 전자무역의 개요

1 전자무역의 의미와 범위

(1) 전자무역의 의미

인터넷과 전자시스템 등 전자적인 방식을 활용하여 국내외 시장조사, 해외바이어 발굴, 무역계약 체결 등의 무역 업무를 처리하는 것을 말한다. 전자무역은 글로벌 B2B이다.

(2) 전자무역의 범위

물품, 용역, 전자적 형태의 무체물의 수출과 수입에 대하여 일부 또는 전부를 전자무역문서로 처리하는 거래를 말한다.

2 전자무역의 특징

(1) 글로벌 시장 형성

물리적으로 지역 및 국가별로 구분되어 있던 시장이 인터넷을 통해 국경을 초월한 단일시장으로 통합되고 있다.

(2) 자동화로 인한 거래 절차의 간소화

종이서류나 우편으로 진행되던 업무가 시스템을 통한 전자문서, 이메일로 변화함으로써 거래 절차가 간소화되고 있다. 하지만 네크워크를 통한 정보화로 인한 개인정보 유출, 거래의 신뢰성과 비밀보장, 재산권 침해, 전자결제제도 및 관세의 과세 문제 등이 존재하는 한계도 있다.

(3) 정보의 신속성

신규 아이템에 대한 정보, 거래처의 정보 등을 문서 형태의 정보지나 각종 통계자료 등으로 확보하던 것을 인터넷 관련 기관, 언론 사이트, 정부 사이트 등을 통해 쉽고 빠르게 확보할 수 있게 되었다.

(4) 무역중개업의 지능화

단순히 거래선을 중개해 주던 무역 중개상의 역할이 단순 중개뿐만 아니라 무역정보의 수집, 처리, 분배로 확장되었다.

(5) 상품과 서비스 가격의 하락 유도

인터넷 검색을 통해 동종의 물품 가격을 확인할 수 있으므로 경쟁업체 간 가격이 공개되어 경쟁을 통한 가격의 하락과 서비스의 개선을 유도할 수 있다.

3 전통적 무역과 전자무역의 비교

구분	전통적 무역	전자무역
정보 수집	해외 직접방문, 국내외 무역전시회 참가, 무역 관련 기관 및 단체를 통한 거래알선 의뢰	거래 알선 사이트, 검색엔진 등 사용
거래 제의	전화, 텔렉스, 팩스, 서신, 직접 면담을 통한 거래 제의	이메일, 홈페이지, 메신저 기능을 이용하여 거래 제의(신속)
거래 지역	일부 지역	전 세계
계약 체결	전화, 텔렉스, 팩스, 서신, 상호대면	이메일, 인터넷 팩스
영업 시간	각 국가의 업무 시간	제약 없음
대금 결제	신용장, 추심, 송금 결제	전자신용장, Trade Card, Bolero 시스템 등을 활용한 결제
물류운송	해상운송, 항공운송 등 제한적 전자화	물류추적활용시스템(RFID 등)을 통한 포괄적 전자화, 디지털 재화는 인터넷 네트워크로 전송
유통 경로	생산자 – 수출자 – 수입자 – 소비자	생산자 – 소비자
통관	신고서 및 무역 관련 종이서류 제출	EDI(VAN, Internet)을 통한 전자신고 및 전자서류 제출

4 EDI(Electronic Data Interchange)

(1) **EDI의 의미**
① 기업 간 재입력 없이 정형화된 표준문서의 컴퓨터 간 전자적 교환을 의미한다.
② 무역거래 시 서류문서를 전자파일의 형태로 표준화 하고 데이터 통신망을 통해 전달하여 서류 없이 무역이 이루어지는데, 이러한 과정이 전자문서교환(EDI)에 의해 이루어진다.

(2) **EDI의 구성 요소**
① EDI 표준
   ㉠ 의미: EDI 사용자 간 교환되는 전자문서의 내용 및 구조, 통신 방법 등에 관한 일체의 통신 규칙이다.
   ㉡ 종류
      • 국제표준: UN/EDIFACT(UN 유럽 경제 위원회가 중심이 되어 표준화 추진)
      • 국내표준: KEDIFACT(전자거래진흥원이 제정, 공표)
② 거래약정(IA: Interchange Agreement): EDI는 기업 내부의 업무 처리 전산화가 아니라 거래 상대방과 자료 교환이 이루어져야 하므로 업무를 처리하기 위한 제반사항에 대하여 사전에 약정을 체결한다.
③ EDI 사용자 시스템(EDI User System): 전자문서를 송수신하기 위해 사용자가 갖추어야 하는 시스템으로 사용자의 컴퓨터, 하드웨어, 소프트웨어, 모뎀 등을 의미한다.
④ EDI 서비스 제공업자(VAN): 전자화된 데이터의 교환을 위해서는 네트워크의 구축이 필요하며, 구축 방법으로는 거래 상대방과 직접 통신할 수 있는 네트워크를 만드는 방법과 제3자인 무역자동화 지정사업자를 통해 구축하는 방법이 있다.
   예 한국무역정보통신(KTNET)

전자무역결제

1 전자무역결제 시스템의 유형

(1) SWIFT(Society for Worldwide Inter-bank Financial Telecommunication)
① 전 세계 은행 간 금융데이터 통신협회가 국가 간 대금 결제 등에 관한 데이터 통신의 연결망을 기획하고 운영하는 것을 목적으로 설립한 비영리 조직을 말한다.
② 주로 신용장거래에서 많이 이용되며 메시지 형태의 코드에 근거하여 발행 및 통지되고 있다.

(2) 볼레로(BOLERO: Bill of Lading Electronic Registry Organization)
① SWIFT와 TT Club의 주도로 시작된 시스템으로서, 선하증권을 포함한 무역서류를 전자결제로 대체하는 것을 목표로 무역서류의 전자화를 통해 무역 거래 당사자뿐 아니라 은행, 선사 등을 지원하는 인터넷 기반의 무역결제 네트워크이다.
② 구성
  ㉠ 볼레로 시스템은 인터넷을 통하여 전송되는 자료의 신뢰성을 보장하기 위하여 법인(Incorporation), 권한(Authorization)을 포함하고 전송자료의 진정성(Authenticity)과 무결성(Integrity)을 보장하는 디지털 서명 방식을 채용한다.
  ㉡ 규약집(Rule Book)을 작성하여 볼레로 서비스 참여자들 간의 계약 관계를 규정하며 서비스를 이용하기 위해서는 의무적으로 서명하도록 하고 있다.
  ㉢ 중앙등록기관(Central Registry), 인증기관(Certification Authority), 등록기관(Registration Authority), 사용자 명부(Subscriber Directory)의 구축 및 RSA 방식(공개키 암호시스템)에 의한 암호화와 디지털 서명을 이용한 메시지 교환과 사용자 인증구조로 구성되어 있다.
③ SURF(Settlement Utility for Managing Risk and Finance): 볼레로에서 개발한 결제솔루션으로 볼레로넷을 기반으로 하여 수출자와 수입자 간 지급확약이 포함된 선적서류(상업송장, 선하증권, 포장명세서)의 교환을 자동화하여 수행하는 무역결제서비스를 말한다. 무역서류의 자동일치를 보장하고 서류 결제와 관련된 일련의 흐름을 관리하는 시스템이다.

(3) Trade Card
① 세계무역센터협회(WTCA)의 자회사인 Trade Card사가 무역서류의 전송과 대금 결제 방법을 전자화하는 것을 목적으로 개발한 무역결제용 솔루션이다. 수출업자, 금융기관, 보험회사 및 운송사 등이 연결되는 솔루션으로 글로벌 전자상거래에서 기업 간 무역 대금 결제 시 인터넷상 서류의 일치성을 자동으로 점검하고 대금 지급을 이행할 수 있다.
② 특징
  ㉠ 신용장 사용 배제: 화환신용장의 사용을 배제하여 은행은 단순히 자금의 공여만을 담당하는 역할을 수행하며, Trade Card 시스템이 서류 점검 기능을 수행한다. 비교적 적은 비용으로 이용할 수 있으므로 신용장 방식을 이용해야 했던 업체들에게 효용이 높다.
  ㉡ 신용평가기관을 통한 자금공여: 수입업자는 COFACE(프랑스계 신용보증보험회사) 등의 신용평가 기관에서 신용공여 한도를 결정 받아 Trade Card 가입 여부를 결정한다.
  ㉢ 프로세스 관리: 수출자, 수입자, 금융기관 등에 대하여 서류 일치 여부를 자동으로 점검하고 대금을 지급하게 함으로 지불 절차에 대한 안전성을 보장한다.

CHAPTER 07 전자무역

> ✓ **확실히 짚고 넘어가기** BOLERO 시스템과 Trade Card

구분	BOLERO	Trade Card
목표	전자식 선하증권의 구현 및 무역서류의 전자화	신용장 방식에서 벗어난 무역거래의 전자화
추진 주체	SWIFT, TT CLUB	WTCA, Trade Card사
주요대상	선하증권 거래 관련자	중소 무역업체
역할	전자서명 인증, 무역서류의 관리 및 통신 방법의 제공	전자계약 확인, 계약 이행 여부의 확인, 대금 지급의 결정
메시지 표준	UN/EDIFACT, XML	UN/EDIFACT
은행역할	신용공여자	자금공여자, 상대적으로 역할이 축소
대금 결제	은행위임, SWIFT와 연계 가능	COFACE(지급확약), 토머스쿡(결제수행)
서류 점검	종이 출력, 전산 확인 가능	Trade Card 컴퓨터에 의해 자동 수행

(4) KOPS(Kotra Online Payment Service)

KOPS(캅스)는 KOTRA가 운영하는 결제솔루션으로, 국내 수출업체가 샘플이나 소액 수출거래 시 해외바이어로부터 기존 은행송금 방식(T/T) 대신 신용카드로 손쉽고 안전하게 수출 대금을 회수할 수 있는 온라인 국제 신용카드 결제서비스이다.

(5) Paypal

① Paypal은 인터넷을 이용한 결제 서비스로, 만 18세 이상 이용할 수 있으며, Paypal 계좌끼리 또는 신용카드로 송금, 입금, 청구할 수 있다.
② 개인용은 입금 수수료가 무료이며 사업용은 유료이다.
③ 거래수수료가 발생하나, 신용카드번호나 계좌번호를 알리지 않아 상대적으로 보안성이 우수하다.

▶ 전자무역 관련 법규

1 국제규범

(1) UNCITRAL 전자상거래모델법

① UN 국제상거래법위원회에 의해 제정된 것으로 전자상거래에 있어서 실제 사용되는 법이 아닌 각 국내법의 모델로 사용될 것을 목적으로 제정된 법률이다.
② 내용: 정보가 데이터 메시지의 형태라는 이유로 그 효력이나 유효성, 법률 적용이 부정되어서는 안 된다고 규정한다.

(2) UNCITRAL 전자서명모델법

전자서명에 관한 법규범을 정비함에 있어서 국제적인 통일성을 확보하기 위한 목적으로 제정되었다.

(3) ICC(국제상업회의소)의 GUIDEC

① 정보보안과 관련된 전자서명, 인증, 인증기관, EDI와 전자상거래 관련 법규 등 전자상거래에 관한 기술적 발전현황을 점검하여 전자상거래 시 일반지침으로 활용되는 '디지털로 보장되는 국제상거래의 일반 관례'를 말한다.

② 내용: 공개키 기반구조(PKI)를 기반으로 한 전자서명을 대상으로 하며, 생체인증기술에 의한 전자서명 인정 등 현행 국제법상 처리 방식을 수용하고 확대하였다.

(4) 전자선하증권에 관한 CMI 통일규칙
① EDI 확산에 따른 전자선하증권의 사용에 관한 근거규정이 미비하여 이를 보완하기 위해 국제해법회에서 공표한 규칙이다.
② 선하증권의 정보를 전자데이터 통신수단에 의해 전송하는 경우 당사자의 권리 및 의무와 종이서류에 의한 선하증권의 거래 방식 인정과 함께 전자선하증권의 권리의 전자적 이전에 관한 방식을 규정한다.

(5) 전자적 제시를 위한 신용장 통일규칙 보칙(eUCP)
① UCP와 함께 사용하는 UCP의 추록으로 신용장 통일규칙의 보칙형태이다.
② UCP가 적용된다 하더라도 eUCP가 적용된다는 문구가 있어야 eUCP까지 적용이 가능하며, eUCP가 적용되는 경우 그 조항은 eUCP를 UCP 조항보다 우선하여 적용한다.
③ eUCP 신용장이 수익자로 하여금 전자 제시와 종이서류에 의한 제시 중에서 선택할 수 있도록 허용하는 경우, 수익자가 종이서류를 제시하면 eUCP가 적용되지 않고 UCP가 적용된다.

2 국내규범

(1) 전자무역 촉진에 관한 법률
① 무역절차의 간소화와 무역정보의 신속한 유통을 실현하고 무역 업무의 처리 시간 및 비용을 줄임으로써 산업의 국제경쟁력을 높이고 국민경제의 발전에 이바지함을 목적으로 하는 법률이다.
② 내용
  ㉠ 전자문서가 종이서류와 같이 법적 효력 및 증거 능력을 가지고 있다고 인정한다.
  ㉡ 전자무역의 촉진을 위해 전자무역기반사업자를 지정하여 전자무역기반 업무를 수행할 수 있도록 하고 있으며, 전자무역문서를 이용하여 무역 업무를 수행하려는 경우 전자무역기반시설을 이용하도록 하고 있다.

(2) 전자문서 및 전자거래 기본법
전자문서 및 전자거래의 법률 관계를 명확히 하고 전자문서 및 전자거래의 안전성과 신뢰성을 확보하며 그 이용을 촉진할 수 있는 기반을 조성함으로써 국민경제의 발전에 이바지함을 목적으로 하는 법률이다.

(3) 전자서명법
① 전자문서의 안전성과 신뢰성을 확보하고 그 이용을 활성화하기 위해 전자서명에 관한 기본적인 사항을 정함으로써 국가와 사회의 정보화를 촉진하고 국민생활의 편익의 증진을 목적으로 하는 법률이다.
② 내용: 다른 법령에서 문서 또는 서면에 서명, 서명날인 또는 기명날인을 요하는 경우 전자문서에 공인전자서명이 있을 시 이를 충족한 것으로 본다.

CHAPTER 07 전자무역 | 기출로 점검하기

101회 55번

01 uTradeHub의 물류포털에서 제공하는 서비스가 아닌 것은?

① 선사의 Master 적하목록과 포워더의 House 적하목록을 취합하여 세관에 제출하는 서비스
② 선하증권이 양도될 경우 수입국 세관에 통보해 주는 서비스
③ 화물인도지시서의 신청 및 발급 서비스
④ 보세운송을 승인하는 서비스

> **해설** ② uTradeHub에서는 선하증권의 양도에 대해 상대국 세관에 통보해 주는 서비스는 없다.
> ※ ① 적하목록은 적재화물목록으로 용어가 변경되었다.

101회 75번

02 전자문서 및 전자거래 기본법에서 규정하고 있는 전자문서의 송수신에 대한 설명으로 옳은 것은?

① 송신자가 전자문서를 송신자의 컴퓨터에 입력한 때 송신된 것으로 본다.
② 수신자가 전자문서를 수신할 정보처리시스템을 지정한 경우에는 지정된 정보처리시스템에서 수신자가 이를 출력한 때를 수신된 것으로 본다.
③ 수신자가 전자문서를 수신할 정보처리시스템을 지정하지 아니한 경우에는 송신자가 관리하는 정보처리시스템에 입력된 때를 수신된 것으로 본다.
④ 수신자가 영업소를 가지고 있지 아니한 경우에는 그의 상거소에서 수신된 것으로 본다.

> **해설** ① 송신자가 전자문서를 수신자의 컴퓨터에 입력한 때 송신된 것으로 본다.
> ② 수신자가 전자문서를 수신할 정보처리시스템을 지정한 경우에는 지정된 정보처리시스템에 입력된 때 수신된 것으로 본다.
> ③ 수신자가 전자문서를 수신할 정보처리시스템을 지정하지 아니한 경우에는 수신자가 관리하는 정보처리시스템에 입력된 때 수신된 것으로 본다.

101회 63번

03 한국기업이 온라인(신용카드)으로 1회 최대 미화 1만 달러까지 수출거래 대금을 결제받을 수 있도록 KOTRA가 운영하고 있는 결제솔루션은?

① Trade Card
② SURF
③ Paypal
④ KOPS

> **해설** ① Trade Card: 세계무역센터협회의 자회사인 Trade Card사가 무역서류의 전송과 대금 결제 방법을 전자화하는 것을 목적으로 개발한 무역결제용 솔루션
> ② SURF: 볼레로넷을 기반으로 수출·수입자 간 지급확약이 포함된 선적서류의 교환을 자동화하여 수행하는 무역결제서비스
> ③ Paypal: 인터넷을 이용한 결제 서비스로 개인, 회사 모두 이용 가능

정답 01 ② 02 ④ 03 ④

118회 74번

04 전자무역에 대한 설명으로 옳지 않은 것은?

① 무역의 일부 또는 전부가 전자무역문서로 처리되는 거래를 말한다.
② 전자무역은 글로벌 B2C이다.
③ 신용장에서 전자서류가 이용될 때 eUCP가 적용될 수 있다.
④ 선하증권의 위기를 해결하기 위해 CMI에서 해상운송장과 전자 선하증권에 관한 규칙을 각각 제정하였다.

해설 ② 전자무역은 글로벌 B2B(Business to Business: 기업 간 거래)로 보아야 한다. B2C는(Business to Consumer) 기업과 소비자 간 거래로 보아야 한다.

117회 74번

05 eUCP에 대한 설명으로 옳지 않은 것은?

① 준거문언에 따라 UCP의 부칙으로 적용한다.
② eUCP 신용장에 UCP 600이 적용된다.
③ eUCP와 UCP 600이 상충하는 경우 eUCP가 적용된다.
④ eUCP는 종이서류상 신용장 개설과 통지에 있어서도 적용된다.

해설 ④ eUCP(전자적 제시를 위한 화환신용장통일규칙 및 관례의 추록)는 전자기록 또는 종이서류와 전자기록 양자의 제시를 수용하기 위해 UCP를 보충하는 것이고 eUCP는 신용장이 eUCP가 적용된다고 표시하는 경우에 UCP의 부칙으로서 적용된다. 또한 eUCP 신용장은 UCP를 명시적으로 삽입하지 않더라도 UCP는 적용되며, eUCP와 UCP가 상충되는 경우엔 eUCP가 우선 적용된다. 종이서류로 발행된 신용장에 대해서는 UCP가 적용된다.

정답 04 ② 05 ④

CHAPTER 08 | 무역규범

무역용어 120선

* 파란색자는 "무역용어 120선"에 수록되어 있습니다.

> ## 대외무역법

☑ 확실히 짚고 넘어가기 | 무역 3대 기본법

1. 대외무역법
   무역전반의 관리를 위한 기본법으로 자유롭고 공정한 대외무역을 위해 제정된 법이다.
2. 관세법
   수출입통관 절차와 관세부과 등을 규정한 법이다.
3. 외국환거래법
   - 수출입 대금의 지급 및 영수를 관리하는 법이다.
   - 거주자와 비거주자로 인적대상을 구분·관리하며, 외국환, 귀금속 등 물적 대상으로 구분·관리한다.

1 대외무역법의 목적

대외무역법은 대외무역을 진흥하고 공정한 거래 질서를 확립하여 국제 수지의 균형과 통상의 확대를 도모함으로써 국민 경제를 발전시키는 데 이바지함을 목적으로 한다.

2 용어의 정의

(1) 무역
물품, 대통령령으로 정하는 용역, 대통령령으로 정하는 전자적 형태의 무체물의 수출과 수입을 말한다.

(2) 물품
외국환거래법에서 정하는 지급수단, 증권, 채권을 화체(化體)한 서류 외의 동산(動産)을 말한다.

(3) 무역거래자
수출 또는 수입을 하는 자, 외국의 수입자 또는 수출자에게서 위임을 받은 자 및 수출과 수입을 위임하는 자 등 물품 등의 수출 행위와 수입 행위의 전부 또는 일부를 위임하거나 행하는 자를 말한다.

(4) 정부 간 수출계약
외국 정부의 요청이 있을 경우, 전담기관(대한무역투자진흥공사)이 대통령령으로 정하는 절차에 따라 국내 기업을 대신하여 또는 국내 기업과 함께 계약의 당사자가 되어 외국 정부에 물품 등(방산물자 등은 제외)을 유상(有償)으로 수출하기 위하여 외국 정부와 체결하는 수출계약을 말한다.

3 수출

(1) 수출의 의미
매매의 목적물인 물품이 국내에서 외국으로 이동하고 그에 상응하는 경제적 대가를 수취하는 것을 의미한다.

(2) 수출의 범위
① 매매, 교환, 임대차, 사용대차(使用貸借), 증여 등을 위해 국내에서 외국으로 물품이 이동하는 것을 말한다.
   참 우리나라 선박으로 외국에서 채취한 광물 또는 포획한 수산물을 외국에 매도(賣渡)하는 것도 수출에 포함한다.
② 관세법에 의한 보세판매장에서 외국인에게 국내에서 생산(제조·가공·조립·수리·재생 또는 개조하는 것)된 물품을 매도하는 것을 말한다.
③ 유상으로 외국에서 외국으로 물품을 인도(引渡)하는 것을 말한다.
④ 외국환거래법에 의하여 거주자가 비거주자에게 용역을 제공하는 것을 말한다.
⑤ 거주자가 비거주자에게 정보통신망을 통한 전송과 그 밖의 방법으로 전자적 형태의 무체물을 인도하는 것을 말한다.
   참 관세법 제2조 제2항에서는 수출에 대해 '내국 물품을 외국으로 반출하는 것'이라고 정의한다.

4 수입

(1) 수입의 의미
수입이란 매매의 목적물인 물품이 외국에서 국내로 이동하고 그에 상응하는 경제적 대가를 지급하는 것을 의미한다.

(2) 수입의 범위
① 매매, 교환, 임대차, 사용대차, 증여 등을 위해 외국에서 국내로 물품이 이동하는 것을 말한다.
② 유상으로 외국에서 외국으로 물품을 인수하는 것으로서 산업통상자원부장관이 정하여 고시하는 기준에 해당하는 것을 말한다.
③ 비거주자가 거주자에게 용역을 제공하는 것을 말한다.
④ 비거주자가 거주자에게 정보통신망을 통한 전송과 그 밖에 산업통상자원부장관이 정하여 고시하는 방법으로 전자적 형태의 무체물을 인도하는 것을 말한다.
   참 남한과 북한 간의 물품, 용역 및 전자적 형태의 무체물을 반출·반입하는 것을 무역이라고 하지 않고, 교역이라고 규정한다.
   - 매매, 교환, 임대차, 사용대차, 증여, 사용 등을 목적으로 북한에서 우리나라로 물품을 들여오는 경우: 반입(수입 ×)
     ※ 수입이 아니기 때문에 수입관세가 부과되지 않지만 수입실적으로는 인정된다.
   - 매매, 교환, 임대차, 사용대차, 증여, 사용 등을 목적으로 우리나라에서 북한으로 물품을 이동시키는 경우: 반출(수출 ×)
     ※ 대북한 유상반출은 수출실적에 포함된다.

5 용역

(1) 용역의 의미
일반적으로는 물질적 재화를 생산하는 노동 이외에 그 과정에 관련된 서비스를 말하지만, 대외무역법상 용역은 다음 중 어느 하나에 해당한다.

08 무역규범

(2) 용역의 범위
① 경영 상담업, 법무 관련 서비스업, 회계 및 세무 관련 서비스업, 엔지니어링 서비스업, 디자인, 컴퓨터시스템 설계 및 자문업, 문화산업에 해당하는 업종, 운수업, 관광사업에 해당하는 업종, 지식기반용역 등 수출 유망산업으로서 산업통상자원부장관이 정하여 고시하는 업종(전기통신업, 금융 및 보험법, 임대업, 광고업, 사업시설 유지관리 서비스업, 교육 서비스업, 보건업, 연구개발법, 번역 및 통역 서비스업 등)의 사업을 영위하는 자가 제공하는 용역
② 국내의 법령 또는 대한민국이 당사자인 조약에 따라 보호되는 특허권·실용신안권·디자인권·상표권·저작권·저작인접권·프로그램저작권·반도체집적회로의 배치설계권 양도, 전용실시권의 설정 또는 통상실시권의 허락

> **☑ 확실히 짚고 넘어가기 | 문화산업**
>
> 1. 문화산업의 의미
>   문화상품의 기획·개발·제작·생산·유통·소비 등과 이에 관련된 서비스를 하는 산업을 말한다.
> 2. 문화산업의 종류
>   - 영화·비디오물·음악·게임과 관련된 산업
>   - 출판·인쇄·정기간행물과 관련된 산업
>   - 방송영상물과 관련된 산업
>   - 문화재와 관련된 산업
>   - 만화·캐릭터·애니메이션·에듀테인먼트·모바일문화콘텐츠·디자인(산업디자인은 제외)·광고·공연·미술품·공예품과 관련된 산업
>   - 디지털 문화콘텐츠, 사용자제작 문화콘텐츠 및 멀티미디어 문화콘텐츠의 수집·가공·개발·제작·생산·저장·검색·유통 등과 이에 관련된 서비스 산업
>   - 대중문화 예술산업
>   - 전통적인 소재와 기법을 활용하여 상품의 생산과 유통이 이루어지는 산업으로서 의상, 조형물, 장식용품, 소품 및 생활용품 등과 관련된 산업
>   - 문화상품을 대상으로 하는 전시회·박람회·견본시장 및 축제 등과 관련된 산업
>   - 각 문화산업 중 둘 이상이 혼합된 산업

6 전자적 형태의 무체물

(1) 전자적 형태의 무체물의 의미
소프트웨어산업 진흥법에 따른 소프트웨어를 말한다.

(2) 전자적 형태의 무체물의 범위
① 부호·문자·음성·음향·이미지·영상 등을 디지털 방식으로 제작하거나 처리한 자료 또는 정보 등으로서 영상물(영화, 게임, 애니메이션, 만화, 캐릭터 포함), 음향·음성물, 전자서적, 데이터베이스를 말한다.
② ①의 집합체와 그 밖에 이와 유사한 전자적 형태의 무체물을 말한다.

7 무역거래자

(1) 무역거래자의 의미
수출 또는 수입을 하는 자, 외국의 수입자 또는 수출자에게서 위임을 받은 자 및 수출과 수입을 위임하는 자 등 물품 등의 수출 행위와 수입 행위의 전부 또는 일부를 위임하거나 행하는 자를 말한다.

(2) 무역거래자의 종류

무역업자	영리를 위해 수출입 업무를 자기명의로 영위하는 자
무역대리업자	외국의 수출업자 또는 수입업자에게 위임받아 국내에서 수수료를 받고 수출 물품을 구매하거나 수입 물품을 수입하는 과정에서 계약대리권을 행사하는 자
무역대행업자	무역업자가 대행계약에 따라 일정 수수료를 받고 자기명의로 거래하는 자 참 무역대행업자는 자기명의로 수출입거래를 진행한다는 점에서 무역대리업자와 구별된다.

8 수출입 거래

(1) 수출입의 원칙
① 물품 등의 수출입과 이를 통해 대금을 받거나 지급하는 것은 대외무역법의 목적 범위에서 자유롭게 이루어져야 한다.
② 무역거래자는 대외신용도 확보 등 자유무역질서를 유지하기 위해 자신의 책임하에 해당 거래를 성실히 이행해야 한다.

(2) 수출입의 제한
산업통상자원부장관은 다음 여섯 가지 사항을 이행하기 위해 필요하다고 인정하는 경우 지정·고시하는 물품 등의 수출입을 제한하거나 금지할 수 있다.
① 헌법에 따라 체결·공포된 조약과 일반적으로 승인된 국제법규에 따른 의무의 이행
② 생물자원의 보호
③ 교역상대국과의 경제협력 증진
④ 국방상 원활한 물자 수급
⑤ 과학기술의 발전
⑥ 항공 관련 품목의 안전관리에 관한 사항

(3) 수출입의 승인
헌법에 따라 체결·공포된 조약과 일반적으로 승인된 국제법규에 따른 의무의 이행, 생물자원의 보호 등을 위하여 지정하는 물품 등을 수출하거나 수입하려는 자는 산업통상자원부장관의 승인을 받아야 하며, 산업통상자원부장관은 필요하다고 인정하면 승인대상 물품 등의 품목별 수량, 금액, 규격 및 수출 또는 수입지역 등을 한정할 수 있다.

> ✅ **확실히 짚고 넘어가기** 수출입 승인
>
> 1. 수출입 승인의 유효기간
>   (1) 통상적인 유효기간: 1년
>   (2) 예외: 1년 미만 또는 2년 이내
>   • 국내의 물가안정이나 수급 조정을 위하여 수출 또는 수입 승인의 유효기간을 1년 미만으로 단축해야 하는 경우
>   • 수출입계약 체결 후 물품 등의 제조·가공 기간이 1년을 초과하는 경우
>   • 수출입계약 체결 후 물품 등이 1년 이내에 선적되거나 도착하기 어려운 경우
>   • 상기 규정 외에 수출입 물품 등의 인도조건 및 거래의 특성을 고려하여 수출 또는 수입 승인의 유효기간을 1년 미만으로 단축하거나 늘릴 필요가 있다고 인정되는 경우
> 2. 수출입 승인의 변경 신청
>   수출입제한 금지 물품의 승인을 받은 자가 승인을 받은 사항 중 물품 등의 수량, 가격, 수출 당사자 또는 수입 당사자에 관한 사항을 변경하려면 변경 승인을 받아야 하고, 경미한 사항을 변경하려면 산업통상자원부장관에게 신고해야 한다.

08 무역규범

9 수출입공고 · 통합공고 · 전략물자 수출입고시 [기출 2020]

(1) 수출입공고
① **의미**: 대외무역법상 산업통상자원부장관이 수출입 물품에 대한 관리를 위하여 제한품목 여부 및 수출입 요령을 알려주는 기본 공고를 의미한다.
② **목적**: 물품의 수출 또는 수입의 제한·금지, 승인, 한정 및 그 절차에 관한 사항을 규정하기 위함이다.
③ **특징**
  ㉠ 수출금지 품목, 수출제한 품목, 수입제한 품목을 공고하고 있으며, 공고된 물품에 대해서만 제한(Negative List System, 네거티브 방식)한다.
  ㉡ 고시의 형태로 실시 기간의 제한 없이 수시로 변경하여 운용된다.

(2) 통합공고
① **의미**: 산업통상자원부장관이 관련 행정기관의 장에게 개별 법령 및 품목, 수출입의 요건 및 절차 등을 제출받아 일괄적으로 수출입 요령을 발표하는 공고를 말한다.
② **목적**: 대외무역법 이외의 다른 법령(전기용품 및 생활용품 안전관리법, 전파법, 수입식품 안전관리 특별법 등)에서 해당 물품의 수출입 요건 및 절차 등을 규정하고 있는 경우에 수출입 요건 확인 및 통관 업무의 간소화와 무역질서 유지를 위하여 수출입 요건 및 절차에 관한 사항을 조정하고 통합 규정하기 위함이다.
③ **특징**: 통합공고는 수입금지나 제한보다는 품질검사, 안전검사, 형식승인 등 절차상 요건 확인을 통한 규제를 주로 한다.

(3) 전략물자 수출입고시
산업통상자원부장관은 관계 행정기관의 장과 협의하여 국제평화 및 안전유지와 국가안보를 위해 필요하다고 인정하는 경우 대통령령으로 정하는 국제수출통제체제 또는 이에 준하는 다자간 수출통제 공조에 따라 수출허가 등 제한이 필요한 물품 등(대통령령으로 정하는 기술을 포함)을 지정·고시하여야 한다.

> ✅ **확실히 짚고 넘어가기** | 전략물자 수출 시 필요한 허가
>
> 1. 전략물자 수출허가
>   (1) **원칙**: 전략물자에 해당하는 물품을 수출하고자 하는 자는 산업통상자원부장관이나 관계 행정기관의 장의 수출허가를 받아야 한다. 단, 방위사업법에 의해 허가를 받은 방위산업물자 및 국방과학기술이 전략물자에 해당하는 경우에는 예외로 한다.
>   (2) **종류**: 개별 수출허가, 포괄 수출허가(사용자포괄 수출허가와 품목포괄 수출허가로 구분) 및 원자력플랜트기술 수출허가로 구분한다.
>   (3) **유효기간**: 수출허가의 유효기간은 1년으로 한다. 상황허가, 경유 또는 환적허가, 중개허가도 기간이 같다.
> 2. 전략물자 상황허가
>   (1) **원칙**: 전략물자에는 해당되지 않으나 대량파괴무기와 그 운반수단인 미사일(대량파괴무기 등)의 제조·개발·사용 또는 보관 등의 용도로 변경될 가능성이 높은 물품 등을 수입자나 최종 사용자가 해당 용도로 사용할 의도가 있음을 알았거나 그러한 의도가 있다고 의심되는 경우 산업통상자원부장관이나 관계 행정기관의 장에게 허가를 받아야 한다.
>   (2) **상황허가를 받아야 하는 경우**
>   - 거래상대방이 우려거래대상자 목록에 등록된 경우
>   - 구매자가 해당 물품 등의 최종 용도에 관하여 필요한 정보 제공을 기피하는 경우
>   - 수출하고자 하는 물품 등이 최종 사용자의 사업분야에 해당되지 아니하는 경우
>   - 수출하고자 하는 물품 등이 수입국가의 기술 수준과 현저한 격차가 있는 경우
>   - 최종 사용자가 해당 물품 등이 활용될 분야의 사업경력이 없는 경우

- 최종 사용자가 해당 물품 등에 대한 전문적 지식이 없음에도 불구하고 해당 물품 등의 수출을 요구하는 경우
- 최종 사용자가 해당 물품 등에 대한 설치·보수 또는 교육훈련 서비스를 거부하는 경우
- 해당 물품 등의 최종 수하인이 운송업자인 경우
- 해당 물품 등에 대한 가격 및 지불조건이 통상적인 범위를 벗어나는 경우
- 특별한 이유 없이 해당 물품 등의 납기일이 통상적인 기간을 벗어난 경우
- 해당 물품 등의 수송경로가 통상적인 경로를 벗어난 경우
- 해당 물품 등의 수입국 내 사용 또는 재수출 여부가 명백하지 아니한 경우
- 해당 물품 등에 대한 정보 또는 최종 목적지 등에 대하여 통상적인 범위를 벗어나는 보안을 요구하는 경우

3. 중개허가
   (1) **원칙**: 전략물자를 제3국에서 다른 제3국으로 이전하거나 매매하기 위한 중개를 하고자 하는 경우 산업통상자원부장관이나 관계 행정기관의 장에게 허가를 받아야 한다.
   (2) **벌칙**: 중개허가를 받지 않고 전략물자를 중개한 자는 7년 이하의 징역 또는 중개하는 물품 등의 가격의 5배에 상당하는 금액 이하의 벌금에 처한다. 또한 미수범은 본죄에 준하여 처벌하며 양벌규정에 의거하여 법인뿐만 아니라 그 행위자까지 모두 적용한다.

4. 수출허가, 상황허가, 경유 또는 환적허가 및 중개허가의 기준
   (1) 해당 전략물자등이 평화적 목적에 사용될 것
   (2) 해당 전략물자등의 거래가 국제평화 및 안전유지와 국가안보에 영향을 미치지 아니할 것
   (3) 해당 전략물자등의 수입자나 최종사용자 등이 거래에 적합한 자격을 가지고 있고 그 사용용도를 신뢰할 수 있을 것
   (4) 그 밖에 국제수출통제체제등에 따라 관계 행정기관의 장과 협의하여 산업통상자원부장관이 정하여 고시하는 기준에 부합할 것

10 수출실적 기출 2018 ★ 상시

(1) 수출실적의 의미
산업통상자원부장관이 정하여 고시하는 기준에 해당하는 수출통관액(FOB 금액 기준), 입금액, 가득액과 수출에 제공되는 외화획득용 원료, 기재의 국내공급액을 말한다.

CHAPTER 08 무역규범

(2) 수출실적의 인정 범위

① 유상으로 거래되는 수출(대북한 유상반출실적 포함)하는 경우

구분	인정 금액	인정 시점	실적 확인 및 증명 발급기관
일반적인 유상수출	수출통관액(FOB 가격 기준)	수출신고 수리일	한국무역협회장, 산업통상자원부장관이 지정하는 기관의 장
중계무역	수출 금액(FOB 가격) – 수입 금액(CIF 가격)	입금일	외국환은행의 장
외국인도수출	외국환은행의 입금액	입금일	외국환은행의 장
위탁가공무역(수출)	판매액 – 원자재 수출 금액 – 가공임	입금일	외국환은행의 장
원양어로에 의한 수출 중 현지 경비 사용분	외국환은행이 확인한 금액	–	외국환은행의 장
용역 수출	수출실적 확인 및 증명 발급기관의 장이 외국환은행을 통해 입금 확인한 금액	입금일	한국무역협회장, 한국해운협회장, 한국관광협회중앙회장 및 업종별 관광협회장(관광사업만 해당)
전자적 형태의 무체물 수출	한국무역협회장 또는 한국소프트웨어산업협회장이 외국환은행을 통해 입금 확인한 금액	입금일	한국무역협회장, 한국소프트웨어산업협회장
외화를 받고 외항선박에 선박용품 등 관리에 관한 고시에 따른 내국선박용품을 공급하는 경우	적재허가서에 기재된 금액	적재허가서에 기재된 허가일자	한국무역협회장

② 수출 승인 면제 대상인 물품이 무상으로 거래되는 수출을 하는 경우

구분	인정금액	인정시기	확인기관
외국 개최 박람회 등에 출품하기 위해 반출된 물품 중 현지에서 매각된 물품 수출	외국환은행의 입금액	입금일	외국환은행의 장
해외에서 투자 등 이에 준하는 사업에 종사하는 우리나라 업자에게 무상반출 물품 중 해외건설공사에 직접 공해지는 원료, 기재, 공사용 장비 또는 기계류의 수출	수출통관액 (FOB 금액 기준)	수출신고 수리일	한국무역협회장 / 산업통상자원부장관이 지정하는 기관의 장

* 수출신고필증에 재반입하지 않는다는 조건이 명시된 분에 한함

③ 외화획득용 원료·물품의 국내 공급

구분	인정금액	인정시기	확인기관
내국 신용장에 의한 공급	외국환은행의 결제액	• 외국환은행을 통하여 대금을 결제한 경우: 결제일 • 외국환은행을 통하여 대금을 결제하지 아니한 경우: 당사자 간의 대금 결제일	외국환은행의 장 / 전자무역기반 사업자
구매확인서에 의한 공급	외국환은행의 결제액 또는 확인액		외국환은행의 장 / 전자무역기반 사업자
수출 물품 포장용 골판지 상자의 공급	외국환은행의 결제액 또는 확인액		외국환은행의 장

참 내국 신용장의 양도에 의한 공급은 수출실적으로 인정되지 않는다.

④ 외국인으로부터 대금을 영수하고 외화획득용 시설기재를 외국인과 임대차계약을 맺은 국내업체에 인도하는 경우

구분	인정금액	인정시기	확인기관
외국인으로부터 대금을 영수하고 외화획득용 시설기재를 외국인과 임대차계약을 맺은 국내업체에게 인도하는 경우	외국환은행의 입금액	입금일	외국환은행의 장

⑤ 외국인으로부터 대금을 영수하고 자유무역지역으로 반입신고한 물품 또는 물품을 공급하는 경우

구분	인정금액	인정시기	확인기관
외국인에게 대금을 영수하고 자유무역지역으로 반입신고한 물품을 공급하는 경우	외국환은행의 입금액	입금일	한국무역협회장
외국인으로부터 대금을 영수하고 그가 지정하는 자가 국내에 있어 물품 등을 외국으로 수출할 수 없는 경우에 보세구역으로 물품을 공급하는 경우			

11 수입실적

(1) 수입실적의 의미
산업통상자원부장관이 정하여 고시하는 기준에 해당하는 수입통관액 및 지급액을 말한다.

(2) 수입실적의 인정 범위(수입 중 유상으로 거래되는 수입을 실적으로 인정)

구분	인정금액	인정시기	확인기관
일반적인 유상수입	수입통관액(CIF 금액 기준)	수입신고 수리일	한국무역협회장 / 산업통상부장관이 지정하는 기관의 장
외국인수수입	외국환은행의 지급액	지급일	외국환은행의 장
용역의 수입	외국환은행의 지급액	지급일	(3)의 기관 참고
전자적 형태의 무체물의 수입			

(3) 용역 또는 전자적 형태의 무체물의 수입 확인 및 실적증명서의 발급

구분	수입 확인 및 실적증명서 발급기관장
용역의 수입	• 한국무역협회장 • 한국선주협회장(해운업의 경우) • 한국관광협회중앙회장 및 문화체육관광부장관이 지정하는 업종별 관광협회장(관광사업의 경우에만 해당)
전자적 형태의 무체물의 수입	• 한국무역협회장 • 한국소프트웨어산업협회장

12 외화획득용 원료·기재

(1) 외화획득용 원료의 의미
외화획득에 제공되는 물품과 용역, 전자적 형태의 무체물을 생산(제조·가공·조립·수리·재생 또는 개조)하는 데 필요한 원자재·부자재·부품 및 구성품을 말한다.

(2) 외화획득용 원료의 범위
① 수출실적으로 인정되는 수출 물품 등을 생산하는 데 소요되는 원료(포장재, 1회용 팔레트 포함)
② 외화가득율이 30% 이상인 군납용 물품 등을 생산하는 데 소요되는 원료
③ 해외에서 소요되는 건설 및 용역사업용 원료
④ 외화획득용 물품 등을 생산하는 데 소요되는 원료
⑤ ①~④ 규정에 따른 원료로 생산되어 외화획득이 완료된 물품 등의 하자 및 유지보수용 원료

(3) 외화획득의 범위
① 수출
② 주한 국제연합군이나 그 밖의 외국군 기관에 대한 물품 등의 매도
③ 관광
④ 용역 및 건설의 해외 진출
⑤ 국내에서 물품 등을 매도하는 것 중 산업통상자원부장관이 정하여 고시하는 기준에 해당하는 것
　㉠ 외국인으로부터 외화를 받고 국내의 보세지역에 물품 등을 공급하는 경우
　㉡ 외국인으로부터 외화를 받고 공장 건설에 필요한 물품 등을 국내에서 공급하는 경우
　㉢ 외국인으로부터 외화를 받고 외화획득용 시설·기재를 외국인과 임대차계약을 맺은 국내업체에 인도하는 경우
　㉣ 정부·지방자치단체 또는 정부투자기관이 외국으로부터 받은 차관자금에 의한 국제경쟁입찰에 의하여 국내에서 유상으로 물품 등을 공급하는 경우(대금 결제 통화의 종류를 불문)
　㉤ 외화를 받고 외항선박(항공기)에 선(기)용품을 공급하거나 급유하는 경우
　㉥ 절충교역거래(off set)의 보완거래로서 외국으로부터 외화를 받고 국내에서 제조된 물품 등을 국가기관에 공급하는 경우
⑥ 무역거래자가 외국의 수입자로부터 수수료를 받고 행한 수출을 알선하는 경우(외화획득 행위에 준하는 행위로 봄)

(4) 외화획득의 이행기간
① 외화획득용 원료·기재를 수입한 자가 직접 외화획득의 이행을 하는 경우에는 수입통관일 또는 공급일부터 2년으로 한다.
② 다른 사람으로부터 외화획득용 원료·기재 또는 그 원료·기재로 제조된 물품 등을 양수한 자가 외화획득의 이행을 하는 경우에는 양수일부터 1년으로 한다.
　예) 한국의 A기업이 외화획득용 원료를 수입하여 일부 가공한 후 B기업에 공급한 경우, B기업은 양수일로부터 1년 이내에 외화획득의 이행을 해야 한다.
③ 외화획득을 위한 물품 등을 생산하거나 비축하는 데 2년 이상의 기간이 걸리는 경우는 생산하거나 비축하는 데 걸리는 기간에 상당하는 기간이다.
④ 외화획득 물품의 선적기일이 2년 이상인 경우는 그 기일까지의 기간이다.
⑤ 수출이 완료된 기계류(HS 84류부터 90류까지의 규정에 해당하는 품목)의 하자 및 유지보수용 원료 등인 경우에는 10년으로 한다.
⑥ 외화획득 이행의무자가 이행기간 내에 외화획득의 이행을 할 수 없다고 인정하는 경우 서류를 갖추어 산업통상자원부장관에게 그 기간의 연장을 신청한다. 그 신청이 타당한 경우 1년의 범위 내에서 연장할 수 있다.
　㉠ 생산에 장기간이 소요되는 경우
　㉡ 제품 생산을 위탁한 경우 그 공장의 도산 등으로 인하여 제품 생산이 지연되는 경우
　㉢ 외화획득 이행의무자의 책임있는 사유가 없음에도 신용장 또는 수출계약이 취소된 경우
　㉣ 외화획득이 완료된 물품의 하자보수용 원료 등으로서 장기간 보관이 불가피한 경우
　㉤ 그 밖에 부득이한 사유로 외화획득 이행기간 내에 외화획득 이행이 불가능하다고 인정되는 경우

13 구매확인서 `기출 2018` `기출 2019` `기출 2020`

(1) 구매확인서의 의미
① 외화획득용 원료·기재를 구매하려는 경우 또는 구매한 경우 전자무역기반사업자가 내국 신용장에 준하여 발급하는 증서를 말한다.
② 내국 신용장을 개설할 수 없는 상황에서 외화획득용 원료 등의 구매를 촉진하기 위해 발급하는 서류이다.

(2) 구매확인서의 특징
① 내국 신용장과 마찬가지로 온라인으로만 발급 가능하다.
② 내국 신용장과 동일하게 수출실적으로 인정받는다.
③ 구매확인서 발급은행은 발급근거(근거서류)를 확인하지만, 공급 물품의 대금 지급에 대해서는 책임을 지지 않는다(내국 신용장과의 차이점).
④ 물품 공급 후 발급(사후 발급)이 가능하다.

(3) 내국 신용장과 구매확인서 비교

구분	내국 신용장	구매확인서
관련법규	한국은행 무역금융 취급세칙 및 절차	대외무역법, 전자무역촉진에 관한 법률
발행기관	외국환은행	외국환은행, 전자무역기반 사업자
거래대상	수출용 원자재 및 완제품	외화획득용 원료·기재
지급보증	거래 외국환은행이 지급 보증함	거래 외국환은행이 지급 보증하지 않음
수출실적	무역금융 및 대외무역관리규정상의 수출실적으로 인정	
개설조건	수출 근거 서류 또는 무역금융 융자 한도 내 개설	제한 없이 발급
발급차수	제한 없이 발급 가능(수평적, 수직적)	각 단계별로 순차적으로 제한 없이 발급 가능(수직적)
사후 발급	사후 발급 불가능	사후 발급 가능
혜택	부가가치세 영세율 적용	

14 원산지판정기준

(1) 수입 물품에 대한 원산지판정기준의 종류
① 완전생산기준
  ㉠ 의미: 수입 물품의 전부가 한 국가에서 채취되거나 생산된 물품인 경우에 그 국가를 물품의 원산지로 결정하는 것을 말한다.
  ㉡ 완전생산 물품의 종류
    • 해당국 영역에서 생산한 광산물, 농산물 및 식물성 생산물, 번식, 사육한 산동물과 이들에게서 채취한 물품, 수렵, 어로로 채포(採捕)한 물품
    • 해당국 선박이 해당국 이외 국가의 영해나 배타적 경제수역이 아닌 곳에서 채포한 어획물 또는 그 밖의 물품
    • 해당국에서 제조, 가공공정 중에 발생한 잔여물
    • 해당국 또는 해당국의 선박에서 위에 명시한 물품을 원재료로 하여 제조·가공한 물품

② 실질적 변형기준
  ㉠ 의미: 수입 물품의 생산·제조·가공 과정에서 둘 이상의 국가가 관련된 경우, 최종적으로 실질적 변형을 가하여 그 물품에 본질적 특성을 부여한 활동을 한 국가를 그 물품의 원산지로 결정하는 것을 말한다.
  ㉡ 실질적 변형기준의 종류

세번변경기준	해당국에서의 제조·가공과정을 통하여 원재료의 세번과 상이한 세번(HS 6단위 기준)의 제품을 생산해야 원산지로 인정
부가가치기준	사용된 원료 및 부품의 부가가치가 완제품 부가가치의 특정 비율 이상 또는 초과로 행한 국가를 원산지로 인정
주요부품기준	해당 주요 부품의 원료 및 구성품의 부가가치 생산에 최대로 기여한 국가가 해당 완제품의 부가가치비율 기준 상위 2개국 중 어느 하나에 해당하는 경우 해당 국가를 원산지로 인정(2개국 중 어느 하나에 해당하지 않는 경우 해당 완제품을 최종적으로 제조한 국가를 원산지로 인정)
가공공정기준	제품의 제조공정 중 각 제품에 대해 가장 중요하다고 인정되거나 해당 제품의 주요한 특성을 발생시키는 기술적 제조, 가공작업을 열거하여 지정된 공정이 이루어진 국가를 원산지로 인정

(2) 수입원료를 사용한 국내생산 물품 등의 원산지판정기준
다음의 어느 하나에 해당하는 경우 우리나라를 원산지로 하는 물품으로 본다.
① 우리나라에서 제조·가공 과정을 통해 수입원료의 세번과 상이한 세번(HS 6단위 기준)의 물품(세번 HS 4단위에 해당하는 물품의 세번이 HS 6단위에서 전혀 분류되지 않은 물품 포함)을 생산하고, 해당 물품의 총제조원가 중 수입원료의 수입가격(CIF 가격 기준)을 공제한 금액이 총제조원가의 51% 이상인 경우
② 우리나라에서 단순한 가공활동이 아닌 제조·가공 과정을 통해 제1호의 세번 변경이 안 된 물품을 최종적으로 생산하고, 해당 물품의 총제조원가 중 수입원료의 수입가격(CIF 가격 기준)을 공제한 금액이 총제조원가의 85% 이상인 경우
③ 외국산 원재료가 사용되지 않고 제조된 천일염의 경우

(3) 원산지판정기준의 특례
① 부속품, 예비부분품: 기계·기구·장치 또는 차량에 사용되는 부속품·예비부분품 및 공구로서 기계 등과 함께 수입되어 동시에 판매되고 그 종류 및 수량으로 보아 정상적인 부속품, 예비부분품 및 공구라고 인정되는 물품의 원산지는 해당 기계·기구·장치 또는 차량의 원산지와 동일한 것으로 본다.
② 포장용품: 포장용품의 원산지는 포장된 내용품의 원산지와 동일한 것으로 본다. 다만, 법령에 따라 포장용품과 내용품을 각각 별개로 구분하여 수입신고하도록 규정된 경우에는 포장용품의 원산지는 내용품의 원산지와 구분하여 결정한다.
③ 촬영된 영화용 필름: 촬영된 영화용 필름은 그 영화제작자가 속하는 나라를 원산지로 한다.
④ 전자적 형태의 무체물: 저작권자가 속하는 나라를 원산지로 한다.

15 원산지표시제도

(1) 원산지표시 대상 물품
① 원산지표시 대상은 대외무역법 별표8에 게시된 수입 물품이며, 원산지표시 대상 물품은 해당 물품에 원산지를 표시해야 한다.
② 전기용품 및 생활용품 안전관리법, 수입식품 안전관리 특별법 등 다른 법령에서 원산지표시 방법 등을 정하고 있는 경우에는 라벨, 스티커 등에 같이 표기하여 이를 적용할 수 있다.

(2) 수입 물품 원산지표시의 일반적 원칙
① 한글, 한자 또는 영문으로 표시
　㉠ '원산지: 국명' 또는 '국명 산(産)'
　㉡ 'Made in 국명' 또는 'Product of 국명'
　㉢ 'Made by 물품 제조자의 회사명, 주소, 국명'
　㉣ 'Country of Origin: 국명'
② 최종 구매자가 해당 물품의 원산지를 용이하게 판독할 수 있는 크기의 활자체로 표시한다.
③ 최종 구매자가 물품구매 과정에서 원산지표시를 쉽게 발견할 수 있는 곳에 표시한다.
④ 원산지가 쉽게 지워지지 않고 물품(또는 포장·용기)에서 쉽게 떨어지지 않도록 표시한다.
⑤ 수입 물품의 원산지는 제조단계에서 인쇄(Printing), 등사(Stenciling), 낙인(Branding), 주조(Molding), 식각(Etching), 박음질(Stitching) 또는 이와 유사한 방식으로 표시한다. 다만, 물품의 특성상 위와 같은 방식으로 표시하는 것이 부적합 또는 곤란하거나 물품을 훼손할 우려가 있는 경우에는 날인(Stamping), 라벨(Label), 스티커(Sticker), 꼬리표(Tag)를 사용하여 표시할 수 있다.
⑥ 최종 구매자가 수입 물품의 원산지를 오인할 우려가 없는 경우에는 통상적으로 널리 사용되고 있는 국가명이나 지역명 등을 사용하여 표시가 가능하다.
　예) United States of America → USA, Switzerland → Swiss, Netherlands → Holland, United Kingdom of Great Britain and Northern Ireland → UK 또는 GB, UK의 행정구역 → England, Scotland, Wales, Northern Ireland로 각각 표시 가능

(3) 수입 물품 원산지표시의 면제 대상
물품 또는 포장·용기에 원산지를 표시해야 하는 수입 물품 중 다음에 해당하는 경우에는 원산지를 표시하지 않을 수 있다.
① 외화획득용 원료 및 시설기재로 수입되는 물품
② 개인에게 무상 송부된 탁송품, 별송품 또는 여행자 휴대품
③ 수입 후 실질적 변형을 일으키는 제조공정에 투입되는 부품 및 원재료로서 실수요자가 직접 수입하는 경우(실수요자를 위하여 수입을 대행하는 경우 포함)
④ 실수요자가 직접 수입하는 경우, 판매 또는 임대목적으로 제공되지 않는 물품(단, 제조용 시설 및 기자재(부분품 및 예비용 부품 포함)에 대한 수입을 대행하는 경우 인정함)
⑤ 실수요자가 수입하는 연구개발용품(실수요자를 위하여 수입을 대행하는 경우 포함)
⑥ 견본품(진열·판매용이 아닌 것에 한함) 및 수입품의 하자보수용 물품
⑦ 보세운송, 환적 등으로 우리나라를 단순히 경유하는 통과 화물
⑧ 재수출조건부 면세 대상 물품 등 일시 수입 물품
⑨ 우리나라에서 수출된 후 재수입되는 물품
⑩ 외교관 면세 대상 물품
⑪ 개인이 자가소비용으로 수입하는 물품으로서 세관장이 타당하다고 인정하는 물품

08 무역규범

> ## 관세법

1 관세의 개요

(1) 관세의 의미
① 관세선을 통과하는 상품에 대하여 국가에서 부과하는 세금을 의미한다.
② 최종적으로 소비될 것을 대상으로 부과하는 소비세이다.(국내에서 사용 또는 소비되지 않는 경우 원상태수출, 계약상 이물품수출 등으로 관세환급이 가능하다.)
③ 관세법 제14조에서는 '수입 물품에 관세를 부과한다.'라고 규정하여 수출 물품에 대해서는 관세가 부과되지 않는다.

(2) 과세방법에 따른 분류

종가세 (Ad Valorem Duties)	• 수입 물품의 가격을 과세표준으로 삼는 방법 • 관세액 = 수입 물품의 가격 × 관세율
종량세 (Specific Duties)	• 물품의 수량(개수, 중량, 길이 등)을 과세표준으로 삼는 방법 • 관세액 = 수입 물품의 수량 등 × 단위 수량당 세액

2 관세법 ★상시

(1) 관세법의 목적
① 관세의 부과, 징수 및 수출입 물품의 통관을 적정하게 하고, 관세수입을 확보함으로써 국민경제의 발전에 이바지함을 목적으로 한다.
② 수출입 물품의 통관 과정에서 관세 자체가 국내 산업 보호, 소비 억제, 국제 수지 개선의 역할을 하고 관세율과 과세제도를 통해 국내 물가 안정, 수출지원을 도모하여 국민경제 발전에 이바지하기 위함이다.
③ 관세의 부과 징수를 통해 관세수입을 확보하여 재정수입을 조달하기 위함이다.

(2) 용어의 정의
① **수입**: 외국 물품을 우리나라에 반입(보세구역을 경유하는 것은 보세구역에 반입)하거나 우리나라에서 소비 또는 사용하는 것을 말한다. 우리나라 운송수단(선박 등) 안에서 소비 또는 사용한 것도 수입에 해당한다.
② **수출**: 내국 물품을 외국으로 반출하는 것을 말한다. 수출신고가 수리된 물품은 수리신고 수리일로부터 30일 이내에 선(기)적되어야 한다.
③ **반송**: 국내에 도착한 물품이 수입통관 절차를 거치지 않고 다시 외국으로 반출되는 것을 말한다.
④ **외국 물품** 기출 2020
  ㉠ 외국에서 우리나라로 도착한 물품으로서 수입신고가 수리(受理)되기 전의 것
  ㉡ 외국의 선박 등이 공해에서 채집하거나 포획한 수산물 등으로서 수입신고가 수리되기 전의 것
  ㉢ 수출신고가 수리된 물품
  ㉣ 보수작업 결과 외국 물품에 부가된 내국 물품
  ㉤ 보세공장에서 외국 물품과 내국 물품을 원자재로 혼용하여 제조한 물품
  ㉥ 관세환급특례법상 관세환급을 목적으로 일정한 보세구역 또는 자유무역지역에 반입한 물품

⑤ 내국 물품
  ㉠ 우리나라에 있는 물품으로서 외국 물품이 아닌 것
  ㉡ 우리나라의 선박 등이 공해에서 채집하거나 포획한 수산물 등
  ㉢ 입항 전 수입신고가 수리된 물품
  ㉣ 수입신고 수리 전 반출승인을 받아 반출된 물품
  ㉤ 수입신고 전 즉시반출신고를 하고 반출된 물품
⑥ 통관: 「관세법」에 따른 절차를 이행하여 물품을 수출·수입 또는 반송하는 것을 말한다.
⑦ 관세조사: 관세의 과세표준·세율 및 세액을 결정 또는 경정하거나 관세법 및 다른 법령에서 정하는 수출입 관련 의무 이행 여부를 확인하기 위하여 방문 또는 서면으로 납세자의 장부·서류 또는 그 밖의 물건을 조사하는 것을 말한다.

> ✅ **확실히 짚고 넘어가기** **수입으로 보지 않는 소비 또는 사용**
>
> - 선박용품·항공기용품 또는 차량용품을 운송수단 안에서 그 용도에 따라 소비하거나 사용하는 경우
> - 선박용품·항공기용품 또는 차량용품을 관세청장이 정하는 지정보세구역에서 출국심사를 마치거나 우리나라에 입국하지 아니하고 우리나라를 경유하여 제3국으로 출발하려는 자에게 제공하여 그 용도에 따라 소비하거나 사용하는 경우
> - 여행자가 휴대품을 운송수단 또는 관세통로에서 소비하거나 사용하는 경우
> - 관세법에서 인정하는 바에 따라 소비하거나 사용하는 경우

(3) 관세의 과세요건

① 관세채권·채무의 관계는 항상 국가가 채권자이며, 납세의무자는 채무자이다. 납세의무는 관세법이 정하고 있는 여러 조건을 충족한 경우에 성립되는데, 이러한 조건을 과세요건이라고 한다.
② 과세 물건: 과세 물건은 과세의 객체 또는 과세의 대상을 의미한다. 수입 물품은 관세법 제14조에 의해 과세 대상임을 분명히 하고 있다.
  참 수출 물품이나 환적 물품 등 경유 물품은 수입 물품이 아니므로 과세 물건에 해당하지 않는다.
③ 납세의무자
  ㉠ 원칙적 납세의무자: 수입신고를 한 물품인 경우, 그 물품을 수입신고 하는 때의 화주가 원칙적 납세의무자이다.
  ㉡ 화주가 불분명한 경우의 납세의무자
    - 수입을 위탁받아 수입업체가 대행수입한 물품인 경우: 그 물품의 수입을 위탁한 자
    - 수입을 위탁받아 수입업체가 대행수입한 물품이 아닌 경우: 상업서류(상업송장, 선하증권, 항공화물운송장)에 적힌 물품수신인
    - 수입 물품을 수입신고 전에 양도한 경우: 물품을 넘겨받은 자(양수인)
    - 선박용품 등 하역, 환적 허가 위반 물품: 하역허가를 받은 자
    - 보세구역 장치 물품 폐기 시: 운영인 보관인
    - 보세구역 외 작업기간 경과 물품: 보세구역 외 보수작업 승인 또는 허가를 받은 자, 신고인
    - 보세운송기간 경과물품: 보세운송 신고자 또는 승인을 받은 자
    - 수입신고 수리 전 소비 또는 사용되는 물품: 소비 또는 사용자(소비 또는 사용으로 보지 않는 물품은 제외)
    - 수입신고 수리 전 반출 신고기간 위반으로 관세를 징수하는 물품: 즉시 반출한 자
    - 우편으로 수입되는 물품: 수취인
    - 도난, 분실 물품: 보세구역 화물관리인, 보세운송 신고자 또는 승인을 받은 자, 보관인 또는 취급인
    - 기타: 소유자 또는 점유자

④ 과세표준: 세법에 의하여 세액계산의 기준이 되는 과세물건의 수량 또는 가격을 말한다. 수입의 경우 CIF 금액을 기준으로 한다.
⑤ 세율(관세율)
  ㉠ 의미: 세액을 결정할 때 과세표준에 적용되는 비율을 말한다.
  ㉡ 종류

기본세율	관세법 별표 관세율표상의 기본세율로 국회에서 제정되며, 통상적으로 수입 물품에 적용되는 세율
잠정세율	관세법 별표 관세율표에 기본세율과 함께 표기되어 있는 것으로, 일시적으로 기본세율을 적용할 수 없을 때 잠정적으로 적용하기 위한 세율
탄력관세율	법률이 정하는 범위 안에서 관세율의 변경권을 행정부에 위임하여 급변하는 국내외 경제 및 무역환경에 대한 탄력적 대응이 가능하도록 하는 세율
협정세율	대외무역 증진을 위하여 필요하다고 인정되는 경우에 특정국가 또는 국제기구와 조약 또는 행정협정 등으로 정한 세율

✔ 확실히 짚고 넘어가기   탄력관세의 종류

덤핑방지관세	외국의 생산자가 부당하게 낮은 가격으로 수입(덤핑)함으로써 국내산업에 피해를 야기한 경우 그 행위를 시정하고 국내산업 피해를 구제하기 위하여 정상가격과 덤핑 가격 간의 차액을 부과하는 관세
상계관세	수출국에서 제조, 생산 또는 수출에 관하여 보조금, 장려금 등을 지급받은 물품이 수입되어 국내산업을 저해하는 경우에 기본세율 이외에 해당 보조금만큼의 금액을 추가부과하는 관세
긴급관세	특정 물품의 수입증가로 인하여 동종 물품 또는 직접적인 경쟁 관계에 있는 물품의 심각한 피해 등을 방지하거나 치유하고 조정을 촉진하기 위하여 필요한 범위에서 관세를 추가하여 부과하는 것
보복관세	교역상대국이 우리나라의 수출 물품 등에 부당한 행위를 하여 우리나라의 무역이익이 침해되는 경우에는 그 나라에서 수입되는 물품에 대한 피해 상당액의 범위 내에서 부과하는 관세
농림축산물에 대한 특별긴급관세	국내외 가격차에 상당한 율로 양허한 농림축산물의 수입 물량이 급증하거나 수입가격이 하락하는 경우 양허한 세율을 초과하여 부과하는 관세
편익관세	관세에 관한 조약이나 협정 관계가 없는 국가로부터 생산물을 수입할 때 기존에 체결된 외국과의 조약에 따른 편익의 한도에서 관세에 관한 편익을 부여하는 것
국제협력관세	우리나라의 대외무역 증진을 위하여 필요하다고 인정될 때 특정 국가 또는 국제기구와 관세에 관한 협상을 하여 양허하는 관세. 다만, 특정 국가와 협상할 때에는 기본 관세율의 100분의 50의 범위를 초과하여 관세를 양허할 수 없음
조정관세	수입자유화 개방정책의 실시로 인해 수입 자동승인 품목으로 지정된 물품의 수입이 급격히 증가하거나 저가 수입되어 국내 산업을 저해하거나 국민 소비생활을 어지럽힐 가능성이 높은 경우 이에 대처하기 위해 일시적으로 세율을 조정하여 부과하는 관세
계절관세	계절에 따라 가격 차이가 심한 물품으로서 동종 물품·유사 물품 또는 대체 물품의 수입으로 국내시장이 교란되거나 생산 기반이 붕괴될 우려가 있을 때 계절에 따라 해당 물품의 국내 외 가격차에 상당하는 율의 범위에서 기본세율보다 높게 부과하거나 100분의 40의 범위의 율을 기본세율에서 빼고 부과하는 관세
할당관세	관세율을 소삭하여 수입수량을 규제할 목적으로 특정 물품 수입에 대하여 일정 수량의 한도를 설정하고 그 수량 또는 금액만큼 수입되는 분에 대하여 무세 내지 저세율을 적용하고, 한도 이상 수입되는 분에 대해서는 고세율을 적용하는 일종의 이중관세
일반특혜관세	개발도상국가(특혜 대상국)를 원산지로 하는 물품 중 대통령령으로 정하는 물품(특혜 대상 물품)에 대해서는 기본세율보다 낮은 세율로 부과하는 관세

⑥ 세율적용의 우선순위: 한 물품에 대하여 둘 이상의 세율이 적용되는 경우가 발생할 수 있으므로 관세법에서는 다음과 같이 세율의 우선순위를 정해 놓고 있다.

순위	관세의 종류	세율의 우선순위
1	덤핑방지관세, 상계관세, 긴급관세, 특정국 물품 특별긴급관세, 보복관세, 농림축산물에 대한 특별긴급관세, 조정관세*	가장 우선하여 적용
2	FTA 협정관세	3~7보다 낮은 경우 우선 적용
3	WTO 협정관세, 편익관세, WTO 협정 개발도상국간 양허관세, 유엔무역개발회의 개발도상국 간 양허관세, 특정국가와의 관세협상에 따른 국제협력관세	4~7보다 낮은 경우 우선 적용
4	조정관세, 계절관세	5~7보다 우선 적용
	할당관세	5보다 낮은 경우 우선 적용, 6, 7보다 우선 적용
5	최빈 개발도상국에 대한 특혜관세	6, 7보다 우선 적용
6	잠정관세	7보다 우선하여 적용
7	기본관세	1~6이 적용되지 않는 경우 적용

* 공중도덕 보호, 인간·동물·식물의 생명 및 건강 보호, 환경보전, 한정된 천연자원 보존 및 국제평화와 안전보장 등을 위하여 필요한 경우만 해당. 나머지는 그대로 4순위

(4) 과세가격의 결정 방법

① **제1방법(해당 수입 물품의 거래가격을 기초로 함)**: 실제로 지급하였거나 지급해야 할 가격에 법정 가산요소를 가산하고 조정하여 과세가격을 결정하는 방법을 말한다.
② **제2방법(동종·동질 물품의 거래가격을 기초로 함)**: 제1방법으로 과세가격을 결정할 수 없는 경우 과세가격으로 인정된 사실이 있는 동종·동질 물품의 거래가격을 기초로 하여 과세가격을 결정하는 방법을 말한다.
③ **제3방법(유사 물품의 거래가격을 기초로 함)**: 제1방법, 제2방법으로 과세가격을 결정할 수 없는 때에는 과세가격으로 인정된 사실이 있는 유사 물품의 거래가격을 기초로 과세가격을 결정하는 방법을 말한다.
④ **제4방법(국내 판매가격을 기초로 함)**: 국내 판매가격을 기초로 과세가격을 결정하는 방법으로 제1방법에서 제3방법을 순차적으로 적용하여도 과세가격을 결정할 수 없는 경우 수입통관 후 국내에서 판매하는 가격에서 일정한 비용 등을 공제한 가격을 과세가격으로 결정하는 방법을 말한다(공제가격, 역산가격 방법).
⑤ **제5방법(산정가격을 기초로 함)**: 제1방법에서 제4방법을 순차적으로 적용하여도 과세가격을 결정할 수 없는 경우 해당 물품의 제조원가(산정가격)를 기초로 과세가격을 결정하는 방법이다.
⑥ **제6방법(합리적 기준에 따름)**: 제1방법부터 제5방법으로 과세가격을 결정할 수 없을 때 제1방법부터 제5방법의 원칙과 부합되는 합리적 기준에 따라 과세가격을 결정하는 방법을 말한다.

(5) 통관
① 의미: 통관은 관세법의 규정에 의한 절차를 이행하여 물품을 수출·수입·반송하는 것을 말한다. 물품을 수출 또는 수입하고자 하는 경우에는 통관 절차를 거쳐야 하며, 해당 물품의 품명·규격·수량 및 가격과 포장의 종류·번호, 목적지·원산지 등을 세관장에게 신고해야 한다.
② 목적 및 기능
　㉠ 수출입 관리의 실효성 확보: 관세법 또는 기타 다른 법에서 정하고 있는 사항에 입각하여 통관 과정의 적법 여부를 확인하고 수출입 여부를 결정함으로써 수출입 관리의 실효성을 확보하는 기능을 한다.
　㉡ 재정수입의 확보: 관세, 내국세 등 제세를 징수함으로써 국가의 재정수입을 확보한다.
③ 수출입 금지 물품
　㉠ 헌법질서를 문란하게 하거나 공공의 안녕·질서 또는 풍속을 해치는 서적·간행물·도화, 영화·음반·비디오물·조각물 또는 그 밖에 이에 준하는 물품
　㉡ 정부의 기밀을 누설하거나 첩보 활동에 사용되는 물품
　㉢ 화폐·채권이나 그 밖의 유가증권의 위조품·변조품 또는 모조품
　㉣ 지식재산권을 침해하는 물품

수입통관과 수출통관

1 수입통관

(1) 수입통관의 의미

수입통관은 수입하려는 자가 해당 물품을 선적한 선박(비행기)이 출항 전, 입항 전, 보세구역에 도착하기 전 또는 반입장치 후 관세법의 규정에 의해 세관장에게 수입신고를 하고 세관장은 수입신고가 적법하게 이루어진 경우에 수입신고를 수리하여 물품이 반출될 수 있도록 하는 일련의 과정을 말한다.

(2) 수입통관절차

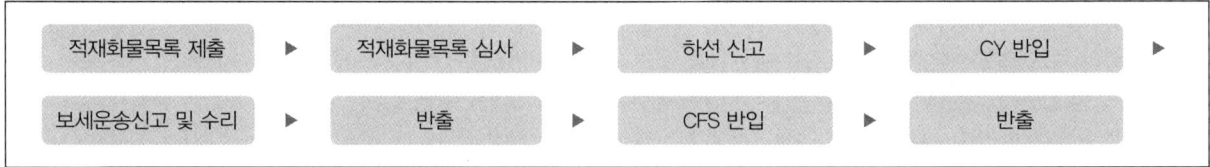

(3) 수입신고 시기
① 입항 전 신고: 수입 물품을 선(기)적한 선박 등이 물품을 적재한 항구나 공항에서 출항한 후 입항하기 전(항공 화물은 하기신고 시점, 해상 화물은 하선신고 시점 기준)에 수입신고하는 것을 말한다.
② 보세구역 도착 전 신고(FCL): 입항예정 CY에 반입되기 전에 수입신고를 할 수 있다. 다만, CY 반입이 되어야 수입신고가 수리된다.
③ 보세구역 장치 후 신고(FCL): FCL 화물의 경우 CY에 장치 반입 후 신고하는 것이 원칙이다.
④ 보세구역 도착 전 신고(LCL): CFS 반입 단계 전 LCL 물품의 경우 수입신고가 가능하며, CFS에 반입이 되어야 수입신고가 수리된다.

⑤ **보세구역 장치 후 신고(LCL)**: LCL 물품의 경우 보세창고에 반입된 후 신고하는 것이 원칙이다.
⑥ **출항 전 신고**: 항공기로 수입되는 물품이나 일본, 중국, 대만, 홍콩으로부터 선박으로 수입되는 물품을 선(기)적한 선박과 항공기가 해당 물품을 적재한 항구나 공항에서 출항하기 전에 수입신고하는 것을 말한다.

> 참 출항 전 신고와 입항 전 신고는 당해 물품을 적재한 선박 등이 우리나라에 입항하기 5일 전(항공기의 경우에는 1일 전)부터 가능하다.

(4) 수입신고인
수입신고는 관세사(관세사, 관세법인, 통관취급법인) 또는 수입화주의 명의로 해야 한다.

(5) 수입신고의 단위
수입신고는 선하증권 1건당 수입신고 1건으로 한다. 하지만 다음의 경우에는 분할신고가 가능하다.
① 선하증권을 분할하여도 물품 검사와 과세가격 산출에 어려움이 없는 경우
② 신고 물품 중 일부만 통관이 허용되고 일부는 통관이 보류되는 경우
③ 검사·검역 결과 일부는 합격하고 일부는 불합격한 경우이거나 일부만 검사·검역 신청하여 통관하려는 경우
④ 일괄 사후 납부 적용·비적용 물품을 구분하여 신고하려는 경우
⑤ 보세창고에 입고된 물품으로서 세관장이 보세화물관리에 지장이 없다고 인정하는 경우

(6) 수입신고의 기간
① 수입하거나 반송하려는 물품을 지정장치장 또는 보세창고에 반입하거나 보세구역이 아닌 장소에 장치한 자는 그 반입일 또는 장치일부터 30일 이내에 수입신고를 해야 한다.
② 기간 내에 수입 또는 반송 신고를 하지 않은 경우에는 해당 물품 과세가격의 100분의 2에 상당하는 금액의 범위에서 대통령령으로 정하는 금액을 가산세로 징수한다.

> 참 수입신고 관련 서류(보관기간: 신고수리일로부터 5년)
> • 수입신고필증
> • 수입거래 관련 계약서
> • 지식재산권 거래 관련 계약서
> • 수입 물품 가격결정에 관한 자료

(7) 수입신고의 처리 방법

전산 심사 (P/L: Paperless)	관세청 전산을 통해 전자서류로 제출하여 세관 담당자가 신고 내용을 심사하는 방법
서류 심사	• 신고서 및 상업송장, 선하증권, 포장명세서, 운임내역, 원산지증명서 등을 세관에 제출하고 세관 담당자가 해당 신고내용을 확인하는 방법 • 종이서류 제출과 전자 제출을 통해 서류 심사
검사 후 심사 (C/S: Cargo Selectivity)	세관 담당자가 신고 내용과 현품을 검사하여 이상이 없는 경우 심사를 진행하는 방법
전자통관 심사	신고지 세관 수입과 담당자를 배정하지 않고 관세청 전산에서 신고 내용을 자동으로 심사하는 방법

(8) 수입신고의 수리
① 수입신고가 관세법에 따라 적합하게 이루어지고 관세를 납부하거나 납부해야 하는 물품에 대한 담보를 제공한 경우에 세관장은 수입신고를 수리한다.
② 수입신고가 수리되어야 외국 물품이 내국 물품화되어 보세구역으로부터 반출될 수 있다.

(9) 관세의 납부

사전 납부	수입신고가 수리되기 전에 관세 등을 납부하는 것
사후 납부	수입신고가 수리된 날로부터 납부기한 내에 해당 세액을 세관장에게 납부하는 것

⑽ 신고의 취하
① 정당한 이유가 있는 경우 세관장의 승인을 받아 수입신고를 취하할 수 있다. 다만, 수입 및 반송의 신고는 운송수단 내, 관세통로, 하역통로 또는 관세법에 규정된 장치 장소에서 물품을 반출한 후에는 취하할 수 없다.
② 수입신고를 수리한 후 신고 취하가 승인된 때에는 그 신고 수리의 효력이 상실된다.

⑾ 신고의 각하
세관장은 수입신고와 입항 전 수입신고가 그 요건을 갖추지 못하였거나 부정한 방법으로 된 경우에는 해당 수입신고를 각하할 수 있다.

⑿ 수입신고 수리 전 반출(수입통관 절차의 특례)
① 일정한 사유가 있는 경우 수입 물품에 대하여 신고가 수리되기 전에 화주의 신청에 의하여 신고수리 전에 물품을 보세구역에서 반출할 수 있도록 하는 제도이다.
② 수입신고 수리 전 반출을 승인하는 경우
　㉠ 완성품의 세 번으로 수입신고 수리 받고자 하는 물품이 미조립 상태로 분할선적 수입된 경우
　㉡ 비축물자로 신고된 물품으로서 실수요자가 결정되지 아니한 경우
　㉢ 사전세액심사 대상 물품으로서 세액결정에 오랜 시간이 걸리는 경우
　㉣ 품목분류나 세율결정에 오랜 시간이 걸리는 경우
　㉤ 수입신고 시 법·조약·협정 등에 의하여 다른 국가의 생산(가공을 포함)물품에 적용되는 세율보다 낮은 세율을 적용받고자 하는 경우로서 원산지증명서를 세관장에게 제출하지 못한 경우
③ 원칙
　㉠ 신고수리 전 반출하려는 자는 납부해야 할 관세 등에 상당하는 담보를 제공해야 한다.
　㉡ 수입신고 수리 전 반출승인을 얻어 반출된 물품은 내국물품으로 보며, 그 승인일을 수입신고 수리일로 본다.

⒀ 수입신고 전 물품의 반출(수입통관 절차의 특례)
① 반복 수입되어야 하는 원재료 등과 같이 기업의 생산 활동 등이 원활하게 이루어지기 위해 지원할 필요가 있는 경우 수입신고 전 반출신고만으로 물품을 반출하여 사용하고 나중에 수입신고를 할 수 있도록 한 제도이다.
② 수입신고 전 물품반출 대상
　㉠ 관세 등의 체납이 없고 최근 3년 동안 수출입 실적이 있는 제조업자 또는 외국인투자자가 수입하는 시설재 또는 원부자재
　㉡ 기타 관세 등의 체납우려가 없는 경우로서 관세청장이 정하는 물품
③ 원칙
　㉠ 즉시반출신고를 하고자 하는 경우 담보를 제공해야 한다.
　㉡ 즉시반출신고를 한 날로부터 10일 이내에 수입신고를 해야 하며, 수입신고를 하지 않는 경우에는 해당 물품에 대한 관세의 100분의 20에 상당하는 금액을 가산세로 징수한다.

2 수출통관

(1) 수출통관의 절차
① 물품을 외국으로 반출하기 위해서는 관세법에서 정한 품명·규격·수량 및 가격 등을 세관장에게 신고해야 한다.
② 신고를 받은 세관장이 신고가 관세법의 규정에 따라 적법하고 정당하게 이루어졌다고 인정하면 이를 지체 없이 수리하고 신고인에게 수출신고필증을 교부해야 한다.

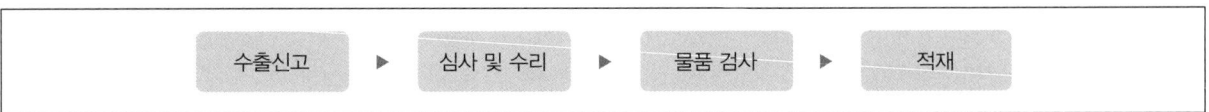

(2) 수출신고
① 관할: 수출하려는 자는 해당 물품이 장치된 물품 소재지를 관할하는 세관장에게 수출신고를 해야 한다.
② 수출신고인: 수출신고는 관세사, 관세법인, 통관취급법인 또는 수출 화주의 명의로 해야 한다.
③ 신고 단위: 수출신고는 해당 물품을 외국으로 반출하려는 선박 또는 항공기의 적재단위(S/R 또는 S/O, B/L 또는 AWB)별로 해야 한다.
④ 효력발생 시점: 수출신고의 효력발생 시점은 전송된 신고자료가 통관시스템에 접수된 시점으로 한다.

(3) 수출신고 심사 및 수리
① 심사: 세관장은 전송받은 신고자료가 수출신고서 작성요령에 따라 정확히 작성되었는지, 수출요건이 구비되었는지, 원산지표시 및 지식재산권이 침해되지 않았는지 등을 고려하여 심사한다.
② 수출신고의 수리 처리 방법
  ⓐ 자동 수리 대상은 통관시스템에서 자동으로 신고 수리한다.
  ⓑ 서류를 제출하여 심사하는 대상은 심사 후 수리한다.
  ⓒ 검사 대상은 검사 후 수리한다. 다만, 적재지 검사 대상은 수출 물품을 적재하기 전에 검사를 받는 조건으로 신고를 수리할 수 있다.

(4) 수출 물품의 검사
① 원칙1: 수출신고 물품 중 검사대상은 수출통관시스템에 제출된 수출신고자료에 의해 선별되거나 신고서 처리 방법 결정 시 수출 업무 담당과장에 의해 선별된다.
② 원칙2: 수출신고 물품에 대한 검사는 생략을 원칙으로 한다. 다만, 물품을 확인할 필요가 있는 경우에는 물품 검사를 할 수 있다.
③ 원칙3: 수출 물품의 검사는 신고수리 후 적재지에서 검사하는 것을 원칙으로 한다.

> [참] 물품에 대한 안전성 검사(관세법 제246조 3)
> 관세청장은 중앙행정기관의 장의 요청을 받아 세관장으로 하여금 제226조에 따른 세관장의 확인이 필요한 수출입물품 등 다른 법령에서 정한 물품의 성분·품질 등에 대한 안전성 검사(이하 "안전성 검사"라 한다)를 하게 할 수 있다. 다만, 관세청장은 제226조에 따른 세관장의 확인이 필요한 수출입 물품에 대하여는 필요한 경우 해당 중앙행정기관의 장에게 세관장과 공동으로 안전성 검사를 할 것을 요청할 수 있다.

(5) 수출 물품의 적재

① 수출신고가 수리된 날부터 30일 이내에 수출자는 수출신고가 수리된 물품을 우리나라와 외국 간을 왕래하는 운송수단에 적재해야 한다.
② 출항 또는 적재 일정변경 등의 부득이한 사유로 인해 적재기간을 연장하려는 경우는 변경 전 적재기간 내에 통관지 세관장에게 적재기간 연장승인(신청)서를 제출해야 한다.
③ 세관장은 적재기간 연장승인(신청)서를 접수받으면 연장승인 신청사유 등을 심사하여 타당하다고 인정하는 경우 수출신고 수리일로부터 1년의 범위 내에서 적재기간 연장을 승인할 수 있다.

참 수출신고관련 서류(보관 기간: 수출통관 사무처리에 관한 고시 제23조에 따른 신고에 대한 수리일로부터 3년)
- 수출신고필증
- 반송신고필증
- 수출 물품, 반송 물품 가격 결정에 관한 자료
- 수출 거래, 반송 거래 관련 계약서

> 관세의 부과와 징수

1 관세의 확정 방식

(1) 신고납부 방식
① 납세의무자가 자기가 납부해야 할 세액을 스스로 계산하여 관련된 구체적인 내용을 확인한 후 세관장에게 신고함으로써 관세채권이 확정되는 방식이며, 납세의무자는 관세채무를 부담하게 된다.
② 우리나라는 부과고지 대상 물품을 제외한 모든 수입 물품에 대해 신고납부 방식을 채택하고 있다.

(2) 부과고지 방식
세관장의 행정처분으로 납부해야 할 세액을 세관장이 산출하여 확정하며 납기 내에 납부하도록 하는 방식이다.

2 세액심사

(1) 수입신고 수리 후 세액심사(사후 세액심사)
세관장은 납세신고를 받으면 수입신고서에 기재된 사항과 이 법에 따른 확인사항 등을 심사하되, 신고한 세액에 대하여는 수입신고를 수리한 후에 심사한다(원칙).

(2) 수입신고 수리 전 세액심사(사전 세액심사)
신고한 세액에 대하여 관세채권을 확보하기가 곤란하거나, 수입신고를 수리한 후 세액심사를 하는 것이 적절하지 않은 물품의 경우에는 수입신고를 수리하기 전에 이를 심사한다(예외).

3 관세의 납부기한

(1) 납세신고를 한 경우
납세신고 수리일부터 15일 이내에 해야 한다.

(2) 납부고지를 한 경우
납부고지를 받은 날부터 15일 이내에 해야 한다.

(3) 수입신고 전 즉시반출신고를 한 경우
수입신고일부터 15일 이내에 해야 한다.
> 참 납세의무자는 위의 세 경우에도 불구하고 수입신고가 수리되기 전에 해당 세액을 납부할 수 있다.

(4) 성실납세자가 월별납부를 신청하는 경우
관세청장이 정하는 요건을 갖춘 성실납세자가 대통령령으로 정하는 바에 따라 월별 납부를 신청한다면 세관장은 납세실적 등을 고려하여 납부기한이 동일한 달에 속하는 세액에 대하여는 그 기한이 속하는 달의 말일까지 한 번에 납부하도록 허용할 수 있다.

(5) 천재지변 등으로 인해 기한이 연장되는 경우
세관장은 천재지변, 전쟁·화재 등 재해나 도난으로 인하여 재산에 심한 손실을 입은 경우나 사업에 현저한 손실을 입은 경우, 사업이 중대한 위기에 처한 경우에는 1년을 초과하지 않는 기간을 정하여 연장할 수 있다.

4 납부지연 가산세

관세를 납부고지서의 납부기한까지 완납하지 않은 경우, 다음 금액을 합한 금액을 납부지연 가산세로 징수한다.
① 납부고지서에 따른 납부기한까지 납부하지 아니한 세액×3%
② 미납부세액×법정납부기한(관세법 제9조)의 다음 날부터 납부일까지의 기간(납부고지일부터 납부고지서에 따른 납부기한까지의 기간은 제외)×이자율(0.022%)

> 참 • 납부고지서에 따른 납부기한의 다음 날부터 납부일까지의 기간이 5년을 초과하는 경우에는 그 기간은 5년으로 한다.
> • 체납된 관세(세관장이 징수하는 내국세가 있을 때에는 그 금액을 포함)가 100만 원 미만인 경우 ② 납부지연이자를 적용하지 아니한다.

5 세액의 정정

(1) 세액정정(납부 전 정정)
① 의미: 납세의무자가 납세신고한 세액을 납부하기 전에 그 세액이 과부족하다는 것을 알게 되었을 때 기존에 신고한 세액을 정정하는 것을 말한다.
② 납부기한: 당초의 납부기한으로 한다.

(2) 보정신청(납부 후 정정)
① 의미: 납세의무자가 신고한 세액을 납부한 후에 세액이 부족하다는 것을 알게 되거나 세액산출의 기초가 되는 과세가격 또는 품목분류 등에 오류가 있는 것을 알게 되었을 때 신고납부한 날부터 6개월 이내(보정기간)에 해당 세액을 보정(補正)해 달라고 세관장에게 신청하는 것을 말한다.
② 납부기한: 부족한 세액에 대한 보정을 신청한 경우에는 신청한 날의 다음 날까지 해당 관세를 납부해야 한다.
③ 보정이자: 부족세액×납부기한의 다음 날부터 보정신청을 한 날까지의 기간×이자율(관세환급가산금 이자율과 동일, 해마다 변동)

(3) **수정신고**
① **의미**: 납세의무자가 신고납부한 세액이 부족한 경우에 대통령령으로 정하는 바에 따라 수정신고(보정기간이 경과한 후)하는 것을 말한다.
② **납부기한**: 납세의무자는 수정신고한 날의 다음 날까지 해당 관세를 납부해야 한다.
③ **가산세**: 부족세액의 10%(무신고일 경우 20%, 부정신고일 경우 60%) + 납부지연 이자
④ **가산이자**: 부족세액×법정 납부기한의 다음 날부터 납부일까지의 기간(납부고지일부터 납부고지서에 따른 납부기한까지의 기간은 제외)×이자율(0.022%)
⑤ **감면(자진신고한 경우)**
  ⊙ 보정 기간이 지난 날부터 6개월 이내에 수정신고한 경우: 부족세액의 7%(30% 감면) + 이자
  ⓒ 보정 기간이 지난 날부터 6개월 초과 1년 이내에 수정신고한 경우: 부족세액의 8%(20% 감면) + 이자
  ⓒ 보정 기간이 지난 날부터 1년 초과 1년 6개월 이내에 수정신고한 경우: 부족세액의 9%(10% 감면) + 이자

(4) **경정청구**
납세의무자가 신고납부한 세액이 과다한 것을 알게 되었을 때 최초로 납세신고한 날부터 5년 이내에 신고한 세액의 경정을 세관장에게 청구하는 것을 말한다.

(5) **경정**
세관장이 납세의무자가 신고납부한 세액, 납세신고한 세액 또는 경정청구한 세액이 과부족하다는 것을 알았을 때 내리는 행정처분이다.

6 관세의 감면

(1) **관세감면제도의 의미**
외교관례, 자원개발 촉진, 특정산업 보호, 가공무역 증진, 물가 안정 등 국가 정책적 목적을 실현하기 위하여 관세의 전부 또는 일부를 면제하거나 경감하는 제도이다.

(2) **감면세의 종류**

무조건부 감면세(사후관리 없음)	조건부 감면세(사후관리 대상)
• 외교관용 물품 등 면세 • 정부용품 등 면세 • 소액 물품 등 면세 • 여행자 휴대품 및 이사 물품 등의 감면 • 재수입 면세 • 손상물품에 대한 감면 • 해외임가공 물품 등의 감면	• 세율불균형 물품의 면세 • 학술연구용 물품의 감면 • 종교·자선·장애인용품 등 면세 • 특정 물품 면세 • 환경오염방지 물품 등에 대한 감면 • 재수출 면세 • 재수출 감면

> 보세구역

1 보세구역의 의미

외국 물품을 수입신고 수리 전 상태에서 장치, 검사, 전시, 판매하거나 이를 사용하여 물품을 제조, 가공하거나 산업시설을 건설할 수 있는 장소를 의미한다.

2 보세구역의 구분

(1) 지정보세구역
① 통관을 하고자 하는 물품을 일시적으로 장치하거나 검사를 하기 위한 보세구역을 말한다.
② 국가, 지방자치단체, 공항 또는 항만시설을 관리하는 법인이 소유하거나 관리하는 토지·건물·그 밖의 시설을 지정할 수 있다.

지정장치장	• 통관을 하려는 물품을 일시 장치하기 위한 장소로서 세관장이 지정하는 구역 • 지정장치장에 물품을 장치하는 기간: 6개월의 범위(3개월의 범위 내에서 기간 연장 가능)
세관검사장	• 통관하려는 물품을 검사하기 위한 장소로서 세관장이 지정하는 지역 • 세관검사장에 반입되는 물품의 채취·운반 등에 필요한 비용은 화주가 부담함

(2) 특허보세구역
① 사인(私人, 회사)의 신청으로 사인의 토지, 시설 등에 대하여 세관장이 보세구역으로 특허한 장소를 말한다. 특허기간은 10년 이내로 한다.
② 보세공장: 가공무역의 진흥을 위하여 관세법상 설정된 보세구역으로, 외국 물품 또는 외국 물품과 내국 물품을 원료로 하거나 재료로 하여 제조·가공 기타 이와 유사한 작업을 하기 위한 보세구역이다.
　㉠ 세관장은 수입통관 후 보세공장에서 사용하게 될 물품은 보세공장에 직접 반입하여 수입신고를 하게 할 수 있으며, 반입 후 30일 이내 수입신고를 해야 한다.
　㉡ 운영인은 보세공장에 반입된 물품을 그 사용 전에 세관장에게 사용신고를 해야 한다. 이 경우 세관공무원은 그 물품을 검사할 수 있다. 보세공장은 다음과 같이 구분한다.

수출용 보세공장	외국 물품과 내국 물품을 원재료로 하여 수출하는 물품을 제조·가공하거나 수리, 기타 이와 유사한 작업을 하는 보세공장(국내산업 발전과 수출 물품의 국제 경쟁력 강화)
내수용 보세공장	수입할 물품을 제조·가공 후 이를 수입통관하여 국내에서 사용하는 것을 목적으로 하는 보세공장(역관세율 제거 목적, 내수용 보세공장이 제한되는 물품이 있음)

　㉢ 보세공장원재료
　　• 해당 수출 물품에 물리적 또는 화학적으로 결합되는 물품
　　• 해당 수출 물품을 생산하는 공정에 투입되어 소모되는 물품
　　• 수입한 상태 그대로 수출한 경우의 물품
　　　[참] 수출 물품 생산용 기계·기구 등의 작동 및 유지를 위한 물품 등 수출 물품의 생산에 간접적으로 투입되어 소모되는 물품은 제외된다.

③ 보세창고: 외국 물품이나 통관을 하려는 물품을 장치하는 곳이다.
  ㉠ 운영인은 미리 세관장에게 신고를 하고 외국 물품이나 통관하려는 물품의 장치에 방해되지 아니하는 범위에서 보세창고에 내국 물품을 장치할 수 있다.(동일한 보세창고에 장치되어 있는 동안의 수입신고가 수리된 물품은 신고 없이 계속하여 장치할 수 있다.)
  ㉡ 보세창고에 반입된 물품의 장치기간은 1년이다.

> **✔ 확실히 짚고 넘어가기** | **보세창고 장치기간**
>
> 1. 외국 물품(3에 해당하는 물품은 제외): 1년의 범위에서 관세청장이 정하는 기간(다만, 세관장이 필요하다고 인정하는 경우에는 1년의 범위에서 그 기간을 연장할 수 있다.)
> 2. 내국 물품(3에 해당하는 물품은 제외): 1년의 범위에서 관세청장이 정하는 기간
> 3. 정부비축용 물품, 정부와의 계약 이행을 위하여 비축하는 방위산업용 물품, 장기간 비축이 필요한 수출용원재료와 수출품보수용 물품으로서 세관장이 인정하는 물품, 국제물류의 촉진을 위하여 관세청장이 정하는 물품: 비축에 필요한 기간

④ 보세건설장: 산업시설의 건설에 사용되는 외국 물품인 기계류 설비품이나 공사용 장비를 장치·사용하여 해당 건설공사를 하는 곳이다.
  ㉠ 운영인은 보세건설장에 외국 물품을 반입하였을 때에는 사용 전에 해당 물품에 대하여 수입신고를 하고 세관공무원의 검사를 받아야 한다.
  ㉡ 보세건설장의 운영인은 보세건설장에서 건설된 시설을 수입신고가 수리되기 전에 가동하여서는 안 된다.
⑤ 보세판매장: 외국 물품을 외국으로 반출하거나 외국으로 반출하지 않더라도 외국에서 국내로 입국하는 자에게 물품을 인도하는 경우 또는 관세의 면제를 받을 수 있는 자가 해당 물품을 사용하는 것을 조건으로 물품을 판매하는 곳이다(입국장 면세점도 포함).
⑥ 보세전시장: 특허박람회, 전람회, 견본품 전시회 등의 운영을 위해 외국 물품을 장치·전시하거나 사용하는 곳이며, 이곳으로 외국 물품을 반입하고자 하는 자는 세관장의 허가를 받아야 한다.

(3) 종합보세구역
관세청장이 무역진흥을 위한 기여 정도, 외국 물품의 반입·반출 물량 등을 고려하여 특허보세구역에서 수행되는 기능을 복합적으로 수행할 수 있도록 지정한 지역이다. 이 구역에서는 보세창고·보세공장·보세전시장·보세건설장 또는 보세판매장의 기능 중 둘 이상의 기능을 수행할 수 있다.
① 외국인투자 촉진법에 의한 외국인투자지역
② 산업입지 및 개발에 관한 법률에 의한 산업단지
③ 유통산업 발전법에 의한 공동 집배송센터
④ 물류시설의 개발 및 운영에 관한 법률에 따른 물류단지
⑤ 기타 종합보세구역으로 지정됨으로써 외국인투자 촉진·수출 증대 또는 물류 촉진 등의 효과가 있을 것으로 예상되는 지역

> 관세환급

1 관세환급제도

(1) 관세환급제도의 의미

세관에 이미 납부한 관세 등을 일정한 사유로 인하여 납세의무자에게 되돌려 주는 제도를 말한다.

(2) 관세환급제도의 목적

① 관세법상 환급제도의 목적: 민법의 부당이득 법이론이 적용되어 납세의 형평과 징수행정의 공정한 집행을 위해 과다하게 납부한 관세를 되돌려주기 위함이다.
② 관세환급특례법상 환급제도의 목적: 우리나라 수출 물품에 대한 국가 가격경쟁력을 높이기 위해 관세를 되돌려준다.

2 「관세법」상 환급

(1) 과오납 환급

① 세관장은 납세의무자가 관세·가산세 또는 강제징수비의 과오납금 또는 관세법에 따라 환급해야 할 환급세액의 환급을 청구할 때에는 지체 없이 이를 관세환급금으로 결정하고 30일 이내에 환급해야 하며, 세관장이 확인한 관세환급금은 납세의무자가 환급을 청구하지 아니하더라도 환급해야 한다.
② 환급받을 자가 세관에 납부해야 하는 관세와 그 밖의 세금, 가산세 또는 강제징수비가 있을 경우 세관장은 환급해야 하는 금액에서 이를 충당할 수 있다.
③ 납세의무자의 관세환급금에 관한 권리는 제3자에게 양도될 수 있다.
④ 관세환급금을 환급하거나 충당할 때 관세환급가산금 기산일부터 환급결정 또는 충당결정을 하는 날까지의 기간과 대통령령으로 정하는 이율(연 1.2%)에 따라 계산한 금액을 관세환급금에 더해야 한다(환급가산금).

(2) 위약 물품 등에 대한 관세 환급(위약 환급)

① 수입신고가 수리된 물품이 계약 내용과 다르고 수입신고 당시의 성질이나 형태가 변경되지 아니한 경우 다음의 어느 하나에 해당하면 그 관세를 환급한다.
　㉠ 수입신고 수리일부터 1년 이내에 외국에서 수입한 물품을 보세구역에 반입하였다가 다시 수출한 경우(이 경우 수출은 수입신고 수리일부터 1년이 지난 후에도 할 수 있다.)
　㉡ 보세공장에서 생산된 물품을 수입신고 수리일부터 1년 이내에 보세공장으로 다시 반입한 경우
② 수입 물품의 수출을 대신해 이를 폐기하는 것이 부득이하다고 인정되어 수입신고 수리일부터 1년 내에 보세구역에 반입하여 미리 세관장의 승인을 받아 폐기하였을 때에는 그 관세를 환급한다.

(3) 자가사용 물품에 대한 관세 환급

① 해외직접구매가 늘어나면서 개인이 온라인으로 주문한 제품과 실제 수령한 제품이 다를 경우 이를 반품할 때, 수입 시 납부한 관세를 환급한다.
② 수입신고가 수리된 개인의 자가사용 물품이 수입한 상태 그대로 수출되는 경우로서 다음의 어느 하나에 해당하는 경우에는 수입할 때 납부한 관세를 환급한다.
   ㉠ 수입신고 수리일부터 6개월 이내에 보세구역에 반입하였다가 다시 수출하는 경우
   ㉡ 수입신고 수리일부터 6개월 이내에 관세청장이 정하는 바에 따라 세관장의 확인을 받고 다시 수출하는 경우
③ 여행자가 보세판매장 구입 물품을 입국 시 자진신고하여 국내 반입한 후 환불하는 경우에는 자진 신고 시 납부한 관세를 환급한다.

(4) 지정보세구역 장치 물품의 멸실 등으로 인한 관세 환급

① 수입신고가 수리된 물품이 수입신고 수리 후에도 지정보세구역에 계속 장치(보관)되어 있는 중 재해로 멸실되거나 변질 또는 손상되어 그 가치가 떨어졌을 때에는 대통령령으로 정하는 바에 따라 그 관세의 전부 또는 일부를 환급할 수 있다.
② 환급하는 관세액은 다음의 구분에 의한 금액으로 한다.
   ㉠ 멸실된 물품: 이미 납부한 관세의 전액을 환급한다.
   ㉡ 변질 또는 손상된 물품: 수입 물품의 변질·손상 또는 사용으로 인해 가치가 감소하여 물품의 가격이 저하된 만큼 관세액을 환급하거나 수입 물품의 관세액에서 저하된 성질 및 수량으로 산출된 관세액을 공제한 차액을 환급한다.
③ 입항 전 수입신고된 물품의 환급 적용: 입항 전 수입신고가 수리되고 보세구역 등에서 반출되지 않은 물품에 대해서도 해당 물품이 지정보세구역에 장치되었는지 여부에 관계없이 관세의 일부 또는 전부를 환급할 수 있다.

3 「관세환급특례법」상 환급

(1) 관세환급특례법상 환급의 의미

수출용 원재료에 대한 관세 등 환급에 관한 특례법(관세환급 특례법)에 의한 관세 환급은 원재료를 수입할 때 납부하였거나 납부할 관세 등을 관세법의 규정에도 불구하고 수출자 또는 수출 물품의 생산자에게 되돌려주는 것을 의미한다.

(2) 관세 환급의 방법

① 간이 정액환급
   ㉠ 의미: 환급 절차를 간소화하고 개별 환급을 받을 능력이 없는 중소기업의 수출을 지원하기 위하여 도입된 제도로서, 환급 신청일이 속하는 연도의 직전 2년간 매년 총환급실적이 8억 원 이하이고, 환급신청일이 속하는 연도의 1월 1일부터 환급신청일까지의 환급실적이 8억 원 이하인 중소기업에서 제조한 수출 물품의 환급액 산출 시, 간이 정액환급율표상의 금액을 수출 물품 제조에 소요된 원재료의 수입 시 납부세액으로 보고 환급액 등을 산출하도록 한 방법이다.
   ㉡ 특징
      • 정액환급율표의 적용을 받는 수출업체가 간이 정액환급 비적용 신청을 하면 정액환급율표를 적용하지 않고 개별 환급을 적용할 수 있으며 간이 정액비적용 승인일부터 2년 이내에는 다시 정액환급율표 적용 신청을 할 수 없다.
      • 아래의 경우 2년 이내에 다시 적용 신청 또는 비적용 신청을 할 수 있다.
         - 간이 정액환급 비적용 승인을 얻은 자가 생산공정 변경 등으로 인하여 소요량계산서 작성이 곤란한 경우
         - 간이정액환급 적용 승인을 얻은 자가 동일 물품에 대한 간이 정액 환급액이 개별 환급액 기준 70% 미만인 경우
      • 자가 생산하는 수출 물품에 적용되며 수출자와 수출 물품의 생산자가 다른 경우에는 수출 물품의 생산자가 직접 관세 등의 환급을 신청할 수 있다.

ⓒ 환급액: FOB 원화 금액 × 간이 정액환급율표의 해당 금액 ÷ 10,000원

　　예) FOB 원화 금액이 1,000,000원, 정액환급율표상의 금액이 30원인 경우: 환급액 = 1,000,000원 × 30원 ÷ 10,000원 = 3,000원

② 개별 환급
　ⓐ 의미: 관세 등의 환급금을 계산할 때 수출 물품의 제조·가공에 소요된 각각의 원재료에 대하여 품명, 규격, 수량 및 납부세액 등을 개별적으로 산출하여 납부한 세액을 정확히 환급하는 방법이다.
　ⓑ 절차: 환급 신청자는 수출 물품에 대한 원재료의 소요량을 계산한 서류를 작성하고 그 소요량 계산서에 따라 환급금을 산출한다.
　ⓒ 개별 환급 적용을 위한 확인 사항
　　• 수출신고필증 등의 서류상의 품명, 규격, 수량을 확인한다.
　　• 소요량 계산서로 소요된 수출용 원재료를 확인한다.
　　• 수입신고필증, 기초원재료 납세증명서, 평균세액증명서, 분할증명서 등으로 소요원재료의 세액을 확인한다.

✓ 확실히 짚고 넘어가기　소요량 관련 용어　기출 2017

1. 소요량
　수출 물품을 생산하는 데 드는 원재료의 양으로 생산 과정에서 정상적으로 발생되는 손모량을 포함한 것을 말한다.
2. 손모량
　수출 물품을 정상적으로 생산하는 과정에서 발생하는 원재료의 손실량을 말한다.
3. 단위실량
　수출 물품 1단위를 형성하고 있는 원재료의 종류별 양을 말한다.
4. 단위소요량
　수출 물품 1단위를 생산하는 데 소요된 원재료별 양(단위실량 + 손모량)을 말한다.
5. 부산물
　수출 물품 생산 공정 도중 수출 물품 외에 발생하는 물품을 말한다. 경제적인 가치를 가진 물품으로서 판매되거나 자가사용하는 물품을 말한다.

4 수출용 원재료의 국내거래

수출용 원재료를 수입한 자가 직접 수출 물품을 제조하여 수출하는 경우를 제외하고는 수출용 원재료의 수입자와 해당 원재료로 제조된 물품의 수출자가 다르다. 이 경우 수입업체와 수출업체 간에는 원재료 상태 그대로 또는 이를 제조·가공하여 양도·양수했다고 할 수 있다. 수출용 원재료의 양도인은 원재료 수입 시 납부한 관세를 양수인에게 전가시킨다. 이때 관세 납부실적을 확인할 수 있는 서류로서 기초 원재료 납세증명서 또는 분할증명서를 발행하며, 두 서류로 확인되는 세액을 양도세액이라고 한다.

(1) 기초원재료 납세증명서(기납증)

① 의미: 관세를 납부하고 수입한 원재료를 제조·가공한 후 생산된 물품을 다음 단계의 중간 원재료 또는 수출 물품 제조업자에게 공급할 때 기초 원재료의 관세 등의 납부세액과 공급 사실을 증명하는 서류이다.
② 발급대상: 수입한 원재료의 수입신고 수리일부터 1년 이내에 다음에 해당하는 물품을 수출 물품을 생산하는 자나 중간 원재료를 생산하는 자에게 양도하는 경우가 발급대상에 해당한다.
　ⓐ 수입 원재료를 사용하여 생산한 물품(중간 재공급)
　ⓑ 수입 원재료와 중간 원재료를 사용하여 생산한 물품
　ⓒ 수출 물품의 중간 원재료를 사용하여 생산한 물품

② 수입 원재료 또는 중간 원재료를 사용하여 생산한 물품을 수출하는 자에게 양도하는 것으로서 수출자가 환급받고자 하는 경우(완제품공급수출)

(2) 분할증명서(분증)
① **의미**: 외국에서 수입하거나 국내에서 매입한 원재료를 제조·가공하지 않고 수입한 상태 그대로 수출용 원재료로 국내 공급하는 경우, 공급자의 신청에 의해 양도세액을 증명하는 서류이다.
② **특징**: 수입세액 분할증명서는 국내에서 제조·가공을 거치지 않고 원상태로 거래되기 때문에 수출 물품의 외화수취율을 높이는 데 도움이 되지 않으므로 수출이행기간의 연장 등 환급특례법상의 지원이 적용되지 않는다.
③ **발급대상**
　㉠ 수입분증 또는 수입분증의 분증은 해당 수입(매입) 원재료의 수입신고 수리일부터 2년 이내에 수입(매입)한 상태 그대로를 수출자나 수출 물품의 생산자 혹은 수출 물품 생산에 사용될 중간 원재료의 생산자에게 양도한 경우
　㉡ 수입 원재료만으로 평세증(평균세액증명서)이 발급된 경우에는 수입한 날이 속하는 달의 초일부터 2년 이내에 거래된 경우(제조·가공되지 아니하고 양도된 경우)
　㉢ 국내 생산 원재료 또는 수입 원재료와 국내 생산 원재료를 일괄하여 평세증이 발급된 경우에는 매입(수입)한 날이 속하는 달의 초일부터 1년 이내에 거래된 경우(제조·가공되지 아니하고 양도된 경우)
　㉣ 기납분증 또는 기납분증의 분증은 국내 생산원재료를 매입한 날부터 1년 이내에 매입한 상태 그대로 양도한 경우
④ **양도세액의 산출**: 수입세액 분할증명서에 의하여 확인되는 양도세액은 수입신고필증상의 단위당 납부세액(납부세액÷수입수량)에 공급량을 곱하여 산출한다. 간이 정액환급율표에 의한 정액환급이 적용되지 않으며, 개별환급에 따른 소요량 계산은 필요가 없다.

> 국제무역계약법규

1 INCOTERMS 2020

(1) INCOTERMS 2020
① 국제 무역 거래는 계약당사자 간 당사자 자치 원칙에 의해 계약 내용을 자유롭게 합의할 수 있다. 또한 무역거래는 쌍무계약의 특징으로 매도인은 계약 물품을 인도하고 매수인은 대금을 지급할 의무를 갖는다.
② 무역거래는 상관습이 다른 국가 간에 이루어지므로 무역계약의 성립에 관련된 관습, 계약조항에 관련된 관습, 선적 및 운송과 관련된 관습, 대금 결제에 관한 관습, 보험에 관한 관습 등의 차이를 보일 수 있다.
③ 다양성의 혼란을 피하기 위해 오랫동안 관용적으로 사용되고 있는 조건들을 통일화한 것이 정형거래조건인데, INCOTERMS는 'International Commercial Terms'의 약어로 정형거래조건의 해석에 관한 규칙(International Rules for the Interpretation of Trade Terms)을 의미한다.
④ 국제상업회의소(ICC: International Chamber of Commerce)가 1936년 제정하여 10년 주기로 개정하고 있다.

(2) 목적 및 적용 범위
① **목적**: 인코텀즈는 정형거래조건과 관련하여 중립적이고 합리적인 국제 규칙을 제공하여 무역거래조건 해석에 따른 불확실성의 제거, 위험요소의 제거 또는 경감을 그 목적으로 하고 있다.

② 적용 범위
  ㉠ 인코텀즈는 소프트웨어와 같은 무형재를 제외하고 유체동산의 인도와 관련한 당사자들의 권리와 의무에 관한 사안에 한하여 적용된다.
  ㉡ 인코텀즈는 매매계약에 따른 매도인과 매수인과의 관계만을 규정하며, 운송, 보험 및 금융계약 등에 대하여는 적용되지 않는다.
  ㉢ 인코텀즈는 매도인과 매수인의 인도, 위험 및 비용의 분기점에 관해 규정하며, 매매계약에 따른 소유권의 이전, 계약의 위반과 권리구제, 의무면제의 사유 등에 대하여는 다루지 않는다.
  ㉣ 인코텀즈는 강제성이 없으므로 계약서나 L/C상에 'INCOTERMS 2020 규정을 따른다.'는 명시가 없는 경우에는 효력을 발생하지 못하므로 해당 문구를 기재하는 것이 바람직하다.
  ㉤ 국가 간 거래뿐 아니라 국내거래에도 적용할 수 있다.

2 국제물품매매계약에 관한 UN협약(CISG, 비엔나협약) 기출 2017

(1) CISG의 의미
국제물품매매계약에 관한 UN협약(CISG: United Nations Convention on Contract for the International Sale of Goods)은 UN국제상거래법위원회(UNCITRAL)에 의해 성안되고 비엔나에서 개최된 유엔외교회의에서 만장일치로 통과하여 1988년 1월 1일부로 발효된 국제물품매매법의 통일을 위한 국제협약을 의미한다.

(2) CISG의 특징
① 영미법과 대륙법의 조화: 각국의 법률의 상위를 조정하고 국제거래의 특성을 고려하여 유럽의 대륙법과 영미법계의 절충을 통해 제정하였다.
② 포괄적 법체계: 비엔나협약은 일부 국가의 매매법에서 중요사항을 발췌해서 제정한 것이 아니라 국제적 상거래 관습을 반영하여 포괄적인 법체계를 구성한다.
③ 국제매매의 적용: 제1조에서 비엔나협약이 적용되기 위해서는 계약당사자가 상이한 국가에 영업소를 가지고 있을 것을 규정하므로 통일법의 적용대상을 국제매매에 한정하고 있다.
④ 당사자 자치의 원칙 존중: 당사자 자치의 원칙을 존중하여 매매당사자의 합의에 따라 비엔나협약의 전부 또는 일부의 적용을 배제하는 것을 허용한다.
⑤ 소유권 이전에 관한 규정은 없음: 매매목적물이 소유권을 이전하여야 한다는 원칙은 있으나 이전의 방법 및 시기에 대해서는 각국의 법률에 맡기고 있다.
⑥ 계약유지의 원칙: 성립된 계약과 관련하여 가급적 소멸을 방지하고 계약이 이행될 수 있도록 매도인의 하자보완권을 인정하고 있다.
⑦ 고의·과실 여부 무관: 손해배상 문제와 관련하여 계약 불이행 시 당사자의 고의·과실 여부를 불문한다.

(3) CISG의 적용대상 – 제4조
① 매매계약의 성립(Contract of Sale)
② 매도인과 매수인의 권리 및 의무(Right and Obligations of the Seller and the Buyer)

(4) CISG가 적용하지 않는 대상 – 제4조
① 계약 자체의 유효성(Validity of the Contract)
② 판매된 물품의 소유권(Property in the Goods Sold)

CHAPTER 08 무역규범

> **CISG(국제물품매매에 관한 UN협약) 제4조 – 적용대상과 대상 외의 문제**
>
> This Convention governs only the formation of the contract of sale and the rights and obligations of the seller and the buyer arising from such a contract. In particular, except as otherwise expressly provided in this Convention, it is not concerned with:
> a. the validity of the contract or of any of its provisions or of any usage;
> b. the effect which the contract may have on the property in the goods sold.
>
> 이 협약은 매매계약의 성립 및 그 계약에서 발생하는 매도인과 매수인의 권리 및 의무만을 규정한다. 이 협약에 별도의 명시규정이 있는 경우를 제외하고, 이 협약은 특히 다음과 관련이 없다.
> a. 계약이나 그 조항 또는 관행의 유효성
> b. 매매된 물품의 소유권에 관하여 계약이 미치는 효력

(5) 비엔나 협약의 해석 원칙

① 비엔나 협약의 해석에는 그 국제적 성격 및 적용상의 통일과 국제거래상의 신의 준수를 증진할 필요성을 고려해야 한다.
② 비엔나 협약에 의하여 규율되는 사항으로서 협약에서 명시적으로 해결되지 아니하는 문제는, 이 협약이 기초하고 있는 일반원칙, 그 원칙이 없는 경우에는 국제사법 규칙에 의하여 적용되는 법(일반적으로 법정지의 국내법)에 따라 해결되어야 한다.

▶ 국제무역결제법규

1 UCP 600

(1) UCP 600의 출현 배경

영국계 신용장과 미국계 신용장 관습이 충돌하면서 다양한 형태의 신용장 또는 그 해석 규칙을 전 세계적으로 광범위하게 적용하고 신용장 활용의 확대와 이에 따른 분쟁 예방을 위해 요구되었다. 1933년 국제상업회의소에서 화환신용장에 관한 통일규칙 및 관례(Uniform Customs and Practice for Commercial Documentary Credit)가 채택되었으며 이후 지속적인 개정을 거쳐 2007년 7월 1일부터 UCP 600이 시행되고 있다.

(2) UCP 600의 특징

① **용어의 정의 및 해석조항**: 제2조 정의, 제3조 해석 조항을 신설하여 UCP 전반에 걸쳐 사용되는 용어들이 일관성 있게 사용되도록 하고 있다.
② **불명확하고 추상적인 표현의 삭제**: 상당한 주의를 기울여(Take reasonable care), 문면상(On its face) 등 이해하기 어렵고 불명확한 표현을 삭제하였다.
③ **신용장의 취소가능성 삭제**: UCP 600에서는 취소불능이라는 표시가 없더라도 '취소가 불가능하다.'라고 규정하고 있다.
④ **서류심사 및 불일치서류의 통지기간 단축**: 기존의 '제7은행영업일의 마감시간까지 지체 없이'를 '제5은행영업일의 마감시간까지'로 변경하였다.
⑤ **연지급 신용장의 선지급 또는 사전 매수 명시**: 제7조 c에서는 '인수 신용장 또는 연지급 신용장의 경우 일치하는 제시에 대응하는 대금의 상환은 지정은행이 만기 이전에 대금을 먼저 지급하였거나 또는 매입하였는지 여부와 관계없이 만기에 이루어져야 한다.'고 규정하여 연지급 신용장도 만기 전에 선지급 또는 매수가 가능함을 명시하고 있다.

2 ISBP

(1) ISBP의 의미
ISBP(International Standard Banking Practice for the Examination of Documents under Documentary Credit)는 국제표준은행관행으로 국제상업회의소가 공표하였다.

(2) UCP와 ISBP의 관계
ISBP는 UCP 600의 실무상 보완서(추록)이다. ISBP는 UCP를 변경하는 것이 아니라 UCP 규칙의 적용 방법을 상세하게 설명한다. 즉, UCP의 일상적인 운용을 원활하게 하는 것으로 보충학습 규정의 성격을 가진다. UCP 600과 더불어 ISBP 821가 사용되고 있다.

3 ISP 98(보증신용장통일규칙International Standby Practice, ICC Publication No.590)

(1) 의의
① 보증신용장통일규칙(ISP 98)은 보증 신용장(이행, 금융, 직불보증 신용장 포함)에 적용하는 것을 목적으로 한다.
② 신용장통일규칙(UCP 600)은 있으나 주로 상업 신용장에 적용되는 규칙이며, 적용 가능한 범위 내에서 보증 신용장 또는 보증의 준거규칙으로도 적용될 수 있다. 하지만 신용장통일규칙(UCP 600)은 화환 신용장을 위한 목적으로 만들어졌기 때문에 복잡하고 다양한 형태의 보증 신용장에는 그 적용이 적절하지 않고 또한 완전하게 적용할 수 없다는 문제점을 지닌다. 이로 인해 발생하는 문제점들을 해결하기 위해 보증 신용장에 적용할 수 있는 별도의 통일규칙을 제정하였고 1999년 1월 1일 발효되었다.

(2) 주요내용
① 보증신용장통일규칙이 보증 신용장의 적용규칙이 되기 위해서는 반드시 보증 신용장상에 보증신용장통일규칙이 적용됨을 명시하여야 한다.
② 보증신용장통일규칙은 강제 적용되는 법률이 아니므로 당사자 간의 합의에 의해 일부 조항을 변경하거나 배제할 수 있다.
③ ISP 98은 국내법상의 강행법규에 저촉되지 않는 범위 내에서 국내법을 보완한다.
④ ISP 98은 다른 규칙에 우선하여 적용된다. ISP 98이 적용되는 보증 신용장이 UCP 600도 동시에 적용되는 경우 두 규칙에 서로 저촉되는 조항이 있으면 ISP 98이 우선 적용된다.

4 URC 522

(1) URC 522의 개요
추심 결제 방식을 사용하는 경우 국제상업회의소(ICC)의 추심에 관한 통일규칙(URC: Uniform Rules for Collection)을 이용하여 외국환의 추심 업무를 취급한다.

(2) URC 522의 주요 내용
① 수출업자는 선적서류를 계약서에 명기된 추심의뢰은행에 제출하고 추심의뢰은행은 수입지의 추심은행에 서류를 송부하여 추심을 의뢰한다.
② 추심 거래에서는 환어음이 사용되므로 어음부거래에 관한 내용이 포함된다.

CHAPTER 08 무역규범

> 국제복합운송법규

1 TCM 조약안

밧게안(Bagge Draft)과 동경규칙(Tokyo Rules)을 절충한 조약안이다. 하지만 항공업계의 의견을 포함하지 않았다는 이유로 항공업계의 반발과 미국의 복합운송에 관한 연구 요구로 인해 채택되지 못하였다.

2 복합운송증권에 관한 통일규칙(URCTD: Uniform Rules for a Combined Transport Document, 1973)

TCM안이 백지화되자 ICC에서 제정한 국제규칙이다. 선하증권을 중심으로한 신용장거래에서 복합운송서류의 수리가 불가피함에 따라 복합운송증권상의 운송인의 책임과 발행조건을 명확하게 하기 위해 규칙을 제정하였다. 이에 따라 CTD(Combined Transport Document)라는 복합운송서류가 채택되었다.

3 유엔국제물품복합운송조약(M.T 조약: United Nations Convention on Multimodal Transport of Goods, 1980)

TCM 조약이 채택되지 못함에 따라 만들어진 국제조약으로, 함부르크 규칙의 영향을 받아 제정되었다. 이 조약에 따른 복합운송서류는 MTD(Multimodal Transport Document)이다.

4 UNCTAD/ICC의 복합운송증권에 관한 통일 규칙(UNCTAD/ICC Rules for Multimodal Transport Document)

M.T 조약의 발표를 앞두고 헤이그 규칙, 헤이그-비스비 규칙 및 URCTD 등을 기초로 하여 새로운 복합운송서류에 관한 규칙을 제정하였다.

국제해상보험법규

1 영국의 해상보험법(MIA: Marine Insurance Act)

(1) MIA의 의미

해상보험은 영국을 중심으로 발전되어 왔기 때문에 전통적으로 영국의 법률과 관습이 적용되고 있다. 대표적인 해상보험은 1906년 제정된 영국의 해상보험법이다. 해상보험법은 각종 판례를 정리한 것으로 해상보험에 대한 영국의 성문법이다. 1906년까지 사용하던 해상보험에 관한 관습이나 보편적 원리를 거의 수용하여 영국해상보험의 체계를 이루고 있어 대부분의 국가들이 이 법을 원용하여 자국 법률이 모체로 삼고 있다. MIA는 총 94개조와 영국해상보험법의 부칙인 보험증권의 해석에 관한 규칙(RCP: Rules for Construction of Policy)으로 구성되어 있다.

(2) MIA의 기본원칙

① 근인주의 원칙: 보험증권상 담보되는 위험과 담보되지 않는 위험이 연속으로 발생 시 손실을 야기시킨 가장 지배적이고 효과적인 원인으로 발생한 손해가 담보되는 위험이라면 보험자가 보상해야 한다는 원칙이다.
② 실손보상의 원칙: 보험계약은 보험사고 시 피보험자가 입은 손해에 대해서만 보상한다는 원칙으로 손해 발생 시 손해금액을 한도로 지급되어야 한다는 원칙이다.
③ 비례보상의 원칙: 손해액의 전부를 보상하는 것이 아니라 보험가액에 대한 보험금액의 비율로 보상하는 방법이다. 보험가액에 미달되는 금액으로 보험에 부보한 경우 적용된다.
④ 최대선의 원칙: 보험계약 체결 당시 보험목적물의 위험이나 성질에 영향을 주는 중요 사실에 대해 보험계약자가 보험자에게 고지해야 하는 의무를 가진다.
⑤ 담보의 원칙: 보험계약자가 엄격히 이행하거나 충족시켜야 할 약속으로 피보험자가 담보를 위반할 경우 위반 시점부터 보험자는 보상에 대해 면책된다.

2 공동해손 규칙(YAR: York-Antwerp Rules)

요크-앤트워프 규칙이란 해상무역에 있어서 공동손해(General Average)을 구성하는 손해 및 비용에 관한 국제통일규칙을 의미한다(현재 2004년 개정된 규칙이 사용되고 있음). 요크-앤트워프 규칙이 해상운송계약 및 해상보험증권에 도입된 결과, 공동해손에 관한 한 MIA는 요크-앤트워프 규칙의 요건에 일치하는 범위 내에서만 적용된다.

CHAPTER 08 무역규범

> ## 국제중재법규

1 뉴욕협약(New York Convention) - 외국중재판정의 승인과 집행에 관한 유엔협약

각국의 중재법제가 상이하여 외국중재판정에 대해 집행력이 확보되는 중재판정의 범위를 확대시키고 중재판정 승인 및 집행에 관한 요건을 간명하게 하여 국제 무역 발전에 이바지하려는 목적으로 제정되어 1958년 정식으로 채택·성립되었다. 우리나라는 1973년에 가입하여 효력이 발효되어, 대한상사중재원에서 내린 중재판정도 협약체약국 간에서는 그 승인 및 집행을 보장받게 되었다.

2 유엔 국제무역위원회의 중재규칙(UNCITRAL Arbitration Rules, 2010)

UNCITRAL 중재규칙이란 분쟁해결의 매커니즘을 훼손하지 않고 국제적인 중재규칙의 법적 통일성, 절차적 안정성, 예견 가능성을 기하기 위해, 국제무역관계법의 발전과 점진적인 통일을 위해 유엔에 설치된 국제무역법위원회(UNCITRAL)가 제정한 상사중재규칙이다.

3 ICC 조정·중재규칙

국제상업회의소(ICC)는 1923년에 산하기관으로 중재재판소를 설치하고 1975년에는 국제상사분쟁의 우호적인 조정 또는 중재에 적용할 임시적인 조정규칙 및 국제상업회의소 중재규칙을 제정하였다. ICC 중재재판소의 업무량 증가로 중재규칙을 전면적으로 개정, 시행하고 있으며, 최근 2012년에 개정되어 적용하고 있다. ICC 중재규칙은 당사자 중재장소와 언어, 준거법의 제한을 두고 있지 않으므로 중재조항을 합의해 두는 것이 바람직하다.

CHAPTER 08 무역규범 | 기출로 점검하기

[101회 61번]
01 우리나라에서 교역상대국과의 수출입을 제한하거나 금지할 수 있는 경우로 옳지 않은 것은?

① 지진으로 인해 원자력 사고가 발생하여 교역상대국에서 우리나라로 수입하는 물품에 영향을 준 경우
② 교역대상국에 외환위기가 발생한 경우
③ 교역상대국이 핵확산금지조약을 위반하여 국제평화를 위협한 경우
④ 교역상대국이 우리나라의 무역에 부당하게 제한을 가한 경우

해설 ② 외환위기로 인해 수출입을 제한하지는 않는다.

[103회 63번]
02 대외무역법상 수출입 승인을 받은 자가 승인 받은 사항을 변경하고자 하는 경우, 변경승인을 받아야 하는 사항으로 옳지 않은 것은?

① 물품의 규격
② 물품의 수량
③ 물품의 가격
④ 수출당사자에 관한 사항

해설 수출입 제한 금지 물품의 승인을 받은 자가 승인받은 사항 중 물품 등의 수량, 가격, 수출당사자 또는 수입당사자에 관한 사항을 변경하려면 변경승인을 받아야 하고, 경미한 사항을 변경하려면 산업통상자원부장관에게 신고해야 한다.
① 물품의 규격에 관한 사항은 변경승인을 받지 않아도 된다.

[101회 59번]
03 대외무역법상 전략물자 상황허가를 받아야 할 경우가 아닌 것은?

① 해당 물품 등의 수송경로가 통상적인 경로를 벗어난 경우
② 수출하려는 물품 등이 최종 사용자의 사업분야에 해당되지 않는 경우
③ 수출하려는 물품 등이 수입국가의 기술 수준과 현저한 격차가 있는 경우
④ 재외공관에 사용될 공용 물품을 수출하는 경우

해설 ④ 재외공관에 사용될 공용 물품을 수출하는 경우에는 상황허가를 받지 않는다.

정답 01 ② 02 ① 03 ④

CHAPTER 08 무역규범 | 기출로 점검하기

119회 57번

04 다음 중 수출입을 총괄하는 대외무역법의 성격에 대한 설명으로 적절하지 않은 것을 고르시오.

① 수출입공고상 상품분류방식은 HS방식을 따르고 있다.
② 통합공고는 대외무역법에 물품의 수출입요령을 정하고 있는 경우 이들 수출입요령을 통합한 공고이다.
③ 수출입공고는 우리나라 수출입품목을 관리하기 위한 기본공고체계이다.
④ 수출입공고, 통합공고, 전략물자 수출입공고 등의 품목 관리는 대외무역법에서 규정하고 있다.

> **해설** 통합공고는 대외무역법 이외의 다른 법령(전기용품 및 생활용품안전관리법, 전파법, 수입식품 안전관리 특별법 등)에서 해당 물품의 수출입요건 및 절차 등을 규정하고 있는 경우에 수출입요건 확인 및 통관 업무의 간소화와 무역 질서 유지를 위하여 수출입요건 및 절차에 관한 사항을 조정하고 통합 규정하기 위해 사용된다.

101회 65번

05 우리나라의 수출·수입실적 인정에 관한 내용으로 옳지 않은 것은?

① 수출에 공하여지는 구매확인서에 의한 외화획득용 원료의 국내 공급도 수출실적으로 인정된다.
② 우리나라 선박으로 외국에서 포획한 수산물을 유상으로 외국에 매도한 경우도 수출실적으로 인정된다.
③ 전자적 형태의 무체물 수출실적 인정금액은 외국환은행이 입금 확인한 금액이다.
④ 용역의 수입실적 인정금액은 외국환은행의 지급액이다.

> **해설** ③ 전자적 형태의 무체물 수출실적 인정금액은 한국무역협회장 또는 한국소프트웨어산업협회장이 외국환은행을 통해 입금 확인한 금액이다.

103회 62번

06 세관장이 원산지표시 대상 물품을 제한할 수 있는 경우로 옳지 않은 것은?

① 환적되는 외국 물품 중 원산지를 우리나라로 허위 표시한 경우
② 원산지표시가 법령에서 정하는 기준과 방법에 부합되지 아니하게 표시된 경우
③ 정정지시를 수행한 경미한 원산지표시 위반의 경우
④ 원산지표시가 되어 있지 아니한 경우

> **해설** ③ 정정지시를 수행하여 원산지표시를 하였으나 경미한 위반일 경우 해당 위반의 사유를 보완·정정하면 통관할 수 있다.

정답 04 ②　05 ③　06 ③

104회 68번

07 자유무역협정관세의 적용 시 적용세율에 관한 설명으로 옳지 않은 것은?

① 덤핑방지관세는 일반적으로 적용되는 세율에 더하여 적용된다.
② 한·미 FTA 적용대상 품목과 세율은 자유무역협정관세특례법 시행령 별표에 규정되어 있다.
③ 농림축산물에 대한 특별긴급관세는 관세율 높낮이에 관계없이 최우선으로 적용한다.
④ 자유무역협정관세율이 상계관세율보다 높은 경우에 한하여 자유무역협정세율을 적용한다.

해설 ④ FTA 협정(자유무역협정)세율은 적용 2순위이며, 상계관세율은 적용 1순위이다.

99회 56번

08 관세법상 입항 전 수입신고에 관한 설명으로 옳은 것은?

① 입항 전 수입신고가 된 물품은 우리나라에 도착한 것으로 보지 않는다.
② 입항 전 수입신고는 당해 물품을 적재한 선박 또는 항공기가 우리나라에 입항하기 7일 전(항공기의 경우 1일 전)부터 할 수 있다.
③ 검사대상으로 결정된 물품은 수입신고지 관할 세관장이 적재 상태에서 검사가 가능하다고 인정하는 경우, 해당 물품을 적재한 선박이나 항공기에서 검사할 수 있다.
④ 입항 전 수입신고된 물품의 통관절차 등에 관하여 필요한 사항은 세관장이 정한다.

해설 ① 입항 전에 수입신고가 수리된 물품은 우리나라에 도착한 것으로 보기 때문에 외국 물품에서 내국 물품으로 성격이 변한다.
② 입항 전 수입신고는 당해 물품을 적재한 선박 또는 항공기가 그 물품이 적재된 항구 또는 공항에서 출항하여 우리나라에 입항하기 5일 전(항공기의 경우 1일 전)부터 할 수 있다.
④ 입항 전 수입신고와 관련된 통관절차는 관세청장이 정한다.

104회 54번

09 우리나라 관세법상 수입신고에 관한 내용으로 옳지 않은 것은?

① 우리 관세법은 수입신고 후에 관세를 납부하도록 하는 점에서 통관 절차와 과세 절차를 구분하고 있다고 할 수 있다.
② 우리 관세법은 수입신고 물품에 대하여 우범성이 높은 물품만 선별하여 집중적으로 검사하는 선별검사제도를 시행하고 있다.
③ 수입신고가 수리되면 외국 물품이 내국 물품으로 되어 보세구역으로부터 반출이 허용된다.
④ 관세납부 대상이 되는 물품은 관세가 납부되기 전에는 어떠한 경우라도 수입신고가 수리되지 않는다.

해설 ④ 일반적으로 수리 전에 관세를 납부해야 수입신고가 수리되지만, 예외적으로 담보를 제공하거나 신용담보 업체로 지정되어 월별납부제도를 이용하는 경우에는 세금을 납부하기 전에 먼저 수입신고가 수리되고 추후 납부기일에 세금을 납부하면 된다.

정답 07 ④ 08 ③ 09 ④

PART 02
무역영어

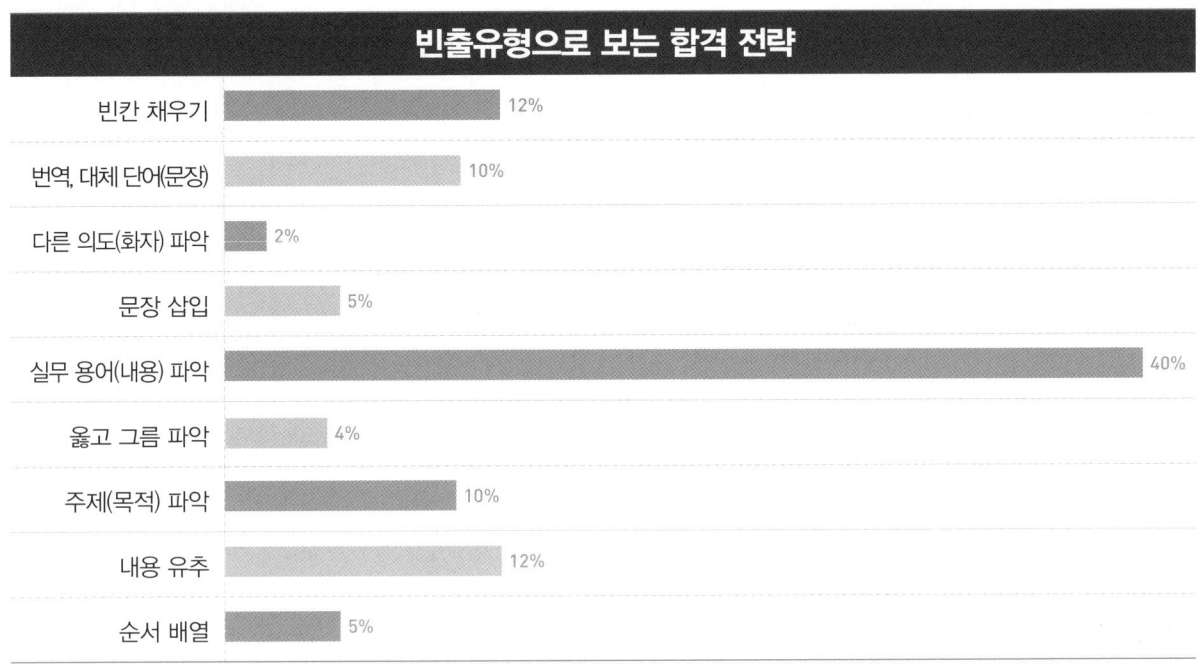

합격 전략

1순위: 실무 용어(내용) 파악

영어 과목에서도 실무 지식이 필요합니다. [PART01. 무역실무]의 내용을 정확하게 파악한 뒤 문제를 푸시기 바랍니다.

2순위: 빈칸 채우기, 내용 유추, 주제 파악, 순서 배열

[PART02. 무역영어]의 '유형별 영문해석', '유형별 영작문' 챕터에 제시된 3 Step 풀이비법을 적용하며 문제를 해결하는 능력을 기르시기 바랍니다.

3순위: 번역, 대체 단어(문장), 다른 의도 파악, 문장 삽입, 옳고 그름 파악

스마트폰 자료로 제공하는 [영어어휘 500선]을 들고 다니며 어휘를 암기하여 독해 능력을 향상시키기 바랍니다.

CHAPTER 01 | 세 번 읽는 기출표현

영어어휘 500선

* "영어어휘 500선"과 함께 공부하시기 바랍니다.

1 거래 개시 전

★ 어휘 사전이 있습니다.

1 업체를 알게 된 경위를 설명할 때

☑ ☐ ☐   I read in The Catering Weekly that you are one of the major suppliers of live lobsters.
저는 The Catering Weekly지에서 귀사가 생바닷가재의 주요 공급업체 중 하나라고 읽었습니다.

☐ ☐ ☐   We were referred to your company by Hills Productions in San Francisco.
당사는 샌프란시스코의 Hills Productions사를 통해 귀사에 대해 알게 되었습니다.

☐ ☐ ☐   We owe your name to Mr. Richard Kim, Senior Vice President of Pacific Airlines.
당사는 Pacific 항공사의 수석 부사장인 Richard Kim씨를 통해 귀사에 대해 알게 되었습니다.

☐ ☐ ☐
demonstration 시연
garage 차고
   When we attended the International Electronics Trade Fair in London last month, we visited your stand and saw a very interesting demonstration of your automatic high-security garage doors.
저희가 지난달 런던에서 개최된 국제전자무역박람회에 참석했을 때, 귀사의 전시관을 방문하여 귀사의 강력보안 자동 차고문의 시연을 매우 흥미롭게 보았습니다.

☐ ☐ ☐   I visited your web site and we are very interested in your product line.
저는 귀사의 웹사이트를 방문한 후 귀사의 제품 라인에 매우 관심을 갖게 되었습니다.

2 정보 제공을 요청할 때

☐ ☐ ☐
regarding ~에 관한
volume discount
대량 구매 할인
   We would appreciate it if your company would send us information regarding prices, possible volume discounts, payment terms, etc.
귀사에서 가격, 대량 구매 할인 여부, 결제조건 등에 관한 정보를 당사에 보내 주시면 감사하겠습니다.

☐ ☐ ☐
block booking 일괄 판매 방식
tariff 요금; 관세
   Please would you send us a list of your tariffs and let us know what discounts you allow for block booking?
귀사의 요금표를 보내 주시고 일괄 판매 방식에 관한 할인율에 대해서도 알려 주시겠습니까?

☐☐☐ sales literature 영업용 인쇄물	Would you please send us your current sales literature and price list? 귀사의 현 영업용 인쇄물과 가격표를 보내 주시겠습니까?	
☐☐☐	Please let us know if there are volume discount. 대량 구매 할인이 되는지 알려 주십시오.	
☐☐☐	We would also like to know about your warranty and repair service. 당사는 또한 귀사의 보증과 수리 서비스에 대해 알고 싶습니다.	

3 정보를 제공할 때

☐☐☐	We are happy to supply you with the information you requested. 당사는 귀사가 요청하신 정보를 제공하게 되어 기쁩니다(귀사가 요청하신 정보를 드립니다).
☐☐☐	Enclosed is some detailed written information of this product. 이 제품에 대한 상세한 정보가 적혀 있는 서류를 동봉합니다.

4 신용조회를 요청할 때

☐☐☐ credit standing 신용 상태	We would appreciate it if you could send us information regarding Mr. Keith's credit standing. Keith씨의 신용 상태에 대한 정보를 당사에 보내 주시면 감사하겠습니다.

5 회사를 소개할 때

☐☐☐ advanced 선진의, 첨단의	We, HN Corp., are one of the leading trading companies in Korea focusing on locating and marketing advanced technology products. 당사인 ㈜HN은 첨단 기술 제품의 발굴과 판매를 주력으로 하는 한국의 일류 무역회사 중 하나입니다.
☐☐☐	For ten years, we, Power Corp., have been producing high quality building materials. 당사인 ㈜Power는 10년간 고품질 건축 자재를 생산해 오고 있습니다.

6 거래를 개시하고자 할 때

☐☐☐ establish 개설하다	I would like to establish an open account with your firm. 저는 귀사와 선적통지조건 기한부 사후송금(O/A) 방식으로 거래를 개시하고 싶습니다.
☐☐☐	It is my pleasure to welcome you as a credit customer since your request for credit has accepted. 귀사의 신용거래 요청이 승인됨에 따라 귀사를 신용고객으로 모시게 되어 기쁘게 생각합니다.

2 첫인사, 내용에 대한 환기

1 서신을 시작할 때

☐☐☐	Thank you for devoting so much time to discussing our recent offer of Samurai Bonds. 당사가 최근에 제안한 Samurai 채권에 대해 논의하는 데에 많은 시간을 할애해 주셔서 감사합니다.
☐☐☐	Thank you for your email about Model #105. 105번 모델에 관한 귀사의 이메일을 잘 받았습니다.
☐☐☐ enquiry 문의, 조사	Thank you for your enquiry of May 15 which we received today. 오늘 받은 귀사의 5월 15일 자 문의에 대해 감사드립니다.
☐☐☐ patience 인내(력)	I appreciate you for your patience while we have been studying your proposal. 귀사의 제안을 검토하는 동안 기다려 주셔서 감사드립니다.
☐☐☐ inquiry 조회, 문의, 조사	Thank you for your inquiry of EZ Type keyboards series. EZ형 키보드 시리즈에 대한 귀사의 문의에 감사드립니다.
☐☐☐	We received your letter of May 11th. 귀사의 5월 11일 자 서신을 잘 받았습니다.
☐☐☐	Thank you for your enquiry about our French Empire range of drinking glasses. 당사의 음료수 잔 세트인 French Empire에 대해 문의해 주셔서 감사합니다.
☐☐☐	We have carefully considered the letter you sent. 당사는 귀사가 보내신 서신을 신중하게 검토하였습니다.

2 주의를 기울여 달라고 요청할 때

☐☐☐	Your attention to this matter will be greatly appreciated. 본 건에 대하여 주의를 기울여 주시면 대단히 감사하겠습니다.
☐☐☐ goods 물품 M/S(Motor ship) 기선	We would like to draw your attention to the goods shipped by the M/S Arirang on April 15, 2021. 당사는 2021년 4월 15일 Arirang호으로 선적된 물품에 대하여 귀사의 주의를 상기시키고자 합니다.
☐☐☐	I would like to call your attention on the unsolved O/A transaction. 저는 결제가 이루어지지 않은 선적통지조건 기한부 사후송금(O/A) 거래에 대해 귀하의 관심을 환기시키고자 합니다.

3 주의를 기울여 알려준 것에 대해 감사를 표시할 때

☐☐☐ in advance 미리 keen 강렬한, 깊은	Thank you in advance for your keen attention to this matter. 본 건에 대한 귀사의 깊은 관심에 미리 감사드립니다.
☐☐☐	Thanks again for bringing this to my attention. 이것에 대해 알려 주셔서 다시 한번 감사드립니다.
☐☐☐	Thank you for your letter of October 3 describing the problems you have been having with XYZ. XYZ가 가지고 있는 문제점을 설명해 주신 귀사의 10월 3일 자 서신에 대해 감사드립니다.
☐☐☐ part 부품	Thank you for your email telling us that you received the wrong part. 잘못된 부품을 받으셨다는 내용의 이메일을 잘 받았습니다.

01 세 번 읽는 기출표현

3 끝인사, 당부

1 거래 관계의 유지를 기원하며 마무리할 때

☐☐☐	I'm looking forward to a long future of continuing success and close relations between our two firms. 앞으로 오랫동안 두 회사 간에 성공과 긴밀한 관계가 지속되길 기대합니다.
☐☐☐ mutually 상호 간에	We are pleased to be carrying your products and look forward to a mutually rewarding business relationship. 귀사의 제품을 취급하게 되어 기쁘고, 상호이익이 되는 사업 관계가 되기를 희망합니다.
☐☐☐	We look forward to serving you for many years to come. 당사는 앞으로도 오랫동안 귀사와 거래할 수 있기를 바랍니다.

2 답변을 기다리며 마무리할 때

☐☐☐	I hope to hear from you soon. 귀하로부터 곧 소식이 있기를 바랍니다.
☐☐☐	We look forward to hearing from you again in the near future. 당사는 가까운 시일 이내에 귀사로부터 소식이 있기를 기대합니다.
☐☐☐ with regard to ~에 대해 proceed 진행하다	We look forward to hearing from you soon with regard to how you would like to proceed. 귀사가 진행하고자 하는 방식에 대해 곧 알려 주시기를 기대합니다.
☐☐☐ promptly 조속히	We would appreciate a prompt reply. 조속히 답장을 주시면 감사하겠습니다.
☐☐☐ convenience 편리함	Please call at your earliest convenience. 가급적 빨리 연락 주시기 바랍니다.

3 질문이나 의견 제시를 위한 연락을 부탁하며 마무리할 때

☐☐☐ policy 방침, 정책	If you have any questions about this policy change, please contact me. 이번 방침 변경에 대해 질문이 있으시면, 제게 연락 주십시오.
☐☐☐ feel free to ~ ~을 마음 놓고 하다	Please feel free to contact me at any time. 언제든 상관치 말고 제게 연락을 주십시오.
☐☐☐ further 추가의, 더 aspect 측면	If you have any further questions, or if I can help you with any other aspect of using our product, please let me know. 추가 문의 사항이 있거나 당사 제품을 사용하는 데 있어 다른 부분에 대한 도움이 필요하시면, 제게 알려 주시기 바랍니다.
☐☐☐	Should there be any matter you are not satisfied with, please let us know. 귀사가 만족하지 못하는 문제가 있다면, 알려 주시기 바랍니다.
☐☐☐ hesitate 망설이다, 주저하다	In case you have any further questions, please do not hesitate to call. 추가 질문이 있으시면, 주저 없이 전화해 주십시오.

4 감사 인사와 함께 서신을 마무리할 때

☐☐☐ opportunity 기회	Thank you for the opportunity to serve you. 귀사를 모실 기회를 주셔서 감사합니다.
☐☐☐ cooperation 협조	Thanks again for your help and cooperation. 귀사의 도움과 협조에 다시 한번 감사드립니다.
☐☐☐ support 지원	Thank you for your continued support. 귀사의 지속적인 성원에 감사드립니다.

4 대금 결제

1 대금 결제일이 지났을 때

overdue 기한이 지난, 연체된

Your account is now overdue.
귀사의 계정은 현재 지급 기한을 넘겼습니다.

outstanding 미지급된

Despite our repeated request for payment, the outstanding balance of USD ××× is still overdue.
당사의 거듭된 결제 요청에도 불구하고, 미불잔액 ×××달러가 아직 지급되지 않은 상태입니다.

significantly 상당히

The account is significantly beyond the 30 days we agreed to when we opened your company's credit account last year.
이 계정은 지난해 귀사의 신용계정을 개설했을 때 우리가 합의했던 30일을 훨씬 넘겼습니다.

extend 연장하다
due to ~때문에

We regret that we can no longer extend credit to you due to your slow payment history.
당사는 귀사의 대금 결제 지연 이력으로 인해 더는 신용을 연장해드릴 수 없음을 유감스럽게 생각합니다.

Our accounting department has informed me that the payment of invoice no.39-7 is now 3 weeks overdue.
당사 회계부서에서 청구서 39-7호의 지급 기한이 현재 3주나 지났다고 알려 주었습니다.

indicate 가리키다, 나타내다
owe 빚지다

Our records indicate that your company still owes $10,834.00 from your last order.
당사 기록에 의하면 귀사의 지난번 주문분 10,834.00달러가 여전히 지급되지 않은 상태입니다.

settlement 결제; 해결
currently 현재

Please note that your settlement of our Invoice KEAA-12 is currently past due by three weeks.
당사 청구서 KEAA-12에 대한 귀사의 결제 기한이 3주를 넘기고 있음을 유념해 주십시오.

2 대금 지급 지연에 대한 해결 의지를 표현할 때

effort 노력
settle 해결하다
satisfaction 만족

We are now making a special effort to collect outstanding accounts, and if you will hold our account over a few weeks we shall be able to settle to your satisfaction.
당사는 현재 미수금을 회수하는 데 특별한 노력을 기울이고 있으며, 몇 주만 당사의 계정을 유예해 주시면 귀사가 만족스러울 수 있도록 해결할 것입니다.

3 대금 지급을 요청할 때

delay 지연, 지체	Please send payment by return mail since we cannot accept further delay. 당사는 더 이상의 연체를 수용할 수 없으니 회신 우편으로 결제 대금을 송부 바랍니다.
	For all future orders we must require cash in advance or payment on delivery. 당사는 향후 모든 주문에 대해 현금 선지급 방식이나 현품인도지급 방식을 요청하는 바입니다.
	We hope this outstanding account can be settled by the end of the week. 당사는 미불 계정이 이번 주 말까지 해결될 수 있기를 기대합니다.

4 거절의 유감을 표시할 때

grant 주다, 수여하다 extension 연장	We regret that you are unwilling to grant us an extension of credit as requested. 당사가 요청한 신용 연장을 귀사가 승인할 의사가 없으시다니 유감입니다.

5 가격 변동

1 가격 인상에 대한 통지를 할 때

as a consequence ~의 결과 plumbing 배관	As a consequence of escalating oil prices, we must raise the price of all plastic plumbing products 8% at the beginning of the New Year. 유가 상승으로 인하여 당사는 새해부터 모든 플라스틱 배관 제품의 가격을 8% 인상할 수밖에 없습니다.
freight 운임	Due to the recent increase in freight rates, we find it necessary to raise our prices on Green Powder. 최근 운임률의 상승으로 인하여 당사는 Green Powder에 대한 가격을 인상할 필요가 있습니다.

2 가격 할인을 요청할 때

allowance 할인; 용돈	May I suggest that perhaps you could make some allowance on your quoted prices which would help to introduce your goods to my customers? 제안컨대 귀사의 제품을 저희 고객들에게 소개하는 데 도움이 되도록 견적 가격에서 조금만 낮추어 주실 수 있나요?

rather 다소, 약간 lower 낮추다	I think your price is rather on the high side. Can you lower it a little? 귀사의 가격이 다소 높은 것 같습니다. 조금 낮출 수 있을까요?
	Would it be possible for you to cut your price further? 가격을 좀 더 낮춰 주실 수 있을까요?
reconsider 재고하다	We hope that you will reconsider the discount rate with more than 15%. 당사는 귀사가 할인율을 15% 이상으로 재고해 주시기를 바랍니다.
	If you give us a 10% discount like other companies, we will accept your offer. 귀사가 다른 회사들처럼 가격을 10% 할인해 주시면, 귀사의 청약을 수락하겠습니다.

3 가격 할인을 제공할 때

prove 증명하다	We should like to prove this to you, and are therefore prepared to grant you a special discount of 5% for the quantity of 15,000 jars of A2 orange marmalade. This, with the 2% cash discount which we would allow, should enable you to offer the goods for sale at competitive prices. 당사는 이러한 점을 증명하고자 A2 오렌지 마멀레이드 15,000병을 주문하시면, 5%의 특별 할인을 제공하겠습니다. 현금 결제를 하시면 2%의 추가 할인을 해드리는데 이러면 귀사는 저렴한 가격으로 물품을 제공할 수 있겠습니다.
rock-bottom 최저의	We have decided to offer a special discounted price and are pleased to advise you of our final rock-bottom price as follows. 당사는 특별 할인을 제공하기로 하였으며 다음과 같이 당사의 최종적인 최저 가격을 알려드립니다.
net price 정가	If you place an order for 1,000 sets, we can offer you 10% of quantity discount of net prices. 귀사가 1,000세트를 주문할 경우, 당사는 정가에서 10%의 수량 할인을 제공할 수 있습니다.
	We offer a special 8% discount to any customer whose purchase exceeds USD 3,000. 당사는 미화 3,000달러 이상 구매하는 모든 고객에게 8%의 특별 할인을 제공합니다.

6 클레임

1 클레임이나 문제를 제기할 때

□□□ up to par ~에 달하는, ~에 부응하는	We are sorry to have to inform you the quality of your goods was not up to par with our customers' expectations. 귀사 제품의 품질이 당사 고객들의 기대에 부응하지 못함을 알리게 되어 유감입니다.
□□□ compile 작성하다, 편집하다	Your late report has caused us many problems in compiling our Monthly Revenue Statement. 귀사가 보고서를 늦게 제출하는 바람에 당사의 월별 수입명세서를 작성하는 데 많은 어려움이 있었습니다.
□□□ dissatisfaction 불만 grinding equipment 연마기	I am writing to express my continuing dissatisfaction with your company's service on my road grinding equipment. 저는 당사의 도로연마기에 대한 귀사의 서비스에 대해 계속되는 불만을 말씀드리고자 메일을 드립니다.

2 클레임 등의 문제에 대한 해결을 촉구할 때

□□□ cope with 대처하다	Please note that the way you cope with this problem will have a lasting effect on our future relationship. 귀사가 이 문제에 대처하는 방식은 우리의 향후 관계에 지속적인 영향을 줄 수 있음을 명심해 주십시오.
□□□ countermeasure 대책	Unless you give us countermeasure for quality problem, our remaining order shall be automatically cancelled, as we mutually agreed. 품질 문제에 대한 대책을 주지 않으면, 상호 협의한 바에 따라 당사의 잔여 주문분은 자동으로 취소될 것입니다.

3 교환을 요청할 때

□□□ replace 교환하다	We would like your company to replace the machine with a new one as soon as possible. 당사는 귀사가 가능한 한 빨리 이 장비를 새로운 제품으로 교환해 주시기 바랍니다.
□□□	We would ask you to replace these cards by June 21. 당사는 귀사가 6월 21일까지 이 카드들을 교환해 주실 것을 요청합니다.

4 환불을 요청할 때

saw 톱 expense 비용	We are therefore returning the entire order of 88b saws and would like to be refunded for their full purchase price plus shipping expenses. 따라서 당사는 88b 톱 주문품 전체를 반품하고 운송비를 더한 총구매금액을 환불받고 싶습니다.

5 상대방의 불평이나 불만에 대한 사과를 표할 때

inconvenience 불편	We extend our sincere apology for the inconvenience this technical trouble must have caused you. 당사는 기술적인 문제로 귀사에 불편을 끼쳐드린 점에 대해 진심으로 사과드립니다.
	We regret causing you any inconvenience. 불편을 끼쳐드려 죄송합니다.
	I apologize for the inconvenience this may have caused you. 이번 일로 귀사에 불편을 끼쳐 죄송합니다.
deem 여기다	We deem it a very rare case and extend our deepest apology for causing all inconveniences and losses to your company. 당사는 이러한 상황을 매우 드문 경우로 보고 있으며, 귀사에 끼친 불편함과 손실에 대하여 깊은 사과를 드립니다.
unforeseen 예기치 못한	We very much regret that this unforeseen circumstance has arisen, which might put you to inconvenience. 당사는 이러한 예기치 못한 상황의 발생으로 귀사에 불편을 끼쳐드려 대단히 죄송합니다.
sincere 진심 어린	Please accept my sincere apologies. 당사의 진심 어린 사과를 받아 주시기 바랍니다.
	Please accept my sincere apologies for everything that happened, and thank you for bringing it to my attention. 모든 일어난 상황에 대한 저의 사과를 받아 주시기 바라며 저희에게 알려 주셔서 감사합니다.
	We are embarrassed to have made such a careless mistake. 당사는 이러한 부주의한 실수를 저지르게 되어 당황스럽습니다.

6 문제 재발 방지에 대한 의사표시를 할 때

resolve 해결하다
You have my assurance that I will resolve the matter to your satisfaction.
귀사의 마음에 들도록 문제를 해결할 것임을 약속드립니다.

assure 확신하다
We apologize for your inconvenience and assure you that no error like this will ever happen again.
당사는 귀사에 이러한 불편을 끼친 점에 사과드리며 다시는 이런 실수가 발생하지 않도록 하겠습니다.

clerical error 사무착오
recur 발생하다
We apologize for any inconvenience this clerical error has caused and will do our best to see that such errors do not recur.
당사는 이러한 사무착오로 빚어진 불편함에 대해 사과드리며 다시는 그런 착오가 반복되지 않도록 최선을 다하겠습니다.

fully 전적으로
be committed to ~에 헌신하다
prevent 방지하다
recurrence 재발, 반복
nature 종류, 성질
Please be assured that we are fully committed to preventing recurrence of any problem of this nature.
당사는 이런 성질의 그 어떤 문제도 재발하지 않도록 최선을 다하겠습니다.

7 거래의 대안을 제시할 때

alternative 대안
We appreciate your position and, therefore, would like to offer an alternative.
저희는 귀사의 입장을 이해하므로 대안을 제시하고자 합니다.

substitute 대체품
recommend 추천하다
The article you ordered is temporarily out of stock, but we can recommend one of our latest products as a good substitute for it.
귀사가 주문하신 품목은 현재 재고가 없으나 이에 대한 좋은 대체품으로 당사의 최신 제품을 추천해 드리고자 합니다.

01 세 번 읽는 기출표현

7 선박 및 보험

1 선적에 관한 정보를 공유할 때

be to ~할 예정이다 remittance 송금	We are to ship the goods, likely in November, on receipt of remittance for invoice amount. 저희가 송장금액을 송금받는 즉시, 아마 11월경에 물품을 선적할 예정입니다.
behind schedule 예정보다 늦게	I am sorry to inform you that the shipment is behind schedule. 선적이 예정보다 늦어짐을 알려드리게 되어 죄송합니다.
	Delivery will be within four weeks of receipt of your order. 배송은 귀사의 주문 접수 후 4주 이내에 될 것입니다.
dispatch 발송하다; 발송	Your order is now being processed for immediate dispatch and will be ready for airfreight shipment for delivery early next week. 귀사의 주문은 즉시 발송할 수 있도록 현재 처리 중이며, 다음 주 초에 항공화물로 선적할 수 있도록 준비될 것입니다.
	We are pleased to inform you that above order has been loaded on to the MV Arirang, which sails tomorrow and is due in Jakarta on 3 May. 당사는 주문하신 물품이 Arirang호에 선적되어 내일 출항하여 5월 3일 자카르타에 도착 예정임을 알려드립니다.
	You sent the wrong item instead of the one we ordered. 귀사는 저희가 주문한 물품 대신 잘못된 물품을 보냈습니다.
partial shipment 분할 선적	Our partial shipments will be made within September if possible. 당사는 가급적 9월 중에 분할 선적을 완료하도록 하겠습니다.
indefinitely 무기한으로	Your order was put on board, but the vessel has suffered serious damage and her departure was cancelled indefinitely. 귀사의 주문품은 본선 적재되었으나 선박이 심한 손상을 입어 출항이 무기한 취소되었습니다.
consignment 탁송, 배송 cargo 화물 liner 정기선	We regularly ship consignments of bottled sherry to Australia by both passenger and cargo liners of the Enterprise Shipping Line. 당사는 Enterprise 선사의 여객선과 정기 화물선 둘 다를 이용하여 셰리와인을 호주로 정기적으로 선적하고 있습니다.

| | The goods will be loaded on the MV Mumbai, ex-Chennai October 1 due Incheon October 15.
상품들은 Mumbai, ex-Chennai호에 10월 1일 적재되어 10월 15일 인천에 도착할 예정입니다. |
|---|---|
| | We have today shipped 10 sets of TVs to the Nigerian Trading Co., Lagos.
당사는 오늘 라고스에 위치한 Nigerian 무역회사로 TV 10세트를 발송하였습니다. |

2 선적분을 수령하지 못했을 때

| | We still haven't received the last shipment.
당사는 지난 선적분을 아직 수령하지 못하였습니다. |
|---|---|
| | I still haven't received our order yet.
저는 아직 당사의 주문분을 받지 못했습니다. |

3 오발송으로 인한 반송을 요청할 때

| | Please ship back Part No. 801 at your earliest convenience at our expense.
당사가 비용을 부담하는 조건으로 편한 시간에 가급적 빨리 부품 801호를 반송해 주시기 바랍니다. |
|---|---|
| | Please return the incorrectly shipped items at our expense.
당사가 비용을 부담하는 조건으로 잘못 선적된 물품을 반송하여 주십시오. |

4 보험조건을 문의할 때

| | We are interested to know whether you can issue an all-risks policy for these shipments and, if so, on what terms.
당사는 귀사가 이 화물에 대하여 전위험담보약관(A/R)의 보험증권을 발급해 줄 수 있는지, 만약 그렇다면 어떤 조건인지 알고 싶습니다. |
|---|---|
| | Please quote us your lowest rate of marine cargo insurance, ICC(B), including S.R.C.C. and T.P.N.D. on the shipment of above articles, valued at CIF Incheon US$14,190 by the referred vessel.
언급드린 선박으로 운송되며 CIF 인천 가격으로 미화 14,190달러의 가치를 지닌 상기 물품에 대해 S.R.C.C.와 T.P.N.D.가 포함된 ICC(B)조건의 해상적하보험 견적을 가장 낮은 요율로 받아보고 싶습니다. |

CHAPTER 02 | 유형별 영문해석

* "영어어휘 500선"과 함께 공부하시기 바랍니다.

유형 1 | 순서 배열하기

1. 하나의 서신에 있는 뒤섞인 문장들을 순서대로 바르게 연결하는 유형
2. 여러 개의 서신을 읽고 올바른 순서로 배열하는 유형

STEP 1 | 발문 파악하기

- Please put the following sentences in order.
  다음 문장들을 순서대로 배열하시오.

- Please read and number the paragraphs in the correct order.
  다음 단락을 읽고, 올바른 순서대로 배열하시오.

- Please put the sentences in the most appropriate order.
  가장 알맞은 순서대로 문장을 배열하시오.

- Put the sentences in the most appropriate order.
  가장 적절한 순서대로 문장을 배열하시오.

> 발문 해석시간을 줄이는 **키워드 꿀팁!**
>
> 1. [순서 배열하기] 문제는 in (~) order(~한 순서대로) 키워드가 항상 나와요. 해당 키워드가 보이면 바로 문제유형을 파악할 수 있어요.
> 2. 선택지가 A-B-C-D 형태로 나오는 것은 모두 순서 배열하기 문제예요.

STEP 2 | 글의 흐름 떠올리기

빈출 테마	글의 흐름 떠올리기
대금 지급 지연, 미지급, 클레임	사안 언급 → 구체적 내용 → 자료 제시 → 이행 요구, 클레임, 끝인사 등
상호 간 협력 요청, 내용 전달	주의 환기 → 주요 사안 언급 및 이유 설명 → 감사 인사 또는 거절의 끝인사
거절의 통지문, 거래 제안	요청 내용 · 배경 언급 → 거절 · 제안의 이유 설명 → 회신 요청

STEP 3 적용하기

01

Please put the following sentences in order.

(a) To keep your account in good standing, payment must be made immediately.
(b) Your attention to this matter will be greatly appreciated. **1**
(c) Our records show that your account is now 60 days past due. **2**
(d) If you have any questions or wish to make special arrangements for payment, please contact our accounts receivable department at (132) 452-7960.
(e) A statement of outstanding invoices is attached for your records. **3**

① c – e – a – d – b
② e – a – c – b – d
③ a – e – c – b – d
④ e – d – a – b – c

---

01 99회 1번   정답 ①

다음 문장을 순서대로 배열하시오.

(a) 귀사의 신용거래계정 양호하게 유지하려면, 대금이 즉시 지급되어야 합니다.
(b) 본건에 대해 주의를 기울여 주시면 대단히 감사하겠습니다.
(c) 당사의 기록에 의하면 귀사의 신용거래가 현재 지급일을 60일 경과하였습니다.
(d) 질문이 있거나 지급에 대한 특별한 제안이 있다면 당사 미수금 계정 전담 부서 (132) 452-7960으로 연락을 주십시오.
(e) 귀사의 거래 내역에 대한 미불금 청구서를 첨부합니다.

해설 대금 결제 지연에 따라 청구서를 발송하며 해당 건에 대한 지급을 요청하고 있다. 다른 의견이 있는 경우 연락을 달라는 요청과 지급에 대한 주의 당부로 마무리해야 한다.
'(c) 지급일 경과 – (e) 미불금 청구서의 동봉 – (a) 지급 요청 – (d) 질문, 제안에 대한 연락 요청 – (b) 주의의 당부' 순으로 배열하는 것이 적절하다.

어휘 account 예금계좌; 외상거래계정, 신용거래계정
account receivable 미수금 계정, 매출채권
outstanding 미지불된; 미해결된

적용 예시

STEP 1 발문 파악하기

in order 키워드로 [순서 배열하기] 문제임을 확인!

STEP 2 글의 흐름 떠올리기

대금 지급 지연 문제임을 확인!
'사안 언급 – 증거 내용 혹은 자료 제시 – 이행 요구 및 당부, 끝인사 등'의 흐름 떠올리기!

1 (b) '이행 요구 및 끝인사'이니 뒤로!
2 (c) '사안(대금 지급 지연) 언급'이니 앞쪽으로!
3 (e) '청구서 동봉'은 '자료 제시'이니 사안 언급 다음으로!

▶ 'c – e – b' 순으로 되어 있는 선택지는 ①뿐!

02

Please read and number the paragraphs in the correct order.

> (a) Thank you for your extra effort to improve the company's bottom line.
> (b) This is to follow the worldwide cost-cutting plans initiated by the headquarters.
> (c) Effective April 1, 2013, entertainment expenses allocated for each sales representative will be reduced by 20%.
> (d) If you have any questions about this policy change, please contact me.

① c - b - d - a
② a - c - d - b
③ b - c - d - a
④ a - b - c - d

---

02 99회 3번 정답 ①

다음 단락을 읽고, 올바른 순서대로 배열하시오.

(a) 회사의 순이익을 향상하기 위한 귀하의 각별한 노력에 감사드립니다.
(b) 이는 본사에서 주도한 전 세계적인 원가 절감 계획에 따른 것입니다.
(c) 2013년 4월 1일부로 각 영업 사원에게 할당된 접대비가 20% 삭감될 것입니다.
(d) 본 정책 변경에 관해 질문이 있다면 제게 연락 주십시오.

해설 '(c) 새로운 정책에 대한 설명(주의 환기) - (b) This(새 정책)에 대한 설명(이유 설명) - (d) 문의 사항에 대한 연락 요청 - (a) 협조해 줄 사원들에 대한 감사 인사(끝인사)' 순으로 배열하는 것이 적합하다.

어휘 bottom line 회계장부상 순이익, 최종 결산 결과, 최종 가격
initiate 주도하다, 개시하다   entertainment expenses 접대비
allocate 할당하다

03

Please put the sentences in order.

> (a) An inspection report from Pacific Fire and Marine Insurance Company who inspected the damage to the shipment is enclosed for action at your end.
> (b) On September 22, we received the shipment of three hundred leather briefcases Order No. KEPP-1234, but much to our regret, upon unpacking the shipping crates, we discovered that 15 pieces in one crate were wet and stained.
> (c) We would therefore request that you adjust the invoice accordingly so that we will be billed for only 285 pieces instead of 300.
> (d) We presume that the crate was exposed to wet weather, and we noticed that the individual wrapping was not done properly.

① a - c - d - b
② d - a - c - b
③ b - d - a - c
④ c - a - b - d

---

03 103회 6번 정답 ③

다음 문장들을 순서대로 배열하시오.

(a) 선적품의 손상을 검사한 Pacific 화재 해상 보험회사의 검사보고서를 귀사가 조치할 수 있도록 동봉해드립니다.
(b) 9월 22일 저희는 주문번호 KEPP-1234에 대한 가죽 서류 가방 300개를 받았습니다만, 유감스럽게도, 운송 상자를 개봉해보니 한 상자 안의 가방 15개가 젖어 있고 얼룩이 있었습니다.
(c) 그러므로 당사가 300개 대신 285개에 대해 대금을 지불할 수 있도록 송장을 그에 맞춰 수정해 주시기 바랍니다.
(d) 당사는 상자가 습한 날씨에 노출되었을 것이라고 추정하였으며, 개별 포장이 적절하게 되어 있지 않음을 알았습니다.

해설 '(b) 물품 수령 후 품질 이상을 발견(사안 언급) - (d) 손상 원인에 대한 내용(구체적 내용) - (a) 보험서류를 첨부(자료 제시) - (c) 가격 조정을 요구'하는 것이 순서상 올바르다.

어휘 inspection report 검사보고서   crate (나무) 상자
stained 얼룩이 진   presume 추정하다

04

Please put the sentences in the most appropriate order.

> a. Much to our regret, however, your company has surprised us by supplying unlisted products with no consultation with us.
> b. It apparently is not in compliance with our agreement and, therefore, we cannot accept the items.
> c. As our memory fails with the lapse of time, written agreements are made to eliminate potential misunderstandings and disputes.
> d. Further, the contracting parties are supposed to have faith in each other and to abide by the terms and conditions of the agreements they have agreed upon.

① b – d – a – c
② c – d – a – b
③ d – a – b – c
④ c – d – b – a

04   104회 7번   정답 ②

문장들을 가장 적절한 순서대로 배열하시오.

a. 하지만 유감스럽게도 귀사는 당사와 아무런 상의 없이 목록에 없는 상품들을 공급하여 저희를 놀라게 했습니다.
b. 이것은 합의한 내용과 명백히 일치하지 않으므로 당사는 이 상품들을 받을 수 없습니다.
c. 시간이 흐르면 기억은 사라지므로 서면 작성한 합의 내용이 잠재적인 오해와 분쟁을 없애 줍니다.
d. 이에 더하여, 계약당사자들은 서로에 대한 신뢰를 가져야 하고 서로 합의한 계약서의 조건들을 준수해야 합니다.

해설 'c. 서면 작성한 합의 내용을 언급(주의 환기) – d. 조건 준수의 의무 언급(주요 사안 언급) – a. 상의 없이 공급한 물품에 대한 불만 제기(이유 설명) – b. 상품 수령 거절(거절의 끝인사)' 순서가 알맞다.

어휘 much to one's regret (매우) 유감스럽게도
unlisted 명단에 없는   consultation 협의, 상의, 상담
apparently 분명한   in compliance with ~에 따라
lapse of time 시간의 경과   eliminate 제거하다, 없애다
abide by 따르다, 준수하다

05

Please put the following sentences in order.

> (a) The consignment is on Lady Madonna, which will leave for Incheon on July 1. The wine is packed in 12 crates marked SEOKOA and numbered 1 to 12.
> (b) We hope you will be satisfied with the smoother taste of Bernini Wine.
> (c) After this shipment, we will negotiate our draft through Bank of Seoul under your L/C.
> (d) We are pleased to inform you that the consignment was collected this morning for transport to Korea.

① a – d – c – b
② d – a – c – b
③ a – c – d – b
④ c – a – d – b

05   100회 17번   정답 ②

다음 문장을 순서대로 배열하시오.

(a) 화물은 Lady Madonna호에 실려 7월 1일 인천으로 출항될 것입니다. 와인은 SEOKOA로 확인이 표시되어 12개의 상자에 포장되어 있고 (이 상자들은) 1에서 12까지 번호가 표시되어 있습니다.
(b) 당사는 귀사가 Bernini 와인의 부드러운 맛에 만족하시길 바랍니다.
(c) 선적 후 당사는 신용장에 따라 서울은행에 환어음의 매입 의뢰를 요청할 것입니다.
(d) 한국으로 운송하기 위해 오늘 아침 화물이 수거되었음을 알려 드리게 되어 기쁩니다.

해설 '(d) 화물의 상태(주의 환기) – (a) 선적 스케줄과 정보 제공(주요 사안 언급) – (c) 대금 결제에 대한 내용 언급(주요 사안 언급) – (b) 물품에 대한 만족을 희망(끝인사)'의 순서로 이어지는 것이 적절하다.

어휘 consignment 배송물, 화물

06

Please put the following sentences in order.

(a) Your order for twenty sets of Easy Way Kitchen Rubber Mats is being processed and will be ready for shipment on January 21.
(b) If you have any questions concerning this order, please do not hesitate to contact John Sanders, our sales representative in your area.
(c) Your goods will be delivered directly to your office by U-Pickup service in New York City.
(d) We are pleased to acknowledge your order of January 9.

① d − c − a − b ② d − a − c − b
③ c − a − b − d ④ a − c − b − d

06 100회 20번 정답 ②

다음 문장을 순서대로 배열하시오.

(a) 귀사가 주문한 Easy Way 주방용 고무매트 20세트는 생산 중에 있으며 1월 21일 선적을 위한 준비가 될 것입니다.
(b) 본 주문 건과 관련하여 문의 사항이 있으시면, 귀사 지역의 판매 담당자인 John Sanders 씨에게 지체 없이 연락 바랍니다.
(c) 주문하신 상품은 뉴욕시의 U-Pickup사의 서비스로 귀사의 사무실까지 직접 배송될 예정입니다.
(d) 귀사의 1월 9일 자 주문을 잘 받았습니다.

해설 '(d) 주문 접수(주의 환기) − (a) 물품 생산 및 선적 스케줄 안내(주요 사안 언급) − (c) 배송 정보 제공(주요 사안 언급) − (b) 문의 시 연락 요망(끝인사)'의 순서로 배열하는 것이 적절하다.

어휘 concerning ~과 관련하여 hesitate 망설이다, 주저하다
sales representative 판매 담당자, 영업사원

07

Please put the following sentences in order.

a. Would you please send us your current sales literature and price list?
b. When we attended the International Electronics Trade Fair in London last month, we visited your stand and saw a very interesting demonstration of your automatic high-security garage doors.
c. We believe that there is a ready market for this in the United States.
d. The ability to drive straight in and out of your garage from the comfort of your car, as well as your emphasis on theft protection, appealed to us.

① a − c − b − d ② a − d − b − c
③ b − d − c − a ④ b − c − a − d

07 102회 19번 정답 ③

다음 문장들을 순서대로 배열하시오.

a. 귀사의 현 영업용 인쇄물과 가격표를 보내 주시겠습니까?
b. 저희가 지난달 런던에서 개최된 국제 전자 무역 박람회에 참석했을 때, 귀사의 전시관에서 강력보안 자동 차고문의 시연을 매우 흥미롭게 보았습니다.
c. 저희는 미국에도 이에 대한 시장이 있으리라 믿습니다.
d. 귀사가 도난 방지에 중점을 둔 점과 아울러 차 안에서 편안하게 차고로 바로 운전해서 출입할 수 있는 기능이 마음에 들었습니다.

해설 'b. 거래하고자 하는 업체를 알게 된 배경(배경 언급) − d. 어떠한 물품이나 상황에 대한 관심 표현(제안의 이유) − c. 시장 가능성에 대한 긍정적인 의사표시 − a. 제품에 대한 정보와 가격 정보 요청(회신 요청)'의 순서가 알맞다.

어휘 sales literature 영업용 인쇄물
demonstration 시연, 설명 high-security 보안 수준이 높은
emphasis 중점, 강조 theft 절도
appeal to ~의 마음을 끌다

08

Please put the following sentences in order.

(a) Much to my regret, this has not been the case in our relationship for the last two months.
(b) Your late report has caused us many problems in compiling our Monthly Revenue Statement.
(c) As a party to our Sales Agency Agreement signed on March 25, 2014, you are under an obligation to submit the Monthly Sales Report to my office before the 15th of every month.
(d) Being a party to an agreement means that it takes an obligation to comply with the terms and conditions of the agreement.

① b − d − a − c
② d − c − a − b
③ b − a − d − c
④ b − a − c − d

08 101회 7번   정답 ②

다음 문장을 순서대로 배열하시오.

(a) 매우 유감스럽게도, 지난 두 달 동안 우리 관계에서 이러한 의무가 이행되지 않았습니다.
(b) 귀사의 보고서가 지연되는 바람에 당사의 월별 수입 명세서 작성에 많은 어려움이 있었습니다.
(c) 2014년 3월 25일 서명된 판매대리인 계약의 당사자로서, 귀사는 매월 15일 전에 당사로 월 판매 보고서를 제출할 의무가 있습니다.
(d) 계약의 당사자가 된다는 것은 계약의 조항 및 조건을 준수할 의무가 있다는 것을 의미합니다.

해설 '(d) 기본 의무에 대한 언급(사안 언급) – (c) 계약에 따른 당사자의 의무의 언급(구체적 내용) – (a) 문제 제기 – (b) 불만 제기(클레임)'의 순서로 배열하는 것이 적절하다.

어휘 party 당사자
Sales Agency Agreement 판매대리인 계약(협정)
obligation 의무   comply with 따르다, 준수하다

CHAPTER 02 유형별 영문해석

유형 2 내용 유추하기

1. 주어진 지문을 파악하여 앞서 나온 상황을 추측하는 유형
2. 주어진 지문을 보고 주어진 인물의 역할을 유추하는 유형

STEP 1 발문 파악하기

- Which of the following is MOST UNLIKELY/likely to appear right BEFORE the passage below?
  다음 중 아래 지문 바로 앞에 나올 가능성이 가장 높은/낮은 것은 무엇인가?

- Which of the following is MOST likely to come before the passage below?
  다음 중 아래 지문 앞에 나올 가능성이 가장 높은 것은 무엇인가?

- Below is a reply to a letter. Which of the following is LEAST likely found in the previous letter?
  다음은 서신에 대한 답신이다. 다음 중 이전 서신에 올 가능성이 가장 낮은 것은 무엇인가?

> **발문 해석시간을 줄이는 키워드 꿀팁!**
>
> 1. [내용 유추하기] 문제는 likely to(~일 것 같은)와 같은 키워드가 항상 나와요. 해당 키워드가 보이면 바로 문제유형을 파악할 수 있어요.
> 2. LEAST 또는 UNLIKELY가 나오면 앞에 올 내용으로 적절하지 '않은' 것을 골라야 해요!

STEP 2 자주 나오는 앞내용 떠올리기

빈출 테마	앞내용 유추하기
클레임, 사과	클레임 제기 배경이나 클레임 발생 이유
계약 체결 절차, 선적 일정	계약 내용의 합의에 관한 내용, 필요서류 언급, 일정 문의
상황 설명, 거절의 이유	(거절의) 의사표시

STEP 3 적용하기

01

Which of the following is MOST likely to appear right BEFORE the passage below?

> Because we do not sell our garments directly to the consumer, we try to keep our wholesale prices between ourselves and our dealers. **1** It is our way of meriting both the loyalty and good faith of those with whom we do business. Clearly, divulging our wholesale prices to a consumer would be a violation of a trust. **2**
> However, I have enclosed for your reference a list of our dealers in the Bronx and Manhattan. A number of these dealers sell Maxine Sportswear at discount.
> Very truly yours,

① If you are interested in importing the products, please feel free to contact us.
② We assure you that our price and quality are the most competitive.
③ We certainly appreciate your interest. Nevertheless, I am afraid I cannot supply you with the information you request.
④ We regret to inform you that now is not an occasion for price hike.

적용 예시

STEP 1 발문 파악하기

before the passage 키워드로 [내용 유추하기] 문제임을 확인!

STEP 2 자주 나오는 앞내용 떠올리기

1 '당사와 판매업자 사이에만 도매가격을 유지하려고 한다'며 자사의 상황을 설명하고 있음을 확인!

2 '명백하게, 당사의 도매가격을 소비자에게 누설하는 것은 신뢰를 저버리는 일이 될 수 있습니다'라며 거절의 타당한 이유를 밝히며 의사표시를 함!

▶ 자사의 상황과 거절의 이유를 말하는 것으로 보아, 앞내용이 요청 거절에 대한 내용임을 알 수 있음. 이에 해당하는 선택지는 ③뿐!

---

01 99회 2번 정답 ③

다음 중 아래 지문 바로 앞에 나올 가능성이 가장 높은 것은 무엇인가?

당사는 당사의 의류제품을 소비자에게 직접 판매하지 않기 때문에 당사와 판매업자 사이에만 당사의 도매가격을 유지하고자 합니다. 이것이 당사와 거래하는 고객의 충성도와 신의 둘 다에 도움이 되는 길입니다. 명백하게, 당사의 도매가격을 소비자에게 누설하는 것은 신뢰를 저버리는 일이 될 수 있습니다.
그러나 저는 귀하가 참고하실 수 있도록 브롱크스와 맨해튼 지역에 있는 당사 판매업체의 명단을 동봉합니다. 이들 중 많은 업체들이 Maxine 운동복을 할인된 가격으로 판매하고 있습니다.
이만 줄이겠습니다.

① 본 제품의 수입에 관심이 있으면 부담 갖지 말고 저희에게 연락해주시기 바랍니다.
② 당사는 가격과 품질면에서 가장 경쟁력이 있다고 확신합니다.
③ 귀사의 관심에 대단히 감사합니다. 그렇지만 귀사가 요청하신 정보는 제공할 수 없어 유감입니다.
④ 당사는 현재 가격을 인상할 적절한 시기가 아님을 알리게 되어 유감입니다.

해설 의류 도매업자인 서신의 발신인은 제시문에서 도매가격은 판매업체에만 적용되며 소비자에게 도매가를 공개하는 것은 신뢰의 문제이므로 요청을 들어줄 수 없다고 밝히고 있다. 따라서 해당 지문 앞에는 가격 정보 제공 요청에 대한 거절의 의사표시가 나오는 것이 적절하다.

어휘 garment 의류 wholesale 도매의
divulge 누설하다, 폭로하다 violation 위반, 위배
for one's reference 참고하도록

02

Which of the following is MOST likely to come before the passage below?

> Vietnam has a clear social structure. People work with people who are in their own social level. In high business circles in Vietnam, everybody knows everybody. An introduction through a well-connected individual will open many doors. High-level government officials are the most effective contacts because they can promise some governmental cooperation.

① When business people are introduced in Vietnam, it is important that they give personal information about their own connections and education along with the company profile.
② All this information should be given before the first meeting so that the people involved have a chance to learn about each other.
③ There are many trading companies and banks that successfully introduce foreign business people to Vietnamese businesses.
④ It is best to make the first contact with a Vietnamese company through a third party. If this method is chosen, it is important to contact a highly respected Vietnamese.

02　99회 5번　　　정답 ④

다음 중 아래 지문 앞에 나올 가능성이 가장 높은 것은 무엇인가?

베트남은 분명한 사회구조를 가지고 있다. 사람들은 자신의 사회적 계층에 속해 있는 사람들과 함께 일을 한다. 베트남의 고위 실업계층은 서로가 서로에 대해 알고 있다. 인맥이 넓은 사람을 통한 소개는 많은 기회의 문을 열어줄 것이다. 고위직 공무원들은 정부 협조를 약속할 수 있으므로 가장 효과적인 연락 창구이다.

① 베트남에서 사업가로 소개될 때, 회사의 약력과 함께 자신의 인맥과 학연에 대한 개인 정보를 제공하는 것이 중요하다.
② 첫 만남이 있기 전까지 이 모든 정보를 제공하여 관련된 사람들이 서로에 대해 알 수 있는 기회를 갖도록 해야 한다.
③ 외국인 사업가를 베트남 사업가에게 성공적으로 소개하는 많은 무역 회사들과 은행들이 있다.
④ 제3자를 통해 베트남 회사와 첫 접촉을 하는 것이 가장 좋은 방법이다. 이 방법을 선택한다면, 신망이 높은 베트남인을 접촉하는 것이 중요하다.

해설 지문에서 베트남에서는 인맥을 통하여 소개받는 것이 매우 중요한 비즈니스 방법임을 설명하고 있다. 따라서 앞 부분에는 인맥을 통한 베트남 회사와 접촉하는 것에 대한 내용이 나오는 것이 적절하다.

어휘 social structure 사회구조　business circle 실업계; 재계
well-connected 인맥이 넓은　government official 공무원
respected 존경받는

03

Which of the following is most likely to come BEFORE the passage below?

> Your complaint about the alleged irresponsible and unskilled service by our check-in agent at Honolulu Airport has been thoroughly reviewed and investigated. Enclosed is a photocopy of the relevant article of the IATA(International Air Transport Association) Resolution for your reference and kind understanding that the staff member concerned did his best to help the passenger carrying the 'Restricted Article'.

① We never overlook even the slightest input from our customers.
② Though we are sympathetic to the helpless situation in which you were placed, we must tell you that there is little an insurance can do in such cases.
③ Customer satisfaction through quality assurance has been an overriding goal of Air Catering Center and we are proud that this goal has been attained.
④ Your letter expresses your disappointment with our in-flight service on our flight PA123.

04

Which of the following is MOST likely to appear right BEFORE the passage below?

> Please sign and date both copies. Your signature should be witnessed — someone in your office can do this, signing to the left of your signature. Return one signed copy to me.
> This new venture promises to be an excellent employment opportunity, and this facility will help the county attract more corporations to the area.
> Congratulations on your hard work, too. Thanks to your persistence and ability to coordinate all parties concerned, we are progressing nicely.
> Sincerely,

① With the two exceptions noted below, we are in full agreement with your proposed contract.
② We would like to add a few more conditions in your contract draft.
③ I am pleased to enclose two copies of the contract for the proposed manufacturing facility.
④ Your agreement with and adherence to point number 9, the non-competition clause, represents the most critical marketing parameter.

05

Below is a reply to a letter. Which of the following is LEAST likely found in the previous letter?

> The SS Princess Victoria will be loading at number 2 dock from 8 to 13 July inclusive.
> Following her is the SS Merchant Prince, loading at number 5 dock from 20 to 24 July inclusive.
> The voyage to Alexandria normally takes 14 days.
> The freight rate for crockery packed in wooden cases is USD 97.00 per tonne.
> We shall be glad to book your 4 cases for either of these vessels and enclose our shipping form.
> Please complete and return it as soon as possible.

① Please quote your rate for freight and send us details of your sailing.
② We shall shortly have ready for shipment from Liverpool to Alexandria, 4 cases of crockery.
③ The cases measure 1.25 × 1.25 × 1m, each weighing 70kg.
④ Enclosed is the document which tells the time usually taken for the voyage.

---

05 104회 18번   정답 ④

아래 지문은 서신에 대한 답변이다. 다음 중 이전 서신에서 찾아보기 힘든 것은 무엇인가?

Princess Victoria호에는 7월 8일에서 13일까지(8일과 13일을 포함) 2번 부두에서 짐을 실을 예정입니다.
그다음 선박은 Merchant Prince호이며 7월 20일부터 24일까지(20일과 24일을 포함) 5번 부두에서 짐을 싣게 됩니다.
알렉산드리아로 가는 항해는 보통 14일이 소요됩니다.
나무 상자에 포장된 도자기류의 화물 운임률은 톤당 미화 97달러입니다.
저희는 상기 선박들 중 한 선박으로 4상자를 예약할 예정이며 저희 선사의 선적서를 동봉합니다.
작성하셔서 최대한 빨리 보내 주시기 바랍니다.

① 화물 운임에 대한 견적을 내주시고 항해에 관한 자세한 내용을 우리에게 보내 주십시오.
② 리버풀에서 알렉산드리아까지 도자기류 4상자에 대한 선적이 곧 준비됩니다.
③ 상자 치수는 가로 1.25×세로 1.25×높이 1m이며 각 무게는 70kg입니다.
④ 동봉한 서류는 일반적으로 항해에 걸리는 시간을 나타냅니다.

해설 본 서신은 선사(운송인)의 답변으로 항해 일정 및 화물 운임 조회에 대한 답변을 하고 있다. 따라서 이전 서신에서는 화물의 운송에 관련된 정보 제공을 통해 운항스케줄 및 운임 등을 알아보기 위한 내용이 나오는 것이 적합할 것이다. ④의 내용은 선사가 할 수 있는 내용으로 본 서신에 삽입되어야 할 표현이다.

어휘 from A to B inclusive (언급된 날을 포함하여) A부터 B까지
freight rate 운임률   shortly 곧
crockery 도자기류

06

Below is a reply to a letter. Which of the following is LEAST likely found in the previous letter?

> We have received your letter of 15 October enclosing September's statement.
> We apologize for the underpayment of USD 6,000 on your August statement. This was due to a misreading of the amount due. The final figure was not very clearly printed and we mistakenly read it as USD 50,027 instead of USD 56,027.
> Our cheque for USD 82,057, the total amount on the September statement, is enclosed.

① The cheque received from you was drawn for USD 50,027 only.
② We will appreciate the settlement of the total amount now due.
③ The opening balance brought forward is the amount left uncovered by the cheque received from you against our August statement.
④ We should be grateful if you could allow us to defer payment for a further 3 weeks.

07

Below is a reply to a letter. Which of the following is LEAST likely found in the previous letter?

> Thank you for your recent letter. We shall be glad to provide cover in the sum of $50,000 at 0.05% per annum on stock in your warehouse at 25 Topping Street, Lusaka.
> This will take effect from 1 May. The policy is now being prepared and it should reach you in about a week's time.
> Please let me know if I can provide any further help.

① The value of the stock held varies with the season but does not normally exceed $100,000 at any time.
② Cover should take effect from 1 May, right after current policy expiry.
③ As you will see from the prospectus, our comprehensive policies provide a very wide range of cover.
④ We would like to have your quotes for stock stored in our warehouse at the above address.

07　101회 4번　정답 ③

아래는 서신에 대한 답신이다. 다음 중 이전 서신에 나올 가능성이 가장 적은 것은 무엇인가?

귀사의 최근 서신에 대해 감사드립니다. 당사는 루사카의 Topping가 25번지에 위치한 귀사의 창고에 있는 물품에 대해 총 5만 달러, 연 0.05%의 요율로 (보험) 보장을 제공하고자 합니다.
이 보장은 5월 1일부터 적용될 것입니다. 보험증권은 현재 준비 중이며 약 1주일 후 귀사에 도착할 것입니다.
더 필요하신 사항이 있으면 저에게 알려 주시기 바랍니다.

① 보유 물품 가액은 계절에 따라 변동되지만, 어느 때고 보통 100,000달러를 초과하지는 않습니다.
② 보험은 현 보험계약이 만료되는 5월 1일부터 효력이 발휘되어야 합니다.
③ 안내서를 보시면 아시겠지만, 당사의 포괄보험(종합보험)은 매우 폭넓은 보장을 제공합니다.
④ 당사는 상기 주소의 당사 창고에 보관 중인 물품에 대해 귀사의 견적을 받고자 합니다.

해설 보험계약을 체결하기 위한 보험회사 또는 보험자의 견적에 관련된 내용이다. 따라서 이전 서신에는 보험계약과 관련된 견적의 요청 내용이 나와야 할 것이다. ③은 보험에 가입하고자 하는 당사자의 요청이라기보다 보험자(보험회사)의 입장에서 표현할 만한 내용이므로 이전 서신에 나올 내용으로 적합하지 않다.

어휘
cover (보험의) 보장　annum 연, 해
take effect 적용되다; 효력을 발휘하다
prospectus 사업 소개, 내용　comprehersive 포괄적인, 종합적인
quote 견적(액); 인용하다　store 보관하다

CHAPTER 02 유형별 영문해석

유형 3　주제 파악하기

1. 서신의 내용을 파악하여 서신의 목적이나 주제를 고르는 유형
2. 서신의 내용을 파악하여 서신의 제목을 유추하는 유형

STEP 1　발문 파악하기

- What is the subject of the letter?
  이 서신의 주제는 무엇인가?

- What is the main purpose of the letter (below)?
  이(아래) 서신의 주요 목적은 무엇인가?

- What is the most suitable subject of the letter?
  이 서신의 주제로 가장 적합한 것은 무엇인가?

- What is the main theme of the letter?
  이 서신의 주요 주제는 무엇인가?

- Which of the following is the BEST title for the letter?
  다음 중 서신의 제목으로 가장 적절한 것은 무엇인가?

> 발문 해석시간을 줄이는 **키워드 꿀팁!**
>
> [주제 파악하기] 문제는 subject(주제), theme(주제), purpose(목적), title(제목)과 같은 키워드가 보이면 바로 문제유형을 파악할 수 있어요!

STEP 2　자주 나오는 내용 떠올리기

빈출 테마	자주 나오는 내용 떠올리기
제품 또는 행사	제품 또는 행사 설명, 제품 어필
클레임	제품의 하자 또는 서비스 부실에 대한 내용, 제품의 하자에 대한 사과, 대책 방안 제안 내용
대금 지급	대금 지급을 촉구하는 내용, 외상거래 방식을 끊는 내용, 대금 지급 기한을 연장해달라고 요청하는 내용
자료 요청	가격조건 요청, 상품 상세 내역 요청

STEP 3 적용하기

01

What is the main purpose of the letter?

> As you will see from the enclosed catalog, we have put our new Digital Camera CR17 on the market.
> The CR17, an attractively-designed point-and-shoot camera, combines quality digital photography with video capabilities. **1** We believe that its quality is outstanding among the competing products in the same price range.
> The prices quoted in the catalog are all FOB Busan; however, we can quote CIF your port if you wish. Since we are in the campaign period now, **2** we will be able to ship up to 500 units for an order by the end of May. **3**
> We would strongly suggest that you take advantage of this special offer and look forward to receiving your order promptly. **4**

① to confirm an agreement
② to notify the way of payment
③ to suggest a special offer
④ to negotiate the terms of a shipment

---

01   100회 19번   정답 ③

이 서신의 주요 목적은 무엇인가?

동봉한 카탈로그를 보시면 아시겠지만, 당사는 최근 디지털 카메라 CR17 모델을 시장에 출시하였습니다. CR17은 매력적으로 디자인된 전자동 카메라로 고품질의 디지털 사진 기법과 비디오 기능들이 결합되어 있습니다. 당사는 이 제품의 품질이 동일한 가격대의 경쟁 제품 중에 탁월하다고 믿습니다. 카탈로그에 있는 견적 가격은 모두 FOB 부산항 조건입니다. 하지만 귀사가 원하시면 CIF 귀사의 항구 조건으로 견적 가능합니다. 현재 당사의 홍보 기간이므로 5월 말까지 주문분에 한해서 500대까지 출하 가능할 것입니다.
당사는 귀사가 이러한 특가 판매 기회를 이용하실 것을 강력히 제안하며 귀사의 주문을 속히 받을 수 있기를 바랍니다.

① 계약을 확인하기 위해
② 결제 방식을 알리기 위해
③ 특가 판매를 제안하기 위해
④ 선적조건을 협상하기 위해

해설 CR17 모델의 출시 및 제품에 대한 설명과 함께 가격 조건, 선적 조건 등을 이야기하며 홍보 기간 중 특가 판매의 기회를 놓치지 말고 이용할 것을 강력히 추천하고 있다. 따라서 특가 판매를 제안하기 위한 것으로 볼 수 있다.

어휘 point-and-shoot camera 초점을 맞춰 찍기만 하면 되는 카메라; 전자동 카메라
capability 능력; 기능   outstanding 탁월한, 눈에 띄는
up to ~까지   take advantage of ~을 이용하다

적용 예시

STEP 1 발문 파악하기

purpose 키워드로 [주제 파악하기] 문제임을 확인!

STEP 2 자주 나오는 내용 떠올리기

1 상품 소개!

2 자사에서 하는 행사를 소개하고 있음!
제품 또는 행사 내용을 설명하거나 제품을 어필하는 내용이 자주 나온다는 것을 떠올리기!

3 특가 판매 행사를 설명하고 있음

4 직접적으로 주문을 유도하고 있음

▶ 서신의 목적으로 알맞은 것은 ③뿐!

02

What is the main purpose of the letter?

> Dear Mr. Cho,
> We regret that we can no longer extend credit to you due to your slow payment history. For all future orders we must require cash in advance or payment on delivery.
> If you wish to reestablish credit at some future time, please contact our credit department at (123)456-7890.
> Sincerely,

① to close an open account
② to reestablish credit
③ to let them know the way to contact the credit department
④ to ask for a prompt payment on the recent orders

03

What is the main purpose of the letter?

> Thank you for your letter of October 3 describing the problems you have been having with XYZ. I appreciate your candor and must agree that we are not managing our co-op program very well. Please accept my sincere apologies.
> We are not taking your dissatisfaction lightly. In fact, your letter has been forwarded to several key people in our organization, including our president. We are already working to improve our internal process, and I hope you will bear with us as we develop a better approach in handling specific issues that arise with this program.

① to confirm verbal discussion
② to acknowledge a fault pointed
③ to appreciate for the previous letter
④ to negotiate a contract

04

What is the subject of the letter?

> Thank you for your fax today. I appreciate your concern and am sorry you are so dissatisfied with our contract.
> Although our legal department is willing to make some modifications, they are not ready to rewrite the entire contract. That being said, what changes are acceptable to both of us? Let's start with Articles D and J and go from there.
> I'll be in the office until 2 p.m. today and expect to be available the rest of the week. I look forward to further discussions with you.

① Contract renewal
② Convention request
③ Contract negotiations
④ Cancel request

04 100회 22번 정답 ③

이 서신의 주제는 무엇인가?

오늘 귀사의 팩스를 잘 받았습니다. 귀하의 염려에 감사드리며 귀사가 당사와의 계약에 대해 매우 불만족하신 것에 대해 유감을 표합니다.
당사의 법무팀이 약간 수정은 하겠지만 계약서 전부를 다시 작성할 수는 없습니다. 얘기가 나와서 말인데, 우리 두 당사자 모두가 수락할 만한 변경 사항으로는 무엇이 있겠습니까? 조항 D와 J부터 시작해 봅시다.
저는 오늘 낮 2시까지 사무실에 있을 것이며 이번 주 내내 시간이 있을 것 같습니다. 귀사와 추가 논의를 기대합니다.

① 계약 갱신
② 컨벤션 요청
③ 계약 협상
④ 취소 요청

해설 팩스를 보낸 상대가 계약 내용에 불만을 가지고 있다는 것에 유감을 표하며, 계약 내용을 전면 재작성할 수는 없지만 일부 변경은 가능하다고 언급하고 있다. 따라서 주어진 보기 중에 계약 협상이 주제로 가장 적절하다.

어휘 legal department 법무부, 법무팀
be ready to ~을 기꺼이 하다, ~을 불사하다
modification 수정, 변경
that being said 그런 까닭에; 말 나온 김에
Article 조항

05

What is the most suitable subject of the letter?

> We are pleased to announce that ABC Industry is relocating to a larger production facility in Busan. We will be serving you from the new location effective from June 1, 2014.
> The new state-of-the-art plant will provide us with significantly more capacity. This will ensure that we will continue to meet our customers' needs promptly with the highest quality. To create a seamless transition to the new facility, production teams will be moved in stages over several weeks. This step-by-step transfer, along with the redundancy of operations and ample additional inventories, means that no delivery schedules will be affected by the move.
> We look forward to continuing to serve you from the new facility.

① Our expanded facility
② The same delivery schedules
③ Quality management
④ Ample inventories

---

05 101회 12번 정답 ①

이 서신의 주제로 가장 적합한 것은 무엇인가?

당사는 ABC Industry사가 부산의 더 큰 생산 시설로 이전하게 되었음을 알려 드립니다. 당사는 2014년 6월 1일부터 새로운 장소에서 귀사를 모시게 될 것입니다.
새로운 최첨단 공장은 당사에 더 높은 생산 능력을 제공할 것입니다. 이는 당사가 계속해서 최고의 품질로 신속하게 고객의 요구를 충족시키는 것을 보장할 것입니다. 신규 설비로 차질없이 이전할 수 있도록 생산팀은 여러 주에 걸쳐 단계별로 이전할 것입니다. 생산 여분 및 충분한 추가 재고와 마찬가지로 이러한 단계별 이전은 이전으로 인해 그 어떤 선적 일정에도 영향을 주지 않을 것을 의미합니다.
새로운 시설에서도 귀사를 지속적으로 모시게 되기를 고대합니다.

① 당사의 확장된 시설
② 동일한 선적 일정
③ 품질 관리
④ 충분한 재고

해설 첫 문장에서 ABC Industry사가 더 큰 생산 시설로 이전하게 되었음을 안내하고 있다. 그리고 새로운 시설을 통해 생산량이 증가하고 이전에 따른 불편을 최소화하기 위한 노력을 하고 있으므로 선적 일정을 맞추는 데 문제가 없음을 알리고 있다. 따라서 확장된 시설에 대한 내용임을 알 수 있다.

어휘 relocate 이전하다   state-of-the-art 최신식의, 최첨단의
significantly 상당히   capacity (생산) 능력
seamless transition (중간에 끊어짐이 없는) 아주 매끄러운 이행
redundancy 여분   ample 충분한
inventory 재고(품)

06

What is the main theme of the letter?

> I am writing to express my continuing dissatisfaction with your company's service on my road grinding equipment. When your mechanic is called, he rarely arrives within the four-hour time period designated by our contract. He also appears to be lacking in knowledge and experience with my equipment.
> The short warm-weather season here does not allow for work stoppages and equipment breakdowns. If my contract is to be renewed, we must review the issues of equipment failure, repair personnel, and down time.
> Please call at your earliest convenience.

① asking for a new mechanic
② poor performance on service contract
③ complaining about the bad weather
④ extending the service time

---

06   101회 18번   정답 ②

이 서신의 주요 주제는 무엇인가?

저는 당사의 도로 연마기에 대한 귀사의 서비스가 계속해서 불만족스러움을 말씀드리고자 본 서신을 드리게 되었습니다. 귀사의 기술자는 연락을 받고서 계약상 지정된 기간인 4시간 이내에 도착한 적이 거의 없습니다. 그는 또한 장비에 대한 지식과 경험이 부족해 보입니다.
이곳은 따뜻한 계절이 짧기 때문에 작업 중단이나 장비 고장이 있으면 안 됩니다. 당사와의 계약을 연장하고자 한다면, 우리는 장비 결함, 수리 기사, 고장 시간에 대한 문제를 검토해야만 합니다.
빠른 시일 내에 연락 바랍니다.

① 새로운 기술자의 요청
② 열악한 서비스 계약 이행
③ 나쁜 날씨에 대한 불만
④ 서비스 기간의 연장

해설 첫 문장에서 고객서비스에 대한 불만으로 해당 서신을 작성하고 있음을 언급하고 있다. 이후 계약된 서비스의 이행이 잘 이루어지지 않고 있음을 토로하고 있으므로 서비스 계약의 열악한 이행에 대한 내용임을 알 수 있다.

어휘 mechanic 정비공, 수리기사   rarely 거의 없는
designate 지정하다   down time 고장 시간
lacking in ~이 부족한   stoppage 중단
breakdown 고장   renew 갱신하다
personnel 사원   extend 연장하다

07

What is the main purpose of the letter?

> Thank you for your December 17th order for connector components. I checked with our warehouse superintendent and found out that your order is out of problem. It should arrive at your Phoenix facility a day or two ahead of schedule. We appreciate your business and look forward to continuing to supply you with the most reliable components in the industry.
> Cordially,

① to announce the new items
② to notify the result of quality examination
③ to place an order
④ to confirm the shipment of the order

| 07 | 104회 3번 | 정답 ④ |

이 서신의 주요 목적은 무엇인가?

12월 17일에 연결 장치 부품들을 주문해 주셔서 감사합니다. 창고 관리자와 함께 확인해 보니 귀사의 주문건에 이상이 없었습니다. 귀사의 주문은 일정보다 하루 이틀 먼저 피닉스 공장에 도착할 것입니다. 귀사와의 거래에 감사드리며, 업계에서 가장 신뢰할 수 있는 부품들을 귀사에 지속적으로 제공하기를 기대합니다. 그럼 이만 줄이겠습니다.

① 새로운 상품을 소개하기 위해
② 품질 심사 결과를 통보하기 위해
③ 주문하기 위해
④ 주문분 선적을 확인하기 위해

해설 주문에 문제가 없다며 선적 진행 사항을 확인해주고 있다.

어휘 connector 연결기, 연결 장치
superintendent 관리자　　out of problem 문제가 없는
reliable 믿을 수 있는　　cordially 다정하게, 진심으로
component 부품　　quality examination 품질 심사

08

What is the main purpose of the letter?

> Dear Sir,
> Your firm having been recommended to us by some business acquaintances in this city, we shall be pleased to receive a copy of your price-list and best trade terms, together with a selection of tasting samples of Wines and Spirits.
> We are ready to place large orders if T&C is satisfactory. Therefore, please supply us with your quotation.
> Awaiting your early reply,

① Asking best quality of goods
② Ordering some goods
③ Requesting price terms
④ Ensuring size of business

| 08 | 101회 21번 | 정답 ③ |

이 서신의 주요 목적은 무엇인가?

담당자 귀하,
이 도시의 사업상 지인으로부터 귀사를 추천받았는데, 당사는 시음용 와인 및 증류주와 함께 귀사의 가격표와 거래조건서를 한 부 받고자 합니다.
거래 조건이 만족스럽다면 당사는 대량 주문을 할 준비가 되어 있습니다. 그러므로 귀사의 견적을 제공하여 주시기 바랍니다.
신속한 답변을 기다리겠습니다.

① 최고 품질의 제품 요청하기
② 몇 가지 제품 주문하기
③ 가격 조건 요청하기
④ 사업 규모 보장하기

해설 서신으로 와인과 증류주의 샘플 요청과 함께 가격조건에 대한 자료를 요청하고 있다. 따라서 ③이 적절하다.

어휘 acquaintance 아는 사람, 지인　　large order 대량 주문
T&C(Terms and Conditions) 거래조건
supply A with B A에게 B를 제공하다

09

What is the subject of the letter?

Ron Jones suggested that I get in touch with you regarding industrial lifting equipment. Our company deals in material handling and shop equipment — both new and reconditioned. We specialize in platform trucks, fork lifts, pallet racks, and conveyors. With the proper equipment you can reduce injuries in your warehouse and increase productivity by as much as 35%. Many of our customers find that the right equipment can pay for itself within three to six months. We invite you to visit our showroom and test some of our equipment yourself. I'll give you a call early next week to set up a convenient time.

① recommendation of a new applicant
② offer to exhibit the items in a convention
③ introduction of new goods
④ introduction of a purchasing department

CHAPTER 02 유형별 영문해석

유형 4 옳고 그름 파악하기

1. 주어진 서신이나 대화에서 올바르게 설명하는 것을 찾아내는 유형
2. 주어진 서신의 내용이 선택지와 일치하는지 아닌지를 대조해가며 푸는 유형

STEP 1 발문 파악하기

- Which of the following is CORRECT according to the letter above?
  다음 중 상기 서신에 관하여 옳은 것은 무엇인가?

- What is CORRECT according to the letter?
  서신에 따라 옳은 것은 무엇인가?

- Which of the following is TRUE according to the letter?
  다음 중 본 서신에 관하여 사실인 것은 무엇인가?

- Which of the following is NOT TRUE according to the letter?
  다음 중 본 서신에 관하여 사실이 아닌 것은 무엇인가?

- Which of the following is TRUE according to the discourse?
  다음 중 본 대화에 관하여 사실인 것은 무엇인가?

- Which is most correct?
  가장 옳은 것은 무엇인가?

> 발문 해석시간을 줄이는 **키워드 꿀팁!**
>
> [옳고 그름 파악하기] 문제는 CORRECT, TRUE와 같은 키워드가 보이면 바로 문제유형을 파악할 수 있어요.

STEP 2 해결법 떠올리기

빈출 테마	해결법 떠올리기
무역 서신, 대화, 용어, 이론, 현상에 대한 설명	• 옳고 그름을 파악하는 문제는 시간을 지연시키는 문제이기 때문에 마지막 문장과 연관이 있는 경우가 많으니 끝 – 처음 – 중간 순서로 읽는다. • 선택지를 먼저 읽고 서신의 내용과 하나하나 대조해가며 오답을 제거한다.

STEP 3 적용하기

01

Which one is CORRECT according to the letter?

> We have received your quotation of May 25, 2015. We appreciate the supply of samples No. 125-AX which are according to our expectation. Your present prices are actually not competitive in this market, ② however. Therefore, we are unable to place an order with you at this time even though we are favorably impressed by your samples. Under such circumstances, we have to ask you to revise the prices of the sample No. 125-AX. ③ In the meantime, we would like to request you to ship the goods (item No. 157-BC) under the same conditions as those in the previous transaction. ①

① The writer is satisfied with the price of the sample.
② The writer asks to improve the quality of the sample.
③ The writer asks to deliver the goods (item No. 157-BC) with price revision.
④ This is not the first transaction between the writer and the addressee.

---

01 107회 11번 　　　　정답 ④

해석 서신에 따른 설명으로 옳은 것은?

당사는 2015년 5월 25일 귀하의 견적서를 수령하였습니다. 당사가 기대하던 견본 No.125-AX를 제공해 주셔서 감사합니다. 그러나 귀사의 현재 가격은 실제로 이 시장에서 경쟁력이 없습니다. 그러므로 귀사의 견본에 좋은 인상을 받았음에도 불구하고 이번에는 주문을 할 수 없습니다. 이러한 상황에서 당사는 견본 No.125-AX의 가격 조정을 요청드립니다. 그동안에 이전 거래와 동일한 조건으로 상품(No. 157- BC)의 선적을 요청드립니다.

① 글쓴이는 견본의 가격에 만족한다.
② 글쓴이는 견본의 품질 향상을 요청한다.
③ 글쓴이는 상품(품목번호 157-BC)을 수정된 가격으로 인도할 것을 요청한다.
④ 글쓴이와 수신인 간의 첫 번째 거래가 아니다.

해설 마지막 문장에서 이전 거래와 동일한 조건으로 상품의 선적을 요청하고 있으므로 첫 번째 거래가 아님을 유추할 수 있다.

어휘 quotation 견적　　place an order 주문하다
be favorably impressed 좋은 인상을 받다
addressee 수신인

적용 예시

STEP 1 발문 파악하기

TRUE 키워드로 [옳고 그름 파악하기] 문제임을 확인!

STEP 2 해결법 떠올리기

끝—처음—중간 순서로 읽기!

① 이전 거래와 같은 조건으로 No. 157- BC를 선적하길 요청한다는 내용이므로 ④가 정답, ③은 오답임을 동시에 파악 가능!
② 현재 가격이 경쟁력이 '없다'는 말이므로 ①은 오답임
③ 샘플 '가격'을 수정해달라는 내용이므로 ②는 오답임
▶ ④ 정답!

02

Which of the following is correct according to the letter below?

> We are pleased to inform you that above order has been loaded on to the MV Arirang, which sails tomorrow and is due in Jakarta on 3 May.
> The shipping documents have been handed to Seoul Bank with our draft drawn on you for USD 300,000 at 90 days after Sight. Seoul Bank will forward the documents to HSBC who may advise you for collection by next week.
> We have supplied the certificate of test that you asked for. However, we wonder if this is for reselling purposes. We should point out that your customers would only be covered by the warranty provided that the goods are not modified in any way.

① Buyer is supposed to pay on receipt of shipping documents and drafts.
② 3rd buyers are covered though the goods are modified to some extend.
③ Seoul Bank would be a collecting bank.
④ HSBC is not responsible for the buyer' credit risk.

---

02   103회 25번   정답 ④

다음 중 아래 서신에 관한 올바른 정보는 무엇인가?

당사는 상기 주문이 Arirang호에 선적되어 내일 출항하며, 자카르타에 5월 3일까지 도착할 것임을 알려드리게 되어 기쁘게 생각합니다.
선적서류는 귀사를 지급인으로 하여 발행된 미화 300,000달러의 일람 후 90일 출급 조건인 환어음과 함께 서울은행에 전달되었습니다. 서울은행은 HSBC은행에 서류를 전달할 것이며 HSBC은행은 다음 주까지 추심통보를 할 것입니다.
귀사가 요청하신 시험 증명서를 보내드립니다. 그러나 당사는 귀사가 이것을 재판매 목적으로 요청하신 것인지 궁금합니다. 당사는 물품이 어떠한 방법으로든 변형되지 않았을 경우에만 귀사의 고객에게 보증된다는 것을 명확히 하고자 합니다.

① 매수인은 선적서류와 환어음을 받는 즉시 대금을 지급하기로 되어 있다.
② 3번째 매수인은 어느 정도까지 제품을 변형하여도 보증받을 수 있다.
③ 서울은행이 추심은행이 된다.
④ HSBC은행은 수입상의 신용위험에 대해 책임지지 않는다.

해설 ① 일람 후 90일 출급조건이므로 옳지 않다.
② 어떠한 방법으로도 물품이 변형되지 않는 것이 보증조건이다.
③ 서울은행은 추심의뢰은행이 된다. 추심은행은 HSBC은행이다.
④ 추심거래이므로 은행은 매수인의 신용에 대해 책임을 지지 않는다.

어휘 due 만기   forward 전달하다, 보내다
collection 추심   point out 언급하다, 지적하다
modify 수정하다, 변경하다   to some extend 어느 정도까지
collecting bank 추심은행

03

Which statement is CORRECT according to the letter?

> Dear Mr. Smith,
> We are sorry to learn from your letter of 16 September of returning one of the recorders supplied to you.
> However, we regret that we have no trace of the returned recorder. It would help if you could describe the kind of container in which it was packed and state exactly how it was addressed and the method of delivery used. As soon as we receive this information we will make a thorough investigation.
> Meanwhile I am sure you will understand that we cannot either provide a free replacement or grant the credit you request. If you could wait for about 10 days, we could replace the tape recorder but would have to charge it to your account provided that there is no default on our part.
> Sincerely yours,
> Mary French

① Mr. Smith told the way of delivery to Mary French in the previous letter.
② If the returned recorder is not identified, Mr. Smith would pay the money for the replaced recorder.
③ Mr. Smith will get the new recorder after 10 days in any condition.
④ After 10 days, Mary French can grant the credit.

04

What is CORRECT according to the letter?

> Thank you for your delivery of hundred 'XLM 90 Sound Digit' sound cards of your company Mike Fordum.
> However, we Choice Company must point out that the 10 sound cards out of 100 did not function properly. When we tried to install these devices on our IBM compatible, Window shut down automatically after the error message, 'Unable to configure the hardware'.
> To prove the validity of our statement, we are returning the ten sound cards with the description in detail by our chief engineer. We would ask you to replace these cards by June 21.
> As far as additional cost is concerned, we assume you will cover necessary expenses for the extra delivery. We look forward to hearing from you soon.

① Choice Company asks Mike Fordum to send the replacements at the expense of Mike Fordum.
② Choice Company expects that Mike Fordum would refund 10 sounds cards in compensation for the loss of time.
③ The goods delivered to Mike Fordum do not conform to the specifications of the order.
④ On receipt of the replacements, Choice Company will make an arrangement to return the damaged items.

---

04   100회 9번   정답 ①

본 서신에 따라 옳은 것은 무엇인가?

귀사 Mike Fordum사의 'XLM 90 Sound Digit' 사운드 카드 100개를 배송해 주셔서 감사합니다.
그러나 저희 Choice사는 100개 중 10개의 사운드 카드가 제대로 작동하지 않음을 언급하지 않을 수 없습니다. 저희가 이 기기를 IBM 호환 기종에 설치하려고 하니, '이 하드웨어를 설정할 수 없습니다'라는 에러 메시지가 뜬 후 윈도우가 자동으로 닫혔습니다.
우리의 주장이 정당함을 입증하기 위해서 당사 수석 엔지니어가 자세히 작성한 보고서와 함께 10개의 사운드 카드를 반송합니다. 당사는 귀사가 6월 21일까지 이 카드들을 교환해 주실 것을 요청합니다.
추가 비용에 관해서는, 당사는 추가 배송에 따른 필요 비용을 귀사가 부담하실 것으로 생각합니다. 귀사의 답변을 기다립니다.

① Choice사는 Mike Fordum사의 비용으로 교체품을 보내줄 것을 Mike Fordum사에 요구하고 있다.
② Choice사는 시간 손해에 따른 보상으로 Mike Fordum사가 10개의 사운드 카드를 환불해 줄 것을 바라고 있다.
③ Mike Fordum사에 인도된 물품은 주문의 사양과 일치하지 않는다.
④ 교체품을 받자마자 Choice사는 손상된 제품을 돌려보낼 것이다.

해설 'XLM 90 Sound Digit'의 불량으로 교체품을 요청하고 있다. 마지막 문장에 추가비용이 발생하면 Mike Fordum사가 부담할 것으로 기대한다고 하고 있으므로 ①이 옳은 설명이다.

어휘
point out 언급[지적]하다   function 기능하다, 작동하다
configure 설정하다   compatible 호환성의, 호환이 되는
in detail 상세하게   expense 비용
as far as ~ is concerned ~과 관련해서

05

Which of the following is TRUE according to the discourse?

> Kate: I just don't think we're going to be able to come down that low.
> Fox : Actually, I don't think it's that low. Especially, when you consider the number of units we would be ordering.
> Kate: Well, it's much lower than we ever let our products go for.
> Fox : Have you ever had this large order before?
> Kate: No, not really.
> Fox : Exactly! This will be your biggest sale ever. Do you want to lose it?
> Kate: Hey, I didn't say that. I just need to clear it with the boss.
> Fox: I'll wait.

① Kate is sure to give up this contract.
② Kate wants to lower the price.
③ Fox says that he is going to order in great quantity.
④ Fox and Kate made a sales agreement.

05 100회 21번   정답 ③

다음 중 본 대화에 관하여 사실인 것은 무엇인가?

Kate: 저는 당사가 그 정도로 가격을 낮출 수 있다고 생각하지 않습니다.
Fox : 사실, 저는 이것이 그렇게 낮다고 생각하지 않습니다. 특히 당사가 주문할 수량을 고려하면요.
Kate: 글쎄요, 그 가격은 이때까지의 저희 제품가보다 훨씬 낮습니다.
Fox : 전에 이 정도의 대량 주문을 받아본 적이 있으신가요?
Kate: 아니요, 없습니다.
Fox : 바로 그겁니다! 이번 주문은 기존에 없었던 가장 큰 규모의 판매가 될 것입니다. 이러한 기회를 놓치고 싶으신가요?
Kate: 저기, 전 그렇게 말씀드린 적 없어요. 다만 제 상사에게 이에 대한 승인을 얻어야 해요.
Fox : 기다리겠습니다.

① Kate는 이 계약을 포기할 것이 확실하다.
② Kate는 가격을 낮추길 원한다.
③ Fox는 대량 주문을 할 것이라고 말한다.
④ Fox와 Kate는 매매계약서를 작성하였다.

해설 Fox는 이번 주문은 기존에 없던 가장 큰 규모의 판매가 될 것이라고 말하며 대량 주문이 될 것임을 강조하고 있다.

어휘 come down (가격 등이) 내리다
clear 승인하다; 승인을 얻다

06

Which of the following is NOT true about the letter?

> We are sorry that the model 88b handsaws you purchased have not lived up to your expectations. Frankly, we are surprised they have proved so fragile and appreciate your returning them to us. Our lab people are already at work trying to discover the source of the problem.
> We are glad to assume the shipping costs you incurred, Mr. Patterson. But may we suggest that, instead of a refund, you apply the price of these saws to the cost of an order of model 78b saws. Your own experience will bear out their reliability, and we are sure your customers will be pleased with an Eterna-Tool Product.
> If you will drop us a line okaying the shipment, your 78b handsaws will be on their way within the week

① Near the start, it lets the reader know what is being done, and this news is followed by an explanation.
② It begins with a suspicious statement, expressing that the company is not at fault.
③ The letter ends by reaffirming the company' good intentions and the value of its products.
④ In this type of the letter, the company' image and goodwill depend on how the writer responds.

---

06 102회 7번 정답 ②

다음 중 본 서신에 대해 사실이 아닌 것은 무엇인가?

귀사가 구입하신 모델 88b 휴대용 톱이 귀사의 기대에 미치지 못한 점에 대해 사과드립니다. 솔직히 저희도 그 톱이 그렇게 약한 것에 놀랐으며, 당사에 반품해주신 것에 대해 감사드립니다. 당사 연구원들이 이미 문제의 원인을 찾고 있습니다.
Patterson 씨, 귀사가 지불했던 운송비는 저희가 기꺼이 부담하겠습니다. 그러나 저희는 환불 대신에 동일한 비용으로 모델 78b 톱을 주문하실 것을 제안합니다. 귀하는 그 제품이 믿을 수 있는 제품임을 경험으로 알게 되실 것이며, 귀사 고객들도 Eterna-Tool 제품에 만족하리라 확신합니다.
귀사가 저희에게 구매 승인 연락을 주시면, 이번 주 내로 78b 휴대용 톱을 발송해 드리겠습니다.

① 시작 부분에 읽는 이에게 무슨 일이 일어나고 있는지를 알려 주고, 해당 소식 다음에 설명이 뒤따른다.
② 의심스러워하는 진술로 시작해서 자신의 회사는 잘못이 없다고 언급하고 있다.
③ 본 서신은 그 회사의 선의와 제품의 가치를 재확인하는 내용으로 끝난다.
④ 이러한 유형의 서신에서 그 회사의 이미지와 호감도는 작성자가 어떻게 답신하느냐에 달려 있다.

해설 해당 서신에서는 회사의 불량 제품에 대한 사과와 고객사의 불만을 해소하기 위한 제안을 하고 있다. ②의 경우 의심과 함께 회사의 잘못을 회피하는 내용이므로 틀린 표현이다.

어휘 live up to (다른 사람의 기대에) 부응하다, 합당하다
expectation 기대, 예상 fragile 약한, 부서지기 쉬운
assume 부담하다, (책임을) 맡다 incur 발생시키다, 물게 되다
bear out ~이 옳음을 증명하다 drop ~ a line ~에게 편지를 보내다
near the start 시작 부분에 suspicious 의심스러워하는
reaffirm 재확인하다 good intentions 선의
goodwill (사업체의) 호감도, 친선, 호의

07

Which is most correct?

We are pleased to inform you that your order No.1555, has been shipped on 05 March on the SS EverMore Asia which is due in Jakarta in 20 days.

① The carrier will accept the cargo in 20 days.
② The buyer has arranged the shipment.
③ The seller informs the shipment to a carrier.
④ The ship may arrive at Jakarta on 25 March.

08

Samju Company will place an order for US$50,000 every year. What is the discount rate this company can get according to the below letter?

Thank you for your inquiry of EZ Type keyboards series. We are happy to supply you with the information you requested.
Please see our enclosed price-list. The items you referred to in your letter are featured on p.34 under catalog number PO1120. For this model, we offer a special 8% discount to any customer whose purchase exceeds USD 3,000, and an additional 15% to all corporate accounts. But if we have firm orders from you in large numbers (over USD 30,000), we would be able to allow extra 10% reduction.

① 8%　　　　　② 15%
③ 23%　　　　　④ 33%

CHAPTER 03 | 유형별 영작문

* "영어어휘 500선"과 함께 공부하시기 바랍니다.

유형 1 문장 삽입하기

주어진 문장을 지문의 흐름상 가장 자연스러운 곳에 위치시키는 유형

STEP 1 발문 파악하기

- According to the flow of the letter, where is the MOST appropriate place for the sentence below?
  다음 서신의 흐름에 따라, 다음 문장이 들어가기에 가장 적절한 곳은 어디인가?

- Which of the following is the best place for the sentence below to be placed?
  다음 중 아래 문장이 들어가기에 가장 적절한 곳은 어디인가?

- Where does the following sentence best fit in the letter?
  이 서신에서 다음 문장이 들어가기에 가장 적절한 곳은 어디인가?

> 발문 해석시간을 줄이는 **키워드 꿀팁!**
>
> 1. [문장 삽입하기] 문제는 the best place, the most appropriate place, best fit이라는 키워드가 항상 나와요. 해당 키워드가 보이면 바로 문제유형을 파악할 수 있어요!
>
> 2. 지문에 있는 문장들 사이사이에 (a), (b), (c), (d)까지 있다면 100% [문장 삽입하기] 문제예요!

STEP 2 연결이나 반전이 되는 단어 찾기

힌트 형태	연결이나 반전이 되는 단어 찾기
연결을 하는 단어 (this, this sort of ~ 등)	this 또는 ~을 지칭하는 단어 찾기 → 검토하기
반전을 주는 단어 (despite, however, but, rather 등)	주어진 문장과 반대되는 내용 찾기 → 검토하기

STEP 3 적용하기

01

Where does the following sentence best fit in the letter?

<u>1 Rather, we would suggest</u> waiting for a more favorable situation.

> Your letter of May 8 requesting clarification of our intention in the proposed purchase of your facilities has been thoroughly studied. (1) Your pressing interest in framing the agreement is very understandable. (2) However, the recent political situation change has totally affected the prospects on which our original plans had been based. (3) Consequently, although our initial desires remain unchanged, <u>2 it is impossible for us to set up even a tentative timetable for the purchase.</u> (4) It is indeed unfortunate that circumstances have developed against our mutual intentions.

① (1)　　② (2)　　③ (3)　　④ (4)

---

01 102회 45번　　정답 ④

본 서신에서 다음 문장이 들어가기에 가장 적절한 곳은 어디인가?

차라리 당사는 상황이 좀 더 호전되기를 기다리자고 제안하고 싶습니다.

귀사의 설비 매수 제안에 대한 당사의 의사표명을 요청하신 5월 8일 자 서신을 충분히 검토해보았습니다. (1) 계약을 구체화하려는 귀사의 절실한 심정은 충분히 이해가 갑니다. (2) 그러나 최근의 정치적 상황 변화가 당초 계획에서 전제로 삼았던 전망에 전적으로 영향을 미치고 있습니다. (3) 결과적으로 당사의 바람에는 변함이 없으나, 당사로서는 구매에 대한 잠정적인 일정을 세우는 것조차 불가능합니다. (4) 상황이 상호 간의 의도와 상반되게 전개되고 있어 진심으로 유감입니다.

[해설] 매도인이 매수자에게 설비 매수 제안을 하였으나 정치 상황의 변화로 구매 여부가 불확실하여 상황이 호전되기를 기다리자고 제안하는 내용이므로 문맥상 마지막 부분에 오는 것이 자연스럽다.

[어휘] favorable 호의적인, 유리한　clarification 설명, 해명
intention 의도　thoroughly 철저히, 완전히
pressing 긴급한, 긴박한　understandable 이해할 수 있는
affect 영향을 미치다　prospect 전망, 가망
consequently 결과적으로　initial 초기의
tentative 잠정적인, 임시의　mutual 상호 간의, 서로의

적용 예시

STEP 1　발문 파악하기

best fit 키워드로 [문장 삽입하기] 문제임을 확인!

STEP 2　연결이나 반전이 되는 단어 찾기

1 주어진 문장에서 'Rather, we would suggest'를 발견!
　'차라리 ~을 제안하고 싶다'는 말은 어떠한 무언가를 하는 것보다 제안하는 방향으로 진행되었으면 한다는 것! 의견과 반대되는 문장이 앞에 나올 것임을 추측!

2 '구매에 대한 잠정적인 일정을 세우는 것'보다 차라리 상황이 호전되기를 기다리는 것이 낫다는 것이 더 자연스러움

▶ 주어진 문장은 (4)에 들어가야 하므로 정답은 ④!

02

Where does the following sentence best fit in the letter?

This situation is not expected to improve in the foreseeable future.

> Thank you for your letter inquiring into the possibility of handling our products in your market. (1)
> Your stability, expertise and status in your market were duly noted here. (2) Under normal circumstances we would be very anxious to proceed with discussions with you. (3)
> Unfortunately, our present production capacity is not even able to meet the supply commitments we have already made. (4) Consequently, we are not in a position to responsibly enter into any new distribution agreements at this time. We hope you will understand.

① (1)   ② (2)   ③ (3)   ④ (4)

---

02 102회 47번   정답 ④

본 서신에서 다음 문장이 들어가기에 가장 적절한 곳은 어디인가?

이 상황이 당분간 개선되지 않을 것으로 예상됩니다.

귀사 시장에서 당사 제품의 취급 가능성에 대해 문의하신 서신에 감사드립니다. (1)
귀사의 안정성, 전문성, 그리고 귀사 시장에서의 지위는 이곳에도 잘 알려져 있습니다. (2) 일반적인 상황이라면 귀사와 협의를 진행하기를 무척 원했을 것입니다. (3)
유감스럽게도 당사의 현재 생산 능력은 이미 약속한 공급 물량조차도 맞추기 어려운 실정입니다. (4) 따라서 현재는 책임감 있게 신규 판매 계약을 체결할 처지가 아닙니다. 귀사의 양해를 부탁드립니다.

해설 매수인이 매도인에게 거래 가능성에 대한 조회를 하였으나 매도인의 생산 능력 한계로 인해 신규 계약 체결이 어려움을 회신하는 내용이다. 제시된 문장을 보고 '이 상황(This situation)'이 무엇인지 찾아야 한다. (4) 앞에서 매도인의 현재 상황을 설명하고 있으므로 문맥상 (4)에 들어가는 것이 자연스럽다.

어휘 foreseeable 예측할 수 있는; 가까운
stability 안정성   expertise 전문성
duly noted 충분히 유명한   be anxious to ~하고 싶어하다
proceed with ~을 진행하다, 계속하다
production capacity 생산능력   commitment 약속, 헌신, 전념
distribution 분배, 유통

03

Which of the following is the best place for the sentence below?

Despite my repeated requests by both fax and phone, I have not been able to get a copy to this day.

> I normally do not go over the head of the person who is supposedly servicing our account. (a) But it seems to be the only solution to the problem I have faced for the last six weeks. (b) As shown in the enclosed letter, I originally asked your Customer Service Department for a copy of the manual for F400 on August 1. (c) It is imperative that we immediately receive the manual for the proper operation of F400. If there is any reason you cannot supply us with the manual, I'd like to know. (d) Otherwise, please have the manual shipped to us by next week.

① (a) ② (b) ③ (c) ④ (d)

---

03   101회 26번   정답 ③

다음 중 아래 문장이 들어가기에 가장 적절한 곳은 어디인가?

팩스와 전화로 여러 번 요청했음에도 불구하고, 저는 오늘까지 자료를 받지 못하였습니다.

저는 보통 당사와의 거래를 담당할 것으로 여겨지는 담당자의 윗선에 이의를 제기하지 않습니다. (a) 그러나 그렇게 하는 것이 제가 지난 6주간 맞닥뜨린 문제에 대한 유일한 해결책인 것 같습니다. (b) 동봉된 서신에 나와 있듯이 저는 본래 지난 8월 1일 F400의 매뉴얼을 고객 서비스 부서에 요청하였습니다. (c) 당사가 F400을 제대로 작동하기 위해서는 즉시 매뉴얼을 받아야 합니다. 만약 귀사가 이 매뉴얼을 제공할 수 없는 이유가 있다면 그 이유를 알고 싶습니다. (d) 아니면 다음 주까지 매뉴얼을 당사에 보내 주시기 바랍니다.

해설 주어진 문장은 기존에 자료를 거듭 요청했음에도 받지 못하였다는 내용이다. '자료(a copy)'를 요청한 사실이 나오는 문장이 앞에 나와야 한다. 그러므로 매뉴얼을 요청했다는 내용 뒤인 (c)의 위치에 오는 것이 적절하다.

어휘 go over the head of the person 그 사람의 윗선에게 호소하다, 이의를 제기하다
supposedly 추정상, 아마   imperative 반드시 해야 하는

04

According to the flow of the letter below, where is the MOST appropriate place for the sentence below?

However, we are still very interested in being the sole distributor for INTEC in Brazil.

> I would like to refer to your letter of May 2, 2014, in which our company together with the Brazilian Central Trade & Investment Co. was being considered for the distributorship of INTEC products in Brazil.
> (a) A great deal of time has passed since then and much has changed in the economic and political climate which was such an important factor in your consideration of our candidacy.
> (b) Please understand that the Brazilian Central Trade & Investment Co. no longer exists.
> (c) In view of the above-mentioned changes, we ask you to reconsider our candidacy for the INTEC distributorship in Brazil.
> (d) Please inform us if you are willing to resume negotiations that for various reasons were left in 'abeyance'.

① (a)　　② (b)　　③ (c)　　④ (d)

---

04 101회 44번 정답 ③

다음 서신의 흐름에 따라 아래 문장이 들어가기에 가장 적절한 곳은 어디인가?

반면, 당사는 브라질에서 INTEC사의 독점 판매사가 되는 것에 여전히 큰 관심이 있습니다.

Brazilian Central Trade & Investment사와 당사가 함께 브라질에 있는 INTEC사의 판매대리권에 대해 고려해 보라고 제안하신 귀사의 2014년 5월 2일 서신에 대해 말씀드리고자 합니다.
(a) 그 후 많은 시간이 흘렀고 당사를 귀사의 판매점 후보로 고려함에 있어 매우 중요한 요소였던 경제적, 정치적 상황에 많은 변화가 있었습니다.
(b) Brazilian Central Trade & Investment사는 더 이상 존재하지 않음을 알아주시기 바랍니다.
(c) 상기 언급된 변화를 감안하여 당사를 INTEC사의 브라질 판매점 후보로 재고해 주시기 바랍니다.
(d) 여러 가지 이유로 '유보 상태'로 남겨진 협상을 재개할 의사가 있으시다면 당사로 연락 바랍니다.

해설 주어진 문장이 however로 시작된 것으로 보아 그 앞부분에는 주어진 문장과는 반대인 내용이 나올 것으로 유추된다. 함께 하려던 회사가 더 이상 존재하지 않음에도 불구하고 관심이 있다는 것이므로 (c)에 들어가는 것이 적절하다.

어휘 sole distributor 독점 판매점　reconsider 재고하다
candidacy 출마　　in view of ~을 고려하여
hold[leave] … in abeyance …을 미결로 두다, 유보하다

05

According to the flow of the letter, where is the MOST appropriate place for the sentence below?

I like the quality of your goods and would welcome the opportunity to do business with you.

> Dear Ms. Hansen
> (A) Thank you for your letter of 18 August and for the samples of cotton underwear you very kindly sent to me.
> I appreciate the good quality of these garments, but unfortunately your prices appear to be on the high side even for garments of this quality. (B) To accept the prices you quote would leave me with only a small profit on my sales since this is an area in which the principal demand is for articles in the medium price range.
> (C) May I suggest that perhaps you could make some allowance on your quoted prices which would help to introduce your goods to my customers. (D) If you cannot do so, then I must regretfully decline your offer as it stands.
> I hope to hear from you soon.
> Yours sincerely

① (A)　② (B)　③ (C)　④ (D)

---

05   99회 30번   정답 ③

다음 서신의 흐름에 따라, 아래 문장이 들어가기에 가장 적절한 곳은 어디인가?

귀사 제품의 품질에 만족하며 귀사와 거래할 기회를 가졌으면 합니다.

Ms. Hansen 귀하
(A) 귀사의 8월 18일 자 서신과 친절히도 함께 보내 주신 면 속옷 견본을 잘 받아보았습니다.
저는 이 의류의 좋은 품질에 대해서는 인정하지만 아쉽게도 이 품질을 고려하더라도 귀사의 가격은 조금 비싼 듯합니다. (B) 이 지역은 중간 가격대의 제품이 주력 수요품인 곳이기 때문에 귀사의 견적가를 수락하게 되면 당사는 적은 수익만 남게 됩니다.
(C) 제안컨대 귀사의 제품을 저희 고객들에게 소개하는 데 도움이 되도록 귀사의 견적가를 조금 낮추어 주시기 바랍니다. (D) 귀사가 그렇게 할 수 없다면 아쉽지만 현재로서는 귀사의 청약을 거절할 수밖에 없습니다.
귀사의 조속한 답변을 기대합니다.
이만 줄이겠습니다.

해설 서신의 작성자는 제품의 품질은 만족하지만, 가격이 비싸 본인 시장에서의 수익이 크지 않다고 설명한 후, 가격을 낮춰 달라고 요청하며 그렇지 못할 경우 청약을 거절할 수밖에 없다고 설명한다. 즉, 거래에 관심이 있으며 가격 인하가 된다면 계약을 체결하고 싶다는 내용으로 이해할 수 있다. 따라서 주어진 문장은 견적가를 인하해 달라는 요청의 문장이 오기 전인 (C) 부분에 들어가기 적합하다고 볼 수 있다.

어휘 garment 의복, 옷　the principal demand 주요 수요품
as it stands 현재로서는

06

According to the flow of the letter below, where is the MOST appropriate place for the sentence below?

You are encouraged to consider our Model IDF-1701A as an alternative that will meet your present as well as future needs.

> Thank you for your order of one Model ILP-300 Semiconductor Laser Prober received on January 13. (a) Unfortunately, production of that particular model has been discontinued due to the increasing sophistication of user needs. (b) However, we now offer several advanced versions which are fully automatic and have many other superior features. (c) Enclosed is some detailed written information of this product. (d) We look forward to hearing from you soon with regard to how you would like to proceed.

① (a)　　② (b)　　③ (c)　　④ (d)

---

06 100회 32번   정답 ③

다음 서신의 흐름에 따라, 아래 문장이 들어가기에 가장 적절한 곳은 어디인가?

귀사의 미래뿐만 아니라 현재의 수요도 충족시킬 수 있는 대체품으로 당사의 IDF-1701A 고려해 보시기를 권합니다.

1월 13일 수령한 모델을 ILP-300 모델 반도체 레이저 탐색기에 대한 귀사의 주문에 대해 감사드립니다.
(a) 아쉽게도, 소비자의 요구가 점점 더 정교해짐에 따라 해당 모델의 생산은 중단되었습니다.
(b) 그러나 당사는 현재 전자동으로 작동되고 여러 뛰어난 기능을 가진 향상된 버전의 제품을 제공하고 있습니다. (c) 이 제품에 대한 자세한 정보가 기입된 문서를 동봉합니다. (d)
귀사가 진행하고자 하는 방식에 대한 의견을 들을 수 있기를 기대합니다.

해설 본 서신은 단종된 기존 제품에 대한 대체품을 제안하는 내용이다. (c) 뒤 문장에서 'this product'는 주어진 문장의 Model IDF-1701A를 말하므로 (c)에 들어가야 알맞다.

어휘 alternative 대체품, 대안　sophistication 정교함, 세련됨　superior 우수한, 우월한

07

Where does the following sentence best fit in the letter?

If the account is not settled by that date, we will be forced to revise the terms of our contract.

> Our accounting department has informed me that the payment of invoice no.399-7 is now 3 weeks overdue.
> (a) We would appreciate it if you could look into why we have not received the payment yet.
> (b) A copy of invoice no.399-7 is attached for your reference. Please give the matter your immediate attention and let us have the payment by July 10th.
> (c) If you wish to discuss special arrangements for the payment, please contact me at (02) 324-5394.
> (d) If you have already remitted the payment for this invoice, please disregard this letter.

① (a)　　　② (b)　　　③ (c)　　　④ (d)

07　104회 37번　　　정답 ③

본 서신에서 다음 문장이 들어가기에 가장 적절한 곳은 어디인가?

그날까지 대금이 치러지지 않으면 계약서 조건을 변경해야 할 것입니다.

회계부서에서 전달하기를 송장 번호 399-7의 지불기한이 현재 3주가 지난 상태입니다.
(a) 당사가 아직도 지급받지 못한 이유를 확인해 주시면 감사하겠습니다.
(b) 귀사가 참조할 수 있도록 송장 번호 399-7의 사본을 첨부하였습니다. 즉시 신경 써주시길 바라며 7월 10일까지 당사에 지급해 주시기 바랍니다.
(c) 지급과 관련하여 특별히 협의하길 원하신다면, (02) 324-5394번으로 저에게 연락 주시기 바랍니다.
(d) 이 송장에 대한 지급 금액을 이미 송금하셨다면 이 서신은 무시하셔도 좋습니다.

해설 주어진 문장의 'that date'가 힌트이다. 본 서신에서 날짜가 나오는지 살펴봐야 한다. (c) 앞의 'July 10th'가 나오므로 (C) 앞에 오는 것이 적절하다.

어휘 arrangement 협의; 준비　　remit 송금하다　　disregard 무시하다. 묵살하다

08

Which of the following is the best for the sentence below to be placed?

The total price we are quoting is USD 90,000,000 for two aircraft, three spare engines, 10 line items of table parts and 950 line items of expendable parts as can be seen in the brochure.

> We acknowledge receipt of your letter of October 13, 2014 inquiring about the availability of B747-200 aircraft for sale. (a) We are much pleased to advise you that we have two B747-200s with supporting spares available for immediate sale in package. (b) Enclosed herewith is a copy of our B747-200 brochure which we believe will provide you with all the necessary information concerning the said aircraft. (c) Please also note that our B747-200s had no wing modification prescribed by the FAA. Should your airline find interest in purchasing the said aircraft, either one or both of them, please contact us at your earliest convenience. (d)

① (a)   ② (b)   ③ (c)   ④ (d)

---

08 101회 38번   정답 ③

다음 중 아래 문장이 들어가기에 가장 적절한 곳은 어디인가?

항공기 2대, 3개의 예비엔진, 테이블 부품 10종 그리고 그 브로슈어에서 확인할 수 있는 950종의 소모 부품에 대한 당사의 견적 금액은 9천만 달러입니다.

B747-200 항공기의 구매 가능성에 관해 조회하신 2014년 10월 13일 자 귀사의 서신을 잘 받았습니다. (a) 당사는 패키지로 바로 판매 가능하고 예비 부품도 제공하는 B747-200 항공기 2대를 보유하고 있음을 알려드리게 되어 기쁩니다. (b) 이 서신과 함께 동봉된 것은 B747-200의 브로슈어 한 부인데 이 브로슈어는 해당 항공기와 관련하여 필요한 모든 정보를 제공하고 있습니다. (c) 또한 당사의 B747-200 모델은 FAA가 규정한 대로 날개를 개조하지 않았음을 주목해 주십시오. 귀 항공사가 한 대든 두 대든 언급된 항공기를 구매하는 데에 관심이 있으시면 편하실 때 연락을 주십시오. (d)

해설 (c)의 앞부분에서는 항공기의 정보를 제공하는 브로슈어를 동봉한다고 설명하고 있다. 주어진 문장의 'the brochure'는 앞서 설명한 브로슈어를 말하므로 주어진 문장은 (c)에 들어가야 적절하다.

어휘 expandable 소모성의   herewith 여기(이 서신과 함께)
modification 개조, 수정   prescribe 규정하다, 지시하다
FAA(Federal Aviation Administration) 미연방 항공국

09

Where does the following sentence best fit in the letter?

They are now in the process of going overseas and are seeking reliable sales channels.

> We at INTERCOM are very satisfied with the smooth and steady progress in our business relationship. The results to date say a lot for the quality of work being done by both our firms.
> (a) I am writing today about another company, Samjay Gigong, Ltd. (b) Samjay Gigong is a peripheral equipment maker and has been our main supplier for various lines of equipment for more than 20 years. (c) Thus, we have suggested they approach you for assistance.
> (d) Their representatives will be in your area in mid-May and would very much like to be able to consult with you.
> They will be contacting you directly.

① (a)　　② (b)　　③ (c)　　④ (d)

CHAPTER 03 유형별 영작문

유형 2   서신의 답장 내용 유추하기

1. 주어진 서신을 보고 답신에 어울리는 내용인지 파악하는 유형
2. 주어진 서신을 보고 답장의 일부로 적절하지 않은 것을 찾는 유형

STEP 1   발문 파악하기

- Which of the followings is NOT APPROPRIATE as part of the reply to the letter below?
  다음 중 아래 서신에 대한 답장의 일부로 적절하지 않은 것은 무엇인가?

- Which of the following CANNOT be included in a reply to the letter below?
  다음 중 아래 서신의 답장에 포함될 수 없는 것은 무엇인가?

- Which of the following is LEAST likely to be included in a reply to the letter below?
  다음 중 아래 서신의 답장에 포함될 가능성이 가장 낮은 것은 무엇인가?

- Which of the following is NOT appropriate as a reply to the letter?
  다음 중 서신에 대한 답장으로 적절하지 않은 것은 무엇인가?

- Which of the following is LEAST likely to have been included in a reply to this letter?
  다음 중 본 서신의 답장에 포함되었을 가능성이 가장 낮은 것은 무엇인가?

> 발문 해석시간을 줄이는 **키워드 꿀팁!**
>
> 1. [서신의 답장 내용 유추하기] 문제는 reply 키워드가 항상 나와요.
> 2. 대부분 적절하지 않은 것을 묻는 문제가 나와요! NOT이나 LEAST가 함께 보인다면 답장으로 옳지 않은 것을 골라야 해요!

STEP 2   옳지 않은 답신 떠올리기

서신의 내용	올바른 답신	옳지 않은 답신
매수인이 작성한 서신	매도인이 보낸 답신	매수인이 보낸 답신
보험계약자가 작성한 서신	보험회사가 보낸 답신	보험계약자가 보낸 답신
신용조회를 요청하는 서신	신용조회처가 보낸 답신	신용조회 요청자가 보낸 답신
대금 지급 유예를 요청하는 서신	수출상(채권자)이 보낸 답신	수입상(채무자)이 보낸 답신

STEP 3 적용하기

01

Which of the followings is NOT APPROPRIATE as part of the reply to the letter below?

> We are satisfied with your trial shipment and the terms of your offer for 200 units of the Ace A/V System. Please take this letter as our firm order **1** for 200 units of your Ace A/V System. Particulars concerning this order are specified in the enclosed Order Form No. KEPP-3456. As the delivery date is essential to this order, we would like to have the option of declining any shipment arriving after December 21.

① This is just a trial order and our ensuing orders on a regular basis will depend on our satisfaction with the quality of your product and the price for future orders. **2**
② As we do not foresee any problem in production and shipment of your order, we expect this order to reach you on or before November 30.
③ We trust the goods you ordered will meet your expectations and look forward to further orders in the near future.
④ Once we have received your L/C, we will process your order and will ship the units by air freight as instructed.

적용 예시

STEP 1 발문 파악하기

reply 키워드로 [서신의 답장 내용 유추하기] 문제임을 확인!
NOT이 함께 나왔으니 답장으로 옳지 않은 것을 골라야 함

STEP 2 옳지 않은 답신 떠올리기

1 확정 주문을 한 것으로 보아 매수인이 작성한 서신임을 캐치!
옳지 않은 답신 떠올려 매수인이 보낸 서신에 매수인이 답신하는 선택지를 찾아야 함!

2 매수인이 작성할 만한 내용이므로 오답!

▶ 정기 주문(order on a regular basis)은 매수인이 하는 것이니 적절하지 않은 것은 ①!

01 99회 27번   정답 ①

다음 중 아래 서신에 대한 답장의 일부로 적절하지 않은 것은 무엇인가?

> 당사는 귀사의 Ace A/V 시스템 200대에 대한 시험 선적분과 청약 조건에 만족합니다.
> 본 서신을 귀사의 Ace A/V 시스템 200대에 대한 확정 주문으로 여겨 주시기 바랍니다. 본 주문에 관련된 세부 사항은 동봉한 주문서 No. KEPP-3456에 기재되어 있습니다. 본 주문은 납기가 중요하므로 12월 21일 이후 도착하는 선적분에 대해서는 수취 거부 조건으로 진행하고자 합니다.

① 이번 건은 시험 주문일 뿐이며 뒤따를 정기 주문의 여부는 귀사의 제품에 대한 당사의 만족과 향후 주문 가격에 달려 있습니다.
② 귀사 주문품의 생산과 선적에 있어 그 어떤 문제도 예견되지 않으므로, 당사는 11월 30일이나 그 전에 주문품이 귀사에 도착할 것으로 예상합니다.
③ 당사는 귀사가 주문하신 제품이 귀사의 기대에 부응할 것을 확신하며 차후 추가 주문을 기대합니다.
④ 귀사의 신용장을 수령하는 대로 귀사의 주문을 처리할 것이며 (신용장의) 지시대로 해당 물품들을 항공운송으로 발송할 것입니다.

해설 주어진 서신은 매수인이 시험 선적분에 만족하며 확정 발주를 내는 내용이다. ①은 시험 주문을 하며 만족도에 따라 추가 발주를 내겠다는 내용이므로 매도인보다는 매수인이 작성하기에 적합하다.

어휘 trial 시험, 실험   firm order 확정 주문
ensuing 다음의, 뒤이은   on a regular basis 정기적으로
foresee 예견하다, 내다보다

02

Which of the followings is NOT APPROPRIATE as part of the reply to the letter below?

> Thank you for your last delivery. You will be pleased to hear that the dressing tables are selling well.
> A number of my customers have been asking about your bookcase and coffee table assembly kits which are listed in your Summer Homemakers catalogue under KT31, and we would like to test the demand for them. Would it be possible for me to have half a dozen units of each kit, before placing a firm order?
> I have enclosed an order, No. B1463, in anticipation of you agreeing, and as there is no hurry for the units, you could send them along with your next delivery.

① It was nice to hear from you again, and to learn that our products are selling well and that your customers have become interested in our products.
② I look forward to your next order, and hope to see you when I come to Swansea in December.
③ Thank you for your order. Could we ask a reference please? You could supply us your bank as a referee.
④ The order which you enclosed will be sufficient.

---

02 103회 40번 　　　　　　　　정답 ③

다음 중 아래 서신에 대한 답신의 일부로 적절하지 않은 것은 무엇인가?

최근 배송에 감사드립니다. 화장대가 잘 팔리고 있다는 소식을 들으시면 귀사가 기뻐하실 것 같습니다.
저희 고객 중 많은 분께서 귀사의 Summer Homemakers 카탈로그 KT31에 실린 조립식 책장과 커피 테이블 조립세트에 대해 문의하고 있어 이에 대한 수요 조사를 실시하고자 합니다. 확정 주문 전 점검 후 매매조건(offer on approval)으로 각 키트당 6개씩 보내 주실 수 있을까요?
귀사가 동의해 주실 것이라 믿고 주문서 B1463호를 동봉합니다. 급한 것은 아니니 다음 배송 때 같이 보내 주시면 됩니다.

① 소식을 다시 듣게 되어 반갑습니다. 그리고 당사의 제품이 잘 팔리고 귀사의 고객도 당사 제품에 관심이 있다는 소식을 듣게 되어 기쁩니다.
② 다음 주문을 기대하며, 제가 12월에 스완지에 가면 뵙고 싶습니다.
③ 주문해 주셔서 감사드립니다. 신용조회처를 알 수 있을까요? 신용조회처로 귀사의 거래은행을 알려 주십시오.
④ 귀사가 동봉하신 주문은 충분합니다.

해설 점검 후 매매조건의 경우 청약과 함께 견본을 송부하여 피청약자가 물품을 점검한 후 구매의사가 있으면 송금하고 그렇지 않은 경우 반환하도록 한 청약으로서 주문과 함께 별도의 대금을 보낼 필요는 없다. ③ 서신의 작성자와 수신자는 이미 거래 관계가 있는 사이이기 때문에 신용조회처를 문의하는 것은 적합하지 않다.

어휘 dressing table 화장대　　reference, referee (신용)조회처　sufficient 충분한

03

Which of the followings is NOT APPROPRIATE as part of the reply to the letter below?

> Mr. Keith has placed an order with us for $5,800 worth of merchandise and listed you as a credit reference.
> We would appreciate it if you could send us information regarding Mr. Keith's credit standing. We would particularly like to know whether he has been late in the settlement of any debts in the past two years, and if so how long the debt was owing.
> Of course, we will keep any information we receive in the strictest confidence.
> Thank you for your cooperation. We would appreciate a prompt reply. A reply envelope is enclosed for your convenience.

① He has had personal checking and savings accounts with us for the past fifteen years.
② I regret to report that he has had difficulty in paying for our merchandise for the last six months.
③ I would appreciate your taking time to provide us information in a letter briefly outlining your experience with our customer.
④ We are pleased to say that he has been an exemplary customer and has never missed a payment during the two years he has held an account with us.

---

03 100회 41번 정답 ③

다음 중 아래 서신에 대한 답장의 일부로 적절하지 않은 것은 무엇인가?

Keith씨가 당사에 5,800달러 어치의 제품을 주문하면서 귀사를 신용조회처로 알려 주었습니다.
Keith 씨의 신용 상태에 대한 정보를 보내 주시면 감사하겠습니다. 당사는 특히 지난 2년간 어떠한 채무에 대해 결제가 늦은 적이 있는지 여부와 그런 적이 있다면 얼마나 오래 채무를 지연시켰는지 알고 싶습니다.
물론 당사는 수령한 그 어떤 정보도 극비로 처리하겠습니다.
귀사의 협조에 감사드립니다. 신속한 답변 부탁드립니다. 귀사의 편의를 위해 회신용 봉투를 동봉합니다.

① 그분은 지난 15년간 당사와 개인 수표 및 계좌 송금으로 거래해 왔습니다.
② 유감스럽게도, 그분은 지난 6개월 동안 당사의 물품에 대해 결제를 하지 못하였음을 알려드립니다.
③ 당사 고객과의 거래 경험을 간략하게 요약하는 서신으로 저희에게 정보를 제공해 주시기 바랍니다.
④ 그는 모범적인 고객이었으며 저희와 거래한 2년 동안 결제를 놓친 적이 한 번도 없음을 알려드립니다.

해설 신용조회 요청에 대한 답변이 나와야 하는데 ③의 경우 오히려 신용조회를 요청하고 있으므로 적절하지 못하다.

어휘 credit standing 신용 상태 exemplary 모범적인
in the strictest confidence 극비로

04

Which of the following is LEAST likely to be included in a reply to the letter below?

> This is to introduce Mr. Walter Watson who worked with us for three years during which his performance was superb. He is an excellent engineer and knows the C programming language very well. I think that he would be a great asset to the project that you are heading.
> Thank you,
> Bob Reid

① We regret to inform you that although his qualifications are excellent, we would like to hire someone with more programming experience this time.
② I am afraid the position has already been filled.
③ His credit record with us has been entirely satisfactory and we have every reason to believe that he is financially sound.
④ There is no question that his qualifications are impressive, but unfortunately, our project is withheld due to unexpected financial problems.

---

04 99회 47번 정답 ③

다음 중 아래 서신의 답장에 포함될 가능성이 가장 낮은 것은 무엇인가?

당사와 3년간 함께 일하며 최고의 성과를 낸 Walter Watson 씨를 소개하고자 합니다. 그는 매우 훌륭한 엔지니어이며 C 프로그래밍 언어에 대해 매우 잘 아는 분입니다. 저는 이분이 귀가가 이끌고 있는 프로젝트에 훌륭한 자산이 될 것이라 생각합니다.
감사합니다.
Bob Reid 올림

① 그분의 자격은 훌륭하지만, 아쉽게도 이번에는 보다 많은 프로그래밍 경험이 있는 사람을 채용하고자 합니다.
② 유감스럽게도 해당 자리는 이미 채워졌습니다.
③ 당사에 대한 그의 신용도는 전적으로 만족스럽고 그가 재정적으로 건전하다고 생각합니다.
④ 그분의 자격이 인상적이라는 것에는 의문의 여지가 없지만, 유감스럽게도 예상치 못한 자금 문제로 저희 프로젝트가 보류되었습니다.

해설 인재를 추천하는 서신이다. 이에 회신으로 ③의 신용도 및 재정 건전성에 대한 내용은 적절하지 못하다.

어휘 performance 성과, 실적 superb 훌륭한, 최고의
financially sound 재정적으로 건전한 withhold 보류하다

05

Which of the following is LEAST likely to be included in a reply to this letter?

> We have received and checked your statement for the quarter ended 30 September and agree with the balance of USD 7,857,200 shown to be due. Until now we have had no difficulty in meeting our commitments and have always settled our accounts with you promptly. We could have done so at this time but due to the bankruptcy of our important customer whose affairs are not likely to be settled for some time. This would enable us to meet a temporarily difficult situation forced upon us by events that could not be foreseen. During the next few weeks we will be receiving payments under a number of large contracts. If you grant our request we shall have no difficulty in settling with you in full in due course.

① This is impossible because of commitments which we must meet by the end of this month.
② Your request is not at all unreasonable and if it had been possible we would have been pleased to grant it.
③ As our dealings have extended over a period of nearly 2 years, we hope you will agree to allow us open-account facilities with quarterly settlements.
④ In this circumstance, we must ask you to settle with us on the terms of payment originally agreed.

06

Which of the following is NOT appropriate as a reply to the letter?

> Dear Sirs,
> I shall be touring Italy and Sicily in a 2014 Peugeot 405 GL for 4 weeks commencing 3 July.
> Please let me know the terms and conditions on which you could issue a policy to cover loss of and damage to baggage and other personal property. I should also like to consider cover against personal accident and illness, and should be glad if you would send me particulars. The car is already separately insured.
> I hope to hear from you soon.

① Please complete and return the inquiry form by 26 June at the latest, so that we can produce an insurance proposal.
② The cover for injury and illness extends to the full cost of medical and hospital treatment and of any special arrangements that may be necessary.
③ I enclose a leaflet setting out the terms and conditions of the insurance for both personal property and injury and illness.
④ I hope you will agree to reduce it sufficiently to bring it more in line with the extent of the risk insured under the policy.

---

06 100회 30번 정답 ④

다음 중 본 서신에 대한 답장으로 적절하지 않은 것은 무엇인가?

담당자 귀하,
저는 7월 3일부터 4주간 2014년형 푸조 405 GL을 타고 이탈리아와 시칠리아를 여행할 계획입니다.
가방과 다른 개인 물품의 분실과 파손을 보장하는 보험 가입과 관련된 조건에 대해 알려 주시기 바랍니다. 저는 개인 사고와 질병에 관한 부보도 고려하고 있으므로 상세 내용을 보내 주시면 감사하겠습니다. 차량은 이미 개별적으로 보험에 가입되어 있습니다.
조속한 회신 부탁드립니다.

① 조회 양식을 작성하여 늦어도 6월 26일까지 보내 주시면 보험 청약을 제안할 수 있습니다.
② 상해와 질병에 대한 보장은 약품과 병원 치료 그리고 필요한 모든 특별 조치에 대한 일체의 비용까지 포함됩니다.
③ 개인 물품과 상해 그리고 질병에 관한 보험약관을 설명하고 있는 전단을 동봉합니다.
④ 저는 본 보험에서 보장하는 위험의 범위에 의거하여 귀사가 보험료를 충분히 인하하는 데 동의하여 주시기를 희망합니다.

해설 주어진 서신은 보험 가입을 원하는 사람이 작성한 서신이다. ①~③의 경우 요청에 대한 보험회사의 답변으로 볼 수 있다. ④의 경우 보험회사의 보험료를 낮춰 달라는 요청으로 보험 가입을 원하는 보험계약자 입장에서 작성된 내용이므로 답장으로 적절하지 못하다.

어휘 commence 시작하다, 시작되다
issue a policy 보험증권을 발행하다, 보험에 가입하다
personal property 개인 재산, 개인 물품
particulars 상세 내용, 명세서   in line with ~에 따라, ~와 함께
extent 범위, 정도

07

Which of the following is LEAST likely to be included in a reply to this letter?

> Mr. James Han, at present employed by you as Foreign Correspondent, has applied to us for a similar post and has given your name as a referee.
> I should be grateful if you would state whether his services with you have been entirely satisfactory and whether you consider he would be able to accept full responsibility for the French and German correspondence in a large and busy department.
> I am aware that Mr. Han speaks fluent French and German but I am particularly interested in his ability to produce accurate translations into these languages of letters that may be dictated to him in English. Any other information you can provide would be appreciated, and of course will be treated as strictly confidential.

① Whether he would be capable of taking full responsibility for a large and busy department is difficult to say.
② We wish him success, but at the same time shall be very sorry to lose him.
③ I will be replaced by James Han, who is an able successor to boost staff morale in the company.
④ His work with us has always been carried out under supervision.

CHAPTER 03 유형별 영작문

유형 3 빈칸 채우기

1. 용어나 법칙을 설명하는 지문에 빈칸이 있는 경우, 내용이 완성될 수 있도록 적절한 단어를 채우는 유형
2. 대화에 빈칸이 있는 경우 대화의 내용이 자연스럽게 연결되도록 적절한 단어나 문장을 채우는 유형

STEP 1 발문 파악하기

- Which of the following best completes the comment of the letter?
  다음 중 서신의 논평을 가장 잘 완성한 것은 무엇인가?

- Fill in the blank with the suitable word.
  적절한 단어로 빈칸을 채우시오.

- Choose the most appropriate word for the blank.
  빈칸에 들어갈 말로 가장 적절한 단어를 고르시오.

- Below is definition of ○○○. Fill in the blank with suitable word.
  다음은 ○○○에 대한 정의이다. 적절한 단어로 빈칸을 채우시오.

- Which of the following BEST fits in the blanks?
  다음 중 빈칸에 들어갈 말로 가장 적절한 것은 무엇인가?

- Which of the following BEST completes the dialogue below in order?
  다음 중 대화를 순서대로 가장 잘 완성한 것은 무엇인가?

> **발문 해석시간을 줄이는 키워드 꿀팁!**
>
> 1. blank(s), comment, summary, complete 키워드가 보이면 바로 [빈칸 채우기] 문제라는 것을 파악할 수 있어요!
> 2. 지문에 빈칸이 보이면 발문 해석을 따로 하지 않아도 문제유형을 알 수 있어요!
> 3. 논평이나 요약 문제는 박스가 있어요!

STEP 2 문제 풀이법 떠올리기

빈출 테마	문제 풀이법 떠올리기
문맥상 흐름	앞 뒤 내용을 파악 → 빈칸에 적합한 단어나 숙어를 탐색 → 대입한 후 정답 선택
무역용어	용어에 관한 특성을 떠올려 반대되는 것을 선택
논평, 의견, 요약	서신의 성격과 그 서신을 작성하는 요령을 파악하며 독해 → 빈칸 앞뒤를 먼저 보고 정답 선택

STEP 3 적용하기

01

Fill in the blanks with the most appropriate word in order.

> Please note that **1** your settlement of our Invoice KEAA-12 is currently past due for three weeks. In the light of your past credit history with us, we presume that a simple oversight must have been involved in this unusual case.
> We hope this _____ account can be settled by the end of this week. For your reference, we are enclosing a copy of the Invoice KEAA-12.
> Thank you for your continued support. We look forward to your _____ action in this regard.

① unpaying – early
② **2** outstanding – due
③ debting – prompt
④ left – due

01 101회 47번 정답 ②

가장 적절한 단어로 빈칸을 순서대로 채우시오.

당사의 청구서 KEAA-12에 대한 귀사의 결제가 현재 3주 경과되었음을 주목해 주십시오. 당사와의 지난 신용기록에 비추어 볼 때, 이러한 특이한 경우는 귀사의 단순한 실수일 것으로 추정하고 있습니다.
우리는 이 미불 계정이 이번 주말까지 해결되기를 기대합니다. 귀하가 참고하시도록 청구서 KEAA-12를 동봉합니다.
귀하의 지속적인 성원에 감사드립니다. 이 건에 대한 귀사의 적절한 조치를 희망합니다.

① 미지급의 – 이른 ② 미불의 – 적절한
③ 부채의 – 신속한 ④ 잔액의 – 적절한

해설 결제기한이 3주가 지나도록 결제가 이루어지지 않고 있음을 언급하며 미지급금이 있음을 안내하고 있다. 미불 계정은 outstanding account로 표현한다. 적절한 조치는 due action으로 표현하는 것이 적절하다.

어휘 in the light of ~에 비추어, 고려하여
presume 추정하다, 여기다
due 적절한, 타당한; ~하기로 되어 있는

적용 예시

STEP 1 발문 파악하기

blanks 키워드로 [빈칸 채우기] 문제임을 확인!

STEP 2 문제 해결법 떠올리기

무역용어에 관한 문제가 아니므로 문맥상 흐름으로 접근!
앞뒤 내용을 파악!

1 문맥상 해당 서신을 받는 자의 결제가 3주가 늦었음을 캐치!
2 빈칸에 적합한 단어를 선택지에서 탐색!
▶ 두 개의 빈칸에 모두 들어갈 수 있는 선택지는 ②뿐!

02

Which of the following BEST fits the blanks?

> A: OK. So what do we have with respect to the target?
> B: We analyzed the target company's financials, including the company's quarterly information, credit rating and other publications. We believe $20 a share will be a fair price.
> A: How much premium per share are we talking about?
> B: The book value of the company is approximately $25 per share. But the market price is $18. As the _____ is less than the book value, we are getting a bargain on this deal. The target company's shareholders will approve this proposal as they are getting approximately 10% _____ on the market price.

① net price – profit
② market price – premium
③ wholesale price – deduction
④ final price – damage

02 102회 40번 정답 ②

다음 중 빈칸에 들어갈 말로 가장 적절한 것은 무엇인가?

A: 좋습니다. 목표회사와 관련하여 어떻게 진행되고 있습니까?
B: 우리는 분기별 정보와 신용등급, 그리고 다른 발행물을 포함한 목표회사의 재무 상태를 분석했습니다. 주당 20달러가 적정 가격이라고 생각합니다.
A: 우리가 얘기하고 있는 주당 프리미엄은 얼마입니까?
B: 이 회사의 장부가격은 대략 주당 25달러입니다. 하지만 시장가격은 18달러입니다. 이 시장가격은 장부가격보다 낮아, 우리는 이 거래에서 저렴하게 구매하게 됩니다. 목표회사의 주주들은 시장가격보다 약 10% 정도의 프리미엄을 얻게 되기 때문에 이 제안을 승인할 것입니다.

① 정가 – 수익 ② 시장가격 – 프리미엄
③ 도매가격 – 공제 ④ 최종가격 – 손실

해설 인수를 위한 인수대상 기업의 주식에 대해 주당 20달러를 합리적 가격으로 보고 있는데 실제 시장가격(18달러)이 장부가격(25달러)보다 낮으므로 예상 금액보다 10%의 프리미엄을 얻을 수 있기 때문에 승인할 것이라는 내용이다.

어휘 with respect to ~에 대하여, ~에 관하여
quarterly 분기별의 credit rating 신용등급, 신용도
publication 발행(물) share 주, 주식
fair 공정한, 타당한 approximately 대략
get a bargain ~을 헐값으로 얻다 shareholder 주주

03

Fill in the blank with the suitable word.

> FOB or Free on Board is used to indicate when the goods are being sent from a seller to a buyer. The ( ) is the one responsible for the transportation of the goods and the cost of their loading. Then, the ( ) pays the costs of ocean freight, the security charges, the insurance, transportation and unloading.

① buyer – seller
② seller – buyer
③ seller – carrier
④ carrier – seller

03　99회 44번　정답 ②

적절한 단어로 빈칸을 채우시오.

FOB 또는 본선인도조건은 상품이 매도인으로부터 매수인에게 보내지는 시점을 나타내는 데 사용된다. (매도인)은 상품의 운송과 적하 비용을 부담한다. 그러면 (매수인)은 해상운임, 항만보안료, 보험료, 운송 및 하역비를 지불한다.

① 매수인 – 매도인
② 매도인 – 매수인
③ 매도인 – 운송인
④ 운송인 – 매도인

해설 FOB조건은 매도인이 수출항의 본선에 적재할 때까지 위험과 비용을 부담하는 조건이며, 본선 적재 후 목적항까지 발생하는 운임 및 기타 비용에 대해서는 매수인이 부담하는 조건이므로 빈칸에는 매도인, 매수인이 차례대로 들어가는 것이 적절하다.

어휘 FOB(Free on Board) 본선인도조건
security charges 항만보안료

04

Choose the most appropriate word for the blank.

> We are a large music store in the center of Seoul and would like to know more about the DVDs you advertised in this month's edition of "Nature Voice." Could you tell us if the DVDs are out of intellectual property issue and are playable in Korean language. Also please let us know if there are volume discount (ex, orders for more than 1,000 pcs). If the above matters are answered to our satisfaction, we may ( ) a substantial order.

① place
② take
③ provide
④ offer

04　99회 46번　정답 ①

빈칸에 가장 적절한 단어를 고르시오.

당사는 서울 중심에 있는 대형 음악상점으로 귀사가 이달 호 "Nature Voice"지에 광고한 DVD에 관하여 알고 싶습니다.
이 DVD들이 지적 재산권 문제로부터 자유로운지 그리고 한국어로 연주 가능한지 알려 주시기 바랍니다. 또한 대량 구매(예를 들어, 1천 개 이상 주문)에 따른 할인이 있는지 알려주시기 바랍니다. 상기 건에 대한 답변이 만족스럽다면 당사는 대량 (주문을 할) 수도 있습니다.

해설 조회 내용에 대해 만족스러우면 대량 주문을 할 수 있다는 내용이다. '주문하다'는 place an order, give an order로 표시할 수 있으므로 빈칸에는 place가 오는 것이 적절하다.

어휘 intellectual property 지적 재산권
volume discount 대량 구매에 따른 가격 할인
substantial (양, 가치, 중요성이) 상당한, 많은

03 유형별 영작문

05

Fill in the blanks with the most appropriate word(s).

> Dear Ms. Yoo,
> USD 50,000 is _____ in your account. Copies of outstanding invoices are attached. If we do not receive payment in full by September 7, your account will be closed and service will be cancelled. In addition, this matter will be turned over to our _____.
> Please call us within the next three business days to discuss how we can resolve this matter.
> Sincerely,

① effective – legal department
② overdue – collection agency
③ due – insurance company
④ debt – accountant

05 　102회 42번, 110회 42번　　정답 ②

가장 적절한 단어로 빈칸을 채우시오.

Ms. Yoo 귀하,
귀사의 계정에서 50,000달러가 연체되었습니다. 미지급금 청구서를 첨부합니다. 당사가 9월 7일까지 대금 전액을 받지 못하면, 귀사의 계정은 정지되고 서비스는 취소될 것입니다. 더불어 이 사안은 당사의 추심대행사로 넘어가게 될 것입니다.
이 사안을 해결할 방법을 논의하도록 다음 3영업일 내에 당사에 연락 바랍니다.
이만 줄이겠습니다.

① 유효한 – 법무부서　② 연체된 – 추심대행사
③ 만기된 – 보험사　　④ 빚 – 회계사

[해설] 계정이 정지된다는 것으로 보아 계정이 '연체'되었음을 알 수 있다. 대금을 상환하지 않을 시에는 미수금을 돌려 받아 주는 '추심대행사'로 넘어간다는 내용이 나와야 자연스럽다.

06

Which of the following best completes the letter below in order?

> Dear Mr. Drank,
> As a consequence of escalating oil prices, we must _____ the price of all plastic plumbing products 8% at the beginning of the New Year. _____ is a new price list for the items affected. We regret having to take the action. We value you as a customer and hope to meet your needs for years to come.

① rise – Showed
② raise – Enclosed
③ go down – Added
④ discount – Noticed

06 　100회 38번　　정답 ②

다음 중 서신을 순서대로 가장 잘 완성한 것은 무엇인가?

Mr. Drank 귀하,
유가 상승으로 인하여 당사는 새해부터 모든 플라스틱 배관 제품의 가격을 8% 인상할 수밖에 없습니다.
영향을 받는 제품에 대한 새로운 가격표를 동봉해드립니다. 이러한 조치를 취하게 되어 유감입니다. 당사는 귀사를 소중한 고객으로 모시고 앞으로 계속해서 귀사의 요구에 부응할 수 있기 바랍니다.

① 증가하다 – 표시된　② 인상하다 – 동봉된
③ 내려가다 – 추가된　④ 할인하다 – 통지된

[해설] 유가 상승으로 플라스틱 배관 제품의 가격을 '인상할' 수밖에 없다는 내용이 나와야 하며, 가격이 인상되는 제품에 대한 가격표를 '동봉한다'는 내용이 나와야 자연스럽다.

[어휘] as a consequence of ~의 결과로, ~ 때문에
escalate 증가하다, 상승하다　plumbing 배관

07

What is the most suitable pair for the blanks under documentary collection?

> The collection instruction should give specific instructions regarding protest, in the event of dishonor. In the absence of such specific instructions, the banks concerned with the collection have no obligation to have the document(s) protested for (   ) or (   ).

① acceptance, non-payment
② non-acceptance, payment
③ acceptance, payment
④ non-payment, non-acceptance

---

07 103회 39번, 108회 39번   정답 ④

화환 추심에서 빈칸에 들어갈 말로 적절하게 짝지어진 것은 무엇인가?

추심지시서에는 인수 거절 또는 지급 거절의 경우에 있어 거절증서에 관한 특정한 지시를 명기하여야 한다. 이러한 특정한 지시가 없는 경우 추심에 관여하는 은행은 (지급 거절) 또는 (인수 거절)에 대하여 서류의 거절증서를 작성하여야 할 의무를 지지 아니한다.

① 인수, 지급 거절
② 인수 거절, 지급
③ 인수, 지급
④ 지급 거절, 인수 거절

해설 URC 제24조 거절증서 규정에 의하면 추심지시서에는 인수 거절 또는 지급 거절의 경우 거절증서(또는 이에 갈음하는 기타 법적 절차)에 관한 별도의 지시를 명기하여야 한다. 별도의 지시가 없는 경우 추심에 관여하는 은행은 지급 거절 또는 인수 거절에 대하여 서류의 거절증서를 작성하도록 하는(또는 이에 갈음하는 법적 절차가 취해지도록 하는) 의무를 지지 아니한다.

어휘 documentary collection 화환 추심
collection instruction 추심지시서   protest 거절증서
dishonor 지급 거절   obligation 의무

08

Which of the following best completes the comment of the letter?

> Requests for our pamphlet, "10 Points to Consider When Buying Home Video Equipment," have been overwhelming. As a result, we are temporarily out of copies.
> Nevertheless, the new printing is presently being prepared, and I have added your name to the mailing list to receive a copy as soon as it is available.
> In the meantime, you may find an article by Professor Leonard Mack, of the Pennsylvania Institute of Technology, to be of some help. The article, entitled "The Latest Crop of Home Video Centers," will appear in the September issue of Consumer Digest.

> \<Comment\>
> A/An _____ letter must be especially 'you-oriented.' It should express that you understand the customer's disappointment and regret the inconvenience. At the same time, the letter must avoid a negative tone. It should stress that the merchandise is worth waiting for and assume that the customer is willing to wait. The above letter could be used in a mass mailing, but sounds, nevertheless, as if it has been individualized to the _____.

① apology for missing parts, insurer
② excuse, customer
③ complaint, merchandizer
④ reply to request, supplier

---

08 101회 39번   정답 ②

다음 중 서신의 논평을 가장 잘 완성한 것은 무엇인가?

당사의 "홈비디오 장비 구매 시 10포인트 드림" 팸플릿에 대한 요청이 엄청납니다. 그 결과 일시적으로 팸플릿의 재고가 없습니다. 하지만 새로운 인쇄물이 준비 중이며 이것이 나오는 대로 귀하가 바로 받아볼 수 있도록 귀하의 이름을 우편발송 목록에 추가해 두었습니다.
그동안 펜실베이니아 공과 대학의 Leonard Mack 교수의 기사를 보시면 도움이 될 것입니다. 그분의 기사는 "홈비디오 센터의 최근 수확물"이라는 제목으로 Consumer Digest 9월 호에 수록될 것입니다.

〈논평〉
양해 서신은 특히 "상대방 중심"이 되어야 한다. 고객의 실망에 대한 이해와 불편하게 한 것에 대한 미안함이 표현되어야 한다. 동시에 부정적인 어조는 피해야 한다. 상품이 기다릴 만한 가치가 있음을 강조하고 고객이 기꺼이 기다리고 있음을 가정해야 한다. 상기의 서신은 단체 서신으로 사용될 수 있지만, 그럼에도 불구하고 그 고객에게 개인적으로 보낸 것처럼 느껴진다.

① 분실물에 대한 사과, 보험자(보험회사)
② 양해 서신, 고객
③ 불평, 상인
④ 요청에 대한 응답, 공급자

해설 논평에서는 양해 서신에 대한 내용을 평가하고 있다. 단체 '양해' 서신으로 사용될 수 있지만 그 특정 '고객'에게 개인적으로 보낸 것처럼 잘 작성했다고 표현하고 있다.

어휘 overwhelming 압도적인, 너무 많은, 엄청난
temporarily 일시적으로   in the meantime 그동안, 그 사이에
merchandise 상품   individualize 개별화하다

09

Below shows examples of crime used in international trade. Choose the right pair.

( ): by misrepresenting the price of the goods in the invoice and other documentation (stating it at above the true value), the seller gains excess value as a result of the payment.

( ): by misrepresenting the price of the goods in the invoice and other documentation (stating it at below the true value), the buyer gains excess value when the payment is made.

( ): the seller ships less than the invoiced quantity or quality of goods, there by misrepresenting the true value of goods in the documents.

( ): the seller ships more than the invoiced quantity or quality of goods, thereby misrepresenting the true value of goods in the documents.

① Over invoicing – Under invoicing – Short shipping – Over shipping
② Over invoicing – Under invoicing – Over shipping – Short shipping
③ Under invoicing – Over invoicing – Short shipping – Over shipping
④ Under invoicing – Over invoicing – Fantom shipping – Over shipping

09   104회 49번, 110회 40번   정답 ①

다음은 국제무역에서 사용되는 범죄들의 예시들이다. 올바르게 연결된 것을 고르시오.

(과대 청구): 송장과 다른 서류에(원래 가격 이상으로 표기함) 상품의 금액이 잘못 기재되어, 매도인이 지급을 통해 초과 가치를 얻는다.
(과소 청구): 송장과 다른 서류에(원래 가격 이하로 표기함) 상품의 금액이 잘못 기재되어, 매수인이 지급을 통해 가치를 얻는다.
(미달 선적): 매도인이 송장에 적힌 수량이나 상품의 품질보다 더 적게 선적한다. 그것 때문에 서류상에는 상품의 원래 가격이 잘못 기재된다.
(초과 선적): 매도인이 송장에 적힌 수량이나 상품의 품질보다 더 많이 선적한다. 그로 인해 서류상에는 상품의 원래 가격이 잘못 기재된다.

① 과대 청구 – 과소 청구 – 미달 선적 – 초과 선적
② 과대 청구 – 과소 청구 – 초과 선적 – 미달 선적
③ 과소 청구 – 과대 청구 – 미달 선적 – 초과 선적
④ 과도 청구 – 과대 청구 – 허위 선적 – 초과 선적

어휘 misrepresent 잘못 표시하다

CHAPTER 03 유형별 영작문

유형 4 다른 의도를 가진 문장 찾기

1. 여러 문장을 제시하고 그 중 다른 의도나 목적을 가진 문장을 찾는 유형
2. 여러 문장을 제시하고 그 중 나머지와 다른 화자를 찾는 유형

STEP 1 발문 파악하기

- Which of the following DOES NOT have the similar intention as the others?
  다음 중 다른 문장과 유사한 의도를 지니지 않은 것은 무엇인가?

- Which of the pairs does NOT have the similar intention?
  다음 짝을 이루는 문장 중 의도가 유사하지 않은 것은 무엇인가?

- Which of the following has a different purpose from the others?
  다음 중 다른 문장과 다른 목적을 가진 것은 무엇인가?

- Which of the following has the most different intention from the others?
  다음 중 다른 문장과 다른 의도를 지닌 것은 무엇인가?

> 발문 해석시간을 줄이는 **키워드 꿀팁!**
>
> [다른 의도를 가진 문장 찾기] 문제는 different intention(purpose), DOES NOT have the similar intention과 같은 키워드가 보이면 바로 문제유형을 파악할 수 있어요!

STEP 2 선택지 살펴보기

빈출 테마	선택지 살펴보기
가격의 인하 요구	가격을 인상하려는 내용이거나 인하 요구를 받아주는 글은 없는지 살피기
클레임에 대한 사과	클레임을 제기하는 내용이거나 클레임 내용이 다른 것은 없는지 살피기
무언가에 대한 요청	요청에 거절하거나 요청과 반대되는 글은 없는지 살피기
대금의 지연 안내 및 지급 촉구	대금의 지연에 대해 사과하는 글은 없는지 살피기

STEP 3 적용하기

01

Which of the following has a different purpose from the others?

① Although our prices leave little room for concession, **1** we have decided to grant you a 5% discount to establish a good business relationship with you.
② Because of the current exchange rate, your prices have become more expensive by an average of 5 percent than prices from major suppliers in other countries. We hope your company can cope with the recent development by lowering your prices. **2**
③ As the margin on these white goods is not very large, we hope you can allow us an extra discount of 5% of the prices listed. **3**
④ We are ready to take all the goods if you can bring down the price by a further 5%. **4**

01   101회 46번   정답 ①

다음 중 다른 문장과 다른 목적을 가진 것은 무엇인가?

① 당사의 가격은 더는 인하할 여지가 거의 없지만, 귀사와 우호적인 거래 관계를 확립하기 위해 귀사에 5%의 할인을 허용하기로 결정하였습니다.
② 현재 환율 때문에 귀사의 가격은 다른 나라의 주요 공급업체 가격보다 평균 5% 비싸게 되었습니다. 당사는 귀사가 가격을 낮추어 현재 상황을 맞출 수 있기를 희망합니다.
③ 이 백색 가전 제품들은 이익률이 그다지 높지 않기 때문에 당사는 귀사가 가격표상 가격에서 5%의 추가할인을 허용해 주기를 희망합니다.
④ 추가로 가격을 5% 낮춰 주시면 당사는 모든 제품을 인수할 의사가 있습니다.

해설 ②, ③, ④는 가격을 5% 낮춰줄 것을 요구하는 목적의 문장인데 반해 ①의 문장은 5%의 할인 요구를 허용하겠다는 내용이 나오므로 목적이 다르다고 할 수 있다.

어휘 concession 할인; 양보
cope with 대항하다, 맞서다, 극복하다

적용 예시

STEP 1 발문 파악하기

different purpose 키워드로 [다른 의도를 가진 문장 찾기] 문제임을 확인!

STEP 2 선택지 살펴보기

가격 인하에 대한 빈출 테마임을 확인!
선택지 살펴보기!

1 ①은 상대방에게 5퍼센트 가격 인하를 '허용'하는 글이다.
2 ②는 상대방에게 가격 인하를 '요구'하는 글이다.
3 ③은 상대방에게 가격 인하를 '요구'하는 글이다.
4 ④는 상대방에게 가격 인하를 '요구'하는 글이다.

▶ 가격 인하 요청의 내용이 아닌 것은 ①뿐!

CHAPTER 03 유형별 영작문

02

Which of the following has a different purpose from the others?

① The company had no option but to accept the customer's drastic price cut in order to keep the position of the largest vendor.
② Let us explain to you why we have no option but to increase our price of your design-changed toy.
③ As you might well know, the price of stainless steel, raw materials of shield can, has been tremendously raised. Therefore, we would very much appreciate it if you could allow us to raise our price of shield can.
④ It's next to impossible for us to keep supplying your order at the unit price of US$10, because of skyrocketing price of raw materials.

02 100회 37번 　　　　　　　　　　정답 ①

다음 중 다른 문장과 다른 목적을 가진 것은 무엇인가?

① 이 회사는 최대 판매회사의 지위를 유지하기 위해 고객의 과도한 가격 인하를 수용할 수밖에 없습니다.
② 디자인이 바뀐 귀사의 장난감에 대한 당사의 가격을 인상할 수밖에 없는 이유에 대해 설명해 드리겠습니다.
③ 귀사도 잘 알다시피, 쉴드캔의 원자재인 스테인리스 스틸의 가격이 엄청나게 올랐습니다. 따라서 당사가 쉴드캔의 가격을 인상하는 것을 양해해 주시면 대단히 감사하겠습니다.
④ 원자재의 급격한 가격 상승으로 당사가 계속해서 개당 $10의 가격으로 귀사의 주문품을 공급하는 것은 거의 불가능하게 되었습니다.

[해설] ②, ③, ④는 디자인의 변경이나 원재료 가격의 급등으로 인해 제품가격이 상승하였음을 말하고 있으나 ①의 경우에는 가격 인하에 대해 이야기하고 있으므로 다른 목적을 가지고 있다.

[어휘] drastic 과감한, 급격한, 과도한　　vendor 판매회사
tremendously 엄청나게, 터무니 없이 크게
skyrocketing 치솟는, 급등하는

03

Which of the pairs does NOT have the similar intention?

① There should be some changes to the agreement.
　- We may as well make some amendments to the existing contract.
② It's a deal. It couldn't be better, you know.
　- Okay, this wraps up our deal. It's as good as it gets.
③ We are ready to sign on the contract.
　- We are all for finalizing the contract.
④ We may have to take a rain check on the contract.
　- We would like to settle the contract. The sooner the better.

03 102회 33번 　　　　　　　　　　정답 ④

다음 짝을 이루는 문장 중 의도가 유사하지 않은 것은 무엇인가?

① 합의 내용을 일부 변경해야 합니다.
　- 우리는 현 계약서에서 일부 수정하는 것이 좋겠습니다.
② 거래합시다. 이보다 더 좋을 순 없네요.
　- 좋아요, 이것으로 우리의 거래를 마무리합시다. 이보다 더 좋을 순 없네요.
③ 저희는 계약서에 서명할 준비가 되어 있습니다.
　- 저희는 계약서를 마무리하는 데 찬성합니다.
④ 저희는 이 계약을 다음으로 미뤄야 할 것 같습니다.
　- 저희는 계약을 매듭짓고 싶습니다. 빠를수록 좋습니다.

[어휘] may as well ~ ~하는 편이 좋다
take a rain check ~을 다음으로 미루다

04

Which of the following does NOT have similar intentions?

① We request you to ship the products so that the goods will reach us soon.
② Please supply the goods below as per the quotations and samples you submitted to us.
③ We will make the May shipment subject to shipping space being available.
④ As the goods are urgently needed, we trust that you will do your best to dispatch them by the first available vessel.

04 · 103회 30번 · 정답 ③

다음 중 유사한 의도가 아닌 것은 무엇인가?

① 물품이 곧 우리에게 도착할 수 있도록 제품을 선적해 주시기를 요청합니다.
② 귀사가 저희에게 보내 주신 견적과 견본에 따라 해당 물품을 공급해주시기 바랍니다.
③ 선복이 확보되면 5월분 선적을 하겠습니다.
④ 해당 물품이 급히 필요하므로 첫 번째 이용 가능한 선박을 통해 물품을 보내는 데 최선을 다해 주시리라 믿습니다.

해설 ①, ②, ④의 경우 물품을 공급해 달라고 요청하는 내용이며 ③의 경우 반대로 물품을 공급하겠다는 내용이다.

어휘 subject to ~ 조건으로   dispatch 보내다
do one's best 최선을 다하다

05

Which of the following has the most different intention from the others?

① We are sorry to have to inform you the quality of your goods was not up to par with our customers' expectations.
② We apologize for our misshipment of your order. The correct goods have been air freighted to you today.
③ We are all sorry for the delay in the shipment of your order even though this was due to a force majeure.
④ We apologize for any inconvenience this clerical error has caused and will do our best to see that such errors do not recur.

05 · 100회 33번 · 정답 ①

다음 중 다른 문장과 다른 의도를 지닌 것은 무엇인가?

① 귀사 제품의 품질이 당사 고객의 기대에 부응하지 못함을 알리게 되어 유감입니다.
② 귀사의 주문을 잘못 선적한 점에 대해 사과드립니다. 금일 정상 제품을 항공운송으로 귀사에 발송하였습니다.
③ 불가항력의 요인이긴 하지만 귀사 주문의 선적이 지연된 점에 대해 저희 모두가 죄송스러워하고 있습니다.
④ 당사는 사무 착오로 빚어진 불편함에 대해 사과드리며 다시는 이런 착오가 반복되지 않도록 최선을 다하겠습니다.

해설 ②, ③, ④는 잘못된 선적, 선적 지연, 사무 착오 등의 이유로 거래 상대방에게 사과를 하는 내용이지만, ①의 내용은 매수인이 매도인에게 품질에 대한 불만을 제기하는 내용이므로 다른 의도를 갖고 있다.

어휘 up to par ~에 부응하는, 달하는
force majeure 불가항력   clerical error 사무 착오
recur 재발하다, 반복되다

06

Which of the following pair has the LEAST similar meaning to each other?

① You asked us when the new Super Hybrid Car would be in market. It is now obtainable. — In reply to your inquiry, the new Super Hybrid Car is now available.
② We are pleased to send you a copy of our catalog, JH-878G, in compliance with your request. — It is our pleasure to send you our catalog, JH-878G, as requested.
③ We are sorry that you are not satisfied with our last shipment No. 2015. — We regret that the quality of our shipment No. 2015 is not completely satisfactory to you.
④ Our partial shipments will be made within September if possible. — Your order which was placed in September will be partially shipped as soon as possible.

06　104회 30번　정답 ④

다음 중 서로 유사한 의미를 가지고 있지 않은 짝은 무엇인가?

① 귀사는 슈퍼 하이브리드 자동차가 언제 시장에 출시되는지 질문하셨습니다. 지금 구입할 수 있습니다. — 귀사의 주문에 답하자면, 새로운 슈퍼 하이브리드 자동차는 지금 구매할 수 있습니다.
② 귀사의 요청에 따라 당사의 카탈로그인 JH-878G를 한 부 보내드려서 기쁩니다. — 요청하신 대로 당사의 카탈로그 JH-878G를 보내서 기쁩니다.
③ 귀사가 최근 선적분 No.2015에 만족하지 못해서 유감입니다. — 당사의 선적 No.2015의 품질이 귀사에게 완전하게 만족스럽지 못해 유감입니다.
④ 당사의 분할선적은 가능하면 9월 안에 이루어질 것입니다. — 귀하가 9월에 발주하신 주문은 가능한 한 빨리 분할선적될 예정입니다.

해설 분할선적 시기가 9월인 것과 주문 시기가 9월이라는 것은 다른 의미이다.

어휘 obtainable 구할 수 있는　　a copy of ~의 한 부
in compliance with ~에 따라서

07

Which of the following has the most different purpose from the others?

① Still there is no comment from your side, regarding the problem which I informed you three days ago.
② If you don't solve this problem quickly, your company will be on the black list internally at our company.
③ Our investigation of this matter revealed that we should compensate you.
④ Please do find out the cause for the defective quality, and submit the countermeasure by tomorrow.

07　101회 43번　정답 ③

다음 중 다른 문장과 가장 다른 목적을 가진 것은 무엇인가?

① 제가 3일 전 귀사에 알린 문제에 대해 귀사 측에서는 여전히 답변이 없습니다.
② 만약 귀사가 이 문제를 신속히 해결하지 못한다면 귀사 측에서는 당사 내부적으로 블랙리스트에 오를 것입니다.
③ 이 문제에 대해 당사가 조사한 결과 당사가 귀사에 배상해야 한다고 밝혀졌습니다.
④ 품질 불량에 대한 원인을 찾아서 내일까지 그 해결책을 제출해 주십시오.

해설 ①, ②, ④의 경우에는 어떠한 문제에 대해 대책을 요구하는 내용이지만 ③의 경우에는 문제에 대한 대책을 안내하고 있으므로 다른 목적을 갖고 있다.

어휘 compensate 배상하다　　defective 결함이 있는
countermeasure 대책, 보완조치

08

Which of the following is MOST appropriately rewritten to have similar meaning?

> A bill of exchange is an unconditional order in writing by one person to another to whom it is addressed to pay on demand.

① Drawer under bill of exchange shall pay unconditionally by order of drawee.
② Drawee under bill of exchange shall pay unconditionally by order of drawer.
③ Payee under bill of exchange shall pay unconditionally by order of drawer.
④ Payer under bill of exchange shall pay unconditionally by order of drawee.

08   103회 46번, 108회 39번   정답 ②

다음 중 유사한 의미로 가장 적절하게 재작성된 것은 무엇인가?

환어음이란 지정된 당사자의 지시에 따라 지급요구 시 기재된 당사자에게 지급하라는 무조건적인 지시이다.

① 환어음에서 발행인은 지급인의 지시에 따라 무조건적으로 지급해야 한다.
② 환어음에서 지급인은 발행인의 지시에 따라 무조건적으로 지급해야 한다.
③ 환어음에서 수취인은 발행인의 지시에 따라 무조건적으로 지급해야 한다.
④ 환어음에서 지급인은 지급인의 지시에 따라 무조건적으로 지급해야 한다.

[해설] 환어음이란 채권자인 발행인이 채무자인 지급인에게 일정한 금액을 증권에 기재된 수취인 또는 그 지시인(Orderer) 또는 소지인(Bearer)에게 지급일에 일정 장소에서 무조건 지급할 것을 위탁(Order)하는 요식 유가증권(Formal Instrument)이며 유통증권(Negotiable Instrument)이다.

[어휘] unconditional order 무조건적인 지시
drawer 발행인   drawee 지급인
payee 수취인

09

Which of the following pairs is the most awkward one?

① A: The absolute lowest I can sell is $1.10 per unit.
　 B: That's too bad as I'm still stuck at $1.25.
② A: I'd like a guarantee that these will arrive by tomorrow.
　 B: We already shipped them via express air.
③ A: This product simply doesn't work.
　 B: You can exchange the item for one of equivalent value.
④ A: The boss wants to hold a meeting with the entire office.
　 B: I suppose you have to organize it.

09   102회 38번   정답 ①

다음 대화 중 가장 어색하게 연결된 것은 무엇인가?

① A: 제가 팔 수 있는 최저가격은 개당 1.10달러입니다.
　 B: 저는 아직 1.25달러를 생각하고 있는데 그것 참 유감이네요.
② A: 내일까지 이 물품들이 꼭 도착한다고 보장해 주세요.
　 B: 저희는 이미 그 물품들을 항공속달로 발송했습니다.
③ A: 이 제품이 작동하지 않습니다.
　 B: 동일한 금액의 제품 중 하나로 교환 하실 수 있습니다.
④ A: 사장님이 전직원 회의를 하기를 원합니다.
　 B: 당신이 그걸 준비해야 할 거예요.

[해설] ① A의 판매가격이 B의 구매 예상 금액보다 낮음에도 B가 유감을 표시하고 있으므로 어색한 표현이 된다.

[어휘] absolute 완전한, 확실한   guarantee 확약, 보증
equivalent 동등한, 맞먹는

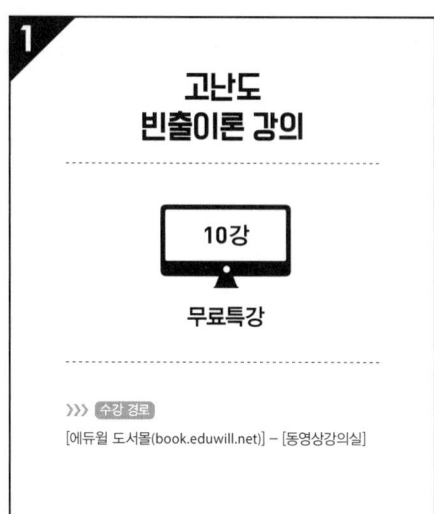

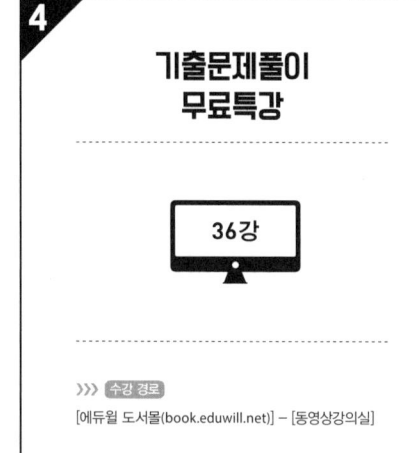

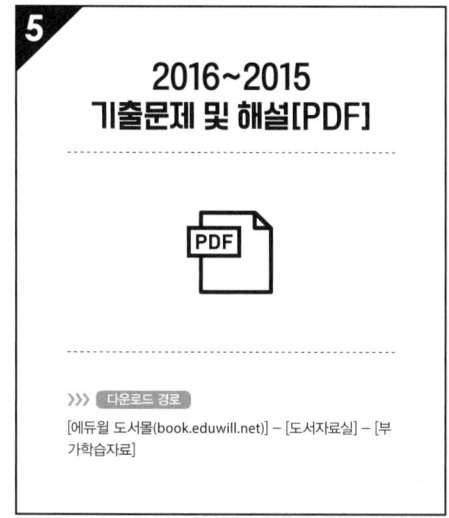

에듀윌 무역영어 1급
한권끝장 (2급 동시 대비)

실전 완벽 대비

18회분 기출문제

- 2020년~2017년 12회분: 교재 수록
- 2016년~2015년 6회분: [에듀윌 도서몰-도서자료실-부가학습자료] 게시

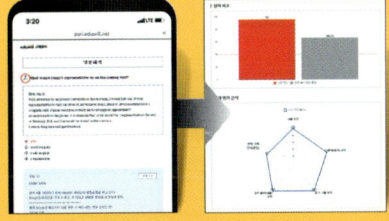

[기출편 회차 옆 QR코드 스캔]

CBT 체험(18회분)&성적분석

원조는 누적데이터가 다르다!
정답률, 내 약점까지 알 수 있다!

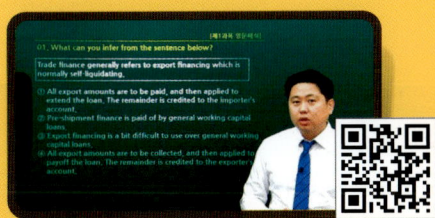

[에듀윌 도서몰 - 동영상강의실]

기출문제풀이 특강(36강)

오답까지 잡아야 한 번에 합격!
꼼꼼한 해설로 완벽 보완!

eduwill

에듀윌
무역영어 1급
한권끝장(2급 동시 대비)

에듀윌 무역영어 1급

한권끝장(2급 동시 대비)

기출

▼ 모바일용 CBT
스마트폰 카메라로 QR코드 스캔

▼ PC용 CBT
[에듀윌 도서몰] – [도서자료실] – [부가학습자료] – 무역영어 검색 – PC용 CBT 링크 파일 참고

2017년 제1회(108회)

[제1과목] 영문해석

[01~02] Read the following and answer the questions.

Dear Mr. Carter,
As mentioned in my letter of 9 August, I am planing to spend a few days in London next month, on my way to the United States. The dates are now settled: I shall arrive at Heathrow on Wednesday, 3 September (Flight BA 602 15 30) and leave on Friday night. I shall be staying at the Cumberland Hotel, Marble Arch, London W1.
On 3 September I already have some appointments, but could come to your office any time on Thursday, 4 September. Would you kindly leave a message at my hotel letting me know what time would suit you.
One of the most important matters to be discussed is the percentage of commission you could give us for distributing your SELECT copier in Korea. As we have already indicated, 10% is unacceptable to us: we require at least 12% if we are to do a good job of selling this equipment in Korea.
Sincerely yours,
Amier Han

01 Which of the following CANNOT be inferred from the letter?

① Amier is an agent.
② When Mr. Carter offers 11% commission, Amier may not accept it.
③ Amier will leave for America on 7 September from England.
④ Amier is going to meet Mr. Carter on 4 September.

02 What is the main purpose of this letter?

① to offer some importing business
② to introduce the writer's business trip route
③ to make an appointment for negotiation
④ to ask for booking a hotel when staying in England

03 What is THIS?

THIS is a contract provision allowing for supplier to pass an increase in costs to project owner or buyer. THIS is usually related to influences beyond both parties control, such as inflation.

① Escalation Clause
② Entire Agreement Clause
③ Hardship Clause
④ Amendment Clause

[04~06] Which is the LEAST appropriate Korean translation?

04

① We have a flat shipping rate of US $10.00 per order.
 → 주문 건당 10달러의 저렴한 배송비를 적용합니다.
② Regular delivery takes an extra 7-10 business days.
 → 일반 배송은 영업일 기준으로 7일에서 10일이 더 걸립니다.
③ You have not made the necessary payments on your account as per our agreement.
 → 계약에 따라 지불하셔야 할 결제가 이뤄지지 않았습니다.
④ What is the combined price for all products purchased?
 → 구매 제품 전체의 총액이 얼마입니까?

05

① We're sorry that you received large planks in lieu of the small planks you ordered.
→ 주문하신 작은 판자가 아니라 큰 판자를 받으셨 다니 죄송합니다.

② Please note that we will charge you for your order at the time of shipment.
→ 당사는 귀사의 주문에 대하여 선적 시점에 비용을 청구한다는 것을 유념하세요.

③ As a result of a high turnover rate, my company is having difficulty.
→ 계약이 파기되는 비율이 높기 때문에 저희 회사는 어려움을 겪고 있습니다.

④ The price of shipping depends on when you'd like to receive the item.
→ 운임은 제품을 언제 받기를 원하시느냐에 따라 다릅니다.

06

① Our records show that you are not eligible to use our service.
→ 저희 기록상에는 고객님이 저희 서비스를 이용할 수 없다고 되어 있습니다.

② As scheduled, your shipment will arrive on Thursday unless otherwise noted.
→ 예정대로 물품은 명시된 대로 목요일에 배송될 것입니다.

③ The delay was caused by a security breach.
→ 안전 위반 사항 때문에 지연되었습니다.

④ The first annual report offers a snapshot of our company's effort to save energy.
→ 첫 번째 연간 보고서는 에너지를 절약하는 저희 회사의 노력을 요약하여 보여 줍니다.

07 Which is MOST appropriate for THIS?

Due to the increase in world trade competition, exporters are increasingly forced to provide flexible open account terms to overseas buyers. When domestic banks are not willing to finance export receivables, THIS may be an alternative and possibly better solution. International traders are increasingly using THIS to finance their international short-term credit sales.

① Preshipment Finance
② Confirmation
③ International Factoring
④ Forfaiting

08 Which is NOT related to the underlined?

A letter of credit is the most widely used trade finance instrument in the world. The letter of credit is a formal bank letter, issued for a bank's customer, which authorizes an individual or company to draw drafts on the bank under certain conditions. It is an instrument through which a bank furnishes its credit in place of its customer's credit.

① Buyer asks his bank to issue an L/C on his behalf.
② It provides a security to the importer when making a sales contract.
③ It enables the importer to pay the proceeds due on the future date.
④ Banker's usance is a financing tool for the applicant.

09 Which of the following drafts would be accepted under the following case?

> A documentary credit is issued for an amount of about USD 40,000.00 payable with drafts drawn at 30 days from date of shipment. Documents are presented on 22 September 2016 with bills of lading dated 01 September 2016 and for value USD 38,000.00.
> * 30 days from September 1 = October 1

> A. 30 days from 01 September 2016 for approximately USD 40,000.00.
> B. 30 days from date of shipment - value USD 38,000.00.
> C. Due 01 October 2016 - value USD 38,000.00.
> D. 30 days from bill of lading date 01 September 2016 - value USD 38,000.00.

① A and B only
② B and C only
③ B and D only
④ C and D only

10 Which is right under the situation below?

> An exporter sent an offer on May 10 to an importer. The offer included a specified type and quantity of goods at a price which is 50% lower than the market price, adding that "This is such an attractive offer so I shall assume that you accept unless I hear from you by May 15." The importer did not reply until May 15. And the exporter shipped the goods on May 16.

① Importer should have responded to the offer immediately.
② Importer does not have to pay the goods delivered.
③ The contract will be revoked.
④ Exporter is entitled for the payment.

11 What is right status of the following correspondence?

> We received your offer dated 15 March, 2017. We agree that your offer draws our attention but the price seems too high. May we ask you what your position is as to a discount if we place large orders?

① Acceptance of offer
② Cancellation of contract
③ Conditional Order
④ Refusing offer

12 What is right type of L/C for the following?

> This is a letter of credit issued for the account of a buyer who is already holding an L/C in favor of buyer. This L/C is issued in favor of the supplier to cover the same shipment as stipulated in the credit already held by the buyer. Terms of both L/Cs, except for the amount and expiration date, are so similar that the same documents presented under the credit are subsequently applied against the credit in favor of the buyer.

① back to back L/C
② transferable L/C
③ transferred L/C
④ substituted L/C

13 What does the below refer to?

> The party instructing the bank to open a letter of credit and on whose behalf the bank agrees to make payment. In most cases, the party is the importer/buyer, and is also known as the applicant.

① Account Party
② Charter Party
③ Claiming Party
④ Opening Party

[14~15] Read the following and answer the questions.

> We have completed your enquiries relating to Griffiths & Co and are pleased to report as follows.
> (a) On a quarterly account you could safely allow at least £5,000.
> (b) They do an excellent trade and are regarded as one of the safest accounts in Cardiff.
> (c) There are four partners and their capital is estimated to be at least £100,000.
> (d) This is a well-founded and highly reputable firm.
> (e) From the information we have obtained we believe that you need not hesitate to allow the initial credit of £20,000 requested.

14 Put the sentences in order.

① (b)-(d)-(e)-(c)-(a)
② (a)-(e)-(d)-(c)-(b)
③ (d)-(c)-(b)-(e)-(a)
④ (e)-(a)-(d)-(c)-(b)

15 This is a reply to a letter. Which of the following is NOT likely to be found in the previous letter?

① We should like to meet the present order on the terms requested if it is safe to do so.
② Please let us have a report on the reputation and financial standing of the company and in particular your advice on whether it would be advisable to grant credit for this first order.
③ Your advice on the maximum amount for which it would be safe to grant credit on a quarterly account would also be appreciated.
④ This letter is strictly confidential and is given without any responsibility on our part.

16 What notice has been made?

> We are pleased to announce that ABC Industry is relocating to a larger production facility in Busan. Our headquarters personnel will be serving you from the new location effective June 1.
> The new state-of-the art plant will provide us with significantly more capacity. This will ensure that we will continue to meet our customers' needs promptly and with the highest quality. To create a seamless transition to the new facility, production teams will be moved in stages over several weeks. This step-by-step transfer, along with the redundancy of operations and ample additional inventories, means that no delivery schedules will be affected by the move.
> We look forward to continuing to serve you from the new facility.

① Expanded production capacity
② The same delivery schedules
③ Quality management
④ Ample inventories

17 What is NOT proper for THIS?

> Under the THIS, the buyer may take delivery of the goods by accepting the documents and pay later a fixed period, say 120 days or 180 days after the date of the bill of lading or after the date of surrender of documents to the bank.

① Usance Draft
② Tenor Draft
③ Time Draft
④ Demand Draft

18 What does the following explain?

> The act that the endorser has signed on the back of it without bearing a specific person when a bill of lading is made out to order or shipper's order. The bill of lading then becomes a bearer instrument and the holder can present it to the shipping company to take delivery of the goods.

① Blank Endorsement
② Special Endorsement
③ Order Endorsement
④ Optional Bearer Endorsement

19 What is a WRONG match?

① Consensual contract: A contract founded upon and completed by the mere consent of the contracting parties, without any external formality or symbolic act to fix the obligation.
② Bilateral contract: A contract which consists of the exchange of mutual promises, namely, a promise for a promise in which each party is both a promisor and a promisee
③ Remunerative contract: A contract by which the seller transfers the property in goods to the buyer for a money consideration
④ Informal contract: Contract that needs to be in a prescribed format to be legally valid and binding

20 The following is a part of the contract. Which document is the most appropriate for transport considering the price term underlined.

> Description: Blue jeans (Item No. 123-ABS)
> Quantity: 2,000 pcs
> Price: USD 25.00/pc FCA Daejon
> Place of Destination: New York Port

① Multimodal Transport Bill of Lading
② Air Waybill
③ Ocean Bill of Lading
④ Inland Waterway Transport Documents

21 What is right insurance cover under the following case?

> If the CIF or CIP value cannot be determined from the documents, a negotiating bank will accept an insurance document, which covers:
>
> A. 110% of the gross amount of the invoice
> B. 100% of the documentary credit amount
> C. 100% of the gross amount of the invoice
> D. 110% of the amount for which negotiation is requested under the credit.

① A and B only
② B and C only
③ A and D only
④ B, C and D only

22 Which part is WRONG?

(A) The confirming bank is the bank which adds its own irrevocable undertaking in addition to that given (B) by the negotiating bank, whereas (C) the advising bank is the bank that receives a letter of credit from the (D) issuing bank for authentication and delivery to the beneficiary.

① (A) ② (B)
③ (C) ④ (D)

23 What is right type of L/C for the following?

- A bill which is drawn by the seller will normally be a time draft.
- Drawee would be 3rd party other than the issuing bank.

① Acceptance credit ② Sight credit
③ Packing credit ④ Payment credit

24 What is right clause for the following?

In the event of cancellation of this clause or rejection of the goods, seller shall be entitled to resell or otherwise dispose of the goods to third parties, regardless of the trademark, design, patent, copyright, utility model etc., thereon buyer shall not raise any objection to such disposition.

① non-waiver clause ② confidentiality clause
③ infringement clause ④ product release clause

25 What type of document does the following indicate?

HNC desires to appoint EYP as its sales representative in regard to the sales of solar glass in Korea, and that EYP wishes to be appointed as such, therefore, the parties hereto agree as follows.

① Purchase order
② Letter of guarantee
③ Bid
④ Representative agreement

[제2과목] 영작문

[26~28] Which is the LEAST proper English composition for the given Korean sentences?

26

① 귀사에게 공개입찰에서 150만 달러의 계약이 낙찰되었습니다.
  → The US$1.5million contract was awarded to your company through open competition.
② 서울 글로벌 앞으로 수표를 발행해 주십시오.
  → Please make your check payable to: Seoul Global.
③ ABC사 앞으로 10만 달러짜리 신용장을 개설해 주세요.
  → Please open a Letter of Credit for US$100,000 in favor of ABC Corporation.
④ 이 회의의 주된 목적은 우리 회사의 두 번째 고객만족도 조사 결과를 발표하고 이에 대해 논의해 보는 것입니다.
  → The main purpose of this meeting is to present and discuss with the result of our second customer satisfaction survey.

27

① 당사 기록을 철저하게 검토한 결과, 추가 금액이 실수로 청구된 것이 확실합니다.
→ Having made a thorough check of our records, I am certain that the extra charge was made in erorr.

② 귀하께서 정확히 언급하셨던 것처럼, 지난달에 화물이 도착하는 데 일주일 이상이 걸려서는 안 되는 일이었습니다.
→ As you have rightly mentioned, the goods should not take more than a week to arrive last month.

③ 실수를 정정했으며 수정된 송장을 첨부했습니다.
→ The error has been corrected, and the revised invoice is attached.

④ 그 제품들은 포장을 풀 때 손상된 것 같습니다.
→ We believe the products were damaged during the unpacking.

28

① 귀사의 GT-007번 주문 건을 원래 예정했던 8월 말에 출하할 수 없게 되었음을 알려드리게 되어 유감입니다.
→ We regret to inform you that we are unable to ship your order #GT-007 at the end of August as planned.

② 선적물은 5월 3일에 로스앤젤레스 항구에 도착할 예정입니다.
→ The shipment is estimated to arrive at the Los Angeles port on May 3.

③ 누락된 잔여 선적물을 항공 화물 편으로 보내 주시기를 요청하는 바입니다.
→ We would like to request that the missed balance of shipment send by air freight.

④ 실수가 있을 수 있다는 건 알지만 200달러나 과다 청구하신 건 다소 부당한 것 같습니다.
→ I realize that errors do happen, but overbilling me by US$200 seems a bit unreasonable.

[29~30] Read the following and answer the questions.

> We were pleased to receive your first order with us dated 19 May.
> (a) When opening new accounts it is our practice (b) to ask customers for trade references. Please be good enough to send us (c) the names and addresses of two other buyers with whom you have dealings.
> We hope to receive this information by return, and meanwhile (d) your order has been put in hand for despatch.

29 Which is the most AWKWARD expression in the letter?

① (a) ② (b) ③ (c) ④ (d)

30 Which is LEAST likely to be included in a reply of this letter?

① We fully expect to place further orders.
② We have no information about this company but there are prospects of further large orders from them.
③ We quite understand the need for references and willing to do so.
④ We look forward to receiving delivery of our first order by the end of this month.

31 Which of the following pairs is the MOST awkward one?

① A: So tell me a little more about the various printer models. What are the basic differences?
   B: Speed and appearance.
② A: Just look at the models. You'll see some are pretty simple while others are really fancy.
   B: You can say that again.
③ A: The negotiation paid off.
   B: That's to bad. We need to talk with our boss again.
④ A: From today, we will deliver to you in no more than 30 days one-half of the total order.
   B: Okay. That's it.

32 Fill in the blank with suitable word(s).

Trade finance generally refers to the financing of individual transactions or a series of revolving transactions. And, trade finance loans are often (   ) that is, the lending bank stipulates that all sales proceeds are to be collected, and then applied to payoff the loan. The remainder is credited to the exporter's account.

① self liquidating   ② repaid later
③ added separately   ④ easily taken

33 Which is NOT proper for the blanks?

① (   ) means the right to recover from a prior party to a bill of exchange which has been negotiated if such bill of exchange is not (   ). (Redemption − honoured)
② In order to (   ) ourselves for this shipment we have drawn on Korea Exchange Bank (   ) 30 days' sight under their L/C No. 87569. (cover − at)
③ Drafts will be (   ) at sight with (   ) attached under the L/C opened. (drawn − documents)
④ Against this shipment, we have (   ) on you at sight for the invoice amount under the L/C No. 55 and ask you to (   ) it upon presentation. (issued − pay)

34 Which of the followings would have a DIFFERENT meaning for the word underlined?

We are instructed by our customer to make a marine insurance contract with you on 10 cases of our computer monitors. The details of the goods and shipment are as follows.

① conclude   ② effect
③ draw up   ④ avoid

35 What is MOST suitable for the blank?

General average is an internationally accepted (   ) dating back to ancient times.
Essentially, if one or more interests involved in a maritime adventure voluntarily sacrifices all or part of their goods to save all interests from an impending peril or loss, the interests saved will reimburse the interest suffering the loss so that each shares the loss equally.

① claim principle   ② source of benefit
③ commercial terms   ④ principle of equity

36 Below is a cost analysis applying Incoterms. What is worst price terms for the Seller?

> Cost of Goods – USD 10,000
> All licensing and loading costs (in exporting country) – USD 500
> Main Carriage cost – USD 1,000
> Minimum insurance cover – USD 500
> Unloading costs and import duties (in importing country) – USD 1,500

① EXW – USD 9,500
② FOB – USD 10,500
③ CIF – USD 12,000
④ DDP – USD 13,500

37 Which of the followings is WRONG as the revisions of the underlined parts?

> ① The package seems to have been broken ⓐ in transit.
> ② We ⓑ estimated that 25 packages were damaged.
> ③ We suggest that you should ⓒ contact your shipping company.
> ④ The goods will be ⓓ put aside until your instruction is given.

① ⓐ in transit – during transportation
② ⓑ estimated – accessed
③ ⓒ contact – get in touch with
④ ⓓ put – stored

38 What is MOST suitable pair for the blanks under documentary collection?

> The collection instruction should give specific instructions regarding protest, in the event of dishonour. In the absence of such specific instructions, the banks concerned with the collection have no obligation to have the document(s) protested for (   ) or (   ).

① acceptance, non-payment
② non-acceptance, payment
③ acceptance, payment
④ non-payment, non-acceptance

39 Which of the following is MOST appropriately rewritten to have similar meaning?

> A bill of exchange is an unconditional order in writing by one person to another to whom it is addressed to pay on demand.

① Drawer under bill of exchange shall pay unconditionally by order of drawee.
② Drawee under bill of exchange shall pay unconditionally by order of drawer.
③ Payee under bill of exchange shall pay unconditionally by order of drawer.
④ Payor under bill of exchange shall pay unconditionally by order of drawee.

40 Below explains methods for indirect exports. Fill in the blanks.

> Agency and distributorship helps exporter reach the foreign customer through the assistance or representation of a foreign intermediary.
> In the case of agency, the foreign agent merely introduces two parties to one another with view to their concluding a contract on behalf of a exporter, leaving a contract to be concluded directly between the exporter and the foreign customer. The agent's income is usually derived from a (   ) on the sale made in its territory.
> In the case of distributorship, the distributor buys the exporter's products and then re-sells them to the customers in his territory. The distributor's earnings come from the (   ) between the purchasing price from the exporter and the re-selling price to the domestic customer.

① commission − margin
② margin − commission
③ operating income − margin
④ commission − net profit

41 Which of the followings is correct to fill in the blank below?

> The documentary credit is completely independent from (ⓐ). If the exporter fulfills the documentary obligations, payment must be effected according to the terms of (ⓑ), regardless of disputes connected to (ⓐ).

① ⓐ the credit, ⓑ the underlying contract
② ⓐ the underlying contract, ⓑ the credit
③ ⓐ the documentary collection, ⓑ the sales contract
④ ⓐ the sales contract, ⓑ the documentary collection

[42~43] Read the following and answer the questions.

> In short-sea trades, for example within the Asian countries, it is not uncommon for the goods to arrive at the port of destination before the bill of lading (B/L).
> The negotiating bank may dispatch the documents to the issuing bank in 1 to 5 banking days following the day of receipt of the documents. Furthermore, taking into account the mailing time needed for the documents to reach the issuing bank, the vessel may have arrived at the port of destination before arrival of the B/L. Consequently, a delay in (   ) of the goods and the payment of warehousing charges may occur, and the cargo may be exposed to the risk of loss or damage at destination.

42 Which method is LEAST appropriate as a remedy for the following difficulties?

① The importers ask their bank to issue a Letter of Guarantee.
② The importers let original Bill of Lading forward direct to them in sales contract.
③ The importers arrange to use Sea Waybill as transport document in sales contract.
④ The exporters send a non-negotiable copy of Bill of Lading to the importers right after shipment.

43 What is best for the blank?

① customs clearance
② bank checking
③ document examination
④ prior inspection

44 Which is NOT proper for the blank?

① Implied trade contract is concluded by means of acceptance based on (   ). (conduct)
② There are some sellers and buyers who attempt to shirk their obligation. That is why every contract and agreement should contain (   ). (a force majeure clause)
③ In consideration of mutual (   ) and promises herein set forth, it is agreed as follows. (covenant)
④ The Buyers (   ) alter quantities or cancel the order if not shipped by the expressly stipulated date. (relinquish the right to)

45 Read the following and choose most appropriate writing for (A).

> We are pleased to inform that your order, KMC 1555, has been shipped today on SS Arirang which will leave for Busan tomorrow.
> The shipping documents, including bill of lading, invoice, and insurance have been passed to Seoul Bank, who will advise your agent bank.
> (A   )
>
> Yours sincerely,
>
> Peter Han
> Export Manager

① We hope the goods are in order and look forward to another order from you.
② The bank will take follow up action when the goods arrive.
③ Please note that shipment is in accordance with FOB.
④ Shipment is subject to your letter of credit, please let us have it soonest.

46 Choose one in which does NOT have the same meaning.

① We wish to call your attention to our order No. A101 for 1,000 sets of Electric Heaters.
→ We would like to draw your attention to our order No. A101 for 1,000 sets of Electric Heaters.
② We have not yet received your advice of shipment.
→ We have not yet given your notice of shipment.
③ Please let us have the shipping information of our order by e-mail.
→ Please inform us of the shipping information of our order through e-mail.
④ We are returning the damaged goods at your expense.
→ We are shipping back the defective goods at your cost.

47 Below explains working capital requirements in exporting. What are the MOST suitable pairs for the blanks?

> Goods generally take longer to deliver overseas, adding an extra (   ) from the time the exporter incurs costs such as raw materials to the time the customer (   ) the goods and pays for them.

① shipment − insure
② delay − receives
③ documents − inspect
④ payment − return

48 The following is a part of an offer. Which is WRONGLY stated?

> Dear Sirs,
> Thank you for your inquiry of July 10.
> We have quoted the price in the following firm offer based on our catalogue.
> This offer is subject to your reply by July 20.
> Item: Model SAMSUNG-142 full-digital camera
> Quantity: 500 sets
> Quality: As per sample
> Price: US$450.00/unit CIF London
> Payment: By L/C at sight to be opened in your favor
> Shipment: Before December 20, 2016

① Quality ② Price
③ Payment ④ Shipment

49 Choose one that is NOT a right replacement.

> Dear Sirs,
>
> The above order was shipped on March 20, 2016 on the S/S Arirang which is ⓐ due in New York on April 20.
> We have ⓑ informed your agents, Jake, who will make arrangements for the consignment to be sent on to you, as you requested.
> Our bank's agent, The HSBC Bank will ⓒ hand over the documents which ⓓ consist of bill of lading, invoice and insurance certificate, once you have accepted our bill.
> We are sure you will be delighted when you see the machines, and look forward to hearing from you again in the near future.
>
> Truly yours,

① ⓐ due → reached
② ⓑ informed → advised
③ ⓒ hand over → deliver
④ ⓓ consist of → are composed of

50 Choose the best matching.

> 당사의 현재 보험업자가 보험료를 인상하여 당사는 새로운 보험회사를 찾고 있습니다.
> ⇒ We are searching for new insurance companies because our present (ⓐ) increases the (ⓑ).

① ⓐ insured – ⓑ claim amount
② ⓐ assured – ⓑ insurable value
③ ⓐ insurer – ⓑ premium
④ ⓐ assurer – ⓑ amount insured

[제3과목] 무역실무

51 외국환거래법에 대한 설명으로 옳지 않은 것은?

① 외국환거래법의 법령 체계는 외국환거래법과 그 시행령 및 외국환관리규정으로 이루어져 있다.
② 거주자와 비거주자에 관한 인적 관리에 관하여 규정하고 있다.
③ 환율 및 영수·지급 통화 및 외화획득용 원료 승인에 관한 물적 관리에 관하여 규정하고 있다.
④ 외국환의 집중, 해외 거래 제한과 금지에 관한 행위 관리에 관하여 규정하고 있다.

52 운송 수단별 장단점에 대한 내용으로 옳지 않은 것은?

① 해상운송은 대량 화물을 1회에 운송할 수 있어 운임이 저렴하다.
② 항공운송은 파손율이 낮으며 포장이 간단하여 포장비를 절감할 수 있다.
③ 철도운송은 근거리 운송에는 운임이 비교적 저렴한 편이다.
④ 도로운송은 배차 시간에 제한을 받지 않으며, 근거리 운송에 적합하다.

53 수출 컨테이너 화물의 선적 시 진행 순서를 옳게 나열한 것은?

① Booking Note → S/R → B/L → EIR → Dock's Receipt
② EIR → S/R → B/L → Booking Note → Dock's Receipt
③ S/R → Booking Note → EIR → Dock's Receipt → B/L
④ EIR → S/R → Dock's Receipt → B/L → Booking Note

54 ( ) 안에 들어갈 용어를 순서대로 올바르게 나열한 것은?

> 계약은 당사자 간 의사표시의 합치로 성립되기 때문에 승낙은 청약에 대한 무조건·절대적 동의(unconditional and absolute assent)이어야 한다는 원칙을 ( )이라고 한다. 따라서 비록 승낙의 의도를 갖고 있다고 하여도 청약의 내용을 추가하거나 제한 또는 변경 내용이 담긴 응답은 ( )이(가) 된다.

① 경상의 법칙(mirror image rule) - 반대청약(counter offer)
② 통일성 증진의 원칙(principle to promote uniformity) - 반대청약(counter offer)
③ 경상의 법칙(mirror image rule) - 조건부 승낙(conditional acceptance)
④ 통일성 증진의 원칙(principle to promote uniformity) - 조건부 승낙(conditional acceptance)

55 상업송장에 대한 설명으로 옳지 않은 것은?

① 서명될 필요는 없으나 신용장에서 요구하는 경우에는 서명되어야 한다.
② 주소표시에 전화번호나 팩스번호 등을 표시한다면 신용장의 주소와 동일하지 않아도 무방하다.
③ 선적 상품의 명세는 신용장상의 표현과 일치하여야 한다.
④ 분할 선적이 금지되어 있고 신용장상의 단가 감액 없이 전량이 선적되었다면 송장금액은 3% 감액 발행만 가능하다.

56 다음 특징을 가진 결제 방식은?

> - 대금 결제 방식 중 은행수수료가 가장 저렴하다.
> - 환어음을 사용하지 않으므로 어음법의 적용을 받지 않는다.
> - 대금 결제의 위험을 수출자가 지게 된다.
> - 이 결제 방식에 적용되는 국제 규칙이 없다.

① O/A ② D/A ③ L/C ④ D/P

57 각종 신용장 수수료에 대한 설명이다. (ⓐ), (ⓑ), (ⓒ)에 들어갈 수수료를 올바르게 나열한 것은?

> (ⓐ)는 외국환은행이 수출환어음, 여행자수표 등의 외국환을 매입한 후 완전한 외화 자산(cash)으로 현금화할 때까지 또는 미리 지급한 자금을 추후 상환받을 때까지 은행측에서 부담하는 자금에 대한 이자보전 명목으로 징수하는 기간수수료이다.
> (ⓑ)는 매입 당시에는 예상하지 않은 은행수수료가 해외은행으로부터 추가로 징수된 경우에 추징하는 수수료를 말한다.
> (ⓒ)는 수입상의 경우 개설은행에 서류가 도착한 후 5영업일이 지날 때까지 수입상이 그 대금을 지급하지 못하면, 6일째 되는 날 개설은행이 우선 대납 처리하고 그 이후 대금 완납 시까지 기간에 대한 이자를 수입상에게 부과하는 수수료에 해당한다.

① ⓐ 지연이자(delay charge)
  ⓑ 추심수수료(collection charge)
  ⓒ 미입금수수료(less charge)
② ⓐ 환가료(exchange commission)
  ⓑ 미입금수수료(less charge)
  ⓒ 지연이자(delay charge)
③ ⓐ 환가료(exchange commission)
  ⓑ 추심수수료(collection charge)
  ⓒ 지연이자(delay charge)
④ ⓐ 지연이자(delay charge)
  ⓑ 미입금수수료(less charge)
  ⓒ 대체료(commission in lieu of exchange)

58 신용장 거래의 당사자 간 법률 관계에 대한 설명으로 옳지 않은 것은?

① 개설의뢰인과 수익자의 법률 관계는 매매계약에 따라 결정된다.
② 개설의뢰인과 개설은행의 기본적 법률 관계는 외국환거래약정서에 의하여 결정된다.
③ 수익자와 개설은행 간의 법률 관계는 신용장의 개설로 발생하며 신용장의 확약문언(engagement)에 의하여 개설은행이 수익자에게 법적으로 구속을 받는다.
④ 매입은행은 개설은행의 대리인으로서 발행인 및 지급인에 대하여 법률 관계를 갖는다.

59 아래의 품질결정 조건이 들어가는 매매에 해당하는 것은?

> Goods sold without sample shall be guaranteed by the seller to be almost equal to the fair average quality of the season's crop at the time and place of shipment.

① 견본매매(sales by sample)
② 점검매매(sales by inspection)
③ 표준품매매(sales by standard)
④ 규격매매(sales by grade)

60 권리포기 선하증권(Surrendered B/L)에 대한 내용으로 옳지 않은 것을 모두 나열한 것은?

> ㉠ OBL이라고도 한다.
> ㉡ Non-negotiable이다.
> ㉢ 실제로 선하증권 원본이 발행되어 유통되는 것은 아니다.
> ㉣ 신속한 화물의 유통을 목적으로 한다.
> ㉤ Fax나 e-mail로 보내도 수입상이 화물을 인수할 수 있다.
> ㉥ 사본(Copy)이 아니다.

① ㉠, ㉢
② ㉠, ㉥
③ ㉡, ㉢
④ ㉢, ㉥

61 신용장의 확인과 관련된 내용으로 옳지 않은 것은?

① 확인 신용장에 근거하여 환어음과 선적서류를 확인은행에 제시하였으나 지급 또는 인수가 거절된 경우, 수익자는 발행은행에게 지급 또는 인수를 청구할 수 있다.
② 확인은행이 지급을 한 경우 소구권은 인정되지 않는다.
③ 발행은행의 확인 요청을 받은 은행은 반드시 확인 요청에 응하여야 한다.
④ 확인은행의 동의가 없는 한, 확인이 추가된 신용장의 취소나 조건변경은 이루어질 수 없다.

62 반드시 환어음이 발행되는 경우는?

① T/T
② Payment L/C 중 paying bank가 issuing bank인 경우
③ Acceptance L/C 중 accepting bank가 notifying bank인 경우
④ Deferred Payment Credit인 경우

63 transferable credit에 대한 설명으로 옳은 것은?

① L/C상에 "transferable" 등 양도가 가능하다는 표현이 없어도 가능하다.
② L/C금액의 전부를 transfer하는 전액 양도만 허용된다.
③ 2nd beneficiary가 3rd beneficiary에게 양도하는 경우 applicant의 사전 양해를 얻는다면 가능하다.
④ 국내는 물론 국외에 소재하고 있는 2nd beneficiary에게도 양도가 가능하다.

64 대외무역법 및 관련 법규 상 중계무역에 관한 내용으로 옳은 것을 모두 고르면?

> ㉠ 수출할 것을 목적으로 물품 등을 수입하여 보세구역 및 보세구역외 장치의 허가를 받은 장소 또는 자유무역지역 이외의 국내에 반입하지 아니하고 수출하는 수출입을 말한다.
> ㉡ 중계무역 물품의 경우 수출입 승인 대상 물품으로 지정된 경우에도 해당 물품의 수출입 승인에서 제외된다.
> ㉢ 중계무역의 경우 대금의 영수 및 지급, 또는 선적서류의 인수 및 송부는 같은 외국환은행을 통하여 행하여야 한다.
> ㉣ 중계무역의 수출 실적 인정 금액은 수출 금액(FOB 가격)에서 수입 금액(CIF 가격)을 공제한 가득액이다.
> ㉤ 중계무역의 수출입 실적 인정 시점은 선적서류의 발급일이다.

① ㉠, ㉡, ㉢
② ㉠, ㉡, ㉣
③ ㉠, ㉢, ㉣
④ ㉠, ㉢, ㉤

65 Incoterms 2010 규칙에 관한 설명으로 옳은 것은?

① "DAT C Terminal in New York"으로 매매계약을 체결한 경우 매도인은 도착운송수단으로부터 물품을 양하하지 않아도 된다.
② "DAP Buyer's Warehouse in LA"로 매매계약을 체결한 매도인은 LA에서 물품의 수입통관을 하여야 한다.
③ "CIP Buyer's Factory in London"으로 매매계약을 체결한 매도인은 자신을 위해 반드시 보험계약을 체결하여야 한다.
④ "FCA Yangsan ICD"로 매매계약을 체결한 매도인은 양산 ICD에서 발생한 THC를 부담하지 않아도 된다.

66 『국제물품매매계약에 관한 UN협약』(CISG)이 적용되는 경우에, 다음 사례에서 계약 성립에 관한 내용으로 옳은 것은?

> ⟨2017년 4월 1일에 ABC 회사는 XYZ 회사에게 계약 체결을 청약하는 이메일(email)을 발송하였다. 그 이메일에는 "This offer is binding and effective until April 15, 2017."이라는 문구가 들어 있었다. 이러한 청약을 받은 XYZ 회사는 ABC 회사의 청약에 대하여 승낙할지 여부를 판단하기 위하여 다각도로 시장조사를 하고 있었다. 그러던 동안에 4월 10일에 ABC 회사는 갑자기 마음을 바꾸고는 "We hereby revoke our offer of April 1, 2017."이라고 XYZ 회사에게 이메일로 통지하였다. 그럼에도 드디어 시장조사를 끝낸 XYZ 회사는 4월 12일에 ABC 회사의 4월 1일자 청약을 이메일로 승낙하였다.⟩

① 계약은 2017년 4월 10일에 체결되었다.
② 계약은 2017년 4월 12일에 체결되었다.
③ 계약은 2017년 4월 15일에 체결되었다.
④ XYZ 회사가 승낙하기 전에 ABC 회사가 청약을 철회하였으므로 계약은 체결되지 않았다.

67 정기용선계약에 관한 설명으로 옳은 것은?

① 용선자가 선주에게 지불하는 용선료는 예상 항해 기간 및 화물량에 의해 결정된다.
② 선주는 약정된 운임을 보장받기 위해 만선의무약관을 둔다.
③ 용선기간 중 선장이나 선원은 모두 용선자가 고용한다.
④ 용선기간 동안 선박의 사용에 관한 권한은 용선자에게 있다.

68 우리나라에서 제공하는 선적 후 무역금융제도에 관한 설명으로 옳지 않은 것은?

구분	국제팩토링	포페이팅
결제 방식	㉠ 사후송금 방식	㉡ 신용장
대상 채권	㉢ 화환어음	㉣ 환어음

① ㉠
② ㉡
③ ㉢
④ ㉣

69 해상보험계약상 피보험이익에 대한 설명으로 옳지 않은 것은?

① 피보험이익은 적법한 것으로서, 금전적으로 평가 가능한 것이어야 한다.
② 피보험이익이 존재하지 않으면, 보험계약은 성립하지 않는다.
③ 해상보험계약의 효력이 발생하기 위해서는 계약의 체결 시에 피보험이익이 존재해야 한다.
④ 해상보험계약상 피보험이익은 원칙적으로 양도될 수 있다.

70 D/P, D/A 거래와 관련된 ICC 추심통일규칙의 내용으로 옳은 것은?

① 은행은 자신이 선정한 타은행의 지시 불이행에 대해 책임을 져야 한다.
② 은행은 자행의 동맹파업으로 인한 업무 중단에 대해 책임을 져야 한다.
③ 은행은 물품에 대한 지시가 있더라도 이를 보관하는 등의 의무가 없다.
④ D/P, D/A 거래의 Drawee는 일반적으로 수입자의 거래은행이 된다.

71 다음 내용은 중재제도의 무엇에 대한 설명인가?

중재 절차에서 중재판정부는 당사자들의 지위를 보호하고 중재 판정의 결과를 기다리는 동안 중재 대상의 목적물의 처분이나 재산 도피 등을 제한하고 그 상태를 유지하도록 한다.

① 임시적 처분(interim measure)
② 최종 판정(final award)
③ 자기 심사 권한(competence-competence)
④ 보수 청구(remuneration)

72 항공운임 관련 품목분류요율에서 할인 요금 적용 품목으로 옳지 않은 것은?

① 신문 ② 잡지
③ 시체 ④ 정기 간행물

73 다음 내용에서 설명하고 있는 운임의 종류로 옳은 것은?

선적하기로 계약했던 화물량보다 실제 선적량이 적은 경우 용선자인 화주가 그 부족분에 대해서도 지불하는 운임을 말하며, 일반적으로 톤당 운임으로 계약한다.

① Long Term Contract Freight
② Dead Freight
③ Lump Sum Freight
④ Daily Charter Rate

74 추정전손이 발생하면 피보험자가 보험자에게 위부 통지를 하여야 하고, 보험자가 위부의 수락여부를 결정하기 전에 보험자나 피보험자가 피보험목적물의 회복, 구조 또는 보존을 위하여 필요한 조치를 취한다고 해서 이를 위부의 수락이나 포기로 간주하지 않는다는 취지의 약관은 무엇인가?

① Waiver Clause
② Duty of Assured Clause
③ Reasonable Despatch Clause
④ Forwarding Charge Clause

75 국제운송협약 및 규칙의 적용 범위상 한국에서 로테르담까지 해공복합운송계약에 대해 적용되지 않는 것은?

① CMR 협약
② 로테르담 규칙
③ UN국제물품복합운송조약
④ UNCTAD/ICC 복합운송증권규칙

2017년 제2회(109회)

[제1과목] 영문해석

[01~02] Read the following and answer the question.

> We were pleased to receive your order for 10,000 quarter-inch nuts, part number XK22345JM. However, we are unable at this time to fulfill the order.
> Our present inventory has been depleted, and that nut is now on (1) back order until mid-July. Our supplier of raw materials is unable to supply the materials until July 1, thus (2) purchasing us back to mid-July for possible delivery. We have tried without sucess to find an alternate source of raw materials. If you like, we could substitute part number XK22346JM. It is a penny higher in price per unit. Otherwise, we will (3) keep your order and rush it to you as soon as we can start production on these nuts again. Please let us know your (4) preference this week

01 Which of the following does NOT fit in the letter?
① (1) ② (2) ③ (3) ④ (4)

02 Which of the following is NOT TRUE according to the letter?
① This letter is to acknowledge a customer's order with excuse.
② The seller suggests XK22346JM instead of XK22345JM.
③ The buyer should choose whether to wait longer or to accept the alternative.
④ The delay is caused by force majeure.

03 Which is NOT correct in the explanation of CIF under Incoterms 2010?
① "Cost, Insurance and Freight" means that the seller delivers the goods on board the vessel or procures the goods already so delivered.
② The seller pay the costs and freight to bring the goods to the named port of destination.
③ The seller contracts for insurance cover against buyer's risk of loss of or damage to the goods during the carriage.
④ The buyer should note that under CIF, the seller is required to obtain insurance at maximum cover.

04 Which has similar meaning with the sentence below under CISG?

> Our offer is open until 30 July 2017.

① Our offer is valid until 30 July 2017 and irrevocable unless otherwise agreed.
② Our offer is free until 30 July 2017 and revocable unless otherwise agreed.
③ Our offer is not bound until 30 July 2017 but irrevocable unless otherwise agreed.
④ Our offer expires on your side by 30 July 2017 but subject to your acceptance.

05 What explains wrongly about CIP, under Incoterms 2010?

① CIP is the same as CFR except for insurance coverage.
② In the case of multimodal transport, the risk is transferred from the seller to the buyer when the goods are delivered to the first carrier.
③ Insurance is a seller's obligation.
④ The insurance may not cover War risk.

[06~07] Which is most appropriate interpretation to the following?

06

> You may draw on us at sight for the full invoice amount.

① 귀사는 송장 전액에 대해 당사 앞으로 즉시 청구해도 좋습니다.
② 귀사는 당사 앞으로 송장 전액에 대한 청구를 취소해도 좋습니다.
③ 귀사는 당사 앞으로 송장 전액에 대해 일람불 환어음을 발행해도 좋습니다.
④ 귀사는 당사 앞으로 즉시 송장 전체에 대해 약속어음을 청구해도 좋습니다.

07

> The insured party notifies the insurer of the specific voyages to be covered under the policy.

① 피보험자는 보험계약자에게 보험증서에서 정한 특정 항로를 부보함을 통지한다.
② 보험수익자는 보험계약자에게 보험증서에 입각하여 특정한 항해를 통지한다.
③ 보험자는 보험계약자에게 보험증서에서 정한 특정 항해를 부보함을 통지한다.
④ 피보험자는 보험자에게 보험증서에 입각하여 부보되어야 할 특정 항로를 통지한다.

08 If the goods are lost or damaged in transit, in which case would the seller bear the highest risk when they are not insured?

① CFR with payment 30 days in advance before shipment
② EXW with O/A payable at 60 days after shipment
③ FOB with L/C payable at 90 days after shipment
④ DDP with D/A payable at 90 days after shipment, supported by a standby L/C

09 What is the correct INCOTERMS 2010 under the following scenario?

> A container is loaded in the town of Daejon and trucked to Busan Port where it is loaded on board an ocean vessel to Hamburg. Then the container is reloaded onto a feeder vessel and discharged in Copenhagen Port. After arriving Copenhagen Port, the container is trucked to consignee's warehouse. Finally goods are costoms cleared and ready to use or sell.

① FOB Busan   ② FOB Hamburg
③ FOB Daejon   ④ FOB Copenhagen

10 What is THIS?

> The benefits of THIS include:
> • Protection against risks and financial costs of non-payment
> • Access to working capital
> • Protection against losses from foreign exchange fluctuations
> • Reduction of need for tangible security when borrowing from banks

① Standby Letter of Credit
② Export Cargo Insurance
③ Export Credit Insurance
④ Demand Guarantee

11 Which is NOT a buyer's obligation under the following terms?

> Item: Ladies' Nylon Stockings
> Quality: As per our sample No.265, Black assorted sizes
> Quantity: 2,000 doz.
> Price: USD $2.80 per doz. FOB Busan
> Payment: Draft at 60 d/s under a Confirmed L/C

① to instruct an issuing bank to open an L/C
② to arrange transportation from Busan Port for delivery
③ to procure an insurance from Busan to a destination
④ to pay the issuing bank at certain future time

12 The followings are some parts of quality terms from various contracts. Choose one which is different from others.

① The quality of the goods to be shipped should be fully equal to the sample.
② The seller guarantees the fully equal quality of the goods to the sample at the time of shipment.
③ The seller guarantees the quality of the goods to be shipped to be fully equal to the sample.
④ Goods shall be guaranteed by the seller to be fully equal to the sample upon arrival at destination.

[13~14] Read the following and answer the questions.

> I am sorry not to be able to grant your request of 10th November for an overdraft against personal security, but realizing how helpful a short-term credit would be to you, the bank would be prepared to consider an overdraft over the period you mentioned if you could provide a _____. If you can provide a _____ as suggested, please get in touch with me again and I will arrange to discuss the matter with you in detail.

13 According to the context, what is the best word for both blanks?

① warranty ② guarantee
③ bank ④ credit manager

14 This is a reply to a letter. Which of the following is LEAST likely to appear in the previous letter?

① I should of course be willing to allow you to inspect my accounts, from which you would see that I have promptly met all my obligations, and to give you any further information you may need.
② I am therefore hoping that you can help by making me an advance on overdraft until the end of this year.
③ This loan is due for repayment at the end of this month and I have already taken steps to prepare for this, but unfortunately, due to a fire at my warehouse a fortnight ago, my claim is unlikely to be settled before the end of next month.
④ With the approach of Christmas I am expecting a big increase in turnover, but unfortunately my present stocks are not nearly enough for this and, because my business is fairly new, wholesalers are unwilling to give me any but very short-term credit.

[15~16] Read the following and answer the questions.

> I am sorry to inform you that, due to an unexpected price increase from our manufacturers in Europe, we have no option but to raise the prices of all our imported shoes by 4% from 6 October 2017.
> (a) Orders received before this date will be invoiced at the present price levels.
> (b) We sincerely regret the need for these increased prices. (c) However we know you will understand that this increase is beyond our control.
> (d) Can you send me a quote as soon as possible?
> We look forward to a continuing association with you, and can assure you of our continued commitment to good-quality products and service.

15 Which of the following fits LEAST in the letter?

① (a) ② (b) ③ (c) ④ (d)

16 Which can be inferred?

① The writer is a manufacturer.
② The writer can get more profits when he buys the goods after 6 October 2017.
③ The reason for the price rise is because of the domestic condition changes.
④ The writer cannot help but to raise the price.

[17~18] Read the following and answer the questions.

> B/E No. 1555
>
> The above bill for USD 3,860,000 was returned to us from our (A) bank this morning marked 'Refer to Drawer'.
> The bill was due on 5 April and appears to have been dishonoured. We are prepared to allow you a further seven days before re-presenting it to the bank, in which time we trust that the draft will have been met.
> Yours sincerely,
>
> John Han

17 Who might be (A) bank?

① remitting bank   ② collecting bank
③ advising bank   ④ issuing bank

18 Who is John Han?

① seller   ② buyer
③ agent   ④ freight forwarder

19 Which of the following is the LEAST proper combination in the given blanks?

① Upon receipt of your appetites, we could (　　) our samples with (　　) prices to you. (submit – competitive)
② As raw materials and labour costs have been steadily (　　) since May, we recommend that you inform us (　　) your need as soon as possible. (rising – of)
③ In order to secure the business, we tried to (　　) the prices to the lowest possible and (　　) Price List No.100, together with an illustrated catalog. (reduce – enclose)
④ Samples are (　　) for this line of business and we shall appreciate your sending us some samples (　　) the value specified. (dispensable – with)

20 Choose the correct match.

① Consignee – The person who makes delivery of the goods shipped from consignor and has a right to institute an action against the last carrier.
② Conference Line – An association of shipowners that operate on a specific route. Standard tariff rate are not fixed.
③ Tramper – Vessel that operates along definite route on fixed schedule, and call at any port where cargo is available.
④ Reefer Container – A type of containers to transport the goods such as fruits, vegetables, frozen fishes and meats which require refrigeration in transit.

21 What action should the negotiating bank take under the following situation?

> A documentary credit advised to a beneficiary payable at sight calls for documents to include an invoice made out in the name of the applicant. Documents presented to the negotiating bank by the beneficiary include a customs invoice but no commercial invoice. All other terms and conditions have been met.

① Refer to the issuing bank for authority to pay.
② Reject the documents as non-complying.
③ Pay the documents as fully complying with the terms of the credit.
④ Return the documents for amendment by the beneficiary.

22 Which is NOT suitable for the blank?

① We conclude that the (   ) "partial shipments are allowed in three lots" could not be same as saying "shipment must be effected in three equal lots". ⟨clause⟩

② The extension of shipment will be subject to (   ) from the invoice amount of penalty money for late shipment equivalent to 0.1 percent per day of the price for the portion thus delayed. ⟨deduction⟩

③ We are enclosing our (   ) No.7 for 200 bales of wool and shall be glad if you will make an immediate shipment. ⟨indent⟩

④ Owing to the recent congestion of cargo in the port, your order No.60 has been (   ). ⟨early-shipped⟩

23 Which is NOT appropriate as a part of a reply to the letter given?

> We have received a request for credit privileges from The Computer Store, Wichita. You were listed as a credit reference.

① We assure you that the information supplied will be treated as confidential.

② It has been numbered among our valued clients since 1930 and maintains very substantial transactions with us.

③ We might say that the said concern is qualified enough to be your agent for the merchandise you mentioned.

④ Please, note that this information is given to you without any responsibility on our part.

24 What insurance would be suitable for the seller in accordance with Incoterms 2010?

> We are glad to inform you that your offer is satisfactory, and are placing orders. In the meantime we have instructed our bank, Seoul Bank to issue a letter of credit for USD 100,000 in your favour. This should cover CIF shipment and the credit is valid until 10 June 2017.

① Open Insurance Policy for USD 100,000
② ICC(B) Insurance policy for USD 100,000
③ ICC(A) Insurance policy for USD 110,000
④ ICC(C) Insurance policy for USD 110,000

25 In accordance with UCP 600, which of the following may be the correct course(s) of action for the confirming bank?

> A beneficiary presents complying documents to a confirming bank under a documentary credit available by deferred payment. The beneficiary requests that the confirming bank purchase the documents and prepay against its undertaking.
> A. Obtain the issuing bank's agreement prior to paying the beneficiary.
> B. Refuse the beneficiary's request while undertaking to pay at maturity.
> C. Prepay the deferred payment undertaking.
> D. Obtain an agreement for recourse to the beneficiary.

① C only   ② A and B only
③ A and D only   ④ B and C only

[제2과목] 영작문

[26~27] Read the following and answer the questions.

> Thank you for your order last week. We're delighted to be doing business with you.
> To give you a better feel for (1) _____, I've enclosed our corporate capabilities brochure, catalogue, (2) _____. On page 2 of the catalog, you'll find (3) _____, shipping, and return policies.
> Our sales representative serving your region, Joe Young, (4) _____. He can explain our product line more to your preference and answer any questions you may have.
> In the meantime, if there's anything I can serve you better, please call me directly at 123-455-7890.

26 Which of the following LEAST fits each blank?

① (1) who we are and what we do
② (2) credit reference and invoice
③ (3) our terms, conditions
④ (4) will contact you to set up an appointment

27 In this type of letter, which will be LEAST likely to be included?

① A referral to company history
② An introduction to the area sales manager
③ A bank account number to collect the overdue payment
④ An open invitation to call for information or service

[28~29] Which of the following is the most appropriate English composition?

28

① 어음 제출 시의 필요 서류를 동봉합니다.
   → Enclosed are all of the documents that must present with your draft.
② 견적 주신 조건에 이의가 없으므로 주문하겠습니다.
   → We agree with the terms of your quotation and would therefore like to take our order with you.
③ 주문서에 기재한 수량과 기타 상세한 사항에 유의해 주시기 바랍니다.
   → Please take note the quantity and details concerned the items in our order.
④ 지금 당사 경리부가 본건을 살펴보고 있습니다.
   → Our accounting department is now looking into the matter.

29

① 상자의 내용물을 조사했더니, 상단의 컵은 모두 파손되어 있었습니다.
   → Upon examining the contents of the crates, we found that the entire top layer of cups had crushed.
② 너무 심하게 부패되었으므로 공항 검역에서 억류되었습니다.
   → The high level of impurities has resulted from the shipment being held up by quarantine at the airport.
③ 귀사 카탈로그에 게재된 과일 바구니들과 어제 당사가 수령한 실물과의 사이에는 상당한 차이가 있음을 알리고자 합니다.
   → We would like to call your attention to the big discrepancy in the fruit baskets shown in your catalogue and the actual baskets we received yesterday.
④ 귀사의 털베개에 대해 손님들로부터 환불해 달라는 요청을 받았습니다.
   → We have had the number of customers asking about refunds for your feather pillows.

30 Fill in the blanks with the right amount.

> If goods worth USD 100,000 were insured for marine insurance with Insurance company A and B, Insurance company A shall pay (ⓐ) and Insurance company B shall pay (ⓑ) respectively, in case of total loss.

① ⓐ USD 50,000 − ⓑ USD 50,000
② ⓐ USD 100,000 − ⓑ USD 100,000
③ ⓐ USD 100,000 − ⓑ USD 50,000
④ ⓐ USD 50,000 − ⓑ USD 100,000

[31~33] Read the following and answer the questions.

> The negotiable bill of lading operates as a transferable document of title, and it is this aspect, which sets the document apart from non-negotiable sea waybills.
> A document of title is a document, which provides its holder with the exclusive right to demand delivery from the (ⓐ). As the goods will only be released at the port of discharge against surrender of the bill of lading, possession of the document amounts to constructive possession of the goods. If the document is "negotiable", i.e. is made out "to order", or to the order of a named party, or to the bearer, the right embodied in the document can be transferred along a chain of sale contracts by delivery, (ⓑ). Thus, while goods are in the physical possession of a carrier during transit, a seller is able to pass possession and property in the goods to a subsequent buyer simply by passing on the negotiable document of title.
> By the same token, the document can be pledged to a bank and thus may be used as a (ⓒ) to raise finance.

31 Which is most suitable for blank (ⓐ)?
① carrier   ② bank
③ seller   ④ buyer

32 Which is most suitable for blank (ⓑ)?
① with necessary endorsement of the document
② making the B/L independent from sales contract
③ with recourse right against default of carrier
④ allowing insurer subrogation if the goods are compensated due to damages

33 Which is most suitable for blank (ⓒ)?
① loan   ② credit
③ debt   ④ collateral

34 What does the below indicate?

> This credit has a condition that the amount is renewed or automatically reinstated without specific amendments to the credit.

① Red Clause Credit   ② Back-to-Back Credit
③ Transferable Credit   ④ Revolving Credit

[35~36] Choose one that is correctly matched for the blanks (ⓐ, ⓑ, and ⓒ).

35

> Your prices are not (ⓐ), so we are unable to (ⓑ) an order with you at this time, even though we are favorably impressed with your samples. Your rival firms are making endeavors to get our business by offering much (ⓒ) prices.

① ⓐ reasonable − ⓑ accept − ⓒ higher
② ⓐ competitive − ⓑ make − ⓒ lower
③ ⓐ expensive − ⓑ place − ⓒ less
④ ⓐ favorable − ⓑ take − ⓒ fewer

36

> We shall much appreciate it if you will inform us (ⓐ) their financial status, business capacity and the general reputation in your city. (ⓑ) the above, we will be greatly obliged for your furnishing us (ⓒ) what you know about the company.

① ⓐ of − ⓑ In addition to − ⓒ with
② ⓐ about − ⓑ Regardless of − ⓒ for
③ ⓐ of − ⓑ Despite − ⓒ about
④ ⓐ with − ⓑ Because of − ⓒ with

[37~38] Read the following and answer the questions.

> On 6 July we are shipping a consignment of 2,000 electric shavers to the Sidon Electrical Co of whom we have little knowledge and whose standing we have been unable to check. We therefore think it would be unwise to surrender the enclosed documents (a) and enclose a sight draft on the consignees, with bill of lading and insurance certificate attached.
> Will you please arrange for (b) <u>your correspondent</u> in Sidon to obtain payment of the amount due before handing over the documents, and let us know when payment is made.

37 Fill in the blank (a) with the best words.

① on a D/A basis
② on a cash basis
③ by transfer of title
④ by bank guarantee

38 Who might be (b)?

① remitting bank
② issuing bank
③ collecting bank
④ negotiating bank

39 Fill in the blank with the best expression.

> On 12 August I ordered 12 copies of 'Background Music' by H Lowery under my order number FT567.
> On opening the parcel received this morning I found that it contained 12 copies of 'History of Music' by the same author. I regret that I cannot keep these books as I have an adequate stock already. I am therefore returning the books by parcel post for immediate replacement, as I have several customers waiting for them.
> Please _____ with the invoiced value of the returned copies including reimbursement for the postage cost of USD 17.90.

① credit my account
② send me
③ transfer to your account
④ postpone it

[40~41] Read the following and answer the questions.

> We have recently opened an electrical goods store at the above address and (a) <u>have received some enquiries</u> for (b) <u>the following domestic appliances by which at present we hold ample stocks</u>:
> Swanson Electric Kettles, 2 litre
> Cosiwarm Electric Blankets, single-bed size
>
> When I phoned you this morning, (c) <u>you informed me that all these items are available in stock for immediate delivery</u>. Please let me have your prices and terms for payment 2 months from date of invoicing. (d) <u>If prices and terms are satisfactory</u>, we would place with you a first order for 10 of each of these items.
> The matter is of some urgency and I would appreciate an early reply.

40 Which contains the LEAST proper expression?

① (a)   ② (b)   ③ (c)   ④ (d)

41 Which is LEAST likely to be included in a reply of this letter?

① Prices include packing and delivery to your premises.
② As there may be other items in which you are interested, I enclose copies of our current catalogue and price list.
③ The above are current catalogue prices from which we would allow you a 10% discount for cash payment.
④ I'd like to get a better idea of the component costs.

[42~43] Read the following and answer the questions.

> We are pleased to state that the firm referred to in your letter of 25th May are small but well-known and highly respectable firm, (1) <u>who have been established in this town for more than twenty-five years</u>.
> We ourselves have now been doing business with them (2) <u>for above seven years on quarter-account terms</u> and although (3) <u>they have not taken advantage of</u> cash discounts, they have always paid their account promptly on the net dates. The credit we have allowed the firm (4) <u>has been well above the USD 10,000 you mentioned</u>.

42 Which of the underlined parts is grammatically WRONG?

① (1)   ② (2)   ③ (3)   ④ (4)

43 Which of the following is MOST likely to come after the passage?

① We hope this information will be helpful and understand that you will treat it as confidential.
② For information concerning our credit standing, we refer you to Barclays Bank Ltd., 25-27 The Arcade, Southampton.
③ It is hardly necessary to add that any information you supply will be treated in strict confidence.
④ We should of course treat as strictly confidential any advice you give us.

[44~45] Read the following and answer the questions.

> We are holding our annual conference this year in Seoul and are looking for a hotel which can offer us accommodation and conference facilities from May 14 to May 17.
> We require accommodation for 60 delegates, 15 of whom will be accompanied by their spouses. Therefore, we will need (ⓐ) single and (ⓑ) double rooms for three nights. We would also like coffee and tea to be served to the delegates mid-morning and mid-afternoon on each day of the conference.
> For the sessions we will need a room with full conference facilities (including PowerPoint), that can accommodate 100 people.
> Please would you send us a list of your tariffs and let us know what discounts you allow for (ⓒ)?

44 Which of the following best fits the blanks (ⓐ) and (ⓑ)?

① ⓐ 15 - ⓑ 45
② ⓐ 15 - ⓑ 30
③ ⓐ 45 - ⓑ 15
④ ⓐ 30 - ⓑ 15

45 Which of the following best fits the blank (ⓒ)?

① double reservation
② big gathering
③ block booking
④ group dinner

46 What is the BEST phrase for the blank?

> Bilateral contract is a contract which consists of ( ), namely, a promise for a promise in which each party is both a promisor and a promisee.

① corresponding rights of endorsers
② counter acceptance of contracting parties
③ vulnerable condition of promises
④ exchange of mutual promises

47 Fill in the blanks.

> The marine insurance will be valid if the person is having (ⓐ) at the time of loss. The (ⓑ) will depend upon the nature of sales contract. If exporter sends the goods to buyer on an FOB basis, for any loss arising during transit the buyer is entitled to get the compensation from the insurance company.

① ⓐ insurable interest - ⓑ insurable interest
② ⓐ insurance amount - ⓑ insurable interest
③ ⓐ insurance certificate - ⓑ insurance certificate
④ ⓐ insurance amount - ⓑ insured amount

48 What does the underlined mean?

> Underlying transaction is a deal between the account party and beneficiary of a letter of credit (L/C). An L/C is said to be independent of the underlying transaction.

① sales contract
② carriage contract
③ negotiation contract
④ payment terms

49 Which Incoterm(s) rules are suitable for the following watching point?

> Although the seller is not obliged to load the goods, if the seller does so, let this be at the buyer's risk.

A. EXW
B. EXW & DAP
C. FOB
D. EXW & FOB

① A ② B ③ C ④ D

50 What is MOST suitable for the blank (ⓐ)?

> In doing international trade, the most direct method of hedging FX risk is a forward contract, which enables the exporter to sell a set amount of foreign currency at a pre-agreed exchange rate with a delivery date from three days to normally one year into the future. In short, forward contract is an agreement to buy and sell currencies (ⓐ).

① at a specified price on a future date
② at a market price determined in future
③ for favourable price on part of exporter
④ for exporter who has an option to conclude the contract

[제3과목] 무역실무

51 공동해손의 구성 요건으로 옳은 것은?

① 공동해손이 성립하기 위해서는 통상적인 희생이나 비용이 아닌 이례적인 희생이나 비용이 있어야 한다.
② 희생이나 비용이 타발적으로 발생된 것이어야 한다.
③ 고의로 발생시킨 비용이나 희생이 피보험자 자신의 위험을 회피하기 위한 것이어야 한다.
④ 공동해손 손해는 공동해손 행위에 의한 간접적 손해이어야 한다.

52 해상보험계약이 유효하게 성립하기 위한 피보험이익의 요건에 해당하지 않는 것은?

① 피보험이익은 적법성을 가져야 한다.
② 피보험이익은 금전적으로 환산 가능한 경제성을 가져야 한다.
③ 피보험이익은 귀속 당사자 관련 확정성이 있어야 한다.
④ 피보험이익의 확정성은 보험계약 체결 시에 적용된다.

53 선박의 밀폐된 내부의 총 용적으로 선박의 안전과 위생을 위하여 사용되는 장소를 제외한 톤수에 해당하는 것은?

① 배수톤수 ② 만재중량톤수
③ 총톤수   ④ 순톤수

54 선박의 선적 및 양륙 방식과 관련한 구분으로 자동차 전용선 또는 근거리 운송 시에 하역 시간을 단축할 수 있어 주로 피더서비스에 사용되는 방식은?

① Lo-Lo(Lift on/Lift off) 방식
② Ro-Ro(Roll on/Roll off) 방식
③ LASH 방식
④ Gantry Crane 방식

55 Incoterms 2010의 특징에 관한 설명이다. (   ) 안에 들어갈 용어를 올바르게 나열한 것은?

> Incoterms 2010상 (ⓐ)의 조건을 제외한 모든 정형 거래 조건에서 원칙적으로 비용 부담의 분기점이 인도 시점으로 통일되었다. 터미널화물처리비(THC : terminal handling charge)의 부담을 C와 D조건의 경우 (ⓑ)이 부담하는 것으로 명확히 하였다. 또한 Incoterms 2010상 정형거래조건의 (ⓒ) 사용을 공식화하였다.

① ⓐ C조건군, ⓑ 매도인, ⓒ 국내 거래에도
② ⓐ D조건군, ⓑ 매수인, ⓒ 국제 거래에 한정
③ ⓐ C조건군, ⓑ 매수인, ⓒ 국제 거래에 한정
④ ⓐ D조건군, ⓑ 매도인, ⓒ 국내 거래에도

56 국제물품매매계약에 관한 유엔 협약(CISG)상 유효한 승낙으로 간주되는 것끼리 나열한 것은?

① 침묵에 의한 승낙 - 무위(inactivity)에 의한 승낙
② 동의의 의사표시로서 행위에 의한 승낙 - 구두에 의한 무조건적 동의의 의사표시
③ 교차청약(cross offer) - 무위(inactivity)에 의한 승낙
④ 침묵에 의한 승낙 - 교차청약(cross offer)

57 중계무역에 관한 내용으로 옳지 않은 것은?

① 화물이 제3국에 양륙한 후 원형 그대로 (또는 약간의 가공만을 거쳐) 수입국에 재수출함으로써 소유권을 이전시키는 방식의 수출이다.
② 통상 무역 물품은 수출국이 아닌 원수출국에서 선적되어 최종 수입국으로 직접 운송되게 되는데, 이때 선하증권의 선적인이 원수출국의 업체 명의로 발행된 선하증권을 Surrendered B/L이라 한다.
③ 선적인을 최종 수출국의 업체 명의로 바꾸어 다시 발행한 선하증권을 최종 수입업체에게 제시할 수 있는데, 이러한 선하증권을 Switched B/L이라 한다.
④ 송장도 원수출국의 업체 명의에서 최종 수출국의 업체 명의로 다시 발행하게 되는데 이를 송장대체라 한다.

58 일정 사고가 발생하였을 경우에 현실전손이 발생한 것은 아니지만 피보험자로 하여금 보험의 목적물에 관하여 그가 가지는 일체의 권리를 보험자에게 양도하고 보험 금액의 전액을 청구할 수 있게 한 제도는?

① 대위제도　　② 위부제도
③ 담보제도　　④ 공동해손제도

59 신용장 거래에서 어음의 선의의 소지인(bona fide holder)으로서의 지위를 누리는 자는?

① 매입은행　　② 통지은행
③ 개설은행　　④ 확인은행

60 B/L상에 기재된 선적 일자와 관련된 사항으로 옳지 않은 것은?

① 원래 On Board B/L로 발행된 경우 B/L 발행 일자가 선적 일자이다.
② Received B/L의 경우 On Board Notation 일자가 선적 일자이다.
③ Bulk Cargo의 경우 B/L 발행 일자가 선적 일자이다.
④ Container Cargo의 경우 B/L 발행 일자가 선적 일자이다.

61 물품을 목재 팔레트(Pallet) 위에 적재하고 이를 컨테이너에 반입한 경우, 수입 통관 시 국제식물보호협약(IPPC)에 따라 병충해를 방지하기 위하여 해당 목재 팔레트에 대해 사전 처리를 요구하고 있는데, 이를 증명하는 서류로 옳은 것은?

① Certificate of Inspection
② Certificate of Quarantine
③ Certificate of Fumigation
④ Certificate of Origin

62 계약 상황이 아래와 같을 때, 수출업자가 취하여야 할 방법으로 가장 옳은 것은?

- 수출업자 거래 은행: DEUTSCHE BANK, BERLIN DE
- 수입업자 거래 은행: Royal Bank of Scotland, LONDON UK
- 신용장상의 문구: "available with Royal Bank of Scotland, UK by payment of documents complying with the terms of this credit for 100 percent of invoice value."

① 환어음을 발행하여 Royal Bank of Scotland에 일람출급 매입을 요청한다.
② 환어음 없이 서류만으로 DEUTSCHE BANK에 일람출급 매입을 요청한다.
③ 환어음 없이 서류만으로 DEUTSCHE BANK를 통하여 Royal Bank of Scotland에 지급을 요청한다.
④ 발행은행이 지급은행이므로 신용장 조건을 DEUTSCHE BANK로 변경하여 줄 것을 요청한다.

63 내국 신용장(Local L/C)에 관한 설명으로 옳지 않은 것은?

① 내국 신용장 매입 시에는 물품 수령증명서와 세금계산서가 요구된다.
② 수출업자는 수출용 원자재를 내국 신용장에 의해 조달하면 원자재 금융을 지원받아 결제할 수 있다.
③ 개설은행은 원신용장을 담보로 하여 결제 자금 상환에 대한 위험 부담을 해소할 수 있다.
④ 국내 공급업자는 신용장 제공의 대가로 협상력을 제고할 수 있다.

64 한국의 ㈜해양은 인도네시아의 Java Co., Ltd.와 바나나 수입계약을 맺고 거래 은행인 농협을 통하여 수입 L/C를 개설하였다. 인도네시아의 Java Co., Ltd.는 바나나 선적 후 Jakarta 은행을 통하여 매입을 완료하고, Jakarta 은행은 선적서류를 농협에게 제시하였다. 이 과정에서 ㈜해양은 사업상 어려움으로 폐업조치하게 되는데, 이와 같이 무역계약이 실질적으로 파기된 경우에, Jakarta 은행이 주장할 수 있는 신용장의 원칙은?

① 독립성의 원칙   ② 추상성의 원칙
③ 엄격일치의 원칙   ④ 상당일치의 원칙

65 신용장 발행은행의 지시에 따라 신용장 대금을 매입은행 등에게 지급하는 은행을 말하며 대금을 결제한다는 의미에서 결제은행이라고도 하는 은행은?

① paying bank   ② accepting bank
③ negotiating bank   ④ reimbursing bank

66 청약의 효력이 발생하기 전 또는 청약의 효력과 동시에 해당 청약의 내용을 무효화시키는 행위는?

① 취소 ② 철회 ③ 반대 ④ 회피

67 무역클레임의 해결 방법에 대한 설명으로 옳지 않은 것은?

① Waiver of Claim(청구권 포기): 현재 무역 거래가 빈번히 일어나고 있는 경우에 가능한 방법으로 향후 지속적인 거래를 가능하게 해준다.
② Amicable Settlement(화해): 실무적으로 분쟁해결을 위한 가장 바람직한 방법이다.
③ Conciliation(조정): 형식적인 절차를 거치지 않고 조정인을 선정할 수 있다.
④ Arbitration(중재): 양당사자는 중재판정에 복종하여야 하는 강제성을 가진다.

68 컨테이너 중 승용차나 기계류의 운송을 위해 지붕, 측면 등이 없고 기둥만 있는 컨테이너는?

① Dry Container
② Reefer Container
③ Flat Rack Container
④ Open Top Container

69 UCP 600에서 Honour의 의미에 해당되지 않는 것은?

① 신용장이 일람지급으로 이용이 가능하다면 일람출금으로 지급하는 것
② 신용장이 연지급으로 이용이 가능하다면 연지급을 확약하고 만기에 지급하는 것
③ 신용장이 매입으로 이용이 가능하면 환어음 및 서류를 매수하는 것
④ 신용장이 인수에 의해서 이용이 가능하다면 수익자가 발행한 환어음을 인수하고 만기에 지급하는 것

70 DAP에 관한 설명으로 옳지 않은 것은?

① DAP 용어 다음에는 지정 목적지를 기입하며, 구체적인 장소를 기입하는 것이 좋다.
② 이 규칙은 운송수단의 종류에 관계없이 사용될 수 있다. 그리고 하나 이상의 운송수단이 사용되느냐의 여부에 관계없이 사용될 수 있다.
③ 만약 운송계약에서 매도인이 합의된 도착 장소에서 물품의 양륙과 관련한 비용을 부담하였다면 별도로 당사자들의 합의가 없으면, 매도인은 이러한 비용을 매수인으로부터 회수할 권리가 없다.
④ 이 규칙은 합의된 도착 장소에서 물품을 도착된 운송수단으로부터 양륙한 상태로 매수인의 임의 처분 상태에 인도하는 것을 의미한다. 매수인은 합의된 인도 장소까지 물품을 가져오는 데 수반되는 위험을 부담하여야 한다.

71 신용장 방식과 추심결제 방식의 차이점에 대한 설명으로 옳지 않은 것은?

① 신용장에 적용되는 국제 규범은 신용장통일규칙(UCP 600)이고, 추심결제 방식에 적용되는 국제 규범은 화환어음 추심에 관한 통일규칙(URC 522)이다.
② 신용장 거래의 경우 수출상, 수입상이 은행에 납부해야 하는 수수료가 금액이나 종류 차원에서 D/P, D/A 거래보다 훨씬 더 많고 다양하다.
③ 신용장의 경우 은행은 수출상이 제출한 서류가 신용장 조건과 일치하는지의 여부를 일일이 확인하여야 하지만, D/P, D/A에서는 은행이 서류의 내용을 심사할 의무가 없다.
④ 신용장상 수출상이 발행하는 환어음상의 지급인은 반드시 은행(개설은행, 상환은행, 지정은행)으로 표기 되어야 하지만 D/P, D/A에서는 지급인이 개설은행으로 표기된다.

72 다음 내용 중 옳은 것을 모두 고르면?

㉠ FCA 조건에서는 Buyer가 Seller를 위해 보험에 부보한다.
㉡ CPT 조건에서는 Buyer가 자기 자신을 위해 보험에 부보할 수 있다.
㉢ CIP 조건에서는 Seller가 Buyer를 위해 보험에 부보하여야 한다.
㉣ FCA 조건에서 부보되는 경우, 피보험자(assured)는 매수인(Buyer)이다.
㉤ CPT 조건에서 부보되는 경우, 피보험자(assured)는 매수인(Buyer)이다.
㉥ CIP 조건에서 피보험자(assured)는 매도인(Seller)이다.

① ㉠, ㉡, ㉢, ㉣
② ㉡, ㉢, ㉣, ㉤
③ ㉢, ㉣, ㉤, ㉥
④ ㉡, ㉢, ㉣, ㉥

73 자율소요량제도에서 수출 물품 1단위를 생산하는 데 소요된 원재료별 양으로서 단위실량과 손모량을 합한 양을 나타내는 용어로 옳은 것은?

① 소요량
② 손모량
③ 단위실량
④ 단위소요량

74 항공화물운송장(AWB)과 선하증권(B/L)의 비교로 옳지 않은 것은?

① AWB: 비유통성, B/L: 유통성
② AWB: 기명식, B/L: 지시식
③ AWB: 수취식, B/L: 선적식
④ AWB: 운송인이 작성, B/L: 송하인 작성이 원칙

75 컨테이너 부두의 구조물에 대한 설명이다. ( ) 안에 들어갈 용어를 올바르게 나열한 것은?

(ⓐ)는 부두 안벽에 접한 야드의 일부분으로 부두에서 가장 가까이 접한 곳이며, 폭은 30~50m 정도이다. 이곳에는 갠트리 크레인이 설치되어 있어 이곳에서 컨테이너의 하역이 이루어진다. (ⓑ)는 방금 양륙했거나 적재할 컨테이너를 정돈해 두는 넓은 장소로 (ⓐ)(와)과 접하고 있다. CY의 상당한 부분을 차지할 뿐 아니라 컨테이너 부두의 운영에 있어 중심이 되는 부분이다

① ⓐ Apron, ⓑ Marshalling Yard
② ⓐ Berth, ⓑ CFS(Container Freight Station)
③ ⓐ CFS(Container Freight Station), ⓑ Berth
④ ⓐ Marshalling Yard, ⓑ CFS(Container Freight Station)

2017년 제3회(110회)

[제1과목] 영문해석

01 What is NOT the role of bank(s) under letter of credit operations?

A. The letter of credit authorizes the beneficiary draw drafts (or demand payment) on the bank under certain conditions.
B. The banks provide additional comfort for both exporter and importer in a trade transaction by playing the role of intermediaries.
C. The banks assure the importer that he would be paid if he provides the necessary documents to the issuing bank.
D. The banks assure the buyer that his money would not be released unless the shipping documents evidencing proper and accurate shipment of goods are presented.

① A ② B ③ C ④ D

02 What is the correct town/port to use after INCOTERMS 2010 FOB for below scenario?

A container is loaded in the town of Daejeon and trucked to Busan port where it is loaded on board a ocean vessel to Hamburg. Then reloaded onto a feeder vessel and discharged in Copenhagen port. After arriving Copenhagen port container is trucked to consignees warehouse. Finally goods are customed cleared and ready to use or sell.

① FOB Busan
② FOB Hamburg
③ FOB Daejeon
④ FOB Copenhagen

03 What is WRONG in explaining money laundering?

A. Money laundering is the process of concealing the source of money obtained by illicit means.
B. The methods by which money may be laundered are varied and can range in sophistication.
C. Many regulatory and governmental authorities quote estimates each year for the amount of money laundered.
D. For example, a buyer must verify a customer's identity and monitor transactions for suspicious activities. This is often termed as "know your customer(KYC)."

① A ② B ③ C ④ D

04 Which is LEAST appropriate for the blank?

The negotiable ocean bill of lading fulfills three important functions, namely (   ).

① proof of delivery of the goods on board the vessel
② appointment of the consignee
③ evidence of the contract of carriage
④ a means of transferring title to the goods

05 What does the following refer to?

Purchasing of claims by the bank, mainly resulting from medium or long term export transactions. The discounted amount is being paid out without recourse on the seller of the receivables. The predominant payment instruments are bill of exchange, promissory note or documentary credits available by deferred payment.

① factoring
② confirmation
③ project financing
④ forfaiting

06 Which is most WRONG in explaining insurance?

A. Insured has an insurable interest when loss of or damage would cause the insurer to cover the loss.
B. Open cover is most flexible if goods are moved regularly in a fixed time.
C. Cargo insurance covers loss of or damage to goods while in transit by land, sea and air.
D. Applying CIF and CIP, the seller can take out insurance for 100% of the value of the goods.

① A   ② B   ③ C   ④ D

[07~08] Below explains international bank guarantee under URDG 758.

A. Demand guarantee is a primary, non-accessory obligation towards the beneficiary.
B. The guarantor remains liable even if the obligation of the applicant is for any reason extinguished.
C. The guarantor may not pay on first demand with making defence.
D. This can be used to insure a buyer or a seller from loss due to non-performance by the other party in a contract.

07 Which is NOT a correct statement?

① A   ② B   ③ C   ④ D

08 What has similar function to the bank guarantee?

① Surety Bond   ② Commercial L/C
③ Standby L/C   ④ Counter guarantee

09 Which is WRONG in explaining international litigation?

A. International litigation is generally slow, complicated, unfriendly and expensive.
B. It is technically difficult and often requires specialized professional counsel.
C. In addition, there exists a risk of court bias when the court decision has to be enforced in the country of the party having the same nationality.
D. If trade parties choose CISG as a governing rule, commercial disputes between them shall be resolved by litigation.

① A   ② B   ③ C   ④ D

10 What type of bond is needed for the following purpose?

> To ensure that goods are delivered or services rendered in accordance with the terms of the contract and within the agreed time.

① bid bond
② performance bond
③ retention bond
④ warranty bond

11 Which is WRONG according to UCP 600?

① Seoul Bank located in Korea and in USA are considered as the same bank.
② A credit is irrevocable even when there is no indication of irrevocability in the credit.
③ If the credit states 'the document issued by the first class examiner', it means that the document can be issued by anyone except the beneficiary.
④ If the credit indicates that 'the shipment date: from October 20, 2017 to November 10, 2017', it includes October 20, 2017 and November 10, 2017.

12 What is NOT actual total loss?

① Where the subject-matter insured is totally destroyed.
② Where the ship is damaged by a peril insured against, and the cost of repairing the ship would exceed their value when recovered.
③ Where the subject-matter insured is so damaged as to cease to be a thing of the kind insured.
④ Where the ship concerned in the adventure is missing, and after the lapse of a reasonable time no news of her has been received.

13 What risks is the Buyer exposed under Advance Payment method?

> A. Country risk of seller
> B. Seller's bank risk
> C. Seller's performance risk
> D. Country risk of buyer

① B&C ② A&D
③ A&C ④ A&B&D

14 Which of the following is the LEAST appropriate Korean translation?

① Your order has been placed on rush delivery and should reach you by next week.
  → 주문하신 물건은 속달로 발송되었으니 다음 주에는 도착할 것입니다.
② Our legal department has notified me of its intention to take the appropriate legal action to collect the payment of USD 300,000.
  → 당사의 법무팀에서 3십만 달러의 대금을 회수하기 위해 적법한 절차를 밟겠다는 뜻을 저에게 통보했습니다.
③ We have secured a new freight forwarder, and you should receive your container by February 22.
  → 우리는 새로운 복합운송업자를 보증받았고, 2월 22일까지 귀사는 컨테이너를 수령하실 수 있습니다.
④ Due to a recent surge in demand, the product is on back order until mid-October.
  → 최근 수요 급증으로 인해 해당 물품은 10월 중순까지 주문이 밀려있습니다.

15 Which of the following insurance documents are acceptable under the following case?

> A documentary credit for USD 100,000 calls for a full set of bills of lading and an insurance certificate to cover all risks. The bill of lading presented indicates an on board date of 15 December.

> A. Insurance Policy for USD 120,000
> B. Insurance Certificate just dated 17 December
> C. Insurance Declaration signed by a broker
> D. Insurance Cover Note dated 15 December

① A only
② B only
③ A and C
④ all of the above

[16~17] Read the following and answer the questions.

> Please send us your current catalogue and price list for bicycles. We are interested in importing models for both men and women.
> a. This would enable us to maintain the low selling prices which are important for the growth of our business.
> b. In return we would be prepared to place orders for a guaranteed annual minimum number of bicycles, the figure to be mutually agreed.
> c. If the quality of your products is satisfactory and the prices are reasonable, we would place large orders.
> d. We are the leading bicycle dealers in this city where cycling is popular, and have branches in five neighbouring towns.
> e. Please indicate whether you will allow us a quantity discount.

16 Put the following sentences in order.

① d-e-c-b-a
② d-e-c-a-b
③ d-c-e-a-b
④ d-e-b-a-c

17 What CANNOT be inferred from the above?

① The buyer wants a detailed price terms.
② The buyer could handle large number of bicycles.
③ This is to confirm an order.
④ Seller may give a discount for large orders.

18 What type of insurance is being sought?

> We regularly ship consignments of bottled sherry to Australia by both passenger and cargo liners of the Enterprise Shipping Line. Can you issue a comprehensive all-risks policy for these shipments and, if so, on what terms. In particular we wish to know whether you can issue a special rate in return for the promise of regular monthly shipments.

① Open policy
② Insurance Certificate
③ Insurance Policy
④ Export credit insurance

19 Which transportation document is being explained?

> Transport document which is not a document of title/negotiable document. This document indicates on board loading of the goods and can be used in cases where no document of title is required.

① Sea waybill
② Ocean bill of Lading
③ Air waybill
④ FCR

[20~21] Read the following and answer the questions.

> We have recently concluded a contract for the supply of raw cotton from New Orleans to Manchester over the next twelve months and should be glad if you would find us a suitable ship, about five thousand tons.
> The question of speed is important as the ship we need must be able to make six return voyages in the time, allowing for six days at each turn-round.

20 What is the subject of the letter?

① Enquiry for a time charter
② Request for information on container service
③ Request for freight rebate
④ Advice of shipment

21 Which of the following is the BEST reply to the letter?

① Flights are made daily, except on Sundays, and your parcel should reach its destination in not more than three days.
② We should be glad if you would handle the consignment for us, but first send us details of the cost and of any formalities to be observed.
③ We are glad to inform you that we have found a ship which we think would serve you very well.
④ Although we would have preferred a larger ship, this will suit our needs and we confirm our telegram as follows.

[22~24] Which is the LEAST appropriate Korean translation?

22

① We will deduct the shipping charge for the return from our invoice.
→ 배송비는 다음 번에 귀사에서 우리 쪽으로 배송할 때 송장에서 공제하도록 하겠습니다.
② Despite our several requests, we have not been successful in collecting the outstanding balance from your company.
→ 여러 차례 독촉을 하였으나, 귀사로부터 미불금을 수금하지 못했습니다.
③ 50% of the total quoted fee is due upon signing the agreement. The remaining will be invoiced upon completion of the project.
→ 계약서 체결 시에 총견적수수료의 반을 지불해 주시기 바랍니다. 잔금은 프로젝트 완료와 동시에 청구하겠습니다.
④ We'll ship your order upon receipt of your payment in full.
→ 주문품은 대금을 전액 수령하는 대로 선적하겠습니다.

23

① A short extension would be very helpful to us, as it would give us an extra month for the checks from our clients to clear.
→ 조금 더 기한을 주시면 고객들의 문제를 한 달 안에 풀 수 있겠습니다.
② We acknowledge receipt of your letter requesting a change in the validity of the L/C.
→ 신용장의 기한을 수정해 달라고 하신 서한을 받았습니다.
③ The subcontractors are asking for a two-week time extension.
→ 하청업자들이 2주 기한 연장을 요구하고 있습니다.
④ I am afraid that we are unable to fulfill your request as we have discontinued the item.
→ 유감스럽게도 그 품목은 단종되었기 때문에 귀하의 요청을 처리할 수 없습니다.

24

① Acceptance commission and discount charges are for account of beneficiary.
→ 인수수수료 및 할인이자는 수익자 부담입니다.

② Payment for the face value of the draft will be made on a sight basis irrespective of the tenor as interest is for account of Applicant.
→ 이자는 개설의뢰인의 부담이므로 환어음의 액면 금액은 지급기간에 상관없이 일람 지급될 것입니다.

③ Upon receipt of documents in order, Issuing Bank will reimburse Negotiating Bank as per their instruction.
→ 일치하는 서류를 접수한 후, 개설은행은 매입은행의 지시에 따라 상환할 것입니다.

④ At the request of the beneficiary, we have today transferred this credit partially to ABC Co., Ltd., Seoul, Korea up to US$50,000.
→ 수익자의 요청에 따라 금일 개설은행은 미화 5만 달러까지 한국의 서울소재 ABC사로 신용장을 분할 양도하였습니다.

25 Which is related to "offer subject to prior sale"?

① We are pleased to offer firm subject to receiving your reply by September 30, 2017.
② We are pleased to offer you the following items subject to our final confirmation.
③ We have a pleasure in offering you the following items subject to being unsold.
④ We have a pleasure in offering you the following items subject to receiving your reply by September 30, 2017.

[제2과목] 영작문

[26~27] Read the following and answer the questions.

> Mr. Chao Wang,
> Dragon Corporation
>
> The above order is now on board the Arirang, sailing for Shanghai tomorrow, arriving on Thursday.
>
> As there was no time to check references, we drew a sight draft for the total amount of USD 4,150,000. This was sent to Bank of China and will be presented to you for payment.
>
> If you can supply two business references before your next order, we will put the transaction on a (   ) basis with 30 days credit drawn on you.
>
> Best wishes,
>
> Peter Han
> HN Global

26 Fill in the blank with most appropriate word(s).

① documents against acceptance
② sight L/C
③ open account
④ cash against documents

27 Who is the drawee?

① Dragon Corporation
② HN Global
③ Bank of China
④ Arirang

28 Which is LEAST appropriate for the blank?

Thank you for your order, NO. 1449 which we received today. Unfortunately, we cannot offer the 35% trade discount you asked for. 25% is our maximum discount, even on larger orders, as our prices are extremely competitive. Therefore, in this instance, I regret that we have to (   ) your order.

① turn down   ② decline
③ repeal   ④ refuse

29 Which is NOT proper for the blank under UCP 600?

A transport document bearing a clause such as "(   )" is acceptable.

① shipper's load and count
② said by shipper to contain
③ said to contain
④ cfs loaded

[30~32] Read the following and answer the questions.

Dear Mr. Carpenter,

Regarding the type of agency you suggest, I should point out that we never use exclusive agencies as we have found that they tend to be rather restrictive both for ourselves and our customers.

(ⓐ) who buy our products on their own account and then retail them at market prices in their country. Our terms of payment are 60 days O/A if the customer can provide *trade references*.
(ⓑ) is concerned, you may be interested to hear that we have arranged for an extensive campaign in Europe. It begins next month and features our heavy machines. We are sending dealers throughout Europe brochures, leaflets, and posters, and this will be followed up by TV advertising in May.

I look forward to hearing from you.

30 Which is MOST appropriate for blank (ⓐ)?

① We prefer large customers
② We rely on exclusive agents
③ We trust sincere brokers
④ We rely on commission agencies

31 What can be included in the trade reference?

① an information about the buyer's character and abilities
② a book, article from which information has been obtained
③ a statement given by a bank about the financial position of a business
④ the information about where the supplier is when he is in foreign country

32 What is most suitable for blank (ⓑ)?

① As long as buyer
② As far as dealer
③ As far as publicity
④ As long as our product

33 Which is most appropriate for the blank?

We are sorry to say that we are completely out of stock of this item and it will be six weeks (   ) we get our next delivery, but please contact us then.

① before   ② after   ③ unless   ④ if

34 Which is wrong explanation?

① Jettison – To throw goods or tackle overboard to lighten a ship in distress.
② Piracy – An assault on a vessel, cargo, crew or passengers at sea by persons and acts for personal gain.
③ Embargo – A government order to stop movements of ships and cargoes in or out of ports to safeguard the interests of the country.
④ Subrogation – A surrender of property by the owner to the insurer in order to claim a total loss, when in fact, the loss may be less than total.

35 The following is about infringement clause. Put the right words for the blanks (ⓐ~ⓒ).

(ⓐ) shall not be liable for infringements of patents, designs, trademarks or copyrights involving goods. If any dispute arises concerning patents, designs, trademarks or copyrights as the result of the sale of the goods by (ⓑ), (ⓒ) shall, at its own risk and expenses, take all such steps as may be necessary to protect itself.

① ⓐ buyer – ⓑ seller – ⓒ buyer
② ⓐ buyer – ⓑ seller – ⓒ seller
③ ⓐ seller – ⓑ buyer – ⓒ seller
④ ⓐ seller – ⓑ seller – ⓒ buyer

[36~37] Which is the best English composition for the given Korean sentences?

36

① 귀사가 신뢰할 만한 회사를 소개해 주시면 감사하겠습니다.
   → We will be much obligatory if you introduce some reliable companies.
② 당사의 현존 시장을 다양화하기 위하여 당사는 당사의 제품을 귀사에게 수출하는 데 관심이 많습니다.
   → In order to diverse our existing market, we are interested in exporting our products to you.
③ 당사는 귀사의 시장으로 당사의 사업을 넓히고 싶어서 귀사에게 당사와 거래할 것을 제안합니다.
   → As we are now desire to extend our business to your market, we are sending a business propose to you.
④ 귀사의 견본을 받는 즉시 당사는 견본을 검사하고 당사의 결정에 대해서 알려드리겠습니다.
   → Upon receipt of your samples, we will examine them and let you know our decision.

37

① 귀사의 주문 확인서를 받는 즉시 당사가 거래하는 은행에 신용장을 개설하도록 하겠습니다.
→ We shall open a letter of credit with our bank as soon as we will receive your confirmation of the order.

② 지불 조건에 대한 세부 사항과 귀사가 다음 주문 시 사용할 수 있는 할인권을 첨부합니다.
→ We are attaching details of our term of payment and a discount coupon for you to use when you take a future order with us.

③ 이번 지연으로 발생한 불편에 대한 당사의 사과를 받아주시기 바랍니다.
→ Please accept our apologies for any inconvenience this delay may cause you.

④ 현재 생산자로부터 철강 부품 배송을 기다리고 있습니다.
→ We are currently awaiting for delivery of the steel components from the manufacturer.

[38~39] Read the following and answer the questions.

> I would like to call your attention on the unsolved O/A transaction. The loss of buying on credit brings about some problems, and can be devastating to your business.
> Your account is now four months past due, and you've not responded to any of our requests for payment. By sending your check in the amount of US$75,000 today, you'll ensure the privilege of maintaining the good credit reputation you now have.

38 Which of the following is LEAST likely to be included in 'some problems'?

① Affects and sometimes blocks the cash flow.
② Helps to continue to order without having to include a check each time.
③ Costs the goodwill established so hard.
④ Limits the ability to replenish the stock.

39 Which of the following is MOST likely to come immediately after the passage to end the letter?

① For five months we've been writing to you in an attempt to clear up your unpaid balance of US$75,000.
② We have always been willing to work with you during these times.
③ We hope it won't be necessary for us to take this matter further, because you are one of our valued customers.
④ Starting with your April invoice, I may get the discount of 1.5%.

40 Below shows examples of crime used in international trade. Choose the right pair.

(ⓐ): by misrepresenting the price of the goods in the invoice and other documentation (stating it at above the true value), the seller gains excess value as a result of the payment.
(ⓑ): by misrepresenting the price of the goods in the invoice and other documentation (stating it at below the true value), the buyer gains excess value when the payment is made.
(ⓒ): the seller ships less than the invoiced quantity or quality of goods, thereby misrepresenting the true value of goods in the documents.
(ⓓ): the seller ships more than the invoiced quantity or quality of goods, thereby misrepresenting the true value of goods in the documents.

① ⓐ Over invoicing – ⓑ Under invoicing – ⓒ Short shipping – ⓓ Over shipping
② ⓐ Over invoicing – ⓑ Under invoicing – ⓒ Over shipping – ⓓ Short shipping
③ ⓐ Under invoicing – ⓑ Over invoicing – ⓒ Short shipping – ⓓ Over shipping
④ ⓐ Under invoicing – ⓑ Over invoicing – ⓒ Fantom shipping – ⓓ Over shipping

[41~42] Read the following and answer the questions.

We have today shipped 100 sets of TVs to the Nigerian Trading Co, Lagos. Since the standing of this company is unknown to us we do not wish to hand over (ⓐ) against their mere acceptance of a bill of exchange. Therefore we enclose (ⓑ) on them, together with bill of lading and the other shipping documents for payment. Please instruct your correspondent in Lagos to arrange for this.

41 Which of the following BEST fits the blanks in the letter?

① ⓐ a draft – ⓑ cash
② ⓐ the shipping documents – ⓑ a sight draft
③ ⓐ goods – ⓑ check
④ ⓐ a sight draft – ⓑ the shipping documents

42 To whom is the letter being sent?

① a seller   ② a bank
③ a correspondent   ④ an importer

[43~44] Fill out the blank with suitable words.

43

(   ) terms allows the importer to make payments at some specific date in the future and without the buyer issuing any negotiable instrument evidencing his legal commitment to pay at the appointed time. These terms are most common when the importer/buyer has a strong credit history and is well-known to the seller.

① Open account
② Letter of credit
③ Documentary Collection
④ Cash on Delivery

44

We regret to inform you that we have made a mistake in making out the invoice No. 123. The correct charge for radios is US$88. We are, therefore, enclosing (   ) for the amount undercharged.

① sales note   ② purchase note
③ a debit note   ④ a credit note

45 Which of the following is the LEAST proper explanation about the agent?

① A person authorized by another to act for him is called as agent.
② Co-agent means one who shares authority to act for the principal with another agent and who is so authorized by the principal.
③ Agents employed for the sale of goods or merchandise are called mercantile agents.
④ Del credere agent is an agent who makes himself responsible for any bad debts through insolvency by principal.

[46~49] Fill in the blanks with the most appropriate word(s).

46

Missing a deadline in shipment is bad business. It can cost you untold losses, not only because it may cost you the credit, but it also hurts your (ⓐ) as a reliable business person. If you can see that you will not meet an agreed-upon deadline, don't let the day come and go without saying anything. Well in advance of the deadline, request a/an (ⓑ) in writing.

① ⓐ reputation – ⓑ extension
② ⓐ money – ⓑ delay
③ ⓐ finance – ⓑ cancellation
④ ⓐ position – ⓑ postpone

47

Dear Ms. Yoo,
Your account is now (ⓐ) for 3 months. Copies of outstanding invoices are attached.
If we do not receive payment in full by September 7, your account will be closed and service will be cancelled. In addition, this matter will be turned over to our (ⓑ).
Please call us within the next three business days to discuss how we can resolve this matter.
Sincerely,

① ⓐ blocked – ⓑ legal department
② ⓐ past due – ⓑ collection agency
③ ⓐ due – ⓑ insurance company
④ ⓐ cancelled – ⓑ accountant

48

Insurance policies may contain language that entitle an insurer, once losses are paid on cliams, to seek recovery of funds from a (ⓐ) which caused the loss. The insured does not have the right to both file a claim with the (ⓑ) to receive the coverage outlined in the insurance policy and to seek damages from the third party.

① ⓐ third party – ⓑ insurer
② ⓐ buyer – ⓑ insurer
③ ⓐ third party – ⓑ buyer
④ ⓐ buyer – ⓑ insured

49

(ⓐ) is a transport or freight term indicating that loading/discharging costs are not included in the freight. In the charter party, context means that loading/discharging are not the shipowner's responsibility. The (ⓑ) is responsible for loading/discharging.

① ⓐ FIO – ⓑ Charterer
② ⓐ FI – ⓑ Shipper
③ ⓐ FO – ⓑ Charterer
④ ⓐ FIO – ⓑ Consignee

50 Fill in the blank with the best one.

The drawer in the bill of exchange is a party ( ).

① who pays a bill at sight or on a time basis when it is presented
② who draws a draft upon another party for the payment of specific amount
③ who receives payment from his bankers or trading partners
④ who is directed to pay the sum specified in a bill of exchange

[제3과목] 무역실무

51 (㉠), (㉡), (㉢), (㉣) 안에 들어갈 용어로 옳은 것은?

Incoterms는 인도 장소와 방법에 따라 11가지 정형거래조건을 제정하여 사용하고 있다. (㉠) 등의 조건에서 선적과 인도가 같은 개념이지만 (㉡) 등에서는 그 개념을 달리한다. 따라서 계약 조건으로 (㉢)이란 용어를 사용하면 이것이 선적을 의미하는지, 위험의 이전을 의미하는지 또는 매도인이 매수인의 관리하에 물품의 반입을 의미하는지 혼동하기 쉽다. 결국 물품의 인도와 관련된 시기를 나타내는 계약 조건은 (㉣)이라고 명기 하는 것이 명확하다고 할 수 있다.

① ㉠ CIF, ㉡ DAT, ㉢ 선적조건(shipment terms),
  ㉣ 인도조건(delivery terms)
② ㉠ EXW, ㉡ CIP, ㉢ 선적조건(shipment terms),
  ㉣ 인도조건(delivery terms)
③ ㉠ DAP, ㉡ CPT, ㉢ 인도조건(delivery terms),
  ㉣ 선적조건(shipment terms)
④ ㉠ FOB, ㉡ DDP, ㉢ 인도조건(delivery terms),
  ㉣ 선적조건(shipment terms)

52 (㉠), (㉡) 안에 들어갈 숫자로 옳은 것은?

- 과부족용인약관(More or Less Clause): 신용장통일규칙(UCP 600)은 살물(撒物)일 때 명시적인 과부족용인약관이 없더라도 (㉠)%의 과부족은 허용하고 있다.
- Approximate Quantity(About, Circa, Approximately): 신용장통일규칙(UCP 600)은 (㉡)% 범위 안에서 과부족을 허용한다.

① ㉠ 5 ㉡ 5
② ㉠ 5 ㉡ 10
③ ㉠ 10 ㉡ 10
④ ㉠ 10 ㉡ 20

53 양도가능 신용장(transferable credit)의 조건 중 양도 시 원신용장의 조건으로부터 변경 가능한 것으로 옳지 않은 것은?

① 신용장의 금액 및 단가의 감액 – 유효기일의 단축
② 유효기일의 연장 – 서류 제시기일의 연장
③ 선적기일의 단축 – 부보비율의 증액
④ 서류 송부은행을 개설은행에서 양도은행으로 변경 – 부보비율의 증액

54 surrendered B/L에 관한 내용으로 옳지 않은 것은?

① 권리포기 선하증권이라고 한다.
② non-negotiable이다.
③ 사본으로 OBL 제시 없이 화물을 인도받을 수 있다.
④ 신용장 거래에서 안전하게 사용된다.

55 (㉠), (㉡), (㉢) 안에 들어갈 용어로 옳은 것은?

(㉠)(이)란 화물의 개수, 중량 혹은 용적과 관계없이 일 항해(Trip or Voyage) 혹은 선복의 크기(DWT)를 기준으로 하여 일괄 계산하는 운임을 말하며, (㉡)(이)란 항해용선계약에서 계약적재량을 채우지 못함으로 발생되는 운임을 말하고, (㉢)(이)란 용선계약상 허용된 정박기간이 종료하기 전에 하역이 완료되었을 때 그 절약된 기간에 대하여 선주가 용선자에게 지급하는 보수를 말한다.

① ㉠ 선복운임(Lumpsum Freight), ㉡ 부적운임(Dead Freight), ㉢ 조출료(Despatch Money)
② ㉠ 일대용선운임(Daily Charter Rate), ㉡ 부적운임(Dead Freight), ㉢ 체선료(Demurrage)
③ ㉠ 선복운임(Lumpsum Freight), ㉡ 부가운임(Bulky Surcharge), ㉢ 체선료(Demurrage)
④ ㉠ 일대용선운임(Daily Charter Rate), ㉡ 부가운임(Bulky Surcharge), ㉢ 조출료(Despatch Money)

56 (㉠), (㉡) 안에 들어갈 정형거래 조건으로 옳은 것은?

(㉠) 조건이라 함은 매도인이 물품을 본선에 적재하여 인도하거나 이미 그렇게 인도된 물품을 조달하는 것을 의미한다. 물품의 멸실 또는 손상의 위험은 물품이 본선에 적재된 때에 이전한다. 매도인은 물품을 지정 목적항까지 운송하는 데 필요한 계약을 체결하고 그에 따른 비용과 운임을 부담하여야 한다. (㉡) 조건 등이 사용되는 경우에, 매도인은 물품이 목적지에 도착한 때가 아니라 선택된 당해 규칙에 명시된 방법으로 운송인에게 물품을 교부하는 때에 그의 인도의무를 이행한 것으로 된다.

① ㉠ CFR, ㉡ CPT
② ㉠ CIF, ㉡ DAT
③ ㉠ CPT, ㉡ CFR
④ ㉠ CIP, ㉡ FCA

57 추심 방식과 신용장 방식의 설명으로 옳지 않은 것은?

① 추심 방식과 신용장 방식 모두 은행이 대금 지급 당사자로 개입한다.
② 추심 방식과 신용장 방식 모두 환어음이 이용된다.
③ 추심 방식보다는 신용장 방식이 수출업자에게 보다 안전한 결제 방식이다.
④ D/P와 Sight L/C의 경우 Sight draft가 이용된다.

58 복합운송에 대한 설명으로 옳은 것을 모두 고르면?

㉠ 운송계약은 각각의 운송수단별로 체결된다.
㉡ 육상, 해상, 항공운송 등이 서로 연결된다.
㉢ 해상운송이 여러 번 연결된다.
㉣ 전 구간에 대하여 1개의 운송증권이 발행된다.

① ㉠, ㉢
② ㉠, ㉣
③ ㉡, ㉢
④ ㉡, ㉣

59 Incoterms 2010에 관한 내용으로 옳지 않은 것은?

① FCA의 경우 Buyer가 자신을 위하여 적하보험에 부보한다.
② CPT의 경우 Buyer가 Seller를 위하여 적하보험에 부보한다.
③ CIP의 경우 Seller가 Buyer를 위하여 적하보험에 부보한다.
④ CIP의 경우 당사자 간의 약정이 없다면 적하보험은 최소담보 약관으로 부보하면 된다.

60 CIP 거래에서 신용장상에 다음과 같은 문구가 있다. 이에 대한 설명으로 옳지 않은 것은?

> +Insurance Policy in duplicate issued to Beneficiary's order and blank endorsed for the invoice value plus 10 pct.

① 보험증명서도 수리 가능하다.
② 보험증권상에 수익자의 백지배서가 필요하다.
③ 보험 부보 금액은 송장금액의 110%이다.
④ 보험증권의 피보험자란에 수익자명이 기재된다.

61 매입은행인 JAKARTA BANK가 수출업자인 JAVA에게 대금을 즉시 지급하고, 발행은행인 KOOKMIN BANK로부터 만기에 대금을 상환받는 경우를 무엇이라 하는가?

> • 수입업자: HAEYANG CO., LTD. KOREA
> • 수출업자: JAVA CO., LTD. INDONESIA
> • 수입업자 거래은행: KOOKMIN BANK
> • 수출업자 거래은행: JAKARTA BANK
> • 신용장상의 문구: "available with ANY BANK by negotiation of your draft at 180 days after sight for 100 percent of invoice value."

① shipper's usance
② domestic banker's usance
③ overseas banker's usance
④ European D/P

62 무역계약의 법적 성질에 대한 설명으로 옳지 않은 것은?

① 유상계약은 무상계약의 반대 개념이며, 이는 계약상 금전적 대가를 부담한다는 것으로 채무 자체의 상호 의존성에 중점을 둔 개념이다.
② 쌍무계약은 매매계약이 성립되면 양 당사자가 동시에 채무를 부담한다는 것이다.
③ 불요식계약은 특별한 형식 없이 구두나 행위 또는 서명에 의하여도 의사의 합치만 확인되면 계약이 성립된다는 것이다.
④ 무역계약은 낙성계약이며 그 반대는 요물계약(要物契約)으로 당사자의 합의 이외에 일방의 물품 인도나 기타의 행위를 필요로 하는 계약을 말한다.

63 신용장과 관련된 내용으로 옳은 것을 모두 고르면?

> ㉠ 신용장은 특정은행의 조건부 지급확약으로 상업신용을 은행신용으로 전환시켜 주는 금융수단이다.
> ㉡ 신용장상에 아무런 언급이 없는 경우 양도가 가능하다.
> ㉢ 무역 거래에 사용되는 신용장은 일반적으로 'Documentary Credit'이다.
> ㉣ 신용장에 의해 발행되는 환어음의 만기가 'at 90 days after sight'라면 'Sight Credit'이 된다.
> ㉤ 양도가능 신용장이 개설되었다면 반드시 중계무역이 발생하게 된다.

① ㉠, ㉡
② ㉠, ㉢
③ ㉠, ㉣
④ ㉠, ㉢, ㉤

64 선하증권에 대한 설명으로 옳지 않은 것은?

① 지정된 CY나 CFS에서 운송인에게 화물을 인도할 때 수령했다는 증빙으로 수취 선하증권(received B/L)을 발급해 준다.
② UCP 600에서 선적인은 신용장의 수익자가 될 필요가 없다고 규정하고 있어 제3자 선하증권은 수리 가능하다.
③ Switch B/L은 중계무역 시 발급되는 것으로 Shipper 란에 중계업자의 상호를 기입하여 발급한다.
④ 적색 선하증권(Red B/L)은 선하증권과 무역금융을 결합한 것이다.

65 중재제도의 특징으로 옳지 않은 것은?

① 단심제에 의한 신속한 분쟁해결
② 전문가에 의한 판정
③ 자율성의 존중과 민주적인 절차 진행
④ 심리의 공개진행

66 매입은행이 Nego 서류 심사 시 하자 사항에 대한 모든 책임을 수출업자가 부담한다는 일종의 보상장을 첨부하여 매입하는 방법은?

① L/G Negotiation
② Negotiation after Amendment
③ Cable Negotiation
④ Collection Basis

67 CIF 가격 조건에서 매도인의 의무에 대한 내용으로 옳지 않은 것은?

① 수출지에서 필요한 수출통관 및 허가를 득해야 한다.
② 계약 물품에 대하여 최소한의 적하보험에 부보하여야 한다.
③ 보험 금액은 매매계약에서 약정된 대금과 동일해야 하지만, 보험의 통화는 매매계약의 통화와 동일하지 않아도 된다.
④ 본선에 물품의 적재를 마친 후 선박회사로부터 선하증권을 입수한다.

68 공동해손분담금의 원천이 되는 공동해손이 성립하기 위한 요건으로 볼 수 없는 것은?

① 통상적인 희생이나 비용
② 희생이나 비용이 자발적으로 발생된 것
③ 고의로 발생시킨 비용
④ 희생이 합리적인 수준 이내에서 발생된 것

69 해상위험 담보 방식으로 옳지 않은 것은?

① ICC(A)-포괄담보 방식
② ICC(B)-열거담보 방식
③ ICC(A/R)-열거담보 방식
④ ICC(FPA)-열거담보 방식

70 컨테이너터미널 부두의 구조물에 관한 설명으로 옳지 않은 것은?

① Berth: 선박을 항만 내에 계선시키는 시설로 접안장소
② Apron: 선박의 동요를 막기 위한 계선주(bitt)가 설치되어 있는 곳
③ Marshalling Yard: 방금 하역했거나 적재할 컨테이너를 정돈해두는 넓은 장소
④ CY Gate: 컨테이너 및 컨테이너 화물을 인수, 인도하는 장소로 화주와 운송인 간 책임의 분기점

71 수출한 설비나 기술에 의하여 생산되는 제품을 수입하는 무역 거래 형태는?

① Compensation Trade
② Counter Purchase
③ Off-Set Deal
④ Buy-Back Trade

72 UCP 600 제3조 해석에 대한 내용으로 옳지 않은 것은?

① "on or about"은 시작일과 끝나는 일자를 포함하여 특정 일자 전 5일부터 후 5일까지의 기간 중에 발생해야 하는 것으로 해석한다.
② 선적 기간(period of shipment)을 결정하기 위해 사용되는 "before"와 "after"는 언급된 일자를 제외한다.
③ 만기(maturity date)를 정하기 위하여 "from"과 "after"라는 단어가 사용된 경우에는 명시된 일자를 포함한다.
④ 어느 월의 "beginning", "middle", "end"라는 단어가 사용된 경우에는 각 해당 월의 1일부터 10일, 11일부터 20일, 21일부터 해당 월의 마지막 날까지로 해석하면 된다.

73 SWIFT 신용장의 조항별 설명으로 옳지 않은 것은?

① available with~ by~: with 다음에는 은행명, by 다음은 신용장 사용 방법(지급, 연지급, 매입, 인수)을 표시
② draft at: 환어음의 지급기일을 표시
③ latest date of shipment: 최종 선적 일자를 표시
④ drawee name and address: 화환어음의 지급인(개설의뢰인)과 주소 표시

74 국제물품매매계약에 관한 UN 협약(CISG)의 규율대상에 해당하지 않는 것은?

① 계약의 유효성
② 매수인의 권리구제
③ 매도인의 의무
④ 계약의 성립

75 추정전손이 발생하면 피보험자가 보험자에게 위부통지를 하여야 하고, 보험자가 위부의 수락여부를 결정하기 전에 보험자나 피보험자가 피보험목적물의 회복, 구조 또는 보존을 위하여 필요한 조치를 취한다고 해서 이를 위부의 수락이나 포기로 간주하지 않는다는 취지의 약관은 무엇인가?

① Waiver Clause
② Duty of Assured Clause
③ Reasonable Despatch Clause
④ Forwarding Charge Clause

2018년 제1회(111회)

[제1과목] 영문해석

[01~03] Read the following and answer.

Dear Ann,

Please quote for collection from our office and Delivery to Busan port.

Our goods are:
- 6 divans and mattresses, 70cm× 480cm
- 7 bookcase assembly kits packed in cardboard boxes, each measuring 14m³
- 4 coffee-table assembly kits, packed in cardboard boxes.
- 4 armchairs, 320 × 190 × 260cm

The divans and armchairs are fully protected against knocks and scratches by polythene and corrugated paper wrapping, and the invoiced value of the goods is USD 50,500. The freight will be borne by our customer.

I would appreciate a prompt reply, as delivery must be made before the end of next week.

01 What is the purpose of the letter above?

① request for a quotation of delivery
② request to deliver the goods by a deadline
③ offer of goods price being sold out
④ request for proper packing

02 Who is most likely to be Ann?

① buyer   ② seller
③ insurer   ④ freight forwarder

03 What Incoterms would be applied for the above transaction?

① FCA   ② CIP
③ CFR   ④ FOB

04 Which is NOT suitable for the blank?

According to CISG, additional or different terms relating, among other things, to (   ) are considered to alter the terms of the offer materially.

① the price, payment, quality and quantity of the goods
② place and time of delivery
③ late acceptance
④ the settlement of disputes

[05~06] Read the following and answer the questions.

Dear Sirs,

We will be sending on behalf of our clients, Delta Computers, Ltd., a consignment of 20 computers to N.Z. Business Machines Pty., Wellington, New Zealand. The consignment is to be loaded on to the SS Northen Cross which sails from Tilbury on the 18th of May and is due in Wellington on the 25th of June.

We would be grateful if you could quote a rate covering all risks from port to port.

As the matter is urgent, we would appreciate a prompt reply.

Thank you.

Yours faithfully,

05 What is NOT included in the above?

① the subject-matter insured
② the name of vessel
③ the departing port and arriving port
④ insurable value

06 What is being sought?

① insurance premium
② freight
③ exchange rate
④ insurance amount

07 Below is a part of document. What is it?

> Whereas you have issued a bill of lading covering the above shipment and the above cargo has been arrived at the above port of discharge, we hereby request you to give delivery of the said cargo to the above mentioned party without production of the original bill of lading.
>
> In consideration of your complying with our above request, we hereby agree to indemnify you as follows:
>
> Expenses which you may sustain by reason of delivering the cargo in accordance with our request, provided that the undersigned Bank shall be exempt from liability for freight, demurrage or expenses in respect of the contract of carriage.
>
> As soon as the original bill of lading corresponding to the above cargo comes into our possession, we shall surrender the same to you, whereupon our liability hereunder shall cease.

① Shipping Letter of Guarantee
② Letter of Insurance
③ Delivery Guarantee
④ Demand Guarantee

08 According to the CISG, which one is regarded as a valid acceptance?

① Acceptance by silence
② Offerree's conduct indicating assent to the offer
③ Acceptance by inactivity
④ Counter offer for expiry extension

09 Which is NOT correct according to the following?

> Insurance policy in duplicate, endorsed in blank for 110% of the invoice cost. Insurance policy must include Institute Cargo Clauses ICC(B).

① Insurance certificate can be presented instead of insurance policy.
② In negotiating, blank endorsement must be made by a beneficiary.
③ 10% is added to the invoice cost as expected profit.
④ Insurance policy shall be issued in two original Copies.

10 What is NOT proper contractual position according to CISG?

> We received your offer of April 1 2018. After careful examination, we decided to accept your offer if you can reduce the price per set by US $2.

① The offeree rejects the original offer.
② This terminates the offer.
③ This is a conditional acceptance.
④ This is a counter offer.

[11~12] Read the following and answer the questions.

> (A) Not only are we still waiting for part of our order to arrive, but once again we have received components (a) that should have sent to another department. We have forwarded them to the correct factory, and of course (b) we expect you to cover these costs. This is not the first time that this kind of mix-up has happened. (c) These delivery problems are causing us extra work as well as delays in production. We cannot accept this, and (d) will have to cancel the contract if it happens again.

11 Which of (a)~(d) is most grammatically INCORRECT?

① (a)　　② (b)　　③ (c)　　④ (d)

12 What is the BEST sentence for blank (A)?

① I'm writing to amend our contract.
② I'm writing to complain about your latest delivery.
③ I'm writing to collect the money which you did not send.
④ I'm writing to inform you that I sent the components to the factory.

13 Who might be underlined 'you'?

> We will shortly have a consignment of tape recorders, valued at £50,000 CIF Quebec, to be shipped from Manchester by a vessel of Manchester Liners Ltd.
> We wish to cover the consignment against all risks from our warehouse at the above address to the port of Quebec.
> Will you please quote your rate for the cover.

① buyer　　　　　② carrier
③ insurance company　④ freight forwarder

14 Which is RIGHT statement according to UCP 600?

① In the absence of an indication to the contrary, the credit is deemed to be revocable.
② A revocable credit may be amended or canceled only if all the basic parties of letter of credit agree with such amendment or cancelation.
③ A transferable credit can be transferred only no more than once.
④ An irrevocable credit may be amended or canceled only by the issuing bank or the confirming bank.

15 Which of the following is not covered by Incoterms 2010?

① The parties are well advised to specify as clearly as possible the point within the named place of delivery.
② If the seller incurs costs under its contract of carriage related to unloading at the named place of destination, the seller is not entitled to recover such costs from the buyer unless otherwise agreed between the parties.
③ The seller is liable for any lack of conformity with the contract which is due to a breach of any of his obligations.
④ The buyer may provide the seller with appropriate evidence of having taken delivery.

16 Read the following and choose WRONG one in explaining Incoterms.

Different countries have different business cultures so it is a good idea to make sure we have a clear written contract to minimize the risk of misunderstandings. The contract should set out where the goods are being delivered. It should cover who is responsible for every stage of the journey, including customs clearance, and what insurance is required. It should also make it clear who pays for each different cost.
To avoid confusion, internationally agreed Incoterms should be used to spell out exactly what delivery terms are being agreed, such as :

① Where the goods will be delivered
② Who arranges transport
③ When the ownership of goods is transferred
④ Who handles customs procedures, and who pays any duties and taxes

17 Below is about containerization. Which is NOT related to the practical container works?

Containerization is a method of distributing the goods in a unitized form thereby allowing a multimodal transport system to be developed providing a possible combination of rail, road and ocean transport.
As containers are becoming a very common method in multimodal transport, the course of business in container transport will be specified. Although not all containerized transport is multimodal, and vice versa, they are so often inter-related that it is useful to consider these two concepts together.

① Container transports are frequently arranged by freight forwarders.
② Containers are not necessarily owned by the carrier but often by companies specializing in containers which lend them to carriers.
③ If the exporter intends to stuff a full container load (FCL), shipping line may send an empty container to the exporter for loading.
④ If the cargo is less than a full container load (LCL), the exporter will send it to the container yard.

[18~19] Read the following and answer the questions.

Thank you for your inquiry regarding opening an account with our company. Please, fill in the enclosed financial information form and provide us with two or more trade references as well as one bank reference. Of course, all information will be kept in the strictest confidence.
Thank you very much for your cooperation.

18 Which of the following is MOST likely to be found in the previous letter?

① We therefore request you to send us the names of three department stores with which your company already has accounts at present.
② If your company can supply us with two additional credit references as well as current financial statements, we will be pleased to reconsider your application.
③ We request that you open an account with us on 30-day credit terms, starting with the order listed.
④ I have enclosed our company's standard credit form for you to complete and would appreciate it if you would return it to me as soon as possible.

19 What would NOT be included in the underlined 'financial information'?

① balance sheet
② profit and loss account
③ cash flow
④ business registration certificate

20 Which is (are) suitable for the underlined 'rules'?

> When banks are asked to make payments as specified documents are presented to them, banks decide whether to pay or not based only upon the conformity or otherwise of the documents.
> The banks normally subscribe to an accepted set of definitions and <u>rules</u> of conduct and strict adherence to the rules is key to the efficient operation of banks' international trade finance.
>
> A. UCP 600   B. Incoterms 2010
> C. URC 522   D. ISP 98

① A only
② A+B only
③ A+C+D only
④ all of the above

21 Which of the following is NOT appropriate for the obligation of banks that are defined under URC 522?

① Banks will examine documents in order to obtain instructions.
② In the event that goods are dispatched directly to the address of a bank, such banks shall have no obligation to take delivery of the goods.
③ Banks will determine that the documents received appear to be as listed in the collection instruction.
④ Banks will act in good faith and exercise reasonable care.

22 Which of the following is right applicable law clause?

① Neither party shall be liable for failure to perform its part of this agreement when such failure is due to fire, flood, strikes, labour, troubles or other industrial disturbances, inevitable accidents, ware, embargoes, blockades, legal restrictions, riots, insurrections, or any cause beyond the control of the parties.
② All claims which cannot be amicably settled between Sellers and Buyers shall be submitted to Arbitration in Seoul.
③ Unless specially stated, the trade terms under this contract shall be governed and construed under and by the latest Incoterms and the formation, validity, construction and the performance of this agreement are governed by CISG.
④ This agreement must be construed and take effect as a contract made in Korea, and the parties hereby submit to the jurisdiction of the court of Korea.

23 The following statement is a part of contract. What kind of clause is it?

> If any provision of this Agreement is subsequently held invalid or unenforceable by any court or authority agent, such invalidity or unenforceability shall in no way affect the validity of enforceability of any other provisions thereof.

① Non-waiver clause
② Infringement clause
③ Assignment clause
④ Severability clause

24 As defined by UCP 600, complying presentation means a presentation that is in accordance with:

A. the terms and conditions of the credit
B. the applicable provisions of UCP 600
C. ISBP 745
D. international standard banking practice

① A
② A + B
③ A + B + C
④ A + B + D

25 In accordance with UCP 600, what MUST the issuing bank do?

A documentary credit pre-advice is issued on 1 March for USD 500,000 with the following terms and conditions:
- Partial shipment allowed.
- Latest shipment date 30 April.
- Expiry date 15 May.
On 2 March the applicant requests an amendment prohibiting partial shipment and extending the expiry date to 30 May.

① Clarify with the applicant the period for presentation.
② Issue the documentary credit as originally instructed.
③ Issue the documentary credit incorporating all the amendments.
④ Issue the documentary credit incorporating only the extended expiry date.

[제2과목] 영작문

26 Who might be the underlined party?

Gentlemen,
As for the shipment of used furniture by S/S Arirang due to leave for Dakar in Senegal on the 21 May. Our partner, Socida Ltd, is to effect insurance on the goods as the contract is based on FOB.
They instructed us to effect a marine insurance contract with you on ICC(B) including War Risks at the rate which was mutually agreed upon by both of you.

① exporter
② importer
③ freight forwarder
④ underwriter

[27~28] Read the following and answer.

Dear Mr. Kang,
With reference to your fax of 10 January 2018, we are pleased to inform you that we have identified a vessel that will meet your requirements.
She is the Arirang and is currently docked in Busan. She is a bulk carrier with a cargo (   ) of seven thousand tons. She has a maximum speed of 24 knots, so would certainly be capable of ten trips in the period you mentioned.
Please fax us to confirm the charter and we will send you the charter party.

27 Fill in the blank with suitable word.

① capacity
② entrance
③ permission
④ insurance

28 What type of transportation arrangement would best fit?

① voyage charter
② time charter
③ speed charter
④ bareboat charter

[29~31] Choose one which is NOT correctly composed into English.

29

① 귀사의 서신에서 귀사가 면제품에 특별히 관심이 많다는 것을 알 수 있는데 이 분야에서는 당사가 전문가라 할 수 있습니다.
→ Your letter conveys us that you are specially interested in cotton goods, and we can say that we are specialists in this line.

② 당사는 25년 전에 설립된 전자제품 수출업체입니다.
→ Twenty five years have passed since we were established as an exporter of electronic goods.

③ 현재 시장 상황이 불경기임에도 불구하고 만일 귀사가 경쟁력이 있다면 당사는 귀사와 거래를 시작할 수 있습니다.
→ Since at present the dullness rules the market, we are able to start a business with you unless you are in a competitive position.

④ 귀사가 다른 회사들처럼 가격을 10% 정도 할인해 주시거나 60일의 인수인도조건을 허용해 주시면 귀사의 청약을 수락하겠습니다.
→ If you would either discount the price by about 10% like other companies do or allow D/A at 60 days, we will accept your offer.

30

① 계약이 체결되기 전까지 청약은 취소될 수 있습니다. 다만 이 경우에 취소의 통지는 피청약자가 승낙을 발송하기 전에 피청약자에게 도달하여야 합니다.
→ Until a contract is concluded, an offer may be revoked if the revocation reaches the offeree before an acceptance is dispatched by offeree.

② 매매계약은 서면에 의하여 체결되거나 또는 입증되어야 할 필요가 없으며, 또 형식에 관하여도 어떠한 다른 요건에 구속 받지 아니합니다.
→ A contract of sales needs not be concluded in or evidenced by writing and is not subject to any other requirement as to form.

③ 보험서류에서 담보가 선적일보다 늦지 않은 일자로부터 유효하다고 보이지 않는 한 보험서류의 일자는 선적일보다 늦어서는 안됩니다.
→ The date of the insurance document must be no later than the date of shipment if it appears from the insurance document that the cover is effective until a date not later than the date of shipment.

④ 송하인의 지시식으로 작성되고 운임 선지급 및 착화통지처가 발행의뢰인으로 표시된 무고장 선적해상선하증권의 전통을 제시하십시오.
→ Please submit full set of clean on board bill of lading made out to the order of shipper marked freight prepaid and notify applicant.

31

① 동봉해 드린 주문서 양식에 정히 기입하셔서 즉시 반송해 주시길 바랍니다.
→ We suggest that you return to us straightway the enclosed order form duly filled in.

② 주문이 쇄도해서 귀사가 주문한 미니 컴퓨터는 매진되었습니다.
→ The mini-computers you ordered are sold out owing to the rush of orders.

③ 면셔츠 가격이 상당히 치솟았으나 종전 가격으로 귀사 주문품을 조달해 드리겠습니다.
→ The prices of cotton shirts have soared considerably, but we can fill your order at the former prices.

④ 이번 구매로 상당한 이익이 될 것이며 더 많은 주문을 하게 될 것으로 믿습니다.
→ We believe this purchase will bring you a good profit and result from your further orders.

32 What is the correct wordings for the consignee column of the B/L under the following L/C requirement?

> A Credit, which was issued by American Commercial Bank, requires a document that "full set of clean on board ocean bills of lading made out to our order and notify applicant".

① To order of American Commercial Bank
② To order of Shipper
③ To order
④ To order of applicant

[33~34] Read the following and answer the questions.

> I regret to inform you that an error was made on our invoice number B 832 of 18 August 100 pieces of polyester shirts were sent.
> The correct charge for polyester shirts, medium, is £26.70 per piece and not £26.00 as stated. We are therefore enclosing a (ⓐ) for the amount undercharged, namely £(ⓑ).
> This mistake was due to an input error and we are sorry it was not noticed before the invoice was sent.

33 Fill in the blanks with the most suitable answer.

① ⓐ charge — ⓑ 26.70
② ⓐ debit note — ⓑ 70.0
③ ⓐ payment — ⓑ 26.0
④ ⓐ credit note — ⓑ 267.0

34 Who is the sender of the letter?

① buyer   ② banker
③ supplier   ④ shipping agent

[35~36] Read the following and answer the questions.

> Dear Mr. Sheridan,
> We are currently planning to add yard and garden tractors to our line of leased equipment. It is my pleasure to announce that we shall feature your line of Titan tractors.
> Would you please send us a catalog containing a complete list of models, specifications, and price terms for Titan tractors. In particular, we require data in attached file on each model.
> We need this information no later than September 30 in order to include it in our November catalog. We are delighted to have found such an excellent line of products, and we look forward to a pleasant and profitable business relationship.

35 Which is LEAST likely to be included in the underlined 'this information'?

① sales terms   ② credit reference
③ product lines   ④ product specifications

36 Who is Mr. Sheridan MOST likely to be?

① sales manager   ② credit manager
③ personnel manager   ④ accountant

37 Fill in the blank with suitable word(s).

> Trade finance generally refers to the financing of individual transactions or a series of revolving transactions. And, trade finance loans are often ( ), that is, the lending bank stipulates that all sales proceeds are to be collected, and then applied to payoff the loan. The remainder is credited to the exporter's account.

① self liquidating   ② repaid later
③ added separately   ④ easily taken

38 Below explains voyage charter. Fill in the blank with right word.

> A voyage charter is the hiring of a vessel and crew for a voyage between a load port and a discharge port. The charterer pays the vessel owner on a per ton or lump-sum basis. The owner pays the port costs, fuel costs and crew costs. The payment for the use of the vessel is known as freight. A voyage charter specifies a period, known as (   ), for loading and unloading the cargo.

① tenor
② transit time
③ off hire
④ laytime

39 Below is about marine insurance. Fill in the blank with right word(s).

> While cargo is usually insured against the perils of the sea, which are defined as natural accidents peculiar to the sea, most ship owners carry hull insurance on their ships and protect themselves against claims by third parties by Purchasing (   ) insurance.

① protection and indemnity
② vessel
③ Institute Cargo Clauses
④ open policy

40 What could best replace the underlined words?

> Forfaiting involves the purchase of trade receivables without recourse, meaning that the purchasing bank or finance company cannot claim against the original ⓐ trade creditor in the event that the ⓑ trade debtor refuses or is unable to pay its obligations when due. A frequent exception is when non-payment is due to a trade dispute between the seller and buyer, who claims The seller did not ship the right goods or otherwise committed fraud in the transaction.

① ⓐ seller — ⓑ buyer   ② ⓐ bank — ⓑ seller
③ ⓐ insurer — ⓑ buyer   ④ ⓐ buyer — ⓑ insurer

41 Below explains some characteristics of insurance. Make a suitable pair for (ⓐ) and (ⓑ).

> Some policies include either an (ⓐ) or (ⓑ) clause. (ⓐ) represents a predetermined amount that is deducted from a claim and is used to discourage irresponsible, malicious and small claims. (ⓑ) means a percentage of the value of a loss, below which no payment is made but above which total compensation is paid.

① ⓐ Excess — ⓑ Franchise
② ⓐ Franchise — ⓑ Excess
③ ⓐ minimum — ⓑ maximum
④ ⓐ maximum — ⓑ minimum

42 This is a letter advising the issuance of L/C. Which is a right match?

> Gentlemen :
> ⓐ We have arranged with ⓑ the Bank of America for an Irrevocable Letter of Credit in your favor for US.$125,000. ⓒ Korea Exchange Bank, in your city, will send you the L/C which ⓓ you will receive within a few days.

① ⓐ We − beneficiary
② ⓑ the Bank of America − reimbursing bank
③ ⓒ Korea Exchange Bank − advising bank
④ ⓓ you − applicant

43 What is MOST suitable for the blank below?

> Payment can be deferred in the case of a/an ( ) which gives time for the buyer to inspect or even sell the goods.

① restricted L/C   ② usance L/C
③ straight L/C   ④ revocable L/C

44 Choose the most appropriate set of words to complete the sentences.

> For carriers, (ⓐ) simply means the seller/shipper is responsible for stuffing the container and the cost thereof. The shipping line receives the containers at (ⓑ) and does not commit itself as regards the contents.
> On the other hand, (ⓒ) means that the carrier is responsible for the suitability and condition of the container, and the stuffing thereof. The containers are filled or stuffed on the carrier's premises, ideally at a (ⓓ). Therefore, it has become accepted practice combining (ⓔ) with (ⓕ), and (ⓖ) with (ⓗ).

	ⓐ	ⓑ	ⓒ	ⓓ	ⓔ	ⓕ	ⓖ	ⓗ
①	LCL	CY	FCL	CFS	LCL	CY	FCL	CFS
②	LCL	CFS	FCL	CY	LCL	CFS	FCL	CY
③	FCL	CY	LCL	CFS	FCL	CY	LCL	CFS
④	FCL	CFS	LCL	CY	FCL	CFS	LCL	CY

45 Choose the most appropriate set of words to complete the sentences.

> A bill of lading is a ( ) instrument and can be passed from a shipper through any number of parties, each party ( ) it to assign title to the next party. The only condition is that ( ) can be assigned only by the party shown on the bill as having ( ) at the time. Any failure to respect this condition breaks what is known as the chain of title; all purported assignments of title after such a break are invalid.

① negotiable − endorsing − title − title
② transferable − naming − delivery − delivery
③ transferable − endorsing − delivery − delivery
④ negotiable − naming − title − delivery

46 Choose the WRONG one which explains EXW in respect of loading.

① The seller has no obligation to the buyer to load the goods, even though in practice the seller may be in a better position to do so.
② If the seller does load the goods, it does so at the buyer's risk and expense.
③ In cases where the seller is in a better position to load the goods, FCA is usually more appropriate.
④ EXW obliges the seller to load at its own risk and expense.

47 What does the following refer to?

Any extraordinary sacrifice or expenditure is voluntarily and reasonably made or incurred in time of peril for the purpose of preserving the property imperiled in the common adventure.

① total loss
② particular average
③ general average
④ partial loss

[48~49] Read the following and answer.

The most common transfer document is the bill of lading. The bill of lading is a (ⓐ) given by the freight company to the shipper. A bill of lading serves as a document of title and specifies who is to receive the merchandise at designated port. It can be in non-negotiable or in negotiable form.
In a ⓑ straight bill of lading, the seller consigns the goods directly to the buyer. This type of bill is usually not desirable in a letter of credit transaction, because it allows the buyer to obtain possession of the merchandise without regard to any bank agreement for repayment.

48 Fill in the blank (ⓐ) with right word.

① receipt
② evidence
③ proof
④ exchange

49 What is best substitute for 'ⓑ straight'?

① order
② usance
③ sight
④ special

50 Fill in the blank with suitable words.

If a contract is silent on the country of the proper court, the parties involved in a dispute may want to invoke the jurisdiction of the national courts in which they think they have the highest likelihood of success, or the courts which are most convenient for them. This practice is known as ( ).

① forum seeking
② forum shopping
③ court tour
④ court reference

[제3과목] 무역실무

51 ( ) 안에 들어갈 용어를 올바르게 나열한 것은?

(a)는 선박의 밀폐된 내부 전체 용적을 나타내며 $100ft^3$을 1톤으로 하되 기관실, 조타실 따위의 일부 시설물의 용적은 제외한다. 각국의 보유 선복량 표시, 관세, 등록세, 도선료 등의 부과 기준이 된다. 반면 (b)는 상행위에 직접적으로 사용되는 장소만을 계산한 용적으로 전체 내부 용적에서 선원실, 갑판창고, 통신실, 기관실 따위를 제외한 부분을 톤수로 환산한 것이며, 톤세, 항세, 항만시설사용료, 운하통과료 등의 부과 기준이 된다.

① a: 총톤수(G/T: gross tonnage)
  b: 순톤수(N/T: net tonnage)
② a: 순톤수(N/T: net tonnage)
  b: 총톤수(G/T: gross tonnage)
③ a: 재화중량톤수(DWT: dead weight ton)
  b: 배수톤수(displacement ton)
④ a: 배수톤수(displacement ton)
  b: 재화중량톤수(DWT: dead weight ton)

52 Incoterms 2010상 FCA 조건에 대한 설명이다. ( ) 안에 들어갈 내용을 올바르게 나열한 것은?

물품의 지정된 인도 장소가 매도인의 영업장 구내인 경우에는, (a)이 매수인 지정 운송수단에 적재 책임을 부담한다. 그리고 기타의 경우에는, 물품이 매도인의 (b) 상태로 매수인이 지정한 운송인이나 제3자의 임의처분 하에 놓인 때이다.

① a: 매도인, b: 운송수단에 실린 채 양륙 준비된
② a: 매수인, b: 운송수단으로부터 양륙 완료된
③ a: 매수인, b: 운송수단에 실린 채 양륙 준비된
④ a: 매도인, b: 운송수단으로부터 양륙 완료된

53 산업설비수출계약이나 해외건설공사계약을 체결한 수출자가 계약상의 의무 이행을 하지 않음으로써 발주자가 입게 되는 손해를 보상받기 위해 발행하는 수출보증서로 옳은 것은?

① Retention Bond
② Performance Bond
③ Maintenance Bond
④ Advanced Payment Bond

54 무역계약의 성립 요건에 대한 설명으로 옳지 않은 것은?

① 계약의 목적과 내용이 위법이거나 실현 불가능한 것이어서는 안 된다.
② 계약 당사자의 행위 능력이 있어야 한다.
③ 사기나 강박 등에 의한 것이 아니어야 한다.
④ 착오에 의한 계약도 유효하므로 계약 체결 시 유의하여야 한다.

55 Incoterms 2010상 복합운송 조건에 대한 설명으로 옳지 않은 것은?

① 해상운송이 전혀 포함되지 않은 경우에도 사용 가능하다.
② 해상운송만 이용되는 경우에도 문제없이 사용할 수 있다.
③ 선택된 운송 방식이 어떤 것인지, 운송 방식이 단일 운송인지 복합운송인지 불문하고 사용 가능하다.
④ 복합운송 중 최초의 운송 방식이 해상운송인 경우에도 사용 가능하다.

56 신용장통일규칙(UCP 600)에서 규정하고 있는 선하증권의 수리 요건으로 볼 수 없는 것은?

① 운송인의 명칭과 운송인, 선장 또는 지정 대리인이 서명한 것
② 신용장에 지정된 선적항과 양륙항을 명시한 것
③ 화물의 본선적재가 인쇄된 문언으로 명시되어 있거나 본선 적재필이 부기된 것
④ 용선계약에 따른다는 명시가 있을 것

57 환어음을 작성할 필요가 없는 결제 방법은?

① Freely Negotiable Credit
② D/P
③ D/A
④ COD

58 신용장 방식의 경우 곡물, 광산물과 같은 bulk cargo의 선적 수량에 대한 설명으로 옳은 것은?

① 일반적으로 3%의 과부족을 용인한다.
② 일반적으로 5%의 과부족을 용인한다.
③ 일반적으로 10%의 과부족을 용인한다.
④ 일체의 과부족을 용인하지 않는다.

59 수출상과 수입상이 동종의 물품을 일정 기간에 걸쳐 반복적으로 거래할 경우 한번 개설된 신용장의 효력이 일정 기간 경과 후 다시 갱생되는 신용장은?

① 선대 신용장
② 회전 신용장
③ 기탁 신용장
④ 토마스 신용장

60 국제물품매매계약에 관한 UN 협약(CISG)에서 매도인이 계약을 위반했을 때 매수인에게 부여할 권리구제의 방법에 대한 설명으로 옳지 않은 것은?

① 매도인이 계약을 이행하지 않는 경우에 매수인은 원칙적으로 계약대로의 이행을 청구할 수 있다.
② 매수인은 매도인의 의무 이행을 위하여 합리적인 추가 기간을 지정할 수 있다.
③ 매수인이 수령 당시와 동등한 상태로 반환할 수 없는 경우에도 대체물품인도청구권을 가질 수 있다.
④ 매도인이 물품의 하자를 보완하였거나 매수인이 매도인의 보완제의를 부당하게 거절하는 경우 대금감액은 인정되지 않는다.

61 Incoterms 2010상 DAP와 DAT 조건에 대한 설명이다. ( ) 안에 들어갈 내용을 올바르게 나열한 것은?

> DAP와 DAT는 모두 도착지 인도 규칙(delivered rule)으로서, (a) 사용될 수 있다. DAP와 DAT는 인도(delivery)가 지정 목적지(named place of destination)에서 일어난다는 공통점이 있으나, 구체적으로 (b)에서는 물품이 그러한 목적지에서 운송수단으로부터 양륙된 상태로 매수인의 처분하에 놓인 때에, (c)에서는 물품이 그러한 도착지에서 운송수단에 실린 채 양륙 준비된 상태로 매수인의 임의처분 하에 놓인 때에 인도가 일어난다는 차이가 있다.

① a: 운송 방식에 관계없이, b: DAT, c: DAP
② a: 해상운송 및 내수로 운송에, b: DAT, c: DAP
③ a: 운송 방식에 관계없이, b: DAP, c: DAT
④ a: 해상운송 및 내수로 운송에, b: DAP, c: DAT

62 청약의 소멸사유로 옳지 않은 것은?

① 청약에 대한 상대방의 승낙
② 청약의 철회(withdrawal)
③ 당사자의 사망
④ 청약의 거절 또는 반대청약

63 신용장에서 "Manually Signed Commercial Invoice in triplicate certifying goods as per 'Description of Goods' and to be of CHINESE origin. Original Invoice to be legalized by UAE Embassy/Consulate"라고 기재된 경우, 옳지 않은 것은?

① 송장상에 서명은 반드시 수기로 하여야 한다.
② 송장 3부 모두 반드시 원본으로 제시하여야 한다.
③ 송장상에 물품의 원산지가 중국임을 증명하는 내용이 포함되어 있어야 한다.
④ 송장 원본은 반드시 아랍에미레이트 대사관에서 직인(확인)을 받아야 한다.

64 해상운임에 대한 설명으로 옳지 않은 것은?

① 귀금속 등 고가의 운송에 있어 화물의 가격을 기초로 일정률을 징수하는 종가운임이 있다.
② 화물의 용적이나 중량이 일정 기준 이하일 경우 최저 운임이 적용된다.
③ 중량 또는 용적 중 운임이 높은 쪽으로 실제 운임을 부과하는 중량톤(revenue ton)이 있다.
④ 화물, 장소, 화주에 따라 운임을 차별적으로 부과하는지의 여부에 따라 차별운임과 무차별운임이 있다.

65 공동해손비용 손해(general average expenditure)에 해당하지 않는 것은?

① 인양비용
② 피난항비용
③ 임시수리비
④ 손해방지비용

66 Incoterms 2010상 EXW(Ex Works) 조건에 대한 설명으로 옳지 않은 것은?

① 매도인은 매매계약과 일치하는 물품을 자신의 영업장 구내에서 매수인에게 인도한다.
② 당사자 사이에 합의되었거나 관습이 있는 경우에 서류는 그에 상당하는 전자적 기록이나 절차로 할 수 있다.
③ 매수인은 매도인의 영업장 구내에서 물품을 수령하고 이를 입증하는 적절한 증빙을 제공하여야 한다.
④ 매도인은 수출국에 의하여 강제적인 검사를 포함하여 모든 선적전검사 비용을 부담하여야 한다.

67 혼재서비스(Consolidation Service)에 대한 설명으로 옳지 않은 것은?

① 공동혼재(Joint Consolidation)는 운송주선인이 자체적으로 집화한 소량화물을 FCL로 단위화하기에 부족한 경우 동일 목적지의 LCL을 확보하고 있는 타 운송주선인과 FCL 화물을 만들기 위해 업무를 협조하는 것이다.
② Buyer's Consolidation은 운송주선인이 한 사람의 수입상으로부터 위탁을 받아 다수의 수출상으로부터 화물을 집화하여 컨테이너에 혼재한 후 그대로 수입상에게 운송하는 형태이다. CFS-CY형태로 운송된다.
③ Forwarder's Consolidation은 운송주선인이 여러 화주의 소량 컨테이너 화물을 CFS에서 혼재한다. 혼재된 화물은 목적항의 CFS에서 화주별로 분류되어 해당 수입상에게 인도된다. CY-CY형태로 운송된다.
④ Shipper's Consolidation은 수출상이 여러 수입상에게 송부될 화물을 혼재하는 것이다. CY-CFS형태로 운송된다.

68 중재(Arbitration)에 의한 분쟁의 해결에 대한 설명으로 옳지 않은 것은?

① 중재합의의 주요 내용으로 중재지, 중재기관, 준거법을 포함해야 한다.
② 중재합의는 반드시 서면으로 이뤄져야 한다.
③ 중재 절차의 심문은 비공개를 원칙으로 서면주의와 구술주의를 병행한다.
④ 중재 절차에서 당사자 일방이 심문에 출석하지 아니하면 심문 절차는 진행되지 않는다.

69 원산지증명서에 대한 설명으로 옳지 않은 것은?

① 원산지증명서는 양허세율의 적용 시 기준으로 이용되기도 한다.
② 일반적인 원산지증명서는 대한상공회의소에서 발급하고 있다.
③ 관세양허 원산지증명서는 세관에서도 발급하고 있다.
④ 원산지증명서에서 수화인의 정보는 운송서류상의 수화인의 정보와 다르게 표시할 수 있다.

70 서류의 용도가 다른 하나는?

① Letter of Guarantee
② Letter of Indemnity
③ Surrendered B/L
④ Sea Waybill

71 무역금융 융자대상이 되지 않는 것은?

① D/A, D/P 방식에 의한 물품 수출
② 중계무역 방식에 의한 물품 수출
③ CAD, COD 방식에 의한 물품 수출
④ 구매확인서에 의한 수출용 원자재의 국내 공급

72 다음의 경우 환가료를 원화로 계산한 것으로 옳은 것은?

1) 거래 금액: USD 800,000
2) 거래 조건: A/S
3) 환가료율 2.00%
4) 우편일수 9일
5) 환율(장부가격): USD 1 = KRW 1,100

① 1,600원   ② 4,400원
③ 16,000원   ④ 44,000원

73 신용장통일규칙(UCP 600)상 '신용장 양도'에 관한 설명으로 옳지 않은 것은?

① 신용장이 양도 가능하기 위해서는 신용장에 "양도 가능(transferable)"이라고 기재되어야 한다.
② 양도은행이라 함은 신용장을 양도하는 지정은행을 말하며, 개설은행은 양도은행이 될 수 없다.
③ 양도와 관련하여 발생한 모든 수수료는 제 1 수익자가 부담하는 것이 원칙이다.
④ 제2수익자에 의한 또는 그를 대리하여 이루어지는 서류의 제시는 양도은행에 이루어져야 한다.

74 운송계약의 당사자인 운송인은 용선자가 아니라 선주 또는 선박임차인이고, 선하증권의 효력이 선하증권 소지인과 선주 간에만 미치므로 운송 중 화물의 손해에 대해 용선자는 아무런 책임도 부담하지 않는다는 취지의 조항은?

① Jason Clause
② Himalaya Clause
③ Demise Clause
④ Indemnity Clause

75 수출자 또는 수출 물품 등의 제조업자에 대한 외화 획득용 원료 또는 물품 등의 공급 중 수출에 공하여지는 것으로 수출 실적의 인정 범위에 해당하지 않는 것은?

① 내국 신용장(Local L/C)에 의한 공급
② 내국 신용장(Local L/C)의 양도에 의한 공급
③ 구매확인서에 의한 공급
④ 산업통상자원부장관이 지정하는 생산자의 수출 물품 포장용 골판지 상자의 공급

2018년 제2회(112회)

[제1과목] 영문해석

01 What is WRONG in Incoterms 2010 explanation?

① CIF: Seller is not responsible for the condition of the goods while they are in pre-carriage transit.
② CIF: Same as CFR, except for the insurance coverage.
③ CPT: Direct extension of the FCA Incoterm. It switches the contract of main-carriage task from the buyer to the seller.
④ CPT: Seller is not responsible for the condition of the goods during vessel loading when the loading takes place after the goods have been delivered to the previous carrier.

02 Which has a different topic from others?

① We are pleased to say that we can deliver the goods by November 1, so you will have stock for the Christmas sales period.
② As there are regular sailings from Busan to New York, we are sure that the goods will reach you well within the time you specified.
③ We have the materials in stock and will ship them immediately on receipt of your order.
④ All list prices are quoted FOB Busan and are subject to a 25% trade discount with payment by letter of credit.

[03~04] Read the following and answer.

Dear Mr. Han,

We are pleased to tell you that the above order has been shipped on the SS Marconissa and should reach you in the next 30 days.

Meanwhile, our bank has forwarded the relevant documents and draft for USD3,000,000 which includes the agreed trade and quantity discounts, to HSBC Seoul for your acceptance of the draft. We are sure you will be very satisfied with the consignment and look forward to your next order.

Best wishes,

William Cox
Daffodil Computer

03 What payment method can be inferred?

① COD   ② CAD   ③ D/P   ④ D/A

04 Which document is most far from the underlined 'relevant documents'?

① bill of exchange
② commercial invoice
③ packing list
④ bill of lading

05 Which is most far from usage of export credit insurance?

① It protects against financial cost of non-payment by buyer.
② It enables exporters to offer buyers competitive payment terms.
③ It helps to obtain working capital loans from banks.
④ It protects against losses from damage of goods in transit.

06 Who might be A?

Transport documents are required both to assure that the goods are being properly transported and for the A to claim possession of the goods at destination.

① buyer ② seller
③ carrier ④ banks

07 Which is MOST suitable for (A)?

A credit requiring an "invoice" without further definition will be satisfied by any type of invoice presented except: (A)

① customs invoice ② tax invoice
③ consular invoice ④ pro-forma invoice

08 Which is correct according to CISG?

On 1 July Seller delivered an offer, which is valid until 30 Sep 2018, to Buyer.
On 15 July Buyer sent letter "I do not accept your offer because the price is too high" but on 10 August the Buyer sent again "I hereby accept your prior offer of 1 July". Seller immediately responded that he could not treat this "acceptance" because of Buyer's earlier rejection.

① Buyer cannot insist his last acceptance.
② Seller shall accommodate the buyer's acceptance.
③ As long as the offer is valid, buyer can claim his last acceptance.
④ Buyer is able to withdraw his first acceptance.

09 Choose one which describes BEST for (a) – (d).

(a) We have drawn a draft at sight for US$35,000 on (b) the Bank of New York, N.Y. under the L/C No. 089925 and negotiated it through (c) the Korea Exchange Bank, Seoul, Korea.

Please note that all documents required in the Letter of Credit were forwarded to our (d) negotiating bank as per copies attached.

① (a) is an applicant of the Credit.
② (b) is a drawee of the Bill of Exchange.
③ (c) is a drawer of the Bill of Exchange.
④ (d) is Bank of New York.

10 In the following situation, which BEST suits the exporter's needs?

An exporter is willing to release the shipping documents directly to the buyer, but wishes to retain some guarantee of payment should the buyer fail to pay on the due date.

① Red Clause L/C
② Transferable L/C
③ Confirmed L/C
④ Standby L/C

11 What is the maximum value available for this final drawing?

A beneficiary receives an irrevocable documentary credit for which USD 20,000 may be drawn during each month of the documentary credit's one year validity. The documentary credit also indicates that reinstatement is on a cumulative basis. Full monthly drawings were made during the first, second, fourth, fifth and seventh months and there have been no other drawings. In the last month of the documentary credit's validity, the beneficiary expects to make a final shipment.

① USD 80,000   ② USD 100,000
③ USD 120,000 ④ USD 140,000

12 What kind of contract is the below?

Bailment of goods to another (bailee) for sale under agreement that bailee will pay bailor for any sold goods and will return any unsold goods.

① contract of sale   ② offer on approval
③ sole agent agreement ④ consignment contract

13 Below is a reply to a letter. Which of the following is the MOST appropriate title for the previous letter?

Thank you for your interest in our solutions at Bespoke Solutions Inc. We are a leading software development firm with an impressive track record creating responsive solutions to support organizational objectives. We offer a broad range of website development solutions.
Attached is our comprehensive price list, please find.

① Request for Acceptance
② Request for Quotation(RFQ)
③ Purchase Order(P/O)
④ Shipment Notice

[14~15] Read the following and answer the questions.

Dear Chapman,

We were pleased to receive your order of 15th April for a further supply of transistor sets, but as the balance of your account now stands at over USD 400,000, we hope you will be able to reduce it before we grant credit for further supplies.
We should therefore be grateful if you could send us your check for, say, half the amount you owe us. We could then arrange to supply the goods you now ask for and charge them to your account.

Yours faithfully,
Brown Kim

14 Which is MOST similar to the underlined 'charge'?

① remove   ② allow   ③ credit   ④ debit

15 Which is LEAST correct about the letter?

① Chapman placed an order with Brown.
② The writer is reluctant to extend credit.
③ The action of this letter resulted from the previous account which remains unpaid.
④ Brown Kim wants the overdue to be reduced at least by USD 200,000 this time.

16 Which of the following is grammatically INCORRECT?

(a) I am afraid I have noticed there is a word missing (b) in the final version of our contract. (c) I would like you to take a look at it and determine (d) whether it is enough big to cause a dispute. Once again, I give you my sincerest apologies for the inconvenience.

① (a)   ② (b)   ③ (c)   ④ (d)

[17~18] Read the following and answer the questions.

> Dear Mr. Edwards,
> Thank you for letting us know about the roses that arrived at your company in less perfect condition. I enclose a check refunding your full purchase price. An unexpected delay in the repair of our loaded delivery van, coupled with an unusual rise in temperatures last Thursday, caused the deterioration of your roses. Please accept our apology and our assurance that steps will be taken to prevent this from happening again.
> During the past fifteen years, it has been our pleasure to number you among our valued customers, whose satisfaction is the goal we are constantly striving to achieve. I sincerely hope you will continue to count on us for your needs.
> Yours very truly,
> Thomas Sagarino

17 Which is LEAST correct about the letter?

① Mr. Edwards is a longtime customer.
② Thomas believes that Edwards has a legitimate complaint.
③ Mr. Edwards asked for an exchange because some of the roses were missing.
④ Thomas Sagarino is a supplier.

18 What is the main purpose of the letter?

① Goodwill with the customers
② Confirming the order
③ Apology for damaged goods
④ Appreciation for the business

19 Which is most WRONG about the difference between EXW and FCA under Incoterms 2010?

① In terms of EXW, the obligation of delivery of goods by the seller is only limited to arrange goods at his premises.
② In terms of FCA, the export cleared goods are delivered by the seller to the carrier at the named and defined location mentioned in the contract.
③ In terms of FCA, the delivery of goods also can be at the seller's premises, if mutually agreed between buyer and seller.
④ If the buyer cannot carry out the export formalities, either directly or indirectly, EXW terms are opted in such business transactions.

[20~21] Read the following and answer the questions.

> We have received your letter of 23rd May enclosing your Debit Note No. 123. We are sorry not to have paid your account earlier by (a).
> In payment of these accounts, we enclose a check for USD 5,000,000 (b) covering your invoice up to the end of May 2018.
> We shall be obliged if you will send us a receipt by return of post.

20 Which of the following is MOST appropriate for (a)?

① an oversight   ② a request
③ a credit   ④ an order

21 What is the MOST accurate Korean translation on (b)?

① 2018년 5월 말까지 보내올 송장을 해결하기 위하여
② 2018년 5월 말까지 귀사의 송장 대금을 결제하는
③ 2018년 5월 말에 보낼 귀사의 송장에 포함시키기 위하여
④ 2018년 5월 말에 보내 주신 송장을 처리하기 위하여

22 Which of the following is the MOST appropriate purpose of the letter below?

> Dear Alice,
>
> Thank you for your call this afternoon and your interest in my business development services. It was great talking to you and discussing your business concept and expansion plans for Alize Catering.
>
> As discussed during our telephone conversation: You would like me to develop a detailed business plan for Alize Catering. The business plan will set out guidelines for Alize Catering operations in terms of the: Organizational plan, Production plan, Marketing Plan, and Financial plan.
>
> The total cost for the development of the business plan is USD 3,000 payable in 3 installments, with the first installment due immediately as confirmation of this engagement, the 2nd due on receipt of the draft document, and the 3rd due on delivery of the final document.

① To confirm a verbal agreement
② To inform about a new product
③ To request free product samples
④ To cancel the order

23 Which is a LEAST appropriate match?

> A (a) forwarder booked 2×20′ containers with (b) a shipping line to Doha on behalf of (c) his client. Due to a mistake of the shipping line staff, the shipping line shipped 1×20′ to Doha and put the other 1×20′ with some other clients' container and shipped it to Bremerhaven. By the time the forwarder found this mistake out, the container was already on its way to (d) Bremerhaven. The shipping line has advised that this container will be rerouted but the container will take about 60 days to reach Doha instead of the original transit time of 20 days if it had gone directly.

① (a) is a NVOCC
② (b) is a VOCC
③ (c) is an exporter
④ (d) is an original destination

24 Which of the following has a different intention from others?

① They deserve your confidence and credit in the sum you mentioned.
② The company enjoys an excellent reputation among the business circles here.
③ You may run the least risk in granting the said credit in this deal.
④ After three months' experience of delay, we were obliged to withdraw credit privileges from them.

25 What is LEAST likely to be the one which the seller writes?

① A batten-reinforced case would meet your needs and be much lower in price than a slid wooden case.
② The 1lb. size cans of chemicals will be shipped in strong cartons, each containing 24 cans.
③ When all items of the order are collected at our factory, we will pack them into suitable sizes for delivery.
④ Overall measurements of each case must not exceed 80cm(L)×50cm(W)×40cm(D).

[제2과목] 영작문

[26~28] Read the following and answer.

A sight draft is used when the exporter wishes to retain title to the shipment until it reaches its destination and payment is made.

In actual practice, the ocean bill of lading is endorsed by the exporter and sent via the exporter's bank to the buyer's bank. It is accompanied by the sight draft, invoices, and other supporting documents that are specified by either the buyer or the buyer's country. The foreign bank notifies the buyer when it has received these documents. As soon as the draft is paid, the (A) foreign bank turns over the bill of lading thereby enabling the buyer to obtain the shipment.

There is still some risk when a sight draft is used to control transferring the title of a shipment. The buyer's ability or willingness to pay might change from the time the goods are shipped until the time the drafts are presented for payment; (B)

26 What is suitable payment method for the above transaction?
① D/P
② D/A
③ Sight L/C
④ Usance L/C

27 Who is (A)?
① collecting bank
② remitting bank
③ issuing bank
④ nego bank

28 What is a most proper sentence for blank (B)?
① there is no bank promise to pay on behalf of the buyer.
② the presenting bank is liable for the buyer's payment.
③ the seller shall ask the presenting bank to ship back the goods.
④ the carrier asks the buyer to provide indemnity for release of the goods.

29 Which is NOT proper replacement for the underlined?

Dear team,
Our company is facing *regular* shipments to East Asian countries so that we will need to review cost scheme in relation to transportation and insurance. Please note that meeting will be held on next week Monday 9:00 A.M. in my office.
Tony Han
General Manager

① customary
② usual
③ normal
④ punctual

30 Which of the following statements on INCOTERMS 2010 is NOT correct?

ⓐ The Incoterms 2010 rules are standard shipment term designed to assist traders when goods are sold and transported. ⓑ Each Incoterms rule specifies the obligations of each party (e.g. who is responsible for services such as transport; import and export clearance etc), and ⓒ the point in the journey where risk transfers from the seller to the buyer. ⓓ By agreeing on an Incoterms rule and incorporating it into the sales contract, the buyer and seller can achieve a precise understanding of what each party is obliged to do, and where responsibility lies in event of loss, damage or other mishap.

① ⓐ
② ⓑ
③ ⓒ
④ ⓓ

[31~32] Read the following and answer.

> Dear Mr. Cho,
>
> Your name was given to us (A) Mr. L. Crane, the chief buyer of F. Lynch & Co. Ltd, who have asked us to allow them to settle their account by 90-day Bill of Exchange.
>
> We would be grateful if you could confirm that this company settles promptly on due dates, and are sound enough to (B) credits of up to USD 50,000 in transactions.
>
> Thank you in advance for the information.

31 Who is MOST likely to be Mr. Cho?

① referee ② seller ③ broker ④ drawee

32 Fill in the blank (A) and (B) with right words.

① by – meet
② from – fill
③ by – grant
④ from – allow

33 Which of the following words is MOST suitable for the blank below?

> Factoring companies provide a flexible and cost effective way to free up capital and improve cash flow. Factoring is a form of ( ) which allow business to raise funds or aid cash flow by providing funds against unpaid invoices. The banks then collect payment from the customer for you, saving you the time and hassle of chasing payments. Once payment is collected, the bank pays the balance of the invoice value, minus agreed fees.

① draft finance
② invoice finance
③ ordering service
④ overdraft service

[34~35] Read the following and answer.

> Dear Herr Kim,
>
> We would like to invite you to our annual dinner on 15 February, and 당신이 우리의 초청 연사 중 한 분이 되어 주실지 궁금합니다.
>
> Our theme this year is 'The effects of the USD', and we would appreciate a contribution from your field on how this is affecting exporting companies.
>
> Please let us know as soon as possible if you are able to speak.
>
> (A   ) a formal invitation for yourself and a guest.
>
> Yours sincerely,

34 What is best written for the underlined part?

① wonder if you would consider being one of our guest speakers.
② doubt if you would be one of our inviting speaker.
③ want you would accept as one of our speakers.
④ question goes for your acceptance as one of our host speakers.

35 Which is best for the blank (A)?

① Enclosed you will find
② Attached is our file
③ You may put out
④ We appreciate if you could sign

36 Which of the following is the right match for blanks below?

(ⓐ) Average Loss is a voluntary and deliberate loss, while (ⓑ) Average Loss is purely accidental and unforeseen loss. (ⓒ) Average Loss falls entirely upon the owner of the cargo. In (ⓓ) Average Loss the loss shall be shared by all the owners of cargo.

	ⓐ	ⓑ	ⓒ	ⓓ
①	General	Particular	General	Particular
②	General	Particular	Particular	General
③	Particular	General	General	Particular
④	Particular	General	Particular	General

37 Which is NOT a difference between Institute Cargo Clause (B) and Institute Cargo Clauses (C)?

① Only difference between ICC(B) and ICC(C) is the additional risks covered under ICC(B) cargo insurance policies.
② ICC(C) is the minimum cover cargo insurance policy available in the market.
③ ICC(B) covers loss of or damage to the subject-matter insured caused by entry of sea, lake or river water into vessel, craft, hold, conveyance, container or place of storage but ICC(C) does not.
④ ICC(B) covers loss of or damage to the subject-matter insured caused by general average sacrifice but ICC(C) does not.

[38~39] Read the following and answer the questions.

Thank you very much for your letter of March 20th inquiring about our model number HW-118.
(a) We have quoted our best prices and terms as attached price list. We trust that you can figure out our eagerness (b) to do business with you as we quoted special prices for you.
As a matter of fact, (c) we may have to raise our prices since (d) the prices of raw materials have been expensive from early this year. Therefore, we would ask you to (e) without delay.

38 Which of the following is grammatically INCORRECT?

① (a)   ② (b)   ③ (c)   ④ (d)

39 Which answer best fits the blank (e)?

① place a backorder
② place an initial order
③ take a bulk order
④ take a volume order

40 Which has the same meaning with the following sentence?

Shipment is to be made within the time stated in the contract, except in circumstances beyond the Seller's control.

① Shipment is to be made within the time without exceptions.
② Shipment is allowed to be made later, if the seller is unable to secure promised materials.
③ The seller is not responsible for delay in shipment in the case of force majeure.
④ The buyer is likely to ignore whatever the seller asks for an excuse.

41 Choose the answer which is MOST similar to the following sentence.

> Shipment not later than October 10.

① Shipment anytime after October 10.
② Shipment must be made by October 10.
③ Shipment must be made on October 10.
④ Shipment is no earlier than October 10.

42 Fill in the blank with the best answer.

> Regarding your order number HW-0713, we are pleased to inform you that the goods are ready for shipment.
> On such a short notice, please note that we made special effort to meet your required delivery date. We trust that the excellent quality and the fashionable design of our products will give your customers full satisfaction. Please let us have your ( ).

① quotation about this order
② letter of credit
③ invoice as soon as possible
④ shipping instructions

[43~46] Which is the most INACCURATE translation in English?

43

① 선적되어 온 것을 풀어보고 당사는 제품이 귀사의 견본과 품질이 동등하지 않다는 것을 발견하였습니다.
→ While we were unpacking the shipment, we realized that the quality of the goods is not equal to your sample.

② 이 지연으로 말미암아 당사는 큰 불편을 겪었습니다. 더 이상 지연되면 당사는 판매할 기회를 많이 놓친다는 점을 이해해 주십시오.
→ This delay has caused us great disconvenience. You will understand that you would lose much of your chance of selling them if their delivery were put off any further.

③ 귀하께서 당사의 클레임의 타당성을 인정하실 수 있도록 동봉한 견본을 조사해 주시기 바랍니다.
→ We ask you to examine the sample enclosed so that you will admit the reasonableness of our claim.

④ 이 문제를 해결하기 위하여 귀사가 생각하고 있는 할인액을 알려주시기 바랍니다.
→ We would be glad to hear of the allowance you consider in settling this matter.

44

① 당사는 영국에 거래처가 없으므로 귀사께서 당사가 이 특수 분야의 영업을 할 수 있는 기회를 얻도록 협력해 주신다면 감사하겠습니다.
→ We have no contacts in England, so we would be highly appreciated all the assistance you could render in let us have a chance of doing a business in this particular area.

② 우리들 상호의 이익을 도모하기 위하여 빠른 시일 내에 귀사와 거래를 시작하기를 바랍니다.
→ We hope that we can soon enter into business relations with you which we are sure will lead to our mutual profit.

③ 당사는 서울에 위치한 무역회사로 세계의 주요 무역 중심지에 지점들을 두고 있으며 광범위하고 다양한 상품을 취급하고 있습니다.
→ We are a trading firm in Seoul with branches covering the world's principal trade centers handling a wide range of various goods.

④ 당사는 일반 상품, 기계류 및 장비의 수출입상으로 20년이 넘는 역사를 가지고 있습니다.
→ We have a proud record of more than 20 years in our business as an exporter-importer dealing in general goods, machinery and equipment.

45

① 보증에 대한 정보도 받아보고 싶습니다.
→ We are also interested in receiving information about the warranty.

② 귀하의 주문품을 오늘 신속히 항공 속달편으로 발송하였습니다.
→ We have today promptly shipped your order by air express.

③ 선적이 지연된 이유는 최근 오클랜드 항구 직원들의 파업 때문입니다.
→ The shipping delay is due to the recent strike of port workers in Oakland.

④ 거듭된 시도에도 불구하고, 귀사로부터 아무런 답변도 듣지 못했습니다.
→ Despite of repeated attempts, we have unable to receive an answer from you.

46

① 귀사가 2개월 전 당사에 공급한 배터리에 문제가 있었습니다.
→ There has been a problem with the batteries you had supplied us two months ago.

② 당사 기록을 철저하게 검토한 결과, 추가 금액이 실수로 청구된 것이 확실합니다.
→ Having made a thorough check of our records, I am certain that the extra charge was made in error.

③ 귀사의 22-A01번 주문에 대한 청구서를 보내드린 지 2주가 되었습니다.
→ It was two weeks since we have sent you the billing for your order 22-A01.

④ 사무실 책상과 의자 품목의 사진을 보내주시겠습니까?
→ Would you mind sending me pictures of your line of office desks and chairs?

47 Choose the one which does NOT have the same meaning with the underlined.

If the payment should not be made, then I am afraid that we shall have no choice but to start proceedings for dishonor.

① resume negotiation   ② take a legal step
③ sue   ④ bring an action

48 Which is LEAST proper in explanation of Transhipments?

① Transhipments are usually made where there is no direct air, land, or sea link between the consignor's and consignee's countries.
② Transhipments can be made where the intended port of entry is blocked.
③ Transhipments are not allowed in L/C operation, unless the goods are containerised.
④ Transhipments exposes the shipment to a lower probability of damage.

49 What does the underlined mean?

> Underlying transaction is a deal between the account party and beneficiary of a letter of credit (L/C). An L/C is said to be independent of the underlying transaction.

① sales contract ② carriage contract
③ negotiation contract ④ payment terms

50 Which is right for the blank?

> One of the ways how to deal with the negotiation is that the exporter can get a discount from negotiating bank through ( ) for discrepant documents presented under the Documentary Credit.

① under reserve negotiation ② forfaiting
③ factoring ④ confirmation

[제3과목] 무역실무

51 신용장 양도 시 확인 사항으로 옳지 않은 것은?

① 2회 이상 양도 가능한지 여부
② 원신용장에 명기된 조건대로 양도되는지 여부
③ 당해 L/C가 양도가능(Transferable) 신용장인지 여부
④ 양도은행이 신용장상에 지급, 인수 또는 매입을 하도록 수권 받은 은행인지 여부

52 Incoterms 2010상의 '매도인의 의무(The seller's obligations)'에 관한 항목이 아닌 것은?

① Licences, authorizations, security clearance and other formalities
② Transfer of risks
③ Assistance with information and related costs
④ Provision of goods in conformity with the contract

53 무역계약이 체결된 장소 또는 국가에서 계약의 전부 또는 일부가 이행될 때 계약이 체결된 국가의 법률을 적용해야 한다는 원칙으로 옳은 것은?

① 무명조건 ② 계약이행지법
③ 중재지법 ④ 계약체결지법

54 다음 설명에 해당하는 수출 보증보험의 대상이 되는 보증서는 무엇인가?

> 계약 체결 시에 제출하는 것으로서 낙찰자가 약정된 계약을 이행하지 않을 경우에 대비하여 상대방(발주자)이 요구하며 보증금액은 보통 계약금액의 10% 전후이다.

① bid bond
② performance bond
③ advance payment bond
④ retention payment bond

55 다음의 경우 환가료를 원화로 계산한 것으로 옳은 것은?

> 1) 거래 금액: JPY 3,600,000
> 2) 거래 조건: 120d/s
> 3) 환가료율: 2.00%
> 4) 우편일수: 8일
> 5) 환율(장부가격): JPY 100 = KRW 1,000

① 128,000원 ② 240,000원
③ 256,000원 ④ 480,000원

56 해상운송에 관한 헤이그-비스비 규칙의 설명으로 옳지 않은 것은?

① 운송인의 책임은 과실책임주의에 기초하고 있다.
② 선적시로부터 양륙시까지의 기간 동안에 대해서만 적용된다.
③ 운송인은 자신에게 과실이 없음을 입증해야만 책임을 면할 수 있다.
④ 운송인은 항해과실에 대해서 책임을 부담하지 않는다.

57 선하증권의 법적 성질로 옳지 않은 것은?

① 요인증권
② 요식증권
③ 상환증권
④ 금전증권

58 신용장에 대한 내용으로 옳지 않은 것은?

① 신용장은 개설은행의 조건부 지급확약으로 상업신용을 은행신용으로 전환시켜 주는 금융수단이다.
② 신용장상에 아무런 언급이 없는 경우 양도가 불가능하다.
③ 무역 거래에 일반적으로 사용되는 신용장은 'Documentary Credit'이다.
④ 신용장에 의해 발행되는 환어음의 만기가 'at 90 days after sight'라면 'Sight Credit'이 된다.

59 해상운송 과정 중에 발생한 해상 사고로 화물 손해가 발생하였고, surveyor의 조사 결과 general average에 해당하지 않는 사고로 판명되었다. 이 경우 화주가 손해를 보상받을 수 있는 해상적화보험조건으로 구성된 것은?

① ICC(A), ICC(B)
② ICC(A), ICC(C)
③ ICC(B), ICC(C)
④ ICC(A), ICC(B), ICC(C)

60 정기선의 해상운임에 대한 설명으로 옳지 않은 것은?

① 정기선의 해상운임은 기본운임(Basic Rates)에 할증료(Surcharges), 추가요금(Additional Charges) 등으로 구성된다.
② 품목별무차별운임(Freight All Kinds, FAK)은 품목에 관계없이 동일하게 적용하는 운임이다.
③ BAF는 유류할증료, CAF는 통화할증료로 운임 외에 부가되는 할증료(Surcharge)이다.
④ THC는 터미널화물처리비를 말하는데 통상적으로 해상운임에 포함되어 있다.

61 중재합의에 대한 설명으로 옳지 않은 것은?

① 유효한 중재합의가 존재하는 경우에는 직소금지의 원칙에 따라 소송으로 분쟁을 해결할 수가 없다.
② 분쟁 발생 후에도 중재합의는 별도의 중재계약에 의해 이루어질 수 있다.
③ 우리나라 중재법에 따르면 중재합의는 서면으로 하여야 한다.
④ 중재합의의 한 형태로서 매매계약서상에 삽입되어 있는 중재조항은 동 계약서가 무효가 되면 동 중재조항도 그 효력을 자동적으로 상실하게 된다.

62 Incoterms 2010에 대한 설명으로 옳지 않은 것은?

① Incoterms 2010은 국내매매계약에도 사용가능하다.
② EXW에서 매도인은 물품을 매수인의 운송수단에 적입할 의무가 없다.
③ 컨테이너 운송에서는 FOB나 CIF 조건은 부적절하다.
④ FAS 조건에서 매도인은 외항에 정박한 본선까지의 부선료를 부담할 필요가 없다.

63 원신용장을 견질로 하여 국내의 공급업자 앞으로 개설하는 내국 신용장에 대한 설명으로 옳지 않은 것은?

① 내국 신용장상에서는 표시통화는 원화, 외화, 원화 및 외화금액 부기 중 하나이어야 한다.
② 유효기일은 물품의 인도기일에 최장 10일을 가산한 기일 이내이어야 한다.
③ 부가가치세 영세율을 적용한다.
④ 어음 형식은 개설의뢰인을 지급인으로 하고, 개설은행을 지급 장소로 하는 기한부 환어음이어야 한다.

64 매도인 계약 위반과 매수인 권리구제에 대한 설명으로 옳지 않은 것은?

① 매도인이 계약을 이행하지 않는 경우에 매수인은 원칙적으로 계약대로의 이행을 청구할 수 있다.
② 매수인은 매도인의 의무 이행을 위하여 추가 기간을 지정할 수 없다.
③ 매수인이 수령 당시와 동등한 상태로 반환할 수 없는 경우에는 대체물품인도청구권을 상실한다.
④ 계약의 해제는 정당한 손해배상의무를 제외하고는 당사자 쌍방을 모든 계약상의 의무로부터 해방시킨다.

65 승인조건부 청약이나 보세창고도 거래 등에서 품질을 결정하는 데 가장 바람직한 방법은?

① 표준품매매
② 상표매매
③ 명세서매매
④ 점검매매

66 Incoterms 2010상 FCA 조건에 대한 설명으로 옳지 않은 것은?

① 매도인은 매수인이 지정한 장소(수출국 내륙의 한 지점)에서 매수인이 지정한 운송인에게 물품 인도
② 인도 장소가 매도인의 구내인 경우, 매수인의 집화용 차량에 적재하여 인도
③ 인도 장소가 매도인의 구내 이외의 장소인 경우, 물품을 적재한 차량을 매수인이 지정한 장소에 반입함으로써 인도(반입된 차량으로부터 양륙할 의무는 없음)
④ 매도인이 지정 운송인에 인도한 물품에 대해 매수인이 수출통관의무 부담

67 무역계약에서 수량 조건에 대한 설명으로 옳지 않은 것은?

① 수량을 표시하는 용어는 piece, length, measurement, weight, package 등이 있다.
② 용적을 표시하는 용어는 CBM, TEU, liter, square, drum 등이 있다.
③ 중량 1톤을 영국계에서는 1,016kg, 미국계는 907kg이며 유럽계는 1,000kg으로 사용한다.
④ UCP 600에는 산화물의 과부족 용인에 대해 어음발행 금액이 신용장 금액을 초과하지 않는 범위 내에서 5%의 과부족을 허용하는 규정을 두고 있다.

68 운임에 관한 설명으로 옳지 않은 것은?

① Port Congestion Surcharge – 도착항에 체선(滯船)이 있어 선박의 가동률이 저하되는 경우에 발생하는 선사의 손해를 화주에게 전가하기 위하여 부과하는 할증요금
② Bunker Adjustment Factor – 선박의 연료인 벙커유의 가격 변동에 따른 손실을 보전하기 위하여 부과하는 할증요금
③ Lump Sum Charge – 선적할 때에 지정하였던 양륙항을 선적 후에 변경할 경우에 추가로 부과되는 운임
④ Transhipment Charge – 화주가 환적을 요청하는 경우에 선사가 그에 따른 추가 비용을 보전하기 위하여 부과하는 운임

69 Incoterms 2010의 사용법에 대한 내용으로 옳지 않은 것은?

① Incoterms 2010 규칙을 적용하고자 하는 경우, 그러한 취지를 계약에서 명확히 하여야 한다.
② 선택된 Incoterms 규칙은 당해 물품과 운송 방법에 적합한 것이어야 한다.
③ Incoterms 규칙은 매매 대금이나 그 지급 방법 등과 관련 매도인과 매수인의 부담을 명확히 규정하고 있다.
④ Incoterms 규칙보다 국내법의 강행규정이 우선한다.

70 해상 화물을 컨테이너 방식으로 선적할 때 이에 대한 설명으로 옳지 않은 것은?

① 운송계약의 청약에 해당하는 선복요청서와 승낙에 해당하는 인수확인서에 의해서 실제적인 운송계약이 성립한다.
② FCL 화물인 경우에 수출상의 공장 또는 창고에서 화주의 책임하에 컨테이너에 화물을 적재한다.
③ 구체적인 선적일정에 의해 본선이 입항하면 컨테이너는 CY에서 마샬링 야드(Marshalling Yard)로 이송되어 본선적재가 이루어진다.
④ LCL 화물인 경우 화물인수도증을 근거로 운송주선인은 개별 화주에게 Master B/L을 발급해 줄 수 있다.

71 무역운송을 이해하는 데 가장 기초를 이루는 해상운송에 대한 설명으로 옳지 않은 것은?

① 해상운송계약은 정기선에 의한 개품운송계약과 부정기선에 의한 용선운송계약으로 나눈다.
② 개품운송에 사용되는 운송서류로는 선하증권과 해상화물운송장이 있다.
③ 용선자가 제3자의 화물을 운송하는 경우에 화주에게 용선계약부 선하증권을 발급해 줄 수 있다.
④ 신용장이 용선계약부 선하증권과 관련하여 용선계약서 제시를 요구하는 경우에는 은행은 반드시 용선계약서를 심사해야 한다.

72 개별계약과 포괄계약의 내용 및 상호 관계에 대한 설명이다. (ⓐ), (ⓑ), (ⓒ) 안에 들어갈 용어로 올바르게 연결한 것은?

> 개별계약서에는 (ⓐ) 등을 명기한다. 포괄계약서에는 (ⓑ) 등이 명기된다. 포괄계약과 개별계약은 상호보완적이며, 서로 모순될 경우 (ⓒ) 내용이 우선한다.

① ⓐ 단가, ⓑ 청약 및 주문의 방식, ⓒ 개별계약
② ⓐ 청약 및 주문의 방식, ⓑ 선적일의 증명 방법, ⓒ 개별계약
③ ⓐ 인도 시기, ⓑ 수량, ⓒ 포괄계약
④ ⓐ 품명, ⓑ 불가항력 조항, ⓒ 포괄계약

73 리네고(재매입)가 발생할 수 있는 신용장으로 올바르게 짝지은 것은?

> ㉠ available with JAKARTA BANK by SIGHT PAYMENT
> ㉡ available with JAKARTA BANK by ACCEPTANCE
> ㉢ available with JAKARTA BANK by DEFERRED PAYMENT
> ㉣ available with ANY BANK by NEGOTIATION
> ㉤ available with JAKARTA BANK by NEGOTIATION

① ㉠, ㉢, ㉣
② ㉡, ㉢, ㉤
③ ㉢, ㉣, ㉤
④ ㉡, ㉣, ㉤

74 송화인의 요구에 따라 항공사, 송화인 또는 대리인이 선불한 비용을 수화인으로부터 징수하는 금액은?

① THC
② CFS Charge
③ Documentation Fee
④ Disbursement Fee

75 청약의 요건으로 옳지 않은 것은?

① 1인 혹은 그 이상의 특정인에 대한 의사 표시일 것
② 물품의 표시, 대금 및 수량에 관하여 충분히 확정적인 의사 표시일 것
③ 승낙이 있는 경우 이에 구속된다는 의사 표시가 있을 것
④ 상대방의 거래 문의에 대한 응답으로 절대적이고 무조건적인 거래 개설의 의사 표시

2018년 제3회(113회)

[제1과목] 영문해석

01 Which is related to "offer subject to prior sale"?
① We are pleased to offer firm subject to receiving your reply by September 30, 2018.
② We are pleased to offer you the following items subject to our final confirmation.
③ We have the pleasure in offering you the following items subject to being unsold.
④ We have the pleasure in offering you the following items subject to receiving your reply by September 30, 2018.

02 Which deals with a different topic from others?
① We would only be prepared to supply on a cash basis.
② Our factory does not have facilities to turn out 30,000 units a week.
③ The shirts we manufacture are sold by the dozen in one colour. I regret that we never sell individual garments.
④ Our factory only sells material in 30-meter rolls which cannot be cut up.

03 Which is most awkward when it is used in closing part of the business letter?
① We hope that this will be the first of many orders we place with you.
② We will place further orders if this one is completed to our satisfaction.
③ If our sales targets are met, we shall be placing further orders in near future.
④ The carpets should be wrapped, and the packaging reinforced at both ends to avoid wear.

04 Which has a different topic from others?
① It is essential that the goods should be delivered in time before the beginning of November for the Christmas sales period.
② Delivery before 28 February is a firm condition of this order, and we reserve the right to refuse goods delivered after that time.
③ Please confirm that you can complete the work before the end of March, as the opening of the store is planned for early April.
④ We would like to confirm that the 25% trade discount is quite satisfactory.

05 What does the following refer to?

> The shipper is liable to pay freight if the goods shipped are carried, on his instructions or in his interest, to a place other than the port of destination.

① Dead freight ② Lump sum freight
③ Put option freight ④ Back freight

06 Which is WRONG in the explanation of CIP under Incoterms 2010?

① The seller must contract or procure a contract for the carriage of the goods from the agreed point of destination.
② The contract of carriage must be made on usual terms at the seller's expense and provide for carriage by the usual route and in a customary manner.
③ The seller must obtain at its own expense cargo insurance at least with the minimum cover.
④ The buyer must pay the costs of any mandatory pre-shipment inspection, except when such inspection is mandated by the authorities of the country of export.

07 What is WRONG in the explanation of Incoterms 2010?

① DAT requires the seller to bear all transportation-related costs and risks up to the delivery point at the agreed destination, which may be in the buyer's country.
② CPT requires the seller to clear the goods for export, where applicable. However, the seller has no obligation to clear the goods for import, pay any import duty.
③ FOB requires the seller to deliver the goods on board the vessel or to procure goods already so delivered for shipment.
④ CIF requires the parties to specify the port of destination, which is where risk passes to the buyer.

08 Which of the following is NOT appropriate as shipping documents when presented for the negotiation of L/C under FCA term?

① On board Bill of Lading
② Commercial Invoice
③ Forwarder's Cargo Receipt
④ Packing list

[09~10] Read the following and answer.

> Dear Mr. Merton,
>
> Please find attached an order(R1432) from our principals, Mackenzie Bros Ltd, 1-5 Whale Drive, Dawson, Ontario, Canada.
>
> They have asked us to instruct you that the 60 sets of crockery ordered should be packed in 6 crates, 10 sets per crate, with each piece individually wrapped, and the crates marked clearly with their name, the words 'fragile' and 'crockery', and numbered 1-6.
>
> Please send any further correspondence relating to shipment or payment direct to Mackenzie Bros, and let us have a copy of the commercial invoice when it is made up.
>
> Many thanks,
>
> David Han

09 Who might be Mackenzie Bros Ltd?

① buyer ② seller
③ freight forwarder ④ carrier

10 Why does David Han want a copy of commercial invoice?

① to calculate an agent commission to be charged to the Mackenzie Bros Ltd later
② to ask an agent commission to Mr. Merton after supply of goods
③ to keep it as a record for principal
④ to calculate import tax for his customer

11 What is NOT obligation of seller according to CISG?

① delivery of the goods
② hand over any documents relating to the delivery
③ transfer the property in the goods
④ examine the goods after arrival

12 What does the following refer to?

> A document required by certain foreign countries for usually tariff purposes, certifying the country in which specified goods have been manufactured, processed, or produced in the exporting country.

① Commercial Invoice
② Bill of Exchange
③ Bill of Lading
④ Certificate of Origin

13 Choose one that is NOT correct about the remedies regulated in the CISG(United Nation Convention on Contracts for the International Sale of Goods).

① The buyer may require the delivery of substitute goods only when non-conformity constitutes a fundamental breach of contract.
② The buyer may require to repair the goods only when non-conformity constitutes a fundamental breach of contract.
③ When non-delivery of goods constitutes a fundamental breach of goods, the buyer may declare avoidance of contract.
④ The buyer may claim for damage even when non-conformity does not constitute a fundamental breach of contract.

14 Which of the following statements on the documentary credit under UCP 600 is CORRECT?

① It is an undertaking enforceable against the advising bank even if the issuing bank is unable to pay.
② It is an undertaking enforceable against the applicant even if the issuing bank is unwilling to pay.
③ It is a guarantee enforceable against the nominated bank even if the issuing bank is willing to pay.
④ It is an irrevocable undertaking enforceable against the issuing bank even if the confirming bank is unwilling to pay.

15 Which is NOT correct about order B/L?

① It is negotiable transport document.
② When it is issued "TO ORDER", the buyer may endorse.
③ The cargo may be transferred ONLY to the party to whom the bill of lading has been endorsed.
④ The cargo may be released when at least 1 of the issued originals is surrendered.

16 In accordance with UCP 600, which of the following terms may NOT be reduced or curtailed on a transferred documentary credit?

① the amount of the credit
② any unit price
③ the latest shipment date
④ the percentage for which insurance cover must be effected

17 Which is correct about Bill of Exchange?

> (a) It is used only in international trade.
> (b) Draft is another name for Bill of Exchange.
> (c) It is used as a payment guarantee.
> (d) Drawee under negotiation L/C is applicant.

① (a)   ② (b)   ③ (c)   ④ (d)

[18~19] Read the following and answer the questions.

> Dear Mr. Brown,
> We thank you very much for your inquiry of July 5th and are glad to hear that you are interested in our products.
> In your letter, you requested a special price discount of 5% off the list prices. While appreciating your interest in our products, we have to point out that we have already cut our prices to the minimum possible and that these goods are not obtainable elsewhere at these prices.
> However, 'in case' you are ready to increase your order for over 100,000 pieces at a time, please be advised that we can allow you quantity discount of 5% as you requested.
> Sincerely yours,
> Mike Son

18 Which does NOT have similar meaning to 'in case'?

① in spite   ② provided
③ if   ④ when

19 Which is MOST appropriate about the letter?

① Mr. Brown asked Mike Son to raise the price.
② The writer accepts Mr. Brown's offer.
③ Mike Son is a buyer.
④ Mike Son suggests a volume discount.

20 Which of the followings words is NOT appropriate for the blanks below?

> Under the letter of credit transaction, bill of lading is consigned directly "to order" or "to the order of" a designated party, usually (ⓐ) or (ⓑ). The phrase "to order" or "to the order of (ⓐ)" signifies (ⓒ) permitting the title of the merchandise to be transferred many times by means of appropriate (ⓓ).

① ⓐ the shipper   ② ⓑ the buyer
③ ⓒ "negotiable"   ④ ⓓ endorsement

21 Which of the following is LEAST proper about the letter?

> Dear Mr. Steve,
> We are obliged for your letter of 22nd May quoting for "Kleenkwick" cleaning powder at USD 9,000 per case, but regret that at this price we cannot place an order. If your prices are within our reach, we could place regular large orders.
> We therefore hope you will reconsider your quotation and find it possible to offer a lower price, calculated on the basis of a monthly order for a minimum of forty cases.
> Your faithfully,
> Grace Yang

① Mr. Steve have sent a quotation to Grace before, and the price is a bit higher than what Grace expected.
② Grace asks to lower the price.
③ Mr. Steve expresses regret at inability to accept.
④ Grace may make a firm offer if the price is lowered.

22 The following is a part of the contract. Which document is MOST appropriate for transport under the price terms?

> Description : TV Monitors (Item No. 123-ABS)
> Quantity : 2,000 pcs
> Price : USD 200/pcs FCA Daejeon
> Place of Destination: New York

① Multimodal Transport Bill of Lading
② Air Waybill
③ Ocean Bill of Lading
④ Inland Waterway Transport Document

23 Which of the following is NOT appropriate as the obligation of the buyer under FCA term of Incoterms 2010?

① Payment of all costs relating to the goods from the time they have been delivered by the seller.
② Payment of any additional costs incurred by failing to take delivery of the goods when they have been placed at the buyer's disposal.
③ Payment of the costs of carrying out customs formalities payable upon import.
④ Reimburse all costs incurred by the seller in loading the goods at the seller's premises.

24 Which of the following is the payment method involved?

> This is to notify you that the goods invoiced by you on December 12 have arrived here. In settlement of the amount of invoice, Korea Exchange Bank accepted your bill of exchange, for USD 35,800 at 120 days after sight together with shipping documents. The proceeds will be sent to you at maturity accordingly.

① Deferred payment credit   ② Standby credit
③ Usance credit   ④ D/P

25 Which of the following is LEAST appropriate about the letter?

> Dear Mr. Kirchoffer:
> This is the third time we have called your attention to your long-overdue account. So far we have received neither your check nor the courtesy of a reply.
> Credit and friendly relations are complementary efforts. We feel we have done our part and are counting on you as a fair-minded businessman to meet your obligations.
> Please send your check by this week. Otherwise, we will take a legal action.
> Sincerely,
> Anthony T. Legere

① Kirchoffer's account has long been past due.
② Anthony has sent several reminders to Kirchoffer requesting payment.
③ Kirchoffer replied to Anthony but did not send the check.
④ This is a stern ultimatum for collection.

[제2과목] 영작문

26 What is the seller's DDP price under the following cost break down? (excluding optional cost)

> Cost of Goods: USD 100
> freight: USD 10
> Insurance: USD 5
> Export TAX: USD 5
> THC in Seller's country: USD 5
> Import TAX: USD 5

① USD 125   ② USD 130
③ USD 120   ④ USD 115

[27~28] Read the following and answer.

Dear Mr. Couper,

The above order has now been completed and sent to Busan Port where it is awaiting to be loaded on to the SS Arirang, sailing for London on 06 July and arriving on 30 July. When we have the necessary documents, we will forward them to (A) Seoul Bank, here, and they will forward them to HSBC London for collection.

We have taken particular care to see that the goods have been packed (　　) your instructions: the six crates have been marked with your name.
If you need any further information, please contact us.

Yours sincerely,

Peter Han

27 What role may (A) Seoul Bank assume if D/A is employed as payment?

① Remitting Bank
② Advising Bank
③ Collecting Bank
④ Confirming Bank

28 Fill in the blank with suitable word.

① as per   ② regarding
③ with reference ④ into

29 Which word fits best for the blanks?

Dear Simon Lee,
I intend to place a substantial order with you in the next few months.
As you know, over the past two years I have placed a number of orders with you and settled promptly, so I hope this has established my reputation with your company. Nevertheless, if necessary, I am willing to supply (　　).
I would like, if possible, to settle future accounts every three months with payments (　　) quarterly statements.

① credits – for   ② references – against
③ credits – against   ④ debits – from

30 What is the name of the surcharge?

Apart from normal freight, an additional surcharge is levied by shipping company to cover a foreign exchange loss from the fluctuation of exchange rate of the currency of its own country and US Dollars in which freight is paid.

① CAF   ② BAF
③ IAF   ④ Currency Surcharge

[31~32] Read the following and answer.

I have enclosed an order No.1555 for seven more 'SleepAid' beds which have proved to be a popular (　　) here, and will pay for them as usual *on invoice*. However, I wondered if in future you would let me settle my accounts by monthly statement as this would be more convenient for me. As we have been dealing with one another for some time, I hope you will agree to trade on the basis of (　　) facilities.
Yours sincerely,

31 What does the underlined 'on invoice' imply?

① settlement by cash
② payment by sight LC
③ payment by sight draft
④ settlement by open account

32 Fill in the blanks with suitable words.

① products – escrow account
② line – open account
③ offer – escrow account
④ agenda – open account

[33~34] Read the following and answer.

> Dear Mr. Cooper,
> We wrote to you on two occasions, 21 October and 14 November, concerning the above account, which now has an outstanding balance of USD 3,541.46 and is made up of the copy invoices enclosed.
> We have waited three months for (   ) a reply to explain why the balance has not been cleared, (   ) a remittance, but have received (   ).
> We are reluctant to take legal action to recover the amount, but you leave us no alternative. Unless we receive your remittance within the next ten days, we will instruct our solicitors to start proceedings.
> Yours sincerely,

33 Choose best words for the blanks.

① either – or – neither
② neither – nor – either
③ either – and – neither
④ neither – and – either

34 Why did the writer enclose the 'copy invoices'?

① To request double payment
② Copy invoices prove better than original invoices.
③ To back up original invoices sent previously
④ Copy invoice is more cost saving over original invoice.

35 Fill in the blank with a suitable word.

> Letter of Indemnity is issued by a merchandise shipper to a steamship company as an inducement for the carrier to issue a clean bill of lading, where it might not otherwise do so, and this document serves as a form of guarantee whereby the shipper agrees to settle a claim against the line by a (   ) of the bill of lading arising from issuance of a clean bill.

① carrier   ② grantor
③ consignor   ④ holder

36 What is THIS?

> THIS is the term used to describe the offence of trying to conceal money that has been obtained through offences such as drug trafficking.
> In other words, money obtained from certain crimes, such as extortion, insider trading, drug trafficking and illegal gambling is "dirty".

① money laundering   ② fraud
③ illegal investment   ④ abnormal remittance

37 Choose the WRONG English composition for Korean meaning.

> 당사의 정보에 따르면, 해당 상사는 제때에 채무를 변제하고 있습니다.

① According to our records, they are punctually meeting their credits.
② As far as our information goes, they are punctually meeting their liabilities.
③ According to our records, they are punctually meeting their commitments.
④ As far as our information goes, they are punctually meeting their obligations.

38 Which of the following statements on forfaiting is NOT correct?

① It helps exporters to obtain cash flow by selling their receivables with a discounted price to forfaiting companies.
② Forfaiting can be applied to a wide range of trade related and purely financial receivables.
③ Forfaiting can be applied to both international and domestic transactions.
④ Under a forfaiting agreement, 100% financing is made with recourse to the seller of the debt.

39 Which of the following statements on the UCP 600 is NOT correct?

① The UCP 600 rules are voluntarily incorporated into contracts and have to be specifically outlined in trade finance contracts when L/C is used for finance.
② An accompaniment to the UCP 600 is the ISBP, which assists with understanding whether a document complies with the terms of Letters of Credit.
③ UCP 600 rules apply to any documentary credit except for the standby letter of credit.
④ Credits that are issued and governed by UCP 600 will be interpreted in line with the entire articles contained in UCP 600. However, exceptions to the rules can be made by express modification or exclusion.

40 Considering Incoterms 2010, which of the following statement is NOT correct about the case below?

> Consider goods that are taken in charge at Felixstowe, UK, for transport to Long Beach, California, under the rule "CIP Long Beach, California, Incoterms 2010".

① The seller will arrange and pay for freight to Long Beach.
② The seller will arrange and pay for the export clearance.
③ The buyer will arrange and pay for the inland transportation to his premise in the importing country.
④ The risk will pass from the seller to the buyer upon delivery of the goods to the carrier at Long Beach.

41 Which of the following is LEAST appropriate?

> Thank you very much for your samples and price list of silk fabrics we received today.
> (a) Upon inspecting them, we appreciate the excellence of your products in both material and finish, but we have to tell you that (b) your prices are substantially high compared with those of Italian origin.
> We are afraid that (c) there is little chance of doing business with you (d) unless five percent discount off your list prices is not granted.

① (a)　　② (b)　　③ (c)　　④ (d)

42 Which of the following words is NOT appropriate for the blanks below?

> One of the most common mistakes in using Incoterms rules is the use of a traditional "sea and inland waterway only" rule such as (ⓐ) for containerized goods, instead of the "all transport modes" rule (ⓑ). This has exposed the exporter to unnecessary risks. A dramatic recent example was the Japanese tsunami in March 2011, which wrecked the Sendai container terminal. Many hundreds of consignments awaiting despatch were damaged. Exporters who were using (ⓒ) found themselves responsible for losses that could have been avoided!
>
> Another common mistake is attempting to use (ⓓ) without thinking through whether the seller can undertake all the necessary formalities in the buyer's country, such as paying GST or VAT.

① ⓐ FOB ② ⓑ FCA
③ ⓒ FCA ④ ⓓ DDP

[43~44] Read the following and answer.

> Dear Mr Cupper,
> I am sorry that at present I am unable to settle your invoice dated 9 May for your invoice No. 1555. The reason for this is that our stockroom was flooded after recent heavy rain, and much of the stock were damaged or destroyed.
> Unfortunately, I am unable to pay any of my suppliers until I receive compensation from my (   ). They have promised me this within the next four weeks. As soon as I receive payment, I will settle the invoice in full.
> I hope that you will understand the situation.
> Yours sincerely

43 What is the main purpose of this letter?

① Request for more time to settle a debt
② Explain why suppliers do not meet compensation
③ Chase payments for unsettled account
④ Ask claims to insurance company

44 Fill in the blank with right word(s).

① Insurer ② Insurance policy holder
③ Surveyor ④ Insured

45 Which of the following is a correct set of words for the blanks at the message below?

> Both letter of credit(L/C) and bill of exchange (B/E) facilitate international transactions between buyers and sellers. The main difference between the two is that a (ⓐ) is a payment mechanism whereas a (ⓑ) is a payment instrument. The (ⓒ) will set up the conditions that are to be met in order for the payment to be made, and is not the actual payment itself. On the other hand, a (ⓓ) is a payment instrument where the seller can discount the (ⓔ) with the bank and receive payment. At maturity, the (ⓕ) will become a negotiable payment instrument that can be traded, and the holder of the (ⓖ) (either the seller or the bank) will receive payment.

	ⓐ	ⓑ	ⓒ	ⓓ	ⓔ	ⓕ	ⓖ
①	L/C	B/E	B/E	L/C	B/E	B/E	L/C
②	L/C	B/E	L/C	B/E	B/E	B/E	B/E
③	B/E	L/C	L/C	B/E	B/E	B/E	L/C
④	B/E	L/C	B/E	L/C	B/E	B/E	B/E

46 Fill in the blank with right expression.

> Your order No.1555 is being sent express rail-freight and can be delivered after 09:00 tomorrow. Enclosed is consignment note No.051202, which should be presented on delivery. You should contact us immediately if any problems arise.
> Thank you for your order, and we hope (   ) in the future.
> Yours faithfully,

① we can be of further service
② the problem is sorted out soon
③ an enhanced credit allowance
④ an extended credit period

47 Choose the WRONG word for each blank.

> Draft means a written order by the first party, called the (ⓐ), instructing a second party, called the (ⓑ)(such as the bank), to pay money to a third party, called the (ⓒ). An order to pay a sum certain in money, signed by a drawer, payable on (ⓓ) or at a definite time.

① ⓐ drawer   ② ⓑ drawee
③ ⓒ payee   ④ ⓓ future

48 Choose the WRONG part from (a)~(d).

> (a) Stranding means the drifting, driving, or running aground of a ship on a shore or strand. (b) This term includes bumping over a bar, a mere touch and go or a grounding (c) by reason of the rise and fall of the tide. (d) The vessel must be hard and fast for a appreciable period of time.

① (a)   ② (b)   ③ (c)   ④ (d)

49 Fill in the blank (ⓐ) and (ⓑ) with right word(s).

> Where the insurance policy specifies the extent of value of the insured property, the policy is called a(n) (ⓐ) and where the insurance policy does not show or declare the subject-matter insured, the policy is called the (ⓑ).

① ⓐ floating policy, ⓑ valued policy
② ⓐ valued policy, ⓑ time policy
③ ⓐ unvalued policy, ⓑ valued policy
④ ⓐ valued policy, ⓑ floating policy

50 Which of the following statements on 'transferable credit' is NOT appropriate?

① A transferable credit may be made available in whole or in part to another beneficiary ("second beneficiary") at the request of the beneficiary("first beneficiary").
② Transferring bank means a nominated bank that transfers the credit or, in a credit available with any bank, a bank that is specifically authorized by the issuing bank to transfer and that transfers the credit.
③ Unless otherwise agreed at the time of transfer, all charges (such as commissions, fees, costs or expenses) incurred in respect of a transfer must be paid by the issuing bank.
④ Transferred credit means a credit that has been made available by the transferring bank to a second beneficiary.

[제3과목] 무역실무

51 화인(shipping marking) 가운데 표시되어야 할 필수 사항으로 옳지 않은 것은?

① 주화인(main mark)
② 화번(case number)
③ 항구표시(port mark)
④ 주의표시(attention mark)

52 CISG상 일방당사자의 청약 의사 표시가 충분히 확정적이기 위한 요건으로 옳지 않은 것은?

① 물품을 표시하고 있을 것
② 대금을 정하고 있거나 이를 정하는 규정을 두고 있을 것
③ 수량을 정하고 있거나 이를 정하는 규정을 두고 있을 것
④ 분쟁해결 방법을 정하고 있거나 이를 정하는 규정을 두고 있을 것

53 해상보험에서 물적손해(Physical Loss)에 대한 설명으로 옳지 않은 것은?

① 현실전손은 보험의 목적이 파괴(destroyed)된 경우 또는 물적으로 존재하고 있지만 보험에 부보된 종류의 물품으로서 존재할 수 없을 정도로 심한 경우를 말한다.
② 추정전손은 현실전손은 아니지만 보험목적물을 구조하기 위한 비용과 구조 후의 수리비용이 보험목적가액을 초과하여 경제적 전손이라고 인정되는 경우가 해당된다.
③ 추정전손은 위부의 행위를 수반하게 되는데 보험목적물의 일부에 대해서도 위부가 가능하다.
④ 공동해손이란 선박이나 화물이 해난에 직면하였을 때 선박 및 화물을 위험으로부터 구조하기 위하여 선장이 임의적으로, 그리고 합리적으로 선박이나 화물의 일부를 희생시키거나 비용을 지출함으로써 발생한 분손을 말한다.

54 수출환변동과 수입환변동 두 제도의 비교 설명으로 옳지 않은 것은?

구분		수출환변동	수입환변동
①	가입 목적	환율 상승에 따른 손실방지	환율 하락에 따른 손실방지
②	가입 기업	수출기업	수입기업
③	보험금 지급 (K-sure → 기업)	환율 하락 시	환율 상승 시
④	이익금 환수 (기업 → K-sure)	환율 상승 시	환율 하락 시

55 Incoterms 2010상 CPT(Carriage Paid To)에 대한 설명으로 옳지 않은 것은?

① 매도인은 해상 운송서류를 제공할 필요가 없으며, 해당되는 운송 방식에서 통상적으로 사용되는 운송서류를 제공하면 된다.
② 매도인은 물품의 적재비를 포함하여 목적지까지의 운송계약에 따른 비용과 운반비를 부담해야 한다.
③ 매수인은 목적지에서 양하비가 운송비에 포함되어 있지 아니할 경우 이를 지급해야 한다.
④ 매수인은 매도인에 대한 통지 불이행으로 인하여 물품의 인도가 지연되어 발생하는 모든 위험과 추가적인 비용을 지급할 필요가 없다.

56 무역계약의 품질 조건에 대한 설명으로 옳지 않은 것은?

① 선적품질 조건에는 EXW, FAS, FCA, FOB 조건이 속한다.
② 선적품질 조건에는 Tale Quale, FAQ가 속한다.
③ 양륙품질 조건에는 CFR, CIF, CPT, CIP, DAT, DAP, DDU, DDP 조건이 속한다.
④ 양륙품질 조건에는 Rye Term, GMQ가 속한다.

57 도착항의 항만 사정이 선박으로 혼잡할 경우 신속히 하역할 수 없고, 선박의 가동률이 저하되어 선박 회사에 손해가 발생하므로 이를 화주에게 전가하는 정기선 운임의 할증료를 무엇이라 하는가?

① 장척할증료　　② 항만변경료
③ 체화할증료　　④ 환적할증료

58 환어음의 필수 기재사항에 해당하는 것은?

① 지급인 - 지급기일 - 수취인 - 발행일 및 발행지
② 환어음표시문자 - 지급인 - 지급지 - 신용장 번호
③ 금액 - 지급지 - 어음번호 - 발행인의 서명
④ 상환불능문언 - 환어음표시문자 - 발행인의 서명 - 환율문언

59 해상운송에서 정기선 운송과 부정기선 운송을 비교한 내용으로 옳지 않은 것은?

① 부정기선 운송은 미리 정해진 항로가 없다.
② 정기선 운송은 미리 공시된 운임률표에 따라 운임이 결정된다.
③ 정기선 운송의 화물은 완제품 내지 반제품이 주종을 이루지만, 부정기선의 화물은 원자재나 농·광산물이 주종을 이룬다.
④ 부정기선의 운임은 물동량(수요)과 선복(공급)에 영향을 받지 않는다.

60 무역계약의 계약자유원칙에 대한 내용으로 옳지 않은 것은?

① 계약 체결의 자유
② 불평등초래약관을 포함한 계약 내용 결정의 자유
③ 계약 체결 방식의 자유
④ 계약 상대방 선택의 자유

61 신용장에 대한 내용으로 옳지 않은 것은?

① 신용장에서 단순히 "Invoice"라고만 표기된 경우, 송장상에 서명이 없어도 된다.
② 신용장에서 단순히 "Invoice"라고만 표기된 경우, 송장상에 발행 일자가 없어도 된다.
③ 신용장에서 복합운송증권을 요구하는 경우 B/L 명칭도 사용 가능하다.
④ 신용장에서 복합운송증권을 요구하는 경우 Charter Party B/L도 사용 가능하다.

62 Transferable Credit에 대한 설명으로 옳은 것은?

① L/C상에 "transferable" 등 양도가 가능하다는 표현이 없어도 가능하다.
② L/C 금액의 전부를 transfer하는 전액 양도만 허용된다.
③ 2nd Beneficiary가 3rd Beneficiary에게 양도하는 경우 Applicant의 사전 양해를 얻는다면 가능하다.
④ 국내는 물론 국외에 소재하고 있는 2nd Beneficiary에게도 양도가 가능하다.

63 (ⓐ), (ⓑ), (ⓒ) 안에 들어갈 용어로 옳은 것은?

> (ⓐ)조건은 선적지 인도조건이기 때문에 계약에 별도의 명시가 없으면 선적 시를 품질기준 시기로 보아야 한다.
> 곡물류의 거래에 있어서 (ⓑ)는 선적품질조건을 의미하며 (ⓒ)는 조건부 선적품질조건으로 해상운송 중 생긴 유손(damaged by wet) 등으로 야기되는 품질 손해에 대하여는 매도인이 도착 시까지 책임을 지는 조건이다.

① ⓐ FCA, ⓑ TQ(tale quale), ⓒ SD(sea damage)
② ⓐ CPT, ⓑ RT(rye term), ⓒ SD(sea damage)
③ ⓐ DAP, ⓑ SD(sea damage), ⓒ RT(rye term)
④ ⓐ CIF, ⓑ TQ(tale quale), ⓒ RT(rye term)

64 수출 컨테이너 화물의 선적 시 진행순서를 옳게 나열한 것은?

① Booking Note → S/R → B/L → EIR → Dock's Receipt
② EIR → S/R → B/L → Booking Note → Dock's Receipt
③ S/R → Booking Note → EIR → Dock's Receipt → B/L
④ EIR → S/R → Dock's Receipt → B/L → Booking Note

65 "freight forwarder"가 하는 역할로 옳지 않은 것은?

① Customs brokerage provider
② Port agent
③ Inspector
④ Multimodal transport operator

66 UCP 600에서 Honour의 의미에 해당되지 않는 것은?

① 신용장이 일람지급으로 이용이 가능하다면 일람출금으로 지급하는 것
② 신용장이 연지급으로 이용이 가능하다면 연지급을 확약하고 만기에 지급하는 것
③ 신용장이 매입으로 이용이 가능하면 환어음 및 서류를 매수하는 것
④ 신용장이 인수에 의해서 이용이 가능하다면 수익자가 발행한 환어음을 인수하고 만기에 지급하는 것

67 중재제도에 관한 다음 설명에 해당하는 것은?

> 중재 절차에서 중재 판정부는 당사자들의 지위를 보호하고 중재 판정의 결과를 기다리는 동안 중재 대상의 목적물의 처분이나 재산 도피 등을 제한하고 그 상태를 유지하도록 한다.

① 임시적 처분(interim measure)
② 최종 판정(final award)
③ 자기 심사 권한(competence-competence)
④ 보수 청구(remuneration)

68 무역보험에서 보험계약자나 피보험자에 의한 보험사고의 역선택을 방지하기 위한 내용으로 옳지 않은 것은?

① 보험기간의 제한
② 보험책임 시기(始期)의 제한
③ 포괄보험의 실시
④ 보험계약자의 통지 의무

69 신용장 거래에서 서류 심사 기준에 관한 설명으로 옳지 않은 것은?

① 상업송장상 물품의 기술은 신용장의 기술과 정확하게 일치하여야 한다.
② 신용장에서 별도의 언급이 없는 한, 운송서류의 원본은 유효기일 이내 그리고 선적일 후 21일 내에 제시되어야 한다.
③ 신용장에서 요구되지 않은 서류가 제시된 경우 은행은 이를 무시하고 제시인에게 반송할 수 있다.
④ 신용장 발행 일자 이전에 발행된 서류는 그 제시 일자보다 늦게 발행된 것일 수도 있다.

70 국제물품매매계약에 관한 협약(CISG) 상 매도인의 계약 위반에 따른 매수인의 구제권에 대한 설명으로 옳지 않은 것은?

① 대체물품인도청구권 – 물품이 계약과 불일치하고 그 불일치의 정도가 근본적 계약 위반에 해당하는 경우에 매수인은 매도인에게 대체 물품의 인도 청구를 할 수 있다.
② 하자보완청구권 – 물품이 계약과 불일치하고 그 불일치의 정도가 근본적 계약 위반에 해당되고 매수인이 모든 사정을 고려하여 자신에게 불리하지 않는 한 매도인에게 그 불일치의 보완을 청구할 수 있다.
③ 추가기간지정권 – 매수인은 매도인의 의무 이행을 위하여 상당한 추가기간을 지정할 수 있는데 추가기간의 허용은 매수인의 의무가 아니라 재량에 따라 행사가 가능하다.
④ 계약해제권 – 매도인의 인도 불이행의 경우 근본적 계약 위반이 아니더라도 매수인이 정한 최고 기간 이내에 인도의 의무를 이행하지 않겠다는 의사를 명백히 한 경우에는 계약 해제가 가능하다.

71 D/P, D/A거래에 대한 설명으로 옳지 않은 것은?

① 수출상 입장에서는 D/P보다 D/A가 위험 부담이 크다.
② D/P, D/A 거래가 신용장 거래에 비하여 수입상에게 은행에 대한 비용 부담이 적다.
③ D/P at sight뿐만 아니라 D/P usance도 있다.
④ D/P, D/A는 수출보험공사의 수출보험 대상이 되지 않는다.

72 무역 클레임에 대비하여 계약서에 삽입하는 조항에 관한 설명으로 옳지 않은 것은?

① Arbitration clause는 분쟁해결 방법을 중재로 선택하는 경우에 사용하는 조항이다.
② Entire agreement clause는 계약서가 유일한 합의서이고, 다른 것의 내용은 인정하지 않는다는 완전합의 조항이다.
③ Non waiver clause는 클레임이나 권리의 포기는 서면으로 승인하거나 확인한 경우에만 포기한 것으로 간주한다는 조항이다.
④ Warranty Disclaimer clause는 통상적으로 요구되는 정도의 안정성 또는 기능 등에 대해 묵시적으로 보장하는 조항이다.

73 무역계약의 수량 조건에 대한 설명으로 옳지 않은 것은?

① 중량의 단위는 ton, lb, kg 등이 있다.
② 영국식(long ton) 1ton의 무게는 1,024kg이다.
③ 순중량(net weight)은 포장 무게 및 함유 잡물의 무게를 공제한 순 상품 자체만의 무게이다.
④ 길이의 단위는 주로 생사(silk), 면사(cotton yearn), 인조 견사(rayon)의 직물류 및 필름 등의 거래에 사용된다.

74 무역운송 관련 헤이그-비스비 규칙상 운송인의 면책항목 중 나머지 셋과 가장 거리가 먼 것은?

① 포장이나 화인의 불충분성
② 해상의 인명이나 재산의 구조
③ 선장, 운송인의 사용인 등의 과실
④ 상당주의를 요하는 선박의 불내항성

75 두 국가가 외환위기 대비나 무역결제를 지원하기 위해 자국 통화를 맡겨놓고 상대국 통화를 빌려오는 외환거래 형태는?

① 통화선물(currency futures)
② 통화옵션(currency options)
③ 통화스왑(currency swap)
④ 팩토링(factoring)

2019년 제1회(114회)

[제1과목] 영문해석

01 In what circumstance does the following apply?

> Incoterms 2010 rules include the obligation to procure goods shipped as an alternative to the obligation to ship goods in the relevant Incoterms rules.

① deliver to the carrier
② deliver on board the vessel
③ sale of commodities sold during transit
④ arrange goods at seller's premises

02 Below is about demand guarantee which is internationally used. Which is wrong?

> A. Demand guarantee is a non-accessory obligation towards the beneficiary.
> B. The guarantor remains liable even if the obligation of the applicant is for any reason extinguished.
> C. The guarantor must pay on first demand with making objection or defence.
> D. URDG 758 is an international set of rules produced by ICC governing the rights and obligations of parties under demand guarantees.

① A only   ② A+B only
③ C only   ④ C+D only

03 What has a similar function with Demand guarantee?

> A. Surety Bond   B. Commercial L/C
> C. Standby L/C   D. Aval

① A only   ② B only
③ C only   ④ all of them

04 Which is NOT correct according to following situation?

> Goods are taken in charge at Daegu, Korea for transport to Long Beach, California, under a price term "CIP Long Beach, California, Incoterms 2010".

① The seller will arrange transportation.
② The seller will pay for freight to Long Beach.
③ Risk will pass to the buyer upon delivery of the goods to the carrier at Daegu.
④ The Buyer will take risk from the time the goods arrive at Long Beach.

05 What does the following explain?

> This is non-negotiable transport document and simply evidences that goods are on the way and should only be used when title and financing are not issues. Its function is contract, receipt, and invoice for the goods carried by sea.

① Charter party B/L   ② Bill of Lading
③ Air Waybill   ④ Sea Waybill

06 If seller and buyer enter into sales contract incorporating 'FCA Busan Container Depot', which of the following transport documents would be acceptable to the buyer?

> A. Air Waybill marked 'freight paid at destination'.
> B. Bill of Lading marked freight paid.
> C. Combined Bill of lading marked freight payable at destination.
> D. Multimodal Bill of lading marked freight paid.

① A only ② A+B only
③ C only ④ C+D only

07 Incoterms are a series of pre-defined commercial terms published by the International Chamber of Commerce (ICC) relating to international trade rules. What is WRONG in the explanation of Incoterms 2010?

① Incoterms by themselves do not define where title transfers.
② Incoterms support the sales contract by defining the respective obligations, costs and risks involved in the delivery of goods from the Seller to the Buyer.
③ Incoterms are used in the Sales Contract, suitable INCOTERM rule and place or port are to be specified.
④ DDP and DAP are the Incoterms where the Seller has responsibility for import.

08 Below explains Bill of Exchange. Who is the underlined one?

> A bill of exchange is an unconditional order, in writing addressed by *one* person to another, signed by the person giving it, requesting the person to whom it is addressed to pay certain amount at sight or at a fixed date.

① drawer ② drawee
③ payee ④ payer

09 What is NOT watching point in application of Incoterms 2010?

① DDP : Some taxes such as VAT are only payable by a locally-registered business entity, so there may be no mechanism for the seller to make payment.
② CPT : The buyer should enquire whether the CPT price includes THC, so as to avoid disputes after arrival of goods.
③ EXW : Although the seller is not obliged to load the goods, if the seller does so, it is recommended to do at the buyer's risk.
④ FOB : If the goods are in containers, FOB may be appropriate.

10 What is most WRONG in the explanation of global business?

① Protectionism holds that regulation of international trade is important to ensure the markets protection.
② Tariffs, subsidies and quotas are common examples of protectionism.
③ FDI leads to a growth in the gross domestic product of investing country.
④ As a result of international trade, the market becomes more competitive by bringing a cheaper product to the consumer.

[11~12] Read the following and answer the questions.

> I recently purchased from your catalog OEM Toner Cartridge No. 123 for USD 74.99 per piece, which was advertised to be 20 percent below the normal price. I received the toner cartridge two days later and felt completely satisfied with my purchase.
> While looking through the Sunday edition of THE BOSTON GLOBE yesterday, I noticed the same toner cartridge selling for USD 64.99 at Global Computer Outlet.
> You say you won't be undersold on any merchandise. If that's true, I'd appreciate a refund of USD (   ) since we bought 100,000 cartridges. Thank you.
> Sincerely,
> Skip Simmons

11 What is MOST suitable for the blank?

① 10
② 1,000,000
③ 100,000
④ 6,499,000

12 Which is MOST likely to be enclosed in this letter?

① writer's first inquiry letter
② a copy of invoice and Global Computer Outlet's advertisement
③ a copy of catalog
④ a copy of price list which Simmons sent

[13~14] Read the following and answer the questions.

> I read your ad in the January issue of Mobile Homes Monthly looking for Carefree Mobile Homes in the Atlanta area.
> I would like to learn more about Carefree Mobile Homes and their incentive program for dealers. Mobile Homes are very popular in this area, and I am most interested in hearing more about your products and marketing opportunities.

13 What is being sought in Mobile Homes Monthly?

① job offer for technician
② retail dealership
③ customer recruitment for Mobile Homes service
④ promotion to offer special discount

14 Who is the receiver of the letter?

① magazine editor
② dealer in Atlanta
③ Carefree Mobile Homes company
④ customer center for mobile service

[15~17] Read the following letter and answer the questions.

> I have now received our (A) assessor's report with reference to your claim in which you asked for (B) compensation for damage to two turbine engines which were shipped ex-Liverpool on the Freemont on 11 October, for delivery to your customer, D.V. Industries, Hamburg.
> The report states that the B/L was **claused** by the captain of the vessel, with a (C) comment on cracks in the casing of the machinery.
> Our assessor believes that these cracks were the first signs of the weakening and splitting of the casing during the (D) voyage, and that this eventually damaged the turbines themselves.
> (   )
> I am sorry that we cannot help you further.

15 Which could NOT be replaced with the underlined (A), (B), (C) and (D) parts?

① A : surveyor
② B : compliment
③ C : remark
④ D : trip

16 Which could not be replaced with the underlined claused?

① commentary
② dirty
③ unclean
④ foul

17 Which of the following BEST fits the blank in the letter?

① I regret that we can accept liability for goods if they are shipped clean.
② I regret that we cannot accept liability for goods unless they are shipped clean.
③ I am very happy that we accept liability for goods as they are shipped clean.
④ I regret that we cannot accept liability for goods even though they are shipped clean.

18 Under UCP 600, what is NOT correct?

> - Seller is in Seoul, Korea
> - Buyer is in Frankfurt, Germany
> - Seller sells USD 100,000.00 worth of goods to Buyer
> - Buyer uses Deutche Bank to open the Letter of Credit
> - This unconfirmed letter of credit requires a '90 days after sight' draft from the beneficiary.

① The drawer of draft is seller.
② Issuing bank is to reimburse for complying presentation, whether or not the nominated bank purchased before the maturity of draft.
③ The draft shall be drawn on the buyer.
④ The seller may apply silent confirmation.

19 What kind of charter does the following explain?

> It is a charter, an arrangement for the hiring of a vessel, whereby no administration or technical maintenance is included as part of the agreement.
> In this case, the charterer obtains possession and full control of the vessel along with the legal and financial responsibility for it. Also the charterer pays for all operating expenses, including fuel, crew, port expenses and P&I and hull insurance.

① Demise charter
② Voyage charter
③ Time charter
④ Trip charter

20 What is the MAIN purpose of the letter?

> Dear Mr. Colson:
> Thank you for your application for credit at Barrow. We appreciate your interest.
> Your personal references are exceptionally good, and your record of hard work indicates that your business prospects are good for the near future.
> Unfortunately, at the present, your financial condition only partially meets Barrow's requirements. We cannot extend the USD 500,000 open credit you requested.
> Please call me at your convenience. I am sure we can set up a program of gradually increasing credit that will benefit both of us. Meanwhile, remember that deliveries on cash purchase are made within two days.
> Let me hear from you soon. We are interested in your business venture.

① to praise the good credit report
② to offer the credit increase
③ to deny credit extension
④ to continue the business with the company

21 Which is NOT correct in accordance with CISG?

① An offer becomes effective when it reaches the offeree.
② An offer, even if it is irrevocable, may be withdrawn if the withdrawal reaches the offeree before or at the same time as the offer.
③ A statement made by or other conduct of the offeree indicating assent to an offer is an acceptance.
④ Silence or inactivity in itself amounts to acceptance.

22 Which of the following is NOT covered by ICC(C)?

① explosion
② washing overboard
③ jettison
④ general average sacrifice

23 What is WRONG with the roles of freight forwarders?

① They act as an agent on behalf of shipper in moving the cargo to the destination.
② They are familiar with the methods of shipment and required documents relating to foreign trade.
③ They have primary responsibility for paying duties and taxes for import customs charges.
④ They assist the customers in preparing price quotations by advising on freight costs, port charges, cost of documentation, handling fee, etc.

24 Under UCP 600, what is NOT an appropriate statement for the amendments of Letter of Credit?

① A credit can neither be amended nor cancelled without the agreement of Seller, Buyer and issuing bank.
② The terms and conditions of the original credit will remain in force for Seller until Seller communicates its acceptance of the amendment.
③ If Seller fails to give notification of acceptance or rejection of an amendment, a presentation that complies with any not yet accepted amendment will be deemed to be notification of acceptance of such amendment.
④ Partial acceptance of an amendment is not allowed and will be deemed to be notification of rejection of the amendment.

25 The following statement is a part of contract. What kind of clause is it?

> If any provision of this Agreement is subsequently held invalid or unenforceable by any court or authority agent, such invalidity or unenforceability shall in no way affect the validity or enforceability of any other provisions thereof.

① Non-waiver clause
② Infringement clause
③ Assignment clause
④ Severability clause

[제2과목] 영작문

26 Which of the following BEST fits the blank?

> In the event of (   ), the assured may claim from any underwriters concerned, but he is not entitled to recover more than the statutory indemnity.

① reinsurance
② double insurance
③ coinsurance
④ full insurance

27 Which of the following statements has a different purpose?

① We would advise you to proceed with caution in your dealings with the firm in question.
② We regret that we have to give you unfavorable information about that firm.
③ According to our records, they have never failed to meet our bills since they opened an account with us.
④ You would run some risk entering into a credit transaction with that company.

28 Which of the following BEST completes the blanks in the letter?

> We would like to send (A)-Heathrow (B) Riyadh, Saudi Arabia, 12 crates of assorted glassware, to be delivered (C) the next 10 days.

① A: ex   B: to   C: within
② A: ex   B: to   C: in
③ A: from   B: through   C: within
④ A: from   B: through   C: in

29 Which is the proper Incoterms 2010 term for the following?

> The seller delivers the goods on board the vessel nominated by the buyer at the named port of shipment or procures the goods already so delivered. The risk of loss of or damage to the goods passes when the goods are on board the vessel, and the buyer bears all costs from that moment onwards.

① FAS   ② FCA
③ FOB   ④ CFR

30 The following is related to insurance. What are the proper words to be filled in the blanks A and B?

> In order to recover under this insurance, the (A) must have an insurable interest in the subject-matter insured at the time of (B).

① A: assurer   B: the loss
② A: assured   B: the loss
③ A: assurer   B: the insurance contract
④ A: assured   B: the insurance contract

31 Put the right words in the blanks.

[Complaint]
I strongly object to the extra charge of USD 9,000 which you have added to my statement. When I sent my cheque for USD 256,000 last week, I thought it cleared this balance.

[Answer]
We received your letter today complaining of an extra charge of USD 9,000 on your May statement. I think if you check the statement you will find that the amount (A) was USD 265,000 not USD 256,000 which accounts for the USD 9,000 (B).

① A: due   B: difference
② A: for   B: price
③ A: of   B: charges
④ A: received B: less

32 Choose the right word(s) for the blank below.

(   ) in international trade is a sale where the goods are shipped and delivered before payment is due, which is typically in 30, 60 or 90 days.
Obviously, this option is advantageous to the importer in terms of cash flow and cost, but it is consequently a risky option for an exporter.

① A COD transaction
② A CAD transaction
③ An open account transaction
④ A D/P transaction

[33~34] Read the following and answer.

While we cannot give you an explanation at present, we are looking into the problem and will contact you again shortly.
As we are sending out orders promptly, I think these delays may be occurring during (   ).
I shall get in touch with the haulage contractors. Would you please return samples of the items you are dissatisfied with, and then I will send them to our factory in Daejon for tests.

33 What is the main purpose of the letter above?

① To give complaints in the soonest manner
② To ask for more time to investigate the complaint
③ To investigate the delay with carrier
④ To return samples damaged

34 What is best for the blank?

① investigation   ② transit
③ arrival   ④ despatch

35 Which is MOST appropriate for the blank?

I was surprised and sorry to hear that your Order No.1555 had not reached you. On enquiry I found that it had been delayed by a local dispute on the cargo vessel SS Arirang on which it had been loaded. I am now trying to get the goods transferred to the SS Samoa which is scheduled to sail for Yokohama before the end of next week.
(   ).

① I shall remind you if this happens again
② Please keep me be informed of the sailings
③ We can reach an amicable agreement in the near future
④ I shall keep you informed of the progress

[36~37] Which of the pairs does NOT have the similar intention?

36

① Can you give me some cost estimates on that?
 - I was wondering roughly how much your service would cost.
② I am not convinced that acting on this plan is in the best interests of my team.
 - I am behind this plan 100%.
③ We appreciate your asking us and are willing to comply with your request.
 - Thank you very much for asking. Let me give you a hand, please.
④ We have been forced to withdraw ourselves from this project.
 - We have no choice but to pull ourselves out of the project.

37

① The contents of the meeting should be kept strictly confidential.
 - Please keep the things discussed in the meeting to yourself.
② I am not completely against your thoughts.
 - I give my conditional support to your proposal.
③ I am wondering whether you could let me put off the deadline.
 - I would be grateful if you could grant me an extension of the original deadline.
④ The pleasure of your company is requested when we visit them.
 - We hope that all the people in your firm will be very satisfied at this.

[38~39] Read the following and answer the questions.

Dear Mrs. Johnson
Thank you for your letter inquiring for electric heaters. I am pleased to enclose (a)a copy of our latest illustrated catalogue.
You may be particularly interested in our newest heater, the FX21 model. Without any increase in fuel consumption, it gives out 15% (b)more heat than earlier models. You will find (c)details of our terms in the price list printed on the inside front cover of the catalogue.
Perhaps you would consider (   ) to (d)provide you of an opportunity to test its efficiency. At the same time this would enable you to see for yourself the high quality of material.
If you have any questions, please contact me on 6234917.

38 Which is MOST suitable for the blank?

① taking an order
② placing a volume order
③ placing a trial order
④ to place an initial order

39 Which of the following is grammatically INCORRECT?

① (a)   ② (b)   ③ (c)   ④ (d)

40 Fill in the blank with the BEST word(s).

A written one to pay a determinate sum of money made between two parties is a (   ). The party who promises to pay is called the maker; the party who is to be paid is the payee.

① promissory note   ② letter of credit
③ draft   ④ Bill of Exchange

41 Which is NOT a good match?

An insurance document, such as (A), (B) or (C) under an open cover, must appear to be issued and signed by an insurance company, an underwriter or their agents or their (D).

① (A) cover note
② (B) insurance policy
③ (C) insurance certificate
④ (D) proxies

42 Which is INCORRECT under UCP 600?

① The words "from" and "after" when used to determine a maturity date include the date mentioned.
② Banks deal with documents and not with goods, services or performance to which the documents may relate.
③ Branches of a bank in different countries are considered to be separate banks.
④ Applicant means the party on whose request the credit is issued.

43 Choose the INCORRECT one about arbitration?

① Arbitration decisions are final and binding on the both parties.
② Disputes are resolved more quickly by arbitration than by litigation, saving time and cost.
③ Both parties may choose the arbitrators, place, language.
④ Proceedings are open to the public and the arbitral award is disclosed.

44 What does Blank refer to?

(　　　) literally means "as it arrives". It is used in contract for shipment of grain in bulk to signify that the consignor will accept the goods in whatever condition they arrive, so long as they were in good order at time of shipment, as evidenced by a certificate of quality issued by an impartial inspection agency.

① GMQ   ② Tale Quale
③ Rye Term   ④ Sea Damaged Term

45 Which is NOT a replacement for the underlined?

① We shall be compelled to place the matter in the hands of our lawyer.(institute legal proceeding for the matter)
② We have to inform you that it is not yet possible for us to meet our obligations.(fulfill our commitments)
③ Thank you for writing to us so frankly about your inability to pay your debt.(competence to meet your debt)
④ There have, however, been several instances in the past when you have asked for extra time to settle your account.(balance your account)

46 Choose a correct one in O/A payment.

① It is dangerous to use when the importer has favorable payment history.
② It is safe to use if the freight forwarder has been deemed to be creditworthy in order for the trade transaction.
③ O/A is the most advantageous option to the importer in terms of cash flow and cost, but it is consequently the highest risky option for an exporter.
④ O/A means Opening Applicant.

47 What is *THIS*?

> *THIS* is the term used to describe the offence of trying to conceal money that has been obtained through offences such as drugs trafficking.
> In other words, money obtained from certain crimes, such as extortion, insider trading, drug trafficking and illegal gambling is 'dirty'.

① money laundering
② fraud
③ illegal investment
④ abnormal remittance

48 According to the letter, what would be MOST suitable for the blank in common?

> We certainly appreciate your interest in Maxoine Sportswear. Nevertheless, I am afraid we cannot give you the information you requested.
> Because we do not sell our garments directly to the consumer, we try to keep _____ between ourselves and our dealers. It is our way of meriting both the loyalty and good faith of those with whom we do business. Clearly, divulging _____ to a consumer would be a violation of a trust.

① our dealer lists
② our wholesale prices
③ the highest price
④ our consumers' information

49 Which is most AWKWARD English writing?

① 우리 소프트웨어 제품에 관심을 보여주신 귀사의 4월 8일자 문의에 대해 감사드립니다.
→ Thank you for your inquiry on April 4, expressing interest in our software products.

② 오늘 주문서 No.9087에 대한 배송을 받고 포장을 풀었을 때, 우리는 전 품목이 완전히 파손되었음을 발견했습니다.
→ Today we received delivery of our order No.9087, and unpacked, we found all items were completely damaging.

③ 신용장의 잔액은 미화 15,000달러이므로 그 범위 내에서 선적해 주십시오.
→ As the balance of L/C is USD 15,000, please make shipment within the amount.

④ 귀사가 신용장의 유효기간 내에 주문을 이행하지 않았으므로 당사는 신용장을 취소하겠습니다.
→ As you have not executed the order within the validity of L/C, we will make cancellation of the L/C.

50 Which is NOT grammatically correct?

① 귀하가 겪은 불편에 대해 깊이 사과드립니다.
→ We deeply apologize for the inconvenience you have experienced.

② 2월 20일까지 귀사 부담으로 XT-4879 케이블 모뎀 500개를 항공 화물편으로 보내주시기 바랍니다.
→ Please send us 500 XT-4879 cable modems by February 20 by air freight at your expense.

③ 귀사의 8월 5일자 주문서에 대한 신용장이 개설되도록 귀사 거래 은행에 신용장 개설을 촉구하여 주십시오.
→ Please arrange with your bank to open a letter of credit for your order of August 5.

④ 귀사가 주문하신 Model No.289E 재봉틀이 단종되었음을 알려드리게 되어 유감입니다.
→ We are sorry to inform you of the sewing machine(Model No.289E) you ordered have discontinued.

[제3과목] 무역실무

51 아래 글상자는 무역계약에서 국제상관습의 의의에 관한 설명이다. 공란에 들어갈 내용을 바르게 연결한 것은?

> (ⓐ)의 (ⓑ)은 극히 간결한 형태로 표현되고 있음에도 불구하고, 대량의 무역 거래가 신속 안전하게 이행되는 것은 수백 년에 걸쳐서 형성된 (ⓒ)이란 형태의 (ⓓ)에 의하여 (ⓐ)을 보완하여 왔기 때문이다.

① ⓐ 국제상관습 ⓑ 명시조항 ⓒ 무역계약 ⓓ 묵시조항
② ⓐ 국제상관습 ⓑ 묵시조항 ⓒ 무역계약 ⓓ 묵시조항
③ ⓐ 무역계약 ⓑ 묵시조항 ⓒ 국제상관습 ⓓ 명시조항
④ ⓐ 무역계약 ⓑ 명시조항 ⓒ 국제상관습 ⓓ 묵시조항

52 해상보험에서 사용하는 용어에 대한 설명으로 옳지 않은 것은?

① 손인은 손해의 원인으로 좌초, 충돌, 화재 등을 들 수 있다.
② 위험은 손해발생 가능성을 말하는 것으로 반드시 손해로 연결되는 것을 말한다.
③ 위태는 손해발생의 가능성을 증가시키는 상태를 말한다.
④ 보험금액은 보험사고 발생 시 보험자가 보상하는 최고한도가 된다.

53 결제 방식에 대한 설명으로 옳지 않은 것은?

① 대금회수와 관련하여 신용장은 안전하지만 국제 팩토링은 다소 위험하다.
② 신용장에서는 환어음 네고로 결제가 이루어지고 국제 팩토링의 경우 전도금융이 이루어진다.
③ 신용장은 일람불 환어음이나 기한부 환어음을 요구하지만 국제팩토링은 환어음을 요구하지 않는다.
④ 신용장과 추심결제에서 사용되는 서류는 환어음과 선적서류이다.

54 양도된 신용장의 최종적인 지급의무를 지는 당사자로 옳은 것은?

① 제1수익자
② 신용장 양도은행
③ 개설의뢰인
④ 원신용장 개설은행

55 보험관련 설명 중 옳지 않은 것은?

① 화물보험의 보험기간은 장소로 표시한다.
② 해상보험에서 부보되는 위험은 Warehouse to warehouse Clause에 의한 해륙혼합위험이다.
③ 소급약관이나 포괄예정보험은 보험계약기간과 보험기간이 일치하게 된다.
④ 전쟁위험의 보험 기간은 화물이 육상에 있는 동안에는 해당되지 않는다.

56 컨테이너와 관련된 설명으로 옳지 않은 것은?

① 컨테이너선의 대형화는 항구에서의 하역작업에 많은 시간을 요하는 한계성이 있다.
② 컨테이너의 한계성은 컨테이너에 적입하는데 한계 상품이나 부적합상품이 있다는 것이다.
③ LCL 화물들은 CFS에 반입되어 FCL 화물로 혼재되어 목적지별로 분류된다.
④ 컨테이너의 사용으로 포장비용을 줄일 수 있고 선박의 정박일수도 단축할 수 있다.

57 추정전손에 대한 설명으로 옳지 않은 것은?

① Constructive Total Loss이라고 하고 해석전손이라고도 한다.
② 화물손해 발행 시, 손상을 수선하는 비용과 화물을 그 목적항까지 운송하는 비용을 합산한 비용이 도착 시의 화물 가액을 초과할 것으로 예상되는 경우가 추정전손에 포함된다.
③ 추정전손이 있을 경우에는 피보험자는 그 손해를 분손으로 처리할 수도 있고 보험자에게 보험목적물을 위부하고 그 손해를 현실전손에 준하여 처리할 수도 있다.
④ 선박이 행방불명되고 상당한 기간 경과 후까지 그 소식을 모를 경우는 추정전손으로 처리될 수 있다.

58 적하보험에 대한 설명으로 옳지 않은 것은?

① 객관적 위험이 이미 발생했거나 위험이 없는 경우, 보험계약당사자가 이 사실을 모르는 경우에는 보험계약 체결이 가능한데 이러한 보험을 소급보험이라고 한다.
② 보험금액이 보험가액보다 적은 경우의 보험은 일부보험(under insurance)이다.
③ premium은 보험자의 위험부담에 대한 대가로서 피보험자나 보험계약자가 보험자에게 지급하는 금전이다.
④ 피보험자는 보험계약이 체결될 때 보험목적물에 이해관계를 가져야 하나 손해 발생 시에는 보험목적물에 이해관계를 가질 필요는 없다.

59 아래 글상자 내용은 어떤 원칙에 관한 것인가?

- UN 국제물품복합운송조약에서 채택한 원칙
- 손해발생구간의 확인여부에 관계없이 동일한 책임원칙을 적용하지만, 손해발생구간이 확인되어 그 구간에 적용될 법에 의한 책임한도액이 UN 국제물품복합운송조약에서의 금액보다 높을 경우 높은 한도액을 적용한다는 원칙
- 운송도중 발생한 물품의 멸실이나 손상에 대한 손해배상액은 손해발생구간이 판명되면 구간의 단일운송협약상 책임한도액이 적용되며, 손해발생구간이 불명일 때는 일반원칙이 적용되도록 함

① Network Liability System
② Uniform Liability System
③ Modified Uniform Liability System
④ Liability for Negligence

60 Incoterms 2010에 대한 설명으로 옳은 것은?

① 매도인과 매수인 간에 강제적으로 적용되는 국제 규칙이다.
② 국제매매계약 뿐만 아니라 국내매매계약에도 사용 가능하다.
③ 당사자 간에 합의되었더라도, 전자적 형태의 통신은 종이에 의한 통신과는 다른 효력이 부여된다.
④ 물품 소유권의 이전 및 계약 위반의 효과를 매도인, 매수인 입장에서 각각 다루고 있다.

61 양도가능 신용장에 대한 설명으로 옳지 않은 것을 모두 고르면?

㉠ 중계무역은 양도가능 신용장이 발행되는 경우에만 가능하다.
㉡ 제2의 수익자가 1개 회사인 경우, L/C금액의 전부를 양도하는 전액 양도만 허용된다.
㉢ 제1의 수익자는 복수의 제2수익자에게 분할 양도할 수 있다.
㉣ 제2의 수익자가 제3의 수익자에게 양도하는 경우 개설의뢰인과 개설은행 모두에게 사전 양해를 얻는다면 가능하다.
㉤ 국내 소재 제2의 수익자에게도 양도하는 경우 local L/C라고 한다.

① ㉠, ㉡, ㉢, ㉣
② ㉠, ㉡, ㉢, ㉤
③ ㉠, ㉡, ㉣, ㉤
④ ㉡, ㉢, ㉣, ㉤

62 B/L 상에 "Shipper's Load & Count"와 같은 문구가 있는 경우, 이에 대한 설명으로 옳지 않은 것은?

① Liner를 이용한 운송이다.
② Container 운송이다.
③ 하역비는 FIO 조건이 적용된다.
④ B/L의 발행 일자 외에 선적 일자가 별도로 기재되어야 한다.

63 청약 등에 대한 내용 설명으로 옳지 않은 것은?

① 주문서도 청약으로 볼 수 있으나 확인(confirmation)이나 승인(acknowledgement)이 있어야 계약이 성립된다.
② 청약 조건을 실질적으로 변동시키는 것은 대금 지급 변경, 분쟁 해결 변경, 인도조건의 조회 등이다.
③ Cross offer는 동일한 조건으로 매도청약과 매수청약이 동시에 이루어지는 것으로 영미법에서는 계약이 성립되지 않는다.
④ 조건부청약은 청약자의 최종확인이 있어야 계약이 성립되며 서브콘 오퍼라고도 한다.

64 Frustration에 대한 설명으로 옳은 것은?

① Frustration의 성립요건은 계약목적물의 물리적 멸실, 후발적 위법 등이며 계약목적물의 상업적 멸실은 해당되지 않는다.
② Frustration은 신의성실의 원칙에서의 사정변경의 원칙과 관련이 있다.
③ 주요 공급원의 예기치 못한 폐쇄는 Frustration에 해당되지만 농작물의 흉작, 불작황은 해당되지 않는다.
④ Frustration의 성립은 즉각 소급하여 계약을 소멸시키고 양당사자의 의무를 면제한다.

65 신협회적하약관 ICC(B) 조건에서 보상하는 손해로 옳지 않은 것은?

① 쌍방과실충돌
② 공동해손·구조비
③ 약관상 면책사항 이외의 우연적 사고에 의한 손해
④ 본선·부선에의 선적 또는 양륙작업 중 바다에 떨어지거나 갑판에 추락하여 발생한 포장단위당의 전손

66 복합운송증권의 특징에 대한 설명으로 옳지 않은 것은?

① 화물의 멸실, 손상에 대한 전 운송구간을 커버하는 일관책임을 진다.
② 선하증권과 달리 운송인뿐만 아니라 운송주선인에 의해서도 발행된다.
③ 화물이 본선적재 전에 복합운송인이 수탁 또는 수취한 상태에서 발행된다.
④ 지시식으로 발행된 경우 백지배서에 의해서만 양도가 가능하다.

67 포페이팅에 대한 설명 중 옳지 않은 것은?

① 환어음 또는 약속어음 등 유통가능한 증서를 상환청구권 없이(without recourse) 매입하는 방식이다.
② 포페이팅은 신용장 또는 보증(aval) 방식으로 이루어지며 어음에 대한 할인은 보통 수출상이 최종적으로 부담한다.
③ 기계, 중장비, 산업설비, 건설장비 등 연불조건 구매가 이루어지는 경우 중요한 결제수단이다.
④ 포페이팅의 가장 큰 장점은 연불조건 구매와 같이 중장기 거래에 따른 신용위험(credit risk) 등을 회피할 수 있다는 것이다.

68 해상보험에서 위험에 대한 설명으로 옳지 않은 것은?

① Perils of the Seas는 해상고유의 위험으로 stranding, sinking, collision, heavy weather를 포함한다.
② Perils on the Seas는 해상위험으로 fire, jettison, barratry, pirates, rovers, thieves를 포함한다.
③ 포괄담보 방식에서는 보험자가 면책위험을 제외한 모든 손해를 담보하는데, ICC(A) 또는 W/A가 여기에 속한다.
④ 갑판적, 환적, 강제하역, 포장불충분 등 위험이 변경되는 경우 보험자는 원칙적으로 변경 후 사고에 대해 면책된다.

69 해상보험의 보상원칙으로 옳지 않은 것은?

① 보험사고가 발생하더라도 보험금액을 보상하는 것이 아니라 피보험자의 실손해만을 보상하는 실손보상원칙을 따른다.
② 적하보험은 기평가보험으로서 통상 CIF가액의 110%로 보험금액이 결정된다.
③ 보험자는 피보험자에게 보험금을 지급하면 피보험목적물에 대한 권리를 이전받는 대위원칙을 따른다.
④ 보험자는 피보험자가 입은 직접적인 손해뿐만 아니라 간접 손해도 보상하는 손해보상원칙을 따른다.

70 선하증권에 대한 설명으로 옳지 않은 것은?

① 운송계약의 추정적 증거(prima facie evidence)이다.
② 운송인이 물품을 수취했다는 물품의 수령증이다.
③ 'said by shipper to contain'과 같은 부지약관이 있어도 신용장 거래에서 수리된다.
④ 권리증권으로 유통이 가능하며 'consignee'란에 수화인이 기재되어 유통될 수 있다.

71 Incoterms 2010상 FOB 규칙에 대한 설명으로 옳지 않은 것은?

① 매도인이 선적항에서 매수인이 지정한 본선에 수출통관된 계약상품을 선적하면 매도인의 물품인도 의무가 완료된다.
② FCA 조건에 매도인의 본선으로의 선적의무가 추가된 조건이다.
③ 매수인은 자기의 책임과 비용부담하에 운송계약을 체결하고 선박명, 선적기일 등을 매도인에게 통지해 주어야 한다.
④ 컨테이너 운송에서 매도인이 물품을 갑판이 아닌 CY등 다른 장소에 인도하는 경우에는 FOB 대신 FCA 조건을 사용해야 한다.

72 계약서에 들어가는 선적조건에 대한 설명으로 옳지 않은 것은?

① 신용장상에 할부선적 횟수가 규정되었을 때는 어느 한 부분이라도 선적이 이행되지 않았다면 그 선적분과 모든 잔여 선적분은 무효가 된다.
② 선적일은 수취 선하증권이 발행된 경우에는 발행일이 곧 선적일이다.
③ 'on or about'에 대한 선적 시기에 대한 해석은 선적이 지정일자로부터 양끝의 일자를 포함하여 5일 전후까지의 기간 내에 선적되어야 한다.
④ 천재지변, 전쟁 등 불가항력에 의한 선적지연의 경우 원칙적으로 매도인은 면책된다.

73 화물손해에 대한 해상운송인의 면책 사유로 옳지 않은 것은?

① 운송인은 항해 중 선장, 선원의 행위, 태만 또는 과실로 인하여 발생한 화물의 손해는 면책된다.
② 포장의 불충분성으로 인하여 발생하는 멸실이나 손상은 면책된다.
③ 선박의 화재로 인하여 발생한 화물의 손해는 면책되나 운송인의 고의로 인한 것이 아니어야 한다.
④ 운송인은 침몰, 좌초와 통상적인 풍파로 인하여 발생한 화물의 멸실이나 손상은 면책된다.

74 환어음의 필수 기재사항에 해당되는 것만으로 옳게 나열된 것은?

① 지급인, 지급기일, 수취인, 발행일 및 발행지
② 환어음 표시문자, 지급인, 지급지, 신용장 번호
③ 금액, 지급지, 어음번호, 발행인의 서명
④ 상환불능 문언, 환어음 표시문자, 발행인의 서명, 환율 문언

75 CISG 상 유효한 승낙으로 간주되는 것은?

① 침묵에 의한 승낙
② 청약에 대해 동의의 의사를 표시하는 피청약자의 행위
③ 무행위(inactivity)에 의한 승낙
④ 동일한 거래조건을 담은 교차 청약(cross offer)

2019년 제2회(115회)

[제1과목] 영문해석

01 Choose WRONG part of L/C explanation.

The letter of credit is probably the most widely used method of financing for both (A) export and import shipments.
In establishing a letter of credit, the buyer applies to his own bank for a specified amount (B) in favor of the buyer. The buyer stipulates the (C) documents which the seller must present, the duration of the credit, (D) the tenor of drafts which may be drawn, on whom they may be drawn, when shipments are to be made, and all other particulars in the transaction.

① A   ② B   ③ C   ④ D

[02~03] Read the following and answer.

Dear Mr. Cox
We are a large motorcycle wholesale chain with outlets throughout Korea, and are interested in the heavy touring bikes displayed on your stand at the Tokyo Trade Fair recently.
There is an increasing demand here for this type of machine. Sales of larger machines have increased by more than 70% in the last two years, especially to the 40-50 age group, which wants more powerful bikes and can afford them.
We are looking for a supplier who will offer us an exclusive agency to introduce heavy machines. At present we represent a number of manufacturers, but only sell machines up to 600cc, which would not compete with your 750cc, 1000cc, and 1200cc models.
We operate on a 10% commission basis on net list prices, with an additional 3% del credere commission if required, and we estimate you could expect an annual turnover in excess of US $5,000,000.00 with an advertising allowance we could probably double this figure.
We look forward to hearing from you.
Steve Kim

02 What can NOT be inferred?

① Steve would like to represent same line of bikes with their current suppliers.
② Mr. Cox's company is engaged in heavy touring bikes.
③ Steve Kim may take endbuyers' credit risk.
④ 40-50 age Korean consumers tend to buy bikes with large engine displacement.

03 Which is NOT related with del credere?

① Del credere agent here guarantees that a buyer is trustworthy.
② Del credere agent here compensates the principal in case the buyer defaults.
③ To cover credit risk, del credere agents charge higher commission rates.
④ A del credere agent is an agent who guarantees the solvency of third parties with whom the agent contracts on behalf of the buyer.

04 What could mostly represent the underlying transaction?

The terms of a credit are independent of the underlying transaction even if a credit expressly refers to that transaction. To avoid unnecessary costs, delays, and disputes in the examination of documents, however, the applicant and beneficiary should carefully consider which documents should be required, by whom they should be produced and the time frame for presentation.

① sales contract
② carriage contract
③ proforma invoice
④ certificate of origin

05 The following is about DAT under Incoterms 2010. Choose the wrong part.

The seller delivers when the goods, (a) once unloaded from the arriving means of transport, are placed at the disposal of (b) the buyer at a named terminal at the named port or place of destination. "Terminal" (c) includes any place, whether covered or not, such as a quay, warehouse, container yard or road, rail or air cargo terminal. (d) If the parties intend the buyer to bear the risks and costs involved in transporting and handling the goods from the terminal to another place, then the DAP or DDP rules should be used.

① (a) ② (b) ③ (c) ④ (d)

06 Choose the LEAST correct translation.

(1) If a credit is transferred to more than one second beneficiary, (2) rejection of an amendment by one or more second beneficiary does not invalidate the acceptance by any other second beneficiary, (3) with respect to which the transferred credit will be amended accordingly. (4) For any second beneficiary that rejected the amendment, the transferred credit will remain unamended.

① 신용장이 하나 이상의 제2수익자에게 양도된 경우에는
② 하나 또는 그 이상의 제2수익자에 의한 조건 변경의 거절은 어떤 다른 제2수익자에 의한 승낙을 무효로 하지 아니하고
③ 따라서 승낙한 제2수익자와 관련하여 양도된 신용장은 조건 변경이 되고
④ 조건 변경을 거절한 제2수익자에 대하여는, 양도된 신용장은 조건 변경 없이 유지된다.

07 Which is NOT correct according to the letter?

Dear Mr. Richardson

We were pleased to receive your order of 15 April for a further supply of CD players.

However, owing to current difficult conditions, we have to ensure that our many customers keep their accounts within reasonable limits. Only in this way we can meet our own commitments.

At present the balance of your account stands at over US $1,800.00. We hope that you will be able to reduce it before we grant credit for further supplies.

In the circumstances we should be grateful if you would send us your check for half the amount owed. We could then arrange to supply the goods now requested and charge them to your account.

① The writer is a seller.
② This is not the first time that the writer has business with Mr. Richardson.
③ The writer asks the receiver to send the check for current order.
④ This is a reply to the order.

[08~09] Read the following and answer the questions.

> We must express surprise that the firm mentioned in your enquiry of 25th May have given our name as a reference.
> As far as we know, they are a reputable firm, but we have no certain knowledge of their financial position. It is true that they have placed orders with us on a number of occasions during the past two years, but the amounts involved have been small compared with the sum mentioned in your letter; and even so, accounts were not always settled on time.
> _____.
> We accept your assurance that the information we give will be treated in strict confidence and regret that we cannot be more helpful.

08 According to the context, which is the best sentence in the blank?
① Therefore, we find this company to be a good credit rating.
② This, we feel, is a case in which caution is necessary and suggest that you make additional enquiries through an agency.
③ Our company was established in 1970 and has been enjoying steady growth in its business with excellent sales.
④ We regret that the amount of obligations you now carry makes it difficult for us to agree to allow you credit terms.

09 The passage in the box is a reply to the letter. Which of the following is LEAST to be included in the previous letter?
① Their requirements may amount to approximately US $200,000.00 a quarter and we should be grateful for your opinion of their ability to meet commitments of this size.
② They state that they have regularly traded with you over the past two years and have given us your name as a reference.
③ We should appreciate it if you would kindly tell us in confidence whether you have found this company to be thoroughly reliable in their dealings with you and prompt in settling their accounts.
④ We would appreciate a prompt decision concerning our order once you have contacted our references.

10 Which can NOT be inferred from the following correspondence?

> Dear Mr. Han,
> With reference to your letter, we are pleased to inform you that we have been able to secure the vessel you asked for.
> She is the SS Eagle and is docked at present in Busan. She is a bulk carrier with a cargo capacity of seven thousand tons, and has a speed of 24 knots which will certainly be able to make the number of trips in two months.
> Once the charter is confirmed, we will send you a charter party.
> Yours sincerely

① Shipper has a lot of goods in containers.
② Time charter is appropriate for the transaction.
③ The charter party to be issued is not negotiable.
④ The writer is a chartering broker.

11 Which of the following is the LEAST appropriate Korean translation?

① Over the past decade, our revenues have increased by double digit annually.
→ 지난 10년간 당사 수익은 매년 두 자리 수로 증가했습니다.

② Even though the domestic economy has been stagnant this year, we have managed for the third year in a row to sustain a 15% annual growth rate.
→ 올해 국내 경기가 침체되었지만, 당사의 경영은 세 번째 해에 드디어 연 15% 성장률을 유지하게 해주었습니다.

③ Your order has been completed and is now ready for shipment. When we receive the credit advice on or before July 21, as agreed, we will ship your order on C/S "Zim Atlantic" leaving Busan on August 6 and reaching Los Angeles on August 17.
→ 주문하신 상품은 완성되어 선적준비가 되어 있습니다. 합의에 따라 7월 21일까지 신용장 통지를 받으면, 8월 6일 부산항을 출항해 8월 17일 Los Angeles에 입항할 예정인 Zim Atlantic호에 선적하겠습니다.

④ We have to point out that all the product you are offering must be guaranteed to meet the requirements of the specifications we indicated.
→ 귀사가 제공하는 모든 상품은 당사가 제시한 명세서의 요구에 부합한다는 보증을 해 주셔야 합니다.

12 Which is the LEAST appropriate English-Korean sentence?

① What we're looking for is a year-long contract for the supply of three key components.
→ 오늘 당사가 이루고자 하는 것은 세 가지 주요 부품의 공급에 관한 1년간의 계약을 체결하는 것입니다.

② When do you think we'll get the results of the market analysis? When could we see a return on our investment?
→ 시장 분석결과는 언제쯤 받을 수 있다고 생각합니까? 언제쯤 당사가 돌아와서 다시 투자할 수 있을까요?

③ Most other agencies don't have the expertise to handle our request.
→ 대부분의 다른 대리점은 당사의 요구를 들어줄 만한 전문기술이 없습니다.

④ If the contract is carried out successfully, it will be renewed annually.
→ 계약이 성공적으로 이행되면 1년마다 연장이 될 겁니다.

13 Which of the following is MOST likely to appear right BEFORE the passage below?

> Because we do not sell our garments directly to the consumer, we try to keep our wholesale prices between ourselves and our dealers. It is our way of meriting both the loyalty and good faith of those with whom we do business. Clearly, divulging our wholesale prices to a consumer would be a violation of a trust.
> However, I have enclosed for your reference a list of our dealers in the Bronx and Manhattan. A number of these dealers sell Maxine Sportswear at discount.
> Very truly yours

① If you are interested in importing the products, please feel free to contact us.
② We assure you that our price and quality are the most competitive.
③ We certainly appreciate your interest. Nevertheless, I am afraid I cannot supply you with the information you requested.
④ We regret to inform you that now is not an occasion for price hike.

14 Which of the following insurance documents on the below are acceptable?

> A documentary credit for US $150,000.00 calls for a full set of bills of lading and an insurance certificate to cover all risks. The bill of lading presented indicates an on board date of 15 December.

> A. Policy for US $150,000.00.
> B. Certificate dated 17 December.
> C. Declaration signed by a broker.
> D. Subject to a franchise.

① A+B only
② A+D only
③ B+C only
④ C+D only

15 If the CIF or CIP value cannot be determined from the documents, a nominated bank under UCP 600 will accept an insurance document, which covers:

> A. 110% of the gross amount of the invoice.
> B. 100% of the gross amount of the invoice.
> C. 110% of the documentary credit amount.
> D. 110% of the amount for which payment, acceptance or negotiation is requested under the credit.

① A+C only
② B+D only
③ A+B+D only
④ A+C+D only

16 What action should the negotiating bank take?

> A documentary credit advised to a beneficiary payable at sight calls for documents to include an invoice made out in the name of the applicant. Documents presented to the negotiating bank by the beneficiary include a customs invoice but not commercial invoice. All other terms and conditions have been met.

① Reject the documents as non-complying.
② Refer to the issuing bank for authority to pay.
③ Return the documents for amendment by the beneficiary.
④ Pay the documents as fully complying with the terms of the credit.

17 What is NOT appropriate as a reply to customer complaints?

① Thank you for taking time out of your busy schedule to write us and express your grievances on how our products and services do not meet up with your expectations.
② This is to confirm that I have seen your email. I look forward to receiving my consignment next week as you promised.
③ However, we can neither receive the return nor refund you as you demanded. This is because of our company's policy. We make refunds only for orders whose complaints are received within two weeks of purchase.
④ Despite our effort to deliver your order on time using Skynet Express Delivery Service, it's quite unfortunate that we didn't meet up with the time allotted for the delivery of those products.

18 What is "This" in the sentences?

- This should be located in a conspicuous place to tell the purchases where the product was produced.
- This is used to clearly indicate to the ultimate purchaser of a product where it is made.

① Packaging
② Country of origin marking
③ Carton number marking
④ Handling caution marking

19 Which is LEAST proper Korean translation?

① The selling prices of goods delivered to the customers in exchange are included in the computation of gross sales.
   → 고객에게 교환으로 인도된 상품의 판매가는 매출 총액 계산에 포함된다.
② There is an implied warranty by the shipper that the goods are fit for carriage in the ordinary way and are not dangerous.
   → 화물이 통상적인 방법으로 운송에 적합하고 위험하지 않다는 화주의 묵시적 보증이 있다.
③ The consular invoice shall be certified by the consul of the country of destination.
   → 영사송장은 수입국의 영사가 인증하여야 한다.
④ If a bank loan is initially extended with a five-year tenor, after three years, the loan will be said to have a tenor of two years.
   → 만약 은행 대출이 처음에 5년이었는데, 그 후 3년 연장되면, 그 대출은 2년간의 기한이 생겼다고도 말할 수 있다.

20 Which of the following is LEAST correct?

Dear Ms. Jones:
Thanks for your recent prompt payments. Our records reflect your current account.
Given these circumstances, I am happy to restore your full credit line. In fact, your recent payment record enables me to extend your credit line from the previous US $5,000.00 to US $8,000.00 This will enable you to stock the added inventory you need to accommodate the growing demands of your customers.
On a personal note, I admire your cooperation and appreciate your sincere efforts. You have made my job easier, and I appreciate it.

① The letter offers thanks and praises the customer's good payment record.
② Ms. Jones' company gets a credit extension up to US $13,000.00
③ There is a positive change in the terms of credit.
④ The letter announces that the credit line is now restored.

21 What is the main reason of the letter?

Dear Corporate Section Manager:
We are writing to inquire about the companies for our products in Bahrain. Your branch in Seoul, Korea, has told us that you may be able to help us. We manufacture radio telephones. At present, we export to Europe and Latin America, but we would like to start exporting to the Arabian Gulf.
Could you please forward this letter to any companies in Bahrain that might be interested in representing us? We enclose some of our catalogs.

① to enlarge the branches in Seoul.
② to inquire about an agent in Bahrain
③ to inquire about the radio telephones
④ to export to Europe and Latin America

22 Which is LEAST happening if transaction is conducted as intended below.

> Thank you for the email expressing your interest in our goods, which comes with the Intel xCPU and MS Window CE OS. Our export price is US $250,000.00 CIF LA per unit, and we do have various volume discount plans.

① Seller shall insure the goods with 110% of invoice.
② Buyer is responsible for damage of goods in transit.
③ Seller may take ICC (C) on the goods which will be delivered.
④ Seller shall deliver the goods up to LA at his risk.

23 What situation is being explained in the letter below?

> As we wrote you previously about the delays in the delivery of your order, the situation is still the same, the trade union strike is on-going. We apologize for this occurrence, but there is not much that we can do to rectify this, as it is out of our hands.
>
> We again apologize and regret the delay in delivery of your order.

① negotiation with union
② force majeure
③ non-payment
④ early delivery

[24~25] Read the following and answer.

> A lot of customers have been asking about your bookcase and coffee-table assembly kits. We would like to test the market and have 6 sets of each kit on approval before placing a (ⓐ) order. I can supply trade references if necessary.
> I attach a (ⓑ) order (No. KM1555) in anticipation of your agreement. There is no hurry but we hope to have your response by the end of April.

24 Why trade references might be needed?

① Because the seller would not trust the buyer in this transaction.
② Because the buyer intends to pay upon arrival of goods.
③ Since the seller requires some references after shipment.
④ Since the buyer would not be satisfied with seller's performance.

25 Which is the best pair for the blanks?

① ⓐ firm － ⓑ provisional
② ⓐ provisional － ⓑ firm
③ ⓐ provisional － ⓑ provisional
④ ⓐ firm － ⓑ firm

[제2과목] 영작문

26 Which of the following BEST fits the blanks?

A constructive total loss is a situation where the cost of repairs plus the cost of salvage equal or exceed the (ⓐ) of the property, therefore insured property has been abandoned because its actual total loss appears to be unavoidable or because as mentioned above could not be preserved or repaired without an expenditure which would exceed it's value. One example : in the case of damage to the goods, where the cost of repairing the damage and forwarding the goods to their destination would exceed their value on (ⓑ)

① ⓐ cost − ⓑ inspection
② ⓐ value − ⓑ arrival
③ ⓐ cost − ⓑ receipt
④ ⓐ value − ⓑ sales

27 Put best right word(s) in the blank.

In reference to your letter concerning delayed payment, we wish to inform you that we are accepting your suggestion.

The one condition we would like to add is that if there would be delayed payment beyond what has been agreed upon in the payment schedule and if there is no proper notice given then, we will ( ) to seek legal action against your company.

① have no choice
② be inevitably
③ not help
④ be forced

28 Which CANNOT be included in the underlined these?

When these are used, the seller fulfills its obligation to deliver when it hands the goods over to the carrier and not when the goods reach the place of destination.

① CPT
② EXW
③ CIF
④ FOB

29 Which of the following is LEAST grammatically appropriate?

We have received (a) the number of enquiry for floor coverings suitable for use on the rough floors which seem to be a feature of much of the new building (b) taking place in this region.
It would be helpful (c) if you could send us samples showing your range of suitable coverings.
A pattern-card of the designs (d) in which they are supplied would also be very useful.

① (a)   ② (b)   ③ (c)   ④ (d)

30 Fill in the blank with the BEST word(s).

> I was very pleased to receive your request of 12 March for waterproof garments on approval.
> As we have not previously done business together, you will appreciate that I must request either the usual _____, or the name of a bank to which we may refer. As soon as these enquiries are satisfactorily settled we shall be happy to send you a good selection of the items mentioned in your letter.
> I sincerely hope that our first transaction will be the beginning of a long and pleasant business association.

① trade references
② credit terms
③ letter of credit
④ bank references

31 Which of the (a)~(d) is LEAST appropriate?

> Please correct the following error in my credit report: The loan account number listed for Citizens Bank on the report reads: "137547899." This is incorrect. The correct account number is 137557899.
> (a) <u>To verify this information</u> call my branch manager, Len Dane, at 123-456-7890.
> This correction should change the report (b) <u>by deleting the erroneous statement</u> that says I have twice been late in making payments.
> Please (c) <u>open my credit</u> report and (d) <u>send me the corrected clean copy</u> within the next 10 days.

① (a)   ② (b)   ③ (c)   ④ (d)

32 What is best for the blank?

> Thank you for your letter of 15 January regarding our November and December invoice No. 7713.
>
> We were sorry to hear about the difficulties you have had, and understand the situation. However, we would appreciate it if you could (   ) the account as soon as possible, as we ourselves have suppliers to pay.
>
> We look forward to hearing from you soon.

① clear   ② make
③ debit   ④ arrange

33 Which of the following words is NOT appropriate for the blanks below?

> EXW rule places minimum responsibility on the seller, who merely has to make the goods available, suitably packaged, at the specified place, usually the seller's factory or depot.
> The (ⓐ) is responsible for loading the goods onto a vehicle; for all export procedures; for onward transport and for all costs arising after collection of the goods.
> In many cross-border transactions, this rule can present practical difficulties.
> Specifically, the (ⓑ) may still need to be involved in export reporting and clearance processes, and cannot realistically leave these to the (ⓒ). Consider (ⓓ) instead.

① ⓐ exporter
② ⓑ exporter
③ ⓒ buyer
④ ⓓ FCA(seller's premise)

34 Which of the following is the LEAST appropriate one as part of the reply to the letter?

> For a number of years we have imported electric shavers from the United States, but now learn that these shavers can be obtained from British manufacturers. We wish to extend our present range of models and should be glad if you could supply us with a list of British manufacturers likely to be able to help us.
> If you cannot supply the information from your records, could you please refer our enquiry to the appropriate suppliers in London.

① They are the product of the finest materials and workmanship and we offer a worldwide after-sales service.
② We hope you will send us a trial order so that you can test it.
③ We are pleased to inform you that your order was shipped today.
④ We learn that you are interested in electric shavers of British manufacture and enclose our illustrated catalogue and price list.

35 Which of the following is the MOST appropriate English sentence?

> 하지만 당사는 합작투자보다는 기술 이전을 선호합니다. 기술 이전 계약을 하는 것이 가능한지요? 당사는 기술 지향적인 회사입니다.

① We, yet, prefer technology transfer by joint venture. I wonder whether you are in a position to enter into the technology transfer agreement or not. We are a technology-oriented company.
② We, however, prefer technology transfer than joint venture. I wonder if you are in a position to enter the technology transfer agreement. We are a technology-orienting company.
③ We, however, prefer technology transfer to joint venture. I wonder whether you are in a position to enter into the technology transfer agreement. We are a technology-oriented company.
④ We, however, prefer joint venture of technology transfer. I wonder whether you are in a position to enter the technology transfer agreement or not. We are a technology-orienting company.

36 Which of the following has similar meaning for the sentence underlined?

> We are a large music store in Korea and would like to know more about the mobile phones you advertised in this month's edition of "Smart World".
> Could you tell us <u>if the mobile phones are out of intellectual property issue</u> and are playable in Korean language? Also please let us know if there are volume discount. We may place a substantial order if the above matters are answered to our satisfaction.

① whether the mobile phones are free from intellectual property issue.
② if the mobile phones are abided by intellectual property problems.
③ provided that the mobile phones are free from intellectual property issue.
④ should the mobile phones are out of intellectual property issue.

[37~38] Read the following letter and answer the questions.

> On behalf of the Board of Directors and Officers of the Stone Corporation, I would like to express sincere appreciation and congratulations to your company for successfully completing the reconstruction of our headquarters building in Incheon, which was devastated by fire last year.
> Your company has distinguished itself as a leader in the construction industry by performing what appeared to be an almost impossible task. <u>With working under difficult conditions and accelerated construction schedules, your company completed the building as scheduled.</u>

37 Which of the following is the BEST to summarize the underlined sentence above?

① Thanks to your hard work, we could come back to work exactly on the expected date.
② Without your sincere help, the buildings have been restored to its original state perfectly.
③ Although the working plans were tough and tight, your company did fulfill our needs.
④ We had worked hard despite the difficulties, and the construction was finished on time.

38 Which of the following is MOST likely to come after the letter above?

① This accomplishment is attribute to the fine group of professional engineers and skilled craftsmen you assembled on site and to the individual skill and dedication of your project manager, Charles Shin.
② We want to express our deepest appreciation for your hard work during our activities. Your untiring energy and labor made our company the most successful since our foundation began ten years ago.
③ All the people who explored were extremely pleased with your accommodations as well as the friendliness and attentiveness of your entire staff. Please extend my appreciation to the staff and, in particular, to Ms. Han.
④ Please accept my sincere appreciation for the prompt and courteous assistant you gave us in planning the type of event. We were quite pleased with your facility and with the friendly service during the seminar.

[39~40] Read the following letter and answer the questions.

> We (ⓐ) to your company by Hills Productions in San Francisco.
> Our company produces and distributes (ⓑ) travel and educational DVDs in Korea. These include two 30 minute DVDs on Gyeongju and Buyeo and a 50 minute DVD on Hong Kong. With the overseas market in mind, these (ⓒ) with complete narration and packaging in English.
> So far, they have sold very well to tourists in Korea and Hong Kong. We would now like to market the DVDs directly in the United States. We feel that potential markets for these DVDs are travel agencies, video stores, book stores, schools and libraries.
> We would appreciate your advice on whether your company would be interested in acting as a (ⓓ) in the United States or if you have any recommendations on any other American associates.
> (ⓔ) for your evaluation. We look forward to your reply.

39 Which of the following does NOT fit in the blanks?

① ⓐ were referred   ② ⓑ a number of
③ ⓒ have also produced ④ ⓓ distributor

40 Which is MOST suitable for the underlined (ⓔ)?

① Enclosed are English copies of the DVDs
② Same samples are produced
③ Like other agencies, we send originals
④ Originals and copies of sample are attached

41 Choose a different intention from others.

① We shall have to cancel the order, and take all necessary actions for the claim for delayed shipment.
② As you have shipped a machine damaged packaging, all costs of the repairs should be borne by your company.
③ You're requested to substitute any damaged products by brand-new products packed properly at your expense. Otherwise, we have no choice but to raise a claim for a bad packing.
④ It's our regret to inform you that some boxes are terribly broken due to a bad packing. We found that several products seemed to be replaced promptly as they were damaged, bended, and even broken.

42 Below is a part of meeting memo between a seller and a buyer. Which CANNOT be inferred?

Point Discussed and Agreed
1) Both parties have agreed to sell and purchase 100 units of the control box for US $500,000.00
2) Robert Corporation should make an irrevocable Letter of Credit issued payable at sight in favor of Hannam International by OCT 27, 2018.
3) Hannam International should ship the above products within two months after receiving the L/C from Robert Corporation.

① Robert Corporation agreed to buy some control boxes.
② Hannam International would be a beneficiary of the L/C.
③ Robert Corporation would be a drawee of the Bill of Exchange.
④ Robert Corporation would be an applicant of the L/C.

43 Which is most AWKWARD English writing?

① 당사가 주문을 했을 때, 귀사는 3월 2일까지 FB-900의 선적을 마칠 수 있다고 보장했습니다.
  → When we placed the order, you guaranteed us that you could finish the shipment of FB-900 no later than March 2.
② 오늘 주문서 no.4587의 배송을 받고 상자를 개봉하자, 당사는 보내주신 상품의 일부가 없어졌음을 발견했습니다.
  → Today we received delivery of order no.4587, and on opening the box, we discovered some of the items were missing.
③ 향후 4주간 그 품목의 재고 확보를 기대할 수 없으므로, 이를 대신할 상품들을 제공해 드리고자 합니다.
  → We do not anticipate having inventory of the item for another 4 weeks, so we would like to suggest some alternatives for it.
④ 당사는 귀사의 주문서에 언급된 냉장고(Model no.876)의 재고가 없음을 알려드리게 되어 유감으로 생각합니다.
  → We regret to inform you that the refrigerators (Model no.876) mentioning in your order is not in stock.

[44~45] Read the following and answer.

May we draw your attention to special discount which are given to our most valued customers for bulk purchases.

These discounts comprise 5% for order over US $10,000.00 10% for orders over US $50,000.00 and 15% for orders over US $100,000.00 As your company has always placed sizeable orders with us, we hope you take advantage of this event.

We look forward to continued business relationship with you.

44 What amount of discount is allowed when US $10,000.00 worth order is placed?

① $9,500.00 ② $5,000.00
③ $500.00   ④ nothing

45 What can be best replacement for the underlined sizeable?

① minimum   ② average
③ small   ④ large

46 What is best written for the blank?

> There is still some risk in D/P transaction where a sight draft is used to control transferring the title of a shipment. The buyer's ability or willingness to pay might change from the time the goods are shipped until the time the drafts are presented for payment; (   )

① the presenter is liable for the buyer's payment.
② the seller shall ask the presenting bank to ship back the goods.
③ the carrier ask the buyer to provide indemnity for release of the goods.
④ there is no bank promise to pay.

47 What does the following explain?

> A provision in the contact of insurance which specifies a minimum of damage which must occur to the property insured for the insurer to be liable; where such specified cover is reached, the insurer then becomes liable for all the damages suffered as a consequence of a peril insured against.

① deduction ② limit
③ immunity   ④ franchise

48 What is NOT true about Incoterms 2010?

① Under EXW rule, the seller has no obligation to the buyer to load the goods.
② Under FCA rule, the seller is not responsible to the buyer for loading the goods at the seller's premises.
③ Under CIF rule, the seller is responsible for delivery of the goods at the agreed place of shipment.
④ Under DAT rule, the seller is obliged to unload the goods at the terminal at the named port or place of destination.

49 Which has the LEAST proper explanation?

① Negotiable B/L – Bills of lading which are made out to one's order.
② Received B/L – A bill of lading evidencing that the goods have been received into the care of the carrier, but not yet loaded on board.
③ Foul B/L – A bill of lading which has been not qualified by the carrier to show that the goods were not sound when unloaded.
④ Straight B/L – A bill of lading which stipulates that the goods are to be delivered only to the named consignee.

50 Which pair does NOT have similar meaning?

① Your bank has been given to us as a reference by Brown & Co.
   – Brown & Co. have been referred by our bank to you.
② Please inform us of their credit standing.
   – Please furnish us with information about their credit status.
③ We will treat your information in strict confidence.
   – Your information will be treated as absolutely confidential.
④ We have had no previous dealings with the above company.
   – We have not had any business transactions with the above company so far.

[제3과목] 무역실무

51 신용장 거래 중 은행의 서류심사 기준에 관한 설명으로 옳지 않은 것은?

① 지정은행, 확인은행, 개설은행은 서류가 문면상 일치하는지 여부를 서류만으로 심사해야 한다.
② 운송서류는 신용장의 유효기일 이내, 그리고 선적일 후 21일 이내에 제시되어야 한다.
③ 신용장에서 요구되지 아니한 서류는 무시되며, 제시자에게 반환될 수 있다.
④ 서류상의 화주 또는 송화인은 반드시 신용장의 수익자이어야 한다.

52 매도인의 계약 위반과 이에 대한 구제의 방법이 아닌 것은?

① 물품이 계약에 부적합한 경우 계약에 적합한 물품의 가액에 대한 비율에 따라 대금을 감액할 수 있다.
② 매수인은 매도인의 의무이행을 위하여 상당한 기간만큼의 추가기간을 지정할 수 있다.
③ 매도인이 상당한 기간 내에 그 물품명세를 지정하지 아니할 때는 매수인이 스스로 이를 확정할 수 있다.
④ 매도인이 약정된 기일 전에 물품을 인도한 경우, 매수인은 인도를 수령하거나 거절할 수 있다.

53 고지의무 위반과 담보 위반에 대한 다음 설명 중 적절하지 않은 것은?

① 고지내용은 실질적으로 충족되면 고지의무 위반으로 보지 않는다.
② 피보험자가 고지의무의 중요한 사항을 위반하면 보험계약이 취소될 수 있지만, 담보 위반은 보험계약이 해지될 수 있다.
③ 고지의무 위반은 보험계약이 무효가 될 수 있고, 담보 위반은 위반시점 이후의 계약이 무효가 될 수 있다.
④ 고지의무 위반의 경우는 보험료가 일부 반환되나, 담보 위반은 보험료가 전부 반환된다.

54 다음 서류 제목 중, 신용장이 요구하는 송장(invoice)으로 인정할 수 없는 것은 무엇인가?

① consular invoice
② tax invoice
③ provisional invoice
④ customs invoice

55 다음 중 연관성이 있는 것끼리만 연결된 것을 고르시오.

㉠ Container B/L
㉡ Consolidation
㉢ Container Freight Station
㉣ Less than Container Loaded Cargo
㉤ House B/L

① ㉠, ㉡, ㉢, ㉣
② ㉠, ㉡, ㉢, ㉤
③ ㉠, ㉡, ㉣, ㉤
④ ㉡, ㉢, ㉣, ㉤

56 권리포기 선하증권(surrendered B/L)에 관한 내용으로 옳은 것은?

① 원본의 선하증권을 의미한다.
② non-negotiable이다.
③ 주로 중계무역 시에 사용한다.
④ 권리증권이다.

57 B/L 상에 기재된 화물은 다음과 같다. 이와 관련된 설명으로 가장 관련이 적은 것을 고르시오.

GROUND GRANULATED BLAST FURNACE SLAG 30,000 M/T
PACKING TO BE IN JUMBO BAGS OF 1.5 M. TON WITH TOLERANCE OF +/- 10 PERCENT IN EACH BAGS

① CHARTER PARTY B/L이다.
② 하역 비용은 선사가 부담하게 된다.
③ 화물이 담긴 점보백의 총 개수는 2만개이다.
④ 각 점보백의 중량은 1.35톤~1.65톤 범위 이내이어야 한다.

58 결제방식에 대한 다음 설명 중 옳지 않은 것은?

① 수출입은행은 선적 후 무역금융으로서 수출팩토링, 포페이팅, 수출환어음매입 제도를 운영하고 있다.
② 수출팩토링은 수출채권을 수출기업으로부터 상환청구권 없이 매입하는 수출금융상품이다.
③ 포페이팅은 수출의 대가로 받은 어음을 수출업자에게 상환청구권 없이 고정금리로 할인하는 금융기법이다.
④ 포페이터는 환어음에 추가하는 지급확약(Aval)을 담보로 활용하며 수출상에게도 별도의 보증을 요구한다.

59 화환 신용장 방식에 의한 매입 관련 주의사항으로 옳지 않은 것은?

① 유효기일이 은행의 영업일이 아닐 경우, 그 다음 영업일까지 유효기일이 연장된다.
② 매입은 서류 제시기간 이내로서 유효기일 이내에 이루어져야 한다.
③ 매입을 위하여 은행이 지정된 경우 지정은행이 아닌 수익자의 거래은행에 유효기일까지 서류를 제시하면 하자이다.
④ General L/C의 경우 지정된 은행에서 매입절차를 진행해야 하지만, 지정은행이 아닌 수출상의 거래은행에 매입을 의뢰할 경우 재매입 절차가 필요하다.

60 복합운송의 기본 요건에 대한 설명으로 옳지 않은 것은?

① 운송책임의 단일성
② 복합운송증권의 발행
③ 단일운임의 설정
④ 복합운송인의 이종의 운송수단 보유

61 해상보험계약의 법률적 성격으로 옳지 않은 것은?

① 낙성계약　　② 요식계약
③ 부합계약　　④ 쌍무계약

62 해상보험에 대한 설명으로 옳지 않은 것은?

① 일부보험은 보험금액이 보험가액보다 많은 경우를 말한다.
② 전부보험은 보험금액과 보험가액이 같은 경우를 말한다.
③ 초과보험은 실제로 초과보험이 인정된다면 도덕적 위태가 발생할 수 있으므로 고의에 의한 초과보험은 무효로 우리나라 상법에서 규정하고 있다.
④ 병존보험은 동일한 피보험목적물에 수개의 보험계약이 존재하는 경우이다.

63 양도가능 신용장에 관한 설명으로 옳은 것은?

① 신용장 양도와 관련하여 발생한 모든 수수료는 제2수익자가 지급해야 한다.
② 개설은행은 양도은행이 될 수 없다.
③ 제2수익자에 의한 또는 그를 위한 제시는 양도은행에 대하여 이루어져야 한다.
④ 양도된 신용장은 제2수익자의 요청에 의하여 수회 양도될 수 있다.

64 신용장 문구가 "available with ANY BANK by negotiation of your draft at 180 days after sight for 100 percent of invoice value."일때 발행은행인 KOOKMIN BANK가 해외의 매입은행에게 대금을 즉시 지급하고, 수출업자가 선적 후 즉시 대금 지급을 받는 경우를 무엇이라 하는가?

① shipper's usance
② domestic banker's usance
③ overseas banker's usance
④ European D/P

65 내국 신용장이나 구매확인서에 대한 설명으로 옳지 않은 것은?

① 수출 신용장은 Master L/C, 내국 신용장은 Local L/C라고 한다.
② 원신용장이 양도 신용장인 경우에 한하여 내국 신용장 발급이 가능하다.
③ 내국 신용장으로 국내에서 물품을 공급받는 경우 부가가치세 영세율이 적용된다.
④ 구매확인서와 달리 내국 신용장은 개설은행의 지급 확약이 있다.

66 은행이 서류심사를 할 때 신용장상의 표현과 엄격 일치가 적용되는 서류는?

① 상업송장   ② 원산지증명서
③ 선화증권   ④ 포장명세서

67 대외무역법 상의 특정 거래 형태에 관한 설명으로 옳지 않은 것은?

① 위탁판매거래는 수출자가 물품의 소유권을 수입자에게 이전하지 않고 수출한 후 판매된 범위 내에서만 대금을 영수한다.
② 외국인수수입은 물품을 외국에서 조달하여 외국의 사업현장에서 인수하고 그 대금을 국내에서 지급하는 거래 방식이다.
③ 중계무역의 경우 수수료를 대가로 물품과 선적서류가 최초 수출자에게서 최종 수입자에게 직접 인도된다.
④ 위탁가공무역은 가공임을 지급하는 조건으로 가공 후 국내에 재수입하거나 제3국에 판매하는 수출입 거래이다.

68 아래 글상자는 항공운임 관련 부대운임 중 무엇에 대한 설명인가?

> 항공화물 운임을 후불로 항공운송대리점에 지불할 경우 항공운송대리점이 환전 및 송금에 필요한 경비를 보전하기 위해 징구하는 요금을 말하며, 보통 인보이스 금액의 2%를 징구하며 최소 10달러를 징구한다.

① Handling Charge
② Documentation Fee
③ Collect Charge Fee
④ Terminal Handling Charge

69 신용장상에 "available with issuing bank by payment"라는 문구가 의미하는 것은?

① 거래은행을 통하여 발행은행에게 지급을 요청한다.
② 일람불 환어음을 발행하여 상환은행에 매입을 요청한다.
③ 기한부 환어음을 발행하여 발행은행에 지급을 요청한다.
④ 일람불 환어음을 발행하여 발행은행에 인수를 요청한다.

70 국제팩토링(International Factoring)의 수입국 팩터(Import factor)에 대한 설명으로 옳지 않은 것은?

① 수입국에서 수입자와 국제팩토링 계약을 체결하다.
② 수입자의 외상 수입을 위하여 신용 승낙의 위험을 인수한다.
③ 팩토링 채권을 회수하고 전도금융을 제공한다.
④ 수출팩터에게 송금하는 팩토링 회사를 말한다.

71 외국중재판정의 승인과 집행을 위한 뉴욕협약(1958) 상의 요건으로 옳게 설명하고 있는 것은?

① 중재판정의 승인과 집행국 이외에 영토에서 내려진 중재판정은 제외한다.
② 중재판정이 이루어진 후에는 중재합의가 무효라 해도 승인 및 집행이 가능하다.
③ 중재판정이 공서양속에 반하는 때에는 중재판정의 승인과 집행이 거부될 수 있다.
④ 중재판정이 구속력을 가지지 않아야 한다.

72 무역클레임의 간접적 발생원인이 아닌 것은?

① 상관습 및 법률의 상이
② 계약의 유효성 문제
③ 이메일 사용 시 전달과정상의 오류
④ 언어의 상위

73 신용장 통일규칙(UCP 600)상 보험서류의 발행요건에 관한 설명 중 옳지 않은 것은?

① 보험서류는 문면상 필요하거나 요구가 있는 경우에는, 원본은 모두 정당하게 서명되어 있어야 한다.
② 보험서류는 필요한 경우 보험금을 지급하도록 지시하는 당사자의 배서가 나타나 있어야 한다.
③ 보험서류의 피보험자가 지정되지 않은 경우, 화주나 수익자 지시식으로 발행하되 배서가 있어야 한다.
④ 신용장에서 보험증권이 요구된 경우, 보험증명서나 포괄예정보험 확정통지서를 제시하여도 충분하다.

74 신용장거래에서 서류상의 일자(date)에 관한 설명으로서 옳지 않은 것은?

① 신용장상에 일자의 요구가 없더라도 환어음, 운송서류, 보험서류 등은 반드시 일자가 있어야 한다.
② 선적전검사증명서(PSI)는 반드시 선적일자 이전의 일자에 발행된 사실이 나타나 있어야 한다.
③ "Within 2 days of"는 어떠한 사실 이전의 2일에서 동 사실 이후의 2일까지의 기간을 말한다.
④ 서류는 준비일자와 함께 서명일자가 따로 명시되어 있는 경우, 서명일자에 발행된 것으로 본다.

75 신용장에서 무고장의 운송서류(clean transport document)가 요구된 경우, 운송서류 상의 다음과 같은 문언 중에서 인수가능한 것은?

① Packaging is not sufficient.
② Packaging contaminated
③ Goods damaged/scratched
④ Packaging may be insufficient.

2019년 제3회(116회)

[제1과목] 영문해석

[01~02] Below are correspondences between buyer and seller.

> This is to inform you that we received the shipment of Celltopia on December 15. Our technicians have thoroughly tested all the machines and found 25 defective batteries. We listed the serial numbers of them in the attached sheet.

> We have already sent the replacement batteries via Fedex.
> Meanwhile, please send us the defective ones at our cost. You may use our Fedex account.

01 Which can NOT be inferred from the above?

① Defective batteries have their own serial numbers.
② Replacement batteries have been sent via courier service.
③ Buyer will pay freight for the returning batteries.
④ Seller agrees that some of their products were against the sales contract.

02 Which can be inferred from the below?

> Several of my customers have recently expressed an interest in your remote controlled window blinds, and have enquired about its quality.
> We are a wide distributor of window blinds in Asia. If quality and price are satisfactory, there are prospects of good sales here.
> However, before placing an order I should be glad if you would send me a selection of your remote-controlled window blinds on 20 days' approval. Any of the items unsold at the end of this period and which I decide not to keep as stock would be returned at our expense.
> I hope to hear from you soon.
> Alex Lee
> HNC International

① Alex shall pay for the goods 20 days after arrival of goods.
② Alex has confidence on the window blinds, so cash with order is acceptable.
③ Freight for the returning goods will be borne by HNC International.
④ Seller shall deliver the goods within 20 days after order.

03 Which does NOT belong to some documents' underlined below?

> <u>Some documents</u> commonly used in relation to the transportation of goods are not considered as transport documents under UCP 600.

① Delivery Order
② Forwarder's Certificate of Receipt
③ Forwarder's Certificate of Transport
④ Forwarder's Bill of Lading

04 In accordance with UCP 600, which of the following alterations can a first beneficiary request to a transferring bank to make under a transferable L/C?

① Extend the expiry date
② Decrease the unit price
③ Extend the period for shipment
④ Decrease insurance cover

[05~06] Read the following and answer.

Dear Mr. Han,
Thank you for your enquiry about our French Empire range of drinking glasses. There is a revival of interest in this period, so we are not surprised that these products have become popular with your customers.
I am sending this fax pp. 1-4 of our catalogue with CIF Riyadh prices, as you said you would like an immediate preview of this range. I would appreciate your comments on the designs with regard to your market.
I look forward to hearing from you.

05 What kind of transaction is implied?

① a reply to a trade enquiry
② a firm offer
③ an acceptance of an offer
④ a rejection of an offer

06 Which is NOT similar to the underlined with regard to?

① regarding
② about
③ concerning
④ in regard for

07 What would Jenny's representative do on the coming visit?

Dear Jenny,
With reference to our phone conversation this morning, I would like one of your representatives to visit our store at 443 Teheran Road, Seoul to give an estimate for a complete refit. Please could you contact me to arrange an appointment?
As mentioned on the phone, it is essential that work should be completed before the end of February 2018, and this would be stated in the contract.
I attach the plans and specifications.

① offer
② credit enquiry
③ trade enquiry
④ compensation

[08~09] Read the following and answer.

A sight draft is used when the exporter wishes to retain title to the shipment until it reaches its destination and payment is made.
In actual practice, the ocean bill of lading is endorsed by the exporter and sent via the exporter's bank to the buyer's bank. It is accompanied by the sight draft with invoices, and other shipping documents that are specified by either the buyer or the buyer's country(e.g., packing lists, consular invoices, insurance certificates). The foreign bank notifies the buyer when it has received these documents. As soon as the draft is paid, the (A) foreign bank turns over the bill of lading thereby enabling the buyer to obtain the shipment.

08 Which payment method is inferred from the above?

① Sight L/C
② D/P
③ Usance L/C
④ D/A

09 What is the appropriate name for the (A) foreign bank?

① collecting bank ② remitting bank
③ issuing bank ④ nego bank

10 Which of the following BEST completes the blanks in the letter?

> We would like to send (A)-Heathrow (B) Seoul, Korea, 12 crates of assorted glassware, to be delivered (C) the next 10 days.

① ex − to − within
② ex − to − off
③ from − through − within
④ from − through − above

11 What is the appropriate title of the document for the following?

> Whereas you have issued a Bill of Lading covering the above shipment and the above cargo has been arrived at the above port of discharge (or the above place of delivery), we hereby request you to give delivery of the said cargo to the above mentioned party without production of the original Bill of Lading.

① Fixture Note
② Trust Receipt
③ Letter of Guarantee
④ Letter of Indemnity

12 What is TRUE about the CPT term of the Incoterms 2010?

① The seller delivers the goods to the carrier or another person nominated by the buyer at an agreed place.
② The seller fulfils its obligation to deliver when the goods reach the place of destination.
③ If several carriers are used for the carriage and the parties do not agree on a specific point of delivery, risk passes when the goods have been delivered to the first carrier at a point entirely of the seller's choosing.
④ If the seller incurs costs under its contract of carriage related to unloading at the named place of destination, the seller is entitled to recover such costs from the buyer.

13 Which is LEAST proper Korean translation?

① The Manufacturer grants to the HNC the exclusive and nontransferable franchise.
  → 제조사는 HNC에게 독점적 양도불능 체인영업권을 부여한다.
② Despite its diminished luster, Apple remains the most valuable U.S. company with a market value of USD 432 billion.
  → 비록 빛을 다소 잃기는 했어도 애플사는 432억불의 시장가치를 가진 가장 값진 미국 회사로 남아 있다.
③ Rejection of nonconforming goods should be made by a buyer in a reasonable time after the goods are delivered.
  → 불일치 상품의 인수 거절은 상품이 인도된 후 합리적인 기간 내에 매수인이 해야 한다.
④ Please sign and return the duplicate to seller after confirming this sales contract.
  → 이 매매 계약서를 확인한 후 서명하고 그 부본을 매도자에게 보내 주십시오.

14 What is the writer's purpose?

> ....Your prices are not competitive and therefore we are unable to place an order with you at this time, even though we are favorably impressed with your samples……. Under such circumstances, we have to ask for your most competitive prices on the particular item, your sample No.10 which is in high demand.
> We trust you will make every effort to revise your prices.

① an acceptance of an offer
② a trade inquiry
③ an inquiry to search a new product
④ a purchase order

15 The following is about CIF, Incoterms 2010. Choose the wrong one.

① The seller delivers the goods on board the vessel or procures the goods already so delivered.
② The seller must contract for and pay the costs and freight necessary to bring the goods to the named port of destination.
③ The seller contracts for insurance cover for the seller's risk of loss of or damage to the goods during the carriage.
④ The buyer should note that the seller is required to obtain insurance only on minimum cover.

16 What is LEAST correct about a distributor and an agent?

① A distributor is an independently owned business that is primarily involved in wholesaling.
② A distributor doesn't take title to the goods that he's distributing.
③ The agent's role is to get orders and usually earn a commission for his services.
④ The initial investment and costs of doing business as an agent are lower than those of doing business as a distributor.

17 What does the following explain?

> The purchase of a series of credit instruments such as drafts drawn under usance letters of credit, bills of exchange, promissory notes, or other freely negotiable instruments on a "nonrecourse" basis.

① forfaiting   ② factoring
③ negotiation   ④ confirmation

18 What is NOT correct about the FAS rule of the Incoterms 2010?

① Where merchandise is sold on an FAS basis, the cost of the goods includes delivery to alongside the vessel.
② Seller is responsible for any loss or damage, or both, until the goods have been delivered alongside the vessel.
③ Buyer must give seller adequate notice of name, sailing date, loading berth of, delivery time to, the vessel.
④ Buyer is not responsible for any loss or damage, while the goods are on a lighter conveyance alongside the vessel within reach of its loading tackle.

19 What is NOT correct about the CIF rule of the Incoterms 2010?

① Where merchandise is sold on a CIF basis, the price includes the cost of the goods, insurance coverage and freight to the named port of destination.
② Seller must provide and pay for transportation to named port of destination.
③ Seller must pay export taxes, or other fees or charges, if any, levied because of exportation.
④ Buyer must receive the goods upon shipment, handle and pay for all subsequent movement of the goods.

20 Under the UCP 600, what is the obligation of the issuing bank?

A documentary credit pre-advice was issued on 1 March for USD 510,000 with the following terms and conditions:
- Partial shipment allowed.
- Latest shipment date 30 April
- Expiry date 15 May.
On 2 March the applicant requested amendments prohibiting partial shipment and extending the expiry date to 30 May.

① Clarify with the beneficiary the period for presentation.
② Issue the documentary credit as originally instructed.
③ Issue the documentary credit incorporating all the amendments.
④ Issue the documentary credit incorporating the extended expiry date only.

21 Which of the following is LEAST inferred?

Dear Mr. Smith
We appreciate receiving your order for 1,000 XTM-500 linear circuit amplifiers.
Our credit department has approved a credit line of USD 10,000 for you. Because the total on your current order exceeds this limit, we need at least partial payment (half up front) to ship the goods to your factory.
If you anticipate more purchases of this size, call me and we'll see what we can do about extending your limit. We value your business, hope this is a satisfactory solution, and thank you for the opportunity to serve you.
Sincerely yours,
John Denver

① John requires minimum USD 4,500 cash for accepting this order.
② Mr. Smith must have ordered the products for more than USD 10,000.
③ The seller is granting credit, but not in the amount the customer wants.
④ John explains the balance required to deliver the entire order, and invite the customer to further discuss extending the credit limit.

22 Which of the following is NOT acceptable as the maturity date for the draft below?

A documentary credit is issued for an amount of USD 60,000 and calls for drafts to be drawn at 30 days from bill of lading date. Documents have been presented with a bill of lading dated 09 November 2018. (09 November + 30 days = 09 December)

① 09 December 2018
② 30 days from bill of lading date
③ 30 days after 09 November 2018
④ December 9th, 2018

23 Which explains "pro-forma invoice" correctly?

① It is a commercial bill demanding payment for the goods sold.
② It is usually issued by diplomatic officials of the importing country to verify the export price.
③ It is completed on a special form of the importing country to enable the goods to pass through the customs of that country.
④ It is a preliminary bill of sale sent to buyer in advance of a shipment or delivery of goods.

24 Which is CORRECT about the letter?

> Enclosed please find a CI nonmetallic wind shifter, model BRON-6SJ7. As we discussed on the telephone, the device has recently developed a noticeable skew to the west.
> You suggested that we send the unit to your attention for evaluation and an estimate of the cost of repair of the unit. Please call me when you have that estimate; we will decide at that time whether it makes sense to repair the device or to purchase a new model.

① The letter is from Production Department to shipping company.
② The letter is from shipping company to Production Department.
③ The letter is from Customer Service to customer.
④ The letter is from customer to Customer Service.

25 What is NOT a good example in consideration of the following?

> In international trade, the seller should make certain that <u>the essential elements of the contract</u> are clearly stated in the communications exchanged by the buyer.

① The description of goods shall include the HS Cord of exporting country.
② The purchase price and the terms of payment should be stated.
③ The terms of delivery should be set out.
④ Instructions for transportation and insurance is to be specified.

[제2과목] 영작문

26 Which is most AWKWARD English writing?

① 이번 지불 연기를 허락해 주신다면 정말 감사하겠습니다.
→ We would be very grateful if you could allow us the postponement of this payment.
② 귀사가 품질 보증서를 보내주실 수 없다면, 주문을 취소할 수밖에 없습니다.
→ If you cannot send us a guaranty, we will have no choice but canceling the order.
③ 매도인은 매수인의 요구조건에 따라 매도인 스스로 물품명세를 작성한다.
→ The Seller makes the specification himself in accordance with the requirements of the Buyer.
④ 매수인은 판촉에 대한 책임을 진다.
→ Buyer shall be responsible for sales promotion.

[27~28] Read the following and answer.

> We are a chain of retailers based in Birmingham and are looking for a manufacturer who can supply us with a wide range of sweaters for the men's leisurewear market. We were impressed by the new designs displayed on your stand at the Hamburg Menswear Exhibition last month.
> As we usually (ⓐ) large orders, we would expect a quantity discount in addition to a 20% trade discount off net list prices. Our terms of payment are normally 30-day bill of exchange, D/A.
> <u>If these conditions interest you</u>, and you can (ⓑ) orders of over 500 garments at one time, please send us your current catalogue and price list.
> We hope to hear from you soon.

27 Which is best rewritten for the underlined sentence?

① If you can meet these conditions,
② Provided that if we can meet these conditions,
③ Should you need interest to these conditions in advance,
④ If the interest brings you to the conditions above,

28 Which is the best pair for the blanks?

① ⓐ take – ⓑ meet
② ⓐ place – ⓑ meet
③ ⓐ take – ⓑ provide
④ ⓐ place – ⓑ provide

[29~30] Read the following and answer.

> We would like to place an order on behalf of Tokyo Jewelers Inc.
> Please (   ) 5,000 uncut diamonds and once it is available, Tokyo Jewelers will surely buy it to be forwarded at the Quanstock Diamond Mine. We really would appreciate if you could accommodate this order.
> Hans International

29 Fill in the blank with a suitable word.

① repair
② replace
③ reserve
④ revoke

30 Who is mostly likely to be Hans International?

① buying agent
② selling agent
③ importer
④ exporter

[31~32] Read the following and answer.

> In reference to your order No. 458973, we regret to inform you that we cannot supply the goods that were stated therein due to an outstanding (   ) from your preceding order. So far we have received no reply from you concerning this outstanding amount.
>
> We are very disappointed about this fact, and hope that you can help us to clear out this problem, very soon. Should you have any comments regarding payments, we should appreciate hearing from you. Please give this matter an immediate attention. We, therefore, expect to receive remittance without any further delay, before we can process future orders.

31 What is the most appropriate word for the blank?

① balance
② order
③ offer
④ complaint

32 Rephrase the underlined sentence.

① settle the discrepancy
② settle the overdue amount
③ pay the money in advance
④ pay interest first

33 How many televisions were expected to be unloaded at the port of destination?

> Thank you for the fast dispatch of our order, but I regret to inform you that, unfortunately you have not completed our order, three of the televisions were missing, and only 34 were received.
> We will be happy to receive a credit note for the missing goods or three televisions in this discrepancy.

① 3
② 31
③ 34
④ 37

34 Which of the following BEST fits the blank?

( ) comprehends all loss occasioned to ship, freight, and cargo, which has not been wholly or partly sacrificed for the common safety or which does not otherwise come under the heading of general average or total loss.

① Abandonment
② Average
③ Particular average
④ Marine adventure

[35~36] Read the following and answer.

I would like your quotation for silicon used in automobile keypads with the following park number:
K0A11164B - 100,000pcs.
K0A50473A - 200,000pcs.
We require keypads appropriate for Mercedes Benz and Ford. It would be ( ) if you could state your prices, including delivery up to our works. Delivery would be required within three weeks from order date.
Peter Han
K- Hans International

35 What is suitable for the blank?

① appreciated   ② delayed
③ depreciated   ④ appreciating

36 Which rules of the Incoterms 2010 would be applied for the above situation?

① D terms   ② E term
③ C terms   ④ F terms

37 What is (A)?

The more geographic reach your company has, the more important (A) this clause will become. For example, if you're a small local business dealing 100% exclusively with locals, you may not really need a clause telling your customers which law applies.
Now, take a big corporation with customers and offices in numerous countries around the world. If a customer in Japan wants to sue over an issue with the product, would Japanese law apply or would the law from any of the other countries take over? Or, what if you're a Korea-based business that has customers from Europe.
In both cases, (A) this clause will declare which laws will apply and can keep both companies from having to hire international lawyers.

① Arbitration Clause
② Governing Law Clause
③ Severability Clause
④ Infringement Clause

38 Fill in the blanks with the MOST proper word(s) in common.

(ⓐ) cannot be final if a contract is subsequently made on suppliers' term such as; all (ⓑ) are subject to confirmations and acceptance by us upon receipt of an order and will not be binding unless so confirmed by us in writing.

① ⓐ Quotations, ⓑ quotations
② ⓐ Letters of credit, ⓑ letters of credit
③ ⓐ Invoices, ⓑ invoices
④ ⓐ Contracts, ⓑ contracts

[39~40] Read the following and answer the questions.

> We were pleased to receive your fax order of 29 June and have arranged to ship the electric shavers by SS Tyrania leaving London on 6 July and due to arrive at Sidon on the 24th.
> As the urgency of your order left no time to make the usual enquiries, we are compelled to place this transaction <u>this way</u> and have drawn on you through Midminster Bank Ltd for the amount of the enclosed invoice. The bank will instruct their correspondent in Sidon to pass ⓐ _____ to you against payment of the draft.
> Special care has been taken to select items suited to your local conditions. We hope you will find them satisfactory and that your present order will be the first of many.

39 What is the underlined 'this way'?

① D/P
② on credit
③ by letter of credit
④ by cash

40 What is the most appropriate word(s) for the blank ⓐ?

① the bill of lading
② invoice
③ credit reference
④ letter of credit

41 Which is best rewritten for the underlined words?

> We received your email of October 20 requesting a reduction in price for our Celltopia II. Your request has been carefully considered, but we regret that <u>it is not possible to allow a discount at this time</u> due to the recent appreciation of Korean won against US dollar.

① we are not acceptable to discount at this moment
② we are not in a position to discount at this moment
③ it is discounted for this time
④ it is discountable this time

42 What is the most appropriate for the blank?

> We regret to inform you that payment of USD 75,000 has not been made for order No. 3038.
> We sent your company a ( ) notice three weeks ago, and so far we have received no reply from you.
> We hope that you can help us to clear this amount immediately.

① shipping
② payment
③ check
④ reminder

43 Which is NOT similar to the underlined (A)?

> This is (A) <u>in reference to</u> product No. 34. Our supplier has informed us that there is a price increase due to the increase in the price of materials used for this product.

① With reference to
② With regard to
③ As per
④ Regarding

[44~45] Read the following and answer.

> We have gained an impressive exports contract of USD 100 million TV monitors. For this, we will need a fund for machinery and materials that will be used on this contract. Due to this massive outlay, we are requesting for an increase in our company's credit limit from USD 30 million to USD 50 million.
> ~~~~~~~~~~~~~~~~~~~~
> With reference to your letter, we are pleased to advise that the credit limit is (A) as per your request with effect from 1 November 2019. However please note that (B)<u>the interest rate will be increased from 6.5% to 7.5%</u>.

44 Which is best for the blank (A)?

① increased by USD 20 million
② improved to USD 20 million
③ decreased by USD 20 million
④ between USD 30 million to USD 50 million

45 Rephrase the underlined (B)

① we will raise the interest rate from 6.5% to 7.5%
② we will rise the interest rate from 6.5% to 7.5%
③ the interest rate will exceed 6.5% for 1.0%
④ the interest rate will surpass 7.5% from 1.0%

[46~47] Read the following and answer.

> Dear Mr. Hong,
> Thank you for your letter of 15 October concerning the damage to the goods against Invoice No.1555. I can confirm that the goods were checked before they left our warehouse, so it appears that the damage occurred during shipment.
> Please could you return the goods to us, carriage forward?
> We will send a refund as soon as we receive them.
> Please accept my (   ) for the inconvenience caused.
> Yours sincerely

46 What can NOT be inferred from the letter above?

① Seller wants to pay freight for retuning goods.
② Buyer claimed for the goods damaged.
③ Goods were in good order at seller's warehouse.
④ Seller would like to replace goods.

47 Put the right word in the blank.

① thanks   ② regards
③ apologies   ④ relief

48 Fill in the blank with suitable word.

> Sellers must trust that the bank issuing the letter of credit is sound, and that the bank will pay as agreed.
> If sellers have any doubts, they can use a (   ) letter of credit, which means that another (presumably more trustworthy) bank will undertake payment.

① confirmed   ② irrevocable
③ red-clause   ④ None of the above

49 Fill in the blank with suitable word.

> A _____ letter of credit allows the beneficiary to receive partial payment before shipping the products or performing the services. Originally these terms were written in red ink, hence the name. In practical use, issuing banks will rarely offer these terms unless the beneficiary is very creditworthy or any advising bank agrees to refund the money if the shipment is not made.

① simple   ② anticipatory
③ black   ④ None of the above

50 What is best for the blank?

> We are a large engineering company exporting machine parts worldwide, and have a contract to supply a Middle Eastern customer for the next two years.
> As the parts we will be supplying are similar in nature and are going to the same destination over this period for USD 50,000,000 annually.
> Would you be willing to provide (   ) against all risks for this period?
> We look forward to hearing from you.

① insurance policy
② insurance certificate
③ open cover
④ insurance premium

[제3과목] 무역실무

51 승낙의 효력발생에 관한 국제물품매매계약에 관한 유엔협약(CISG)의 규정으로 옳지 않은 것은?

① 서신의 경우 승낙기간의 기산일은 지정된 일자 또는 일자의 지정이 없는 경우에는 봉투에 기재된 일자로부터 기산한다.
② 승낙이 승낙기간 내에 청약자에게 도달하지 아니하면 그 효력이 발생하지 아니한다.
③ 구두청약에 대해서는 특별한 사정이 없는 한, 즉시 승낙이 이루어져야 한다.
④ 지연된 승낙의 경우 청약자가 이를 인정한다는 뜻을 피청약자에게 통지하더라도 그 효력이 발생하지 아니한다.

52 다음 무역계약에 대한 설명 중 옳지 않은 것은?

① 협의의 무역계약은 국제물품매매계약이라고 볼 수 있으며 이외의 기타계약을 포함하면 광의의 무역계약이 된다.
② 매도인과 매수인 간에 오랜 거래 관계를 가지고 있는 경우에는 case by case contract보다는 master contract가 바람직하다.
③ 미국의 계약법 리스테이트먼트는 기존 판례들을 약술하여 정리한 것이다.
④ 양도승인에 의한 인도에는 점유개정, 간이인도, 목적물반환청구권의 양도가 있다.

53 신용장 개설 시 유의사항에 대한 설명으로 옳지 않은 것은?

① 수익자, 개설의뢰인의 회사명 등은 약어를 사용하지 않는 것이 좋다.
② 신용장은 명시적으로 'Transferable'이라고 표시된 경우에 한해 양도될 수 있다.
③ 선적기일, 유효기일 및 서류제시기일 표기 시 해석상 오해의 소지가 없도록 월(month) 표시는 문자로 하지 않는 것이 좋다.
④ 신용장 금액 앞에 'about', 'approximately' 또는 이와 유사한 표현이 있는 경우 10% 이내에서 과부족을 인정한다.

54 추심 결제 방식에 대한 설명으로 옳지 않은 것은?

① 은행을 통해 환어음을 수입상에게 제시하여 대금을 회수한다.
② D/P(Documents against Payment) 방식과 D/A(Documents against Acceptance) 방식이 있다.
③ URC 522(Uniform Rules for Collection 522)이 적용되며 은행은 이에 따라 서류를 심사할 의무를 부담한다.
④ 신용장 거래에 비해 은행수수료가 낮다.

55 EXW 조건과 FCA 조건의 차이를 설명한 것 중 옳은 것은?

	매도인이 운송수단에 적재하여 인도할 의무	매도인의 수출통관 의무
㉠	EXW, FCA	EXW, FCA
㉡	EXW, FCA	FCA
㉢	FCA	EXW, FCA
㉣	FCA	FCA

① ㉠ ② ㉡ ③ ㉢ ④ ㉣

56 신용장의 조건 변경 시 유의사항으로 옳지 않은 것은?

① 사소한 분쟁을 사전에 예방하기 위하여 수익자는 조건변경에 대해 수락하거나 거절한다는 의사표시를 명시적으로 하는 것이 좋다.
② 수익자는 여러 개의 조건 변경이 포함된 하나의 조건변경통지서에서의 일부의 조건만 선택적으로 수락할 수 있다.
③ 수익자가 조건 변경에 대한 승낙 또는 거절의 통고를 해야 하지만 그런 통고를 하지 않은 경우, 신용장 및 아직 승낙되지 않은 조건변경에 일치하는 제시는 수익자가 그러한 조건 변경에 대하여 승낙의 통고를 행하는 것으로 본다.
④ 조건 변경을 통지하는 은행은 조건 변경을 송부해 온 은행에게 승낙 또는 거절의 모든 통고를 하여야 한다.

57 해상운송장(Sea Waybill)에 대한 설명으로 옳지 못한 것은?

① 해상운송계약을 증빙하는 서류로 운송 회사의 화물 수령증이라는 점에서 선하증권(B/L)과 같은 기능을 한다.
② 해상운송장(Sea Waybill)이 유통 불능이라는 점에서 기명식 선하증권(straight B/L)과 유사하다.
③ 해상운송장(Sea Waybill)은 제3자 양도가 불가능하다.
④ 수하인이 화물 수령을 위해 해상운송장(Sea Waybill) 원본을 운송회사에 제출해야 한다.

58 제3자 개입에 의한 무역클레임 해결 방법에 대한 설명으로 옳지 않은 것은?

① 조정안에 대하여 당사자가 수락할 의무는 없으며 어느 일방이 조정안에 불만이 있는 경우에는 조정으로는 분쟁이 해결되지 못한다.
② 알선은 형식적 절차를 거치며, 성공하는 경우 당사자 간에 비밀이 보장되고 거래 관계를 계속 유지할 수 있다.
③ 중재는 양 당사자가 계약 체결 시나 클레임이 제기된 후에 이 클레임을 중재로 해결할 것을 합의하는 것이 필요하다.
④ 소송은 사법협정이 체결되어 있지 않는 한, 소송에 의한 판결은 외국에서의 승인 및 집행이 보장되지 않는다.

59 신용장의 양도와 관련된 설명으로 옳지 않은 것은?

① 분할양도는 분할 선적이 허용된 경우에만 가능하다.
② 양도취급 가능은행은 원신용장에 지급, 인수, 매입 은행이 지정된 경우에 그 은행이 양도은행이 된다.
③ 양도는 1회에 한해서만 허용된다.
④ 양수인이 원수익자에게 양도 환원(transfer back)하는 경우는 허용되지 않는다.

60 다음은 청약의 취소(revocation)와 철회(withdrawal)에 대한 설명이다. ( ) 안에 들어갈 내용이 옳게 나열된 것은?

(ⓐ)가 청약의 효력 발생 후 효력을 소멸시키는 반면, (ⓑ)는 청약의 효력이 발생되기 전에 그 효력을 중지시키는 것이다. 비록 청약이 (ⓒ)이라도 청약의 의사표시가 상대방에 도달하기 전에 또는 도달과 동시에 (ⓓ)의 의사표시가 피청약자에게 (ⓔ)한/된 때에는 (ⓓ)가 가능하다.

① ⓐ 청약의 취소, ⓑ 청약의 철회, ⓒ 취소 불능, ⓓ 철회, ⓔ 도달
② ⓐ 청약의 철회, ⓑ 청약의 취소, ⓒ 철회 불능, ⓓ 취소, ⓔ 도달
③ ⓐ 청약의 취소, ⓑ 청약의 철회, ⓒ 취소 불능, ⓓ 철회, ⓔ 발송
④ ⓐ 청약의 철회, ⓑ 청약의 취소, ⓒ 철회 불능, ⓓ 취소, ⓔ 발송

61 환어음의 임의 기재사항으로 옳지 않은 것은?

① 환어음의 번호
② 지급인의 명칭
③ 환어음의 발행매수 표시
④ 신용장 또는 계약서 번호

62 우리나라에서 유럽대륙, 스칸디나비아반도 및 중동 간을 연결하는 시베리아횡단철도 복합운송 경로로 옳은 것은?

① SLB
② ALB
③ Mini Land Bridge
④ Interior Point Intermodal

63 신용장통일규칙(UCP 600)에서 규정하고 있는 선하증권의 수리요건으로 볼 수 없는 것은?

① 운송인의 명칭과 운송인, 선장 또는 지정 대리인이 서명한 것
② 화물의 본선적재가 인쇄된 문언으로 명시되어 있거나 본선 적재 부기가 있는 것
③ 신용장에 지정된 선적항과 양륙항을 명시한 것
④ 용선계약에 따른다는 명시가 있는 것

64 화물, 화주, 장소를 불문하고 운송 거리를 기준으로 일률적으로 운임을 책정하는 방식은?

① Ad Valorem Freight
② Minimum Rate
③ Discrimination Rate
④ Freight All Kinds Rate

65 해상보험에 대한 설명 중 옳지 않은 것은?

① 해상 위험은 항해에 기인하거나 항해에 부수하여 발생되는 사고를 말한다.
② 해상 손해는 피보험자가 해상 위험으로 인해 보험의 목적인 선박, 적하 등에 입는 재산상의 불이익을 말하며 물적손해, 비용손해, 책임손해가 포함된다.
③ 추정전손은 보험목적물을 보험자에게 정당하게 위부함으로써 성립되며, 만약 위부(abandonment)를 하지 않을 경우 이는 현실전손으로 처리될 수 있다.
④ 적하보험에서 사용되고 있는 ICC(B)와 ICC(C)에서는 열거책임주의 원칙을 택하고 있다.

66 국제팩토링 결제에 관한 설명으로 옳지 않은 것은?

① 수출팩터가 전도 금융을 제공함으로써 효율적으로 운전자금을 조달할 수 있다.
② 수출자는 대금 회수에 대한 위험 부담 없이 수입업자와 무신용장 거래를 할 수 있다.
③ 국제팩토링 결제는 L/C 및 추심 방식에 비해 실무절차가 복잡하다.
④ 팩터가 회계업무를 대행함으로써 수출채권과 관련한 회계장부를 정리해 준다.

67 ICC(C) 조건의 담보위험에 해당되지 않는 것은?

① 공동해손희생
② 화재, 폭발
③ 갑판 유실
④ 육상운송 용구의 전복, 탈선

68 인코텀즈(Incoterms) 2010에 관한 내용 중 옳지 않은 것은?

① FCA의 경우 Buyer가 자신을 위하여 지정된 도착지까지 적하보험에 부보한다.
② CPT의 경우 Buyer가 자신을 위하여 지정된 도착지까지 적하보험에 부보한다.
③ CIP의 경우 Buyer가 자신을 위하여 지정된 도착지까지 적하보험에 부보한다.
④ CIF의 경우 Seler가 buyer를 위하여 도착항까지 적하보험에 부보한다.

69 최저운임으로 한 건의 화물 운송에 적용할 수 있는 가장 적은 운임을 의미하는 것은?

① minimum charge
② normal rate
③ quantity rate
④ chargeable weight

70 신용장에서 송장(invoice)을 요구하는 경우 수리되지 않는 송장(invoice) 명칭으로 옳은 것은?

① commercial invoice
② final invoice
③ proforma invoice
④ tax invoice

71 선하증권의 법적 성질에 대한 설명으로 옳지 않은 것은?

① 선하증권은 실정법에 규정된 법정 기재사항을 갖추어야 유효하므로 요식증권이다.
② 선하증권은 화물 수령이라는 원인이 있어야 발행하는 것이기 때문에 요인증권이다.
③ 선하증권은 권리의 내용이 증권상의 문언에 의하여 결정되기 때문에 유가증권이다.
④ 선하증권은 배서나 인도에 의하여 권리가 이전되기 때문에 유통증권이다.

72 해상보험의 주요 용어 및 내용에 대한 설명으로 옳지 않은 것은?

① amount insured는 보험 금액으로 사고 발생 시 보험자가 보상하는 최고 한도액이 된다.
② insurable value는 피보험목적물의 평가액이다.
③ under insurance는 보험 가액보다 보험 금액이 적은 경우로 둘 간의 비율에 따라 보상한다.
④ 담보는 명시담보와 묵시담보로 구분되는데 감항성 담보는 명시담보에 해당된다.

73 신용장통일규칙(UCP 600) 서류 심사의 기준에 대한 설명으로 옳지 않은 것은?

① 은행은 서류의 제시일을 포함하여 최장 5은행영업일 동안 서류를 심사한다.
② 운송서류는 선적일 후 21일보다 늦지 않게 제시되어야 하고 신용장 유효기일 이전에 제시되어야 한다.
③ 일치하는 제시는 신용장, 국제표준은행관행, UCP 600에 따라 제시된 서류를 말한다.
④ 서류 발행자에 대한 내용을 명시하지 않은 채로 운송서류, 보험서류, 또는 상업송장 이외의 서류가 요구된다면 은행은 제시된 대로 수리한다.

74 보험계약의 법적 성질에 대한 내용으로 옳지 않은 것은?

① bilateral contract: 보험계약당사자 쌍방이 계약상의 의무를 부담한다.
② consensual contract: 당사자 간의 의사 표시의 합치만으로 계약이 성립하며 그 의사 표시에 특별한 방식이 필요하지 않다.
③ remunerative contract: 보험자는 계약상 합의된 방법과 범위에서 피보험자의 손해를 보상할 것을 확약하는 대가로 보험료를 수취한다.
④ formal contract: 보험증권이 발행되어야만 해상보험계약이 성립한다는 것으로 보험계약 당사자 간의 정해진 계약 방식이 필요하다.

75 국제물품매매계약에 관한 유엔협약(CISG)에 따라 수입상이 계약의무를 위반한 수출상에게 원래 물품을 대체할 대체물의 인도를 청구하려고 한다. 이에 대한 내용으로 옳지 않은 것은?

① 매수인이 매도인의 계약 위반에 대해서 대체물을 청구한다면 발생한 손해에 대해서는 배상을 청구할 권리가 없다.
② 매도인의 계약 위반이 본질적인 계약 위반에 해당할 때에만 매수인이 대체물의 인도를 청구할 수 있다.
③ 매수인이 물품을 수령했으나 계약에 부적합한 인도가 있었고 수령한 상태와 동등한 상태로 물품을 반환할 수 있어야만 매도인은 대체물을 청구할 수 있다.
④ 매수인은 물품이 계약에 부적합하다는 사실에 대해 매도인에게 통지해야 하며 이 통지와 동시에 또는 그 후 합리적인 기간 안에 대체물을 청구해야 한다.

2020년 제1회(117회)

[제1과목] 영문해석

[01~02] Read the following and answer the questions.

> Dear Sirs,
> We received your letter on April 5, in which you asked us to issue immediately a letter of credit (ⓐ) your order No.146.
> We have asked today the Korean Exchange Bank in Seoul to issue an irrevocable and confirmed letter of credit in your favor for USD250,000 only, and this credit will be valid until May 20.
> This credit will be advised and confirmed by Ⓐ the New York City Bank, N.Y. They will accept your (ⓑ) drawn at 60 days after (ⓒ) under the irrevocable and confirmed L/C.
> Please inform us by telex or fax immediately of the (ⓓ) as soon as the goods have been shipped.
> Faithfully yours,

01 Choose the wrong role which the underlined Ⓐ does not play.
① confirming bank
② advising bank
③ issuing bank
④ accepting bank

02 Select the wrong word in the blanks ⓐ~ⓓ.
① ⓐ covering
② ⓑ draft
③ ⓒ sight
④ ⓓ maturity

03 Which of the following has a different purpose of replying from the others?

> We would appreciate it if you would inform us of their financial standing and reputation. Any information provided by you will be treated as strictly confidential, and expenses will be paid by us upon receipt of your bill.
> Your prompt reply will be much appreciated.

① The company is respected through the industry.
② Their accounts were not always settled on time.
③ As far as our information goes, they are punctually meeting their commitments.
④ They always meet their obligations to our satisfaction and their latest financial statements show a healthy condition.

04 Which of the following is NOT true about the CPT rule under Incoterms 2020?
① The seller delivers the goods to the carrier or delivers the goods by procuring the goods so delivered.
② The seller contracts for and pay the costs of carriage necessary to bring the goods to the named place of destination.
③ The seller fulfills its obligation to deliver when the goods reach the place of destination.
④ The seller must pay the costs of checking quality, measuring, weighing and counting necessary for delivering the goods.

05 Which of the followings is CORRECT according to the letter received by Mr. Beals below?

> Dear Mr. Beals,
> Our Order No.14478.
>
> We are writing to you to complain about the shipment of blue jeans we received on June 20, 2019 against the above order.
>
> The boxes in which the blue jeans were packed were damaged, and looked as if they had been broken in transit. From your invoice No.18871, we estimated that twenty-five blue jeans have been stolen, to the value of $550. Because of the damages in the boxes, some goods were also crushed or stained and cannot be sold as new articles in our shops.
>
> As the sale was on a CFR basis and the forwarding company was your agents, we suggest you contact them with regard to compensation.
>
> You will find a list of the damaged and missing articles enclosed, and the consignment will be put to one side until we receive your instructions.
>
> Your sincerely,
> Peter Jang
> Encl. a list of the damaged and missing articles

① Mr. Beals will communicate with their forwarding company for compensation.
② Mr. Jang intends to send back the damaged consignment to Mr. Beals.
③ Mr. Beals would receive the damaged consignment.
④ Mr. Jang believes that Mr. Beals sent the damaged article.

06 Which of the following is LEAST likely to be included in a reply?

> Dear Mr. Song,
> Thank you for your letter of December 21, making a firm offer for your Ace A/V System. All terms and conditions mentioned in your letter, including proposed quantity discount scheme, are quite acceptable, and we would like to place an initial order for 200 units of the Ace System. The enclosed Order Form No. KEPP-2345 gives the particulars concerning this order. For further communication and invoicing, please refer to the above order number.

① Provided you can offer a favorable quotation and guarantee delivery within 6 weeks from receipt of order, we will order on a regular basis.
② Once we have received your L/C, we will process your order and will ship the units as instructed.
③ We are afraid that the product listed in your order has been discontinued since last January this year.
④ As we do not foresee any problem in production and shipment of your order, we expect that this order will reach you on time.

07 Select the right words in the blanks under negotiation letter of credit operation.

> We hereby engage with (   ) that draft(s) drawn under and negotiated in (   ) with terms and conditions of this credit will be duly (   ) presentation.

① drawers and/or drawee − accordance − paid on
② drawers and/or bona fide holders − conformity − honoured on
③ drawers and/or payee − conformity − accepted on
④ drawers and/or bone fide holders − accordance − accepted on

08 Which is right under the following passage under Letter of Credit transaction?

> Where a credit calls for insurance certificate, insurance policy is presented.

① Insurance policy shall accompany a copy of insurance certificate.
② Insurance certificate shall only be presented.
③ Insurance policy can be accepted.
④ Insurance certificate shall accompany a copy of insurance policy.

[09~10] Read the following letter and answer the questions.

> Dear Mr. Simpson,
> Could you please ⓐpick up a consignment of 20 C2000 computers and make the necessary arrangements for them to be ⓑshipped to Mr. M.Tanner, NZ Business Machines Pty, 100 South Street, Wellington, New Zealand?
> Please ⓒhandle all the shipping formalities and insurance, and send us five copies of the bill of lading, three copies of the commercial invoice, and the insurance certificate. We will ⓓadvise our customers of shipment ourselves.
> Could you handle this as soon as possible? Your charges may be invoiced to us in the usual way.
> Neil Smith

09 Which can Not be inferred?

① Mr. Simpson is a staff of freight forwarder.
② Neil Smith is a shipping clerk of computer company.
③ Mr. M. Tanner is a consignee.
④ This email is from a shipper to a buyer.

10 Which could not be replaced with the underlined?

① ⓐ collect
② ⓑ transported
③ ⓒ incur
④ ⓓ inform

11 Select the right words in the blanks (A)~(D) under transferable L/C operation.

> ((A)) means a nominated bank that transfers the credit or, in a credit available with any bank, a bank that is specifically authorized by ((B)) to transfer and that transfers the credit. ((C)) may be ((D)).

① (A)Transferring bank − (B)the issuing bank − (C)An issuing bank − (D)a transferring bank
② (A)Transferring bank − (B)the negotiating bank − (C)A negotiating bank − (D)a transferring bank
③ (A)Issuing bank − (B)the transferring bank − (C)A negotiating bank − (D)an Issuing bank
④ (A)Advising bank − (B)the issuing bank − (C)A negotiating bank − (D)a transferring bank

[12~13] Read the following and answer the questions.

> Dear Mrs. Reed,
> Thank you for choosing Madam Furnishing. Further to our telephone discussion on your delivery preference for the Melissa table and modification to the table design, kindly review and confirm the terms below as discussed.

Your order, which was scheduled for shipping today, has been put on ((A)) to ensure your requirements are incorporated and that you receive your desired furniture. Your desire to change the colour of the table and delivery schedule has been documented and your order ((B)).

Please be informed that:
The Melissa table is commercially available in Black, Brown, and Red. The production of the table in a different colour is considered as a custom order and attracts an additional fee of $20.

Delivery of the Melissa table on Sunday between 12 noon and 3 pm is possible but will attract an additional fee of $10 which is our standard weekend/public holiday delivery fee.

12 Which of the following statements is TRUE about the message above?

① The message is written to confirm customer's requirements.
② The production of the Melissa table in a different colour other than Black, Brown, and Red is not available.
③ Delivery of the table will attract an additional fee of $10.
④ The customer is not desiring to change color of the table and delivery schedule.

13 Select the right words in the blanks (A), (B).

① hold – modified
② document – modified
③ document – cancelled
④ hold – cancelled

14 Which documentary credit enables a beneficiary to obtain pre-shipment financing without impacting his banking facility?

① Transferable
② Red Clause
③ Irrevocable
④ Confirmed irrevocable

[15~16] Read the following letter and answer the questions.

Your order was shipped on 17 April 2018 on the America, will arrive at Liverpool on 27 April.
We have informed your agents, Eddis Jones, who will make ((A)) for the consignment to be sent on to you as soon as they receive the shipping documents for ((B)).
Our bank's agents, Westmorland Bank Ltd, High Street, Nottingham, will ((C)) the documents: shipped clean bill of lading, invoice, and insurance certificate, once you have accepted our bill.

15 Which can NOT be inferred?

① This letter is an advice of shipment to the importer.
② Eddis Jones is a selling agent for the importer.
③ Westmorland Bank Ltd is a collecting bank in importing country.
④ In documentary collection, financial documents are accompanied by commercial documents.

16 Select the right words in the blank (A), (B), (C).

① (A)arrangements – (B)clearance – (C)hand over
② (A)arrangements – (B)transit – (C)hand over
③ (A)promise – (B)clearance – (C)take up
④ (A)promise – (B)transit – (C)take up

17 Select the best translation.

> By virtue of B/L clauses, the carrier and its agents are not liable for this incident. Therefore, we regret to repudiate your claim and suggest that you redirect your relevant documents to your underwriters accordingly.

① B/L약관에 따라서 운송인과 그 대리인은 본 사고에 대해 책임이 없으므로 당사는 귀사의 클레임을 거부하게 되어 유감이고 따라서 귀사의 보험업자에게 귀사의 관련서류를 다시 보내도록 제안합니다.
② B/L조항에 따라서 운송인과 그 대리인은 본 사고에 대해 책임이 없으므로 당사는 귀사의 요구를 부인하게 되어 유감이고 따라서 귀사의 보험업자에게 귀사의 관련 서류를 재지시하도록 제안합니다.
③ B/L조항에 따라서 운송인과 그 대리인은 본 사고에 대해 책임이 없으므로 당사는 귀사의 클레임을 거부하게 되어 유감이고 따라서 귀사의 보험중개업자에게 귀사의 관련서류를 재지시하도록 제안합니다.
④ B/L약관에 따라서 운송인과 그 대리인은 본 사고에 대해 책임이 없으므로 당사는 귀사의 클레임을 부인하게 되어 유감이고 따라서 귀사의 보험중개업자에게 귀사의 관련서류를 다시 보내도록 제안합니다.

18 Select the right words in the blanks (A)~(D).

> We have been very satisfied with your handling of our orders, and as our business is growing we expect to place even larger orders with you in the future. As you know we have been working together for more than 2 years now and we will be glad if you can grant us ((A)) facilities with quarterly settlements. This arrangement will save us the inconvenience of making separate payments on ((B)). Banker's and trader's ((C)) can be provided upon your ((D)). We hope to receive your favorable reply soon.

① (A) open-account − (B) invoice − (C) references − (D) request
② (A) open-account − (B) invoice − (C) referees − (D) settlement
③ (A) deferred payment − (B) check − (C) references − (D) settlement
④ (A) deferred payment − (B) check − (C) referees − (D) request

19 Which of the following clauses is NOT appropriate for describing the obligations of the seller and the buyer as for the Dispute Resolution?

① The parties hereto will use their reasonable best efforts to resolve any dispute hereunder through good faith negotiations.
② A party hereto must submit a written notice to any other party to whom such dispute pertains, and any such dispute that cannot be resolved within thirty (30) calendar days of receipt of such notice(or such other period to which the parties may agree) will be submitted to an arbitrator selected by mutual agreement of the parties.
③ The decision of the arbitrator or arbitrators, or of a majority thereof, as the case may be, made in writing will be final and binding upon the parties hereto as to the questions submitted, and the parties will abide by and comply with such decision.
④ If any term or other provision of this Agreement is invalid, illegal or incapable of being enforced by any law or public policy, all other terms and provisions of this Agreement shall nevertheless remain in full force and effect so long as the economic or legal substance of the transactions contemplated hereby is not affected in any manner materially adverse to any party.

[20~21] Read the following and answer the questions.

We were sorry to learn from your letter of 10 January that some of the DVDs supplied to this order were damaged when they reached you.
(1) Replacements for the damaged goods have been sent by parcel post this morning.
(2) It will not be necessary for you to return the damaged goods; they may be destroyed.
(3) Despite the care we take in packing goods, there have recently been several reports of damage.
(4) To avoid further inconvenience and (   ) to customers, as well as expense to ourselves, we are now seeking the advice of a packaging consultant in the hope of improving our methods of handling.

20 Which is suitable for the blank?

① annoyance
② discussions
③ negotiation
④ solution

21 This is a reply to a letter. Which of the following is NOT likely to be found in the previous letter?

① We can only assume that this was due to careless handling at some stage prior to packing.
② We are enclosing a list of the damaged goods and shall be glad if you will replace them.
③ We realize the need to reduce your selling price for the damaged one and readily agree to the special allowance of 10% which you suggest.
④ They have been kept aside in case you need them to support a claim on your suppliers for compensation.

22 Which of the following is the best title for the passage?

A system used within some conference systems, whereby a shipper is granted a rebate of freight paid over a specified period subject to his having used Conference line vessels exclusively during that period.

① Contract rate system
② Dual rate system
③ Fidelity rebate system
④ Fighting ship

[23~24] Read the followings and answer the questions.

Thank you for your recent order, No. 234-234-001.
We have received your letter about the $10,000 handling charge that was applied to this shipment. This was indeed an error on our ((A)). We do apply a special handling charge to all orders for ((B)) items such as porcelain birdbaths but somehow that notice was deleted temporarily in the page that described the product. We have ((C)) that error on our Web site.
In the meantime, though, we have placed $10,000 to your credit. We apologize for any inconvenience and hope that we will have the opportunity to serve you again in the near future.

23 Which is LEAST correct about the letter?

① The buyer have ordered brittle items.
② There was a miscommunication about the quality of products.
③ The buyer got the information about the product in the web homepage.
④ For the orders which deal with brittle items, there must be an additional handling charge.

24 Select the right words in the blanks (A), (B), (C).

① part – fragile – corrected
② side – fragile – contemplated
③ part – solid – corrected
④ side – solid – contemplated

25 Which is NOT properly translated into Korean?

(a) We regret having to remind you that we have not received payment of the balance of £105.67 due on our statement for December. (b) This was sent to you on 2 January and a copy is enclosed. (c) We must remind you that unusually low prices were quoted to you on the understanding of an early settlement. (d) It may well be that non-payment is due to an oversight, and so we ask you to be good enough to send us your cheque within the next few days.

① (a) 12월 계산서에 지급되어야 하는 105.67파운드가 아직 정산되지 않아 독촉장을 보내게 되어 유감입니다.
② (b) 계산서는 1월 2일에 발송하였으며 여기 사본을 동봉합니다.
③ (c) 귀하에게 상기시켜 드리는 이번 건은 유독 낮은 가격을 빨리 견적해 드린 것임을 이해해 주시기 바랍니다.
④ (d) 혹시 실수로 금액 지불이 늦어진 것이라면 2~3일 내로 수표를 보내 주시면 감사하겠습니다.

[제2과목] 영작문

26 Which of the following BEST fits the blank (a)~(c)?

1. The negotiating bank pays the seller or ((a)) B/E drawn by the seller, and sends the shipping documents to the issuing bank in the buyer's country.
2. The issuing bank releases the shipping documents to the buyer in importing country against ((b)).
3. The accounter gets the consignment by presenting the ((c)) to the shipping company.

① (a) discounts – (b) payment – (c) shipping documents
② (a) honours – (b) negotiation – (c) bill of lading
③ (a) honours – (b) negotiation – (c) shipping documents
④ (a) discounts – (b) payment – (c) bill of lading

27 Select the one which fits the blanks under the UCP 600.

A nominated bank acting on its nomination, a confirming bank, if any, or the issuing bank may accept a commercial invoice issued for an amount (   ), and its decision will be binding upon all parties, provided the bank in question has not honoured or negotiated for an amount (   ).

① in excess of the amount permitted by the credit – less than that permitted by the credit
② less than the amount permitted by the credit – less than that permitted by the credit
③ less than the amount permitted by the credit – in excess of that permitted by the credit
④ in excess of the amount permitted by the credit – in excess of that permitted by the credit

28 Select the wrong word in the blank.

① (   ) means a bank, other than the issuing bank, that has discounted or purchased a draft drawn under a letter of credit. (A negotiating bank)
② (   ) issued by a bank in Korea in favour of the domestic supplier is to undertake the bank's payment to the supplier of raw materials or finished goods for exports on behalf of the exporter. (Local L/C)
③ (   ) has a condition that the amount is renewed or automatically reinstated without specific amendments to the credit. (Revolving L/C)
④ Banking charges in relation to L/C are borne by the parties concerned. All banking charges outside importer's country are usually for the account of (   ). (applicant)

29 What is NOT true about the Institute Cargo Clauses?

① Only difference between ICC (B) and ICC (C) is the additional risks covered under ICC (B) cargo insurance policies.
② ICC (B) covers loss of or damage to the subjectmatter insured caused by entry of sea lake or river water into vessel craft hold conveyance container or place of storage but ICC (C) does not.
③ ICC (B) covers loss of or damage to the subjectmatter insured caused by general average sacrifice but ICC (C) does not.
④ ICC (C) is the minimum cover for cargo insurance available in the market.

30 Which of the following words is NOT suitable for the blanks (a)~(d) below?

> In all break-bulk and bulk vessels, there is a document called ((a)). This document is like a delivery note and has all the information pertaining to the shipment like cargo description, number of bundles, weight, measurement, etc and this document is handed over to the ship at the time of loading.
>
> If any discrepancies are found between the actual cargo delivered and the ((a)), the Chief Mate will check the cargo and document such discrepancies to confirm that the cargo was received in that condition. This was possible in the era of pre-containerization because the ship/agents were able to physically check and verify the cargo.
>
> However, in the case of containerized cargoes and especially ((b)) cargoes, the carrier/agents are not privy to the packing of the containers and the nature of the cargo. The carrier relies on the information provided by the shipper in terms of the cargo, number of packages, weight and measurement. Hence the clauses ((c)) is
> put on the ((d)) to protect the carrier from any claims that the shipper might levy on them at a later stage.

① (a) Mate's Receipt
② (b) LCL
③ (c) SHIPPER'S LOAD, STOW, AND COUNT
④ (d) Bill of Lading

31 Which of the following statement on General Average in the marine insurance is NOT correct?

① Defined by York Antwerp Rules 1994 of General Average, these rules lay guidelines for the distribution of loss in an event when cargo has to be jettisoned in order to save the ship, crew, or the remaining cargo.
② A loss is deemed to be considered under general average if and only if the reason of sacrifice is extraordinary or the sacrifice is reasonably made for the purpose of common safety for preserving the property involved.
③ General average shall be applied only for those losses which are linked directly with the material value of the cargo carried or the vessel.
④ Any claims arising due to the delay, a loss or expense caused due to loss of market or any indirect loss must be accounted into general average.

32 Choose the most appropriate term to complete the sentence under UCP 600.

> The description of the goods in the (   ) must correspond with the description in the credit, and the (   ) must be made out in the name of the Applicant.

① bill of lading
② commercial invoice
③ sea waybill
④ bill of exchange

33 Choose one which can NOT replace each underline.

> You have been with us for over 20 years. Such loyalty cannot be overlooked. We have looked into your credit account with us and have decided to help. As you are aware, (a) you have four overdue invoices, the latest is about six months overdue. This is unlike you; therefore we have assumed that these (b) delays are connected to the current economic situation your company (c) is going through.
>
> We like to offer you a 20% discount on all the overdue invoices if (d) payment is made within the next 30 days from today. We have attached the new invoices to this email. We believe you place a great value on the credit relationship you have with us. Therefore, we hope to receive the payments at the stipulated date.

① (a) four invoices are still outstanding
② (b) timely payment
③ (c) is encountering
④ (d) the settlement of the invoice is organized

34 Which word fits best for the blank?

> We have already explained that it is essential for medical equipment to arrive (   ) due dates as late delivery could create a very serious problem.

① on   ② for   ③ at   ④ from

35 Which of the following has different intention from the others?

① Your patience and understanding would be greatly appreciated.
② A short extension would be very helpful to us, as it would give us an extra month to clear the checks.
③ We ask that you grant the extension this one time. We assure you that this will not happen again.
④ We are sorry to hear that the bankruptcies of two of your clients have been causing you difficulties.

36 Select the wrong word in view of document examination.

> When the address and contact details of (ⓐ) appear as part of (ⓑ) or (ⓒ) details, they are not to (ⓓ) with those stated in the credit.

① ⓐ the applicant
② ⓑ the consignee
③ ⓒ notify party
④ ⓓ agree

37 Select the wrong word in the blank.

> Documents for which the UCP 600 transport articles do not apply are (   ).

① Delivery Note
② Delivery Order
③ Cargo Receipt
④ Multimodal Transport Document

38 Fill in the blanks (a)~(b) with the best word(s).

> To date, no payments have been received from you, and we are assuming that this is merely (a) _____ on your side. Please remit the full (b) _____ due amount immediately.

① (a) an oversight (b) past
② (a) an oversight (b) intended
③ (a) a fortnight (b) intended
④ (a) a fortnight (b) past

39 Which of the following sentences is Not correct?

> Dear Mr. Kim,
> Thank you for your inquiry on April 13, (a) expressing interest in our software products. In reply to your letter, we are enclosing a detailed catalog and price lists (b) for our design software you required. (c) Beside those advertising in the Business Monthly, the attached illustrated brochure shows various softwares available for you.
> If you have any questions or concerns (d) that are not covered in the materials we sent you, please do not hesitate to contact us at any time.

① (a)   ② (b)   ③ (c)   ④ (d)

[40~41] Read the following and answer the questions.

> Dear Mr. MacFee,
> We are writing to you on the recommendation of Mr. David Han, Chief Accountant at Hannam Trading. He advised us to contact you as a referee concerning the credit facilities which his company has asked us for.
>
> Could you confirm that the company is sound enough to meet credits of USD3,000,000?
>
> We would be most grateful for a reply ((A)).
> Yours sincerely,

40 What does the underlined credit facilities imply?

① The potential buyer wants to settle some days later.
② The seller wants to have some loans from bank.
③ The seller wants to have credit from the potential buyer.
④ The potential buyer may ask his bank to open credit.

41 Fill in the blank (A) with suitable word.

① at your earliest convenience
② by the time we arranged
③ at their early convenience
④ to my company's satisfaction

42 Which of the following best fits the blank?

> (   ) are used for taking goods from a port out to a ship, or vice versa. They can also do the same work as a barge.

① Car ferry   ② Oil-tanker
③ Lighters   ④ Trailors

[43~44] Read the following and answer the questions.

> We were surprised to receive your letter of 20 November in which you said you had not received payment for invoice No.1555.
>
> We instructed our bank, Seoul Bank to ((A)) your account in HSBC London, with USD2,000,000 on 2nd November.
>
> As our bank statement showed the money had been debited from our account, ((B)) as well.
>
> It is possible that your bank has not advised you yet.
> Yours sincerely,

43 Fill in the blank (A).

① credit   ② debit
③ sort out   ④ draw

44 What is best for blank (B)?

① We thought that it was double paid to your account
② We assumed that it had been credited to your account
③ We are certain that payment was in order
④ You may debit our account if you want

45 Which sentence is MOST proper for the blank?

> Thank you for submitting your proposal. (   ), as it is still too early to judge whether or not we will be needing to hire an outside house to take care of the website redesign.

① I accept your proposal
② Perhaps we could work together to make this project happen
③ Please let us know the final result of this bid
④ I'm afraid my response will be delayed

46 Which of the following statements about Stand-by L/C is NOT correct?

(a) A Stand-by Letter of Credit ('SBLC') can be used as a safety mechanism in a contract for service. (b)A reason for this will be to hedge out risk. In simple terms, (c)it is a guarantee of payment which will be issued by a bank on the behalf of a client and which is perceived as the "payment of last resort". (d)This will usually be avoided upon when there is a failure to fulfill a contractual obligation.

① (a)　② (b)　③ (c)　④ (d)

47 Which is NOT correct when the underlined ones (ⓐ~ⓓ) are replaced with the word(s) given.

당사는 귀사 앞으로 12월 10일까지 유효한 총액 10,000 달러에 대한 취소불능 신용장을 발행하도록 지시했습니다.
→ We have ⓐinstructed our bank to open an irrevocable letter of credit ⓑin your favor ⓒfor the sum of USD10,000 ⓓvalid until December 10.

① ⓐ instructed → arranged with
② ⓑ in your favor → in favor of you
③ ⓒ for the sum of → amounting to
④ ⓓ valid → expired

48 Which is best for the blank?

Under UCP 600, terms such as "first class", "well known", "qualified", "independent", "official", "competent" or "local" used to describe the issuer of a document allow (　　　).

① any issuer including the beneficiary to issue that document.
② any issuer except the beneficiary to issue that document.
③ certain issuer in the L/C to issue that document.
④ issuer who is not known to the beneficiary to issue that document.

49 Chose what is NOT correct 1) ~ 3).

According to CISG provision, the seller may declare
the contract avoided;
1) _____
2) _____
3) _____

① If the failure by the buyer to perform any of his obligations under the contract or this Convention amounts to a fundamental breach of contract.
② If the buyer does not, within the additional period of time fixed by the seller, perform his obligation to pay the price.
③ If the buyer does not, within the additional period of time fixed by the buyer, perform his obligation to deliver the goods.
④ If the buyer declares that the buyer will not perform his obligation to pay the price or take delivery of the goods within the period within the additional period of time fixed by the seller.

50 Which of the following words is NOT appropriate for the blanks below?

> Demurrage and detention is mostly associated with imports although it may happen in the case of exports as well. ((a)) is a charge levied by the shipping line to the importer in cases where they have not taken delivery of the full container and move it out of the port/terminal area for unpacking within the allowed free days. ((b)), on the other hand, is a charge levied by the shipping line to the importer in cases where they have taken the full container for unpacking (let's say within the free days) but have not returned the empty container to the nominated empty depot before the expiry of the free days allowed.
>
> If a customer took the full box out of the port/terminal on the 7th of July which is within the free days (expiring on the 8th of July), but returned the empty container to the line's nominated depot only on the 19th of July. So, the shipping line will be eligible to charge the consignee ((c)) for 11 days from the 9th July (after expiry of free days) till the 19th July at the ((d)) fixed by the line.

① (a) Demurrage ② (b) Detention
③ (c) demurrage ④ (d) commission

[제3과목] 무역실무

51 대금이 물품의 중량에 의하여 지정되는 경우, 의혹이 있을 때 대금은 무엇에 의해 결정되는가?

① 총중량 ② 순중량
③ 순순중량 ④ 정미중량

52 Incoterms 2020의 FOB 조건에 관한 설명 중 옳지 않은 것은?

① 선적항에서 매수인이 지정한 본선에 계약상품을 인도하면 매도인의 인도 의무가 완료된다.
② FOB 조건은 매도인이 물품을 본선 갑판이 아닌 CY에서 인도하는 경우에도 사용한다.
③ FOB 조건은 FAS 조건에 매도인의 본선적재 의무가 추가된 조건이다.
④ 매수인은 자기의 책임과 비용부담으로 운송계약을 체결하고 선박명, 선적기일 등을 매도인에게 통지하여야 한다.

53 국제물품매매계약에 관한 UN협약(CISG, 1980)상 계약 위반에 따른 손해배상책임과 면책에 대한 내용으로 옳지 않은 것은?

① 매도인이 매수인으로 부터 공급받은 원자재를 이용하여 물품을 제조하여 공급하기로 한 계약에서 원자재의 하자로 인하여 물품이 계약에 불일치하는 경우에는 매도인은 면책된다.
② 계약당사자가 계약체결 시 예견하지 못한 장해가 발생하여 계약의 이행이 불가능해지는 경우에 의무위반 당사자는 면책된다.
③ 면책은 양당사자가 모두 주장할 수 있으며 모든 의무에 적용이 된다.
④ 계약불이행 당사자는 계약체결 시 예견하지 못한 장해가 존속하는 기간 동안 손해배상책임으로부터 면제되며 그 장해가 제거된다 하더라도 그 당사자의 의무가 부활되는 것은 아니다.

54 내국 신용장의 설명으로 옳지 않은 것은?

① 원신용장을 견질로 하여 발행되는 신용장이다.
② local credit이라고 한다.
③ 사용면에서 양도가능 신용장과 유사하다.
④ 수입국의 개설은행이 지급확약을 한다.

55 포페이팅(Forfaiting) 거래 방식의 설명으로 옳은 것은?

① 포페이터(forfaiter)의 무소구조건부 어음의 할인매입
② 포페이터(forfaiter)의 조건부 지급확약
③ 포페이터(forfaiter)의 무조건부 지급확약
④ 포페이터(forfaiter)의 소구권부 어음의 할인매입

56 다음 내용은 해상운임 관련 부대운임 중 무엇에 대한 설명인가?

> 대부분의 원양항로에서 수출화물이 특정기간에 집중되어 화주들의 선복수요를 충족시키기 위해 선박용선료, 기기확보 비용 등 성수기 비용상승을 보전받기 위해 적용되고 있는 할증료

① Port Congestion Charge
② Peak Season Surcharge
③ Detention Charge
④ Demurrage Charge

57 해상적하보험의 보험기간과 관련된 설명으로 옳지 않은 것은?

① 해상적하보험은 일반적으로 항해보험 형태를 취한다.
② 운송약관(transit clause)에 따라 보험기간이 개시된 후 피보험화물이 통상의 운송 과정을 벗어나더라도 보험자의 책임은 계속된다.
③ 2009년 협회적하약관(ICC)에서의 보험기간은 1982년 ICC상의 보험기간보다 확장되었다.
④ 보험기간과 보험계약기간은 일치하지 않을 수도 있다.

58 내국 신용장과 구매확인서의 비교 설명으로 옳지 않은 것은?

구분		내국 신용장	구매확인서
㉠	관련 법규	무역금융 관련 규정	대외무역법
㉡	개설기관	외국환은행	외국환은행, 전자무역기반사업자
㉢	개설조건	원자재 금융한도	제한 없이 발급
㉣	발행제한	2차까지 개설 가능 (단, 1차 내국 신용장이 완제품 내국 신용장인 경우에는 차수 제한 없음)	차수 제한 없이 순차적으로 발급 가능

① ㉠　② ㉡　③ ㉢　④ ㉣

59 UN 국제물품복합운송조약상 복합운송서류의 유통성 조건에 해당되지 않는 것은?

① 지시식 또는 지참인식으로 발행
② 지시식의 경우 배서에 의해 양도
③ 지참인식의 경우 배서에 의해 양도
④ 복본으로 발행되는 경우 원본의 통수를 기재

60 함부르크규칙(Hamburg rules)상 화물인도의 지연에 따른 운송인의 책임으로 옳은 것은?

① 화물 운임의 2배반에 상당하는 금액
② 화물 운임의 2배에 상당하는 금액
③ 화물 운임의 3배반에 상당하는 금액
④ 화물 운임의 3배에 상당하는 금액

61 협회적하약관(2009) ICC(A), (B), (C) 조건 모두에서 보상하는 손해로 옳지 않은 것은?

① 지진 · 화산의 분화 · 낙뢰
② 피난항에서의 화물의 양륙
③ 육상운송용구의 전복 · 탈선
④ 본선 · 부선 · 운송용구의 타물과의 충돌 · 접촉

62 협회적하약관(2009) ICC(A) 조건에서 보험자의 면책위험으로 옳지 않은 것은?

① 피보험자의 고의적인 위법행위
② 운항자의 지급불능
③ 동맹파업위험
④ 해적행위

63 포괄보험제도를 활용한 해상보험 방법이 아닌 것은?

① Floating Policy
② Open Cover
③ Open Account
④ Open Slip

64 클레임 해결방법 중 하나인 알선(intercession)에 대한 설명으로 옳지 않은 것은?

① 공정한 제3자 기관이 당사자의 일방 또는 쌍방의 의뢰에 의하여 클레임을 해결하는 방법이다.
② 알선은 강제력이 있다.
③ 알선은 중재와는 달리 형식적 절차를 요하지 않는다.
④ ADR에서 타협 다음으로 비용과 시간차원에서 바람직한 해결방법이다.

65 극히 경미한 손상으로 클레임을 제기하기에 무리가 있는 경우나 무역계약 성립 후 시세가 하락하여 수입업자가 손해를 입을 것으로 예상되는 경우에 감가의 구실로 제기하는 클레임의 종류는?

① 일반적인 클레임
② 계획적 클레임
③ 마켓 클레임
④ 손해배상 클레임

66 중재에 의하여 사법상의 분쟁을 적정, 공평, 신속하게 해결함을 목적으로 하는 중재법에 관한 설명으로 틀린 것은?

① 법원은 중재법에서 정한 경우를 제외하고는 이 법에 관한 사항에 관여할 수 없다.
② 중재합의는 독립된 합의 또는 계약에 중재조항을 포함하는 형식으로 할 수 있다.
③ 중재인의 수는 당사자 간의 합의로 정하나, 합의가 없으면 중재인의 수는 5명으로 한다.
④ 중재판정은 양쪽 당사자 간에 법원의 확정판결과 동일한 효력을 가진다.

67 매도인의 계약 위반에 따른 매수인의 권리구제 수단으로 옳지 않은 것은?

① 물품명세의 확정
② 추가기간의 지정
③ 대체품 인도청구
④ 대금감액청구

68 송금 방식의 특징으로 옳지 않은 것은?

① 은행수수료가 저렴하다.
② 어음법의 적용을 받지 않는다.
③ 결제상의 위험을 은행에 전가할 수 있다.
④ 적용되는 국제 규칙이 없다.

69 Incoterms 2020 가격조건 중 그 뒤에 지정 목적지(named place of destination)가 표시되는 조건으로 옳은 것은?

① FOB   ② CFR   ③ CIF   ④ CIP

70 곡물류 거래에서 선적품질조건에 해당되는 것으로 옳은 것은?

① T.Q.   ② S.D.   ③ R.T.   ④ G.M.Q.

71 기술도입계약에 있어 당사자 의무에 대한 설명으로 옳지 않은 것은?

① 기술제공자는 기술도입자에게 계약의 존속기간 동안 기술제공의무가 부담된다.
② 기술제공자는 제공하는 기술에 대한 유효성을 보장해야 한다.
③ 기술 도입을 위해 독점적 라이선스계약을 체결한 경우, 기술제공자는 제3자의 권리침해를 배제할 의무가 있다.
④ 기술도입자는 계약을 통해 정해진 시기와 방법에 따라서 기술제공자에게 기술료를 제공해야 한다.

72 복합운송인의 책임에 관한 법제도와 책임한도에 대한 설명으로 옳지 않은 것은?

① 이종책임체계(network liability system)는 손해발생구간이 확인된 경우와 확인되지 않은 경우로 나누어 각각 다른 책임법제를 적용하는 방법이다.
② 복합운송인은 화물의 손해가 복합운송인의 관리하에 있는 경우에 책임을 져야 하지만 그 결과를 방지하기 위해 모든 조치를 취한 경우는 예외이다.
③ 수화인은 화물의 인도예정일로부터 연속하여 90일 이내에 인도지연의 통지를 하지 않으면 인도 지연으로 인한 손해배상청구권이 상실된다.
④ 화물의 인도일로부터 2년이 경과한 법적 절차나 중재 절차의 개시는 무효이다.

73 관세법의 법적 성격에 대한 설명으로 적절하지 않은 것은?

① 관세법은 행정법의 일종으로 관세의 부과·징수와 통관 절차에 대한 규율을 중심으로 하고 있기 때문에 권력행위로서 부담적 행정행위가 대부분을 차지한다.
② 관세는 수입되는 물품에 대해 부과된다는 점에서 보통세, 소비행위를 전제로 한다는 점에서 소비세, 다른 조세와 상관없이 과세한다는 점에서 독립세이다.
③ 관세법은 다수의 WTO협정, 세계관세기구(WCO) 협약, 특정국과의 협정, 일반적으로 승인된 국제법규가 관세제도나 관세율로서 반영되어 있다.
④ 관세법은 상품이 국경을 통과하여 이동하는 수출, 수입, 또는 경유하는 과정에서 폭발물 차단, 마약단속 등의 불법적인 차단이라는 점에서 통관절차법적 성격이 있다.

74 eUCP에 대한 설명으로 옳지 않은 것은?

① 준거 문언에 따라 UCP의 부칙으로 적용한다.
② eUCP 신용장에 UCP 600이 적용된다.
③ eUCP와 UCP 600이 상충하는 경우 eUCP가 적용된다.
④ eUCP는 종이서류상 신용장 개설과 통지에 있어서도 적용된다.

75 Incoterms 2020에 대한 설명으로 부적절한 것은?

① 이전 버전과 같이 운송수단에 따라 2개 그룹으로 나뉜다.
② DAT 규칙은 DPU 규칙으로 변경되었으나 매도인의 위험과 비용은 DPU 규칙에서도 동일하게 적용된다.
③ CPT 규칙과 CIP 규칙에서 매도인은 목적지에서 양하 의무가 없다.
④ CIF 규칙과 CIP 규칙에서 매도인의 부보의무는 ICC(C)에 해당하는 최소부보 의무로 이전 버전과 같이 유지되었다.

2020년 제2회(118회)

[제1과목] 영문해석

01 Followings are the clauses frequently used for a sales contract. Which of the following clauses LEAST represent 'Entire Agreement' between the seller and the buyer?

① This Agreement together with the Plan supersedes any and all other prior understandings and agreements, either oral or in writing, between the parties with respect to the subject matter hereof and constitutes the sole and only agreement between the parties with respect to the said subject matter.

② This Agreement alone fully and completely expresses the agreement of the parties relating to the subject matter hereof. There are no other courses of dealing, understanding, agreements, representations or warranties, written or oral, except as set forth herein.

③ The failure of any party to require the performance of any term or obligation of this Agreement, or the waiver by any party of any breach of this Agreement, shall not prevent any subsequent enforcement of such term or obligation or be deemed a waiver of any subsequent breach.

④ This Agreement is intended by the parties as a final expression of their agreement and intended to be a complete and exclusive statement of the agreement and understanding of the parties hereto in respect of the subject matter contained herein.

02 What is the purpose of the following correspondence?

> Dear Mr. Mike,
> We have organized a series of online coaching clinic for middle schools' table tennis coaches this winter. For the virtual training, we would like to provide all registered participants with a tablet PC for interactive real-time communication.
> I saw a catalogue with my colleague showing your company's ranges of tablets. We are planning to make an order for more than 1,000 sets at a time. Is there a discount package available for a bulk purchase? I will also like to know the minimum price if we order for 15 or more desktop PCs with webcam.

① Request for Proposal (RFP)
② Request for Quotation (RFQ)
③ Purchase Order
④ Firm Offer

03 Select the wrong explanation of definitions under the UCP 600.

① Advising bank means the bank that advises the credit at the request of the issuing bank.
② Applicant means the party on whose request the credit is issued.
③ Beneficiary means the party in whose favour a credit is issued.
④ Honour means to incur a deferred payment undertaking and pay at maturity if the credit is available by sight payment.

04 Which documentary credit enables a beneficiary to obtain pre-shipment financing without impacting his banking facility?

① Standby L/C
② Red clause L/C
③ Revolving L/C
④ Back-to-back L/C

05 Under the UCP 600, which of the below shipments will be honoured on presentation?

A documentary credit for USD 160,000 calls for instalment ships of fertilizer in February, March, April and May. Each shipment is to be for about 500 tonnes. Shipments were effected as follows:
a. 450 tonnes sent 24 February for value USD 36,000.
b. 550 tonnes sent 12 April for value USD 44,000.
c. 460 tonnes sent 30 April for value USD 36,800.
d. 550 tonnes sent 04 June for value USD 44,000.

① a only
② a and b only
③ a, b, and c only
④ none

06 Which of the following statement about a B/L is LEAST correct?

① A straight B/L is a NEGOTIABLE DOCUMENT.
② An order B/L is one of the most popular and common form of bill of lading issued.
③ When a straight bill of lading is issued, the cargo may be released ONLY to the named consignee and upon surrender of at least 1 of the original bills issued.
④ A straight B/L could be used in international transaction between headquarter and branch.

07 Select the best answer suitable for the blank.

Premium means the (A) or sum of money, paid by the (B) to the (C) in return for which the insurer agrees to indemnify the assured in the event of loss from an insured peril. The insurer is not bound to issue a (D) until the premium is paid.

	(A)	(B)	(C)	(D)
①	consideration	assured	insurer	policy
②	consideration	insurer	assured	policy
③	fees	insurer	assured	certificate
④	fees	assured	insured	certificate

08 Select the best answer suitable for the following passage.

Chartering term whereby the charterer of a vessel under voyage charter agrees to pay the costs of loading and discharging the cargo.

① FI
② FO
③ FIO
④ FIOST

09 Select the best answer suitable for the blank under letter of credit operation.

The beneficiary usually (   ) after loading the goods on board to tender documentary drafts to the negotiating bank within expiry date.

① looks for business connection abroad
② dispatches to the importer Trade Circulars including catalogue
③ applies for the issuance of a Letter of Credit
④ prepares shipping documents and draws a draft for negotiation

10 Select the best one which explains well the following passage.

> The shipping documents are surrendered to the consignee by the presenting bank upon acceptance of the time draft. The consignee obtaining possession of the goods is thereby enabled to dispose of them before the actual payment falls due.

① D/A
② D/P
③ Collection
④ Open Account

11 Which of the followings is APPROPRIATE for (A)?

> (A) transaction is a sale where the goods are shipped and delivered before payment is due. This option is the most advantageous for the importer in terms of cash flow and cost, but it is consequently
> the highest risky option for an exporter. However, the exporter can offer competitive (A) terms while substantially mitigating the risk of non-payment by using one or more of the appropriate trade finance techniques, such as export credit insurance.

① Telegraphic transfer
② Cash with order
③ Open account
④ Letter of credit

12 Followings are the replies to customer complaints. Which of the following is NOT appropriate?

> A. Thank you for taking time out of your busy schedule to write us and express your grievances on how our products and services do not meet up with your expectations.
>
> B. This is to confirm that I have seen your email. I look forward to receiving my consignment next week as you promised.
>
> C. However, we can neither receive the return nor refund you as you demanded. This is because of our company's policy. We make refunds only for orders whose complaints are received within two weeks of purchase.
>
> D. Despite our effort to deliver your order on time using Skynet Express Delivery Service, it's quite unfortunate that we didn't meet up with the time allotted for the delivery of those products.

① A ② B ③ C ④ D

13 Select the best answer suitable for the blank.

> We are (A) of being able to send you the (B) by the end of this week. We shall do (C) in our power to see that such an irregularity is not (D).

	(A)	(B)	(C)	(D)
①	convinced	substitute	all	replace
②	convinced	substitution	all	replace
③	confident	substitution	everything	replaced
④	confident	substitute	everything	repeated

14 Which of the following is LEAST correct according to the discourse?

> Lee : Hello, Mr. Jung. Jack Lee speaking.
> Jung: Hello, Mr. Lee. I'm with SRG Electronics. And I was hoping to talk to you about our line of electronic parts.
> Lee : Oh, yes, I've heard of SRG. How are things going in Korea?
> Jung: Good, thanks. In fact, recently there's been a lot of demand for our parts, so we've been very busy.
> Lee : Glad to hear that. I'd certainly be interested in your prices.
> Jung: Well, I'm going to be in San Francisco next week and wondering if you have time to get together.
> Lee : When will you be here?
> Jung: Next Wednesday and Thursday. What does your schedule look like?
> Lee : Um... Let me check my calendar. Let's see, I have a meeting on Wednesday morning. How about Wednesday afternoon at about two o'clock?
> Jung: That is fine.

① Jung works for SRG Electronics.
② Jung and Lee will meet in San Francisco.
③ Jung and Lee already know each other before this phone call.
④ There are few customers in SRG Electronics.

15 Who is doing export credit insurance agencies in Korea?

> In international trade, export credit insurance agencies sometimes act as bridges between the banks and exporters. In emerging economies where the financial sector is yet to be developed, governments often take over the role of the export credit insurance agencies.

① Korea International Trade Association
② K-Sure
③ Kotra
④ Korcham

16 Select the best answer suitable for the blank.

> (   ) letter of credit states: "Credit available with any bank, by negotiation for payment of beneficiary's draft at sight. The L/C is subject to UCP 600".

① Irrevocable Open   ② Revocable Open
③ Irrevocable Special   ④ Revocable Special

17 Which of the followings is NOT appropriate for the reply to a claim letter?

① Upon investigation, we have discovered that defective goods sometimes filter despite rigorous inspection before shipment.
② Ten cases of T.V. Set for our order No. 10 per m/s "Chosun" have reached here, but we immensely regret to have to inform you that six units in C/N 10 are different in quality from the specifications of our Order.
③ As a settlement, we have arranged to reship the whole goods by the first ship available, with a special discount of 3% off the invoice amount.
④ After careful investigation, we could not find any errors on our part, because we took every effort to fill your order as evident from the enclosed certificate of packing inspection.

18 Select the right one in regard to the situation.

> Documents presented under an L/C issued by Roori Bank are fully complied. The applicant has already made payment to his bank and then the issuing bank pays the negotiating bank. Some days after, the applicant finds that the goods are not in good quality. He goes to the issuing bank and requests the bank to refund such payment for him.

① Roori Bank has to refund payment to the applicant.
② Roori Bank has to ask for the opinion of the beneficiary.
③ Roori Bank shall ask refund of money to the beneficiary.
④ Roori Bank has no obligation to refund payment.

19 A credit requires an 'invoice' without further definition. Which of the following MUST be considered to be a discrepancy under UCP 600?

> A commercial invoice:
>
> A. that appears to have been issued by the beneficiary.
> B. that is made out in the name of the applicant.
> C. that is made out in the different currency as the credit.
> D. for which the beneficiary did not sign.

① A only
② A + B only
③ C only
④ D only

[20~21] Read the following and answer.

> Thank you for your letter regarding opening an account with our company for trading our goods. Please fill in the enclosed financial information form for 3 years and provide us with two or more trade references as well as one bank reference.
> Of course, all information will be kept in strict confidence.
> Thank you very much for your cooperation.
> Your sincerely,

20 Who is likely to be the writer?

① banker   ② seller   ③ buyer   ④ collector

21 What would NOT be included in the financial information?

① cash flow
② profit and loss account
③ balance sheet
④ draft

[22~23] Read the following and answer.

> Dear Peter Park,
> I intend to place a substantial order with you in the next few months.
> As you know, over the past two years I have placed a number of orders with you and *settled promptly*, so I hope this has established my reputation with your
> company. Nevertheless, if necessary, I am willing to supply references.
> I would like, if possible, to settle future accounts every three months with payments against quarterly
> statements.

22 Which is LEAST similar to settled promptly?

① debited per schedule
② paid punctually
③ cleared punctually
④ paid on schedule

23 What can be inferred from the above?

① Peter Park is a buyer.
② The writer wants to place an initial order with the seller.
③ References are to be provided if the buyer is afraid of seller's credit.
④ The seller may send invoices for settlement on a quarterly basis provided that the request is accepted.

24 Choose the awkward one from the following underlined parts.

I am sorry to inform you that, due to an (A) expected price increase from our manufacturers in USA, (B) we have no option but to raise the prices of all our imported shoes by 4% from 6 May, 2020.
However (C) orders received before this date will be invoiced at the present price levels. (D) We sincerely regret the need for the increase.
However, we know you will understand that this increase is beyond our control.

① (A)   ② (B)   ③ (C)   ④ (D)

25 Choose the right one for the next underlined part.

Protection and Indemnity (P&I) insurance contained in an ocean marine policy covers: _____

① Ordinary loss or damage in the voyage
② Loss of the shipper fees
③ Marine legal liability for third party damages caused by the ship
④ Damage to another vessel caused by collision

[제2과목] 영작문

26 Which of the following words is not suitable for the blank below?

The more geographic reach your company has, the more important this clause will become. For example, if you're a small local business dealing 100% exclusively with locals, you may not really need a clause telling your customers which law applies. Everyone will expect it to be the law of whatever state that little local business is in.

Now, take a big corporation with customers and offices in numerous countries around the world. If a customer in Korea wants to sue over an issue with the product, would Korean law apply or would the law from any of the other countries take over? Or, what if you're an American business that has customers from Europe.

In both cases, a/an (   ) clause will declare which laws will apply and can keep both companies from having to hire international lawyers.

① controlling law   ② governing law
③ applicable law   ④ proper law

[27~28] Read the following and answer.

> The most common negotiable document is the bill of lading. The bill of lading is a receipt given by the shipping company to the shipper. A bill of lading serves as a document of title and specifies who is to receive the merchandise at the designated port. In a straight bill of lading, the seller consigns the goods directly to the buyer. This type of bill is usually not desirable in a letter of credit transaction, because (   ).
>
> With an order bill of lading the shipper can consign the goods to the bank. This method is preferred in letter of credit transactions. The bank maintains control of the merchandise until the buyer pays the documents.

27 What is nature of straight bill of lading?

① non-negotiable bill of lading
② negotiable bill of lading
③ foul bill of lading
④ order bill of lading

28 What is best for the blank?

① it allows the buyer to obtain possession of the goods directly.
② the shipper can consign the goods to the bank.
③ the bank maintains control of goods until the buyer pays the documents.
④ the bank can releases the bill of lading to the buyer.

29 Which of the followings has a different meaning with others?

① We will give you a special discount if you order by May 12.
② You will be given a special discount if you take order until May 12.
③ If you order on or before May 12, you will get a special discount.
④ A special discount is available for your order being received on or before May 12.

30 Which of the following is appropriate for the blank?

> In comparison with lawsuit case in a court, arbitration has advantages of the speedy decision, lower costs, nomination of specialized arbitrators, and (   ).

① international effect of judgement
② mandatory publication of arbitral award
③ legal approach by government
④ higher legal stability

31 Which of the following is NOT appropriate for the blank below?

> Types of marine insurance can be differentiated as follows:
> (A) caters specifically to the marine cargo carried by ship and also pertains to the belongings of a ship's voyagers.
> (B) is mostly taken out by the owner of the ship to avoid any loss to the vessel in case of any mishaps occurring.
> (C) is that type of marine insurance where compensation is sought to be provided to any liability occurring on account of a ship crashing or colliding and on account of any other induced attacks.
> (D) offers and provides protection to merchant vessels' corporations which stand a chance of losing money in the form of freight in case the cargo is lost due to the ship meeting with an accident.

① (A): voyage insurance
② (B): hull insurance
③ (C): liability insurance
④ (D): freight insurance

32 Which is NOT grammatically correct?

Thank you for your order of February 23, 2020. We are pleased to inform you that (A) your order No.3634 has been loaded on the M/S Ventura, (B) leaving for Busan on March 10, 2020, and (C) arriving at Genoa around April 3, 2020. (D) The packing was carefully carried out according to your instructions, and we are sure that all goods will reach you in good condition.

① (A)　　② (B)　　③ (C)　　④ (D)

33 Select the wrong part in the following passage.

(A) Average adjuster is an expert in loss adjustment in marine insurance, particular with regard to hulls and hull interest. (B) He is more particularly concerned with all partial loss adjustments. (C) He is usually appointed to carry out general average adjustments for the shipowner on whom falls the onus to have the adjustment drawn up. (D) His charges and expenses form part of the adjustment.

① (A)　　② (B)　　③ (C)　　④ (D)

34 Select the wrong part in the following passage.

(A) Sea Waybill is a transport document for maritime shipment, which serves as prima-facie evidence of the contract of carriage (B) and as a receipt of the goods being transported, and a document of title. (C) To take delivery of the goods, presentation of the sea waybill is not required; (D) generally, the receiver is only required to identify himself, doing so can speed up processing at the port of destination.

① (A)　　② (B)　　③ (C)　　④ (D)

35 Which is NOT grammatically correct?

(A) All disputes, controversies or differences which may raise (B) between the parties out of or in relation to or (C) in connection with contract, for the breach thereof (D) shall be finally settled by arbitration in Seoul.

① (A)　　② (B)　　③ (C)　　④ (D)

36 Which of the following is LEAST correctly written in English?

① 당사는 귀사에게 당사의 늦은 답장에 대해 사과드리고 싶습니다.
　- We would like to apologize you to our late reply.
② 귀사의 담당자는 당사의 어떤 이메일에도 답을 하지 않았습니다.
　- The person in charge at your company did not respond to any of our emails.
③ 귀사의 제안은 다음 회의에서 다루어질 것입니다.
　- Your suggestion will be dealt with at the next meeting.
④ 신상품 라인에 대하여 설명해 주시겠습니까?
　- Would you account for the new product line?

37 Which of the following is LEAST correctly written in English?

① 이 계약서의 조건을 몇 가지 수정하고 싶습니다.
　- I'd like to amend some of the terms of this contract.
② 가격을 원래보다 20달러 더 낮출 수 있을 것 같네요.
　- I think I can lower the price of $20.
③ 계약기간은 2년입니다.
　- The contract is valid for two years.
④ 3년간 이 소프트웨어 독점 사용권을 제공해 드릴 수 있습니다.
　- We can offer you an exclusive license to this software for three years.

38 Which of the following is LEAST correctly written in English?

① 제품 No.105와 106호의 즉시 선적이 불가능하다면, 제품 No.107과 108호를 대신 보내주십시오.
   - If Nos.105 and 106 are not available for immediate shipment, please send Nos.107 and 108 instead.
② 이 가격이 귀사에게 괜찮다면 우리는 주문양식을 보내드리고자 합니다.
   - If this price is acceptable to you, we would like to send you an order form.
③ 귀사가 제품을 공급해줄 수 없다면, 이유를 알려주시기 바랍니다.
   - If you cannot supply us with the products, please let us have your explanation.
④ 당사의 송장은 주문한 안락의자들을 7월 12일 오후 5시까지 설치해줄 것을 구체적으로 명시하고 있습니다.
   - Our invoice specifically is stated that the armchairs ordering should be furnished until 5:00 p.m. on July 12.

39 Select the best answer suitable for the blank.

( ) are taxes assessed for countering the effect of subsidies provided by exporting governments on goods that are exported to other countries.

① Retaliatory duties
② Countervailing duties
③ Dumping duties
④ Anti-dumping duties

[40~41] Read the following and answer.

As we wrote you previously about the delays in the delivery of your order, the situation is still the same, the trade union strike is on-going. We apologize for this occurrence, but there is not much that we can do to ( ) this, as it is out of our hands.
We again apologize and regret the delay in delivery of your order.
Yours faithfully,

40 What situation is excused in the above letter?

① late payment
② force majeure
③ non payment
④ early delivery

41 Fill in the blank with suitable word.

① rectify
② examine
③ arrange
④ file

[42~43] Below is part of shipping letter of guarantee. Answer to each question.

Whereas (A) you have issued a bill of lading covering the above shipment and the above cargo has been arrived at the above port of discharge, we hereby request you to give delivery of the said cargo to the above mentioned party without presentation of the original bill of lading.
In consideration of your complying with our above request, we hereby agree to *indemnify* you as follows:

Expenses which you may sustain by reason of delivering the cargo in accordance with our request, provided that the undersigned Bank shall be exempt from liability for freight, demurrage or expenses in respect of the contract of carriage.

As soon as the original bill of lading corresponding to the above cargo comes into our possession, we shall surrender the (B) same to you, whereupon our liability hereunder shall cease.

42 Which is the right match for A and B?

① (A)carrier – (B)Letter of Guarantee
② (A)carrier – (B)Bill of Lading
③ (A)buyer – (B)Bill of Lading
④ (A)seller – (B)Letter of Guarantee

43 Which is similar to the word indemnify?

① register
② reimburse
③ recourse
④ surrender

[44~45] Read the following and answer.

Blank endorsement is an act that the (A) endorser signs on the back of Bill of Lading (B) with bearing a specific person when a bill of lading is made out (C) to order or shipper's order. The bill of lading then becomes a bearer instrument and the (D) holder can present it to the shipping company to take delivery of the goods.

44 Which is WRONG in the explanation of blank endorsement?

① (A)   ② (B)   ③ (C)   ④ (D)

45 What is correct about the bearer?

① Bearer is someone who owns or possesses a B/L.
② Bearer is not able to assign the B/L to others.
③ Bearer is normally bank in negotiable B/L operation.
④ Bearer can not hold the B/L but endorse it to third party for assignment.

[46~47] Read the following and answer.

All risks is an insurance term to denote the conditions covered by the insurance.
(A) It is to be construed that the insurance covers each and every loss all the times. In cargo insurance, the term embraces all fortuitous losses such as (   ) occurring during transit and (B) the term incorporates a number of excluded perils.

In other words, all risks insurance is a type of property or casualty insurance policy that (C) covers any peril, as long as the contract does not specifically exclude it from coverage. This means that, (D) as long as a peril is not listed as an exclusion, it is covered.

46 Which is NOT suitable in the explanation of all risks insurance?

① (A)   ② (B)   ③ (C)   ④ (D)

47 Which is NOT appropriate for the blank?

① inherent vice
② fire
③ earthquake
④ jettison

[48~49] Read the following and answer.

> Compared to other payment type, the role of banks is substantial in documentary Letter of Credit (L/C) transactions.
> The banks provide additional security for both parties in a trade transaction by playing the role of intermediaries. The banks assure the seller that he would be paid if he provides the necessary documents to the issuing bank through the nominated bank.
> The banks also assure the buyer that their money would not be released unless the shipping documents such as (   ) are presented.

48 What expression is normally stated for nominated bank in L/C?

① available with   ② available for
③ available by   ④ claims at

49 Which is NOT suitable for the blank?

① packing list   ② bill of exchange
③ invoice   ④ inspection certificate

50 Fill in the blanks with right words.

> It must be remembered that the Letter of Credit is a contract between the issuing bank and the (A), regardless of any intermediary facilitating banks. Therefore, regardless of a place of presentation different from that of the issuing bank as stated on the Letter of Credit, the beneficiary is at liberty to make a (B) presentation to the issuing bank and the issuing bank is obliged to honour if the presentation is compliant.

① (A) beneficiary − (B) direct
② (A) applicant − (B) direct
③ (A) beneficiary − (B) indirect
④ (A) applicant − (B) indirect

[제3과목] 무역실무

51 UN 국제물품매매에 관한 협약(CISG)의 적용 대상인 것은?

① sales of goods bought for personal, family and household use
② sales by auction
③ sales of ships, vessels, hovercraft or aircraft
④ contracts for the supply of goods to be produced

52 계약형태의 진출방식인 국제라이선스(international license)에 대한 설명으로 옳지 않은 것은?

① 해외시장에서 특허나 상표를 보호하는 동시에 크로스 라이선스를 통해 상호교환을 기대할 수 있다.
② 노하우가 라이선스의 대상이 되기 위해서는 공공연히 알려진 유용한 경영상의 정보이어야 한다.
③ 현지국에서 외환통제를 실시할 경우, 해외자회사에서 라이선스를 통해서 본국으로 과실송금이 어느 정도 가능하다.
④ 비독점적 라이선스는 기술제공자가 특정인에게 허락한 것과 동일한 내용의 권리를 제3자에게 허락할 수 있는 조건이다.

53 인코텀즈(Incoterms) 2020의 CIF 조건에 대한 설명으로 옳지 않은 것은?

① 매도인이 부담하는 물품의 멸실 또는 손상의 위험은 물품이 선박에 적재된 때 이전된다.
② 물품이 컨테이너터미널에서 운송인에게 교부되는 경우에 사용하기 적절한 규칙은 CIF가 아니라 CIP이다.
③ 매도인은 물품이 제3국을 통과할 때에는 수입관세를 납부하거나 수입통관절차를 수행할 의무가 있다.
④ 매도인은 목적항에 물품이 도착할 때까지 운송 및 보험 비용을 부담하여야 한다.

54 관세법 상 외국 물품으로 보기 어려운 것은?

① 수출신고 수리된 물품
② 우리나라 선박이 공해에서 채집한 수산물
③ 외국에서 우리나라에 반입된 물품으로서 수입신고 수리되기 전의 물품
④ 보세구역으로부터 우리나라에 반입된 물품으로서 수입신고 수리되기 전의 물품

55 한국의 ㈜Haiyang은 베트남의 Hochimin Co., Ltd.로 Chemical 제품 15톤을 수출하기로 하였다. 거래조건은 CIP, 결제조건은 sight L/C이다. Hochimin Co., Ltd.가 거래은행을 통하여 발행한 신용장상에 다음과 같은 문구가 있다. 이에 대한 설명으로 옳지 않은 것은?

+Insurance Policy in duplicate issued to Beneficiary's order and blank endorsed for the invoice value plus 10 pct.

① 보험증권의 피보험자란에 ㈜Haiyang이 기재된다.
② 보험증권상에 Hochimin Co., Ltd.의 백지배서가 필요하다.
③ 보험부보금액은 송장금액의 110%이다.
④ 보험증권은 총 2부가 발행된다.

56 신용장 양도 시 확인사항으로 옳지 않은 것은?

① 당해 신용장이 양도가능(Transferable) 신용장인지의 여부
② 개설은행이 신용장상에 지급, 인수 또는 매입을 하도록 수권받은 은행인지의 여부
③ 분할양도의 경우 원수출 신용장상에 분할선적을 허용하고 있는지의 여부
④ 제시된 원수출 신용장에 의하여 기취급한 금융이 없는지의 여부

57 신용장의 기능에 대한 설명으로 옳지 않은 것은?

① 개설은행의 지급 확약을 임의로 취소 또는 변경할 수 없으므로 대금회수의 확실성을 높일 수 있다.
② 수출업자는 대금지급에 대한 은행의 약속에 따라 안심하고 상품을 선적할 수 있다.
③ 수출업자는 신용장을 담보로 하여 대도(T/R)에 의해 수출금융의 혜택을 누릴 수 있다.
④ 수입업자는 선적서류를 통해 계약 물품이 선적기간 및 신용장 유효기간 내에 선적되었는지를 알 수 있다.

58 화물의 형태나 성질에 관계없이 컨테이너 1개당 얼마라는 식으로 운송거리를 기준으로 일률적으로 책정된 운임은?

① ad valorem freight
② minimum all kinds rate
③ freight all kinds rate
④ revenue ton

59 성격이 다른 계약서의 조항을 고르면?

① 품질조건
② 수량조건
③ 결제조건
④ 중재조건

60 추심결제 방식에 대한 설명으로 옳지 않은 것은?

① 환어음의 지급인이 선적서류를 영수함과 동시에 대금을 결제하는 것은 지급도(D/P)방식이다.
② 추심결제는 수출상이 환어음을 발행하여 선적서류를 첨부하여 은행을 통해 송부하는 방식이다.
③ 은행에 추심업무를 위탁하는 자는 지급인(drawee)이다.
④ 'URC'라는 국제 규칙이 적용되며 신용장거래와 비교하면 은행수수료 부담이 적다.

61 전자 선하증권이 사용될 경우 사용이 감소될 문서는?

① Letter of Indemnity
② Manifest
③ Letter of Guarantee
④ Delivery Order

62 선하증권의 기능에 대한 설명으로 옳지 않은 것은?

① 선하증권은 권리증권의 기능이 있기 때문에 정당한 소지인이 화물인도를 청구할 수 있다.
② 선하증권은 수취증 기능을 하므로 목적지에서 동일한 물품이 인도되어야 한다.
③ 선하증권이 일단 양도되면 그 기재내용은 양수인에 대해 확정적 증거력을 가진다.
④ 선하증권은 운송계약의 추정적 증거가 되며 운송계약서라고 할 수 있다.

63 항해용선계약에 대한 설명으로 옳지 않은 것은?

① GENCON 1994 서식이 이용되고 있다.
② 선복에 대하여 일괄하여 운임을 결정하는 용선계약을 lumpsum charter라고 한다.
③ 약정된 정박기간 내에 하역을 완료하지 못한 경우에 demurrage가 발생한다.
④ 용선자는 약정된 정박기간을 전부 사용할 수 있도록 하역작업을 수행하는 것이 바람직하다.

64 보험에 대한 설명으로 옳지 않은 것은?

① 일부 보험의 경우 보험금액의 보험가액에 대한 비율로 비례보상한다.
② 초과보험은 초과된 부분에 대해서는 무효이다.
③ 피보험이익은 보험계약 체결 시에 존재하여야 한다.
④ 해상적하보험의 보험가액은 보험기간 중 불변인 것이 원칙이다.

65 청약의 효력이 소멸되는 경우가 아닌 것은?

① 피청약자의 청약 거절
② 유효기간 경과
③ 당사자의 사망
④ 청약조건의 조회

66 청약의 유인에 대한 설명으로 옳지 않은 것은?

① 피청약자가 승낙하여도 청약자의 확인이 있어야 계약이 성립한다.
② 청약자는 피청약자의 승낙만으로는 구속되지 않으려는 의도를 가진다.
③ 불특정인, 불특정집단을 대상으로 이루어진다.
④ Sub-con Offer와는 전혀 다른 성격을 지닌다.

67 해상보험에 대한 설명으로 옳지 않은 것은?

① 해상보험은 가입대상에 따라 선박보험과 적하보험으로 나눌 수 있다.
② 해상적하보험은 우리나라 상법 상 손해보험에 해당된다.
③ 추정전손은 현실전손이 아니지만 현실적, 경제적으로 구조가 어려운 상태이다.
④ 현실전손인 경우에는 반드시 위부통지를 해야 한다.

68 매도인이 계약을 위반했을 때 매수인의 권리구제 방법으로 볼 수 없는 것은?

① 매도인이 계약을 이행하지 않는 경우에 매수인은 원칙적으로 계약대로의 이행을 청구할 수 있다.
② 매수인은 매도인의 의무이행을 위하여 합리적인 추가기간을 지정할 수 있다.
③ 계약상 매도인이 합의된 기일 내에 물품의 명세를 확정하지 아니한 때에는 매수인이 물품 명세를 확정할 수 있다.
④ 물품이 계약에 부적합한 경우에 모든 상황에 비추어 불합리하지 않는 한, 매수인은 매도인에 대하여 하자 보완을 청구할 수 있다.

69 우리나라 중재법상 임시적 처분의 주요 내용으로 옳지 않은 것은?

① 분쟁의 해결에 관련성과 중요성이 있는 증거의 보전
② 본안(本案)에 대한 중재판정이 있을 때까지 현상의 유지 또는 복원
③ 중재판정의 집행 대상이 되는 부채에 대한 보전 방법의 제공
④ 중재절차 자체에 대한 현존하거나 급박한 위험이나 영향을 방지하는 조치 또는 그러한 위험이나 영향을 줄 수 있는 조치의 금지

70 비용의 분기가 선적지에서 이뤄지는 Incoterms 2020 조건으로 옳은 것은?

① FOB   ② DAP   ③ DDP   ④ CIF

71 중재계약에 대한 설명으로 옳지 않은 것은?

① 중재조항은 직소금지의 효력이 있다.
② 중재계약은 주된 계약에 대하여 독립성을 갖는다.
③ 중재계약에는 계약자유의 원칙이 적용되지 않는다.
④ 중재는 단심제이다.

72 대리점의 권한과 관련 본인으로부터 권한을 부여받지는 못하였으나 법률의 규정에 의하여 본인의 동의 여부를 불문하고 대리점이 권한을 소유하는 것을 무슨 권한이라고 하는가?

① actual authority
② apparent authority
③ presumed authority
④ doctrine of ratification

73 신용장 조건 점검 시 성격이 다른 하나는?

① 검사증명서에 공식검사기관이 아닌 자의 서명을 요구하는 경우
② 화주의 책임과 계량이 표시된 운송서류는 수리되지 않는다는 조건
③ 개설의뢰인의 수입승인을 신용장 유효조건으로 하는 경우
④ 매매계약의 내용과 불일치한 조건이 있는지의 여부

74 전자무역에 대한 설명으로 옳지 않은 것은?

① 무역의 일부 또는 전부가 전자무역문서로 처리되는 거래를 말한다.
② 전자무역은 글로벌 B2C이다.
③ 신용장에서 전자서류가 이용될 때 eUCP가 적용될 수 있다.
④ 선하증권의 위기를 해결하기 위해 CMI에서 해상운송장과 전자 선하증권에 관한 규칙을 각각 제정하였다.

75 다음은 일반거래조건협정서의 어느 조건에 해당하는가?

All the goods sold shall be shipped within the time stipulated in each contract. The date of bills of lading shall be taken as a conclusive proof of the date of shipment. Unless specially arranged, the port of shipment shall be at Seller's option.

① 품질조건
② 선적조건
③ 정형거래조건
④ 수량조건

2020년 제3회(119회)

[제1과목] 영문해석

01 What can you infer from the sentence below?

> Trade finance generally refers to export financing which is normally self-liquidating.

① All export amounts are to be paid, and then applied to extend the loan. The remainder is credited to the importer's account.
② Pre-shipment finance is paid off by general working capital loans.
③ Export financing is a bit difficult to use over general working capital loans.
④ All export amounts are to be collected, and then applied to payoff the loan. The remainder is credited to the exporter's account.

02 Below is about del credere agent. Which is NOT in line with others?

> (A) An agreement by which a factor, when he sells goods on consignment, for an additional commission(called a del credere commission), (B) guaranties the solvency of the purchaser and his performance of the contract. Such a factor is called a delcredere agent. (C) He is a mere surety, liable to his principal only in case the purchaser makes default. (D) Agent who is obligated to indemnify his principal in event of loss to principal as result of credit extended by agent to third party.

① (A) ② (B) ③ (C) ④ (D)

[03~04] Read the following and answer.

> We are pleased to state that KAsia in your letter of 25th May is a small but well-known and highly respectable firm, (A) who has established in this town for more than five years.
> We ourselves have now been doing business with them (B) for more than five years on quarterly open account terms and although (C) they have not taken advantage of cash discounts, they have always paid promptly on the net dates. The credit we have allowed the firm (D) has been well above USD100,000 you mentioned.

03 Who might be the writer?

① Bank ② Referee ③ Seller ④ Buyer

04 Which is grammatically WRONG?

① (A) ② (B) ③ (C) ④ (D)

05 Which of the following CANNOT be inferred from the passage below?

> Dear Mr. Cooper,
> Thank you for your letter in reply to our advertisement in EduCare.
>
> Although we are interested in your proposition, the 5% commission you quoted on the invoice values is higher than we are willing to pay. However, the other terms quoted in your quotation would suit us.

Again we do not envisage paying more than 3% commission on net invoice values, and if you are willing to accept this rate, we would sign a one-year contract with effect from 1 August.

One more thing we would like to add is that the volume of business would make it worth accepting our offer.
Yours sincerely,
Peter

① Peter is an agent.
② Cooper is engaged in a commission based business.
③ 3% commission is a maximum to the Principal to go with.
④ Low commission might be compensated by large volume of business.

06 Select the wrong explanation of negotiation under UCP 600.

(A) Negotiation means the purchase by the nominated bank of drafts (drawn on a bank other than the nominated bank) (B) and/or documents under a complying presentation, (C) by advancing or agreeing to advance funds to the beneficiary (D) on or before the banking day on which reimbursement is due to the issuing bank.

① (A)   ② (B)   ③ (C)   ④ (D)

07 What is correct about the bearer in bill of lading operation?
① Bearer is someone who owns or possesses a B/L.
② Bearer is not able to assign the B/L to other.
③ Bearer is normally second consignor in negotiable B/L operation.
④ Bearer can not hold the B/L but endorse it to third party for assignment.

08 Select the wrong explanation of credit under UCP 600.

(A) Credit means any arrangement, (B) however named or described, (C) that is irrevocable or revocable and thereby constitutes a definite undertaking of (D) the issuing bank to honour a complying presentation.

① (A)   ② (B)   ③ (C)   ④ (D)

09 Select the best answer suitable for the blanks.

Excepted perils mean the perils exempting the insurer from liability where the loss of or damage to the subject-matter insured arises from certain causes such as (A) of the assured, delay, (B), inherent vice and vermin or where loss is not (C) by perils insured against.

① (A) wilful misconduct (B) ordinary wear and tear
   (C) proximately caused
② (A) wilful misconduct (B) wear and tear
   (C) proximately caused
③ (A) misconduct (B) wear and tear (C) caused
④ (A) misconduct (B) ordinary wear and tear
   (C) caused

10 What is the subject of the passage below?

A written statement usually issued by the issuing bank at the request of an importer so as to take delivery of goods from a shipping company before the importer obtains B/L.

① Letter of Guarantee
② Letter of Surrender
③ Bill of Exchange
④ Trust Receipt

11 Which of the followings is NOT suitable for the blanks below?

> A factor is a bank or specialized financial firm that performs financing through the purchase of (A). In export factoring, the factor purchases the exporter's (B) foreign accounts receivable for cash at a discount from the face value, generally (C). It sometimes offers up to 100% protection against the foreign buyer's inability to pay - with (D).

① (A) account receivables
② (B) long-term
③ (C) without recourse
④ (D) no deductible scheme or risk-sharing

[12~13] Read the following letter and answer the questions.

> Thank you for your advice of 15 May. We have now effected (A) to our customers in NewZealand and enclose the (B) you asked for and our draft for £ 23,100 which includes your (C). Will you please honour the (D) and remit the (E) to our account at the Mainland Bank, Oxford Street, London W1A 1AA.

12 Select the wrong one in the blank (C)?

① discount
② commission
③ charges
④ proceeds

13 Which of the following BEST completes the blanks (A), (B), (D) and (E)?

① (A) dispatch (B) transport documents
   (D) documentary draft (E) proceed
② (A) shipment (B) transport documents
   (D) clean draft (E) proceed
③ (A) shipment (B) shipping documents
   (D) documentary draft (E) proceeds
④ (A) dispatch (B) shipping documents
   (D) clean draft (E) proceeds

14 Please put the following sentences in order.

> (A) After having dealt with you for many years, I deserve better treatment.
> (B) Your competitors will be happy to honor my credit, and I will transfer my future business elsewhere.
> (C) I did not appreciate the curt letter I received from your Credit Department yesterday regarding the above invoice, a copy of which is attached.
> (D) I've been disputing these charges for two months.

① (C)-(D)-(A)-(B)
② (A)-(B)-(D)-(C)
③ (B)-(D)-(C)-(A)
④ (D)-(A)-(B)-(C)

15 Select the different purpose among the following things.

① The finish is not good and the gilt comes off partly.
② By some mistake the goods have been wrongly delivered.
③ When comparing the goods received with the sample, we find that the color is not the same.
④ All marks must be same as those of invoice in accordance with our direction.

[16~19] Read the following passage and answer.

The UCP 600 definition of complying presentation means a presentation that is in accordance with the terms and conditions of the documentary credit, the applicable provisions of these rules and international standard banking practice.

This definition includes three concepts. First, (A) Second, the presentation of documents must comply with the rules contained in UCP 600 that are applicable to the transaction, i.e., (B). Third, the presentation of documents must comply with international standard banking practice. The first two conditions are determined by looking at the specific terms and conditions of the documentary credit and the rules themselves. ⓐ The third, international standard banking practice, reflects the fact that the documentary credit and ⓑ the rules only imply some of the processes that banks undertake in the examination of documents and in the determination of compliance. ⓒ International standard banking practice includes practices that banks regularly undertake in determining the compliance of documents. ⓓ Many of these practices are contained in the ICC's publication International Standard Banking Practice for the Examination of Documents under Documentary Credits ("ISBP") (ICC Publication No. 681); however, the practices are broader than what is stated in this publication. Whilst the ISBP publication includes many banking practices, there are others that are also commonly used in documentary credit transaction beyond those related to the examination of documents. For this reason, (C).

16 Select the suitable one in the blank (A).

① the presentation of documents must comply with the terms and conditions of the documentary credit.
② the presentation of documents must represent the goods.
③ the passing of the documents by the beneficiary to the issuing bank must be punctual.
④ the presentation of complying documents must made to the nominated banks under the documentary credit.

17 Select the wrong one for the underlined parts.

① ⓐ ② ⓑ ③ ⓒ ④ ⓓ

18 Select the best one in the blank (B).

① those that have been modified or excluded by the terms and conditions of the documentary credit
② those that can not be applied by way of special conditions that exclude the rules
③ those that can not be applied by way of special conditions that modify or exclude the rules
④ those that have not been modified or excluded by the terms and conditions of the documentary credit

19 Select the best one in the blank (C).

① the definition of complying presentation specifically refers to the International Standard Banking Practice publication
② the definition of complying presentation does not specifically refer to the International Standard Banking Practice and UCP publications
③ the definition of complying presentation does not specifically refer to the International Standard Banking Practice publication
④ the definition of complying presentation specifically refers to the International Standard Banking Practice and UCP publications

20 Which is right pair of words for the blanks?

> A sight draft is used when the exporter wishes to retain title to the shipment until it reaches its destination and payment is made.
> In actual practice, the ocean bill of lading is endorsed by the (A) and sent via the exporter's bank to the buyer's bank. It is accompanied by the draft, shipping documents, and other documents that are specified by the (B). The foreign bank notifies the buyer when it has received these documents. As soon as the draft is paid, the foreign bank hands over the bill of lading with other documents thereby enabling the (C) to take delivery of the goods.

	(A)	(B)	(C)
①	exporter	buyer	buyer
②	exporter	exporter	buyer
③	buyer	exporter	buyer
④	buyer	buyer	buyer

21 Which is NOT suitable in the blank?

> The Incoterms® 2020 rules do NOT deal with (   ).

① whether there is a contract of sale at all
② the specifications of the goods sold
③ the effect of sanctions
④ export/import clearance and assistance

22 Which of the following is the LEAST appropriate Korean translation?

① We are very sorry to have to inform you that your latest delivery is not up to your usual standard.
→ 귀사의 최근 발송품은 평소의 수준에 미치지 못하는 것이었음을 알려드리게 되어 유감입니다.

② We must apologize once again for the last minute problems caused by a clerical error on our side.
→ 당사 측의 사소한 실수로 인해 발생한 문제에 대해 마지막으로 다시 사과드려야 하겠습니다.

③ In consequence we are compelled to ask our agents to bear a part of the loss.
→ 따라서 당사는 당사 대리점들이 이번 손실의 일부를 부담해줄 것을 요청하지 않을 수 없습니다.

④ Thank you for your quotation for the supply of ABC but we have been obliged to place our order elsewhere in this instance.
→ ABC의 공급에 대한 견적을 보내주셔서 감사합니다. 하지만 이번에 한해서는 타사에 주문할 수밖에 없게 되었습니다.

23 The following is on Incoterms® 2020. Select the right ones in the blanks.

> The Incoterms® rules explain a set of (A) of the most commonly-used three-letter trade terms, e.g. CIF, DAP, etc., reflecting (B) practice in contracts for the (C) of goods.

① (A) twelve (B) business-to-consumer
   (C) sale and purchase
② (A) eleven (B) business-to-business
   (C) sale and purchase
③ (A) eleven (B) business-to-consumer (C) sales
④ (A) twelve (B) business-to-business (C) sales

24 Select the wrong explanation of changes in Incoterms® 2020.

① Bills of lading with an on-board notation could be required under the FCA Incoterms rule.
② Obligations which are listed in one clause.
③ Different levels of insurance cover in CIF and CIP.
④ Arranging for carriage with seller's or buyer's own means of transport in FCA, DAP, DPU and DDP.

25 Select the term or terms which the following passage does not apply to.

> The named place indicates where the goods are "delivered", i.e. where risk transfers from seller to buyer.

① E-term
② F-terms
③ C-terms
④ D-terms

[제2과목] 영작문

[26~28] Please read the following letter and answer each question.

> (A) We have instructed our bank, Korea Exchange Bank, Seoul to open an irrevocable letter of credit for USD22,000.00 (twenty two thousand US dollars) to cover the shipment (CIF London). The credit is (a) until 10 June 2020.
>
> (B) Bill of Lading (3 copies) Invoice CIF London (2 copies) AR Insurance Policy for USD24,000.00 (twenty four thousand US dollars)
>
> (C) We are placing the attached order for 12 (twelve) C3001 computers in your proforma invoice No.548.
>
> (D) You will receive confirmation from our bank's agents, HSBC London, and you can draw on them at 60 (sixty) days after sight for the full amount of invoice. When submitting our draft, please enclose the following documents.
>
> Please fax or email us as soon as you have arranged (b).

26 Put the sentences (A)~(D) in the correct order.

① (D)-(B)-(A)-(C)
② (C)-(A)-(D)-(B)
③ (D)-(C)-(B)-(A)
④ (B)-(A)-(C)-(D)

27 Which word is Not suitable for (a)?

① invalid
② in force
③ effective
④ available

28 Which word is most suitable for (b)?

① shipment
② insurance
③ negotiation
④ invoice

29 Select the right term for the following passage.

> The freight is calculated on the ship's space or voyage rather than on the weight or measurement.

① Lumpsum Freight
② Dead Freight
③ Bulky Freight
④ FAK

30 Choose the one which has same meaning for the underlined part under UCP 600.

> We intend to ship a consignment of (A) <u>dinghies</u> and their equipment to London at (B) <u>the beginning</u> of next month under the letter of credit.

① (A) boats – (B) the 1st to the 10th
② (A) yachts – (B) the 1st to the 15th
③ (A) machines – (B) the 1st to the 10th
④ (A) hull – (B) the 1st to the 15th

31 What kind of draft is required and fill in the blank with suitable word?

> This credit is available by draft at sight drawn on us for (   )

① usance – invoice value plus 10%
② demand – the full invoice value
③ demand – invoice value plus 10%
④ usance – the full invoice value

32 Select the wrong part in the following passage.

> (A) Authority to Pay is not a letter of credit, (B) but merely an advice of the place of payment and also specifies documents needed to obtain payment. (C) It obliges any bank to pay. (D) It is much less expensive than a letter of credit and has been largely superseded by documents against payment.

① (A)   ② (B)   ③ (C)   ④ (D)

33 Which of the following is MOST appropriate in the blanks?

> If a credit prohibits partial shipments and more than one air transport document is presented covering dispatch from one or more airports of departure, such documents are (A), provided that they cover the dispatch of goods on the same aircraft and same flight and are destined for the same airport of destination. In the event that more than one air transport document is presented incorporating different dates of shipment, (B) of these dates of shipment will be taken for the calculation of any presentation period.

① (A) unacceptable – (B) the latest
② (A) unacceptable – (B) the earliest
③ (A) acceptable – (B) the latest
④ (A) acceptable – (B) the earliest

34 Select the best one in the blank.

> If a nominated bank determines that a presentation is complying and forwards the documents to the issuing bank or confirming bank, whether or not the nominated bank has honoured or negotiated, and issuing bank or confirming bank must (   ) that nominated bank, even when the documents have been lost in transit between the nominated bank and the issuing bank or confirming bank, or between the confirming bank and the issuing bank.

① reimburse
② honour or reimburse
③ negotiate or reimburse
④ honour or negotiate, or reimburse

35 A letter of credit requires to present bill of lading and insurance certificate. If the shipment date of bill of lading is 20 May, 2020, which of following document can be matched with such bill of lading?

> A. An insurance certificate showing date of issue as 20 May, 2020
> B. An insurance certificate showing date of issue as 21 May, 2020
> C. An insurance policy showing date of issue as 20 May, 2020
> D. A cover note showing date of issue as 20 May, 2020

① A only
② C only
③ A and C only
④ all of the above

36 Which of the followings is NOT correctly explaining the Charter Party Bill of Lading under UCP 600?

① The charter party B/L must appear to be signed by the master, the owner, or the charterer or their agent.
② The charter party B/L must indicate that the goods have been shipped on board at the port of loading stated in the credit by pre-printed wording, or an on board notation.
③ The date of issuance of the charter party bill of lading will be deemed to be the date of shipment unless the charter party bill of lading contains an on board notation indicating the date of shipment.
④ A bank will examine charter party contracts if they are required to be presented by the terms of the credit.

37 Select the right terms in the blanks?

> Payments under (A) are made direct between seller and buyer whereas those under (B) are made against presentation of documentary bills without bank's obligation to pay.

① (A) Documentary Collection − (B) Letter of Credit
② (A) Remittance − (B) Documentary Collection
③ (A) Letter of Credit − (B) Documentary Collection
④ (A) Remittance − (B) Letter of Credit

38 Which of the following is LEAST correct about the difference between Bank Guarantee and Letter of Credit?

① The critical difference between LC and guarantees lie in the way financial instruments are used.
② Merchants involved in exports and imports of goods on a regular basis choose LC to ensure delivery and payments.
③ Contractors bidding for infrastructure projects prove their financial credibility through guarantees.
④ In LC, the payment obligation is dependent of the underlying contract of sale.

39 Which of the followings is NOT APPROPRIATE as part of the reply to the letter below?

> Thank you for your fax of July 5, requesting an offer on our mattress. We offer you firm subject to your acceptance reaching us by July 20.
> Our terms and conditions are as follows :
> Items: mattress (queen size)
> Quantity: 300 units
> Price: USD1,100.00 per unit, CIF New York
> Shipment: During May
> Payment: Draft at sight under an Irrevocable L/C

① We need the goods in early June, so we want to change only shipment term.
② Thank you for your firm offer, and we are pleased to accept your offer as specified in our Purchase Note enclosed.
③ Thank you for your letter requesting us to make an offer, and we would like to make an offer.
④ We regret to say that we are not able to accept your offer because of high price comparing with that of your competitor.

40 Put the sentences A~D in the correct order?

> (A) Finally, in accordance with the instructions of our buyer, we have opened an insurance account with the AAA Insurance Company on W.A. including War Risk.
>
> (B) We enclose a check for $50.00 from Citibank in payment of the premium.
>
> (C) As you know, our buyer directed us to make a marine insurance contract on W.A. including War Risk with you on 300 boxes of our Glasses Frames, which we are shipping to New York by the S.S. "Ahra" scheduled to leave Busan on the 15th February.
>
> (D) We want you to cover us on W.A. including War Risk, for the amount of $2,050.00 at the rate you suggested to us on the phone yesterday, and one copy of our invoice is enclosed herein.

① A-B-C-D
② C-D-B-A
③ D-B-C-A
④ B-C-D-A

41 Where a bill of lading is tendered under a letter of credit, which is LEAST appropriate?

> The bill of lading is usually (A) drawn in sets of three negotiable copies, and goods are deliverable against (B) any one of the copies surrendered to the shipping company. The number of negotiable copies prepared would be mentioned on the bill which would also provide that "(C) one of the copies of the bill being accomplished, the others to stand valid". It is, therefore, essential that (D) the bank obtains all the copies of the bill of lading.

① A ② B ③ C ④ D

42 What does the following refer to under marine insurance operation?

> After the insured gets the claim money, the insurer steps into the shoes of insured. After making the payment of insurance claim, the insurer becomes the owner of subject matter.

① Principle of Subrogation
② Principle of Contribution
③ Principle of Abandonment
④ Principle of Insurable Interest

43 Which of the followings is NOT correctly explaining the arbitration?

① With arbitration clause in their contract, the parties opt for a private dispute resolution procedure instead of going to court.
② The arbitration can only take place if both parties have agreed to it.
③ In contrast to mediation, a party can unilaterally withdraw from arbitration.
④ In choosing arbitration, parties are able to choose such important elements as the applicable law, language and venue of the arbitration. This allows them to ensure that no party may enjoy a home court advantage.

44 Select the right term for the following passage.

> A principle whereby all parties to an adventure, who benefit from the sacrifice or expenditure, must contribute to make good the amount sacrificed or the expenditure incurred.

① General average
② Jettison
③ Particular charges
④ Particular average

45 Select the wrong term in view of the following passage.

> A negotiation credit under which negotiation is not restricted to one nominated bank or which is available through any bank.

① general L/C
② unrestricted L/C
③ open L/C
④ freely acceptable L/C

46 The following are on CIF under Incoterms® 2020. Select the wrong one.

① The insurance shall cover, at a minimum, the price provided in the contract plus 10% (ie 110%) and shall be in the currency of the carriage contract.
② The insurance shall cover the goods from the point of delivery set out in this rule to at least the named port of destination.
③ The seller must provide the buyer with the insurance policy or certificate or any other evidence of insurance cover.
④ Moreover, the seller must provide the buyer, at the buyer's request, risk and cost, with information that the buyer needs to procure any additional insurance.

47 Select the wrong part in the following passage under UCP 600.

> (A) Letter of Credit means an engagement by a bank or other person made at the request of a customer (B) that the issuer will honor drafts or other demands for payment upon compliance with the conditions specified in the credit. (C) A credit must be irrevocable. (D) The engagement may be either an agreement to honor or a statement that the applicant or other person is authorized to honor.

① (A)   ② (B)   ③ (C)   ④ (D)

48 Select the wrong one in the blank under Incoterms® 2020.

> The seller must pay (   ) under FCA.

① all costs relating to the goods until they have been delivered in accordance with this rule other than those payable by the buyer under this rule
② the costs of providing the transport document to the buyer under this rule that the goods have been delivered
③ where applicable, duties, taxes and any other costs related to export clearance under this rule
④ the buyer for all costs and charges related to providing assistance in obtaining documents and information in accordance with this rule

49 The following are the purpose of the text of the introduction of Incoterms® 2020. Select the wrong one.

① to explain what the Incoterms® 2020 rules do and do NOT do and how they are best incorporated
② to set out the important fundamentals of the Incoterms rules such as the basic roles and responsibilities of seller and buyer, delivery, risk etc.
③ to explain how best to choose the right Incoterms rules for the general sale contract
④ to set out the central changes between Incoterms® 2010 and Incoterms® 2020

50 Which of the following is logically INCORRECT?

① A person authorized by another to act for him is called as principal.
② Co-agent means one who shares authority to act for the principal with another agent and who is so authorized by the principal.
③ Agents employed for the sale of goods or merchandise are called mercantile agents.
④ Del credere agent is an agent who sell on behalf of a commission and undertakes that orders passed to the principal will be paid.

[제3과목] 무역실무

51 다음 DPU 조건에 대한 설명 중 틀린 것을 고르시오.

① 매도인은 지정 목적지까지 또는 있는 경우 지정 목적지에서의 합의된 지점까지 물품의 운송을 위해 자신의 비용으로 계약을 체결하거나 준비하여야 한다.
② 매도인은 목적지까지 운송을 위해 어떠한 운송 관련 보안 요건을 준수하여야 한다.
③ 매도인은 자신의 비용으로 매수인이 물품을 인수할 수 있도록 하기 위해 요구되는 서류를 제공하여야 한다.
④ 매도인은 수출통관 절차, 수출 허가, 수출을 위한 보안 통관, 선적전검사, 제3국 통과 및 수입을 위한 통관 절차를 수행하여야 한다.

52 다음 중 권리침해 조항의 설명으로 틀린 것을 고르시오.

① 특허권, 실용신안권, 디자인권, 상표권 등의 지적재산권의 침해와 관련된 조항이다.
② 매도인의 면책 내용을 규정하고 있고 매수인의 주문 내용에 따른 이행에 한정된다.
③ 매수인은 제3자로부터 지적재산권 침해를 받았다는 이유로 매도인에게 클레임을 제기할 수 있다.
④ 선진국으로 수출되는 물품을 주문받았을 경우 특히 이 조항을 삽입해야 한다.

53 다음 인코텀즈(Incoterms) 2020에 대한 설명으로 적절하지 않은 것을 고르시오.

① CIF 조건에서는 협회적하약관 C약관의 원칙을 계속 유지하였다.
② 물품이 FCA 조건으로 매매되고 해상 운송되는 경우에 매수인은 본선적재표기가 있는 선하증권을 요청할 수 없다.
③ 인코텀즈 2020 규칙에서는 물품이 매도인으로부터 매수인에게 운송될 때 상황에 따라 운송인이 개입되지 않을 수도 있다.
④ 매도인이 컨테이너 화물을 선적 전에 운송인에게 교부함으로써 매수인에게 인도하는 경우에 매도인은 FOB 조건 대신에 FCA 조건으로 매매하는 것이 좋다.

54 다음 중 매입은행과 개설은행의 서류 심사와 관련된 내용으로 옳지 않은 것을 고르시오.

① 은행의 서류 심사와 수리 여부 결정은 선적서류를 영수한 익일로부터 제7영업일 이내에 이루어져야 한다.
② 신용장 조건과 불일치한 서류가 제시된 경우 개설은행은 개설의뢰인과 하자 서류의 수리 여부를 교섭할 수 있다.
③ 신용장에 서류의 지정 없이 조건만을 명시한 경우 그러한 조건은 없는 것으로 간주된다.
④ 은행이 선적서류가 신용장 조건과 일치하는지 여부를 심사할 때 신용장통일규칙과 국제표준은행관행(ISBP)에 따라야 한다.

55 다음 중 해운동맹의 운영 수단으로 성격이 다른 하나를 고르시오.

① Sailing Agreement
② Pooling Agreement
③ Fidelity Rebate System
④ Fighting Ship

56 관세법상 입국 또는 입항하는 운송 수단의 물품을 다른 세관의 관할 구역으로 운송하여 출국 또는 출항하는 운송 수단으로 옮겨 싣는 것을 의미하는 용어로 옳은 것을 고르시오.

① 통관(通關)
② 환적(換積)
③ 복합환적(複合換積)
④ 복합운송(複合運送)

57 다음 중 수출입을 총괄하는 대외무역법의 성격에 대한 설명으로 적절하지 않은 것을 고르시오.

① 수출입공고상 상품분류방식은 HS방식을 따르고 있다.
② 통합공고는 대외무역법에 물품의 수출입요령을 정하고 있는 경우 이들 수출입요령을 통합한 공고이다.
③ 수출입공고는 우리나라 수출입품목을 관리하기 위한 기본공고체계이다.
④ 수출입공고, 통합공고, 전략물자수출입공고 등의 품목 관리는 대외무역법에서 규정하고 있다.

58 다음 중 해상운송에서 사용되는 할증운임으로 그 성격이 다른 하나를 고르시오.

① Heavy Cargo Surcharge
② Length Cargo Surcharge
③ Bulky Cargo Surcharge
④ Optional Surcharge

59 다음은 내국 신용장과 구매확인서의 비교설명표이다. 옳지 않은 것을 모두 고르시오.

구분	내국 신용장	구매확인서
㉠ 관련 법규	대외무역법 시행령	무역금융 규정
㉡ 개설 기관	외국환은행	외국환은행
㉢ 개설 조건	제한 없이 발급	무역금융 융자한도 내에서 개설
㉣ 수출 실적	공급업체의 수출실적 인정	공급업체의 수출실적 인정
㉤ 부가가치세	영세율 적용	영세율 미적용
㉥ 지급보증	개설은행이 지급보증	지급보증 없음

① ㉠, ㉡, ㉤
② ㉠, ㉢, ㉤
③ ㉡, ㉢, ㉥
④ ㉡, ㉣, ㉤

60 다음 서류상환인도(CAD) 방식에 대한 설명으로 옳게 짝지어진 것을 모두 고르시오.

㉠ 수입상이 자신 앞에 도착된 상품의 품질 검사를 완료한 후에 구매 여부를 결정할 수 있는 결제 방식이다.
㉡ 선하증권상 수하인은 수입국 소재의 수출상의 지사나 대리인이며, 대금의 결제와 동시에 선하증권을 배서 양도하여 물품을 인도하게 된다.
㉢ 수출업자가 선적을 완료한 상태에서 수입업자가 수출국에 소재하는 자신의 해외 지사 또는 대리인에게 지시하여 서류의 인수를 거절하게 되는 경우에는 수출업자는 곤란한 상황에 처하게 된다.
㉣ 수입자의 대리인을 수입국 소재 수입자의 거래은행으로 지정하는 경우 European D/P라고도 한다.

① ㉠, ㉡   ② ㉡, ㉢   ③ ㉡, ㉣   ④ ㉢, ㉣

61 다음 중 선하증권의 법적 성질에 대한 설명으로 옳지 않은 것을 고르시오.

① 요인증권성: 화물의 수령 또는 선적되었음을 전제로 발행한다.
② 요식증권성: 상법 등에서 정한 기재사항을 증권에 기재하여야 한다.
③ 문언증권성: 선의의 B/L 소지인에게 운송인은 B/L 문언에 대하여 반증할 수 없다.
④ 지시증권성: 화물에 대하여 B/L이 발행된 경우, 그 화물을 처분할 때에는 반드시 B/L로써 한다.

62 다음 항공 화물 운송에서 품목분류요율(CCR) 관련 할인 요금 적용 대상 품목으로 옳지 않은 것을 고르시오.

① 서적
② 카탈로그
③ 정기 간행물
④ 점자책 및 Talking books(calendar, price tag, poster도 적용 가능)

63 다음 선하증권(B/L)에 대한 설명으로 적절하지 않은 것을 고르시오.

① FOB 조건이나 CIF 조건처럼 본선상에 물품의 인도를 의무화하고 있는 거래에서는 선적 선하증권을 제시해야 한다.
② 적색 선하증권(Red B/L)은 선하증권과 보험증권을 결합한 증권으로 선사가 보험회사에 일괄보험으로 가입하게 된다.
③ FIATA 복합운송 선하증권은 운송주선인이 운송인이나 운송인의 대리인으로 행동한다는 것이 운송서류에 나타나 있지 않아도 수리된다.
④ 최초의 운송인이 전구간에 대하여 책임을 지고 화주에게 발행해 주는 선하증권을 통선하증권(Through B/L)이라 한다.

64 다음 하역비 부담 및 할증운임 조건에 대한 설명으로 틀린 것을 고르시오.

① Berth term은 정기선 조건에 사용되어 liner term이라고도 하고 선적과 양륙 비용을 선주가 부담한다.
② FIO는 선적과 양륙이 화주의 책임과 비용으로 이루어지는 조건이다.
③ Bulky cargo surcharge는 벌크 화물에 대하여 할증되는 운임이다.
④ Optional surcharge는 양륙지가 정해지지 않은 화물에 부가되는 할증운임이다.

65 다음 해상 손해의 보상에 대한 설명으로 적절하지 않은 것을 고르시오.

① 공동의 해상 항해와 관련된 재산을 보존할 목적으로 공동의 안전을 위하여 이례적인 희생이나 비용이 의도적으로 지출된 때에 한하여 공동해손 행위가 있다.
② 구조비(salvage charge)는 구조계약과 관계없이 해법상으로 회수할 수 있는 비용이라고 정의하고 있어 구조계약과 관계없이 임의로 구조한 경우에 해당한다.
③ 손해방지비용(sue and labor expense)은 근본적으로 보험자를 위한 활동이라고 할 수 있기 때문에 손해방지 비용이 보험 금액을 초과하는 경우에도 보험자가 보상한다.
④ 특별비용(particular charge)은 피보험목적물의 안전이나 보존을 위하여 피보험자에 의하여 지출된 비용으로서 공동해손비용과 손해방지비용은 제외된다.

66 미국의 신해운법(Shipping Act, 1984)상 특별히 인정되는 복합운송인을 고르시오.

① Carrier형 복합운송인
② CTO형 복합운송인
③ NVOCC형 복합운송인
④ 운송주선업자

67 다음 분쟁해결 조항상 사용할 수 없는 분쟁해결 방법을 고르시오.

> Dispute Resolution.
> The Parties agree to attempt initially to solve all claims, disputes or controversies arising under, out of or in connection with this Agreement by conducting good faith negotiations. If the Parties are unable to settle the matter between themselves, the matter shall thereafter be resolved by alternative dispute resolution.

① Amicable Settlement
② Conciliation
③ Arbitration
④ Litigation

68 다음 국제복합운송 경로에 대한 설명으로 옳은 것을 고르시오.

① ALB(American Land Bridge)는 극동아시아의 주요 항만에서부터 북미 서안의 주요 항만까지 해상운송하여 철도로 내륙운송 후 북미 동남부에서 다시 해상운송으로 유럽의 항만 또는 내륙까지 연결하는 복합운송 경로이다.
② MLB(Mini Land Bridge)는 극동아시아에서 캐나다 서안에 있는 항만까지 해상운송 후 캐나다 철도를 이용하여 몬트리올 또는 캐나다 동안까지 운송한 다음 다시 캐나다 동안의 항만에서 유럽의 각 항만으로 해상운송하는 복합운송 경로이다.
③ MB(Micro Bridge)는 미국 서안에서 철도 등의 내륙 운송을 거쳐 동안 또는 멕시코만 항만까지 운송하는 해륙복합운송시스템이다.
④ SLB(Siberian Land Bridge)는 중국와 몽골을 거쳐 시베리아 철도를 이용하여 극동, 유럽 및 북미 간의 수출입 화물을 운송하는 복합운송 경로이다.

69 다음 해상 손해의 형태 중 성격이 다른 하나를 고르시오.

① 구조료
② 손해방지비용
③ 충돌 손해배상 책임
④ 특별비용

70 다음 중재 제도에 관한 설명 중 옳지 않은 것을 고르시오.

① 중재계약은 계약자유의 원칙이 적용되는 사법상의 계약이라고 할 수 있다.
② 중재 법정은 자치법정이라고 볼 수 있다.
③ 구제 제도로서 중재 판정 취소의 소를 인정하고 있다.
④ 중재 심문에는 증인을 출석시킬 수 있으며 선서도 시킬 수 있다.

71 제3자가 개입되지만 제3자는 당사자로 하여금 일치된 해결안에 도달하도록 도와주는 대체적 분쟁해결방법(ADR)의 한 유형을 고르시오.

① 화해
② 알선
③ 조정
④ 중재

72 다음 조건부청약(Conditional Offer) 중 성격이 다른 것을 고르시오.

① 예약불능청약(Offer without engagement)
② 통지없이 가격변동 조건부청약(Offer subject to change without notice)
③ 시황변동 조건부청약(Offer subject to market fluctuation)
④ 승인부 청약(Offer on approval)

73 다음 중 분쟁의 해결 방법에 대한 설명으로 부적절한 것을 고르시오.

① Amicable Settlement는 당사자 간 클레임을 해결하는 방법이다.
② 중재 과정에서 Amicable Settlement에 이르는 경우도 있다.
③ 당사자 간 분쟁해결 방법으로 Mediation 또는 Conciliation도 고려해 볼 수 있다.
④ 중재는 서면에 의한 합의가 있어야 활용이 가능하다.

74 다음 대리점계약에서 대리인과 본인 즉, 당사자 관계에 대한 설명으로 적절하지 않은 것을 고르시오.

① 대리점계약은 계약에 합의된 수수료를 본점이 대리점에게 지급하지만, 본점이 직접 주문을 받았다면 수수료를 지급할 의무가 없다.
② 대리점계약상에 명시 규정이 없는 한, 대리인은 본점을 위해 주문을 수취하였더라도 그 지출한 거래비용을 본점으로부터 청구할 수 없다.
③ 본점이 계약 만료 전에 정당한 사유 없이 계약을 종료하였을 때, 자신이 이미 제공한 서비스 수수료는 배상 청구할 수 있지만 이후 취득할 수수료 등 직접적인 손해발생액은 배상 청구할 수 없다.
④ 대리점은 본점에게 회계 보고의 의무를 지고, 대리점의 회계 보고는 계약 조건이나 본점의 요구에 따라 행하여야 한다.

75 다음 중 설명이 틀린 것을 고르시오.

① 한국 등 대륙법 국가에서 확정청약은 유효기간 내에 철회가 불가능하다.
② 영미법상 청약이 날인증서로 되어 있는 경우 철회가 불가능하다.
③ 영미법상 피청약자가 약인을 제공한 경우 철회가 불가능하다.
④ UCC상 청약의 유효기간이 3개월이 초과하는 경우에도 청약의 철회가 불가능할 수 있다.

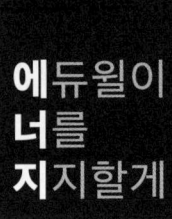

끝이 좋아야 시작이 빛난다.

– 마리아노 리베라(Mariano Rivera)

여러분의 작은 소리
에듀윌은 크게 듣겠습니다.

본 교재에 대한 여러분의 목소리를 들려주세요.
공부하시면서 어려웠던 점, 궁금한 점,
칭찬하고 싶은 점, 개선할 점, 어떤 것이라도 좋습니다.

에듀윌은 여러분께서 나누어 주신 의견을
통해 끊임없이 발전하고 있습니다.

에듀윌 도서몰 book.eduwill.net
- 부가학습자료 및 정오표: 에듀윌 도서몰 → 도서자료실
- 교재 문의: 에듀윌 도서몰 → 문의하기 → 교재(내용, 출간) / 주문 및 배송

2026 에듀윌 무역영어 1급 한권끝장

발 행 일	2025년 12월 8일 초판
편 저 자	김기만
펴 낸 이	양형남
개발책임	목진재
개 발	장윤정
펴 낸 곳	(주)에듀윌
I S B N	979-11-360-3996-5
등록번호	제25100-2002-000052호
주 소	08378 서울특별시 구로구 디지털로34길 55 코오롱싸이언스밸리 2차 3층

* 이 책의 무단 인용 · 전재 · 복제를 금합니다.

www.eduwill.net
대표전화 1600-6700

99개월
베스트셀러 1위 달성!

단기 합격 비법이 담긴
1위 교재의 특별함을 경험해 보세요.

에듀윌 국제무역사 1급 한달끝장
이론+무료특강+모의고사

에듀윌 무역영어 1급 한권끝장
이론+기출+무료특강

* YES24 수험서 자격증 경제/금융/회계/물류 무역영어/국제무역사 국제무역사 베스트셀러 1위 (2017년 11월, 2018년 1월, 4월, 2019년 10월~11월, 2020년 2월, 6월, 10월~12월, 2021년 1월~2월, 4월~8월, 10월~12월, 2022년 1월~2월, 4월~7월, 9월~10월, 2024년 1월~2월 월별 베스트)
* 알라딘 수험서/자격증 민간자격 국제무역사 베스트셀러 1위(2020년 12월, 2021년 1월, 3월~4월, 6월~7월, 9월, 12월, 2022년 1월, 3월~6월, 8월~10월, 2023년 12월, 2024년 1월 월간 베스트)
* YES24 수험서 자격증 경제/금융/회계/물류 무역영어/국제무역사 무역영어 베스트셀러 1위 (2017년 1월~2월, 7월~12월, 2018년 1월~4월, 12월, 2020년 10월~12월, 2021년 2월~3월, 5월~12월, 2022년 1월 ~ 3월, 5월, 12월, 2025년 1월 월별 베스트)
* 알라딘 수험서/자격증 민간자격 무역영어 베스트셀러 1위 (2020년 6월~12월, 2021년 1월, 5월~12월, 2022년 1월~2월, 12월 월간 베스트)

2026

에듀윌 무역영어 1급
한권끝장(2급 동시 대비)
상시시험 완벽 대비!

정답과 해설
18회분 기출문제

에듀윌
무역영어 1급
한권끝장 (2급 동시 대비)

정답 및 해설

eduwill

정답 및 해설 — 2017년 제1회(108회)

[제1과목] 영문해석

01	③	02	③	03	①	04	①	05	③
06	②	07	③	08	②	09	④	10	②
11	④	12	④	13	②	14	③	15	④
16	①	17	④	18	①	19	④	20	①
21	③	22	②	23	①	24	④	25	④

[제2과목] 영작문

26	④	27	②	28	②	29	③	30	②
31	③	32	①	33	①	34	③	35	④
36	③	37	②	38	④	39	②	40	①
41	②	42	④	43	①	44	④	45	①
46	②	47	④	48	③	49	①	50	③

[제3과목] 무역실무

51	③	52	③	53	③	54	①	55	④
56	전부정답	57	②	58	③	59	③	60	②
61	②	62	④	63	④	64	②	65	④
66	②	67	④	68	③	69	③	70	③
71	①	72	③	73	②	74	①	75	①

[제1과목] 영문해석

[01~02]

해석 다음을 읽고 질문에 답하시오.

Mr. Carter 귀하,
8월 9일자 서신에서 언급한 것처럼, 다음 달 미국으로 가는 길에 런던에서 며칠을 머무를 계획입니다. 날짜가 결정되었습니다. 9월 3일 수요일(항공편 BA 602 15 30)에 히스로 공항에 도착하여 금요일 밤에 떠날 예정입니다. 런던 W1 마블 아치에 위치한 컴벌랜드 호텔에서 머물 것입니다.
9월 3일에는 이미 여러 약속이 잡혀 있으나 9월 4일 목요일에는 언제든 귀하의 사무실을 방문할 수 있습니다. 귀하께서 편하신 시간을 호텔에 메시지로 남겨주시기 바랍니다.

논의되어야 할 가장 중요한 문제 중 하나는 한국의 SELECT 복사기 판매점으로서 당사가 받을 수 있는 수수료율에 관한 것입니다. 이미 언급한 것처럼, 10%의 수수료율은 받아들일 수 없습니다. 한국에서 이 장비의 판매실적이 좋다면 적어도 12%를 요청드립니다.
이만 줄이겠습니다.
Amier Han 올림

어휘 appointment 약속　leave a message 메시지를 남기다
indicate 지적하다, 가리키다　unacceptable 받아들일 수 없는
do a good job 훌륭히 완수하다

01 정답 ③

해석 다음 중 서신으로부터 유추할 수 없는 것은 무엇인가?
① Amier는 대리인이다.
② Mr. Carter가 11%의 수수료율을 제안하면 Amier는 수락하지 않을 것이다.
③ Amier는 영국에서 9월 7일에 미국으로 떠날 것이다.
④ Amier는 9월 4일에 Mr. Carter를 만날 예정이다.

해설 9월 3일 수요일 히스로 공항에 도착하여 금요일(9월 5일) 밤에 미국으로 떠날 것이라고 언급하므로 ③이 틀린 내용이다.

02 정답 ③

해석 이 서신의 주된 목적은 무엇인가?
① 수입업을 제안하기 위해
② 글쓴이의 출장 경로를 안내하기 위해
③ 협상을 위한 약속을 잡기 위해
④ 영국에서 지낼 호텔 예약을 요청하기 위해

해설 미국으로 해외 출장을 가는 길에 영국을 경유할 예정이며 수수료율에 대한 협의가 필요하다고 언급하였다. 이에 미팅 시간 확인을 요청하고 있으므로 ③이 적절하다.

어휘 business trip 출장　negotiation 협상
ask for 요청하다

03 정답 ①

해석 이것은 무엇인가?

> 이것은 공급자가 비용의 증가를 프로젝트 발주처나 매수인에게 전가할 수 있도록 하는 계약 조항이다. 이것은 일반적으로 인플레이션과 같이 양 당사자의 통제를 넘어서는 요인과 관련이 있다.

① 신축조항　② 완전합의조항
③ 사정변경(이행가혹)조항　④ 조건변경조항

해설 신축조항과 관련된 내용이다. 신축조항은 플랜트나 선박, 대형기계류와 같이 작업 공정이 장기간 소요되는 물품의 경우, 계약기간 중 물

가 상승(인플레이션)으로 인해 당해 재화 및 용역가액이 일정률 이상 증가할 시 가격 상승에 대응할 수 있도록 가격 조정을 허용하는 조항이다.

어휘 **influence** 변화, 영향, 요인, 영향을 주다

[04~06]

해석 한국어로 번역된 것 중 적절하지 않은 것은 무엇인가?

04 정답 ①

해설 ①은 "당사는 주문 건당 미화 10달러의 균일한 배송비를 적용합니다."로 고쳐야 한다.

어휘 **flat shipping rate** 균일 배송비 **business day** 영업일

05 정답 ③

해설 ③은 "높은 이직률의 결과 당사는 어려움을 겪고 있습니다."로 고쳐야 한다.

어휘 **in lieu of** ~ 대신에 **plank** 널빤지, 판자
turnover rate 이직률, 퇴직률

06 정답 ②

해설 ②는 "달리 명시되지 않는 한 귀하의 물품은 예정대로 목요일에 배송될 것입니다."로 고쳐야 한다.

어휘 **unless otherwise noted** 달리 명시되지 않는 한
security breach 안전 위반 **snapshot** 짤막한 묘사, 스냅 사진

07 정답 ③

해석 다음 중 이것으로 가장 적절한 것은 무엇인가?

세계 무역 경쟁이 심화됨에 따라, 수출자들은 해외 수입상에게 융통성 있는 사후결제 방식 조건을 제공해야 하는 상황에 처해 있다.
국내 은행이 수출채권에 대해 자금을 지원하지 않고자 하는 경우, 이것은 대안이 될 수 있고 더 나은 해결 방안이 될 수 있다. 국제 무역상들은 국제적인 단기 신용 판매에 자금을 마련하기 위해 이것을 점점 더 이용하고 있다.

① 선적 전 금융   ② 확인
③ 국제팩토링   ④ 포페이팅

해설 ③ 국제팩토링은 전 세계 팩터(팩토링 회사)의 회원망을 통하여 수입상의 신용을 바탕으로 이루어지는 무신용장 방식의 무역 거래 방법이다. 주로 180일 이내의 단기 신용 거래에서 사용된다.
④ 포페이팅은 소구권(상환청구권)없이 현금을 대가로 채권을 포기 또는 양도하는 것으로 Usance L/C, D/A 거래에서 사용되며 주로 어음 금액이 크거나 수출 대금 회수기간이 장기인 경우에 사용한다.

어휘 **be forced to** ~하도록 강요 당하다
finance 자금을 지원하다
export receivables 수출채권

08 정답 ②

해석 밑줄 친 부분과 관련이 없는 것은 무엇인가?

신용장은 무역금융 수단으로서 전 세계적으로 가장 널리 사용되고 있다. 신용장은 은행 고객을 위해 개설되는 공식 은행 서류로서 특정 조건에서 개인 또는 회사가 은행을 지급인으로 하여 환어음을 발행하도록 권한을 부여한다. 이것은 고객의 신용 대신에 은행의 신용을 제공하게 하는 증서(수단, 도구)이다.

① 매수인은 그의 거래 은행에게 그를 대신해 신용장을 개설해 줄 것을 요청한다.
② 매매계약이 체결되었을 때 수입자에게 안전성을 제공한다.
③ 수입자에게 미래의 정해진 시점에 대금 지급을 가능하게 한다.
④ 은행의 신용공여는 개설의뢰인을 위한 자금조달 수단이다.

해설 신용장은 수입상의 신용을 신용장 개설은행이 대신함으로써, 수출상(beneficiary)에게 대금 회수에 대한 안전성을 제공한다.

어휘 **under certain conditions** 특정 조건에서
furnish 제공하다 **in place of** ~ 대신에
proceeds 돈, 수익금
applicant 개설의뢰인(수입상), 신청자, 지원자

09 정답 ④

해석 다음의 경우 어느 환어음이 인수될 것인가?

화환 신용장은 약 미화 40,000달러의 금액을 선적일로부터 30일 지급 조건하에 발행되는 환어음으로 결제되도록 개설된다. 서류는 2016년 9월 22일에 미화 38,000달러의 금액에 대해 2016년 9월 1일자 선하증권과 함께 제시된다.
* 9월 1일로부터 30일 = 10월 1일

A. 2016년 9월 1일로부터 30일 – 약 미화 40,000달러
B. 선적일로부터 30일 – 금액 미화 38,000달러
C. 2016년 10월 1일 – 금액 미화 38,000달러
D. 선하증권 일자인 2016년 9월 1일로부터 30일 – 금액 미화 38,000달러

해설 A. approximately가 사용되어서는 안 된다. 환어음에는 확정금액이 표시되어야 한다.
B. 선적 일자에 대한 기준 없이 선적일로부터 30일로 기재되었으므로 인수되지 않는다.
C. 확정된 특정 일자(10월 1일)에 지급한다는 의미이므로 수리된다.
D. 선하증권 일자(기준 일자)로부터 30일 이내이므로 미화 38,000달러를 지급한다는 의미이므로 수리된다.

어휘 **documentary credit** 화환 신용장
approximately 거의, ~가까이

10 정답 ②

해석 아래의 상황에 비추어 옳은 것은 무엇인가?

> 수출자는 5월 10일 수입자에게 청약을 발송하였다. 청약에는 시장 가격보다 50% 저렴한 가격으로 상품의 특정 유형과 수량이 포함되어 있었고, "이것은 매우 매력적인 청약으로 5월 15일까지 귀하로부터 답변이 없다면 청약을 승낙한 것으로 간주합니다."라는 언급이 추가되어 있었다. 수입자는 5월 15일까지 답변을 하지 않았다. 그리고 수출자는 5월 16일에 상품을 선적하였다.

① 수입자는 청약에 대해 즉시 답변해야 한다.
② 수입자는 배송된 물품에 대해 대금을 지급할 필요가 없다.
③ 계약은 철회될 것이다.
④ 수출자는 지급에 대한 권리가 있다.

해설 청약자의 청약에 대해 피청약자의 침묵은 승낙으로 간주하지 않는다. 청약에서 '침묵한 경우 승낙으로 간주한다'라고 규정하여도 이 조항은 효력이 발생되지 않는다. 따라서 수입자는 대금 지급 의무가 없고, 청약과 승낙에 의한 계약이 체결되지 않았으므로 계약이 철회되지도 않는다.

어휘 **at a price** ~ 가격으로, 대가를 치르고
assume 가정하다   **revoke** 취소하다

11 정답 ④

해석 다음 서신의 상황으로 올바른 것은 무엇인가?

> 당사는 귀사로부터 2017년 3월 15일자 청약을 받았습니다. 귀사의 청약이 당사의 주의를 끄는 것에는 동의하나 가격이 너무 높은 것 같습니다. 만약 당사가 대량 주문을 하는 경우 가격 할인에 대한 귀사의 입장이 어떠한지 여쭤봐도 될지요?

① 청약의 승낙   ② 계약의 취소
③ 조건부 주문   ④ 청약의 거절

해설 서신의 내용은 필수 조건인 가격에 대해 동의하지 않고 다른 조건을 제시하므로, 청약의 거절인 반대청약(Counter Offer)으로 볼 수 있다.

어휘 **draw one's attention** ~의 주의를 끌다
place an order 주문하다

12 정답 ①

해석 다음 신용장의 올바른 유형은 무엇인가?

> 이것은 자신이 수익자인 신용장을 이미 보유한 매수인의 결제를 위해 발행되는 신용장이다. 이 신용장은 이미 매수인이 보유한 신용장에 명시된 조건에 따른 동일한 선적품을 결제하기 위해 공급자를 수익자로 하여 발행된다. 금액과 유효기일을 제외하고, 두 신용장은 신용장하에서 제시되는 동일한 서류들이 매수인을 수익자로 하는 신용장에도 후에 같이 적용된다는 점이 매우 유사하다.

① 동시개설 신용장   ② 양도가능 신용장
③ 양도된 신용장   ④ 대체된 신용장

해설 ① 동시개설 신용장에 대한 설명이다. 수입상이 수입 신용장을 개설할 경우 수출국에서도 같은 금액의 신용장을 개설하는 경우에만 유효하다는 조건이 붙은 조건부 신용장이다. 보통 두 나라가 물자를 교환하는 경우에 사용된다.

어휘 **for the account of** ~의 부담으로
in favor of ~을 위하여, ~을 수익자로 하여
subsequently 나중에, 그다음의

13 정답 ①

해석 아래 내용이 나타내는 것은 무엇인가?

> 은행에 신용장의 개설을 지시하고 그를 대신해 은행이 대금을 지급하기로 동의한 당사자이다. 대부분의 경우 그 당사자는 수입자/매수인, 그리고 개설의뢰인으로도 알려져 있다.

① 결제인   ② 용선자
③ 청구인   ④ 개설인

해설 신용장의 개설을 지시하는 당사자는 수입상(Impoter), 매수인(Buyer), 개설의뢰인(Applicant)이라 한다. 결국 대금을 지급하여야 하는 당사자이므로 결제인으로 볼 수 있다. ④의 개설인은 신용장을 개설하는 주체인 개설은행을 가리킨다.

[14~15]

해석 다음을 읽고 질문에 답하시오.

> Griffiths & Co에 관한 귀하의 조회 요청에 다음과 같은 보고서를 보내드립니다.
> (d) 이 회사는 기초가 튼튼하고 평판이 좋습니다.
> (c) 네 개의 협력사가 있으며 그들의 자본은 최소 100,000파운드로 추산됩니다.
> (b) 그들은 훌륭한 거래자이고 카디프에 있는 안전한 거래처 중 한 곳으로 간주됩니다.
> (e) 우리가 입수한 정보로 보건대, 요청된 20,000파운드의 최초 신용거래를 허용하는 것에 주저할 필요가 없다고 생각합니다.
> (a) 분기별 계정으로는 귀하께서는 최소 5,000파운드를 안전하게 허용할 수 있을 것 같습니다.

14 정답 ③

해석 문장을 순서대로 배열하시오.

해설 신용 조회에 대한 답변이므로 해당 업체에 대한 전체적인 평가로 시작하여 세부 사항에 대한 설명으로 이어지는 것이 적절하다.

15 정답 ④

해석 다음은 서신에 대한 답변이다. 다음 중 이전 서신에서 발견할 수 없는 것은 무엇인가?

① 만약 그렇게 하는 것이 안전하다면 요청된 조건으로 현재 주문서를 받고 싶습니다.

② 당사에게 해당 회사의 평판과 재무 상태에 대한 보고서를 보내주시길 바라며 특히 이번 첫 주문 시 신용 거래를 허용하는 것이 안전한지에 대해 조언해 주십시오.
③ 분기별 계정에서 안심할 수 있는 최대 허용 신용 거래 금액에 대해 귀하께서 조언해 주신다면 감사하겠습니다.
④ 이 서신은 극비이며 당사의 어떠한 책임 없이 제공됩니다.

[해설] ④는 신용조회를 요청한 당사자의 답변이 아니라, 서신을 제공한 신용조회처에서 신용 조회에 대한 결과를 보고할 때 보고서 내용이 기밀임을 알리기 위해 마지막에 첨부하는 문장이다.

[어휘] reputation 평판　　grant 허용하다
strictly 엄격히, 엄격하게　　confidential 기밀의

16 정답 ①

[해석] 어떤 공지가 있었는가?

당사는 ABC 산업이 부산의 더 큰 생산 시설로 이전하게 되었음을 알려드립니다. 본사의 직원들은 6월 1일부터 새로운 시설에서 귀사와 거래할 것입니다.
신규 최신식 설비는 당사에게 상당량의 더 많은 생산량을 가져다 줄 것입니다. 이로 인해 당사는 최고 품질로 고객의 수요에 신속하게 대응할 수 있을 것임을 보장합니다. 신규 시설로의 원활한 이전을 위해 생산팀은 몇 주에 걸쳐서 단계적으로 이전할 예정입니다. 단계적으로 이동함에 따라 이중으로 생산하고 있고 충분한 추가 재고도 있기 때문에 이전에 따라 운송 일정이 영향받는 일은 없을 것입니다.
당사는 최신 설비를 통해 귀사와 계속해서 거래하길 바랍니다.

① 생산 설비의 확장　　② 동일한 운송 일정
③ 품질 관리　　④ 충분한 재고

[해설] 첫 문장에서 부산의 더 큰 생산 시설로 이전함을 안내하고 있으며 생산 시설 이전에 따른 장점과 이전 과정에서 발생하는 고객 불편을 최소화하는 방안을 언급하고 있으므로 ①이 적절하다.

[어휘] relocate 이전하다　　facility 시설
headquarter 본사　　personnel 직원
state-of-the art 최첨단의, 최신식의
provide A with B A에게 B를 제공하다
significantly 상당히　　capacity 생산 능력
ensure 보장하다　　promptly 신속히
seamless transition 원활한 이동　　redundancy 중복
ample 충분한

17 정답 ④

[해석] 이것에 적합하지 않은 것은 무엇인가?

이것에 따라, 매수인은 서류를 인수한 후에 물품을 수령할 수 있고 선하증권 발행일 이후 또는 은행에 서류를 제출한(서류에 대한 권리를 넘긴) 이후 지정된 기간인 120일 또는 180일 이내에 대금을 지급할 수 있다.

① 기한부 환어음　　② 기한부 환어음
③ 기한부 환어음　　④ 일람출급 환어음

[해설] 기한부 환어음에 대한 설명이다. 수입자는 만기에 대금을 지급할 것을 약속하고 서류를 수령하여 물품을 인도받는다. 기한부 환어음은 Term draft라고도 한다.
④ 일람출급 환어음(Demand Draft)은 대금을 지급하면 서류를 인도 받는 방식이다.

[어휘] surrender 포기하다, 권리를 넘기다
usance 어음기간
tenor 채무 발생일로부터 만기일 까지의 기한

18 정답 ①

[해석] 다음은 무엇을 설명하고 있는가?

선하증권이 지시식 또는 송하인 지시식으로 발행되었을 때 배서인이 이 서류의 뒷면에 특정인을 기재하지 않은 채 서명하는 행위이다. 그렇게 하면 선하증권은 소지인 증권이 되며 선하증권 소지인은 물품을 인도받기 위해 증권을 선박회사에 제시할 수 있다.

① 백지 배서　　② 기명 배서
③ 지시식 배서　　④ 소지인 선택식 배서

[해설] 백지 배서는 특정인을 기재하지 않고 배서인의 의사만 표시하여 선하증권을 양도하는 것을 의미하는데, 이 경우 해당 선하증권을 보유한 당사자가 물품에 대한 권리를 갖게 된다.
신용장 방식에서 수출자는 화환 취결 시 선하증권 이면에 백지 배서(Blank Endorsement)하여 은행에 제출하고, 은행은 선하증권을 취득함으로써 상품의 담보권을 갖게 된다.

[어휘] endorser 배서인　　bear 가지다
make out 작성하다　　instrument 증권, 증서

19 정답 ④

[해석] 잘못 연결된 것은 무엇인가?
① 낙성계약: 의무를 확정시키는 어떠한 외적 형식이나 상징적 행위 없이 계약당사자의 동의만으로 완전하게 성립되는 계약
② 쌍무계약: 상호 간 약속, 즉, 양 당사자 모두 약속자 및 수약자로서 하는 약속에 대한 약속의 교환으로 구성되는 계약
③ 유상계약: 매도인이 금전에 대한 보상으로 물품의 소유권을 매수인에게 이전하는 계약
④ 불요식계약: 법적으로 유효하고 구속력이 있는 규정된 형식을 요구하는 계약

[해설] 불요식계약은 구두 형식이든 문서 형식이든 상관없이 의사를 전달하거나 표시함으로써 계약이 성립되는 것을 의미한다. ④는 요식계약(Formal Contract)에 대한 설명이다.

[어휘] mere 겨우, ~에 불과한　　consent 동의, 합의
consist of ~로 구성되다　　promisor 약속자
promisee 수약자　　consideration 보수, 보답
bind 구속하다　　a prescribed format 규정된 양식

20 정답 ①

해석 다음은 계약서의 일부이다. 밑줄 친 가격 조건을 고려할 때 운송에 가장 적합한 서류는 무엇인가?

> 명세: 청바지(품목 번호 123-ABS)
> 수량: 2,000벌
> 가격: 개당 미화 25달러 FCA 대전
> 목적지: 뉴욕항

① 복합운송 선하증권 ② 항공화물운송장
③ 해상 선하증권 ④ 내수로 운송서류

해설 FCA는 단일 또는 복수의 운송 방식에 사용 가능한 규칙이다. 'FCA 대전'은 대전에서 매수인이 지정한 운송인에게 물품을 인도할 때 매도인의 의무가 종료됨을 의미한다. 내륙 지역인 대전에서 뉴욕항까지 가려면 내륙운송과 해상운송이 결합되어야 하므로 ① 복합운송 선하증권이 사용되어야 한다. 복합운송증권은 선하증권의 명칭을 사용한 것도 있고 Multimodal Transport Document(MTD)라고 표기된 것도 있다.

21 정답 ③

해석 다음의 예시 하에서 올바른 부보 금액은?

> 서류로부터 CIF 또는 CIP 금액을 결정할 수 없는 경우, 매입은행은 다음을 담보하는 보험서류를 수리한다.
>
> A. 송장 총금액의 110%
> B. 화환 신용장 금액의 100%
> C. 송장 총금액의 100%
> D. 신용장에서 매입을 요청받은 금액의 110%

해설 서류로부터 CIF 또는 CIP 가액을 결정할 수 없는 경우, 부보 금액의 범위는 요구된 결제(honor) 또는 매입 금액 또는 송장에 나타난 물품의 총금액 중 더 큰 금액을 기준으로 산출되어야 한다. 따라서 송장금액의 110%(A)와 매입 금액의 110%(D)를 기준으로 하는 경우 수리된다.

22 정답 ②

해석 잘못된 부분은 어느 곳인가?

> (A) 확인은행은 (B) 매입은행의 확약에 추가로 (A) 자행의 취소불능 약정을 추가하는 은행이다. 반면에 (C) 통지은행은 신용장을 수신하는 은행으로 (D) 개설은행으로부터 인증을 받고 수익자에게 전달한다.

해설 확인은행은 개설은행의 수권에 의하여 개설은행의 취소불능 약정에 확인(confirmation)을 추가하는 은행을 의미한다. 매입은행은 결제(honour)와 관련된 취소불능 약정에 구속되지 않는다.

어휘 undertaking 약속, 동의 authentication 증명, 인증
beneficiary 수익자

23 정답 ①

해석 다음에 알맞은 신용장의 유형은 무엇인가?

> • 매도인에 의해 발행되는 어음은 일반적으로 기한부 환어음이다.
> • 지급인은 개설은행 외의 제3자가 된다.

① 인수 신용장 ② 일람불 신용장
③ 선대 신용장 ④ 지급 신용장

해설 인수 신용장은 제시된 서류가 신용장 조건과 일치하는 경우 기한부 환어음을 인수하고 만기일에 대금을 지급하겠다는 조건의 신용장을 의미한다. 개설은행은 해외 지점이나 예치환 거래 은행을 인수은행으로 지정하고 개설은행을 대신하여 환어음을 인수한다.

어휘 drawee 지급인(신용장 방식에서는 개설은행, 인수은행 등을 의미하고, 추심 방식에서는 수입상을 의미함)

24 정답 ④

해석 다음과 관련하여 올바른 조항은 무엇인가?

> 이 조항의 철회 또는 물품의 거절이 발생한 경우, 매도인은 상표, 디자인, 특허, 저작권, 실용신안권 등에 관계없이 상품을 제3자에게 재판매 또는 처분할 수 있는 권리를 갖게 되며, 매수인은 그러한 처분에 대해 어떠한 이의도 제기할 수 없다.

① 권리불포기조항 ② 비밀유지조항
③ 권리침해조항 ④ 전매조항

해설 전매조항은 매수인이 계약을 취소하거나 인수를 거절하는 경우 매도인은 상표권 등 산업재산권과 관계없이 현지에서 물품을 제3자에게 재판매, 처분할 수 있다는 조항이다.

어휘 in the event of ~할 경우 be entitled to ~할 권리가 있다
regardless of ~에 관계없이 patent 특허
utility model 실용신안권 thereon 그것에 대해
objection 이의, 반대 disposition 처분, (재산의) 양도

25 정답 ④

해석 다음 내용이 가리키는 서류의 유형은 무엇인가?

> HNC는 한국에서 태양광 조절 유리의 판매와 관련하여 EYP를 판매 대리점으로 임명하기를 희망하고 EYP 또한 임명되기를 희망한다. 이에 양 당사는 다음과 같이 동의한다.

① 구매주문서 ② 수입화물선취보증서
③ 입찰 ④ 대리점 계약

해설 HNC는 태양광 조절 유리 공급업체이며 EYP는 한국에서 해당 물품을 판매하고자 하는 업체이다. 본문은 두 회사 사이에 대리점 계약을 체결하는 내용이다.

어휘 appoint 임명하다 representative 대리점
in regard to ~에 관련하여 solar glass 태양광 조절 유리
hereto 여기에, 이것에

[제2과목] 영작문

[26~28]

해설 주어진 한글 문장을 영어로 작문한 것 중 가장 적절하지 않은 것은 무엇인가?

26 정답 ④

해설 discuss with 뒤에는 토론의 상대방인 사람이 나와야 한다. discuss 뒤에는 토론의 대상인 직접 목적어가 위치하여야 하므로 with가 삭제되어야 한다.

어휘 be awarded to ~에게 주어지다

27 정답 ②

해설 화물의 도착은 지난달에 있었던 과거의 일이므로 미래의 의무를 의미하는 should보다는 과거의 의미인 should not have taken이 적절하다. should not have + p.p는 '~하지 말았어야 했다'라는 의미이다.

28 정답 ③

해설 '잔여 선적물'이라는 의미로 번역하려면 the missing balance of shipment로 수정해야 하며, 선적물은 보내지는 것이므로 be sent로 수정하는 것이 적절하다.

어휘 be estimated to ~할 것으로 예상되다
air freight 항공 화물   overbill 과다 청구하다
unreasonable 불합리한, 비싼

[29~30]

해설 다음을 읽고 질문에 답하시오.

> 당사는 귀하의 5월 19일자 첫 주문서를 받게 되어 기쁩니다.
> 당사의 관행상 (a) 신규 거래를 시작할 때 (b) 고객의 동업자 신용조회처를 요청합니다. 귀하께서 거래하고 계신 (c) 다른 매수인 두 곳의 상호와 주소를 저희에게 보내주시면 됩니다.
> 당사는 답신편에 정보를 받기를 희망하며, (d) 그러는 동안 귀하의 주문 건은 발송 작업이 시작됐습니다.

어휘 open new account 신규 거래를 시작하다
trade reference 동업자 신용조회처
put in hand (일을) 시작하다

29 정답 ③

해설 서신에서 가장 어색한 표현은 무엇인가?

해설 동업자 신용조회처로 매수인은 적절하지 않다.
서신을 받는 당사자는 주문자(매수인)이므로 서신의 작성자는 동업자 신용조회처로 서신을 받는 업체와 거래한 적이 있는 매도인의 상호를 요청하는 것이 적절하다.

30 정답 ②

해설 이 서신의 답변에 포함될 내용으로 적절하지 않은 것은 무엇인가?
① 당사는 추가 주문을 할 것으로 충분히 예상합니다.
② 당사는 이 업체에 대한 정보를 가지고 있지 않지만 그들로부터 추가 대량 주문이 있을 것으로 예상합니다.
③ 당사는 조회처의 필요성에 대해 이해하며 기꺼이 그렇게 하겠습니다.
④ 당사는 이번 달 말까지 첫 번째 주문 물품을 인도 받기를 바랍니다.

해설 ② 신용조회처 정보를 요청받은 주문자의 회신 내용으로 적절하지 못하며, 판매자 입장에서 작성될 수 있는 내용이다.

어휘 prospect 예상

31 정답 ③

해설 다음 대화 중 가장 어색한 것은 무엇인가?
① A: 다양한 프린터 모델에 대해 좀 더 말씀해 주세요. 기본적인 차이점이 무엇인가요?
  B: 속도와 외관입니다.
② A: 모델들을 보세요. 어떤 것들은 꽤 단순한 반면 다른 것들은 매우 복잡한 것을 볼 수 있어요.
  B: 당신의 말에 공감해요.
③ A: 협상이 결실을 얻었습니다.
  B: 참 안됐군요. 저희 사장님과 다시 이야기해 보아야 합니다.
④ A: 오늘부터 30일 이내에 전체 주문의 반을 배송해 드릴 것입니다.
  B: 좋습니다. 바로 그것입니다.

해설 ③ 협상이 잘 진행되었다는 의미에 대한 B의 답변이 어색하다.

어휘 fancy 복잡한, 화려한
pay off 결실을 얻다, 성공하다, 돈을 갚다

32 정답 ①

해설 빈칸을 적절한 단어로 채우시오.

> 무역금융은 일반적으로 개별 거래 또는 연속된 회전식 거래에서의 금융을 의미한다. 그리고 무역금융 여신은 종종 (자기 회수적) 방식이 되기도 하는데, 여신 제공 은행은 모든 판매 금액을 추심해서 대출금을 상쇄하도록 규정한다. 잔액은 수출자의 계정으로 차기(입금)한다.

① 자기 회수적   ② 후 상환
③ 별도로 추가   ④ 수월한 수취

해설 무역금융은 일반 대출과 달리 은행에서 수출과 관련된 자금을 대출해 주고 나중에 그 자금을 회수하여 대출금과 상계 처리하는 자기 회수적 성격을 갖는다.

어휘 refer to ~을 나타내다   stipulate 규정하다
sales proceeds 매출 수입(매출액), 판매 금액
remainder 잔액

33 정답 ①

해석 빈칸에 들어가기에 적절하지 않은 것은 무엇인가?
① (상환)은 환어음이 (결제)되지 않았을 경우 매입된 환어음의 이전 당사자로부터 회수할 수 있는 권리를 의미한다.
② 이 선적에 대한 당사의 (대금 회수)를 위해 신용장 번호 87569에 따라 한국 외환은행을 지급인으로 하는 일람 후 30일 출급 환어음을 발행하였습니다.
③ 환어음은 개설된 신용장에 따른 (서류)를 첨부하여 일람지급으로 (발행)될 것입니다.
④ 이번 선적에 대하여, 당사는 신용장 번호 55에 따른 송장금액에 대해 귀하를 지급인으로 하여 일람출급으로 (발행)하였고 제시에 따라 (지급)해 주실 것을 요청합니다.

해설 환어음을 매입한 매입은행이 개설은행으로부터 결제(honour) 받지 못하는 경우 환어음 매입 의뢰인(수출자)으로부터 지급한 대금을 회수할 수 있는 권리는 소구권(recourse) 또는 상환청구권이라고 한다.

어휘 redemption 상환   recover 회복하다, 되찾다
draw on ~을 지급인으로 하는
days' sight(= days after sight) 일람 후 ~일 출급
draft(= bill of exchange) 환어음

34 정답 ④

해석 다음 중 밑줄 친 단어와 다른 의미를 가지고 있는 것은 무엇인가?

> 당사는 당사의 고객으로부터 당사의 컴퓨터 모니터 10상자에 대해 귀사와 해상보험계약을 체결하도록 지시받았습니다. 상품과 선적에 대한 세부 사항은 다음과 같습니다.

① 체결하다   ② 효력을 발생시키다
③ 작성하다   ④ 회피하다

해설 본문에서 make는 '계약을 체결하다(make a contract)'라는 의미로 사용되었다. avoid는 '회피하다, 외면하다'라는 뜻이다.

어휘 marine insurance contract 해상보험계약

35 정답 ④

해석 빈칸에 들어가기에 가장 적절한 것은 무엇인가?

> 공동해손은 고대부터 (형평의 원칙)으로 국제적으로 인식되었다. 근본적으로 해상운송과 관련된 하나 이상의 이해관계자들이 임박한 위험 및 손실로부터 모든 이의 보험 이익을 보호하기 위하여 자신의 화물 전부 또는 일부를 자발적으로 희생시킨 경우, 자신의 화물을 보호받은 이해관계자들은 손실을 입은 이해관계자에게 손실에 대해 배상하여 각자가 손실을 동등하게 분담할 수 있도록 한다.

① 클레임 원칙   ② 이익의 출처
③ 거래 조건   ④ 형평의 원칙

해설 공동해손에 대한 설명이다. 손해를 입은 당사자에게 손해를 방지한 당사자들이 형평의 원칙에 따라 보상해 준다.

어휘 general average 공동해손   essentially 근본적으로
impending 임박한   peril 위험
interest 이해관계자   reimburse 배상하다

THE PLUS 공동해손(General Average)

1. **공동해손 행위**
   공동의 위험에 처한 재산을 보호하기 위하여 보험목적물의 희생 또는 비용을 임의적, 합리적으로 발생하게 하는 행위를 의미한다.
2. **공동해손의 성립 요건**
   (1) 위험 요건: 공동 위험이 존재하고 그 위험은 현실적이고 중대한 것이어야 한다.
   (2) 처분 요건: 공동해손이 성립하기 위해서는 고의적이고 합리적이며 비정상적인 처분이 있어야 한다.
   (3) 손해와 비용 요건: 처분이 직접적인 결과인 손해 및 비용에 한하여 공동해손으로 인정된다. 즉, 항해 중 또는 종료 후 발생한 체선료 등과 같은 지연으로 인한 손해와 간접손해는 공동해손으로 인정되지 아니한다.
   (4) 잔존 요건: 공동해손이 성립하기 위해서는 공동해손 행위의 결과로 선박 또는 화물의 쌍방 또는 어느 일방이 남아 있어야 한다.

36 정답 ①

해석 다음은 인코텀즈를 적용하는 비용 분석이다. 매도인에게 가장 불리한 가격 조건은 무엇인가?

> 물품 금액 – 미화 10,000달러
> 모든 수출통관 비용 및 선적 비용(수출국에서 발생) – 미화 500달러
> 주 운송비 – 미화 1,000달러
> 최소 부보 비용 – 미화 500달러
> 양하 및 수입관세(수입국에서 발생) – 미화 1,500달러

해설 ① EXW = 미화 10,000달러(물품 금액)보다 미화 500달러 손해를 보아야 하므로 매도인이 손해를 보는 조건이다.
② FOB = 미화 10,000달러(물품 금액) + 미화 500달러(수출통관 비용 등) = 미화 10,500달러
③ CIF = 미화 10,000달러(물품 금액) + 미화 500달러(수출통관 비용 등) + 미화 1,000달러(운송비) + 미화 500달러(부보 비용) = 미화 12,000달러
④ DDP = 미화 10,000달러(물품 금액) + 미화 500달러(수출통관 비용 등) + 미화 1,000달러(운송비) + 미화 500달러(부보 비용) + 미화 1,500달러(양하 비용 등) = 미화 13,500달러

37 정답 ②

해석 밑줄 친 부분의 수정 사항으로 옳지 않은 것은 무엇인가?

> ① 포장물이 ⓐ 운송 과정에서 파손된 것으로 보입니다.
> ② 당사는 25개의 포장물이 파손된 것으로 ⓑ 추정했습니다.
> ③ 당사는 귀사가 귀사의 운송사에 ⓒ 연락을 하여야 한다고 생각합니다.
> ④ 귀사의 지시가 있을 때까지 물품은 따로 ⓓ 보관될 것입니다.

① ⓐ in transit – during transportation(운송 과정)
② ⓑ estimated(추정하다) – accessed(접근하다)
③ ⓒ contact – get in touch with(연락하다)

④ ⓓ put – stored(보관하다. (특정한 장소에) 두다)

[해설] 파손 수량에 대해 추정하고 있으므로 access는 적절하지 않다.

[어휘] put aside 따로 떼어 놓다   instruction 지시
access 접근하다. 접속하다

38 정답 ④

[해석] 화환 추심에서 빈칸에 들어가기에 가장 적절한 짝은 무엇인가?

> 추심지시서에는 인수 거절 또는 지급 거절의 경우에 있어서 거절 증서에 관한 특정한 지시를 명기하여야 한다. 이러한 특정한 지시가 없는 경우 추심에 관여하는 은행은 (지급 거절) 또는 (인수 거절)에 대하여 서류의 거절 증서를 작성하여야 할 의무를 지지 아니한다.

① 인수, 지급 거절   ② 인수 거절, 지급
③ 인수, 지급   ④ 지급 거절, 인수 거절

[해설] URC 제24조 거절 증서 규정에 의하면 추심지시서에는 인수 거절 또는 지급 거절의 경우 거절 증서(또는 이에 갈음하는 기타 법적 절차)에 관한 별도의 지시를 명기하여야 한다. 별도의 지시가 없는 경우 추심에 관여하는 은행은 지급 거절 또는 인수 거절에 대하여 서류의 거절 증서를 작성하도록 하는 (또는 이에 갈음하는 법적 절차가 취해지도록 하는) 의무를 지지 않는다.
dishonour는 '지급 거절, 인수 거절'을 의미한다.

[어휘] documentary collection 화환 추심
collection instruction 추심지시서   protest 거절 증서

39 정답 ②

[해석] 다음 중 유사한 의미로 다시 작성된 것 중 가장 적절한 것은 무엇인가?

> 환어음이란 지정된 당사자의 지시에 따라 지급 요구 시 기재된 당사자에게 지급하라는 서면상의 무조건적 지시이다.

① 환어음에서 발행인은 지급인의 지시에 따라 무조건적으로 지급해야 한다.
② 환어음에서 지급인은 발행인의 지시에 따라 무조건적으로 지급해야 한다.
③ 환어음에서 수취인은 발행인의 지시에 따라 무조건적으로 지급해야 한다.
④ 환어음에서 지불인은 지급인의 지시에 따라 무조건적으로 지급해야 한다.

[해설] 환어음이란 채권자인 발행인이 채무자인 지급인에게 일정한 금액을 증권에 기재된 수취인 또는 그 지시인(Orderer) 또는 소지인(Bearer)에게 지급일에 일정 장소에서 무조건 지급할 것을 위탁(Order)하는 요식 유가증권(Formal Instrument)이며 유통증권(Negotiable Instrument)이다.

[어휘] unconditional order 무조건적 지시
drawer 발행인   drawee 지급인
payee 수취인   payor(payer) 지불인

40 정답 ①

[해석] 아래는 간접 수출 방법에 대한 설명이다. 빈칸을 채우시오.

> 대리점과 독점 판매점은 수출상이 외국 중개인의 도움이나 대리를 통해 외국의 소비자를 유치할 수 있도록 도와준다.
> 대리점의 경우, 외국의 대리인은 수출자를 대신하여 계약을 체결할 목적으로 수출자와 외국 고객 간에 직접 계약을 체결하게 하도록 단지 두 당사자를 서로에게 소개한다. 대리인의 수입은 통상 그 영역 안에서 발생된 판매에 대한 (수수료)로부터 발생한다.
> 독점 판매점의 경우, 판매업자는 수출자의 상품을 구매하고 그것을 그의 국가 영역에 있는 소비자에게 재판매한다. 판매업자의 소득은 수출자로부터 구매한 가격과 국내 고객에게 재판매한 가격 사이의 (마진)으로부터 발생한다.

① 수수료 – 마진   ② 마진 – 수수료
③ 영업 이익 – 마진   ④ 수수료 – 순이익

[해설] 대리점 계약의 당사자는 본사(Principal)와 대리점(Agency)으로, 대리점이 본사로부터 판매권 및 구매권을 위임받아 판매 또는 구매의 중개, 대리 업무를 수행하고 이에 대한 수수료를 취득하는 계약을 말한다. 판매점 계약이란 제조업체가 해외의 판매점에게 일정 기간 동안 물품의 판매권을 부여하면 판매점은 본인의 위험과 비용으로 제조업체에서 물품을 구매하여 고객에게 판매하는 형태의 계약을 말한다. 이때 판매점은 그 차액을 수익으로 획득한다.

[어휘] intermediary 중개인   with a view to ~할 목적으로
be derived from ~로부터 얻다

41 정답 ②

[해석] 다음 중 아래의 빈칸을 채우기에 적절한 것은 무엇인가?

> 화환 신용장은 (ⓐ: 기본계약)으로부터 완전하게 독립적이다. 만약 수출상이 서류상의 의무를 이행한다면, (ⓐ: 기본계약)과 관련한 분쟁에 상관없이 (ⓑ: 신용장)의 조건에 따라 지급이 이행되어야 한다.

① ⓐ 신용장 ⓑ 기본계약
② ⓐ 기본계약 ⓑ 신용장
③ ⓐ 화환추심 ⓑ 판매계약
④ ⓐ 판매계약 ⓑ 추심계약

[해설] 신용장의 독립성에 관한 내용이다. 신용장이 개설되면 당사자 간의 근거계약이나 기타 거래와는 별개로 독립된 거래로 간주한다.

[어휘] obligation 의무   regardless of ~에 상관없이

[42~43]

해석 다음을 읽고 질문에 답하시오.

> 근해 무역, 예를 들어 아시아 국가 간 무역에 있어 선하증권이 도착하기 전에 물품이 목적항에 도착하는 것은 드문 일이 아니다. 매입은행은 서류를 수령한 날의 다음 날로부터 제1은행영업일 내지 제5은행영업일 안에 개설은행으로 서류를 발송할 것이다. 게다가 개설은행으로 서류가 도착하기 위해 필요한 우편 일수도 고려하면 선하증권이 도착하기 전 목적항에 선박이 도달할 수 있다. 그 결과 물품의 (세관통관) 지연과 보세 창고료 비용이 발생할 수도 있고 목적항에서 물품이 분실 또는 파손의 위험에 노출될 수도 있다.

어휘 short-sea 근해　　take into account ~을 고려하다
warehouse 보세 창고　　be exposed to ~에 노출되다

42 정답 ④

해석 다음 어려움을 해결하기 위한 방법으로 가장 적절하지 않은 것은 무엇인가?
① 수입상은 자신의 거래 은행에게 수입화물선취보증서의 발행을 요청한다.
② 수입상은 매매계약서에 선하증권 원본을 직접 수입상에게 발송하도록 한다.
③ 수입상은 매매계약서에 운송서류로서 해상화물운송장을 사용하도록 정한다.
④ 수출자는 선적 직후 수입상에게 양도할 수 없는 선하증권 사본을 발송한다.

해설 ④ 양도가 불가능한 선하증권의 사본으로는 물품을 찾을 수 없다. 매수인이 물품을 찾기 위해서는 선하증권 원본을 수령하거나 L/G(수입화물선취보증서)를 사용하는 방법이 있으며, 선하증권의 유통성을 제거한 Surrendered B/L(권리포기 선하증권)을 사용할 수도 있다. 단 Surrendered B/L은 신용장 방식에서는 사용할 수 없다.

43 정답 ①

해설 빈칸에 들어가기에 가장 적절한 것은 무엇인가?
① 세관통관　② 은행 확인　③ 서류 심사　④ 사전 검사

해설 서류가 늦게 도착하는 경우 세관통관 절차가 지연될 수 있으며 이에 따라 창고 보관료, 경과 보관료 등 추가 비용이 발생할 수 있다.

44 정답 ④

해설 빈칸에 들어가기에 적절하지 않은 것은 무엇인가?
① 묵시 무역계약은 (행위)에 근거한 수락에 의해 체결된다.
② 그들의 의무를 회피하려는 매도인과 매수인이 있다. 그렇기 때문에 모든 계약과 협정서에는 (불가항력 조항)이 삽입되어야 한다.
③ 여기에 제시된 상호 간의 (계약)과 약속을 고려하여 다음과 같이 합의합니다.
④ 매수인은 명시적으로 규정된 일자에 선적되지 않으면 수량을 변경하거나 주문을 취소할 수 있는 (권리를 포기한다).

해설 ④의 경우 매도인이 선적 의무를 위반할 시 매수인은 수량을 변경하거나 주문을 취소할 수 있는 권리를 행사할 수 있으므로 exercise the right to(~할 권리를 행사하다)가 와야 한다. 이때 매수인 또한 손해배상 청구를 할 수 있다.

어휘 by means of ~에 의해　　attempt to ~하려고 시도하다
shirk 회피하다　　in consideration of ~을 고려하여
convenant 계약, 약속　　set forth 출발하다, ~을 제시하다
alter 고치다, 수정하다　　relinquish 포기하다

45 정답 ①

해설 다음을 읽고 (A)에 들어가기에 가장 적절한 것을 고르시오.

> 당사는 내일 부산으로 출항하는 Arirang호에 귀하께서 주문하신 KMC1555가 오늘 선적되었음을 알리게 되어 기쁘게 생각합니다. 선하증권, 상업송장 그리고 보험서류를 포함한 선적서류는 귀하의 대리은행으로 통지할 서울은행 앞으로 전달되었습니다.
> (　　　　　A　　　　　)
> 그럼 이만 줄이겠습니다.
> 수출부장 Peter Han 올림

① 당사는 상품이 계약에 적합하기를 바라며 귀하로부터 또 다른 주문을 기대하겠습니다.
② 상품 도착 시 은행은 후속 조치를 취할 것이다.
③ 선적은 FOB 조건에 따르니 참고 바랍니다.
④ 선적은 귀하의 신용장에 따르오니 최대한 빨리 보내주시기 바랍니다.

해설 주문 상품에 대한 선적 사실을 통보하는 내용으로, 선적된 물품이 계약 내용과 일치하고 추가 주문을 기대한다는 말로 마무리하는 것이 자연스럽다.

어휘 in order 적법한
take follow up action 후속 조치를 취하다

46 정답 ②

해설 동일한 의미를 가지지 않는 것을 고르시오.
① 당사는 전기히터 1,000세트에 대한 당사의 주문서 A101호를 드리오니 주목해 주시기 바랍니다.
② 당사는 아직 귀사의 선적 통지를 받지 못하였습니다.
　→ 당사는 아직 귀사의 선적 통지를 제출하지 않았습니다.
③ 당사의 주문에 대한 선적 정보를 이메일로 알려주시기 바랍니다.
④ 당사는 파손 제품을 귀하의 비용으로 돌려보낼 것입니다.

해설 have not yet received는 '아직 받지 못했다'라는 의미이고 have not yet given은 '아직 제시하지 못했다'라는 의미로 서로 다른 뜻이다.

어휘 draw attention 관심을 끌다　　at one's expense ~의 비용으로

47 정답 ②

[해석] 다음은 수출에 필요한 운전 자본 요건에 대한 설명한다. 빈칸에 가장 적합한 짝은 무엇인가?

> 물품은 일반적으로 해외 인도에 더 오랜 시간이 걸리며, 수출상이 원자재와 같은 비용을 지불하는 시점부터 고객이 물품을 (수령하고) 대가를 지불하는 시점까지의 추가 (지연)이 더해진다.

① 선적 – 보험에 들다 ② 지연 – 수령하다
③ 서류 – 검사하다 ④ 지급 – 반송하다

[해설] working capital(운전 자본)은 인건비, 원료 구입 등 기업이 사업을 추진하는 데 있어 필수 불가결한 자금이다. 즉, 기업의 일상적인 기업 운영을 위해 필요한 부분으로, 수출의 경우 수출상이 물품을 제조, 가공하기 위한 원재료의 비용 지불 시점과 고객으로부터 대금 회수와 관련된 시점 사이에는 차이가 발생하므로 그사이 기업 운영을 위한 운전 자본이 필요하다.

[어휘] incur 초래하다, 발생시키다 raw material 원자재

48 정답 ③

[해석] 다음은 청약의 일부이다. 잘못 표현된 것은 무엇인가?

> 담당자님께,
> 7월 10일자 귀하의 문의에 대해 감사드립니다.
> 당사의 카탈로그에 기초하여 다음의 확정청약으로서의 가격을 제시합니다.
> 이 청약은 7월 20일까지 귀하의 답변을 조건으로 하고 있습니다(유효합니다).
> 품목: 삼성-142 모델 풀 디지털 카메라
> 수량: 500세트
> 품질: 견본 그대로 따름
> 가격: 개당 미화 450달러, CIF 런던
> 결제: 귀하를 수익자로 하여 개설된 일람지급 신용장
> 선적: 2016년 12월 20일 전까지

① 품질 ② 가격 ③ 결제 ④ 선적

[해설] 신용장 거래에서 수익자(Beneficiary)는 수출상이 된다. 상기 청약은 매도청약으로 청약의 주체가 수출상이다. 따라서 '당사를 수익자로 하여'라는 뜻의 in our favor로 수정되어야 한다.

[어휘] quote 견적을 내다 firm offer 확정청약

49 정답 ①

[해석] 바르게 대체되지 않은 것을 고르시오.

> 담당자님께,
> 상기 주문품은 4월 20일 뉴욕항에 ⓐ (도착) 예정인 아리랑호에 2016년 3월 20일에 선적되었습니다.
> 당사는 귀하의 요청에 따라 귀하에게 발송되어야 하는 적하품에 관한 준비를 이행할 귀하의 대리인인 Jake에게 ⓑ 통보하였습니다.
> 저희 은행의 대리점인 HSBC은행은 귀사가 당사의 환어음을 인수하면 선하증권, 상업송장과 보험증명서로 ⓓ 구성된 서류를 ⓒ 건네줄 것입니다.
> 당사는 귀사께서 저희 기계를 받아보시면 기뻐할 것이라 확신하며, 가까운 시일 내에 귀사로부터 소식을 듣기를 기대합니다.
> 이만 줄이겠습니다.

[해설] ① ⓐ due((도착) 예정인)와 reached(도착한)는 다른 뜻이다.
② ⓑ informed는 advised(알리다)로 대체될 수 있다.
③ ⓒ hand over는 deliver(건네주다)로 대체될 수 있다.
④ ⓓ consist of는 are composed of ~(~로 구성된)로 대체될 수 있다.

[어휘] send on to ~로 보내다 consignment 위탁 화물, 적하품 make arrangements for ~을 준비(수배)하다

50 정답 ③

[해석] 가장 잘 짝지어진 것을 고르시오.
① ⓐ 피보험자 – ⓑ 청구액
② ⓐ 피보험자 – ⓑ 보험 가액
③ ⓐ 보험자 – ⓑ 보험료
④ ⓐ 보험자 – ⓑ 보험 금액

[제3과목] 무역실무

51 정답 ③

[해설] 외화획득용 원료 승인에 관한 물적 관리에 대하여 규정하는 것은 대외무역법이다.

52 정답 ③

[해설] 철도운송은 장거리, 대량 화물을 운송할 때 적합하며 화물 운임은 비탄력적이다.

53 정답 ③

[해설] 선복신청서(S/R) 작성 → 인수예약서(Booking Note) 작성 → 기기수도증(E/R) 제공 → 적입 후 CY Operator에게 인도 → 부두수령증(D/R) 발행 → D/R을 근거로 B/L 발행 순으로 진행된다.
여기서 S/R은 Shipping Request이며, E/R은 Equipment Receipt 또는 Equipment Interchange Receipt, D/R은 Dock Receipt이다.

54 정답 ①

[해설] 승낙은 무수정, 절대적, 최종적, 무조건적이어야 하며 이를 경상의 원칙이라 한다.
반대청약은 원청약에 대한 거절이 되며 새로운 청약이 된다.

55 정답 ④

해설 물품의 수량이 신용장에 기재된 경우 전량 선적되고 단가가 신용장에 기재된 경우 감액되지 않은 때, 과부족용인 조건이 적용되지 않은 때에는, 분할 선적이 허용되지 않더라도 신용장 금액의 5% 이내의 편차는 허용된다. 예를 들어, CIF 조건에서 보험료, 운임을 실비 정산하는 경우 최초 신용장 발행 시의 금액보다 낮아질 수 있다. 이때 물품의 수량이나 단가는 변동없이 실제 적용되는 보험료, 운임이 감액되는 경우 5%의 범위 내에서 감액 발행이 가능하다.

56 전부 정답

해설 ①을 정답으로 의도된 문제이긴 하나, 출제 오류로 인정되어 모두 정답 처리되었다.
O/A 방식도 URBPO라는 국제 규칙이 적용된다. O/A 방식은 사후송금 방식이므로 환어음이 발행되지 않는다. 수출상은 환어음을 발행하지 않으며 선적서류를 수입자에게 직접 송부한다. 또한 일정 기간 동안 발생한 채권과 지급 채무를 상계하여 잔액만 결제하거나 선적 후 선적 사실을 통지하고 채권을 발행하여 해당 채권을 매입 의뢰하여 대금을 회수하기도 한다.

57 정답 ②

해설 ④ 대체료는 원화 대가 매매를 수반하지 않고 동종 통화 표시의 다른 외국환으로 대체되는 거래에 대하여 적용하는 수수료를 의미한다.

58 정답 ④

해설 매입은행은 자행의 위험과 비용으로 환어음 또는 서류를 매수하는 은행으로, 개설은행의 대리인으로 볼 수 없으며 발행인 및 지급인에 대하여 법률 관계를 갖지 않는다. 매입은행이 매입한 환어음에 대해 개설은행의 지급 거절이 있는 경우 매입은행은 수익자에게 소구권(상환청구권)을 행사 할 수 있다.

59 정답 ③

해석

> 견본 없이 판매된 상품들은 선적 시간과 장소에 있던 당시 농작물의 평균 품질과 거의 동일한 것으로 판매자가 보장해야 한다.

해설 표준품에 의한 매매(Sales by Standard)에 대한 설명이다. 표준품 매매는 농산물과 같은 수확 예정 물품, 어획 예정 물품 등 매매계약 시 현품이 없고 견본 제공이 곤란한 경우 표준품의 품질을 기준으로 하여 약정 물품의 품질을 결정하는 방법이다. 이 경우 표준품을 정하고 실제 인도된 품질을 비교하여 대금을 조정한다.

THE PLUS 표준품질 표시 방법

1. **평균중등품질(FAQ: Fair Average Quality)**
   - 주로 과일, 곡물류에서 사용
   - 인도 상품의 품질은 선적 시 또는 선적 장소에서 해당 계절 출하품의 평균 중등품을 품질의 표준으로 하는 품질 결정 방법
   - 선물 거래의 경우 전년도 수확 물품의 평균중등품질을 택하기도 함

2. **판매적격품질(GMQ: Good Merchantable Quality)**
   - 목재, 냉동어류 등과 같이 견본 이용이 곤란하고, 내부의 품질을 외관상 알 수 없는 물품에 사용
   - 판매하는 물품이 그 시장에서 판매하기에 적격해야 한다는 조건
   - 수입지에서 상품으로 사용하지 못하는 부분에 대하여는 변상 요구가 가능한 조건

3. **보통표준품질(USQ: Usual Standard Quality)**
   - 주로 원사(原絲) 거래에 이용
   - 공인 검사 기관, 공인 표준 기준에 의하여 보통 품질을 표준품으로 결정하는 조건

THE PLUS 오답 선택지

① 견본에 의한 매매(Sales by Sample): 매매 당사자가 제시한 견본(Sample)과 동일한 품질의 물품을 인도하는 방법
② 점검에 의한 매매(Sales by Inspection): 매수인이 현품의 품질 수준을 직접 확인한 후 매매하는 방법으로, BWT(Bonded Warehouse Transaction) 조건이나 COD(Cash on Delivery) 조건에서 주로 사용
④ 규격에 의한 매매(Sales by Type or Grade): 물품의 규격이 국제적으로 통일되어 있거나 수출국의 공적 규격으로 특정되어 있는 경우에 이용하는 방법
예 ISO(국제표준), 한국의 KS, 일본의 JIS

60 정답 ②

해설 ⑤ OBL은 Original Bill of Lading으로 유통성이 있는 선사가 발행한 원본 선하증권이다.
ⓑ 권리포기 선하증권은 B/L상에 Surrendered라고 표시가 되어있으며 이는 B/L 원본없이 사본으로 화물을 인도받을 때 사용된다.

61 정답 ③

해설 확인(Confirmation)은 일치하는 제시에 대하여 결제(Honour) 또는 매입하겠다는 개설은행의 확약에 추가하여 확인은행이 하는 확약을 의미한다. 이때 확인은행은 자행의 판단에 의해 확인 추가 여부를 선택할 수 있다. 확인을 추가하지 않기로 한 경우 개설은행에 확인을 추가하지 않았다는 내용을 알려주어야 한다.

62 정답 ③

해설 인수 신용장에서 인수은행이 지정은행인 경우 기한부 환어음을 발행하여야 한다. 인수은행은 인수를 하고 만기에 대금을 지급하여야 하며 이때 인수은행은 환어음 지급은행이 된다.
④ 연지급 신용장의 경우 어떠한 경우라도 환어음이 발행되지 않는다.

63 정답 ④

해설 ① 양도가능 신용장에는 transferable이라는 용어가 반드시 있어야 하며 다른 용어는 허용되지 않는다.
② 신용장 금액의 전부 또는 일부에 대해 양도 가능하다.
③ 제2수익자는 또 다른 제3수익자에게 양도할 수 없으며, 제1수익자에게 재양도하는 것은 가능하다.

64 정답 ②

해설 ⓒ 수입 대금의 지급 및 수출 대금의 수령을 하나의 외국환은행(동일 지점)을 통하지 않는 중계무역에 대하여, 산업통상자원부장관에게 '특정거래인정신고'를 하여 '특정 거래 형태의 수출입 인정'을 받도록 하던 제한은 폐지되었다.
ⓔ 중계무역의 수출 실적 인정 시점은 '입금일'로 한다.

65 정답 ④

해설 ① DAT 조건은 목적지에서 매도인의 양하 의무를 규정하고 있다. 단, Incoterms 2020에서는 DAT 조건이 삭제되고 DPU 조건이 신설되었다. DPU 조건에서는 터미널 뿐 아니라 어느 장소든지 목적지가 될 수 있으며 매도인의 양하 의무는 그대로 유지된다.
② 매도인의 수입통관 의무가 있는 조건은 DDP 조건뿐이다.
③ CIP 조건에서 매도인은 매수인을 위해 보험계약을 체결해야 한다.

66 정답 ②

해설 ABC 회사는 2017년 4월 15일까지 효력이 있는 확정청약을 발행하였으므로 만기일까지는 해당 청약을 취소할 수 없다. 중간에 취소의 의사 표시를 하였더라도 청약은 그대로 유효하다. 또한 XYZ 회사가 4월 12일에 청약을 승낙하였고 최초 청약의 효력이 유효하므로 4월 12일에 계약이 체결된 것으로 볼 수 있다.

67 정답 ④

해설 ① 용선자가 선주에게 지불하는 용선료는 용선기간에 의해 결정되며, 계약상 제한 물품을 제외하고 자유롭게 물품을 선적할 수 있다.
② 용선료만 지불하면 되므로 만선의무약관이 존재하지 않는다.
③ 정기용선계약에서는 선원이 승무하고 항해 장비를 이미 갖춘 선박을 용선하는 것이기 때문에 선장이나 선원을 모두 용선자가 고용하지 않는다.

68 정답 ③

해설 국제팩토링에서 수출국의 수출 팩터는 수입국의 수입 팩터와 함께 수출상을 위하여 단기의 외상 수출채권과 관련된 대금 회수를 보장한다.

69 정답 ③

해설 피보험이익이 보험계약의 요소로 확정되지 않으면, 보험사고가 발생하여도 보험금과 보험금을 지급받을 피보험자가 확실해지지 않는다. 이에 피보험이익은 보험사고가 발생하기 전까지 금전적으로 확정되어야 한다.

70 정답 ③

해설 ①, ②는 은행의 면책 사항이다. ④ 추심 거래에서 Drawee(지급인)는 수입자가 된다. 지급인이 수입자의 거래 은행(개설은행)인 것은 신용장 거래이다.

71 정답 ①

해설 ① 임시적 처분에 대한 내용이다.

THE PLUS 오답 선택지

② 최종 판정(Final award): 중재 절차의 이행 결과 최종적으로 결론난 판정
③ 자기 심사 권한(Competence-competence): 중재인 스스로 자기 자신의 심판 권한의 기초가 되는 중재합의 유효성 또는 그 대상 합의의 대상 범위를 스스로 판정할 수 있는 권한
④ 보수 청구(Remuneration): 중재인의 중재 판정에 따른 보수 및 보상 또는 이에 대한 청구

72 정답 ③

해설 시체의 경우 품목분류요율(CCR) 중 할증 요금이 적용된다.

73 정답 ②

해설 부적운임, 공적운임(Dead Freight)에 대한 설명이다.

THE PLUS 오답 선택지

① 장기운송계약운임(Long Term Contract Freight): 계약 당시 장기간의 운임률이 적용되어 체결되는 조건으로 '몇 년간 또는 항차' 단위로 계약하는 운임
③ 선복운임(Lump Sum Freight): 부정기선 운임의 종류로서 항해 또는 선복을 단위로 계산하는 운임
④ 일대용선요율(Daily Charter Rate): 선적항에서 화물을 적재한 날부터 기산하여 지정 양륙지까지 운송하여 화물을 인도 완료할 때까지 기간 사이에 '1일당 얼마'로 정한 요율

74 정답 ①

해설 발문은 권리불포기 조항(Waiver Clause)에 대한 설명이다. Non-waiver Clause라고도 한다.

THE PLUS 오답 선택지

② 피보험자의무약관(Duty of Assured Clause): 손해의 방지 또는 경감을 위하여 피보험자, 사용인, 대리인이 합리적인 조치를 취하여야 하며 운송인, 수탁자 또는 기타의 제3자에 대한 일체의 권리가 적절히 보존되고 행사되도록 확보하여야 한다는 약관
③ 신속조치약관(Reasonable Despatch Clause): 피보험자는 자신이 통제할 수 있는 모든 사정에 있어서 상당히 신속하게 행동하는 것이 보험의 조건이 되는 약관
④ 계반비용약관(Forwarding Charge Clause): 최초의 목적지 이외의 항구에서 항해가 종료되어 양륙한 경우 이에 따른 하역 비용, 보관료, 재포장비, 재선적비 및 최초의 목적지까지 운반하는 데 드는 비용을 보험자가 보상한다는 내용의 약관

75 정답 ①

해설 CMR 협약은 국제도로물품운송계약에 관한 협약으로 도로 화물 운송에 적용되는 협약이므로 해공복합운송계약 방식에는 적합하지 않다.

2017년 제2회(109회) 정답 및 해설

[제1과목] 영문해석

01	②	02	④	03	④	04	①	05	①
06	③	07	④	08	④	09	①	10	③
11	③	12	④	13	②	14	③	15	④
16	④	17	②	18	①	19	④	20	④
21	④	22	④	23	①	24	④	25	④

[제2과목] 영작문

26	②	27	③	28	④	29	③	30	①
31	①	32	④	33	④	34	④	35	②
36	①	37	④	38	③	39	①	40	②
41	④	42	④	43	④	44	③	45	③
46	④	47	②	48	①	49	④	50	①

[제3과목] 무역실무

51	①	52	④	53	③	54	②	55	①
56	②	57	④	58	②	59	①	60	④
61	③	62	④	63	④	64	①	65	④
66	②	67	④	68	④	69	③	70	④
71	④	72	②	73	④	74	④	75	①

[제1과목] 영문해석

[01~02]

해석 다음을 읽고 질문에 답하시오.

당사는 부품 번호 XK22345JM인 1/4인치 너트 10,000개를 주문받게 되어 기쁘게 생각합니다.
그러나 이번에는 해당 주문을 이행하기 어려울 것 같습니다.
당사의 현재 재고가 고갈되었으며, 7월 중순까지 해당 너트는 (1) 이월 주문 상태에 있습니다. 당사의 원자재 공급처가 7월 1일까지 자재를 공급할 수 없으므로 배송이 가능하려면 7월 중순이라야 다시 당사에게 (2) 구입할 수 있습니다. 당사는 대체 가능한 원자재를 찾기 위해 노력했지만 성공하지 못했습니다. 귀사께서 원하신다면 부품 번호 XK22346JM으로 대체해 드릴 수는 있습니다. 개당 가격은 약간 더 높습니다. 그렇지 않으면 당사는 (3) 귀사의 주문서를 보관하였다가 당사가 이 너트 생산을 재개할 수 있게 되면 가능한 빨리 귀사에게 공급하겠습니다. 이번 주까지 귀사의 (4) 선택을 알려주시기 바랍니다.

어휘 deplete 고갈시키다, 대폭 감소시키다
back order 2차 주문, 이월 주문   preference 선택, 선호

01 정답 ②

해석 다음 중 서신에 적합하지 않은 것은 무엇인가?

해설 (2)의 뒤 문장에서는 대체 가능한 원자재를 찾기 위해 노력했으나 그렇지 못했고 기존 공급처는 7월 1일까지 공급을 못하므로 7월 중순까지 생산이 지연됨을 이야기한다. 문장의 주어인 원자재 공급처가 구매하는 것이 아니라 납품하는 것이 적절하다. 또한 purchase 다음에는 직접 목적어가 와야한다.

02 정답 ④

해석 다음 중 서신의 내용에 따라 사실이 아닌 것은 무엇인가?
① 이 서신은 고객의 주문에 대한 양해를 구하고 있다.
② 매도인은 XK22345JM 대신에 XK22346JM을 제안한다.
③ 매수인은 오래 기다릴지 또는 대체품을 승낙할지 결정하여야 한다.
④ 지연이 불가항력에 의해 발생하였다.

해설 원자재 공급처의 공급 지연으로 인한 생산 불능 상태로 공급이 지연된 것이지 불가항력에 의한 사안은 아니다.

어휘 excuse 변명, 이유, 변명하다, 양해를 구하다
force majeure 불가항력

03 정답 ④

해석 인코텀즈 2010의 CIF 조건에 대한 설명 중 옳지 않은 것은 무엇인가?
① "운임·보험료포함인도(CIF) 조건"은 매도인이 물품을 본선에 적재하여 인도하거나 이미 그렇게 인도된 물품을 조달하는 것을 의미한다.
② 매도인은 물품을 지정 목적항까지 운송하는 데 필요한 비용과 운임을 부담해야 한다.
③ 매도인은 운송 중 매수인의 물품 멸실 또는 손상의 위험에 대비하여 보험계약을 체결한다.
④ 매수인은 CIF 조건에서 매도인은 최대 조건으로 부보하도록 요구된다는 것을 유의해야 한다.

해설 CIF 조건에서 매도인은 최소 담보 조건으로 부보하도록 요구된다. CIF 조건의 경우 Incoterms 2020에서도 그 조건은 동일하게 유지되나, CIP 조건은 매도인이 최대 담보 조건으로 부보하도록 변경되었다.

어휘 procure 구하다, 입수하다, 조달하다
named 지정된

04 정답 ①

해석 CISG 하에서 다음 문장과 유사한 의미를 가진 것은 무엇인가?

> 당사의 청약은 2017년 7월 30일까지 유효합니다.

① 당사의 청약은 달리 합의하지 않는 한 2017년 7월 30일까지 확정적이며 취소 불능입니다.
② 당사의 청약은 달리 합의하지 않는 한 2017년 7월 30일까지 불확정적이며 취소 가능합니다.
③ 당사의 청약은 달리 합의하지 않는 한 2017년 7월 30일까지 불확정적이나 취소 불능입니다.
④ 당사의 청약은 귀사 측에서 2017년 7월 30일까지 귀사의 승낙을 조건으로 유효합니다.

해설 지문은 2017년 7월 30일까지로 기간을 정한 확정청약이다.
② free라고 표현된 것은 불확정청약을 의미한다.
③ 취소 불능이라고 표현한 부분은 맞지만 일자에 대한 확정력이 없다.
④ CISG에서는 승낙에 대해 도달주의를 채택하고 있으므로 승낙의 의사 표시가 2017년 7월 30일까지 청약자에게 도달하여야 한다.

어휘 expire 만료되다

05 정답 ①

해석 인코텀즈 2010에서 CIP 조건에 대한 잘못된 설명은 무엇인가?
① CIP 조건은 보험 부보를 제외하고 CFR 조건과 동일하다.
② 복합운송의 경우, 위험은 물품이 최초 운송인에게 인도되는 시점에 매도인으로부터 매수인에게 이전된다.
③ 보험은 매도인의 의무이다.
④ 보험은 전쟁 위험을 보장하지 않을 수 있다.

해설 ① 보험 부보를 제외하고 CFR 조건과 유사한 조건은 CIF 조건이다. CFR, CIF 조건 모두 해상 및 내수로 운송 전용 방식이다. CIP 조건은 보험 부보를 제외하고 CPT 조건과 유사하며 운송 수단에 상관없이 사용 가능하다.

어휘 multimodal transport 복합운송

[06~07]

해석 다음을 번역한 것으로 가장 적절한 것은 무엇인가?

06 정답 ③

해설 본문에서 draw on us가 '당사를 지급인으로 환어음을 발행하다'라는 의미로 사용되었다.

어휘 at sight 일람지급, 일람불(환어음)   invoice amount 송장금액

07 정답 ④

해설 피보험자가 보험자에게 보험증권에 따라 부보되어야 할 특정 항로를 통지한다는 의미로써 ④가 적절한 번역이다.

어휘 insured party 피보험자   notify A of B A에게 B를 알리다
insurer 보험자   specific voyages 특정 항로
be covered 부보되다   policy 보험증권, 보험증서

08 정답 ④

해석 물품이 운송 중 멸실 또는 손상된 경우, 보험에 부보되지 않았다면 매도인이 가장 높은 위험을 부담하는 경우는 무엇인가?
① 선적 전 30일 이내 사전송금 방식인 CFR 조건
② O/A 방식으로 선적 후 60일 지급 조건인 EXW 조건
③ L/C 방식으로 선적 후 90일 지급 조건인 FOB 조건
④ 보증 신용장이 보강된 D/A 방식의 선적 후 90일 지급 조건인 DDP 조건

해설 CFR, EXW, FOB 조건에서 매도인은 물품 파손에 대한 보험 가입 의무가 없다. 또한 위험의 이전 시점은 FOB, CFR 조건의 경우 본선 적재 시이며, EXW 조건은 매도인의 창고, 영업소에서 인도 시이므로 운송 중 위험에 대해 매도인의 위험 부담은 없다고 볼 수 있다.
그러나 DDP 조건의 경우 매도인이 목적지까지 운송하여야 하므로 모든 위험을 부담한다. 운송 중 발생한 파손의 경우 매도인이 전부 책임져야 하므로 가장 높은 위험을 부담하게 된다.

어휘 in transit 운송 중에   standby L/C 보증 신용장

09 정답 ①

해석 다음 시나리오에 따라 올바른 인코텀즈 2010의 조건은 무엇인가?

> 컨테이너는 대전에서 실려 부산항까지 트럭으로 운반된 후 함부르크까지 가는 선박에 실린다. 그런 다음 피더선에 재선적되어 코펜하겐항에서 하역된다. 코펜하겐항에 도착한 후 컨테이너는 수하인의 창고까지 트럭으로 운송된다. 마지막으로 상품은 통관되어 사용 혹은 판매될 준비를 마친다.

① FOB 부산   ② FOB 함부르크
③ FOB 대전   ④ FOB 코펜하겐

해설 FOB 조건은 물품이 수출지에 소재한 수출항의 본선에 적재될 때까지 수출상이 위험과 비용을 부담하는 조건이다. 지문에서 선적항은 부산항이므로 FOB 부산이 올바른 조건이다.

어휘 reload 다시 싣다   feeder vessel 피더선
discharge 하역하다   truck 트럭으로 운반하다
consignee 수탁인, 화물 인수자   warehouse 창고
customs 세관   clear (보안 심사 등에서) 통과시키다

10 정답 ③

해석 이것은 무엇인가?

> 이것의 이점은 다음과 같습니다.
> • 지불 불능 위험과 금전적 비용에 대한 보호
> • 운전 자금의 이용
> • 환율 변동에 의한 손실로부터 보호
> • 은행에서 차입할 때 제공하는 유형의 담보에 대한 필요성 감소

① 보증 신용장   ② 적하보험
③ 수출 신용보험   ④ 청구보증

해설 수출 신용보험은 무역 거래에서 발생하는 위험 중 해상보험으로 구제하기 어려운 신용위험 또는 비상위험에 대해, 수출자, 생산자 또는 수출 자금을 대출해 준 금융 기관이 입는 불의의 손실을 보상함으로써 수출 진행을 도모하기 위한 비영리 정책보험이다.

어휘 working capital 운전 자본
foreign exchange fluctuations 환율 변동
tangible 유형의(↔ 무형의)   security 보장, 담보

11 정답 ③

해석 다음의 조건하에서 매수인의 의무가 아닌 것은 무엇인가?

물품: 여성용 나일론 스타킹
품질: 견본 265번에 따른 검은색의 다양한 크기
수량: 2,000다스
가격: 1다스당 미화 2.8달러, FOB 부산
결제: 확인 신용장에 따라 60일 후 일람지급 환어음

① 개설은행에 신용장 개설을 지시
② 부산 출발 인도를 위한 운송계약 체결
③ 부산에서 목적지까지 보험 조달
④ 미래의 특정 시점에 개설은행에 대한 지급

해설 매수인은 신용장을 개설하여 매도인에게 통지하여야 하며 매수인은 개설된 신용장에 대해 개설은행에게 대금을 지급하여야 한다. 또한 FOB 조건에서 운송계약은 매수인의 책임하에 개설되어야 한다. 다만 해상보험의 경우, FOB 조건에서는 매도인, 매수인 모두 가입 의무가 없다.

어휘 assorted 다양한
procure an insurance 보험을 조달(가입)하다

12 정답 ④

해설 다음은 다양한 계약상 품질조건의 일부분이다. 나머지와 다른 한 가지를 고르시오.
① 선적되는 물품의 품질은 견본과 완전히 일치하여야 한다.
② 매도인은 선적 시 견본과 완전히 동일한 품질의 물품을 보장한다.
③ 매도인은 선적되어야 하는 물품의 품질이 견본과 완전히 동일한 것을 보장한다.
④ 매도인은 도착지에서 물품의 품질이 견본과 완전히 일치할 것을 보장해야 한다.

해설 ①, ②, ③의 경우 선적지 품질조건과 관련된 내용이며 ④는 도착지 품질조건에 대한 내용이다.

어휘 fully equal 완전히 동일한   guarantee 보장하다

[13~14]

해석 다음을 읽고 질문에 답하시오.

유감스럽게도 11월 10일 인적 담보에 의한 당좌대월 요청에 대해 승인할 수 없습니다. 그럼에도 단기 신용대출이 귀하에게 얼마나 도움이 되는지 알고 있습니다. 만약 귀하께서 보증(담보)을 제공하실 수 있다면 귀하가 언급하신 기간을 초과하는 당좌대월에 대해 은행은 고려해 볼 수 있습니다. 귀하께 요청된 보증(담보)을 제공하실 수 있는 경우 저에게 다시 연락을 주시면 귀하와 이 문제에 대해 자세히 논의하여 조정할 것입니다.

어휘 overdraft 당좌대월   get in touch with ~와 연락하다

13 정답 ②

해설 문맥상 빈칸에 들어가기에 적절한 단어는?
① (품질)보증
② 보증(담보)
③ 은행
④ (은행의) 신용조사부장

해설 당좌예금 잔고 이상의 어음이나 수표를 발행하여도 은행이 지불에 응하는 당좌대월 요청에 대해 은행은 담보를 요청하여 해당 금액을 보완하고자 한다. 따라서 은행은 보증, 담보(guarantee)를 요구한다.

14 정답 ③

해설 이것은 서신의 답장이다. 다음 중 이전 서신에서 언급되기에 가장 적절하지 않은 것은 무엇인가?
① 물론 저는 귀사께서 저의 계좌를 조사하시는 데 기꺼이 허락해야 하고, 계좌를 보시면 제가 모든 의무를 지체 없이 충족해오고 있음을 알게 되실 것입니다. 귀사께서 필요로 하는 어떤 추가 정보도 기꺼이 드릴 것입니다.
② 따라서 저는 귀사에서 올 연말까지 당좌대월 한도 상향을 통해 저를 도와주실 수 있기를 희망합니다.
③ 이 대출은 이번 달 말에 상환할 예정이어서 이미 이를 위한 준비를 하였으나 불행히도 2주 전 창고에서 발생한 화재로 인해 저의 청구는 다음 달 말 전에는 이행되기 어려울 것 같습니다.
④ 크리스마스가 다가옴에 따라 저는 매출액이 크게 증가할 것으로 예상하고 있으나, 제 사업이 시작된 지 오래되지 않아 도매상들이 초단기 신용 거래 말고는 아무것도 하지 않으려고 하여 불행히도 현재 저의 재고는 이것을 감당하기에 턱없이 부족합니다.

해설 본문에서는 대출 한도 상향에 대한 거절의 답변을 하고 있으므로 이전 서신에서는 대출 한도를 상향해야 하는 이유에 대한 내용이 나올 것이다.
③의 경우 대출 한도 상향보다 대출 상환기간 연장을 요청하고 있으므로 적절하지 않다.

어휘 advance on ~의 인상, 상향   fortnight 2주일(간)
not nearly enough 턱없이 모자라다   turnover 매출액
wholesalers 도매업자

[15~16]

해석 다음을 읽고 질문에 답하시오.

유감스럽게도 당사의 유럽 제조업체들의 예상치 못한 가격 인상으로 인해 2017년 10월 6일부터 모든 수입 신발의 가격을 4% 인상할 수밖에 없습니다.
(a) 이 날짜 이전에 받은 주문에 대해서는 현재의 가격 수준을 유지할 것입니다.

(b) 당사는 이러한 가격 인상의 필요성을 진심으로 유감스럽게 생각합니다.
(c) 그러나 당사는 귀하께서 당사의 통제를 벗어난 이번 인상에 대해 이해해 주실 것으로 생각합니다.
(d) 견적서를 최대한 빨리 저에게 보내주실 수 있으신가요?
당사는 귀하와 지속적인 협력 관계를 기대하며, 좋은 품질의 제품과 서비스를 위해 지속적으로 매진할 것임을 보장합니다.

어휘 have no option but to ~하는 수밖에 없다
be beyond one's control ~의 통제를 벗어나다
assure A of B A에게 B를 보장하다
commitment 헌신, 약속

15 정답 ④

해석 서신에서 가장 적합하지 않은 것은 무엇인가?

해설 서신의 작성자인 매도인이 자신의 공급업체의 예상치 못한 가격 인상에 대해 언급하고 있다. (d)의 경우 견적서는 매도인이 구매자에게 발송하는 것이므로 매도인이 견적서를 보내달라고 요청하는 것은 적절하지 않다.

16 정답 ④

해석 유추할 수 있는 것은 무엇인가?
① 글쓴이는 생산자이다.
② 글쓴이는 2017년 10월 6일 이후에 물품을 구매하면 더 많은 이익을 얻을 수 있다.
③ 가격 인상의 이유는 국내 상황의 변화 때문이다.
④ 글쓴이는 가격 인상을 하지 않을 수 없다.

해설 ① 생산자는 유럽의 업체이다.
② 가격 인상에 따른 글쓴이의 이익에 대한 내용은 나와 있지 않다.
③ 가격 인상의 이유는 유럽에서 발생한 가격 인상 때문이다.

어휘 domestic 국내의   cannot help but to ~하는 수밖에 없다

[17~18]

해석 다음을 읽고 질문에 답하시오.

환어음 1555번

상기 미화 3,860,000달러로 발행된 어음이 오늘 아침 당사의 (A)은행에서 '발행인 회부'로 표시되어 당사로 반송되었습니다.
어음은 4월 5일 만기가 되었으며 지급 거절되었습니다. 당사는 은행에 다시 서류를 제출하기 전에 귀하에게 7일을 추가로 허용할 준비가 되어 있습니다. 기간 내로 어음 대금이 지급될 것이라 믿습니다.
이만 줄이겠습니다.

John Han 올림

어휘 Refer to Drawer 발행인 회부(은행에서 부도 어음에 적는 문구)

17 정답 ①

해석 (A)은행은 누구인가?
① 추심의뢰은행   ② 추심은행
③ 통지은행   ④ 개설은행

해설 환어음을 발행하는 당사자는 수출자, 선적인이다. 환어음의 발행인이 추심을 의뢰하는 은행을 추심의뢰은행이라 한다. 추심의뢰은행은 환어음의 지급 거절 시 환어음의 발행인에게 거절 사실을 통보하고 환어음을 반송하는 주체이다.

18 정답 ①

해석 John Han은 누구인가?
① 매도인   ② 매수인
③ 대리인   ④ 화물운송 주선인

해설 환어음을 발행하는 주체는 매도인(수출자)이며 지급 거절 시 그에게 환어음이 반송된다.

19 정답 ④

해석 다음의 주어진 빈칸 조합에서 가장 적절하지 않은 것은 무엇인가?
① 귀하의 요청을 받으면 당사는 귀사에게 견본품을 (저렴한) 가격으로 (제공할) 수 있습니다.
② 5월 이후로 원자재비와 임금이 점차 (상승)하고 있기 때문에 귀사의 수요량(을) 최대한 빨리 알려주실 것을 권고합니다.
③ 거래를 확보하기 위해 당사는 가격을 가능한 최저 수준으로 (절감)했으며, 그림이 포함된 카탈로그와 함께 가격표 100호를 (동봉)합니다.
④ 견본품은 이런 업종에서 (불필요하)며, 당사는 가격이 (함께) 명시된 견본을 저희에게 보내주시면 감사하겠습니다.

해설 ④ '견본은 이런 업종에서 필수적이며, 가격이 함께 명시된 견본을 보내주시면 감사하겠습니다.'라는 문구가 와야 올바른 표현이 된다. 따라서 dispensable(불필요한)이 아닌 indispensable(필수적인)로 표기되어야 한다.

어휘 appetite 욕구, 식욕   inform A of B A에게 B를 알리다
secure 확보하다   dispensable 불필요한, 없어도 되는

20 정답 ④

해석 올바르게 짝지어진 것을 고르시오.
① 수하인 – 송하인으로부터 선적된 물품을 인도하는 당사자이며 마지막 운송인을 상대로 기소할 권리가 있는 당사자
② 동맹선 – 특정 항로를 운항하는 선주들의 모임으로, 표준운임요율이 고정되어 있지 않음
③ 부정기선 – 고정된 일정에 따라 일정한 항로로 운항하며 화물이 있는 어떠한 항구든 기항할 수 있는 선박
④ 냉장(냉동) 컨테이너 – 과일, 채소, 냉동 어류, 냉동 육류와 같이 운송 중 냉각이 필요한 물품을 운송하는 데 사용하는 유형의 컨테이너

해설 ① 복합운송인에 대한 설명이다.
② 해운동맹(Shipping Conference)에 대한 설명이며, 협정운임을 통해 운임의 안정성을 도모한다.
동맹선은 해운동맹에 가입한 선박회사의 선박을 말한다.

③ 정기선에 대한 설명이다.
부정기선은 고정된 항로 없이 운송 수요자의 요청에 따라 운항하는 선박을 말한다.

어휘 institute an action 기소하다   call at ~에 기항하다

21 정답 ③

해석 다음 상황에서 매입은행은 어떤 조치를 취해야 하는가?

일람출급으로 지급될 수 있도록 수익자에게 통지된 화환 신용장은 개설의뢰인 이름으로 작성된 송장이 포함된 서류를 요구한다. 수익자가 매입은행에 제시하는 서류에는 세관송장이 포함되지만 상업송장은 포함되지 않았다. 다른 모든 조건은 충족되었다.

① 지급 권한을 개설은행에 조회한다.
② 서류의 불일치를 이유로 거절한다.
③ 신용장 조건과 완전히 일치하는 서류로 간주하여 대금을 지급한다.
④ 수익자에게 조건 변경을 하라고 서류를 돌려보낸다.

해설 상업송장과 함께 세관송장도 은행이 수리하는 서류이다. 그러나 견적송장, 가송장은 수리되지 않는다. 상업송장 대신 세관송장이 제시되었을 때 이는 서류의 불일치가 아니므로 개설은행에 조회를 하거나 개설은행이 거절하지 않는다. 또한 수익자에게 서류를 돌려보내지도 않는다.

어휘 documentary credit 화환 신용장
payable at sight 일람출급   negotiating bank 매입은행
customs invoice 세관송장   commercial invoice 상업송장
issuing bank 개설은행   non-complying 불일치한

22 정답 ④

해석 빈칸에 적절하지 않은 것은 무엇인가?
① 저희는 "분할 선적은 세 부분으로 나눠서 한다."는 (조항)은 "선적은 세 번의 동일한 양으로 이루어져야 한다."라는 말과 같지 않다고 결론을 지었습니다.
② 선적 연장은 선적 지연에 대한 벌금이 송장금액에서 (공제)되는 것을 조건으로 합니다. 이것은 지연된 만큼 1일당 금액의 0.1%에 해당합니다.
③ 저희는 양털 200뭉치에 대한 (주문서) 7호를 동봉합니다. 귀사가 즉시 선적해 주시면 감사하겠습니다.
④ 최근에 항구에서 화물의 혼잡으로 인해, 귀사의 주문서 60호 물품이 (조기 선적)되었습니다.

해설 항구에서 화물 집하량이 폭주하여 지연 선적(Late-shipped)되었다고 표현해야 어울리는 문장이 된다.

어휘 clause 조항   equivalent 맞먹는, 동등한
deduction 공제, 할인   bale 뭉치
indent 주문   congestion 혼잡

23 정답 ①

해석 주어진 서신에 대한 답변의 일부로 적절하지 않은 것은 무엇인가?

당사는 위치토에 있는 컴퓨터 판매점으로부터 신용 거래 혜택에 관한 요청을 받았습니다. 귀사가 신용조회처로 기재되었습니다.

① 당사는 제공된 정보가 기밀로 취급될 것임을 보장합니다.
② 1930년 이래 당사의 소중한 고객들 중에서 손에 꼽히며 당사와 상당한 거래 관계를 유지하고 있습니다.
③ 언급된 회사는 귀사가 언급한 상품에 대한 귀사의 대리인이 되기에 충분한 자격을 갖추고 있다고 말할 수 있습니다.
④ 이러한 정보는 당사의 아무런 책임 없이 귀사에게 제공된다는 점을 유념하시기 바랍니다.

해설 주어진 글은 신용 조회를 요청하는 서신이기 때문에 신용조회처에서 답변을 해야 한다. ①의 경우 신용 조회 요청을 한 자가 신용 조회에 대한 답변을 듣고 할 수 있는 표현으로 주어진 서신에 대한 답장으로는 적절하지 않다.

어휘 credit privileges 신용 거래 혜택
credit reference 신용조회처   substantial 상당한
concern 회사   merchandise 상품

24 정답 ④

해석 Incoterms 2010에 따라 매도인에게 적합한 보험은 무엇인가?

당사는 귀하의 청약에 만족한다는 것을 알려드리게 되어 기쁘게 생각하며 이에 주문합니다. 그사이에 당사는 당사의 거래 은행인 서울은행에 귀하를 수익자로 하는 미화 100,000달러의 신용장을 개설할 것을 지시하였습니다. 이것은 CIF 선적을 포함해야 하며, 신용장은 2017년 6월 10일까지 유효합니다.

① 미화 100,000달러의 포괄예정보험증권
② 미화 100,000달러에 대한 ICC(B)약관의 보험증권
③ 미화 110,000달러에 대한 ICC(A)약관의 보험증권
④ 미화 110,000달러에 대한 ICC(C)약관의 보험증권

해설 Incoterms 2010 하의 CIF, CIP 조건에서 매도인은 최소 부보 조건으로 부보하도록 요구되며 송장금액에 희망 이익 10%를 더한 금액 이상으로 부보하면 된다. 매도인의 경우 보험료가 가장 저렴한 ICC(C)로 부보하는 것이 좋으므로 정답은 ④이다.
단, Incoterms 2020으로 개정되면서 CIF 조건은 기존 최소 담보 조건이 유지되었으나 CIP 조건은 최대 담보 조건인 ICC(A)로 부보하도록 개정되었다.
포괄예정보험(Open Insurance Policy)은 회사가 부보를 요하는 금액을 예상하여 포괄적으로 부보하는 것을 의미한다.

어휘 in the meantime 그동안(사이)에
in one's favour ~을 수익자로 하는

25 정답 ④

해석 UCP 600에 따르면 다음 중 확인은행의 올바른 행동 방침은 무엇인가?

연지급으로 사용할 수 있는 화환 신용장에 따라 수익자는 일치하는 서류를 확인은행에 제출한다. 수익자는 확인은행이 서류들을 매입

하고 이에 대한 확약으로 선지급해 줄 것을 요청한다.
A. 수익자에게 지급하기 전에 개설은행의 동의를 얻는다.
B. 만기에 지급할 것을 확약하고 수익자의 요청을 거절한다.
C. 연지급 확약에 따라 선지급한다.
D. 수익자에게 소구권(상환청구권)에 대한 동의서를 받는다.

[해설] 연지급 신용장에 대한 확인은행의 행위에 관한 설명이다.
A. 확인은행은 개설은행과는 독립적인 지급 확약이므로 별도의 동의를 받을 필요는 없다.
B. 연지급 신용장은 연지급 확약을 하고 만기일에 지급하는 것이 정상적인 방법이므로 올바른 조치이다.
C. 확인은행은 수익자의 매입 요청에 의해 해당 서류를 할인 매입하여 선지급을 할 수 있다.
D. 연지급 방식에서 확인은행은 소구권(상환청구권)을 행사하지 않으므로 동의서를 받는 것은 불필요한 행위이다.

[어휘] in accordance with ~에 부합되는, ~에 따라서
course of action 행동 방침   confirming bank 확인은행
complying 준수하는, 일치하는   deferred payment 연지급
undertake 약속하다, 확약하다   recourse 소구권(상환청구권)

[제2과목] 영작문

[26~27]

[해석] 다음을 읽고 질문에 답하시오.

> 지난 주 귀사의 주문에 대해 감사드립니다. 당사는 귀사와 거래하게 되어 기쁩니다.
> (1) 당사가 어떠한 업체이며 어떠한 일을 하는지에 관해 좀 더 알려드리기 위해 기업 역량에 관한 브로슈어, 카탈로그, (2) 신용조회처와 송장을 동봉합니다. 카탈로그 2페이지에서 귀사는 (3) 당사의 거래 조건, 선적, 반송 정책을 확인하실 수 있습니다.
> 귀사의 지역을 담당하는 당사의 판매 대리인인 Joe Young은 (4) 귀사와 약속을 잡기 위해 연락을 할 것입니다. 그는 귀사가 아주 선호하실만한 당사의 제품 라인에 대해 설명할 수 있고 귀사의 어떤 질문에도 대답할 수 있습니다.
> 그동안 제가 귀사를 도와드릴 것이 있다면, 바로 123-455-7890으로 전화 주십시오.

[어휘] do business with ~와 거래하다
corporate capabilities 기업 역량

26 정답 ②

[해석] 각 빈칸에 들어가기에 적절하지 않은 것은 무엇인가?
① (1) 당사가 어떠한 업체이며 어떠한 일을 하는지
② (2) 신용조회처와 송장
③ (3) 당사의 거래 조건
④ (4) 귀사와 약속을 잡기 위해 연락을 하다

[해설] 계약 체결을 위한 조회 단계에서 자사에 대한 정보를 제공하고 있는 서신이다. 송장은 계약 체결 이후 구체적인 물품, 가격, 수량 등을 기재한 청구서로서 계약 체결 전에 제시하기에는 부적절한 서류이다.

27 정답 ③

[해석] 이러한 유형의 서신에 포함되기에 적절하지 않은 것은 무엇인가?
① 회사 이력에 대한 소개(위탁)
② 지역 영업 담당자의 소개
③ 미지급금 추심을 위한 은행 계좌 번호
④ 필요로 하는 정보 또는 서비스에 대한 공개

[해설] 신규 거래를 시작하는 단계로서 회사 정보, 담당자 안내, 기타 정보 제공 등의 내용은 포함되기에 적절하나 계약 이행 과정 중 발생하는 미지급금을 추심하기 위한 계좌 정보를 묻는 것은 이 단계의 서신에서 언급되기에는 부적절하다.

[어휘] referral 소개(위탁)   overdue payment 미지급금
call for ~을 필요로 하다, 요구하다

[28~29]

[해석] 다음 중 영어로 번역한 것으로 가장 적절한 것은 무엇인가?

28 정답 ④

① must present → must be presented로 수정되어야 한다.
② take our order with you(귀하의 주문을 수락하다) → place an order with you(귀사에 주문하다)로 수정되어야 한다.
③ details concerned → details concerning로 표시되어야 한다.

29 정답 ③

[해설] ① had crushed → had been crushed로 수정되어야 한다.
② resulted from → resulted in으로 수정되어야 한다.
④ ask about(~에 대해 안부를 묻다) → ask(~해 달라고 요청하다)가 적절하다.

[어휘] crate 상자   quarantine 검역
discrepancy 차이(불일치)

30 정답 ①

[해설] 올바른 금액으로 빈칸을 채우시오.

> 미화 100,000달러의 가치가 있는 물품이 보험회사 A와 B에 해상보험을 들었다면, 전손의 경우 보험회사 A는 (ⓐ: 미화 50,000달러), 보험회사 B는 (ⓑ: 미화 50,000달러)를 각각 지급할 것이다.

[해설] 공동보험(Co-insurance)에 대한 설명이다. 중복보험과 같이 동일한 피보험이익 및 위험에 관하여 복수의 보험계약이 체결되었지만 보험금액의 합계액이 보험 가액의 범위 내인 경우로, 복수의 보험자가 각각 위험의 일부를 인수한다. 이 경우 위험의 수평적 분산(Horizonal Distribution)에 해당하므로 2개의 보험회사에서 각각 50%씩 부담하게 된다.

[어휘] marine insurance 해상보험   respectively 각각, 제각기

[31~33]

해석 다음을 읽고 질문에 답하시오.

> 유통가능 선하증권은 권리증권으로서 양도가 가능하도록 사용되며, 이러한 측면에서 비유통성 해상화물운송장과는 다른 개념의 서류이다. 권리증권은 이 증권의 소유자가 (ⓐ: 운송인)으로부터 물품 인도를 요구할 수 있는 독점적 권리를 제공하는 서류이다. 물품은 양륙항에서 선하증권의 권리 포기에 의해 풀어줄 수(물품의 인도) 있기 때문에 서류의 소유는 물품을 추정 점유한 것으로 간주된다. 만약 "유통가능" 선하증권이, 예를 들어 "지시식"이나 지정 당사자 지시식 또는 소지인식으로 발행되었다면, 서류에 포함된 권리는 (ⓑ: 서류에 필요한 배서를 통한) 인도에 의해 연속 매매계약에 따라 양도될 수 있다. 따라서 물품은 운송 중에는 운송인의 물리적 소유하에 있지만 매도인은 유통가능 권리증권을 양도함으로써 물품의 소유권과 재산권을 다음의 매수인에게 간단히 이전할 수 있다.
> 같은 이유로 선하증권은 은행에 저당 잡힐 수 있으며, 따라서 재원을 조달하기 위한 (ⓒ: 담보)로 사용될 수 있다.

어휘 amount to ~와 마찬가지이다
constructive 추정적인   embody 포함하다
subsequent 그 다음의   by the same token 같은 이유로
pledge 저당, 저당을 잡히다

31 정답 ①

해석 (ⓐ)에 들어가기 가장 적절한 것은 무엇인가?
① 운송인(선사)   ② 은행
③ 매도인   ④ 매수인

해설 선하증권 소지자가 선하증권 원본을 운송인(선사)에 제시하여야 물품을 인도받을 수 있다.

32 정답 ①

해석 (ⓑ)에 들어가기 가장 적절한 것은 무엇인가?
① 서류에 필요한 배서를 통한
② 매매계약으로부터 독립적인 B/L을 발행하는 것으로
③ 운송인의 채무 불이행에 대한 소구권(상환청구권)으로
④ 물품 손상으로 인해 보상금이 지급된다면 보험자에게 대위를 허용하며

해설 선하증권의 양도는 배서(Endorsement)에 의해 이루어진다.

어휘 subrogation 대위   compensate 보상하다

33 정답 ④

해석 (ⓒ)에 들어가기 가장 적절한 것은 무엇인가?
① 대출   ② 신용, 융자
③ 부채   ④ 담보물

해설 신용장 방식에서는 선하증권의 수하인을 개설은행으로 발행하도록 하여 은행이 해당 물건에 대한 담보권을 확보할 수 있다. 따라서 선하증권을 담보로 필요 자금을 조달할 수 있다.

34 정답 ④

해석 아래 내용이 나타내는 것은 무엇인가?

> 이 신용장은 신용장에 특정한 조건 변경 없이도 금액을 갱신하거나 자동적으로 회복시키는 조건을 가지고 있다.

① 선대 신용장   ② 동시발행 신용장, 상계 신용장
③ 양도가능 신용장   ④ 회전 신용장

해설 회전 신용장이란 수출상과 수입상 사이에 동종의 상품 거래가 상당 기간 지속될 것으로 예상되는 경우 거래할 때마다 신용장을 개설하는 불편과 부담을 덜기 위하여 개설된 신용장으로서, 신용장을 1회 개설하고 이를 사용한 후에도 신용장의 효력이 다시 발생하는 조건으로 개설된다.

> **THE PLUS** 오답 선택지
> ① Red Clause Credit(선대 신용장): 선적 전 선적서류의 매입이 수권된 신용장
> ② Back to Back Credit(동시발행 신용장): 발행과 동시에 효력이 발생하지 않고 개개의 거래에 의한 수출입의 균형을 목적으로 동액의 수출입 신용장을 동시에 개설해야 유효한 신용장
> ③ Transferable Credit(양도가능 신용장): 신용장에 '양도가능(Transferable)'이라고 명시되어 있는 신용장. 제1수익자가 제2수익자에게 전부 또는 일부를 이용하게 할 수 있고 양도와 관련된 모든 수수료(요금, 보수, 경비 또는 비용 등)는 제1수익자가 지급함

어휘 reinstate 회복시키다   amendment 조건 변경, 수정

[35~36]

해석 빈칸 ⓐ, ⓑ, ⓒ에 들어갈 것으로 바르게 짝지어진 것을 고르시오.

35 정답 ②

해석
> 당사는 귀사의 견본에 좋은 인상을 받았음에도 불구하고 귀사의 가격은 (ⓐ: 경쟁력)이 없으므로 이번에는 귀사에게 주문을 (ⓑ: 할) 수 없을 것 같습니다. 귀사의 경쟁 회사는 훨씬 (ⓒ: 더 낮은) 가격을 제시함으로써 당사와 거래를 체결하기 위해 전력을 다하고 있습니다.

① ⓐ 타당한 - ⓑ 받아들이다 - ⓒ 더 높은
② ⓐ 경쟁력 있는 - ⓑ (~이 되도록) 하다 - ⓒ 더 낮은
③ ⓐ 비싼 - ⓑ (주문을) 하다 - ⓒ 더 적은
④ ⓐ 호의적인 - ⓑ 받다, 받아들이다 - ⓒ 더 적은

해설 제품에 대한 좋은 인상에도 불구하고 가격 경쟁력이 없어 거래를 체결할 수 없음을 이야기하고 있다. 따라서 ⓐ에는 competitive(경쟁력 있는, 저렴한), ⓑ에는 '주문을 하다(make an order)'라는 뜻으로 쓰이기 위해 make, ⓒ에는 lower(더 낮은)가 와야 한다.

어휘 make an order 주문하다   endeavor 노력하다, 노력

36 정답 ①

해석

당사는 귀하께서 그 회사의 재무 상태, 사업 능력 그리고 귀하의 도시에서의 일반적인 평판에 대한 정보(ⓐ:)를 제공해 주시면 매우 감사하겠습니다. 상기의 내용에 (ⓑ: 덧붙여), 귀가 그 회사에 대해 알고 계신 정보(ⓒ:)를 제공해 주시면 매우 감사하겠습니다.

해설 신용조회처에 거래하고자 하는 업체에 대한 신용 조회를 하고 있는 내용이다. ⓐ에는 'A에게 B를 알리다(inform A of B)'라는 뜻으로 쓰이기 위해 of가 와야 하고, ⓑ에는 '덧붙여'라는 의미의 In addition to, ⓒ에는 'A에게 B를 제공하다(furnish A with B)'라는 뜻으로 쓰이기 위해 with가 와야 한다.

[37~38]

해석 다음을 읽고 질문에 답하시오.

당사는 7월 6일에 전기면도기 2,000개를 회사에 대한 정보가 거의 없고 평판을 확인할 수 없는 시돈 전기 회사로 선적할 예정입니다. 따라서 당사는 (a: 인수인도 방식으로) 동봉된 서류의 권리를 포기하는 것은 현명하지 못한 것으로 생각하고 첨부된 선하증권 및 보험증명서와 수하인 앞으로 발행된 일람불 환어음을 동봉합니다. 시돈에 있는 (b) 귀하의 환거래은행에 서류를 전달하기 전에 대금을 지급하도록 조정하고 결제가 언제 이루어지는지에 대해 당사에 안내 부탁드립니다.

어휘 surrender (권리를) 포기하다
correspondent bank 환거래은행
hand over ~을 넘겨주다, 양도하다

37 정답 ①

해석 빈칸 (a)를 가장 적절한 단어로 채우시오.
① 인수인도 방식으로   ② 현금지급 방식으로
③ 권리증권의 양도에 의해   ④ 은행보증에 의해

해설 수입상의 신용을 의심하는 경우 인수인도(D/A) 방식은 사용하기 어렵다. 인수인도 방식은 인수 행위에 의해 서류를 먼저 인도하고 만기에 대금을 지급하도록 하는 방식이므로 매도인 입장에서는 물품 대금 회수 위험에 노출될 수 있기 때문이다.

38 정답 ③

해석 (b)는 누구인가?
① 추심의뢰은행   ② 개설은행
③ 추심은행   ④ 매입은행

해설 상기 내용은 추심의뢰인(수출자)이 추심의뢰은행(수출자의 거래은행)에 보내는 서신이다. 추심의뢰은행(Remitting Bank)은 추심을 의뢰하는 은행으로 수입지 국가의 추심은행(Collecting Bank)에 추심을 의뢰한다. 따라서 Correspondent는 추심의뢰은행의 거래 은행인 추심은행으로 볼 수 있다.

39 정답 ①

해석 가장 적절한 표현으로 빈칸을 채우시오.

저는 8월 12일에 주문번호 FT567로 H Lowery의 'Background Music' 12권을 주문하였습니다.
오늘 아침 수령한 소포를 열어보니 동일 작가의 'History of Music' 12권이 들어 있음을 발견하였습니다. 유감스럽게도 이 책들은 이미 재고가 충분히 있으므로 가지고 있을 수 없습니다. 저는 저의 몇몇 고객이 그 책들을 기다리고 있기 때문에 신속한 교환을 위해 이에 따라 우편 소포로 책들을 돌려보냅니다.
우편 비용 미화 17.9달러에 대한 상환을 포함, 반송되는 도서들의 송장금액을 제 대변 계정에 기재해주길 부탁드립니다.

① 대변 계정에 기재하다   ② 나에게 보내다
③ 귀하의 계정으로 이체하다 ④ 연기하다

해설 잘못 배송된 물품을 반송 처리하는 과정에서 발생하는 우편 비용 및 송장금액은 매도인이 매수인에게 지급하여야 하는 금액을 정리하는 대변 계정에 기재해 달라고 하는 것이 적절하다.

어휘 adequate 충분한   stock 재고
parcel post 우편 소포   reimbursement 상환

[40~41]

해석 다음을 읽고 질문에 답하시오.

당사는 최근에 위의 주소인 곳에 전자제품 매장을 열었고 (b) 다음과 같은 가전제품에 대해 현재 당사가 충분한 재고를 보유하고 있는지 여부에 대해 (a) 몇 가지 문의를 받았습니다.
Swanson 전기 주전자, 2리터
Cosiwarm 전기 담요, 싱글베드 사이즈

제가 오늘 아침에 전화 드렸을 때 (c) 당신은 이 모든 제품들이 즉시 배달될 수 있는 재고가 있음을 알려주셨습니다. 송장 작성 일자로부터 2개월 후 지급 시의 가격과 조건에 대해 알려주십시오. (d) 만약 가격과 조건이 만족스럽다면, 제품당 10개씩 첫 주문으로 하고자 합니다.
이 문제는 다소 급박하므로 조속한 회신을 주시면 감사하겠습니다.

어휘 enquiries 조사, 문의   domestic appliances 가전제품

40 정답 ②

해석 가장 적절하지 않은 표현은 무엇인가?

해설 글쓴이는 최근에 전자제품 매장을 오픈하였고 2가지 제품의 재고가 있는지 문의하고 주문하고자 한다. 따라서 글쓴이 자신이 재고를 보유하고 있는지 여부가 아니라 상대방의 재고 상황을 묻는 내용이어야 하므로 (b)가 부적절하다.

41 정답 ④

해석 이 서신의 답장에 포함되기에 가장 적절하지 않은 것은 무엇인가?
① 가격은 포장 비용과 귀하의 영업소까지 배송되는 비용을 포함합니다.
② 당신이 관심 있는 다른 제품들이 있을 수 있으므로, 현재 카탈로그와 가격표 사본을 동봉합니다.
③ 위의 가격은 현재 카탈로그 가격으로, 현금 결제 시 10%를 할인해 드릴 수 있습니다.
④ 저는 부품 가격에 대해 조금 더 알고 싶습니다.

해설 서신의 답장을 쓰는 당사자는 본문의 물품을 공급하는 공급자이며 가격과 거래 조건에 대한 질문에 답을 하게 될 것이므로 ④ 부품 가격에 대한 문의 내용이 답장에 나오기에는 적절하지 않다.

어휘 premises 영업 구내   component costs 부품 가격(비용)

[42~43]

해석 다음을 읽고 질문에 답하시오.

> 당사는 귀하의 5월 25일 서신에서 조회를 요청한 회사가 (1) 이 도시에서 설립된 지 25년 이상 되었고 작지만 유명하고 존경받을 만한 회사임을 알려드리게 되어 기쁘게 생각합니다.
> 당사는 현재 그들과 (2) 분기별 결제 조건으로 7년 이상 거래를 해오고 있으며 그 회사가 현금 할인 (3) 이점이 없음에도 불구하고 항상 그들의 계정을 결제일에 맞춰 지불했습니다. 당사가 그 회사에 허용하는 신용 판매는 (4) 귀하가 언급하신 미화 10,000달러를 훨씬 넘었습니다.

어휘 refer to ~에 조회하다   qurter-account 분기별 계정
take advantage of ~을 이용하다
promptly 즉시   on the net dates 제때에

42 정답 ②

해석 밑줄 친 부분 중 문법적으로 틀린 것은 무엇인가?

해설 7년 이상 동안의 의미로 사용되었기 때문에 for above 대신에 for over가 와야 한다.

43 정답 ①

해석 다음 구절 뒤에 오기에 가장 적절한 것은 무엇인가?
① 당사는 이 정보가 도움이 되길 기대하며 이것을 기밀로 다루어 주실 것으로 알고 있겠습니다.
② 당사의 신용 상태와 관련한 정보에 대해서는 사우샘프턴의 25-27 The Arcade에 위치한 Barclays은행에 조회하시면 됩니다.
③ 귀하가 제공하는 어떤 정보도 극비로 취급될 것이라는 것을 추가할 필요는 없습니다.
④ 물론 당사는 귀하가 주신 조언을 극비로 다루어야 합니다.

해설 신용 조회 결과를 제공하는 당사자 입장에서 하는 말을 고르는 문제이다. ②는 신용 조회 대상이 되는 회사의 입장에서, ③, ④의 경우 신용 조회를 의뢰한 당사자 입장에서 할 수 있는 표현이다.

어휘 hardly 거의 ~ 아니다, 거의 ~하지 않는다

[44~45]

해석 다음을 읽고 질문에 답하시오.

> 당사는 올해 서울에서 연례회의를 개최하려고 하며, 5월 14일부터 17일까지 숙소와 회의 시설을 제공해 줄 수 있는 호텔을 찾고 있습니다.
> 우리는 60명의 대표자를 위한 숙소가 필요하며 그중 15명은 배우자를 동반할 것입니다. 따라서 3박 동안 (ⓐ: 45개)의 싱글룸과 (ⓑ: 15개)의 더블룸이 필요합니다. 당사는 또한 매일 회의에서 아침과 오후 중반에 대표자들에게 커피와 차를 제공하고 싶습니다.
> 회의를 위해 우리는 회의 시설(파워포인트 포함)이 완비된 공간이 필요하며, 100명을 수용할 수 있어야 합니다.
> 귀사의 요금표를 보내주시고 (ⓒ: 일괄 예약)에 따른 허용 가능한 할인에 대해 알려주시기 바랍니다.

어휘 delegate 대표자   spouse 배우자
session 회의   tariff 요금표

44 정답 ③

해설 다음 중 빈칸 (ⓐ)와 (ⓑ)에 들어가기에 가장 적절한 것은 무엇인가?

해설 60명의 참가자 중 15명이 배우자를 동반하므로 45개의 싱글룸과 15개의 더블룸이 필요하다.

45 정답 ③

해설 다음 중 빈칸 (ⓒ)에 들어가기에 가장 적절한 것은 무엇인가?
① 중복 예약   ② 큰 모임
③ 일괄 예약   ④ 단체 식사

해설 본문 내용은 연례회의를 위해 여러 개의 방과 회의 시설을 일괄 계약하고자 하는 내용이므로 ③이 정답이다.

46 정답 ④

해석 빈칸에 들어갈 가장 적절한 구문은 무엇인가?

> 쌍무계약은 (상호 약속의 교환)으로 구성되는 계약이다. 즉, 양 당사자 모두 약속자 및 수약자로서 하는 약속에 대한 약속이다.

① 배서인의 권리에 해당하는
② 계약 당사자의 반대 승낙
③ 약속의 취약한 조건
④ 상호 약속의 교환

해설 쌍무계약은 당사자 쌍방이 계약상의 의무를 부담해야 하는 계약으로 계약 성립과 함께 매도인은 합의된 계약 물품을 인도할 의무가 발생하며, 매수인은 계약 물품을 인수하고 그 대가로 물품 대금을 지급할 의무가 발생한다.

어휘 consist of ~로 구성되다   promisor 약속인(자)
promisee 수약자   vulnerable 취약한

47 정답 ①

해석 빈칸을 채우시오.

> 해상보험은 당사자가 손실이 발생하는 시점에 (ⓐ: 피보험이익)을 가지고 있다면 유효할 것이다. (ⓑ: 피보험이익)은 매매계약의 본질에 달려 있다. 만약 수출상이 수입상에게 FOB 조건으로 물품을 보낸다면, 운송 과정에서 발생하는 어떠한 손실에 대해 매수인은 보험회사로부터 보상을 받을 권리가 있다.

① ⓐ 피보험이익 – ⓑ 피보험이익
② ⓐ 보험 가입 금액 – ⓑ 피보험이익
③ ⓐ 보험증명서 – ⓑ 보험증명서
④ ⓐ 보험 가입 금액 – ⓑ 보험 금액

해설 보험목적물(Subject Matter Insured)에 대하여 특정인이 갖는 이해관계를 의미한다. 보험계약에 의해 보험상 보호받을 수 있는 대상(화물, 선박)이 있을 때 그 대상이 가지고 있는 경제적 이익(희망 이익, 해상 운임 등)을 피보험이익이라고 한다. 보험계약의 요소로 확정되지 않으면 보험사고가 발생하여도 보험금과 지급받을 피보험자가 확실해 지지 않기 때문에 피보험이익은 보험사고가 발생할 때까지 금전적으로 확정되고 그 귀속이 결정될 수 있어야 한다.

어휘 valid 유효한　　be entitled to ~할 권리가 있다

48 정답 ①

해석 밑줄 친 부분이 의미하는 것은 무엇인가?

> 기본 거래는 신용장의 수익자와 결제 당사자 간의 거래이다. 신용장은 기본 거래로부터 독립적이다.

① 매매계약　　② 운송계약
③ 매입계약　　④ 지급계약

해설 신용장의 독립성에 대한 설명이다.
UCP 600 제4조: A credit by its nature is a separate transaction from the sale or other contract on which it may be based. (신용장은 그 본질상 그 기초가 되는 매매 또는 다른 계약과는 별개의 거래이다.)

49 정답 ①

해석 다음과 같은 사항에서 적합한 인코텀즈 조건은 무엇인가?

> 매도인은 물품을 적재할 의무가 없음에도 불구하고 매도인이 그렇게 하였다면 이것은 매수인의 위험으로 한다.

A. EXW
B. EXW & DAP
C. FOB
D. EXW & FOB

해설 EXW 조건에서 매도인은 매수인에 대하여 물품 적재 의무가 없으며, 이는 실제로 매도인이 물품을 적재하는 데 보다 나은 입장에 있더라도 마찬가지다. 매도인이 물품을 적재하는 경우 매수인의 위험과 비용으로 그렇게 한다. 매도인이 물품을 적재하기에 보다 나은 입장에 있는 경우, 매도인이 자신의 위험과 비용으로 물품 적재 의무를 부담하는 FCA 조건을 사용하는 것이 통상적으로 더 적절하다.

50 정답 ①

해석 빈칸 (ⓐ)에 들어가기에 가장 적절한 것은 무엇인가?

> 국제 무역 거래의 이행에서 가장 직접적으로 선물환 위험을 헤지할 수 있는 방법은 선물계약이다. 선물계약은 수출상이 미리 합의된 환율을 적용한 외국 통화를 3일부터 일반적으로 1년 이내의 인도일에 팔 수 있게 하는 것이다. 요약하면, 선물계약은 ⓐ <u>미래 날짜에 정해진 가격으로</u> 통화를 매입하고 매도하는 계약이다.

① 미래 날짜에 정해진 가격으로
② 미래에 결정된 시장 가격으로
③ 수출자가 선호하는 가격으로
④ 계약 체결에 관한 선택권을 보유한 수출자를 위해

해설 선물환 거래란 외국환 매매계약일로부터 2영업일이 경과한 장래의 특정 기일 또는 특정 기간 내에 일정 금액의 외국환을 당사자 간에 미리 정해놓은 환율로 매매할 것을 약정한 환거래를 의미한다.

어휘 hedging 환위험 회피
FX(= Future Exchage, Forward Exchange) 선물환
delivery date 인도일

[제3과목] 무역실무

51 정답 ①

해설 공동의 희생손해나 비용손해는 이례적이어야 한다.
② 공동해손은 자발적으로 발생된 것이어야 한다.
③ 고의로 발생시킨 공동해손은 피보험자 외의 타인의 위험을 회피하기 위한 것이어야 한다.
④ 공동해손 행위에 의한 직접적 손해라야 한다.

> **THE PLUS 공동해손의 성립 요건**
>
> 1. **위험 요건**
>   공동 위험이 존재하고 그 위험은 현실적이고 중대한 것이어야 한다.
> 2. **처분 요건**
>   공동해손이 성립하기 위해서는 고의적이고 합리적이며 비정상적인 처분이 있어야 한다.
> 3. **손해와 비용 요건**
>   처분의 직접적인 결과인 손해 및 비용에 한하여 공동해손으로 인정된다. 즉, 항해 중 또는 종료 후 발생한 체선료 등과 같이 지연으로 인한 손해와 간접손해는 공동해손으로 인정되지 아니한다.
> 4. **잔존 요건**
>   공동해손이 성립하기 위해서는 공동해손 행위의 결과로 선박 또는 화물의 쌍방 또는 어느 일방이 남아 있어야 한다.

52 정답 ④

해설 보험계약의 요소로 확정되지 않으면 보험사고가 발생하여도 보험금과 지급받을 피보험자가 확실해지지 않기 때문에, 피보험이익은 보험 사고가 발생할 때까지 금전적으로 확정되고 그 귀속이 결정될 수 있어야 한다. 반드시 보험계약 체결 시 결정되어야 하는 것은 아니다.

53 정답 ③

해설 총톤수에 대한 설명이다.

> **THE PLUS** 오답 선택지
> ① 배수톤수: 선체가 물에 잠긴 부분과 동일한 물의 중량톤수(주로 군함에 사용)
> ② 만재중량톤수: 선박이 적재할 수 있는 화물의 최대 중량으로 화물, 연료, 선박용품 등이 만재된 상태의 중량톤수
> ④ 순톤수: 여객 및 화물의 적재 등 상행위에 직접 사용되는 용적

54 정답 ②

해설 ①, ④ Lo-Lo 방식: 갠트리 크레인 등을 사용하여 컨테이너를 수직으로 하역하는 방식
③ LASH 방식: 부선에 화물을 적재한 상태로 본선에 적입 및 운송하는 방식

55 정답 ①

해설 ⓐ C 조건은 위험과 비용이 상이한 장소에서 이전되기 때문에 2개의 분기점을 갖는다. C 조건에서의 위험의 분기점은 화물이 본선상에 적재 시(CFR, CIF) 또는 운송인에게 전달 시(CPT, CIP)이나 비용의 분기점은 목적항, 목적지까지이다.
ⓑ C, D 조건은 매도인이 운송계약을 체결하며 운송 비용을 부담한다. 운송 비용은 항구나 컨테이너 터미널 내에서 물품을 취급하고 운반하는 데 드는 비용(THC, 터미널화물처리비)을 포함한다.
ⓒ Incoterms 규칙은 전통적으로 국제 매매계약, 즉 물품이 국경을 넘어가는 경우에 사용되었다. 그러나 세계 각처에서 유럽연합과 같은 자유무역지대(Trade Bloc)의 등장으로 국제 거래에서 국경의 의미가 퇴색되었다. 이에 국제 매매계약 및 국내 매매계약 모두 사용 가능하다고 공식적으로 인정하였다.

56 정답 ②

해설 ① 침묵, 무위의 경우 승낙으로 보지 않는다.
③ 교차청약은 청약자와 피청약자 상호 간에 동일한 내용의 청약이 교차되는 청약이다. 영미법계에서는 이를 계약의 성립으로 인정하지 않는다.

57 정답 ②

해설 선하증권의 선적인이 원수출국의 업체 명의로 발행된 선하증권은 Switch B/L이라 한다. Surrendered B/L(권리포기 선하증권)은 송하인의 요청에 따라 권리증서로서의 기능을 배제하여 선하증권 원본 없이 수입상이 물품을 인수할 수 있도록 한 선하증권이다.

58 정답 ②

해설 위부제도에 대한 설명이다.
대위(Subrogation)제도란 보험자가 보험의 목적 전부에 대한 전손금을 지불하였거나 분할된 전손금을 지불한 경우, 보험자가 전손금이 지불된 보험의 목적에 잔존할 수 있는 피보험자의 이익(잔존물, 제3자에 대한 청구권)을 승계하는 제도이다.

> **THE PLUS** 위부(Abandonment)의 요건
> • 추정전손의 성립 요건을 만족해야 한다.
> • 위부는 무조건적으로 보험자에게 이전되어야 한다(조건부, 기한부로 해서는 안 됨).
> • 위부는 보험의 목적 전부에 대해 불가분적(나누지 않아야 함)으로 이뤄져야 한다.

59 정답 ①

해설 매입은행은 수익자로부터 신용장에 따라 일치하는 제시를 하는 경우 서류를 매입하고 환가료 등을 공제하고 매입대전을 수출상에게 지급한다. 이후 서류를 개설은행에 송부하여 환어음상 금액을 청구한다. 따라서 어음의 선의의 소지인(Bona Fide Holder)으로서의 지위를 갖게 된다.

60 정답 ④

해설 컨테이너 화물은 CY operator가 컨테이너를 인수한 후 수취식 선하증권을 발행하고, 추후 실제 선적이 이루어지면 On Board Notation(본선적재부기)를 기재할 수 있으므로 B/L 발행 일자가 반드시 선적 일자가 된다고 볼 수 없다.

61 정답 ③

해설 훈증소독증명서에 대한 설명이다. 목재 팔레트에 소독 처리되었다는 표시가 있어야 한다.
①은 검사증명서, ②는 검역증명서, ④는 원산지증명서를 말한다.
② 검역증명서는 동·식물을 수출하는 경우 세균의 전염을 예방하기 위해 수출국에서 소독, 방역, 검역을 실시하고 발급하는 서류이다.

> **THE PLUS** 소독 처리 마크의 예
>
>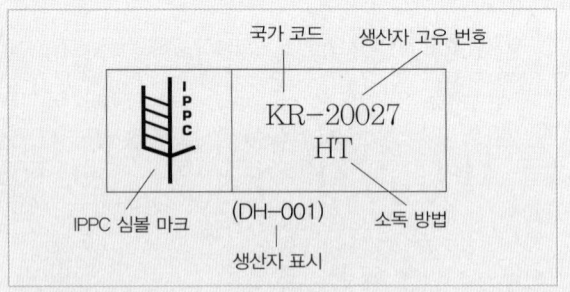
>
> 1. 국가 코드
>   ISO의 2자리 국가 코드 예 Korea → KR
> 2. 생산자 코드
>   관할 기관 코드 2자리 + 업체 등록(신고) 번호 3자리
>   예 중부 지역 본부 20 + 업체 번호 027

3. 소독 방법
   (1) MB: 메틸브로마이드 훈증(Methyl Bromide Fumigation)
   (2) HT: 열처리(Heat Treatment)
   (3) DH: 마이크로웨이브처리(Dielectric Heat Treatment)

62 정답 ③

해설 "available with Royal Bank of Scotland, UK by payment"라고 표시하므로 스코틀랜드 왕립은행이 개설은행(발행은행) 및 지급인(지정은행)이 되는 지급 신용장이다.
① 지급 신용장에서는 환어음을 발행할 필요가 없다(환어음 요구 시 발행).
② 매입은 지급은행 이외의 은행이 하는 행위로 스코틀랜드 왕립은행이 지급은행이므로 매입의 주체가 될 수 없다. 또한 환어음이 발행되지 않으므로 소구권(상환청구권) 등을 행사할 수 없어 DEUTSCHE은행에 매입을 의뢰할 수 없다.

63 정답 ④

해설 내국 신용장 개설의뢰인인 수출업자는 원신용장을 제공함으로써 대금 지급의 확실성을 보증한다. 따라서 신용장 제공으로 협상력을 발휘할 수 있는 쪽은 국내 공급업자가 아닌 내국 신용장 개설의뢰인이다.

64 정답 ①

해설 독립성(Independence)의 원칙에 대한 설명이다. 독립성의 원칙은 신용장이 개설되면 당사자 간의 근거계약이나 기타 거래와는 별개의 독립된 거래로 간주되는 것을 의미한다. 개설은행은 신용장 조건과 일치하는 제시를 하면 대금을 지급하겠다는 조건부 지급 확약을 하므로 수익자의 폐업 여부를 신용장 거래와 결부시킬 수 없으며 일치하는 제시를 하는 경우 대금을 지급하여야 한다.

THE PLUS 신용장의 원칙
1. **추상성의 원칙**: 신용장에서 요구하는 서류만으로 대금 지급 여부를 판단
2. **엄격일치의 원칙**: 신용장 거래 시 개설의뢰인을 위하여 서류를 심사하는 은행은 신용장의 제 조건과 제시된 서류의 문면이 엄밀하게 일치하는 서류만을 수리하여 대금을 지급
3. **상당일치의 원칙**: 서류를 심사하는 개설은행은 신용장의 제 조건과 제시된 서류의 문면이 엄밀히 일치하지 않더라도 실질적인 일치성이 있으면 서류를 수리하여 대금을 지급

65 정답 ④

해석 ① 지급은행 ② 인수은행
③ 매입은행 ④ 상환은행

해설 상환은행(Reimbursing bank)에 대한 설명이다. 상환은행은 개설은행을 대신하여 지급, 인수 또는 매입을 행한 은행에게 상환 청구를 받아 대금을 상환한다. 이때 신용장 조건과 일치하는 서류는 개설은행 앞으로 송부되고 대금 청구는 상환은행으로 하게 되며, 상환은행은 개설은행의 계좌에서 제3은행영업일 이내에 대금을 지급한다. 상환 청구에 대한 상환을 위해 개설은행은 상환은행에 앞으로 상환수권을 부여한다.

THE PLUS 오답 선택지
① **지급은행**: 수익자가 제시하는 서류에 대해 신용장 대금을 지급하는 은행
② **인수은행**: 환어음을 인수하고 어음의 만기일에 그 어음 대금을 지급하는 은행
③ **매입은행**: 수익자가 제시하는 서류가 신용장의 제 조건과 일치하는 경우 개설은행을 지급인으로 하고 있는 환어음을 매입 시점에서 최종 지급일까지의 이자와 환가료를 공제하고 대금을 지급하는 은행

66 정답 ②

해설 청약의 철회(Withdrawal)는 청약으로서 효력이 발생하기 이전의 상태에서 청약자가 임의로 청약의 효력을 소멸시키려는 의사 표시이다(도달주의 관점). 청약은 철회될 수 없더라도, 회수 의사가 청약의 도달 전 또는 그와 동시에 상대방에게 도달하는 경우에는 회수될 수 있다.

67 정답 ③

해설 조정(Conciliation, Mediation)은 양 당사자가 공정한 제3자를 조정인으로 선임하고 조정인이 제시하는 해결안에 양 당사자가 합의하여 분쟁을 해결하는 방법이다. 조정은 중재 판정과 동일한 효력이 있으나, 양 당사자는 제시된 조정안을 수락할 의무가 없으므로 어느 일방이 조정안에 불복하면 실패하게 된다.

68 정답 ③

해석 ① 건화물 컨테이너
② 냉동 컨테이너
③ 플랫랙(FR) 컨테이너
④ 천장개방형 컨테이너

해설 플랫랙(FR) 컨테이너에 대한 설명이다.

THE PLUS 오답 선택지
① **건화물 컨테이너**: 온도 조절이 필요없는 일반 잡화 운송에 이용하는 가장 일반적인 컨테이너
② **냉동 컨테이너**: 온도 조절 장치가 내장되어 있는 컨테이너(생선, 육류 등의 운송에 사용)
④ **천장개방형 컨테이너**: 천장을 개방하여 상부에서 작업이 가능하도록 설계된 컨테이너

69 정답 ③

해설 결제(Honour)의 의미에 해당하는 경우는 다음과 같다.
1. 신용장이 일람지급으로 사용될 수 있는 경우 일람 후 지급하는 것
2. 신용장이 연지급으로 사용될 수 있는 경우 연지급을 확약하고 만기일에 지급하는 것
3. 신용장이 인수에 의하여 사용될 수 있는 경우 수익자가 발행된 환어음을 인수하고 만기일에 지급하는 것

③은 매입에 대한 설명이다.

70 정답 ④

해설 합의된 도착 장소에서 물품을 도착된 운송 수단으로부터 양륙한 상태로 매수인의 임의 처분 상태에 인도하는 조건은 Incoterms 2010에서의 DAT 조건이며, 합의된 인도 장소까지 물품을 가져오는 데 수반되는 위험을 부담하는 자는 매도인이다. Incoterms 2020에서는 DAT 조건이 폐지되고 DPU 조건이 신설되었다. DPU 조건은 터미널뿐만 아니라 어떤 장소든지 목적지가 될 수 있도록 하였고, 매도인은 여전히 물품을 양하할 의무가 있다.

71 정답 ④

해설 추심 방식에서 환어음의 지급인(Drawee)은 수입상이다.
신용장 방식에서 환어음의 지급인은 개설은행이다.

72 정답 ②

해설 ㉠ FCA 조건에서 매수인(Buyer)은 본인의 위험을 위해 부보할 수 있다. 그러나 의무는 아니다.
㉡ CIP, CIF 조건에서 보험계약자는 매도인(Seller)이지만 피보험자는 매수인(Buyer)이다.

73 정답 ④

해설 단위소요량에 대한 설명이다.

THE PLUS 오답 선택지

① 소요량: 수출 물품을 생산(가공, 조립, 수리, 재생 또는 개조하는 것을 포함)하는 데 드는 원재료의 양으로서 생산 과정에서 정상적으로 발생되는 손모량을 포함한 것
② 손모량: 수출 물품을 정상적으로 생산하는 과정에서 발생하는 원재료의 손실량
③ 단위실량: 수출 물품 생산 공정에서 생기는 손실량을 공정별로 백분율을 구해 계산한 값 또는 수출 물품 생산 시 요구되는 투입량에 대한 손실량의 백분율

74 정답 ④

해설 항공화물운송장(AWB)의 경우 송하인이 작성하는 것이 원칙이나 항공화물 운송대리점 또는 항공화물 운송주선인이 대신 작성한다.
B/L의 경우 운송인(선사)이 작성하여 교부한다.

75 정답 ①

해석 ① ⓐ 에이프론, ⓑ 마샬링 야드
② ⓐ 안벽, ⓑ CFS(컨테이너 화물집화소)
③ ⓐ CFS(컨테이너 화물집화소), ⓑ 안벽
④ ⓐ 마샬링 야드, ⓑ CFS(컨테이너 화물집화소)

해설 ⓐ는 Apron(에이프론), ⓑ는 Marshalling Yard(마샬링 야드)가 들어가야 한다.

• Berth(안벽): 컨테이너선이 안전하게 접안하여 하역작업이 이루어질 수 있도록 구축된 시설로 선석이라고도 한다.

• CFS(컨테이너 화물집화소): 한 컨테이너를 다 채울 수 없는 소량 화물(LCL: Less than Container Load)을 여러 송하인(Shipper)으로부터 인수하여 한 컨테이너에 적입(Stuffing)하거나, 반대로 반입된 혼재 화물을 해체(Devanning)하여 여러 화주에게 분산·인도하는 창고형 작업장이다.

정답 및 해설 2017년 제3회(110회)

[제1과목] 영문해석

01	③	02	①	03	④	04	②	05	④
06	④	07	③	08	③	09	④	10	②
11	①	12	②	13	③	14	③	15	①
16	①	17	②	18	①	19	①	20	①
21	①	22	②	23	①	24	②	25	③

[제2과목] 영작문

26	①	27	①	28	①	29	④	30	①
31	①	32	③	33	①	34	②	35	④
36	④	37	③	38	②	39	③	40	①
41	②	42	②	43	①	44	②	45	②
46	①	47	②	48	①	49	①	50	②

[제3과목] 무역실무

51	④	52	②	53	②	54	④	55	①
56	①	57	②	58	④	59	②	60	①
61	②	62	①	63	②	64	④	65	④
66	①	67	②	68	②	69	③	70	②
71	④	72	③	73	④	74	①	75	①

[제1과목] 영문해석

01 정답 ③

해설 신용장 운영하에서 은행의 역할이 아닌 것은 무엇인가?

A. 신용장은 특정 조건하에서 수익자가 은행을 지급인으로 하여 환어음을 발행(혹은 지불 요구)하도록 권한을 부여한다.
B. 은행은 무역 거래에서 수출업자와 수입업자 모두에게 중개인의 역할을 함으로써 추가적인 편의를 제공한다.
C. 은행은 수입업자가 개설은행에 필요 서류들을 제공할 경우, 그에게 대금이 지급될 것을 보증한다.
D. 물품의 선적이 적절하고 정확하다고 증명하는 선적서류가 제시되지 않는다면 은행은 수입업자에게 그의 돈이 지불되지 않을 것임을 보증한다.

해설 수입업자가 아닌 수출업자(Beneficiary)가 신용장 조건에 일치하는 필요 서류를 제시하는 경우 개설은행은 대금을 지급할 것을 약정한다.

어휘 authorize 권한을 부여하다   draw draft 어음을 발행하다
assure 보증하다   release 놓아주다, 풀다

02 정답 ①

해설 아래의 상황에서 인코텀즈 FOB 조건 뒤에 올 알맞은 도시/항구는 무엇인가?

컨테이너는 대전에서 실려 부산항까지 트럭으로 운반된 후, 함부르크로 가는 선박에 적재될 것이다. 그런 다음 컨테이너는 다시 피더선에 재적재되어 코펜하겐항에 하역된다. 코펜하겐항에 도착 후, 컨테이너는 수하인의 창고까지 트럭으로 운반된다. 마지막으로 물품은 세관통관되어 사용 또는 판매될 준비가 완료된다.

① FOB 부산   ② FOB 함부르크
③ FOB 대전   ④ FOB 코펜하겐

해설 FOB 조건은 수출지에 소재한 선적항의 본선에 적재될 때까지 수출상이 위험과 비용을 부담하는 조건이다. 지문에서 선적항은 부산항이므로 FOB 부산이 올바르다.

어휘 truck 트럭으로 운반하다   feeder vessel 피더선
discharge 하역하다   consignee 수하인

03 정답 ④

해설 자금 세탁에 대한 설명 중 잘못된 것은 무엇인가?

A. 자금 세탁은 불법 수단을 통해 얻은 돈의 출처를 숨기는 과정이다.
B. 자금이 세탁되는 방법은 각기 다르고 정교하다.
C. 많은 규제 기관과 정부 당국은 매년 세탁된 총 금액의 예상치를 어림 잡는다.
D. 예를 들어, 구매자는 반드시 고객의 신상을 확인하고, 의심스러운 활동의 거래를 감시해야 한다. 이것을 일컬어 보통 "고객알기제도(KYC)"라고 한다.

해설 Know Your Customer(KYC, 고객알기제도)는 금융 기관의 서비스로 자금 세탁 등 불법 행위에 이용되지 않도록 고객의 신원이나 거래 목적 등을 금융 기관이 확인하여 고객에 대해 주의를 기울이는 제도를 의미한다. 구매자가 아닌 금융 기관으로 표시되어야 한다.

어휘 money laundering 자금 세탁
conceal 감추다, 숨기다   illicit means 불법 수단
sophistication 정교함   regulatory 관리 기관
quote 견적 내다   verify 확인하다, 입증하다
identity 신상   suspicious 의심스러운

04 정답 ②

[해석] 빈칸에 들어갈 내용으로 가장 부적절한 것은 무엇인가?

> 유통 가능 해상 선하증권은 세 가지 중요한 기능을 이행하는데, 즉 ( ).

① 본선에 선적된 물품의 인도에 대한 증거이다.
② 수하인과의 약속이다.
③ 운송계약의 증거이다.
④ 물품에 대한 권리 양도의 수단이다.

[해설] 선하증권은 화물수령증의 역할을 수행하며 운송계약의 증거이자 권리 양도의 수단이다.

[어휘] negotiable 유통 가능한   contract of carriage 운송계약

05 정답 ④

[해석] 다음의 내용이 나타내는 것은 무엇인가?

> 은행이 청구권을 매입하는 것을 말하며, 주로 중장기 수출 거래로 발생한다. 할인된 금액은 매출채권에 대해 매도인에게 소구권 없이 지급된다. 주된 지급 수단은 환어음, 약속어음 혹은 연지급 방식에 의해 사용 가능한 화환 신용장이다.

① 팩토링
② 확인(승인)
③ 프로젝트 파이낸싱
④ 포페이팅

[해설] 포페이팅은 현금을 대가로 채권을 포기 또는 양도한다는 것을 의미한다. 수출 거래에 따른 환어음이나 약속어음을 소구권(상환청구권) 없이(Without Recourse) 고정 이자율로 할인하여 신용 판매(외상 판매)를 현금 판매로 전환시키는 금융 기법의 일종이다. Usance L/C, D/A 거래 등 어음 금액이 크거나 수출 대금 회수기간이 장기(최장 10년)인 경우 주로 사용된다.

[어휘] without recourse 소구권(상환청구권) 없이
receivables 매출채권   predominant 지배되는, 주된, 뚜렷한
promissory note 약속어음

06 정답 ④

[해석] 보험에 대한 설명 중 가장 잘못된 것은 무엇인가?

> A. 피보험자는 멸실이나 손상으로 인해 보험자가 그 손실을 보상해야 하는 경우, 피보험이익을 갖는다.
> B. 포괄예정보험은 물품이 정해진 시간 내에 정기적으로 이동이 된다면 가장 융통성 있는 보험이다.
> C. 적하보험은 물품이 육상, 해상 그리고 항공으로 운송되는 동안 발생하는 물품의 멸실이나 손상을 보장한다.
> D. CIF, CIP 조건을 적용하는 경우, 매도인은 물품 금액의 100%에 대해 보험을 들 수 있다.

[해설] CIF, CIP 조건에서 매도인은 최소한 물품 금액의 110%로 부보하여야 한다.

[어휘] insurable interest 피보험이익
cover the loss 손실을 보상하다   open cover 포괄예정보험
regularly 정기적으로   fixed time 정시
cargo insurance 적하보험   CIF 운임·보험료 지급 인도
CIP 운송비·보험료 지급 인도
take out insurance 보험에 들다

[07~08]

[해석] 아래는 URDG 758 규칙에 따른 국제은행보증에 대한 설명이다.

> A. 청구보증은 1차적이며, 수익자에 대한 비부종 의무이다.
> B. 보증신청인의 의무가 어떠한 이유로 소멸된다고 하더라도 보증인의 책임은 남아있다.
> C. 보증인은 방어를 위해 최초의 지급 청구에 대해 지불하지 않을 수 있다.
> D. 이것은 상대방의 계약 불이행으로 인한 매수인 또는 매도인의 손해에 대해 보증하기 위해 사용될 수 있다.

07 정답 ③

[해석] 다음 중 옳지 않는 문장은 무엇인가?

[해설] 청구보증은 독립성의 원칙이 적용되며, 청구 시 약정한 청구보증의 조건과 문면상 일치하면 지급하여야 한다.

08 정답 ③

[해석] 다음 중 은행 보증서와 비슷한 기능을 하는 것은 무엇인가?
① 부종보증   ② 상업 신용장
③ 보증 신용장   ④ 구상보증

[해설] 보증 신용장은 기초 거래상 채무자의 의무 이행을 담보하기 위해, 개설인(Issuer)이 기초 거래와 독립적으로 일치하는 지급 청구가 있거나 지급기일이 도래 시 수익자에게 지급할 것을 취소 불능하게 확약하는 신용장을 의미한다.

[어휘] URDG 758 청구보증통일규칙
accessory obligation 부종 의무   defence 방어
non-performance 계약 불이행   demand 지급 청구

09 정답 ④

[해석] 국제 소송에 대한 설명 중 잘못된 것은 무엇인가?

> A. 국제 소송은 일반적으로 느리고, 복잡하고 비우호적이며 비싸다.
> B. 소송은 법적으로 까다로워 종종 특화된 변호인을 필요로 한다.
> C. 게다가 같은 국적을 가진 당사자 국가에서 법정 판결이 집행되는 경우 법정 편향의 위험이 존재할 수도 있다.
> D. 무역 상대방이 준거 규칙을 CISG(비엔나협약)로 선택하는 경우, 상호 간의 상업적 분쟁은 소송을 통해 해결될 것이다.

해설 CISG에서는 매매계약의 형식과 내용에 대해 자율적으로 선택할 수 있으므로 분쟁 해결을 위해 반드시 소송을 채택해야 하는 것은 아니다. 알선, 조정, 중재 등 사전에 합의한 계약 내용에 따라 분쟁을 해결하면 된다.

어휘 **international litigation** 국제 소송
counsel 조언, 변호사
bias 편견, 편향
enforce 집행하다
dispute 논쟁

10 정답 ②

해설 다음 목적에 필요한 보증서의 유형은 무엇인가?

> 합의한 기한 내에 계약 조건에 따라 물품을 인도하였거나 서비스를 이행하였음을 보장하는 것

① 입찰보증서
② 계약이행보증서
③ 유보금환급보증서
④ 하자보수유지보증서

해설 주어진 지문은 계약이행보증서에 대한 설명이다.

어휘 **bond** 보증서
render (어떤 상태가 되도록) 만들다, 제공하다

THE PLUS 오답 선택지
① 입찰보증서(Bid Bond): 입찰 참가자가 입찰을 포기하거나 낙찰받은 후 계약을 체결하지 않은 경우 수익자에게 보증서 금액을 지급하기로 하는 보증서
③ 유보금환급보증서(Retention Payment Bond): 기성고 방식의 건설 용역 등에서 발주자가 각 기성 단계별로 완공 불능 위험에 대비하기 위해 기성 대금의 일부를 유보금으로 적립하게 되며, 해당 유보금을 공제하지 않고 수주자가 기성 대금 전액을 받을 수 있도록 하는 보증서
④ 하자보수유지보증서(Maintenance Bond): 해외 건설 공사에서 발주자가 공사 완료 후 잔금을 지급할 때 하자 보수기간에 발생할 수 있는 하자 보수 비용을 공제한 후 수주자에게 지급하게 되는데 이러한 금액을 공제하지 않고 전액 받을 수 있도록 하는 보증서

11 정답 ①

해설 UCP 600(신용장통일규칙)에 따라 틀린 것은 무엇인가?
① 한국과 미국에 위치한 서울은행은 같은 은행으로 여겨진다.
② 신용장은 취소 불능이라는 표시가 없더라도 취소가 불가능하다.
③ 만일 신용장에 '이 서류는 일류의 검사자에 의해 발행되었음'이라고 적혀 있는 경우, 이 서류는 수익자를 제외한 모든 자로부터 발행 될 수 있다는 의미이다.
④ 신용장에 '선적 일자: 2017년 10월 20일부터 2017년 11월 10일 까지'라고 표기 되어 있는 경우, 2017년 10월 20일과 2017년 11월 10일이 포함된다.

해설 서로 다른 국가에 위치한 같은 은행의 지점들은 다른 은행으로 본다(UCP 600 제3조).

어휘 **irrevocable** 취소가 불가능한
issue 발행하다
indicate 나타내다, 표시하다

12 정답 ②

해설 현실전손이 아닌 것은 무엇인가?
① 보험목적물이 완전히 파손되었을 경우
② 부보되어 있는 위험에 의해 선박이 부서진 경우, 선박 수리 비용이 선박이 복구되었을 때의 금액을 초과하는 경우
③ 보험 가입한 보험목적물이 부보된 종류의 물건이 아닌 정도로 손상된 경우
④ 관련 선박이 항해 중에 실종되어 상당한 기간이 경과한 후에도 선박에 대한 소식이 없는 경우

해설 ②는 추정전손 요건에 해당한다.

어휘 **actual total loss** 현실 전손
cease 멈추다
lapse 경과

THE PLUS 현실전손과 추정전손의 요건
1. 현실전손 요건
   - 실질적인 멸실(Physical Destruction)
   - 보험목적물 본래의 성질 상실(Alteration of Species)
   - 회복 가망이 없는 박탈(Irretrievable Deprivation)
   - 선박의 행방불명(Missing Ship)
2. 추정전손 요건
   - 피보험자가 피보험 위험으로 인하여 자기의 선박 또는 화물의 점유를 박탈당한 경우
   - 피보험자가 그 선박 및 화물을 회복할 가능성이 없거나 그 선박 또는 화물의 회복 비용이 가액을 초과하는 경우
   - 선박의 수리비가 선박의 가액을 초과할 것으로 예상되는 경우
   - 화물의 수리 비용 및 운송 비용이 도착 시 화물의 가액을 초과할 경우

13 정답 ③

해설 선지급 방법 중 매수인에게 노출될 위험은 무엇인가?

> A. 매도인의 국가 위험
> B. 매도인의 은행 위험
> C. 매도인의 계약 이행 위험
> D. 매수인의 국가 위험

해설 대금을 선지급하는 경우 매수인은 계약 내용과 일치하는 물품을 받지 못할 위험(상업 위험)에 노출된다. 또한 매도인이나 매수인이 통제할 수 없는 전쟁 위험, 국가 부도 등의 국가 위험에 노출될 수 있다.

어휘 **performance risk** (수출입) 계약 이행 위험

14 정답 ③

해설 다음 중 한국어 번역이 가장 적절하지 않은 것은 무엇인가?

해설 ③ '우리는 새로운 복합운송주선인을 찾았으므로(확보하였으므로), 2월 22일까지 귀사는 컨테이너를 수령하실 수 있습니다.'로 번역하는 것이 적절하다.

어휘 **secure** 확보하다

15 정답 ①

해석 다음 상황에서 어떤 보험서류가 수리되는가?

> 미화 100,000달러에 대한 화환 신용장은 선하증권 전통과 전위험 담보 조건의 보험증명서를 요구한다. 제시된 선하증권에는 12월 15일에 본선적재되었음이 표시되었다.

> A. 미화 120,000달러에 대한 보험증권
> B. 12월 17일자 보험증명서
> C. 중개인이 서명한 보험확인서
> D. 12월 15일자 잠정적 보험영수증(부보각서)

해설 A. 신용장에서 보험증명서나 확인서를 요구하는 경우 보험증권(Insurance Policy)의 제시는 허용되며, 결제금액에 대해 최소한 110% 이상으로 부보되면 수리 가능하다.
B. 보험서류의 일자는 선적일보다 늦어서는 안 된다. 다만, 소급적용 문구가 있는 경우에는 수리 가능하다.
C. 보험서류는 보험회사(Insurance Company), 보험인수인(Underwriter) 또는 그들의 대리인(Agent) 또는 수탁인(Proxy)에 의해 발행되고 서명되어야 한다.
D. 보험영수증(Cover Note)은 수리되지 않는다.

어휘 call for 필요로 하다, 요구하다

[16~17]

해석 다음을 읽고 질문에 답하시오.

> 귀사 자전거의 현재 카탈로그와 가격표를 저희에게 보내주시기 바랍니다. 당사는 남성용과 여성용 모델 모두를 수입하는 데 관심이 있습니다.
> a. 이것은 당사가 저렴한 판매 가격을 유지할 수 있도록 하며, 이것은 당사의 사업 성장에 있어 중요합니다.
> b. 대신에 저희는 상호 합의된 연간 최소 보장 수량을 주문할 준비가 되어 있습니다.
> c. 만일 제품의 품질이 만족스럽고 가격이 합리적이라면 대량 주문을 할 것입니다.
> d. 당사는 사이클링이 유명한 이 도시의 선도적인 자전거 판매업체로서, 인접한 도시 5곳에 지점을 두고 있습니다.
> e. 저희에게 수량 할인을 허용해 주실지 여부를 알려 주시기 바랍니다.

16 정답 ③

해석 다음 문장을 순서대로 배열하시오.

해설 (d) 자사의 소개 – (c) 주문 의사 – (e) 할인 가능 여부 조회 요청 – (a) 가격 경쟁력의 중요성 언급 – (b) 계약 시 연간 최소 주문 보장 의사 표명의 순서로 나열하는 것이 적절하다.

17 정답 ③

해석 위 내용에서 추론할 수 없는 것은 무엇인가?
① 수입자는 자세한 가격 조건을 원한다.
② 수입자는 상당수의 자전거를 취급할 수 있다.
③ 이것은 주문을 확인하기 위함이다.
④ 판매자는 대량 주문에 대해 할인을 해줄 수도 있다.

해설 주문을 하기 전 계약 조건을 확인하고자 하는 서신으로 주문을 하기 전에 작성된 것이기에 주문의 확인으로 보기 어렵다.

18 정답 ①

해석 어떤 종류의 보험을 찾고 있는가?

> 저희는 정기적으로 병으로 포장된 셰리주 적하 물품을 Enterprise Shipping Line사의 정기 여객선과 정기 화물선을 통해 호주로 선적합니다. 귀사께서 이런 선적품에 대해 전위험담보약관으로 보험증권을 발행해 주시겠습니까? 가능하다면, 어떤 조건인지 알고 싶습니다. 특히, 당사는 귀사가 정기적인 월별 선적의 대가로 특별 요율을 제시해 주실 수 있는지 알고 싶습니다.

① 포괄예정보험증권   ② 보험증명서
③ 보험증권   ④ 수출신용보험

해설 보험계약의 구체적인 요건이 아직 확정되지 않은 상태에서 장래 일정 기간(통상 1년) 동안의 부보 예정 화물 전체에 대해 미리 포괄적으로 보험계약을 체결한 후, 사후에 개별 위험에 대한 보험 요건이 확정될 때마다 그 사실을 보험회사에 통지함으로써 당해 계약 범위 내의 모든 개별 위험을 자동적으로 책임지도록 하는 방식의 보험계약을 포괄보험(Open Cover)이라고 한다.

어휘 monthly shipment 월별 선적

19 정답 ①

해석 어떤 운송서류에 대한 설명인가?

> 권리증도 아니고 유통 가능한 서류도 아닌 운송서류이다. 이 서류는 선박에 물품이 선적되었음을 나타내며, 권리 증권이 필요하지 않은 경우에 사용될 수 있다.

① 해상화물운송장   ② 해양 선하증권
③ 항공화물운송장   ④ 운송주선인 화물수령증

해설 해상화물운송장(SWB)이란 해상 운송인이 운송 화물의 수령 사실을 증명하고 운송계약 내용을 증빙하기 위해 송하인에게 발행하는 서류이다.

[20~21]

해석 다음을 읽고 질문에 답하시오.

> 당사는 최근에 뉴올리언스부터 맨체스터까지 향후 12개월 동안 면화를 공급하기로 계약을 체결하였으며, 귀사에서 당사에게 약 5,000톤에 적합한 선박을 찾아 주시면 좋을 것 같습니다. 각 회송당

6일을 감안했을 때, 기간 동안 6번 왕복을 해야 하기에 선박만큼 속도도 중요한 문제입니다.

어휘 turn-around 회송

20 정답 ①

해석 이 서신의 주제는 무엇인가?
① 정기 용선에 대한 조회
② 컨테이너 서비스 정보 요청
③ 운임 환불(할인) 요청
④ 선적에 대한 조언

해설 원면 5000톤을 공급하는 계약을 체결하면서 기간 내 운송을 위한 선박의 수배를 요청하고 있으므로 정기 용선에 대한 조회로 볼 수 있다. 정기 용선계약(Time Charter)은 선원이 승무하고 항해 장비를 갖춘 선박을 선주가 일정한 기간 동안 제공하여 항해에 사용하게 하고 용선자가 이에 대하여 보수(용선료)를 지급할 것을 약정하는 계약이다.

21 정답 ③

해설 다음 중 서신에 대한 답장으로 가장 적절한 것은 무엇인가?
① 항공기는 일요일을 제외하고 매일 운행되며 귀하의 소포는 도착지에 3일 내로 도착할 것입니다.
② 만일 귀사께서 당사를 위해 적하물을 처리해 주시면 좋겠습니다. 하지만 우선 확인되어야 할 모든 절차들과 비용에 대한 세부 사항을 먼저 보내주시기 바랍니다.
③ 당사가 생각했을 때 귀사를 아주 잘 조력할 선박을 찾은 것을 알릴 수 있게 되어 매우 기쁩니다.
④ 비록 당사는 더 큰 선박을 선호하였지만, 이것은 당사의 요구에 부합할 것이며 당사는 아래와 같이 당사의 전보를 확인합니다.

해설 정기 용선 요청에 대한 답변으로 적절한 것은 ③이다. 선박을 찾았다는 내용이 나오는 것이 적절하다.

[22~24]

해석 다음 중 한국어 번역이 가장 적절하지 않은 것은 무엇인가?

22 정답 ①

해설 ①은 '반송에 대한 운송비는 저희 송장에서 공제하도록 하겠습니다.'로 번역해야 한다.

어휘 deduct 공제하다   outstanding balance 미불금
remaining 잔금

23 정답 ①

해설 ①은 '짧은 기간 연장은 저희에게 매우 도움이 될 것입니다. 고객들에게 받은 수표를 결제받을 수 있는 한 달이 더 확보되기 때문입니다.'로 번역해야 한다.

어휘 extension 연장   validity 기한
subcontractor 하청업자   clear (수표를) 결제받다

24 정답 ④

해설 ④는 '수익자의 요청에 따라 당행(We, 양도은행)은 오늘 이 신용장을 한국의 서울에 소재한 ABC사에 미화 5만 달러까지 분할 양도하였습니다.'로 번역해야 한다.

어휘 commission 수수료   discount charge 할인 이자
irrespective of ~와는 상관없이   tenor 지급 기한
draft 환어음   reimburse 상환하다
transfer 양도하다   partially 부분적으로, 분할하여

25 정답 ③

해석 다음 중 "선착순매매 조건부청약"과 관련이 있는 것은 무엇인가?
① 저희는 2017년 9월 30일까지 회답을 받는 조건으로 귀사에 확정청약을 하게 되어 기쁩니다.
② 저희는 당사의 최종 확약 조건부로 다음 물품을 청약하게 되어 기쁩니다.
③ 저희는 재고잔류 조건부로 다음의 물품을 청약하게 되어 기쁩니다.
④ 저희는 2017년 9월 30일까지 회답을 받는 조건으로 귀사에 다음 물품을 청약하게 되어 기쁩니다.

해설 선착순매매(판매) 조건부청약은 피청약자의 승낙에 대하여 선착순으로 계약이 성립되는 조건부청약으로 재고잔류 조건부청약이라고도 한다. 한정된 상품에 대해 다수의 거래자에게 청약을 할 경우 사용한다.
①, ④는 청약이 유효한 기간을 설정하고 있으므로 확정청약이다.
②는 최종 확인 조건부청약이다.

어휘 subject to ~을 조건으로   unsold 팔리지 않은

[제2과목] 영작문

[26~27]

해석 다음을 읽고 질문에 답하시오.

Dragon사의 Mr. Chao Wang 귀하,

상기 주문품은 내일 상하이로 출항하여 목요일에 도착하는 아리랑호에 현재 선적되어 있습니다.

참조 사항을 확인할 시간이 없었기에, 총액 미화 4,150,000달러에 대한 일람불 환어음을 발행하였습니다. 이것은 중국은행(BOC)에 전달되었고, 지불을 위해 귀하에게 전해질 것입니다.

만일 귀하께서 다음번 주문 전에 두 곳의 동업자 신용조회처를 제공해 주실 수 있다면, 귀하에게 (인수인도조건) 방식의 30일 신용 거래를 제공하겠습니다.

그럼 안녕히 계십시오.

HN Global의 Peter Han 올림

26 정답 ①

해석 빈칸에 가장 적합한 단어를 채우시오.
① 인수인도조건 ② 일람불 신용장
③ 청산결제 방식 ④ 서류상환 방식

해설 D/A(인수인도조건)는 추심은행이 환어음과 서류의 도착 즉시, 환어음의 인수와 동시에 서류를 인도하고 어음 만기일에 대금 지급을 받는 방식을 말한다. 매수인에게 30일의 결제유예기간을 주겠다고 하고 있으므로 인수인도 방식에 의한 결제 방식이 적합하다고 볼 수 있다.

27 정답 ①

해석 지급인은 누구인가?
① Dragon사 ② HN Global
③ Bank of China ④ Arirang

해설 추심 방식에서 환어음의 지급인은 수입자가 된다. 주문을 한 당사자는 Dragon사이므로 수입자임을 알 수 있다. 따라서 Dragon사가 환어음의 지급인이 된다.

28 정답 ③

해석 다음 빈칸에 들어가기 가장 적절하지 않은 것은 무엇인가?

> 오늘 당사가 접수한 주문 번호 1449 건에 대해 감사드립니다. 안타깝게도 귀하에서 요청하신 35% 동종 업계 할인은 제공할 수 없습니다. 당사의 제품 가격이 매우 저렴하기 때문에, 대량 주문을 하셔도 25%가 최대 할인율입니다. 그러므로 이러한 경우, 유감스럽지만 귀하의 주문을 (   )해야 할 것 같습니다.

① 거절(사절)하다 ② 거절(사절)하다
③ 취소하다, 폐지하다 ④ 거절(사절)하다

해설 '(법률, 계약, 인가 등) 취소하다, 무효화하다, 폐지하다'라는 의미의 repeal은 적절하지 않다. turn down, decline, refuse는 '거절하다, 사절하다'의 의미로 서로 유사어이다.

29 정답 ④

해석 UCP 600하의 빈칸에 들어가기 적절하지 않은 것은 무엇인가?

> (   )와/과 같은 조항이 있는 운송서류는 수리될 수 있다.

① 선적인이 적재하고 검수하였음
② 선적인의 내용 신고에 따름
③ 내용 신고에 따름
④ 컨테이너 화물집화소에 적재

해설 UCP 600 제26조 '선적인이 적재하고 검수하였음(shipper's load and count)과 선적인의 내용신고에 따름(said by shipper to contain)과 같은 조항이 있는 운송서류는 수리될 수 있다.'를 부지약관이라 하며, 송화인에 의해 적재되고 봉인된 FCL 화물을 수령한 운송인이 컨테이너 내부의 적재 상태와 수량을 알 수 없는 현실을 반영하여 선하증권 등에 기재하는 문구이다. CFS는 한 컨테이너를 다 채울 수 없는 소량 화물(LCL : Less than Container Load)을 여러 송하인(Shipper)으로부터 인수하여 한 컨테이너에 적입하거나 반대로 반입된 혼재 화물을 해체하여 여러 화주에게 분산 인도하는 창고형 작업장이다.

어휘 transport document 운송서류   bear 띠고 있다

[30~32]

해석 다음을 읽고 질문에 답하시오.

> Mr. Carpenter 귀하,
>
> 귀하께서 추천해주신 대리점의 유형과 관련하여, 당사가 한가지 언급하고 싶은 점은, 당사는 한번도 독점 대리점을 이용해 본 적이 없다는 것입니다. 왜냐하면 독점 대리점은 당사와 당사의 고객 모두에게 다소 제약을 가하는 경향이 있다는 걸 알게 되었기 때문입니다.
>
> 저희는 자신의 계정으로 저희 물건을 구매하여, 그들의 나라에서 시장 가격으로 소매 판매하는 (ⓐ 대형 고객들을 선호합니다.) 만일 고객이 동업자 신용조회처를 제공할 수 있다면, 저희 대금 지급 조건은 60일 청산결제(선적통지조건 기한부 사후송금 결제) 방식입니다. (ⓑ 홍보에 관해서는) 귀하께서 저희가 유럽에 대규모의 캠페인을 마련하였다는 흥미로운 소식을 들으실 수 있을 것입니다. 다음 달에 시작되며, 저희의 중장비 기계를 특색으로 하였습니다. 저희는 유럽 전지역의 딜러들에게 브로셔, 리플릿, 포스터를 보내고 있으며, 5월에는 TV 광고에도 나올 예정입니다.
>
> 귀하의 회신 기다리겠습니다.

어휘 trade reference 동업자 신용조회처   feature 기능하다

30 정답 ①

해석 빈칸 (ⓐ)에 들어갈 말로 가장 적절한 것은 무엇인가?
① 당사는 대형 고객들을 선호합니다.
② 당사는 독점 대리점에 의존합니다.
③ 당사는 진실된 중개인을 신뢰합니다.
④ 당사는 위탁판매업에 의존합니다.

해설 (ⓐ) 뒷부분에는 본인의 비용으로 자국에서 소매 판매할 수 있는 업체에 대해 언급하고 있으므로 규모가 있는 고객을 선호함을 유추할 수 있다.

31 정답 ①

해석 동업자 신용조회처에 무엇이 포함될 수 있는가?
① 수입자의 성격과 능력에 대한 정보
② 정보가 포함되어 있는 책이나 기사
③ 은행이 제공한 사업의 재무 상태에 관한 진술서
④ 공급자가 외국에 있을 때 그의 소재지에 대한 정보

해설 동업자 신용 조회는 거래를 하고자 하는 업체와 지속적인 거래를 하고 있는 타업체를 통해 해당 업체의 신용도 및 성격 등을 알고자 할 때 사용한다.

32 정답 ③

해석 빈칸 (ⓑ)에 들어갈 말로 적합한 것은 무엇인가?

해설 (ⓑ) 뒷부분에는 프로모션과 관련된 내용이 나온다. 홍보에 관해 말한 것이므로 ③이 알맞다. As far as ~ is concerned는 '~에 관해서는, ~에 관한 한'이라는 뜻이다.

어휘 publicity 홍보(업)

33 정답 ①

해석 빈칸에 가장 적절한 것은 무엇인가?

> 죄송합니다만 이 물품이 완전히 품절되어, 다음 주문을 배송 받기 (전까지) 6주가 걸릴 예정이지만, 그때 저희에게 연락해 주시기 바랍니다.

① 전까지
② 후에
③ 그렇지 않으면
④ 만일 ~라면

해설 before는 전치사로서 '~ 전에, ~ 앞에'라는 의미로 많이 사용되지만, 이 문장에서는 문장과 문장을 이어주는 접속사로서 '~하기까지, ~하기 전에'라는 의미가 사용되었다.

어휘 out of stock 재고 품절

34 정답 ④

해석 다음 중 잘못된 설명은 무엇인가?
① 투하 - 물품이나 장치(도구) 등을 배 밖으로 버려서 조난 위험에 처한 선박의 무게를 가볍게 하는 것
② 해적 행위 - 바다에서 사람들이 선박, 화물 선원들 혹은 승객들을 공격하는 것을 말하며 사적 이익을 위해 하는 행동
③ 출항 금지 - 정부가 자국의 이익을 보호하기 위해서 항구의 안쪽 혹은 바깥쪽에서 선박과 화물의 이동을 금지시키는 것
④ 대위 - 사실상 손실이 전손보다 적을 때, 전손을 주장하기 위해 주인이 보험회사에게 자산을 양도하는 것

해설 ④는 위부(Abandonment)에 대한 설명이다. 위부는 추정전손의 경우 피보험자가 보험자에게 보험 목적물에 대한 손해를 현실전손으로 추정토록 하기 위해서 보험 목적물에 대한 소유권과 제3자에 대한 구상권을 보험자에게 양도하는 것을 말하며, 대위(Subrogation)는 제3자가 법률상 지위를 대신하여 그가 가진 권리를 취득하거나 행사하는 것을 말한다.

어휘 tackle 도구 overboard 배 밖으로
distress 조난(위험), 곤경 lighten 가볍게하다
assault 공격, 폭행 safeguard 보호하다, 대비하다

35 정답 ④

해석 다음은 권리침해 조항에 대한 것이다. (ⓐ~ⓒ) 빈칸에 알맞은 단어를 채우시오.

> (ⓐ: 매도인)은 특허권, 디자인, 상표나 제품과 관련된 저작권 침해에 대한 책임을 지지 않아도 된다. 만일 (ⓑ: 매도인)의 물품 판매의 결과로 특허권, 디자인, 상표권이나 저작권과 관련하여 어떠한 분쟁이 발생하는 경우 (ⓒ: 매수인)은 자신의 위험과 비용으로, 스스로를 보호하기 위해 필요한 절차들을 모두 밟아야 된다.

어휘 patent 특허권 trademark 상표
copyright 저작권

> **THE PLUS** Infringement Clause(권리침해 조항)
> 매매당사자 일방이 제3자의 권리(특허, 의장, 상표권, 실용신안권 등)를 침해하는 물품을 주문하거나 인도한 경우 제3자의 배상 청구에서 면책된다는 것을 규정한 조항이다.

[36~37]

해석 주어진 한글 문장을 영어로 번역한 것으로 가장 적절한 것은 무엇인가?

36 정답 ④

해설 ① obligatory는 '의무적인'이라는 의미이며, '감사하는'의 의미가 되려면 appreciated가 적절하다.
② 'in order to + 동사원형'이 와야 하므로 형용사인 diverse(다양한)보다는 diversify(다양화하다)가 적절하다.
③ desire는 명사로 '바람, 바라는 것', 동사로 '원하다'라는 타동사이다. be 동사와 함께 쓰일 때에는 'be desirous to + 동사원형'의 형태가 되어야 한다. 또한 business propose는 business proposal로 수정되어야 한다.

어휘 obligatory 의무적인

37 정답 ③

해설 ① 'as soon as'는 시간·조건 부사절이기 때문에 미래시제(will receive) 대신 현재시제(receive)를 써야 한다.
② 'take order'는 '주문을 받다'라는 의미이다. 주문을 하는 것이니 take를 place로 바꾸어야 한다.
④ '~을 기다리다'는 awaiting for가 아닌 waiting(자동사) for를 사용하거나 'awaiting(타동사)'만을 사용한다.

[38~39]

해석 다음을 읽고 질문에 답하시오.

> 저는 해결되지 않은 청산결제 방식 거래에 대해 귀사가 주목해 주시길 바랍니다. 신용 거래에 의한 손실은 어떤 문제를 초래할 수 있고, 귀사의 사업에 엄청난 손상을 가할 수 있습니다.
> 귀사의 계정은 현재 4개월째 연체되고 있으며 귀사는 저희의 지급과 관련한 어느 요청에도 응답하지 않았습니다. 귀사가 오늘 미화 75,000달러 금액의 수표를 보내주신다면, 귀사가 현재 가지고 계신

좋은 신용 평판을 유지할 수 있는 특별 허가를 확보할 수 있을 것입니다.

어휘 bring about ~을 초래하다 deveastate 완전히 황폐하게 만들다
past due 연체된 privilege 특권

38 정답 ②

해석 다음 중 '어떤 문제'에 포함될 내용 중 가장 적절하지 않은 것은 무엇인가?
① 현금 흐름에 영향을 미치고 때때로 차단한다.
② 매번 수표를 포함할 필요 없이 주문을 지속할 수 있도록 돕는다.
③ 어렵게 이룬 평판을 잃게 한다.
④ 재고를 보충하는 능력을 제한한다.

해설 ②의 경우 대금 미지급으로 발생할 수 있는 문제의 내용과는 관련이 없다. 수표를 포함하지 않고 주문을 할 수 있는 것은 서신의 수신자에게 발생할 문제가 아닌 그들을 위한 혜택이다.

어휘 cash flow 현금 흐름 cost 잃게 하다
goodwill 신용, 평판 replenish 보충하다

39 정답 ③

해석 이 서신의 마지막 문단 바로 다음에 나올 말로 가장 적절한 것은 무엇인가?
① 5개월 동안 저희는 귀사의 미화 75,000달러에 대한 미지급금을 해결하기 위해 계속하여 귀사에 편지를 썼습니다.
② 저희는 이러한 기간 동안에도 항상 귀사와 함께 일하기를 고대합니다.
③ 저희는 이 문제를 추가로 더 다룰 필요가 없기를 희망합니다. 왜냐하면 귀사는 저희의 소중한 고객 중 한 분이시기 때문입니다.
④ 4월 송장을 시작으로 제가 1.5% 할인을 받을 수 있을 것 같습니다.

해설 미지급계정에 대한 결제를 요청하고 있다. 만약 결제가 이루어지지 않는다면 신용도 하락 등의 문제가 발생할 수 있음을 언급하고 있다. 따라서 뒷부분에는 이러한 상황이 해결되길 희망한다는 내용이 나오는 것이 흐름상 적절하다.

40 정답 ①

해석 아래는 국제 무역에서 사용되는 범죄의 예시이다. 맞는 짝을 고르시오.

(ⓐ: 과대 청구): 송장과 다른 서류에 물품의 가격이 잘못 기재되어(실제 가격 이상으로 표기), 지급 결과 매도인이 초과 가치를 얻는다.
(ⓑ: 과소 청구): 송장과 다른 서류에 물품의 가격이 잘못 기재되어(실제 가격 이하로 표기), 지급이 완료될 때 매수인이 초과 가치를 얻는다.
(ⓒ: 미달 선적): 매도인이 송장 수량보다 적은 양 또는 제품 품질이 부족한 상품을 선적한다. 그것 때문에 서류상에는 제품의 실제 가격이 잘못 기입된다.
(ⓓ: 초과 선적): 매도인이 송장 수량보다 많은 양 또는 제품 품질이 더 좋은 상품을 선적한다. 그것 때문에 서류상에는 제품의 실제 가격이 잘못 기입된다.

어휘 mispresent 잘못 전하다 invoice quantity 송장 수량
excess value 초과 가치
fantom shipping 허위 선적(유령 선적)

[41~42]

해석 다음을 읽고 질문에 답하시오.

당사는 오늘 TV 100세트를 라고스에 위치한 Nigerian Trading사로 선적했습니다. 이 회사의 평판이 당사에게 알려져 있지 않기 때문에 단순히 환어음 인수에 대해 (ⓐ: 선적서류)를 양도하는 것을 원하지 않습니다. 그래서 당사는 선하증권과 추심을 위한 다른 선적서류와 함께 그들을 지급인으로 한 (ⓑ: 일람불 환어음)를 동봉합니다. 이 일을 위해 라고스에 있는 귀행의 현지 회사에 준비해달라고 지시해 주시기 바랍니다.

어휘 standing 입지, 평판
hand over 넘겨주다, 양도하다, 이양하다
mere 겨우, 한낱 ~에 불과한, 단순한

41 정답 ②

해석 빈칸에 들어갈 말로 가장 알맞은 것은 무엇인가?
① ⓐ 어음 – ⓑ 현금
② ⓐ 선적서류 – ⓑ 일람불 환어음
③ ⓐ 상품 – ⓑ 수표
④ ⓐ 일람불 환어음 – ⓑ 선적서류

해설 라고스의 거래처에 대한 평판이나 현지의 신용을 정확히 알 수 없기 때문에 기한부 환어음의 사용보다 일람불 환어음을 사용할 것을 요청하고 있다.

42 정답 ②

해석 이 서신은 누구에게 보내지는가?
① 판매자 ② 은행
③ 현지 회사 ④ 수입업자

해설 수출자가 추심을 의뢰하면서 추심의뢰은행에게 D/A 거래보다는 D/P 거래를 할 것을 요청하고 있다. 추심의뢰은행은 수입국의 추심은행에게 해당 추심을 의뢰하게 된다.

[43~44]

해석 알맞은 단어로 빈칸을 채우시오.

43 정답 ①

해석

(청산결제 방식) 조건은 수입자가 지정된 시간에 지급하라는 법적인 약속을 증명하는 어떠한 유통증권의 발행없이 향후 특정한 날짜에 지급하는 것을 허용한다. 이 조건은 과거에 수입자가 강한 신용 거래 경험이 있는 경우와 매도인이 수입자를 잘 아는 경우에 이 조건이 가장 흔하게 발생한다.

① 청산결제 방식　　　② 신용장
③ 추심　　　　　　　④ 현물상환 방식

해설 O/A 방식은 수출자와 수입자 간에 일정 기간 동안의 수출입 거래와 관련하여 기본매매계약(O/A Master Contract)을 체결하고 구매주문서(P/O, Purchase Order) 등에 의해 건별로 주문이 도달하면 수출자는 이를 선적하고 서류를 수입자에게 전달하며 수입자는 기본매매계약에 따라 선적일을 기준으로 일정 기간 경과 후 수출상의 계좌(Account)로 대금을 송금하는 결제 방식을 의미한다.

어휘 negotiable instrument 유통증권
legal 법률의, 법적인　　　evidence 증명

44 정답 ③

해설

> 말씀드리기 유감스럽지만, 저희가 송장 123호를 발행함에 있어 실수가 있었다는 점을 알려드립니다. 라디오의 정확한 금액은 미화 88달러입니다. 그렇기에 저희는 과소 청구된 금액의 (차변표)를 동봉합니다.

① 매도계약서　　　② 매입계약서
③ 차변표　　　　　④ 대변표

해설 debit note는 매도인이 상업송장의 작성을 잘못하여 정당한 대가 이하로 기재한 경우 해당 차액을 매수인 계정의 차변에 기장한다는 취지의 전표이다.

어휘 make out 작성하다　　undercharged 과소 청구된

45 정답 ④

해설 다음 대리점에 대한 설명으로 가장 적절하지 않은 것은 무엇인가?
① 타인에게 권한을 부여받아 그를 대신하여 행동할 권한을 부여받은 사람을 대리인이라고 한다.
② 협력 대리인은 다른 대리인과 함께 당사자를 대신하여 행동할 권한을 공유하는 자이며, 당사자에 의해 권한을 부여받은 자이다.
③ 상품이나 제품의 판매를 위해 고용된 대리인을 상업(상사) 대리인이라고 한다.
④ 지급보증 대리인은 당사자에 의한 파산으로 인해 발생하는 불량 채무를 스스로 책임지는 사람이다.

해설 지급보증 대리인(Del Credere Agent)은 대리인이 본인(본사)의 위탁에 의거하여 상품을 현지에서 판매하는 경우 현지의 고객의 지급에 대하여 보증한다는 지급보증계약을 본인(본사)과 체결하고 있는 대리인을 의미한다. 지급보증 대리인은 본인(본사)의 지급 불능과 자신의 고객의 악성 채무까지 모두 책임진다.

어휘 coagent 협력자　　　principle 본인
mercantile agent 상사 대리인
del credere agent 지급보증 대리인
insolvency 파산, 지급 불능

[46~49]

해석 다음 빈칸을 가장 적합한 단어로 채우시오.

46 정답 ①

해석

> 선적을 하는 데 있어 기한을 놓친다는 것은 곤란한 일이다. 이것은 말로 다할 수 없는 비용을 치르게 할 수 있는데, 신용도뿐만 아니라, 당신이 신뢰할 만한 사업가로서 귀하의 (ⓐ: 평판)에 흠집을 낼 수 있다. 만일 당신이 합의한 기한을 맞추지 못할 것 같다면, 아무 말 없이 날짜가 지나가게 해선 안 된다. 마감일 전에 서면으로 (ⓑ: 연장)을 요청해야 한다.

① ⓐ 평판 - ⓑ 연장
② ⓐ 돈 - ⓑ 지연
③ ⓐ 재정 - ⓑ 취소
④ ⓐ 위치 - ⓑ 지연하다

해설 선적 지연은 계약 내용을 제대로 지키지 못하였다는 것을 의미하므로 경제적 손실과 함께 상대방으로부터의 신용에 타격을 입게 되고 사업가로서의 평판에 흠집을 내게 된다. 따라서 이러한 경우 사전에 상황을 설명하고 선적기간 연장 요청을 하는 것이 바람직하다.

어휘 deadline 기한, 마감 시간　　cost 값을 치르다
in writing 서면으로　　reputation 평판
extension 연장

47 정답 ②

해석

> Ms. Yoo 귀하
> 귀하의 계정이 현재 3개월 동안 (ⓐ: 기한이 지나) 있습니다. 미지급금 송장(청구서)을 첨부합니다.
> 만일 저희가 9월 7일까지 지불을 완납 받지 못한다면, 귀하의 계정은 해지될 것이고, 서비스 또한 취소될 것 입니다. 게다가 이 문제는 당사의 (ⓑ: 추심 대행사)에게 넘겨질 것입니다.
> 이 문제를 어떻게 해결할지 논의하기 위해 부디 영업일 3일 이내로 전화주시기 바랍니다.
> 이만 줄이겠습니다.

① ⓐ 폐쇄되어 - ⓑ 법무팀
② ⓐ 기한이 지나 - ⓑ 추심 대행사
③ ⓐ 지불해야 하는 - ⓑ 보험회사
④ ⓐ 취소되어 - ⓑ 회계사

해설 연체 계좌에 대한 설명과 대금 결제가 이루어지지 않을 경우 대금 회수를 위해 추심 대행사에게 전달될 것이라는 내용을 언급하고 있다.

어휘 outstanding invoice 미지급금 송장
payment in full 완납　　business day 영업일
blocked 막힌, 폐쇄된　　past due 기한이 지난
collection agency 추심 대행사　　accountant 회계사

48 정답 ①

해석

보험증권에는 보험금 청구에 따른 지급으로 손실을 입은 보험자가 손실의 원인을 일으킨 (ⓐ: 제3자)로부터 자금 회수를 할 수 있는 권리를 갖는 문언이 포함될 수 있다. 피보험자는 (ⓑ: 보험회사)로부터 보험증권에 명시된 보험 보상을 받고, 제3자에게도 손해배상을 청구할 수 있는 권리는 없다.

① ⓐ 제3자 – ⓑ 보험자(보험회사)
② ⓐ 수입자 – ⓑ 보험자(보험회사)
③ ⓐ 제3자 – ⓑ 수입자
④ ⓐ 수입자 – ⓑ 피보험자

해설 보험자가 보험의 목적의 전부에 대한 전손금을 지불하였거나 분할된 전손금을 지불한 경우에 보험자는 전손금이 지불된 보험의 목적에 잔존할 수 있을 피보험자의 이익(잔존물, 제3자에 대한 청구권)을 승계할 권리를 갖는다. 이를 대위(Subrogation)라고 한다. 이는 보험자가 보험금을 지급한 이후에도 피보험자에게 잔존물이나 제3자에 대한 청구권이 있는 경우에는 피보험자는 부당 이득을 취하게 되며 실손보상원칙에 위배되기 때문에 이중 이득을 방지하기 위해 사용한다.

어휘 insurance policy 보험 정책
recovery 회복   coverage 담보 범위

49 정답 ①

해석

(ⓐ: FIO)는 운송 또는 운임 조건을 나타내는데, 운임에 적재/양하의 비용은 포함되지 않는다. 요지는 용선 계약에서 적재/양하가 선주의 책임이 아니라는 것이다. (ⓑ: 용선자)가 적재/양하의 책임이 있다.

① ⓐ FIO – ⓑ 용선자
② ⓐ FI – ⓑ 화주
③ ⓐ FO – ⓑ 용선자
④ ⓐ FIO – ⓑ 수하인

해설 FIO(Free In & Out)는 선적 양하 시 선내 하역 비용을 모두 용선자가 부담하는 조건이다.
- F.I(Free In): 선적 시 선내 하역 비용은 용선자가 부담(선주가 부담하지 않음)하고, 양하 시 선내 하역 비용은 선주가 부담하는 조건이다.
- F.O(Free Out): 선적 시 선내 하역 비용은 선주가 부담하고, 양하 시 선내 하역 비용은 용선자가 부담하는 조건이다.

어휘 load 적재하다   discharge 양하하다
charter party 용선 계약

50 정답 ②

해설 가장 알맞은 것으로 빈칸을 채우시오.

환어음의 발행인은 (특정 금액의 지급을 위해 다른 당사자를 대상으로 환어음을 발행하는) 당사자이다.

① 일람불 환어음 또는 제시된 시간을 기반으로 지급하는
② 특정 금액의 지급을 위해 다른 당사자를 대상으로 환어음을 발행하는
③ 그의 은행이나 무역 거래처로부터 지급을 받는
④ 환어음에 명시된 총합을 지급하도록 지정된

해설 환어음은 채권자인 발행인(Drawer(수출상))이 채무자인 지급인(Drawee(은행 또는 수입자))에게 일정한 금액을 증권에 기재된 수취인(Payee) 또는 그 지시인(Orderer) 또는 소지인(Bearer)에게 지급일에 일정 장소에서 무조건 지급할 것을 위탁하는(Order) 요식 유가증권(Formal Instrument)이며 유통증권(Negotiable Instrument)이다.

어휘 drawer 발행인   bill of exchange 환어음
bill at sight 일람불 환어음

[제3과목] 무역실무

51 정답 ④

해설 선적과 인도가 같다는 것은 선적지 인도조건을 의미한다. EXW, FOB, CIF 조건은 선적지 인도조건이며, DAT, DAP, DDP 조건은 도착지 인도조건이다. C 조건은 타 조건과 달리 비용과 위험의 분기점이 다르기 때문에 인도와 관련된 시기를 의미하고자 할 때는 인도조건보다 선적 조건으로 명시하는 것이 정확하다.

52 정답 ②

해설 ㉠은 5, ㉡은 10이 들어가야 알맞다.

THE PLUS UCP 600 제30조

a. 신용장에 표시된 신용장 금액, 수량 또는 단가와 관련하여 사용된 "약(about)" 또는 "대략(approximately)"이라는 단어는, 그것이 언급하는 금액, 수량 또는 단가의 10%를 초과하지 않는 범위 내에서 편차를 허용하는 것으로 해석된다.
b. 신용장이 수량을 포장 단위 또는 개별 단위의 특정 숫자로 기재하지 않고 청구 금액의 총액이 신용장의 금액을 초과하지 않는 경우에는 물품의 수량에서 5%를 초과하지 않는 범위 내의 편차는 허용된다.

53 정답 ②

해설 양도 시 원신용장의 유효기일과 서류 제시기일은 단축만 가능하다.

THE PLUS UCP 600 제38조

양도가능 신용장은 신용장의 조건을 정확히 반영하여야 한다. 다만 신용장의 금액, 신용장에 기재된 단가, 유효기일, 제시기간, 최종 선적일 또는 선적기간은 일부 또는 전부 감액되거나 단축될 수 있으며, 부보비율은 증액 가능하다.

54 정답 ④

해설 신용장 거래에서 은행은 담보권을 확보하기 위해 Shipped B/L(선적 선하증권) 또는 On Board B/L(본선적재 선하증권)을 요구한다. 유통성이 없는 권리포기 선하증권(Surrendered B/L)은 은행에서 수리하지 않는다.

55 정답 ①

[해설] ㉠은 선복운임(Lump-sum Freight), ㉡은 부적운임(Dead Freight), ㉢은 조출료(Despatch Money)가 들어가야 알맞다.

> **THE PLUS** 조출료와 체선료
>
> 1. **조출료(Despatch Money)**
>   허용된 정박기간 이전에 하역작업이 완료된 경우에 선주가 용선자에게 지급하는 금액이다.
> 2. **체선료(Demurrage)**
>   규정된 정박기간 이내에 선적이나 양륙이 이루어지지 않은 경우 초과 일수에 대하여 용선자가 선주에게 지급하는 대가 금액이다.

56 정답 ①

[해설] 본선에 적재하여 인도하는 인코텀즈 조건은 FAS, FOB, CFR, CIF 조건이다. CPT 조건은 매도인은 물품이 목적지에 도착한 때가 아니라 선택된 당해 규칙에 명시된 방법으로 운송인에게 물품을 교부하는 때에 그의 인도의무를 이행한 것으로 보는 조건이다.
DAT 조건은 목적지에서 물품을 운송 수단으로부터 양하하여 매수인의 임의 처분하에 둔 때에 인도한 것으로 보는 조건이었으나 Incoterms 2020으로 개정되면서 기존 인도 지점이 터미널에서 약속한 합의 지점으로 확대된 DPU 조건으로 변경되었다.

57 정답 ①

[해설] 추심 방식에서 은행은 신용장 방식과 달리 대금 지급에 대한 확약을 부담하지 않는다. 즉, 대금 지급의 당사자가 아닌 추심의뢰인의 대리인으로서 역할을 수행하게 된다. 추심 방식에서의 환어음의 지급인은 수입상이고 신용장 방식에서는 개설은행이다.

58 정답 ④

[해설] ㉠ 복합운송은 복합운송인에게 집중되는 단일 책임의 단일운송계약(Single Contract)으로 전 구간의 운송(Through Carriage)을 인수한다.
㉢ 복합운송은 2종 이상의 운송 방식(항공, 해상, 철도 등)으로 운송되는 것을 말한다.

59 정답 ②

[해설] 인코텀즈 조건에서 매수인이 매도인을 위하여 부보하여야 하는 조건은 존재하지 않는다. CPT 조건의 경우 매도인이 본인을 위하여 적하보험에 가입할 수 있다.
⑤ Incoterms 2020으로 개정되면서 CIP 조건에서는 최대담보조건(ICC (A)약관)으로 부보하도록 개정되었다.

60 정답 ①

[해설] 수익자 지시식으로 발행되고 송장금액의 10%를 더한 금액에 대해 백지 배서된 보험증권 2통
보험증명서나 보험확인서는 보험증권을 대체할 수 없다. 반대로 보험증명서나 보험확인서를 요구한 경우에는 Insurance Policy(보험증권)로 대체하여 수리 가능하다.

61 정답 ③

[해설] 신용장상의 문구: 송장금액의 100%에 대해 어느 은행에서나 일람 후 18일 출급 환어음의 매입에 의해 가능

[해설] Banker's Usance Credit은 은행(수출지 은행 또는 수입지 은행)이 수출상이 발행한 기한부 환어음을 인수하여 수출상에게 일람출급 방식(At Sight Basis)으로 대금을 지급하는 한편, 수입상에게는 일정 기간 후에 자금을 회수함으로써 수출상에게는 일람불 거래, 수입상에게는 기한부 거래의 효과를 제공하는 신용장이다. 해외의 은행이 아닌 개설은행이 인수, 할인 금융을 직접 제공하면 Domestic Banker's Usance Credit이라고 하고 해외 은행이 제공하면 Overseas Banker's Usance Credit이라고 한다.

62 정답 ①

[해설] 유상계약은 무상계약과 반대되는 개념이나, 대가적 관계에 차이점이 있다. 물품이 인도되면 대금을 지급하는 반대급부 자체에 중점을 둔 개념이기 때문에 ①은 옳지 않다.
채무 자체의 상호 의존성에 중심을 둔 개념은 쌍무계약이다.

63 정답 ②

[해설] ㉡ 신용장이 양도 가능하려면 'Transferable'이라는 문구가 있어야 한다.
㉣ 일람 후 90일 조건이면 Usance Credit(기한부 신용장)으로 볼 수 있다.
㉤ 양도가능 신용장이 반드시 중계무역에서만 사용되는 것은 아니다.

64 정답 ④

[해설] 적색 선하증권(Red B/L)은 선하증권과 보험증권을 결합한 것이다. 적색 선하증권은 선하증권에 기재된 화물에 사고가 발생하면 선사가 이를 보상해 주는 특징이 있다.

65 정답 ④

[해설] 중재제도는 절차를 비공개로 처리하여 회사의 운영 비용, 영업 방식, 손익 내용 등 거래 비밀을 공개하지 않으므로 사업상 비밀이나 회사의 명성을 그대로 유지할 수 있게 한다.

66 정답 ①

[해석]
① 보증부 매입   ② 신용장 조건변경 후 매입
③ 전신조회 후 매입   ④ 추심 후 매입

[해설] 보증부 매입(L/G Negotiation)에 대한 설명이다. 운송서류가 L/C 조건에 일치하지 않으면 매입은행은 L/C에 의한 대금 회수의 보장을 받지 못하기 때문에, 일종의 보상장(L/G, Letter of Guarantee)을 징구하고 매입한다.

> **THE PLUS** 오답 선택지
>
> ② 신용장 조건 변경 후 매입(Negotiation after Amendment): 하자 사항과 관련된 신용장의 제 조건을 변경받도록 한 후에 매입하는 방법
> ③ 전신 조회 후 매입(Cable Negotiation): 개설은행에 미리 전신으로 서류의 미비점 또는 신용장 조건과의 불일치 사항을 알려주고, 그 매입 가능 여부를 조회하여 승인을 받은 후에 매입하는 방법
> ④ 추심 후 매입(Collection Basis): 선적서류 하자로 인해 개설은행이 대금 지급을 거절한 경우, 매입은행이 매입을 거절하고 추심 방식으로 전환하는 방법

67 정답 ③

[해설] 보험 금액은 최소한 매매계약에서 약정된 대금에 10%를 더한 금액(매매 대금의 110%)이어야 하고, 보험의 통화는 매매계약의 통화와 동일해야 한다.

68 정답 ①

[해설] 통상적인 희생이나 비용은 공동해손 성립 요건으로 볼 수 없다.

> **THE PLUS** 공동해손 성립 요건
>
> 1. 위험 요건
>   공동 위험이 존재하고 그 위험은 현실적이고 중대한 것이어야 한다.
> 2. 처분 요건
>   고의적이고 합리적이며 비정상적인 처분이 있어야 한다.
> 3. 손해와 비용 요건
>   처분의 직접적인 결과인 손해 및 비용에 한하여 공동해손으로 인정한다.
> 4. 잔존 요건
>   공동해손이 성립하기 위해서는 공동해손 행위의 결과로 선박 또는 화물의 쌍방 또는 어느 일방이 남아 있어야 한다.

69 정답 ③

[해설] ICC(A/R)은 포괄담보 방식이다.

> **THE PLUS** 해상위험의 담보 방식
>
> 1. 포괄담보 방식
>   - 보험자가 보상하는 위험을 약관에 구체적으로 열거하지 않고 면책 위험 이외의 일체의 위험 또는 사고를 보상 위험으로 하고 있는 방식
>   - ICC(A/R), ICC(A)
> 2. 열거담보 방식
>   - 보험자가 보상하는 위험을 구체적으로 열거하고, 열거되지 않은 위험에 대해서는 책임지지 않는 방식
>   - ICC(FPA), ICC(W/A), ICC(B), ICC(C)

70 정답 ②

[해설] Apron은 선석에 접한 야드 부분으로 하역작업을 위한 공간으로 Gantry Crane(갠트리 크레인)용 철로가 가설되어 컨테이너 하역작업을 하는 공간이다. 선박의 동요를 막기 위한 계선주(Bitt)가 설치되어 있는 곳은 Berth(안벽)이다.

71 정답 ④

[해설] 제품환매(Buy Back Trade)에 대한 설명이다.

> **THE PLUS** 오답 선택지
>
> ① 구상무역(Compensation Trade): 물물 교환과 유사하며 하나의 계약서로 거래가 성립되며 환거래가 발행하고 대응 수입 의무를 제3국에 전가하는 형태의 무역
> ② 대응구매(Counter Purchase): 수출액의 일정 비율에 상응하는 상품을 대응 수입해야 하는 의무를 지게 되며 두 개의 계약서로 거래가 이루어지는 무역
> ③ 절충교역거래(Off-set Deal): 주로 무기 거래에서 사용되는 방식으로 외국으로부터 군사 장비, 물자 등을 수입할 때 기술 이전 및 부품 역수출 등 일정한 반대급부를 요구하는 조건부 교역

72 정답 ③

[해설] 만기(Maturity Date)를 정하기 위하여 from과 after라는 단어가 사용된 경우에는 명시된 일자를 제외한다.

73 정답 ④

[해설] 신용장에서 환어음의 지급인(Drawee)은 통상 개설은행이 되며 개설은행의 주소를 표시한다.

74 정답 ①

[해설] CISG의 규율 대상에는 계약의 유효성이 포함되지 않는다.

> **THE PLUS** CISG 제4조
>
> 이 협약은 매매계약의 성립 및 그 계약에서 발생하는 매도인과 매수인의 권리·의무만을 규율한다. 이 협약에 별도의 명시 규정이 있는 경우를 제외하고, 이 협약은 특히 다음과 관련이 없다.
> a. 계약이나 그 조항 또는 관행의 유효성
> b. 매매된 물품의 소유권에 관하여 계약이 미치는 효력

75 정답 ①

[해설] Waiver Clause(포기유보약관)에 대한 설명이다. 이 약관은 보험사고가 발생한 경우 손해방지 조치를 취하는 것이 보험목적물에 대한 손해배상 청구를 포기하는 것이 아니라는 취지를 나타낸다.

> **THE PLUS** 오답 선택지
>
> ② Duty of Assured Clause(피보험자의무약관): 손해가 발생한 경우에 피보험자가 취해야 할 행동에 관하여 규정한 약관
> ③ Reasonable Despatch Clause(신속조치약관): 보험계약이 체결된 이후에 보험사고가 발생하였다면 보험계약자 또는 피보험자는 보험사고가 발생한 여건 속에서 신속한 조치(보험사고 사실의 통지, 원인 규명에 대한 조치 등)를 취해야 한다는 약관
> ④ Forwarding Charge Clause(운송제비용약관): 보험약관에서 담보하고 있는 위험에 근인하여 발생된 보험사고로 항해가 중간항에서 종료되는 경우에 보험자는 보험목적물을 양륙·보관하고 부보된 목적지로 운반함에 따라 적절하고 합리적으로 발생한 추가 비용을 피보험자에게 보상하는 내용의 약관

정답 및 해설　2018년 제1회(111회)

[제1과목] 영문해석

01	①	02	④	03	①	04	③	05	④
06	①	07	①	08	②	09	①	10	③
11	①	12	②	13	③	14	③	15	③
16	③	17	④	18	③	19	④	20	③
21	①	22	④	23	④	24	②	25	②

[제2과목] 영작문

26	②	27	①	28	②	29	③	30	③
31	④	32	①	33	②	34	③	35	②
36	①	37	①	38	④	39	①	40	①
41	①	42	③	43	②	44	③	45	①
46	④	47	②	48	④	49	③	50	②

[제3과목] 무역실무

51	①	52	①	53	②	54	④	55	②
56	④	57	②	58	②	59	②	60	③
61	①	62	②	63	②	64	②	65	④
66	④	67	③	68	④	69	④	70	②
71	②	72	전부정답	73	④	74	③	75	②

[제1과목] 영문해석

[01~03]

해석　다음을 읽고 질문에 답하시오.

> Ann 귀하
>
> 당사의 사무실에서 물품을 수거하여 부산항까지 운송하는 데 대한 견적을 내주시기 바랍니다.
>
> 당사의 물품은 다음과 같습니다.
> - 다이브 베드와 매트리스 6개, 700×480cm
> - 판지 상자에 포장된 책장 조립세트 7개, 각 부피 14m³
> - 판지 상자에 포장된 커피테이블 조립세트 4개
> - 팔걸이 의자 4개, 320×190×260cm
>
> 다이브 베드와 팔걸이 의자는 폴리에틸렌과 골판지 상자로 포장되어 있어 찍힘과 긁힘으로부터 완전히 보호되고 있으며, 물품의 송장 금액은 미화 50,500달러입니다. 운임은 당사의 고객이 부담할 것입니다.
>
> 물품의 인도는 다음 주가 끝나기 전에 이루어져야 하므로 조속한 답변을 부탁드립니다.

어휘　divan 다이브 베드(두꺼운 받침대와 매트리스로 된 침대)
corrugated paper 골판지

01　정답 ①

해석　상기 서신의 목적은 무엇인가?
① 운송 견적 요청
② 마감기한까지 물품 운송 요청
③ 매진될 상품 가격의 제안
④ 적절한 포장에 대한 요청

해설　서신의 작성자는 다이브 베드 등의 물품을 부산항까지 운송해 달라고 하면서 운송 비용에 대한 견적을 요청하고 있으므로 ①이 적절하다.

02　정답 ④

해석　누가 Ann으로 가장 적절한가?
① 매수인
② 매도인
③ 보험회사
④ 운송주선인

해설　외국으로 수출되는 물품에 대한 운송을 요청하고 있으므로 물품의 수령, 운송의 업무를 화주 대신 진행하는 운송주선인이 적절하다.

03　정답 ①

해석　상기 거래에 적합한 인코텀즈 조건은 무엇인가?
① 운송인인도
② 운송비·보험료포함인도
③ 운임포함인도
④ 본선적재인도

해설　물품의 수령은 서신 작성자의 사무실에서 이행되고 운임은 고객이 부담한다고 언급하고 있다. 물품을 특정 장소에서 운송인에게 인도하고 그 이후 비용을 매수인이 부담하는 조건은 FCA(운송인인도) 조건이다.

04　정답 ③

해석　빈칸에 적합하지 않은 것은 무엇인가?

> CISG(비엔나협약)에 따르면, 특히 (　　　)에 관한 부가적 또는 상이한 조건은 청약 조건을 실질적으로 변경하는 것으로 간주한다.

① 가격, 대금 지급, 물품의 품질과 수량
② 인도 장소와 시기

③ 지연 승낙
④ 분쟁의 해결

해설 지연 승낙은 청약 조건을 실질적으로 변경하는 것이 아니다. 비엔나협약 제19조 3항에 따르면 가격, 대금 지급, 물품의 품질과 수량, 인도의 장소와 시기, 상대방에 대한 당사자 일방의 책임 범위 또는 분쟁해결에 관한 부가적 또는 상이한 조건은 청약 조건을 실질적으로 변경하는 것으로 간주한다.

어휘 materially 실질적으로   settlement 해결, 결제

[05~06]

해석 다음을 읽고 질문에 답하시오.

담당자님께

당사는 당사의 고객인 Delta Computers, Ltd.를 대신하여 뉴질랜드 웰링턴에 소재하는 N.Z. Business Machines Pty.로 컴퓨터 20대의 화물을 발송할 예정입니다. 탁송품은 5월 18일에 틸버리에서 출항하는 Northen Cross호에 선적되어, 6월 25일에 웰링턴에 도착할 예정입니다.
항구에서 항구까지 전위험을 담보하는 보험료에 대해 견적을 내주시면 감사하겠습니다.
사안이 시급하므로 조속한 답변을 부탁드립니다.
감사합니다.

그럼 안녕히 계십시오.

05 정답 ④

해석 상기 내용에 포함되지 않은 것은 무엇인가?
① 피보험목적물   ② 선박명
③ 출발항과 도착항   ④ 보험 가액

해설 보험의 목적물(컴퓨터), 선박명(Northen Cross호), 출발항(Tilbury), 도착항(Wellington)은 서신에 나와 있으나 보험 가액에 대해서는 언급되어 있지 않다.

06 정답 ①

해설 무엇이 요구되고 있는가?
① 보험료   ② 운임
③ 환율   ④ 보험 금액

07 정답 ①

해석 다음은 서류의 일부이다. 이것은 무엇인가?

귀사가 상기 선적에 대한 선하증권을 발행하였고 상기 화물이 목적항에 도착하였으므로, 이에 대해, 당행은 선하증권 원본의 제출 없이 앞서 언급된 당사자에게 해당 화물을 인도하여 주실 것을 요청드립니다.
당행의 위 요청을 귀사가 수락하는 것을 고려했을 때 당행은 이로써 귀사에게 다음과 같이 보상할 것을 약속합니다.

아래 서명한 은행이 운송계약에 따른 운임, 컨테이너 체화료 또는 기타 비용에 대한 책임에서 면제된다는 전제하에 당행의 요청에 따라 화물을 인도한다는 이유로 귀사가 입으실 수 있는 손실에 대한 비용. 당행은 상기 화물과 관련된 원본 선하증권이 도착하는 즉시, 귀사에게 양도할 것이며, 이에 의거하여 당행의 책임은 중지됩니다.

① 수입화물선취보증서   ② 보험증서
③ 인도보증   ④ 청구보증

해설 수입화물선취보증서(L/G)에 대한 설명이다. 수입 물품은 이미 도착하였으나 선적서류가 도착하지 않았을 경우 매수인과 개설은행이 연대 보증하여 선사로 제출하는 보증서이다. 매수인은 선사에 선하증권 원본 대신 L/G 원본을 제출하고 화물을 인도받는다.

어휘 whereas ~한 사실이 있으므로
indemnify 배상하다   provided that ~라면(= if)
exempt 면제하다
surrender (권리를) 포기하다, 양도하다

08 정답 ②

해설 CIGS에 따라 다음 중 유효한 승낙으로 간주되는 것은 무엇인가?
① 침묵에 의한 승낙
② 청약에 동의하는 피청약자의 행동
③ 부작위에 의한 승낙
④ 기한 연장에 대한 반대청약

해설 CISG 제18조에 의하면 '청약에 대한 동의를 표시하는 상대방의 진술 또는 그 밖의 행위는 승낙이 된다. 그러나 침묵 또는 부작위는 그 자체만으로 승낙이 되지 아니한다.'라고 규정하고 있다. 또한 제19조에서는 '승낙을 의도하고 있으나, 부가, 제한 그 밖의 변경을 포함하는 청약에 대한 응답(반대청약)은 청약에 대한 거절이면서 동시에 새로운 청약이 된다.'고 규정하고 있다.

어휘 inactivity 부작위   counter offer 반대청약

09 정답 ①

해설 다음에 따른 내용으로 옳지 않은 것은 무엇인가?

보험증권은 2부가 발행되고 송장금액의 110%로 백지 배서되어야 한다. 보험증권은 협회적하약관(B)를 포함하여야 한다.

① 보험증명서는 보험증권 대신 제시될 수 있다.
② 매입에 있어 백지 배서는 반드시 수익자에 의해 이루어져야 한다.
③ 송장금액에 더해진 10%는 희망이익이다.
④ 보험증권은 원본으로 2부로 발행되어야 한다.

해설 Insurance Certificate(보험증명서)는 Insurance Policy(보험증권)를 대신할 수 없다. 다만 보험증권은 보험증명서 또는 보험확인서를 대신하여 제시되어도 은행은 이를 하자로 보지 않는다.

어휘 in duplicate 2부로   blank endorsement 백지 배서

10 정답 ③

해석 CISG(비엔나협약)에 따르면 적절한 계약 상태로 알맞지 않은 것은 무엇인가?

> 당사는 2018년 4월 1일자 청약을 받았습니다. 주의깊게 검토해 본 결과, 만약 귀사가 세트당 가격을 미화 2달러로 낮출 수 있다면 당사는 귀사의 청약을 받아들이기로 결정하였습니다.

① 피청약자는 원청약에 대해 거절한다.
② 이것은 청약을 종료시킨다.
③ 이것은 조건부 승낙이다.
④ 이것은 반대청약이다.

해설 승낙을 의도하고 있으나 부가, 제한 그 밖의 변경을 포함하는 청약에 대한 응답은 청약에 대한 거절이면서 동시에 새로운 청약이 된다. 청약의 조건 중 가격에 대한 조건을 변경하길 원하므로 청약에 대한 거절이자 반대청약으로 볼 수 있다.

어휘 terminate 끝나다, 종료하다

[11~12]

해석 다음을 읽고 질문에 답하시오.

> (A: 당사는 귀사의 최근 인도 건에 대해 컴플레인을 하고자 합니다.) 당사는 주문품의 일부가 도착하기를 여전히 기다리고 있을 뿐 아니라, 또다시 한 번 더 (a) 다른 부서로 보내졌어야 했던 부품을 수령하였습니다. 당사는 그 부품을 올바른 공장으로 전달하였고 그러한 이유로 (b) 귀사가 이러한 비용에 대해 보상해 주시기를 기대합니다. 이런 종류의 혼동이 발생한 것은 이번이 처음이 아닙니다. (c) 이러한 인도상의 문제는 제품 생산의 지연뿐만 아니라 추가 잔업 발생의 원인이 됩니다. 당사는 이를 받아들일 수 없으며, (d) 만약 이러한 일이 다시 발생한다면 당사는 계약을 취소할 수밖에 없습니다.

어휘 component 부품, 요소   cover 보상하다, 부보하다
mix-up (실수에 의한) 혼동

11 정답 ①

해석 (a)~(d) 중 문법적으로 옳지 않은 것은 무엇인가?

해설 부품이 주로 '보내졌어야 했다'는 수동의 의미가 되어야 하므로 should have sent(보냈어야 했다)가 아닌 should have been sent(보내졌어야 했다)가 와야 한다.

12 정답 ②

해석 빈칸 (A)에 들어갈 문장으로 가장 적절한 것은 무엇인가?
① 당사는 계약을 변경하고자 합니다.
② 당사는 귀사의 최근 인도 건에 대해 컴플레인을 하고자 합니다.
③ 당사는 귀사가 지불하지 않은 자금을 수금하고자 합니다.
④ 당사가 부품을 공장으로 보낸 것에 대해 알려드리고자 합니다.

해설 위 서신에서는 공급 지연 및 서신의 작성자 앞으로 잘못 배송된 부품에 대한 처리를 언급하고 있다. 따라서 인도 지연에 관한 내용이 언급되는 것이 적절하다.

어휘 amend 변경하다, 수정하다
collect 수금하다, 추심하다

13 정답 ③

해석 밑줄 친 '귀사'는 누구인가?

> 당사는 CIF 퀘벡 조건으로 50,000파운드 상당의 테이프 리코더 화물을 Manchester Liners사의 선박을 이용하여 맨체스터에서 곧 선적할 예정입니다.
> 당사는 위 주소지에 있는 당사의 창고에서 퀘벡항까지의 모든 위험에 대해 화물을 담보받기를 원합니다.
> 귀사께서는 해당 담보에 대한 귀사의 요율을 견적내 주시기 바랍니다.

① 매수인   ② 운송인
③ 보험회사   ④ 운송주선인

해설 서신의 작성자는 화물의 운송 과정에서 발생할 수 있는 해상 위험에 대해 전위험담보(All Risks) 조건으로 보험에 가입하여 위험을 회피하고자 한다. 따라서 이 서신을 받는 당사자는 보험회사가 적절하다.

어휘 all risks(= A/R) 전위험담보   warehouse 창고
quote 견적을 내다

14 정답 ③

해석 다음 중 UCP 600에 따라 옳은 문장은 무엇인가?
① 취소 불능이란 표시가 없는 경우 신용장은 취소 가능으로 간주된다.
② 취소가능 신용장은 신용장의 기본 당사자 전원이 그러한 조건 변경이나 취소에 대해 동의하는 경우에만 조건 변경 또는 취소될 수 있다.
③ 양도가능 신용장은 단 한 번만 양도 가능하다.
④ 취소불능 신용장은 오로지 개설은행 또는 확인은행에 의해 조건 변경 또는 취소될 수 있다.

해설 ① 신용장은 취소 불능이라는 표시가 없어도 취소가 불가능하다.
② 취소불능 신용장은 신용장의 기본 당사자(수익자, 개설은행, 확인은행(있는 경우)) 전원의 동의가 없으면 조건 변경 또는 취소할 수 없다.
④ 취소가능 신용장은 개설은행에 의해 조건 변경 또는 취소가 가능하다.

어휘 in the absence of ~이 없을 때에
be deemed to ~로 간주되다   revocable 취소 가능한

15 정답 ③

해석 다음 중 Incoterms 2010에 포함되지 않는 것은 무엇인가?
① 당사자들은 지정된 인도 장소 내에서의 지점을 가능한 한 정확히 지정하도록 권고된다.
② 매도인이 지정된 목적지에서 물품의 양하와 관련된 운송계약에 따라 비용을 부담하는 경우 매도인은 당사자 간 별도로 합의하지 않는 한 매수인으로부터 그러한 비용을 회수할 권리가 없다.
③ 매도인은 자신의 어떠한 의무를 위반함에 따라 계약을 이행하지 못하는 경우 책임이 있다.

④ 매수인은 매도인에게 인수하였다는 적절한 증거를 제공할 수 있다.

해설 Incoterms 규칙은 주로 매도인과 매수인 간 물품 인도에 관련된 업무와 비용 및 위험을 규정한다. 계약 위반에 따른 내용은 다루지 않는다.

어휘 specify (구체적으로) 명시하다   incur (비용을) 물게되다

16 정답 ③

해설 다음을 읽고 Incoterms에 대한 설명으로 틀린 것을 고르시오.

나라마다 서로 다른 사업 문화를 가지고 있으므로 오해에 대한 위험을 최소화하기 위해 명확한 서면 계약서를 작성하는 것이 좋다. 계약서에는 상품이 어디로 배송되어야 하는지 명시하여야 한다. 계약서에는 통관절차를 포함한 운송의 각 모든 단계에 대해 책임을 지는 자와 요구되는 보험에 관한 사항이 포함되어야 한다. 또한 계약서에는 각각의 개별 비용을 누가 지불하는지 명확하게 규정하여야 한다. 혼동을 피하기 위해 협의된 인도조건을 정확히 설명하는 국제적으로 합의된 Incoterms가 사용되어야 한다. 인도조건에는 다음과 같은 사항이 있다.

① 물품이 인도될 장소
② 운송 계약 당사자
③ 물품의 소유권이 이전되는 시기
④ 통관절차를 이행하는 당사자, 관세 및 세금을 부담하는 당사자

해설 Incoterms에서는 소유권의 이전과 계약 당사자의 의무 불이행 시 구제 방법 등에 대해서는 규정하고 있지 않다.

어휘 confusion 혼동   spell out 상세히 설명하다

17 정답 ④

해설 다음은 컨테이너화에 대한 설명이다. 다음 중 실질적인 컨테이너 업무와 관련이 없는 것은 무엇인가?

컨테이너화는 철도, 도로 및 해상운송의 가능한 조합을 제공하는 발전된 복합운송 방식을 허용함으로써 상품을 규격화된 형태로 유통하는 방법이다.
컨테이너가 복합 운송에서 매우 일반적인 방법이 되어감에 따라 컨테이너 운송 과정은 구체적으로 명시될 것이다. 비록 모든 컨테이너 운송이 복합 운송인 것은 아니지만, 반대로 그들은 종종 서로 관련이 있으므로 이 두 개념을 함께 고려하는 것이 유용하다.

① 컨테이너 운송은 운송주선인에 의해 주로 처리된다.
② 컨테이너는 반드시 운송인이 소유할 필요는 없지만, 종종 운송인에게 컨테이너를 빌려주는 전문 회사가 소유한다.
③ 수출상이 화물을 컨테이너 전체에 적재하고자 하는 경우(FCL), 선박 회사는 수출상이 적재할 수 있도록 빈 컨테이너를 제공할 수 있다.
④ 화물이 컨테이너 전체보다 적은 경우(LCL), 수출상은 화물을 컨테이너야드(CY)로 보낼 것이다.

해설 수출상이 컨테이너 전체를 채울 수 없는 화물을 선적하고자 할 때는 CY(Container Yard)가 아닌 CFS(Container Freight Station)로 화물을 보내어 다른 화주의 물건과 함께 컨테이너에 적재한 후 CY로 이동하여 선적한다. FCL의 경우에는 수출상이 창고나 공장에서 적입 작업을 한 후 바로 CY로 이동하여 선적한다.

어휘 multimodal transport 복합 운송   vice versa 반대로

[18~19]

해설 다음을 읽고 질문에 답하시오.

당사와의 계정 개설과 관련된 귀하의 문의에 대해 감사드립니다. 동봉한 재무 정보 양식을 작성해 주시고 한 곳의 은행조회처와 두 곳 이상의 동업자 신용조회처를 알려주시기 바랍니다. 물론 모든 정보는 엄격하게 기밀로 유지될 것입니다.
귀사의 협조에 감사드립니다.

어휘 trade references 동업자 신용조회처   cooperation 협조

18 정답 ③

해설 다음 중 이전 서신에서 발견할 수 있는 것으로 가장 적절한 것은 무엇인가?
① 당사는 현재 귀사가 이미 계정을 보유하고 있는 백화점 세 곳의 이름을 보내주실 것을 요청드립니다.
② 만약 귀사께서 현재의 재무 상태뿐만 아니라 추가로 두 곳의 신용조회처를 제공해 주실 수 있다면, 당사는 기꺼이 귀사의 신청을 재고할 것입니다.
③ 당사는 표에 기재된 주문부터 시작하여 30일 신용 조건으로 계정을 개설하여 주실 것을 요청드립니다.
④ 귀사께서 작성할 수 있도록 표준 신용 양식을 동봉하며 가능한 한 조속히 회신해 주시면 감사하겠습니다.

해설 본문에서는 계정을 개설하려는 당사자의 신용 상태에 대한 정보를 요청하고 있다. 따라서 기존 서신에서는 계정을 개설하고자 하는 당사자의 신용 거래 요청과 관련된 내용이 나오는 것이 적절하다.

어휘 open an account 계정을 만들다

19 정답 ④

해설 밑줄 친 '재무 정보'에 포함되지 않는 것은 무엇인가?
① 대차대조표   ② 손익계정
③ 현금 흐름   ④ 사업등록증

해설 재무 정보를 나타내는 자료로는 재무상태표, 대차대조표, 손익계산서 등이 있으며 회사의 현금 흐름과 관련된 정보 또한 재무 정보로 볼 수 있다. 사업등록증은 사업을 영위하기 위해 세무 당국에 사업자 등록을 하고 발급받는 서류로 재무 정보와는 관련이 적다.

어휘 balance sheet 대차대조표(자산과 부채와 자본의 상태표)
profit and loss account 손익계정

20 정답 ③

해설 밑줄 친 '규칙'에 적합한 것은 무엇인가?

은행이 지정된 서류가 은행에게 제시될 때 지급해 줄 것을 요청받

는 경우, 은행은 오로지 서류의 적합성이나 달리 규정된 내용에 따라 지급 여부를 결정한다.

은행은 일반적으로 인정되는 일련의 정의와 행동 규칙 그리고 그 규칙을 엄격하게 준수하는 것이 은행의 국제 무역금융에 대한 효율적 운영의 핵심이다.

A. UCP 600
B. Incoterms 2010
C. URC 522
D. ISP 98

해설 은행이 서류에 의해 대금을 지급할 것을 요구받는 결제 방식에는 신용장 방식, 추심 방식 등이 있다. UCP 600(신용장통일규칙), URC 522(추심통일규칙), ISP 98(보증신용장통일규칙)이 이에 해당한다. Incoterms 2010은 정형거래조건으로서 매매계약 체결 시 가격 조건과 관련된 규칙이므로 관계가 적다.

어휘 strict adherence 엄격한 고수

21 정답 ①

해설 다음 중 추심통일규칙에서 규정하는 은행의 의무에 대해 적절하지 않은 것은 무엇인가?
① 은행은 지시 사항을 따르기 위해 서류를 심사할 것이다.
② 은행의 주소지로 물품이 직접 발송된 경우, 해당 은행은 물품을 인수하여야 하는 의무를 부담하지 아니한다.
③ 은행은 수령한 서류가 추심지시서에 기재된 것으로 보이는지 확인한다.
④ 은행은 선의를 가지고 행동하며 상당한 주의를 기울일 것이다.

해설 추심 방식에 있어 은행은 추심의뢰인의 대리인으로서 행동할 뿐 대금 지급에 관한 확약을 하지 않는다. 따라서 은행은 서류를 심사할 의무가 없으며 추심지시서상에 있는 서류의 종류와 통수의 일치 여부만 확인한다. 은행이 서류를 심사하고 대금 지급을 확약하는 방식은 신용장 방식이다.

어휘 obtain 달성하다, 얻다

22 정답 ③

해설 다음 중 준거법조항으로 옳은 것은 무엇인가?
① 어느 당사자도 화재, 홍수, 파업, 노동 문제 또는 다른 산업적인 문제들, 피할 수 없는 사고들, 상품, 금수조치, 봉쇄, 법적 제한, 폭동, 반란 또는 당사자의 통제를 벗어난 어떠한 원인에 의해 이 계약의 일부가 이행되지 못한 것에 대해 책임지지 않는다.
② 판매자와 구매자 간에 우호적으로 해결될 수 없는 모든 클레임은 서울에 소재한 상사중재원에 따른다.
③ 특별히 명시되지 않는 한, 이 계약에 따른 거래 조건은 최신 인코텀즈에 의해 준거하여 해석되어야 하며 구성, 유효성, 성립 및 계약의 이행과 관련하여서는 CISG(비엔나협약)에 준거한다.
④ 이 계약서는 한국에서 체결된 계약으로 해석되고 발효되어야 하며, 계약 당사자는 한국 법원의 관할권에 따라야 한다.

해설 ①은 불가항력조항, ②는 중재조항, ④는 재판관할조항에 대한 설명이다. 준거법조항은 계약의 유효성, 성립 및 이행과 관련하여 따르는 법이나 규칙을 나타내는 조항이다.

어휘 disturbance 소란, 방해, 문제
inevitable 불가피한
amicably 평화적으로, 우호적으로
construe ~을 이해하다, 해석하다
take effect 효력을 발휘하다, 적용되다

23 정답 ④

해설 다음은 계약 내용의 일부이다. 어떠한 조항인가?

본 계약의 어떤 조항이 어떤 법원이나 권한있는 기관에 의해 무효 또는 실행 불가능하게 되는 경우 그러한 무효 또는 실행 불가능은 그 외 다른 조항의 효력 또는 실행 가능성에 영향을 미치지 않는다.

① 비포기조항
② 권리침해조항
③ 양도제한조항
④ 분리가능조항

해설 Severability Clause(분리가능조항)에 대한 설명이다. 분리가능조항은 계약 내용의 일부가 어떠한 사유로 인해 실효 또는 무효화되더라도 계약 전체가 실효 또는 무효화 되는 것은 아니라는 것을 명시한 조항을 말한다.

THE PLUS 오답 선택지
① 비포기조항(Non-waiver Clause): 과거에 행사하지 않은 이행청구권은 그 이후 동일 내용의 이행청구권에 영향을 미치지 않고 독립적으로 적용할 수 있다는 조항
② 권리침해조항(Infringement Clause): 매수인이 제공한 규격에 따라 매도인이 생산하여 인도하는 경우 그 생산으로 인해 제3자의 산업재산권 또는 지식재산권을 침해하게 되었을 시 그 책임은 매수인이 부담한다는 조항
③ 양도제한조항(Assignment Clause): 제3자에 대한 계약의 양도를 제한하는 조항

24 정답 ④

해설 UCP 600에서 정의하는 일치하는 제시는 다음에 따른 제시를 의미한다.

A. 신용장의 조건
B. UCP 600의 적용 가능한 조항
C. ISBP 745
D. 국제표준은행관행

해설 일치하는 제시는 신용장 조건, 적용 가능한 범위 내에서의 UCP 600 규정, 그리고 국제표준은행관행에 따른 제시를 의미한다(UCP 600 제2조 정의).
ISBP 745는 국제표준은행관행 중 은행의 서류 심사 기준 해설을 담고 있으며, 일치하는 제시의 국제표준은행관행은 ISBP 745뿐만 아니라 ICC Opinion, DOCDEX 결정문도 포함하는 개념이다. 따라서 ISBP 745만을 한정할 수 없으므로 정답이 될 수 없다.

25 정답 ②

해설 UCP 600에 따르면, 개설은행이 해야 하는 것은 무엇인가?

> 3월 1일에 미화 500,000달러에 대해 다음과 같은 조건으로 화환 신용장 사전 통지가 개설되었다.
> - 분할 선적 허용
> - 최종 선적일: 4월 30일
> - 유효기한: 5월 15일
> 3월 2일에 개설의뢰인은 분할 선적을 금지하는 것과 유효기한을 5월 30일까지 연장하는 것에 대해 조건 변경을 요청하였다.

① 개설의뢰인에게 제시기간을 명확히 하도록 한다.
② 최초 지시받은 대로 화환 신용장을 개설한다.
③ 모든 조건 변경을 포함한 화환 신용장을 개설한다.
④ 유효기한 연장만을 포함한 화환 신용장을 개설한다.

해설 사전 통지를 보낸 개설은행은 이와 불일치하지 않는 조건으로 지체 없이 취소 불능의 유효한 신용장을 개설하여야 한다(UCP 600 제11조 b항).

어휘 incorporate 포함하다

[제2과목] 영작문

26 정답 ②

해설 밑줄 친 당사자는 누구인가?

> 귀하께
> 중고 가구 선적품을 실은 Arirang호가 5월 21일에 세네갈의 다카르항으로 출발할 예정입니다. 당사의 파트너 Socida사는 FOB 조건에 기초한 계약에 따라 물품에 대해 보험에 가입하려 합니다.
> 그들은 귀사와 상호간 합의된 요율대로 전쟁 위험을 포함한 ICC(B) 약관으로 해상보험계약을 체결할 것을 지시하였습니다.

① 수출상   ② 수입상
③ 운송주선인   ④ 보험업자

해설 FOB 조건에서 해상보험에 부보해야 하는 당사자는 수입상이 된다. 따라서 이 서신의 내용에 따라 보험에 가입하고자 하는 Socida사는 수입상이 된다.

[27~28]

해설 다음을 읽고 질문에 답하시오.

> Mr. Kang 귀하
> 2018년 1월 10일에 귀하께서 발송한 팩스에 대하여, 귀하의 요청에 알맞은 선박을 찾았다는 소식을 전하게 되어 기쁘게 생각합니다. 그 선박은 Arirang호이며 현재 부산에 정박하여 있습니다. 그 선박은 벌크선으로 화물 7천 톤의 (수용 능력)을 갖고 있습니다. 선박은 최대 속도가 24노트로서 귀하가 언급한 기간 내에 10번의 항해를 할 수 있다고 확신합니다.
> 용선계약에 대한 확인 팩스를 부탁드리며 당사는 용선계약서를 보내드릴 것입니다.

어휘 be capable of ~을 할 수 있다
charter party 용선계약서

27 정답 ①

해설 빈칸을 적절한 단어로 채우시오.
① 수용 능력   ② 입구
③ 허가   ④ 보험

해설 벌크선인 Arirang호가 7천 톤의 수용 능력을 가지고 있다는 의미가 오는 것이 적절하다.

28 정답 ②

해설 가장 적절한 운송계약 유형은 무엇인가?
① 항해용선   ② 기간용선
③ 속도용선   ④ 나용선

해설 용선자가 원하는 기간 동안 10번의 항해를 할 수 있다고 언급하고 있으므로 일정한 기간 동안 선박을 빌려 운행하는 기간용선에 관한 내용이다.

[29~31]

해설 영어로 번역한 것 중 옳지 않은 것을 고르시오.

29 정답 ③

해설 since는 '~ 때문에'라는 의미이므로 적절하지 않다. '~임에도 불구하고'의 의미인 even if, even though를 사용하는 것이 적절하다. unless(~하지 않는 한)도 if(만일 ~한다면)로 고쳐야 한다.

30 정답 ③

해설 it appears를 it dose not appear로 수정하는 것이 적절하다.

31 정답 ④

해설 'result from(~이 원인이 되다)'보다는 'result in(~이라는 결과를 낳다)'가 적절하다.

32 정답 ①

해설 아래의 신용장 조건에서 선하증권의 수하인 부분에 들어갈 적절한 문구는 무엇인가?

> American 상업은행에 의해 개설된 신용장은 "당행 지시식으로 발행되고 통지처에 개설의뢰인으로 기재된 본선적재 해상선하증권 전통"을 요구한다.

① American 상업은행 지시식
② 화주 지시식
③ 지시식
④ 개설의뢰인 지시식

해설 일반적으로 신용장을 사용하는 경우 선하증권은 은행 지시식으로 발행되며 수하인(Consignee)란에는 개설은행이 기재된다.

[33~34]

해석 다음을 읽고 질문에 답하시오.

> 발송된 100벌의 폴리에스터 셔츠에 대한 당사의 8월 18일자 송장 B 832호와 관련하여 실수가 있었다는 사실을 알려드리게 되어 유감입니다.
> 폴리에스터 셔츠 M 사이즈의 정확한 금액은 한 벌당 26.7파운드이며 기재된 26파운드가 아닙니다. 따라서 당사는 과소 청구된 금액, 즉 (ⓑ: 70)파운드가 기재된 (ⓐ: 차변표)를 첨부합니다.
> 이번 실수는 입력상 오류로 인해 발생했으며 송장이 발송되기 전에 이를 발견하지 못해 죄송합니다.

33 정답 ②

해석 가장 적절한 답변으로 빈칸을 채우시오.
① ⓐ 금액 – ⓑ 26.7
② ⓐ 차변표 – ⓑ 70
③ ⓐ 결제 – ⓑ 26
④ ⓐ 대변표 – ⓑ 267

해설 차변표(Debit note)는 상업송장 작성에 있어서 잘못하여 정당한 대가 이하로 기재한 경우, 또는 부과해야 할 비용을 누락하였을 경우에 이전표로서 그 금액만큼 상대방 계정의 차변(Debit Side)에 기장한다는 취지를 통지하는 양식이다. 셔츠 한벌당 0.7파운드가 적게 청구되었으므로 총 100벌에 대해 70파운드를 기재하여야 한다.

34 정답 ③

해석 이 서신을 발송한 사람은 누구인가?
① 구매자   ② 은행원
③ 공급자   ④ 선적 대리인

해설 대금 청구를 하는 당사자는 물품의 공급자이다.

[35~36]

해석 다음을 읽고 질문에 답하시오.

> Mr. Sheridan 귀하
> 우리는 현재 마당과 정원 트랙터를 임대 장비 라인에 추가할 계획입니다. 귀사의 타이탄 트랙터 라인을 특별히 포함하게 될 것임을 알려드리게 되어 기쁘게 생각합니다.
> 당사에게 타이탄 트랙터의 모델리스트, 규격 그리고 가격 조건이 포함되어 있는 카탈로그를 보내주시기 바랍니다. 특히 당사는 첨부 파일에 있는 각 모델별 정보가 필요합니다.
> 당사는 당사의 11월 카탈로그에 이 내용을 포함하기 위해 9월 30일 이전까지 이 정보가 필요합니다. 당사는 훌륭한 제품 라인을 발견하게 되어 기쁘게 생각하며, 즐겁고 유익한 사업 관계를 기대합니다.

어휘 lease 임대하다   feature (특별히) 포함하다

35 정답 ②

해설 밑줄 친 '이 정보'에 포함되는 것으로 관계가 적은 것은 무엇인가?
① 판매 조건   ② 신용조회처
③ 제품 라인   ④ 제품 사양

해설 제품 라인, 사양, 가격 조건 등이 기재된 카탈로그를 요청하고 있으며, 신용조회처에 대한 내용은 언급하고 있지 않다. 또한 자사 카탈로그에 구매처의 신용조회처가 포함되는 것도 어색하다.

어휘 specification 사양, 설명서

36 정답 ①

해석 Mr. Sheridan은 누구인가?
① 판매 부장   ② 신용 조사 담당자
③ 인사 부장   ④ 회계사

해설 글쓴이는 회사의 임대 장비 라인을 추가하고자 거래처에 해당 제품에 대한 정보 등을 요구하며 거래 관계에 대한 기대를 나타내고 있다. 영업과 관련된 내용이므로 Mr. Sheridan은 판매 부장임을 유추할 수 있다.

37 정답 ①

해설 빈칸을 적절한 단어로 채우시오.

> 무역금융은 일반적으로 개별 금융 거래 또는 일련의 갱신되는 거래에서의 금융을 의미한다. 그리고 무역금융 여신은 종종 (자기 회수적)이기도 하다. 즉, 여신은행은 모든 판매 금액을 추심해서 대출금을 상쇄하도록 설정한다. 미불 잔액은 수출상의 계정으로 차기한다.

① 자기 회수적   ② 후 상환
③ 별도로 추가   ④ 수월한 수취

해설 무역금융은 일반 대출과 달리 은행에서 수출과 관련된 자금을 대출해주고 나중에 수출 관련 자금을 회수하여 대출금과 상계 처리하는 자기 회수적 성격을 갖는다.

어휘 trade finance 무역금융   a series of 일련의
revolving 끊임없는, 회전하는   lending bank 여신은행(대부은행)
stipulate 규정하다, 명기하다   collect 추심, 회수하다
pay off 갚다, 채무를 청산하다   remainder 잔금, 나머지
credit 입금하다; 신용 거래, 외상
self-liquidating 현금화되는, 자기 회수의

38 정답 ④

[해석] 다음은 항해용선에 대한 설명이다. 빈칸을 적절한 단어로 채우시오.

> 항해용선계약은 선적항과 도착항 간 항해를 위해 선박과 선원을 고용하는 것이다. 용선자는 선주에게 톤당 또는 선복 전부에 대해 일괄 지급한다. 선주는 항만 사용료(하역비 제외), 연료비 및 선원 임금을 지불한다. 선박 이용에 관한 비용은 운임으로 알려져 있다. 항해용선계약은 (정박기간)이라고 알려진 화물의 적재 및 양하를 위한 기간을 특정한다.

① 만기
② 초과 시간
③ 발송
④ 정박기간

[해설] 항해용선계약에 대한 설명이다. 항해용선은 일정 항구에서 항구까지 운송하는 것을 목적으로 용선자와 선주 간에 체결하는 계약이다. 용선료 지급과 관련하여, 한 선박의 선복 전부를 한 선적으로 간주하여 이를 지급하는 선복용선(Lump-Sum Charter)과 하루 단위로 톤당 운임을 결정하는 일대용선(Daily Charter)으로 구분할 수 있다. 선주는 직접 선비와 간접 선비, 운항비를 부담하며 용선자는 용선료를 지급한다.

[어휘] discharge 양하하다 stevedoring 하역

39 정답 ①

[해석] 다음은 해상보험에 대한 설명이다. 빈칸을 적절한 단어로 채우시오.

> 화물은 일반적으로 바다의 고유한 위험으로 정의되는 해상상의 위험에 대해 부보되나, 대부분의 선주들은 선체보험에 부보하고, (선주책임 상호보험)에 부보함으로써 제3자의 배상 청구로부터 그들 자신을 보호한다.

① 선주책임 상호보험(P&I)
② 선박
③ 협회적하약관
④ 포괄예정보험

[해설] 선주책임 상호보험(P&I)은 선박의 운항과 관련하여 발생한 사고로 인해 제3자가 입은 손해에 대해 선주의 배상 책임을 선주 상호 간에 담보하는 보험을 의미한다. 즉, 선주 자신이 보험자이자 피보험자의 위치를 갖는다.

[어휘] peril 위험 peculiar 고유의

40 정답 ①

[해석] 밑줄 친 단어를 가장 잘 대체한 것은 무엇인가?

> 포페이팅은 ⓑ 무역채무자가 지급을 거절하거나 만기에 채무를 지급할 수 없는 경우에 매입은행 또는 금융 회사가 원래의 ⓐ 무역채권자에게 청구권을 행사할 수 없음을 의미하는 소구권 없이 무역채권을 구매하는 것을 뜻한다. 빈번한 예외는 매도인과 매도인이 정확한 물품을 선적하지 않았거나 거래에 있어 다른 사기를 저질렀다고 클레임을 제기한 매수인 간의 분쟁에 따라 미지급이 발생하는 때이다.

① ⓐ 매도인 – ⓑ 매수인
② ⓐ 은행 – ⓑ 매도인
③ ⓐ 보험회사 – ⓑ 매수인
④ ⓐ 매수인 – ⓑ 보험회사

[해설] 무역채권자(Trade Creditor)는 무역과 관련한 무역채권을 가진 자로 수출 대금을 받아야 할 자, 즉 매도인을 의미한다. 무역채무자(Trade Debtor)는 무역과 관련한 무역채무를 가진 자로서 대금을 지급해야 하는 의무를 가진 자, 즉 매수인를 의미한다.

[어휘] forfaiting 포페이팅 receivable 미수의, 외상의
without recourse 소구권 없이, 미소구권으로
claim against 배상을 요구하다, 고소하다
trade creditor 무역채권자(채권국) trade debtor 무역채무자(채무국)
when due 만기일 결제

41 정답 ①

[해석] 다음은 보험의 특징을 설명하고 있다. ⓐ와 ⓑ에 들어갈 말을 찾으시오.

> 일부 보험증권은 (ⓐ: 초과 공제) 혹은 (ⓑ: 소손해면책) 조항을 포함하고 있다. (ⓐ: 초과 공제)는 청구로부터 공제되는 설정된 금액을 나타내며, 무책임하고 악의적이며 소액 청구를 억제하는데 사용된다. (ⓑ: 소손해면책)은 손실 가치의 비율을 의미하는데, 비율 미만이면 지급하지 않지만 비율 이상이면 모든 보상이 지급된다.

① ⓐ 초과 공제 – ⓑ 소손해면책
② ⓐ 소손해면책 – ⓑ 초과 공제
③ ⓐ 최소 – ⓑ 최대
④ ⓐ 최대 – ⓑ 최소

[해설] ⓐ 초과공제면책약관(Excess Deductible Clause)은 일정비율을 초과하면 보험자가 그 면책률 부분을 공제하고 나머지 초과 부분만 담보하는 약관이다.
ⓑ 소손해면책약관(Franchise Clause)은 일정 비율 미만의 손해에 대해서는 보험자가 담보 책임을 면하지만 그 비율을 초과하면 면책 부분을 포함한 손해의 전부를 담보하는 약관이다.

[어휘] predetermined 미리 결정된, 예정된, 설정된
irresponsible 무책임한 malicious 악의적인

42 정답 ③

[해석] 이것은 신용장의 개설에 대한 서면 통지이다. 옳게 짝지어진 것은 무엇인가?

> 귀하께
> ⓐ 당사는 귀사를 수익자로 하여 미화 125,000달러의 금액으로 취소불능 신용장을 개설할 것을 ⓑ the Bank of America에 지시하였습니다. 귀사의 도시에 있는 ⓒ Korea Exchange Bank가 ⓓ 귀사에게 신용장을 발송할 것이며 귀사는 며칠 내에 받을 수 있을 것입니다.

① ⓐ 당사 – 수익자
② ⓑ the Bank of America – 상환은행
③ ⓒ Korea Exchange Bank – 통지은행
④ ⓓ 귀사 – 개설의뢰인

[해설] ⓐ 신용장 개설을 요청하는 자는 Applicant(개설의뢰인)라고 한다.

ⓑ the Bank of America는 신용장을 개설하는 Issuing bank(개설은행)이다.
ⓓ 신용장을 수령하는 당사자를 Beneficiary(수익자)라고 한다.

43 정답 ②

해석 빈칸에 가장 적절한 것은 무엇인가?

> 매수인에게 물품을 검사하거나 판매할 수 있는 시간을 부여하는 (기한부 신용장)의 경우 결제는 연기가 가능하다.

① 제한 신용장 ② 기한부 신용장
③ 지정 신용장 ④ 취소가능 신용장

해설 기한부 신용장은 기한부 환어음을 발행할 것을 요구하는 신용장으로 수익자가 선적서류와 함께 기한부 환어음을 제시하면 기한부 환어음을 인수한 뒤 그 만기일에 지급한다고 약정한 신용장을 의미한다.

44 정답 ③

해석 가장 적절한 단어들을 골라 문장을 완성하시오.

> 운송인에게 있어 (ⓐ: FCL)은 간단하게 매도인/선적인이 컨테이너에 적입하는 것에 대한 책임과 그 비용을 부담하는 것을 의미한다. 선박회사는 컨테이너를 (ⓑ: CY)에서 수취하며 내용물에 대해서 그 자신이 인정(확인)하지 아니한다.
> 반면에 (ⓒ: LCL)은 운송인이 컨테이너의 적합성과 상태에 대한 책임을 부담하며 적입 작업을 진행한다. 컨테이너는 운송인의 구내인 가장 알맞은 (ⓓ: CFS)에서 채워지거나 적입된다. 그러므로 관습적으로 (ⓔ: FCL)과 (ⓕ: CY)를, 그리고 (ⓖ: LCL)과 (ⓗ: CFS)를 결합하는 것이 받아들여졌다.

해설 FCL은 선사가 빈 컨테이너를 제공하면 수출상 또는 선적인이 컨테이너에 물건을 채워 봉인 한 후 CY(컨테이너 야적장)로 보내어 선사에 전달함으로써 선적이 진행된다. 이때 선사는 봉인된 컨테이너 안에 어떠한 물품이 어떻게 적입되어 있는지 알지 못한다. 따라서 선하증권상에 'Shipper's Load & Count'라는 부지조항(Unknown Clause)을 삽입하게 된다. LCL의 경우 CFS(컨테이너 화물집소)에서 여러 수출자의 물품이 컨테이너에 혼재 작업된 후 CY로 이동하여 선적이 진행하게 된다.

어휘 commit 의사를 밝히다 suitability 적합성
premises 구내, 지역(부지) ideally 가장 알맞은

45 정답 ①

해석 가장 적절한 단어들을 골라 문장을 완성하시오.

> 선하증권은 (유통)증권이며 선적인으로부터 수많은 당사자들에게 전달될 수 있고, 각 당사자는 다음 당사자에게 권리를 양도하기 위해 (배서)를 한다. 유일한 조건으로 (권리)는 양도 시점에 증권에 대한 (권리)를 가지고 있다고 표시된 당사자에 의해서만 양도될 수 있다는 것이다. 이 조건을 존중하지 않는 것은 소위 소유권의 연쇄성(권리의 사슬)이라 알려진 것을 해치게 된다. 그러한 침해 이후에는 권리의 양도라고 알려진 모든 것이 유효하지 않다.

① 유통(양도성) – 배서 – 권리 – 권리
② 양도 가능 – 지정 – 인도 – 인도
③ 양도 가능 – 배서 – 인도 – 인도
④ 유통(양도성) – 지정 – 권리 – 인도

해설 선하증권은 물품을 상징하는 서류로서 유통증권의 성격을 갖고 있으며 배서에 의한 선하증권 원본의 양도로 정당한 소지인이 변경될 수 있다.

어휘 any number of 얼마든지, 수많은 assign 양도하다
purported ~라고 알려진

46 정답 ④

해석 적재와 관련한 EXW의 설명으로 옳지 않은 것을 고르시오.
① 매도인은 매수인에 대하여 물품 적재 의무가 없으며, 이는 실제로 물품을 적재하는 데 매도인이 보다 나은 입장에 있더라도 마찬가지다.
② 매도인이 물품을 적재하는 경우 매수인의 위험과 비용으로 그렇게 한다.
③ 물품을 적재하는 데 있어 매도인이 보다 나은 입장에 있는 경우, FCA가 통상적으로 더 적절하다.
④ EXW는 매도인 자신의 위험과 비용으로 물품을 적재해야 하는 의무가 있다.

해설 EXW 조건에서 매도인은 운송 수단에 적재할 의무를 부담하지 아니한다.

어휘 oblige 의무적으로 ~하게 하다

47 정답 ③

해석 다음이 의미하는 것은 무엇인가?

> 특별한 희생 또는 지출은 공동의 위험에서 위태롭게 된 재산을 보존할 목적으로 위험 상황 중 자발적이며 합리적으로 이루어진다.

① 전손 ② 단독해손
③ 공동해손 ④ 분손

해설 공동의 위험에 처한 재산을 보호하기 위하여 보험목적물의 희생 또는 비용을 임의적, 합리적인 행위로 인해 발생한 손해를 공동해손이라 한다.

어휘 imperil 위태롭게 하다

> **THE PLUS** 공동해손 성립 요건
> 1. **위험 요건**: 공동 위험이 존재하고 그 위험은 현실적이고 중대한 것이어야 한다.
> 2. **처분 요건**: 고의적이고 합리적이며 비정상적인 처분이 있어야 한다.
> 3. **손해와 비용 요건**: 처분이 직접적인 결과인 손해 및 비용에 한하여 인정된다. 즉 항해 중 또는 종료 후 발생한 체선료 등과 같은 지연으로 인한 손해와 간접 손해는 인정되지 아니한다.

[48~49]

해석 다음을 읽고 질문에 답하시오.

> 가장 일반적인 운송서류는 선하증권이다. 선하증권은 운송 회사에 의해 선적인에게 주어지는 (ⓐ: 인수증)이다. 선하증권은 권리증권으로 사용되며 지정된 항구에서 상품을 수령할 당사자를 특정한다. 선하증권은 비유통성 또는 유통성으로 발행 가능하다.
> ⓑ 기명식 선하증권에서는 매도인이 매수인에게 직접 화물을 발송한다. 이러한 형태의 선하증권은 일반적으로 신용장 거래에서 바람직하지 않은데, 그 이유는 이러한 선하증권이 어떠한 은행에 대한 상환 약속과 관계없이 매수인이 물품을 점유하는 것을 허용하기 때문이다.

48 정답 ①

해석 빈칸 (ⓐ)를 올바른 단어로 채우시오.
① 인수증   ② 증거
③ 증거   ④ 교환

해설 선하증권은 해상 운송계약 및 운송인에 의한 물품의 수령 또는 선적을 증명하는 증권으로서 운송인이 동 증권과 상환으로 물품을 인도할 것을 약정하는 증권을 말한다. 선하증권은 화물수령증, 권리증권, 운송계약의 증거로 사용된다.

49 정답 ④

해석 'ⓑ straight'를 대체하기에 가장 적절한 것은 무엇인가?
① 지시식   ② 기한부
③ 일람   ④ 기명식

해설 기명식 선하증권(Straight B/L)은 Consignee(수하인) 부분에 수입자 상호가 기재되는 선하증권이다. 이는 권리증권으로서의 기능이 배제된 선하증권이므로 신용장 방식보다는 T/T 방식에서 주로 사용된다. Special B/L이라고도 한다.

50 정답 ②

해석 빈칸을 적절한 단어들로 채우시오.

> 만약 계약서에 적절한 법원의 국가를 언급하지 않는 경우, 분쟁에 관계된 당사자들은 성공 가능성이 높다고 생각되거나 그들에게 가장 유리하다고 생각되는 국가의 법원 관할권을 요구하길 원할 것이다. 이러한 관행은 (포럼 쇼핑)으로 알려져 있다.

① 포럼 탐색   ② 포럼 쇼핑
③ 법원 투어   ④ 법원 참고서

해설 원고가 소송을 제기함에 있어서 여러 국가 또는 지역의 법원의 재판소 중 가장 본인에게 유리한 판단을 받을 수 있는 재판소를 선택하는 것을 포럼 쇼핑이라 한다.

[제3과목] 무역실무

51 정답 ①

해설 a는 총톤수(G/T: Gross Tonnage), b는 순톤수(N/T: Net Tonnage)가 들어가야 알맞다.
- 재화중량톤수(DWT: Dead Weight Tonnage): 화물선의 최대 적재 능력을 표시하는 기준으로 만재 배수톤수와 경하 배수톤수의 차이로 계산한다. 재화 중량톤수는 선박의 매매 및 용선료의 산출 기준이 된다.
- 배수톤수(DT: Displacement Tonnage): 선박의 중량은 선체의 수면하의 부분인 배수 용적에 상당하는 물의 중량과 같으며, 이 물의 중량을 배수량 또는 배수톤수라고 한다. 보통 만재 상태에 있어서의 선체의 중량을 말한다(주로 군함).

52 정답 ①

해설 FCA 조건에서 지정된 인도 장소가 매도인의 영업장 구내인 경우 (a: 매도인)은 매수인 지정 운송 수단에 물품을 적재해야 하는 의무를 부담한다. 기타의 경우 매도인은 지정된 장소에서 운송 수단으로부터 물품을 양하하지 않은 상태 즉, (b: 운송 수단에 실린 채 양륙 준비된) 상태로 매수인이 지정한 운송인에게 인도한다.

53 정답 ②

해설 계약이행보증서(Performance Bond)에 대한 설명이다.

THE PLUS 오답 선택지
① 유보금환급보증서(Retention Payment Bond): 기성고 방식의 건설용역 등에서 발주자가 각 기성 단계별로 완공 불능 위험에 대비하기 위해 기성 대금의 일부를 유보금으로 적립하게 되며, 해당 유보금을 공제하지 않고 수주자가 기성 대금 전액을 받을 수 있도록 하는 보증서
③ 하자보수유지보증서(Maintenance Bond): 해외 건설 공사에서 발주자가 공사 완료 후 잔금을 지급할 때 하자 보수기간에 발생할 수 있는 하자 보수 비용을 공제한 후 수주자에게 지급하게 되는데 이러한 금액을 공제하지 않고 전액 받을 수 있도록 하는 보증서
④ 선수금환급보증서(Advance Payment Bond): 기초 계약상 주채무자가 계약을 불이행하는 경우 수익자에게 이미 지급한 선수금을 환급하기로 하는 보증서

54 정답 ④

해설 무역계약의 성립은 당사자 간에 복수의 의사 표시(청약, 승낙)가 있어야 하며 내용적으로 순차적이어야 한다. 또한 의사 표시 내용이 서로 일치하여야 하며 교환적으로 대립하여야 한다. 따라서 착오에 의한 계약의 경우 의사 표시 내용의 일치로 볼 수 없으므로 계약의 성립 요건으로 볼 수 없다.

55 정답 ②

해설 해상운송만 이용되는 경우에는 FAS, FOB, CFR, CIF가 사용되어야 한다.

56 정답 ④

해설 UCP 600 제20조 a. vi에는 선하증권은 용선계약에 따른다는 어떤 표시도 포함하지 않아야 한다고 명시되어 있다. 용선계약을 따른다면 제22조에 따른 용선계약부 선하증권을 요구하여야 한다.

57 정답 ④

해설 COD(Cash On Delivery)는 물품의 인도와 함께 대금을 지급받는 방식으로 환어음이 발행되지 않는다.
자유매입 신용장(Freely Negotiable Credit)은 기한부·일람불 환어음이 발행되며, D/P는 일람불 환어음, D/A는 기한부 환어음이 발행된다.

58 정답 ②

해설 신용장이 수량을 포장 단위 또는 개별 단위의 특정 숫자로 기재하지 않고 청구 금액의 총액이 신용장의 금액을 초과하지 않는 경우에는, 과부족용인 조건에 따라 물품의 수량에서 5%를 초과하지 않는 범위의 많거나 적은 편차는 허용된다.

59 정답 ②

해설 회전 신용장(Revolving L/C)은 수출상과 수입상 사이에 동종의 상품 거래가 상당 기간 지속될 것으로 예상되는 경우 거래할 때마다 신용장을 개설하는 불편과 부담을 덜기 위하여 신용장을 1회 개설하여 사용 후에도 신용장의 효력이 다시 발생하는 조건으로 개설된 신용장이다.

THE PLUS 오답 선택지
① 선대 신용장(= 전대 신용장): 개설은행이 매입은행으로 하여금 수출상에게 선적 전에 일정한 조건으로 수출 대금을 지급할 수 있도록 허용한 신용장(Packing L/C, Advance Payment L/C, Anticipatory L/C라고도 불림)
③ 기탁 신용장(Escrow L/C): 신용장에 의해 발행되는 어음의 매입 대금을 수익자에게 지급하지 않고 상호 약정에 따라 수익자 명의로 된 매입은행, 발행은행, 제3국의 환거래은행의 기탁계정(Escrow Account)에 기탁해 두는 방식의 신용장(기탁해 둔 매입 대금은 수익자가 원신용장 발행국에서 수입하는 물품에 대해 대금 결제할 때만 사용하도록 하는 조건의 신용장)
④ 토마스 신용장(TOMAS L/C): 수출상과 수입상 양측이 상호 일정액의 신용장을 서로 발행하기로 하되, 일방이 먼저 신용장을 개설한 경우 상대방은 이에 대응하는 신용장을 일정 기간 후에 발행하겠다는 보증서를 발행해야만 상대방 측에 도착한 신용장이 유효하게 되는 신용장

60 정답 ③

해설 ③ CISG(비엔나협약) 제82조 1항에는 매수인이 물품을 수령한 상태와 실질적으로 동일한 상태로 그 물품을 반환할 수 없는 경우 매수인은 계약을 해제하거나 매도인에게 대체물을 청구할 권리를 상실한다고 명시되어 있다.

61 정답 ①

해설 DAP와 DAT 조건의 공통점은 매도인이 수입국의 지정된 장소까지 물품을 인도할 때까지 비용과 위험을 부담한다는 점과 (a: 운송 방식에 관계없이) 사용할 수 있다는 점이다. 차이점은 (b: DAT)는 운송 수단으로부터 양하하여 매수인의 임의 처분하에 둘 때 인도 의무를 이행하는 것으로 보며, (c: DAP)는 운송 수단으로부터 양하할 의무가 없다는 점이다. 단, Incoterms 2020으로 개정되면서 DAT는 폐지되고, DPU가 신설되었다.

62 정답 ②

해설 청약에 대한 승낙, 당사자의 사망, 청약의 거절 또는 반대청약은 청약이 상대방에게 도달하여 그 효력을 발생시킨 후 피청약자의 행위(승낙, 거절 등)에 의해 그 효력이 소멸된다.
청약의 철회는 청약의 발행 자체를 근본적으로 없애는 것으로 청약의 효력 또한 발생시키지 않는다. 청약의 철회는 청약이 발행되지 않은 것으로 간주하므로 청약의 소멸 또한 발생하지 않은 것으로 볼 수 있다.

63 정답 ②

해설 in triplicate로 기재된 경우 최소한 원본 한 통과 나머지는 사본으로 제시가 가능하다.
① Manually Signed Commercial Invoice: 수기로 서명된 상업송장
③ CHINESE ORIGIN: 원산지 중국
④ Original Invoice to be legalized by UAE Embassy/Consulate UAE: 아랍에미리트 대사관/총영사관의 공인을 받은 원본 송장

64 정답 ③

해설 ③ 중량 또는 용적 중 운임이 높은 쪽으로 실제 운임을 부과하는 것은 운임톤(Revenue Ton)이다. 중량톤(Weight Ton)은 중량(무게)에 따라 운임을 부과하는 데 사용된다.

65 정답 ④

해설 손해방지비용은 보험사고 발생 시 피보험자 또는 대리인이 손해를 방지 또는 경감하기 위해 지출하는 비용으로 비용손해(Expenses)에 해당한다. 공동해손비용(G.A Expenditure)은 공동해손 행위에 의하여 공동 이익단체를 구성하는 이익의 귀속자가 지출하는 비용을 말한다. 구조비, 피난항비용, 임시수리비, 대체비용, 자금조달비용, 공동해손 정산비용 등이 이에 해당한다.

66 정답 ④

해설 Incoterms 2010의 EXW B9 물품 검사 규정에서는 매수인이 수출국에 의하여 강제되는 것을 포함하여 강제적인 선적전검사에 드는 비용을 부담해야 한다고 명시되어 있다.

67 정답 ③

해설 Forwarder's Consolidation은 CFS-CFS 형태로 운송된다.

68 정답 ④

해설 심리의 일시, 장소, 방식 등을 정당한 절차에 의해 통지하였다면 당사자가 불참하더라도 심리를 진행할 수 있으며, 불참한 당사자의 입장이 완전히 무시될 수 있다.

69 정답 ④

[해설] 원산지증명서에서 수하인의 정보는 운송서류상의 수하인의 정보와 일치하여야 한다.

70 정답 ②

[해설] Letter of Indemnity(L/I, 파손화물보상장)는 Dirty B/L을 Clean B/L로 발급받기 위해 화주가 선사에게 제공하는 보상장이고 나머지는 물품을 수령하기 위해 필요한 해상 운송서류이다.

THE PLUS 오답 선택지
① Letter of Guarantee(L/G, 수입화물선취보증서): 해상운송에서 선하증권 없이 물품을 인도받기 위해 은행이 제공하는 보증서
③ Surrendered B/L(권리포기 선하증권): O B/L(Original B/L)의 권리 증권 기능을 배제한 선하증권으로, 사본 제시만으로 물품 수령이 가능함
④ Sea Waybill(SWB, 해상화물운송장): SURRENDERED B/L과 같은 기능으로 사용되는 화물운송장

71 정답 ②

[해설] 무역금융은 수출업체 등에 대하여 '물품의 수출 및 용역의 제공'을 통한 외화 획득을 위하여 수출 물품의 생산, 원자재 및 완제품 구매에 필요한 자금을 지원하는 단기 원화 자금 대출이다. 중계무역은 국산 원재료 또는 국산 완제품이 사용되지 않기 때문에 수출을 지원하기 위한 제도인 무역금융 융자 대상에서 제외된다.

72 (출제 오류) 전부 정답

[해설] 환가료는 '거래 금액 × 매매기준율 × (지급기한 + 우편 일수)/360 × 환가료율'로 계산한다. 따라서 환가료는 800,000 × 1,100 × (0 + 9)/360 × 0.02 = 440,000원이다.

73 정답 ②

[해설] 양도은행이라 함은 신용장을 양도하는 지정은행 또는 어느 은행에서나 이용할 수 있는 신용장의 경우에는 개설은행으로부터 양도할 수 있는 권한을 특정하여 받아 신용장을 양도하는 은행을 말한다. 개설은행은 양도은행이 될 수 있다.

74 정답 ③

[해설] Demise Clause(디마이즈조항)에 대한 설명이다.

THE PLUS 오답 선택지
① Jason Clause(제이슨조항): 항해상의 과실에 의하여 발생한 공동해손인 손해를 운송인이 화물 소유자에게 분담시킨다는 취지를 명문화한 약관
② Himalaya Clause(히말라야약관): 운송인의 사용인, 대리인, 하청 운송인이 화주로부터 직접 화물의 손상에 대한 청구를 받는 것을 방지하기 위하여 이들이 운송인 발행의 B/L하에서는 운송인과 동일한 면책, 책임 제한을 받는다는 취지를 규정한 약관
④ Indemnity Clause(보상약관): 정기용선계약에서 선장이나 대리점이 용선자의 지시에 따라서 선하증권에 서명한 경우, 그로 인하여 발생한 채무나 손해에 대하여 용선자가 선주에게 보상해야 한다는 취지의 약관

75 정답 ②

[해설] 외화획득용 원료·물품의 국내 공급 중 내국 신용장에 의한 공급, 구매확인서에 의한 공급, 수출 물품 포장용 골판지 상자의 공급은 수출 실적으로 인정된다. 내국 신용장의 양도에 의한 공급은 수출 실적으로 인정되지 않는다.

정답 및 해설 2018년 제2회(112회)

[제1과목] 영문해석

01	①	02	④	03	④	04	①	05	④
06	①	07	④	08	①	09	②	10	④
11	④	12	④	13	②	14	④	15	④
16	④	17	③	18	③	19	④	20	①
21	④	22	①	23	④	24	①	25	④

[제2과목] 영작문

26	①	27	①	28	①	29	④	30	①
31	①	32	①	33	②	34	①	35	①
36	②	37	④	38	④	39	②	40	③
41	①	42	①	43	④	44	①	45	④
46	③	47	④	48	④	49	④	50	①

[제3과목] 무역실무

51	①	52	④	53	④	54	②	55	③
56	④	57	④	58	④	59	①	60	④
61	④	62	④	63	④	64	②	65	④
66	④	67	④	68	④	69	③	70	④
71	④	72	①	73	②	74	④	75	④

[제1과목] 영문해석

01 정답 ①

해설 Incoterms 2010에 대한 설명으로 틀린 것은 무엇인가?
① CIF: 매도인은 선적 전 운송 과정 중에 있는 물품의 상태에 대해 책임을 지지 않는다.
② CIF: 매도인의 부보 의무를 제외하고 CFR 조건과 동일하다.
③ CPT: FCA 조건을 직접적으로 확장한 조건으로 매수인에서 매도인으로 주 운송계약 체결 업무가 변경된다.
④ CPT: 매도인은 이전 운송인에게 물품이 인도된 후 선적이 진행될 때 선박에 적재 중인 화물의 상태에 대해 책임을 지지 않는다.

해설 CIF 조건에서 매도인은 선적항에서 물품이 본선 적재될 때까지의 모든 위험을 부담하며, 매수인의 위험을 위해 적하보험에 가입하고 목적항까지 해상운임을 부담한다. 따라서 매도인은 선적 전 운송 과정 중에 있는 물품의 상태에 대해 책임을 져야 한다. 더불어 CIF 조건은 위험의 분기점(본선 적재 시)과 비용의 분기점(목적항 도착 시)이 다르다는 특징을 갖는다.

어휘 take place 진행되다. (일이) 일어나다

02 정답 ④

해설 주제가 다른 문장은 무엇인가?
① 당사는 11월 1일까지 물품을 인도할 수 있다는 말씀을 드리게 되어 기쁘게 생각합니다. 귀사는 크리스마스 판매기간을 위한 재고를 확보할 수 있을 것입니다.
② 부산에서 뉴욕까지의 정기 운송편이 있기 때문에, 당사는 귀사가 지정한 시간 안에 물품이 도착할 것이라고 확신합니다.
③ 당사는 물품을 비축하고 있으며 귀사의 주문을 받는 즉시 물품을 선적할 것입니다.
④ 모든 표시 가격은 FOB 부산 조건으로 견적되었고 신용장 조건으로 지불하면 25%의 무역 할인이 적용된다.

해설 ①~③은 선적과 관련하여 고객의 요청에 맞추어 배송이 가능하다는 의미를 갖는다. ④는 운송이 아닌 가격 결정과 관련된 사항이므로 나머지와 주제가 다르다.

[03~04]

해설 다음을 읽고 질문에 답하시오.

> Mr. Han 귀하
>
> 당사는 귀하의 위 주문품이 Marconissa호에 선적되어 앞으로 30일 내에 귀하가 받을 수 있다는 소식을 전하게 되어 기쁘게 생각합니다. 한편, 당사의 은행은 <u>관련 서류</u>와 합의된 거래 및 수량 할인이 적용 계산된 미화 3,000,000달러로 발행된 환어음을 귀하께서 인수하실 수 있도록 HSBC 서울 지점으로 발송하였습니다.
> 당사는 귀하께서 배송 물품에 대해 아주 만족하실 것을 확신하며 다음 주문을 기대하겠습니다.
>
> 그럼 안녕히 계십시오.
>
> Dafodil Computer사의 Wiliam Cox 올림

어휘 relevant 관련 있는   consignment 배송 물품

03 정답 ④

해설 유추할 수 있는 결제 방식은 무엇인가?
① 현물상환인도   ② 서류상환인도
③ 지급인도   ④ 인수인도

해설 은행을 통해 서류가 전달되므로 COD(현물상환인도), CAD(서류상환인도) 방식보다는 추심 방식이 적절하다. 또한 Acceptance(인수) 방식에 의해 결제가 진행되므로 D/A(Document against Acceptance, 인수인도) 거래라고 유추할 수 있다.

04 정답 ①

해석 밑줄 친 '관련 서류'와 가장 거리가 먼 서류는 무엇인가?
① 환어음 ② 상업송장
③ 포장명세서 ④ 선하증권

해설 관련 서류는 선적서류를 의미하며, 대표적으로 선하증권, 상업송장, 포장명세서 등이 있다. Bill of Exchange는 환어음으로 Draft와 같은 표현이다.

05 정답 ④

해석 수출 신용보험의 적용에 있어 거리가 가장 먼 것은 무엇인가?
① 수출 신용보험은 매수인의 미지급 금융 비용을 보호한다.
② 수출 신용보험은 수출상이 매수인에게 경쟁력 있는 결제 조건으로 청약할 수 있도록 한다.
③ 수출 신용보험은 은행에서 운전 자금 대출을 받는 것을 도와준다.
④ 수출 신용보험은 운송 과정 중 물품의 손상으로 인한 손해를 보호한다.

해설 수출 신용보험은 수입자의 계약 파기, 파산, 대금 지급 지연 또는 거절 등의 신용위험과 수입국에서의 전쟁, 내란 또는 환거래 제한 등 비상 위험으로 수출상 또는 수출금융을 제공한 금융 기관이 입게 되는 손실을 보상하는 보험이다.
운송 과정 중 물품의 손상으로 인한 손해를 담보하는 보험은 적하보험(Cargo Insurance)이다.

06 정답 ①

해석 A는 누구인가?

> 운송서류는 상품이 제대로 운송되고 있다는 확인과 A: 매수인이 도착지에서 상품의 소유권을 주장하기 위해 필요하다.

① 매수인 ② 매도인
③ 운송인 ④ 은행

해설 매수인은 목적지(도착지)에서 물품의 소유권을 갖기 위해서는 운송 서류(선적서류)를 확보하여야 한다. 매도인은 운송서류를 매수인에게 전달하여 소유권을 이전하게 된다.

07 정답 ④

해석 (A)에 들어갈 가장 적절한 것은 무엇인가?

> 추가 정의없이 "송장"을 요구하는 신용장은 (A: 견적송장)을 제외한 어떤 형태의 송장으로도 충족된다.

① 세관송장 ② 세금송장
③ 영사송장 ④ 견적송장

해설 신용장에서 송장을 요구하는 경우 명칭과 관계없이 수리 가능하지만 Pro-forma Invoice(견적송장) 및 Provisional Invoice(예정송장)는 수리되지 않는다.

08 정답 ①

해석 CISG(비엔나협약)에 따라 옳은 것은 무엇인가?

> 매도인은 매수인에게 유효기간이 2018년 9월 30일자로 되어 있는 청약을 7월 1일에 발송하였다.
> 7월 15일에 매수인은 "가격이 너무 높기 때문에 귀하의 청약을 승낙할 수 없습니다."라는 서신을 발송하였으나 8월 10일에 "7월 1일자 이전 청약에 대해 승낙합니다."라는 서신을 다시 발송하였다. 매도인은 매수인이 먼저 거절하였기 때문에 이것을 "승낙"으로 간주하지 않는다고 즉시 회신하였다.

① 매수인은 그의 마지막 승낙을 주장할 수 없다.
② 매도인은 매수인의 승낙을 수용하여야 한다.
③ 청약이 유효한 동안은 매수인이 마지막 승낙을 주장할 수 있다.
④ 매수인은 그의 첫 번째 승낙을 철회할 수 있다.

해설 매수인은 계약의 내용을 실질적으로 변경하는 가격과 관련하여 청약을 거절하였고 또한 승낙은 그 효력이 발생하기 전 또는 그와 동시에 회수의 의사 표시가 청약자에게 도달하는 경우 철회 될 수 있는데, 매수인은 이러한 조치를 취하지 않았으므로 승낙을 주장할 수 없다.

어휘 insist 주장하다   accommodate 수용하다
withdraw 철회하다

09 정답 ②

해석 (a) – (d)에 가장 적절한 표현을 선택하시오.

> (a) 당사는 신용장 089925호에 의해 N.Y의 (b) Bank of New York을 지급인으로 하여 미화 35,000달러 금액의 일람불 환어음을 발행하였고 한국의 서울에 소재한 (c) Korea Exchange Bank를 통해 그것은 매입되었습니다.
>
> 신용장에서 요구하는 모든 서류는 첨부된 사본에 따라 (d) 매입은행으로 송부되었다는 점을 유념해 주십시오.

① (a)는 신용장의 개설의뢰인이다.
② (b)는 환어음의 지급인이다.
③ (c)는 환어음의 발행인이다.
④ (d)는 뉴욕은행이다.

해설 (a)는 환어음의 발행 주체로서 수익자(Beneficiary)인 수출자가 된다. 신용장의 개설의뢰인은 서신을 받는 수입자이다. (c), (d)는 매입은행인 Korea Exchange Bank이다.

어휘 as per ~에 따라

10 정답 ④

해석 다음 상황에서 수출상이 필요로 하는 것으로 가장 적절한 것은 무엇인가?

> 수출상은 매수인에게 선적서류를 직접 제공할 용의가 있으나 매수인이 지급일에 대금을 지급하지 않을 경우를 대비하여 지급보증을 확보하고자 한다.

① 선대 신용장
② 양도가능 신용장
③ 확인 신용장
④ 보증 신용장

해설 보증 신용장은 금융 조달이나 보증을 위해 발행되는 무화환 신용장(Clean L/C)의 일종으로 개설의뢰인이 이행해야 하는 의무를 이행하지 않은 경우 개설은행이 지급을 이행하겠다는 약속증서와 같은 채무보증용 신용장을 의미한다.

어휘 release 내보내다   retain 확보하다
guarantee of payment 지급보증

11 정답 ④

해석 마지막 분할 청구에 대한 최대 금액은 얼마인가?

> 수익자는 1년의 유효기간 동안 매달 미화 20,000달러의 금액을 어음 발행할 수 있는 취소불능 화환 신용장을 수령한다. 또한 신용장은 최종 금액이 누적 기준에 달려 있다고 표시하고 있다. 월별 어음 발행이 된 달은 첫째 달, 둘째 달, 넷째 달, 다섯째 달, 일곱째 달이고 다른 어음 발행은 없었다. 화환 신용장 유효기간의 마지막 달에 수익자는 최종 선적이 이행될 것으로 예상한다.

① 미화 80,000달러 ② 미화 10,000달러
③ 미화 120,000달러 ④ 미화 140,000달러

해설 첫째 달부터 일곱 번째 달까지 선적을 이행하고 마지막 달(일곱 번째 달)에 최종 선적을 이행한다. 5개월 간은 선적을 이행하고 환어음이 발행되었으므로 남은 7개월간의 선적분에 대해 수익자(수출자)는 환어음을 발행할 수 있다. 즉, 미화 20,000달러 X 7개월 = 미화 140,000달러이다.

어휘 reinstatement 회복, 복귀   cumulative 누적되는

12 정답 ④

해석 다음은 어떤 종류의 계약인가?

> 수탁자가 판매된 물품에 대해 위탁자에게 판매 매금을 송금하고 미판매 물품을 반송할 것이라는 합의 하에 물품을 수탁자에게 위탁하는 것

① 매매계약   ② 점검매매 조건부청약
③ 독점판매계약   ④ 위탁계약

해설 위탁판매는 물품 등을 무환(무상)으로 공급하여 해당 물품이 판매된 범위 안에서 대금을 결제하고 미판매 재고를 반환하도록 합의한 계약을 의미한다. 국제무역에서는 '위탁판매 수출'이라는 용어를 사용한다.

어휘 bailment 위탁   bailee 수탁자
bailor 위탁자

13 정답 ②

해석 다음은 서신의 답장이다. 이전 서신에 대한 가장 적절한 제목은 무엇인가?

> Bespoke Solutions Inc.의 솔루션에 관심을 가져 주셔서 감사합니다. 당사는 조직의 목표를 지원하는 대응 솔루션을 만드는 괄목할 만한 실적을 가진 소프트웨어 개발 회사입니다. 당사는 광범위한 웹사이트 개발 솔루션을 제공합니다.
> 당사의 종합 가격표를 첨부하오니 확인해 주시기 바랍니다.

① 승낙 요청   ② 견적 요청
③ 구입주문서   ④ 선적 통지

해설 서신의 마지막 부분에 가격표를 첨부하고 있으므로 앞 서신에서는 견적을 요청하는 내용이 나오는 것이 적절하다.

어휘 impressive 인상적인   track record 실적
comprehensive 종합적인

[14~15]

해설 다음을 읽고 질문에 답하시오.

> Chapman 귀하
>
> 4월 15일자로 귀사의 트랜지스터 세트에 대한 추가 주문을 접수하게 되어 기쁘게 생각합니다. 다만 귀사의 계정 잔액이 미화 400,000달러를 초과하므로 추가 주문에 대한 신용 승인을 하기 전에 해당 금액을 줄여 주시길 바랍니다.
> 따라서 당사에 지불하여야 하는 금액의 절반에 대한 수표를 보내주시면 감사하겠습니다. 그러면 당사는 귀사가 요청하신 물품을 공급할 수 있고 해당 금액을 귀사의 계정에 <u>청구할</u> 수 있습니다.
>
> 그럼 안녕히 계십시오.
> Brown Kim 올림

어휘 transistor 트랜지스터   balance 잔액

14 정답 ④

해석 밑줄 친 '청구하다'와 가장 유사한 것은 무엇인가?
① 제거하다   ② 승인하다
③ 대변에 기재하다 ④ 차변에 기재하다

해설 서신에 의하면 두 거래 당사자는 신용 거래를 하고 있는 것을 알 수 있다. 추가 주문에 대한 금액을 계정에 기재하겠다는 의미이므로 매도인이 받을 금액을 표시하는 차변에 표시하는 것이 적절하다.

어휘 credit 대변, 대변에 기재하다
debit 차변, 차변에 기재하다

15 정답 ④

해석 서신에 대한 내용으로 가장 적절하지 않은 것은 무엇인가?
① Chapman은 Brown에게 주문을 하였다.
② 서신을 작성한 자는 신용 확장을 꺼리고 있다.
③ 이 서신의 조치는 미납된 잔액 계정에서 비롯되었다.
④ Brown Kim은 이번에 연체 금액이 미화 20만 달러까지 줄어들기를 원한다.

[해설] Chapman이 지불해야 하는 금액의 절반에 대한 수표를 요구하였으나 미화 40만 달러를 초과한다고 하였지만 정확한 미납 금액을 언급하지는 않았으므로 20만 달러로 한정하기 어렵다.

[어휘] reluctant 꺼리는   overdue 연체된

16 정답 ④

[해설] 다음 중 문법적으로 옳지 않은 것은 무엇인가?

> (b) 우리의 계약서 최종판에 누락된 단어가 있음을 (a) 저는 발견하였습니다. (c) 저는 귀하가 그것을 검토하고 (d) 분쟁의 원인이 될 만큼 크지 결정하시길 바랍니다. 다시 한 번 불편에 대한 진심 어린 사과를 드립니다.

[해설] enough는 후치 부사이므로 형용사나 부사를 꾸밀 때에는 뒤에서 수식을 해야 한다. (d)에서는 enough가 big이라는 형용사를 앞에서 꾸미는 구조이므로 잘못된 표현이다. big enough로 고쳐야 한다.

[17~18]

[해설] 다음을 읽고 질문에 답하시오.

> Mr. Edwards 귀하
> 완전하지 않은 상태로 귀사에 도착한 장미에 대해 알려주셔서 감사합니다. 저는 귀사의 전체 구매 가격에 대한 환불 처리를 위해 수표를 동봉합니다. 당사의 적재된 화물 운송 트럭의 수리로 인한 예상치 못한 지연은 지난 목요일의 이례적인 기온 상승이 더해져 귀사의 장미 품질을 떨어뜨렸습니다. 당사의 사과와 다시는 이런 일이 발생하지 않도록 조치를 취하겠다는 직원들의 약속을 받아주시기 바랍니다.
> 지난 15년 동안 귀사를 당사의 소중한 고객 중 하나로 꼽게 되어 기쁘게 생각하며, 소중한 고객의 만족은 당사가 지속적으로 이루고자 하는 목표입니다. 앞으로도 당사가 귀사의 필요를 충족시킬 수 있기를 진심으로 바랍니다.
> 그럼 이만 줄이겠습니다.
> Thomas Sagarino 올림

[어휘] deterioration 저하, 악화   assurance 확약, 확언
strive 분투하다   count on ~을 의지하다

17 정답 ③

[해설] 서신에 대한 내용 중 가장 올바르지 않은 것은 무엇인가?
① Mr. Edwards는 오래된 고객이다.
② Thomas는 Edwards가 정당한 불만을 가지고 있다고 믿는다.
③ Mr. Edwards는 일부 장미를 분실하여 이를 교환해 줄 것을 요청하였다.
④ Thomas Sagarino는 공급자이다.

[해설] 서신에서 Thomas Sagarino는 Edwards에게 기온 상승과 배송 차량의 고장으로 인해 장미의 품질이 하락되었다는 내용을 전달하고 있다. 분실에 따른 교환을 요구하였다는 내용은 찾을 수 없다.

[어휘] legitimate 정당한

18 정답 ③

[해설] 이 서신의 주요 목적은 무엇인가?
① 고객과의 친선
② 주문 확인
③ 손상된 상품에 대한 사과
④ 거래에 대한 감사

[해설] 배송된 장미 품질이 좋지 않은 것에 대해 사과를 하고 있다.

[어휘] goodwill 친선, 선의

19 정답 ④

[해설] Incoterms 2010하에서 EXW 조건과 FCA 조건 간의 차이점을 가장 잘못 설명하고 있는 것은 무엇인가?
① EXW 조건에서, 매도인에 의한 물품의 인도 의무는 오로지 매도인의 영업소에서 물품을 마련해 두는 것에 제한된다.
② FCA 조건에서, 수출통관이 완료된 물품은 계약에서 언급한 지정된 장소에서 매도인으로부터 운송인에게 인도된다.
③ FCA 조건에서, 매수인과 매도인 상호 간에 동의된 경우, 물품의 인도는 매도인의 영업소에서 이루어질 수 있다.
④ 매수인이 수출통관을 직접 또는 간접적으로 이행할 수 없는 경우 그러한 거래 조건에서 EXW 조건이 선택된다.

[해설] EXW 조건에서 수출통관 의무는 매도인이 아닌 매수인에게 있다. 따라서 매수인이 수출통관 의무를 직간접적으로 이행할 수 없는 경우 EXW 조건보다는 매도인이 수출통관 의무를 가지는 FCA 조건이 사용되어야 한다.

[어휘] carry out ~을 이행하다   opt ~을 택하다

[20~21]

[해설] 다음을 읽고 질문에 답하시오.

> 당사는 귀사로부터 차변표 123호가 동봉된 5월 23일자 서신을 수령하였습니다. 귀사의 계정에 대한 (a: 착오)로 더 빨리 지불하지 못한 점을 죄송하게 생각합니다.
> 이 계정들을 결제하기 위해, (b) 2018년 5월 말까지 귀사의 송장 대금을 결제하는 미화 5,000,000달러 수표를 동봉합니다.
> 귀사가 당사에게 우편으로 영수증을 보내주신다면 감사하겠습니다.

[어휘] Debit Note 차변표(매수인이 매도인에게 지급할 비용이 있을 때 사용되는 양식) 반 Credit Note 대변표

20 정답 ①

[해설] (a)에 들어갈 가장 적절한 단어는 무엇인가?
① 착오   ② 요청
③ 신용장   ④ 주문

[해설] 착오로 인하여 기존 청구에 대해 지급하지 못했다라는 내용이 가장 자연스럽다.

21 정답 ②

해석 (b)를 한국어로 번역했을 때 가장 정확한 것은 무엇인가?
① 2018년 5월 말까지 보내올 송장을 해결하기 위하여
② 2018년 5월 말까지 귀사의 송장 대금을 결제하는
③ 2018년 5월 말에 보낼 귀사의 송장에 포함시키기 위하여
④ 2018년 5월 말에 보내 주신 송장을 처리하기 위하여

해설 기간과 관련하여 up to라는 표현이 사용되면 '~까지'라는 의미로 사용된다. 따라서 '2018년 5월 말까지 송장 대금을 결제하는'이라는 의미가 자연스럽다.

22 정답 ①

해석 아래 서신의 목적으로 가장 적절한 것은 다음 중 무엇인가?

> Alice 귀하
>
> 금일 오후 전화 주셔서 감사드리며 당사의 비즈니스 개발 서비스에 관심을 가져주셔서 감사합니다. Alize Catering에 대한 귀하의 비즈니스 컨셉과 사업 확장 계획에 대해 이야기하는 것은 매우 좋았습니다.
>
> 전화 통화에서 논의된 바는 다음과 같습니다.
> 귀하는 당사가 Alize Catering을 위해 구체적인 사업 계획을 개발하기를 원합니다.
> 사업 계획에는 다음에 관한 Alize Catering 운영에 관한 지침이 제시됩니다.
> 조직 계획, 생산 계획, 마케팅 계획, 재무 계획
>
> 사업 계획의 개발을 위한 총비용은 미화 3,000달러로 총 3번의 할부로 지불되며, 첫 번째 할부는 이 계획이 확정되는 즉시, 두 번째 할부는 초안 문서 수령 후, 세 번째 할부는 최종 서류가 인도될 때입니다.

① 구두계약을 확인하기 위해
② 신제품에 대해 정보를 알리기 위해
③ 무상 제품 견본을 요청하기 위해
④ 주문을 취소하기 위해

해설 전화 통화를 통해 협의된 내용을 서신을 통해 확인하고 있으므로 서신의 목적은 구두계약의 확인이 적절하다.

어휘 set out ~을 제시하다   verbal agreement 구두계약

23 정답 ④

해석 가장 적절하지 않게 연결된 것은 무엇인가?

> (a) 포워더는 도하로 가는 20피트 컨테이너 2대를 (c) 그의 고객을 대신하여 (b) 선박회사에 예약하였다. 선박회사 직원의 실수로 인해 20피트 컨테이너 한 대는 도하로 선적하였고 남은 나머지 한 대는 다른 고객의 컨테이너와 함께 브레머하펜으로 선적하였다. 포워더가 실수를 발견하였을 때 컨테이너는 이미 (d) 브레머하펜으로 가고 있었다. 선박회사는 이 컨테이너가 운송로가 변경될 것이나 해당 컨테이너가 곧장 운송되었다면 도하까지 소요되는 원래 운송 일자인 20일 대신에 약 60일의 기간이 소요될 것이라고 통지하였다.

① (a)는 NVOCC(무선박운송인)이다.
② (b)는 VOCC(선박운송인)이다.
③ (c)는 수출자이다.
④ (d)는 원래의 목적지이다.

해설 원래의 도착지는 도하이나 선박회사의 실수로 한 대는 도하로 다른 한 대는 브레머하펜으로 잘못 선적하였다.

어휘 reroute (운송로를) 바꾸다

24 정답 ④

해석 다음 중 다른 의도를 가진 것은 무엇인가?
① 그들은 당신이 언급한 금액에 대한 귀하의 신뢰와 신용을 받을 자격이 있습니다.
② 그 회사는 이곳의 재계 사이에서 평판이 좋습니다.
③ 당신은 이번 거래에서 언급된 신용을 승인함에 있어 최소한의 위험을 감수할 것입니다.
④ 3개월의 지연을 경험한 후, 우리는 그들의 신용특혜를 철회할 수밖에 없었습니다.

해설 ①~③의 내용은 그 회사는 좋은 평판과 신용이 있다는 내용인데 반해 ④의 내용은 특정 사안에 대한 지연을 경험하여 해당 회사의 신용이 낮다는 점을 말하고 있으므로 ①~③의 내용과 다른 내용이다.

어휘 grant 승인하다

25 정답 ④

해석 매도인이 작성한 것으로 가장 적절하지 않은 것은 무엇인가?
① 강화 널빤지 상자는 당신의 필요를 충족할 것이고, 미끄러운 나무 상자보다 가격 면에서 훨씬 저렴합니다.
② 1파운드 크기의 화학 물품은 각각 24개의 캔이 들어있는 튼튼한 상자에 선적될 것입니다.
③ 모든 주문 품목이 당사의 공장에 집하될 때, 우리는 운송에 적절한 크기로 포장할 것입니다.
④ 각 상자의 전체 용적은 80cm(L)×50cm(W)×40cm(D)를 초과해서는 안 됩니다.

해설 ①~③은 매도인이 매수인에게 포장과 관련하여 안내하는 내용이지만 ④의 경우 매수인이 매도인에게 포장과 관련하여 요구하는 내용으로 볼 수 있다.

어휘 chemical 화학 물품   carton 상자
measurement 용적, 부피

[제2과목] 영작문

[26~28]

해석 다음을 읽고 질문에 답하시오.

> 일람불 환어음은 수출상이 화물이 목적지에 도착하고 결제가 이루어질 때까지 화물의 권리를 보유하고자 할 때 사용된다.
> 실제로 해상 선하증권은 수출상에 의해 배서되고 수출상의 은행을 통해 매수인의 은행으로 보내진다. 여기에는 매수인 또는 매수인의 국가에서 지정한 일람불 환어음, 상업송장 그리고 다른 첨부 서류가 수반된다. 외국 은행은 이러한 서류를 수취하면 매수인에게 통지한다. 환어음 금액이 결제되는 즉시, (A) 외국 은행은 매수인이 물품을 확보할 수 있도록 선하증권을 넘겨준다.
> 선적품의 권리를 양도하는 것을 통제하기 위해 일람불 환어음이 사용될 때에도 여전히 잔존하는 위험이 있다. 매수인의 지급 능력이나 지급 의사는 상품이 선적될 때부터 환어음이 결제를 위해 제시될 때까지 변동될 수 있다. 이때, (B: 매수인을 대신하여 지급을 약속하는 은행이 없다.)

26 정답 ①

해석 상기 거래에 대한 적절한 결제 방식은 무엇인가?
① 지급인도조건(D/P)
② 인수인도조건(D/A)
③ 일람출급 신용장
④ 기한부 신용장

해설 환어음의 결제와 함께 서류를 전달함으로써 물품의 소유권을 이전하는 방식은 지급인도조건(D/P) 방식이다.

27 정답 ①

해석 (A)는 누구인가?
① 추심은행
② 추심의뢰은행
③ 개설은행
④ 매입은행

해설 추심은행(Collecting Bank)은 추심의뢰은행(Remitting Bank) 이외의 모든 은행을 말한다. 일반적으로 추심의뢰은행은 수출상이 추심을 의뢰하는 은행을 의미하며, 추심은행은 매수인이 환어음 대금을 지급하면 인수받은 서류를 인도하는 은행을 의미한다.

28 정답 ①

해석 빈칸 (B)에 들어갈 가장 적절한 문장은 무엇인가?
① 매수인을 대신하여 지급을 약속하는 은행이 없다.
② 제시은행은 매수인의 지급에 대한 책임이 있다.
③ 매도인은 제시은행에 물품의 반송을 요청할 것이다.
④ 운송인은 매수인에게 물품의 인도에 대한 배상금을 제공하도록 요구한다.

해설 추심 거래 방식에서 은행은 대금 결제에 대한 확약을 부담하지 않으며 단순히 추심계약의 선량한 대리인으로서의 역할만을 수행한다. 은행의 지급확약이 있는 방식은 신용장 방식이다.

29 정답 ④

해석 밑줄 친 부분을 대체하기에 적절하지 않은 것은 무엇인가?

> 팀원 여러분
> 우리는 정기적으로 동아시아 국가에 선적하는 상황을 직면하고 있는 바, 운송과 보험에 관련하여 비용 산출 계획을 검토할 필요가 있습니다. 다음 주 월요일 9시에 제 사무실에서 회의가 열릴 예정이니 숙지하시기 바랍니다.
> Tony Han 부장

① 관례적인
② 통상적인
③ 일상적인
④ 시간을 엄수하는

해설 주기적, 정기적으로 운송해야 하는 상황이다. 반복적으로 선적을 해야 하므로 시간을 엄수하여 선적하여야 한다는 표현은 부적절하다.

어휘 cost scheme 비용 산출 계획

30 정답 ①

해석 Incoterms 2010에 대한 다음의 설명 중 옳지 않은 것은 무엇인가?

> ⓐ Incoterms 2010 규칙은 물품이 판매되어 운송될 때 무역거래자들을 돕기 위해 제정된 표준 선적조건이다. ⓑ 각각의 Incoterms 규칙은 각 당사자의 의무(예를 들어 운송, 수출입통관 등과 같은 서비스에 대한 책임이 누구에게 있는지)와 ⓒ 운송 과정 중 어느 지점에서 매도인으로부터 매수인에게 위험이 이전되는지에 대해 명시한다. ⓓ Incoterms 규칙에 동의하고 그것을 매매계약에 포함시킴으로써, 매수인과 매도인은 각 당사자가 해야 할 일과 손실, 손상 또는 다른 사고 발생 시 책임있는 부분을 정확하게 이해할 수 있다.

해설 Incoterms 2010은 매매계약의 어느 당사자가 운송계약이나 보험계약을 체결할 의무를 부담하는지, 매도인은 매수인에게 물품을 언제 인도할 것인지, 각 당사자는 어떠한 비용을 부담하는지를 규정한다. 따라서 선적조건만으로 보기에는 적절하지 않다.

[31~32]

해석 다음을 읽고 질문에 답하시오.

> Mr. Cho 귀하
>
> 귀하의 이름은 90일 환어음으로 지급을 요청한 F. Lynch & Co. Ltd의 주요 고객인 Mr. L. Crane(A: 에 의해) 전달되었습니다.
> 이 회사가 지불 기일에 지체 없이 결제를 하는지, 그리고 거래에 있어 미화 50,000달러까지의 신용을 (B: 충족할) 만큼 건돈한지 확인을 해 주시면 매우 감사하겠습니다.
>
> 정보를 주시는 것에 대해 미리 감사드립니다.

31 정답 ①

해석 Mr. Cho는 누구인가?
① 조회처 ② 매도인
③ 중개인 ④ 지급인

해설 F. Lynch & Co. Ltd가 요청한 환어음 결제와 관련하여 해당 기업의 신용에 대해 문의하고 있으므로 Mr. Cho는 신용조회처가 적절하다.

어휘 settle one's account 결제하다

32 정답 ①

해석 (A)와 (B)에 들어갈 적절한 단어를 채우시오.
① ~에 의해 – 충족하다 ② ~로 부터 – 채우다
③ ~에 의해 – 허가하다 ④ ~로 부터 – 허락하다

해설 (A)에서는 귀사의 이름을 L. Crane 씨에 의해(by) 알게 되었다가 적절하며 (B)에서는 '5만 달러까지 신용을 충족할(meet) 만큼'이라는 의미로는 meet이 알맞다.

33 정답 ②

해석 빈칸에 들어갈 가장 적절한 단어는 다음 중 무엇인가?

> 팩토링 회사는 자금을 확보하고 현금 흐름을 개선하는 유연하고 비용 효율적인 방법을 제공한다. 팩토링은 비즈니스가 자금을 조달하거나 미지급된 송장에 대하여 자금을 제공하여 현금 흐름을 지원할 수 있도록 하는 (인보이스 금융)의 한 형태이다. 은행은 당신을 위해 고객으로부터 대금을 회수하여 당신이 결제하는 데 걸리는 시간을 단축시키고 결제 추적에 따른 번거로움을 덜어준다. 일단 대금 회수가 이루어지면, 은행은 합의된 수수료를 공제하고 송장금액의 잔액을 지불한다.

① 환어음 금융 ② 인보이스 금융
③ 주문 서비스 ④ 당좌 대월 서비스

해설 팩토링은 인보이스 금융 중 한 형태로 전세계 팩터(팩토링 회사)의 회원망을 통하여 수입상의 신용을 바탕으로 이루어지는 무신용장 방식의 무역 거래 방법이다.

어휘 free up 해소하다   hassle 귀찮은 상황

[34~35]

해석 다음을 읽고 질문에 답하시오.

> Herr Kim 귀하
>
> 우리는 귀하를 2월 15일에 있는 연례 저녁 모임에 초대하고 싶습니다. 그리고 당신이 우리의 초청 연사 중 한 분이 되어 주실지 궁금합니다.
>
> 올해 우리의 주제는 '미달러화의 영향'이며, 이것이 귀하의 분야에서 수출 기업들에게 어떠한 영향을 주고 있는지에 대한 의견을 부탁드립니다.
>
> 연설해 주실 수 있는지 가능한 빨리 알려주시면 감사하겠습니다. 귀하와 손님을 위한 공식 초대장을 (A: 동봉합니다).
>
> 그럼 안녕히 계십시오.

어휘 contribution 헌신, 공헌, 노력   affect 영향을 미치다

34 정답 ①

해석 밑줄 친 부분에 가장 적합한 것은 무엇인가?
① 당신이 우리의 초청 연사 중 한 분이 되어 주실지 궁금합니다.
② 당신이 우리의 초청 연사 중 한 분이 되어 주실지 의심스럽습니다.
③ 당신이 우리 연사 중 한 명으로 받아들여지기 바랍니다.
④ 당신이 우리의 주최 측 연설자 중의 한 명으로 승낙해 주실지 의문이 생깁니다.

해설 ②, ④는 초청 연사가 될지 의심, 의문스럽다고 하는 내용으로 연사 초청 서신의 내용으로 어색하다. 또한 ③은 문법적으로 어색하다.

35 정답 ①

해석 (A)에 들어갈 가장 적절한 것은 무엇인가?
① 동봉합니다.
② 첨부 자료는 우리의 서류입니다.
③ 귀하는 제출할 수 있습니다.
④ 서명해 주시면 감사하겠습니다.

해설 초청 연사로 섭외하는 내용이므로 '초대장을 동봉하오니 확인 부탁드립니다.'라고 하는 것이 자연스럽다.

어휘 put out 제출하다

36 정답 ②

해석 다음 중 아래의 빈칸에 들어갈 적절한 단어로 연결된 것은 무엇인가?

> (ⓐ 공동(해손)은 자발적이고 의도적인 손해이나, 반면에 (ⓑ 단독(해손)은 순전히 우발적이고 예상치 못한 손실이다. (ⓒ 단독(해손)은 전적으로 화물 소유자의 책임이다. (ⓓ 공동(해손)에서의 손해는 모든 화물의 소유자들에 의해 분배된다.

	ⓐ	ⓑ	ⓒ	ⓓ
①	공동	단독	공동	단독
②	공동	단독	단독	공동
③	단독	공동	공동	단독
④	단독	공동	단독	공동

해설 공동해손(General Average)은 공동해손 행위로 인하여 발생한 손해 또는 공동해손 행위의 직접적인 결과로 발생하는 손해를 말한다. 처분에 있어서 위험은 현실적이고 중대하여야 하며, 고의적이고 합리적인 처분이 있어야 한다. 단독해손(Particular Average)은 공동손해가 아닌 손해를 의미하며 피보험목적물에 대해 개별 당사자가 입은 손해를 의미한다.

어휘 voluntary 자발적인 deliberate 의도적인, 고의의
purely 순전히 fall upon ~의 책임이다

37 정답 ④

해석 ICC(B)와 ICC(C)의 차이점이 아닌 것은 무엇인가?
① ICC(B)와 ICC(C)의 유일한 차이점은 추가 위험이 ICC(B) 적하보험증권에서 담보된다는 것이다.
② ICC(C)는 시장에서 사용할 수 있는 최소 보장 적하보험증권이다.
③ ICC(B)는 해수, 호수 또는 하천수의 선박, 선창, 운송 수단, 컨테이너 또는 보관 장소의 유입에 의한 피보험목적물의 손실과 손상을 담보하지만 ICC(C)는 그러하지 아니한다.
④ ICC(B) 공동해손희생에 의한 피보험목적물의 손실과 손상을 담보하지만 ICC(C)는 그러하지 아니한다.

해설 ICC(B)와 ICC(C) 모두 공동해손희생에 대해 담보한다.

어휘 subject-matter insured 피보험목적물
conveyance 운송 수단

[38~39]

해석 다음을 읽고 질문에 답하시오.

당사의 모델 번호 HW-118에 대한 귀하의 3월 20일자 조회 서신에 대해 감사드립니다.
(a) 당사는 첨부된 가격표와 같이 최고의 가격과 조건으로 견적을 보내드렸습니다. (b) 당사가 귀하를 위해 특별가로 견적을 제공함에 따라 당사가 귀하와 거래하고자 하는 열망을 아실 거라고 믿습니다. 사실, (d) 올해 초부터 원자재 가격이 상승하여 (c) 당사는 가격 인상을 하여야 했습니다. 그러므로 당사는 귀하가 지체 없이 (e. 최초 주문을 해 주시기를) 요청드립니다.

어휘 figure out 이해하다, 짐작하다, 계산하다
eagerness 열망, 열의

38 정답 ④

해석 다음 중 문법적으로 옳지 않은 것은 무엇인가?
해설 완료형 문장에서 '~로부터'라는 의미로는 since가 사용된다. from은 '~부터 시작하다'라는 의미이며 '지금까지 지속되고 있다'라는 의미는 내포하지 않는다. 따라서 from보다는 since가 적절하다.

39 정답 ②

해석 빈칸 (e)에 들어갈 가장 적절한 것은 무엇인가?
① 이월 주문을 하다
② 최초 주문을 하다
③ 대량 주문을 하다
④ 대량 주문을 하다

해설 '최고의 조건으로 가격표를 제시하였다'라는 내용이 나오므로 신규 거래 관계임을 유추할 수 있다. 따라서 최초 주문을 해달라고 하는 내용이 자연스럽다.

40 정답 ③

해석 다음 문장과 같은 의미를 지니고 있는 것은 무엇인가?

선적은 매도인의 통제를 벗어나는 상황이 발생하는 경우를 제외하고, 계약에 정해진 기간 안에 이행되어야 한다.

① 선적은 예외 없이 정해진 기간 안에 이행되어야 한다.
② 매도인이 약속된 자재를 확보할 수 없는 경우 선적은 연기될 수 있다.
③ 매도인은 불가항력의 사유로 인해 선적이 지연되는 경우 책임을 부담하지 않는다.
④ 매수인은 매도인의 양해 요청이 무엇이든 무시할 것이다.

해설 불가항력 사유에 의한 선적 미이행에 대한 매도인의 면책을 규정하고 있는 내용이므로 ③이 자연스럽다.

41 정답 ②

해석 다음 문장과 가장 유사한 대답을 고르시오.

10월 10일까지 선적되어야 한다.

① 10월 10일 이후 언제든지 선적이 가능하다.
② 선적은 10월 10일까지 이행되어야 한다.
③ 선적은 10월 10일에 이행되어야 한다.
④ 선적은 10월 10일 전에 이행되어서는 안 된다.

해설 '10월 10일을 초과해서 선적해서는 안 된다'라는 의미이므로 '10월 10일까지 이행되어야 한다'라는 내용이 적절하다.

42 정답 ④

해석 빈칸을 가장 적절한 답으로 채우시오.

주문번호 HW-0713과 관련하여, 당사는 상품이 선적 준비가 되었음을 알려드리게 되어 기쁘게 생각합니다.
이리도 빠른 통지에 대해서 당사는 귀사가 요청하신 배송 일자를 맞추기 위해 특별한 노력을 기울였다는 점을 유념해 주시기 바랍니다. 당사는 당사 제품의 우수한 품질과 세련된 디자인이 귀사의 고객에게 충분한 만족을 줄 것이라고 믿습니다.

귀사의 (선적지시서)를 보내주십시오.

① 이 주문에 대한 견적
② 신용장
③ 가능한 빨리 송장을
④ 선적지시서

해설 주문에 대해 배송 시간을 맞추기 위해 노력하여 물품을 준비하였으니 선적과 관련된 선적지시서를 보내달라고 하는 내용이 적절하다.

[43~46]

해석 영어로 번역된 것 중 가장 정확하지 않은 것은 무엇인가?

43 정답 ②

해설 disconvenience는 inconvenience로 수정되어야 하며, 당사가 판매의 주체이므로 that 이하의 절을 'We would lose much of our chance ~'로 번역해야 알맞다.

44 정답 ①

해설 we가 주어이므로 능동형으로서 we would highly appreciate가 사용되어야 하며, 전치사 뒤에는 명사가 와야 하므로 render in letting 형태로 수정되어야 한다.

어휘 deal in ~을 취급(거래)하다

45 정답 ④

해설 'despite of'라는 표현은 잘못된 표현이다. 'despite'나 'in spite of'로 고쳐야 한다. 또한 we have는 we have been으로 고쳐야 한다.

어휘 attempt 시도, 시도하다

46 정답 ③

해설 청구서를 보낸 것은 과거이며 그 시점 이래로(since) 2주가 지난 것이므로 동사는 과거부터 현재의 상태에 영향을 미치는 현재완료형인 'It has been two weeks ~'로 고쳐야 알맞다. 혹은 It is two weeks since we sent you the billing~으로 바꿀 수도 있다.

47 정답 ①

해석 밑줄 친 부분과 같은 의미가 아닌 것을 고르시오.

> 결제가 이루어지지 않는 경우 유감스럽지만 미결제에 대해 소송 절차를 진행할 수밖에 없습니다.

① 협상을 재개하다 ② 법적 절차를 밟다
③ 소송을 제기하다 ④ 고소하다

해설 resume negotiation(협상을 재개하다)는 start proceeding(소송·법적 절차를 시작하다)의 의미와 다르다. 국가의 공권력에 의한 판결을 받는 소송(proceeding)과 당사자 간 사적 분쟁 해결 방식인 협상(negotiation)은 그 성격이 다르다.

어휘 have no choice but to ~말고는 선택의 여지가 없다
proceeding 소송, (법적) 절차   dishonor 미지불, 미결제

48 정답 ④

해석 환적에 대한 설명으로 가장 적절하지 않은 것은 무엇인가?
① 환적은 일반적으로 송하인과 수하인 국가 간에 직접적으로 항공, 내륙 또는 해상으로 연결되지 않은 곳에서 이루어진다.
② 예정되어 있던 입항 항구가 폐쇄된 곳에서 환적이 이행될 수 있다.
③ 신용장 거래에서 화물이 컨테이너화 되어 있지 않은 경우 환적은 허용되지 않는다.
④ 환적은 적하물의 손상 가능성을 낮춰준다.

해설 환적은 하나의 운송 수단으로부터 다른 운송 수단으로 적하물을 옮겨 싣는 것을 의미한다. 환적 중에 물품이 추락하거나 파손될 위험성이 존재하므로 물품의 손상 위험을 낮추기 위해서는 환적을 하지 않는 것이 유리하다.

49 정답 ①

해석 밑줄 친 부분이 의미하는 것은 무엇인가?

> 기본 거래는 신용장의 개설의뢰인과 수익자 간의 거래이다. 신용장은 기본 거래로부터 독립적이다.

① 매매계약   ② 운송계약
③ 매입계약   ④ 결제 조건

해설 신용장의 개설의뢰인(보통 수입상)과 수익자(보통 수출상) 간의 거래는 물품 매매계약이다. UCP 600 제4조 a항에는 신용장은 그 본질상 기초가 되는 매매 또는 다른 계약과는 별개의 거래라고 명시되어 있다.

어휘 underlying transaction 기본 거래, 근본 거래

50 정답 ①

해석 빈칸에 들어갈 알맞은 말은 무엇인가?

> 매입을 처리할 수 있는 방법 중 하나는 수출상이 신용장 조건하에 제시된 불일치 서류를 (유보부 매입)을 통해 매입은행으로부터 할인을 받는 것이다.

① 유보부 매입   ② 포페이팅
③ 팩토링   ④ 확인

해설 유보부 매입은 매입은행이 하자있는 서류를 매입하여 대금을 지급하고, 수익자는 개설은행의 지급이 거절되면 외국환거래약정서에서 정하는 바에 따라 즉시 매입 대전을 상환해야 한다.

[제3과목] 무역실무

51 정답 ①

해설 양도가능 신용장은 제1수익자가 제2수익자에게 양도할 수 있으나 제2수익자가 제3수익자에게 양도할 수 없다. 단, 제2수익자가 제1수익자에게 재양도하는 것은 허용된다.

52 정답 ④

해설 Incoterms 규칙에서는 매도인의 의무 항목에 계약에 부합하는 물품의 제공이 포함되어 있지 않다. Incoterms 규칙은 매매계약의 어느 당

사자가 운송계약이나 보험계약을 체결할 의무를 부담하는지, 매도인은 매수인에게 물품을 언제 인도한 것으로 되는지, 각 당사자는 어떠한 비용을 부담하는지를 규정한다.

어휘 security 보안　　　　clearance 통관
provision 공급, 대비

> **THE PLUS** 오답 선택지
> ① 허가, 승인, 보안통관 및 기타절차(A2)
> ② 위험의 이전(A5)
> ③ 정보에 의한 협조와 관련 비용(A10)

53 정답 ④

해설 계약이 체결된 국가의 법률을 적용하는 원칙은 계약체결지법이다.

> **THE PLUS** 오답 선택지
> ① 무명조건: 계약서, 계약서에 사용된 언어 등이 준거법을 확인하는 데 주요한 실마리가 될 수 있다는 조건
> ② 계약이행지법: 계약이 제3국에서 체결되었더라도 계약의 전부, 상당 부분이 이루어진 나라의 법을 준거법으로 하는 원칙(환어음, FOB 조건과 CIF 조건)
> ③ 중재지법: 당사자 간에 분쟁 발생 시 중재로 해결한다는 것을 합의한 경우 중재가 이루어지는 국가, 장소의 법을 준거법으로 하는 원칙

54 정답 ②

해설 계약이행보증서(Performance Bond)에 대한 설명이다. 계약이행보증은 산업설비 수출계약이나 해외 건설 공사계약을 체결한 수출자가 계약상의 의무 이행을 하지 않음으로써 발주자가 입게 되는 손해를 보상받기 위해 발행하는 수출보증으로 보증 금액은 보통 계약 금액의 10% 전후이다.

> **THE PLUS** 오답 선택지
> ① 입찰보증서(Bid Bond): 개설의뢰인이 입찰에 응찰하여 낙찰된 경우 계약 체결을 보증하는 보증서
> ③ 선수금환급보증서(Advance Payment Bond): 기초계약상 주채무자가 계약을 불이행하는 경우 수익자에게 이미 지급한 선수금을 환급하기로 하는 보증서
> ④ 유보금환급보증서(Retention Payment Bond): 기성고 방식의 건설 용역 등에서 발주자가 각 기성 단계별로 완공불능위험에 대비하기 위해 기성 대금의 일부를 유보금으로 적립하게 되는데, 해당 유보금을 공제하지 않고 수주자가 기성 대금 전액을 받을 수 있도록 하는 보증서

55 정답 ③

해설 환가료는 '외화표시 금액 × 매매기준율 × 환가료율 × (지급기한 + 우편일수) ÷ 360'로 계산한다. 따라서 환가료는 3,600,000 × 1,000 × 0.02 × (120 + 8) ÷ 360 = 256,000원

56 정답 ③

해설 운송인은 항해과실, 화재, 기타 면책카탈로그(해상고유의 위험, 전쟁, 불가항력, 공적위험, 노사분쟁, 폭동, 잠재하자, 화물 고유의 하자 등)와 같은 사유에 해당하는 사실이 있었다는 것과 운송물에 관한 손해가 그 사유로 인하여 생기는 것임을 증명하면 운송인은 면책된다.

57 정답 ④

해설 금전증권은 화폐를 대용할 수 있는 가치증권으로 환어음, 약속어음, 수표 등이 이에 해당한다. 선하증권은 유가증권성, 유통증권성, 요인증권성, 요식증권성, 지시증권성, 채권증권성, 상환증권성, 인도증권성을 지닌다.

58 정답 ④

해설 '일람 후 90일 후 지급' 조건은 기한부(Usance) 신용장이다.

59 정답 ①

해설 공동해손에 해당하지 않는 사고에 의해 손해가 발생하였다고 하였을 뿐 구체적인 위험에 대해 언급하지 않고 있다. 따라서 갑판상 유실, 해수, 호수, 하천수 등의 운송용구 등에 유입, 적재, 양륙, 하역 중의 낙하 또는 추락에 의한 포장 단위당 전손 위험이 발생할 수도 있으므로 이를 담보하지 않는 ICC(C)는 적절하지 않다.

60 정답 ④

해설 THC(Terminal Handling Charge)는 화물이 CY에 입고된 순간부터 본선이 선측까지, 반대로 본선의 선측에서 CY 게이트를 통과하기까지 화물의 이동에 따르는 기타 부대 비용으로 해상운임에 포함되지 않는다.

61 정답 ④

해설 계약서의 일부로 중재조항을 삽입한 경우 중재합의의 효력이 발생한다. 따라서 계약이 무효가 된다하여도 이미 계약서로 인해 중재합의의 효력이 발생하므로 그 효력이 자동 상실된다고 볼 수 없다.

62 정답 ④

해설 FAS(선측인도) 조건의 위험과 비용의 분기점은 물품이 지정 선적항에서 매수인이 지정한 본선의 선측(예컨대, 부두 혹은 바지선)에 놓이는 때이다. 따라서 매도인은 출발항에 정박한 본선까지의 부선료를 부담해야 한다.

63 정답 ④

해설 내국 신용장에서는 일반 무역에서의 환어음이 사용되지 않고 판매대금 추심(매입)의뢰서가 사용된다. 판매대금 추심의뢰서는 개설의뢰인을 지급인으로 하고 개설은행을 지급 장소로 하는 일람출급 방식이다.

64 정답 ②

해설 매수인은 매도인의 의무 이행을 위하여 합리적인 부가 기간을 정할 수 있다(비엔나협약 제47조).

65 정답 ④

[해설] 승인조건부청약이나 보세창고도거래는 보통 점검매매로 이루어진다.

> **THE PLUS** 점검매매(Sales by Inspection)
> 보세창고도거래(BWT: Bonded Warehouse Transaction) 조건이나 COD(Cash on Delivery, 현물상환인도) 조건에서 주로 사용하는 방법으로 매수인이 현품의 품질 수준을 직접 확인한 후 매매하는 방법이다.

66 정답 ④

[해설] FCA 조건에서 수출통관 의무는 매도인에게 있다.

67 정답 ②

[해설] CBM, liter는 용적(부피) 단위가 맞으나 TEU는 컨테이너를 세는 수량 단위, square는 넓이, drum은 포장 단위이다.

68 정답 ③

[해설] 선복운임(Lump Sum Freight)은 화물의 개수, 중량과는 상관없이 항해 또는 선복을 단위로 계산하는 운임이다.
선적할 때에 지정하였던 양륙항을 선적 후에 변경할 경우에 추가로 부과되는 운임은 항구변경료(Diversion Charge)라고 한다.

69 정답 ③

[해설] 인코텀즈에서는 비용과 위험의 분기점을 설명할 뿐 매매 대금이나 지급 방법에 대해서는 언급하지 않는다.

70 정답 ④

[해설] 운송주선인은 선사로부터 받은 Master B/L을 근거로 하여 개별 화주에게 House B/L을 발행한다.

71 정답 ④

[해설] 용선계약은 용선자와 선주와의 관계에서 체결된 계약이므로 신용장에서 용선계약서의 제시를 요구하더라도 직접적으로 신용장과 관계가 없으므로 은행은 이를 심사할 의무가 없다.

72 정답 ①

[해설] 개별계약은 매 건별로 수출입 본계약을 체결하는 방법이므로 거래 대상 물품의 품질, 수량, 가격, 포장, 결제 방법, 보험 조건 등이 구체적으로 기재된다. 포괄계약은 동일한 거래 상대방과 계속적으로 거래가 이루어지는 경우 일정 기간 동안 행해질 여러 건의 계약 건을 포괄적으로 체결하는 계약이다. 따라서 청약과 주문의 방법 등을 정하여 매 거래 시마다 제조건 등을 재확인하는 번거로움을 없앨 수 있다. 개별계약이 더 구체적이므로 포괄계약과 모순되는 경우 개별계약이 우선된다.

73 정답 ②

[해설] 특정의 은행을 지급, 연지급, 인수은행으로 지정한 지정 신용장이거나 또는 매입제한 신용장이나 상환제한 신용장인 경우 해당 은행 앞으로 재매입을 요청하여야 한다. ANY BANK by NEGOTIATION은 자유매입을 말하므로 재매입이 발생할 수 없다.
지정은행 이외의 은행이 수출 환어음(또는 선적서류)을 매입한 경우에는 당해 지정은행 앞으로 재매입을 의뢰하는 것이 일반적이다.

74 정답 ④

[해설] 송하인의 요구에 따라 항공사, 송하인 또는 대리인이 선불한 비용을 수하인으로부터 징수하는 금액은 입체지불수수료(Disbursement Fee)이다.

> **THE PLUS** 오답 선택지
> ① THC: 화물이 CY에 입고된 순간부터 본선의 선측까지, 반대로 본선의 선측에서 CY 게이트를 통과하기까지 화물 이동에 따르는 비용
> ② CFS Charge: LCL을 운송하는 경우 선적지 또는 도착지의 보세창고인 CFS에서 화물의 혼재 작업 시 발생하는 비용
> ③ Documentation Fee: 선사가 선하증권과 화물인도지시서 발급 시 소요되는 비용을 보전하기 위해 부과하는 비용

75 정답 ④

[해설] 청약은 상대방의 무조건, 절대적 승낙이 있으면 즉시 일정 내용의 계약을 성립시키는 것을 목적으로 하는 확정적 의사 표시이다. 상대방의 거래 문의에 대한 응답으로 보기는 어렵다.

정답 및 해설 — 2018년 제3회(113회)

[제1과목] 영문해석

01	③	02	②	03	④	04	④	05	④
06	①	07	①	08	④	09	①	10	①
11	④	12	①	13	②	14	④	15	②
16	④	17	②	18	①	19	④	20	②
21	④	22	①	23	①	24	①	25	③

[제2과목] 영작문

26	①	27	①	28	①	29	②	30	①
31	①	32	②	33	①	34	③	35	④
36	①	37	①	38	④	39	③	40	④
41	④	42	①	43	④	44	①	45	②
46	①	47	④	48	④	49	①	50	①

[제3과목] 무역실무

51	④	52	④	53	③	54	①	55	④
56	④	57	④	58	①	59	④	60	②
61	④	62	④	63	①	64	③	65	③
66	③	67	④	68	④	69	④	70	②
71	④	72	④	73	②, ③	74	④	75	③

[제1과목] 영문해석

01 정답 ③

해석 "선착순매매 조건부청약"과 관련이 있는 것은 무엇인가?
① 우리는 2018년 9월 30일까지 귀하의 답변을 받는 조건으로 확정청약을 하게 되어 기쁩니다.
② 우리는 다음 품목에 대해 당사의 최종 확인을 조건으로 하는 청약을 하게 되어 기쁩니다.
③ 우리는 다음 품목의 재고잔류 조건부청약을 하게 되어 기쁘게 생각합니다.
④ 우리는 2018년 9월 30일까지 귀하의 답변을 받는 조건으로 다음 품목에 대해 청약을 하게 되어 기쁘게 생각합니다.

해설 재고잔류 조건부청약은 승낙의 의사 표시가 청약자에게 도달했을 때 미판매 재고가 남아 있는 부분에 한하여 유효하다는 조건으로 발행하는 청약을 의미한다. 먼저 판매가 완료되면 무효가 되는 청약이므로 선착순매매 조건부청약이라고도 한다.

02 정답 ②

해석 다음 중 다른 주제를 다루고 있는 것은 무엇인가?
① 우리는 현금 거래에 대해서만 공급할 준비가 되어 있습니다.
② 당사의 공장은 주당 30,000개의 물품을 생산할 시설을 갖추고 있지 않습니다.
③ 우리가 생산하는 셔츠는 단일 색상으로 12벌씩 판매됩니다. 옷을 낱개로는 일절 판매하지 않음을 유감스럽게 생각합니다.
④ 우리 공장은 절단할 수 없는 30미터 롤 형태의 재료만 판매합니다.

해설 ①, ③, ④의 경우 제품의 판매 조건을 설명하고 있다. ②는 시설 미비로 인한 공급의 어려움을 나타내고 있다.

어휘 turn out 생산하다   cut up 절단하다

03 정답 ④

해석 무역서신의 맺음말로서 사용되기 가장 어색한 표현은 무엇인가?
① 당사는 이번이 귀하에게 할 많은 주문 중 첫 번째 주문이 되기를 희망합니다.
② 당사는 이번 주문 건이 만족스럽다면 추가 주문을 할 것입니다.
③ 만약 당사의 판매 목표가 충족되면 당사는 가까운 미래에 추가 주문을 할 것입니다.
④ 카펫은 포장되어야 하며, 포장은 양끝을 보강하여 마모를 방지하여야 합니다.

해설 ④는 포장 방법에 대한 내용이므로 맺음말보다 본문에 기재하는 것이 적합하다.

어휘 sales target 판매 목표   reinforce 보강하다, 강화하다
wear 마모, 닳음

04 정답 ④

해석 다음 중 다른 주제를 다루고 있는 것은 무엇인가?
① 물품은 크리스마스 판매기간을 위해 11월 초 전까지 배송되어야 하는 것이 필수입니다.
② 2월 28일 이전 배송은 이 주문의 확정 조건이며, 우리는 그 시간 이후 배송된 물품을 거절할 권리를 가집니다.
③ 매장 개장이 4월 초로 계획되어 있으므로 3월 말 이전에 작업이 완료될 수 있는지 확답을 주시기 바랍니다.
④ 우리는 25%의 동종업계 할인이 상당히 만족스럽다는 것을 확인하고 싶습니다.

해설 ①, ②, ③은 배송과 관련된 내용이나 ④의 경우 물품 가격에 대한 내용이므로 다른 주제를 가지고 있다.

어휘 reserve 보유하다, 가지다

05 정답 ④

해석 다음은 무엇을 의미하는가?

> 화주는 그의 지시나 그의 이익을 위해 선적된 물품을 목적항 이외의 장소로 운송하는 경우 운임을 지불할 의무를 부담한다.

① 부적운임 ② 선복운임
③ 풋옵션운임(통상적으로 사용하지 않) ④ 반송운임

해설 반송운임은 화물이 사정에 의해 반송될 때 부과하는 운임으로 일종의 할증운임이며 다음의 경우 적용된다.
- 목적지 사정(파업 등)으로 화물을 양륙하지 못하는 경우
- 화주 측의 요청으로 원래의 목적항이 아닌 다른 항으로 운송하는 경우
- 수하인이 수령을 거절한 화물을 반송하는 경우
- 화인(Shipping Marks)이 잘못 기입됨 등과 같은 운송인의 귀책사유가 아닌 화물의 잘못된 운송으로 인하여 선적지로 반송하는 경우

06 정답 ①

해석 인코텀즈 2010의 CIP 조건에 대한 설명으로 잘못된 것은 무엇인가?
① 매도인은 합의된 목적지로부터 물품을 운송하는 계약을 체결하거나 그러한 계약을 제공해야 한다.
② 운송계약은 매도인이 비용을 부담하는 통상적인 조건으로 체결되어야 하며 통상적인 경로와 관행적인 방법으로 운송하는 내용이어야 한다.
③ 매도인은 자신의 비용으로 적어도 최소 담보 조건에 따른 적하보험을 취득해야 한다.
④ 매수인은 강제적인 선적전검사(PSI)에 드는 비용을 부담해야 한다. 다만 수출국 당국이 그러한 검사를 강제하는 경우에는 예외로 한다.

해설 매도인은 인도 장소에서 또는 그 인도 장소에 합의된 인도 지점이 있는 때에는 그 지점부터 지정 목적지까지 또는 그 지정 목적지에 합의된 지점이 있는 때에는 그 지점까지 물품을 운송하는 계약을 체결하거나 그러한 계약을 제공해야 한다.
단, Incoterms 2020으로 개정되면서 CIP 조건에서의 부보 조건은 최대 담보 조건으로 변경되었다.

어휘 procure 조달하다 customary 관행적인
mandate 명령하다

07 정답 ④

해석 인코텀즈 2010의 설명으로 옳지 않은 것은 무엇인가?
① DAT 조건은 매수인의 국가에 있는 합의된 목적지까지 매도인이 모든 운송 관련 비용과 위험을 부담할 것을 요구한다.
② CPT 조건은 해당하는 경우 매도인이 수출통관을 이행할 것을 요구한다. 그러나 매도인은 물품의 수입통관을 이행하거나 수입관세를 지불할 의무가 없다.
③ FOB 조건은 매도인이 물품을 본선에 인도하거나 이미 그렇게 인도된 물품을 조달할 것을 요구한다.
④ CIF 조건은 당사자들이 위험이 매수인에게 이전되는 지점인 목적항을 지정할 것을 요구한다.

해설 CIF 조건에서 매도인의 위험이 매수인에게 이전되는 분기점은 물품이 수출국의 본선에 적재되는 시점이다. 반면 비용의 분기점은 물품이 목적항에서 도착한 때이다.

어휘 applicable 해당되는

08 정답 ①

해석 다음 중 FCA 조건에서 신용장의 매입을 위해 선적서류를 제시할 때 적절한 운송서류가 아닌 것은 무엇인가?
① 본선적재 선하증권 ② 상업송장
③ 운송주선인 화물수취증 ④ 포장명세서

해설 인코텀즈 2010하에서의 FCA 조건은 매도인이 수출지에서 매수인이 지정한 운송인에게 지정된 장소에서 물품을 인도할 때까지의 비용과 위험을 부담하는 조건이다. 따라서 본선적재의 의무를 부담하지 않으므로 수취식 선하증권이 발행되었다. 그러나 인코텀즈 2020에서는 FCA 조건에서도 화물 선적 후 선적 선하증권을 수출자에게 발행하도록 하였다.

[09~10]

해석 다음을 읽고 질문에 답하시오.

> Mr. Merton 귀하
>
> 우리의 본사인 캐나다 온타리오 도슨시 1-5 Whale Drive에 소재한 Mackenzie Bros사의 주문서(R1432)를 동봉합니다.
>
> 그들은 우리로 하여금 귀하에게 도기류 60세트를 각각 개별적으로 싸서 한 상자당 10세트씩 6개의 상자로 포장하고 상자에 그들의 상호, '파손주의' 및 '도기류' 문구와 1~6의 숫자를 기재할 것을 요청하였습니다.
>
> 선적 또는 결제와 관련한 모든 추가적인 서한은 Mackenzie Bros로 직접 보내주시고 상업송장이 작성되면 사본 한 부를 저희에게 보내주시기 바랍니다.
>
> 감사합니다.
>
> David Han 올림

어휘 crockery 그릇, 도기 crate 상자
correspondence 서한

09 정답 ①

해석 Mackenzie Bros Ltd는 누구인가?
① 매수인 ② 매도인
③ 복합운송주선인 ④ 운송인

해설 Mackenzie Bros사는 도기류를 받고자 하는 당사자로서 매수인으로 볼 수 있다.

10 정답 ①

해석 왜 David Han은 상업송장 사본을 원하는가?
① 차후에 Mackenzie Bros사에게 청구할 대리인 수수료를 계산하기 위해
② 물품 공급 후에 Mr. Merton에게 대리인 수수료를 문의하기 위해
③ 본인(Mackenzie Bros사)에 대한 기록을 남기기 위해
④ 그의 고객의 수입관세를 계산하기 위해

해설 Mackenzie Bros사는 principal로 계약상 본인이며 David Han을 대리인으로 하여 계약을 진행하고자 한다. 따라서 대리인인 David Han은 상업송장금액에 대해 대리인 수수료를 청구하여야 하므로 상업송장 사본을 요청하는 것이다.

11 정답 ④

해석 CISG에 따라 매도인의 의무가 아닌 것은 무엇인가?
① 물품의 인도
② 인도와 관련된 모든 서류의 교부
③ 물품의 소유권 이전
④ 도착 후 물품의 검사

해설 제38조 물품의 검사기간에서 매수인은 그 상황에서 단기간 내에 실행 가능한 물품을 실행 가능한 검사하거나 검사하도록 해야 한다고 규정하고 있다.

> **⊕ THE PLUS** 비엔나협약 제30조 매도인의 의무
>
> The seller must deliver the goods, hand over any documents relating to them and transfer the property in the goods, as required by the contract and this Convention.
> 매도인은 계약과 이 협약에 따라 물품을 인도하고, 관련 서류를 교부하며 물품의 소유권을 이전해야 한다.

12 정답 ④

해석 다음은 무엇을 의미하는가?

> 수출국에서 제조, 가공 또는 생산된 특정 물품의 원산지를 증명하는 것으로 통상적으로 관세 목적으로 어떠한 외국에서 요구되는 서류

① 상업송장
② 환어음
③ 선하증권
④ 원산지증명서

해설 원산지증명서는 거래 물품의 국적에 대한 증명서로 물품이 수출국에서 생산, 제조 또는 가공되었다는 사실을 증명하는 서류이다.

13 정답 ②

해석 CISG(국제물품매매계약에 관한 UN협약)에서 규정하고 있는 구제 수단에 대한 내용으로 옳지 않은 것을 고르시오.
① 매수인은 부적합이 본질적 계약 위반을 구성하는 경우에만 대체물의 인도를 청구할 수 있다.
② 매수인은 부적합이 본질적 계약 위반을 구성하는 경우에만 물품의 수리를 청구할 수 있다.
③ 물품 인도 불이행이 본질적 계약 위반을 구성하는 경우 매수인은 계약을 해제할 수 있다.
④ 매수인은 부적합이 본질적 계약 위반을 구성하지 않더라도 손해 배상을 청구할 수 있다.

해설 물품이 계약에 부적합한 경우, 매수인은 모든 상황을 고려하여 불합리한 경우를 제외하고 매도인에게 수리를 통한 부적합의 보완을 청구할 수 있다. 단, 그 부적합이 본질적 계약 위반을 구성하는 경우 매수인은 대체물의 인도를 청구할 수 있다. 따라서 물품 수리는 본질적 계약위반을 구성하지 않더라도 매도인에게 청구할 수 있는 매수인의 권리이다.

어휘 remedy 구제 방법　regulate 규제하다
constitute 구성하다　declare 분명히 말하다

14 정답 ④

해석 다음 중 UCP 600에서 화환 신용장에 대한 설명으로 옳은 것은 무엇인가?
① 개설은행이 지급할 수 없다 하더라도 통지은행에 대해 (지급을) 강제할 수 있는 약정이다.
② 개설은행이 지급할 의사가 없다 하더라도 개설의뢰인에 대해 강제할 수 있는 약정이다.
③ 개설은행이 지급할 의사가 있다 하더라도 지정은행에 대해 강제할 수 있는 보증이다.
④ 확인은행이 지급할 의사가 없다 하더라도 개설은행에 대해 강제할 수 있는 취소불능의 확약이다.

해설 신용장은 그 명칭과 상관없이 개설은행이 일치하는 제시에 대하여 결제(honour)하겠다는 확약으로서 취소가 불가능한 모든 약정을 의미한다. 통지은행, 개설의뢰인, 지정은행 등은 반드시 결제하여야 하는 의무를 부담하지 않는다.

어휘 enforceable 강제할 수 있는

15 정답 ②

해석 지시식 선하증권에 대한 설명으로 옳지 않은 것은 무엇인가?
① 유통 가능한 운송서류이다.
② "TO ORDER"라고 발행된 경우 매수인이 배서하여야 한다.
③ 화물은 선하증권에 배서된 당사자에게만 양도될 수 있다.
④ 화물은 발행된 선하증권 원본 중 최소한 한 부가 서렌더 처리되었을 때 양도될 수 있다.

해설 "TO ORDER", "To order of the shipper"는 '송하인 지시식'이라는 의미로서 신용장에서 배서에 관한 별도의 언급이 없다 하더라도 B/L은 Shipper(송하인)에 의해 배서되어야 한다.

16 정답 ④

해석 UCP 600에 준하여 양도된 화환 신용장상에서 감액 또는 감축할 수 없는 조건은?
① 신용장 금액
② 단가
③ 최종 선적일
④ 부보되어야 하는 백분율

해설 부보되어야 하는 백분율은 신용장에 명시된 부보 금액을 규정하기 위해 높일 수 있으나 감액할 수는 없다. UCP 600 제38조 양도가능 신용장에 따르면 양도된 신용장은 신용장의 조건을 정확히 반영하여야

한다. 다만, 신용장의 금액, 그곳에 기재된 단가, 유효기일, 제시기간 또는 최종 선적일 또는 주어진 선적기간은 일부 또는 전부 감액되거나 단축될 수 있다.

어휘 curtail 단축시키다, 줄이다

17 정답 ②

해석 환어음에 대한 설명으로 옳은 것은 무엇인가?

(a) 국제 거래에서만 사용된다.
(b) Draft는 환어음의 다른 이름이다.
(c) 지불 보증으로 사용된다.
(d) 매입 신용장에서 지급인은 개설의뢰인이다.

① (a) ② (b) ③ (c) ④ (d)

해설 (a) 환어음은 동일한 국가 내에서 발행 및 지급되도록 하는 내국환어음과 환어음의 발행지와 지급지의 국가가 다른 외국 환어음으로 구분할 수 있다.
(c) 환어음은 은행이 발행하는 보증서의 역할을 수행할 수 없다.
(d) 신용장 거래에서 환어음의 지급인은 개설은행이다. 추심 거래일 경우 지급인은 수입상이다.

[18~19]

해석 다음을 읽고 질문에 답하시오.

Mr. Brown 귀하
우리는 귀하의 7월 5일자 조회에 대해 매우 감사드리며 당사의 제품에 관심이 있다는 것을 알게 되어 기쁩니다.
귀하의 서신에서 귀하는 가격표에서 5%의 특별 할인을 요청하셨습니다. 저희 제품에 대한 귀하의 관심에 감사드리는 바입니다만, 저희는 이미 가능한 한 최저 수준으로 가격을 인하하였고 이 제품들을 이 가격으로 다른 곳에서는 구할 수 없다는 점을 알려드립니다. 그러나 귀하가 한 번에 100,000개를 초과하여 주문을 늘릴 준비가 되신 경우 우리는 귀하의 요청대로 5%의 수량 할인을 허용할 수 있습니다.
감사합니다.
Mike Son 올림

어휘 obtainable 얻을 수 있는

18 정답 ①

해석 'in case(~의 경우)'와 유사한 의미를 갖지 않는 것은 무엇인가?
① in spite   ② 만약 ~라면
③ ~라면   ④ ~할 때

해설 in case는 가정하는 상황이 발생할 가능성이 어느 정도 있을 때 사용하는 표현으로 '~하는 경우를 대비하여, 만일 ~한다면, 만일 ~한 때'라는 의미로 사용된다. 따라서 가정의 의미가 있는 provided, if, when 은 유사한 표현으로 볼 수 있으나 in spite of는 '~에도 불구하고'라는 다른 의미를 지닌다.

19 정답 ④

해석 서신에 대한 내용으로 가장 적절한 것은 무엇인가?
① Mr. Brown은 Mike Son에게 가격 인상을 요청하였다.
② 서신의 작성자는 Mr. Brown의 청약을 승낙하였다.
③ Mike Son은 매수인이다.
④ Mike Son은 대량 주문에 따른 할인을 제안하였다.

해설 Mr. Brown은 매수인으로서 Mike Son에게 가격 할인을 요청하였으나 Mike Son은 이를 승낙하지 않았으며, 대신에 대량 주문에 따른 할인을 제안하고 있다.

20 정답 ②

해석 다음 단어 중 아래의 빈칸에 적절하지 않은 것은 무엇인가?

신용장 거래에서 선하증권은 "to order" 또는 "to the order of"로 지정되어 있는 당사자, 일반적으로 (ⓐ: 선적인) 또는 (ⓑ: 은행)으로 직접 발송된다. "to order" 또는 "to the order of (ⓐ: the shipper(선적인))"라는 문구는 적절한 (ⓓ: 배서)의 방법에 의해 물품의 (ⓒ: "유통 가능") 허용 권리가 여러 번 양도될 수 있음을 의미한다.

① ⓐ 선적인   ② ⓑ 매수인
③ ⓒ "유통 가능"   ④ ⓓ 배서

해설 "to order"로 발행되는 것을 단순 지시식이라 하며 매도인의 배서에 의해 권리의 이전이 필요하다. "to the order of"로 기재되는 것을 기명지시식이라 하며 주로 신용장 거래에서는 개설은행 앞으로 발행된다.

21 정답 ③

해석 다음 중 서신의 내용에 가장 적합하지 않은 것은 무엇인가?

Mr. Steve 귀하
귀하의 5월 22일자 서신에서 "Kleenkwick" 청소용 파우더를 케이스당 미화 9,000달러로 견적해 주신 것에 대해 감사드립니다만, 당사는 이 가격으로는 주문할 수 없다는 점을 유감스럽게 생각합니다. 만약 가격이 당사의 가능 범위 내에 있다면 당사는 정기적으로 대량주문을 할 수 있습니다.
따라서 당사는 귀하께서 견적을 재검토하고 매월 최소 40케이스의 주문한다는 조건으로 계산하여 보다 저렴한 가격을 제공해 주실 수 있기를 바랍니다.
감사합니다.
Grace Yang 올림

① 이전에 Mr. Steve는 Grace에게 견적서를 발송하였고 가격은 Grace의 예상보다 조금 높다.
② Grace는 더 낮은 가격을 요청한다.
③ Mr. Steve는 수락할 수 없음에 대해 유감을 표현한다.
④ Grace는 가격이 낮아진다면 확정청약을 할 수도 있다.

해설 Grace가 견적 금액이 예상보다 높다고 말하면서 대량 주문에 따른 가격 할인을 요청하고 있다. Mr. Steve가 이러한 조건에 대해 수락하였는지 거절하였는지 여부는 알 수 없다.

어휘 inability 불능

22 정답 ①

해설 다음은 계약의 일부이다. 이 가격 조건하에서 운송에 가장 적합한 서류는 무엇인가?

> 명세: TV 모니터(품목 번호 123-ABS)
> 수량: 2,000대
> 가격: 개당 미화 200달러, FCA 대전
> 목적지: 뉴욕

① 복합운송 선하증권 ② 항공화물운송장
③ 해상 선하증권 ④ 내수로 운송서류

해설 FCA 조건은 복합운송에서 사용하기 적합한 조건으로서 매도인은 매수인이 지정한 운송인에게 수출국 내의 특정 지점에서 인도할 때까지 비용과 위험을 부담한다. 지문에서는 운송 수단에 대해 언급하지 않았으므로 공항에서 공항으로 운송하는 증거인 항공화물운송장으로 보기는 어렵다. 따라서 복합 운송서류가 적합하며, 복합 운송서류는 B/L의 명칭이 포함된 형태로 발행 가능하다.

23 정답 ④

해설 다음 중 인코텀즈 2010의 FCA 조건에서 매수인의 의무로 적절하지 않은 것은 무엇인가?

① 매도인에 의해 인도된 시점부터 물품과 관련하여 발생하는 모든 비용의 지급
② 물품이 매수인의 처분하에 있었을 때 물품의 인도 실패로 인하여 발생하는 모든 추가 비용의 지급
③ 수입과 관련하여 발생하는 세관 절차 처리 비용의 지급
④ 매도인의 영업소에서 물품의 적재와 관련하여 매도인에 의해 발생하는 모든 비용의 상환

해설 FCA 조건에서 인도 장소가 매도인의 영업 구내인 경우 매도인은 물품을 매수인이 제공한 운송 수단에 적재해야 한다. 즉, 운송 수단에 적재하는 시점까지의 비용과 위험을 매도인이 부담하므로 매수인은 적재와 관련된 비용을 부담할 필요가 없다.

24 정답 ③

해설 다음은 어떠한 결제 방식에 해당하는가?

> 12월 12일에 귀하에 의해 송장에 작성된 물품이 여기에 도착했다는 것을 알려드립니다. 송장금액을 결제하기 위해 한국 외환은행은 선적서류와 함께 일람 후 120일 지급 조건인 미화 35,800달러에 대한 귀하의 환어음을 인수하였습니다. 그에 따라 대금은 만기에 귀하에게 지급될 것입니다.

① 연지급 신용장 ② 보증 신용장
③ 기한부 신용장 ④ 지급인도조건

해설 일람 후 120일 지급 조건의 환어음을 은행이 인수하였으므로 기한부 신용장에 의한 결제가 적합하다.
연지급 신용장에서는 환어음이 발행되지 않으며, 보증 신용장은 물품 매매계약의 이행보다 미이행 시 사용되므로 적절하지 않다. 추심 방식 중 D/P 방식은 일람지급 방식으로 사용되며 D/A 방식은 기한부 방식으로 사용된다.

25 정답 ③

해설 다음 중 서신에 대한 내용으로 적절하지 않은 것은 무엇인가?

> Mr. Kirchoffer 귀하
> 당사가 귀하의 오랜 연체 계정에 주의를 환기시킨 것은 이번이 세 번째입니다. 지금까지 당사는 귀하의 수표나 답장을 받지 못했습니다. 신용과 우호 관계는 상호보완적인 노력을 요합니다. 당사는 우리의 역할을 다했다고 생각하며, 귀하는 귀하의 의무를 다하는 공정한 사업가라 믿습니다.
> 이번 주까지 귀하의 수표를 보내주십시오. 그렇지 않으면 당사는 법적 조치를 취할 것입니다.
> 감사합니다.
> Anthony T. Legere 올림

① Kirchoffer의 계정 만료일이 오래 경과하였다.
② Anthony는 Kirchoffer에게 지불을 요청하는 독촉장을 여러 차례 발송하였다.
③ Kirchoffer는 Anthony에게 답장하였으나 수표를 발송하지 않았다.
④ 이 서신은 추심에 대한 엄중한 최후 통첩이다.

해설 두 번째 문장에서 수표나 답장을 받지 못하였다고 언급하고 있으므로 ③의 내용은 적절하지 않다.

어휘 count on 믿다, 기대하다   reminder 상기시키는 것
stern 엄중한, 심각한   ultimatum 최후 통첩

[제2과목] 영작문

26 정답 ①

해설 다음 비용 분석에서 매도인의 DDP 조건 가격은 어느 것인가?(옵션 비용은 제외)

> 물품 가격: 미화 100달러
> 운임: 미화 10달러
> 보험: 미화 5달러
> 수출관세: 미화 5달러
> 매도인 국가의 터미널취급수수료: 미화 5달러
> 수입관세: 미화 5달러

해설 DDP 조건에서 매도인은 보험에 부보할 의무를 부담하지 않는다. 다만, 본인의 위험을 위해 적하보험에 가입할 수 있으며, 해당 비용은 DDP 조건 가격에 포함되지 아니한다. 따라서 매도인의 DDP 조건 가격은 보험료를 제외한 비용을 모두 더한 값인 미화 125달러이다.

[27~28]

[해석] 다음을 읽고 질문에 답하시오.

> Mr. Couper 귀하
>
> 상기 주문 건은 현재 완료되었으며 7월 6일에 출발하여 7월 30일에 런던에 도착할 Arirang호에 선적하기 위해 부산항으로 보내졌습니다. 우리는 필요 서류들을 수령하면 여기에 있는 (A) 서울은행으로 전달할 것이며, 서울은행은 추심을 위해 HSBC 런던 지점으로 전달할 것입니다.
>
> 우리는 다음과 같은 귀하의 지시(에 따라) 상품들을 포장하는 데 특별한 주의를 기울였습니다. 6개의 상자에 귀하의 이름이 표시될 것. 자세한 정보가 필요하시면 연락 주시기 바랍니다.
>
> 감사합니다.
>
> Peter Han 올림

27 정답 ①

[해석] 지급 조건으로 D/A를 사용하는 경우 (A) 서울은행은 어떠한 역할을 수행하는가?
① 추심의뢰은행
② 통지은행
③ 추심은행
④ 확인은행

[해설] 추심 방식에서 수출상의 지시로 추심을 의뢰하는 은행을 추심의뢰은행이라 한다. 추심은행은 추심의뢰은행 이외의 모든 은행을 의미하며 일반적으로 수입상으로부터 대금을 추심하여 지급하는 은행을 말한다. 통지은행과 확인은행은 신용장 방식에서의 은행의 종류이다.

28 정답 ①

[해석] 빈칸을 적합한 단어를 채우시오.
① ~에 따라
② ~에 대하여
③ ~을 참고로 하여
④ ~안으로

[해설] Mr. Couper가 포장에 대한 지시 사항을 제공하였고 이에 따랐다는 내용이므로 as per(~에 따라)가 적절하다.

29 정답 ②

[해석] 빈칸에 들어갈 적절한 단어는 무엇인가?

> Simon Lee 귀하
> 저는 몇 달 안에 귀하에게 상당량의 주문을 하려고 합니다. 귀하도 아시다시피, 지난 2년이 넘는 기간 동안 귀하에게 상당한 주문을 하였고 즉시 결제도 하였습니다. 그러니 이것으로 귀하의 회사에 신뢰가 쌓였길 희망합니다. 그럼에도 불구하고 필요하다면, 저는 (신용조회처)를 기꺼이 제공할 의사가 있습니다.
> 가능하다면 향후 계정을 분기별 명세서에 (대해) 3개월마다 지급하고 싶습니다.

① 대변 항목 – ~을 위한
② 신용조회처 – ~에 대해
③ 대변 항목 – ~에 대해
④ 차변 항목 – ~부터

[해설] 첫 번째 빈칸의 경우 신용 거래를 하기 위해 기존 거래 내용으로 부족하다면 '신용조회처'를 제공하겠다는 내용이 오는 것이 적절하다. 두 번째 빈칸의 경우 '~에 대한 지급(payment against ~)'이 자연스럽다.

30 정답 ①

[해석] 다음 추가 할증료의 명칭은 무엇인가?

> 통상 해상운임과 별도로, 추가 할증료는 자국 통화와 해상운임이 지급되는 미국 달러화의 환율 변동에 따른 외화 손실을 보전하기 위해 선사에서 부과한다.

① 통화할증료
② 유류할증료
③ 인플레할증료
④ 통화할증료

[해설] 운임 표시 통화의 가치 하락에 따른 손실을 보전하기 위해 도입한 할증료는 통화할증료(CAF)이다.

THE PLUS 오답 선택지
② 유류할증료(Bunker Adjustment Factor): 유류 가격의 인상으로 생기는 손실을 보전하기 위해 운임에 부과하는 할증료
③ 인플레할증료(IAF: Inflation Adjustment Factor): 인플레이션으로 인한 운항 원가의 상승으로 선사의 적정 이윤이 보장되지 못할 때 부과하는 추가 운임

[31~32]

[해석] 다음을 읽고 질문에 답하시오.

> 저는 이곳에서 인기 있는 (제품)으로 입증된 'SleepAid' 침대 7개에 대한 추가 주문서 1555호를 동봉하였고, 평상시처럼 송장대로 금액을 지급할 것입니다. 그러나 저는 향후 귀사에서 저에게 더 편리함을 제공할 수 있는 월별 청구에 의한 결제를 허용해 주실 수 있는지 궁금합니다.
> 우리가 서로 오랫동안 거래해 왔기 때문에, 저는 귀하께서 (O/A(선적통지조건 기한부 사후송금 방식))를 기반으로 하는 거래에 동의해 주시기를 기대합니다.
> 감사합니다.

31 정답 ①

[해석] 밑줄 친 '송장대로'가 의미하는 것은 무엇인가?
① 현금에 의한 결제
② 일람불 신용장에 의한 지급
③ 일람불 환어음에 대한 지급
④ 사후송금 방식에 의한 결제

해설 발신인은 향후에는 월별 청구에 의한 사후결제 방식(O/A)으로 거래를 하자고 요청하고 있다. 현재에는 O/A 방식을 취하지 않는 것을 알 수 있다. 또한 내용 중 신용장이나 환어음과 관련된 내용을 볼 수 없으므로 현금 결제 방식을 의미한다고 볼 수 있다.

32 정답 ②

해석 빈칸에 들어갈 적합한 단어를 고르시오.
① 제품 – 기탁계정
② (상품)종류 – O/A(선적통지조건 기한부 사후송금 방식)
③ 청약 – 기탁계정
④ 의제 – O/A(선적통지조건 기한부 사후송금 방식)

해설 첫 번째 빈칸은 '인기 있는 제품'을 의미하므로 'products(제품)'가 와야 하고, 두 번째 빈칸은 사후결제 방식을 요청하고 있으므로 'O/A(선적통지조건 기한부 사후송금 방식)'가 오는 것이 적절하다. line은 상품의 종류를 의미할 때도 사용하며 popular line은 유행하는 제품으로도 해석될 수 있다.
Escrow Account(기탁계정)는 연계무역에서 사용되는 계정으로 수출과 수입을 진행하는 양 당사자(A, B사)가 수출입 대금을 직접 결제하지 않고 해당 계정에 예탁해 주고 거래 상대방과(A, B사)의 수출과 수입 시 사용하도록 하는 계정을 의미한다.

[33~34]

해설 다음을 읽고 질문에 답하시오.

> Mr. Cooper 귀하
> 우리는 10월 21일과 11월 14일 두 번에 걸쳐 미불 잔액 미화 3,541.46달러가 있는 계정에 관해 서신을 보냈으며 송장 사본을 동봉하였습니다.
> 우리는 결제가 이루어지지 않은 이유를 설명하는 답변 (또는) 송금에 대해 3개월을 기다렸으나 (둘 중 어느것도) 받지 못하였습니다.
> 우리는 그 금액을 회수하기 위해 법적 조치를 취하는 것을 꺼리지만, 귀하는 우리에게 다른 대안을 남겨두지 않습니다. 우리가 다음 10일 안에 귀하로부터 송금받지 못한다면, 우리는 변호사에게 법적 절차를 시작하도록 지시할 것입니다.
> 그럼 이만 줄이겠습니다.

어휘 outstanding balance 미불 잔액
remittance 송금, 송금액   solicitor (사무)변호사
proceeding 법적 절차

33 정답 ①

해설 빈칸에 들어갈 가장 적절한 단어를 고르시오.

해설 본문에서 결제가 이행되지 않는 이유에 대한 설명이나 또는 송금을 기다렸다고 언급하므로 either A or B (A와 B 둘 중 하나)가 사용되는 것이 적절하며, '둘 다 받지 못하였다'라는 의미로는 부정의 의미인 neither((둘 중) 어느 것도 …아니다)를 사용하는 것이 적합하다.

34 정답 ③

해석 서신의 작성자가 '송장 사본'을 동봉한 이유는 무엇인가?
① 이중 결제를 요청하기 위해
② 송장 사본이 원본 송장보다 더 낫다고 입증한다.
③ 이전에 발송한 원본 송장을 뒷받침하기 위해
④ 사본 송장은 원본 송장보다 더 많은 비용을 절감한다.

해설 기존에 발송한 송장의 내용을 재확인시키기 위해 송장 사본을 동봉한 것으로 보는 것이 적절하다.

35 정답 ④

해석 빈칸을 적절한 단어로 채우시오.

> 파손화물보상장(L/I)은 운송인이 무고장 선하증권을 발행하기 위한 유인책으로 상품의 선적인이 선박회사에게 발행하며, 달리 그렇게 하지 않는 경우가 있을 수도 있으나, 이 서류는 무사고 선하증권의 발행으로부터 발생하는 선하증권 (소지인)이 선사에 대한 손해배상 청구에 대해 선적인이 지급하겠다는 보증의 형태로 사용된다.

① 운송인   ② 양도인
③ 송하인   ④ 소지인

해설 파손화물보상장은 화물의 손상은 수출자가 책임을 지고 도착항에서 수하인으로부터 손해배상을 요구받아도 선박회사는 면책된다는 뜻을 기재한 보상장이다.

어휘 inducement 유인책   whereby (그것에 의하여) ~하는
arise from ~에서 발생하다

36 정답 ①

해설 '이것'은 무엇인가?

> '이것'은 마약 밀매와 같은 불법 행위를 통해서 취득한 돈을 숨기기 위해 노력하는 위법 행위를 설명하는 용어이다.
> 다시 말해서, 특정한 범죄, 예를 들면 강탈, 내부 거래, 마약 밀매 및 불법 도박을 통해 획득한 돈은 "부정하다".

① 자금 세탁   ② 사기
③ 불법 투자   ④ 비정상적 송금

해설 지문의 내용은 범죄를 통해 획득한 돈을 감추기 위해 저지르는 범죄 행위를 설명하고 있다. 현금 등 자산의 소유권을 변경하거나 위장하는 방법을 활용하여 합법적인 출처로 보이도록 하는 행위는 자금 세탁이다.

어휘 offence 불법 행위, 범죄   conceal 숨기다, 감추다
extortion 강탈, 부당 취득   drug trafficking 마약 밀매

37 정답 ①

해설 한국어를 영어로 번역한 것 중 옳지 않은 것을 고르시오.
① 당사의 기록에 의하면, 그들은 신용(대변)을 제때 지키고 있습니다.
② 당사의 정보에 의하면, 그들은 그들의 책무를 제때 지키고 있습니다.

③ 당사의 기록에 의하면, 그들은 그들의 약속을 제때 지키고 있습니다.
④ 당사의 정보에 의하면, 그들은 그들의 의무를 제때 지키고 있습니다.

[해설] 수출자가 수입자에게 채무가 있을 때, 해당 채무를 기재하여 발급하는 서류를 Credit Note(대변표)라고 한다. 즉, 수출자가 받을 금액보다 더 많은 금액을 수령한 경우 해당 차액을 송금하지 않고 다음 거래에서 해당 금액을 공제하고 청구한다. ①은 매도인이 초과 금액을 지급한다는 의미이므로 '매수인이 대금을 지급한다'라는 의미의 지문을 번역한 문장으로 적절하지 않다.

[어휘] obligation 의무　　punctually 시간을 엄수하여, 제때에
commitment 약속, 의무

38 정답 ④

[해석] 포페이팅에 대한 설명으로 옳지 않은 것은 무엇인가?
① 수출업체는 할인된 가격으로 매출채권을 포페이팅 회사에 판매함으로써 현금 흐름을 확보할 수 있다.
② 포페이팅은 광범위한 무역 관련 및 순수 금융 채권에 적용될 수 있다.
③ 포페이팅은 국제 거래와 국내 거래 둘 다에 적용될 수 있다.
④ 포페이팅 계약에서 100% 대금의 지급은 부채에 대해 매도인에게 소구권을 행사하는 조건으로 이루어진다.

[해설] 포페이팅은 수출 거래에 따른 환어음이나 약속어음을 소구권 없이 고정 이자율로 할인하여 신용 판매(외상 판매)를 현금 판매로 전환하는 금융 기법의 일종이다.

[어휘] recourse 소구권(어음 부도 발생 시 매도인에게 선지급된 어음 금액을 상환받는 것)

39 정답 ③

[해석] 다음 중 UCP 600에 대한 설명으로 옳지 않은 것은 무엇인가?
① UCP 600 규칙은 자발적으로 계약에 포함되며, 신용장이 금융 목적으로 사용될 때 무역금융 계약에 구체적으로 서술되어야 한다.
② UCP 600에 수반되는 것은 서류가 신용장의 조건과 일치하는지 여부를 이해하는 데 도움을 주는 ISBP이다.
③ UCP 600 규칙은 보증 신용장을 제외한 모든 화환 신용장에 적용된다.
④ UCP 600에 의해 발행되고 적용을 받는 신용장은 UCP 600에 포함된 전체 조항에 따라 해석된다. 그러나 명시적으로 수정 또는 배제하기로 되어 있는 경우 규칙에 대한 예외가 적용될 수 있다.

[해설] UCP 600(신용장통일규칙)은 모든 화환 신용장에 적용되며, UCP 600이 적용 가능한 범위 내에서는 보증 신용장에 대해서도 적용된다 (UCP 600 제1조).

[어휘] specifically 구체적인　　accompaniment 보조
modification 수정　　exclusion 배제

40 정답 ④

[해석] 인코텀즈 2010과 관련하여, 아래의 경우에 대한 설명 중 옳지 않은 것은 무엇인가?

물품은 "CIP 롱비치, 캘리포니아, 인코텀즈 2010" 조건에 따라 캘리포니아 롱비치로 운송하기 위해 영국 펠릭스토우에서 수탁되었음

① 매도인은 롱비치까지 운송계약을 준비하고 운임을 지불할 것이다.
② 매도인은 수출통관을 준비하고 비용을 지불할 것이다.
③ 매수인은 수입 국가에서 그의 영업소까지 내륙 운송을 위해 준비하고 비용을 지불할 것이다.
④ 위험은 롱비치에서 운송인에게 물품이 인도될 때 매도인으로부터 매수인에게 이전된다.

[해설] CIP 조건에서 위험의 이전 시점은 수출국 내에서 운송인에게 물품이 인도되는 시점이므로 위험은 수입국인 롱비치가 아닌 수출국의 펠릭스토우에서 이전된다. 단 롱비치까지 드는 운송비와 부보된 보험료는 매도인이 부담한다.

41 정답 ④

[해석] 다음 중 가장 적절하지 않은 것은 무엇인가?

당사가 오늘 수령한 견직물에 대한 귀하의 샘플과 가격표에 대해 매우 감사드립니다.
(a) 그것들을 면밀히 살펴본 바 당사는 재료와 마감 모든 면에서는 제품의 우수성에 만족하지만, (b) 귀하의 가격이 이탈리아산 제품에 비해 상당히 높다는 점을 알려드립니다.
당사는 (d) 정가의 5% 할인을 받지 못하는 것이 아니라면 귀하와 (c) 사업을 진행할 가능성이 희박하다는 것이 우려스럽습니다.

[해설] (d)는 '~이 아니라면'의 뜻을 가진 unless와 not이 함께 사용되어 이중 부정이 되었다. 일반적으로 unless가 이끄는 조건절에 부정문은 사용하지 않는다. '정가의 5% 할인을 받지 못한다면'이라는 단순 부정이 되려면 not을 삭제하는 것이 적절하다.

[어휘] inspect 검사하다　　substantially 상당히

42 정답 ③

[해석] 다음 중 빈칸에 들어가기 적절하지 않은 단어는 무엇인가?

인코텀즈 규칙의 사용에 있어서 가장 흔한 실수 중 하나는 컨테이너 화물에 대해 "모든 운송 방식"의 규칙인 (ⓑ FCA) 조건 대신에 전통적으로 "해상 및 내수로 운송 전용"의 규칙인 (ⓐ FOB) 조건을 사용하는 것이다. 이것은 수출자에게 불필요한 위험을 야기한다. 최근에 있었던 극적인 예는 2011년 3월 센다이 컨테이너 터미널을 파괴한 일본 쓰나미였다. 발송을 위해 대기하던 수백 개의 화물이 손상되었다. (ⓒ FOB) 조건을 사용하는 수출자들은 피할 수 있었던 손실에 책임이 있음을 깨달았다.
또 다른 흔한 실수는 매도인이 GST나 VAT의 납부와 같이 수입상의 국가에서 필요한 절차를 이행할 수 있는지 여부를 생각하지 않고 (ⓓ DDP) 조건을 사용하려는 것이다.

[해설] FCA 조건은 물품이 수출국 내의 지정된 장소에서 매수인이 지정한 운송인에게 인도되는 시점에 위험이 매도인으로부터 매수인에게 이전된다. 일본의 쓰나미 재난 상황에서 수출자는 선적 전 물품에 대해 FCA 조건을 사용하였다면 면책이나 FOB 조건을 사용하였다면 책임을 부담하게 된다. 지문에서는 수출자가 손실에 대한 책임을 부담한다고 설명하므로 FCA 조건이 기재되어서는 안 된다.

어휘 wreck 파괴하다, 난파선
GST 물품·용역소비세(Goods and Services Tax)
VAT 부가가치세

[43~44]

해석 다음을 읽고 질문에 답하시오.

> Mr. Cupper 귀하
> 저는 5월 9일자 귀하의 송장번호 1555에 대한 금액을 현재로서는 결제할 수 없어 유감스럽게 생각합니다. 그 이유는 최근 폭우로 인해 물품 창고가 침수되었고 많은 재고품이 손상되거나 회복이 불가능해졌기 때문입니다.
> 유감스럽게도, 저의 (보험회사)로부터 보상금을 받기 전에는 저의 공급처에게 결제를 할 수 없습니다. 보험회사는 향후 4주 안에 보상금이 지급될 것이라고 약속하였습니다. 결제를 받는 즉시 송장금액 전부를 결제할 것입니다.
> 귀하께서 이러한 상황을 이해해 주시기 바랍니다.
> 감사합니다.

어휘 stockroom 물품 창고   compensation 보상(금)

43 정답 ①

해석 이 서신의 주요 목적은 무엇인가?
① 채무 변제를 위한 추가기간의 요청
② 공급자들이 보상금을 받지 못하는 이유에 대한 설명
③ 미결제 계정에 대한 결제 재촉
④ 보험회사에 대한 보험금 청구

해설 천재지변으로 인하여 재고품에 손실이 발생하였으므로 보험회사로부터 보험금을 받을 때까지 결제 유예 요청을 하고 있다.

어휘 settle a debt 채무를 변제하다   chase 재촉하다

44 정답 ①

해석 빈칸에 적절한 단어를 채우시오
① 보험자(회사)   ② 보험증권 소지인
③ 검정인   ④ 피보험자

해설 보험사고 발생으로 인한 보험금을 지급하는 당사자는 보험자 또는 보험회사이다.

45 정답 ②

해석 다음 중 아래 내용의 빈칸에 적합한 단어의 짝은 무엇인가?

> 신용장(L/C)과 환어음(B/E)은 매수인과 매도인 간 국제 거래를 가능하게 한다. 둘의 주요한 차이점은 (ⓐ 신용장)이 결제 메커니즘인 반면 (ⓑ 환어음)은 결제 수단이라는 점이다.
> (ⓒ 신용장)은 결제를 하기 위해 충족되어야 하는 조건을 설정하나 실제로 결제 자체는 아니다. 반면에 (ⓓ 환어음)은 매도인이 은행에 (ⓔ 환어음)을 할인하고 결제받을 수 있는 결제 수단이다. 만기에 (ⓕ 환어음)은 거래할 수 있는 유통 가능 결제 수단이 되며, (ⓖ 환어음)의 소지인(매도인 또는 은행)은 결제를 받을 수 있다.

해설 신용장은 결제를 위한 메커니즘이며 환어음은 실제 결제 자금을 회수하는 수단이 된다.

어휘 facilitate 가능하게 하다, 쉽게 하다, 촉진하다
payment instrument 결제 수단   maturity 만기

46 정답 ①

해석 빈칸을 올바른 표현으로 채우시오.

> 귀하의 주문서 1555호 건은 고속 철도 화물로 운송될 것이며 내일 오전 9시 이후 인도될 수 있습니다.
> 동봉된 것은 인도 시 제시되어야 하는 051202호의 탁송 화물운송장입니다. 문제가 발생하는 경우 우리에게 즉시 연락하셔야 합니다.
> 귀하의 주문에 감사드리며, 향후 (우리는 추가적인 서비스를 제공해 드릴 수 있기를) 희망합니다.
> 감사합니다.

① 우리는 추가적인 서비스를 제공해 드릴 수 있기를
② 문제가 곧 해결되기를
③ 증액된 신용 한도를
④ 신용기간의 연장을

해설 주문에 대한 배송 안내를 하고 있으므로 추후 지속적인 거래를 희망한다는 내용이 나오는 것이 적절하다.

어휘 consignment note 탁송 화물운송장
sort out 정리하다, 처리하다   enhance 높이다

47 정답 ④

해석 각 빈칸에 대해 잘못된 단어를 고르시오.

> 환어음은 (ⓐ 발행인)이라 불리는 제1당사자가 (은행과 같은) (ⓑ 지급인)이라 불리는 제2당사자에게, (ⓒ 수취인)이라 불리는 제3당사자에게 지급할 것을 지시하는 서면 지시이다. 발행인에 의해 서명된 특정된 금액을 (ⓓ 만기일) 또는 정해진 시간에 지급하는 지시를 의미한다.

① ⓐ 발행인   ② ⓑ 지급인
③ ⓒ 수취인   ④ ⓓ 미래

해설 ⓓ에는 미래보다는 만기일(Maturity Date)이 나오는 것이 적절하다. 환어음은 채권자인 발행인이 채무자인 지급인에게 일정한 금액을 증권에 기재된 수취인 또는 그 지시인 또는 소지인에게 지급일에 일정 장소에서 무조건 지급할 것을 위탁하는 요식 유가증권(Formal Instrument)이며 유통증권(Negotiable Instrument)이다.

48 정답 ②

해석 (a) ~ (d) 중 잘못된 부분을 고르시오.

> (a) 좌초는 해안이나 물가에서 선박의 표류, 주행 또는 좌초를 의미한다. 이 용어는 (c) 조수의 높고 낮음의 이유로 인해 (b) 사주 위로의 충돌, 단순히 바닥을 스치고 지나가는 것(촉초)을 포함한다. (d) 선박은 해당 기간 동안 정지된 상태로 있어야 한다.

[해설] 좌초는 선박이 암초나 그 밖의 견고한 물체에 얹혀 일정 기간 진퇴가 불가능한 상태를 의미한다. (b) 촉초(touch and go)는 선박이 암초 등의 물체에 잠시 얹혔다가 자체로 항진하는 힘에 의해 저절로 이초(refloating)할 수 있는 상태를 의미하므로 좌초에 포함되지 않는다.

[어휘] stranding 좌초   drifting 표류
running aground 좌초
bar 사주(하천이나 바다의 외안 환경에 쌓인 능선 모양의 선상 퇴적층)

49 정답 ④

[해석] ⓐ 와 ⓑ에 들어갈 적절한 단어를 채우시오.

> 보험증권이 보험 대상 재산의 가치 범위를 명시하는 경우 (ⓐ 기평가 보험증권)이라고 부르며 보험증권이 피보험목적물을 나타내지 않거나 표시하지 않는 경우 해당 보험증권은 (ⓑ 예정 보험증권)이라 불린다.

① ⓐ 예정 보험증권   ⓑ 기평가 보험증권
② ⓐ 기평가 보험증권 ⓑ 항해 보험증권
③ ⓐ 미평가 보험증권 ⓑ 기평가 보험증권
④ ⓐ 기평가 보험증권 ⓑ 예정 보험증권

[해설] 당사자 사이에 미리 피보험이익의 가액에 대한 합의가 이루어져 있는 보험증권을 기평가 보험증권(Value Policy)이라고 한다. 보험계약의 구체적인 요건이 아직 확정되지 않은 상태에서 장래 일정 기간(통상 1년) 동안의 부보 예정 화물 전체에 대해 미리 포괄적으로 보험계약을 체결한 후, 사후에 개별 위험에 대한 보험 요건이 확정될 때마다 그 사실을 보험회사에 통지함으로써 당해 계약 범위 내의 모든 개별 위험을 자동적으로 책임지도록 하는 방식의 보험계약을 포괄보험(Open Cover)이라고 하며 이러한 계약을 증거하기 위해 발행된 보험증권을 예정 보험증권(Floating Policy 또는 Open Policy)이라고 한다.

[어휘] subject-matter insured 피보험목적물

50 정답 ③

[해석] '양도가능 신용장'에 대한 다음 설명 중 옳지 않은 것은 무엇인가?
① 양도가능 신용장은 수익자("제1수익자")의 요청에 의하여 전부 또는 부분적으로 다른 수익자("제2수익자")에게 이용하게 할 수 있다.
② 양도은행이라 함은 신용장을 양도하는 지정은행 또는 어느 은행에서나 이용할 수 있는 신용장의 경우에는 개설은행으로부터 양도할 수 있는 권한을 특별히 부여받아 신용장을 양도하는 은행을 말한다.
③ 양도 시 달리 합의된 경우를 제외하고, 양도와 관련하여 발생한 모든 수수료(요금, 보수, 경비 또는 비용 등)는 개설은행이 지급해야 한다.
④ 양도된 신용장이라 함은 양도은행이 제2수익자가 이용할 수 있도록 한 신용장을 말한다.

[해설] UCP 600 제38조 c항에 따르면 양도 시에 달리 합의된 경우를 제외하고, 양도와 관련하여 발생한 모든 수수료(요금, 보수, 경비 또는 비용 등)는 제1수익자가 지급해야 한다.

[제3과목] 무역실무

51 정답 ④

[해설] 화인은 수출품 포장의 외장에 특정한 기호, 포장번호, 목적항 등을 표시하여 포장 상호 간 식별할 수 있도록 하는 것을 의미한다.

⊕ THE PLUS 화인 기재사항

필수 기재사항	임의 기재사항
① 주화인 ② 항구표시 ③ 화번(화물번호)	① 부화인 ② 중량표시 ③ 원산지표시 ④ 품질마크 ⑤ 주의표시

52 정답 ④

[해설] 비엔나협약(CISG)상 청약의 기준에서는 분쟁 해결 방법과 관련된 규정을 언급하고 있지 않다.

⊕ THE PLUS 비엔나협약(CISG) 제14조 청약의 기준

> A proposal is sufficiently definite if it indicates the goods and expressly or implicitly fixes or makes provision for determining the quantity and the price.
> 제안이 물품을 표시하고, 명시적 또는 암묵적으로 수량과 대금을 지정하거나 그 결정을 위한 조항을 두고 있는 경우에, 그 제안은 충분히 확정적인 것으로 한다.

53 정답 ③

[해설] 위부란 추정전손의 경우 피보험자가 보험자에게 보험의 목적에 대한 손해를 현실전손으로 추정토록 하기 위해서 보험목적물에 대한 소유권과 제3자에 대한 구상권을 보험자에게 양도하는 것을 말한다. 보험목적물을 현실전손으로 처리하기 위한 행위이기 때문에 일부에 대한 위부는 허용되지 않는다.

54 정답 ①

[해설] 수출환변동보험의 가입 목적은 환율 하락에 따른 환손실을 보상받기 위함이며, 수입환변동보험의 가입 목적은 환율 상승에 따른 환손실을 보상받기 위함이다. ①은 반대로 설명하고 있다.

55 정답 ④

[해설] 매수인이 인코텀즈 2010 B7에 따른 통지를 하지 않는 경우, 합의된 발송 일자나 합의된 발송기간의 만료일부터 발생하는 추가 비용을 부담하여야 한다.

> **THE PLUS** Incoterms 2010 B7(매도인에 대한 통지)
>
> 매수인은 물품의 발송시기 및/또는 지정 목적지나 그러한 지정 목적지 내에서 물품을 수령할 지점을 결정할 권리를 가진 때 매도인에게 그에 관하여 충분히 통지해야 한다.

56 정답 ③

[해설] CFR, CIF, CPT, CIP 조건은 수출지에서 물품의 인도가 이루어지는 선적지 조건이므로 양륙품질조건으로 볼 수 없다.
DAT는 Incoterms 2020 개정 시 폐지되었고, DPU 조건이 신설되었다.

57 정답 ③

[해설] 도착항(양륙항)의 항만 사정이 혼잡하여 체선 발생 시 선사의 비용 손실에 대한 부담을 화주에게 전가하는 할증료는 체화할증료(체선할증료)이다.

> **THE PLUS** 오답 선택지
>
> ① 장척할증료: 화물의 길이가 길 때 부과하는 할증료
> ② 항만변경료: 선적 시 지정했던 양륙항을 선적 후 운송 도중 변경하고자 할 때 추가로 부과하는 할증료
> ④ 환적할증료: 환적 시 발생하는 할증료

58 정답 ①

[해설] 환어음의 필수 기재사항과 임의 기재사항은 다음과 같다.

필수 기재사항	임의 기재사항
① 환어음의 표시 ② 무조건 지급 위탁문언 및 어음금액 ③ 지급인의 명칭 ④ 만기의 표시 ⑤ 지급지 ⑥ 지급받을 자 또는 지급받을 자를 지시할 자의 명칭 ⑦ 발행일과 발행지의 표시 ⑧ 발행인의 기명날인 또는 서명	① 환어음 번호 ② 신용장 발행 은행명 ③ 신용장 번호 및 발행일

59 정답 ④

[해설] 부정기선의 운임은 물동량(수요)과 선복(공급)에 따라 결정된다.

60 정답 ②

[해설] 계약자유의 원칙은 계약 체결의 자유(①), 내용 결정의 자유, 계약 체결 방식의 자유(③), 계약 상대방 선택의 자유(④)를 내용으로 하고 있다. 그중에서 내용 결정의 자유는 당사자가 그 계약의 내용을 자유롭게 결정할 수 있다는 것을 의미하며, 일단 성립된 계약의 내용도 자유롭게 소멸하거나 변경할 수 있는 것까지 포함한다. 즉, 정상적인 거래라면 불평등초래약관을 제외하고 계약을 체결할 것이다.

61 정답 ④

[해설] UCP 600 제19조에 따르면 신용장에서 복합운송증권을 요구하는 경우에는 용선계약(Charter Party)에 따른다는 다른 어떤 표시도 포함하지 않아야 한다.

62 정답 ④

[해설] 양도가능 신용장(Transferable Credit)은 국내외 상관없이 제2수익자에게도 양도가 가능하다.
① Transferable이라는 용어가 반드시 사용되어야 한다.
② 신용장 금액의 전부 또는 일부에 대해 양도 가능하다.
③ 제2수익자는 제3수익자에게 양도할 수 없으나 제1수익자에게 재양도하는 것은 가능하다.

63 정답 ①

[해설] ⓐ 선적지 인도조건이므로 FCA, CPT, CIF 조건 중 하나이다.
ⓑ 매도인이 선적할 때의 품질은 보장하나 양륙할 때의 품질 상태에 대해서는 책임을 지지 않는 조건으로 'as it arrives'의 의미의 선적품질조건인 TQ(Tale Quale)가 들어가야 한다.
ⓒ 해상운송 중에 발생한 해수(Sea Water)에 의한 손해 또는 응고(Condensation)에 의한 손해를 입은 경우 매도인이 책임지는 조건인 SD(Sea Damage)가 들어가야 한다.

64 정답 ③

[해설] 선복신청서(S/R) 작성 → 인수예약서(Booking Note) 작성 → 기기수도증(E/R, Equipment Receipt 또는 Equipment Interchange Receipt) 제공 → 적입 후 CY Operator에게 인도 → 부두수령증(D/R, Dock Receipt) 발행 → D/R을 근거로 B/L 발행 순으로 진행된다.

65 정답 ③

[해설] 운송주선인(Freight Forwarder)은 운송을 위탁한 고객을 대신하여 화물을 인수하여 화주가 요구하는 목적지까지 운송해 주는 복합운송인을 의미한다. 복합운송인은 Inspector(검사관) 업무를 수행하지 않는다.

> **THE PLUS** 복합운송인의 주요 업무
>
> ① 화물인수도 ② 운송 수배
> ③ 운송서류 작성 ④ 창고 보관
> ⑤ 보험 수배 ⑥ 화물의 통합, 혼재
> ⑦ 화물의 관리, 배송 ⑧ 통관 대행

66 정답 ③

[해설] 매입은 결제(Honour)에 해당하지 아니한다.

> **THE PLUS** 결제(Honour)의 의미
> ① 신용장이 일람지급에 의하여 이용 가능한 경우 일람출급으로 지급하는 것
> ② 신용장이 연지급에 의하여 이용 가능한 경우 연지급을 확약하고 만기에 지급하는 것
> ③ 신용장이 인수에 의하여 이용 가능한 경우 수익자가 발행한 환어음을 인수하고 만기에 지급하는 것

67 정답 ①

[해설] 지문의 내용은 임시적 처분에 대한 설명이다.

> **THE PLUS** 오답 선택지
> ② 최종 판정: 중재 절차의 이행 결과 최종적으로 결론이 난 판정
> ③ 자기 심사 권한: 중재인 스스로 자기 자신의 심판 권한의 기초가 되는 중재합의 유효성 또는 그 대상 합의의 대상 범위를 스스로 판정할 수 있는 권한
> ④ 보수 청구: 중재인의 중재 판정에 따른 보수 및 보상 또는 이에 대한 청구

68 정답 ④

[해설] 보험계약자의 통지 의무란 보험계약자가 보험기간 동안 변동되는 사항에 대해 보험자에게 알릴 의무를 말하므로 보험사고의 역선택과는 어울리지 않는다. 보험의 역선택은 위험 발생 가능성이 높은 사람이 보험에 가입하려는 성향을 나타내는 것을 의미한다. 이는 보험을 운용하는 기관이 보험가입자에 대한 모든 정보를 확보할 수 없는 '정보의 비대칭성(Asymmetry)'에서 기인한다. 이를 방지하기 위해 보험자는 보험기간 또는 보험 책임의 시기를 제한한다.

69 정답 ④

[해설] UCP 600 제14조 I항에 따르면 서류는 신용장 개설일 이전 일자에 작성된 것일 수 있으나 제시 일자보다 늦은 일자에 작성된 것이어서는 안 된다.

70 정답 ②

[해설] 물품이 계약과 불일치하여 근본적 계약 위반에 해당되는 경우에는 대체물의 인도를 청구할 수 있다. 하자보완청구권은 물품이 계약과 일치하지 않은 경우 매수인이 매도인에게 합리적인 수리로 보완해 줄 것을 청구하는 권리를 말한다. 하자의 보완청구는 청구 내용이 주위의 모든 사정으로 보아 불합리하지 않고 합리적인 기간 내에 이루어져야 한다.

71 정답 ④

[해설] 추심 거래에 대해서도 단기 수출보험(선적 후), 포페이팅 등을 통해 대금 미회수 위험을 담보받을 수 있다.

72 정답 ④

[해설] 보증면책조항(Warranty Disclaimer Clause)은 담보 책임을 부정하기 위한 조항이다.

73 정답 ②, ③

[해설] ② 영국식 Long Ton은 Gross Ton이라고 하기도 하며 2,240lbs, 약 1,016kg을 의미한다.
③ 순중량은 총중량에서 외포장의 무게를 제외한 중량이다. 물품 내용물만의 순수한 중량만을 나타낸 것은 Net Net Weight(정미중량)이다.

74 ④

[해설] 헤이그-비스비 규칙은 헤이그 규칙과 마찬가지로 '과실 책임의 원칙'에 입각하고 있다. 따라서 운송인은 내항성 담보 등에 관한 주의의무, 상업과실에 대한 책임 등이 있다. 운송인은 항해상의 과실과 화재 및 면책 카탈로그에 있는 내용(포장의 불충분, 화물 고유의 하자, 천재지변, 잠재 하자 등)에 의한 손실 대하여 면책된다.

75 정답 ③

[해설] 통화스왑에 관한 설명이다. 통화스왑은 두 거래 당사자가 계약일에 약정된 환율로 해당 통화를 일정 시점에서 상호 교환하는 외환 거래를 의미한다.

정답 및 해설   2019년 제1회(114회)

[제1과목] 영문해석

01	③	02	③	03	③	04	④	05	④
06	③	07	④	08	①	09	④	10	③
11	②	12	②	13	②	14	③	15	②
16	①	17	②	18	③	19	①	20	③
21	④	22	④	23	③	24	①	25	③

[제2과목] 영작문

26	②	27	③	28	①	29	③	30	④
31	①	32	③	33	②	34	②	35	④
36	②	37	④	38	③	39	④	40	①
41	①	42	①	43	④	44	②	45	②
46	③	47	②	48	④	49	①,②	50	②

[제3과목] 무역실무

51	④	52	②	53	①	54	④	55	③
56	①	57	④	58	④	59	③	60	②
61	③	62	③	63	②	64	②	65	③
66	④	67	②	68	③	69	④	70	②
71	③	72	②	73	④	74	③	75	②

[제1과목] 영문해석

01 정답 ③

해석 다음 상황은 어떠한 경우에 적용되는가?

> Incoterms 2010 규칙은 관련 Incoterms 규칙에서 물품을 선적할 의무를 대신하여 선적된 물품을 조달할 의무를 포함한다.

① 운송인에게 인도
② 본선적재 인도
③ 운송 중 판매된 일차산품 매매
④ 매도인 영업소에서 물품 준비

해설 제조물 매매에 대립되는 일차산품 매매(Sale of Commodity)의 경우, 흔히 화물은 운송 중에 연속적으로 여러 번 전매(轉賣)된다. 이러한 연속매매의 경우 그 연속 거래의 중간에 있는 매도인은 물품을 선적하지 않는다. 물품이 이미 그 연속 거래상 최초의 매도인에 의하여 선적되었기 때문이다. 따라서 연속 거래의 중간에 있는 매도인은 물품을 선적하는 대신에 그렇게 선적된 물품을 조달함으로써 매수인에 대한 의무를 이행한다.

어휘 procure 조달하다   alternative 대안, 대안이 되는

02 정답 ③

해석 다음은 국제적으로 사용되는 청구보증에 대한 내용이다. 옳지 않은 것은 무엇인가?

> A. 청구보증은 수익자에 대해 부종성이 없는 의무이다.
> B. 보증신청인의 의무가 어떠한 이유로 인해 소멸될지라도 보증인의 책임은 유지된다.
> C. 보증인은 최초의 지급 청구에 대해 반대 또는 항변의 의사 표시와 함께 반드시 지급하여야 한다.
> D. URDG 758은 청구보증 당사자들의 권리와 의무를 규정하는 ICC(국제상업회의소)에 의해 제정된 일련의 국제 규칙이다.

해설 URDG 758 제20조에는 'When the guarantor determines that a demand is complying, it shall pay. 보증인은 일치하는 지급 청구라고 결정하는 때에 지급하여야 한다.'라고 명시되어 있다.
보증인이 일치하는 지급 청구라고 판단하지 않을 때는 지급 청구를 거절하거나 자신의 독자적인 판단으로 하자에 대한 권리 포기를 위하여 지시당사자 또는 구상보증의 경우 구상보증인과 교섭할 수 있다. 따라서 C의 내용은 옳지 않다.

어휘 non-accessory 비부종성의   guarantor 보증인
extinguish 소멸하다, 없애다   demand 지급 청구, 요구하다

03 정답 ③

해석 청구보증서와 유사한 기능을 하는 것은 무엇인가?

> A. 보증증서   B. 상업 신용장
> C. 보증 신용장   D. (은행지급)보증

해설 청구보증과 보증 신용장은 무역 외 거래(이행성 보증, 금융 보증)의 보증 업무를 수행한다. 청구보증과 보증 신용장은 독립적 보증으로써 수익자에 대해 부종성이 없다는 특징을 가지며, 독립성과 추상성의 원칙이 적용된다.

04 정답 ④

해석 다음 상황에서 옳지 않은 것은 무엇인가?

> 가격 조건 "CIP Long Beach, California, Incoterms 2010"에 따라 캘리포니아 롱비치로 운송되기 위해 한국의 대구에서 물건이 수탁되었다.

① 매도인은 운송계약을 체결할 것이다.
② 매도인은 롱비치까지 운송료를 지불할 것이다.
③ 위험은 대구에서 운송인에게 물품이 인도될 때 매수인에게 이전될 것이다.
④ 매수인은 물품이 롱비치에 도착한 때로부터 위험을 인수한다.

[해설] CIP 조건에서 위험의 분기점은 수출국의 지정된 장소에서 매도인에 의해 지정된 운송인에게 물품이 인도된 때이다.

05 정답 ④

[해석] 다음은 무엇에 대한 설명인가?

> 이것은 비유통성 운송서류이며 상품이 운송 과정에 있다는 증거이며 권리증권과 금융서류가 발행되지 않았을 경우에만 사용하여야 한다. 이 서류는 해상운송 물품에 대한 계약서, 영수증, 청구서의 역할을 한다.

① 용선계약 선하증권 ② 선하증권(B/L)
③ 항공화물운송장(AWB) ④ 해상화물운송장(SWB)

[해설] 주어진 설명은 해상화물운송장(Sea Waybill)에 대한 설명이다. 해상화물운송장은 선하증권(Bill of Lading)과 유사한 목적으로 사용된다. 선하증권은 권리증권의 기능을 수행하는 반면, 해상화물운송장은 권리증권의 기능이 배제되어 있다. 운송 구간이 짧은 국가와의 거래에서는 신용장을 사용하지 않고 T/T 거래를 하는데 이때 주로 이용된다.

06 정답 ③

[해석] 매도인과 매수인이 'FCA Busan Container Depot' 조건으로 계약을 체결한다면, 다음 중 어떤 운송서류가 매수인에게 인수될 수 있는가?

> A. '목적지에서 운송료가 지급'된다고 표시된 항공화물운송장
> B. 운임이 선지급되었음이 표시되어 있는 선하증권
> C. 목적지에서 운송료가 지급될 수 있음이 표시된 복합운송 선하증권
> D. 운송료가 선지급되었음이 표시되어 있는 복합운송 선하증권

[해설] FCA 조건은 어떠한 운송 방식에 의해 사용할 수 있는 복합운송 조건으로 매수인이 지정한 운송인에게 물품이 인도될 때까지 비용과 위험을 매도인이 부담하는 조건이다. 즉, 국제 운송 관련 비용은 매수인의 부담이므로 운송서류에는 운임(또는 운송료)이 선지급되었다는 표시가 있어서는 안 된다. 또한 부산 컨테이너 기지에서 인도된다는 내용을 통해 해상운송이 진행되었음을 알 수 있으므로 항공화물운송장은 적절하지 않다.

[어휘] incorporate 포함하다, 설립하다

07 정답 ④

[해석] 인코텀즈는 국제 무역 규칙과 관련하여 국제상업회의소(ICC)에서 발행한 일련의 사전 정의된 상업 용어이다. 인코텀즈 2010의 설명으로 옳지 않은 것은 무엇인가?
① 인코텀즈 자체는 어디서 소유권이 이전되는지를 규정하지 않는다.
② 인코텀즈는 매도인으로부터 매수인에게 물품이 인도되는데 수반되는 각각의 의무, 비용 및 위험을 규정함으로써 매매계약을 보완한다.
③ 인코텀즈는 매매계약에 이용되며, 적절한 인코텀즈 규칙과 장소 또는 항구가 지정되어야 한다.
④ DDP와 DAP 조건은 매도인에게 수입통관 의무가 있는 조건이다.

[해설] DDP 조건의 경우 매도인이 수입통관 및 세금을 부담하여야 하나 DAP 조건의 경우 수입통관 의무는 매수인에게 있다.

[어휘] respective 각각의   suitable 적절한

08 정답 ①

[해석] 다음은 환어음에 대한 설명이다. 밑줄 친 당사자는 누구인가?

> 환어음은 한 당사자에 의해 다른 당사자에게 서면으로 지시되고 그것을 제공하는 자에 의해 서명되고 지시된 자에게 일람불 또는 확정일에 일정한 금액을 지급하도록 무조건적으로 지시하는 지시서이다.

① 발행인   ② 지급인   ③ 수취인   ④ 지급인

[해설] 환어음(Draft, Bill of Exchange)이란 채권자인 발행인(Drawer)이 채무자인 지급인(Drawee)에게 일정한 금액을 증권에 기재된 수취인(Payee) 또는 그 지시인(Orderer) 또는 소지인(Bearer)에게 지급일까지 무조건 지급할 것을 지시하는 서류이다. 환어음은 요식 유가증권이며 유통증권의 성격을 갖고 있다.

09 정답 ④

[해석] Incoterms 2010의 적용 시 고려해야 할 사항이 아닌 것은 무엇인가?
① DDP: 부가가치세와 같은 일부 세금은 현지에 등록된 사업 주체에 의해서만 납부될 수 있으므로 매도인이 납부하는 방법이 없을 수도 있다.
② CPT: 매수인은 물품 도착 후 분쟁을 피하기 위해, CPT 조건 가격에 THC(터미널화물처리비)가 포함되어 있는지 조회하여야 한다.
③ EXW: 매도인은 물품을 운송 수단에 적재할 의무가 없지만, 만약 그렇게 하였다면 그것은 매수인의 위험으로 행한 것으로 간주한다.
④ FOB: 만약 물품이 컨테이너에 실린다면, FOB 조건이 적절할 수 있다.

[해설] 일반적으로 터미널에서 인도되는 컨테이너 화물같은 물품이 본선에 적재되기 전에 운송인에게 인계되는 경우 FOB 조건은 적절하지 않다. 이러한 경우에는 FCA 조건이 사용되어야 한다.

10 정답 ③

[해석] 글로벌 비즈니스에 대한 설명으로 옳지 않은 것은 무엇인가?
① 보호주의는 국제 무역의 규제가 시장 보호를 보장하는 것을 중요하게 생각한다.
② 관세, 보조금 그리고 (수출입) 한도량은 보호주의의 일반적인 예이다.
③ FDI(해외직접투자)는 투자를 진행하는 국가의 국내총생산(GDP)의 성장을 이끈다.
④ 국제 무역의 결과, 시장은 소비자에게 더 저렴한 제품을 제공함으로써 더욱 경쟁력을 갖게 된다.

[해설] FDI(해외직접투자)는 투자를 하는 국가가 아닌 투자를 받는 국가의 총생산의 성장을 이끈다.

[어휘] Protectionism 보호주의   subsidy 보조금

FDI(Foreign Direct Investment) 해외직접투자

[11~12]

해석 다음을 읽고 질문에 답하시오.

> 저는 최근 귀하의 카탈로그에서 정상 가격보다 20% 낮은 가격으로 광고되고 있는 OEM 토너 카트리지 123번을 개당 미화 74.99달러에 구매하였습니다. 이틀 후 토너 카트리지를 수령하였고 구입한 것에 매우 만족하였습니다.
> 어제 THE BOSTON GLOBE 일요일판을 살펴보다가, Global Computer Outlet에서 동일한 토너 카트리지가 미화 64.99달러에 팔리는 것을 알았습니다.
> 귀하는 어떤 상품도 귀사의 가격보다 저렴하게 팔리지 않을 것이라고 말했습니다. 그 말이 사실이라면, 당사가 구매했던 100,000개의 카트리지에 대한 미화 (   )달러를 환불해 주시기 바랍니다.
> 감사합니다.
> Skip Simmons 드림

11 정답 ②

해석 빈칸에 들어가기 가장 적절한 것은 무엇인가?
① 10
② 1,000,000
③ 100,000
④ 6,499,000

해설 카트리지 1개당 미화 10달러만큼 싸게 판매되고 있으므로 100,000개 × 미화 10달러 = 미화 1,000,000달러의 환불을 요청하고 있다.

12 정답 ②

해석 이 서신에 동봉될 것으로 가장 적절한 것은 무엇인가?
① 서신 작성자의 최초 조회 서신
② 송장 사본 및 Global Computer Outlet의 광고지 한 부
③ 카탈로그 한 부
④ Simmons가 보냈던 가격표 한 부

해설 Simmons는 본인이 구매한 가격보다 낮은 가격으로 Global Computer Outlet에서 판매하고 있다는 증거(THE BOSTON GLOBE 일요일판)와 함께 송장을 발송하여 차액을 청구하는 것이 적절하다.

[13~14]

해석 다음을 읽고 질문에 답하시오.

> 저는 Mobile Homes Monthly 1월 호에서 애틀랜타 지역의 Carefree Mobile Homes를 찾고 있다는 귀사의 광고를 읽었습니다.
> 저는 Carefree Mobile Homes 및 판매업자들을 위한 인센티브 프로그램에 대해 자세히 알고 싶습니다.
> 이동식 주택은 이 지역에서 매우 대중적입니다. 그래서 저는 귀하의 제품에 대해 더 알고 싶고 그것을 판매할 기회에 관심이 있습니다.

13 정답 ②

해석 Mobile Homes Monthly에서 찾고 있는 것은 무엇인가?

① 기술자에 대한 일자리 제안
② 소매 대리점
③ Mobile Homes 서비스를 위한 고객 모집
④ 특별할인 프로모션 제안

해설 첫 문장에서 글쓴이는 Mobile Homes Monthly에서 아틀랜타의 Carefree Mobile Homes를 찾고 있음을 언급하였다. 판매업자에 대한 인센티브 프로그램을 자세히 알고 싶으며, Mobile Homes의 제품과 판매할 기회에 관심을 갖고 있는 것으로 보아 Mobile Homes Monthly에서는 소매 대리점을 찾고 있음을 유추할 수 있다.

14 정답 ③

해석 이 서신의 수신자는 누구인가?
① 잡지 편집자
② 애틀랜타 딜러
③ Carefree Mobile Homes 회사
④ 모바일 서비스를 위한 고객 센터

해설 서신의 작성자는 Carefree Mobile Homes에 대한 관심과 더 많은 정보를 요구하고 있으므로 Carefree Mobile Homes 회사가 수신자로 적절하다.

[15~17]

해석 다음을 읽고 질문에 답하시오

> 저는 함부르크에 소재하는 귀사의 고객인 D.V. Industries에게 인도하기 위해 10월 11일 리버풀에서 Freemont호에 선적되었던 두 개의 터빈 엔진의 손상에 대한 (B) 보상을 요구하는 귀사의 클레임에 관한 (A) 손해사정인의 보고서를 수령하였습니다.
> 보고서에는 선박의 선장에 의해 발행된 선하증권 조항에 기계 포장의 균열에 대한 (C) 언급이 있다고 명시되어 있습니다.
> 당사의 손해사정인은 이러한 균열이 (D) 항해 중 포장의 약화와 갈라짐의 첫 징후이며, 그것이 결국 터빈 자체를 손상시켰다고 판단합니다.
> (저는 화물이 무사고 상태(clean)로 선적되지 않았다면 당사가 책임을 질 수 없다는 것을 유감스럽게 생각합니다.)
> 저희가 더 이상 도와드릴 수 없음을 유감스럽게 생각합니다.

15 정답 ②

해석 밑줄 친 (A), (B), (C), (D) 부분을 대체할 수 없는 것은 무엇인가?
① A: 손해사정인, 검정인, 감독관
② B: 칭찬, 찬사
③ C: 언급, 발언, 주의
④ D: 항해

해설 내용으로 보아 피보험자가 보험회사에게 적하의 파손에 의한 손해보상 즉, 보험금을 청구하는 내용에 대한 답변이다. 따라서 칭찬이라는 의미인 compliment는 적절하지 않다.

어휘 compensation 보상(금)   compliment 칭찬, 찬사

16 정답 ①

해석 밑줄 친 claused를 대체할 수 없는 것은 무엇인가?

해설 선하증권의 remark란에 화물의 포장 상태가 불완전하거나 제품에 하자가 있을 경우 그 사항을 foul, dirty, unclean(사고)이라고 표현하며 이러한 표현이 있는 선하증권을 Foul(Dirty) B/L(사고부 선하증권)이라 한다. 이러한 내용이 없는 선하증권을 Clean B/L(무사고 선하증권)이라 한다.

17 정답 ②

해석 다음 중 서신의 빈칸으로 들어가기 가장 적절한 것은 무엇인가?
① 만약 화물이 무사고 상태로 선적되면 우리가 책임을 인수할 수 있다는 것을 유감스럽게 생각합니다.
② 저는 화물이 무사고 상태로 선적되지 않았다면 당사가 책임을 질 수 없다는 것을 유감스럽게 생각합니다.
③ 저는 화물이 무사고 상태로 선적되기 때문에 화물에 대한 책임을 인수하는 것을 기쁘게 생각합니다.
④ 저는 화물이 무사고 상태로 선적되었다 하더라도 우리가 책임을 인수할 수 없다는 점에 대해 유감스럽게 생각합니다.

해설 보험회사는 선적 물품이 무사고 조건으로 선적되었을 때 손해보상에 대한 책임을 부담한다. 선적 물품 자체의 불완전, 포장의 불완전 등의 사유가 있는 경우에 보험회사는 손해 보상에 대한 책임을 부담하지 않는다. 주어진 서신에서도 빈칸 앞은 사고 상태로 선적된 내용이 나오며 빈칸 뒤는 도움을 줄 수 없다는 내용이 나오므로 ②가 적절하다.

18 정답 ③

해석 UCP 600하에서 옳지 않은 것은 무엇인가?

- 매도인은 한국의 서울에 소재한다.
- 매수인은 독일의 프랑크푸르트에 소재한다.
- 매도인은 매수인에게 미화 100,000.00달러의 물품을 매도한다.
- 매수인은 Deutche Bank(도이치방크, 도이치은행)를 통해 신용장을 개설한다.
- 미확인 신용장은 수익자에게 '일람 후 90일' 조건의 환어음을 요구한다.

① 환어음의 발행인은 매도인이다.
② 발행은행은 지정은행이 환어음의 만기일 이전에 매입하였는지 여부와 관계없이 일치하는 제시에 대해 상환해야 한다.
③ 환어음은 매수인을 지급인으로 하여 발행될 것이다.
④ 매도인은 비수권확인을 적용할 수 있다.

해설 신용장 거래에서 환어음의 지급인은 개설은행이 되어야 한다. 신용장 거래에서는 개설의뢰인을 환어음의 지급인으로 하여 환어음을 발행할 수 없도록 하고 있다. 신용장은 개설은행의 조건부 지급 확약이므로 대금 지급에 대한 약속을 개설은행이 하기 때문이다.
④ 비수권확인은 개설은행으로부터의 수권이나 요청없이 통지은행이 수익자가 원하는 경우 확인을 추가해주는 것을 의미한다.

19 정답 ①

해석 다음의 내용이 설명하는 용선계약의 종류는 무엇인가?

이것은 용선계약으로 어떠한 행정적 또는 기술적 유지 보수가 계약의 일부로 포함되지 않는 선박의 임대에 관한 합의이다. 이러한 경우, 용선자는 용선계약에 따라 법적 그리고 재무적인 책임과 함께 선박의 점유권과 통제권을 획득한다. 또한 용선자는 연료, 선원, 항만 비용 그리고 P&I 및 선체(선박)보험을 포함한 모든 운영 비용을 부담한다.

① 나용선계약 ② 항해용선계약
③ 기간용선계약 ④ 항해용선계약

해설 나용선계약(Demise charter, Bareboat charter)에 대한 설명이다. 나용선계약은 선주가 감항능력(Seaworthiness)이 있는 나용선(Bareboat)을 용선자에게 임대해주는 계약을 말한다. 용선자는 선박의 점유, 통제권을 취득하고, 선박을 제외한 선장, 선원, 장비 및 소요품 일체에 대한 책임을 부담한다.

어휘 P&I(Protection and Indemnity) 선주상호보험

20 정답 ③

해석 다음 서신의 주요 목적은 무엇인가?

Mr. Colson 귀하
귀하의 Barrow에 신용 거래 요청에 감사드립니다. 관심 가져주셔서 감사합니다.
귀하의 신용 조회는 매우 훌륭하며, 귀하께서 열심히 일한 기록은 귀하의 향후 사업 전망이 좋다는 것을 보여줍니다.
유감스럽게도, 현재 귀하의 재무 상태는 Barrow의 자격 요건의 일부만을 충족합니다. 당사는 귀하께서 요청하신 미화 500,000달러에 대한 신용대부 기한을 연장할 수 없습니다.
편하실 때 연락 주시기 바랍니다. 저는 우리 모두에게 이익이 될 수 있는 점진적으로 확대되는 신용 프로그램을 마련할 수 있을 것이라 확신합니다. 한편, 현금 구매에 대한 인도는 이틀 이내에 이루진다는 점을 기억해 주십시오.
조속한 답변을 기다립니다. 당사는 귀하의 벤처 사업에 대해 관심을 가지고 있습니다.

① 좋은 신용보고서를 칭찬하기 위해
② 신용 증가 제안을 하기 위해
③ 신용기한 연장을 거절하기 위해
④ 회사와 비즈니스 관계를 유지하기 위해

해설 Mr. Colson은 미화 500,000달러의 신용 거래를 하기 위해 신용기한 연장을 요청하였으나 Barrow의 조건을 모두 충족시키지 못했기 때문 거절한다고 언급하고 있으므로 ③이 적절하다.

21 정답 ④

해석 다음 중 CISG에 따라 옳지 않은 것은 무엇인가?
① 청약은 피청약자에게 도달한 때 효력이 발생한다.

② 청약은 취소될 수 없는 것이더라도, 철회의 의사 표시가 청약의 도달 전 또는 동시에 상대방에게 도달하는 경우에는 철회될 수 있다.
③ 청약에 대한 동의를 표시하는 피청약자의 진술 또는 그 밖의 행위는 승낙이 된다.
④ 침묵 또는 부작위는 그 자체만으로 승낙이 된다.

해설 CISG 제18조에는 'Silence or inactivity does not in itself amount to acceptance. 침묵 또는 부작위는 그 자체만으로 승낙이 되지 아니한다'고 명시되어 있다.

22 정답 ②

해설 다음 중 ICC(C)에 의해 담보되지 않는 것은 무엇인가?
① 폭발 ② 갑판상 유실
③ 투하 ④ 공동해손희생

해설 갑판상 유실은 ICC(A), ICC(B)에서 담보하는 위험이다. ICC(C)에서 담보되지 않는 위험은 다음과 같다.
a. 지진, 분화, 낙뢰
b. 갑판상 유실
c. 운송용구·컨테이너·지게차·보관 장소로의 해수·호수·하천수 유입
d. 적재·양륙하역 중의 낙하 또는 추락에 의한 포장 단위당 전손

23 정답 ③

해설 다음 중 운송주선인의 역할로 옳지 않은 것은 무엇인가?
① 운송주선인은 송하인의 대리인으로서 물품을 목적지까지 운송하는 역할을 수행한다.
② 운송주선인은 해외 무역과 관련된 선적 방법과 필요 서류에 대해 잘 알고 있다.
③ 운송주선인은 수입지 세관에서 부과하는 관세와 세금에 대해 일차적인 납부 책임이 있다.
④ 운송주선인은 운송료, 항만 이용료, 서류 비용, 취급수수료 등을 알려줌으로써 고객이 가격 견적을 준비하는 것을 돕는다.

해설 세관에서 부과하는 관세 및 부가세 등에 대해서는 수입자가 1차적인 납세의무자가 된다. 운송주선인은 운송 알선, 보관, 부보 대행 등의 업무를 수행하며 수입관세 등에 대해 직접적인 납세 의무를 부담하지 않는다.

24 정답 ①

해설 UCP 600하에서 신용장의 조건 변경에 대한 설명 중 적절하지 않은 것은 무엇인가?
① 신용장은 매도인, 매수인 그리고 개설은행의 동의 없이는 조건 변경되거나 취소될 수 없다.
② 원신용장의 조건은 매도인이 조건 변경에 대해 승낙의 의사 표시를 할 때까지 효력을 유지한다.
③ 매도인이 조건 변경에 대하여 수락 또는 거절의 뜻을 알리지 않은 경우, 수락되지 않고 있는 조건 변경 내용에 부합하는 제시가 있으면 그러한 조건 변경 내용에 대해 수락 통보한 것으로 간주한다.
④ 조건 변경의 일부만 수락하는 것은 허용되지 않으며, 이는 조건 변경을 거절하는 의사 표시로 간주한다.

해설 UCP 600 제10조 a에는 '신용장은 개설은행, 확인은행(있는 경우), 그리고 수익자(매도인)의 동의 없이는 조건 변경되거나 취소될 수 없다. 매수인 개설의뢰인(Applicant)은 그 대상에 포함되지 않는다.'라고 명시되어 있다.

어휘 be deemed to ~로 간주되다

25 정답 ④

해설 다음은 계약 내용의 일부이다. 어떠한 조항인가?

> 본 계약의 조항이 어떤 법원이나 권한있는 기관에 의해 무효 또는 실행 불가능하게 되는 경우 그러한 무효 또는 실행 불가능은 그 외 다른 조항의 효력 또는 실행 가능성에 영향을 미치지 않는다.

① 비포기조항 ② 권리침해조항
③ 양도제한조항 ④ 분리가능조항

해설 분리가능조항(Severability Clause)에 대한 설명이다. 본 조항이 있는 경우 계약 내용의 일부가 어떠한 사유로 인해 실효 또는 무효화되더라도 계약 전체가 실효 또는 무효화되는 것은 아니다.

[제2과목] 영작문

26 정답 ②

해설 빈칸에 들어가기 가장 적절한 것은 무엇인가?

> (중복보험)의 경우, 피보험자는 관련된 보험 인수인에게 보험금 청구를 할 수 있으나 법정 보험금을 초과하는 금액을 회수할 수는 없다.

① 재보험 ② 중복보험
③ 공동보험 ④ 전부보험

해설 중복보험은 동일한 피보험이익 및 위험에 관하여 복수의 보험계약이 존재하고 그 보험 금액의 합계액이 보험 가액을 초과하는 경우의 보험을 말한다.
예 보험 가액 $10,000의 화물을 A 보험회사에서 $6,000, B 보험회사에서 $6,000의 보험 금액으로 중복보험을 체결한 경우 A, B 보험회사는 전체 보험금 중 부보 비율에 따라 보험금을 지급하게 된다. 이 경우 각각 6,000/12,000(A, B사 전체 보험 금액) 이므로 A, B 보험회사는 50%씩 부담하게 된다. 이때 보험 금액은 보험 가액을 초과할 수 없으므로 $10,000 범위 내에서 지급된다.

어휘 statutory 법정의   indemnity 보상금

27 정답 ③

해설 다음 문장 중 다른 의도를 가지고 있는 것은 무엇인가?
① 우리는 귀사가 문제의 그 회사와 거래할 때 신중하게 진행하기를 권고합니다.

② 우리는 그 회사에 대해 부정적인 정보를 제공해야 함을 유감스럽게 생각합니다.
③ 당사의 기록에 의하면, 그들은 우리와 거래를 시작한 이후에 당사의 청구서를 지급하지 못한 적이 없습니다.
④ 귀하가 그 회사와 신용 거래를 한다면 몇몇 위험을 감수해야 할 것입니다.

[해설] ①, ②, ④에서는 대상이 되는 회사에 대한 거래 시 주의를 기울여야 한다고 권고하고 있다. 그에 비해 ③에서는 해당 회사가 대금 지급을 하지 않은 적이 없다고 설명하며 신용도가 좋은 회사라고 설명하고 있으므로 나머지와 의도가 다르다.

[어휘] in question 문제의, 의심스러운(불확실한)
unfavorable 부정적인   enter into ~을 시작하다

28 정답 ①

[해석] 다음 서신의 빈칸에 들어가기 가장 적절한 것은?

> 우리는 히드로(A)부터 사우디아라비아의 리야드(B)까지 유리 제품 세트 12상자를 앞으로 10일 (C)이내에 인도하고자 합니다.

[해설] 접두사 ex는 out of, from의 의미로 사용되므로 Heathrow에서 출발한다라는 의미로 사용되고 to를 사용하여 Riyadh로 도착한다는 의미로 사용된다. within은 특정한 기간 이내에 라는 의미로 '해당 기간을 지나지 아니하여'라는 의미로 사용된다.

[어휘] ex ~로부터, 전의   assorted 구색을 갖춘

29 정답 ③

[해석] 다음 상황에 대해 어떠한 Incoterms 2010 조건이 적절한가?

> 매도인이 물품을 지정 선적항에서 매수인이 지정한 본선에 적재하여 인도하거나 이미 그렇게 인도된 물품을 조달하는 것을 의미한다. 물품의 멸실 또는 손상의 위험은 물품이 본선에 적재된 때에 이전하며, 매수인은 그 시점 이후의 모든 비용을 부담한다.

① FAS   ② FCA   ③ FOB   ④ CFR

[해설] Free on Board(본선인도조건)의 설명이다. 해상운송이나 내수로운송에만 사용되어야 하는 조건으로 매도인은 수출국의 지정된 선박의 본선에 적재할 때까지의 비용과 위험을 부담한다.

30 정답 ②

[해석] 다음은 보험에 관한 내용이다. A와 B에 들어갈 적절한 단어는 무엇인가?

> 이 보험하에서 보상을 받기 위해서는 (A) 피보험자가 (B) 멸실 시점에 보험목적물에 대해 피보험이익을 가지고 있어야 한다.

① A: 보험자   B: 멸실
② A: 피보험자   B: 멸실
③ A: 보험자   B: 보험계약
④ A: 피보험자   B: 보험계약

[해설] 피보험이익은 보험목적물(Subject-matter Insured)에 대하여 특정인이 갖는 이해관계이다. 보험계약에 의해 보험상의 보호를 받을 수 있는 화물이나 선박이 있을 때, 그 대상이 가진 경제적 이익을 말한다. 피보험자가 해상위험으로 손해를 입은 경우에는 그에 상응하는 피보험이익이 존재해야 한다.

[어휘] assurer(=insurer) 보험자   insurable interest 피보험이익

31 정답 ①

[해석] 빈칸에 들어갈 알맞은 단어를 고르시오.

> [항의]
> 저는 귀하께서 저의 명세서에 추가한 미화 9,000달러의 추가 비용에 대해 강력히 항의하는 바입니다. 지난주 미화 256,000달러의 수표를 발송하였을 때 이번 잔액을 전부 결제하였다고 생각하였습니다.
> [답변]
> 저희는 5월 청구서에 기재된 미화 9,000달러의 추가 비용에 대한 귀하의 항의 서신을 수령하였습니다. 귀하께서 명세서를 확인하신다면 (A) 지불해야 할 금액이 미화 256,000달러가 아닌 미화 265,000달러이며, 미화 9,000달러만큼 (B) 차이가 나는 것을 확인하실 수 있을 것입니다.

① A: 내야 할   B: 차이
② A: ~에 대한   B: 가격
③ A: ~의   B: 요금, 비용
④ A: 받은   B: 덜

[해설] 항의 서신의 작성자는 명세서 금액을 잘못 확인한 것이므로 미화 9,000달러의 추가 비용을 지불해야 한다. 따라서 (A)에는 '지불해야 할'을 의미하는 due가, (B)에는 '차이'를 의미하는 difference가 들어가는 것이 적절하다.

[어휘] object to ~에 반대하다   statement 명세서
account for ~을 차지하다

32 정답 ③

[해석] 다음 빈칸에 들어갈 알맞은 단어를 고르시오.

> 국제 무역 거래에 있어서 (O/A 거래)는 30, 60 또는 90일로 정형화되어 있는 대금 결제일 이전에 물품을 선적하여 인도하는 물품매매 거래를 말한다.
> 확실히 이 방법은 현금 흐름과 비용 면에서 수입업자에게 유리하지만, 결과적으로 수출업자에게는 위험한 방법이다.

① 현물인도 거래
② 서류인도 거래
③ O/A 거래(선적통지조건 기한부 사후송금 방식)
④ 지급인도 거래(추심)

[해설] O/A 거래는 수출상과 수입상 간에 일정 기간 동안의 수출입 거래와 관련하여 기본매매계약(O/A Master Contract)을 체결하고 구매주문서 등에 의해 건별로 주문이 도달하면 수출상은 이를 선적하고 서류를 수입상에게 전달하며 수입상은 기본매매계약에 의해 선적일을 기준

으로 일정 기간 경과 후 수출상의 계좌로 대금을 송금하는 결제 방식을 의미한다.

[33~34]

해석 다음을 읽고 질문에 답하시오.

> 현재로서는 설명할 수 없지만, 당사는 문제를 조사하고 있으며 귀하께 다시 연락을 드릴 것입니다.
> 당사는 주문품을 신속하게 발송하고 있기에 저는 이 지연이 (운송) 중에 발생한 것으로 생각합니다. 저는 계약된 운송업체와 연락을 취할 예정입니다.
> 귀하께서 불만족스런 제품의 견본을 보내주시면, 검사를 위해 대전에 있는 저희 공장으로 해당 견본을 보내도록 하겠습니다.

33 정답 ②

해석 상기 서신의 주 목적은 무엇인가?
① 가장 빠른 방법으로 불만을 제기하기 위해
② 항의에 대한 조사를 위해 추가 시간을 요청하기 위해
③ 운송업체와 함께 지연에 대한 조사를 하기 위해
④ 손상된 견본을 반송하기 위해

해설 서신에서 문제가 있는 물품의 견본을 보내주면, 이를 검사해 보겠다는 내용이 있는 것으로 보아 항의에 대한 조사를 할 것임을 알 수 있고 조사를 하고 있으며 연락을 다시 할 것이라고 했으므로 문제에 대한 해결을 위한 시간을 요청하는 것으로 볼 수 있다.

34 정답 ②

해석 빈칸에 가장 적절한 것은 무엇인가?
① 조사   ② 운송
③ 도착   ④ 발송

해설 주문에 대해 신속하게 발송을 하였으나 지연이 발생하였으므로 '운송' 중에 문제가 있었던 것으로 보인다는 내용이 적절하다.

어휘 look into ~을 조사하다
get in touch with~ ~와 연락을 취하다
haulage 화물 운송
be dissatisfied with~ ~에 불만족하다

35 정답 ④

해석 빈칸에 들어가기 가장 적절한 것은 무엇인가?

> 저는 귀하의 주문번호 1555번 건이 귀사께 아직 도착하지 않았다는 소식을 듣고 놀랐으며 유감을 표합니다. 조사 결과 저는 물품이 선적된 화물선 Arirang호에 대한 현지에서의 분쟁으로 인해 지연되었음을 확인하였습니다. 저는 다음 주말 요코하마로 출항할 예정인 Samoa호로 화물을 환적하려고 합니다. (저는 귀하께 지속적으로 진행 상황을 알려드리겠습니다.)

① 이러한 일이 다시 발생한다면 알려드리겠습니다.
② 항해에 대해 계속 알려주십시오.
③ 우리는 가까운 미래에 우호적인 합의에 도달할 수 있습니다.
④ 저는 귀하께 지속적으로 진행 상황을 알려드리겠습니다.

해설 화물 운송 지연에 대한 원인을 설명하며 다른 선박으로 환적하여 운송할 것이라는 정보를 제공하고 있다. 따라서 빈칸에는 해당 상황에 대한 정보를 제공하겠다는 내용이 나오는 것이 적절하다.

[36~37]

해석 다음 중 유사한 의도를 가진 것으로 짝지어지지 않은 것은 무엇인가?

36 정답 ②

해설 ① 그것에 대한 비용 견적을 주시겠습니까?
- 귀하의 서비스를 이용하는데 대략적인 비용이 얼마가 되는지 알고 싶습니다.
② 저는 이 계획에 따라 행동하는 것이 우리 팀의 최선의 이익이라고 확신하지 않습니다.
- 저는 이 계획을 100% 지지합니다.
③ 우리는 귀하의 문의에 감사드리며 귀하의 요청에 대해 기꺼이 응할 것입니다.
- 문의해 주셔서 감사합니다. 제가 도와드리겠습니다.
④ 우리는 어쩔 수 없이 이 프로젝트에서 물러났습니다.
- 우리는 그 프로젝트에서 손을 뗄 수밖에 없었습니다.

해설 ②는 계획에 대한 회의적 내용과 긍정적 내용이 나오므로 다른 의도를 가지고 있다.

어휘 be behind ~을 지지하다
be forced to ~할 수 밖에 없다
withdraw 철수하다
have no choice but to ~할 수 밖에 없다

37 정답 ④

해석 ① 회의 내용은 철저하게 기밀로 유지되어야 합니다.
- 회의에서 논의된 내용은 귀하만 알고 있어야 합니다.
② 저는 귀하의 생각에 전적으로 반대하지 않습니다.
- 저는 귀하의 제안에 대해 조건부로 지지합니다.
③ 저는 귀하께서 마감일을 연기해 주실 수 있는지 궁금합니다.
- 귀하께서 원 마감일을 연장해 주실 수 있다면 감사하겠습니다.
④ 우리가 그들을 방문할 때 함께해 주시면 감사하겠습니다.
- 우리는 귀사의 모든 사람들이 이것에 대해 매우 만족하기를 바랍니다.

해설 방문 시 함께해 달라는 요청과 특정 사안에 대해 만족하길 바란다는 내용은 유사한 의도로 보기 어렵다.

어휘 put off 시간을 미루다, 연기하다

[38~39]

해석 다음을 읽고 질문에 답하시오.

> Mrs. Johnson 귀하
> 전기 히터에 대한 귀하의 조회 서신에 대해 감사드립니다. (a) 제품 설명이 있는 당사의 최신 카탈로그 사본을 동봉합니다.
> 귀하께서는 최신 히터 FX21모델에 특별히 관심을 가지실 것입니다. 연료 소모량의 증가 없이 그 모델은 (b) 기존 모델보다 15% 더 많은 열을 방출합니다. 귀하께서는 카탈로그의 앞 표지에 인쇄된 (c) 가격표에서 당사의 조건에 대한 세부 내용을 보실 수 있습니다. 아마도 귀하께서는 그 모델의 효율성을 시험할 (d) 기회를 얻기 위해 (시험 주문을 하시는) 것을 고려할 수도 있을 것입니다. 그와 동시에 귀하께서는 재료의 품질이 우수함을 알아보실 수 있을 것입니다.
> 질문이 있으시면 6234917로 연락 바랍니다.

38 정답 ③

해석 빈칸에 들어가기 가장 적절한 것은?
① 주문을 받다   ② 대량 주문을 하다
③ 시험 주문을 하다   ④ 최초 주문을 하다

해설 제품의 효율성 및 품질을 시험해보기 위해서는 '시험 주문을 하다'라는 내용이 나와야 자연스럽다.

39 정답 ④

해석 다음 중 문법적으로 옳지 않은 것은 무엇인가?

해설 provide A with B(A에게 B를 제공하다)가 알맞다.

40 정답 ①

해석 가장 적절한 단어로 빈칸을 채우시오.

> 두 당사자 사이에 특정한 금액을 지급하기 위해 작성된 것을 (약속어음)이라 한다. 대금을 약속하는 당사자를 발행인(maker)이라 하며, 지급받는 당사자를 수취인(payee)이라고 한다.

① 약속어음   ② 신용장
③ 환어음   ④ 환어음

해설 약속어음은 발행인이 수취인에게 일정 금액을 지불하겠다는 약속을 하는 계약을 의미한다.
신용장은 은행의 조건부 지급 확약을 의미하며, 환어음에서 발행인은 Drawer라는 표현을 사용한다.

41 정답 ①

해석 올바르게 연결되지 않은 것은 무엇인가?

> (a) _____ , (b) 보험증권 또는 포괄보험에서의 (c) 보험증명서와 같은 보험서류는 보험회사, 보험인수인 또는 그들의 대리인 또는 (d) 수탁인이 발행하고 서명한 것으로 보여야 한다.

① 부보각서   ② 보험증권
③ 보험증명서   ④ 수탁인

해설 UCP 600 제28조 a항의 내용이다.

> An insurance document, such as an insurance policy, an insurance certificate or a declaration under an open cover, must appear to be issued and signed by an insurance company, an underwriter or their agents or their proxies.
> 보험증권, 보험증서 또는 포괄보험에서의 확인서와 같은 보험서류는 보험회사, 보험인수인 또는 그들의 대리인 또는 수탁인에 의하여 발행되고 서명된 것으로 보여야 한다.

부보각서(Cover Note)는 부보를 증명하는 서류에 해당하지 않으므로 포함되지 않는다.

42 정답 ①

해석 UCP 600하에서 옳지 않은 것은 무엇인가?
① 만기를 결정하기 위해 "부터(from)"와 "이후(after)"라는 단어를 사용하는 경우 명시된 일자를 포함한다.
② 은행은 서류로 거래하며 해당 서류와 유관한 물품, 용역 또는 의무이행으로 거래하지 않는다
③ 다른 국가에 위치한 같은 은행의 지점은 다른 은행으로 간주한다.
④ 개설의뢰인(Applicant)은 신용장 개설을 신청한 당사자를 의미한다.

해설 만기를 결정하기 위해 "부터(from)"와 "이후(after)"라는 단어를 사용하는 경우 명시된 일자를 제외한다. 단, 선적기간을 정하기 위하여 "까지(to, until, till)", "부터(from)", "사이(between)"라는 단어를 사용하는 경우 명시된 일자를 포함하고, "이전(before)"과 "이후(after)"는 명시된 일자를 제외한다.

43 정답 ④

해석 중재에 관한 내용 중 옳지 않은 것을 고르시오.
① 중재 판정은 최종적이며 양당사자에 대해 구속력을 갖는다.
② 분쟁은 소송 대신 중재를 통해 신속하게 해결하여 시간과 비용을 절감한다.
③ 양당사자는 중재인, 중재 장소, 중재 언어를 선택할 수 있다.
④ 중재 절차는 대중에 공개되고 중재 판정은 외부에 밝혀진다.

해설 중재 절차는 비공개로 이루어지며 중재 판정의 내용이 외부에 누출되지 않는다는 특징을 가지고 있다.

44 정답 ②

해석 빈칸은 무엇을 가리키는가?

> (선적품질조건)은 문자 그대로 "도착한대로"를 의미한다. 이것은 대량으로 곡물을 선적하는 계약에서 공정한 검사 기관이 발행한 품질증명서에 의해 입증된 바와 같이 선적 시점에 양호한 상태를 유지하는 한 도착한 상태와 관계없이 화주가 물품을 인수할 것을 나타낼 때 사용된다.

① 판매적격품질조건   ② 선적품질조건

③ 양륙품질조건   ④ SD품질조건

[해설] 매도인이 선적할 때의 품질은 보장하나 양륙할 때의 품질 상태에 대해서는 책임을 지지 않는 조건으로 'as it arrives'의 의미의 선적품질조건에 해당한다.

[어휘] **in bulk** 대량으로   **impartial** 공정한

45   정답 ③

[해석] 밑줄 친 부분을 대체할 수 없는 것은 무엇인가?
① 우리는 이 문제를 변호사에게 맡겨야 합니다. (그 문제에 대해 법적 절차를 밟아야)
② 우리는 아직 우리의 의무를 이행하는 것이 가능하지 않다는 것을 알려드려야 합니다. (우리의 약속을 이행하는 것)
③ 귀하의 부채에 대해 지불할 능력이 없다고 솔직하게 알려주셔서 감사합니다. (귀하의 부채를 갚을 수 있는 능력)
④ 그러나 과거에 귀하의 계정을 결제하기 위해 여분의 시간을 요청했던 경우가 여러 번 있었습니다. (귀하의 계정을 청산하기)

[해설] ③의 첫 번째 문장을 부채를 상환할 능력이 없음을 두 번째 문장은 반대로 부채를 상환할 능력이 있음을 알려주어 고맙다는 내용으로 대체 불가능하다.

[어휘] **be compelled to** ~해야 한다
competence 능력, 권한   **instance** 사례, 경우

46   정답 ③

[해석] O/A 결제 방법에 대해 옳은 것을 고르시오.
① 이 방법은 수입자가 우호적인 결제 내역을 가지고 있을 때 사용하기에는 위험하다.
② 이 방법은 국제 화물 운송주선업자가 무역 거래를 위해 신용할 수 있는 것으로 간주된다면 사용해도 무방하다.
③ O/A는 현금 흐름과 비용 면에서 수입업자에게 유리하지만, 결과적으로 수출업자에게는 위험한 방법이다.
④ O/A는 Opening Applicant를 의미한다.

[해설] O/A 결제 방법은 외상 거래이므로 수입자에게는 유리하나 수출자는 신용위험에 노출될 가능성이 높은 결제 방식이다.
① O/A 결제는 사후송금 방식으로 외상 거래 형태이다. 따라서 수입자가 대금 지급을 우호적으로(늦지 않게) 이행하였다면 위험도가 낮아진다.
② 수출자와 수입자 간의 외상 거래 형태이므로 운송주선업자와는 관계가 없다.
④ O/A는 Open Account를 의미한다.

47   정답 ①

[해석] '이것'은 무엇인가?

> '이것'은 마약 밀매와 같은 불법 행위를 통해서 취득한 돈을 은폐하기 위해 시도하는 위법 행위를 설명하기 위해 사용되는 용어이다. 즉, 부당 취득, 내부 거래, 마약 밀매 그리고 불법 도박으로 취득한 '더러운' 돈을 말한다.

① 자금 세탁   ② 사기
③ 불법 투자   ④ 비정상적 송금

[해설] 범죄를 통해 획득한 돈을 감추기 위해 저지르는 범죄 행위를 설명하는 용어에 대한 내용이다. 현금 등 자산의 소유권을 변경하거나 위장하는 방법을 활용하여 합법적인 출처로 보이도록 하는 행위, 즉 자금 세탁에 대한 설명이다.

[어휘] **offence** 범죄, 불법 행위   **conceal** 감추다, 은닉하다
drugs trafficking 마약 밀매   **illegal** 불법의

48   정답 ②

[해석] 다음 서신에 따라 빈칸에 공통으로 들어가기에 가장 적절한 것은 무엇인가?

> Maxoine Sportswear에 관심을 가져 주셔서 감사합니다. 그럼에도 불구하고 요청하신 정보를 알려 드릴 수 없어 유감입니다.
> 당사는 소비자에게 의류를 직접 판매하지 않기 때문에 당사와 딜러 사이의 도매 가격을 유지하고자 합니다. 이것이 우리와 거래를 하고 있는 딜러들과의 충성심과 선의에 가치를 부여할 수 있는 방법입니다. 분명히 우리의 도매 가격을 소비자에게 누설하는 것은 신뢰를 위반하는 일이 될 것 입니다.

① 우리의 딜러 명단   ② 우리의 도매 가격
③ 최고 가격   ④ 우리의 고객 정보

[해설] Maxoine Sportswea는 가격에 대한 정보를 요청받았으나, 소매 판매를 하고 있지 않으며 딜러와의 신뢰를 지키기 위해서 해당 정보를 제공할 수 없다고 말하고 있다. 따라서 소비자에게 제공할 수 없는 것은 도매 가격으로 유추하는 것이 적절하다.

[어휘] **divulge** 누설하다, 알려주다   **violation** 위반

49   정답 ①, ②

[해석] 영어로 옮겼을 때 가장 어색한 것은 무엇인가?

[해설] damage는 '손상을 주다'라는 타동사이다. 물건이 '손상을 주고 있던 중'이 아니라, 물건은 이미 파손된 것이므로 수동태(be p.p)로 고쳐야 한다. 따라서 all items were completely damaging을 all items were completely damaged로 고쳐야 옳은 표현이 된다.
①의 경우, 날짜가 잘못 표기되어 정답 처리되었다.

50   정답 ④

[해석] 문법적으로 옳지 않은 것은 무엇인가?

[해설] sewing machine이 단종을 시킨 것이 아니라 단종이 된 것이므로 sewing machine you ordered has been discontinued의 수동태로 사용되어야 한다.

[제3과목] 무역실무

51 정답 ④

해설 무역계약을 체결할 때마다 일정한 권리와 의무에 대해 일일이 열거하는 것은 번거롭다. 그렇기 때문에 계약서에는 중요한 사항만 명시하고 그 밖의 내용에 대해서는 기존의 상관습을 따라 무역계약을 이행하는 것이 관례화되어 있다.

52 정답 ②

해설 보험에서는 위험이 우연한 사고와 어떤 관계에 있는가를 기준으로 부보 가능한 것과 부보 불가능한 것으로 구분한다. 또한 위험은 우연한 사고의 발생 가능성 또는 사고의 발생에 대한 불확실성으로 판단한다.

53 정답 ①

해설 신용장 거래의 경우 은행의 신용이 수입상의 신용을 대신하므로 안전도가 높은 방법이다. 국제팩토링은 수입팩터가 신용조사 및 신용위험의 인수(신용승인, 지급보증)를 통해 신용장 방식의 개설은행의 역할을 수행하므로 비신용장 방식임에도 위험도가 낮은 결제 방식으로 볼 수 있다.

54 정답 ④

해설 신용장의 양도에서 제2수익자는 양도은행 앞으로 서류를 제시하여야 한다. 그러나 양도은행은 제2수익자에 대해 직접적인 결제 의무를 부담하지 않으며, 개설은행의 결제가 이루어지는 경우에 한하여 양도신용장에 대한 책임을 부담하게 된다.

55 정답 ③

해설 보험기간은 보험자가 보험사고에 대해 보상 책임을 질 것을 약정한 일정 기간을 의미한다. 보험계약기간은 보험계약의 성립에서 그 종료에 이르기까지의 기간, 즉 보험계약의 존속기간을 의미한다. 일반적으로 보험계약기간은 보험기간과 일치하지만 반드시 그렇지는 않다.
보험계약은 장래에 발생할 우연한 위험에 대해 보상하므로 원칙적으로 소급보험은 성립되지 않는다. 그러나 위험에 대해 모르는 경우 즉, 객관적 위험이 이미 발생하였거나 위험이 없는 경우에도 보험계약 당사자가 이를 모르는 경우, 주관적 위험은 존재하므로 보험계약 체결이 가능하다. 이 경우 보험기간 개시일이 보험계약 개시일보다 빠르게 된다.

56 정답 ①

해설 컨테이너선의 대형화에 따라 항구에서의 하역 장비 수량도 증가하게 되므로 하역작업에 소요되는 시간이 늘어났다고 보기 어렵다.

57 정답 ④

해설 선박의 행방불명은 현실전손으로 처리한다.

THE PLUS 현실전손으로 처리하는 경우
㉠ 실질적인 멸실(Physical Destruction)
㉡ 보험목적물 본래의 성질 상실(Alteration of Species)
㉢ 회복 가망이 없는 박탈(Irretrievable Deprivation)
㉣ 선박의 행방불명(Missing Ship)

58 정답 ④

해설 피보험이익은 보험 목적물(Subject Matter Insured)에 대하여 특정인이 갖는 이해관계를 의미한다. 보험계약의 요소로 확정되지 않으면 보험사고가 발생하여도 보험금과 지급받을 피보험자가 확실해지지 않기 때문에 피보험이익은 보험사고가 발생할 때까지 금전적으로 확정되고 그 귀속이 결정될 수 있어야 한다.

59 정답 ③

해석 ① 이종 책임체계 ② 단일 책임체계
③ 절충식 책임체계 ④ 과실 책임원칙

해설 절충식 책임체계 원칙으로 이종 책임체계와 단일 책임체계를 절충한 것으로 복합운송인의 책임 원칙은 일률적인 책임 원칙을 따르고 책임의 정도와 한계는 손상이 발생한 구간의 규칙을 따르는 방식이다. 함부르크규칙, UN 국제물품복합운송조약, UNCTAD/ICC 복합운송통일규칙, FIATA MT B/L, KIFFA MT B/L에서 채택하고 있다.

60 정답 ②

해설 ① 당사자 모두가 채택하는 경우에 적용된다. 강제력이 없다.
③ 전자적 형태의 통신은 종이에 의한 통신과 동일한 효력이 부여된다.
④ 인코텀즈는 매도인과 매수인의 위험과 비용의 분기점에 대해 언급하며 소유권이나 계약 위반에 대해 언급하고 있지 않다.

61 정답 ③

해설 ㉠ 중계무역은 양도가능 신용장이 발행되지 않더라도 원신용장을 근거로 하여 Back to Back L/C를 개설하여 진행 가능하다.
㉡ 신용장의 양도 시 일부 금액에 대해 양도도 가능하다.
㉢ 양도가능 신용장은 원수익자가 제2수익자에게 양도하는 것만 가능하며, 제2수익자가 제3수익자에게 재양도하는 것은 금지된다.
㉣ Local L/C는 내국 신용장을 의미한다.

62 정답 ③

해설 Shipper's Load & Count는 부지약관이라 한다. 정기선 운송 시 선사가 컨테이너 인수 시 내용, 적재 상태, 수량에 대해 알 수 없다는 것을 의미한다. FIO는 Free In & Out으로 용선계약에서 사용되는 조건이다. 정기선 운송에서는 Berth term이 적용된다.

63 정답 ②

해설 가격, 대금 지급, 물품의 품질과 수량, 인도 장소와 시기, 당사자 일방의 상대방에 대한 책임 범위 또는 분쟁 해결에 관한 부가적 또는 상이한 조건은 청약 조건을 실질적으로 변경하는 것으로 간주한다. 인도 조건의 조회는 해당하지 않는다.
③ 청약과 승낙의 관계(원인-결과)를 중시하는 영미법계에서는 교차청약을 인정하지 않는다.
④ 매도인 최종 확인 조건부청약(Offer Subject to Our Final Confirmation, Sub-con Offer)은 피청약자(매수인)가 청약을 수락하더라도 청약자(매도인)의 최종 확인이 필요하다.

64 정답 ②

해설 ① Frustration은 목적물의 멸실, 후발적 위법성, 사정의 본질적 변화(상업적 멸실)를 포함한다.
③ Frustration은 계약 성립 당초부터의 원시적 불능도 아니고 계약 성립 후의 당사자의 귀책사유로 인한 것이 아닌 이행 불능을 의미한다. 농작물 거래의 경우라면 흉작, 불작황도 해당한다고 볼 수 있다.
④ Frustration이 성립되는 경우에 해당하는 사건이 발생하는 경우 사건 발생 시점으로부터 계약은 자동적으로 소멸된다.

65 정답 ③

해설 ICC(B)에서 담보하는 위험은 다음과 같다.
① 화재, 폭발
② 선박, 부선의 좌초·교사·침몰·전복
③ 육상 운송용구의 전복·탈선
④ 선박·부선·운송용구의 타물과의 충돌·접촉
⑤ 조난항에서의 화물의 양륙하역
⑥ 지진·분화·낙뢰
⑦ 공동해손희생
⑧ 투하
⑨ 갑판상 유실
⑩ 운송용구·컨테이너·지게차·보관 장소로의 해수·호수·하천수 유입
⑪ 적재·양륙하역 중의 낙하 또는 추락에 의한 포장 단위당의 전손

66 정답 ④

해설 복합운송증권은 기명식, 지시식으로 발행 가능하다. 선하증권과 마찬가지로 기명식, 지시식, 무기명식(백지 배서) 배서에 의해 권리를 이전할 수 있다.

67 정답 ②

해설 포페이팅은 포페이터가 소구권을 행사하지 않는 조건으로 채권(환어음, 약속어음)을 할인 매매하는 금융기법이다. 포페이터는 화환 신용장, 보증 신용장, 청구보증, 은행 지급보증, Aval을 담보로 활용하며 수출상에게는 별도의 보증이나 담보 제공을 요구하지 않는다.

68 정답 ③

해설 포괄담보 방식은 해상보험계약에서 보험자가 부담하는 위험을 법정 면책 위험 또는 약정 면책 위험 이외의 일체의 해상 사고로 하는 방식이며, ICC(A/R), ICC(A)가 이에 해당한다. ICC(W/A), ICC(B), ICC(FPA), ICC(C)는 보험자가 보상하는 위험을 구체적으로 열거하고, 열거되지 않은 위험에 대해서는 책임지지 않는 열거담보 방식에 따른다.

69 정답 ④

해설 원칙적으로 보험자는 직접 손해에 대하여 보상 책임을 지며 간접 손해에 대해서는 책임을 지지 않는다. 그러나 직접 손해가 발생하더라도 면책비율에 의해 면책되는 경우가 있고, 간접 손해라도 일정한 경우 손해방지비용, 공동해손비용, 구조료, 배상 책임 등은 보상을 한다.

70 정답 ④

해설 Consignee란에 수화인이 기재되는 경우를 기명식 선하증권이라 하며 유통이 되지 않는다. 선하증권이 유통되려면 지시식(To order, To order of XXX)으로 발행되어야 한다.

71 정답 ②

해설 FOB 규칙은 FCA 규칙이 아니라 FAS 규칙에 본선적재 의무가 추가된 조건이다.

72 정답 ②

해설 수취 선하증권(Received B/L)이 발행되는 경우 선적일은 발행일이 아니라 선하증권에 표시된 On board notation(본선적재부기)의 날짜로 본다.

73 정답 ④

해설 해상 운송인은 발항 당시 선박이 항해 중에 예상되는 통상의 위험을 극복하고 운송물을 목적지까지 안전하게 운반하는 데 적합한 상태를 유지해야 할 의무가 있다. 이를 감항능력 주의 의무라 하며 이를 게을리 함으로써 생긴 운송물에 관하여 배상 책임을 부담한다.

74 정답 ①

해설 환어음의 필수 기재사항은 아래와 같으며, 환어음의 필수 기재사항이 누락되면 환어음의 법적 효력이나 구속력을 갖지 못한다.

필수 기재사항	임의 기재사항
① 환어음의 표시 ② 무조건 지급 위탁문언 및 어음금액 ③ 지급인의 명칭 ④ 만기의 표시 ⑤ 지급지 ⑥ 지급받을 자 또는 지급받을 자를 지시할 자의 명칭 ⑦ 발행일과 발행지의 표시 ⑧ 발행인의 기명날인 또는 서명	① 환어음 번호 ② 신용장 발행 은행명 ③ 신용장 번호 및 발행일

75 정답 ②

해설 비엔나협약(CISG) 제18조 승낙의 시기 및 방법에 의하면 청약에 대한 동의를 표시하는 상대방의 진술 및 그 밖의 행위는 승낙이 되지만, 침묵 또는 부작위는 그 자체만으로는 승낙이 될 수 없다.

정답 및 해설 2019년 제2회(115회)

[제1과목] 영문해석

01	②	02	①	03	④	04	①	05	④
06	①	07	③	08	②	09	④	10	①
11	②	12	①	13	③	14	전부정답	15	④
16	④	17	②	18	②	19	④	20	②
21	②	22	④	23	②	24	①	25	②

[제2과목] 영작문

26	②	27	②	28	②	29	①	30	①
31	③	32	①	33	①	34	③	35	③
36	①	37	③	38	①	39	③	40	①
41	②	42	④	43	④	44	④	45	②
46	④	47	②	48	②	49	②	50	①

[제3과목] 무역실무

51	④	52	③	53	④	54	③	55	④
56	②	57	②	58	④	59	④	60	②
61	②	62	①	63	③	64	②	65	②
66	①	67	③	68	②	69	①	70	③
71	③	72	②	73	④	74	②	75	④

[제1과목] 영문해석

01 정답 ②

해석 신용장 설명 중 옳지 않은 부분을 고르시오.

> 신용장은 아마도 (A) 수출입 물품 선적을 위해 가장 널리 사용되는 자금 조달 방법일 것이다.
> 신용장을 개설할 때 매수인은 그의 거래은행에게 (B) 매수인을 수익자로 하여 특정한 금액을 신청한다. 매수인은 (C) 매도인이 반드시 제시하여야 하는 서류, 신용장의 기간, (D) 발행되어야 하는 환어음의 만기, 환어음의 지급인, 선적이 이루어져야 하는 때, 그리고 거래에 있어서의 모든 세부 사항을 규정한다.

해설 신용장 개설시 in favor of 뒤에는 수익자(beneficiary)가 기재된다. 신용장 거래에서 수익자는 매도인(seller, 수출자)이 된다. 매수인(buyer, 수입자)은 신용장의 개설의뢰인(applicant)이 된다.

[02~03]

해석 다음을 읽고 질문에 답하시오.

> Mr. Cox 귀하
> 당사는 한국 전역에 아웃렛을 갖추고 있는 대형 오토바이 도매 체인점이며, 최근 도쿄 무역박람회에서 귀하의 진열대에 전시되었던 대형 투어링 바이크에 관심이 있습니다.
> 이러한 유형의 바이크에 대한 수요가 증가하고 있습니다. 대형 바이크의 판매가 지난 2년간 70% 이상 증가하였고, 특히 더 강력한 바이크를 원하며 경제적 여유가 있는 40~50대 그룹에서 더욱 그러하였습니다.
> 당사는 대형 바이크에 대한 독점 대행을 제공할 공급자를 찾고 있습니다. 현재 당사는 수많은 제조업체를 대표하고 있지만, 귀사의 750cc, 1000cc, 1200cc와는 경쟁 관계가 없는 600cc까지의 바이크만을 판매합니다.
> 우리는 정가의 10% 수수료를 기준으로 운영하고 있으며, 필요한 경우 지급보증(델 크레데) 수수료로 3%가 추가되고, 연간 500만 달러를 초과하는 매출량을 기대할 수 있을 것으로 예상합니다. 광고 할당금으로 우리는 이 수치를 두배로 늘릴 수 있을 것입니다.
> 조속한 답변을 기다립니다.
> Steve Kim 올림

02 정답 ①

해석 유추할 수 없는 것은 무엇인가?
① Steve는 그들의 현재 공급업체와 같은 계열의 바이크를 대표(대리)하고자 한다.
② Cox의 회사는 대형 투어링 바이크를 취급하고 있다.
③ Steve Kim은 최종 구매자의 신용위험을 감수할 수 있다.
④ 40~50대 한국 소비자들은 큰 엔진 배기량을 가진 바이크를 구매하는 경향이 있다.

해설 Steve는 기존 600cc 이하 바이크가 아닌 대형 바이크를 취급하고 싶어 한다.
③ Del Credere(지급보증) 역할을 수행할 수 있다고 언급함으로써 최종 구매자의 신용위험을 감수하고 공급자에게 대금을 지급할 것을 약속하고 있다.

어휘 be engaged in ~에 종사하다

03 정답 ④

해설 지급보증과 관련이 없는 것은?
① 지급보증 대리인은 구매자가 신뢰할 수 있음을 보증한다.
② 지급보증 대리인은 매수인의 채무 불이행의 경우 본인(본사)에게 보상한다.
③ 신용위험을 담보하기 위해, del credere는 높은 수수료율 부과한다.
④ 지급보증 대리인은 구매자를 대신하여 계약하는 제3자의 지불 능력을 보증하는 대리인을 말한다.

해설 지급보증 대리인(Del Credere Agent)은 대리인이 본인(본사)의 위탁에 의거하여 상품을 현지에서 판매하는 경우 현지의 고객의 지급에 대하여 보증한다는 지급보증 계약을 본인(본사)과 체결하고 있는 대리인을 의미한다. 즉, 구매자를 대신하여 지급보증 계약을 하는 것이 아니라 본인(본사)와 지급보증 계약을 체결하는 대리인을 의미한다.

어휘 **default** 채무 불이행　　**solvency** 지불 능력
on behalf of ~대신하여

04 정답 ①

해석 밑줄 친 거래에 해당하는 것은 무엇인가?

> 신용장이 해당 거래를 명시적으로 언급한다하더라도 신용장의 조건은 기본 거래로부터 독립적이다. 그러나 서류 심사에서 불필요한 비용, 지연 및 분쟁을 피하기 위해서 개설의뢰인과 수익자는 필요한 서류, 서류 발행인 그리고 제시를 위한 기간을 신중하게 고려하여야 한다.

① 매매계약　　　　　② 운송계약
③ 견적송장　　　　　④ 원산지증명서

해설 신용장의 독립성에 대한 설명이다. 신용장 거래는 수입상과 수출상의 매매계약에 근거하여 개설되지만, 기반이 되는 매매계약과는 별도의 거래이기 때문에 계약 내용에 관련되어 있지 않고 그 계약에 구속도 받지 않는다.

05 정답 ④

해석 다음은 인코텀즈 2010하의 DAT 조건에 대한 설명이다. 옳지 않은 부분을 고르시오.

> 물품이 (a) 도착 운송 수단에서 양하된 상태로 (b) 지정 목적항이나 지정 목적지의 지정 터미널에서 매수인의 처분에 놓이는 시점에 매도인이 인도한 것으로 보는 것을 말한다. "터미널"은 부두, 창고, 컨테이너야적장(CY) 또는 도로·철도·항공 화물 터미널과 (c) 같은 장소를 포함하며, 지붕의 유무를 불문한다. 매도인은 지정 목적항이나 지정 목적지까지 물품을 운송하고 거기서 양하하는데 수반하는 모든 위험을 부담한다. (d) 만약 당사자들이 터미널에서 다른 장소까지 물품을 운송하고 취급하는 데 수반하는 위험과 비용을 매수인이 부담하도록 의도하는 경우 DAP 또는 DDP 조건을 사용해야 한다.

해설 당사자들이 터미널에서 다른 장소까지 물품을 운송하고 취급하는 데 수반하는 위험과 비용을 '매도인'이 부담하도록 의도하는 경우 DAP 또는 DDP 조건을 사용해야 한다.
단, Incoterms 2020에서는 DAT 조건이 삭제되고 DPU 조건이 신설되었다. DPU 조건에서는 터미널뿐만 아니라 어느 장소든지 목적지가 될 수 있으며 매도인의 양하 의무는 그대로 유지되었다.

06 정답 ①

해석 번역 중 가장 적절하지 않은 것을 고르시오.

> (1) 신용장이 두 사람 이상(한 사람을 초과하는)의 제2수익자에게 양도되면, (2) 하나 또는 그 이상의 제2수익자에 의한 조건 변경의 거절은 어떤 다른 제2수익자에 의한 승낙을 무효로 하지 아니하고 (3) 따라서 승낙한 제2수익자와 관련하여 양도된 신용장은 조건 변경이 되고 (4) 조건 변경을 거절한 제2수익자에 대하여는, 양도된 신용장은 조건 변경 없이 유지된다.

해설 양도가능 신용장의 조건 변경에 대한 설명이다(UCP 600 제38조 f). 하나 이상(more than one)의 제2수익자에게 양도는 한 명의 제2수익자를 포함한다는 의미이므로, 다수의(2인 이상의) 제2수익자에게 양도되는 경우의 설명과 맞지 않는다.
'두 사람 이상 또는 한 사람을 초과하는'이라는 표현이 더 정확하다.

어휘 **with respect to** ~에 대하여, ~에 관하여

07 정답 ③

해석 다음 서신의 내용에 따라 옳지 않은 것은?

> Mr. Richardson 귀하
> 당사는 추가 CD 플레이어 공급에 관한 귀하의 4월 15일자 주문서를 수령하게 되어 기쁩니다.
> 하지만 현재의 어려운 여건들로 인해 당사는 많은 고객들이 그들의 계정을 합리적인 한도 이내로 유지해야 한다는 것을 확실히 해야만 합니다. 이것만이 우리의 약속을 이행할 수 있는 방법입니다. 현재 귀하의 계정은 1,800달러를 초과하였습니다. 우리는 추가 주문에 대한 신용을 승인하기 전까지 잔액을 줄이실 수 있기를 희망합니다. 만약 귀하께서 채무의 절반에 대해 수표를 보내주신다면 매우 감사하겠습니다. 그러면 요청된 물품을 공급하고 귀하의 계정에 청구할 수 있을 것입니다.

① 서신의 작성자는 매도인이다.
② 서신의 작성자가 Mr. Richardson과 거래를 해온 것은 이번이 처음은 아니다.
③ 서신의 작성자가 수신인에게 최근 주문에 대한 수표를 보내도록 요청한다.
④ 이 서신은 주문에 대한 답신이다.

해설 서신의 작성자는 Richardson에게 물품을 공급받기 위해서는 기존 채무의 반에 해당하는 금액을 수표로 발송할 것을 조건으로 둔 것이다. 최근 주문에 대한 수표를 발송하도록 요청하는 것은 아니다.

[08~09]

해석 다음을 읽고 질문에 답하시오.

> 우리는 귀하가 5월 25일자 조회에서 언급한 회사가 우리를 신용조회처로 지정하였다는 사실에 매우 놀랐습니다.
> 우리가 아는 한, 그들은 평판이 좋은 회사지만, 우리는 그들의 재정 상태에 대한 확실한 정보가 없습니다. 그들은 지난 2년 동안 여러 차례 당사에 주문을 한 것은 사실이지만, 금액은 귀하의 서신에 언급된 금액에 비해 적었습니다. 그럼에도 불구하고 제때 결제되지는 않았습니다.
> 이는 주의가 필요하며, 대행사를 통해 추가적인 조회를 해 보실 것을 제안합니다. 우리가 제공하는 정보가 기밀로 처리될 것이라는 귀

하의 확약을 받아들이며 우리가 더 많은 도움이 될 수 없다는 것을 유감스럽게 생각합니다.

어휘 reputable 평판이 좋은　　assurance 확약

08 정답 ②

해석 문맥에 따라 빈칸에 들어가기에 가장 적절한 문장은 무엇인가?
① 따라서 우리는 이 회사가 신용 등급이 좋은 것으로 판단합니다.
② 이는 주의가 필요하며, 대행사를 통해 추가적인 조회를 해 보실 것을 제안합니다.
③ 당사는 1970년에 설립되었고 우수한 판매량으로 해당 사업에서 꾸준히 성장해 오고 있습니다.
④ 우리는 귀하가 가지고 있는 채무 금액이 귀하의 신용 조건 승인에 동의하는 데 걸림돌이 된다는 점에 대해 유감스럽게 생각합니다.

해설 본문의 내용에 의하면 신용 조회 정보 제공을 요청받은 회사와 큰 규모의 거래를 한 적이 없고, 결제 또한 제때 이루어지지 않았으므로 해당 회사에 대한 추가적인 신용 조회를 의뢰하는 것이 좋을 것 같다는 내용이 기재되는 것이 적절하다.

09 정답 ④

해석 박스 안의 지문은 서신에 대한 답신이다. 이전 서신에 포함되었을 내용으로 적절하지 않은 것은 무엇인가?
① 그들의 요구 사항은 분기당 약 20만 달러에 달할 수 있으며, 그들이 이 정도 규모의 약속을 이행할 능력이 있는지 귀하의 의견을 주시면 감사하겠습니다.
② 그들은 귀하와 지난 2년간 정기적으로 거래해 왔다고 언급하며 귀하의 이름을 신용조회처로 제공하였습니다.
③ 귀하와의 거래에 있어서 이 회사를 완전히 신뢰할 수 있고 신속하게 계정이 결제가 되었는지 여부를 극비로 알려주신다면 우리는 매우 감사하겠습니다.
④ 귀하께서는 우리의 조회처와 연락하자마자 우리의 주문에 대해서 신속한 결정을 내려주시면 감사하겠습니다.

해설 본문은 신용 조회에 대한 답신이다. ④의 내용은 신용조회처를 제시하며 구매를 원하는 매수인 입장에서 작성한 내용이므로 답신으로 보기 어렵다.

10 정답 ①

해석 다음 서신에서 유추할 수 없는 것은 무엇인가?

> Mr. Han 귀하
> 귀하의 서신과 관련하여 귀하가 요청하신 선박을 확보할 수 있게 되었음을 알려드리게 되어 기쁘게 생각합니다. 선박은 Eagle호이며 현재 부산에 정박해 있습니다. 그 선박은 7천톤의 적재 능력을 보유한 벌크선이며, 24 노트의 속도로 두 달 간 항해를 틀림없이 할 수 있습니다.
> 용선을 확정해 주시면, 용선계약서를 보내드리겠습니다.
> 이만 줄이겠습니다.

① 송하인은 컨테이너 안에 수많은 물품을 적재하였다.
② 그 거래에는 기간용선계약이 적합하다.
③ 발행된 용선계약서는 유통성이 없다.
④ 서신의 작성자는 용선계약 주선인이다.

해설 서신 작성자는 벌크선(부정기선)을 수배하였다는 언급을 하고 있으므로 컨테이너에 의한 운송(정기선 운송)을 하는 것이 아님을 유추할 수 있다.

11 정답 ②

해석 한국어로 번역한 것 중 가장 적절하지 않은 것은 무엇인가?

해설 세 번째 해에 연 15%의 성장률을 달성한 것이 아니라 3년 연속으로 달성하였다고 번역되어야 한다. '올해 국내 경기가 침체되었음에도 불구하고, 연 15%의 성장률을 유지하기 위해 3년 연속으로 관리해 왔습니다.'로 해석해야 한다.

어휘 stagnant 침체된　　in a row (일, 월, 년 등) 계속해서

12 정답 ②

해석 영어-한국어 문장 중 적절하지 않은 것은 무엇인가?

해설 return은 '돌아오다'의 동사로 사용된 것이 아니라 '수익'이라는 명사로 사용되었다.
'시장 분석 결과는 언제쯤 받을 수 있다고 생각합니까? 언제쯤 당사가 투자 수익을 볼 수 있습니까?'로 해석되어야 한다.

13 정답 ③

해석 다음의 서신 바로 이전에 나올 말로 가장 적절한 것은 무엇인가?

> 우리는 소비자에게 의류를 직접 판매하지 않기 때문에 당사와 딜러 사이의 도매 가격을 유지하고자 합니다. 이것이 우리와 거래를 하고 있는 딜러들과의 충성심과 선의에 가치를 부여할 수 있는 방법입니다. 분명히 우리의 도매 가격을 소비자에게 알려주는 것은 신뢰를 위반하는 일이 될 것입니다.
> 하지만 저는 브롱크스와 맨해튼에 있는 당사의 딜러 명단을 참고용으로 동봉합니다. 이 딜러 중 다수는 Maxine Sportswear를 할인된 가격으로 판매합니다.
> 그럼 이만 줄이겠습니다.

① 만약 귀하께서 물품의 수입에 관심이 있으시다면, 저희에게 자유롭게 연락해 주시기 바랍니다.
② 우리는 당사의 가격과 품질이 가장 경쟁력 있다고 확신합니다.
③ 귀하의 관심에 감사드립니다. 그럼에도 불구하고 귀하가 요청하신 정보를 제공해 드리지 못함을 유감스럽게 생각합니다.
④ 우리는 지금이 가격 인상의 기회가 아님을 알려 드리게 되어 유감입니다.

해설 본 서신의 작성자는 도매 가격을 소비자에게 알려주는 것은 신뢰를 위반하는 행위라고 말하고 있다. 이를 통해 바로 이전에는 Maxine Sportswear의 가격 정보 요청이 있었으나, 이를 거절한다는 내용이 나오는 것이 적절하다.

어휘 divulge ~을 알려주다

14 전부 정답

해석 다음의 내용에 따르면 어떠한 보험서류가 수리 가능한가?

> 150,000달러의 화환 신용장은 선하증권 전통과 모든 위험을 담보하는 조건의 보험증명서를 요구한다. 12월 15일에 본선적재된 것으로 표시된 선하증권이 제시되었다.

> A. 미화 150,000.00달러로 표시된 보험증권
> B. 12월 17일로 표시된 보험증명서
> C. 중개인에 의해 서명된 보험확인서
> D. 소손해면책율을 따른다고 표시된 보험서류

해석 A. 신용장에서 Certificate(보험증명서)를 요구한 경우 Policy(보험증권)를 제시할 수 있다. 또한 보험서류는 부보 범위가 일정 한도 본인 부담이라는 조건 또는 일정 한도 이상 보상 조건의 적용을 받고 있음을 표시할 수 있다(UCP 600 제28조).
B. UCP 600 제28조에는 "보험서류의 일자는 선적일보다 늦어서는 안 된다. 다만 보험서류에서 부보가 최소한 선적 일자 이전에 효력이 발생함을 나타내고 있는 경우에는 그러하지 아니한다."라고 규정하여 소급적용 문구가 있는 경우 선적일보다 늦은 날짜를 표시하는 보험서류라도 수리 가능하다.
C. 보험서류의 발행 및 서명권자는 보험회사, 보험인수인 또는 그들의 대리인 또는 수탁인(Proxies)이 되며 중개인(Broker)은 서명권자가 될 수 없다.
D. 보험서류는 부보 범위가 일정 한도까지 본인 부담이라는 조건 또는 일정 한도 이상 보상 조건(a franchise or excess)(일정액 공제 제도, deductible)의 적용을 받고 있음을 표시할 수 있다(UCP 600 제28조).

15 정답 ④

해석 서류에서 CIF 또는 CIP 금액이 결정되지 않았다면, UCP 600하에서 지정은행은 다음과 같이 담보하는 보험서류를 수리한다.

> A. 송장 총가액의 110%
> B. 송장 총가액의 100%
> C. 화환 신용장 금액의 110%
> D. 신용장에서 지급, 인수 또는 매입하도록 요구된 금액의 110%

해석 UCP 600 제28조에 따르면 신용장에 부보 범위에 부보 금액에 대한 명시가 없는 경우, 부보 금액은 최소한 물품의 CIF 또는 CIP 가액의 110%가 되어야 한다. 서류로부터 CIF 또는 CIP 가액을 결정할 수 없는 경우, 부보 금액의 범위는 요구된 결제(honor) 또는 매입 금액 또는 송장에 나타난 물품에 대한 총가액 중 더 큰 금액을 기준으로 산출되어야 한다.

16 정답 ④

해석 매입은행이 취해야 할 행동은 무엇인가?

> 일람불로 지급 가능하도록 수익자에게 통지된 화환 신용장은 개설 의뢰인 이름 앞으로 발행된 송장을 포함하는 서류를 필요로 한다. 수익자에 의해 매입은행에 제시된 서류에는 상업송장이 아닌 세관송장이 포함되어 있었다. 다른 모든 조건은 충족되었다.

① 불일치하는 서류로 거절
② 지급 권한에 대해 개설은행에 조회
③ 조건 변경을 위해 수익자에게 서류 반환
④ 신용장의 조건을 완전히 충족한 것으로 보아 지급

해석 신용장에서 'invoice'의 표제를 갖는 서류를 제시하도록 한 경우에는 상업송장, 최종송장, 영사송장, 세관송장, 세금송장 등 송장의 표제를 갖는 서류를 제시할 수 있다. 다만 Pro-Forma Invoice, Provisional Invoice(견적송장)는 수리되지 않는다.

17 정답 ②

해석 고객 불만사항에 대한 답변으로 적절하지 않은 것은 무엇인가?
① 바쁘신 와중에도 시간을 내어 당사의 제품과 서비스가 귀하의 기대에 미치지 못했다는 점에 대한 불만사항을 알려주셔서 감사합니다.
② 귀하의 이메일을 확인하였습니다. 저는 귀하가 약속하신대로 다음주 저의 화물을 수령할 것을 기대합니다.
③ 그러나 우리는 귀하가 요청하신 대로 반품이나 환불을 해드릴 수 없습니다. 회사의 정책 때문입니다. 우리는 구매 후 2주 이내에 불만이 접수된 주문 건에 대해서만 환불해 드립니다.
④ 스카이넷 특송 서비스를 이용하여 정시에 귀하의 주문을 전달하려는 저희의 노력에도 불구하고, 해당 제품의 배송에 할당된 시간을 충족시키지 못한 점은 매우 유감입니다.

해석 고객 불만에 대응을 하는 답신에는 고객 불만을 알려주어 고맙다는 내용, 불만사항에 대한 해결 방안, 향후 그러한 문제를 해결하겠다는 내용이 나오는 것이 적절하다. ②의 경우 선적 확정에 대한 확인 답변으로 볼 수 있으므로 적절한 답변이 아니다.

어휘 grievance 불만사항   allot 할당하다

18 정답 ②

해석 문장에서 "이것"은 무엇인가?

> • 이것은 물품이 어디서 생산되었는지 구매품들을 판별할 수 있도록 눈에 잘 띄는 곳에 위치하여야 한다.
> • 이것은 최종 소비자에게 물품이 어디에서 제조되었는지 분명하게 알려주기 위해 사용된다.

① 포장
② 원산지 표시
③ 상자번호 표시
④ 취급주의 표시

해설 원산지 표시에 대한 설명이다. 원산지는 물품이 어디에서 생산, 제조되었는지를 알려주는 표시로서 최종 소비자가 쉽게 판별할 수 있는 위치에 판독 가능한 활자체로 기재되어야 한다.

어휘 **conspicuous** 눈에 잘 띄는   **ultimate** 최종의, 궁극의

19 정답 ④

해석 한국어 번역으로 적절하지 않은 것은 무엇인가?

해설 'after three years'는 최초 만기 설정 후 '3년이 지났다'라는 의미로 보는 것이 적절하다.

20 정답 ②

해석 다음 중 옳지 않은 것은 무엇인가?

> Ms. Jones 귀하
> 귀하의 신속한 결제에 감사드립니다. 우리의 기록은 귀하의 현재 계정을 반영합니다.
> 이러한 상황을 고려할 때, 귀하의 신용 한도를 회복하게 되어 기쁩니다. 사실, 최근 귀하의 결제 기록은 귀하의 신용 한도를 기존 5,000달러에서 8,000달러로 늘리는 것을 가능하게 합니다. 이를 통해 귀하의 고객의 수요 증가를 충족하는데 필요한 추가 재고를 확보할 수 있을 것입니다.
> 개인적으로 귀하의 협조에 존경을 표하며 진심어린 노력에 감사드립니다. 귀하는 제 업무를 손쉽게 해 주셨기에 감사드립니다.

① 서신은 감사의 말을 전하고 고객의 양호한 지불 기록에 찬사를 보낸다.
② Ms. Jones의 회사는 13,000달러까지 신용 한도가 늘어난다.
③ 신용 조건에 긍정적인 변화가 있다.
④ 이 서신은 신용 한도가 회복되었음을 알려준다.

해설 기존 5,000달러에서 8,000달러로 늘어난다고 설명하므로 틀린 내용이다.

어휘 **accommodate** (의견 등을) 수용하다, 제공하다
admire 존경하다, 칭찬하다   **credit line** 신용 한도

21 정답 ②

해석 이 서신의 주된 이유는 무엇인가?

> 기업 부문 담당자 귀하
> 저희는 당사 제품 판매를 위해 바레인에 있는 회사에 대해 문의하고자 합니다. 한국에 있는 귀사의 서울 지점은 귀하께서 저희를 도와줄 수 있다고 하였습니다. 저희는 무선 전화를 생산합니다. 현재는 유럽과 남미로 수출하고 있으며 아라비아 만으로도 수출을 하고자 합니다. 이 서신을 바레인에서 우리를 대표(대리)하는 데 관심이 있을 만한 회사 앞으로 보내주실 수 있을까요? 우리의 카탈로그를 첨부합니다.

① 서울의 지점을 확대하기 위해
② 바레인에 있는 대리점을 대해 문의하기 위해
③ 무선 전화에 대해 문의하기 위해
④ 유럽과 남미로 수출하기 위해

해설 서신을 작성한 업체는 무선 전화를 생산하는 업체로 바레인으로 진출하고자 하며, 대리점에 대해 문의하고 있다.

어휘 **enlarge** 확대하다   **represent** 대리하다

22 정답 ④

해석 다음에서 의도된 것처럼 거래가 진행된다면 발생할 가능성이 가장 적은 것은 무엇인가?

> 인텔 xCPU와 MS 윈도우 CE OS와 함께 제공되는 우리의 상품에 관심을 표하는 이메일을 주셔서 감사합니다. 우리의 수출 가격은 CIF LA 조건으로 대당 25만 달러이며, 다양한 대량 할인 계획을 가지고 있습니다.

① 매도인은 송장금액의 110%로 부보할 것이다.
② 매수인은 운송 과정 중 발생하는 물품의 파손에 대한 책임을 부담한다.
③ 매도인은 인도될 물품에 대해 ICC(C)약관으로 부보할 것이다.
④ 매도인은 그의 위험 부담으로 LA까지 물품을 인도할 것이다.

해설 CIF 조건으로 진행되므로 매도인의 위험 부담의 분기점은 수출항의 본선에 물품이 적재된 시점이다. 즉, 본선에 적재된 이후의 위험 부담은 매수인이 부담한다.
※ 단 인코텀즈 2020으로 개정되면서 CIF 조건하에서의 부보 조건은 ICC(C), 최소 담보 조건 그대로 유지되었다.

23 정답 ②

해석 다음 서신에서 어떤 상황에 대해 설명되고 있는가?

> 귀하 주문 건의 인도 지연에 대해 이전 서신에서 언급하였듯이, 상황은 여전히 동일하며, 노동조합의 파업은 여전히 진행 중입니다. 이러한 상황에 대해 죄송한 마음입니다만, 저희 소관 밖의 일이므로 저희가 해결할 수 있는 일이 많지 않습니다.
>
> 귀하의 주문의 배송 지연에 대해 다시 한번 사과의 말씀과 유감을 표합니다.

① 조합과의 협상   ② 불가항력
③ 미지급   ④ 조기인도

해설 천재지변, 폭동, 소요, 반란, 전쟁, 테러 행위, 파업, 직장 폐쇄 등은 불가항력적인 사유에 해당한다. 계약서상에 불가항력의 범위에 대해 규정을 마련해 두어야 이러한 일이 발생하였을 때 면책될 수 있다.

어휘 **rectify** 바로잡다

[24~25]

해석 다음을 읽고 질문에 답하시오.

> 수많은 고객들이 귀사의 책장과 커피 테이블 조립키트에 대해 문의하고 있습니다. 저희는 시장 조사를 하고 (ⓐ 확정) 주문을 하기 전에 제품을 점검하기 위해 각 키트를 6세트씩 받아보길 원합니다. 필요하다면 동업자 신용조회처를 제공할 수 있습니다.

귀하의 동의를 기대하면서 (ⓑ 잠정) 주문서(KM1555호)를 첨부합니다. 서두를 필요는 없지만 4월 말까지 귀하의 답변을 받기를 희망합니다.

[어휘] trade reference 동업자 신용조회처
in anticipation 기대하면서

24 정답 ①

[해석] 왜 동업자 신용조회처가 요구될 수도 있는가?
① 매도인이 이번 거래와 관련하여 매수인을 신뢰할 수 없기 때문이다.
② 매수인이 물품 도착 시 지급하고자 하기 때문이다.
③ 매도인이 선적 후 몇몇의 조회처를 필요로 하기 때문이다.
④ 매수인이 매도인의 실적에 만족하지 않기 때문이다.

[해설] 매도인이 신용조회처를 필요로 하는 이유는 매수인의 신용위험을 회피하기 위함이다. 따라서 본 거래와 관련하여 매도인이 매수인을 신뢰할 수 없다면 해당 업체와 거래한 실적이 있는 회사를 신용조회처로 요구할 수 있다.

25 정답 ①

[해석] 빈칸에 들어갈 적합한 짝은 무엇인가?

[해설] 확정 주문을 하기 전에 점검해 보겠다는 내용이 나오는 것이 적절하기 때문에 ⓐ에는 'firm'이 들어가야 하며, ⓑ에는 아직 제품을 확인하지 못하였기 때문에 확정 주문보다는 잠정 주문을 하는 것이 더 적절하기 때문에 'provisional'이 들어가야 알맞다.

[어휘] provisional 잠정적인

[제2과목] 영작문

26 정답 ②

[해석] 다음 중 빈칸에 들어갈 적합한 것은 무엇인가?

> 추정전손은 수리비와 구조료의 합이 재산의 (ⓐ 가치)와 동일하거나 초과하는 상황으로 현실전손으로 피할 수 없거나 피보험목적물의 가치를 초과하는 비용 없이는 위에서 언급한 바와 같이 보존 또는 수리할 수 없기 때문에 피보험목적물은 포기된다. 예시: 화물의 손상이 있을 경우, 그 손상을 수리하고 그 화물을 목적지까지 계속 운송하는 비용이 (ⓑ 도착) 시 화물의 가액을 초과하는 지점

① ⓐ 비용 – ⓑ 검사
② ⓐ 가치 – ⓑ 도착
③ ⓐ 비용 – ⓑ 수령
④ ⓐ 가치 – ⓑ 판매

[해설] 보험증권에 명시 규정이 있는 경우를 제외하고, 보험목적물의 현실전손이 불가피한 것으로 생각되기 때문에 또는 비용이 지출되고 난 이후의 보험목적물의 가액을 초과하는 비용의 지출 없이는 현실전손으로부터 보험목적물이 보존될 수 없기 때문에, 보험목적물이 합리적으로 포기된 경우 추정전손으로 인정된다.

[어휘] salvage 구조, 인양　　　expenditure 지출 경비

27 정답 ④

[해석] 빈칸에 들어갈 적절한 단어를 고르시오.

> 지불 지연과 관련된 귀하의 서신을 참조하여 우리는 귀하의 제안을 수락함을 알려드립니다.
>
> 우리가 추가하고 싶은 한 가지 조건은 합의된 지불 일정을 초과하여 지불이 지연되고 그것과 관련된 적절한 통지가 없는 경우 귀사에 대해 법적 조치를 (취할 수밖에 없다)는 것입니다.

[해설] 대금 지급 지연과 관련되어 자주 출제되는 표현이다. 'be forced to'는 '~할 수 밖에 없다'라는 뜻으로 지불 지연 행위에 대해 일방의 동의 없이 강제적(일방적)으로 법적 절차를 진행할 것이라는 의미로 자주 사용된다.

28 정답 ②

[해석] 밑줄 친 these에 포함될 수 없는 것은 무엇인가?

> 이(조건)들이 이용될 때, 매도인은 물품이 목적지에 도착했을 때가 아닌 운송인에게 물품이 인도된 때 그 인도 의무를 이행한 것으로 본다.

① CPT　　　　　　　② EXW
③ CIF　　　　　　　④ FOB

[해설] "공장인도"는 매도인이 그의 영업소 또는 기타 지정 장소(예컨대, 작업장, 공장, 창고 등)에서 물품을 매수인의 처분하에 두는 시점에 매도인이 인도한 것으로 보는 것을 의미한다. 매도인은 물품을 수취용 차량에 적재하지 않아도 되고 물품의 수출통관이 요구되더라도 이를 하지 않아도 된다.

29 정답 ①

[해석] 다음 중 문법적으로 적절하지 않은 것은 무엇인가?

> 우리는 (b) 이 지역에서 일어나고 있는 새 건물의 많은 특징으로 보이는 거친 바닥에 사용하기 적합한 (a) 바닥 덮개에 대한 많은 문의를 받고 있습니다. 귀사의 적합한 덮개 라인의 (c) 샘플을 보내주시면 도움이 될 것 같습니다. (d) 제공되는 샘플의 디자인의 패턴카드도 매우 유용할 것입니다.

[해설] the number of는 '~의 수'라는 의미이므로 적절하지 않다. "바닥 덮개에 대한 수많은 문의들을 받고 있다."라는 의미로 사용하기 위해서는 a number of enquiries로 고쳐야 한다.

[어휘] enquiry 문의　　　take place in ~에서 열리다, 일어나다

30 정답 ①

해석 가장 적절한 단어로 빈칸을 채우시오.

> 점검 후 매매 조건의 방수 의류에 대한 3월 12일자 귀하의 요청을 받아서 매우 기뻤습니다. 우리는 기존에 함께 사업을 진행한 적이 없기 때문에 우리가 참조할 수 있도록 동업자 신용조회처 또는 은행의 이름을 요청하는 것을 이해하실 겁니다. 이러한 조회가 만족스럽게 해결되자마자 우리는 귀하의 서신에서 언급된 아이템들을 잘 선별하여 보내드리겠습니다.
> 우리의 첫 번째 거래가 지속적이고 유쾌한 사업 협력의 시작이 되기를 진심으로 바랍니다.

① 동업자 신용조회처 ② 신용 조건
③ 신용장 ④ 은행 신용조회처

해설 매도인이 매수인의 신용 상태를 조회하기 위해 조회처를 요청하고 있다. 빈칸 뒤 부분에 빈칸 또는 은행의 이름이 언급되는 것으로 보아 신용조회처로 은행이 아닌 동업자 신용조회처를 요청하는 것을 유추할 수 있다.

31 정답 ③

해석 (a)~(d) 중 적절하지 않은 것은 무엇인가?

> 저의 신용 보고서에 있는 다음과 같은 오류 사항을 수정해 주십시오. 보고서에 기재되어 있는 Citizens Bank의 대출 계좌 번호가 "137547899"입니다. 이 부분이 잘못되었습니다. 올바른 계좌 번호는 137557899입니다.
> (a) 이 정보를 확인하려면 지점 관리자인 Len Dane 123-456-7890으로 문의하십시오.
> 이 수정으로 인해 제가 지불을 2회 늦었다고 언급하고 있는 (b) 잘못된 내용을 삭제함으로써 보고서가 변경되어야 합니다.
> 제 (c) 신용 보고서를 펼치고 10일 이내에 (d) 수정된 결함없는 서류(사본)를 보내주십시오.

해설 신용 보고서상 계좌 번호가 잘못 기재되어 지불이 2회 늦었다고 표시된 잘못된 보고서의 내용을 수정해 달라고 요청하고 있다. 따라서 (c) 부분에는 '열다, 펼치다'의 open이 아니라 '수정하다'의 의미인 correct, revise가 나오는 것이 적절해 보인다.

어휘 erroneous 잘못된

32 정답 ①

해석 빈칸에 들어가기 가장 적절한 것은 무엇인가?

> 우리의 11월과 12월 송장 번호 7713호 건과 관련된 귀하의 1월 15일자 서신에 감사드립니다.
>
> 귀하가 겪었던 불편함에 대해 듣게 되어 유감스럽고 그 상황을 이해합니다. 그러나 우리 자체적으로도 지불해야 할 공급자가 있는 만큼 가능한 한 빨리 귀하의 계정을 (청산해) 주시면 감사하겠습니다.
> 조속한 답변을 기대합니다.

① 청산하다 ② 만들다
③ 인출하다 ④ 마련하다

해설 clear는 '빚을 청산하다, 결제하다, 빚을 갚다'라는 의미로 사용된다.

33 정답 ①

해석 다음 빈칸에 들어갈 단어로 적절하지 않은 것은 무엇인가?

> EXW 규칙은 매도인에게 최소한의 책임을 부여하며, 매도인은 단지 매도인의 공장이나 창고와 같이 지정된 장소에서 물품을 적절하게 포장하여 이용 가능한 상태로 두어야 한다.
> (ⓐ 수출자)는 운송 수단에 물품을 적재, 수출통관의 이행, 운송 및 물품의 수집 이후 발생하는 모든 비용을 부담하여야 할 책임이 있다. 국경을 넘는 거래에 있어, 이 규칙은 실질적인 어려움을 야기할 수 있다.
> 특히 (ⓑ 수출자)는 여전히 수출 보고와 통관 절차에 관여하게 되며 현실적으로 (ⓒ 매수인)에게 맡겨 줄 수 없다. 이 대신에 (ⓓ FCA(매도인의 영업 구내))가 고려된다.

해설 EXW 조건에서 매도인은 매도인의 창고나 공장에 수출 물품을 구분해 놓으면 매수인이 운송 수단을 가져와 수출통관 절차를 거쳐 목적지까지 물품을 운송하는 조건이다. 따라서 ⓐ에는 수출자(Exporter)가 아닌 매수인(Buyer)이 들어가야 한다.

34 정답 ③

해석 다음 중 서신의 답변의 일부로 적절하지 않은 것은 무엇인가?

> 당사는 몇 년 동안 전기 면도기를 미국으로부터 수입해 왔으나 전기 면도기를 영국 제조업체로부터 구매할 수 있다는 것을 알게 되었습니다. 우리는 현재의 모델 라인을 확장하고자 하며 귀하께서 우리에게 도움이 될 수 있는 영국 제조업체의 명단을 제공해 주신다면 기쁠 것입니다.
> 만약 귀하의 기록으로부터 정보를 제공할 수 없다면, 런던에 있는 적합한 공급자들에게 우리의 조회 서신을 전달해 주실 수 있을까요?

① 그것들은 최고의 재료와 솜씨로 만들어진 제품이고 우리는 전세계적인 애프터 서비스를 제공합니다.
② 귀하가 그것들을 테스트할 수 있도록 당사에게 시험 주문을 해 주시기 바랍니다.
③ 귀하의 주문은 오늘 선적되었음을 알려드리게 되어 기쁩니다.
④ 우리는 귀하가 영국 제조업체의 전기 면도기에 관심이 있다는 것을 알고 있으며 그림이 삽입된 카탈로그와 가격표를 동봉합니다.

해설 서신의 작성자는 영국 제조업체에 대한 정보가 없기 때문에 이에 대한 정보 내지는 자사의 서신을 영국의 적합한 공급자들에게 전달하기를 원한다. 따라서 답변은 제조업체나 공급자에게서 올 것이며, 업체에 대한 설명, 상품 어필 등을 할 것이다. 그러나 ③의 경우 제조업체의 선정 후 계약 체결 이후에 나올 수 있는 표현으로 서신의 답변의 일부로 나오기에는 적절하지 않다.

35 정답 ③

해석 다음의 내용을 영어 문장으로 표현할 때 가장 적절한 것은?

해설 '선호하다'라는 표현을 하는 경우 prefer를 사용하며, '~보다 ~을 선호하다'라고 하기 위해서는 prefer A to B(B보다 A를 선호하다)를 사용해야 하므로 ③이 가장 적절하다.

36 정답 ①

해석 밑줄 친 문장과 유사한 의미를 가진 것은 무엇인가?

> 우리는 한국의 대형 뮤직 스토어이며, 이번 달 "Smart World"호에서 귀사가 광고한 휴대폰에 대해 더 알고 싶습니다.
> 휴대폰이 지식재산권 문제에 저촉되지 않는지 그리고 한국어로 재생이 되는지 알려주시겠습니까? 또한 대량 주문에 의한 할인이 있는지 알고 싶습니다. 상기 문제에 대한 귀하의 답변이 만족스럽다면 우리는 대량 주문을 할 것입니다.

① 휴대폰이 지식재산권 문제로부터 자유로운지
② 휴대폰이 지식재산권 문제를 잘 준수하고 있는지
③ 휴대폰이 지식재산권 문제로부터 자유롭다면
④ 만일 휴대폰이 지식재산권 문제가 없다면

해설 본문에서 if는 whether와 같이 '~인지 아닌지'의 의미로 사용되었으며, be out of(~이 없다)는 be free from(~에서 벗어나다)과 비슷한 의미이므로 ①이 유사한 의미로 사용되었다.

[37~38]

해석 다음을 읽고 질문에 답하시오.

> Stone Corporation의 이사회 및 임원을 대신하여 작년 화재로 붕괴된 인천 본사 건물의 재건을 성공적으로 완료한 귀사에 감사의 말씀을 전하고 싶습니다.
> 귀사는 불가능해 보이던 작업을 완수함으로써 건설업계에서 선두주자로 자리매김하였습니다. 악조건과 촉박한 건설 일정에서 작업을 하면서, 귀사는 일정대로 건물을 완공하였습니다.

어휘 on behalf of ~을 대표하여, 대신하여
devastate 붕괴시키다, 파괴하다

37 정답 ③

해석 위의 밑줄 친 부분을 가장 적절하게 요약한 것은 무엇인가?
① 귀하의 노고 덕분에 우리는 예정된 날짜에 업무로 복귀할 수 있었습니다.
② 귀하의 적절한 도움 없이 빌딩은 원상태로 완벽하게 복구되었습니다.
③ 작업 일정이 힘들고 촉박하였음에도 불구하고 귀사는 우리의 요구를 충족하였습니다.
④ 우리는 어려움에도 불구하고 열심히 일했고, 건설은 제때 완료되었습니다.

해설 어려운 공사 환경과 짧은 공사 일정에도 불구하고 완료를 완료하였다는 내용이므로 ③의 내용이 적절하다.

38 정답 ①

해석 위 서신의 다음에 나올 내용으로 가장 적절한 것은 무엇인가?
① 이러한 성취는 귀하가 건설 현장에 모은 훌륭한 전문적인 기술자 그룹과 숙련된 장인들 그리고 귀하의 프로젝트 담당자인 Charles Shin의 개인적 기술과 헌신에 기인합니다.
② 우리의 활동 과정에 있어 귀하의 노고에 깊은 감사를 드립니다. 귀하의 지치지 않는 에너지와 업무가 10년 전 우리 회사가 설립된 이래로 우리 회사를 가장 성공적으로 만들었습니다.
③ 답사를 나갔던 모든 사람들은 모든 직원의 친절함과 세심함뿐만 아니라 숙소에도 매우 만족하였습니다. 직원들과 특히 Ms. Han에게도 감사를 전해주십시오.
④ 이벤트 유형을 계획함에 있어 신속하고 친절한 보조자를 저에게 보내주심을 진심으로 감사드립니다. 세미나기간 동안 귀하의 시설과 친근한 서비스에 매우 만족하였습니다.

해설 건설과 관련된 내용을 이야기하고 있으므로 건설현장에 모인 전문 기술자와 장인들의 노고에 대해 언급하고 있는 ①의 내용이 적절하다.

어휘 A as well as B B뿐 아니라 A도
courteous 친절한, 예의바른

[39~40]

해석 다음 서신을 읽고 질문에 답하시오.

> 우리는 샌프란시스코의 Hills Productions로부터 귀사를 ⓐ <u>추천받았</u>습니다.
> 우리 회사는 한국에서 ⓑ <u>수많은</u> 여행 및 교육용 DVD를 생산 및 유통하는 회사입니다. 이 제품에는 경주와 부여에 관한 30분 분량의 DVD와 홍콩에 관한 50분 분량의 DVD 2개가 들어 있습니다. 해외 시장을 염두에 두고, 이 제품들은 영어로 완벽하게 내레이션 및 포장하여 ⓒ <u>생산되었습니다</u>.
> 지금까지 한국과 홍콩의 관광객에게 매우 잘 팔렸습니다. 우리는 미국에 직접적으로 DVD를 판매하고자 합니다. 우리는 이 DVD에 대한 잠재적 시장이 여행사, 비디오 상점, 서점, 학교 그리고 도서관이라고 생각합니다.
> 우리는 미국에서 귀사가 우리의 ⓓ <u>유통점</u>이 되는 것에 대해 관심이 있는지 또는 다른 미국의 회사를 소개해 줄 수 있는지 알려주시면 감사하겠습니다.
> 귀사의 평가를 위해 ⓔ <u>영어판 DVD를 동봉합니다</u>. 귀사의 답변을 기대합니다.

39 정답 ③

해석 빈칸에 들어갈 내용으로 옳지 않은 것은?
① ⓐ 추천받다
② ⓑ 수많은
③ ⓒ 역시 생산하다
④ ⓓ 유통점

해설 these가 의미하는 것은 travel and educational DVD이다. 따라서 DVD는 생산되는 것이지 DVD 자체가 직접 생산하는 행위를 하는 것은

아니다. have also produced가 아닌 have been also produced가 옳은 표현이 된다.

40 정답 ①

해석 밑줄 친 (ⓔ)에 적합한 것은 무엇인가?
① 영어판 DVD를 동봉합니다.
② 동일한 견본이 생산되었습니다.
③ 다른 대행사와 같이 우리는 원본을 보냅니다.
④ 견본의 원본과 사본이 첨부되었습니다.

해설 영어판으로 제작된 DVD에 대한 설명과 해당 DVD를 미국 내에서 판매하고자 한다는 내용을 언급하고 있다. 영어판 제품을 보내고 테스트를 요청하는 내용이 나오는 것이 적절하다.

41 정답 ①

해석 다른 의도를 갖고 있는 것을 고르시오.
① 우리는 주문을 취소하고, 지연 선적에 대한 클레임 제기를 위한 필요한 모든 행위를 취해야 할 것입니다.
② 귀하가 파손된 포장으로 기계를 선적하였기 때문에 수리에 필요한 모든 비용은 귀하의 부담으로 하여야 합니다.
③ 귀사가 귀하의 비용으로 파손된 제품을 적절하게 포장된 새 제품으로 교환할 것을 요청합니다. 그렇지 않으면 포장 불량에 대한 클레임을 제기할 수 밖에 없습니다.
④ 포장 불량으로 인해 몇 개의 박스가 심하게 파손되었음을 알려드리게 되어 유감입니다. 우리는 몇 개의 제품이 손상되고, 구부러지고, 심지어 파손되었기 때문에 즉시 교체가 필요한 것을 확인하였습니다.

해설 ②, ③, ④의 내용은 포장 불량에 따른 제품의 파손을 이야기하고 있다. ①의 경우 지연 선적을 이야기하고 있으므로 나머지와 다른 내용으로 볼 수 있다.

42 정답 ③

해석 다음은 매도인과 매수인 간의 회의 내용이다. 유추할 수 없는 것은?

> **논의 및 합의된 사항**
> 1) 양 당사자는 콘트롤 박스 100개를 미화 50만 달러에 매매하기로 합의한다.
> 2) Robert Corporation은 취소불능 일람불 신용장을 Hannam International을 수익자로 하여 2018년 10월 27일까지 개설한다.
> 3) Hannam International은 상기 제품을 Robert Corporation으로부터 신용장을 수령한 후 2개월 이내에 선적하여야 한다.

① Robert Corporation은 콘트롤 박스를 구매하기로 합의한다.
② Hannam International은 신용장의 수익자가 될 것이다.
③ Robert Corporation은 환어음의 지급인이 될 것이다.
④ Robert Corporation은 신용장의 개설의뢰인이 될 것이다.

해설 신용장 거래에서 환어음의 지급인은 개설의뢰인이 될 수 없다. 신용장은 은행의 조건부 지급 확약으로 신용장이 개설되면 개설은행이 결제와 관련된 책임을 부담하게 되므로 개설은행이 환어음의 지급인이 된다. 참고로 추심 거래를 하는 경우 환어음의 지급인은 수입자가 된다.

43 정답 ④

해석 가장 어색한 영작문은 무엇인가?

해설 냉장고는 주문서에 언급되어야 하는 내용이다. 따라서 mentioning이 아닌 수동태 mentioned가 올바른 표현이다.
not in stock은 out of stock으로 바꿔 사용할 수 있다.

[44~45]

해석 다음을 읽고 질문에 답하시오.

> 대량 구매하는 소중한 고객들에게 제안하는 특별한 할인에 주의를 기울여주시기 바랍니다.
>
> 이번 할인은 미화 1만 달러를 초과하는 주문에 대해 5%, 미화 5만 달러를 초과하는 주문에 대해 10%, 미화 10만 달러를 초과하는 주문에 대해 15% 할인으로 구성하였습니다. 귀사는 항상 대량의 주문을 하고 있으니 이번 행사의 이점을 누리시길 바랍니다.
>
> 귀사와 앞으로도 지속적인 비즈니스 관계를 유지하길 바랍니다.

44 정답 ④

해석 미화 1만 달러의 주문을 하는 경우 얼마의 할인이 적용되는가?

해설 미화 1만 달러를 초과하는 주문에 대해서 5%의 할인이 적용되므로 미화 1만 달러의 주문에 대해서는 할인율이 적용되지 않는다.

45 정답 ④

해석 밑줄 친 대량의를 대체할 수 있는 것은 무엇인가?

해설 sizeable order는 '대량 주문'을 의미한다. 이외에도 large order, substantial order, bulk order, volume order가 대량 주문을 의미한다.

46 정답 ④

해석 빈칸에 들어가기 가장 적절한 것은 무엇인가?

> 선적물의 권리 이전을 통제하기 위해 일람불 환어음이 사용되는 D/P 거래에 있어 여전히 몇 가지 위험이 존재한다. 매수인의 지급 능력 또는 의사는 물품이 선적된 때로부터 지급을 위해 환어음이 제시될 때까지 변경될 수도 있다. 하지만 (은행의 지급 확약은 없다.)

① 제시인은 매수인의 지급에 대해 책임이 있다.
② 매도인은 제시은행에게 물품의 반송을 요청할 것이다.
③ 운송인은 매수인에게 물품의 인도에 대한 보상을 요청할 것이다.
④ 은행의 지급 확약은 없다.

해설 추심 거래에서 은행(추심은행)은 매수인의 대금 지급에 대해 지급 확약을 하지 않는다. 신용장과의 차이점으로 지급은 매수인의 의사에 달려 있다.

47 정답 ④

해석 다음에서 설명하고 있는 것은 무엇인가?

> 보험회사가 책임을 지기 위해 피보험목적물에 반드시 발생하여야 하는 최소한의 손해율을 명시하는 계약상의 조항. 그러한 정해진 보장 비율에 도달하면, 보험회사는 부보 위험의 결과로 발생된 모든 손해에 대해 보상할 책임을 부담한다.

① 공제면책 ② 제한
③ 면책 ④ 소손해면책

해설 Franchise(소손해면책)는 일정 비율 미만의 소손은 면책되지만, 해당 비율을 초과하여 발생한 손해액에 대해서는 그 전체를 보상하는 조건을 의미한다. Deductible Franchise는 면책 비율을 초과하여 발생한 손해에 대하여, 면책 비율만큼 공제하고 그 초과분에 대해서만 보상하는 조건을 말한다.

48 정답 ②

해석 Incoterms 2010에 대한 설명으로 옳지 않은 것은 무엇인가?
① EXW 규칙일 경우 매도인은 물품을 매수인을 위해 적재해 줄 의무가 없다.
② FCA 규칙일 경우 매도인의 영업소 내에서 물품을 매수인에게 적재해줄 의무가 없다.
③ CIF 규칙일 경우 매도인은 물품을 합의된 선적지까지 인도할 의무가 있다.
④ DAT 규칙일 경우 매도인은 지정 항구 또는 지정된 목적지의 터미널에서 물품을 양하하여야 하는 의무가 있다.

해설 FCA 조건에서 인도 장소가 매도인의 영업장 구내(창고, 공장 등)인 경우 매도인은 물품을 운송 수단에 적재하여 인도하여야 한다.
④ 인코텀즈 2020으로 개정되면서 DAT 조건은 삭제되고 DPU 조건이 신설되었다.

49 정답 ③

해석 적절하지 않은 설명은 무엇인가?
① 유통가능 선하증권 - 누군가의 지시식으로 발행된 선하증권
② 수취식 선하증권 - 물품이 운송인의 관리하에 수령되었지만, 아직 선상에 선적되지 않았음을 증명하는 선하증권
③ 고장부 선하증권 - 화물을 양하할 때 정상적이지 않았다는 것을 보여주는 운송인에 의해 발행된 자격 없는 선하증권
④ 기명식 선하증권 - 물품이 기명된 수하인에게만 인도될 것을 나타내는 선하증권

해설 FOUL B/L(고장부 선하증권)은 선적된 물품 및 포장 등에 외관상으로 드러난 어떠한 결함이 있음을 표시하고 있는 선하증권을 의미한다. 물품 또는 포장에 결함이 있다는 문언이 기재되지 않은 선하증권을 CLEAN B/L(무고장 선하증권)이라 한다.

50 정답 ①

해석 유사한 의미를 가진 짝이 아닌 것은?
① Brown & Co.로부터 귀하의 은행을 조회처로 받았습니다.
　- 우리의 은행에 의해 Brown & Co.사가 귀하에게 추천되었습니다.
② 그들의 신용 상태에 대해 알려주시기 바랍니다.
　- 그들의 신용 상태에 관한 정보를 우리에게 제공해 주십시오.
③ 우리는 귀하의 정보를 극비리로 다룰 것입니다.
　- 귀하의 정보는 절대 기밀로 취급될 것입니다.
④ 우리는 상기 업체와 기존에 거래를 한 적이 없습니다.
　- 우리는 지금까지 상기 업체와 상거래를 한 적이 없습니다.

해설 첫 문장은 은행이 신용조회처로 전달된 내용이고, 두 번째 문장은 은행이 Brown & Co.사를 추천하고 있는 내용이므로 다른 보기에 비해 다른 내용임을 알 수 있다.

[제3과목] 무역실무

51 정답 ④

해설 UCP 600 제 14조 서류 심사 기준에서는 "어떠한 서류상에 표시된 물품 선적인 또는 송하인은 신용장의 수익자일 필요가 없다."라고 규정하여 제3자에 의해 발행된 서류에 대해 인정하고 있다.

52 정답 ③

해설 반대로 설명하고 있다. 매수인이 상당한 기간 내에 그 물품 명세를 지정하지 아니할 때는 매도인이 스스로 이를 확정할 수 있다(물품명세확정권).

53 정답 ④

해설 고지의무 위반 시 보험자는 계약을 해지할 수 있다. 보험자는 피보험자가 보험사고 발생 전 지급한 보험료를 반환할 의무가 없으며 미지급 보험료가 있다면 청구할 수 있다. 담보 위반의 경우 보험자는 피보험자의 담보 위반일부터 보상 책임을 지지 않으며, 담보 위반 전에 발생한 손해까지는 보상 책임을 져야한다.

54 정답 ③

해설 신용장에서 "invoice" 표제의 서류를 요구하는 경우에는 영상송장, 상업송장, 확정송장, 세관송장, 세금송장 등은 제시 가능하나 Proforma Invoice, Provisional Invoice는 수리하지 않는다. 이 두 서류는 간이계약 서류로 간주되기 때문이다.

55 정답 ④

해석

> ⊙ 컨테이너 선하증권
> ⓒ 혼재
> ⓒ 컨테이너 화물집화소
> ⓔ 한 컨테이너를 채울 수 없는 화물(소량 화물)
> ⓜ House B/L(포워더가 발행하는 선하증권)

해설 ⓒ, ⓒ, ⓔ, ⓜ은 LCL(Less Container Load)과 관련되어 있고, ㉠은 FCL(Full Container Load)과 관련되어 있다.

56 정답 ②

해설 ① Surrendered B/L(권리포기 선하증권)은 원본성을 배제한 선하증권이다.
③ 주로 T/T 거래일 때 사용된다.
④ 권리증권으로서의 기능이 배제된다.

57 정답 ②

해석

> 고로슬래그 30,000 M/T
> 1.5 MT 점보백에 포장되며 각 백의 과부족은 ±10%로 한다.

해설 선적, 하역 비용에 대해서는 아무런 언급이 없으므로 하역 비용은 선사 부담이라고 보기 어렵다.
① 살물(Bulk cargo)이므로 용선계약(Charter Party)을 체결하여 운송할 것이다.
③ 1.5톤 백으로 30,000톤을 실어야 하므로 점보백 20,000개가 필요하다.
④ 1.5톤 백의 10%의 과부족이 허용되므로 1.35톤 내지 1.65톤 범위 내에서 실으면 된다.

58 정답 ④

해설 포페이터는 환어음에 추가하는 은행의 AVAL(어음보증)을 담보로 활용하여 대금 회수에 대한 위험을 회피하므로 수출상에게 별도의 보증을 요구하지 않는다.

59 정답 ④

해설 General L/C(일반 신용장)은 어느 은행에서나 이용이 가능한 신용장을 의미하며, 매입 신용장 중 그 이용 은행이 제한되어 있지 않은 자유매입 신용장이 여기에 해당된다. 따라서 지정된 은행에서 매입 절차를 진행할 필요가 없으며, 재매입 절차도 필요 없다.

60 정답 ④

해설 복합운송인은 이종 및 동종의 운송 수단을 조합하여 송하인에 대해 운송계약의 당사자로 행동하는 자를 의미한다. 복합운송인이 모든 운송수단을 보유할 필요는 없으며, 타 운송업체와 운송계약을 체결하고 전체 운송을 진행할 수 있다.

61 정답 ②

해설 보험계약은 불요식 계약으로 그 성립을 위하여 당사자간의 합의 외에 별도의 방식을 필요로 하지 않는다. 보험계약이 체결되면 보험증권을 교부하게 되는데 보험증권의 교부는 보험계약 성립의 효과로 발생하는 보험자의 의무 이행이므로 이를 요식계약으로 보지는 않는다.

62 정답 ①

해설 보험 금액이 보험 가액보다 적은 경우의 보험을 일부보험이라 한다. 보험 금액이 보험 가액보다 많은 경우는 초과보험이라 한다.

63 정답 ③

해설 ① 신용장 양도와 관련하여 발생하는 수수료는 제1수익자가 부담한다.
② 개설은행도 양도은행이 될 수 있다.
④ 신용장은 1회만 양도될 수 있으며 제2수익자에 의해 제3자로의 양도는 금지된다.

64 정답 ②

해설 "송장금액의 100%를 일람 후 180일 조건으로 어느 은행에서나 매입 방식으로 이용할 수 있음"이라는 문구가 나와 있고 개설은행이 해외은행에게 일람불로 지급하고 개설의뢰인에게는 180일의 신용을 공여하므로 내국 수입 유전스로 볼 수 있다.

65 정답 ②

해설 내국 신용장 개설시 근거가 되는 서류는 수출 신용장, 수출 관련 계약서(D/P, D/A 등), 외화 표시 물품공급계약서, 내국 신용장, 외화 표시 건설, 용역 공급계약서 등이다. 원신용장이 양도 신용장이 아니어도 내국 신용장 발급이 가능하다.

66 정답 ①

해설 UCP 600 제18조 c항에 따르면 상업송장상의 물품, 서비스 또는 의무 이행의 명세는 신용장상의 그것과 일치하여야 한다.

67 정답 ③

해설 중개무역에 대한 설명이다. 중계무역은 수출할 것을 목적으로 물품 등을 수입하여 보세구역 및 보세구역 외 장치의 허가를 받은 장소 또는 자유무역지역 이외의 국내에 반입하지 아니하고(수입통관하지 않고) 수출하는 수출입을 말한다.

68 정답 ③

해설 착지불수수료(Collect Charge Fee)에 대한 설명으로 CCF라고도 부른다.
① 취급수수료: 항공운송대리점이 화주를 위해 스케줄을 알려주고, AWB COPY를 전송해주는 등의 명목으로 화주에게 청구하는 비용
② 운송장작성수수료: 항공사나 대리점이 화주를 대신하여 AWB을 작성할 경우 징수하는 수수료
④ 항공화물취급수수료: 화물이 보세장치장에 반입되었을 때 창고에서 화주에게 부담시키는 화물 조작료

69 정답 ①

해설 available with issuing bank by payment는 지급 방식으로 개설은

행(발행은행)에서 사용 가능이라는 의미이며 지급 신용장을 나타낸다. 거래은행을 통해 발행은행에게 지급을 요청하거나 발행은행 앞으로 일치하는 제시를 하여 대금 지급을 요청할 수 있다.

70 정답 ③

해설 팩토링 채권을 회수하고 전도 금융을 제공하는 것은 수출국 팩터의 역할이다.

71 정답 ③

해설 외국 중재 판정의 승인과 집행의 요건은 다음과 같다.
1. 중재계약이 뉴욕협약의 적용 범위 내에 들어가야 한다.
2. 분쟁이 일정한 법률 관계와 관련하여 발생하되, 동 분쟁은 중재계약의 범위 내에 있어야 한다.
3. 중재계약의 서면상 요건이 구비되어야 한다.
4. 중재계약이 무효, 실효, 이행 불능이 되지 않아야 한다.
5. 외국 판정의 승인이나 집행이 그 국가의 공공의 질서에 반하지 않아야 한다.

72 정답 ②

해설 계약의 유효성 문제의 경우 계약 성립에 원인이 있는 경우로 볼 수 있으므로 직접적 발생 원인이다.

> **THE PLUS** 무역클레임의 직접적 원인
> 1. 청약과 승낙의 과정에서 유효하게 계약을 성립시키는지 여부에 대한 분쟁(계약 성립에 원인이 있는 경우)
> 2. 매매계약서나 청약의 내용이 불완전하거나 불충분한 경우(계약 내용에 원인이 있는 경우)
> 3. 품질 불량, 선적 불이행, 대금 지급 거절 등(계약의 이행에 원인이 있는 경우)

73 정답 ④

해설 신용장에서 보험증권을 요구한 경우 보험증권만을 제시하여야 한다. 다만, 보험증명서나 확정통지서를 요구한 경우 보험증권을 제시할 수 있다.

74 정답 ②

해설 선적전검사증명서의 경우, 선적전검사가 선적일 이전에 수행되었다는 문구가 있다면 발생일은 선적일보다 후일자여도 수리된다. 신용장에서 선적일이나 그 전에 수행되어야 하는 조치에 관한 증명서를 제시하도록 요구하는 경우에, 증명서는 아래 규정에 따라 표시하여야 한다.

> **THE PLUS** ISBP 745 Q2 증명서 기본 요건
> a. 선적일보다 늦지 않는 발행일
> b. 조치가 선적일이나 그 전에 수행되었다는 취지의 문구(다만 이 경우에, 만약 발행일도 표시된다면 발행일은 선적일보다 후일자일 수 있으나 그 증명서의 제시일보다 이전의 일자이어야 한다.)
> c. "선적전검사증명서(Pre-shipment Inspection Certificate)"의 예와 같이 당해 사건을 표시하는 제목

75 정답 ④

해석 ① 포장이 충분하지 않다.
② 오염된 포장
③ 파손된/긁힌 상품
④ 포장이 불충분할 수도 있다.

해설 대표적인 표현으로 Broken, Damaged, Torn, Scratched, Leaking, Soiled등의 결함 문언이 있다. ①, ②, ③의 경우 물품 또는 포장에 결함이 있다는 것을 의미하므로 FOUL B/L로 볼 수 있다.
④의 경우 포장 불충분 가능성을 의미하지 불충분하다고 확정하지 않고 있으므로 인수가능한 표현으로 볼 수 있다.

정답 및 해설 2019년 제3회(116회)

[제1과목] 영문해석

01	③	02	③	03	④	04	②	05	①
06	④	07	①	08	②	09	①	10	①
11	③	12	③	13	②	14	②	15	③
16	②	17	③	18	④	19	④	20	②
21	③	22	③	23	③	24	④	25	①

[제2과목] 영작문

26	②	27	①	28	②	29	③	30	①
31	①	32	②	33	④	34	③	35	①
36	①	37	②	38	①	39	①	40	①
41	①	42	③	43	①	44	③	45	②
46	③	47	②	48	①	49	③	50	③

[제3과목] 무역실무

51	④	52	②	53	③	54	③	55	④
56	②	57	④	58	②	59	③	60	①
61	②	62	①	63	④	64	④	65	③
66	③	67	③	68	②	69	①	70	③
71	③	72	④	73	①	74	④	75	①, ③

[제1과목] 영문해석

[01~02]

해석 다음은 매도인과 매수인 사이의 통신문이다.

> 본 서신은 12월 15일에 셀토피아 선적물을 수령하였음을 알려드리기 위함입니다. 당사의 기술자들이 모든 기계를 철저히 검사하였고 결함있는 배터리 25개를 발견하였습니다. 당사는 별지에 해당 배터리의 일련번호를 기재하였습니다.
>
> 당사는 Fedex를 통해 대체용 배터리를 발송하였습니다. 한편, 결함있는 배터리는 당사의 비용으로 보내주십시오. 귀사는 당사의 Fedex 계정을 이용할 수 있습니다.

01 정답 ③

해석 위 서신으로부터 추론할 수 없는 것은 무엇인가?
① 결함있는 배터리는 자체의 일련번호를 가지고 있다.
② 대체용 배터리는 특송 회사를 통해 발송되었다.
③ 매수인은 배터리 반품에 대한 운임을 지불할 것이다.
④ 매도인은 매도인의 일부 제품이 매매계약 내용에 위배된다는 것에 동의한다.

해설 매도인은 결함있는 배터리의 반품 비용과 관련하여 매도인의 비용으로 처리한다는 내용을 언급하고 있으므로 매수인은 반품 운임을 부담할 필요가 없다.

어휘 correspondence 서신
courier service (Fedex, DHL 같은) 특송 회사

02 정답 ③

해석 아래의 내용으로부터 유추할 수 있는 것은 무엇인가?

> 당사의 고객 중 몇 명이 귀사의 원격 조종 창문 블라인드에 관심을 표하고 있으며, 그 품질에 대해 문의를 해왔습니다.
> 당사는 아시아 전역에 창문 블라인드를 공급하는 규모있는 유통업체입니다. 만약 (귀사 제품의) 품질과 가격이 만족스럽다면, 이곳에서의 판매 전망은 좋을 것입니다.
> 하지만 주문을 하기 전에 귀사의 원격 조종 창문 블라인드 제품을 20일 점검 후 매매 조건으로 보내주셨으면 합니다. 이 기간 말까지 판매되지 않은 물품과 재고로 보관하지 않기로 결정된 물품은 당사의 비용으로 반품하겠습니다.
> 빠른 답신 바랍니다.
> HNC International사의 Alex Lee 올림

① Alex는 상품 도착 후 20일 후에 대금을 지불할 것이다.
② Alex는 창문 블라인드에 확신을 가지고 있기에 주문 시 대금 지급을 허용한다.
③ 반품 상품에 대한 운임은 HNC International사에서 부담할 것이다.
④ 매도인은 주문 후 20일 이내에 물품을 인도할 것이다.

해설 마지막 단락에서 판매되지 않은 물품과 재고로 보관하지 않는 물품에 대해서는 서신의 작성자(Alex)가 자신의 부담으로 반송하겠다고 언급하고 있으므로 ③의 내용이 적절하다.

03 정답 ④

해석 아래 밑줄 친 'some documents'에 해당하지 않는 것은 무엇인가?

> 물품 운송과 관련하여 일반적으로 사용되는 몇 가지 서류들은 UCP 600하에서 운송서류로 인정되지 않는다.

① 화물인도지시서
② 운송주선인 발행 화물수령증
③ 운송주선인 발행 운송증명서
④ 운송주선인 발행 선하증권

[해설] Freight Forwarder(운송주선인)가 발행한 서류라 하더라도 Freight Forwarder가 '운송인의 자격(Acting as carrier)' 또는 '운송인의 대리인 자격(As agent for the carrier)'으로 서명하고 발행하였다면, 신용장에서 특별히 금지하지 않는 한 Forwarder's B/L은 수리된다.
그러나 운송주선인이 발행한 Forwarder's Cargo Receipt, Forwarder's Certificate of Receipt, Forwarder's Certificate of Transport, Forwarder's Certificate of Shipment, Delivery Order 등은 UCP 600에서 규정하고 있는 운송서류가 아니므로, 신용장에서 이를 특별히 허용하지 않는 한 어떠한 경우에도 수리될 수 없다.

04 정답 ②

[해석] UCP 600에 따르면 양도가능 신용장하에서 제1수익자가 양도은행에 요청할 수 있는 변경 사항은 무엇인가?
① 유효기일 연장
② 단가 인하
③ 선적기간 연장
④ 부보 금액 인하

[해설] 신용장을 양도하는 경우 원신용장의 조건과 동일한 조건이어야 한다. 다만, 양도 차액을 얻기 위한 양도의 경우에는 원신용장의 내용을 변경할 수 있다.

감액 또는 단축	증가
• 신용장 금액(amount of the credit) • 단가(unit price) • 유효기일(expiry date) • 제시기간(period for presentation) • 선적일 또는 선적기간(the latest shipment date or given period for shipment)	부보 비율(the percentage for which insurance cover)

[어휘] in accordance with ~에 따라서

[05~06]

[해석] 다음을 읽고 질문에 답하시오.

> Mr. Han 귀하
> 당사의 프랑스 제국 술잔 세트에 관해 문의해 주셔서 감사합니다. 이 기간에는 (제품에 대한) 관심이 되살아나고 있기 때문에 이 제품들이 귀사의 고객들께 인기를 끌고 있다는 것은 놀라운 일이 아닙니다. 귀사에서 이 세트 제품을 신속히 살펴보길 원한다고 말씀하셨기에 CIF 리야드 가격으로 당사의 카탈로그 1~4 페이지를 팩스로 보내 드립니다. 귀사 시장에 관하여 디자인에 대한 귀사의 의견을 말씀해 주신다면 감사드리겠습니다.
> 조속한 답변을 기다리겠습니다.

05 정답 ①

[해석] 어떠한 종류의 거래를 의미하는가?
① 상품 조회의 회신
② 확정청약
③ 청약의 승낙
④ 청약의 거절

[해설] 본문에서 수신인이 요청한 프랑스 제국 술잔 세트에 대한 카탈로그를 제공하고 있으므로 상품 조회에 대한 회신으로 볼 수 있다.

06 정답 ④

[해석] 밑줄 친 ~에 관하여와 유사하지 않은 것은 무엇인가?
① ~에 관하여
② ~에 관하여
③ ~에 관하여
④ in regard for

[해설] ①, ②, ③은 모두 '~에 관하여'라는 의미이다. ④의 for를 to나 of로 바꾸면 with regard to와 유사한 의미를 갖는 표현이 된다.

07 정답 ①

[해석] Jenny의 대리인이 다음 방문 시 해야 하는 것은 무엇인가?

> Jenny 씨께
> 오늘 아침 전화 통화와 관련하여, 완전한 재개장 작업을 위한 견적서를 작성하고자 귀하의 대리인 중 한 분이 서울 테헤란로 443에 위치한 우리의 점포로 방문해 주셨으면 합니다. 약속을 잡기 위해 저에게 연락을 주실 수 있을까요?
> 전화 통화에서 언급한대로 2018년 2월 말 전에 작업이 완료되야 하며, 이는 계약서에 명시될 것입니다.
> 계획서와 명세서를 첨부합니다.

① 청약
② 신용 조회
③ 상품 조회
④ 보상

[해설] 견적서를 작성하기 위해 Jenny의 대리인의 방문 요청을 하고 있다. Jenny의 대리인은 견적서 제공, 즉 작업과 관련한 청약을 제공하게 된다.

[08~09]

[해석] 다음을 읽고 질문에 답하시오.

> 일람불 환어음은 선적품이 목적지에 도착하고 결제가 이루어질 때까지 수출자가 소유권을 유지하고자 할 때 사용된다.
> 실제로, 해상 선하증권은 수출자가 배서하여 수출자의 은행을 통해 수입자의 은행으로 보내진다. 송장과 매수인 혹은 매수인 국가에 의해 지정된 기타 선적서류(예-포장명세서, 영사송장, 보험증명서)와 함께 일람불 환어음이 첨부된다. 외국의 은행은 이 서류를 수령하면 매수인에게 통지한다. 환어음이 결제되자 마자 (A) 외국은행은 매수인이 선적품을 받을 수 있도록 선하증권을 넘겨준다.

08 정답 ②

[해석] 위의 내용으로부터 유추할 수 있는 결제 방식은 무엇인가?
① 일람출급 신용장
② 지급인도조건(D/P)
③ 기한부 신용장
④ 인수인도조건(D/A)

[해설] D/P는 수출상이 계약에 따라 물품을 선적하고 구비한 서류와 함께 수입상을 지급인(Drawee)으로 하는 일람출급 환어음을 발행하여 자신이 거래하는 외국환은행에 추심을 의뢰하면, 추심의뢰은행이 수입국의 추심은행을 통해 수입상에게 환어음 및 선적서류를 제시하고 수입상은 일람출급 환어음을 결제한 뒤 선적서류를 입수하는 결제 방식을 말한다. 일람불 환어음이 발행되었으므로 기한부 환어음이 발행되는 기한부 신용장, 인수인도조건(D/A)은 그 대상이 될 수 없다. 일람출급 신용장에서는 신용장 개설은행이 지급인이 된다.

09 정답 ①

해석 (A) 외국은행의 적합한 명칭은 무엇인가?
① 추심은행 ② 추심의뢰은행
③ 개설은행 ④ 매입은행

해설 수입자로부터 대금을 지급받아 추심의뢰은행으로 대금을 지급하는 은행은 추심은행이다. URC 522에서는 추심에 참여하는 Remitting Bank(추심의뢰은행) 이외의 모든 은행을 Collecting Bank(추심은행)로 규정한다.

10 정답 ①

해석 다음 중 서신의 빈칸을 채우는 가장 적절한 것은 무엇인가?

> 당사는 앞으로 10일 (C. 이내에) 12개의 종합 유리 제품을 히드로 (A. 로부터) 한국의 서울(B. 로) 보내고자 합니다.

① ~로부터 – ~로 – ~ 이내에
② ~로부터 – ~로 – 떨어져
③ ~로부터 – ~을 통해 – ~ 이내에
④ ~로부터 – ~을 통해 – ~보다 위에

해설 ex는 '~ 이전'이란 뜻 이외에도 '~로부터(from)'라는 의미로도 사용된다. within은 '(기간) 이내에'라는 의미로 사용된다.

11 정답 ③

해석 다음 내용에 적합한 문서의 제목은 무엇인가?

> 귀사가 상기 선적에 대한 선하증권을 발행하였고 상기 화물이 목적항(혹은 목적지)에 도착한 사실이 있으므로, 이에 대해, 당행은 선하증권 원본의 제출 없이 앞서 언급된 당사자에게 해당 화물을 인도하여 주실 것을 요청드립니다.

① 선복확약서
② 수입화물대도
③ 수입화물선취보증서
④ 파손화물보상장

해설 수입화물선취보증서(L/G)에 대한 설명이다. 수입 물품은 이미 도착하였으나 선적서류가 도착하지 않았을 경우 수입상과 개설은행이 연대보증하여 선사로 제출하는 보증서이다. 매수인은 선사에 선하증권 원본 대신 L/G 원본을 제출하고 화물을 인도받는다.

➕ THE PLUS 오답 선택지

① 선복확약서(Fixture Note): 선주가 제시한 신청서의 유효기간 내에 용선자가 확정청약을 수락하면 용선계약이 이루어지며, 이를 증빙하는 서류
② 수입화물대도(T/R, Trust Receipt): 수입 화물의 담보권은 은행이 보유하고 수입 화물의 점유권은 개설은행으로부터 수입상에게 이전하여 화물매각 대금으로 대금 결제를 할 수 있도록 하는 제도
④ 파손화물보상장(L/I, Letter of Indemnity): 선적된 화물 손상은 수출상이 책임을 지고 도착항에서 수하인으로부터 손해배상을 요구받아도 선박회사는 면책된다는 뜻을 기재한 보상장

어휘 whereas (공식 문서) ~한 사실이 있으므로

12 정답 ③

해석 Incoterms 2010의 CPT 조건에 대한 설명으로 옳은 것은?
① 매도인은 지정된 장소에서 운송인 또는 매수인에 의해 지정된 다른 사람에게 물품을 인도한다.
② 매도인은 목적지에 물품이 도착할 때 인도 의무를 충족한다.
③ 만약 합의된 목적지까지 운송하는 과정에서 여러 운송인이 사용되고 당사자들이 구체적인 인도 지점을 합의하지 않았다면, 전적으로 매도인이 선택한 지점에서 물품이 최초 운송인에게 인도되었을 때 위험이 이전된다.
④ 매도인이 지정 목적지에서의 하역과 관련한 운송계약에 대한 비용을 부담하는 경우, 매도인은 매수인으로부터 그러한 비용을 회수할 권리가 있다.

해설 ① CPT 조건에서의 매도인은 운송인 또는 매도인이 지정한 다른 사람에게 물품을 인도한다.
② CPT 조건에서 매도인의 인도 의무의 분기점은 수출국의 지정 장소에서 운송인에게 물품을 인도한 시점이다.
④ 매도인이 양하 비용을 부담하기로 계약을 체결한 경우에는 양하 비용에 대해 부담하여야 하며, 매수인으로부터 회수할 권리가 없다.

13 정답 ②

해석 한국어 번역이 가장 적절하지 않은 것은 무엇인가?

해설 USD 432 billion은 미화 4,320억 달러를 의미한다. million은 '100만', billion은 '10억', trillion은 '1조'를 의미한다.

14 정답 ②

해석 글쓴이의 목적은 무엇인가?

> 비록 귀사의 샘플이 인상적이긴 하나 귀사가 제시한 가격이 경쟁력이 없기 때문에 당사는 이번에 주문을 할 수 없습니다. 그러한 상황에서, 당사는 수요가 많은 귀사의 샘플 10번에 대하여 가장 저렴한 가격을 요청드립니다.
> 당사는 귀사가 가격을 수정하기 위한 모든 노력을 기울일 것이라 믿습니다.

① 청약에 대한 승낙 ② 상품 조회
③ 신제품 검색 조회 ④ 구매 주문

해설 저자는 상품매매와 관련된 가격과 관련된 사항(가격 인하)을 문의하고 있으므로 상품 조회를 위한 서신으로 볼 수 있다.

15 정답 ③

해석 다음은 Incoterms 2010의 CIF 조건에 관한 것이다. 잘못된 것을 고르시오.
① 매도인은 물품을 본선에 적재하여 인도하거나 이미 그렇게 인도된 물품을 조달한다.
② 매도인은 물품을 지정 목적항까지 운송하는 데 필요한 계약을 체결하고 이에 따른 비용과 운임을 부담한다.

③ 매도인은 운송 중 매도인의 물품의 멸실 또는 손상에 대한 위험을 위해서 보험계약을 체결한다.
④ 매수인이 유의해야 할 점은 매도인은 단지 최소 조건으로 부보하도록 요구된다는 점이다.

해설 CIF 조건에서 매도인은 매수인의 물품의 멸실 또는 손상 위험에 대비하여 보험계약을 체결할 의무가 있다.

16 정답 ②

해설 판매점과 대리점에 대한 내용 중 옳지 않은 것은 무엇인가?
① 판매점은 주로 도매업에 관여하는 독립적으로 운영되는 사업체이다.
② 판매점은 자신이 유통하는 제품에 대한 권리를 갖지 않는다.
③ 대리점의 역할은 주문을 받고 대개 제공 서비스에 대한 수수료를 받는 것이다.
④ 대리점으로서 사업을 하는 초기 투자와 비용은 판매점으로서 사업을 하는 것보다 적다.

해설 판매점 계약이란 제조업체가 해외의 판매점에게 일정 기간 동안 물품의 판매권을 부여하면 판매점은 본인의 위험과 비용으로 제조업체에서 물품을 구매하여 고객에게 판매하는 형태의 계약을 말한다. 판매점은 제조업체의 제품에 대한 상표권을 가진 독립된 자연인 혹은 법인이다. 따라서 판매점은 제품에 대한 권리를 갖게 된다. ②는 잘못된 설명이다.

어휘 **distributor** 판매점, 유통점　　**primarily** 주로
take title to ~할 권리를 가지다　　**initial** 초기의
investment 투자

17 정답 ①

해설 다음의 설명은 무엇인가?

> 기한부 신용장하에서 발행된 환어음, 약속어음 또는 "비소구권"에 기초한 유통어음과 같은 일련의 신용증권의 구매

① 포페이팅　　② 팩토링
③ 매입　　　　④ 확인

해설 포페이팅은 현금을 대가로 채권을 포기 또는 양도한다는 것을 의미한다. 수출 거래에 따른 환어음이나 약속어음을 소구권 없이(Without Recourse) 고정 이자율로 할인하여 신용 판매(외상 판매)를 현금 판매로 전환시키는 금융 기법의 일종이다.

어휘 **bill of exchange** 환어음　　**non-recourse** 비소구권
negotiable instrument 유통어음

18 정답 ④

해설 Incoterms 2010의 FAS 조건에 대한 설명 중 옳지 않은 것은 무엇인가?
① 상품이 FAS 조건으로 판매되는 경우, 물품 가격은 선측까지 인도하는 것을 포함한다.
② 매도인은 물품이 선측에 인도될 때까지 어떠한 멸실이나 손상, 또는 양쪽 모두에 대한 책임이 있다.
③ 매수인은 매도인에게 선박의 이름, 항해일, 선적 부두, 인도 시기를 정확히 통지하여야 한다.
④ 매수인은 (본선)적재 태클(크레인)이 닿는 범위 내에서 물품이 본선 옆의 부선에 실려 있을 때 멸실 또는 손상에 대한 책임을 부담하지 않는다.

해설 FAS 조건에서 인도 지점은 크게 두 곳으로 볼 수 있다. 부두에 접안한 선박의 선측에서 물품을 인도하는 경우와 본선이 부두에 접안을 할 수 없는 경우 부선(Lash, Barge)에 물품을 실어 본선 옆에 가져다 놓음으로써 인도하는 경우이다. ④는 두 번째 경우로서 부선이 본선의 작업 범위 내 위치하게 되는 경우 매도인은 그 인도 의무를 이행한 것이므로 그 이후의 위험은 매수인이 부담해야 한다.

어휘 **lighter** 부선

19 정답 ④

해설 Incoterms 2010의 CIF 조건에 대한 설명 중 옳지 않은 것은 무엇인가?
① 물품이 CIF 조건으로 판매되는 경우, 물품 가격은 보험 담보 범위와 목적항까지의 운임을 포함한다.
② 매도인은 지정 목적항까지의 운송을 제공하고 운임을 지불하여야 한다.
③ 매도인은 수출로 인하여 부과된 수출관세, 만약 있다면, 기타 수수료 또는 할증료를 지불하여야 한다.
④ 매수인은 선적 시 물품을 인수해야 하며, 이후 발생하는 물품의 이동을 처리하고 그 비용을 지불하여야 한다.

해설 CIF 조건에서 매도인은 물품을 선적항의 본선에 적재하거나 이미 그렇게 인도된 물품을 조달하여 물품을 인도한다. 물품의 멸실 또는 손상의 위험은 물품이 본선에 적재된 때에 매수인에게 이전된다. 매도인은 물품을 지정 목적항까지 운송하는데 필요한 운송 및 보험계약을 체결하고 그에 따른 운임과 보험료를 부담한다. 따라서 ④의 내용은 잘못된 설명이다. 매수인은 운임 및 보험료 이외의 비용에 대해 부담할 의무가 있다.

20 정답 ②

해설 UCP 600하에서 개설은행의 의무는 무엇인가?

> 화환 신용장의 사전 통지가 3월 1일 미화 51만 달러에 대하여 다음과 같은 조건으로 발행되었다.
> – 분할 선적이 허용된다.
> – 최종 선적 일자는 4월 30일
> – 유효기일 5월 15일
> 3월 2일 개설의뢰인은 분할 선적을 금지하고 유효기일을 5월 30일까지 연장하는 조건 변경을 요청하였다.

① 수익자와 함께 제시기간을 명확하게 한다.
② 원래 지시받은 대로 화환 신용장을 개설한다.
③ 모든 조건 변경을 포함하는 화환 신용장을 개설한다.
④ 유효기일의 연장만을 포함하는 화환 신용장을 개설한다.

해설 UCP 600 제11조에 따르면 신용장의 개설 또는 조건 변경에 대한 사전적인 통지(이하 "사전 통지"라 한다)는 개설은행이 유효한 신용장 또는 조건 변경을 개설할 수 있을 경우에만 송부되어 질 수 있다.

사전 통지를 보낸 개설은행은 이와 불일치하지 않는 조건으로 지체없이 취소 불가능하고 유효한 신용장을 개설하거나 조건 변경을 하여야 한다. 즉, 사전 통지를 보낸 개설은행은 사전 통지의 조건과 일치하는 유효한 신용장을 지체없이 발행하여야 한다. 요청된 조건 변경은 사전 통지대로 신용장이 발행된 후 이루어질 수 있다.

어휘 pre-advice 사전 통지 incorporate 포함하다

21 정답 ①

해석 다음 중 가장 유추할 수 없는 것은 무엇인가?

> Mr. Smith 귀하
> 당사의 선형 회로 증폭기 XTM-500 1,000개를 주문해 주셔서 감사합니다.
> 당사의 신용 부서에서 귀사에 대한 미화 10,000달러의 신용 한도를 승인하였습니다. 현재 귀사의 주문 총액이 한도를 초과하였기 때문에, 당사는 귀사의 공장으로 물품을 선적하려면 적어도 주문 총액의 절반은 선불로 지급해 주시기를 바랍니다.
> 이 정도 규모의 구매가 더 늘어날 것으로 예상되면 저희에게 전화를 주시면 한도 증액에 대해 당사가 할 수 있는 방법이 있는지 찾아보겠습니다. 당사는 귀사의 사업을 소중히 여기며, 이것이 만족할만한 해결책이 되기를 바라고 귀사에 물품을 제공할 수 있는 기회를 주심에 감사드립니다.
> 이만 줄이겠습니다.
> John Denver 올림

① John은 이 주문을 수락하기 위해 최소 4,500달러의 현금이 필요하다.
② Mr. Smith 는 10,000달러 이상의 주문을 했음이 확실하다.
③ 매도인은 신용을 승인하지만 고객이 원하는 금액은 아니다.
④ John은 전체 주문을 인도하는데 필요한 잔액을 설명하며, 신용 한도의 증액을 위한 추가적인 논의를 요청한다.

해설 신용 한도 금액인 10,000달러를 초과하는 거래에 대해, 선불로 거래 금액의 절반을 필요로 한다고 언급하고 있으므로 최소 5,000달러 이상의 자금을 선불로 지급하여야 한다.

22 정답 ②

해석 아래의 환어음의 유효기일로 인정되지 않는 것은 무엇인가?

> 미화 60,000달러의 금액으로 화환 신용장이 개설되었고, 선하증권의 일자로부터 30일 후 만기가 되는 환어음이 요구된다. 2018년 11월 9일자로의 선하증권과 서류가 제시되었다(11월 9일 + 30일 = 12월 9일).

① 2018년 12월 9일
② 선하증권 일자 익일로부터 30일
③ 2018년 11월 9일의 익일로부터 30일
④ 2018년 12월 9일

해설 일자 후 정기출급에 대한 설명이다. 일자 후 정기출급은 선하증권 일자(선적일) 기준으로 XX일 후 대금을 지급하는 조건이다. 일자 후 정기출급 방식의 경우 환어음상에 기재된 정보만으로 만기일을 결정할 수 있어야 한다. 환어음에 단순히 선하증권 일자 익일로부터 30일이라고 하는 경우 선하증권 일자(선적 일자)가 언제인지를 특정할 수 없으므로 ②의 경우 유효한 환어음의 만기로 볼 수 없다. 다만, 30 days from bill of lading date 09 November 2018과 같이 선적 일자가 명시되는 경우에는 유효한 표현으로 볼 수 있다.

또한 환어음의 만기와 관련하여 from, after는 동일한 의미로 사용되며 from, after 뒤에 나오는 날짜를 포함하지 않고 만기를 계산한다.

23 정답 ④

해석 "견적송장"에 대한 설명 중 옳은 것은 무엇인가?
① 판매된 상품에 대한 결제를 요청하는 상업용 청구서이다.
② 통상적으로 수입국의 외교 관리들이 수출 가격을 검증하기 위해 발행한다.
③ 상품이 수입국 세관을 통과할 수 있도록 수입국의 특별한 형식으로 작성된다.
④ 물품 선적이나 인도 전에 미리 매수인에게 보내지는 사전적인 청구서 이다.

해설 견적송장(Proforma Invoice)은 선적 전 계약 내용을 확인하기 위해 발행되는 송장으로서 가격 계산의 기초로 사용되며 확정 주문 전에 수출상이 작성한다.
①은 상업송장, ②는 영사송장, ③은 세관송장에 대한 설명이다.

어휘 diplomatic 외교의 verify 확인하다

24 정답 ④

해석 다음 서신에 대한 내용 중 옳은 것은 무엇인가?

> CI 비금속 풍력 시프터 모델 BRON-6SJ7을 동봉합니다. 우리가 전화로 논의했듯이, 해당 장비가 현저하게 서쪽으로 기울어졌습니다. 귀사는 해당 장비의 점검과 수리 비용 견적을 위해 장비를 귀사로 발송할 것을 제안하셨습니다. 해당 장비에 대한 견적이 나오면 연락 주시기 바랍니다. 그러면 당사는 그 장비를 수리하는 것이 적절한지 또는 새 모델을 구매하는 것이 적절한지 결정할 것입니다.

① 서신은 생산부서에서 선박회사로 작성되었다.
② 서신은 선박회사로부터 생산부서로 작성되었다.
③ 서신은 고객 서비스 부서에서 고객에게 작성되었다.
④ 서신은 고객으로부터 고객 서비스 부서로 작성되었다.

해설 장비 사용자가 제품에 대한 하자로 인해 제품 점검 및 수리비 견적을 요청하는 내용이므로 ④의 내용이 적절하다.

어휘 noticeable 뚜렷한, 현저한
skew 비스듬함, 비스듬히 움직이다

25 정답 ①

해석 다음 내용에 관련한 좋은 예가 아닌 것은 무엇인가?

> 국제 무역에서 매도인은 매수인과 교환한 통신문에서 계약의 필수 요소가 정확히 명시되었는지 확인하여야 한다.

① 물품의 명세는 수출국의 HS CODE를 포함하여야 한다.
② 구매 가격과 결제 조건이 명시되어야 한다.

③ 인도조건을 정해야 한다.
④ 운송 및 보험에 관한 지침이 명시되어야 한다.

해설 무역계약의 내용으로 무역 거래에서 당사자 사이에서 필수적으로 약정해야 할 거래 조건을 무역계약의 기본 조건이라 한다. 기본 사항으로는 계약당사자, 계약 성립의 확인, 계약 성립 일자, 용어의 정의 등이 있으며 개별 거래 조건으로 거래 물품명, 명세, 품질, 수량, 가격, 선적, 보험, 포장, 결제 조건이 있다. HS CODE는 수출통관 및 수입통관 시 세관당국에 신고하는 항목으로 수출입 물품의 통계, 세율 확인, 요건 확인 등의 목적으로 사용되며, 무역계약의 필수 요소로 보기는 어렵다.

[제2과목] 영작문

26 정답 ②

해석 영작문이 어색한 것은 무엇인가?

해설 '~할 수 밖에 없다'라는 표현은 have no choice but to + 동사원형의 형태로 사용된다. 따라서 canceling 대신 to cancel이 옳은 표현이다.

[27~28]

해석 다음을 읽고 질문에 답하시오.

> 당사는 Birmingham에 기반을 둔 소매 체인점이며, 남성 레저용 의류 시장에 다양한 스웨터를 당사에 공급할 수 있는 제조업체를 찾고 있습니다. 당사는 지난달 함부르크 남성 의류 전시회에 전시되었던 귀사의 새로운 디자인에 좋은 인상을 받았습니다.
> 당사는 보통 대량으로 (ⓐ 주문하기) 때문에, 순수 표시 가격에서 20%의 도매 할인과 더불어 수량 할인을 기대합니다. 당사의 결제 조건은 보통 인수인도조건(D/A)하에서 발행된 30일 기한부 환어음으로 합니다.
> 이러한 조건에 관심이 있고, 일회 주문에 500벌 이상의 의류 주문량을 (ⓑ 충족시킬) 수 있다면, 귀사의 최신 카탈로그와 가격표를 보내주시기 바랍니다.
> 귀사의 빠른 답변을 기다립니다.

어휘 retailer 소매상
supply A with B A에게 B를 제공하다

27 정답 ①

해석 밑줄 친 문장을 가장 적절하게 재작성한 것은 무엇인가?
① 귀사가 이 조건을 충족할 수 있다면
② 당사가 이 조건을 충족할 수 있다면
③ 사전에 이러한 조건에 대해 관심이 필요하다면
④ 만약 이자가 귀사를 상기 조건으로 이르게 한다면

해설 'If these conditions interest you' 귀사가 이 조건에 관심이 있다면이라는 의미이므로 '귀사가 이 조건을 충족할 수 있다면'이라는 의미로 바꾸어 사용하는 것이 자연스럽다.

28 정답 ②

해석 빈칸에 들어갈 적절한 짝은 무엇인가?

해설 '주문을 하다'라는 의미는 place an order이다. 대량 주문을 하다라는 의미이므로 (ⓐ place) an large order가 정확한 표현이 된다.
ⓑ에는 '주문을 이행하다, 충족하다'라는 의미가 들어가야 하므로 meet이 적절하다.

[29~30]

해석 다음을 읽고 질문에 답하시오.

> 당사는 Tokyo Jewelers Inc.를 대신하여 주문을 하고자 합니다. 5,000개의 다이아몬드 원석을 (따로 확보해 주시고) 그것이 입수되면, Tokyo Jewelers는 Quanstock 다이아몬드 광산으로 배송될 수 있도록 구매할 것입니다. 이 주문서를 받아 주시면 매우 감사하겠습니다.
> Hans International사 드림

29 정답 ③

해석 적절한 단어로 빈칸을 채우시오.
① 수리하다   ② 대체하다
③ 확보하다   ④ 철회하다

해설 다이아몬드 원석을 '예약하다, 확보하다, 보유하다'라는 의미의 reserve가 사용되는 것이 적절하다.

30 정답 ①

해석 Hans International로 가장 적절한 것은 누구인가?
① 구매 대리점   ② 판매 대리점
③ 수입자   ④ 수출자

해설 첫 문장에서 Tokyo Jewelers Inc.를 대신하여 주문한다고 하였으므로 구매 대리점임을 알 수 있다.

[31~32]

해석 다음을 읽고 질문에 답하시오.

> 귀사의 주문서 458973호와 관련하여, 당사는 귀사의 이전 주문의 미불 (잔액)으로 인하여 주문서에 명시된 물품을 공급할 수 없음을 알려드리게 되어 유감스럽습니다. 지금까지 당사는 귀사로부터 미지급 금액에 대하여 아무런 답변을 받지 못하였습니다.
> 당사는 이러한 사실에 매우 실망했으며, 최대한 빨리 이 문제를 해결할 수 있도록 당사를 도와주시기 바랍니다. 귀사가 결제와 관련하여 의견이 있다면, 당사에게 알려주시면 감사하겠습니다.
> 이 일을 즉시 처리해 주시기 바랍니다. 그러므로 당사는 추가 주문을 처리하기 전에 더 이상의 지체 없이 송금 받을 수 있기를 기대합니다.

31 정답 ①

해석 빈칸에 들어갈 적절한 단어는 무엇인가?
① 잔액   ② 주문
③ 청약   ④ 불평

해설 outstanding balance는 미불 잔액 즉, 지급되지 않은 잔액을 의미한다. 미불 잔액으로 인한 주문 거절의 내용으로 볼 수 있다.

32 정답 ②

해석 밑줄 친 문장을 바꿔 말한 것은 무엇인가?
① 불일치를 해결하다
② 연체 금액을 해결하다
③ 선지급하다
④ 이자를 먼저 지불하다

해설 서신의 작성자 입장에서 문제는 구매자가 대금 지급을 지연하고 있는 상황이다. 따라서 미불 잔액에 대한 해결을 요구하고 있으므로 '연체 금액을 해결하다'로 대체 사용 가능하다.

33 정답 ④

해석 도착항에서 몇 대의 텔레비전이 하역될 것으로 예상되었는가?

> 당사의 주문품을 신속하게 보내주셔서 감사드립니다. 그러나 귀사가 당사의 주문을 제대로 이행하지 못했다는 사실을 알려드리게 되어 유감입니다. 3대의 텔레비전이 분실되었고 34대의 텔레비전만 수령하였습니다.
> 분실 물품 또는 불일치하는 3대의 텔레비전과 관련하여 대변전표를 보내주시기 바랍니다.

① 3   ② 31
③ 34   ④ 37

해설 하역 예정이었던 수량은 실제 수령한 수량인 34대와 계약을 이행하지 못한 분실된 3대를 포함한 총 37대로 볼 수 있다.

34 정답 ③

해석 빈칸에 들어갈 가장 적절한 것은 무엇인가?

> (단독해손)은 선박, 운임, 화물에 발생하는 모든 손실을 의미하며, 공동의 안전을 위해 전체 또는 부분적으로 희생되지 않았거나 공동해손 또는 전손의 부류에 들어가지 않는 것을 의미한다.

① 위부   ② 해손
③ 단독해손   ④ 해상사업

해설 분손은 보험목적물, 피보험이익의 일부가 멸실되거나 손상된 것으로서 전손이 아닌 경우를 의미한다. 그중에서 단독해손은 피보험 위험으로 인하여 발생한 보험목적물의 분손이며 공동해손 손해가 아닌 것을 말한다. 종류에는 적하, 선박, 운임의 단독해손이 있다.

어휘 come under the heading of ~의 부류에 들다

[35~36]

해석 다음을 읽고 질문에 답하시오.

> 당사는 다음의 지역 번호에 해당하는 자동차 키패드에 사용되는 실리콘의 견적을 요청드립니다.
> K0A11164B – 10,000개
> K0A50473A – 20,000개
> 당사는 메르세데스 벤츠와 포드에 적합한 키패드가 필요합니다. 당사의 공장까지 인도를 포함한 귀사의 가격을 알려주신다면 (감사하겠습니다.) 인도는 주문일로부터 3주 안에 이루어져야 합니다.
> K– Hans International사의 Peter Han 올림

35 정답 ①

해석 빈칸에 들어갈 적절한 것은 무엇인가?

해설 would be appreciated if ~ '~한다면 감사하겠습니다.'라는 의미로 사용된다. appreciate는 타동사이므로 뒤에 목적어를 요구한다. 능동문의 '주어+동사+목적어'를 수동문으로 변경하면 '목적어+be p.p+주어'의 형태를 띠게 된다. 따라서 '가주어 It+would be appreciated+If 절'의 형태로 문장이 구성된다.

어휘 appreciate 감사하다, 가치가 오르다
delay 지연시키다   depreciate 가치가 떨어지다

36 정답 ①

해석 위의 상황에서 Incoterms 2010의 어떤 규칙이 적용될 수 있는가?
① D 조건   ② E 조건
③ C 조건   ④ F 조건

해설 구매자의 공장까지 물품을 인도하는 비용을 포함한 가격을 요청하고 있으므로, 목적지 인도조건인 D 조건이 사용되는 것이 적합하다.

37 정답 ②

해석 (A)는 무엇인가?

> 귀사의 지리적 범위가 넓어질수록 (A) 이 조항은 더욱 중요해 질 것입니다. 예를 들어, 귀사가 100% 현지인들과 독점적으로 거래를 하는 소규모 지역 회사라면, 귀사의 고객에게 어떠한 법이 적용되는지 알려 주어야 하는 조항이 필요하지 않을 수 있습니다.
> 이제 전 세계 여러 국가에서 고객들과 지사와 함께 대형 회사를 운영하십시오. 만약 일본의 고객이 제품에 대해 소송을 제기하고자 할 때, 일본의 법이 적용될 것인지 또는 다른 국가의 법을 받아들일 것입니까? 또는 유럽의 고객을 가지고 있는 한국 기반의 사업이라면 어떻게 되겠습니까?
> 두 경우 모두 (A) 이 조항은 어떤 법을 적용할 것인지 분명하게 할 것이며 두 회사가 국제 변호사를 고용하지 않게 할 수 있습니다.

① 중재조항   ② 준거법조항
③ 가분성조항   ④ 권리침해조항

해설 준거법조항에 대한 설명이다. 무역계약의 성립과 이행, 해석에 관하여 어느 국가의 법률을 적용할 것인가를 정하는 조항으로, 준거법과 재판 관할지가 일치하지 않을 경우 재판 관할 법원에 의해 준거법 규정의 효력이 인정되지 않을 수 있으므로 주의가 필요하다.

어휘 geographic 지리적인   exclusively 독점적으로
take over 받아들이다

38 정답 ①

해설 빈칸에 공통으로 들어갈 적절한 단어를 고르시오.

> 다음과 같은 공급업체의 조건에 따라 계약이 체결된다면 (ⓐ 견적)은 최종적인 것이 될 수 없다. 모든 (ⓑ 견적)은 주문 접수시 당사의 확인 및 수락을 거쳐야 하며 당사에 의해 서면으로 확인되지 않는 한 구속력이 없다.

① ⓐ 견적   ⓑ 견적
② ⓐ 신용장   ⓑ 신용장
③ ⓐ 송장   ⓑ 송장
④ ⓐ 계약서   ⓑ 계약서

해설 국제 거래 교섭의 출발점은 가격에 대한 조회가 많다. 이러한 가격 조회가 오면 가격을 견적하여 이를 상대방에게 알리는데 이러한 가격의 견적에 대하여 상대방이 승낙의 의사가 있다고 하더라도 계약은 성립되지 않는다. 견적 시에 가격 이외의 제조건 또는 구체적인 거래의 대강을 상대방에게 알리는 경우에도 사용되는데, 이 경우 가격, 품명, 품질, 수량, 대금 지급 조건 등이 비교적 구체적으로 기재되기 때문에 상대방에게 청약으로 해석되지 않도록 주의해야 한다.
견적 금액이 최종적인 확정 금액이 되는 경우는 매수인이 상기 거래 조건을 확인 후 매도인에게 청약서(Offer Sheet)를 요구하고 그에 따라 매도인이 매수인에게 확정청약을 하는 때이다.

어휘 quotation 견적

[39~40]

해설 다음을 읽고 질문에 답하시오.

> 당사는 귀사의 6월 29일자 팩스 주문을 받게 되어 기쁘며 7월 6일 런던을 떠나 24일 시돈에 도착 예정인 Tyrania호에 선적 예약을 하였습니다.
> 귀사의 주문의 긴급성으로 통상적인 신용 조회가 이루어지지 않아 당사는 하는 수 없이 이번 거래를 이 방식으로 하였습니다. 그리고 동봉한 송장금액에 대해 Midminster Bank Ltd를 통해 귀사를 지급인으로 하는 환어음을 발행하였습니다. 은행은 시돈에 있는 환거래 은행에게 환어음 금액을 지급받고 ⓐ 선하증권을 귀사에게 전달하라고 지시할 것입니다.
> 귀사의 지역적 조건에 적합한 품목을 선택하기 위해 특별히 주의를 기울였습니다. 당사는 귀사가 그 제품에 대해 만족하기를 바라며, 귀사의 이번 주문이 앞으로 많은 주문 중 첫 번째가 되기를 희망합니다.

39 정답 ①

해설 밑줄 친 '이 방식'은 무엇인가?
① 지급인도 방식(추심)   ② 신용 거래
③ 신용장 거래   ④ 현금 거래

해설 수출상이 계약에 따라 물품을 선적하고 구비한 서류와 함께 수입상을 지급인(Drawee)으로 하는 일람출급 환어음을 발행하여 수출상이 거래하는 외국환은행에 추심을 의뢰하면, 추심의뢰은행(Remitting Bank)은 수입국의 추심은행(Collecting Bank)을 통해 수입상에게 환어음 및 선적서류를 제시한다. 그러면 수입상은 일람출급 환어음을 결제한 뒤 선적서류를 입수한다. 이렇게 수입상이 대금 지급을 한 뒤 서류를 인도받는 결제 방식을 D/P(지급인도조건)라 한다.
환어음의 지급인이 서신의 수신자인 수입상이므로 지급인이 개설은행이어야 하는 신용장 거래로 보기는 어렵다.

40 정답 ①

해설 (ⓐ)에 들어갈 가장 적절한 단어는 무엇인가?
① 선하증권   ② 송장
③ 신용조회처   ④ 신용장

해설 D/P 방식에서 수입상이 대금을 지급하면 추심은행은 선적서류를 수입상에게 인도한다. 해상운송에 의해 물품을 인도하므로 선하증권이 발행되며 수입상은 선하증권을 선사에 제시하고 물품을 인도받게 된다.

어휘 be compelled to 할 수 없이 ~하다

41 정답 ②

해설 밑줄 친 문장을 적절하게 재작성한 것은 무엇인가?

> 당사는 셀토피아 II에 대한 가격 인하를 요청하는 귀사의 10월 20일자 이메일을 받았습니다. 귀사의 요청은 주의깊게 고려되었지만, 유감스럽게도 최근 미국 달러화에 대한 원화의 강세로 인하여 이 시기에는 가격 할인이 불가함을 알려드립니다.

① 당사는 현재 할인을 받아들일 수 없다.
② 당사는 현재 할인을 제공할 상황이 아니다.
③ 그것은 이번에 할인된 것이다.
④ 이번에는 할인할 수 있다.

해설 원화 강세가 이루어지면 환율이 낮아지므로 한국 수출자는 외화 표시 가격을 낮출 여력을 갖지 못한다. 예를 들어, 1 USD = 1,000원인 경우 1,000원짜리 물건은 1달러의 가격을 갖게 된다. 만약, 환율이 1 USD = 500원이 되는 경우 1,000원짜리 물건의 가격은 2달러가 된다. 이 경우 환율의 하락, 원화 가치 상승으로 본다. 1,000원의 가격을 받기 위해서 2달러로 판매하여야 하기 때문이다. 따라서 ②의 표현이 적절하다.

어휘 appreciation (환율) 평가 절상

42 정답 ④

해석 빈칸에 들어갈 가장 적절한 것은 무엇인가?

> 당사는 주문 번호 3038번 건에 대한 미화 75,000달러가 결제되지 않았음을 알려드리게 되어 유감입니다.
> 당사는 3주 전에 귀사 앞으로 (대금 결제 독촉장)을 발송하였으나 귀사로부터 어떠한 답변도 받지 못하였습니다. 귀사께서는 즉시 대금을 지급해 주시기 바랍니다.

① 해상운송 ② 지급
③ 수표 ④ 독촉장(상기시키는 것)

해설 첫 문장에서 대금 결제가 이루어지지 않고 있음을 언급하고 있으므로 대금 지급과 관련된 독촉장이 발송되었음을 유추할 수 있다.

어휘 reminder notice 대금 결제 독촉장

43 정답 ③

해석 밑줄 친 (A)와 유사한 의미가 아닌 것은 무엇인가?

> 이것은 34번 물품과 (A)관련된 것입니다. 당사의 공급업체가 해당 물품의 원재료 가격 상승으로 인하여 물품 가격의 인상이 있다고 알려왔습니다.

① ~와 관련하여 ② ~와 관련한
③ ~에 따라 ④ ~에 관하여

해설 in reference to는 '~에 관하여'라는 의미로 사용된다. ③의 경우 As per는 '(이미 결정된) ~에 따라'라는 의미이기 때문에 유사한 의미로 볼 수 없다.

[44~45]

해석 다음을 읽고 질문에 답하시오.

> 당사는 1억 달러 규모의 TV 모니터 수출계약을 체결하였습니다. 이를 위해서는 이번 계약에 사용될 기계 및 자재를 위한 자금이 필요할 것입니다. 이런 막대한 지출로 인해, 당사의 신용 한도를 미화 3천만 달러에서 미화 5천만 달러로 인상해 주시기를 요청드립니다.
>
> 귀하의 서신과 관련하여 귀사의 요청에 따라 2019년 11월 1일부터 신용 한도가 (A. 미화 2천만 달러 증가)되었음을 알려드리게 되어 기쁘게 생각합니다. 그러나 (B)이자율은 6.5%에서 7.5%로 인상된다는 점을 유의해 주시기 바랍니다.

44 정답 ①

해석 빈칸 (A)에 들어갈 가장 적절한 것은 무엇인가?
① 2천만 달러 증가
② 2천만 달러로 향상
③ 2천만 달러 감소
④ 3천만 달러와 5천만 달러 사이

해설 앞 문단에서 '미화 3천만 달러에서 미화 5천만 달러'로 증액을 요청하였으므로 아래의 문단에서 이러한 신용 한도 승인에 대한 내용이 나오므로 요청한 금액인 2천만 달러의 증액이 (A) 부분에 나와야 한다.

45 정답 ①

해석 밑줄 친 (B)를 바꾸어 말하시오.
① 당사는 이자율을 6.5%에서 7.5%로 높일 것이다.
② 당사는 이자율이 6.5%에서 7.5%로 오를 것이다.
③ 1%의 이자율은 6.5% 초과할 것이다.
④ 이자율은 1.0%에서 7.5%를 초과할 것이다.

해설 이자율이 6.5%에서 7.5%로 인상된다고 언급하므로 ①이 옳은 표현이다. raise는 타동사로서 뒤에 목적어를 사용하나 rise는 자동사로서 목적어를 취하지 않으므로 ②는 옳은 표현으로 볼 수 없다.

어휘 massive outlay 대량 지출   interest rate 이자율, 금리

[46~47]

해석 다음을 읽고 질문에 답하시오.

> Mr. Hong 귀하
> 송장 번호 1555번 건에 대한 물품의 손상과 관련된 10월 15일자 서신에 감사드립니다. 저는 물품이 당사의 창고로부터 출발하기 전에 점검되었음을 확인하였습니다. 따라서 그 손상은 선적 과정에서 발생한 것이 분명해 보입니다.
> 물품을 수취인 부담으로 반송해 주실 수 있을까요?
> 당사가 그 물품을 받자마자 환불해 드리겠습니다.
> 불편을 끼쳐드린 점에 대한 저희 (사과)를 받아주시기 바랍니다.
> 안녕히 계십시오.

46 정답 ④

해석 상기 서신으로부터 유추할 수 없는 것은 무엇인가?
① 매도인은 반송 물품에 대해 운임을 지불하고자 한다.
② 매수인은 물품 손상에 대해 클레임을 제기하였다.
③ 물품이 매도인의 창고에서 양호한 상태로 있었다.
④ 매도인은 대체품을 발송하고자 한다.

해설 손상된 물품을 받으면 즉시 환불해 주겠다고 하고 있으므로 ④의 내용이 잘못된 설명임을 알 수 있다.

47 정답 ③

해석 빈칸에 적절한 단어를 넣으시오.
① 감사 ② 고려
③ 사과 ④ 안도

해설 손상에 대한 반송 등 불편을 제공하였으므로 이에 대한 사과를 하는 것이 적절하다.

48 정답 ①

해설 적절한 단어로 빈칸을 채우시오.

> 매도인은 신용장을 개설한 은행이 건전하고, 은행은 동의한 대로 지불할 것이라고 신뢰하여야 한다. 매도인이 의심을 가진다면, 그들은 다른 (아마도 더 신뢰할 수 있는) 은행이 결제를 확약하는 것을 의미하는 (확인) 신용장을 이용할 수 있다.

① 확인 (신용장)
② 취소불능 (신용장)
③ 선대 (신용장)
④ 답 없음

해설 신용장의 확인은 개설은행 이외의 제3의 은행이 개설은행과는 독립적으로 어음의 지급·인수·매입(소구권 없는)을 확약하는 것을 의미한다. 확인이 추가된 신용장을 확인 신용장이라 하며 확인을 추가한 은행을 확인은행이라 한다.

49 정답 ②

해설 적절한 단어로 빈칸을 채우시오.

> 선대 신용장은 수익자가 물품의 선적 또는 용역의 이행 전에 일부 지급을 받을 수 있도록 허용한다. 본래 이 용어들은 붉은 잉크로 쓰여졌으므로 이러한 이름이 붙여졌다. 실무에서 개설은행은 수익자가 매우 신용도가 높거나 선적이 이행되지 않으면 통지은행이 환불하겠다고 동의하지 않는 한 이러한 조건을 거의 제공하지 않을 것이다.

해설 선대(전대) 신용장(Red Clause L/C)은 개설은행이 매입은행으로 하여금 수출상에게 선적 전에 일정한 조건으로 수출 대금을 지급할 수 있도록 허용한 신용장이다. Packing L/C, Advance Payment L/C, Anticipatory L/C라고도 불린다.

⊕ THE PLUS 단순 신용장(Simple L/C)

수출국의 지정은행(지급·인수·매입은행)과 개설은행이 예치환 거래 관계인 경우, 수출상에 대한 대금 지급을 개설은행의 계좌에서 매입은행 자행계좌로 이체하는 방법(차기)으로 간단히 처리하는 신용장이다.

50 정답 ③

해설 빈칸에 들어갈 가장 적절한 것은 무엇인가?

> 당사는 기계 부품을 전 세계에 수출하는 대형 엔지니어링 회사로서 향후 2년간 중동 고객과 공급계약을 체결하였습니다.
> 당사가 공급할 부품은 본질적으로 유사하므로 이 기간 동안 연간 미화 5천만 달러에 동일 목적지로 공급할 것입니다.
> 이 기간 동안 전위험 담보 조건으로 (포괄예정보험)을 제공할 의향이 있으십니까?
> 당사는 귀사의 답변을 기다리겠습니다.

① 보험증권
② 보험증명서
③ 포괄예정보험
④ 보험료

해설 보험계약의 세부 요건이 확정되지 않은 상태에서 장래의 일정 기간(통상 1년) 동안의 부보 예정 화물 전체에 대해 미리 포괄적으로 보험계약을 체결한 후, 사후에 개별 위험에 대한 보험 요건이 확정될 때마다 그 사실을 보험회사에 통지함으로써 당해 계약 범위 내의 모든 개별 위험을 자동적으로 책임지도록 하는 방식의 보험을 포괄보험(Open Cover)이라고 한다. 이러한 보험계약을 증거하기 위해 발행된 보험증권을 포괄예정보험증권(Open Policy)이라고 한다.

[제3과목] 무역실무

51 정답 ④

해설 유효기간을 넘긴 지연된 승낙은 그 자체로 효력이 상실된다. 그러나 지연된 승낙이라도 승낙으로서 효력을 가진다는 취지를 구두로 통보하거나 그러한 취지의 통지를 발송하는 경우에는 승낙으로서 효력이 있다(CISG 제21조).

52 정답 ②

해설 Master Contract는 같은 상대방과 같은 품목으로 지속적으로 거래하는 경우, 매번 거래 조건에 대해 합의하고 문서화하는 것을 생략하고자 일정 기간 동안 이루어질 여러 건의 계약을 한꺼번에 포괄하여 체결하는 계약을 말한다. 매도인과 매수인 간에 단일 품목을 거래하지 않고 여러 품목을 각 조건에 따라 다르게 거래하는 경우도 있을 수 있으므로 단순히 오랜 거래 관계가 있다는 이유로 Master Contract를 체결하는 것이 바람직하다고 볼 수 없다.

⊕ THE PLUS Restatement of the law

불법행위법, 계약법, 신탁법 및 국제사법 등을 선례로 정착된 판례의 요점을 정리한 것이다. 법조문 형식으로 되어 있고 성문법이 취하고 있는 형식을 갖추고 있지만 법은 아니며, 법적 구속력도 갖고 있지 않다.

53 정답 ③

해설 일자와 관련하여 숫자로 표시했을 경우 오해의 소지가 높다. 따라서 월(Month)을 표시하는 경우에는 문자로 표시하는 것이 좋다.

54 정답 ③

해설 신용장 거래와 달리 추심에 참여하는 모든 은행은 수출상의 단순 추심대리인으로서 환어음이나 선적서류를 심사할 의무가 없다. 추심지시서에 기재된 서류의 종류와 통수가 제대로 제시되었는지 형식적인 요건을 확인할 뿐 대금 지급과 관련된 의무가 없으므로 서류를 심사할 의무가 없다.

55 정답 ④

해설 EXW 조건에서 매도인은 매수인의 운송 수단에 계약 물품을 적재할 의무가 없으며 수출통관을 이행할 의무도 없다. 운송 수단 적재 및 수출통관 의무는 매수인에게 있다.
FCA 조건은 매도인이 물품의 수출통관 절차를 마친 후 적출지의 지정된 장소에서 매수인이 지정한 운송인에게 물품을 인도함(운송 수단에 적재된 채)으로써 위험이 매수인에게 이전되는 거래 조건이다.
EXW 조건을 제외한 모든 조건에서 수출통관 의무는 매도인이 부담한다.

56 정답 ②

해설 조건 변경은 수익자가 수령한 신용장 전체의 효력은 유지하되 그 내용의 일부를 수정하거나 변경하는 것을 말한다. 조건 변경에 대하여 일부만 수락하는 것은 허용되지 않으며, 이는 조건 변경 내용에 대한 거절의 의사 표시로 간주된다.

57 정답 ④

해설 해상화물운송장(SWB)은 유가증권이 아니므로 선사에 원본을 제시할 필요가 없다. 신용장 거래와 달리 원본 제시 없이도 물품을 수령할 수 있으므로 주로 T/T(전신환) 거래에서 사용된다.

58 정답 ②

해설 알선(Intercession, Recommendation)은 공정한 제3자가 당사자의 일방 또는 쌍방의 요청으로 사건에 개입하여 원만하게 해결될 수 있도록 조언하는 것을 의미한다. 알선은 형식적 절차를 거치지 않으며 강제력은 없으나 제3자가 당사자에게 강한 영향력을 미침으로 분쟁을 해결할 수 있다.

59 정답 ④

해설 양도된 신용장은 제2수익자의 요청에 의하여 그 다음 수익자(제3수익자)에게 양도될 수 없다. 제1수익자는 그 다음 수익자로 간주되지 않는다. 즉, 양수인(제2수익자)이 원수익자(제1수익자)에게 양도 환원하는 것은 허용된다.

60 정답 ①

해설 청약의 취소는 청약이 유효해지고 나서 청약의 내용을 회수하는 것으로 청약은 계약 체결 전까지 취소(Revocation)될 수 있다(CISG 제16조).
청약의 철회는 청약의 효력이 발생하기 이전의 상태에서 청약자가 임의로 효력을 소멸시키려는 의사 표시이다. 청약이 철회될 수 없는 것(취소 불능)이라 하더라도, 철회(회수)의 의사 표시가 청약의 도달 전 또는 그와 동시에 상대방에게 도달하는 경우에는 철회(회수)될 수 있다(CISG 제15조).

61 정답 ②

해설 환어음의 필수 기재사항은 다음과 같으며, 그 외의 것은 임의 기재사항에 해당한다.

필수 기재사항	임의 기재사항
① 환어음의 표시 ② 무조건 지급 위탁문언 및 어음금액 ③ 지급인의 명칭 ④ 만기의 표시 ⑤ 지급지 ⑥ 지급받을 자 또는 지급받을 자를 지시할 자의 명칭 ⑦ 발행일과 발행지의 표시 ⑧ 발행인의 기명날인 또는 서명	① 환어음 번호 ② 신용장 발행 은행명 ③ 신용장 번호 및 발행일

62 정답 ①

해석 ① 시베리아 랜드브리지
② 아메리카 랜드브리지
③ 미니 랜드브리지
④ 마이크로 랜드브리지

해설 시베리아 랜드브리지(SLB: Siberian Land Bridge)는 극동 지역(부산, 일본 등)에서 유럽과 중동행 화물을 러시아의 극동 항구인 보스토치니항으로 운송한 후 시베리아철도로 시베리아를 횡단하여 유럽지역으로 또는 그 반대로 운송하는 시스템이다. 철도를 이용하여 TSR(Trans Siberian Railway)이라고도 한다.

63 정답 ④

해설 신용장에서 선하증권의 제시를 요구하는 경우 용선계약에 따른다는 어떤 표시도 포함하지 않아야 한다(UCP 600 제20조). 용선계약에 따른 선하증권의 경우 용선자의 용선료 미지급에 대해 선주가 해당 선박의 물품을 압류할 수 있으므로 은행의 담보권이 훼손되기 때문이다.

64 정답 ④

해설 Freight All Kinds Rate(품목별 무차별운임)는 화물의 종류나 내용과는 관계없이 중량, 용적에 따라(트럭 1대당, 1 컨테이너당) 운송 거리를 기준으로 일률적으로 부과하는 운임이다.

THE PLUS 오답 선택지
① Ad Valorem Freight(종가운임): 귀금속 등 고가 물품의 운송에 있어 화물의 가격을 기초로 가격의 일정률을 적용하는 운임
② Minimum Freight(최저운임): 화물의 용적과 중량이 일정 기준 이하일 경우에 적용되는 운임
③ Discrimination Rate(차별운임): 화물, 장소, 화주에 따라 차별적으로 부과하는 운임

65 정답 ③

해설 보험목적물의 현실전손이 불가피한 것으로 생각되는 경우 수리비가 보험목적물의 가액보다 더 들어 보험목적물이 합리적으로 포기된 경우를 추정전손으로 본다(MIA 제60조). 추정전손이 있을 경우, 피보험자는 그 손해를 분손(위부하지 않는 경우)으로 처리할 수도 있고, 보험의 목적을 보험자에게 위부하고 그 손해를 현실전손의 경우에 준하여 처리할 수도 있다.

66 정답 ③

[해설] 국제팩토링 결제는 신용장의 서류 작성 부담 및 추심 거래에 따른 담보 제공 부담이 없으므로 상대적으로 절차가 간편하다. 단, 팩토링 수수료는 수출상이 부담한다.

67 정답 ③

[해설] 지진, 화산의 분화, 낙뢰, 갑판상 유실, 본선·부선·선창·운송 용구·컨테이너·지게차 또는 보관 장소에의 해수·호수·강물의 유입, 본선·부선에의 선적 또는 양륙 작업 중의 바다에 떨어지거나 갑판에 추락하여 발생한 포장 단위당의 전손은 ICC(B)부터 담보하는 위험에 해당한다.

68 정답 ③

[해설] CIP의 경우 매도인이 매수인을 위하여 지정된 도착지까지 적하보험에 부보하여야 한다. 단, Incoterms 2020으로 개정되면서 CIP 조건의 부보 조건이 최대 담보 조건 ICC(A)약관으로 변경되었다.

69 정답 ①

[해설] Minimum Freight(최저운임)는 화물의 용적과 중량이 일정 기준 이하일 경우에 적용되는 운임이다.
④ Chargeable Weight(운임 산출 중량): 화물의 실제 중량과 용적 중량 중 높은 쪽을 운임 산출을 위한 중량으로 정하는 중량

70 정답 ③

[해설] 신용장에서 송장(Invoice)의 표제를 가진 서류를 요구하는 경우 Invoice라는 용어가 기재된 송장을 수리한다. 다만, Proforma Invoice, Provisional Invoice는 간이 계약서로서 사용되므로 수리하지 않는다.

71 정답 ③

[해설] 증권상의 권리 관계가 증권에 기재된 문언에 따라 정해지는 증권을 문언증권이라 한다. 유가증권은 재산적인 권리를 표시한 증서라는 의미이다.

72 정답 ④

[해설] 특정 조건의 준수를 보증하는 보험계약자와 피보험자의 약속을 담보라 한다. 담보 내용이 보험증권에 기재되거나 담보 내용을 증권에 첨부하는 것으로, 담보의 내용이 육안으로 식별할 수 있도록 보험증권이나 기타 서류에 기재되거나 인쇄되는 명시담보와 보험증권에 명시되지 않지만 해상보험 계약 체결의 행위 자체로 묵시적으로 보증된 담보인 묵시담보로 구분된다.
선박이 항해를 개시할 때에 해당 항해를 완수할 수 있도록 내항성이 있어야 함을 정한 담보인 감항성담보는 묵시담보에 해당한다.

73 정답 ①

[해설] 지정에 따라 행동하는 지정은행, 확인은행이 있는 경우의 확인은행 그리고 개설은행에게는 제시가 일치하는지 여부를 결정하기 위하여 제시일의 다음 날로부터 기산하여 최장 5은행영업일이 각자 주어진다(UCP 600 제14조).

74 정답 ④

[해설] 보험계약은 그 성립을 위하여 당사자 간의 합의 외에는 별도의 형식을 필요로 하지 않는다(불요식계약: Informal Contract). 보험계약이 체결되면 보험증권이 작성되어 교부되지만 이는 계약 성립의 결과로서 발생하는 보험자의 의무 이행 중 하나이므로 요식계약으로 보지 않는다.

75 정답 ①, ③

[해설] ① 매도인이 의무를 이행하지 않는 경우 매수인은 손해배상을 청구할 수 있다. 손해배상은 대체품인도청구, 계약해제, 이행청구, 대금감액과 선택적 또는 중복적으로 청구할 수 있다.
③ 물품이 계약에 부적합한 경우 매수인은 대체물의 인도를 청구할 수 있다. 다만, 그 부적합이 본질적 계약 위반을 구성하고, 그 청구가 제39조의 통지와 동시에 또는 그 후 합리적인 기간 내에 행하여진 경우에 한한다(CISG 제46조).
※ 매수인이 물품을 수령한 상태와 실질적으로 동일한 상태로 그 물품을 반환할 수 없는 경우 매수인은 계약을 해제하거나 매도인에게 대체물을 청구할 권리를 상실한다(CISG 제82조).
다만, 다음의 경우 적용하지 않는다.
a. 물품을 반환하거나 물품의 수령 상태와 실질적으로 동일한 상태로 반환할 수 없는 사유가 매수인의 작위 또는 부작위에 기인하지 아니한 경우
b. 물품의 전부 또는 일부가 제38조에 따른 검사 결과로 멸실 또는 훼손된 경우
c. 매수인이 부적합을 발견하였거나 발견해야 했던 시점 전에 물품의 전부 또는 일부가 정상적인 거래 과정에서 매각되거나 통상의 용법에 따라 소비 또는 변형된 경우
③의 경우 물품 반환이 불가능한 경우의 예외 규정 조항이 개입될 소지가 있으므로 중복답안으로 처리되었다.

정답 및 해설 2020년 제1회(117회)

[제1과목] 영문해석

01	③	02	④	03	②	04	③	05	①
06	①	07	②	08	③	09	④	10	③
11	①	12	①	13	①	14	②	15	②
16	①	17	①	18	①	19	④	20	①
21	④	22	④	23	②	24	①	25	②

[제2과목] 영작문

26	④	27	④	28	④	29	③	30	②
31	④	32	②	33	②	34	①	35	④
36	④	37	④	38	①	39	③	40	①
41	④	42	②	43	①	44	②	45	④
46	④	47	②	48	①	49	⑤	50	③,④

[제3과목] 무역실무

51	②	52	②	53	④	54	④	55	①
56	④	57	②	58	④	59	③	60	④
61	①	62	④	63	③	64	②	65	③
66	③	67	①	68	③	69	④	70	①
71	③	72	③	73	②	74	③	75	④

[제1과목] 영문해석

[01~02]

해석 다음을 읽고 질문에 답하시오.

> 귀사께
> 당사는 귀사의 주문 번호 146번 건에 (ⓐ 대해) 신용장의 즉시 개설을 요청하는 4월 5일자 서신을 수령하였습니다. 당사는 금일 서울에 소재하는 KEB은행에게 귀사를 수익자로 하여 5월 20일까지 유효한 미화 25만 달러의 신용장을 개설할 것을 요청하였습니다.
> 이 신용장은 Ⓐ 뉴욕의 New York City Bank에 의해 확인이 추가되어 통지될 것입니다. New York City Bank는 취소 불능의 확인 신용장하에서 (ⓒ 일람 후) 60일 만기 조건으로 발행된 귀사의 (ⓑ 환어음)을 인수할 것입니다.
> 물품이 선적되자마자 (ⓓ 선적일)을 즉시 텔렉스나 팩스로 알려주시기 바랍니다.
> 감사합니다.

어휘
- issue 발행하다
- in one's favor ~을 수익자로 하여
- draw (어음을) 발행하다
- inform A of B A에게 B를 알리다
- as soon as ~하자마자, 곧, 빨리
- irrevocable 취소 불능의
- accept 인수하다, 받다
- confirmed L/C 확인 신용장
- immediately 즉시

01 정답 ③

해석 밑줄 친 Ⓐ의 역할로서 옳지 않은 것을 고르시오.
① 확인은행
② 통지은행
③ 개설은행
④ 인수은행

해설 신용장의 개설은행은 KEB은행이다. New York City Bank는 신용장에 확인을 추가하고, 통지하므로 확인은행, 통지은행이 된다. 또한 일람후 60일 만기의 환어음을 인수하므로 인수은행이 되기도 한다.

02 정답 ④

해석 빈칸 ⓐ~ⓓ에 들어갈 단어로 옳지 않은 것을 고르시오.
① ⓐ ~에 대해(관해)
② ⓑ 환어음
③ ⓒ 일람불
④ ⓓ 만기일

해설 선적을 하고 나서 선적일(Shipping Date)을 알려달라고 하는 것이 만기일(Maturity)을 알려달라고 하는 것보다 자연스럽다.

03 정답 ②

해석 다음 중 목적이 다른 응답은 무엇인가?

> 우리에게 그들의 재무 상태와 평판에 대해 알려주시면 감사하겠습니다. 귀사가 제공하는 정보는 엄격히 기밀로 취급될 것이며, 귀하로부터 청구서를 받으면 비용을 지불할 것입니다.
> 빠른 답변 부탁드립니다.

① 그 회사는 업계에서 존경받고 있습니다.
② 그들의 계정은 항상 정시에 결제되지 않았습니다.
③ 우리의 정보에 따르면, 그들은 약속을 정확하게 지키고 있습니다.
④ 그들은 의무를 잘 이행하여 우리를 만족스럽게 하였고, 최신 재무제표는 건전한 상태에 있음을 보여줍니다.

해설 ①, ③, ④는 조회를 문의한 회사가 업계에서 평판이 좋고, 결제와 관련하여 제때에 잘 이행되고 있다는 긍정적인 답변을 하고 있으나 ②의 경우 결제가 제대로 이행되고 있지 않다는 부정적 평가를 하고 있다.

| 어휘 | financial standing 재정 상태 upon receipt of ~을 받자마자
prompt 즉각적인   settle 결제하다, 정착하다
punctually 제때에   commitment 책무, 약속
obligation 의무   financial statement 재정 상태

04 정답 ③

해석 다음 중 Incoterms 2020하의 CPT 조건에 관하여 사실이 아닌 것은?
① 매도인은 운송인에게 물품을 인도하거나 이미 운송중인 물품을 조달하여 인도한다.
② 매도인은 지정 목적지까지 물품을 운송하기 위해 계약을 체결하고 필요한 비용을 지불한다.
③ 매도인은 물품이 목적 장소에 도달할 때 인도 의무를 이행한 것으로 본다.
④ 매도인은 물품의 인도를 위하여 필요한 품질, 용적, 중량, 수량 확인에 필요한 비용을 지불하여야 한다.

해설 CPT 조건에서 매도인은 수입국의 지정 장소까지 운송에 필요한 비용을 지불하여야 하나, 매도인의 물품 인도 의무가 완료되는 시점은 수출국 내에서 매도인이 지정한 운송인에게 물품을 인도할 때이다.

| 어휘 | carrier 운송인   procure 조달하다
fulfill 이행하다, 수행하다

05 정답 ①

해석 Mr. Beals가 수령한 아래의 서신에 따라 옳은 것은 무엇인가?

> Mr. Beals 귀하
> 당사의 주문 번호 14478번.
> 상기 주문에 대해 2019년 6월 20일에 수령한 청바지와 관련하여 불만을 제기하고자 서신을 작성합니다.
> 청바지가 포장되어 있던 상자는 손상되어 있었고, 운송중에 손상된 것처럼 보였습니다. 귀하께서 보내신 송장 18871호에 따르면 당사는 미화 550달러에 해당하는 25벌의 청바지가 도난당한 것으로 추정됩니다. 박스의 손상으로 인하여 일부 물품도 손상되거나 얼룩이 발생하여 당사의 상점에서는 새 상품으로 판매할 수 없습니다.
> 거래는 CFR 조건으로 이루어졌고, 운송주선인은 귀하의 대리인이므로 보상과 관련하여 귀하께서 그들에게 연락해 주시기 바랍니다.
> 손상 및 누락된 물품의 목록이 동봉되어 있으며, 화물은 귀하의 지시가 있을 때까지 한쪽에 보관하고 있겠습니다.
> 감사합니다.
> Peter Jang 올림
> 첨부 동봉물: 손상 및 누락된 물품 목록

① Mr. Beals는 보상을 위해 그들의 운송주선인과 대화할 것이다.
② Jang은 손상된 화물을 Mr. Beals에게 돌려보내고자 한다.
③ Mr. Beals는 손상된 화물을 받을 것이다.
④ Jang은 Mr. Beals가 손상된 물품을 보냈다고 믿고 있다.

해설 Jang씨는 Mr. Beals에게 그들의 운송주선인(포워더)과 보상에 관하여 연락을 취해줄 것을 요청하고 있으므로 ①이 정답이다.
② 지시에 따라 화물을 보관하겠다고 하므로 서신과 다른 내용이다.
③ 손상된 물품을 반송한다는 내용은 서신에 기재되어 있지 않다.
④ Jang씨는 운송 중에 박스가 파손된 것으로 추정하고 있으므로 서신과 다른 내용이다.

| 어휘 | complain 불평하다   damage 손상시키다
in transit 운송중에   estimate 추정하다, 어림잡다
stain 얼룩지게하다, 더럽히다   regard to ~에 관한
compensation 보상   missing article 분실된 물건
consignment 배송 물품, 배송   instruction 지시

06 정답 ①

해석 답신에 포함될 것으로 가장 적절하지 않은 것은 무엇인가?

> Mr. Song 귀하
> 귀사의 Ace A/V System에 대한 확정청약이 포함되어 있는 12월 21일자 서신에 대해 감사드립니다. 수량 할인 정책이 포함된 귀사의 서신에 적힌 조건은 수용 가능하며, Ace System 200대를 최초 주문하고자 합니다. 동봉된 주문서 양식 KEPP-2345호에는 이 주문에 대한 세부 사항이 기재되어 있습니다. 추가적인 의사소통과 송장 발행은 상기 주문 번호를 참고해 주시기 바랍니다.

① 만약 합리적인 견적을 제공하고 주문 수령일로부터 6주 이내에 인도를 보장한다면, 당사는 정기적으로 주문을 할 것입니다.
② 당사가 귀사의 신용을 수령하면, 당사는 귀사의 주문을 처리할 것이고 지시 받은대로 선적할 것입니다.
③ 유감스럽게도 귀사의 주문 명단에 있는 제품은 올해 1월 이후로 단종되었습니다.
④ 귀사의 주문 건은 생산 및 선적에 문제가 없을 것으로 예상되기 때문에, 당사는 이 주문품이 정시에 도착할 것으로 예상합니다.

해설 위 서신은 주문을 하겠다는 의사를 밝히는 구매자가 작성한 것이다. 이에 대한 답신으로는 물품 공급자가 작성자여야 한다. ②, ③, ④는 물품 공급자 입장에서 작성되었으나, ①은 구매자 입장에서 작성된 것이므로 본문 서신에 대한 답신의 내용으로 적절하지 않다.

| 어휘 | make a firm offer 확정청약을 하다   scheme 계획, 제도
initial order 최초 주문   particulars 세부 명세서
refer to ~을 참고하다
Provided 만약 ~라면   guarantee 보장하다
on a regular basis 정기적으로
Once ~하면, 하자마자   discontinue 중단하다
forsee 예상하다

07 정답 ②

해석 매입 신용장 운용과 관련하여 빈칸에 들어갈 알맞은 단어를 고르시오.

> 당행은 이 신용장의 조건과 (일치하게) 발행되고 매입된 환어음이 제시될 때 약속된 날짜에 (지급(결제))할 것을 환어음 (발행인 및 선의의 소지인)에게 확약합니다.

① 발행인 및 지급인 - ~에 따라서 - 지급
② 발행인 및 선의의 소지인 - ~에 따라서, 일치하는 - 지급

③ 발행인 및 수취인 – ~에 따라서, 일치하는 – 인수
④ 발행인 및 선의의 소지인 – ~에 따라서 – 인수

해설 해당 문구는 개설은행이 매입 신용장 개설과 관련하여 결제 확약을 하는 내용이다. 개설은행은 환어음 발행인(수익자) 또는 신용장의 조건과 일치하는 제시에 대해 정당하게 매입하고 환어음을 제시한 선의의 소지인에 대해 결제를 약속한다.

어휘 engage with ~와 약속하다, 약혼하다
in conformity with ~에 따라서, 일치하는
duly 제때에   presentation 제시
drawer 발행인   drawee 지급인
in accordance with ~에 따라서   bonafide holder 선의의 소지인
payee 수취인

08 정답 ③

해석 신용장 거래에서 다음의 내용과 관련하여 옳은 것은?

> 신용장에서 보험증명서를 요구하였고, 보험증권이 제시되었다.

① 보험증권은 보험증명서 사본과 함께 제시되어야 한다.
② 보험증명서만 제시되어야 한다.
③ 보험증권은 수리될 수 있다.
④ 보험증명서는 보험증권 사본과 함께 제시되어야 한다.

해설 신용장에서 보험증명서나 확인서(Declaration)를 요구하는 경우, 보험증권을 제시하여도 은행은 수리한다. 보험증권은 예정보험하의 보험증명서나 확인서를 대신하여 수리 가능하다(UCP 600 제28조). 그러나 반대로 보험증명서나 확인서는 보험증권을 대신하여 제시할 수 없다.

어휘 insurance certificate 보험증명서
insurance policy 보험증권   call for 요구하다, 요청하다
accompany 덧붙이다, 첨가하다, 동반하다

[09~10]

해석 다음을 읽고 질문에 답하시오.

> Mr. Simpson 귀하
> 컴퓨터 모델 번호 C2000 20대의 화물을 ⓐ 수령하시고 뉴질랜드 Wellington, 100 South Street에 소재하는 NZ Business Machines Pty의 Mr. M. Tanner에게 ⓑ 선적하기 위한 필요 준비를 주선해 주실 수 있을까요?
> 모든 선적 절차와 보험을 ⓒ 처리해 주시고, 선하증권 사본 5부, 상업송장 사본 3부 그리고 보험증명서를 저희에게 보내주시기 바랍니다. 당사는 당사의 고객에게 선적을 ⓓ 안내할 것입니다.
> 가능한 빨리 처리해 주실 수 있을까요? 귀하의 비용은 통상적인 기존 방법으로 당사에 청구하시면 됩니다.
> Neil Smith 올림

어휘 make arrangements for ~을 준비하다
handle 처리하다, 다루다   formality 형식상의 절차
advise A of B A에게 B를 알리다

09 정답 ④

해석 유추할 수 없는 것은 무엇인가?
① Mr. Simpson은 운송주선업 회사의 직원이다.
② Neil Smith는 컴퓨터 회사의 선적 담당자이다.
③ Mr. M. Tanner는 수하인이다.
④ 이 이메일은 선적인으로부터 매수인에게 작성되었다.

해설 Neil Smith가 컴퓨터에 대해 선적 진행을 요청하고 있는 서신으로 송하인이 운송주선업자에게 운송을 의뢰하는 내용으로 볼 수 있다. 따라서 ④ 내용은 틀린 내용이다.

어휘 infer 유추하다   freight forwarder 화물 운송주선인
clerk 사무원   consignee 수하인

10 정답 ③

해석 밑줄 친 부분과 바꿔 쓸 수 없는 것은?
① ⓐ 수거하다
② ⓑ 운송하다
③ ⓒ 초래하다, 발생시키다
④ ⓓ 알리다

해설 ③ incur는 '(안 좋은 일) 초래하다'라는 의미이다. '처리하다, 다루다'라는 의미의 handle과 바꿔 쓸 수 없다.

어휘 replace A with B A를 B로 바꾸다

11 정답 ①

해석 양도가능 신용장의 운용 하에서 빈칸 (A)~(D)에 적절한 단어를 고르시오.

> (A) 양도은행은 신용장을 양도하는 지정은행 또는 어느 은행에서나 사용할 수 있는 신용장의 경우에는 (B) 개설은행으로부터 양도할 수 있는 권한을 특별히 부여받아 신용장을 양도하는 은행을 말한다. (C) 개설은행은 (D) 양도은행이 될 수 있다.

① (A) 양도은행 (B) 개설은행 (C) 개설은행 (D) 양도은행
② (A) 양도은행 (B) 매입은행 (C) 매입은행 (D) 양도은행
③ (A) 개설은행 (B) 양도은행 (C) 매입은행 (D) 개설은행
④ (A) 통지은행 (B) 개설은행 (C) 매입은행 (D) 양도은행

해설 지문의 내용은 UCP 600 제38조에서 설명하고 있는 양도은행의 개념이다.

어휘 nominate 지정하다   transfer 양도하다
authorize ~에게 권한을 부여하다

[12~13]

해석 다음을 읽고 질문에 답하시오.

> Mrs. Reed 귀하
> Madam Furnishing을 선택해 주셔서 감사합니다.
> Melisa 탁자의 우선 배송과 탁자 디자인의 수정에 관한 유선상 논의에 덧붙여 논의된 아래의 조건에 대해 검토 및 확인을 부탁드립니다.

금일 발송 예정이었던 귀하의 주문 건은 귀하의 요청 사항이 반영되어 귀하께서 원하시는 가구를 수령할 수 있도록 (A) 보류되었습니다. 탁자의 색상과 배송 일정을 변경하고자 하는 귀하의 의사가 서류 처리되었고 주문은 (B) 수정되었습니다.
다음 사항을 알려드립니다.
Melisa 탁자는 검은색, 갈색 그리고 빨간색으로 시판됩니다. 다른 색상의 탁자 생산은 주문 제작으로 간주되어 미화 20달러의 추가 요금이 부과됩니다.
Melisa 탁자는 일요일 낮 12시부터 오후 3시 사이에 배송 가능하지만, 주말 및 공휴일의 기본 배송료인 미화 10달러의 추가 요금이 발생합니다.

어휘 further to ~에 덧붙여(편지·이메일 등에서 이전의 관련 편지·이메일 등을 언급할 때)
preference 우선권
modification 수정, 변경
put on hold ~을 보류하다, 연기하다
ensure 보장하다
requirement 요구 사항
incorporate 통합시키다
document (선박에) 선적서류를 주다
commercially 상업적으로
consider ~라고 여기다
custom order 주문 제작
additional 추가적인
fee 비용
standard 보통의

12 정답 ①
해석 위의 서신에 관하여 옳은 설명은 무엇인가?
① 이 서신은 고객의 요청 사항을 확인하기 위해 작성됐다.
② 검은색, 갈색 그리고 빨간색 외의 색상으로 Melisa 탁자를 생산하는 것은 불가능하다.
③ 탁자의 배송은 미화 10달러의 추가 요금이 발생될 것이다.
④ 고객은 탁자의 색상과 배송 일정 변경을 원하지 않는다.
해설 본 서신은 Melisa 탁자의 색상 및 배송 일정 변경에 대한 고객의 요청 사항을 확인하기 위한 목적으로 작성되었으며, 색상 변경 및 배송 일정 변경에 따른 추가 비용을 안내하고 있다.
③ 주말 및 공휴일 운송 관련 추가 요금을 설명하고 있으나, 실제 운송이 주말이나 공휴일에 이루어질 것이라는 내용은 언급되고 있지 않다.

13 정답 ①
해석 (A), (B)에 들어갈 알맞은 단어를 고르시오.
① 보류 – 수정되다
② 서류 – 수정되다
③ 서류 – 취소되다
④ 보류 – 취소되다
해설 요청 사항의 취합과 디자인 및 배송 일자 변경과 관련된 내용이므로 기존 주문은 보류되고 수정된다는 내용이 나오는 것이 적절하다. 주문 취소를 의도하고 있지 않다.

14 정답 ②
해설 수익자가 자신의 금융 기관에 영향을 끼치지 않고 선적 전 신용 공여가 가능한 화환 신용장은 무엇인가?
① 양도가능 신용장
② 선대(전대) 신용장
③ 취소불능 신용장
④ 취소불능 확인 신용장
해설 선대(전대) 신용장은 개설은행이 매입은행으로 하여금 수출상에게 선적 전에 일정한 조건으로 수출 대금을 지급할 수 있도록 허용한 신용장이다. Packing L/C, Advance Payment L/C, Anticipatory L/C라고도 불린다.
어휘 enable A to A가 ~할 수 있게 하다
pre-shipment financing 선적 전 신용공여
impact 영향을 끼치다
banking facility 금융 기관

[15~16]
해석 다음을 읽고 질문에 답하시오.

2018년 4월 17일 미국에서 선적된 귀하의 주문품은 4월 27일 리버풀에 도착할 것입니다.
당사는 (B) 통관을 위한 서류를 받는 즉시 귀하에게 물품을 보내질 수 있도록 (A) 준비하는 귀하의 대리점인 Eddis Jones에게 안내하였습니다.
노팅험 하이스트리트에 소재하는 당사의 은행 대리은행인 Westmorland Bank는 귀하가 당사의 어음을 인수하면 무사고 선적 선하증권, 상업송장, 보험증명서를 (C) 넘겨 줄 것입니다.

15 정답 ②
해석 유추할 수 없는 것은 무엇인가?
① 본 서신은 수입자에게 하는 선적 통지이다.
② Eddis Jones는 수입자를 위한 판매 대리인이다.
③ Westmorland Bank는 수입국의 추심은행이다.
④ 화환추심에 있어서 금융서류에는 상업서류가 첨부된다.
해설 Eddis Jones는 수입국에서 수입자를 위해 통관을 대행하는 대리인이다.
어휘 documentary collection 화환추심(선적서류가 첨부되는 추심)
financial document 금융서류(환어음이 대표적)
commercial document 상업서류(환어음 등 금융서류를 제외한 운송서류, 상업송장 등)

16 정답 ①
해설 (A), (B), (C)의 빈칸에 들어갈 알맞은 단어를 고르시오.
① (A) 준비 (B) 통관   (C) 넘겨주다
② (A) 준비 (B) 운송, 통과 (C) 넘겨주다
③ (A) 약속 (B) 통관   (C) 시작하다, 받아들이다
④ (A) 약속 (B) 운송, 통과 (C) 시작하다, 받아들이다
해설 (A) make arrangements for는 '~을 준비하다'라는 의미로 '운송을 위한 준비를 하다'라는 의미로 사용하는 것이 알맞다.
(B) clearance는 '통관'을 의미하며, 서신에서는 구체적으로 수입통관을 의미한다.
(C) 추심 방식에서 추심은행은 수입자로부터 대금을 지급받거나 인수의

의사 표시를 받은 후에 서류를 전달하게 된다.

17 정답 ①

해석 다음 중 가장 번역이 잘 된 것을 고르시오.

> B/L약관에 따라서 운송인과 그 대리인은 본 사고에 대해 책임이 없으므로 당사는 귀사의 클레임을 거부하게 되어 유감이고 따라서 귀사의 보험업자에게 귀사의 관련 서류를 다시 보내도록 제안합니다.

해설 Underwriter는 보험을 인수하는 보험업자로서 보험중개업자로 표현하고 있는 ③, ④는 잘못된 번역이다. 보험에서 Claim은 '보험금 청구'를 의미한다. 따라서 ②에서 Claim을 '요구'라고 해석한 것은 알맞지 않다.

어휘
by virtue of ~에 의하여
be liable for ~에 책임이 있다
repudiate 거부하다
relevant 관련된
underwriter 보험을 인수하는 보험업자
accordingly (그것에) 따라서
clause 약관, 조항
incident 사고
redirect 다시 보내다

18 정답 ①

해석 (A)~(D)의 빈칸에 들어갈 알맞은 단어를 고르시오.

> 우리는 귀사의 주문 처리에 매우 만족하였으며, 사업이 성장함에 따라 앞으로 더 많은 주문을 할 것으로 예상됩니다. 귀사도 아시다시피 우리는 현재 2년 이상 함께 일해 왔습니다. 이에 분기별 (A) 사후송금 결제 방식으로 편의를 제공해 주시면 감사하겠습니다. 이 약정은 (B) 송장별로 결제해야하는 불편함을 줄여줄 것입니다. 귀사의 (D) 요청에 따라 은행 및 동업자 (C) 신용조회처를 제공해 드릴 수 있습니다. 귀사의 호의적인 답변을 받기를 기대합니다.

① (A) 사후송금 결제 (B) 송장 (C) 조회처 (D) 요청
② (A) 사후송금 결제 (B) 송장 (C) 보증인, 추천인 (D) 결제
③ (A) 연지급 (B) 수표 (C) 조회처 (D) 결제
④ (A) 연지급 (B) 수표 (C) 보증인, 추천인 (D) 요청

해설 (A) Open Account(O/A)는 사후송금 결제 방식 또는 청산계정을 의미한다. Deferred payment는 정해진 만기일에 결제하는 연지급을 의미한다. 기존에 송장별로 결제해야 하는 불편함을 해결해주는 방식으로는 O/A 방식이 알맞다.
(B) O/A 방식으로 기존의 송장 건별로 결제하는 불편함이 해소된다.
(C) 신용을 조회할 때 은행 조회 또는 동업자조회를 하게 되며, 이러한 신용조회처를 표현할 때 Reference라고 한다.

어휘
be satisfied with ~을 만족하다
place an order with A A에게 주문하다
grant A B A에게 B를 주다
quarterly 분기의(연4회의)
handling 처리
facility 기능, 특징
settlement 결제; 해결

19 정답 ④

해석 다음 중 분쟁 해결에 관한 매도인과 매수인의 의무를 설명하는 조항으로 알맞지 않은 것은?

① 당사자들은 선의의 협상을 통해 본 계약의 모든 분쟁을 해결하기 위해 합리적인 최선의 노력을 다할 것입니다.
② 당사자는 이러한 분쟁에 관련된 다른 당사자에게 서면 통지를 제출해야 하며, 그러한 통지를 받은 날로부터 30일 이내(또는 당사자들이 합의한 다른 기간)에 해결될 수 없는 분쟁은 당사자들의 상호간의 합의에 의해 선택된 중재인에게 제출될 것이다.
③ 서면으로 작성된 중재인 또는 중재인들의 결정 또는 경우에 따라 다수의 결정은 제출된 질문들에 대해 양 당사자들에게 최종적이고 구속력이 있으며, 양 당사자는 그러한 결정을 준수하고 따를 것이다.
④ 본 계약의 특정 조건 또는 기타 조항이 무효, 불법, 법류 또는 공공정책에 의해 시행될 수 없는 경우, 그럼에도 불구하고 본 계약의 경제적 또는 법적 내용이 유지되는 한 유효하게 효력을 발생시키는 다른 모든 조건과 조항은 어떠한 방식으로도 당사자에게 실질적으로 불리한 영향을 미치지 아니한다.

해설 ④의 내용은 계약서의 조항 중 Severability Clause(분리가능조항, 가분성조항)에 대한 설명이다. 분리가능조항은 계약 내용의 일부가 어떠한 사유로 인해 실효 또는 무효화되더라도 그것을 이유로 그 계약 전체가 실효 또는 무효화되는 것이 아님을 명시하는 조항이다. 이는 계약의 일부 조항이 중재 또는 법원 판결 등 강행규정에 의해 계약 내용의 일부가 실효 또는 무효화 되는 경우 활용하는 조항으로 나머지 조항의 내용은 유효하게 존속되도록 하기 위해 설정하는 조항이기에 매수인, 매도인의 의무로 볼 수 없다.

어휘
hereto 이 문서에
effort 노력
dispute 분쟁
submit 제출하다
arbitrator 중재자
decision 결정
thereof 그것의
bind 구속하다
provision 조항, 규정
illegal 불법의
enforce 시행하다
transaction 거래
affect ~에게 영향을 주다
adverse 불리한, 반대의
reasonable 합리적인
resolve 해결하다
hereunder 이에 의거하여
pertain 관계하다, 어울리다
mutual 상호간의
majority 다수의
as the case may be 경우에 따라
abide by(= comply with) 준수하다, 지키다
invalid 유효하지 않은
incapable 자격이 없는
substance 실질적인 내용
contemplate 예측하다, 심사숙고 하다
materially 실질적으로

[20~21]

해석 다음을 읽고 질문에 답하시오.

> 당사는 귀하가 보내신 1월 10일자 서신을 통해 배송된 DVD가 손상되었다는 것을 알게 되어 유감스럽게 생각합니다.
> (1) 손상된 물품의 교환품은 오늘 아침 소포 우편으로 발송되었습니다.
> (2) 손상된 물품은 반송하실 필요 없으며 폐기하셔도 됩니다.
> (3) 제품 포장에 있어 주의를 기울였음에도 불구하고, 최근 여러 차례 파손 보고가 있었습니다.
> (4) 당사의 비용뿐만 아니라 고객에 대한 추가 불편과 (성가심)을 피하기 위해서라도 당사의 처리 방법을 개선하고자 포장 컨설턴트의 조언을 구하고 있습니다.

어휘 supply 제공하다
replacement 교환품, 대체품
destroy 처분하다, 파괴하다
inconvenience 불편함
reach 도달하다
by parcel post 소포 우편으로
avoid 피하다
improve 향상시키다, 증가하다

20 정답 ①

해석 빈칸에 적절한 것은 무엇인가?
① 성가심
② 논의
③ 협상
④ 해결책

해설 포장 불량으로 인한 고객의 불편과 성가심을 피하기 위해 포장방법 개선을 위한 컨설팅을 받고 있다는 내용이 나와야 적절하다.

21 정답 ③

해석 이것은 서신에 대한 답장이다. 다음 중 이전 서신에서 찾을 수 없는 내용은 무엇인가?
① 우리는 단지 이것이 포장 전 어느 단계에서 부주의한 취급에 의해 발생한 것이라고 추측할 수 있을 뿐입니다.
② 우리는 손상된 물품의 리스트를 동봉하며 대체품을 보내주시면 감사하겠습니다.
③ 우리는 손상된 제품에 대한 귀하의 판매 가격을 낮출 필요가 있음을 알고 있으며 귀하가 제안한 10%의 특별 할인에 기꺼이 동의합니다.
④ 해당 물품은 귀하가 귀하의 공급자에게 보상 청구의 근거로 사용할 경우를 대비하여 따로 보관해 두었습니다.

해설 이전 서신은 파손된 물품을 받은 매수인이 작성한 것일 것이다. ①, ②, ④는 파손된 물품을 받은 매수인의 입장에서 작성되었다고 볼 수 있으나 ③의 경우 본 서신을 작성한 매도인 입장에서 할 수 있는 표현이다. 손상에 따른 10%의 금액을 할인해 주겠다는 내용은 매도인이 할 수 있는 제안이다.

어휘 assume 추측하다, 가정하다
careless 부주의한
enclose 동봉하다
reduce 줄이다, 절감하다
allowance 할인
in case ~할 경우에 대비하여
due to ~ 때문에
prior to ~ 이전에
realize 알게 되다
readily 기꺼이
supplier 공급자

22 정답 ③

해석 다음 지문의 가장 적절한 제목은 무엇인가?

몇몇 해운동맹에서 사용되는 시스템으로, 일정 기간 동안 독점적으로 해운동맹의 선박을 사용할 것을 조건으로 송하인에게 해당 기간 동안 지불한 화물 운임을 환불해 주는 제도를 말한다.

① 계약운임제
② 이중운임제
③ 성실환급제
④ 대항선

해설 성실환급제는 일정 기간 동안 동맹선사의 배를 이용한 화주에게 선급이나 후급 여부에 상관없이 그 기간 내에 선박회사가 받은 운임의 일부를 즉시 환급해 주는 제도이다. ①, ②는 일반적으로 같은 의미로 사용된다. 이는 일반 화주에게 일반 운임률을 적용하고, 동맹선에만 선적하겠다고 계약을 체결한 화주에게 일반 운임률보다 낮은 운임률 즉, 계약운임률(Contract Rate)을 적용하는 제도이다. ④ 대항선은 투쟁선이라고도 하며 동맹에 소속한 선박 중에서 특정선을 선정하여 동맹에 소속되지 않은 선박의 기항지를 따라다니며 저운임으로 경쟁하여 동맹에 소속되지 않은 선박의 운항을 단념시키게 하는 선박이다. 투쟁선의 운항으로 발생하는 손해는 동맹 전체의 공동 부담으로 한다.

어휘 conference 해운 동맹
vessel 선박
subject to ~을 조건으로 하는
exclusively 독점적으로

[23~24]

해석 다음을 읽고 질문에 답하시오.

귀사의 주문 번호 234-234-001인 최근 주문에 대해 감사드립니다.
당사는 이번 선적품에 적용된 미화 1만 달러의 화물처리비에 관한 귀사의 서신을 받았습니다. 이것은 실로 (A)당사 측의 실수였습니다. 당사는 자기 소재의 새물통과 같은 (B)깨지기 쉬운 물품과 관련한 모든 주문에는 특별 화물처리비를 적용하고 있지만, 어찌된 일인지 제품에 대한 설명 페이지에서 일시적으로 삭제되었습니다. 당사는 웹사이트에 있는 해당 오류를 (C)수정하였습니다.
하지만 그러는 동안에 귀사에 미화 1만 달러를 청구하였습니다. 불편을 드리게 되어 사죄드리며 가까운 시일 내에 다시 귀사를 모실 수 있는 기회가 있기를 희망합니다.

어휘 handling charge 화물처리비
apply 적용하다
porcelain 자기로 만든, 깨지기 쉬운
birdbath 새물통
in the meantime 그동안에
place A to one's credit ~의 대변에 A를 기입하다
indeed 실로, 참으로, 정말로
temporarily 일시적으로

23 정답 ②

해석 서신에 대해 가장 적절하지 않은 것은 무엇인가?
① 매수인은 부서지기 쉬운 물건을 주문하였다.
② 제품의 품질에 관한 잘못된 의사소통이 있었다.
③ 매수인은 웹상 홈페이지에서 제품에 관한 정보를 얻었다.
④ 부서지기 쉬운 제품의 취급에 관한 주문은 추가적으로 취급수수료가 부과된다.

해설 부서지기 쉬운 제품에 대해 취급수수료가 발생되는 상황을 설명하고, 해당 통지가 홈페이지에서 누락되었음을 발견해 이에 대한 사과와 취급수수료 청구에 대한 설명을 하고 있다. 품질 문제로 대화를 하고 있지는 않다.

어휘 brittle 부서지기(깨지기) 쉬운

24 정답 ①

해석 빈칸 (A), (B), (C)에 들어갈 알맞은 단어를 고르시오.
① 측 – 깨지기 쉬운 – 수정하다
② 편 – 깨지기 쉬운 – 고려하다(생각하다)
③ 측 – 단단한 – 수정하다
④ 편 – 단단한 – 고려하다(생각하다)

해설 (A) 당사 (측)에서, (B) 자기 소재의 새물통과 같은 (깨지기 쉬운), (C) 웹사이트의 공지가 사라진 것을 (수정하다)라는 의미가 들어가야 알맞다.

25 정답 ③

해석 한국어로 번역한 것 중 적절하지 않은 것은?

(a) 12월 계산서에 지급되어야 하는 105.67파운드가 아직 정산되지 않아 독촉장을 보내게 되어 유감입니다. (b) 계산서는 1월 2일에 발송하였으며 여기 사본을 동봉합니다. (c) 조기 결제에 대한 합의로 통상적이지 않은 저렴한 가격으로 귀하에게 견적을 내드렸음을 기억해 주시기 바랍니다.
(d) 실수로 금액 지불이 늦어진 것일 수 있으니 그렇다면 빠른 시일 내로 수표를 보내 주시면 감사하겠습니다.

해설 견적을 빨리 제공한 것보다는 결제를 빨리해주는 조건으로 저렴한 가격의 견적을 제공했음을 표현하여야 한다.

어휘 regret 유감으로 생각하다, 후회하다
remind 상기시키다   balance 잔액
due 지급기일이 된   statement 명세서
quote 견적을 내다   oversight 실수

[제2과목] 영작문

26 정답 ④

해석 다음 중 빈칸 (a)~(c)에 들어갈 가장 적절한 것을 고르시오.

1. 매입은행은 매도인 또는 매도인으로부터 발행된 환어음을 (a) 할인한 자에게 대금을 지급하고, 매수인의 국가에 소재하는 개설은행에게 선적서류를 발송한다.
2. 개설은행은 (b) 대금 지급을 받고 수입국가의 구매자에게 선적서류를 제공한다.
3. 대금수취인(수출상)은 (수입상이) 선사에 (c) 선하증권을 제시함으로써 배송 물품을 수령하게 한다.

① (a) 할인하다 (b) 지급 (c) 선적서류
② (a) 결제하다 (b) 매입 (c) 선하증권
③ (a) 결제하다 (b) 매입 (c) 선적서류
④ (a) 할인하다 (b) 지급 (c) 선하증권

해설 (a) Honour는 개설은행 및 확인은행이 신용장 조건에 일치하는 서류의 제시에 대해 결제하는 것을 의미하며, 매입은행은 결제하지 않고 매입하여 할인(Discount)된 금액을 지급한다.
(b) 개설은행은 수입상의 대금 지급에 대해 선적서류를 전달한다.(기한부 신용장의 경우 결제 전 선적서류를 전달하기도 함)
(c) The accounter get (the accountee) ~로, the accountee인 수입상이 생략된 형태로 보아야 한다. 신용장 거래에서는 Original B/L이 사용되며, 선사에 원본이 제시되어야 수입상은 물품을 인도받을 수 있다.

어휘 discount (어음을) 할인하다   B/E(= Bill of Exchange) 환어음

27 정답 ④

해석 UCP 600하에서 빈칸에 적합한 것을 고르시오.

지정에 따라 행동하는 지정은행, 확인은행이 있는 경우에는 확인은행 또는 개설은행은 (신용장에서 허용된 금액을 초과하여) 발행된 상업송장을 수리할 수 있고, 이러한 결정은 문제된 은행이 (신용장에서 허용된 금액을 초과한) 금액을 결제(honour) 또는 매입하지 않았던 경우에 한하여, 모든 당사자를 구속한다.

① 신용장에서 허용된 금액을 초과하여 – 신용장에서 허용된 금액 미만의
② 신용장에서 허용된 금액 미만의 – 신용장에서 허용된 금액 미만의
③ 신용장에서 허용된 금액을 미만의 – 신용장에서 허용된 금액을 초과하여
④ 신용장에서 허용된 금액을 초과하여 – 신용장에서 허용된 금액을 초과하여

해설 UCP 600 제18조 b항의 내용이다. 상업송장은 신용장 금액 범위 내에서 발행되어야 하나, 신용장 금액을 초과하여 발행되더라도 지정은행이 신용장 금액을 초과하지 않는 범위 내에서 결제 또는 매입하여 대금을 지급했다면 초과 발행된 상업송장도 수리 가능하다.

어휘 nominate 지정하다   in excess of ~을 초과하여
permit 허용하다

28 정답 ④

해석 빈칸에 들어가기에 잘못된 단어를 고르시오.
① (매입은행)은 개설은행 이외의 은행으로 신용장하에서 발행된 환어음을 할인하거나 구매하는 은행을 의미한다.
② 국내 공급자를 수익자로 하여 국내 은행에 의해 발행되는 (내국 신용장은 수출용 원재료 또는 완제품을 공급하는 자에게 수출자를 대신하여 대금 지급을 확약한다.
③ (회전 신용장)은 신용장에 특별한 조건 변경 없이 금액이 갱신되거나 자동적으로 복원되는 조건이 있다.
④ 신용장과 관련한 은행수수료는 관련된 당사자가 부담한다. 수입자 국가 이외의 국가에서 발생한 모든 은행수수료는 통상적으로 (개설의뢰인)의 비용으로 한다.

해설 개설의뢰인은 개설수수료, 기간연장수수료, 인수수수료, A/D Charge 등을 부담하며, 수익자(Beneficiary)는 통지수수료, 매입취급수수료 등을 부담한다. 따라서 수입국 이외의 국가에서 발생하는 모든 수수료에 대해 개설의뢰인이 부담한다고 보기는 어렵다.

어휘 domestic 국내의   undertake 약속하다

raw material 원재료
on behalf of ~을 대신하여
amendment 변경
be borne by ~의 부담이다
finished goods 완제품
reinstate 본래대로 하다
in relation to ~와 관련한

delivery note 배달 인수증
measurement 용적, 부피
chief mate 일등항해사
containerization 컨테이너화
privy to ~에 접근할 수 있는
levy 징수하다, 거둬들이다
bundle 묶음
discrepancy 불일치
era 시대
verify 확인하다, 증명하다
hence 그러므로

29 정답 ③

해석 협회적하약관에 대한 설명으로 옳지 않은 것은?
① ICC(B)와 ICC(C)의 차이점은 ICC(B) 화물보험약관에 추가적인 위험이 담보된다는 것이다.
② ICC(B)는 ICC(C)에서 담보하지 않는 본선·부선·선창·운송용구·컨테이너 또는 보관 창고에 해수·호수·하천수에 의한 피보험목적물의 멸실 또는 손상을 담보한다.
③ ICC(B)는 ICC(C)에서 담보하지 않는 공동해손희생으로부터 기인한 피보험목적물의 멸실 또는 손상을 담보한다.
④ ICC(C)는 시장에서 이용할 수 있는 가장 적은 범위를 담보하는 적하보험이다.

해설 공동해손희생은 ICC(C)에서도 담보되는 위험이다.

어휘 cover 담보하다, 보장하다
subject-matter insured 피보험목적물
storage 보관 창고
conveyance 운송용구
general average 공동해손

30 정답 ②

해석 (a)~(d)의 빈칸에 알맞지 않은 단어는 무엇인가?

> 모든 벌크선에는 (a) 본선수취증이라 불리는 문서가 존재한다. 이 문서는 인도증서와 유사하며 화물의 명세, 포장개수, 중량, 용적 등과 같은 선적과 관련된 정보를 담고 있고 선적 시점에 선박에 제시된다.
> 인도된 실제 화물과 (a) 본선수취증 사이에 불일치가 발견되면 일등항해사는 화물을 확인하고 해당 불일치를 문서화하여 화물이 해당 상태로 수령되었음을 확인한다. 이는 선사 또는 대리인이 물리적으로 조사 및 확인이 가능하였기 때문에 컨테이너화 이전 시대에서는 이러한 것이 가능하였다.
> 하지만 컨테이너화 된 화물 그리고 특히 (b) FCL 화물의 경우에는 운송인/대리인은 컨테이너의 포장 및 화물의 성질에 관여할 수 없다. 운송인은 화물, 포장 개수, 중량 그리고 용적에 관해서는 선적인이 제공한 정보에 의존한다. 따라서 선적인이 추후에 운송인에게 청구할 수 있는 손해배상 청구로부터 운송인을 보호하기 위하게 (c) 부지약관이 (d) 선하증권에 기재된다.

① 본선수취증
② 컨테이너 전체를 채울 수 없는 소량 화물
③ 선적인 적재, 적부 및 검수(부지약관)
④ 선하증권

해설 컨테이너화 된 화물 즉, 컨테이너를 채울 수 있을 정도의 대량 화물을 FCL(Full Container Load)라고 하며 LCL(Less than Container Load)은 컨테이너를 채울 수 없는 소량 화물을 의미한다.

어휘 break-bulk vessels 선창의 화물을 도착지 별로 따로 구분 적재할 수 있는 벌크선 또는 소형 벌크선

31 정답 ④

해석 해상보험에서 공동해손에 관한 설명으로 알맞지 않은 것은?
① 공동해손에 관한 요크-앤트워프 규칙의 정의에 따라, 이 규칙은 선박, 선원 또는 잔여 화물을 보존하기 위해 화물이 투하되는 경우에 발생하는 손실의 분배에 관한 지침을 제공한다.
② 관련 재산의 보존에 대한 공동 안전의 목적을 달성하기 위해 희생이 예외적이거나 합리적으로 이루어진 경우에만 그 손실이 공동해손으로 간주된다.
③ 공동해손은 운송중인 물품 가격 또는 선박에 직접적 연관이 있는 손실에 대해 적용될 수 있다.
④ 지연, 시장의 상실로 인해 발생한 손실 또는 비용 또는 간접 손실로 인한 보상 청구는 공동해손으로 계산되어야 한다.

해설 공동해손은 선박과 화물에 공동의 위험이 있는 경우, 그 위험을 면하기 위하여 발생한 손해와 비용을 이해관계자에게 분담시키는 것을 의미한다. 즉 선박이나 화물이 해난에 직면하게 될 경우 이로부터 벗어나기 위하여 고의 또는 합리적으로 취해진 공동해손 행위로 인하여 발생한 손해 또는 공동해손 행위의 직접적인 결과로 발생하는 비용 등을 이해관계자자가 공동으로 분담하는 손해를 의미한다. 따라서 ④ 지연 등 간접손해는 공동해손에 포함할 수 없다.

어휘 define 정의하다
distribution 분배
be deemed to ~라고 간주되다
sacrifice 희생
arise 발생하다
lay (계획 등을) 세우다, 준비하다
jettison 투하
preserve 보존하다

32 정답 ②

해석 적절한 용어로 UCP 600의 문장을 완성하시오.

> (상업송장) 상의 물품 명세는 신용장에서의 명세와 일치하여야 하고, (상업송장)은 개설의뢰인 이름으로 발행되어야 한다.

① 선하증권
② 상업송장
③ 해상화물운송장
④ 환어음

해설 UCP 600 제18조의 내용이다.
c. The description of the goods, services or performance in a commercial invoice must correspond with that appearing in the credit.
상업송장상의 물품, 서비스 또는 의무 이행의 명세는 신용장상의 그것과 일치하여야 한다.
a. A commercial invoice

ii. must be made out in the name of the applicant
상업송장은 개설의뢰인 앞으로 발행되어야 한다.

어휘 correspond with ~와 일치하다

33 정답 ②

해석 밑줄 친 부분과 바꿔 쓸 수 없는 것을 고르시오.

> 귀사는 지난 20년간 당사와 거래를 해 왔습니다. 그러한 신의는 간과될 수 없습니다. 당사는 귀사의 계정을 살펴보았고 돕기로 결정하였습니다. 귀사도 아시다시피, (a) 4개의 연체된 송장이 있으며, 가장 최근의 것은 6개월이 연체되었습니다. 이것은 귀사답지 않은 처사입니다. 그러므로 당사는 이러한 (b) 지연이 귀사가 (c) 겪고 있는 현재의 경제 상황과 연관되어 있다고 가정하였습니다. 오늘부터 30일 안에 (d) 결제가 이루어질 수 있다면, 모든 연체된 송장 건에 대해 20% 할인을 제공해 드리고자 합니다. 본 이메일에 새로운 송장을 첨부합니다. 당사는 귀사가 당사와의 신용 관계에 큰 가치를 둔다고 믿고 있습니다. 따라서 정해진 날짜에 대금을 지급받기를 희망합니다.

① (a) 4개의 송장이 여전히 미불 상태이다.
② (b) 시기 적절한 결제
③ (c) 직면하고 있는
④ (d) 송장의 정산이 이루어지는 경우

해설 서신의 작성자는 상대방에게 결제가 지연되고 있음을 알리며, 오랜 거래 관계에 비추어 금액 할인을 통해 도움을 주고자 한다. 따라서 (b)에서는 지연과 관련된 내용이 적절한데 timely payment(시기 적절한 결제)로 대체하기는 어렵다.

어휘 loyalty 성실, 충성 overlook 간과하다
be aware 알다 overdue 연체된, 미납인
go through 겪다 attach 첨부하다
stipulate 명기하다

34 정답 ①

해석 빈칸에 들어갈 가장 적절한 것은 무엇인가?

> 우리는 배송 지연이 심각한 문제를 유발할 수 있기 때문에 의료 장비가 (기한 내에) 도착해야 하는 것이 필수 사항이라고 이미 설명하였습니다.

해설 '(시간, 일정에 맞춰) 도착하다'라는 표현으로는 arrive on을 사용한다. arrive at은 주로 건물 등의 '(특정한 장소)에 도착하다'를 표현할 때 사용된다.

어휘 explain 설명하다 essential 필수적인
equipment 장비 due date 기한

35 정답 ④

해석 다른 문장과 의도가 다른 것은 무엇인가?
① 귀하의 인내와 이해에 대해 감사드립니다.

② 수표를 청산하는 데 한 달이 소요되기 때문에 단기 연장은 우리에게 큰 도움이 될 것입니다.
③ 우리는 이번 한번 연장 승인을 요청드립니다. 우리는 이러한 일이 다시는 일어나지 않을 것을 보장합니다.
④ 귀하의 고객 2곳의 파산으로 인해 어려움을 겪고 있음을 유감스럽게 생각합니다.

해설 ①~③은 결제 등을 해야 하는 입장에서 상대방에게 도움을 요청하는 내용이다. ④의 경우 이러한 도움을 요청받는 입장에서 작성된 문장이다.

어휘 patience 인내 appreciate 감사하다, 감상하다
extension 연장 assure 확신하다
bankruptcy 파산

36 정답 ④

해석 서류 심사의 관점에서 알맞지 않은 단어를 고르시오.

> ⓐ 개설의뢰인의 주소와 세부 연락처가 ⓑ 수하인 또는 ⓒ 통지처의 일부로서 나타날 때에는 신용장에 명시된 것과 ⓓ 일치하지 않아야 한다.

① ⓐ 개설의뢰인 ② ⓑ 수하인
③ ⓒ 통지처 ④ ⓓ 일치

해설 UCP 600 제14조 j항
However, when the address and contact details of the applicant appear as part of the consignee or notify party details on a transport document subject to articles 19, 20, 21, 22, 23, 24 or 25, they must be as stated in the credit.
그러나 개설의뢰인의 주소와 세부 연락처가 제19조, 제20조, 제21조, 제22조, 제23조, 제24조 또는 제25조의 적용을 받는 운송서류상의 수하인 또는 통지처의 일부로서 나타날 때에는 신용장에 명시된 대로 기재되어야 한다.
따라서 ⓓ가 포함되는 문장은 '신용장에 명시된 것과 일치하여야 한다.'라는 내용이 나와야 알맞다.

어휘 state 명시하다

37 정답 ④

해석 빈칸에 들어가기에 알맞지 않은 단어를 고르시오.

> UCP 600의 운송 조항이 적용되지 않는 서류는 (   )이다.

① 화물인도증서 ② 화물인도지시서
③ 물품수령증 ④ 복합운송서류

해설 UCP 600에서 의미하는 운송서류는 제19조 내지 25조에 해당하는 서류이다. 따라서 제19조에 해당되는 복합운송서류는 UCP 600의 운송 조항이 적용되는 서류로 볼 수 있다.
신용장에서 언급하는 운송서류에는 복합운송서류, 선하증권, 비유통성 해상운송장, 용선계약부선하증권, 항공운송서류, 도로, 철도 또는 내수로 운송서류, 특송배달영수증, 우편영수증 또는 우편증명서가 있다.

38 정답 ①

해석 빈칸 (a)~(b)에 들어갈 알맞은 단어로 채우시오.

> 현재까지 귀하로부터 결제를 받지 못하였으며 우리는 이것이 귀하의 (a) 실수라고 생각하고 있습니다. (b) 연체 금액을 즉시 송금해 주실 것을 부탁드립니다.

① (a) 실수(과) (b) 연체된
② (a) 실수(과) (b) 의도된
③ (a) 2주일간 (b) 의도된
④ (a) 2주일간 (b) 연체된

해설 (a) 결제가 이루어지지 않은 상황이 상대방 측의 실수(과실)에 있다고 언급하고 해당 (b) 연체 금액을 송금해 줄 것을 요청하는 문장이다.

어휘 merely 그저, 다만   remit 송금하다
past due 연체된   fortnight 2주일(간)

39 정답 ③

해석 다음 문장 중 잘못된 것은?

> Mr. Kim 귀하
> (a) 당사의 소프트웨어 제품에 대해 관심을 표명한 4월 13일자 문의 서신에 감사드립니다.
> 귀하의 서신에 대한 답변으로, (b) 귀하가 요청하신 당사의 디자인 소프트웨어 세부 카탈로그와 가격표를 동봉해 드립니다.
> (c) 월간 비즈니스 광고 옆에, 첨부된 삽화 브로셔는 귀하에게 유용한 다양한 소프트웨어를 보여줍니다.
> (d) 보내드린 자료에서 다루지 않은 질문이나 고려 사항이 있으시다면 언제든지 연락 주십시오.

해설 beside는 '~ 옆에'라는 뜻이다. besides는 '~외에, 게다가'라는 의미이다.
(c) 월간 비즈니스에 광고된 것 외에도(뿐만 아니라) 첨부된 브로셔에 다양한 소프트웨어가 있다는 의미가 자연스러우므로 besides가 사용되어야 한다. 문장 앞에서 Besides,로 사용되는 경우 '게다가, 뿐만 아니라'라는 부사로 사용된다.

어휘 inquiry 문의, 조회   price list 가격표

[40~41]

해석 다음을 읽고 질문에 답하시오.

> Mr. MacFee 귀하
> 당사는 한남무역의 회계 책임자인 Mr. David Han의 추천으로 귀하에게 편지를 쓰고 있습니다. 그는 당사에게 요청한 그의 회사의 신용공여와 관련하여 귀하를 신용조회처로 연락해 볼 것을 알려왔습니다.
> 그 회사가 미화 3백만 달러의 신용을 충족할 만큼 건전한지 확인해 주실 수 있을까요?

> (A) 귀하께서 가능하면 빠른 시일 내에 답변을 주시면 감사하겠습니다.
> 이만 줄이겠습니다.

어휘 referee 신용조회처   credit facility 신용 공여
meet 충족시키다   grateful 감사하는

40 정답 ①

해석 밑줄 친 credit facilities가 의미하는 것은 무엇인가?
① 잠재적 매수인은 결제를 며칠 후에 하기를 원한다.
② 매도인은 은행으로부터 대출을 받고 싶어 한다.
③ 매도인은 잠재적 매수인으로부터 신용을 공여받기 원한다.
④ 잠재적 매수인은 그의 거래 은행에 신용장 개설을 요청할 것이다.

해설 credit facilities는 '신용 공여'를 의미한다. 신용 공여는 즉시 결제 조건이 아닌 일정 기간 후에 결제를 하는 사후 결제(외상 거래) 방식을 의미한다. 주로 대금을 지급해야 하는 매수인이 외상 거래 방식을 선호한다.

어휘 loan 대출   potential 잠재적인

41 정답 ①

해석 적절한 단어로 빈칸 (A)를 채우시오.
① 귀하께서 가능하면 빠른 시일 내에
② 우리가 약정한 시간까지
③ 그들이 가능하면 빠른 시일 내에
④ 당사의 만족에 대한

해설 무역 서신에서 많이 사용되는 표현으로 빠른 시일 내에 답변을 요청할 때 사용되는 표현이다.

어휘 satisfaction 만족

42 정답 ③

해석 빈칸에 들어갈 가장 알맞은 것은?

> (부선)은 물품을 수령하여 항구에서 선박으로 이동하거나 반대로 이동하는 경우에 이용된다. 또한 그것은 바지선과 같은 작업을 수행할 수 있다.

① 카 페리(여객과 차량을 싣고 운항하는 배)
② 유류 수송선
③ 부선
④ 트레일러(트럭 또는 트랙터의 뒷부분에 견인되는 차)

해설 부선(Lighters)은 주로 수심이 얕은 항구에 대형 선박이 접안할 수 없을 때 항구와 본선 사이를 오가며 물품을 실어 나르는 소형 선박을 의미한다.

어휘 vice versa 반대로

[43~44]

해석 다음을 읽고 질문에 답하시오.

> 우리는 귀하가 송장 1555호에 대한 지급을 받지 못하셨다는 11월 20일자 서신을 수신하고 매우 놀랐습니다.
> 우리는 거래 은행인 서울은행에게 HSBC 런던 지점의 귀하의 계정으로 미화 2백만 달러를 11월 2일에 (A) 입금하도록 지시하였습니다.
> 우리의 은행 명세서에 따르면 해당 금액이 우리 계좌에서 이체되었음을 보여주기 때문에 마찬가지로 (B) 귀하의 계좌로 이체되었을 것으로 예상하였습니다.
> 귀하의 은행이 아직 귀하에게 통지하지 않았을 가능성도 있습니다.
> 그럼 이만 줄이겠습니다.

어휘 credit 입금하다   debit 인출하다

43 정답 ①

해석 빈칸 (A)를 채우시오.
① 입금하다
② 출금(인출)하다
③ 정리하다, ~을 처리하다
④ 이동하다, 끌다

해설 첫 문장에서 결제가 이루어지지 않았다는 서신의 내용에 대해 이행 여부를 안내하고 있으므로 서울은행을 통해 HSBC 런던은행으로 미화 2백만 달러를 송금, 입금했다라는 내용이 나와야 적절하다. credit은 '입금하다'라는 뜻으로 사용된다.

44 정답 ②

해석 빈칸 (B)에 들어갈 가장 알맞은 것은?
① 우리는 귀하의 계좌로 이중 입금한 것으로 생각합니다.
② 우리는 귀하의 계좌로 이체되었을 것으로 예상하였습니다.
③ 우리는 지급이 제대로 이루어졌다고 확신합니다.
④ 만약 귀하가 원한다면 우리의 계좌로부터 인출할 수도 있습니다.

해설 서신의 작성자 측에서 지정 계좌로 입금을 하였고, 은행 명세서를 통해 확인하였으므로 상대방 계좌로 입금되었을 것으로 예상한다는 내용이 나와야 적절하다.

45 정답 ④

해석 어떠한 문장이 빈칸에 들어가기에 가장 알맞은가?

> 제안서를 제출해 주셔서 감사합니다. 웹사이트 재설계를 위해 외부 주택을 빌려야 할지 말아야 할지 판단하기에는 아직 이르기 때문에 (제 대답이 늦어질 것 같습니다.)

① 귀하의 제안을 받아들입니다.
② 우리는 이 프로젝트를 위해 협력할 수 있을 것입니다.
③ 이번 입찰의 최종 결과를 알려주세요.
④ 제 대답이 늦어질 것 같습니다.

해설 제안에 대해 검토하고 답변을 해야 하는 상황에서 외부 주택을 임대하여야 할지 결정되지 않았기 때문에 답변이 늦을 수도 있다라는 내용이 자연스럽다.

어휘 submit 제출하다   judge 판단하다
hire 빌리다, 고용하다

46 정답 ④

해석 보증 신용장에 대한 설명으로 옳지 않은 것은 무엇인가?

> (a) 보증 신용장(SBLC)은 서비스 계약의 안전 장치로서 사용될 수 있다. (b) 보증 신용장은 위험을 제거할 수 있기 때문이다. 간단히 말해서, (c) 보증 신용장은 은행이 고객을 대신하여 발행한 지급보증이며 "마지막 지불 수단"으로 인식된다. (d) 보증 신용장은 계약상 의무 불이행이 이루어질 때는 사용되지 않을 것이다.

해설 보증 신용장은 금융 조달이나 보증을 위해 발행되는 무화환 신용장(Clean L/C)의 일종으로 발행의뢰인이 이행해야 하는 의무를 이행하지 않은 경우 개설인이 지급을 이행하겠다는 약속 증서와 같은 채무 보증용 신용장을 의미한다. 따라서 보증 신용장이 사용되는 경우는 계약상 의무를 이행하지 않았을 경우이다.

어휘 mechanism 장치, 구성   hedge out 제거하다
last resort 최후에 의지할 수 있는 것
avoid 피하다, 취소하다   fulfill 이행하다

47 정답 ④

해석 주어진 단어로 밑줄 친 (ⓐ~ⓓ)를 대체했을 때 적절하지 않은 것은 무엇인가?
① ⓐ 지시하다 → ~와 준비하다
② ⓑ 귀사를 수익자로 하여 → 귀사를 수익자로 하여
③ ⓒ 총액의 → (합이) ~에 이르는
④ ⓓ 유효한 → 만료된

해설 expired는 (기한이) 만료된이라는 의미로 12월 10일까지 유효하다라는 의미로 valid를 대체하여 사용하기에 적절하지 않다. expired 대신에 effective, available을 대체하여 사용할 수 있다.

어휘 in one's favor ~에 유리하게, ~을 수익자로 하여

48 정답 ②

해석 빈칸에 들어가기에 가장 알맞은 것은?

> 신용장통일규칙에서 서류의 발행자를 표현하기 위하여 사용되는 "일류", "저명한", "자격 있는", "독립적인", "공적인", "능력 있는" 또는 "현지의"라는 용어들은 (수익자를 제외하고, 해당 서류를 발행하는 모든 서류 발행자)가 사용할 수 있다.

① 수익자를 포함하여 해당 서류를 발행하는 모든 서류 발행자
② 수익자를 제외하고 해당 서류를 발행하는 모든 서류 발행자
③ 서류를 발행하도록 신용장에 규정되어 있는 특정 발행자
④ 서류의 발행에 대해 수익자에게 알려지지 않은 발행자

해설 UCP 600 제3조 해석 부분에 나오는 표현이다. first class, well known, qualified, independent, official, competent 또는 local과 같은 용어는 수익자 발행 서류에는 표시해서는 안되나 수익자 이외의 제3자는 사용할 수 있다.

49 정답 ③

해석 1)~3) 에 적절하지 않은 것을 고르시오.

> 비엔나협약 조항에 다르면, 매도인은 계약 해제를 선언할 수 있다.
> 1) _____
> 2) _____
> 3) _____

① 계약 또는 이 협약상 매수인의 의무 불이행이 본질적 계약 위반이 되는 경우
② 매수인이 매도인이 정한 부가기간 내에 대금 지급을 이행하지 않은 경우
③ 매수인이 매수인이 정한 부가기간 내에 물품을 인도하지 않은 경우
④ 매수인이 매도인이 정한 부가기간 내에 대금 지급 또는 물품 수령 의무를 이행하지 아니하겠다고 선언한 경우

해설 ③ fixed by the buyer → fixed by the seller, deliver the goods → take delivery of the goods로 수정되어야 한다.

어휘 **provision** 조항　　**declare** 선언하다
fundamental 본질적인　　**breach** 위반

THE PLUS 비엔나협약 제64조

매수인이 매도인이 정한 부가기간 내에 대금 지급 또는 물품 수령 의무를 이행하지 아니하거나 그 기간 내에 그러한 의무를 이행하지 아니하겠다고 선언한 경우 매도인은 계약 해제를 선언할 수 있다.

50 정답 ③, ④

해설 빈칸에 들어갈 말로 적절하지 않은 것은 무엇인가?

> 컨테이너반출지체료와 컨테이너반납지체료는 수출의 경우에도 발생할 수 있지만 주로 수입과 관련하여 발생한다. (a) 컨테이너반출지체료는 허용된 무료 보관기간 내에 컨테이너를 인수하여 적출을 위해 항구나 터미널 밖으로 반출해 가지 않는 경우에 선사가 수입자에게 부과하는 비용이다. 반면에 (b) 컨테이너반납지체료는 수입자가 적출을 위하여 (무료기간 내라고 칭하자) 컨테이너를 인수해 갔지만 허용된 무료기간의 만료일 전에 빈 컨테이너를 지정된 반납장소에 반납하지 않은 경우 선사가 수입자에게 부과하는 비용이다.
> 고객이 무료기간(7월 8일이 만료일) 이내인 7월 7일에 항구/터미널에서 컨테이너를 반출했으나 7월 19일에 선사의 지정된 장소에 빈 컨테이너를 반납한 경우에는 7월 9일(무료기간 만료일 이후)부터 19일까지 11일간 선사에서 정한 (d) 수수료를 수입자에게 (c) 컨테이너반출지체료로 부과할 수 있게 된다.

① (a) 컨테이너반출지체료
② (b) 컨테이너반납지체료
③ (c) 컨테이너반출지체료
④ (d) 수수료

해설 ③ 빈 컨테이너를 free time 이내 반납하지 않는 경우 선사가 부과하는 요금은 컨테이너반납지체료(Detention Charge)이다.
④ 컨테이너반출·반납지체료는 선사가 부과하는 요금(Charge)에 해당되며, 수수료로 보지 않는다.

어휘 **mostly** 주로　　**depot** 보관소, 창고
be eligible to ~할 책임이 있다

[제3과목] 무역실무

51 정답 ②

해설 대금이 물품의 중량에 따라 정하여지는 경우에, 의심이 있는 때에는 순중량에 의하여 대금을 결정하는 것으로 한다(CISG 제56조).

52 정답 ②

해설 매도인이 본선 갑판이 아닌 CY(Container Yard, 컨테이너 야적장)에서 운송인에게 인도하고자 하는 경우에는 FOB(본선인도) 조건 대신 FCA(운송인인도) 조건의 사용이 적절하다.

53 정답 ④

해설 당사자는 그 의무의 불이행이 자신이 통제할 수 없는 장해에 기인하였다는 것과 계약 체결 시에 그 장해를 고려하거나 또는 그 장해나 그로 인한 결과를 회피하거나 극복하는 것이 합리적으로 기대될 수 없었다는 점을 증명하는 경우 그 의무 불이행에 대하여 책임이 없다(CISG 제79조 (1) 손해배상책임의 면제).
단 제79조에 규정된 면책은 장해가 존재하는 기간 동안에 효력을 가진다(CISG 제79조 (3)). 따라서 장해가 제거되면 손해배상책임의 면책의 적용을 받을 수 없게 되므로 당사자의 의무를 다해야 한다.

54 정답 ④

해설 내국 신용장은 국내은행이 지급 확약을 하는 신용장으로 국내에서 수출용 원자재 또는 완제품 구매 시 사용할 수 있는 신용장이다. 수입국의 개설은행이 지급 확약을 하는 것은 일반 수출 신용장(상업 신용장)이다.
① 수출자가 입수한 신용장을 담보로 하여 수출자의 거래 은행에서 새롭게 발행하는 신용장을 견질 신용장이라고 하며 내국 신용장이 견질 신용장의 일종이다.

55 정답 ①

해설 포페이팅은 수출 거래에 따른 환어음이나 약속어음을 소구권 없이(without recourse) 고정 이자율로 할인하여 신용 판매(외상 판매)를 현금 판매로 전환시키는 금융 기법의 일종이다.

56 정답 ②

해설 ② 성수기할증료에 대한 설명이다.

> **THE PLUS** 오답 선택지
>
> ① **체화할증료**: 항구의 하역 능력을 초과해 선박이 들어왔거나 항만 노동자의 파업 또는 선박을 항구 또는 안벽에 일시적, 영구적으로 계류시켜 선착장이 혼잡한 경우 항만에 대기함으로써 발생되는 할증 운임 비용
> ③ **컨테이너반납지체료**: CY에 반입된 컨테이너를 화주가 반출해가면 빈 컨테이너를 무료 장치기간 내에 반납해야 하는데, 이 기간을 경과하여 반환할 경우 선주가 화주에게 부과하는 비용
> ④ **컨테이너반출지체료**: 수입지에 도착한 컨테이너를 FREE TIME(무료 장치기간)내에 CY(컨테이너 터미널)에서 반출해가지 않을 경우 선사가 수입자에게 부과하는 비용

57 정답 ②

[해설] 화물이 통상의 운송 과정(ordinary course of transit)에 있는 동안에만 위험이 계속된다. 즉, 화물이 통상의 운송 과정에 있을 때에 한해서만 보험계약상 보호받을 수 있다. 따라서 통상의 운송 과정을 벗어난 때 보험자의 책임이 종료된다고 볼 수 있다.
운송약관에 의한 보험의 종기는 다음과 같다.
㉠ 보험계약에 기재된 목적지의 최종 창고 또는 보관 장소에서, 운송 차량 또는 기타 운송용구로부터 양륙이 완료된 때
㉡ 보험계약에 기재된 목적지로 가는 도중이든 목적지든 불문하고, 피보험자 또는 그 사용인이 통상의 운송 과정상의 보관 이외의 보관을 위해 또는 할당 또는 분배를 위하여 선택한 기타의 창고 또는 보관 장소에서 운송 차량 또는 기타 운송용구로부터 양륙이 완료된 때
㉢ 피보험자 또는 그 사용인이 통상의 운송 과정이 아닌 보관을 목적으로, 운송차량 또는 기타 운송용구 또는 컨테이너를 사용하고자 선택한 때
㉣ 최종 양륙항에서 외항선으로부터 보험의 목적물의 양륙을 완료한 후 60일이 경과한 때

58 정답 ④

[해설] 내국 신용장은 차수 제한 없이 순차적으로 발급 가능하다. 구매확인서는 기발급된 구매확인서에 의하여 2차 구매확인서를 발급할 수 있으며 외화획득용 원료 또는 물품의 제조·가공·유통 과정이 여러 단계인 경우 각 단계별로 순차적으로 차수 제한 없이 발급할 수 있다.

59 정답 ③

[해설] MT(UN 국제물품복합운송조약) 제6조 1항에서는 다음과 같이 설명한다.
복합운송증권이 유통성증권 형태로 발급되었을 경우
(a) 지시식 또는 소지인식(지참인식)으로 작성되어야 하며
(b) 지시식으로 작성된 경우에는, 배서에 의하여 증권을 양도할 수 있어야 하며
(c) 소지인식으로 작성된 경우에는 배서에 의하지 않고 증권을 양도할 수 있어야 하며
(d) 1통 이상의 원본이 1조(set)로 발급된 때에는 조를 이루고 있는 원본의 통수를 기재하여야 하고
(e) 사본을 발급할 때는 매 사본마다 "비유통성사본"이라는 표시를 하여야 한다.

60 정답 ①

[해설] 함부르크 규칙 제6조 1. (b)항에 의해 화물 인도 지연의 경우 운송인은 화물 운임의 2.5배에 해당하는 금액을 책임지며, 해상운송계약상 지급된 총운임을 초과할 수 없다.

61 정답 ①

[해설] ① 지진·화산의 분화·낙뢰는 ICC(A), (B)에서 보상하는 손해이다.
② 피난항에서의 화물의 양륙, ③ 육상운송용구의 전복·탈선, ④ 본선·부선·운송용구의 타물과의 충돌·접촉은 ICC(A), (B), (C)에서 모두 보상하는 담보위험이다.

62 정답 ④

[해설] 신협회적하약관의 면책 위험은 다음과 같다.
① 피보험자의 고의적인 불법 행위
② 통상의 누손·중량 또는 용적의 통상 감소, 자연 소모
③ 포장 또는 포장 준비의 불완전·부적합
④ 물품 고유의 하자·성질
⑤ 지연
⑥ 선박 소유자·관리자·용선자 또는 운항자의 지급 불능 또는 채무 불이행
⑦ 제3자의 불법 행위에 의한 의도적인 손상 또는 파괴
⑧ 원자핵무기에 의한 손해

63 정답 ③

[해석] ① 예정보험 ② 예정보험 ③ 청산 계정 방식 ④ 포괄보험 신청서

[해설] Open Account(O/A)는 수출상과 수입상 간에 일정 기간 동안의 수출입 거래와 관련하여 기본매매계약을 체결하고 구매주문서 등에 의해 건별로 주문이 도달하면 수출상은 이를 선적하고 서류를 수입상에게 전달하며 수입상은 기본매매계약에 따라 선적일을 기준으로 일정 기간 경과 후 수출상의 계좌로 대금을 송금하는 사후 결제 방식을 의미한다.

64 정답 ②

[해설] 알선은 공정한 제3자가 당사자의 일방 또는 쌍방의 요청에 의하여 사건에 개입해 원만하게 해결될 수 있도록 조언하는 것을 의미한다. 강제력은 없으나 제3자가 당사자에게 강한 영향력을 미침으로 분쟁을 해결할 수 있다.

65 정답 ③

[해설] 마켓클레임에 대한 설명이다.

> **THE PLUS** 오답 선택지
>
> ① **일반 클레임**: 무역 거래와 관련된 일반적인 클레임으로 매매당사자의 과실 또는 태만에 의해 발생하는 클레임
> ② **계획적 클레임**: 매매당사자의 고의에 의한 클레임
> ④ **손해배상 클레임**: 품질 위반, 선적 불이행, 부당계약 해제, 지연 선적, 대금 결제 지연 등으로 발생한 손해에 대해 금전으로 배상할 것을 청구하는 클레임

66 정답 ③

[해설] 대한상사중재원의 중재 규칙에 따른 중재 사건은 단독 중재인 또는 3인의 중재인의 심리로 결정한다. 중재인의 수에 관하여 당사자들 간의 합의가 존재하지 않는 경우 단독 중재인이 선정된다. 그러나 어느쪽 당사자도 신청서가 상대방 당사자에게 송달된 날로부터 30일 이내에 사무국에 3인의 중재인에 의할 것을 신청하면, 사무국이 분쟁의 규모, 복잡성 및 기타 요소들을 고려하여 적절하다고 판단하는 경우에는 당사자들에게 통지하고 3인의 중재인을 지명한다(국제중재규칙 제11조).

67 정답 ①

[해설] 물품명세확정권은 매수인이 물품의 형태, 용적, 기타 특징을 지정하기로 한 경우 매수인이 물품 명세를 지정하지 않으면 매도인은 자신의 물품 명세를 작성할 수 있다. 즉, 매도인의 권리구제 수단으로 볼 수 있다. 이외에도 매수인의 권리구제 수단으로는 손해배상청구, 하자치유청구, 계약해제, 특정이행청구가 있다.

68 정답 ③

[해설] 송금 방식은 수출입 대금을 당사자 간의 송금에 의한 방법으로 결제하는 방식을 의미한다. 이때 은행을 통해 자금이 이동하지만 은행은 결제와 관련하여 중간자의 역할을 수행할 뿐 대금 회수에 대한 확약을 하지 않으므로 결제위험(신용위험)에 대해 은행에 책임을 전가할 수 없다.

69 정답 ④

[해설] ① FOB + 지정 선적항으로 표기
② CFR + 지정 목적항으로 표기
③ CIF + 지정 목적항으로 표기

70 정답 ①

[해설] Tale Quale(TQ)는 매도인이 선적할 때의 품질은 보장하나 양륙할 때의 품질 상태에 대해서는 책임을 지지 않는 조건으로 'as it arrives'의 의미의 선적품질조건에 해당한다.

> **THE PLUS** 오답 선택지
>
> ② S.D(Sea Damage): 원칙적으로는 선적품질조건에 해당하지만 해상 운송 중에 발생한 해수(Sea Water) 또는 응고(Condensation)에 의한 손해를 입은 경우 매도인이 책임지는 조건으로서 선적품질조건과 양륙품질조건이 절충된 조건
> ③ R.T(Rye Terms): 호밀 거래에 사용되며 물품이 도착 시에 손상되어 있는 경우 그 손해에 대해 매도인이 배상하는 관례에서 생긴 조건으로 양륙품질조건
> ④ GMQ(Good Merchantable Quality): 판매 적격 품질로 수입지에서 판매 가능할 정도의 품질을 요구하는 양륙품질조건

71 정답 ③

[해설] 비독점적 라이선스 계약의 경우에는 기술 도입자가 자력으로 침해자를 배제할 수 없으므로 기술제공자는 침해자를 배제하는 데 협조하여야 한다.

72 정답 ③

[해설] 수화인은 인도일 경과 후 연속하여 90일 이내에 인도되지 아니하면 손해배상 청구인은 반증이 없는 경우 그 물건이 멸실한 것으로 처리하고 손해배상청구를 할 수 있다(복합운송선하증권표준약관 제6조 복합운송인의 책임).

73 정답 ②

[해설] 수입되는 물품에 대해 부과된다는 점에서 관세는 (대)물세라고 볼 수 있다. 보통세는 일반적인 재정 수요를 위해 부과되는 세금을 말한다.

74 정답 ④

[해설] eUCP(전자적 제시를 위한 화환신용장통일규칙 및 관례의 추록)는 전자 기록 또는 종이 서류와 전자 기록 양자의 제시를 수용하기 위해 UCP를 보충하는 것이고 eUCP는 신용장이 eUCP가 적용된다고 표시하는 경우에 UCP의 부칙으로서 적용된다. 또한 eUCP 신용장은 UCP를 명시적으로 삽입하지 않더라도 UCP는 적용되며, eUCP와 UCP가 상충되는 경우엔 eUCP가 우선 적용된다. 종이 서류로 발행된 신용장에 대해서는 UCP가 적용된다.

75 정답 ④

[해설] Incoterms 2010에서 CIP, CIF 조건은 매도인이 협회적하약관 C약관에 부보하면 의무가 충족되는 것으로 규정하였다. 그러나 Incoterms 2020에서의 CIF 조건에서는 기존 원칙을 유지하고 당사자들이 보다 높은 수준의 부보를 하기로 합의할 수 있도록 하고 있다. CIP 조건에 대해서는 협회적하약관 A약관에 따른 부보를 하도록 개정하였으며, 당사자 간 합의에 의해 낮은 수준으로 부보하기로 합의할 수 있도록 한다.

구분	Incoterms 2010	Incoterms 2020
부보 범위	CIF, CIP 최소 담보 조건	CIF 최소 담보 조건(협회적하약관 C약관)
		CIP 최대 담보 조건(협회적하약관 A약관)

정답 및 해설 2020년 제2회(118회)

[제1과목] 영문해석

01	③	02	②	03	④	04	②	05	①
06	①	07	①	08	③	09	④	10	①
11	③	12	②	13	④	14	④	15	②
16	①	17	②	18	④	19	③	20	②
21	④	22	②	23	④	24	①	25	③

[제2과목] 영작문

26	①	27	①	28	①	29	②	30	①
31	①	32	②	33	②	34	②	35	①
36	①	37	②	38	④	39	②	40	②
41	①	42	②	43	②	44	②	45	①
46	①	47	②	48	②	49	②	50	①

[제3과목] 무역실무

51	④	52	④	53	③	54	②	55	②
56	①	57	②	58	③	59	④	60	②
61	③	62	④	63	④	64	③	65	④
66	④	67	②	68	④	69	③	70	①
71	③	72	④	73	④	74	②	75	②

[제1과목] 영문해석

01 정답 ③

해석 다음은 매매계약에 빈번히 사용되는 조항들이다. 매도인과 매수인간의 '완전합의조항'과 관련하여 관련이 가장 적은 것은 무엇인가?
① 계획과 함께 본 계약은 본 계약의 주제와 관련하여 당사자 간의 구두 또는 서면으로 작성된 사전 이해와 그 밖의 모든 합의를 대체하며, 계약의 주제와 관련하여 양 당사자 간의 독자적이고 유일한 합의를 구성한다.
② 본 계약은 계약의 주제와 관련된 당사자 간의 합의를 완전히 표현한다. 여기에 명시된 경우를 제외하고 서면 또는 구두로 처리, 이해, 계약, 제시 또는 보증의 다른 과정은 없다.
③ 당사자가 이 계약의 어떤 기간이나 의무의 이행을 요구하지 않거나 계약 위반에 대한 당사자의 권리 포기는 해당 기간이나 의무의 후속적인 집행을 방해하거나 후속 위반에 대한 권리 포기로 간주되지 않는다.

④ 본 계약은 당사자에 의한 계약의 최종적인 표현을 의도하며 여기에 포함된 계약의 주제와 관련하여 당사자의 합의 및 양해에 대한 완전하고 배타적인 진술을 의미한다.

해설 ③은 권리불포기조항(Non-waiver Clause)에 대한 설명이다. 권리불포기조항은 당사자의 클레임이나 권리의 전부 또는 일부는 클레임이나 권리의 포기를 서면으로 승인하거나 확인하지 않는 한 포기한 것으로 간주하지 않는다는 조항이다. 즉 계약 위반에 대해 거래상대방이 이의를 제기하지 않았다는 것이 이의 제기를 포기하는 것으로 해석되어서는 안 된다는 조항이다.

어휘 frequently 빈번히, 자주　represent 해당하다
entire agreement 완전합의조항　supersede 대신하다
with respect to ~와 관련하여　constitute 구성하다
completely 완전히　representation 제시
oral 구두의　as set forth 명시된 바와 같이
waiver 포기　subsequent 후속적인
enforcement 집행　contain 포함하다

02 정답 ②

해석 다음 서신의 목적은 무엇인가?

> Mr. Mike 귀하
> 우리는 이번 겨울 중학교 탁구 코치를 위한 온라인 코칭 클리닉을 준비하였습니다. 가상 교육을 위해 등록된 모든 참가자에게 실시간 쌍방향 소통용 태블릿 PC를 제공하고자 합니다.
> 저는 동료와 함께 귀사의 태블릿 PC 제품군을 보여주는 카탈로그를 보았습니다. 우리는 한번에 1,000 세트 이상 주문할 계획입니다. 대량 주문에 대한 할인 패키지가 있습니까? 저는 또한 웹캠이 달린 데스크톱 PC를 15대 이상 주문할 시 최저 가격을 알고 싶습니다.

① 제안 요청
② 견적 요청
③ 구매 주문
④ 확정청약

해설 두 번째 단락의 내용을 통해 대량 주문에 대한 금액 할인 여부 및 데스크톱 PC에 대한 최저 가격을 문의하고 있으므로 견적 요청으로 볼 수 있다.

어휘 organize 준비하다, 조직하다
virtual 가상의　register 등록하다
participant 참가자　colleague 동료
range 범위　bulk 대량의

03 정답 ④

해설 UCP 600하의 정의에 대한 설명으로 잘못된 것을 고르시오.
① 통지은행은 개설은행의 요청에 따라 신용장을 통지하는 은행을 의미한다.

② 개설의뢰인은 신용장 개설을 신청한 당사자를 의미한다.
③ 수익자는 신용장 개설을 통하여 이익을 받는 당사자를 의미한다.
④ 결제는 신용장이 일람 지급에 의하여 이용 가능하다면 연지급을 확약하고 만기에 지급하는 것을 의미한다.

[해설] 결제는 다음과 같은 내용을 의미한다.
a. 신용장이 일람 지급에 의하여 이용 가능하다면 일람 출급으로 지급하는 것
b. 신용장이 연지급에 의하여 이용 가능하다면 연지급을 확약하고 만기에 지급하는 것
c. 신용장이 인수에 의하여 이용 가능하다면 수익자가 발행한 환어음을 인수하고 만기에 지급하는 것

[어휘] deferred payment 연지급

04 정답 ②

[해석] 수익자가 자신의 금융 기관에 영향을 끼치지 않고 선적 전 신용 공여가 가능한 화환 신용장은 무엇인가?
① 보증 신용장
② 선대 신용장
③ 회전 신용장
④ 동시개설 신용장(견질 신용장)

[해설] 선대(전대) 신용장은 개설은행이 매입은행으로 하여금 수출상에게 선적 전에 일정한 조건으로 수출 대금을 지급할 수 있도록 허용한 신용장이다. Packing L/C, Advance Payment L/C, Anticipatory L/C라고도 불린다.

● THE PLUS   오답 선택지

① **보증 신용장**: 해외에 나가 있는 지점이나 지사가 자금 융통이나 지급 보증 등 금융 서비스를 받을 수 있도록 국내의 본사가 국내의 은행에 요청해서 발행해 주는 신용장
③ **회전 신용장**: 수출자와 수입자가 지속적으로 거래하는 경우에 사용되는 것으로 일정한 기간이 지나면 자동으로 일정한 금액이 갱신되는 신용장
④ **동시개설 신용장**: 거래 당사자 간에 같은 금액의 물품을 동시에 수출, 수입하는 경우 양 당사자가 같은 금액에 대한 신용장을 동시에 개설할 때에만 유효한 신용장

05 정답 ①

[해석] UCP 600에 따라 제시에 대해 어떠한 선적이 결제가 이루어질 것인가?

미화 16만 달러의 화환신용장은 2월, 3월, 4월, 5월에 비료의 할부 선적을 요구한다. 각각의 선적은 약 500톤이다. 선적은 다음과 같이 이행되었다.
a. 2월 24일 미화 36,000달러에 해당하는 450톤
b. 4월 12일 미화 44,000달러에 해당하는 550톤
c. 4월 30일 미화 36,800달러에 해당하는 460톤
d. 6월 4일 미화 44,000달러에 해당하는 550톤

① a만
② a와 b만
③ a, b, c만
④ 답 없음

[해설] 금액, 수량, 단가 앞에 about, approximately와 같은 용어가 사용되면 10%의 과부족이 허용된다. 수량을 나타내는 500톤 앞에 about이 사용되었으므로 450톤~550톤의 선적이 허용된다. b, c는 4월 선적이며 총 1,010톤이 선적되었기 때문에 신용장 조건을 위반하게 되고, 6월은 할부 선적 스케줄에 나와 있지 않으므로 450톤이 선적된 2월 선적분만 신용장 조건을 충족하는 것으로 볼 수 있다.

[어휘] instalment 할부   fertilizer 비료

06 정답 ①

[해석] B/L에 대한 다음 설명 중 가장 적절하지 않은 것은?
① 기명식 선하증권은 유통 가능한 서류이다.
② 지시식 선하증권은 가장 널리 사용되는 선하증권의 발행 형식 중 하나이다.
③ 기명식 선하증권이 발급된 때, 화물은 기명된 수하인에게만 양도될 수 있으며 원본 선하증권 중 최소 1부의 권리 포기가 있어야 가능하다.
④ 기명식 선하증권은 본사와 지사간의 국제 거래에 이용될 수 있다.

[해설] 기명식 선하증권은 유통성을 배제한 유통 불가능한 선하증권으로 주로 T/T 거래에서 사용되며, 물품이 선하증권의 수하인란에 기재되어 있는 수입자에게 인도될 때 사용된다. 유통 가능한 선하증권은 지시식 선하증권이다.

[어휘] straight B/L 기명식 선하증권   surrender 포기
headquarter 본사   branch 지사

07 정답 ①

[해석] 빈칸에 적합한 가장 적절한 답을 고르시오.

보험료는 피보험자가 부보 위험으로부터 손해를 입게 되는 경우 보험자가 피보험자에게 배상하는데 동의한 대가로 (B) 피보험자가 (C) 보험자에게 지불하는 (A) 대가 또는 금액을 의미한다. 보험자는 보험료가 납부될 때까지 (D) 보험증권을 발행할 의무를 부담하지 않는다.

	(A)	(B)	(C)	(D)
①	대가	피보험자	보험자	보험증권
②	대가	보험자	피보험자	보험증권
③	요금	보험자	피보험자	증명서
④	요금	피보험자	보험자	증명서

[해설] 보험료는 보험자의 위험 부담에 대한 대가로서 피보험자 또는 보험계약자가 보험자에게 지급한다. 이에 대해 보험자는 보험을 인수하고 보험사고 발생 시 보험금을 지급한다.

[어휘] premium 보험료   indemnify 배상하다
assured(= insured) 피보험자   peril 위험
be bound to ~할 의무가 있다
consideration 대가, 보수

08 정답 ③

[해석] 다음 단락에 가장 적합한 답을 고르시오.

항해용선계약에서 선박의 용선자가 화물의 적재 및 양하 비용을 부담하기로 동의하는 용선 조건

① FI ② FO
③ FIO ④ FIOST

[해설] FIO(Free In and Out)은 용선자가 적재 및 양하 비용을 부담하는 조건이다. Free의 주체는 선주이므로 선주는 적재 및 양하 비용을 부담하지 않는 조건이다.

[어휘] chartering 용선 계약

09 정답 ④

[해석] 신용장 업무에서 빈칸에 적합한 가장 적절한 답을 고르시오.

수익자는 일반적으로 유효기일 이내에 매입은행에게 화환어음을 제출하기 위하여 본선에 물품을 적재한 후에 (매입을 위한 선적서류를 준비하고 환어음을 발행한다.)

① 해외 영업 연계를 찾는다.
② 카탈로그가 포함된 거래 권유장을 수입자에게 발송한다.
③ 신용장의 개설을 요청한다.
④ 매입을 위한 선적서류를 준비하고 환어음을 발행한다.

[해설] 수익자는 수취한 신용장의 조건대로 선적을 이행하고 선적서류와 함께 환어음을 발행하여 신용장에서 지정하는 은행 또는 자유매입 신용장의 경우 주거래 은행 앞으로 선적서류와 환어음의 매입을 요청하게 된다. 매입 신용장에서 거래 단계의 확인과 중복 매입을 방지하기 위해 환어음을 요구하게 된다.

[어휘] dispatch 발송하다 circular 거래권유장
issuance 개설 prepare 준비하다

10 정답 ①

[해석] 다음 단락을 가장 적절하게 설명하고 있는 것을 고르시오.

선적서류는 기한부 환어음의 인수에 대해 제시은행이 수하인에게 전달한다. 이에 따라 수하인은 물품의 소유권을 취득하여 실제 대금이 지급되기 전에 물품을 처분할 수 있게 된다.

① 인수인도 방식
② 지급인도 방식
③ 추심 방식
④ 선적통지조건 기한부 사후송금 결제 방식

[해설] 기한부 환어음이 발행되고 수하인의 인수에 대해 제시은행이 서류를 전달하는 방식은 D/A(인수인도 방식)에 해당한다. D/P(지급인도 방식)는 일람불 환어음이 발행되며, O/A(선적통지조건 기한부 사후송금 결제 방식)는 사후송금 방식의 일종이다.

[어휘] obtain 취득하다, 얻다 possession 소유권
dispose 처분하다

11 정답 ③

[해석] 다음 중 (A)에 적합한 것은 무엇인가?

(사후송금) 거래는 대금 지불기한 전에 물품이 선적되고 인도되는 판매 거래이다. 이러한 방식은 현금 흐름과 비용 측면에서 수입자에게는 가장 유리하지만, 결과론적으로 수출자에게는 가장 위험한 방식이다. 그러나 수출자는 경쟁력 있는 (사후송금) 조건을 제공하는 동시에 수출신용보험과 같은 무역금융 기법을 하나 이상 사용함으로써 미지급 위험을 실질적으로 완화할 수 있다.

① 전신환 송금
② 주문 동시 지급
③ 사후송금
④ 신용장

[해설] 선적통지 조건부 사후송금 방식(외상 거래)인 O/A에 대한 설명이다. 외상 거래에 해당하는 사후송금 방식으로 수출자는 대금 미회수 위험에 노출되는 수출자에게 불리한 거래 조건이다. 보증 신용장이나 수출신용보험 등을 통해 미회수 위험을 회피할 수 있다.

[어휘] advantageous 유리한
consequently 결과론적으로, 결국에는
competitive 경쟁력있는, 저렴한
substantially 실질적으로 mitigate 완화시키다
export credit insurance 수출신용보험

12 정답 ②

[해석] 다음은 고객 불만사항에 대한 답변이다. 다음 중 적절하지 않은 것은?

A. 바쁘신 와중에도 시간을 내어 저희 제품과 서비스가 귀하의 기대에 미치지 못한 점에 대해 편지를 작성하여 불만사항을 알려주셔서 감사합니다.
B. 이것은 귀하의 이메일을 확인한 것을 알려드리기 위함입니다. 저는 귀하가 약속한대로 다음 주에 배송 화물을 받아 볼 수 있기를 기대합니다.
C. 그러나 당사는 귀하가 요청하신대로 반송이나 환불을 해드릴 수 없습니다. 이것은 당사 회사의 정책 때문입니다. 당사는 구매 후 2주 이내에 불만사항이 접수된 주문에 대해서만 환불을 해드립니다.
D. 스카이넷 특송 서비스를 이용하여 정시에 귀하의 주문을 인도하고자 하는 노력에도 불구하고, 해당 제품에 대한 배송에 할당된 시간을 맞추지 못한 것은 매우 유감입니다.

[해설] A, C, D는 고객 불만사항에 대한 답변이다. 그러나 B는 주문 접수를 확인한 고객의 입장에서 화물 인수에 대한 기대를 나타내는 표현으로 불만사항에 대한 답변으로 보기는 어렵다.

[어휘] grievance 불만사항 neither A nor B A나 B도 아니다
refund 환불, 환불하다 demand 요구하다
unfortunate 유감스러운 allot 할당하다

13 정답 ④

해석 빈칸에 가장 적절한 답을 고르시오.

> 당사는 이번 주말까지 귀하에게 (B) 대체품을 발송할 수 있을 것이라 (A) 확신합니다.
> 당사는 그러한 비정상적인 일이 (D) 반복되지 않는지 확인하기 위해 우리의 (C) 모든 것을 다할 것입니다.

	(A)	(B)	(C)	(D)
①	확신시키는	대체품	모든	대체하다
②	확신시키는	대용품	모든	대체하다
③	확신하는	대용품	모든	대체되다
④	확신하는	대체품	모든	반복되다

해설 (A) '~을 확신하다'라는 의미로 be confident of(that) 또는 be convinced of(that)가 있다.
(B) substitute는 '대체품'이란 뜻이다.
(C) 우리가 가지고 있는 개별적인 모든 것을 다 하겠다는 의미이므로 everything이 적절하다.
(D) 같은 실수가 반복되지 않도록 노력하겠다는 의미로 repeated가 사용되어야 알맞다.

어휘 irregularity 비정상적인 일, 불규칙성
substitute 대체품

14 정답 ④

해석 다음 대화에 따르면 가장 적절하지 않은 것은?

> Lee : 여보세요. Mr. Jung. Jack Lee입니다.
> Jung: 여보세요, Mr. Lee. 저는 SRG 일렉트로닉스에서 근무합니다. 그리고 저는 당신과 저희의 전자 부품 라인에 대해 이야기하고 싶었습니다.
> Lee : 네, SRG에 대해 들었어요. 한국 상황은 어때요?
> Jung: 좋아요. 고마워요. 사실, 최근 한국에서는 저희 부품에 대한 수요가 많아서 매우 바빴습니다.
> Lee : 좋은 소식이군요. 사실 저도 가격에 관심이 있어요.
> Jung: 음. 제가 다음 주에 샌프란시스코에 갈 예정입니다. 혹시 만날 수 있는 시간이 있으신지 궁금합니다.
> Lee : 언제 여기에 계실 예정이세요?
> Jung: 다음 주 수요일과 목요일입니다. 당신의 일정은 어떠세요?
> Lee : 음, 일정을 확인해 볼게요. 어디 보자, 수요일 오전에 회의가 잡혀 있네요.
> 수요일 오후 2시 어떠세요?
> Jung: 좋습니다.

① Jung은 SRG Electronics에서 근무한다.
② Jung과 Lee는 샌프랜시스코에서 만날 것이다.
③ Jung과 Lee는 이번 전화 통화 이전에 서로 알고 있던 사이다.
④ SRG Electronics에는 고객이 거의 없다.

해설 한국에서 SRG의 부품에 대한 수요가 많아서 바쁜 날을 보냈다고 언급하고 있으므로 고객이 거의 없다는 표현은 잘못되었다.

어휘 discourse 대화   recently 최근에
certainly 정말, 확실히

15 정답 ②

해석 한국에서 수출 보증 보험 기관은 어디인가?

> 국제 무역에서 수출 보증 보험 기관은 은행과 수출자들 사이에서 가교 역할을 수행한다. 금융 부분이 아직 개발되지 않은 신흥 경제 국가에서 정부는 종종 수출 신용보험 기관의 역할을 떠맡는다.

① 한국무역협회
② 한국무역보험공사
③ 대한무역투자진흥공사
④ 대한상공회의소

해설 무역보험법에 의거하여 1992년 7월 설립된 한국무역보험공사(K-SURE)는 무역과 해외투자 촉진을 통한 국가 경쟁력 강화라는 설립 목적을 달성하기 위해 무역보험, 해외투자보험 및 신용보증 등의 제도를 시행하고 있는 산업통상자원부 산하의 무역투자 보험 기관이다.

어휘 emerging 떠오르는, 신흥의   sector 부분, 요인
government 정부

16 정답 ①

해석 빈칸에 들어가기 적절한 답을 고르시오.

> (취소불능 자유매입) 신용장은 다음의 내용이 언급된다. "수익자의 일람불 환어음을 지급하기 위한 매입 방식으로 어느 은행에서나 이용 가능한 신용장. 이 신용장은 UCP 600의 적용을 받는다."

① 취소불능 자유매입   ② 취소가능 자유매입
③ 취소불능 제한매입   ④ 취소가능 제한매입

해설 UCP 600의 적용을 받는 신용장은 취소 불능 기재 여부와 관계없이 취소불능 신용장으로 간주된다.

어휘 be subject to 명사 ~에 영향을 받다

17 정답 ②

해석 다음 중 클레임 제기 서신에 대한 답변으로 적절하지 않은 것은?
① 조사 결과, 선적 전 엄격한 검사에도 불구하고 불량품이 섞이는 경우가 있음을 발견하였습니다.
② 당사의 주문서 10호에 해당하는 TV 세트 10개 상자가 "Chosun" 모선을 통해 이곳에 도착하였으나, 상자 번호 10번 안에 들은 6개가 우리의 주문 명세서상의 품질과 다르다는 점을 알려드리게 되어 매우 유감스럽습니다.
③ 해결 방안으로 우리는 송장금액의 3%를 특별 할인 적용하여, 가능한 첫 번째 선박으로 전체 제품을 재선적할 수 있도록 준비하였습니다.
④ 신중한 조사 결과, 동봉된 포장 검사 증명서에서 알 수 있듯이 귀하의 주문을 이행하기 위해 우리는 모든 노력을 기울였기 때문에 우리 측의 오류라는 점을 발견할 수 없었습니다.

해설 ②의 경우는 클레임을 제기하는 입장에서 할 수 있는 표현이다.

나머지 표현은 클레임을 제기 받은 당사자가 그 클레임에 대한 답변을 하는 것으로 볼 수 있다.

어휘 investigation 조사 defective 결함 있는
rigorous 엄격한 immensely 매우, 대단히
specification 설명서 reship 재선적하다

18 정답 ④

해석 상황을 고려하여 올바른 것을 고르시오.

> Roori은행에 의해 개설된 신용장에 따라 제시된 서류는 완전 일치하였다. 개설의뢰인은 거래 은행에 결제를 완료하였고 개설은행은 매입은행에게 결제하였다. 얼마 후, 개설의뢰인은 상품의 품질이 좋지 않음을 발견하였다. 개설의뢰인은 개설은행을 찾아가 결제 금액의 환불을 요구하였다.

① Roori 은행은 개설의뢰인에게 환불해 주어야 한다.
② Roori 은행은 수익자에게 의견을 물어보아야 한다.
③ Roori 은행은 수익자에게 환불을 요청하여야 한다.
④ Roori 은행은 환불해줄 의무가 없다.

해설 신용장 거래에서 은행은 서류만을 취급하며 물품, 서비스, 이행에 대해 취급하지 아니한다. 신용장 조건과 일치하는 제시에 대하여 결제한 개설은행은 실제 물품이 계약 내용과 다르다 하여 환불을 해야 할 의무를 지지 않는다. 수입자는 분쟁 해결 절차를 통해 수출자와 해결하여야 한다.

어휘 ask for 요청하다

19 정답 ③

해석 신용장이 추가 정의 없이 '송장'을 요구한다. UCP 600에 따라 반드시 하자로 간주되는 것은 무엇인가?

> 상업송장은
> A. 수익자가 발행한 것으로 보여야 한다.
> B. 개설의뢰인 앞으로 발행되어야 한다.
> C. 신용장과 다른 통화로 발행되어야 한다.
> D. 수익자는 서명할 필요는 없다.

① A만 ② A, B만 ③ C만 ④ D만

해설 A commercial invoice must be made out in the same currency as the credit. 상업송장은 신용장과 같은 통화로 발행되어야 한다(UCP 600 제18조).

어휘 currency 통화

[20~21]

해석 다음을 읽고 물음에 답하시오.

> 우리의 제품을 거래하기 위해 당사와의 계정을 개설하고자 하는 귀하의 서신에 감사드립니다. 동봉된 재무 정보 양식에 3년의 내용을 작성하시고 한 곳의 은행 조회처와 두 곳 이상의 동업자 조회처를 제공해 주십시오.
> 물론 모든 정보는 엄격히 기밀로 취급될 것입니다.
> 귀하의 협조에 감사드립니다.
> 이만 줄이겠습니다.

어휘 provide A with B A에게 B를 제공하다
trade reference 동업자 조회처 bank reference 은행 조회처
in strict confidence 엄격히 기밀로 cooperation 협조

20 정답 ②

해석 서신 작성자는 누구인가?
① 은행원 ② 매도인
③ 매수인 ④ (세금) 징수원

해설 매도인은 매수인의 신용위험을 대비하기 위하여 신용 조회를 진행하게 된다. 이때 은행을 신용조회처로 요청하거나 매수인의 거래 업체를 신용조회처로 요청하기도 한다.

21 정답 ④

해석 재무 정보에 포함되는 것이 아닌 것은?
① 현금흐름 ② 손익계산서
③ 대차대조표 ④ 환어음

해설 환어음은 어음 작성자(발행인)가 제3자(지급인)에 대하여 어음에 기재된 금액을 일정한 기일에 어음상의 권리자(수취인 또는 지시인)에게 지급할 것을 무조건으로 위탁하는 증권으로 재무 정보가 아닌 결제 수단이다.

[22~23]

해석 다음을 읽고 답하시오.

> Mr. Peter Park 귀하
> 저는 몇 달 안에 귀사에 대량 주문을 하고자 합니다.
> 귀하도 알다시피, 지난 2년 동안 저는 귀사에 여러 차례 주문을 하였고, *신속히 결제*하였으므로 이것이 귀하에서 제 명성을 확립시켰기를 바랍니다. 그럼에도 불구하고, 필요하다면 신용조회처를 제공할 의향이 있습니다.
> 가능하다면 앞으로의 계정은 분기별 명세서에 대해 3개월마다 결제하고 싶습니다.

어휘 substantial order 대량 주문 reputation 명성

22 정답 ①

해석 '신속한 결제'와 유사한 의미로 관련이 적은 것은 무엇인가?
① 일정에 따라 차변에 기재하다
② 제때 지불하다
③ 제때 지불하다
④ 일정에 따라 지불하다

해설 '일정에 따라 차변에 기재하다'는 지급받을 돈이 있는 당사자가

차변표(Debit Note)에 기재하는 것을 의미한다. 다시말해 차변표는 상대방에게 받을 돈이 발생한 경우 작성하는 문서 양식이다. 매도인이 부족액이 발생하여 송장 대신에 매수인에게 발송하는 양식이다. 서신의 작성자는 대금을 지급하여야 하는 당사자이므로 그가 차변에 기록한다는 것은 적절하지 않은 표현이다.

어휘 punctually 시간을 엄수하는

23 정답 ④

해석 위의 내용에서 유추할 수 있는 것은 무엇인가?
① Peter Park은 매수인이다.
② 서신의 작성자는 매도인에게 최초 주문을 하고자 한다.
③ 만약 매수인이 매도인의 신용을 걱정한다면 신용조회처가 제공될 수 있다.
④ 요청이 수락된 경우라면 매도인은 분기별 결제를 위한 송장을 발송할 수 있다.

해설 ④ 분기별 명세서에 대해 3개월마다 결제하고 싶다고 하였기에 맞는 내용이다.
① Peter Park은 매도인이다.
② 이전에 여러 차례 주문을 하였다고 언급하므로 틀린 내용이다.
③ 매수인의 신용을 걱정하는 매도인은 매수인에게 신용조회처를 요청할 수 있다.

어휘 initial order 최초 주문   credit 신용

24 정답 ①

해석 다음 밑줄 친 부분 중에서 어색한 것을 고르시오.

(A) 미국 제조업체의 예상된 가격 인상으로 인해, 2020년 5월 6일부터 수입되는 모든 신발에 대해 4%의 (B) 가격을 인상할 수 밖에 없음을 알려드리게 되어 유감스럽습니다.
그러나 (C) 해당 날짜 이전에 받은 주문에 대해서는 현재 가격 수준으로 송장이 발행될 것입니다. (D) 우리는 가격 인상의 필요성을 진심으로 유감스럽게 생각합니다.
그러나 이번 가격 인상은 불가피한 것임을 이해해 주실 것이라 생각합니다.

해설 expected(예상된) 대신에 '예상할 수 없었던'이라는 의미의 unexpected가 사용되어야 의미가 분명해 진다. 예상할 수 없었던 가격 인상으로 인해 불가피하게 가격을 인상하게 되어 유감스럽다는 내용이 나와야 적절하다.

어휘 awkward 어색한, 이상한
have no choice but to ~해야만 한다
beyond one's control ~의 통제를 벗어난, 불가피한

25 정답 ③

해석 다음 밑줄 친 부분에 들어가기에 알맞은 것을 고르시오.

해상보험증권에 포함된 P&I(선주상호보험) 보험은 다음을 담보한다.
_____

① 항해 중의 일반적인 손실 또는 손상
② 화주 운임 손실
③ 선박에 의해 발생한 제3자의 손해에 대한 해상 법적 책임
④ 충돌로 인한 타 선박 손상

해설 P&I 보험은 선체보험과 더불어 선박을 운항하는데 있어서 발생하는 선주의 위험을 담보하는 양도보험의 하나이다. 선박 운항으로 인하여 선주 등이 부담하여야 하는 P&I 보험사고에 대한 배상 책임과 비용을 담보한다.

어휘 liability 책임   collision 충돌

⊕ THE PLUS Owners' P&I의 보상 범위

1. 선원의 부상, 질병 및 사망
2. 선원을 제외한 제3자에 대한 배상 책임
3. 선원의 송환 및 교대 선원 파견 비용
4. 난파 휴업 급여
5. 선원의 유실물 보상
6. 이로에 따른 비용/책임
7. 밀항자 및 난민에 관한 보상
8. 인명 구조
9. 타선과의 충돌로 인한 배상책임
10. 항만, 부두, 방파제 등의 고정물, 부유물에 대한 배상 책임
11. 오염에 따른 배상 책임
12. 예인 계약상의 배상 책임
13. 난파선 제거 비용 및 배상 책임
14. 검역을 하기 위하여 소요된 비용
15. 운송 화물의 멸실, 훼손에 대한 배상 책임
16. 본선에 선적된 화물에 대한 충돌 배상 책임
17. 공동해손 분담금 중 화물 또는 선박에 대한 부분(case by case)
18. 벌금

[제2과목] 영작문

26 정답 ①

해석 다음 단어 중 아래의 빈칸에 들어가기 적절하지 않은 것은?

귀사의 지리적 범위가 넓어질수록 이 조항은 더욱 중요해 질 것입니다. 예를 들어 귀사가 100% 현지인들과 독점적으로 거래를 하는 소규모 지역 회사라면, 귀사의 고객에게 어떠한 법이 적용되는지 알려 주어야 하는 조항이 필요하지 않을 수 있습니다. 모든 사람이 소규모 지역 회사가 소재하는 지역의 법을 예상할 것입니다.
이제 전 세계 여러 국가에서 고객들과 지사와 함께 대형 회사를 운영합니다. 만약 한국의 고객이 제품에 대해 소송을 제기하고자 할 때, 한국의 법이 적용되는지요, 아니면 다른 국가의 법이 그 자리를 대신하게 됩니까? 또는 유럽의 고객을 확보하고 있는 미국 기업이라면 어떻게 되겠습니까?
두 경우 모두 (준거법)조항은 어떤 법을 적용할 것인지 선언하게 될 것이며 두 회사가 국제 변호사를 고용하지 않게 할 수 있습니다.

① 준거법   ② 준거법   ③ 준거법   ④ 준거법

해설 Governing Law, Applicable Law, Proper Law는 계약 당시의 준거법이다. Controlling Law는 준거법이 정해지지 않은 상태에서 발생하는 국제사법적 문제(Conflict of Law, International Private Law)가 발생했을 경우 어느 당사자의 법을 준거법으로 하느냐에 관한 법이다.

어휘 geographic 지리적인   corporation 회사
numerous 여러, 많은   sue 소송을 제기하다

[27~28]

해석 다음을 읽고 답하시오.

> 가장 대표적인 유통성 서류는 선하증권이다. 선하증권은 선박회사로부터 선적인에게 발급되는 인수증이다. 선하증권은 권리증서로서 사용되며 지정된 항구에서 상품을 수령할 당사자가 누구인지를 명시한다. 기명식 선하증권에서 매도인은 매수인에게 직접 물품을 발송한다. 이런 유형의 증권은 신용장 거래에서는 바람직하지 않다. (기명식 선하증권은 직접적으로 매수인이 물품을 소유하는 것을 허용하기) 때문이다.
> 지시식 선하증권으로 선적인은 물품을 은행에게 위탁할 수 있다. 이 방식은 신용장 거래에서 선호된다. 은행은 매수인이 서류에 대해 결제할 때까지 물품에 대한 통제권을 가진다.

어휘 merchandise 상품   designate 지정하다, 표시하다
desirable 바람직한   consign 위탁하다, 인도하다
prefer 선호하다

27 정답 ①

해석 기명식 선하증권의 특성은 무엇인가?
① 유통불능 선하증권
② 유통가능 선하증권
③ 하자 선하증권
④ 지시식 선하증권

해설 기명식 선하증권은 유통성을 배제한 선하증권으로 주로 송금 방식에서 주로 사용된다. 수하인 부분에 수입자의 상호와 주소가 기재되며, 서류의 유통성 없이 수입자가 직접 물품을 수령할 때 주로 사용된다.

28 정답 ①

해석 빈칸에 가장 알맞은 것은?
① 기명식 선하증권은 직접적으로 매수인이 물품을 소유하는 것을 허용한다.
② 선적인은 은행에게 물품을 위탁할 수 있다.
③ 은행은 매수인이 서류에 대해 결제할 때까지 물품에 대한 통제권을 가진다.
④ 은행은 매수인에게 선하증권을 양도할 수 있다.

해설 신용장 거래에서 은행은 지시식 선하증권을 원본으로 발행하여 전통(FULL SET)을 제시하도록 하여 수입자가 대금을 지급하지 않을 경우를 대비하여 담보로 활용하게 된다. 그런데 기명식 선하증권은 원본을 받아 선사에 제시할 필요가 없으므로 은행의 담보권 활용 수단으로 사용할 수 없게 된다. 따라서 신용장 거래에서는 기명식 선하증권을 사용할 수 없게 된다.

어휘 obtain 소유하다, 가지다   maintain 유지하다

29 정답 ②

해석 다음 중 나머지와 다른 의미를 가지는 것은 무엇인가?
① 귀하가 5월 12일까지 주문을 하신다면 특별 할인을 제공해 드리겠습니다.
② 귀하가 5월 12일까지 주문을 받는다면 귀하는 특별 할인을 제공받을 것입니다.
③ 만약 귀하가 5월 12일 또는 그 이전에 주문하신다면, 귀하는 특별 할인을 받을 것입니다.
④ 귀하의 주문을 5월 12일 또는 이전에 받는다면 특별 할인이 제공됩니다.

해설 ①, ③, ④는 상대방이 주문할 경우 할인을 받을 것이라는 내용인데 반해, ② take order는 '주문을 받다'라는 의미로 사용되어 나머지와 그 의미가 다르다.

어휘 on or before ~ 이전에

30 정답 ①

해석 다음 중 빈칸에 들어가기에 적절한 것은?

> 법원의 소송 사건과 비교해 볼 때, 중재는 신속한 결정, 비용 절감, 전문 중재인의 지명 그리고 (판정의 국제 효력)의 장점이 있다.

① 판정의 국제 효력
② 중재 판정의 의무적 공시
③ 정부의 법적 접근
④ 더 높은 법적 안정성

해설 중재는 소송에 비해 단심제로 인한 신속한 결정 및 비용 절감이 가능하며, 전문 중재인의 지명을 통한 합리적 판단이 가능하다. 또한 뉴욕협약에 가입되어 있는 경우 체약국 중재원의 판정은 상대방 국가에서 동일한 효력을 발휘할 수 있다. 중재는 비공개로 이루어지며, 중재 판정 또한 소송과 달리 외부에 공개되지 않는다는 특징을 갖는다.

어휘 in comparison with ~와 비교해 볼 때
lawsuit 소송   court 법원
mandatory 의무적인   publication 공시, 발표, 출간
award 판정   stability 안정성

31 정답 ①

해석 다음 빈칸에 들어가기에 적절하지 않은 것은 무엇인가?

> 해상보험의 종류는 다음과 같이 구분할 수 있다.
> (A. 항해보험)은 특히 선박이 운반하는 해상 화물에 적용되며, 선박 여행자의 소지품에도 적용된다.
> (B. 선체보험)은 사고 발생 시 선박의 손실을 방지하기 위하여 대부분의 선주가 가입한다.
> (C. 책임보험)은 선박이 충돌하거나 충돌하여 발생하는 책임과 기타

유발된 공격으로 인해 발생하는 모든 책임에 대하여 보상을 제공하는 해상보험의 유형이다.
(D. 운임보험)은 선박이 사고로 인하여 화물이 유실된 경우 운임을 잃게 되는 선박회사에게 보험금을 지급하고 보호한다.

① A: 항해보험
② B: 선체보험
③ C: 책임보험
④ D: 운임보험

해설 선박을 통해 운반하는 해상 화물에 대한 보험은 적하보험(Cargo Insurance)이다.
항해보험은 항해 단위를 기준으로 보험자의 책임이 정해지는 보험을 의미한다.

어휘
cater 만족시키다
mishap 재난, 작은 사고
merchant 상선의
in the form of ~의 형태로
belongings 소지품
induce 유도하다, 유발하다
stand a chance of ~의 가능성이 있다
freight 운임, 화물

32 정답 ②

해석 문법적으로 정확하지 않은 것은?

2020년 2월 23일자 주문에 감사드립니다. (A) 귀하의 주문서 3634호 건은 모선 Ventura호에 선적되었고, (B) 2020년 3월 10일 부산에서 출발하여, (C) 2020년 4월 3일경 제노아에 도착할 것을 알려드립니다. (D) 포장은 귀하의 지시 사항에 따라 주의를 기울여 진행되었고, 우리는 모든 물건이 양호한 상태로 귀하에게 도착할 것이라고 확신합니다.

해설 leave for는 '~로 떠나다'라는 의미이므로 '부산에서 출발한다'라는 의미로 사용하기 위해서는 leaving for Busan on March 10, 2020 부분에서 for를 삭제하고 leaving Busan on March 10, 2020으로 작성되어야 한다. (C) 내용으로 보면 제노아에 도착할 것이라고 하기 때문에 부산을 향해 간다는 내용이 중복되어 나오는 것은 알맞지 않다.

어휘
load (짐을) 싣다
leave for ~을 향해 출발하다
according to ~에 따라
in good condition 양호한 상태로
M/S(= Motor Ship) 모선
carry out 수행하다, 이행하다
instructions 지시 사항

33 정답 ②

해석 다음 단락에서 잘못된 부분을 고르시오.

(A) 손해사정인은 특히 선체와 선박의 피보험이익과 관련된 해상보험의 손실 정산 전문가이다. (B) 그는 특히 모든 분손 정산에 더 신경을 쓴다. (C) 손해사정인은 정산서를 작성하여야 하는 책임을 부담하는 선주를 위해 공동해손 정산서 작성을 수행하도록 지시받는다. (D) 손해사정인의 보수와 비용은 정산 비용의 일부가 된다.

해설 공동해손이 발생할 경우 선주의 요청에 따라 손해사정인(Adjuster)에게 손해 사정을 의뢰하는 것이 일반적이며, 정산 비용에는 해난보고서 작성 비용, 공동해손 손해 감정 비용, 해손정산인의 보수, 해손정산인의 여비 등이 포함된다. 해손정산인은 분손이 아닌 공동해손(General Average) 업무를 주로 수행하게 된다.

어휘
adjuster 손해사정인
adjustment (보험) 정산
hull interest 선박에 대한 피보험이익
onus 책임
expert 전문가
hull 선체
appoint 지시하다
draw up 작성하다, 만들다

34 정답 ②

해석 다음 단락 중 잘못된 부분을 고르시오.

(A) 해상화물운송장은 해상운송을 위한 운송서류로서 우선적으로는 운송계약의 증거 역할을 수행하고 (B) 운송되는 물품의 인수증 및 권리 증서로 여겨진다. (C) 물품의 인수를 위해 해상화물운송장의 제시는 불필요하다. (D) 일반적으로 수령자는 본인임이 확인되면 되므로 도착항에서 처리 속도를 높일 수 있다.

해설 해상화물운송장(SWB)은 권리포기 선하증권(Surrendered B/L)과 마찬가지로 권리증권의 기능을 배제한 서류로서 해상운송계약의 증빙, 물품 인수증의 역할을 수행한다.

어휘
maritime 해상의
identify 확인하다
prima-facie 일단(우선) 볼 때의

35 정답 ①

해석 문법적으로 옳지 않은 것은 무엇인가?

(C) 해당 계약과 관련하여 혹은 그것에 대한 위반으로 인해 (B) 양당사자간에 발생하는 (A) 모든 분쟁, 논쟁 또는 의견 차이는 (D) 서울에서 중재에 의해 최종적으로 해결될 것이다.

해설 may raise라고 되어 있는 부분이 may arise로 바뀌어야 한다. raise는 '(무언가)가 위로 움직이다'라는 의미이며, arise는 '(무슨 일이) 생기거나 일어나다, 발생하다'라는 의미이다.

어휘 controversy 논쟁

36 정답 ①

해석 다음 중 영어로 작성된 것 중 가장 정확하지 않은 것은?

해설 ① "귀사에게 당사의 늦은 답장에 대해 사과하다"라고 표현하기 위해서는 apologize to you for our late reply라고 해야 알맞다.

어휘
respond 답변하다
account for 설명하다

37 정답 ②

해석 다음 중 영어로 작성된 것 중 가장 정확하지 않은 것은?

해설 ② lower the price by $20(20달러까지 가격을 더 낮추다)로 사용하는 것이 적절하다.

어휘 lower 낮추다

38 정답 ④

해석 다음 중 영어로 작성된 것 중 가장 정확하지 않은 것은?

해설 ④ until 5:00 p.m. on July 12 부분이 by 5:00 p.m. on July 12로 수정되어야 한다.
by는 행위가 완료되는 시점을 나타내고, until은 행위가 해당 시점까지 계속되는 것을 의미한다.

어휘 furnish (가구를) 비치하다, 제공하다

39 정답 ②

해석 빈칸에 적합한 답변을 고르시오.

> (상계 관세)는 다른 국가로 수출되는 상품에 대해 수출국 정부가 제공하는 보조금의 영향을 상쇄하기 위해 과세하는 세금입니다.

① 보복 관세
② 상계 관세
③ 덤핑 관세
④ 덤핑방지 관세

해설 상계관세는 수출국에서 제조, 생산 또는 수출에 관하여 보조금, 장려금 등을 지급받은 물품이 수입되어 국내 산업을 저해하는 경우에 기본세율 이외에 해당 보조금만큼의 금액을 추가 부과하는 관세를 의미한다.

어휘 assess (세금을) 부과하다   counter 대응하다, 상쇄하다
subsidy 보조금

THE PLUS 오답 선택지

① 보복 관세: 교역상대국이 우리나라의 수출 물품 등에 부당한 행위를 하여 우리나라의 무역 이익이 침해되는 경우에는 그 나라에서 수입되는 물품에 대한 피해 상당액의 범위 내에서 부과하는 관세

④ 덤핑방지 관세: 외국의 생산자가 부당하게 낮은 가격으로 수입(덤핑)함으로써 국내 산업에 피해를 야기하는 경우 그 행위를 시정하고 국내 산업 피해를 구제하기 위하여 실행관세율에 정상 가격과 덤핑가격 간의 차액에 상당하는 금액 이하의 관세를 추가하여 부과하는 관세

[40~41]

해석 다음을 읽고 답하시오.

> 귀하의 주문의 인도 지연에 대해 이전 서신에서 언급했듯이, 상황은 여전히 동일하며, 노동조합의 파업은 여전히 진행 중 입니다. 이러한 상황에 대해 유감이며, 우리의 통제를 벗어난 일이므로 우리가 (수습할) 수 없는 상황입니다.
> 귀하의 주문의 배송 지연에 대해 다시 한 번 사과의 말씀과 유감을 표합니다.
> 이만 줄이겠습니다.

어휘 trade union 노동조합   strike 파업

40 정답 ②

해석 상기 서신에서 어떤 상황에 대한 양해를 구하는가?
① 지연 지급
② 불가항력
③ 미지급
④ 조기 선적

해설 불가항력(Force Majeure)은 천재지변(Act of God)과 같은 자연적인 사태와 동맹파업(Strike), 공장 폐쇄(Lock-out), 내란(Insurrection) 등의 인위적인 요소 및 생산 기계의 고장, 원재료 부족 등의 사태를 포함하여 매도인의 능력으로 통제가 불가능한 여건을 말한다.

어휘 excuse 용서하다, 너그러이 봐주다

41 정답 ①

해석 적절한 단어로 빈칸을 채우시오
① 수습하다
② 조사하다, 검토하다
③ 마련하다, 정리하다
④ 철하여 정리·보관하다

해설 rectify는 '수습하다, 사태를 바로잡다'라는 의미이므로 인도 지연 상황을 바로 잡을 수 없다는 의미의 문장에 사용되기에 알맞다.

[42~43]

해석 다음은 화물선취보증서의 일부이다. 각각의 질문에 답하시오.

> (A) 귀사가 상기 선적과 관련한 선하증권을 발행하였고 상기 화물이 양륙항에 도착하였기에 당행은 선하증권 원본의 제출 없이 상기 언급된 당사자에게 물품을 인도하여 주실 것을 요청드립니다.
> 당행의 요청에 대한 귀사의 수락에 대한 보답으로 당행은 귀사에게 다음과 같이 보상할 것을 약속합니다.
> 당행의 요청에 따라 화물을 인도한 결과로 발생할 수 있는 손실에 대한 비용. 다만 아래 서명된 은행은 운송계약에 따른 운임, 컨테이너 체화료, 기타 비용으로부터는 면제됩니다.
> 상기 화물과 관련된 원본 선하증권이 당행에 도착하는 즉시, 귀사에게 (B) 서류를 전달할 것이며, 이로써 본 계약에 따른 당행의 책임은 마무리됩니다.

어휘 whereas ~인 까닭에, 반면에   covering ~와 관련한
in consideration of ~에 대한 보답으로   sustain 견디다, 지탱하다
in accordance with ~에 따라서   undersign ~ 아래에 서명하다
be exempt from ~에서 면제되다   demurrage 체화료
in respect of ~에 관해서   corresponding 일치하는
surrender 넘겨주다, 포기하다   whereupon 그래서
cease 끝내다, 중지하다

42 정답 ②

해석 A와 B에 적합한 것은 무엇인가?
① (A) 운송인 - (B) 화물선취보증서

② (A) 운송인 - (B) 선하증권
③ (A) 매수인 - (B) 선하증권
④ (A) 매도인 - (B) 화물선취보증서

해설 (A) 선하증권을 발행하는 당사자는 운송인인 선사이다.
(B) L/G를 발행한 은행은 원본 선하증권을 수령하는 즉시 선하증권 원본을 선사에 전달하여야 한다.

43 정답 ②

해석 단어 보상하다와 유사한 것은?
① 등록하다, 신고하다
② 상환하다
③ 상환 청구
④ (권리를) 포기하다, 넘겨주다

해설 L/G의 발행은행은 L/G와 상환으로 물품을 인도하였을 때 발생할 수 있는 비용이나 위험에 대해 책임을 부담하게 되며, 이러한 비용이 발생하는 경우 운송인에게 보상(대금 상환)하여야 한다.

[44~45]

해석 다음을 읽고 답하시오.

백지 배서는 선하증권이 (C) 지시식 또는 송하인 지시식으로 발행될 때 특정인을 (B) 기재하고 선하증권 뒷면에 (A) 배서인이 서명하는 행위를 말한다. 그렇게 되면 선하증권은 소지인식 증권이 되며 (D) 소지인은 선하증권을 선사에 제시하고 물품을 수령할 수 있다.

어휘 blank endorsement 백지 배서   endorser 배서인
bear 떠밀다, 제공하다   bearer 소지인
instrument 증권, 증서   holder 소지인

44 정답 ②

해석 백지 배서에 대한 설명으로 틀린 것은?

해설 백지 배서는 선하증권 뒷면에 피배서인을 기재하지 않고 배서인이 서명하여 양도하는 행위를 의미한다. 따라서 with가 아닌 without이 알맞다.

45 정답 ①

해석 소지인에 관한 것 중 옳은 것은?
① 소지인은 선하증권을 소유하거나 점유한 자이다.
② 소지인은 다른 자에게 선하증권을 양도할 수 없다.
③ 소지인은 유통가능 선하증권 운용에 있어 은행이 된다.
④ 소지인은 선하증권을 보유할 수 없지만 양도를 위해 제3자에게 배서한다.

해설 소지인(Bearer)은 배서인의 배서에 의해 선하증권을 정당하게 양도받은 당사자를 의미하며, 선사에 서류를 제시함으로써 물품을 인수할 수 있는 자격이 있는 자이다. 매입 신용장 방식에 있어서 서류를 매입한 은행이 정당한 소지인이 될 수 있으며, 신용장 이외의 방식에서 은행 외에 정당하게 서류를 양도받은 자도 소지인이 될 수 있다.

어휘 assign 양도하다, 할당하다   endorse 배서하다
assignment 양도

[46~47]

해석 다음을 읽고 답하시오.

전 위험담보 조건(All risks)은 보험이 담보하는 조건을 나타내는 보험 용어이다.
(A) 전위험담보 조건은 각각의 모든 손실을 항상 보장하는 것으로 해석되어야 한다.
적하보험에서 이 용어는 운송 중에 발생하는 (화재, 지진, 투하)와 같은 모든 우연한 손실을 포함하며, (B) 다수의 면책위험을 포함한다. 즉 전위험담보 조건은 (C) 계약에서 특별히 보장을 배제하지 않는 한 어떠한 위험도 보장하는 일종의 손해보험 또는 상해보험이다. 이는 (D) 위험이 면책위험으로 나열되지 않는 한 보장된다.

어휘 denote 나타내다, 표시하다
construe ~을 이해하다   embrace 포함하다
fortuitous 우연한   casualty 사상자, 피해자

46 정답 ①

해석 전위험담보 조건에 대한 설명 중 알맞지 않은 것은?

해설 전위험담보 조건은 무조건적인 위험에 대한 담보를 허용하는 보험이 아니라 면책위험으로 배제되는 위험에 대해서는 보장하지 않는 보험이다. 항상 보장하는 것으로 해석되어서는 안 된다.

47 정답 ①

해석 빈칸에 들어가기 적절하지 않은 것은?
① 고유의 하자
② 화재
③ 지진
④ 투하

해설 구협회적하약관을 해석할 때는 MIA(영국해상보험법)의 면책 위험을 같이 적용하여야 한다.
① 피보험자의 고의적인 불법 행위
② 통상의 누손·중량 또는 용적의 통상 감소, 자연 소모
③ 포장 또는 포장 준비의 불완전·부적합
④ 물품 고유의 하자·성질
⑤ 지연
⑥ 선박 소유자·관리자·용선자 또는 운항자의 지급 불능 또는 채무 불이행
⑦ 제3자의 불법 행위에 의한 의도적인 손상 또는 파괴
⑧ 원자 핵무기에 의한 손해
위의 경우 면책위험으로 규정하고 있으며 신협회적하약관에서는 일반 면책 조항으로 삽입하여 해석상의 번거로움을 해결하였다.

어휘 inherent 본래의, 고유의   vice 결함

[48~49]

해석 다음을 읽고 답하시오.

> 다른 결제 방식과 비교하여, 화환 신용장 거래에서 은행의 역할은 상당하다. 은행은 중개자 역할을 수행하면서 무역 거래의 양당사자에게 추가적인 보증을 제공한다. 은행은 매도인이 지정 은행을 통해 개설은행 앞으로 필요 서류를 제시한다면 결제 받을 수 있는 것을 보증한다.
> 은행은 또한 (포장명세서, 송장, 검사증명서)와 같은 선적서류를 제시하지 않으면 대금이 지급되지 않을 것이라고 매수인에게 보증한다.

어휘 security 보증, 안전   intermediary 중개자, 조정자

48 정답 ①

해석 신용장에서 지정은행에 대한 일반적인 표현은 무엇인가?

해설 신용장 개설 시 "available with 지정은행 by 결제 방법(payment, deferred payment, acceptance, negotiation)"으로 표기한다.

49 정답 ②

해석 빈칸에 알맞지 않은 것은 무엇인가?
① 포장명세서
② 환어음
③ 송장
④ 검사증명서

해설 환어음은 금융 서류에 해당하며 선적서류에 포함되지 않는다. 신용장에서 요구하는 기본 선적서류는 운송서류, 송장, 보험서류이며, 기타 필요에 의해 포장명세서, 원산지증명서, 검사증명서 등을 요구할 수 있다.

50 정답 ①

해석 올바른 단어로 빈칸을 채우시오.

> 신용장 계약에서는 거래를 용이하게 하는 중개자인 은행이 존재한다는 것과는 관계없이 개설은행과 (A) 수익자 간의 계약임을 기억하여야 한다. 따라서 신용장에 기재된 개설은행과 다른 제시 장소인 것과 관계없이, 수익자는 개설은행에 (B) 직접 서류를 제시할 자유가 있으며 개설은행은 일치하는 제시라면 결제할 의무가 있다.

① (A) 수익자   – (B) 직접적인
② (A) 개설의뢰인 – (B) 직접적인
③ (A) 수익자   – (B) 간접적인
④ (A) 개설의뢰인 – (B) 간접적인

해설 신용장 거래의 기본 당사자는 개설은행, 수익자, 확인은행(만약 있다면)이다. 신용장은 개설은행이 신용장의 조건과 일치하는 서류를 제시하면 결제하겠다는 조건부 확약이며, 지정은행을 통해 서류를 개설은행에 제시하여도 되고, 직접 개설은행 앞으로 제시하는 것도 가능하다.

어휘 regardless of ~에 관계없이
facilitate ~을 용이하게 하다   liberty 자유

be obliged to ~할 의무가 있다   complaint (법을) 준수하는

[제3과목] 무역실무

51 정답 ④

해석 ① 개인용, 가족용 또는 가정용으로 구입된 물품의 매매
② 경매에 의한 매매
③ 선박, 소선, 부선 또는 항공기의 매매
④ 물품을 제조 또는 생산하여 공급하는 계약

해설 비엔나협약은 물품을 제조 또는 생산하여 공급하는 계약에 적용되며, ①, ②, ③의 경우에는 적용되지 아니한다.

52 정답 ②

해설 노하우가 라이선스의 대상이 되기 위해서는 외부에 알려지지 않은 유용한 경영상의 정보여야 한다.

53 정답 ③

해설 CIF 조건에서는 매도인은 수출통관 절차를 수행할 의무를 가지나 수입국에서의 수입통관 절차까지 수행할 의무가 없다. 통과국을 통과할 때에 부과되는 수입 관세를 포함한 모든 비용도 매수인이 부담한다. 또한 이 조건에서는 매수인의 국가에 물품이 도착할 때까지의 비용을 부담하나 물품에 대한 위험의 분기점은 수출항에 정박한 선박의 본선 상에 물품이 놓인 때이다.

54 정답 ②

해설 우리나라 선박이 공해에서 채집한 수산물은 내국 물품으로 간주한다.

> **THE PLUS** 관세법상 내국 물품
> ㉠ 우리나라에 있는 물품으로서 외국 물품이 아닌 것
> ㉡ 우리나라의 선박 등이 공해에서 채집하거나 포획한 수산물 등
> ㉢ 입항 전 수입신고가 수리된 물품
> ㉣ 수입 신고 수리 전 반출 승인을 받아 반출된 물품
> ㉤ 수입 신고 전 즉시 반출 신고를 하고 반출된 물품

55 정답 ②

해석

> + 수익자의 지시에 따라 발행되고 송장금액에 그 10%를 모두 더한 금액에 대해 백지 배서된 보험증권 2부

해설 CIF, CIP 조건의 경우 피보험자와 보험계약자 모두 매도인의 이름이 기재된다. 피보험이익의 양도를 전제로 보험증권을 매수인에게 양도하게 된다. 상기 조건에 따라 매도인(㈜Haiyang)은 보험증권에 백지 배서하여 은행에 보험증권 전통(FULL SET)을 제시하여야 한다.

56 정답 ②

해설 양도를 취급할 수 있는 은행은 일반적으로 지급은행, 연지급은행, 인수은행, 매입제한은행, 자유매입 신용장의 경우 신용장에서 양도은행으로 지정된 은행, 그리고 개설은행은 신용장 양도 시 양도은행이 될 수 있다. 개설은행은 매입을 하는 주체가 아니므로 매입을 수권받을 수 없다. 또한 신용장 양도 시 무역금융이 취급된 건은 양도가 불가능하다.

57 정답 ③

해설 T/R(수입화물대도)은 개설은행이 수입 화물에 대한 담보권과 소유권을 유지하면서 수입업자가 수입 대금을 결제하기 전에 수입 화물을 처분할 수 있도록 하는 제도이다. 즉, 수출자가 아닌 수입자에 대한 편의를 제공하는 제도이다.

58 정답 ③

해설 ③ 품목무차별운임에 대한 설명이다.

THE PLUS 오답 선택지
① 종가운임 : 물품 가격에 따라 부가되는 운임
② 최저운임 : 다른 운임과 비교 시 가장 저렴한 운임
④ 운임톤 : 운임 산출의 기준으로 중량과 부피 중 가격이 비싼 쪽 운임을 선택

59 정답 ④

해설 품질, 수량, 가격, 포장, 선적, 보험, 결제 조건은 매 거래마다 달리 제시될 수 있는 가변적인 무역계약의 기본 조건으로 볼 수 있으며, 중재 조건은 거래 관계 개설 시 작성하는 일반거래 조건 협정서 등에 한 번 설정되면 영구히 적용되는 불변적인 분쟁해결 조건으로 볼 수 있다.

60 정답 ③

해설 은행에 추심 업무를 위탁하는 자는 수출자이며 추심의뢰인(Applicant)이라고 한다. 추심 거래에서 지급인(Drawee)은 환어음상의 금액을 지급하는 자로 수입자가 된다.

61 정답 ③

해설 Letter of Guarantee(L/G, 수입화물선취보증서)는 선적서류 실물 원본이 물품보다 늦게 도착하는 경우에 사용되는 보증서이므로 전자 선하증권이 발행되는 경우 선적서류 실물 원본의 도착 지연이 발생하지 않게 된다. 따라서 전자 선하증권의 사용이 증가하면 L/G의 사용은 감소하게 된다.

62 정답 ④

해설 선하증권은 화물의 운송에 관해 B/L 표면상에 기재된 운송 조건이 적용되며, 이러한 조건으로 계약이 성립됨을 증명하는 기능을 한다. 다만 선하증권은 운송계약 그 자체는 아니며, 그 실질적 증거의 하나에 불과하다.

63 정답 ④

해설 용선자는 정박기간 동안 비용을 부담하여야 하므로 최대한 빠른 시일 내에 하역작업을 완료하는 것이 유리하다. 예정보다 빠르게 하역작업을 완료한 경우에는 선주로부터 Despatch Money(조출료)를 받을 수도 있다.

64 정답 ③

해설 피보험이익이 보험계약 체결 시 확정되지 않을 수 있으나 보험사고가 발생하여도 보험금과 보험금을 지급받을 피보험자가 확실해지지 않기 때문에 늦어도 보험사고가 발생할 때까지는 금전적으로 확정되어야 하며 그 귀속이 결정될 수 있어야 한다.

65 정답 ④

해설 청약 효력 소멸 사유에는 청약의 철회, 취소, 거절, 반대청약, 시간의 경과, 당사자의 사망 등이 해당되며, 청약 조건을 조회하는 행위는 청약의 효력을 소멸시키는 것으로 볼 수 없다.

66 정답 ④

해설 매도인 최종 확인 조건부청약(Offer Subject to Our Final Confirmation, Sub-con Offer)은 청약의 유인에 해당하는 조건부청약이다.

67 정답 ④

해설 위부(Abandonment)는 해상보험의 피보험자가 보험목적물의 전손을 정확하게 파악하지 못하는 추정전손의 경우 보험금 전액을 지급받기 위하여 보험목적물에 관한 일체의 권리를 보험자에게 양도하는 것을 말한다. 따라서 현실전손이 아닌 추정전손인 경우에 위부해야 한다.

68 정답 ③

해설 물품명세확정권은 매도인이 행사할 수 있는 권리구제 수단이다. 매수인이 물품의 형태, 용적, 기타 특징을 지정하기로 한 경우 매수인이 물품 명세를 지정하지 않으면 매도인은 자신의 물품 명세를 작성할 수 있다. 매도인이 세부 사항을 매수인에게 통지하였음에도 매수인이 물품 명세를 작성하지 않으면 매도인이 작성한 물품 명세가 구속력을 가진다.

THE PLUS 매수인과 매도인의 구제 권리

구분	구제 권리	
	매수인	매도인
특정이행청구권	○	○
대체품인도청구권	○	×
하자보완청구권	○	×
추가기간지정권	○	○
계약해제권	○	○
대금감액청구권	○	×
손해배상청구권	○	○
물품명세확정권	×	○

69 정답 ③

[해설] ③ 부채가 아닌 자산이 되어야 알맞다.

> **THE PLUS** 중재법 제18조 임시적 처분
>
> ① 당사자 간에 다른 합의가 없는 경우에 중재 판정부는 어느 한쪽 당사자의 신청에 따라 필요하다고 인정하는 임시적 처분을 내릴 수 있다.
> ② 제1항의 임시적 처분은 중재 판정부가 중재 판정이 내려지기 전에 어느 한쪽 당사자에게 다음 각 호의 내용을 이행하도록 명하는 잠정적 처분으로 한다.
>   1. 본안에 대한 중재 판정이 있을 때까지 현상의 유지 또는 복원
>   2. 중재 절차 자체에 대한 현존하거나 급박한 위험이나 영향을 방지하는 조치 또는 그러한 위험이나 영향을 줄 수 있는 조치의 금지
>   3. 중재 판정의 집행 대상이 되는 자산에 대한 보전 방법의 제공
>   4. 분쟁의 해결에 관련성과 중요성이 있는 증거의 보전

70 정답 ①

[해설] FOB 조건에서 매도인은 물품을 수출국의 본선에 적재할 때까지의 비용을 부담하며, DAP, DDP 조건은 수입국의 지정된 장소까지 CIF 조건은 수입항까지 비용을 매도인이 부담한다.

71 정답 ③

[해설] 중재는 당사자 간의 성문화된 합의(계약)를 필요로 한다. 즉, 중재 장소, 중재 기관, 중재법 등을 당사자 간의 합의에 의해 결정할 수 있으므로 계약자유의 원칙이 적용된다고 볼 수 있다.

72 정답 ②

[해석]
① 실제 권한
② 표현 대리
③ 가정된 권한
④ 비준주의

[해설] 표현 대리(표견 대리)에 대한 설명이다. 대리점이 본사로부터 위임 받지 않은 권한을 행사했지만, 대리점을 신뢰한 제3자가 거래당사자 기준에서 대리점이 본사의 권한을 위임받았다고 상식적으로 신뢰할 수 있는 경우 표현 대리가 발생한 것으로 볼 수 있다.
④ 비준주의는 어떤 당사자가 타인의 지식이나 동의 없이 다른 사람을 대신하여 어떤 일을 하였을 때 타인은 비준을 통해 그 행위를 인정하거나 거부할 수 있다는 주의이다.

[어휘] **apparent** 분명한　　**presume** 가정하다
doctrine 주의, 교리　　**ratification** 비준

73 정답 ④

[해설] ①, ②, ③은 독소조항이라 한다. 독소조항은 신용장의 유효성을 제약하거나 개설의뢰인이 발행 또는 부가하여야 하는 서류를 요구하는 경우 실무 관행 등으로 미루어 사실상 이행이 불가능한 조건이 삽입되어 있는 신용장의 조건을 의미한다. 서류의 위·변조 및 사기 거래 등과 관련한 분쟁 발생 가능성이 농후하므로 이러한 조건이 삽입되지 않도록 하여야 한다.

74 정답 ②

[해설] 전자무역은 글로벌 B2B(Business to Business : 기업 간 거래)로 보아야 한다. B2C는(Business to Consumer) 기업과 소비자 간 거래로 보아야 한다.

75 정답 ②

[해석] 판매된 모든 물품은 각각의 계약서에 명시된 시간 안에 선적되어야 한다. 선하증권의 날짜는 선적일의 최종적 증거로서 여겨질 것이다. 특별히 정해지지 않았다면 선적항은 매도인이 선택한다.

[어휘] **conclusive** 최종적인, 결정적인

[해설] 선적기간, 선적 일자 및 선적항에 대해 규정하고 있으므로 선적 조건임을 알 수 있다.

정답 및 해설 2020년 제3회(119회)

[제1과목] 영문해석

01	④	02	①	03	②	04	①	05	①
06	④	07	①	08	③	09	①	10	①
11	②	12	④	13	③	14	①	15	④
16	①	17	②	18	④	19	③	20	①
21	④	22	②	23	②	24	②	25	③

[제2과목] 영작문

26	④	27	①	28	①	29	①	30	①
31	②	32	③	33	③	34	④	35	③
36	④	37	②	38	④	39	③	40	②
41	②	42	①	43	③	44	①	45	④
46	①	47	②	48	②	49	③	50	①

[제3과목] 무역실무

51	④	52	③	53	②	54	①	55	③
56	①	57	②	58	④	59	②	60	④
61	④	62	④	63	③	64	③	65	④
66	④	67	④	68	①	69	③	70	④
71	②	72	④	73	③	74	③	75	④

[제1과목] 영문해석

01 정답 ④

해석 아래 문장에서 유추할 수 있는 것은 무엇인가?

> 무역금융은 일반적으로 자기 회수적인 성격을 지닌 수출 금융을 의미한다.

① 모든 수출 금액은 지불된 후 대출 연장에 적용된다. 잔액은 수입자의 계좌로 입금된다.
② 선적 전 금융은 일반 운전 자본 대출로 지급된다.
③ 수출 금융은 일반 운전 자본 대출보다 활용하기 조금 어렵다.
④ 모든 수출 자금은 추심된 후, 대출 상환에 사용된다. 잔액은 수출자의 계좌로 입금된다.

해설 무역금융은 일반 대출과 달리 은행에서 수출과 관련된 자금을 대출해 주고 나중에 수출 관련 자금을 회수하여 대출금과 상계 처리하는 자기 회수적인 성격을 갖는다.

어휘 refer to ~을 나타내다   self-liquidating 자기 회수적인
remainder 잔액   trade finance 무역금융
payoff (돈을) 갚다

02 정답 ①

해석 아래는 del credere agent에 대한 내용이다. 다른 것과 일치하지 않는 것은 무엇인가?

> (A) 추가수수료(Del Credere 수수료)를 위해 대리인이 물품을 위탁 판매할 때 체결하는 계약으로 (B) 구매자의 지불 능력과 계약 이행을 보증한다. 그러한 대리인은 지급 보증 대리인(Del Credere Agent)으로 불린다. (C) 그는 단지 보증인일 뿐. 구매자가 채무 불이행을 행한 경우에만 본인이 책임을 진다. (D) 대리인은 제3자에게 신용을 연장한 결과 본인에게 손실이 발생한 경우 본인에 대해 배상할 의무가 있다.

해설 지급 보증 대리인(Del Credere Agent)은 본인(본사)의 위탁에 의거하여 상품을 현지에서 위탁 판매하는 경우 현지 고객의 대금 지불을 보증하는 본인(본사)과 체결하고 있는 대리인을 의미한다. 즉, 추가 수수료를 얻기 위한 목적이 아닌 구매자의 대금 지불에 대해 위탁받은 중개업자로 하여금 보증하게 하여 본사(본인)가 대금 회수 위험을 회피하기 위한 목적으로 사용된다.

어휘 del credere agent 지급 보증 대리인
solvency 지불 능력   purchaser 구매자
mere 단지 ~에 지나지 않은   surety 보증인, 담보
principal 본인   default 채무 불이행
be obligated to ~해야 한다   in event of ~의 경우에

[03~04]

해석 다음을 읽고 질문에 답하시오.

> 5월 25일자 서신에 언급된 KAsia에 대해 알려드리게 되어 기쁘게 생각합니다. KAsia는 작지만 잘 알려져 있고 매우 건실한 회사로 (A) 5년 넘게 이 지역에서 운영되고 있는 회사입니다.
> 당사는 (B) 5년 이상 분기별 사후송금 결제 조건으로 그들과 거래를 하고 있으며, (C) 현금 할인 혜택을 받고 있지는 않지만, 그들은 항상 제 날짜에 신속하게 결제해 왔습니다. 우리가 그 회사에 허용한 신용 한도는 (D) 귀하가 언급한 미화 100,000달러를 상회하고 있습니다.

어휘 state 알리다   highly 매우
respectable 명성이 있는   take advantage of ~을 이용하다
on the net dates 제 날짜에   mention 언급하다

03 정답 ②

해석 서신의 작성자는 누구인가?
① 은행　　　　　　　　② 신용조회처
③ 매도인　　　　　　　④ 매수인

해설 서신의 작성자는 KAsia에 대한 평판과 결제 조건 및 신용 한도를 설명하고 있는 것으로 보아 신용조회처 중 동업자 신용조회처로 볼 수 있다.

04 정답 ①

해석 문법적으로 잘못된 것은 무엇인가?

해설 회사가 스스로 설립한 것이 아니라 설립되어 5년 넘게 운영되고 있으므로, who has been established in this town for more than five years로 수정되어야 알맞다.

05 정답 ①

해석 다음 지문에서 유추할 수 없는 것은 무엇인가?

> Mr. Cooper 귀하
> EduCare 광고에 대한 귀사의 답변에 감사드립니다.
>
> 귀사의 제안에 관심이 있지만, 송장 가격의 5%로 견적해 주신 수수료는 우리가 지불하고자 하는 금액보다 높습니다. 하지만 귀사가 저희에게 견적해 주신 다른 조건들은 우리에게 적합합니다.
> 다시 한 번 말씀드리지만 우리는 순 송장금액의 3% 이상의 수수료를 지불할 의사가 없으며, 귀사가 이 요율을 수용하신다면 우리는 8월 1일부터 유효한 1년 계약을 체결할 의사가 있습니다.
>
> 덧붙여 말씀드리고 싶은 것은 저희 사업 규모는 귀사께서 저희 제안을 받아들일 만한 가치가 있는 것이라는 점입니다.
> 감사합니다.
> Peter 드림

① Peter는 대리인이다.
② Cooper는 수수료를 기반에 둔 사업에 종사한다.
③ 3%의 수수료는 본인(본사)에게 지불할 수 있는 최대 금액이다.
④ 낮은 수수료는 대량 주문으로 보상될 것이다.

해설 본문에서 Peter는 대량 주문으로 낮은 수준의 수수료를 충당할 수 있을 것이라고 언급하는 것으로 보아 Peter(또는 회사)의 명의로 매매계약을 체결하고자 하는 것을 알 수 있다.

어휘 advertisement 광고　　　proposition 제안
suit 적합하게 하다　　　envisage 예상하다, 가정하다
with effect 유효한

06 정답 ④

해석 UCP 600하에서 매입에 대한 설명 중 옳지 않은 것을 고르시오.

(A) 매입은 (B) 일치하는 제시에 대하여 (A) 지정은행이, (D) 개설은행에 상환하여야 하는 은행영업일 또는 그전에 (C) 대금을 지급함으로써 또는 대금지급에 동의함으로써 (A) 환어음(지정은행이 아닌 은행 앞으로 발행된) (B) 및/또는 서류를 (A) 매수하는 것을 의미한다.

해설 (D)에서 Issuing Bank(개설은행)가 아닌 Nominated Bank(지정은행)가 들어가야 한다.

어휘 advance 선납하다, 선대하다　　　reimbursement 상환

07 정답 ①

해석 선하증권의 운용에 있어 소지인에 관해 올바른 것은 무엇인가?
① 소지인은 선하증권을 소유하거나 점유하고 있는 당사자이다.
② 소지인은 선하증권을 타인에게 양도할 수 없다.
③ 소지인은 선하증권 운용에 있어 두 번째 송하인이다.
④ 소지인은 선하증권을 보유할 수 없지만 제3자에게 양도를 위해 배서한다.

해설 선하증권의 정당한 소지인은 선하증권을 소유하거나 점유할 수 있으며, 배서에 의해 제3자에게 양도할 수 있다. 매입 신용장의 경우 매입은행이 일반적으로 선하증권의 소지인이 된다.

08 정답 ③

해석 UCP 600하의 신용장에 대한 설명 중 옳지 않은 것을 고르시오.

(A) 신용장은 (B) 그 명칭과 상관없이 (D) 개설은행이 일치하는 제시에 대하여 결제(honour)하겠다는 (C) 확약으로서 취소 불능 또는 취소 가능한 (A) 모든 약정을 의미한다.

해설 신용장(Credit)은 그 명칭과 상관없이 개설은행이 일치하는 제시에 대하여 결제(honour)하겠다는 확약으로서 '취소가 불가능한' 모든 약정을 의미한다.(UCP 600 제2조)

09 정답 ①

해석 빈칸에 적합한 가장 올바른 답을 고르시오.

면책 위험은 피보험자의 (A) 고의적 불법 행위, 지연, (B) 자연 소모, 고유의 하자, 해충으로 인한 피보험목적물의 손실 또는 손실이 발생하거나 부보된 위험을 (C) 근인으로 하지 않는 손실에 대해 보험자의 책임을 면제하는 위험을 의미한다.

① (A) 고의적 불법 행위　(B) 자연 소모　(C) 근인
② (A) 고의적 불법 행위　(B) 소모　　　　(C) 근인
③ (A) 부정행위　　　　　(B) 소모　　　　(C) 원인
④ (A) 부정행위　　　　　(B) 자연 소모　(C) 원인

해설 면책위험은 보험자가 면책되는 위험으로 그들이 담보하지 않는 위험을 의미한다.

어휘 vermin 해충　　　proximately 가까이, 인접하여

> **THE PLUS** 신협회적하약관 제4조 일반면책위험
>
> 1. 피보험자의 고의적 불법 행위
>   (Attributable to wilful misconduct to the Assured)
> 2. 통상의 누손, 중량 또는 용적의 통상의 감소, 자연 소모
>   (ordinary leakage, ordinary loss in weight or volume, or ordinary wear and tear)
> 3. 포장 또는 운송용구의 불완전, 부적합
>   (insufficiency or unsuitability of packing or preparation)
> 4. 화물 고유의 하자 또는 성질
>   (inherent vice or nature of the subject-matter insured)
> 5. 항해의 지연
>   (loss damage or expense caused by delay)
> 6. 선주, 관리자, 용선자 또는 운항자의 지급 불능 또는 채무 불이행
>   (insolvency or financial default of the owners managers charters or operators of the vessel)
> 7. 원자 핵무기에 의한 손해
>   (loss damage or expense caused by the use of any weapon or device employing atomic or nuclear fission and fusion)
> 8. 제3자의 불법 행위에 의한 의도적인 손상 또는 파괴
>   (deliberate damage to or deliberate destruction of the subject-matter insured or any part thereof by the wrongful act of any person or persons)

10 정답 ①

해석 다음 구절의 주제는 무엇인가?

> 수입자가 선하증권을 획득하기 전에 선사로부터 물품을 인수하기 위하여 수입자의 요청으로 개설은행이 발행하는 서면 명세서

① 수입화물선취보증서(L/G)
② 권리포기통보서
③ 환어음
④ 수입화물대도(T/R)

해설 수입화물선취보증서(L/G)는 해상운송에서 원본 선하증권 없이 물품을 인도받기 위해 개설은행이 제공하는 보증서를 의미한다.

어휘 so as to ~하기 위하여

11 정답 ②

해석 다음 중 아래의 빈칸에 적합하지 않은 것은 무엇인가?

> 팩터는 (A) 외상채권 매입을 통해 자금을 조달하는 은행 또는 전문 금융 회사를 의미한다.
> 수출 팩토링에서 팩터는 일반적으로 (C) 소구권 없이 액면가에서 할인된 금액으로 수출자의 (B) 장기 외상채권을 현금으로 매입한다. 이것은 때때로 (D) 공제 제도나 위험 분담 없이 외국 매수인의 지불 불능에 대해 최대 10%까지의 보호를 제공한다.

해설 국제팩토링은 신용장 거래와 무신용장 거래의 장단점을 고려하여 절충한 방식으로 결제기간 6개월 이내의 단기 중소규모 무역 거래에서 수입상의 신용장 발행 기피 현상을 커버하기 위해 주로 활용된다.

어휘 face value 액면가 deductible 공제 가능한
scheme 계획

[12~13]

해석 다음 서신을 읽고 질문에 답하시오.

> 귀사의 5월 15일자 통지에 감사드립니다. 당사는 뉴질랜드의 고객에게 (A) 선적을 이행하였고, 귀사가 요청하신 (B) 선적서류와 귀사의 (C)가 포함된 23,100파운드의 환어음을 보내드립니다. (D) 화환어음을 결제하고 (E) 대금을 Mainland Bank, Oxford Street, London W1A 1AA의 당사의 계정으로 송금해 주시기 바랍니다.

어휘 remit 송금하다

12 정답 ④

해석 빈칸 (C)에 들어가기 적절하지 않은 것을 고르시오.
① 할인   ② 수수료
③ 비용   ④ 돈, 수익금

해설 은행에게 선적서류, 환어음을 발송하며 결제를 요청하는 내용으로 수출자가 작성한 내용임을 알 수 있다. 은행의 (C)가 포함되어 있다는 내용으로 보아 은행의 수수료, 비용, 서비스 이용 대가를 의미하는 것으로 보아야 한다. 따라서 수출 대금을 의미하는 proceeds는 적절하지 않다.

13 정답 ③

해석 빈칸 (A), (B), (D)와 (E)에 들어갈 적절한 것은 무엇인가?
① (A) 발송 (B) 운송서류 (D) 화환어음 (E) 나아가다
② (A) 선적 (B) 운송서류 (D) 일반 환어음 (E) 나아가다
③ (A) 선적 (B) 선적서류 (D) 화환어음 (E) 수익, 돈
④ (A) 발송 (B) 선적서류 (D) 일반 환어음 (E) 수익, 돈

해설 선적(발송)을 이행하고 선적서류(운송서류)와 함께 선적서류가 첨부되는 환어음(Documentary Credit)을 제시한다는 내용이다. (E)에서는 대금을 송금해 달라는 내용이 나와야 하므로 proceed(나아가다)는 적절하지 않으며 proceeds(수익금)가 사용되어야 한다.

어휘 proceed 나아가다   proceeds 돈, 수익금

14 정답 ①

해석 문장을 순서대로 정렬하시오.

> (A) 귀하와 몇 년 동안 거래를 해왔기 때문에 저는 더 나은 대우를 받을 자격이 있습니다.
> (B) 귀하의 경쟁자들은 저의 신용을 기꺼이 받아들일 것이며, 저는 향후 사업을 다른 곳으로 이전할 것입니다.
> (C) 상기 송장과 관련하여 어제 귀사의 신용부서로부터 받은 퉁명스러운 서신에 대해 썩 유쾌하지 않으며, 사본을 첨부해 드립니다.
> (D) 저는 이 청구에 대해 두 달 동안 이의를 제기하였습니다.

해설 청구 받은 송장 내용에 대한 불만을 표시하며, 사업 관계를 종료하고자 하는 내용이다. '수령한 서신의 내용 - 해당 내용에 대한 문제제기 - 불만 표출 - 향후 대책'의 순서로 나열하는 것이 바람직하다.

어휘 **deserve** ~할 자격이 있다　**treatment** 대우, 처리
competitor 경쟁자　**transfer** 이전하다
curt 퉁명스러운, 무뚝뚝한

15 정답 ④

해석 다음 중 목적이 다른 것을 고르시오.
① 마감이 좋지 않고 금박 부분이 부분적으로 벗겨집니다.
② 실수로 상품이 잘못 배송되었습니다.
③ 샘플과 비교하여 수령한 제품의 색상이 동일하지 않다는 것을 발견하였습니다.
④ 모든 표시는 당사의 지시에 따라 송장의 것과 일치해야 합니다.

해설 ①~③은 제품 자체와 관련한 불만을 이야기 하고 있다. ④는 제품 표시 사항에 대한 안내를 하고 있으므로 다른 의미를 가진 것으로 볼 수 있다.

어휘 **gilt** 금박　**come off** 벗겨지다
partly 부분적으로

[16~19]

해석 다음 구절을 읽고 질문에 답하시오.

> UCP 600의 정의에 일치하는 제시란 화환 신용장 조건, 적용 가능한 범위 내에서의 이 규칙의 규정, 그리고 국제표준은행관행에 따른 제시를 의미한다.
> 이 정의는 3가지 개념이 포함된다. 먼저 (A) 서류의 제시는 화환 신용장의 조건과 일치하여야 한다. 둘째, 서류의 제시는 거래에 적용되는 UCP 600에 포함된 규칙 즉, (B) 화환 신용장의 조건에 의해 수정되거나 배제되지 않는 규칙과 일치하여야 한다. 셋째, 서류의 제시는 국제표준은행관행과 일치하여야 한다. 처음 두 조건은 화환 신용장의 세부적인 조건과 규칙을 살펴봄으로써 결정된다. ⓐ 셋째, 국제표준은행관행은 화환 신용장을 반영하고 ⓑ 신용장통일규칙이 문서를 심사하고 일치 여부를 결정하는 과정 중 일부에만 적용된다는 사실을 의미한다. ⓒ 국제표준은행관행은 서류의 일치 여부를 결정하기 위해 은행이 규칙적으로 수행하는 관행을 포함한다. ⓓ 이러한 관행의 대부분은 ICC의 간행물인 국제표준은행관행(ISBP 681)에 포함되어 있다. 그러나 국제표준은행관행은 간행물에 명시된 것보다 범위가 더 넓다. 국제표준은행관행 간행물에는 많은 은행 관행이 포함되어 있지만 서류의 심사와 관련된 것 외에도 화환 신용장 거래에 일반적으로 사용되는 다른 관행도 존재한다. 이러한 이유로 C. 일치하는 제시의 개념에는 국제표준은행관행 간행물만을 특별히 언급하지 않는다.

어휘 **applicable** 적용 가능한
International Standard Banking Practice(= ISBP) 국제표준은행관행
reflect 반영하다　**determination** 결정
compliance 승낙　**whilst**(= while) ~인데 반해

16 정답 ①

해석 빈칸 (A)에 적절한 것을 고르시오.
① 서류의 제시는 화환 신용장의 조건과 일치하여야 한다.
② 서류의 제시는 반드시 상품을 반영하여야 한다.
③ 수익자가 개설은행으로 서류를 전달하는 것은 제때 이루어져야 한다.
④ 일치하는 서류의 제시는 화환 신용장하의 지정은행에게 이루어져야 한다.

해설 일치하는 제시(Complying Presentation)는 신용장 조건, 적용 가능한 범위 내에서의 이 규칙의 규정, 그리고 국제표준은행관행에 따른 제시를 의미한다. 여기서 신용장의 조건에 따른 제시를 설명해야 하므로 ①의 내용이 나오는 것이 적절하다.

17 정답 ②

해석 밑줄 친 부분 중 옳지 않은 것을 고르시오.

해설 ⓑ 신용장통일규칙은 당사자 간 합의에 의해 수정 또는 적용 배제되지 않는 한 신용장 전체의 해석과 관련되어 사용되며, 국제표준은행관행은 단독으로 적용되지 않고 UCP 600을 보완하는 용도로 사용된다.

18 정답 ④

해석 빈칸 (B)에 가장 적절한 것을 고르시오.
① 화환 신용장의 조건에 의해 수정되거나 배제되는 것
② 규칙을 배제하는 특수 조건에 의해 적용될 수 없는 것
③ 규칙을 수정하거나 배제하는 특수 조건에 의해 적용될 수 없는 것
④ 화환 신용장의 조건에 의해 수정되거나 배제되지 않는 것

해설 '적용 가능한 범위 내에서의 이 규칙의 규정'이라고 하는 것은 당사자 간의 합의에 의해 UCP 600의 내용이 수정되거나 배제되지 않는 범위 내의 UCP 600의 규정을 의미하는 것으로 해석된다.

19 정답 ③

해석 빈칸 (C)에 가장 적절한 것을 고르시오.
① 일치하는 제시의 개념에는 국제표준은행관행 간행물만을 특별히 언급한다.
② 일치하는 제시의 개념에는 국제표준은행관행 간행물과 UCP 간행물만을 특별히 언급하지 않는다.
③ 일치하는 제시의 개념에는 국제표준은행관행 간행물만을 특별히 언급하지 않는다.
④ 일치하는 제시의 개념에는 국제표준은행관행 간행물과 UCP 간행물만을 특별히 언급한다.

해설 소문자로 되어 있는 국제표준은행관행은 ISBP 745라고 하는 간행물로 한정하지 않는다. 그 이유는 International Standard Banking Practice가 구체적인 간행물 번호를 언급하고 있지 않으며, ISBP 745에 포함되지 않는 국제표준은행관행(예 ICC official opinion, DOCDEX 결정문 등)도 있기 때문이다.

20 정답 ①

해석 빈칸에 들어갈 적절한 단어의 짝은 무엇인가?

> 일람불 환어음은 수출자가 화물이 목적지에 도착하고 결제가 이루어질 때까지 화물의 권리를 보유하고자 할 때 이용된다.
> 실제로, 해상 선하증권은 (A) 수출자에 의해 배서되고 수출자의 은행을 통해 매수인의 은행으로 보내진다. 여기에는 환어음, 선적서류 그리고 (B) 매수인에 의해 특정된 다른 첨부 서류가 첨부된다. 외국은행은 이러한 서류를 수취하면 매수인에게 통지한다. 환어음 금액이 결제되면, 외국은행은 (C) 매수인이 물품을 확보할 수 있도록 선하증권과 기타 서류를 넘겨준다.

해설 수출자가 선적을 하고 선하증권을 발급 받은 다음 대금을 회수하기 위해 환어음과 선하증권을 은행에 양도하게 되는데, 유가증권인 선하증권의 정당한 권리를 양도하기 위해 수출자가 배서를 하게 된다. 이후 서류가 수입자의 거래 은행에 도착하게 되면, 수입자의 거래 은행은 수입자로부터 대금을 결제받고 선적서류를 양도하게 되며, 서류를 양도받은 수입자는 선하증권 원본을 선사에 제시하고 물품을 인수하게 된다.

21 정답 ④

해석 빈칸에 적절하지 않은 것은 무엇인가?

> Incoterms® 2020은 (매매계약의 존재 여부, 판매된 물품의 규격, 제재의 효력)을 다루지 않는다.

① 매매계약의 존재 여부
② 판매된 물품의 규격
③ 제재의 효력
④ 수출입통관 및 협조

어휘 sanctions 제재

해설 ④ 통관 규정은 A7/ B7에서 규정하고 있다.

⊕ THE PLUS

인코텀즈에서는 다음의 내용을 다루지 않는다.
㉠ 매매계약의 존재 여부
㉡ 매매 물품의 성질과 형태
㉢ 대금 지급의 시기, 장소, 방법 또는 통화 종류
㉣ 매매계약 위반에 대하여 사용할 수 있는 구제 수단
㉤ 계약상 의무 이행의 지체 및 그 밖의 위반 효과
㉥ 제재의 효력
㉦ 관세 부과 및 수출입의 금지
㉧ 불가항력(Force Majeure) 또는 이행가혹(Hardship)
㉨ 지식재산권
㉩ 의무 위반의 경우 분쟁 해결의 방법, 장소 또는 준거법
㉪ 매매 물품의 소유권, 물권의 이전

22 정답 ②

해석 한국어로 번역하였을 때 가장 적절하지 않은 것은 무엇인가?

② We must apologize once again for the last minute problems caused by a clerical error on our side.

당사 측의 사무 직원의 실수로 인해 발생한 문제에 대해 마지막으로 다시 사과드려야 하겠습니다.

해설 clerical은 '(회사의) 사무원, 점원'등을 의미하며, 당사의 사무 직원의 실수로 인해 발생한 문제에 대해 마지막으로 다시 사과드려야 하겠다고 번역되어야 알맞다.

어휘 in consequence 그 결과 in this instance 이 경우에는

23 정답 ②

해석 다음은 Incoterms® 2020의 내용이다. 빈칸에 적절한 것을 고르시오.

> 인코텀즈 규칙은 예컨대 CIF, DAP 조건 등과 같이 가장 일반적으로 사용되는 세 글자로 이루어지고 물품 (C) 매매계약상 (B) 기업 간 거래 관행을 반영하는 (A) 11개의 거래 조건을 설명한다.

① (A) 12 (B) 기업-고객 간 (C) 판매와 구매
② (A) 11 (B) 기업 간   (C) 판매와 구매
③ (A) 11 (B) 기업-고객 간 (C) 판매
④ (A) 12 (B) 기업 간   (C) 판매

24 정답 ②

해석 Incoterms® 2020의 개정에 대한 설명으로 잘못된 것을 고르시오.
① FCA 조건에서 본선적재부기가 기재된 선하증권이 요구된다.
② 하나의 조항에 기재된 의무
③ CIF와 CIP 조건의 부보 수준의 차별화
④ FCA, DAP, DPU와 DDP 조건에서 매도인 또는 매수인 소유의 운송 수단에 의한 운송 준비

해설 인코텀즈 2020에서는 2010 버전과 동일한 구성인 A1~A10(매도인의 의무), B1~B10(매수인의 의무)을 따르고 있다.

25 정답 ③

해석 다음 구절이 적용되지 않는 조건을 고르시오.

> 지정된 장소는 상품이 "인도"되는 장소, 즉, 매도인으로부터 매수인에게 위험이 이전되는 장소를 나타낸다.

① E 조건   ② F 조건
③ C 조건   ④ D 조건

해설 E, F, D 규칙에서는 인도와 위험의 분기점이 동일하다. 그러나 C 조건 뒤에 나오는 장소는 매도인이 운송 비용을 부담하는 장소를 의미하며, 위험의 이전은 수출국에서 매도인이 지정한 운송인에게 물품이 인도되거나 수출항에서 본선에 적재된 때 이전된다.

[제2과목] 영작문

[26~28]

해석 다음을 읽고 질문에 답하시오.

> (A) 당사는 서울에 소재하는 한국 외환은행에게 CIF 런던 미화 22,000달러로 취소불능 신용장을 개설하도록 지시하였습니다. 이 신용장은 2020년 6월 10일까지 (a) 유효합니다.
> (B) 선하증권(3부), CIF 런던 송장(2부), 미화 24,000달러로 부보된 A/R약관의 보험증권
> (C) 당사는 귀하의 견적송장 548호에 12대의 C3001 컴퓨터를 첨부하여 주문할 것입니다.
> (D) 귀하는 당사 측 은행의 대리점인 런던 HSBC를 통해 확인을 받을 것이고 전체 송장금액에 대해 일람 후 60일 만기의 환어음을 발행할 수 있습니다. 환어음을 제시할 때 다음의 서류를 동봉해 주십시오.
>
> (b) 선적이 준비 되는대로 즉시 팩스나 이메일을 보내주시기 바랍니다.

어휘 proforma invoice 견적 송장

26 정답 ②

해석 (A)~(D)를 적절한 순서대로 배열하시오.

해설 신용장을 개설 의뢰하는 것은 매수인이기 때문에 매수인의 주문에 대한 내용 - 매수인의 신용장 개설 안내 - 신용장에 대한 확인의 추가 안내 및 필요 서류 안내 - 필요 서류 명세 순서로 배열하는 것이 적절하다.

27 정답 ①

해석 (a)에 적절하지 않은 단어는 무엇인가?
① 유효하지 않은
② 유효한
③ 유효한
④ 유효한

해설 (a) 부분에는 "2020년 6월 10일까지 신용장의 효력이 유효하다."라는 의미가 되어야 한다. invalid는 '효력이 없는, 무효의'라는 의미가 되므로 적절하지 않다.

28 정답 ①

해석 (b)에 가장 적절한 단어는 무엇인가?
① 선적
② 보험
③ 매입
④ 송장

해설 물품에 대한 주문을 하고 있는 내용이므로 선적 준비가 되면 이를 안내해 달라고 하는 내용이 가장 적절하다.

29 정답 ①

해석 다음 구절에 대한 옳은 용어를 고르시오.

> 운임은 중량 또는 용적이 아닌 선복이나 항차에 의해 계산된다.

① 선복운임
② 부적운임
③ 용적할증운임
④ 품목무차별운임

어휘 calculate 계산하다

해설 선복운임(Lump-sum Freight)은 주로 부정기선에서 사용되는 운임의 종류로서 항해(항차) 또는 선복을 단위로 계산하는 운임이다.

THE PLUS 오답 선택지
② **부적운임**: 선적하기로 계약했던 화물량보다 실제 선적량이 적은 경우 용선자가 그 부족분을 지불하는 운임
③ **용적할증운임**: 화물 부피가 크거나 길이가 길 때 부과하는 운임
④ **품목무차별운임**: 품목에 관계없이 동일하게 적용하는 운임

30 정답 ①

해석 UCP 600하에서 밑줄 친 부분과 같은 의미를 갖는 것을 고르시오.

> 우리는 신용장에 따라 다음 달 (B) 초에 (A) 소형 보트와 장비를 런던으로 선적하고자 한다.

① (A) 보트 (B) 1일부터 10일
② (A) 요트 (B) 1일부터 15일
③ (A) 기구 (B) 1일부터 10일
④ (A) 선박 (B) 1일부터 15일

해설 상업송장 이외의 물품의 명세는 일반적인 용어로 표시될 수 있으므로 dinghy 대신에 boat, yachts, hull로 표기하는 것은 가능하다. machine은 포괄적인 용어이므로 사용할 수 없다. 또한 날짜의 개념에서 the beginning은 1일부터 10일까지의 기간을 의미한다.

어휘 dinghy 소형 보트

31 정답 ②

해석 어떤 환어음이 요구되는지와 빈칸을 적절한 단어는 무엇인가?

> 신용장은 (송장금액 전체)에 대해 당사를 지급인으로 하는 일람불 환어음에 의해 이용 가능하다.

① 기한부 - 송장금액 + 10%
② 일람불 - 송장 전체 금액
③ 일람불 - 송장금액 + 10%
④ 기한부 - 송장 전체 금액

THE PLUS 위부(Abandonment)
해상보험의 피보험자가 보험목적물의 전손을 정확하게 파악하지 못하는 추정전손의 경우 보험금 전액을 지급받기 위하여 보험목적물에 관한 일체의 권리를 보험자에게 양도하는 것

해설 draft at sight로 되어 있으므로 일람불(demand, at sight)임을 유추할 수 있으며, 신용장 금액은 상업송장 전체 금액에 대해 발행할 수 있다.

32 정답 ③

해석 다음 구절 중 잘못된 부분을 고르시오.

> (A) 어음지급수권서(Authority to Pay)는 신용장이 아니라 (B) 지급지에 대한 통지이며 지급을 받기 위해 필요한 문서를 명시한다.
> (C) 어음지급수권서는 어느 은행이나 지급하게 한다. (D) 이것은 신용장보다 적은 비용이 들며, D/P를 대체해 왔다.

해설 어음지급수권서는 수입자의 의뢰에 의해 수입지 은행이 수출지에 있는 자기의 본지점 또는 거래은행에게 수출자가 발행한 일람 출급 어음에 대하여 지급할 것을 지시한 통지서를 의미한다. 따라서 대금을 지급할 수 있는 은행은 한정되어 있다고 볼 수 있다.

어휘 oblige 의무적으로 ~하게 하다   supersede 대체하다

33 정답 ③

해석 다음 중 빈칸에 가장 적절한 것은 무엇인가?

> 만약 신용장이 분할 선적을 금지하고 있고 하나 또는 그 이상의 출발 공항이 표시된 하나 이상의 항공운송서류가 제시된다면, 화물이 동일 항공기를 통해 동일 항로를 따라 동일 목적 공항으로 향하는 경우에는 그러한 서류는 (A) 수리 가능하다. 다른 선적 일자를 표시하는 하나 이상의 항공운송서류가 제시된 경우 제시기간의 계산을 위하여 (B) 늦은 일자를 사용할 수 있다.

해설 같은 운송 수단에서 개시되고 같은 운송 구간을 위한 선적을 증명하는 두 세트 이상의 운송서류로 이루어진 제시는, 그 운송서류가 같은 목적지를 표시하고 있는 한 비록 다른 선적 일자 또는 다른 선적항, 수탁지 또는 발송지를 표시하더라도 분할선적으로 보지 않는다. 제시가 두 세트 이상의 운송서류로 이루어지는 경우 어느 운송서류에 의하여 증명되는 가장 늦은 선적일을 선적일로 본다(UCP 600 제31조).

34 정답 ④

해석 빈칸에 들어가기 가장 적절한 것을 고르시오.

> 지정은행이 제시가 신용장 조건에 일치한다고 판단한 후 서류를 개설은행 또는 확인은행에 송부한 경우, 지정은행의 결제(honour) 또는 매입 여부와 무관하게, 비록 서류가 지정은행과 개설은행 또는 확인은행 사이 또는 확인은행과 개설은행 사이의 송부 도중 분실된 경우에도 개설은행 또는 확인은행은 (결제(honour) 또는 매입을 하거나, 그 지정은행에게 상환)하여야 한다.

① 상환
② 결제 또는 상환
③ 매입 또는 상환
④ 결제 또는 매입 또는 상환

해설 UCP 600 제35조 전송과 번역에 대한 면책 부분이다. 일치하는 제시에 대해 서류 송부 과정 중에 분실되었다면 개설은행, 확인은행에게 결제, 매입, 상환 의무가 부여된다.
만약 하자 있는 서류, 심사되지 않은 서류가 개설은행 또는 확인은행으로 우송 중 분실되었다면 개설은행 또는 확인은행은 결제, 매입 또는 상환할 책임이 없다.

35 정답 ③

해석 신용장이 선하증권과 보험증명서를 요구한다. 만약 선하증권의 선적 일자가 2020년 5월 20일이라면, 다음 중 어느 서류가 이러한 선하증권과 일치시킬 수 있는가?

> A. 발행 일자가 2020년 5월 20일로 표시된 보험증명서
> B. 발행 일자가 2020년 5월 21일로 표시된 보험증명서
> C. 발행 일자가 2020년 5월 20일로 표시된 보험증권
> D. 발행 일자가 2020년 5월 20일로 표시된 부보각서

해설 보험 서류의 일자는 선적일보다 늦어서는 안 된다. 따라서 5월 20일로 표시된 보험증명서는 일치하는 제시로 볼 수 있다. 또한 보험증권은 보험증서나 포괄보험의 확인서를 대신하여 수리 가능할 수 있으므로 발행 일자가 5월 20일자로 표시된 보험증권도 수리 가능한 서류이다.

36 정답 ④

해석 다음 중 UCP 600의 용선계약부 선하증권에 대한 설명 중 옳지 않은 것은 무엇인가?
① 용선계약부 선하증권은 선장, 선주 또는 용선자 또는 그들의 대리인에 의해 서명되어야 한다.
② 용선계약부 선하증권은 물품이 신용장에 기재된 선적항에서 기명된 선박에 본선적재되었다는 것을 미리 인쇄된 문구 또는 본선적재표기에 의해 표시하여야 한다.
③ 용선계약부 선하증권이 선적 일자를 표시하는 본선적재표기를 하지 않은 경우에는 용선계약부 선하증권의 발행일을 선적일로 간주된다.
④ 만약 신용장 조건에 의해 용선계약의 제시를 요구하면 은행은 용선계약서를 심사한다.

해설 비록 신용장의 조건이 용선계약의 제시를 요구하더라도 은행은 용선계약을 심사하지 않는다. 용선계약은 선주와 용선자간의 용선에 대한 계약서로서 신용장 거래에 있어서 기본계약과 관련이 없기 때문이다.

37 정답 ②

해석 빈칸에 적절한 단어를 고르시오.

> (A) 송금 방식의 결제는 매도인과 매수인간에 직접 이루어지는 반면
> (B) 화환추심은 은행의 지급 의무 없이 화환어음의 제시에 대해 이루어진다.

① (A) 화환추심   (B) 신용장
② (A) 송금   (B) 화환추심
③ (A) 신용장   (B) 화환추심
④ (A) 송금   (B) 신용장

해설 매도인과 매수인간에 대금이 직접 결제되는 방식은 송금 방식이며, 화환추심(선적서류가 첨부된 환어음) 방식에서는 은행의 지급확약 없이 환어음의 제시에 대해 매수인이 결제하고 대금이 은행을 통해 매도인에게 지급되는 방식을 의미한다.

38 정답 ④

해석 은행보증과 신용장 간의 차이점에 대한 내용 중 잘못된 것은 무엇인가?
① 신용장과 보증의 결정적 차이점은 금융 증서의 사용 방식에 있다.
② 정기적으로 상품의 수출입에 관여하는 상인은 인도와 결제를 보장하기 위해 신용장을 선택한다.
③ 인프라 프로젝트에 입찰하는 계약자는 보증을 통해 그들의 재정적 신뢰성을 입증한다.
④ 신용장에 있어 결제 의무는 근거 매매계약에 의존한다.

해설 신용장 거래에 있어 은행은 신용장 개설의 원인이 되는 근거계약에 의해 결제를 하는 것이 아니라 신용장의 조건과 일치하는 서류의 제시에 대해 결제 의무를 갖게 된다.

어휘 critical 결정적인   lie in ~에 있다
financial instrument 금융 증서   contractor 계약자
credibility 신뢰성

39 정답 ③

해석 다음 중 아래 서신의 답신 내용으로 적절하지 않은 것은 무엇인가?

> 당사의 매트리스에 대한 청약의 요청에 관한 귀하의 7월 5일자 팩스에 대해 감사드립니다. 당사는 7월 20일까지 귀하의 승낙이 도달하여야 유효한 청약을 제안합니다.
> 당사의 조건은 다음과 같습니다.
> 물품: 매트리스(퀸 사이즈)
> 수량: 300개
> 가격: CIF 뉴욕 기준 개당 미화 1,100달러
> 선적: 5월 중
> 결제: 취소불능 신용장에 의한 일람불 환어음

① 우리는 물품이 6월 초에 필요하므로 선적조건만 변경하고 싶습니다.
② 귀하의 확정청약에 감사드리며, 동봉된 당사의 구매서에 기재된 대로 귀사의 제안을 기꺼이 수락합니다.
③ 청약을 요청하는 서신에 감사드리며 청약을 제안합니다.
④ 귀하의 경쟁사에 비해 가격이 비싸기 때문에 귀하의 청약을 승낙할 수 없다는 점을 유감스럽게 생각합니다.

해설 서신은 청약자의 입장에서 작성되었으므로 답신은 피청약자의 입장에서 작성되어야 한다. ③의 경우 청약자의 입장에서 작성되었으므로 이에 대한 답신으로 청약을 제안하는 것은 적절하지 않다.

40 정답 ②

해석 A~D를 올바른 순서대로 나열한 것은?

> (A) 마지막으로 저희 구매자의 지시에 따라 전쟁 위험을 포함한 W.A약관으로 AAA 보험회사에 보험 계좌를 개설했습니다.
> (B) 우리는 보험료를 지불하기 위해 시티뱅크의 50달러 수표를 동봉합니다.
> (C) 귀하도 알다시피, 저희 구매자가 2월 15일 부산에서 출항하여 뉴욕으로 향하는 S.S "Ahra" 모선에 선적 예정인 안경테 300 박스에 대해 귀하에게 전쟁 위험을 포함한 W.A약관으로 해상보험을 부보하도록 지시하였습니다.
> (D) 우리는 어제 귀하가 전화로 우리에게 제안한 2,050달러의 요율로 전쟁 위험을 포함한 W.A약관으로 부보해주기를 희망하며, 당사의 송장 사본을 첨부합니다.

해설 매수인의 부보 요청에 따라 매도인이 보험회사와 보험계약을 체결하는 내용으로 볼 수 있다.
매수인의 부보 지시 – 부보 요청 – 보험료 지급 – 보험 계좌의 개설 순으로 배열되는 것이 적절하다.

41 정답 ③

해석 신용장하에서 선하증권이 제출될 때 어느 것이 가장 적절하지 않은가?

> 선하증권은 통상 (A) 매입이 가능한 3부의 세트로 발행되며, 화물은 (B) 선사에 넘겨진 1부에 의해 인도될 수 있다. 매입 가능한 부수는 선하증권에 기재되며 (C) "선하증권의 발행부수 중 한부가 사용되어도 나머지는 여전히 유효함" 또한 선하증권에 기재된다. 따라서 (D) 은행이 선하증권의 모든 발행본을 확보하는 것이 중요하다.

어휘 tender 제출하다

해설 복수의 통수로 발행된 선하증권 중 한부가 선사에 제시되면, 선하증권의 소지인은 나머지 선하증권으로 물품의 인도를 요구할 수 없게 된다. 즉, 선사에 제시된 선하증권 한부를 제외한 나머지 선하증권의 효력은 상실되게 된다.

42 정답 ①

해석 해상보험 운용에 있어서 다음은 무엇을 의미하는가?

> 피보험자가 보험금을 받은 후에, 보험자는 피보험자의 입장에 서게 된다. 보험금을 지불한 후에, 보험자는 보험목적물의 소유자가 된다.

① 대위의 원칙
② 기여(기부)의 원칙
③ 위부의 원칙
④ 피보험이익의 원칙

해설 대위의 원칙은 보험사고로 인한 손해 발생 시 피보험자가 보험자에게 보험금을 지급받고 또 잔존물이자 제3자에 대한 손해배상청구권

을 구상하는 경우 피보험자는 부당한 이중 보상을 받게 된다. 이는 실손 보상원칙에 위배되므로 잔존물과 제3자에 대한 청구 권리를 보험자에게 이전하여 이중 이득을 방지해야 한다는 원칙이다.

어휘 step into the shoes of ~의 입장이 되다

THE PLUS 위부(Abandonment)
해상보험의 피보험자가 보험목적물의 전손을 정확하게 파악하지 못하는 추정전손의 경우 보험금 전액을 지급받기 위하여 보험목적물에 관한 일체의 권리를 보험자에게 양도하는 것

43 정답 ③

해석 중재에 대한 설명 중 옳지 않는 것은 무엇인가?
① 당사자 간 계약의 중재조항에 따라 당사자는 법원에 가는 대신에 사적 분쟁 해결 절차를 선택한다.
② 중재는 양 당사자가 동의한 경우에만 이루어질 수 있다.
③ 조정과 달리 중재에서 일방 당사자는 일방적으로 철회할 수 있다.
④ 중재를 선택할 때 당사자들은 준거법, 중재 언어 그리고 중재 장소와 같은 중요한 요소를 선택할 수 있다. 이것은 당사자들이 어떤 당사자도 본거지에서의 이점을 누리지 못하도록 보장한다.

해설 중재로 분쟁을 해결하기로 한 경우 양당사자는 중재를 통해 분쟁을 해결하여야 하며, 조정과 달리 중재 판정의 결과를 거부할 수 없다.

어휘 opt 선택하다   mediation 조정
unilaterally 일방적으로

44 정답 ①

해석 다음 구절에 적합한 용어를 고르시오.

희생이나 비용 지출로부터 이익을 얻은 해상 사업에 관련된 모든 당사자가 희생 또는 발생된 지출을 보상하는데 기여하여야 한다는 원칙

① 공동해손   ② 투하
③ 특별 비용   ④ 단독해손

어휘 make something good 보상하다

해설 공동해손 손해는 공동해손 행위로 인하여 발생한 손해 또는 공동해손 행위의 직접적인 결과로 발생하는 손해를 말한다. 공동해손 손해는 공동해손비용 및 공동해손희생 손해를 포함한다.

45 정답 ④

해석 다음 구절을 고려하여 잘못된 용어를 고르시오.

하나의 지정은행으로 매입이 제한되지 않거나 어떤 은행이든 이용할 수 있도록 하는 매입 신용장

① 일반 신용장   ② 무제한 신용장
③ 개방 신용장   ④ 자유인수 신용장

해설 어느 은행에서나 이용이 가능한 신용장을 일반 신용장 또는 개방 신용장이라 부른다. 또한 매입을 할 수 있는 은행이 제한되어 있지 않는 신용장을 무제한 신용장이라 부르기도 하며, 매입 신용장 중 그 이용은행이 제한되어 있지 않는 신용장을 Freely Negotiable Credit(자유매입 신용장)이라 한다.

46 정답 ①

해석 다음은 Incoterms® 2020의 CIF 조건에 대한 설명이다. 틀린 것을 고르시오.
① 보험 금액은 최소한 매매계약에 규정된 대금에 10%를 더한 금액(즉, 110%)이어야 하고, 보험의 통화는 운송계약의 통화와 같아야 한다.
② 보험은 물품에 관하여 인코텀즈에서 규정된 인도 지점부터 적어도 지정 목적항까지 부보되어야 한다.
③ 매도인은 매수인에게 보험증권이나 보험증명서 그 밖의 부보의 증거를 제공하여야 한다.
④ 또한 매도인은 매수인에게, 매수인의 요청에 따라 매수인의 위험과 비용으로 매수인이 추가 보험을 조달하는데 필요한 정보를 제공하여야 한다.

해설 보험의 통화는 운송계약의 통화가 아닌 매매계약의 통화와 같아야 한다(CIF A5 보험).

47 정답 ④

해석 UCP 600하에서 다음 구절의 일부 중 틀린 부분을 고르시오.

신용장은 (B) 신용장에 명시된 조건을 충족하는 경우 개설인이 환어음 또는 기타 지급청구를 이행할 것을 (A) 고객의 요청에 따라 은행 또는 그 밖의 사람이 체결한 약속을 의미한다. (C) 신용장은 취소불능이어야 한다. (D) 이 약속은 결제(honor)를 위한 약정 또는 개설의뢰인이나 다른 자가 결제할 수 있는 권한이 있다는 진술일 수 있다.

해설 신용장(Credit)은 그 명칭과 상관없이 개설은행이 일치하는 제시에 대하여 결제(honour)하겠다는 확약으로서 취소가 불가능한 모든 약정을 의미한다. 따라서 개설의뢰인이 결제에 대한 약정을 하는 것은 아닙니다.

48 정답 ②

해석 다음 Incoterms® 2020하에서 빈칸에 들어가기에 적절하지 않은 것을 고르시오.

FCA 조건하에서 매도인은 (   )의 비용을 부담하여야 한다.

① 물품이 FCA 규칙에 따라 인도된 때까지 물품에 관한 모든 비용. 다만 매수인이 부담하는 비용은 제외한다.
② 물품이 인도되었다는 운송서류를 매수인에게 제공할 때 드는 비용
③ 해당되는 경우 수출통관에 관한 관세, 세금 그 밖의 비용
④ FCA 규칙에 따라 서류와 정보를 취득하는 데 매수인이 협력을 제공하는 것과 관련한 모든 비용

해설 FCA A9(비용 분담)의 내용이다.
매도인은 물품이 인도되었다는 통상적인 증거를 A6(인도/운송서류)에 따라 매수인에게 제공하는 데 드는 비용을 부담하여야 한다.
(the costs of providing the usual proof to the buyer under A6 that the goods have been delivered)

49 정답 ③

해석 다음은 Incoterms® 2020 소개문의 목적에 관한 내용이다. 잘못된 것을 고르시오.
① 인코텀즈 2020 규칙이 무슨 역할을 하고 또 하지 않는지 그리고 어떻게 가장 잘 편입시킬 수 있는지를 설명하는 것
② 매도인과 매수인의 기본적 역할과 책임, 인도, 위험 등과 같은 인코텀즈 규칙의 중요한 기초들을 기술하는 것
③ 어떻게 일반적인 매매계약에 올바른 인코텀즈 규칙을 가장 잘 선택할지를 설명하는 것
④ 인코텀즈 2010과 인코텀즈 2020의 주요한 변경 사항들을 기술하는 것

해설 일반적인 매매계약이 아닌 특정한 매매계약에서 어떠한 규칙(조건)을 선택할지를 설명하는 목적으로 사용된다.

50 정답 ①

해석 다음 중 논리적으로 옳지 않은 것은?
① 그를 위해 대리하도록 타인에 의해 권한을 부여받은 당사자를 본인이라 부른다.
② 공동 대리인은 본인을 대리할 권한을 다른 대리인과 공유하는 당사자로서 본인에 의해 권한을 부여받은 자를 의미한다.
③ 물품 또는 상품의 판매를 위해 고용된 대리인을 상사 대리인이라 부른다.
④ 지급보증 대리인(Del Credere Agent)은 수수료를 위해 판매하는 대리인으로서 본인에게 주문된 물품의 결제 의무를 부담한다.

해설 본인(Principal)에 의해 본인을 대리하도록 권한을 부여받는 당사자를 대리인(Agent)라고 한다.

[제3과목] 무역실무

51 정답 ④

해설 DPU 조건에서 매도인은 수입통관 절차를 이행할 의무를 부담하지 않는다. 인코텀즈 중 매도인에게 수입통관 의무를 부여하는 조건은 DDP 조건이 유일하다.

52 정답 ③

해설 권리침해조항은 매수인이 제공한 규격에 의해 매도인이 물품을 생산·제조하여 매수인에게 제공한 경우 그 생산으로 인하여 제3자의 산업재산권 또는 지적재산권을 침해하게 되었을 때 매수인이 그 책임을 부담하며 매도인은 면책된다는 조항이다. 따라서 이런 상황에서 매수인은 매도인에게 클레임을 제기할 수 없게 된다.

53 정답 ②

해설 개정된 인코텀즈 2020 규칙 하의 FCA 조건에서는 매수인과 매도인은 매수인의 비용과 위험으로 선적 후에 선적 선하증권을 매도인에게 발행하도록 그의 운송인에게 지시할 것을 합의할 수 있고, 그렇다면 매도인은 은행(신용장 거래인 경우)을 통하여 선적 선하증권을 제공할 의무가 있다고 개정하였다.

54 정답 ①

해설 은행이 서류를 심사할 수 있는 기간은 서류를 접수한 익일로부터 제5은행영업일 이내이다.

55 정답 ③

해석 ① 배선협정
② 공동계산협정
③ 성실환급제
④ 대항선

해설 ① 배선협정, ② 공동계산협정, ④ 대항선은 해운동맹의 선사들의 이익을 대변하기 위한 동맹 회원 간의 협정으로 볼 수 있으며 ③ 성실환급제는 해운동맹의 대화주 유인책으로 볼 수 있다.

56 정답 ③

해설 "환적"이란 동일한 세관 관할 구역 안에서 입항하는 운송 수단에서 출항하는 운송 수단으로 물품을 옮겨 싣는 것을 말한다. "복합 환적"이란 입항하는 운송 수단의 물품을 다른 세관의 관할 구역으로 운송하여 출항하는 운송 수단으로 옮겨 싣는 것을 말한다.

57 정답 ②

해설 통합공고는 대외무역법 이외의 다른 법령(전기용품 및 생활용품 안전관리법, 전파법, 수입식품 안전관리 특별법 등)에서 해당 물품의 수출입 요건 및 절차 등을 규정하고 있는 경우에 수출입 요건 확인 및 통관 업무의 간소화와 무역 질서 유지를 위하여 수출입 요건 및 절차에 관한 사항을 조정하고 통합 규정하기 위해 사용된다.

58 정답 ④

해석 ① 중량할증운임
② 장척할증료
③ 용적할증료
④ 양륙항할증료

해설 ① 중량할증운임, ② 장척할증료, ③ 용적할증료는 중량, 길이, 부피 등 화물 자체의 특성으로 인해 부과하는 할증료이나 ④ 양륙항할증료는 목적항 선택에 따른 할증료로 그 성격이 다르다.

59 정답 ②

해설 ㉠ 내국 신용장: 금융 중개 지원 대출 관련 무역금융 지원 프로그램 운용세칙 및 운용 절차
구매확인서: 대외무역법, 시행령, 관리 규정
㉢ 내국 신용장: 수출 근거 서류 또는 무역금융 융자한도 내 발행
구매확인서: 거래 증빙 서류를 보유 금액 범위 내 제한 없이 발급
㉤ 내국 신용장, 구매확인서: 영세율 적용

60 정답 ④

해설 ㉠은 COD(Cash On Delivery)에 대한 설명이다.
㉡ CAD 방식에서는 선하증권의 수하인이 수입자가 되며, 수출상이 선적 후 수출지에 소재하는 수입상의 지사나 대리인 등에게 선적서류를 제시하고 수입상은 당해 서류와 상환으로 대금을 결제하는 방식이다.

61 정답 ④

해설 지시증권성: 증권상의 권리자가 타인을 지정함으로써 새로운 권리자로 만드는 성질을 말한다. 배서(Endorsement)나 교부(Delivery)의 방법으로 양도 가능하다.
④의 설명은 상환증권성에 대한 것으로 볼 수 있다.

62 정답 ④

해설 품목분류요율(CCR)은 신문, 잡지, 정기 간행물, 책, 카탈로그, 점자책 및 그 용구에 대해 적용되나 오디오북에 대해서는 적용되지 않는다.

63 정답 ③

해설 FIATA 복합운송 선하증권은 운송주선인이 운송인이나 운송인의 대리인으로 행동한다는 것이 운송서류에 표시되어 있어야 수리된다.

64 정답 ③

해설 Bulky Cargo Surcharge는 벌크 화물에 대해 할증되는 운임이 아니라 화물의 부피가 일정 기준보다 클 때 부과하는 할증료이다.

65 정답 ④

해설 특별 비용은 보험목적물의 안전이나 보존을 위하여 피보험자에 의하여 또는 피보험자를 위하여 지출된 비용으로 공동해손 비용 및 구조료 이외의 비용을 말한다. 즉, 보험사고가 발생한 경우에 사고의 사후 처리로 처리된 비용을 의미한다.

66 정답 ③

해설 NVOCC(무선박운송인)은 미국의 신해운법에서 포워더형 복합운송인을 법제화시킨 개념이다. 해상운송에서 있어 선박을 직접 소유하지 않으면서 해상 운송인에 대하여 화주의 입장이 되는 자를 의미한다.

67 정답 ④

해석

> 분쟁해결조항.
> 양 당사자는 선의의 협상을 수행하여 본 계약에 따라 또는 본 계약에 의해 관련하여 발생하는 모든 청구, 분쟁 또는 논쟁을 신속히 해결하는 것에 동의한다. 양 당사자가 스스로 해결할 수 없는 경우, 해당 문제는 대안적 분쟁 해결(ADR)로 해결된다.

① 화해　　　　② 조정
③ 중재　　　　④ 소송

해설 ADR(Alternative Dispute Resolution)은 법원의 재판이나 행정 심판 등에 의하지 않고 당사자의 합의나 당사자가 선정한 분쟁 해결 주체가 분쟁을 해결하는 제도로 화해, 알선, 조정, 중재가 이에 해당된다.

68 정답 ①

해설 ② CLB(Canadian Land Bridge)에 대한 설명이다.
③ MLB(Mini Land Brigde)에 대한 설명이다.
④ SLB는 시베리아 철도를 가교로 하여 극동아시아와 유럽을 연결하는 해륙복합운송 경로이다.

69 정답 ③

해설 ①, ②, ④는 비용 손해, ③은 배상 책임 손해에 해당된다.
비용 손해는 보험목적물인 화물이 담보위험에 처해 있는 경우와 같이 화물에 손해가 없더라도, 사고에 의한 손해를 경감 또는 방지하기 위하여 지출한 비용 또는 사고의 발생에 따라 지출된 비용 등의 손해를 말한다. 배상 책임 손해는 선박충돌 손해배상 책임, 공동해손의 분담 책임 등 비용의 지출에 따른 손해로서, 선박충돌 손해배상 책임은 선원의 과실에 의하여 피보험 선박이 타 선박과의 충돌로 인하여 상대 선박의 선주 및 그 선박의 화주에 대하여 피보험자가 책임을 져야 하는 손해를 말한다.

70 정답 ④

해설 중재판정부는 당사자를 직접 심리한 후 당사자가 주장 및 입증을 다하였다고 인정할 때 심리를 종결하며, 소송과 달리 증인을 출석시키지 않으며 선서 또한 시키지 아니한다.

71 정답 ②

해설 알선은 당사자 간에 원만한 분쟁 해결이 어렵고 중재합의도 없는 경우, 그 분쟁 해결을 위해 상공회의소나 상사중재원 같은 공정한 제3자(알선인)가 분쟁 당사자의 일방의 요청에 의해 분쟁 사건에 직접 개입하여 분쟁이 원만하게 해결될 수 있도록 권고하는 방법이다. 양 당사자가 반드시 권고를 따라야 하는 것은 아니다.

72 정답 ④

[해설] ①, ②, ③은 무확정 청약에 해당되며, 청약자의 마음대로 조건을 변경할 수 있기 때문에 불확정청약에 해당된다. ④ 승인 조건부청약(점검매매 조건부청약)에서는 청약의 상대방인 피청약자가 물품을 점검해보고 구매 의사가 있어서 대금을 지급하는 것은 승낙의 의사 표시임과 동시에 대금 지급 의무의 이행으로 보아야 하므로 확정청약으로 간주한다.

73 정답 ③

[해설] 조정(Mediation, Conciliation)은 제3자를 통한 분쟁 해결 방법이다.

74 정답 ③

[해설] 본점이 계약 만료 전에 정당한 사유 없이 계약을 종료하였을 때, 대리점은 이미 제공한 서비스 수수료에 대해 배상 청구할 수 있으며 이후 취득할 수수료 등 직접적인 손해발생액에 대해서 배상 청구할 수 있다. 다만, 간접손해액에 대해서는 배상 청구할 수 없다.

75 정답 ④

[해설] 미국통일상법전(UCC)에서는 다음의 경우 취소 불능으로 보고 있다.
1. 청약이 서명된 문서로 되어 있는 경우
2. 청약이 상인에 의해 발행된 경우
3. 청약의 유효기간이 3개월을 초과하지 않는 경우
4. 청약자가 제공한 청약에 유효기간이 명시되어 있다면 그 부분에 청약자가 별도 서명하고 있는 경우

기타의 경우에는 철회가 가능한 것으로 보고 있으므로, 3개월을 초과하는 경우에는 철회 가능한 것으로 볼 수 있다.

여러분의 작은 소리
에듀윌은 크게 듣겠습니다.

본 교재에 대한 여러분의 목소리를 들려주세요.
공부하시면서 어려웠던 점, 궁금한 점,
칭찬하고 싶은 점, 개선할 점, 어떤 것이라도 좋습니다.

에듀윌은 여러분께서 나누어 주신 의견을
통해 끊임없이 발전하고 있습니다.

에듀윌 도서몰 book.eduwill.net
- 부가학습자료 및 정오표: 에듀윌 도서몰 → 도서자료실
- 교재 문의: 에듀윌 도서몰 → 문의하기 → 교재(내용, 출간) / 주문 및 배송

고객의 꿈, 직원의 꿈, 지역사회의 꿈을 실현한다

펴낸곳 (주)에듀윌　**펴낸이** 양형남　**출판총괄** 김기철　**에듀윌 대표번호** 1600-6700
주소 서울시 구로구 디지털로 34길 55 코오롱싸이언스밸리 2차 3층
© 2025 eduwill. Created with AI assistance.
협의 없는 무단 복제는 법으로 금지되어 있습니다.

에듀윌 도서몰
book.eduwill.net
- 부가학습자료 및 정오표: 에듀윌 도서몰 > 도서자료실
- 교재 문의: 에듀윌 도서몰 > 문의하기 > 교재(내용, 출간) / 주문 및 배송

유통/물류
자격증 강자 에듀윌!

유통/물류 자격증 취득으로
취업 기회를 꽉! 잡으세요

* YES24 수험서 자격증 경제/금융/회계/물류 유통관리사 월별 베스트셀러 1위 (2022년 3월~12월, 2023년 1월, 4월~5월, 7월~12월, 2024년 1월, 4월~5월, 7월~12월, 25년 1월~3월, 5월~9월 월별 베스트)
* YES24 수험서 자격증 경제/금융/회계/물류 유통관리사 주별 베스트셀러 1위 (22년 11월 2주, 23년 5월 1주, 6월 1주, 11월 2주~3주, 24년 11월 1주, 25년 4월 3주, 8월 2주 주별 베스트)
* YES24 수험서 자격증 경제/금융/회계/물류 물류관리사 주별 베스트셀러 1위 (22년 12월 3주~4주, 23년 1월 1주~6월 4주, 7월 3주~8월 4주, 9월 3주~10월 3주, 11월 1주, 12월 3주, 24년 3월 4주~5주, 4월 2주~3주, 5월 4주, 8월 4주~9월 1주, 3주~10월 3주~11월 1주, 12월 4주, 25년 1월 2주, 3월 4주, 4월 4주, 5월 2주, 8월 3주~4주, 9월 4주, 10월 4주 주별 베스트)

꿈을 현실로 만드는
에듀윌

DREAM

공무원 교육
- 선호도 1위, 신뢰도 1위! 브랜드만족도 1위!
- 합격자 수 2,100% 폭등시킨 독한 커리큘럼

자격증 교육
- 9년간 아무도 깨지 못한 기록 합격자 수 1위
- 가장 많은 합격자를 배출한 최고의 합격 시스템

직영학원
- 검증된 합격 프로그램과 강의
- 1:1 밀착 관리 및 컨설팅
- 호텔 수준의 학습 환경

종합출판
- 온라인서점 베스트셀러 1위!
- 출제위원급 전문 교수진이 직접 집필한 합격 교재

어학 교육
- 토익 베스트셀러 1위
- 토익 동영상 강의 무료 제공

콘텐츠 제휴 · B2B 교육
- 고객 맞춤형 위탁 교육 서비스 제공
- 기업, 기관, 대학 등 각 단체에 최적화된 고객 맞춤형 교육 및 제휴 서비스

부동산 아카데미
- 부동산 실무 교육 1위!
- 상위 1% 고소득 창업/취업 비법
- 부동산 실전 재테크 성공 비법

학점은행제
- 99%의 과목이수율
- 17년 연속 교육부 평가 인정 기관 선정

대학 편입
- 편입 교육 1위!
- 최대 200% 환급 상품 서비스

국비무료 교육
- '5년우수훈련기관' 선정
- K-디지털, 산대특 등 특화 훈련과정
- 원격국비교육원 오픈

에듀윌 교육서비스 **AI 교육** AI 프롬프트 연구소/AI CLASS(ChatGPT/AICE/노선 AI/중개업 AI 등) **공무원 교육** 9급공무원/소방공무원/계리직공무원 **자격증 교육** 공인중개사/주택관리사/손해평가사/감정평가사/노무사/전기기사/경비지도사/검정고시/소방설비기사/소방시설관리사/사회복지사1급/대기환경기사/수질환경기사/건축기사/토목기사/직업상담사/청소년상담사/전기기능사/산업안전기사/산업위생관리기사/건설안전기사/위험물산업기사/위험물기능사/설비보전기사/에너지관리기사/유통관리사/물류관리사/행정사/한국사능력검정/한경TESAT/매경TEST/KBS한국어능력시험·실용글쓰기/국제무역사/무역영어 **어학 교육** 토익 교재/토익 동영상 강의 **금융/IT/비즈니스** 전산세무회계/ERP정보관리사/재경관리사/정보처리기사/컴퓨터활용능력/SQLD/ADsP **대학 편입** 편입영어·수학/연고대/의약대/경찰대/논술/면접 **직영학원** 공무원학원/소방학원/공인중개사 학원/주택관리사 학원/전기기사 학원/편입학원 **종합출판** 공무원·자격증 수험교재 및 단행본 **학점은행제** 교육부평가인정기관 원격평생교육원(사회복지사2급/경영학/CPA) **콘텐츠 제휴·B2B 교육** 교육 콘텐츠 제휴/기업 맞춤 자격증 교육/대학취업역량 강화 교육 **부동산 아카데미** 부동산 창업CEO/부동산 경매마스터/부동산 컨설팅 **주택취업센터** 실무 특강/실무 아카데미 **국비무료 교육(국비교육원)** 전기기능사/전기(산업)기사/소방설비(산업)기사/IT(빅데이터/자바프로그램/파이썬)/게임그래픽/3D프린터/실내건축디자인/웹퍼블리셔/그래픽디자인/영상편집(유튜브) 디자인/온라인 쇼핑몰광고 및 제작(쿠팡, 스마트스토어)/전산세무회계/컴퓨터활용능력/ITQ/GTQ/직업상담사

교육문의 1600-6700 www.eduwill.net

- 2022 소비자가 선택한 최고의 브랜드 공무원·자격증 교육 1위 (조선일보) • 2023 대한민국 브랜드만족도 공무원·자격증·취업·학원·편입·부동산 실무 교육 1위 (한경비즈니스)
- 2017/2022 에듀윌 공무원 과정 최종 환급자 수 기준 • 2023년 성인 자격증, 공무원 직영학원 기준 • YES24 공인중개사 부문, 2025 에듀윌 공인중개사 이영방 필살키 부동산학개론 (2025년 9월 월별 베스트) 그 외 다수 • YES24 한국산업인력공단 부문, 2025 에듀윌 산업안전기사 필기 한권끝장 (2025년 7월 월별 베스트) 그 외 다수 • 교보문고 취업/수험서 부문, 2025 에듀윌 공기업 코레일 한국철도공사 실전모의고사 9+2+4회(2025년 2월 1일~2월 28일, 인터넷 월간 베스트) 그 외 다수 • 알라딘 시사/상식 부문, 2025 최신판 에듀윌 취업 공기업 기출 일반상식 (2025년 6월 5주 주별 베스트) 그 외 다수 • YES24 컴퓨터활용능력 부문, 2024 컴퓨터활용능력 1급 필기 초단기끝장(2023년 10월 3~4주 주별 베스트) 그 외 다수
- YES24 신규자격증 부문, 2025 에듀윌 SQL 개발자 SQLD 2주끝장+무료특강(2025년 7월 월별 베스트) 그 외 다수 • YES24 eBook 부문, 2025 에듀윌 취업 SKCT SK그룹 종합역량 통합기본서 (2025년 4월 2주 주별 베스트) 그 외 다수 • YES24 국어 외국어사전영어 토익/TOEIC 기출문제/모의고사 분야 베스트셀러 1위 (에듀윌 토익 READING RC 4주끝장 리딩 종합서, 2022년 9월 4주 주별 베스트) • 에듀윌 토익 교재 입문~실전 인강 무료 제공 (2022년 최신 강좌 기준/1092강) • 2024년 종강반 중 모든 평가항목 정상 참여자 기준, 99% (평생교육원 기준) • 2008년~2024년까지 234만 누적수강학점으로 과목 운영 (평생교육원 기준) • 에듀윌 국비무료 구로센터 고용노동부 지정 "5년우수훈련기관" 선정 (2023~2027)
- KRI 한국기록원 2016, 2017, 2019년 공인중개사 최다 합격자 배출 공식 인증 (2025년 현재까지 업계 최고 기록)